Kurzlehrbücher
für das juristische Studium

Sydow/Wittreck
Deutsches und Europäisches Verfassungsrecht I

Deutsches und Europäisches Verfassungsrecht I
Prinzipien, Institutionen, Verfahren

Ein Studienbuch

von

Dr. Gernot Sydow, M.A.

und

Dr. Fabian Wittreck

beide Professoren an der Westfälischen Wilhelms-Universität Münster

2019

www.beck.de

ISBN 978 3 406 73287 4

© 2019 Verlag C.H. Beck oHG
Wilhelmstraße 9, 80801 München
Druck und Bindung: Druckhaus Nomos
In den Lissen 12, D-76547 Sinzheim

Satz: Jung Crossmedia Publishing GmbH
Gewerbestraße 17, 35633 Lahnau

Umschlaggestaltung: Martina Busch, Grafikdesign, Homburg Saar

Gedruckt auf säurefreiem, alterungsbeständigem Papier
(hergestellt aus chlorfrei gebleichtem Zellstoff)

Vorwort

Diesem Lehrbuch über „Deutsches und Europäisches Verfassungsrecht" liegt eine innovative Lehrkonzeption zu Grunde, die die juristische Fakultät der Westfälischen Wilhelms-Universität Münster seit einigen Semestern erfolgreich etabliert hat: Die Prinzipien, Institutionen und Verfahren des deutschen und des europäischen Verfassungsrechts werden gemeinsam dargestellt.

Studierende können sich dadurch direkt am Beginn ihres Studiums mit einem Denken im verfassungsrechtlichen Mehrebenensystem vertraut machen, anstatt zunächst mehrere Semester primär nationales Recht zu studieren, wie es in der Regel noch üblich ist. Ein solcher Studienverlauf bildet aber die historischen Entwicklungsschritte der europäischen Integration didaktisch einfach nach, anstatt den heutigen Rechtsstand von Anfang an in das Zentrum des Studiums zu stellen.

Das Lehrbuch hat den Anspruch einer systematischen und integrierten Darstellung des deutschen und des europäischen Verfassungsrechts. Es besteht daher nicht aus zwei nur lose miteinander verbundenen Einzelteilen. Stattdessen werden die deutsche und die europäische Rechtslage weitgehend gemeinsam dargestellt, so dass Gemeinsamkeiten und Unterschiede im direkten Vergleich erkennbar und Doppelungen entbehrlich werden.

Themenauswahl und Gewichtung folgen der Examensrelevanz, die für das deutsche Verfassungsrecht insgesamt höher ist als für das Europarecht. Das Lehrbuch konzentriert sich auf verfassungstheoretische Grundlagen und in einem verfassungsdogmatischen Zugriff auf die zentralen Prinzipien, Institutionen und Verfahren. Im Mittelpunkt stehen die verfassungsrechtlichen Funktionen der Institutionen statt Einzelheiten von Kompetenzen und Verfahrensschritten. Durch diese Schwerpunktsetzung werden Studierende und Examenskandidaten entlastet.

Die Gesamtkonzeption des Lehrbuchs verantworten wir gemeinsam. Von den einzelnen Kapiteln haben bearbeitet:

Gernot Sydow: Kapitel 1, 4, 5, 8, 10, 11, 15 und 16,

Fabian Wittreck: Kapitel 2, 3, 6, 7, 9, 12, 13, 14 und 17.

Das Lehrbuch wird durch eine Darstellung der Grundrechte und Grundfreiheiten (Deutsches und europäisches Verfassungsrecht II) von Niels Petersen nach demselben integrativen Konzept ergänzt.

Am Entstehen des Lehrbuchs haben die Mitarbeiterinnen und Mitarbeiter unserer beiden Lehrstühle intensiv mitgewirkt, darunter viele Studierende, die das neue Lehrkonzept teilweise bereits aus ihren Vorlesungen und Arbeitsgemeinschaften kennen und ihre Erfahrungen und Erwartungen an ein modernes Lehrkonzept eingebracht haben. Unser Dank gilt Kathrin Albrecht, Dr. Tristan Barczak, Petra Fentner, Lutz Friedrich, Mia Kundy, Georg Mertens, Saskia Michel, Nina Mruk, Lisa Rabeineick, Julia Rubbert, Clara Scharfenstein, Maxine Schneider, Felicitas Strauch, Niklas Täuber, Zoe Tappeiner, Dr. Stephan Wagner, Sandra Westphal, Marcel Wirth und Mareike Wolff (alle Institut für Öffentliches Recht und Politik) sowie Tarek Bouamoud, Andreas Braun, Maike Herrlein, Hendrik Jooß, Silvia Marx, Marian Müller, Nicholas

Vorwort

Otto, Bartholomäus Regenhardt, Felicitas Scholz, Sarah Shedid Attifa, Pia Marie Siebert, Alban Spielkamp, Julia Suttorp, Lara Voß, Johanna Werpers, Andreas Werry, Elisabeth Willems, Beyza Nur Yeşilyurt Dur und Lara Zölck (Institut für internationales und vergleichendes öffentliches Recht).

Münster, im Juli 2018   *Gernot Sydow*
                                                                 Fabian Wittreck

Inhaltsverzeichnis

Vorwort	V
Abkürzungsverzeichnis	XXVII

Kapitel 1. Bezugspunkte des Verfassungsrechts 1
  A. Zugriffsweisen auf das Verfassungsrecht: Verfassungsdogmatik und
     Verfassungstheorie 2
  B. Verfassungsbegriffe und Verfassungsfunktionen 4
    I. Verfassung im formellen und im materiellen Sinn 4
      1. Verfassung im formellen Sinn 4
      2. Leistungsfähigkeit und Grenzen des formellen
        Verfassungsbegriffs 5
        a) Inkorporationstechniken 6
        b) Hypertextstruktur 6
      3. Verfassung im materiellen Sinn 7
    II. Funktionen der Verfassung 7
      1. Verfassung als Organisationsstatut 8
      2. Verfassung als Instrument der Herrschaftsbegründung,
        Herrschaftslegitimation und Herrschaftsbegrenzung 8
      3. Programmatische Verfassung: Verfassung als Werteordnung 9
    III. Folgen unterschiedlicher Verfassungsfunktionen für das
       Verhältnis von Verfassung und einfachem Recht 10
  C. Verfassung und Staat 12
    I. Verhältnis von Staat und Verfassung 12
      1. Historische Perspektive 12
      2. Rechtstheoretische Perspektive 13
      3. Folgerungen für den Staatsbegriff 14
    II. Bedeutung der Unterscheidung von Staat und Gesellschaft für
      die Verfassungsfunktionen 15
    III. Verknüpfung von Verfassungsidee, Demokratie und
       Volkssouveränität 16
  D. Verfassung und Europäische Union 17
    I. Kategorisierungsversuche für die EU 17
      1. Bundesstaat und Staatenbund als Kategorien des
        19. Jahrhunderts 17
      2. Die EU als Staatenverbund oder Verfassungsverbund 18
      3. Die EU als Netzwerk oder als Mehrebenenorganisation ... 18
    II. Aspekte der europäischen Verfassungsfrage 19
    III. Beurteilungskriterien 20
      1. Terminologisch: fehlende offizielle Verfassungsterminologie 20
      2. Formal: Vertragscharakter, Vorrang und
        Änderungsfestigkeit der Unionsverträge 22
        a) Vertragscharakter des Primärrechts 22
        b) Normhierarchischer Vorrang des Primärrechts 22
        c) Erschwerte Abänderbarkeit des Primärrechts 23

   3. Funktional: Verfassungsfunktionen der Unionsverträge für die EU 23
   4. Materiell: Die Unionsverträge als *contrat social* zwischen den Unionsbürgern? 23
  IV. Ergebnis: Die Unionsverträge als Verfassung der EU 25
 E. Klausurhinweise 25
  I. Klausurrelevante Themen und Fragestellungen 25
  II. Aufbauhinweise 26
  III. Prüfschemata 27

Kapitel 2. Verfassunggebende Gewalt und Verfassunggebung 28
 A. Verfassungstheoretische Grundbegriffe 29
  I. Souveränität 29
  II. Grundbegriffe: *pouvoir constituant* und *pouvoirs constitués* 30
  III. Das Staatsvolk als verfasste Gewalt 31
  IV. Staatsangehörigkeit und Unionsbürgerschaft 31
   1. Staatsangehörigkeit als Zugehörigkeitstitel 31
   2. Staatsangehörigkeit unter dem Grundgesetz 32
   3. Die Unionsbürgerschaft 33
 B. Das Grundgesetz als Verfassung der Bundesrepublik Deutschland .. 34
  I. Erlass und Legitimationsgrundlagen des Grundgesetzes 1949 34
  II. Das Grundgesetz als gesamtdeutsche Verfassung 37
  III. Art. 146 GG 38
 C. Die EU-Verträge als Verfassungsrecht der Europäischen Union 39
  I. Vertragliche Grundlagen 39
   1. Gründungsverträge und deren Zielsetzung 40
   2. EUV, AEUV und Grundrechte-Charta als geltendes Unionsverfassungsrecht 42
  II. Konzeptionelles Grundverständnis 42
   1. Die Mitgliedstaaten als „Herren der Verträge" 43
   2. Die Europäische Union als autonome Rechtsordnung 43
  III. Beitritt zur Union (Art. 49 EUV) 44
  IV. Möglichkeit des Austritts aus der Union (Art. 50 EUV) 44
 D. Klausurhinweise 45

Kapitel 3. Charakteristika des Verfassungsrechts 47
 A. Normativität der Verfassung 47
  I. Verfassungsrecht als unmittelbar geltendes Recht 47
  II. Rechtstheoretische Unterscheidung von Regeln und Prinzipien 49
  III. Präambeln 50
   1. Normativität der Präambel des Grundgesetzes 51
   2. Normativität der Präambeln der Verträge der Union 51
   3. Insbesondere: Der „Präambelgott" 51
 B. Vorrang des Verfassungsrechts 52
  I. Normenhierarchie im nationalen Recht 52
   1. Geltungsvorrang der Verfassung vor dem einfachen Recht 53

	2. Anwendungsvorrang des einfachen Rechts vor der Verfassung	54
	3. Verfassungskonforme Auslegung des einfachen Rechts	55
II.	Europäisches Primär- und Sekundärrecht	57
C. Methoden der Verfassungsinterpretation		58
I.	Auslegung des Grundgesetzes	58
II.	Auslegung des europäischen Primärrechts	60
D. Klausurhinweise		62

Kapitel 4. Verhältnis von deutschem und europäischem Recht 63
- A. Einführung 64
  - I. Themen und Fragestellungen 64
  - II. Ausgangspunkte 64
  - III. Gründe für die Komplexität des Verhältnisses von deutschem und europäischem Recht 66
- B. Das Verhältnis zum nationalen Recht aus der Perspektive des Unionsrechts 66
  - I. Verpflichtung der Mitgliedstaaten auf die Werte der Union ... 66
    - 1. Unionsverfassungsrechtliche Grundlage, Art. 2 EUV 66
    - 2. Sanktionsmechanismus bei Gefahr einer schwerwiegenden Verletzung, Art. 7 EUV 67
  - II. Unmittelbare Anwendbarkeit und Anwendungsvorrang des Europarechts 68
    - 1. Begründungsansatz: Das Unionsrecht als autonome Rechtsordnung 68
    - 2. Unmittelbare Anwendbarkeit des Unionsrechts 69
      - a) Unmittelbare Anwendbarkeit des Primärrechts 69
      - b) Unmittelbare Anwendbarkeit von Verordnungen 69
      - c) Umsetzungsbedürftigkeit von Richtlinien 70
      - d) Unmittelbare Wirkung von Richtlinien in Ausnahmefällen 71
    - 3. Anwendungsvorrang des Unionsrechts 72
      - a) Teleologische Begründung der Vorrangdoktrin durch den EuGH 72
      - b) Beschränkung der Vorrangdoktrin auf Anwendungsvorrang 73
      - c) Vertiefung: Unterscheidung von Anwendungs- und Geltungsvorrang 74
    - 4. Positivierungsansätze für die Lehre vom Anwendungsvorrang 75
    - 5. Verhältnis von Anwendungsvorrang und Sperrwirkung der EU-Kompetenzen 76
- C. Das Integrationsverfassungsrecht des Grundgesetzes 77
  - I. Integrationsauftrag: Staatsziel Europäische Union 77
  - II. Integrationsvoraussetzung: Strukturparallelität der EU zum GG 77

Inhaltsverzeichnis

    III. Integrationsverfahren zur Übertragung von Hoheitsrechten an die EU 78
        1. Bundeskompetenz für den Vertragsabschluss 78
        2. Erfordernis eines Vertragsgesetzes 78
           a) Funktionen des Vertragsgesetzes 78
           b) Erforderlichkeit eines Vertragsgesetzes 79
           c) Qualifizierte Mehrheitserfordernisse für Vertragsgesetze 80
        3. Materielle Bindungen bei der Übertragung von Hoheitsrechten an die EU 81
    IV. Unmittelbare Anwendbarkeit und Anwendungsvorrang des Unionsrechts aus der Perspektive des Grundgesetzes 82
        1. Erfordernis eines Rechtsanwendungsbefehls für die innerstaatliche Anwendbarkeit 82
        2. Innerstaatlicher Rang des Unionsrechts: grundsätzliche Akzeptanz des Anwendungsvorrangs 83
        3. Grenzen des unionsrechtlichen Anwendungsvorrangs im deutschen Recht 84
           a) Verfassungsrechtliche Grundlagen für Begrenzungen des unionsrechtlichen Anwendungsvorrangs 84
           b) Grundrechtsvorbehalt („Solange"-Rechtsprechung) ... 85
           c) Kompetenzvorbehalt (*ultra-vires*-Kontrolle) 86
           d) Identitätskontrolle 87
           e) Verhältnis der Kontrollvorbehalte des BVerfG untereinander 87
    V. Vereinbarkeit der Kontrollansprüche des BVerfG mit dem Unionsrecht 87
        1. Inhaltliche Vereinbarkeit nationaler Kontrollvorbehalte mit EU-Recht 87
        2. Proceduralisierung des Konflikts: Das „Kooperationsverhältnis" von BVerfG und EuGH 88
  D. Vertiefung 90
    I. Akteurszentrierte Betrachtung: Der Streit über den Anwendungsvorrang als gerichtlicher Kompetenzkonflikt 90
    II. Politische Wirkungen: Grundrechts- und Demokratiefortschritte durch gerichtliche Renitenz 91
    III. Verfassungstheorie: Möglichkeiten einer heterarchischen Rechtsquellenlehre 92
  E. Klausurhinweise 94

Kapitel 5. Demokratie 95
  A. Demokratie als Herrschaftsform 95
    I. Kernprinzipien der westlichen Demokratiekonzeption 95
    II. Das Prinzip der repräsentativen Demokratie 97
        1. Der Repräsentationsgedanke 97
        2. Unterscheidung von Repräsentation und soziologischer Repräsentativität 98
        3. Vergleich von repräsentativer und direkter Demokratie ... 99

    III. Rechtfertigung und Grenzen des Mehrheitsprinzips 99
        1. Rechtfertigung des Mehrheitsprinzips 99
        2. Funktionen der Opposition im parlamentarischen
           Regierungssystem 100
        3. Verfassungsrechtliche Grenzen des Mehrheitsprinzips 101
           a) Funktionen verfassungsrechtlicher Grenzen des
              Mehrheitsprinzips 101
           b) Instrumente zur Begrenzung des Mehrheitsprinzips ... 101
    IV. Verhältnis von Demokratieprinzip und Rechtsstaatlichkeit ... 102
        1. Verhältnis in funktionaler Perspektive 102
        2. Verhältnis in historischer Perspektive 102
           a) Demokratie und Rechtsstaat in Deutschland 102
           b) Demokratisierung und Rechtsstaatlichkeit im Prozess
              der europäischen Integration. 103
B. Die Demokratiekonzeption des Grundgesetzes 103
    I. Konsequente Entscheidung für eine repräsentative Demokratie 103
        1. Ebene des Bundes 103
        2. Ebene der Bundesländer 104
    II. Anforderungen an die demokratische Legitimation aller
        Staatsgewalt 105
        1. Parlamentswahlen und Parlament als zentrale
           Legitimationsmittler 105
        2. Legitimationsstränge: institutionelle, personelle und
           sachliche Legitimation 106
           a) Grundformen demokratischer Legitimation 106
           b) Komplementarität der Legitimationsstränge 106
        3. Erfordernis ununterbrochener Legitimationsketten 107
           a) Entstehung von Legitimationsketten über das Parlament 107
           b) Verbot des Dazwischentretens anderer
              Entscheidungsträger 107
           c) Verbot ministerialfreier Räume 109
    III. Kritik an der Einseitigkeit dieses Legitimationsmodells 109
        1. Historische Bedingtheiten dieses Legitimationsmodells ... 109
        2. Alternative Legitimationsmodi 110
        3. Vermittelnde Auffassungen: Komplementarität
           unterschiedlicher Legitimationsmodi 111
    IV. Subjektivierung des Demokratieprinzips 111
C. Demokratische Legitimation der EU 112
    I. Das Gebot demokratischer Verfasstheit der EU 112
    II. Strukturprobleme supranationaler demokratischer
        Legitimation 113
    III. Parlamentarische Legitimation der EU 114
        1. Dualistisches Legitimationskonzept 114
        2. Staatsvölker und Unionsbürger als eigenständige
           Legitimationssubjekte für die EU 115
        3. Vermittlungswege parlamentarischer Legitimation 116
           a) Legitimation über das EU-Parlament 116

b) Legitimation der EU über die mitgliedstaatlichen
Parlamente 117
IV. Alternative und ergänzende Legitimationskonzeptionen für die
EU 118
1. Ansatzpunkte 118
2. Transparenz und Dialog 118
3. Formen direkter Demokratie auf europäischer Ebene 119
4. Legitimation der EU durch *output*-Legitimation? 120
D. Demokratie als Integrationsschranke oder Integrationsgebot 122
I. Demokratie als Schranke der europäischen Integration 122
II. Demokratie als Integrationsgebot 123
E. Klausurhinweise 124

Kapitel 6. Rechtsstaat 126
A. Gewaltenteilung 127
I. Verschränkung der Gewalten unter dem Grundgesetz 128
II. Gebot des institutionellen Gleichgewichts der Institutionen der
Union 130
B. Vorrang und Vorbehalt des Gesetzes 131
I. Vorrang des Gesetzes 132
II. Vorbehalt(e) des Gesetzes 132
C. Rechtssicherheit 134
I. Rechtsklarheit 134
II. Rückwirkungsverbot 135
D. Verhältnismäßigkeit 136
E. Die Europäische Union als Raum der Freiheit, der Sicherheit und
des Rechts 138
F. Klausurhinweise 139

Kapitel 7. Bundesstaat, Sozialstaat, Republik, Säkularität 140
A. Bundesstaat 140
I. Verfassungsautonomie der Länder und Homogenitätsgebot ... 141
II. Die Bundestreue 143
III. Unitarisierung vs. Wettbewerbsföderalismus 145
IV. Neugliederung (Art. 29 GG) 145
B. Sozialstaat 146
I. Materieller Gehalt 146
II. Bindungs- und Rechtswirkung 147
III. Die Europäische Union als soziale Union 148
C. Republik 148
I. Formelles Republikverständnis 149
II. Materielle Gehalte des Republikprinzips? 149
D. Säkularität staatlicher Gewalt 150
E. Klausurhinweise 153

Kapitel 8. Staatsaufgaben, Staatszielbestimmungen und Ziele der EU 155
   A. Unterscheidung von Staatszielbestimmungen, Staatsaufgaben und Zielen der Union 155
   B. Staatsaufgaben 156
      I. Staatsaufgabenlehren 156
      II. Verfassungsrechtliche Determinanten für Staatsaufgaben 156
         1. Staatliche Omnipotenz 156
         2. Verfassungsrechtliche Grenzen für die Begründung von Staatsaufgaben 157
         3. Verfassungsrechtliche Pflichten zur Erfüllung bestimmter Mindestaufgaben 157
         4. Kernbestand an Staatsaufgaben als Grenze der europäischen Integration? 157
   C. Staatszielbestimmungen 158
      I. Bindungswirkung von Staatszielbestimmungen 158
      II. Einzelne Staatszielbestimmungen 159
         1. Staatszielbestimmungen im Grundgesetz 159
            a) Umwelt- und Tierschutz (Art. 20a GG) 159
            b) Friedensziel 159
            c) Europäische Integration 160
         2. Staatszielbestimmungen in den Landesverfassungen 160
   D. Ziele und Finalität der Europäischen Union 160
      I. Das Friedensziel als Gründungsmotiv 160
      II. Wirtschafts- und finanzpolitische Ziele 161
         1. Binnenmarkt (Art. 3 Abs. 3 UAbs. 1 EUV) 161
         2. Wirtschafts- und Währungsunion (Art. 3 Abs. 4 EUV) ... 161
      III. Rechtsstaatliche und sozialpolitische Ziele 162
      IV. Finalität der EU: Ziel einer immer engeren Union? 162
   E. Klausurhinweise 163

Kapitel 9. Parlamente 164
   A. Funktionen und Kompetenzen von Deutschem Bundestag und Europäischem Parlament 164
      I. Repräsentation 165
      II. Wahl und Kreation 166
         1. Wahl- und Kreationsrechte des Bundestags 166
         2. Wahl- und Kreationsrechte des Europäischen Parlaments .. 167
      III. Gesetzgebung 168
      IV. Budgetrecht 169
         1. Bundestag 169
         2. Europäisches Parlament 169
      V. Kontrolle 170
         1. Instrumente parlamentarischer Kontrolle der Exekutive ... 170
         2. Untersuchungsrecht 172
      VI. Mitwirkung des Bundestages in Angelegenheiten der Europäischen Union 172
   B. Parlamentswahlen 175

I. Wahlen zum Deutschen Bundestag 175
     1. Wahlrechtsgrundsätze 175
        a) Allgemeinheit 175
        b) Unmittelbarkeit 176
        c) Freiheit 176
        d) Gleichheit 177
        e) Geheimheit 178
        f) Öffentlichkeit 179
        g) „Grundrecht auf Demokratie" 179
     2. Wahlsystem 179
  II. Wahlen zum Europäischen Parlament 180
     1. Sitzverteilung nach ponderiertem Schlüssel 181
     2. Wahlberechtigung von Unionsbürgern 182
C. Auflösungsrecht 183
  I. Deutscher Bundestag 183
  II. Europäisches Parlament 185
D. Struktur und Arbeitsweise der Parlamente 185
  I. Struktur und Arbeitsweise des Bundestages 185
     1. Legislaturperiode und Diskontinuität 185
     2. Geschäftsordnung 186
     3. Abgeordnetenrechte 187
        a) Gegenrechte 191
        b) Immunität und Indemnität (Art. 46 GG) 191
        c) Zeugnisverweigerungsrecht und Beschlagnahmeverbot
           (Art. 47 GG) 193
        d) Die Rechte nach Art. 48 GG 194
        e) Rechtsschutz des Abgeordneten 196
     4. Fraktionen 197
     5. Ausschüsse 199
     6. Präsidium und Ältestenrat 201
  II. Struktur und Arbeitsweise des Europäischen Parlaments . 202
E. Klausurhinweise 203

Kapitel 10. Gubernative Organe mit Gesetzgebungsfunktionen 204
A. Bundesrat und Rat der EU als Ausdruck von Gewalten- und
   Ebenenverschränkungen 204
  I. Strukturelle Gemeinsamkeiten zwischen Bundesrat und Rat der
     EU 204
  II. Zielsetzung und Gründe der Gewalten- und
      Ebenenverschränkungen 206
  III. Folgen und Gegenstrategien 206
B. Bundesrat 207
  I. Besetzung 207
  II. Funktion im Rahmen des Gewaltenteilungskonzepts 208
  III. Kompetenzen des Bundesrats 209
     1. Mitwirkung an der Bundesgesetzgebung 209
     2. Mitwirkung an der Verwaltung des Bundes 210

3. Mitwirkung in EU-Angelegenheiten (Art. 23 Abs. 4–6 GG) 210
    IV. Arbeitsweise des Bundesrats 210
        1. Geschäftsordnung 210
        2. Abstimmungsmodalitäten 210
C. Rat der EU 211
    I. Bezeichnung 211
    II. Organisation des Rates 212
        1. Zusammensetzung und Vorsitz 212
        2. Ratsformationen in Abhängigkeit von der behandelten Materie 212
        3. Landesminister als deutsche Vertreter im Rat 212
    III. Kompetenzen des Rates 213
    IV. Arbeitsweise, Verfahren und Beschlussfassung 214
        1. Tagungen des Rates 214
        2. Vorbereitungs- und Unterstützungsgremien 214
        3. Beschlussmehrheiten 215
D. Klausurhinweise 216
    I. Klausurrelevante Themen und Fragestellungen 216
    II. Aufbauhinweise 216

Kapitel 11. Organe der Exekutive 218
A. Probleme einer Definition der Exekutive 218
B. Bundespräsident 220
    I. Stellung, Funktion und Kompetenzen 220
        1. Stellung und Funktion 220
        2. Kompetenzen 221
        3. Kompetenzausübung: gebundene Entscheidungen, Ermessen, Prüfungsrechte 222
            a) Rechtlich gebundene Handlungspflichten 222
            b) Formelles Prüfungsrecht in Bezug auf Bundesgesetze .. 222
            c) Materielles Prüfungsrecht in Bezug auf Bundesgesetze .. 222
            d) Prüfungsrecht am Maßstab des Unionsrechts 223
        4. Kompetenzausübung: Gegenzeichnungspflicht 224
    II. Wahl durch die Bundesversammlung 225
    III. Vertretung des Bundespräsidenten 226
    IV. Präsidentenanklage 226
C. Bundesregierung 226
    I. Rechtsgrundlagen 226
        1. Grundgesetz 226
        2. Gesetze über die Rechtsverhältnisse der Bundesminister und der Parlamentarischen Staatssekretäre 227
        3. GeschO der Bundesregierung 227
        4. Koalitionsvereinbarungen 227
    II. Stellung, Funktion und Kompetenzen 228
        1. Stellung und Funktion 228
        2. Kompetenzen 229
        3. Pflicht zur Neutralität bei regierungsamtlichen Äußerungen 230

III. Bestellung der Bundesregierung und Beendigung der Amtszeit ... 231
    1. Grundsätze 231
    2. Wahl und Ernennung des Bundeskanzlers 231
    3. Ernennung der Bundesminister 232
    4. Misstrauensvotum 233
    5. Vertrauensfrage 233
    6. „Unechte" Vertrauensfrage 234
    7. Kommissarische Weiterführung der Geschäfte 235
IV. Struktur und Arbeitsweise der Bundesregierung 237
    1. Struktur der Bundesregierung und
       Organisationskompetenz des Bundeskanzlers 237
    2. Arbeitsweise: Richtlinienkompetenz des Bundeskanzlers,
       Ressortprinzip, Kollegialprinzip 238
       a) Richtlinienkompetenz des Bundeskanzlers 238
       b) Ressortprinzip 238
       c) Kollegialentscheidungen der Bundesregierung 239
    3. Auskunftspflichten der Bundesregierung gegenüber dem
       Parlament 239
    4. Öffentlichkeitsarbeit/Warnungen 240
D. Europäischer Rat 240
   I. Stellung, Funktion und Kompetenzen 240
    1. Stellung im Institutionengefüge der EU 240
    2. Funktionen 241
    3. Kompetenzen 241
  II. Zusammensetzung 241
    1. Staats- und Regierungschefs 241
    2. Präsident des Europäischen Rates 242
  III. Arbeitsweise 242
E. Europäische Kommission 243
   I. Stellung, Funktionen und Kompetenzen 243
    1. Stellung und Funktionen 243
    2. Kompetenzen 244
  II. Struktur, Bestellung, Absetzung 245
    1. Struktur der Kommission 245
    2. Wahl des Kommissionspräsidenten 245
    3. Ernennung der Kommissare 246
    4. Misstrauensantrag gegen die Kommission (Art. 17 Abs. 8
       EUV, Art. 234 AEUV) 246
  III. Arbeitsweise der Kommission 246
    1. Arbeitsweise des Kollegiums der Kommissare 246
    2. Generaldirektionen und Externalisierung von
       Verwaltungsaufgaben 246
F. Weitere Exekutivorgane 247
   I. Zentralbanken 247
  II. Hoher Vertreter für die Gemeinsame Außen- und
    Sicherheitspolitik 248
  III. Reformperspektive: Europäische Wirtschaftsregierung und
    Europäischer Finanzminister? 248

G. Klausurhinweise 249
  I. Klausurrelevante Themen und Fragestellungen 249
  II. Aufbauhinweise 250
  III. Prüfungsschema 250

Kapitel 12. Gerichte 251
  A. Struktur der deutschen Gerichtsbarkeit 251
    I. Das Bundesverfassungsgericht 252
      1. Rechtsquellen 252
      2. Status und institutionelle Ausgestaltung 252
      3. Landesverfassungsgerichte 253
    II. Fachgerichtsbarkeiten 254
  B. Struktur der europäischen Gerichtsbarkeit 256
    I. Unionsgerichte 256
    II. Funktion des Europäischen Gerichtshofs im Prozess der
        europäischen Integration 257
  C. Bestellung und Rechtsstellung der Richter 259
    I. Wahl der Richter des Bundesverfassungsgerichts 259
    II. Bestellung der Richter des Europäischen Gerichtshofes . 261
    III. Bestellung der Richter der Fachgerichtsbarkeiten 263
    IV. Garantien richterlicher Unabhängigkeit 264
      1. Das Konzept richterlicher Unabhängigkeit 264
      2. Richterliche Unabhängigkeit unter dem Grundgesetz . 265
        a) Sachliche Unabhängigkeit 265
        b) Persönliche Unabhängigkeit 266
        c) Institutionelle Sicherungen der Unabhängigkeit . 266
      3. Richterliche Unabhängigkeit im Unionsrecht 267
  D. Klausurhinweise 268

Kapitel 13. Parteien als „am Verfassungsleben beteiligte Organe" .. 269
  A. Begriff und Funktion von Parteien 269
    I. Funktion 269
    II. Parteibegriff 270
  B. Verfassungsrechtliche Stellung unter dem Grundgesetz 272
    I. Innere Ordnung 272
      1. Demokratische Grundsätze 272
      2. Parteiinterne Wahlen und Abstimmungen 273
      3. Parteimitgliedschaft und – insbesondere – ihre Beendigung 274
      4. Parteigerichtsbarkeit 275
    II. Freiheit und Gleichheit 275
      1. Freiheit 275
      2. Gleichheit 275
    III. Parteienfinanzierung 276
    IV. Parteiverbot 278
      1. Die NPD-Verbotsverfahren 278
      2. Das Parteiverbot als Ausdruck „wehrhafter Demokratie" .. 279
      3. Die Verbotsvoraussetzungen 279

              a) Freiheitliche demokratische Grundordnung 280
              b) Partei 280
              c) Ziele 280
              d) Verhalten der Anhänger 281
              e) Beseitigung/Beeinträchtigung 281
              f) Darauf Ausgehen 281
              g) Potentialiät 281
           4. Das Verbotsverfahren 282
           5. Folgen des Verbots 282
           6. Das neue Verfahren zum „Abgraben" der finanziellen Mittel 283
           7. Das „Verbotsprivileg" 283
        V. Rechtsschutz der Parteien 283
           1. Organstreitverfahren 284
           2. Verfassungsbeschwerde 284
           3. Nichtanerkennungsbeschwerde 284
     C. Verfassungsrechtliche Stellung der Parteien auf europäischer Ebene . 285
     D. Klausurhinweise 287

Kapitel 14. Verfassungsänderung 288
     A. Änderung des Grundgesetzes 288
        I. Verfahren der Verfassungsänderung 289
           1. Textänderungsgebot (Art. 79 Abs. 1 S. 1 GG) 289
           2. Zweidrittelmehrheit (Art. 79 Abs. 2 GG) 290
       II. Materielle Grenzen der Verfassungsänderung (Art. 79 Abs. 3
           GG) 291
      III. Widerstandsrecht (Art. 20 Abs. 4 GG) 294
           1. Standort und dogmatische Einordnung 294
           2. Funktionen 295
              a) Symbolische Funktion 295
              b) Rechtfertigungs- und Restitutionsfunktion 295
           3. Einzelfragen 295
           4. Widerstandsrecht im Unionsrecht? 296
     B. Änderung der EU-Verträge 296
        I. Vertragsänderungsverfahren (Art. 48 EUV) 296
           1. Ordentliches Änderungsverfahren (Art. 48 Abs. 2–5 EUV) 296
           2. Vereinfachte Änderungsverfahren (Art. 48 Abs. 6–7 AEUV) 297
              a) Verfahren nach Art. 48 Abs. 6 EUV 298
              b) Passerelle-Klausel (Art. 48 Abs. 7 EUV) 298
           3. Grenzen der Vertragsänderung? 299
       II. Grenzen für Kompetenzübertragungen aus dem nationalen
           Verfassungsrecht 299
      III. Verfahren der vertieften Integration unterhalb der
           Vertragsänderung 300
           1. Eigenmittel der Union (Art. 311 AEUV) 300
           2. Kompetenzergänzungsklausel (Art. 352 AEUV) 301
           3. Weitere niedrigschwellige Ergänzungsverfahren 302
     C. Klausurhinweise 302

Kapitel 15. Rechtsetzung 303
  A. Bedeutung, Formen und Leitbilder der Rechtsetzung 303
    I. Verhältnis von Legislative, Exekutive und Judikative 303
    II. Rechtsetzungsakteure 304
      1. Staatliche und supranationale Rechtsetzung 304
      2. Private Rechtsetzung 305
      3. Parlamentarische Gesetzgebung und Volksgesetzgebung .. 306
    III. Ideale, Leitbilder und Rationalitätsansprüche an die
       Gesetzgebung 307
      1. Kodifikationsideal 307
      2. Formale, materielle und prozedurale Rationalitätsansprüche
        an die Gesetzgebung 308
      3. Rechtsgrundlagen im deutschen Verfassungsrecht 309
        a) Normative Grundlagen 309
        b) Kritik 310
      4. Rechtsgrundlagen im Europarecht 311
  B. Verbandskompetenzen für die Gesetzgebung 312
    I. Strukturelle Parallelen und Unterschiede zwischen
      europäischem und deutschem Verfassungsrecht 312
    II. Grundsätze der supranationalen und innerstaatlichen
      Kompetenzverteilung 313
      1. Grundsätzlich umfassende Kompetenzen des Staates 313
      2. Aufteilung der Gesetzgebungskompetenzen zwischen Bund
        und Ländern 313
      3. Prinzip der begrenzten Einzelermächtigung für die EU ... 315
    III. Systematik und Anwendungsbereich der
      Kompetenzbestimmungen 316
      1. Systematik der verfassungsrechtlichen Normierungen 316
        a) Normierung der Gesetzgebungskompetenzen im
          Grundgesetz 316
        b) Normierung supranationaler
          Gesetzgebungskompetenzen im Europarecht 317
      2. Anwendungsbereich der Kompetenzregelungen 318
    IV. Kompetenzkategorien 319
      1. Ausschließliche Gesetzgebungskompetenzen 319
      2. Konkurrierende bzw. geteilte Gesetzgebungskompetenzen 320
        a) Konkurrierende Gesetzgebung im Grundgesetz 320
        b) Geteilte Zuständigkeiten im Unionsrecht 321
      3. Doppelzuständigkeiten 321
        a) Abweichungskompetenzen der Bundesländer 321
        b) Doppelzuständigkeiten von EU und Mitgliedstaaten .. 322
      4. Unterstützungs-, Koordinierungs- und
        Ergänzungskompetenzen der Union 323
      5. Kompetenzergänzungsklausel, Kompetenzen kraft
        Sachzusammenhangs und kraft Natur der Sache 323
        a) Bundeskompetenzen kraft Sachzusammenhangs 323
        b) Bundeskompetenzen aus der Natur der Sache 323
        c) Kompetenzergänzungsklausel für die EU 324

V. Kompetenzausübungsregeln 325
   1. Bedeutung von Kompetenzausübungsregeln 325
   2. Erforderlichkeitsklausel, Art. 72 Abs. 2 GG 325
   3. Subsidiaritätsprinzip als Kompetenzausübungsregel 326
   4. Verhältnismäßigkeitsprinzip als Kompetenzausübungsregel 327
   5. Steuerung der Auswahl zwischen Richtlinie und
      Verordnung durch das Verhältnismäßigkeitsprinzip 328
VI. Prozedurale Absicherungen und Justitiabilität der
    Kompetenzregelungen 329
    1. Verhältnis prozeduraler und materiell-rechtlicher
       Sicherungsmechanismen 329
    2. Spezifische Begründungspflichten für EU-Gesetzentwürfe . 330
    3. Frühwarnmechanismus und Subsidiaritätsrüge 330
    4. Verfassungsgerichtliche Kontrolle der
       Kompetenzbestimmungen 331
C. Gesetzgebungsorgane und Beteiligungsberechtigte 332
   I. Verhältnis von Verbands- und Organkompetenzen 332
   II. Recht der Gesetzesinitiative 333
       1. Gesetzesinitiativrecht für die Bundesgesetzgebung 333
       2. Gesetzesinitiativrecht für die EU-Gesetzgebung 333
          a) Initiativmonopol der Kommission als Regel 333
          b) Sonderfälle zusätzlicher Initiativberechtigter 334
          c) Europäische Bürgerinitiative 334
   III. Organkompetenzen für die Bundesgesetzgebung 335
        1. Beschlusskompetenz des Bundestages 335
        2. Zustimmungs- und Einspruchsrechte des Bundesrats 335
   IV. Organkompetenzen und Beteiligungsrechte für die EU-
       Gesetzgebung 337
       1. Parlament und Rat als grundsätzlich gleichberechtigte
          Gesetzgeber 337
       2. Anhörungsrechte des Wirtschafts- und Sozialausschusses
          und des Ausschusses der Regionen 338
       3. Beteiligung nationaler Parlamente: Zielsetzung aus EU-
          Perspektive 338
       4. Beteiligung von Bundestag und Bundesrat: Zielsetzung des
          deutschen Verfassungsrechts 339
D. Das Verfahren der parlamentarischen Gesetzgebung 341
   I. Verfassungsrechtliche und soziologische Sicht auf das
      Gesetzgebungsverfahren 341
   II. Lesungen und Ausschussberatungen von Gesetzentwürfen im
       Deutschen Bundestag 342
       1. Lesungen und Ausschussberatungen im Deutschen
          Bundestag 342
       2. Folgen von Geschäftsordnungsverstößen 343
   III. Beratung von EU-Gesetzentwürfen 343
        1. Lesungen und Ausschussberatungen nach Art. 294 AEUV 343
        2. Ergänzung der Lesungen durch den Trilog 344
           a) Funktionsweise des Trilogs 344

           b) Primärrechtliche Zulässigkeit und Problematik 345
           c) Alternativen zum Trilog 346
       3. Beteiligung des Bundestags an der EU-Gesetzgebung 346
       4. Beteiligung des Bundesrats an der EU-Gesetzgebung
          (Art. 23 Abs. 4–6 GG) 347
   IV. Vermittlungsverfahren 348
       1. Vermittlungsverfahren nach Art. 77 Abs. 2 GG 348
       2. Vermittlungsverfahren nach Art. 294 Abs. 10–14 AEUV .. 349
   V. Gesetzesbeschluss, Ausfertigung, Verkündung und
      Inkrafttreten der Gesetze 349
       1. Gesetzesbeschluss (Art. 77 Abs. 1 GG) und
          Zustandekommen des Gesetzes (Art. 78 GG) 349
       2. Prüfungsrecht des Bundespräsidenten vor Ausfertigung der
          Bundesgesetze 350
       3. Unterzeichnung und Veröffentlichung europäischer
          Gesetze 351
       4. Inkrafttreten: äußere und innere Wirksamkeit 351
E. Verfassungsrechtliche Vorgaben und Restriktionen exekutiver
   Rechtsetzung 351
   I. Zielsetzung und Legitimationsproblematik exekutiver
      Rechtsetzung 351
   II. Formen exekutiver Rechtsetzung 353
       1. Überblick 353
       2. Gesetzesakzessorisches Exekutivrecht: Rechtsverordnungen,
          delegiertes Recht, Durchführungsrecht 354
       3. Weitere Formen exekutiver Rechtsetzung 356
   III. Verfassungsrechtliche Anforderungen an gesetzesakzessorische
        Rechtsetzung durch die Exekutive 356
       1. Anforderungen aus Art. 80 GG an den Erlass von
          Rechtsverordnungen 356
       2. Anforderungen aus Art. 290 AEUV an den Erlass
          delegierten Rechts 357
       3. Anforderungen aus Art. 291 Abs. 2 AEUV an den Erlass von
          Durchführungsrecht 358
F. Klausurhinweise 358
   I. Klausurrelevante Themen und Fragestellungen 358
   II. Aufbauhinweise 359
       1. Fälle zum Gesetzgebungsverfahren 359
       2. Fälle zur Überprüfung von Rechtsverordnungen 359
   III. Prüfschemata 359

Kapitel 16. Verwaltung 362
A. Verwaltungskompetenzen 362
   I. Kompetenzielle Grundentscheidungen 362
   II. Verwaltungskompetenzen im Verhältnis zwischen EU und
       Mitgliedstaaten 363
       1. Rechtsgrundlagen 363

2. Indirekter Vollzug des Unionsrechts: Grundentscheidung
  für ein dezentrales Vollzugssystem 364
3. Vertikale Zentralisierung: Verbandskompetenzen der EU
  für den direkten Vollzug des Unionsrechts 366
4. Horizontale Zentralisierung: Verwaltungskompetenzen im
  Verhältnis zwischen den EU-Mitgliedsstaaten 367
III. Verwaltungskompetenzen im Verhältnis von Bund und
  Ländern 368
  1. Rechtsgrundlagen 368
  2. Obligatorische Bundesverwaltung 370
  3. Fakultative Bundesverwaltung 370
B. Verfassungsrechtliche Vorgaben für die Verwaltungsorganisation ... 371
  I. Primärrechtliche Vorgaben für die Struktur der EU-Verwaltung 371
   1. Die Kommission als Hauptverwaltungsorgan 371
   2. Primärrechtliche Grundlagen für die Errichtung
     Europäischer Agenturen 371
   3. Demokratische Legitimation des Organisationsmodells der
     EU-Verwaltung 372
  II. Verfassungsrechtliche Vorgaben für die Struktur der
    Bundesverwaltung 373
   1. Errichtungs- und Leitungskompetenz der Bundesregierung 373
   2. Regelmäßige Beschränkung auf Bundesoberbehörden 374
C. Ingerenzrechte der EU und des Bundes beim Auseinanderfallen von
  Gesetzgebungs- und Verwaltungskompetenzen 374
  I. Rechtfertigung von Ingerenzrechten gegenüber den
    Mitgliedstaaten bzw. Bundesländern 374
  II. Europarechtliche Vorgaben für den mitgliedstaatlichen Vollzug
    des Unionsrechts 376
   1. Grundsatz der institutionellen und verfahrensrechtlichen
     Autonomie der Mitgliedstaaten 376
   2. Effektivitätsgebot als Grenze der mitgliedstaatlichen
     Autonomie 377
   3. Durchführungsrecht als Instrument zur Steuerung des
     mitgliedstaatlichen Verwaltungsvollzugs 378
  III. Steuerungs- und Aufsichtsrechte des Bundes gegenüber den
    Landesverwaltungen 378
   1. Keine Vorgaben beim Vollzug von Landesgesetzen 378
   2. Ingerenzrechte bei Ausführung der Bundesgesetze als eigene
     Angelegenheit der Länder 379
   3. Ingerenzrechte bei Bundesauftragsverwaltung 380
   4. Ingerenzbefugnisse des Bundes beim Vollzug des
     Europarechts durch die Länder? 381
D. Zulässigkeit und Grenzen ebenenübergreifender
  Verwaltungskooperation 382
  I. Strukturelle Parallelen und Unterschiede zwischen
    europäischem und deutschem Verfassungsrecht 382
  II. Primärrechtliche Grundlagen des europäischen
    Verwaltungsverbundes 382

  III. Gemeinschaftsaufgaben und Verwaltungszusammenarbeit von Bund und Ländern 383
 E. Klausurhinweise 384
  I. Klausurrelevante Themen und Fragestellungen 384
  II. Aufbauhinweise und eigenständige Entwicklung von Prüfschemata 385

Kapitel 17. Rechtsprechung 387
 A. Gerichtliche Kompetenzen 387
  I. Das Rechtsprechungsmonopol 388
  II. Justitiabilität hoheitlichen Handelns 388
   1. Rechtsschutzgarantie und korrespondierende Kompetenzen 389
   2. Kompetenztableau des Europäischen Gerichtshofs 389
  III. Der „Rechtsprechungsverbund" der Verfassungsgerichte 390
  IV. Normverwerfungskompetenzen 391
   1. Bundesverfassungsgericht 392
   2. Europäischer Gerichtshof 393
 B. Ausgewählte Verfahren vor dem Bundesverfassungsgericht 393
  I. Grundschema zum Verfassungsprozessrecht 393
  II. Organstreitverfahren 395
   1. Standort und Funktion 395
   2. Prüfung in der Klausur 395
    a) Parteifähigkeit (auch: Antragsberechtigung) von Antragsteller und Antragsgegner 395
    b) Streitgegenstand 397
    c) Antragsbefugnis 398
    d) Passive Prozessführungsbefugnis 399
    e) Rechtsschutzbedürfnis 399
    f) Form und Frist 399
    g) Begründetheit 399
  III. Abstrakte Normenkontrolle 400
   1. Standort und Funktion 400
   2. Prüfung in der Klausur 401
    a) Antragsberechtigung 401
    b) Antragsgegenstand 401
    c) Antragsbefugnis 402
    d) Form und Frist 403
    e) Verfahren 403
    f) Begründetheit 403
  IV. Konkrete Normenkontrolle 404
   1. Standort und Funktion 404
   2. Prüfung in der Klausur 405
    a) Vorlageberechtigung 405
    b) Vorlagegegenstand 405
    c) Vorlagebefugnis 406
    d) Form und Frist 408

         e) Verfahrensfragen 408
         f) Begründetheit 408
    C. Verfahren vor dem Europäischen Gerichtshof 409
      I. Nichtigkeitsklage 409
         1. Standort und Funktion 409
         2. Prüfung in der Klausur 409
            a) Beklagte Unionsorgane 409
            b) Anfechtbare Unionsakte/Klagegegenstand 409
            c) Klagebefugnis 410
               aa) Privilegierte Kläger (Art. 263 UAbs. 2 AEUV) 410
               bb) Teilprivilegierte Kläger (Art. 263 UAbs. 3 AEUV) .. 410
               cc) Nichtprivilegierte Kläger (Art. 263 UAbs. 4 u. 5
                   AEUV) 410
            d) Klagegrund 411
            e) Klagefrist 411
            f) Ordnungsgemäße Klageerhebung 412
     II. Vorabentscheidungsverfahren 412
         1. Standort und Funktion 412
         2. Prüfung in der Klausur 413
            a) Vorlageberechtigung 413
            b) Vorlagegrund bzw. -gegenstand 413
            c) Entscheidungserheblichkeit 414
            d) Vorlagepflicht 414
            e) Ordnungsgemäße Vorlage 415
         3. Entscheidungsinhalt 415
         4. Der Europäische Gerichtshof als (deutscher) gesetzlicher
            Richter 415
    III. Vertragsverletzungsverfahren 416
         1. Standort und Funktion 416
         2. Prüfung in der Klausur 416
            a) Parteifähigkeit 416
            b) Klagegegenstand 416
            c) Durchführung eines Vorverfahrens 417
               aa) Aufsichtsklage (Art. 258 UAbs. 1 AEUV) 417
               bb) Klage gegen einen anderen Mitgliedstaat (Art. 259
                   UAbs. 2 AEUV) 417
            d) Klagebefugnis 417
            e) Klagefrist 418
            f) Ordnungsgemäße Klageerhebung 418
            g) Rechtsschutzinteresse 418
            h) Begründetheit 418
    D. Klausurhinweise und Prüfungsschemata zu den dargestellten
       Verfahrensarten 418
      I. (Bundes-)Organstreitverfahren (Art. 93 I Nr. 1 GG, §§ 13
         Nr. 5, 23 I, 63 ff. BVerfGG) 418
     II. Abstrakte Normenkontrolle durch das
         Bundesverfassungsgericht (Art. 93 I Nr. 2 GG, §§ 13 Nr. 6, 23
         I, 76 ff. BVerfGG) 419

III. Konkrete Normenkontrolle durch das
    Bundesverfassungsgericht (Art. 100 I 1 2. Alt. GG, §§ 13
    Nr. 11, 23 I, 80 ff. BVerfGG) 419
IV. Nichtigkeitsklage nach Art. 263 f. AEUV 420
V. Vorabentscheidungsverfahren nach Art. 267 AEUV 421
VI. Vertragsverletzungsverfahren nach Art. 258 f. AEUV 421

Sachverzeichnis 423

Abkürzungsverzeichnis

a. A., aA.	andere(r) Ansicht
a. a. O., aaO.	am angegebenen Ort
Abg.	Abgeordnete(r)
AbgG	Gesetz über die Rechtsverhältnisse der Mitglieder des Deutschen Bundestages (Abgeordnetengesetz)
ABl., AblEU	Amtsblätter der Europäischen Gemeinschaften, der Europäischen Union
Abs.	Absatz
Achterberg, Parlamentsrecht	Norbert Achterberg, Parlamentsrecht, Tübingen 1984
AEMR	Allgemeine Erklärung der Menschenrechte vom 10. 12. 1948
AEUV	Vertrag über die Arbeitsweise der Europäischen Union vom 9. 5. 2008
ÄndG	Änderungsgesetz
a. F., aF.	alte Fassung
AfD	Alternative für Deutschland
AG	Amtsgericht
AG	Aktiengesellschaft
AK-GG	Erhard Denninger/Wolfgang Hoffmann-Riem/Hans-Peter Schneider/Ekkehart Stein (Hrsg.), Kommentar zum Grundgesetz für die Bundesrepublik Deutschland (AK-GG), 3. Aufl., 3 Bde., Neuwied u. a. 2001 ff.; Stand: 2. Ergänzungslieferung August 2002
allg.	allgemein
Alt.	Alternative
Anm.	Anmerkung
AöR	Archiv des öffentlichen Rechts
ArbGG	Arbeitsgerichtsgesetz
ARSP	Archiv für Rechts- und Sozialphilosophie
Art.	Artikel
AStV	Ausschuß der Ständigen Vertreter
Aufl.	Auflage
Az.	Aktenzeichen
Badura, Staatsrecht	Peter Badura, Staatsrecht. Systematische Erläuterung des Grundgesetzes für die Bundesrepublik Deutschland, 7. Aufl., München 2018
BAG	Bundesarbeitsgericht
BAMF	Bundesamt für Migration und Flüchtlinge
BayVGH	Bayerischer Verwaltungsgerichtshof
BBankG	Gesetz über die Deutsche Bundesbank
BBG	Bundesbeamtengesetz
Bd.	Band
Bde.	Bände
Bearb.	Bearbeiter
BeckRS	Beck online Rechtsprechung
Beschl.	Beschluß
betr.	betrifft, betreffend
Betr. Justiz	Betrifft Justiz. Zeitschrift für Richterinnen und Richter, Staatsanwältinnen und Staatsanwälte
BFH	Bundesfinanzhof
BGB	Bürgerliches Gesetzbuch
BGBl.	Bundesgesetzblatt
BGH	Bundesgerichtshof
BGHZ	Entscheidungen des Bundesgerichtshofs in Zivilsachen

Abkürzungsverzeichnis

BK	Wolfgang Kahl/Christian Waldhoff/Christian Walter (Hrsg.), Bonner Kommentar zum Grundgesetz, 25 Bde., Hamburg 1950–1988, Heidelberg 1989 ff.; Stand: 191. Lieferung Juni 2018
BMinG	Gesetz über die Rechtsverhältnisse der Mitglieder der Bundesregierung (Bundesministergesetz)
BND	Bundesnachrichtendienst
v. Bogdandy/Bast, Verfassungsrecht	Armin von Bogdandy/Jürgen Bast (Hrsg.), Europäisches Verfassungsrecht. Theoretische und dogmatische Grundzüge, 2. Aufl., Berlin-Heidelberg 2009
BremStGH	Bremischer Staatsgerichtshof
BRH	Bundesrechnungshof
BSG	Bundessozialgericht
BT	Bundestag
BT-Drs.	Bundestagsdrucksache
BVerfG	Bundesverfassungsgericht
BVerfGE	Entscheidungen des Bundesverfassungsgerichts
BVerfGG	Gesetz über das Bundesverfassungsgericht (Bundesverfassungsgerichtsgesetz)
BVerfG (K)	Kammerentscheidung des Bundesverfassungsgerichts
BVerfSchG	Bundesverfassungsschutzgesetz
BVerwG	Bundesverwaltungsgericht
BVerwGE	Entscheidungen des Bundesverwaltungsgerichts
BWahlG	Bundeswahlgesetz
Calliess/Ruffert, EUV/AEUV	Christian Calliess/Matthias Ruffert (Hrsg.), EUV/AEUV. Das Verfassungsrecht der Europäischen Union mit Europäischer Grundrechtecharta. Kommentar, 5. Aufl., München 2016
CDU	Christlich Demokratische Union Deutschlands
ChGrEU	Charta der Grundrechte der Europäischen Union vom 7. Dezember 2000 in der am 12. Dezember 2007 in Straßburg angepaßten Fassung (in Kraft getreten am 1. Dezember 2009)
CMLRev.	Common Market Law Review
CSU	Christlich-Soziale Union in Bayern
DDR	Deutsche Demokratische Republik
Degenhart, Staatsrecht I	Christoph Degenhart, Staatsrecht I. Staatsorganisationsrecht, 33. Aufl., Heidelberg 2017
DNP	Hubert Cancik/Manfred Landfester/Brigitte Egger (Hrsg.), Der Neue Pauly, 16 Bde., Stuttgart 1996–2003
DÖV	Die Öffentliche Verwaltung. Zeitschrift für öffentliches Recht und Verwaltungswissenschaft
DP	Deutsche Partei
Dreier, GG I³, II³, III³	Horst Dreier (Hrsg.), Grundgesetz-Kommentar, 3. Aufl., Bd. 1, Tübingen 2013; Bd. 2, Tübingen 2015; Bd. 3, Tübingen 2018
DRiG	Deutsches Richtergesetz
DRiZ	Deutsche Richterzeitung
Drs.	Drucksache
DVBl.	Deutsches Verwaltungsblatt
DWA	Beschluß und Akt zur Einführung allgemeiner unmittelbarer Wahlen der Abgeordneten des Europäischen Parlamentes (Direktwahlakt)
E	Entscheidung
ebd.	ebenda
ECLR	European Constitutional Law Review
EEA	Einheitliche Europäische Akte vom 17.2.1986, BGBl. 1986 II S. 1102

EEAG	Gesetz zur Ratifikation der Einheitlichen Europäischen Akte
EFTA	European Free Trade Association
EG	Europäische Gemeinschaft(en)
EGBGB	Einführungsgesetz zum Bürgerlichen Gesetzbuche
EGKS	Europäische Gemeinschaft für Kohle und Stahl
EGMR	Europäischer Gerichtshof für Menschenrechte
EGV	Vertrag zur Gründung der Europäischen Gemeinschaft vom 25.3.1957, BGBl. 1957 II S. 766
Ehlers, Europäische Grundrechte	Dirk Ehlers (Hrsg.), Europäische Grundrechte und Grundfreiheiten, 4. Aufl., Berlin 2015
Ehlers/Fehling/ Pünder, Bes. Verwaltungsrecht I–III	Dirk Ehlers/Michael Fehling/Hermann Pünder (Hrsg.), Besonderes Verwaltungsrecht, 3 Bde., 3. Aufl., Heidelberg u. a. (Bd. I: Öffentliches Wirtschaftsrecht, 2012; Bd. II: Planungs-, Bau- und Straßenrecht, Umweltrecht, Gesundheitsrecht, Medien- und Informationsrecht, 2013; Bd. III: Kommunalrecht, Haushalts- und Abgabenrecht, Ordnungsrecht, Sozialrecht, Bildungsrecht, Recht des öffentlichen Dienstes, 2013)
EKD	Evangelische Kirche in Deutschland
ELJ	European Law Journal
EMRK	Konvention zum Schutz der Menschenrechte und der Grundfreiheiten vom 4.11.1950, BGBl. 1952 II S. 685, in Deutschland in Kraft seit dem 3.9.1953 (BGBl. 1954 II S. 14)
EnzEuR	Armin Hatje (Hrsg.), Enzyklopädie Europarecht, Baden-Baden 2013ff. (Bd. I: 2014; Bd. II: 2014; Bd. III: 2014; Bd. IV: 2015; Bd. VI: 2016; Bd. VII: 2016; Bd. VIII: 2014; Bd. IX: 2013; Bd. X: 2014)
EP	Europäisches Parlament
EStG	Einkommensteuergesetz
ESZB	Europäisches System der Zentralbanken
EU	Europäische Union
EuG	Gericht erster Instanz der Europäischen Gemeinschaften
EuGH	Gerichtshof der Europäischen Gemeinschaften
EuGRZ	Europäische Grundrechte-Zeitschrift
EuR	Europarecht
Euratom	Europäische Atomgemeinschaft
EUV	Vertrag über die Europäische Union (Maastricht-Vertrag) vom 7.2.1992, BGBl. II S. 1253
EuWG	Gesetz über die Wahl der Abgeordneten des Europäischen Parlaments aus der Bundesrepublik Deutschland
EUZBBG	Gesetz über die Zusammenarbeit von Bundesregierung und Deutschem Bundestag in Angelegenheiten der Europäischen Union
EUZBLG	Gesetz über die Zusammenarbeit von Bund und Ländern in Angelegenheiten der Europäischen Union
EuZW	Europäische Zeitschrift für Wirtschaftsrecht
EWG	Europäische Wirtschaftsgemeinschaft
EWS	Zeitschrift für Europäisches Wirtschafts- und Steuerrecht
EZB	Europäische Zentralbank
f.	folgend(e)
FDP	Freie Demokratische Partei
ff.	folgende
FG	Festgabe
FG	Finanzgericht
FK	Matthias Pechstein/Carsten Nowak/Ulrich Häde (Hrsg.), Frankfurter Kommentar zu EUV, GRC und AEUV, 4 Bde., Tübingen 2017
Fn.	Fußnote

Frenz, Europarecht
I–VI . . . . *Walter Frenz,* Handbuch Europarecht, Bde. I–VI, 2. Aufl., Berlin u. a. 2012 ff.
Friauf/Höfling, GG Karl Heinrich Friauf/Wolfram Höfling (Hrsg.), Berliner Kommentar zum Grundgesetz, 5 Bde., Berlin 2000 ff.; Stand: 55. Ergänzungslieferung Mai 2018
FS . . . . Festschrift
FS 50 Jahre BVerfG Peter Badura/Horst Dreier (Hrsg.), Festschrift 50 Jahre Bundesverfassungsgericht, 2 Bde., Tübingen 2001

G10 . . . . Gesetz zur Beschränkung des Brief-, Post- und Fernmeldegeheimnisses (Gesetz zu Art. 10 Grundgesetz)
GBl. . . . . Gesetzblatt, Gesetzblätter
GedS . . . . Gedächtnisschrift
Geiger/Khan/
Kotzur, EUV/
AEUV . . . . Rudolf Geiger/Daniel-Erasmus Khan/Markus Kotzur (Hrsg.), EUV/AEUV, 6. Aufl., München 2017
GemO, GO . . . . . Gemeindeordnung
GG . . . . Grundgesetz für die Bundesrepublik Deutschland vom 23.5.1949
GmbH . . . . Gesellschaft mit beschränkter Haftung
GO . . . . Geschäftsordnung
GOBReg . . . . Geschäftsordnung der Bundesregierung
GOBT, GeschOBT Geschäftsordnung des Bundestages
GOEP . . . . Geschäftsordnung des Europäischen Parlaments
Grabitz/Hilf/
Nettesheim,
EUV/AEUV . . . . Martin Nettesheim (Hrsg.), Das Recht der Europäischen Union: Vertrag über die Europäische Union, Vertrag über die Arbeitsweise der Europäischen Union. Begründet von Eberhard Grabitz, fortgeführt von Meinhard Hilf, 3 Bde., München 2010 ff.; Stand: 65. Ergänzungslieferung Mai 2018
GRC, GRCh . . . . Charta der Grundrechte der Europäischen Union vom 7. Dezember 2000 in der am 12. Dezember 2007 in Straßburg angepaßten Fassung

Groeben/Schwarze/
Hatje, EUV/
AEUV/GRC . . . . Hans von der Groeben/Jürgen Schwarze/Armin Hatje (Hrsg.), Europäisches Unionsrecht. Kommentar, 4 Bde., 7. Aufl., Baden-Baden 2015
GVBl. . . . . Gesetz- und Verordnungsblatt
GVwR^2 . . . . Grundlagen des Verwaltungsrechts, herausgegeben von Wolfgang Hoffmann-Riem/Eberhard Schmidt-Aßmann/Andreas Voßkuhle, 2. Aufl., München 2012, 2013. (Bd. I: Methoden – Maßstäbe – Aufgaben – Organisation, 2012; Bd. II: Informationsordnung – Verwaltungsverfahren – Handlungsformen, 2012; Bd. III: Personal – Finanzen – Kontrolle – Sanktionen – Staatliche Einstandspflichten, 2013)

Hailbronner/
Wilms, EU . . . . . Kay Hailbronner/Heinrich Wilms, Recht der Europäischen Union, Stuttgart 2010 ff., Stand: 20. Ergänzungslieferung Januar 2010
Halbs. . . . . Halbsatz
*Haratsch/Koenig/
Pechstein,* Europarecht . . . . Andreas Haratsch/Christian Koenig/Matthias Pechstein, Europarecht, 11. Aufl., Tübingen 2018
Herdegen, Europarecht . . . . Matthias Herdegen, Europarecht, 19. Aufl., München 2017
Hesse, Verfassungsrecht . . . . Konrad Hesse, Grundzüge des Verfassungsrechts der Bundesrepublik Deutschland, 20. Aufl., Heidelberg 1995

HGR	Handbuch der Grundrechte in Deutschland und Europa, herausgegeben von Detlef Merten und Hans-Jürgen Papier, Heidelberg 2004–2017 (Bd. I: 2004; Bd. II: 2006; Bd. III: 2009; Bd. IV: 2011; Bd. V: 2013; Bd. VI/1: 2010; Bd. VI/2: 2009; Bd. VII/1: 2009; Bd. VII/2: 2007; Bd. VIII: 2017; Bd. IX: 2016; Bd. X: 2017)
h. M.	herrschende Meinung
Hömig/Wolff, GG	Dieter Hömig/Heinrich Amadeus Wolff (Hrsg.), Grundgesetz für die Bundesrepublik Deutschland. Handkommentar, mitbegründet von Karl-Heinz Seifert, 12. Aufl., Baden-Baden 2018
HRG²	Handwörterbuch zur Deutschen Rechtsgeschichte, herausgegeben von Albrecht Cordes/Heiner Lück/Dieter Werkmüller/Ruth Schmidt-Wiegand, 2. Aufl., Berlin 2008 ff. (Bd. I: 2008; Bd. II: 2012; Bd. III: 2016)
Hrsg.	Herausgeber
Hs.	Halbsatz
HStR	Handbuch des Staatsrechts der Bundesrepublik Deutschland, herausgegeben von Josef Isensee und Paul Kirchhof, 10 Bde., 1./2. Aufl., Heidelberg 1987–2001 (Bd. I: 1987/1995; Bd. II: 1987/1998; Bd. III: 1988/1996; Bd. IV: 1990/1999; Bd. V: 1992/2000; Bd. VI: 1989/2001; Bd. VII: 1992; Bd. VIII: 1995; Bd. IX: 1997; Bd. X: 2000)
HStR³	Handbuch des Staatsrechts der Bundesrepublik Deutschland, herausgegeben von Josef Isensee und Paul Kirchhof, 3. Aufl., Heidelberg 2003–2015 (Bd. I: 2003; Bd. II: 2004; Bd. III: 2005; Bd. IV: 2006; Bd. V: 2007; Bd. VI: 2008; Bd. VII: 2009; Bd. VIII: 2010; Bd. IX: 2011; Bd. X: 2012; Bd. XI: 2013; Bd. XII: 2014; Bd. XIII: 2015)
Huber, Verfassungsgeschichte	Ernst Rudolf Huber, Deutsche Verfassungsgeschichte seit 1789, 8 Bde., Stuttgart u. a. 1967–1991 (Bd. 1: 2. Aufl. 1967; Bd. 2: 3. Aufl. 1988; Bd. 3: 3. Aufl. 1988; Bd. 4: 2. Aufl. 1982; Bd. 5: 1978; Bd. 6: 1981; Bd. 7: 1984; Bd. 8: 1991)
Hufen, Grundrechte	Friedhelm Hufen, Staatsrecht II. Grundrechte, 7. Aufl., München 2018
i. d. F.	in der Fassung
insb.	insbesondere
IntVG	Gesetz über die Wahrnehmung der Integrationsverantwortung des Bundestages und des Bundesrates in Angelegenheiten der Europäischen Union (Integrationsverantwortungsgesetz)
IPE	Handbuch Ius Publicum Europaeum, herausgegeben von Armin von Bogdandy/Peter M. Huber, Heidelberg 2007 ff. (Bd. I [herausgegeben von Armin von Bogdandy/Pedro Cruz Villalón/Peter M. Huber unter Mitwirkung von Diana Zacharias]: Grundlagen und Grundzüge staatlichen Verfassungsrechts, 2007; Bd. II [herausgegeben von Armin von Bogdandy/Pedro Cruz Villalón/Peter M. Huber unter Mitwirkung von Diana Zacharias]: Offene Staatlichkeit – Wissenschaft vom Verfassungsrecht, 2008; Bd. III [herausgegeben von Armin von Bogdandy/Sabino Cassese/Peter M. Huber unter Mitwirkung von Diana Zacharias]:Verwaltungsrecht in Europa: Grundlagen, 2010; Bd. IV [herausgegeben von Armin von Bogdandy/Sabino Cassese/Peter M. Huber unter Mitwirkung von Diana Zacharias]: Verwaltungsrecht in Europa: Wissenschaft, 2011; Bd. V [herausgegeben von Armin von Bogdandy/Sabino Cassese/Peter M. Huber]: Verwaltungsrecht in Europa: Grundzüge, 2014; Bd. VI [herausgegeben von Armin von Bogdandy/Christoph Grabenwarter/Peter M. Huber unter Mitwirkung von Carlino Antpöhler/Johanna Dickschen/Nele Yang]: Verfassungsgerichtsbarkeit in Europa: Institutionen, 2016
Ipsen, Völkerrecht	Knut Ipsen, Völkerrecht, 6. Aufl., München 2014
JA	Juristische Arbeitsblätter
Jarass, GRCh/ChGrEU	Hans D. Jarass, Charta der Grundrechte der Europäischen Union, 3. Aufl., München 2016

Abkürzungsverzeichnis

Jarass/Pieroth, GG	Hans D. Jarass/Bodo Pieroth, Grundgesetz für die Bundesrepublik Deutschland: Kommentar, 15. Aufl., München 2018 [der jeweilige Verfasser der Kommentierung ist kursiv gesetzt]
JöR	Jahrbuch des öffentlichen Rechts der Gegenwart
JZ	Juristenzeitung
Kap.	Kapitel
KommJur	Kommunaljurist. Rechtsberater für Gemeinden, Landkreise, Gemeindeverbände und kommunale Wirtschaftsunternehmen
KPD	Kommunistische Partei Deutschlands
KuR	Kirche und Recht
LG	Landgericht
LKRZ	Zeitschrift für Landes- und Kommunalrecht Hessen/Rheinland-Pfalz/Saarland
Ls.	Leitsatz
m.	mit
v. Mangoldt/Klein/Starck, GG I, II, III	Kommentar zum Grundgesetz, begründet von Hermann von Mangoldt. Fortgeführt von Friedrich Klein und Christian Starck, 7. Aufl. herausgegeben von Peter M. Huber/Andreas Voßkuhle, Bde. I–III, München 2018
Maunz/Dürig, GG	Theodor Maunz/Günter Dürig (Hrsg.), Grundgesetz. Loseblatt-Kommentar, 7 Bde., München 1962ff.; Stand: 82. Ergänzungslieferung Januar 2018
Maunz/Schmidt-Bleibtreu/Klein/Bethge, BVerfGG	Theodor Maunz/Bruno Schmidt-Bleibtreu/Franz Klein/Herbert Bethge, Bundesverfassungsgerichtsgesetz. Kommentar, 2 Bde., München 1964ff.; Stand: 53. Ergänzungslieferung Februar 2018
Maurer, Staatsrecht I	Hartmut Maurer, Staatsrecht I. Grundlagen, Verfassungsorgane, Staatsfunktionen, 7. Aufl., München 20190
Morlok/Michael, Staatsorganisationsrecht	Martin Morlok/Lothar Michael, Staatsorganisationsrecht, 3. Aufl., Baden-Baden 2016
Morlok/Schliesky/Wiefelspütz, Parlamentsrecht	Martin Morlok/Utz Schliesky/Dieter Wiefelspütz (Hrsg.), Parlamentsrecht. Handbuch (unter Mitarbeit von Moritz Kalb), Baden-Baden 2016
v. Münch/Kunig, GG I, II	Grundgesetz-Kommentar, herausgegeben von Philip Kunig (begründet von Ingo von Münch), Bde. I-II, 6. Aufl., München 2012
v. Münch/Mager, Staatsrecht I	Ingo von Münch/Ute Mager, Staatsrecht I. Staatsorganisationsrecht unter Berücksichtigung der europarechtlichen Bezüge, 8. Aufl., Stuttgart 2015
m.w.N., mwN	mit weiteren Nachweisen
NATO	North Atlantic Treaty Organization
NdsVBl.	Niedersächsische Verwaltungsblätter
n. F., nF.	neue Fassung
NJOZ	Neue juristische Online-Zeitschrift
NJW	Neue Juristische Wochenschrift
NordÖR	Zeitschrift für öffentliches Recht in Norddeutschland
Nr.	Nummer
NVwZ	Neue Zeitschrift für Verwaltungsrecht
NVwZ-RR	Neue Zeitschrift für Verwaltungsrecht – Rechtsprechungs-Report
Nw.	Nachweise

NWVBl.	Nordrhein-Westfälische Verwaltungsblätter
OLG	Oberlandesgericht
Oppermann/Classen/ Nettesheim, Europarecht	Thomas Oppermann/Claus Dieter Classen/Martin Nettesheim, Europarecht. Ein Studienbuch, 7. Aufl., München 2016
OVG	Oberverwaltungsgericht
Parl. Rat	Der Parlamentarische Rat 1948–1949. Akten und Protokolle, herausgegeben vom Deutschen Bundestag und vom Bundesarchiv, Boppard am Rhein 1975 ff. (Bd. 1: Vorgeschichte, bearbeitet von Johannes V. Wagner, 1975; Bd. 2: Der Verfassungskonvent auf Herrenchiemsee, bearbeitet von Peter Bucher, 1981; Bd. 3: Ausschuß für Zuständigkeitsabgrenzung, bearbeitet von Wolfram Werner, 1986; Bd. 4: Ausschuß für das Besatzungsstatut, bearbeitet von Wolfram Werner, 1989; Bd. 5: Ausschuß für Grundsatzfragen, bearbeitet von Eberhart Pikart und Wolfram Werner, 1993; Bd. 6: Ausschuß für Wahlrechtsfragen, bearbeitet von Harald Rosenbach, 1994; Bd. 7: Entwürfe zum Grundgesetz, bearbeitet von Michael Hollmann, 1995; Bd. 8: Die Beziehungen des Parlamentarischen Rates zu den Militärregierungen, bearbeitet von Michael F. Feldkamp, 1995; Bd. 9: Plenum, bearbeitet von Wolfram Werner, 1996; Bd. 10: Ältestenrat, Geschäftsordnungsausschuß und Überleitungsausschuß, bearbeitet von Michael F. Feldkamp, 1997; Bd. 11: Interfraktionelle Besprechungen, bearbeitet von Michael F. Feldkamp, 1997; Bd. 12: Ausschuß für Finanzfragen, bearbeitet von Michael F. Feldkamp, 1999; Bd. 13: Ausschuß für Organisation des Bundes, Ausschuß für Verfassungsgerichtshof und Rechtspflege, bearbeitet von Edgar Büttner/Michael Wettengel, 2002; Bd. 14: Hauptausschuß, bearbeitet von Michael F. Feldkamp, 2009)
ParteiG	Gesetz über die politischen Parteien (Parteiengesetz)
Pestalozza, Verfassungsprozeßrecht	Christian Pestalozza, Verfassungsprozeßrecht. Die Verfassungsgerichtsbarkeit des Bundes und der Länder mit einem Anhang zum internationalen Rechtsschutz, 3. Aufl., München 1991
PUAG	Gesetz zur Regelung des Rechts der Untersuchungsausschüsse des Deutschen Bundestages (Untersuchungsausschussgesetz)
RGBl.	Reichsgesetzblatt
RGG[4]	Hans Dieter Betz u. a. (Hrsg.), Die Religion in Geschichte und Gegenwart. Handwörterbuch für Theologie und Religionswissenschaften, 9 Bde., 4. Aufl., Tübingen 1998–2007
RiWahlG	Richterwahlgesetz
RL	Richtlinie
Rn.	Randnummer(n), Randziffer(n)
Rüthers/Fischer/Birk, Rechtstheorie	Bernd Rüthers/Christian Fischer/Axel Birk, Rechtstheorie mit Juristischer Methodenlehre, 10. Aufl., München 2018
s.	siehe
S.	Seite
Sachs, GG	Michael Sachs (Hrsg.), Grundgesetz. Kommentar, 8. Aufl., München 2018
Schlaich/Korioth, BVerfG	Klaus Schlaich/Stefan Korioth, Das Bundesverfassungsgericht – Stellung, Verfahren, Entscheidungen, 11. Aufl., München 2018
Schmidt-Bleibtreu/ Hofmann/Henneke, GG	Kommentar zum Grundgesetz, begründet von Bruno Schmidt-Bleibtreu und Franz Klein, herausgegeben von Hans Hofmann und Hans-Günter Henneke, 14. Aufl., Köln 2017

Abkürzungsverzeichnis

Schreiber, BWahlG	Wolfgang Schreiber (Hrsg.), Kommentar zum Bundeswahlgesetz, 10. Aufl., Köln 2017
Schulze/Zuleeg/ Kadelbach, Europarecht	Reiner Schulze/Manfred Zuleeg/Stefan Kadelbacher (Hrsg.), Europarecht. Handbuch für die deutsche Rechtspraxis, 3. Aufl., Baden-Baden 2015
Schwarze, EU	Jürgen Schwarze (Hrsg.), EU-Kommentar, 4. Aufl., Baden-Baden 2018
SGB	Sozialgesetzbuch
Sodan, GG	Helge Sodan (Hrsg.), Grundgesetz. Beck'scher Kompakt-Kommentar, 4. Aufl., München 2018
Sp.	Spalte
SPD	Sozialdemokratische Partei Deutschlands
Der Staat	Der Staat. Zeitschrift für Staatslehre und Verfassungsgeschichte, deutsches und europäisches Öffentliches Recht
StAG	Staatsangehörigkeitsgesetz
Stern, Staatsrecht I	Klaus Stern, Das Staatsrecht der Bundesrepublik Deutschland, Bd. I: Grundbegriffe und Grundlagen des Staatsrechts, Strukturprinzipien der Verfassung, 2. Aufl., München 1984
Stern, Staatsrecht II	Klaus Stern, Das Staatsrecht der Bundesrepublik Deutschland, Bd. II: Staatsorgane, Staatsfunktionen, Finanz- und Haushaltsverfassung, Notstandsverfassung, München 1980
Stern, Staatsrecht III/2	Klaus Stern, Das Staatsrecht der Bundesrepublik Deutschland, Bd. III/2: Allgemeine Lehren der Grundrechte, 2. Halbband (unter Mitwirkung von Michael Sachs – der jeweilige Verfasser ist kursiv gesetzt), München 1994
Stern, Staatsrecht IV/1	Klaus Stern, Das Staatsrecht der Bundesrepublik Deutschland, Bd. IV/1: Die einzelnen Grundrechte, 1. Halbband: Der Schutz und die freiheitliche Entfaltung des Individuums (in Verbindung mit Michael Sachs und Johannes Dietlein – der jeweilige Verfasser ist kursiv gesetzt), München 2006
Stern/Becker, Grundrechte	Klaus Stern/Florian Becker (Hrsg.), Grundrechte-Kommentar. Die Grundrechte des Grundgesetzes mit ihren europäischen Bezügen, 3. Aufl., Köln 2019
StGB	Strafgesetzbuch
StGH	Staatsgerichtshof
StPO	Strafprozeßordnung
Streinz, Europarecht	Rudolf Streinz, Europarecht, 10. Aufl., Heidelberg 2016
Streinz, EUV/AEUV	Rudolf Streinz (Hrsg.), EUV/AEUV. Vertrag über die Europäische Union und Vertrag über die Arbeitsweise der Europäischen Union. Kommentar, 3. Aufl., München 2018
st. Rspr.	ständige Rechtsprechung
StVG	Straßenverkehrsgesetz
StVO	Straßenverkehrs-Ordnung
SubsidiaritätsP	Protokoll (Nr. 2) über die Anwendung der Grundsätze der Subsidiarität und der Verhältnismäßigkeit zum Vertrag von Lissabon (Abl. 2012 C 326/206)
UAbs.	Unterabsatz
Umbach/Clemens, GG	Dieter C. Umbach/Thomas Clemens (Hrsg.), Grundgesetz. Mitarbeiterkommentar und Handbuch, 2 Bde., Heidelberg 2002
u.ö.	und öfter
Urt.	Urteil
Verf.	Verfassung
VerfG	Verfassungsgericht

VerfGH	Verfassungsgerichtshof
VersG	Gesetz über Versammlungen und Aufzüge (Versammlungsgesetz)
Die Verwaltung	Die Verwaltung. Zeitschrift für Verwaltungsrecht und Verwaltungswissenschaften (Untertitel bis 1995: Zeitschrift für Verwaltungswissenschaft)
VerwArch.	Verwaltungsarchiv. Zeitschrift für Verwaltungslehre, Verwaltungsrecht und Verwaltungspolitik
VG	Verwaltungsgericht
VGH	Verwaltungsgerichtshof
vgl.	vergleiche
VO	Verordnung
Volkmann, Grundzüge	Uwe Volkmann, Grundzüge einer Verfassungslehre der Bundesrepublik Deutschland, Tübingen 2013
Vorb.	Vorbemerkung
vs.	versus
VVDStRL	Veröffentlichungen der Vereinigung der Deutschen Staatsrechtslehrer
VwGO	Verwaltungsgerichtsordnung
VwVfG	Verwaltungsverfahrensgesetz
Willoweit, Verfassungsgeschichte	Dietmar Willoweit, Deutsche Verfassungsgeschichte – Vom Frankenreich bis zur Wiedervereinigung Deutschlands, 7. Aufl., München 2013
WRV	Verfassung des Deutschen Reiches vom 11.8.1919 (Weimarer Reichsverfassung)
ZaöRV	Zeitschrift für ausländisches öffentliches Recht und Völkerrecht
ZBR	Zeitschrift für Beamtenrecht
ZEuS	Zeitschrift für europarechtliche Studien
ZevKR	Zeitschrift für evangelisches Kirchenrecht
ZfP	Zeitschrift für Politik
ZfZ	Zeitschrift für Zölle und Verbrauchsteuern
ZG	Zeitschrift für Gesetzgebung. Vierteljahresschrift für staatliche und kommunale Rechtsetzung
ZJS	Zeitschrift für das juristische Studium
ZParl.	Zeitschrift für Parlamentsfragen
ZPO	Zivilprozeßordnung
ZRP	Zeitschrift für Rechtspolitik
ZSE	Zeitschrift für Staats- und Europawissenschaften

Kapitel 1. Bezugspunkte des Verfassungsrechts

Literatur: *O. Beaud*, Théorie de la fédération, 2009; *Ch. Bumke*, Rechtsdogmatik: Überlegungen zur Entwicklung und zu den Formen einer Denk- und Arbeitsweise der deutschen Rechtswissenschaft, JZ 2014, 641 ff.; *ders.*, Rechtsdogmatik. Eine Disziplin und ihre Arbeitsweise, 2017; *O. Depenheuer/Ch. Grabenwarter* (Hg.), Verfassungstheorie, 2010; *Ch. Calliess*, Die neue Europäische Union nach dem Vertrag von Lissabon, 2010; *V. Frick*, Die Staatsrechtslehre im Streit um ihren Gegenstand – Staats- und Verfassungsdebatten seit 1979, 2018; *M. A. Glaser*, Internationale Verwaltungsbeziehungen, 2010; *M. Gordon*, Parliamentary Sovereignty in the UK Constitution, 2015; *Ch. Grabenwarter*, Verfassungstheorie, in: Kube u. a. (Hrsg.), Leitgedanken des Rechts, FS P. Kirchhof, Bd. I, 2013, § 13, S. 137 ff.; *D. Grimm*, Verfassung und Privatrecht im 19. Jahrhundert, 2018; *ders.*, Braucht Europa eine Verfassung?, JZ 1995, 581 ff.; *K. L. Grotke/M. J. Prutsch* (Hg.), Constitutionalism, Legitimacy, and Power. Nineteenth-Century Experiences, 2014; *F. Günther*, Denken vom Staat her. Die bundesdeutsche Staatsrechtslehre zwischen Dezision und Integration 1949–1970, 2004; *P. Häberle*, Verfassungslehre als Kulturwissenschaft, 1998; *ders./M. Kotzur*, Europäische Verfassungslehre, 2016; *K. Hesse*, Die normative Kraft der Verfassung, 1959; *ders.*, Grundzüge des Verfassungsrechts der Bundesrepublik Deutschland, 1988; *S. Hobe*, Der offene Verfassungsstaat zwischen Souveränität und Interdependenz, 1998; *H. Hofmann*, Von der Staatssoziologie zur Soziologie der Verfassung, JZ 1999, 1065 ff.; *J. Isensee*, Der Selbstand der Verfassung in ihren Verweisungen und Öffnungen, AöR 138 (2013), 325 ff.; *ders.*, Staat und Verfassung, in: ders./P. Kirchhof (Hg.), HStR I, 1987, § 13; *A. Jakab*, European Constitutional Language, 2016; *M. Jestaedt*, Die Verfassung hinter der Verfassung, 2009; *ders.*, Wissenschaft im Recht: Rechtsdogmatik im Wissenschaftsvergleich, JZ 2014, 1 ff.; *W. Kägi*, Die Verfassung als rechtliche Grundordnung des Staates, 1971; *W. Kahl*, Der Europäische Verwaltungsverbund: Strukturen – Typen – Phänomene, Der Staat 50 (2011), S. 353 ff.; *H. Kelsen*, Der soziologische und der juristische Staatsbegriff, 1922; *ders.*, Reine Rechtslehre, Studienausgabe der 2. Auflage von 1960, herausgegeben von M. Jestaedt, 2017; *P. Kirchhof*, Die Identität der Verfassung in ihren unabänderlichen Inhalten, in: J. Isensee/P. Kirchhof (Hg.), HStR I, 1987, § 19; *S. Korioth/A. von Bogdandy*, Europäische und nationale Identität: Integration durch Verfassungsrecht?, VVDStRL 62 (2003), S. 117 ff., S. 156 ff.; *P. Laband*, Das Staatsrecht des deutschen Reiches, Band 1, 1964; *K. H. Ladeur*, Von der Verwaltungshierarchie zum administrativen Netzwerk: Zur Erhaltung der Eigenständigkeit der Verwaltung unter Komplexitätsbedingungen, Die Verwaltung 26 (1993), 137 ff.; *O. Lepsius*, Kritik der Dogmatik, in: G. Kirchhof (Hg.), Was weiß Dogmatik? Was leistet und wie steuert die Dogmatik des Öffentlichen Rechts, 2012, S. 39 ff.; *ders.*, Braucht das Verfassungsrecht eine Theorie des Staates? Eine deutsche Perspektive: Von der Staatstheorie zur Theorie der Herrschaftsformen, EuGRZ 2004, 370 ff.; *U. Mager*, Entwicklungslinien des Europäischen Verwaltungsrechts, Die Verwaltung Beiheft 10 (2010), S. 11 ff.; *R. Masterman*, The Separation of Powers in the Contemporary Constitution, 2010; *F. C. Mayer/H. M. Heinig*, Verfassung im Nationalstaat: Von der Gesamtordnung zur europäische Teilordnung?, VVDStRL 75 (2016), S. 7 ff., S. 65 ff.; *O. Mayer*, Deutsches Verwaltungsrecht, Band I, 1924; *J. McLean*, Searching for the State in British Legal Thought – Competing Conceptions of the Public Sphere, 2012; *L. Michael/F. Wollenschläger*, Verfassung im Allgemeinen Verwaltungsrecht: Bedeutungsverlust durch Europäisierung und Emanzipation?, VVDStRL 75 (2016), S. 131 ff., S. 187 ff.; *M. Morlok*, Was heißt und zu welchem Ende studiert man Verfassungstheorie?, 1988; *E. Özmen* (Hg.), Hans Kelsens Politische Philosophie, 2017; *I. Pernice/P. M. Huber/G. Lübbe-Wolf/Ch. Grabenwarter*, Europäisches und nationales Verfassungsrecht, VVDStRL 60 (2001), S. 148 ff., S. 194 ff., S. 246 ff., S. 290 ff.; *C. Schmitt*, Verfassungslehre, 2017 (Erstauflage 1928); *M. Stolleis*, Geschichte des öffentlichen Rechts in Deutschland, Band 4, Staats- und Verwaltungsrechtswissenschaft in West und Ost 1945–1990, 2017; *G. Sydow*, Die britische Verfassung im Stadium der Präkodifikation, in: Heckmann/Schenke/Sydow (Hg.), FS Würtenberger, 2013, S. 575 ff.; *ders.*, Auf der Suche nach dem pouvoir constituant – Perspektiven des britischen Verfassungsdiskurses, JöR 65 (2017), S. 617 ff.; *U. Volkmann*, Grundzüge einer Verfassungslehre der Bundesrepublik Deutschland, 2013; *ders.*, Zur heutigen Situation einer Verfassungstheorie, Der Staat 51 (2012), S. 601 ff.; *ders.*, Rechts-Produktion oder: Wie die Theorie der Verfassung ihren Inhalt bestimmt, Der Staat 54 (2015), 35 ff.; *R. Wahl*, Der offene Staat und seine Rechtsgrundlagen, JuS 2003, 1145 ff.; *Ch. Waldhoff*, Kritik und Lob der Dogmatik: Rechtsdogmatik im Spannungsfeld von Gesetzesbindung und Funktionsorientierung, in: G. Kirchhof (Hg.), Was weiß Dogmatik? Was leistet und wie steuert die Dogmatik des Öffentlichen Rechts, 2012, S. 17 ff.; *F. Weber*, Formen Europas: Rechtsdeutung, Sinnfrage und Narrativ im Rechtsdiskurs um die Gestalt der Europäischen Union, Der Staat 55 (2016), 151 ff.; *F. Werner*, Verwaltungsrecht als konkretisiertes Verfassungsrecht, DVBl. 1959, 527 (527).

A. Zugriffsweisen auf das Verfassungsrecht: Verfassungsdogmatik und Verfassungstheorie

1 Gegenstand dieses Lehrbuchs ist das Verfassungsrecht der Bundesrepublik Deutschland und der Europäischen Union. Die methodische Zugriffsweise auf das Verfassungsrecht ist im überwiegenden Teil des Lehrbuchs die **Verfassungsdogmatik:** Es geht um eine Darstellung des geltenden Verfassungsrechts, um die Erläuterung und Entfaltung des positiven[1] Rechts, und um die Lehren, die die Lösung konkreter verfassungsrechtlicher Fälle anleiten. Diese anwendungsorientierte Zugriffsweise auf das Recht bezeichnet man als Rechtsdogmatik. Wenn die Verfassung Erkenntnisgegenstand ist, spricht man von Verfassungsdogmatik oder Verfassungsrechtsdogmatik.[2] Verfassungsdogmatik zielt auf die Abbildung und Aufbereitung des geltenden Rechts in systematisierender und standardisierender Form. Sie erleichtert damit das Verständnis und die Anwendung des Verfassungsrechts und begründet Auslegungs- und Anwendungsroutinen.[3]

2 Verfassungsdogmatik beruht auf Vorannahmen und Vorverständnissen. Sie prägen den Umgang mit dem geltenden Verfassungsrecht und die Art, wie das Verfassungskonzept in der Praxis funktioniert. Diesem theoretischen Grund- oder Vorverständnis des positiven Rechts ist die **Verfassungstheorie** gewidmet.[4] Die Verfassungstheorie zielt als Grundlagendisziplin für die Verfassungsdogmatik darauf, die Grundlagen dogmatischen Arbeitens offenzulegen und seine Konsequenzen zu entfalten. Die Verfassungstheorie macht daher ein Vorverständnis explizit, das implizit ohnehin jeder Verfassungsauslegung zu Grunde liegt. Es kann daher nicht darum gehen, ob man ein Vorverständnis hat oder nicht oder ob es für die Lösung konkreter Fälle von Bedeutung ist oder nicht. Die Frage kann nur sein, ob man die Vorannahmen offenlegt oder nicht.[5]

3 Die Verfassungstheorie ist eine **Reflexionsdisziplin.** Sie steuert der strukturellen Gefahr der Rechtsdogmatik entgegen, in Dogmatismus umzuschlagen, d. h. in ein „für seine eigene Bedingtheit blindes Ensemble von Lehrsätzen"[6]. Der Klärung dieses Vorverständnisses und von verfassungsrechtlichen Grundlagen dienen die ersten vier Kapitel dieses Lehrbuchs, teilweise auch Einleitungsabschnitte in den weiteren Kapiteln (beispielsweise → 5/1 ff. in verfassungstheoretischer Perspektive über Demokratie als

---

[1] „Positives Recht" als juristischer *terminus technicus:* als Adjektiv abgeleitet vom Partizip Perfekt des lateinischen Verbs *ponere* (legen, stellen, setzen), positives Verfassungsrecht ist also das im Prozess der Verfassungsgebung gesetzte, geltende Recht. Gegenbegriffe sind Naturrecht oder *ius divinum* (göttliches Recht). Ein Werturteil im Sinne eines Gegenbegriffs zu negativ oder schlecht ist mit dem Ausdruck „positives Recht" nicht verbunden.
[2] Zur Verfassungsdogmatik: *Waldhoff,* in: Kirchhof, Was weiß Dogmatik?, S. 17 ff., *Lepsius,* ebd., S. 39 ff.; zur rechtsdogmatischen Arbeitsweise allgemein *Bumke,* JZ 2014, 641 ff.; ausführlich *ders.,* Rechtsdogmatik, S. 44 ff., S. 113 ff.; und *Jestaedt,* JZ 2014, 1 ff.
[3] *Jestaedt,* Verfassung, S. 30; siehe auch S. 32: Dogmatik als positivistische „Gebrauchsjurisprudenz".
[4] Zur Verfassungstheorie (teilweise auch Verfassungslehre genannt): *Morlok,* Was heißt und zu welchem Ende studiert man Verfassungstheorie?; *Jestaedt,* Verfassung, S. 11 ff.; *Depenheuer/Grabenwarter,* Verfassungstheorie; *Volkmann,* Grundzüge einer Verfassungslehre; zur Abgrenzung gegenüber der Staatstheorie: *Lepsius,* EuGRZ 2004, 370 ff.
[5] *Volkmann,* Grundzüge einer Verfassungslehre, S. 3.
[6] *Jestaedt,* Verfassung, S. 40.

Herrschaftsform, gefolgt von → 5/33 ff. in verfassungsdogmatischer Perspektive zur Demokratiekonzeption des Grundgesetzes).

> **Arbeitshinweis:** Das Lehrbuch ist so konzipiert, dass man es von vorne nach hinten durcharbeiten kann. Alternativ ist ein induktives Vorgehen möglich. Dazu können die konkreteren, überwiegend verfassungsdogmatischen Teile 3 (Institutionen) und 4 (Verfahren) am Anfang stehen, gefolgt vom abstrakteren verfassungsdogmatischen Teil 2 (Prinzipien und Ziele) und erst zum Abschluss die teils verfassungstheoretischen, teils verfassungsdogmatischen Ausführungen Teil 1 (Verfassung). Es zahlt sich langfristig aus, wenn das methodische Bewusstsein geschärft wird. Dafür sollten Kapitel nicht einfach Seite für Seite gelesen, sondern immer wieder reflektiert werden, auf welcher Argumentationsebene ein Abschnitt argumentiert.

4

Ein wesentliches Grundverständnis dieses Lehrbuchs ist bereits in seinem Titel ausgedrückt: Das Lehrbuch beruht auf der Überzeugung, dass das Konzept der Verfassung nicht nur im staatlichen Kontext Bedeutung entfaltet, sondern dass auch die Europäische Union eine Verfassungsordnung ist. In vielen Einzelfragen trifft das Europarecht selbstverständlich andere Entscheidungen als das Grundgesetz; andere Fragen sind im deutschen und im europäischen Recht weitgehend parallel geregelt. Auf einer grundsätzlichen Ebene ist entscheidend, dass sich das Verfassungskonzept der Europäischen Union nicht prinzipiell vom Konzept einer staatlichen Verfassung unterscheidet. Das deutsche und das europäische Verfassungsrecht können daher gemeinsam dargestellt werden. Voraussetzung dafür ist, die Unionsverträge EUV und AEUV als **Verfassungsrecht der EU** zu qualifizieren (→ 1/74 ff., 1/96 f.).

5

Nicht nur der Verfassungsbegriff selbst, sondern die Mehrzahl der zentralen verfassungsrechtlichen Begriffe wie Demokratie, Gewaltenteilung, Bundesstaat usw. können sowohl als **verfassungsdogmatische** als auch als **verfassungstheoretische Begriffe** verwandt werden. Im ersten Fall geht es um das Begriffsverständnis im Grundgesetz, in den Landesverfassungen oder in den Unionsverträgen (verfassungsdogmatisches Verständnis), im zweiten Fall um eine vom positiven Recht unabhängige Kategorie (verfassungstheoretisches Verständnis). Die Unterscheidungen ist nicht immer einfach, weil ein- und dasselbe Wort in einem verfassungsdogmatischen oder in einem verfassungstheoretischen Sinn verwandt werden kann und die Begriffsverwendung in der Regel aus dem Kontext erschlossen werden muss.

6

Beispiel 1: Was *Montesquieu* im 18. Jahrhundert über Gewaltenteilung schrieb, muss und wird nicht eins zu eins geltendes Verfassungsrecht der Bundesrepublik Deutschland sein. Art. 20 Abs. 3 GG entwirft ein eigenes Gewaltenteilungskonzept, das verfassungsdogmatisch entfaltet werden kann (→ 6/4 ff.). Das verfassungstheoretische, auf *Montesquieu* zurückgehende Konzept ist nützlich, um die Regelungen des Grundgesetzes kritisch zu diskutieren. Es ist aber für die Interpretation des Grundgesetzes nicht normativ bindend. Das Gewaltenteilungsprinzip gilt heute so, wie es in der aktuellen Verfassung positiviert ist.[7]

7

Beispiel 2: Wenn man von der verfassunggebenden Gewalt des Volkes spricht (→ 2/7 ff.), kann das Volk als *pouvoir constituant* nur eine verfassungstheoretische Kategorie sein, die der Verfassunggebung und allem positiven Recht vorausliegt. Die Präambel des Grundgesetzes kann dieses Volk nur erwähnen und in Bezug nehmen, aber dessen verfassunggebende Gewalt nicht begründen, weil es seine eigene Geltung davon ableitet. Wenn es hingegen im Grundgesetz in Bezug auf die Staatsgewalt heißt, dass sie vom Volk in Wahlen und Abstimmungen ausgeübt wird (Art. 20 Abs. 2 S. 1 GG, → 5/9 ff.), ist damit in verfassungsdogmatischer Perspektive das Legitimationssubjekt gemeint, wie es vom Grundgesetz konstituiert wird. Das Volk als Verfassunggeber ist also konzeptionell nicht mit dem Volk identisch, das wählt und abstimmt.

---

[7] *Jestaedt*, Verfassung, S. 77 ff.: Der Positivierungsnachweis als verfassungsdogmatischer Lackmustest.

Die Unterscheidung hat verschiedene Folgen:
- Das Volk als Verfassunggeber ist nicht an die Verfassung gebunden und damit auch nicht an die Bedingungen, die die Verfassung und das positive Recht für Willensäußerungen des Volkes vorsieht. Im Falle einer neuen Verfassunggebung kann nur nach verfassungstheoretischen Maßstäben entschieden werden, ob die neue Verfassung Legitimität hat. Bei der Ausübung des Wahlrechts ist das wählende Volk hingegen an die Normen des Grundgesetzes (Wahlrechtsgrundsätze, Art. 38 GG) gebunden.
- Einer Volksabstimmung (die das GG kaum vorsieht, wohl aber das Landesverfassungsrecht) kommt im Verhältnis zur parlamentarischen Entscheidungsfindung kein Vorrang mit der Begründung zu, dass bei Volksabstimmungen der „Souverän" sprechen würde. Wer das behauptet, verwechselt die verfassungstheoretische mit der verfassungsdogmatischen Kategorie. Souveränität hat das Volk als Verfassunggeber, nicht aber das von der Verfassung mit Abstimmungsrechten ausgestattete Stimmvolk.

B. Verfassungsbegriffe und Verfassungsfunktionen

8 Der Zentralbegriff des Verfassungsrechts – **Verfassung** – kann verschiedene Bedeutungen haben. Die alltagssprachliche Verwendung („das politische System/eine Partei ist in guter/schlechter Verfassung") ist mit ihrem unspezifischen Begriffsverständnis für verfassungsrechtliche Kontexte ungeeignet. Auch wenn man sie ausklammert, bleiben verschiedene, spezifische Begriffsverwendungen in der Verfassungsdogmatik und der Verfassungstheorie, nämlich die Unterscheidungen zwischen:[8]
- formeller und materieller Verfassung (→ 1/9 ff.),
- herrschaftsbegründender und herrschaftsbegrenzender Verfassung (→ 1/28 ff.),
- limitierender und programmatischer Verfassung (→ 1/31 ff.),
- staatlicher und überstaatlicher Verfassung (→ 1/74).

I. Verfassung im formellen und im materiellen Sinn
1. Verfassung im formellen Sinn

9 In einem formellen Sinn bezeichnet Verfassung ein besonderes Verfassungsdokument: die Amerikanische Verfassung von 1787, die Französische Verfassung von 1958, das Grundgesetz. Dieses **Verfassungsdokument** unterscheidet sich von Gesetzen und anderen Rechtsnormen des einfachen Rechts[9] nicht nur äußerlich als eigenständige Verfassungsurkunde, sondern durch besondere rechtliche Qualifizierungen. So sehr das Verfassungsdokument für einen ersten Zugriff als Charakteristikum der Verfassung ins Auge springt, ist letztlich nicht die äußere Form entscheidend, sondern die rechtliche Qualifikation der Verfassungsnormen, die sie vom einfachen Recht absetzen. Diese Differenzierungen zwischen Verfassungsrecht und einfachem Recht können in verschiedenen Rechtsordnungen im Einzelnen unterschiedlich ausfallen.

---

[8] Je nach Zählweise kann man bis zu sieben Unterscheidungen des Verfassungsbegriffs einführen, und zwar neben den oben genannten Unterscheidungen noch: rechtliche und tatsächliche Verfassung (Verfassungsrecht und Verfassungswirklichkeit), juristisch-technische und rechtsethische Verfassung, geschlossene und offene Verfassung; siehe *Volkmann*, Grundzüge einer Verfassungslehre, S. 7 ff.; *Jestaedt*, Verfassung, S. 45 ff.

[9] „Einfaches Recht" als juristischer *terminus technicus*: Normen, die gerade nicht in einer besonderen Weise durch Vorrang o. ä. qualifiziert sind, also das BGB, das StGB etc. Der Begriff bezieht sich auf die Stellung der Norm im Rahmen der Normenhierarchie, nicht auf ihre Komplexität o. ä.; näher → 3/13 ff.

Relevante **Unterschiede** zwischen Normen der Verfassung und Normen des einfachen Rechts können sich ergeben:
– aus einer besonderen Art der Verfassunggebung;
– aus besonderen Zuständigkeiten, Verfahrensbestimmungen und erhöhten Mehrheitsverhältnissen für ihre Änderung (erschwerte Abänderbarkeit);
– durch einen höheren Rang gegenüber dem einfachen Recht (normhierarchischer Vorrang).

Das Grundgesetz kann nur mit Zwei-Drittel-Mehrheiten in Bundestag und Bundesrat geändert werden (Art. 79 Abs. 2 GG, → 10/28) und geht im Rang den Parlamentsgesetzen vor (Art. 20 Abs. 3 GG, → 5/26 ff.).

> **Rechtsvergleichender Hinweis:** Bei Verwendung eines formellen Verfassungsbegriffs ist es richtig zu sagen, dass Großbritannien keine Verfassung habe. Es gibt in der Tat kein in sich geschlossenes Verfassungsdokument, das rechtliche Verbindlichkeit hätte. Zwar existieren verschiedene rechtliche Dokumente, die Regelungen zu denselben Themengebieten wie das Grundgesetz oder die Französische Verfassung enthalten, nämlich Grundrechte, Staatsorgane und deren Kompetenzen, staatliche Verfahren, Staatsaufbau etc. Hierzu zählen das *Cabinet Manual* von 2010[10] und zahlreiche Parlamentsgesetze (*Human Rights Act*, *Scotland Act* etc.). Das britische *Cabinet Manual* ist aber nur deklaratorisch und nicht aus sich heraus rechtsverbindlich. Die britischen Parlamentsgesetze sind nicht kodifiziert. Vor allem aber unterscheiden sie sich vom Grundgesetz oder der Französischen Verfassung dadurch, dass es sich um einfache Parlamentsgesetze handelt: Sie sind vom Parlament mit einfacher Mehrheit beschlossen worden und können jederzeit wieder aufgehoben werden.[11] Hieran würde sich auch dann nichts ändern, wenn die Parlamentsgesetze mit verfassungsrechtlichem Inhalt in einem einzigen Dokument zusammengefasst würden (Kodifikation). Die Besonderheit des britischen Verfassungsrechts besteht demnach nicht im Fehlen einer schriftlichen Verfassungsurkunde, sondern darin, dass den britischen Verfassungsnormen die rechtlichen Qualifikationen fehlen, die nach deutschem oder französischem Verfassungsverständnis eine Verfassung von einfachen Gesetzen unterscheiden.

2. Leistungsfähigkeit und Grenzen des formellen Verfassungsbegriffs

Mit dem formellen Verfassungsbegriff können bestimmte rechtliche Qualitäten einer Verfassungsnorm erfasst werden: Rang im Rahmen der Normenhierarchie, erschwerte Abänderbarkeit. Der formelle Verfassungsbegriff sagt aber nichts über Inhalte und Funktionen der Verfassung, die sich nur mit einem materiellen Verfassungsbegriff erfassen lassen. Der formelle Verfassungsbegriff ist daher aber nicht falsch oder ungeeignet. Er hat eine ganz spezifische Leistungsfähigkeit: Sie bezieht sich auf die **formale Qualifikation** einer Norm als Verfassungsrecht und die daraus ableitbaren Folgen für den normhierarchischen Rang und die Änderungsmöglichkeiten und ist zugleich auf diese Feststellung beschränkt.

---

[10] https://www.gov.uk/government/publications/cabinet-manual (zuletzt abgerufen am 15.5.2018); näher zu Inhalten und rechtlicher Qualifizierung des *Cabinet Manual: Sydow*, in: Heckmann/Schenke/Sydow (Hg.), FS Würtenberger, S. 575 ff. (583 ff.).

[11] Ob dieser Grundsatz nicht vielleicht doch gewissen Modifikationen unterliegt, die ein „*entrenchment*", also eine erschwerte Abänderbarkeit bestimmter Parlamentsgesetze bewirken könnten, ist in Großbritannien Gegenstand einer kontroversen Diskussion; dazu u. a. *Masterman*, The Separation of Powers in the Contemporary Constitution, S. 105 ff.; *Gordon*, Parliamentary Sovereignty in the UK Constitution; zur britischen Debatte *Sydow*, JöR 65 (2017), 617 ff.

a) Inkorporationstechniken

14 Mit Hilfe eines formellen Verfassungsbegriffs kann man zwischen dem Text der Verfassungsurkunde und dem formellen Verfassungsrecht unterscheiden. Im Regelfall entsprechen sich beide Kategorien, im Falle von Inkorporationen fallen sie auseinander.

15 **Beispiele:** Die Präambel der Französischen Verfassung von 1958 erklärt die Deklaration der Menschen- und Bürgerrechte von 1789 zum Bestandteil des geltenden französischen Verfassungsrechts. Das Grundgesetz übernimmt nach Art. 140 GG einzelne Artikel der Weimarer Reichsverfassung zu Fragen des Religionsverfassungsrechts. Die durch Art. 140 GG vorgenommene Inkorporation der Weimarer Bestimmungen führt dazu, dass sie vollgültiges Verfassungsrecht der Bundesrepublik Deutschland mit demselben Rang wie die übrigen Grundgesetznormen sind.[12] Sie gehören demnach zum formellen Verfassungsrecht der Bundesrepublik Deutschland, auch wenn sie textlich nicht im Grundgesetz stehen, sondern in Art. 140 GG nur in Bezug genommen werden.

16 Das Europarecht verwendet im großen Umfang ähnliche Normierungstechniken: Das europäische Primärrecht besteht aus zwei Verträgen (EUV und AEUV), die untereinander gleichrangig sind (Art. 1 Abs. 2 AEUV). Zu ihnen kommen zahlreiche Protokolle und Anhänge hinzu, von denen einige nicht nur technische Details, sondern inhaltlich bedeutsame Regelungen enthalten (z. B. das Subsidiaritätsprotokoll, → 15/133 ff.). Diese Protokolle bilden nach Art. 51 EUV einen Bestandteil der Verträge, sind also gültiges EU-Verfassungsrecht im Rang von Primärrecht. Auch die EU-Grundrechte-Charta, die ursprünglich eine unverbindliche Proklamation war, ist mittlerweile ebenso vollgültiges EU-Verfassungsrecht, ebenfalls im gleichen Rang wie die Unionsverträge (Art. 6 Abs. 1 EUV). Damit besteht das **formelle Verfassungsrecht der EU** aus den beiden Unionsverträgen (EUV und AEUV), aus der Grundrechtecharta und aus den Protokollen und Anhängen zu den Verträgen.

17 Als Folge solcher redaktioneller Techniken der Inkorporation, des Verweises und der Urkundenanhänge ist das formelle Verfassungsrecht nicht unbedingt deckungsgleich mit dem Text der Verfassungsurkunde.[13] Zum deutschen, französischen und europäischen Verfassungsrecht gehören Normen, die an der besonderen rechtlichen Qualifikation des Verfassungsrechts teilhaben (normhierarchischer Vorrang etc.), ohne selbst im Text der Verfassungsurkunde zu stehen.

b) Hypertextstruktur

18 Die europäische Integration führt dazu, dass auch zwischen der nationalen und der europäischen Verfassungsebene **Verschränkungen** entstanden und die Verfassungen nicht mehr durchgängig in sich geschlossene Dokumente sind. Etliche europaoffene Verfassungsbestimmungen des Grundgesetzes sind nicht mehr allein aus sich selbst heraus verständlich, sondern nur in der Zusammenschau mit dem Unionsrecht operationabel. *Franz C. Mayer* hat insofern von einer dynamischen Hypertext-Struktur des Grundgesetzes und der Verfassungen anderer EU-Mitgliedstaaten gesprochen.[14]

---

[12] BVerfGE 19, 206 (219); 125, 39 (79); 137, 273.
[13] Ausführlich zu Inkorporations- und Verweisungstechniken im Verfassungsrecht *Isensee*, AöR 138 (2013), 325 ff.
[14] *Mayer*, VVDStRL 75 (2016), S. 7 ff. (14 f.).

Beispiele: Normen wie Art. 16 Abs. 2 S. 2 (Auslieferung), Art. 16a Abs. 2, 5 (Asylrecht), Art. 23 (Europaartikel), Art. 28 Abs. 1 S. 3 (Kommunalwahlrecht für Unionsbürger) oder Art. 88 GG (Kompetenzen der Bundesbank) beziehen sich auf die Europäische Union, auf die EU-Mitgliedstaaten oder auf deren Staatsangehörigen. Wer EU-Mitglied ist, kann aber dem Grundgesetz nicht entnommen werden, sondern nur dem EU-Vertragsrecht. Aufnahme oder Austritt von EU-Mitgliedstaaten führt *ipso iure* dazu, dass sich der Gewährleistungsgehalt dieser Grundgesetznormen verändert, ohne dass sich am Grundgesetztext irgendetwas ändert. 19

3. Verfassung im materiellen Sinn

Mit Verfassung im materiellen Sinn bezeichnet man die **inhaltlichen Entscheidungen** der Verfassung: die Normierung von Grundrechten, die Organisation der Staatsorgane mit ihren Kompetenzen und Verfahren etc. 20

> **Rechtsvergleichender Hinweis:** In diesem materiellen Sinne hat selbstverständlich auch Großbritannien eine Verfassung, nämlich Regelungen über die Struktur des Vereinigten Königreichs, die Regierung etc. Die Abgrenzung zwischen Verfassungsrecht und übrigem Recht kann in Großbritannien nur über den Inhalt oder die Thematik der Normen erfolgen, nicht über formale Kriterien wie Aufnahme in ein Verfassungsdokument oder Vorrang. Das führt beispielsweise dazu, dass der britische *„Political Parties, Elections and Referendums Act"* mit seinen Bestimmungen zum Parteien- und Wahlrecht insgesamt als Verfassungsrecht gilt. Die entsprechenden deutschen Regelungen sind unter Anlegung eines formalen Kriteriums nur teilweise verfassungsrechtlicher Natur (soweit sie in Art. 21, 38 GG geregelt sind), im Übrigen sind sie einfaches Gesetzesrecht (soweit die Normen im ParteienG bzw. im BWahlG stehen). 21

In einer jahrzehntelangen Verfassungsrechtsprechung und Verfassungsinterpretation haben viele Verfassungsnormen **zusätzliche Gehalte** gewonnen, üblicherweise dadurch, dass eine Verfassungsrechtsprechung allgemein Konsens gefunden hat. Dadurch ist der materielle Gehalt der Verfassung vielfach über den reinen Verfassungstext hinausgewachsen. Es gibt demnach auch materielles Verfassungsrecht, das nicht unmittelbar selbst im Verfassungstext steht. 22

Beispiele: Das BVerfG hat in verschiedenen Bereichen Gesetzes- und Parlamentsvorbehalte entwickelt, beispielsweise für den Einsatz der Streitkräfte.[15] Die Bundesregierung ist daher verfassungsrechtlich gehindert, die Bundeswehr ohne entsprechenden Parlamentsbeschluss im Ausland einzusetzen. Eine Norm, in der dies ausdrücklich steht, enthält das Grundgesetz aber nicht. 23

II. Funktionen der Verfassung

Die Anzahl der Verfassungsfunktionen variiert je nach Kategorienbildung und Perspektive zwischen drei und zehn oder mehr Funktionen.[16] Von ihnen werden als **zentrale Funktionen** im nachfolgenden Text die Herrschaftsbegründung, Herrschaftslegitimation und Herrschaftsbegrenzung, die Einrichtung von Organen und Verfahren (Verfassung als Organisationsstatut) und die Formulierung von Zielsetzungen für den politischen Prozess dargestellt (Verfassung als Werteordnung). Die Gewährleistung individueller Freiheit durch Grundrechte als weitere zentrale Funktion der Verfassung ist thematisch aus diesem Lehrbuch ausgeklammert. 24

---

[15] BVerfGE 90, 286 (381 f.); ausdrücklich bestätigt durch BVerfGE 121, 135.
[16] Überblick bei *Korioth*, VVDStRL 62 (2003), S. 117 ff. (126); zudem *Grabenwarter*, in: FS Kirchhof, Bd. I, S. 137 ff. (140); *Mayer*, VVDStRL 75 (2016), S. 7 ff. (15 ff.).

1. Verfassung als Organisationsstatut

25 Jede Verfassung enthält einen organisationsrechtlichen Teil, der Organe konstituiert, sie mit Kompetenzen ausstattet und Verfahrensregelungen trifft. Im Grundgesetz sind dies Art. 20–115 Abs. 1 GG, im EU-Primärrecht der gesamte EUV sowie Art. 1–6 und 223–334 AEUV. Manche Verfassungen erschöpfen sich in diesen Regelungen und verzichten auf weitere Inhalte, beispielsweise Grundrechtsbestimmungen und inhaltliche Vorprägungen der von den Organen zu gestaltenden Politik.

26 **Historisches Beispiel:** Die Reichsverfassung von 1871 war ein reines Organisationsstatut für das Deutsche Reich, wenn man von einigen vagen Formulierungen über die Ziele der Reichsgründung in ihrer Präambel absieht. Diese Verfassung begründete das Deutsche Reich, wies ihm im Verhältnis zu den Ländern Kompetenzen zu und regelte deren Ausübung durch die Staatsorgane. Einen Grundrechtsteil enthielt diese Verfassung nicht.

27 Wenn man die Verfassung auf ihre Funktion als **Organisationsstatut** beschränkt, läuft man Gefahr, den Staat schlicht als statische Einheit zu verstehen, der durch die Verfassung nur in seinen Organen und Verfahren organisiert werden müsse. Die Aufgabe, die durch die Verfassung zu bewältigen ist, ist aber komplexer: Die Handlungs- und Wirkungseinheit, die man als Staat bezeichnen kann, muss stets neu gebildet, bewahrt und fortentwickelt werden. Diese Aufgabe der politischen Einheitsbildung[17] ist anspruchsvoll. Sie kann von der Verfassung nur geleistet werden oder, zurückhaltender formuliert, die Verfassung kann zu dieser Aufgabe umso besser einen Beitrag leisten, wenn sie eine Gesamtentscheidung über die Konstituierung, die Organisation und Ausübung, die Ziele und Schranken legitimer Herrschaft und kein reines Organisationsstatut ist.

2. Verfassung als Instrument der Herrschaftsbegründung, Herrschaftslegitimation und Herrschaftsbegrenzung

28 Verfassungen begründen, legitimieren und begrenzen politische Herrschaft. Welche dieser Funktionen im Zentrum steht, ist auch durch die historischen Umstände geprägt:[18] In Amerika und Frankreich ist das Verfassungskonzept Ende des 18. Jahrhunderts für die grundsätzliche Neubegründung von Herrschaft nach Revolutionen genutzt worden, die die bis dahin bestehende Herrschaft vollständig beseitigt hatten. Im englischen und französischen Begriff der *constitution* ist diese **herrschaftskonstituierende Konnotation** deutlicher vorhanden als im deutschen Begriff der Verfassung, der sich stärker auf die Ordnung oder Einhegung von etwas bereits Bestehendem bezieht. Diese unterschiedlichen Konnotationen der Begriffe in den verschiedenen Sprachen sind kein Zufall: Denn im 19. Jahrhundert dienten Verfassungen in Deutschland tatsächlich der Begrenzung einer überkommenen, bereits vor der Verfassung vorhandenen Herrschaft, deren Legitimation nach dem monarchischen Prinzip von der Ver-

---

[17] Politische Einheitsbildung bedeutet nicht die Herstellung eines harmonischen Zustands allgemeiner Übereinstimmung. Es geht auch nicht um eine substanzielle Einheit völkischer, religiöser oder weltanschaulicher Natur, sondern darum, dass in geordneten Verfahren verbindliche Entscheidungen getroffen werden können: *Hesse*, Grundzüge des Verfassungsrechts der Bundesrepublik Deutschland (1988), § 1 Rn. 7.

[18] Rechtsvergleichend zu unterschiedlichen Verfassungsfunktionen im 19. Jahrhundert die Beiträge in: *Grotke/Prutsch (Hg.)*, Constitutionalism, Legitimacy, and Power. Nineteenth-Century Experiences.

fassung unabhängig war. Der Staat galt als omnipotent, die Verfassung diente der Beschränkung dieser Machtfülle.

Die Wirkungsweise der europäischen Unionsverträge geht über diese historischen Funktionen staatlicher Verfassungen partiell hinaus. Die Unionsverträge dienen nicht – wie im Deutschland des 19. Jahrhunderts – der Begrenzung einer vorhandenen Herrschaft mit einer Legitimationsbasis außerhalb der Verfassung. Sie dienen auch nicht nur – wie in der Französischen Revolution – der grundlegenden Neugründung der Herrschaft in einem bestehenden Rahmen. Vielmehr haben die Gründungsverträge die EU überhaupt erst als **neuen, supranationalen Herrschaftsverband** geschaffen und zugleich die in diesem Rahmen zulässigen Formen der Ausübung von Hoheitsmacht eingesetzt, legitimiert und begrenzt. 29

> **Terminologischer Hinweis:** Die Begriffe Legitimation und Legitimität sind etymologisch verwandt und beziehen sich auf dasselbe Objekt, nämlich auf die Rechtfertigung von Herrschaft. Man kann sie synonym gebrauchen. Präziser ist eine begriffliche Differenzierung: Legitimation bezeichnet einen Prozess (Rechtfertigung im Sinne des Rechtfertigens), Legitimität dessen Resultat, wenn der Prozess zum gewünschten Ergebnis geführt hat (Rechtfertigung im Sinne des Gerechtfertigt-Seins). Das Verfassungsrecht verwendet rechtlich-normative Legitimations- bzw. Legitimitätsbegriffe: Es geht um die zureichende Begründung und Rechtfertigung von Herrschaft an Hand normativer, verfassungsrechtlicher Maßstäbe. Auch aus empirisch-soziologischer Sicht kann man nach Legitimation fragen und interessiert sich dann für das tatsächliche Funktionieren eines sozialen Systems und die tatsächliche Billigung von Herrschaft. 30

3. Programmatische Verfassung: Verfassung als Werteordnung

Das Grundgesetz ist bereits textlich kein reines Organisationsstatut. Der Grundrechtsteil steht mit Art. 1–19 GG als bewusste Entscheidung des Parlamentarischen Rates an der Spitze der Verfassung. Vor allem ist das Grundgesetz in einer Weise interpretiert worden, die ihm eine prägende Bedeutung für die gesamte Rechtsordnung zuweist. Damit wirkt das Grundgesetz nicht nur herrschaftsbegründend, herrschaftslegitimierend und herrschaftsbegrenzend. Es hat auch eine programmatische **Lenkungs- oder Orientierungsfunktion** für die gesamte Rechtsordnung, ggfs. für die gesamte Gesellschaft. 31

Diese programmatischen Gehalte und Funktionen hat das Grundgesetz vor allem durch die Rechtsprechung in den 1950er und 1960er Jahren gewonnen. Eine besondere Bedeutung für die Durchdringung der gesamten Rechtsordnung durch die Verfassung hatte dabei die Entfaltung der Grundrechte durch das BVerfG und das Bundesarbeitsgericht.[19] Auch wenn die Einzelheiten nicht Gegenstand dieses Lehrbuchs, sondern von Darstellungen zu den Grundrechten sind, ist diese Rechtsprechung für das Verfassungsverständnis insgesamt von Bedeutung. Denn sie etablierte die Verfassung als dem einfachen Recht übergeordnete **Werteordnung,** die das einfache Recht überlagerte. Die wertbestimmte neue Verfassung von 1949 wurde so der alten Rechtsordnung vorgeordnet, die kraft ausdrücklicher Anordnung im Grundgesetz überwiegend weitergalt (Art. 123 GG). Methodisch dienten vor allem die Generalklauseln des einfachen Rechts als Stellen, an denen die Wertungen der Verfassung im Privatrecht realisiert werden konnten. 32

---

[19] Lüth-Entscheidung, BVerfGE 7, 198; Apothekenurteil, BVerfGE 7, 377; Blinkfüer-Entscheidung, BVerfGE 25, 256; zur Prägekraft dieser Entscheidungen für das Verfassungsverständnis: *Stolleis,* Geschichte des öffentlichen Rechts in Deutschland, Band IV, S. 165 ff.

33　**Rechtshistorischer Hintergrund:** Ein solches Verständnis der Verfassung als Werteordnung kann an die Französische Revolution anknüpfen: Die französische Nationalversammlung verstand die Verfassung von 1791 nicht allein als neues Organisationsstatut, sondern als Grundlage der gesamten neuen Sozialordnung. Auch die Schaffung einer neuen Privatrechtskodifikation (Entwurf für einen *Code civil* 1793) sollte nicht nur organisatorisch durch die Verfassung geregelt, sondern von ihr materiell vorstrukturiert werden. Die gesamte Rechtsordnung sollte den Prinzipien der Freiheit, Gleichheit und Brüderlichkeit entsprechen, die in der Verfassung niedergelegt waren: die Verfassung als materielle Grundlage der Gesamtrechtsordnung.[20]

III. Folgen unterschiedlicher Verfassungsfunktionen für das Verhältnis von Verfassung und einfachem Recht

34　Wenn die Funktion der Verfassung auf ein Organisationsstatut für den Staat beschränkt ist, wird dadurch zugleich die Beziehung zwischen Verfassung und einfachem Recht auf organisatorische **Entstehungs- und Geltungsregeln** begrenzt: Die Verfassung setzt einen Gesetzgeber ein, stattet ihn mit Kompetenzen aus und regelt das Gesetzgebungsverfahren (→ 15/181 ff.). Gesetze gelten, wenn sie diesen formellen Bedingungen der Verfassung entsprechen. Inhaltliche Maßgaben zur Ausgestaltung des Gesetzesrechts enthält eine solche Verfassung nicht.

35　Wenn die Verfassung nur als Organisationsstatut konzipiert ist, kann in der Folge der Eindruck entstehen, dass das Privatrecht, das Strafrecht oder das Verwaltungsrecht autonome, von der Verfassung inhaltlich **unabhängige Regelungsbereiche** seien. Sie können Verfassungsänderungen und grundlegende Systembrüche im politischen Bereich unverändert überstehen und von ihnen gar nicht tangiert werden. Diesen Eindruck kann man in Bezug auf den französischen *Code civil* von 1804 oder das deutsche BGB von 1900 gewinnen, die unter verschiedenen Verfassungen bis heute fortgelten[21] und deren zahlreiche Einzeländerungen nicht unmittelbare Folgen neuer Verfassungen waren. Derselbe Eindruck kann in Bezug auf das Verwaltungsrecht entstehen, dessen rechtsstaatlichen Grundprinzipien in Deutschland im 19. Jahrhundert geprägt worden sind und die in dieser Form in die Kodifikation des Verwaltungsverfahrensgesetzes Mitte der 1970er Jahre Eingang gefunden haben. Das klassische Zitat, das diese Wahrnehmung einer Unabhängigkeit des Verwaltungsrechts vom Verfassungsrecht auf den Punkt bringt, stammt vom führenden Verwaltungsrechtler der Weimarer Zeit, *Otto Mayer:* „Verfassungsrecht vergeht, Verwaltungsrecht besteht"[22].

36　Einer solchen Vorstellung einer eigenständigen, von der Verfassung unabhängigen Privat- und Verwaltungsrechtsordnung liegt eine Trennung von bürgerlicher und politischer Freiheit zu Grunde. Danach ermöglicht das Privatrecht die Entfaltung der Privatautonomie, und das Verwaltungsrecht schützt Freiräume privater, gesellschaftlicher

---

[20] So bereits die Präambel der Erklärung der Menschen- und Bürgerrechte von 1789; zur Verfassung von 1791 und weiterer Verfassungsentwicklung: *Grimm*, Verfassung und Privatrecht im 19. Jahrhundert, S. 4 f., 39 ff.
[21] Für die Fortgeltung unter dem Grundgesetz: Art. 123 Abs. 1 GG.
[22] *Mayer*, Deutsches Verwaltungsrecht, Band I, Vorwort zur 3. Auflage 1924, in Bezug auf die fehlende Relevanz der Weimarer Reichsverfassung von 1919 für die Entwicklung des Verwaltungsrechts seit der Vorauflage. Dagegen für die Relevanz des Grundgesetzes für das heutige Verwaltungsrecht: *Schmidt-Aßmann*, Das allgemeine Verwaltungsrecht als Ordnungsidee, 2. Aufl. 2004, insb. Kap. 1, Rn. 19; zur möglichen Relativierung dieser Relevanz des Verfassungsrechts für das Verwaltungsrecht durch Europäisierung: *Michael*, VVDStRL 75 (2016), S. 131 ff. (insb. S. 161 ff.); *Wollenschläger*, VVDStRL 75 (2016), S. 187 ff. (insb. S. 190 ff.).

und wirtschaftlicher Freiheit vor willkürlichen Eingriffen des Staates, ohne dass es dafür der politischen Freiheit bedürfte.

> **Rechtshistorische und -vergleichende Hinweise:** Für das 19. Jahrhundert war diese Trennungsvorstellung in Deutschland, phasenweise auch in Frankreich prägend.[23] Das *Common Law* hat sich in England hingegen unter den Bedingungen politischer Freiheit entwickelt. Das englische Recht hat unter diesen Bedingungen nie eine autonome Privatrechtsordnung ausgebildet, die gegenüber dem öffentlichen Recht scharf geschieden gewesen wäre. Vielmehr regelt das *Common Law* im Grundsatz die Rechtsverhältnisse Privater wie des Staates nach denselben Prinzipien. Daran zeigt sich, dass die Unterscheidung von Privatrecht und Öffentlichem Recht nicht zwingend, sondern unter bestimmten historischen Voraussetzungen entstanden ist.

37

Für die demokratischen Ordnungen des Grundgesetzes und des europäischen Unionsrechts sind die Trennung von bürgerlich-privater und politischer Freiheit und damit auch die Vorstellung einer inhaltlichen Autonomie der Privatrechtsordnung im Verhältnis zur Verfassung inadäquat. Das Grundgesetz ist dementsprechend – beispielsweise im Gegensatz zur Reichsverfassung von 1871 – kein reines Organisationsstatut, sondern enthält **materielle Vorgaben** für die Ausgestaltung des Privatrechts, des Strafrechts und des Verwaltungsrechts. Dazu zählen vor allem die Grundrechte, insbesondere Würde, Freiheit und Gleichheit (Art. 1–19 GG mit speziellen Garantien für das Strafrecht in Art. 101 ff. GG), die Staatsstrukturbestimmungen (Art. 20 GG, insbesondere das Rechtsstaatsprinzip nach Art. 20 Abs. 3 GG) und Staatszielbestimmungen (insb. Art. 20a GG).

38

Demzufolge kann man heute keine inhaltliche Unabhängigkeit des einfachen Rechts vom Verfassungsrecht mehr behaupten. Die Verfassung regelt nicht nur formal die Entstehung von Gesetzen. Ihre Ausstrahlungswirkung[24] erfasst die gesamte Rechtsordnung. Teilweise ist die materielle Prägekraft der Verfassung so stark, dass das einfache Recht als **reine Konkretisierung der Verfassung** erscheint. Auch hierfür gibt es ein klassisches Zitat: „Verwaltungsrecht als konkretisiertes Verfassungsrecht"[25].

39

Bedeutung der Verfassung für das einfache Recht 40

Organisationsteil der Verfassung: • Gesetzgebungskompetenzen • Gesetzgebungsorgane • Gesetzgebungsverfahren	→	Entstehungs- und Geltungsbedingungen des einfachen Rechts
Materielle Verfassungsnormen: • Grundrechte • Staatsstrukturbestimmungen • Staatsziele (soweit in der Verfassung vorhanden)	→	Inhaltliche Vorprägung des einfachen Rechts

---

[23] *Grimm*, Verfassung und Privatrecht im 19. Jahrhundert, S. 10 ff., 18 ff.
[24] Begriff des BVerfG: BVerfGE 7, 198 (207), vom Gericht entwickelt für das Verhältnis der Grundrechte zum Privatrecht, aber nicht nur für dieses Verhältnis, sondern insgesamt für das Verhältnis von Verfassung und einfachem Recht kennzeichnend.
[25] *Werner*, DVBl. 1959, 527 (527).

41 Erst unter diesen Bedingungen des Vorrangs der Verfassung und ihrer Prägekraft für die gesamte Rechtsordnung kann für das Gesetzesrecht die Bezeichnung als **einfaches Recht** entstehen. Diese Bezeichnung ist heute in der deutschen Rechtsordnung geläufig und ein juristischer *terminus technicus*. Man kann seinen Inhalt auf eine Bezeichnung des normhierarchischen Verhältnisses von Verfassung und Parlamentsgesetz beschränken. Doch zugleich schwingt im Begriff eine Konnotation mit, nach der die Bedeutung und Autonomie des einfachen Rechts durch die Verfassung relativiert sind.

42 Dasselbe gilt für die Unterscheidung von europäischem **Primärrecht** (Unionsverträge als Verfassungsrecht der EU) und **Sekundärrecht** (vom EU-Parlament und Rat erlassenes Gesetzesrecht). Auch diese aus dem Völkerrecht übernommene Begrifflichkeit ist zunächst nichts weiter als ein Hinweis auf ein formales Verhältnis, nämlich darauf, dass sich Entstehung und Geltung des Sekundärrechts vom Primärrecht ableiten. Zugleich ist kaum vermeidbar, dass in den Adjektiven primär und sekundär auch eine Einschätzung der abgestuften Wertigkeit und Bedeutsamkeit im Sinne von Zweitrangigkeit mitschwingt. Der lateinischen Etymologie[26] entsprechend, folgt das Sekundärrecht dem Primärrecht: Eine autonome, vom Primärrecht unabhängige Rechtsschicht bildet es gerade nicht.

43 **Rechtshistorischer Hinweis:** Im Deutschland des 19. Jahrhunderts, während der Diskussionen über eine Kodifikation des Privatrechts und später bei der Ausarbeitung des BGB, wäre hingegen niemand auf den Gedanken gekommen, die großen Gesetzeskodifikationen als „einfaches Recht" zu qualifizieren. Verfassungen waren zwar vorhanden, hatten aber für die Gesetzeskodifikationen im Privat-, Straf- und Prozessrecht nur insoweit eine Bedeutung, als sie den zuständigen Gesetzgeber festlegten. Das gab keinen Anlass, die Gesetzeskodifikationen in Abgrenzung zum Verfassungsrecht als einfaches Recht zu bezeichnen.

C. Verfassung und Staat

I. Verhältnis von Staat und Verfassung

1. Historische Perspektive

44 Das Konzept der Verfassung ist seit dem 18. Jahrhundert in **staatlichen Kontexten** entwickelt und entfaltet worden. Während bei der Europäischen Union ihre Verfassungsfähigkeit längere Zeit rundweg bezweifelt wurde und auch heute weiterhin diskussionswürdig ist (→ 1/74ff.), besteht eine solche Unsicherheit in Bezug auf den modernen Staat nicht: Das Verfassungskonzept und moderne Staatlichkeit sind aufs Engste aufeinander bezogen.

45 In historisch-chronologischer Betrachtung ist der Staat die ältere Institution: Die Entstehung der modernen Staatlichkeit fällt in die Zeit des 16. und 17. Jahrhunderts. Die Verfassungsbewegung des 18. und 19. Jahrhunderts zielte darauf, vorhandene Staaten mit dem Instrument der Verfassung umzugestalten und im Rahmen bestehender Staaten Herrschaft neu zu konstituieren (Französische Revolution) oder staatliche Herrschaft zu begrenzen (Deutschland im 19. Jahrhundert). Der **Staat als Bezugsrahmen** war in diesen Prozessen der Verfassunggebung stets vorhanden und als Bezugsrahmen nicht in Frage gestellt.

---

[26] Sekundär von *secundus* – folgend, zweiter, zum Verbum *sequi* – folgen.

2. Rechtstheoretische Perspektive

Umstritten ist, ob diese Reihenfolge der historischen Entwicklungen auch das rechtstheoretische Verhältnis von Staat und Verfassung prägt:

- Nach einer Position ist der Staat nicht nur historisch die Institution gewesen, in der und für die das Verfassungskonzept entwickelt worden ist. Der Staat sei vielmehr notwendige **Verfassungsvoraussetzung.** Eine Verfassung könne nicht im luftleeren Raum oder auf einem beliebigen Flecken Erde entstehen. Es bedürfe einer als Staat verfassten Wirkungseinheit, in der eine Verfassung erarbeitet werden könne. Von dieser Position aus kann man Sätze formulieren wie: „Der Staat bekommt eine Verfassung", „Der Staat gibt sich eine Verfassung" oder „Die Verfassung ordnet die staatliche Herrschaft neu." Diese etatistische Position hat das Verfassungsdenken der frühen Bundesrepublik nach 1949 geprägt,[27] ihre frühere Dominanz aber mittlerweile verloren.

- Nach der Gegenauffassung ist nicht die historisch-soziologische Sichtweise entscheidend, sondern die Frage nach der rechtlichen **Konstituierung legitimer Herrschaft.** Diese Funktion komme der Verfassung zu: Nur sie begründe die Staatsgewalt, differenziere sie in verschiedene Staatsgewalten aus und ordne sie Organen zu.[28] Ohne diese Herrschaftsbegründung durch die Verfassung könne es zwar ein von Menschen besiedeltes Territorium geben, aber keine Institution, die rechtlich zur Herrschaftsausübung legitimiert wäre. Von dieser Position aus kann man daher formulieren: „Die Verfassung konstituiert den Staat" und „Es gibt nur so viel Staat, wie die Verfassung konstituiert."[29]

Der Unterschied zwischen beiden Positionen zeigt sich in zugespitzter Weise am **Ausnahmezustand,** der seit dem preußischen Verfassungskonflikt und in der Weimarer Zeit ein zentraler Punkt der Auseinandersetzung war: Gibt es politische Situationen, in denen das Verfassungsrecht endet? Kann dann die Staatsräson gebieten, dass die Staatsgewalt – für Vertreter dieser Position heißt das: die Exekutive – eigenmächtig das für Notwendig Erachtete tut? Das wäre ein Denken vom Staat her, so die Positionen von *Bismarck* im preußischen Verfassungskonflikt[30] und von *Carl Schmitt*[31]. Oder bestimmt nicht umgekehrt die Verfassung auch für den Ausnahmezustand, welche Kompetenzen bestehen?

Auf die Frage nach dem Primat des Staates (Denken vom Staat aus) oder dem Primat der Verfassung (Denken von der Verfassung aus) gibt es keine allgemein konsentierte Antwort, im Gegenteil: Es handelt sich um einen, wenn nicht um den **zentralen Grundsatzkonflikt** der Staats- bzw. Verfassungsrechtslehre der letzten Jahrzehnte. Die Positionen hängen vom staats- bzw. verfassungstheoretischen Vorverständnis ab. Daraus ergeben sich unterschiedliche Antworten auf die Frage, welche Perspektive man für die primäre hält.

---

[27] Nachzeichnung der Diskussionslinien bei: *Günther,* Denken vom Staat her. Die bundesdeutsche Staatsrechtslehre zwischen Dezision und Integration 1949–1970; und *Frick,* Die Staatsrechtslehre im Streit um ihren Gegenstand, S. 77 ff., 98 ff.
[28] *Kelsen,* Der soziologische und der juristische Staatsbegriff, S. 84 ff.
[29] *Häberle,* Verfassungslehre als Kulturwissenschaft, S. 620.
[30] Hierzu allgemein: *Wahl,* in: Böckenförde (Hg.), Moderne deutsche Verfassungsgeschichte, S. 208 ff.; *Kraus,* Der Staat 29 (1990), 209 ff.
[31] *Schmitt,* Verfassungslehre, S. 87 ff.

Kapitel 1. Bezugspunkte des Verfassungsrechts

51 **Hinweis:** Aus studentischer Perspektive äußert sich der Streit über diese beiden Positionen auf einer ersten, vordergründigen Ebene darin, ob das Studienfach „Staatsrecht" oder „Verfassungsrecht" genannt wird und wie entsprechende Lehrbücher heißen. In politischer Hinsicht gibt es eine gewisse Korrelation zwischen konservativen politischen Positionen und staatsbezogenem Denken sowie liberalen und progressiven Positionen und einem Primat der Verfassung, ohne dass sich damit notwendigerweise parteipolitische Affiliationen verbinden müssten. Eindeutige oder eindimensionale Zuordnungen politischer Überzeugungen sind an Hand dieses einen Kriteriums nicht möglich, zumal die Grundhaltungen zur europäischen Integration anderen Trennungslinien folgen als einem klassischen Links-Rechts-Schema.

Manches spricht auch dafür, den Streit als Generationenkonflikt zu deuten:[32] Die Protagonisten eines staatsbezogenen Denkens sind überwiegend in den 1930er/1940er Jahren geboren (u. a. *Ernst-Wolfgang Böckenförde, Josef Isensee, Dieter Grimm, Paul Kirchhof*), namhafte Vertreter eines verfassungsbezogenen Denkens in den 1960er Jahren (u. a. *Uwe Volkmann, Matthias Jestaedt, Anne Peters, Oliver Lepsius, Christoph Möllers*).

52 Dieses Lehrbuch schätzt die Leistungsfähigkeit eines verfassungsbezogenen Denkens höher ein als die eines staatsbezogenen Denkens. Das gilt unmittelbar in Bezug auf die EU, die nicht als Staat, sondern nur als Rechtsgemeinschaft und Verfassungsordnung konzipiert werden kann. Es gilt unter den Voraussetzungen einer pluralen, funktional ausdifferenzierten und demokratisch verfassten Gesellschaft des 21. Jahrhunderts aber auch für die staatliche Ebene.

3. Folgerungen für den Staatsbegriff

53 Aus diesen unterschiedlichen Ausgangspunkten ergeben sich unterschiedliche **Staatsbegriffe** und Staatsverständnisse: Wenn man den Staat als soziologisch beschreibbare, historische gewachsene und damit vorfindliche Einheit ansieht, drängt sich ein Denken vom Staat aus auf. Wenn man hingegen nach legitimer Herrschaftsausübung fragt, braucht man ein rechtliches Kriterium, an Hand dessen man Herrschaftsausübung in einem Gebiet als legitim qualifizieren kann.

54 Diese Aufgabe übernimmt die Verfassung, nicht der Staat. Der Staat ist dann das, was die Verfassung als Staat konstituiert. Zugespitzt: Der Staat ist mit der auf der Verfassung beruhenden Rechtsordnung identisch, der Staat *ist* die **Rechtsordnung.** Wenn man auf diese Weise Staat und Rechtsordnung gleichsetzen kann, kann man den Staatsbegriff für gänzlich verzichtbar erklären. Diese Konsequenz ziehen in der Tat manche Verfassungstheoretiker (insbesondere *Hans Kelsen*[33]) und andere Rechtsordnungen.

55 **Terminologische und rechtsvergleichende Hinweise zum Staatsbegriff:** Es geht bei den vorstehenden Überlegungen nicht um die Staaten der Erde als Völkerrechtssubjekte, also um Zusammenhänge, in dem man formulieren würde: „Staat A und Staat B schließen einen Handelsvertrag, führen Krieg miteinander etc.". Auch aus französischer und britischer Perspektive sind vor allem Staaten Völkerrechtssubjekte, die auch mit Begriffen bezeichnet werden, die etymologisch mit dem deutschen Staatsbegriff verwandt sind: *state, état*. Bei den vorstehenden Überlegungen zum Verhältnis von Staat und Verfassung geht es statt dessen um den Staat als Träger hoheitlicher Herrschaft, also um Zusammenhänge, bei denen man Formulierungen verwenden könnte wie: „Der Staat muss für eine adäquate IT-

---

[32] So *Frick,* Die Staatsrechtslehre im Streit um ihren Gegenstand, S. 203ff.
[33] *Kelsen,* Der soziologische und der juristische Staatsbegriff, S. 87: „Eine Begriffsbestimmung des Staates endet bei einer Definition des Rechtes."; zu Kelsens Rechtstheorie: *Jestaedt,* Ein Klassiker der Rechtstheorie, Einleitung zu: Hans Kelsen, Reine Rechtslehre, Studienausgabe der 2. Aufl. 1960, herausgegeben von Matthias Jestaedt, S. XIII ff.; zudem die Beiträge in: Özmen (Hg.), Hans Kelsens Politische Philosophie.

Ausstattung in den Schulen sorgen" oder „Auch in sozialen Brennpunkten gelten die staatlichen Gesetze."
In solchen Zusammenhängen verwenden das französische und das britische Recht nicht den Staatsbegriff bzw. dessen Übersetzungen als *state* oder *état*, sondern andere Konzepte.[34] Das französische Recht würde von den *lois de la République* sprechen, die auch in der Pariser *Banlieue* durchgesetzt werden müssen, also von den Gesetzen der Republik. Das britische Recht sieht nicht den Staat, sondern *government* in der Verpflichtung, die Schulen auszustatten oder das Gesundheitssystem zu reformieren. *Government* wäre dabei nicht notwendigerweise die Regierung, sondern auch das Parlament, wenn *government* das jeweilige Ziel mit dem Mittel der Gesetzgebung erreichen soll. Es gibt demnach nach britischem Verständnis *three branches of government*, nämlich Legislative, Exekutive und Judikative, also die Gewalten, die das deutsche Recht als Staatsgewalten bezeichnet. *Government* füllt damit die Funktionen aus, die im deutschen Recht der Staatsbegriff hat. Andere Rechtsordnungen kommen demzufolge ohne weiteres ohne den Begriff und das Konzept des Staates aus.

II. Bedeutung der Unterscheidung von Staat und Gesellschaft für die Verfassungsfunktionen

Das 19. Jahrhundert hatte strikt zwischen Staat und Gesellschaft als zwei eigenständigen Bereichen unterschieden: auf der einen Seite der Staat, geprägt durch den Monarchen, die monarchische Regierung und ihr Beamten- und Militärapparat, auf der anderen Seite die Gesellschaft, sich selbst regulierend, von einer demokratischen Mitwirkung in staatlichen Dingen weitgehend ausgeschlossen. Der Staat gewährleistete die Voraussetzungen der Gesellschaft und griff bei Störungen ein, beließ im Übrigen aber – in unterschiedlichem Maße – Freiräume **gesellschaftlicher Autonomie.** 56

Auf der Basis eines solchen **Dualismus von Staat und Gesellschaft** kann eine Verfassung nur zwei Funktionen haben: Für den Staat fungiert sie als Organisationsstatut, für die Gesellschaft schützt sie durch die Gewährleistung von Grundrechten Freiräume, in die der Staat nicht ohne weiteres eingreifen darf. Damit gestaltet die Verfassung nicht die Gesellschaft, sondern zieht dem Staat Grenzen, die ihm Eingriffe in gesellschaftliche Freiheiten verwehren. Die Verfassung ist durchgängig staatsbezogen. 57

Ein solcher Dualismus von Staat und Gesellschaft im Sinne einer strikten Unterscheidung von zwei Bereichen entspricht **vordemokratischem Denken.** Demgegenüber stehen in einem demokratisch verfassten Gemeinwesen Staat und Gesellschaft nicht unverbunden nebeneinander. Daher kann die Verfassung auch nicht ausschließlich staatsbezogene Inhalte haben: Die Verfassung gewährleistet für die Bürger insbesondere mit dem Wahlrecht aktive demokratische Gestaltungsrechte, für die auch Grundrechte wie die Meinungs- und Versammlungsfreiheit von zentraler Bedeutung sind. Als Werteordnung prägt die Verfassung die gesamte Rechtsordnung. 58

Nur für bestimmte Verfassungsfunktionen bleibt die Unterscheidung von Staat und Gesellschaft auch unter demokratischen Vorzeichen von Bedeutung: 59
– **Legitimationsfragen:** Die Staatsgewalt bedarf der demokratischen Legitimation, die vom Volk ausgeht (Art. 20 Abs. 2 GG), während die Ausübung privater und gesellschaftlicher Freiheit nicht legitimationsbedürftig ist.
– **Grundrechtsfragen:** Träger von Hoheitsgewalt sind grundrechtsverpflichtet (Art. 1 Abs. 3 GG, Art. 51 Abs. 1 S. 1, 2 GRCh), während Private grundrechtsberechtigt sind.

---

[34] Zu Zentralkonzepten der britischen Diskussion: *McLean,* Searching for the State in British Legal Thought, S. 1 ff.

III. Verknüpfung von Verfassungsidee, Demokratie und Volkssouveränität

60 Die Französische Revolution hat sich nicht allein der Verfassungsidee bedient, um die Herrschaft in der Revolution auf eine neue Grundlage zu stellen. Sie hat sich dafür auch auf das Konzept der **Volkssouveränität** (→ 2/3 ff.) gestützt, indem sich der Dritte Stand im Juni 1789 zur Nationalversammlung erklärt hat, die eine Verfassung erarbeiten sollte. Damit hat die Nationalversammlung zugleich den Anspruch erhoben, dass die verfassunggebende Gewalt – der *pouvoir constituant* – bei der französischen Nation liegt und nicht etwa beim König. Die Demokratie ist damit die einzig legitime Form von Herrschaft, und der Verfassungsbegriff wird entsprechend inhaltlich gefüllt. Das Verfassungskonzept der Französischen Revolution ist kein rein formales, sondern ein materiell anspruchsvolles Konzept.

61 **Terminologischer Hinweis:** In den Kategorien und Traditionen des französischen Verfassungsdenkens spricht die Erklärung der Menschen- und Bürgerrechte von 1789 meist nicht vom Volk, sondern von der **Nation** bzw. der Souveränität der Nation,[35] ohne dass dies einen Unterschied zum Konzept der Volkssouveränität bezeichnen würde. Die französische Terminologie macht nur von Anfang an und ausdrücklich klar, dass die souveräne Nation als politische Gemeinschaft konstituiert und von ethnischen Kriterien unabhängig ist. Auch das deutsche Volk als Inhaber der verfassunggebenden Gewalt (Präambel des GG) ist nicht im völkischen Sinne als ethnische Abstammungsgemeinschaft zu verstehen, sondern ebenso wie die Nation in Frankreich als politische Gemeinschaft.

62 Dieser Zusammenhang von Verfassung, Volkssouveränität und Demokratie ist heute unaufgebbar. Andere Legitimationsmodi (z. B. Gottesgnadentum) und Herrschaftsformen (z. B. „demokratischer Sozialismus") sind desavouiert. Das kann selbstverständlich nicht verhindern, dass auch undemokratische, nicht auf Volkssouveränität gründende Regime ihre Regelungswerke als Verfassungen bezeichnen. Der Verfassungsbegriff ist attraktiv, weil er Legitimität und Herrschaftsbegrenzung suggerieren kann, auch wenn sie nicht vorhanden sind. Derartige Verfassungen entsprechen aber nicht dem Verfassungskonzept, wie es sich in der westlichen demokratischen Tradition seit Ende des 18. Jahrhunderts herausgebildet hat. Die französische Erklärung der Menschen- und Bürgerrechte hatte einer solchen Organisation von Herrschaft, die Menschenrechte und Gewaltenteilung nicht gewährleistet, sogar die **Qualität als Verfassungsordnung** abgesprochen: Eine Gesellschaft ohne Menschenrechte und Gewaltenteilung habe keine Verfassung.[36]

63 **Beispiel:** Die Verfassung der Deutschen Demokratischen Republik von 1968 in der Fassung von 1974 bezeichnet sich in der Präambel als „sozialistische Verfassung". Auf der Basis des Verfassungskonzepts der westlichen demokratischen Tradition ist das ein Widerspruch in sich selbst. Denn diese Verfassung war explizit nicht gewaltenteilend konzipiert[37] und gewährleistete die zentralen politischen Grundrechte zwar verbaliter, aber stets nur „gemäß den Grundsätzen und Zielen dieser Verfassung"[38] und damit in Ausrichtung auf eine sozialistische Staats- und Gesellschaftsordnung. In Parallele zum Verfassungsbegriff, der von unterschiedlichsten Ordnungen in Anspruch genommen wird, berufen sich auch unterschiedlichste Re-

---

[35] Art. 3 S. 1 der Erklärung der Menschen- und Bürgerrechte von 1789: *„Le principe de toute Souveraineté réside essentiellement dans la Nation"*, in der Präambel indes *„Peuple Français"*.
[36] Art. 16 der Erklärung der Menschen- und Bürgerrechte von 1789.
[37] Art. 3 Abs. 1 DDR-Verfassung: „Das Bündnis aller Kräfte des Volkes findet in der Nationalen Front der Deutschen Demokratischen Republik seinen organisierten Ausdruck", ebenso Art. 47 Abs. 2 („demokratischer Zentralismus").
[38] Art. 27–29 DDR-Verfassung für die Meinungs-, die Versammlungs- und die Vereinigungsfreiheit.

gime auf das Konzept der Demokratie, ohne einem inhaltlich gefüllten Demokratiebegriff westlicher Prägung zu entsprechen (→ 5/1 ff.).

D. Verfassung und Europäische Union

I. Kategorisierungsversuche für die EU

1. Bundesstaat und Staatenbund als Kategorien des 19. Jahrhunderts

Alle Ansätze, die EU begrifflich zu fassen, haben sich lange Zeit der Kategorien und Begriffe des 19. Jahrhunderts bedient. Die Staats- und Völkerrechtslehre des 19. Jahrhunderts hatte mit Blick auf die damalige Entwicklung der europäischen Staatenordnung, staatliche Zusammenschlüsse und differenzierte innerstaatliche Strukturen vor allem zwei Begriffe unterschieden und präzise konturiert: **Staatenbund und Bundesstaat.** *Paul Laband,* der im Kaiserreich das prägende Werk zum Staatsrecht des deutschen Reiches verfasst hat, hatte bereits gesehen, dass sich „auch staatliche Aufgaben von unermesslicher Bedeutung nicht nur durch Staaten, sondern auch durch sozietätsartige Verbände von Staaten lösen"[39] lassen. Solche durch völkerrechtlichen Vertrag entstandene Gebilde bezeichnete er als Staatenbund im Gegensatz zu föderalen, staatsrechtlichen Gebilden, den Bundesstaaten. Im Kapitel über „Staatenbund und Bundesstaat" heißt es bei ihm: „Alle Staatenverbände, so verschiedenartig ihre Organisationen und ihr Zweck auch sein mögen, lassen sich auf zwei Begriffskategorien zurückführen: sie sind entweder vertragsmäßige (völkerrechtliche) oder korporative (staatsrechtliche). (…) Trotz aller tatsächlich vorhandenen Uebergänge und Mittelbildungen gibt es kein politisches Gebilde, das beides zugleich ist; denn das eine ist die Negation des anderen."[40]

64

Diese Auffassung hat jahrzehntelang nachgewirkt und die Diskussionen darüber, als was die EU zu qualifizieren sei, nachhaltig geprägt. Das Denken kannte nur Bundesstaat oder Staatenbund. Dabei besteht Einigkeit darüber, dass die **EU kein Bundesstaat** ist,[41] und zwar unabhängig von der Frage, ob der Verbund von EU und Mitgliedstaaten zukünftig einmal eine föderale Qualität erlangen könnte.[42] Denn die Hoheitsgewalt der EU beruht auf völkerrechtlichen Verträgen, die zwar die Verfassung einer eigenständigen Rechtsgemeinschaft darstellen,[43] aber nicht originär durch einen *pouvoir constituant* hervorgebracht worden sind. Wenn es nur Staatenbund oder Bundesstaat gibt, die EU aber kein Staat ist, schien lange Zeit nur die Möglichkeit zu bestehen, sie als völkerrechtlichen Staatenbund zu qualifizieren. Gleichzeitig war aber offensichtlich, dass im Vergleich zu den Staatenbünden, die im 19. Jahrhundert das Anschauungsmaterial für die Begriffsbildung geboten hatten, die Integrationsdichte der EU erheblich größer ist und diese tradierte Kategorie zur Qualifizierung der EU daher nicht taugt.

65

---

[39] *Laband,* Das Staatsrecht des deutschen Reiches, S. 56.
[40] *Laband,* Das Staatsrecht des deutschen Reiches, S. 55 f.
[41] Für eine ausführliche Analyse vgl. *Calliess* in: Calliess/Ruffert, EUV Art. 1 Rn. 27 ff. (insb. 43 ff.).
[42] Dazu EuGH, Gutachten 2/13, 18.12.2014, ECLI:EU:C:2014:2454, Rn. 156 ff. – EMRK-Beitritt II; BVerfGE 89, 155 (188); 123, 267 (364 f.).
[43] Zuletzt dazu EuGH, Gutachten 2/13, 18.12.2014, ECLI:EU:C:2014:2454, Rn. 157 f. – EMRK-Beitritt II, davor EuGH, 23.4.1986 – C-294/83, ECLI:EU:C:1986:166, Rn. 23.

66 **Rechtsvergleichender Hinweis:** Das Ringen um eine begriffliche Qualifizierung der EU und um eine angemessene Weiterentwicklung tradierter Kategorien zu diesem Zweck ist keine Besonderheit der deutschen Diskussionen, auch wenn sie in diesem Lehrbuchkapitel im Zentrum stehen. In Frankreich gibt es eine Debatte über die Qualifizierung der EU als *„fédération d'états-nations"* (Föderation von Nationalstaaten) oder *„union d'états"* (Union von Staaten), die Parallelen zur deutschen Diskussion über die EU als Staatenbund hat.[44]

2. Die EU als Staatenverbund oder Verfassungsverbund

67 In der Maastricht-Entscheidung hat das BVerfG 1993 eine neue begriffliche Kategorie entwickelt und die EU als **Staatenverbund** charakterisiert. Sie sei nicht mehr nur eine lose Verbindung souveräner Staaten, sondern ein *Ver*bund,[45] dem eine dynamische Ordnungsidee zugrunde liege.[46] In diesem Staatenverbund bleiben die Mitgliedstaaten Träger eines wesentlichen Maßes der Souveränität. Dies führt zu einer geteilten Hoheitsgewalt, einer zwischen den Mitgliedstaaten und der EU geteilten Souveränität.

68 Die begriffliche Neuschöpfung des BVerfG von 1993 hatte den Vorteil, dass sie die Dichotomie zwischen Bundesstaat und Staatenbund überwunden hat: Anders als das 19. Jahrhundert angenommen hatte, kann es doch weitere Kategorien geben. Andererseits hat die Begriffsbildung „Staatenverbund" den Nachteil, dass sie auf einem **staatsbezogenen Denken** beruht und die verfassungsrechtliche Qualität des europäischen Integrationsprozesses ausblendet. Das materielle Wesen der EU kann aber nur mit Blick auf ihre Verfassung verstanden werden, sodass der Begriff des Staatenverbunds für sich betrachtet ein Torso ist, der erst durch die Verfassung mit Inhalt gefüllt wird.[47] Eine Bezeichnung als Staatenverbund ist daher eine weitgehend inhaltsleere Beschreibung der EU, die einem Denken in Staatskategorien verhaftet bleibt.

69 Der Begriff des Staatenverbundes muss daher durch den Begriff des **Verfassungsverbundes** ergänzt, wenn nicht ersetzt werden.[48] Dieser Verfassungsverbund beruht auf den Mitgliedstaaten, die als „offene Verfassungsstaaten"[49] den Verfassungsverbund erst ermöglichen. Den Verfassungsverbund charakterisiert eine Verzahnung von europäischer Verfassung und nationalen Verfassungen, das Ineinandergreifen europäischer und nationaler Verfassungsprinzipien, zu deren Verwirklichung ein Kooperationsverhältnis zwischen nationalen und europäischen Verfassungsorganen erforderlich ist.

3. Die EU als Netzwerk oder als Mehrebenenorganisation

70 Neben diesen beiden neueren Begriffsschöpfungen der Judikatur und Rechtswissenschaft – die EU als Staatenverbund oder als Verfassungsverbund – gibt es weitere Begriffe vor allem aus den Politik- und Sozialwissenschaften, die immer wieder auf das Gefüge von EU und Mitgliedstaaten bezogen werden: der **Mehrebenenbegriff** und der **Netzwerkbegriff**[50].

---

[44] Zur Abgrenzung beider Begriffe: *Beaud,* Théorie de la fédération, S. 105ff.
[45] BVerfGE 89, 155 (184ff.).
[46] *Häberle/Kotzur,* Europäische Verfassungslehre, S. 311.
[47] *Calliess* in: Calliess/Ruffert, EUV Art. 1, Rn. 44; *Calliess,* Die neue EU, S. 47ff.
[48] Zu unterschiedlichen Möglichkeiten, die Europäisierung des Verfassungsrechts zu fassen (gemeineuropäisches Verfassungsrecht, Europäischer Verfassungsverbund, Europäisierung der Verfassung): *Volkmann,* Grundzüge einer Verfassungslehre der Bundesrepublik Deutschland, S. 119ff.
[49] *Hobe,* Der offene Verfassungsstaat zwischen Souveränität und Interdependenz; *Wahl,* JuS 2003, 1145ff.; *Calliess,* Die neue EU, S. 49ff.
[50] Begriffsanalyse und Verwendungsnachweise bei *Glaser,* Internationale Verwaltungsbeziehungen, S. 264ff.

Beide Begriffe haben teilweise gegensätzliche Konnotationen: Der Rückgriff auf den 71
Netzwerkbegriff soll häufig die Überwindung hierarchischer Strukturen indizieren.[51]
Die Mehrebenenmetapher legt demgegenüber ein Denken in gestuften, übereinander
geordneten Schichten nahe.[52] Dies impliziert Strukturmerkmale der **Normenhierarchie** und eine Trennung zwischen nationalen und der europäischer Rechtsordnung
und ist somit inadäquat oder zumindest unvollständig. Denn dem EU-Recht kommt
zwar regelmäßig Anwendungsvorrang vor nationalem Recht zu (→ 4/34 ff.), ohne dass
das hieße, dass die EU den Mitgliedstaaten in einem simplen hierarchischen Verhältnis
übergeordnet wäre.

So sehr der Mehrebenen- und der Netzwerkbegriff daher für **politikwissenschaftliche** 72
Beschreibungen der EU nützlich sein können[53], ist ihr Nutzen für eine juristische
Analyse der Rechtsbeziehungen und Kompetenzen daher begrenzt, wenn nicht ganz
bestritten.

> **Methodischer Hinweis:** Es hilft nicht weiter, eine abschließende und einfache Antwort darauf zu su- 73
> chen, was denn die EU nun „wirklich" ist: ein Staatenbund, ein Staatenverbund, eine Mehrebenenorganisation, ein Verfassungsverbund. Denn bei diesen Begriffen handelt es sich um wissenschaftliche
> Beschreibungskategorien, die sich nicht aus dem „Wesen" der EU ergeben, sondern die aus wissenschaftlicher Perspektive gebildet werden, um bestimmte Fragen zu beleuchten und bestimmte Charakteristika der EU deutlich zu machen. Soweit sie für diese Funktionen nützlich sind, sollte man die Begriffe verwenden. Soweit man sich mit einer Begriffsverwendung zweifelhafte Vorannahmen und
> Konnotationen einfängt, sollte man mit vorschnellen Kategorisierungen zurückhaltend sein. Das gilt
> nicht nur hier in Bezug auf die EU, sondern generell für alle wissenschaftlichen Begriffsbildungen.

II. Aspekte der europäischen Verfassungsfrage

Die Gründung der Europäischen Gemeinschaften und ihre Fortentwicklung zur EU 74
haben die Frage aufgeworfen, ob das im staatlichen Zusammenhang entwickelte Verfassungskonzept auf diesen neuartigen, supranationalen Herrschaftsverband übertragbar ist und übertragen werden sollte. Die **europäische Verfassungsfrage** hat zwei Aspekte:
- Es geht zunächst um die Frage, ob für diesen Hoheitsverband eine Verfassung überhaupt möglich ist. Diese Frage, ob die unverzichtbaren **Verfassungsvoraussetzungen** für die EU überhaupt erfüllt oder erfüllbar sind, ist eine Frage nach der Verfassungsfähigkeit der EU.
- Wenn man diese Frage nach der Verfassungsfähigkeit der EU bejaht, geht es in einem zweiten Schritt um die Frage, ob die EU in den Unionsverträgen bereits heute eine Verfassung hat oder ob sie erst noch durch einen expliziten Akt der Verfassungsgebung geschaffen werden müsste. Das ist eine Frage nach der **Qualifizierung der Unionsverträge** als Verfassung der EU.

Beide Fragen sind miteinander verknüpft und können nicht einfach in zwei Schritten 75
unabhängig voneinander abgearbeitet werden. Denn je nachdem welche Anforderungen an den Verfassungsbegriff gestellt werden und welche Folgerungen daraus für die

---

[51] Etwa *Ladeur*, Die Verwaltung 26 (1993), 137 ff.: „Von der Verwaltungshierarchie zum administrativen Netzwerk".
[52] *Mager*, Die Verwaltung Beiheft 10 (2010), 11 ff. (24); ebenso kritisch zur Mehrebenenmetapher wegen ihrer hierarchischen Konnotationen *Kahl*, Der Staat 50 (2011), 353 ff. (357).
[53] *Ferdinand Weber*, Formen Europas: Rechtsdeutung, Sinnfrage und Narrativ im Rechtsdiskurs um die Gestalt der Europäischen Union, Der Staat 55 (2016), 151 ff.

Verfassungsfähigkeit der EU gezogen werden, erfüllen die Unionsverträge diese Anforderungen oder erfüllen sie sie nicht.

76 Wer den Verfassungsbegriff für die EU ablehnt, tut dies meist mit der Begründung, ein völkerrechtliches Gebilde wie die EU sei prinzipiell nicht verfassungsfähig. Wenn man Verfassung als **rechtliche Grundordnung des Staates** definiert,[54] also Verfassung mit Staatsverfassung gleichsetzt, kann man in der Tat nicht vom Verfassungsrecht der EU sprechen. Diese Definition der Verfassung als Grundordnung des Staates war zweifellos vom 18. bis 20. Jahrhundert naheliegend, solange es ohnehin keine anderen Hoheitsverbände als Staaten gab, für die die Verfassungsfrage gestellt wurde.

77 Mit einer solchen Definition bzw. mit ihrer unreflektierten Übernahme aus vergangenen historischen Zusammenhängen, in der sie entstanden ist und sinnvoll war, erklärt man allerdings den historischen Entstehungszusammenhang des Verfassungskonzepts zum notwendigen Begriffsinhalt. Ganz bestimmte historische Legitimationszusammenhänge (Volkssouveränität bzw. Souveränität der Nation) werden dadurch unter der Hand zu den allein möglichen Legitimationsmodi erklärt.

78 **Methodischer Lernhinweis:** Am Beispiel dieser Überlegungen kann man lernen, dass eine überzeugende juristische Argumentation nicht als begriffliche Argumentation geführt werden kann. Man gewinnt keinerlei Überzeugungskraft, wenn man erklärt: „Verfassung ist (definiert als) die Grundordnung des Staates. Die EU ist aber kein Staat. Also ist die EU nicht verfassungsfähig." Die drei Sätze sind zwar äußerlich wie eine logische Schlussfolgerung aufgebaut. Die als Definition zu Grunde gelegte Prämisse – Verfassung als Grundordnung nur von Staaten – ist aber gerade das, was diskutiert werden muss und daher nicht implizit über die Begriffsbildung vorausgesetzt werden kann. Man muss stattdessen inhaltlich danach fragen, was das Verfassungskonzept ausmacht und ob diese Inhalte sinnvollerweise auf die EU bezogen werden können oder nicht. Je nach Ergebnis dieser inhaltlichen, materiellen Überlegungen kann man dann den Verfassungsbegriff weiterhin auf Staaten beschränken oder auf die EU erweitern. Die Begriffsbildung ist damit *Ergebnis* inhaltlicher Überlegungen und ersetzt sie nicht.

79 Die Diskussion über die Verfassungsfähigkeit der EU und die Qualifizierung der Unionsverträge als Verfassung muss demnach an Hand der Funktionen und Inhalte geführt werden, die mit dem **Verfassungskonzept** verbunden sind. Dabei kommen zahlreiche Kriterien dafür in Betracht, was eine Verfassung ausmacht (→ 1/9 ff.). Je anspruchsvoller das Verfassungskonzept dabei ist, umso weniger wird die EU die Anforderungen erfüllen. Je einfacher man das Verfassungskonzept hält, umso eher wird es auf die EU übertragbar sein. Ziel kann es aber nicht sein, dass Verfassungskonzept möglichst anspruchslos zu verstehen, nur damit auf jeden Fall von einer Verfassung der EU die Rede sein kann. Damit wäre nichts gewonnen, sondern nur eine äußere Ausdehnung des Begriffs erreicht, die mit einer Auszehrung des Konzepts der Verfassung von innen erkauft wäre.[55]

III. Beurteilungskriterien

1. Terminologisch: fehlende offizielle Verfassungsterminologie

80 Es gibt kein geltendes EU-Dokument, das als EU-Verfassung betitelt wäre. Der Vertrag über eine Verfassung für Europa[56], der 2004 zwischen den EU-Mitgliedstaaten

---

[54] Bspw. *Kägi*, Die Verfassung als rechtliche Grundordnung des Staates, S. 43 ff.
[55] *Volkmann*, Grundzüge einer Verfassungslehre, S. 36.
[56] BT-Drs. 15/4900, S. 7 ff.

ausgehandelt worden war und der die Verfassungsterminologie auf die EU übertragen hätte, ist nicht in Kraft getreten. Das damalige Reformprojekt ist in mehreren Mitgliedstaaten an Referenden gescheitert, vielleicht partiell sogar wegen seiner Verfassungsterminologie, die wegen ihrer Analogie zu staatlichen Zusammenhängen bei manchen Sorgen vor einer Aushöhlung der Staatlichkeit der Mitgliedstaaten und immer weiteren EU-Kompetenzen ausgelöst haben mag.

Hinweis zum Gewicht terminologischer Argumente: Die offizielle Bezeichnung irgendwelcher Dokumente ist ein Indiz für die Vorstellungen und Ziele, die die handelnden Personen im Entstehungszeitpunkt des Dokuments verfolgt haben. Für eine historisch-genetische Interpretation ist das nicht ohne Bedeutung. Darin erschöpft sich das Gewicht terminologischer Argumente indes in aller Regel. Denn einerseits kommt es nicht darauf an, was Beteiligte subjektiv wollten, als was sie objektiv ins Werk gesetzt haben. Andererseits ist nicht der Entstehungszeitpunkt eines Dokuments der entscheidende Zeitpunkt, sondern dessen heutige Bedeutung. 81

Beispiel: Dass das Grundgesetz 1949 als „Grundgesetz" und nicht als Verfassung bezeichnet wurde, hat etwas mit dem damaligen Besatzungsregime und Sorgen vor einer Verfestigung der deutschen Teilung zu tun (→ 2/18), stellt aber seine Qualifizierung als Verfassung der Bundesrepublik Deutschland nicht in Frage. Ob die Verfassungsterminologie in EU-Dokumenten verwendet wird oder nicht, ist dementsprechend eher von symbolischer Bedeutung und Rücksichten auf Integrationsskepsis geschuldet, als dass sich daraus ein gewichtiges Argument für oder gegen die Verfassungsfähigkeit der EU oder die Qualifizierung der Unionsverträge als Verfassung der EU ableiten ließe.

Die terminologischen Fragen setzen sich auch unterhalb des europäischen Primärrechts fort: Der Entwurf eines Europäischen Verfassungsvertrags hatte vorgesehen, die Verordnung (Art. 288 Abs. 2 AEUV) in „Europäisches Gesetz" und die Richtlinie (Art. 288 Abs. 3 AEUV) in „Europäisches Rahmengesetz" umzubenennen. Dagegen wurden teilweise terminologische Bedenken geäußert, die auf der Befürchtung beruhten, die EU werde durch eine solche Terminologie zu **staatsähnlich**. Sachlich wäre die Umbenennung der Verordnung in Europäisches Gesetz ohne weiteres zutreffend gewesen, und die terminologischen Bedenken beruhen auf denselben Überlegungen wie bei der Verfassungsterminologie: nämlich auf der Frage, ob Handlungsformen zur Organisation von Hoheitsgewalt wie Verfassung und Gesetz zwingend staatsbezogen sein müssten. 82

Die Erweiterung der Rechtsetzungsakteure über den Staat hin aus (→ 15/7 ff.) legt es aber gerade nahe, die im staatlichen Kontext entwickelten Formen auch für die Organisation supranationaler Hoheitsgewalt zu nutzen. Dementsprechend kann in Bezug auf Richtlinien und Verordnungen zusammenfassend von europäischer Gesetzgebung, europäischen Gesetzgebungskompetenzen, Gesetzgebungsverfahren und europäischen Gesetzen gesprochen werden. Auch das europäische Primärrecht spricht heute ohne weiteres von Gesetzgebungsverfahren[57] oder vom Gesetzescharakter einer Maßnahme.[58] Den EuGH hatte das Fehlen eines explizit als EU-Verfassung bezeichneten 83

---

[57] Bspw. in Art. 294 Abs. 1 AEUV in Bezug auf das ordentliche Gesetzgebungsverfahren. Die primärrechtliche Terminologie schwankt in der deutschen Fassung des Vertrags ohne jeden erkennbaren Grund in Bezug auf das zugehörige Verb, vgl. bspw. Art. 294 Abs. 4, 12, 13 AEUV einerseits (erlassen), Art. 296 Abs. 3 AEUV andererseits (annehmen); in der englischen Fassung steht in beiden Fällen *to adopt*, in der französischen Fassung ebenfalls durchgängig *adopter*.
[58] Art. 289 Abs. 3 AEUV („Gesetzgebungsakte", in der englischen Fassung *„legislative acts"*), zudem Art. 290 Abs. 1 AEUV, allerdings in negativer Formulierung („Rechtsakte ohne Gesetzescharakter" in Bezug auf delegiertes Tertiärrecht), was aber im Umkehrschluss heißt, dass das Sekundärrecht Gesetzescharakter hat.

Dokuments noch nie daran gehindert, die zum jeweiligen Zeitpunkt **geltenden Verträge als Verfassung** der EU zu bezeichnen.[59]

2. Formal: Vertragscharakter, Vorrang und Änderungsfestigkeit der Unionsverträge

a) Vertragscharakter des Primärrechts

84 Das Recht der Europäischen Union, das als europäisches Verfassungsrecht in Betracht kommt, unterscheidet sich formal deutlich vom Grundgesetz und den Verfassungen der anderen EU-Mitgliedstaaten: Es handelt sich um **Vertragsrecht.** Im Kern besteht dieses Vertragsrecht aus den beiden Unionsverträgen (EUV und AEUV), zudem aus der Europäischen Grundrechtecharta und den Protokollen und Anhängen zu den Unionsverträgen. Dass es sich dabei nicht um ein einziges Verfassungsdokument handelt, ist von geringer Bedeutung, weil es sich bei den Protokollen und Anhängen um Vertragsbestandteile handelt und die Unionsverträge und die Grundrechtecharta untereinander gleichrangig sind.[60]

85 Es wäre ohne Veränderung ihrer rechtlichen Qualität möglich, alle diese Bestimmungen in einem einzigen Unionsvertrag zusammenzufassen. Dass das nicht geschehen ist, liegt an den unterschiedlichen Entstehungszeitpunkten und an redaktionellen Überlegungen: Die Aufteilung des Vertragswerks den EUV mit grundsätzlichen Bestimmungen und den AEUV mit detaillierteren, technischen Normen soll die Unionsverträge leichter lesbar und die Grundstrukturen im EUV besser erkennbar machen.

86 Entscheidender Unterschied zu staatlichen Verfassungen ist also nicht die äußerliche, redaktionelle Aufteilung auf verschiedene Dokumente, sondern die Entstehung dieser Dokumente durch Verträge zwischen den Mitgliedstaaten. Die Europäische Union ist von ihren **Mitgliedstaaten** gegründet worden, nicht von einem europäischen Volk als *pouvoir constituant*.[61] Demnach begründet zwar nicht das Fehlen eines einzigen, als solches bezeichneten Verfassungsdokuments einen grundlegenden Unterschied zwischen den Unionsverträgen und staatlichen Verfassungen, wohl aber der Vertragscharakter der von den Mitgliedstaaten abgeschlossenen Unionsverträge.

87 **Hinweis zur Argumentation:** Man kann diesen Unterschied, der zwischen den Unionsverträgen und staatlichen Verfassungen im Hinblick auf ihren Entstehungsmodus besteht, durch einen Verweis auf einzelne historische Beispiele herunterzuspielen versuchen, in denen auch Staatsverfassungen durch einen Vertrag zu Stande gekommen sind. Viel gewonnen ist mit einem solchen Argument indes nicht. Denn „bewiesen" wird damit nur, worauf es gar nicht ankommt: Dass nämlich der Vertragsschluss auch für das Zustandekommen staatlicher Verfassungen nicht prinzipiell ausgeschlossen ist. Dieser historische Nachweis ändert nur nichts daran, dass der Entstehungsmodus und damit die Legitimationsgrundlage der Unionsverträge sich von den geltenden Staatsverfassungen aller EU-Mitgliedstaaten fundamental unterscheiden, weil sie eben gerade nicht Vertragscharakter haben, sondern in der Regel auf einem verfassungsgebenden Akt des jeweiligen Staatsvolks beruhen.

b) Normhierarchischer Vorrang des Primärrechts

88 Sieht man vom Vertragscharakter ab, bestehen in zwei wichtigen Punkten formale Entsprechungen zwischen den Unionsverträgen und staatlichen Verfassungen: nämlich in Bezug auf den **normhierarchischen Vorrang** der Unionsverträge vor anderem

---

[59] Z. B. EuGH, 23.4.1986 – C-294/83, ECLI:EU:C:1986:166, Rn. 23f.
[60] Art. 6 Abs. 1, 51 EUV, Art. 1 Abs. 2 AEUV, → 1/16.
[61] Tendenziell a. A. *Pernice*, VVDStRL 60 (2001), S. 148ff. (167, 176).

Unionsrecht (Sekundär- und Tertiärrecht der EU) und in Bezug auf ein besonderes Vertragsänderungsverfahren, das den Unionsverträgen im Vergleich zu anderem Unionsrecht eine besondere Bestandskraft verleiht.[62] Die Normenhierarchie ist im Unionsrecht allerdings nicht mit derselben Konsequenz und Strenge ausgebildet wie im deutschen Verfassungsrecht. Kontrollen des europäischen Sekundärrechts am Maßstab der Unionsverträge nimmt der EuGH nur mit einer gewissen Zurückhaltung vor.

c) Erschwerte Abänderbarkeit des Primärrechts

Im Hinblick auf ihre erschwerte Abänderbarkeit sind die Unionsverträge demgegenüber noch sehr viel deutlicher als besondere Normkategorie qualifiziert und vom europäischen Sekundärrecht unterschieden, als das Grundgesetz gegenüber dem einfachen Gesetzesrecht im deutschen Verfassungsrecht abgesetzt ist. Denn während Grundgesetzänderungen im selben Gesetzgebungsverfahren durch dieselben Organe wie die einfache Bundesgesetzgebung erfolgen mit dem einzigen Unterschied von maßvoll erhöhten Mehrheitsanforderungen (Zwei-Drittel-Mehrheiten), sind die Unionsverträge dem Zugriff des Europäischen Parlaments und des Rats als der Gesetzgebungsorgane der EU vollständig entzogen: Das Europäische Parlament hat für Vertragsänderungen lediglich **Entwurfs- und Äußerungsrechte** (Art. 48 Abs. 2, 3 bzw. 6 EUV, → 4/58 ff). 89

Die **Beschlusskompetenz** aber liegt am Ende allein bei den Mitgliedstaaten als Vertragspartnern. Da Vertragsänderungen von allen Mitgliedstaaten ratifiziert werden müssen und nach innerstaatlichem Verfassungsrecht mehrerer Mitgliedstaaten dafür Referendumserfordernisse bestehen, sind die Hürden für eine Vertragsänderung sehr hoch. 90

3. Funktional: Verfassungsfunktionen der Unionsverträge für die EU

Die Unionsverträge begründen einen supranationalen Hoheitsverband, bestimmen dessen Ziele, übertragen ihm Kompetenzen zur hoheitlichen Machtausübung, setzen dafür Organe und Verfahren ein und begrenzen die Befugnisse zur legitimen Ausübung dieser Hoheitsmacht. Damit übernehmen die Unionsverträge für die EU diejenigen Funktionen, die im staatlichen Kontext die jeweilige Verfassung hat.[63] In einem **funktionellen Verständnis** bilden die Unionsverträge daher die Verfassung der EU. 91

4. Materiell: Die Unionsverträge als *contrat social*[64] zwischen den Unionsbürgern?

Dass die Unionsverträge hoheitliche Herrschaftsgewalt auf Unionsebene begründen, legitimieren und begrenzen, ist unbestritten. Die europäische Verfassungsfrage bezieht sich vielmehr darauf, ob es für die Qualifizierung der Unionsverträge als EU-Verfassung ausreicht, dass die unionale Hoheitsmacht *irgendwie* begründet und legitimiert wird, nämlich durch Verträge, die Staaten untereinander geschlossen haben. Ein anspruchsvolles Verfassungskonzept im Anschluss an die Französische Revolution lässt 92

---

[62] Vertragsänderungsverfahren nach Art. 48 EUV im Vergleich zum Gesetzgebungsverfahren für Sekundärrecht nach Art. 289 AEUV.
[63] *Pernice*, VVDStRL 60 (2001), S. 148 ff. (163 ff.); ebenso *Jakab*, European Constitutional Language, S. 166 ff.
[64] *Contrat social* – dt. Gesellschaftsvertrag, zurückgehend auf den gleichnamigen Titel des Werks von *Jean-Jacques Rousseau* (1762), nach dem legitime politische Macht nur auf einem Vertrag der Menschen untereinander beruhen könne.

nämlich nicht jede beliebige Form der Herrschaftsbegründung zu, sondern versteht das Verfassungskonzept als Instrument zur Gewährleistung von Selbstbestimmung einer politischen Gemeinschaft. Im staatlichen Kontext wird diese Selbstbestimmung durch die Prinzipien der Volkssouveränität für die Verfassunggebung und der Demokratie für Ausübung der dadurch begründeten Herrschaft realisiert.

93 Von diesem Ausgangspunkt aus differenziert sich die kontroverse Diskussion dieser Frage nun auf:
– Teilweise wird vertreten, dass die einzigen politischen Gemeinschaften, die als Legitimationssubjekt für Hoheitsgewalt in Betracht kommen, nach wie vor die in Staaten organisierten Völker oder Nationen seien. Die unverzichtbaren Verfassungsvoraussetzungen bestünden daher nur im Staat, insbesondere ein **Volk als Legitimationssubjekt** *(pouvoir constituant).*[65] Wer dies so sieht und sogleich an einem materiell anspruchsvollen Verfassungskonzept festhält, muss die Verfassungsfähigkeit der EU verneinen und konsequenterweise den Verfassungsbegriff für die Unionsverträge ablehnen.
– Die Gegenposition argumentiert, dass die Unionsverträge zwar in ihrer äußeren Form nur völkerrechtliche Verträge seien. Man müsse sie aber letztlich nicht den Staaten, sondern den europäischen Bürgern zurechnen. Die Unionsverträge „begründen eine Gegenseitigkeitsordnung zwischen den Menschen, dokumentieren den Willen der Bürger der Mitgliedstaaten, sich zu vertragen, immer neu zu vertragen, für das gemeinsame Wohl, und organisieren den Prozeß einer immer engeren Union, also europäischer Integration ... [Die Unionsverträge] sind damit, weit weniger fiktiv als normale Verfassungen, Ausdruck eines **europäischen** *contrat social.*"[66]

94 In einer längeren historischen Perspektive dürfte unbestreitbar sein, dass die zur Legitimation von Hoheitsmacht in Betracht kommenden Legitimationssubjekte nicht ein für alle Mal statisch feststehen können. Auch die Staatsvölker der Mitgliedstaaten haben sich erst in einem langen historischen Prozess zu handlungsfähigen politischen Einheiten entwickelt und werden als Legitimationssubjekte für Herrschaft erst seit dem 18. Jahrhundert in Betracht gezogen. Vor diesem Hintergrund kann nicht von vorneherein ausgeschlossen werden, dass auch die Unionsbürger – sei es in ihrer Gesamtheit, sei es in ihrer Gliederung in Einzelnationen – ein starkes politisches Identitätsgefühl entwickeln, das die Legitimation von supranationaler Herrschaft trägt.

95 Gestritten werden kann indes darüber, in welchem Maße dies bereits gegenwärtig der Fall ist. An diesem Punkt überschneiden sich Diskussionslinien über die Verfassungsfähigkeit der EU und über die Anforderungen an ihre demokratische Legitimation. Die Diskussion wird dort (→ 5/43 ff.) erneut aufgegriffen und im Hinblick auf zwei sich ergänzende Legitimationsstränge – über das Europäische Parlament und über die Parlamente der Mitgliedstaaten – vertieft.

---

[65] *Isensee,* in: Isensee/Kirchhof (Hg.), HStR I, 1. Aufl. 1987, § 13 Rn. 1 ff.; *Kirchhof,* ebd., § 19 Rn. 18; *Grimm,* JZ 1995, 581 (591).
[66] *Pernice,* VVDStRL 60 (2001), S. 148 ff. (167).

IV. Ergebnis: Die Unionsverträge als Verfassung der EU

Im Bewusstsein um ihren Vertragscharakter und um die daraus resultierenden Unterschiede zu nationalen Verfassungen kann man die Unionsverträge mit Blick auf ihre herrschaftsbegründende und zugleich herrschaftsbegrenzende Funktion ohne weiteres als **Verfassungsrecht der EU** bezeichnen. Unter funktionalen Aspekten ist die Qualifizierung der Unionsverträge als EU-Verfassung gerechtfertigt und naheliegend. 96

Umstritten ist, inwieweit dies zu Abstrichen beim materiellen Gehalt des Verfassungskonzepts führt und nur durch einen Verzicht auf einen materiell anspruchsvollen Verfassungsbegriff – Verfassung als Instrument politischer Selbstbestimmung – möglich ist. Diesem Lehrbuch liegt die Auffassung zu Grunde, dass die **Konstitutionalisierung der Unionsverträge** einen weit fortgeschrittenen Stand erreicht hat. Die Rechtsordnung der EU bleibt nicht in einer Weise hinter demokratischen Standards zurück, dass man ihr deshalb den Verfassungscharakter absprechen müsste. Mit der Verwendung des Verfassungsbegriffs für die EU verbindet sich daher ein Anspruch an demokratische Legitimation, der nicht aufzugeben ist und der – bei aller Kritik im einzelnen – durch die EU in hinreichendem Maße erfüllt wird (→ 5/79ff). 97

E. Klausurhinweise

I. Klausurrelevante Themen und Fragestellungen

Es wird selten vorkommen, dass die in Kapitel 1 thematisierten Grundsatzfragen als solche Gegenstand einer Klausuraufgabe werden, weil die Prüfungspraxis in den juristischen Staatsexamina (und in der Folge an den Universitäten) auf Rechtsdogmatik fokussiert ist. Die verfassungstheoretischen Grundsatzüberlegungen liefern in der Regel aber implizit Begründungen für den richtigen Aufbau verfassungsrechtlicher Klausuren. 98

Beispiel: Eine typische Klausurkonstellation besteht in der Überprüfung der formellen und materiellen Verfassungsmäßigkeit eines Bundes- oder Landesgesetzes, zum Beispiel in einem Verfahren der abstrakten Normenkontrolle vor dem BVerfG. In diesem Fall ist die Vereinbarkeit des Gesetzes mit den formellen und materiellen Normen des Grundgesetzes zu prüfen (vgl. die nachfolgenden Prüfschemata → 1/108f.). 99

Dieses Vorgehen ist deshalb unter dem Grundgesetz möglich und geboten, weil das einfache Recht (zivilrechtliche Gesetze etc.) keine autonomen, von der Verfassung inhaltlich unabhängigen Rechtsbereiche sind (→ 3/13ff.). Das Grundgesetz ist nicht nur ein Organisationsstatut, das die Entstehungsregelungen für das einfache Recht regelt, sondern prägt die Rechtsordnung auch materiell, so dass umgekehrt ein Bundes- oder Landesgesetz umfassend auf seine formelle und materielle Verfassungsmäßigkeit hin überprüft werden kann. Dem liegt zu Grunde, dass es sich beim Staat und bei der Gesellschaft nicht um zwei gänzlich autonome Bereiche handelt (→ 1/56ff.).

In verfassungsdogmatischen Klausuren ist die Begründung für den Klausuraufbau nicht explizit Gegenstand der Klausuraufgabe. Mit der Wahl des für die Aufgabenstellung passenden Prüfschemas werden automatisch die richtigen Konsequenzen aus dem Verfassungsverständnis gezogen. Hierin liegen der Nutzen und die Entlastungswirkung von Prüfschemata. Der gewählte Klausuraufbau ist dann nicht rechtfertigungsbedürftig. Erklärungen zum Aufbau unterbleiben daher; ein Rückgriff auf verfassungsrechtliche Grundsatzfragen ist nicht erforderlich. Das funktioniert allerdings 100 nur solange, wie eine Klausur auf eine typische, mit Mitteln der Verfassungsdogmatik beantwortbare Fragestellung hat, für die die wesentlichen verfassungsrechtlichen Gesichtspunkte bereits im Prüfungsschema verarbeitet sind. Das wird in Klausuren am Anfang des Studiums üblicherweise der Fall sein, nicht aber unbedingt auf Staatsexamensniveau.

101 Ein Verständnis für verfassungsrechtliche Grundsatzfragen ist daher unverzichtbar, wenn ausdrücklich nach einer Begründung für das gewählte Vorgehen gefragt wird (eher in mündlichen Prüfungen als in Klausuren) oder wenn es sich um eine atypische Fallkonstellation handelt, die mit einem üblichen Prüfungsschema nicht zu bewältigen ist.

102 **Beispiel:** Thema einer Klausur könnte ein Verstoß gegen das Waffengesetz durch einen „Reichsbürger" sein, der die Geltung des Waffengesetzes für ihn mit der Begründung bestreitet, er sei Bürger des Deutschen Reiches. Die Rechtsordnung der Bundesrepublik Deutschland sei für ihn nicht bindend: Er habe diesem „Verein" gekündigt, sofern man überhaupt von dessen Existenz ausgehen könne.

103 Diesen Fall kann man nicht durch das nachstehende Prüfungsschema (→ 1/108) lösen und auch nicht durch andere Prüfschemata, die irgendwo für das Verfassungsrecht empfohlen werden. Denn mit diesem Schema kann man zwar die Verfassungsmäßigkeit des Waffengesetzes feststellen. Der Einwand des „Reichsbürgers" bezieht sich aber nicht auf die Vereinbarkeit des Waffengesetzes mit dem Grundgesetz, sondern auf die Geltung des Grundgesetzes und der gesamten Rechtsordnung der Bundesrepublik Deutschland. Der Fall erzwingt also eine Auseinandersetzung mit den Legitimationsgrundlagen des Grundgesetzes, die in aller Regel nicht bestritten werden und daher in verfassungsrechtlichen Prüfschemata nicht vorkommen. Bei einer solchen Klausuraufgabe muss man ohne vorgefertigtes Prüfschema in Aufsatzform schreiben, warum die Verfassung und damit die auf ihr beruhende Rechtsordnung auch für „Reichsbürger" gelten. Es gehört in solchen Fällen zur Aufgabenstellung und zum Anforderungsprofil, die eigenen Ausführungen selbst sinnvoll zu strukturieren, beispielsweise folgendermaßen:
a) Legitimationsgrundlagen des Grundgesetzes in historischer Perspektive (→ 2/17ff.),
b) verfassungstheoretische Legitimationsgrundlagen (→ 2/2ff.).

II. Aufbauhinweise

104 Prüfungsmaßstab verfassungsrechtlicher Klausuren ist die Verfassung. Normen des einfachen Rechts können Prüfungsgegenstand der Klausur sein; Prüfungsmaßstab ist das Grundgesetz.

105 **Vertiefungshinweis:** Fragen des einfachen Rechts sind nicht Gegenstand verfassungsrechtlicher Klausuren, sofern nicht im Einzelfall die Auslegung und Anwendung der Norm eine spezifisch verfassungsrechtliche Frage aufwerfen. Das kommt eher in Grundrechtsklausuren vor. Ein Beispiel aus dem Staatsorganisationsrecht bildet die Frage nach der Relevanz von Geschäftsordnungsverstößen: Sie führen nur dann zur Verfassungswidrigkeit einer unter Geschäftsordnungsverstoß getroffenen Maßnahme, wenn die verletzte Geschäftsordnungsbestimmung zugleich eine verfassungsrechtlich gebotene Verfahrens- oder Zuständigkeitsanforderung normiert (→ 15/192f.).

106 Die Regelungsinhalte des Grundgesetzes spiegeln sich in Klausuren bei der Prüfung der Verfassungsmäßigkeit einer Maßnahme unter zwei Aspekten wieder: der formellen und der materiellen Verfassungsmäßigkeit. Im Rahmen der formellen Verfassungs-

mäßigkeit der Maßnahme geht es um die Zuständigkeit bzw. die Kompetenz des handelnden Staatsorgans, um die Einhaltung des verfassungsrechtlich gebotenen Verfahrens und der gebotenen Form, im Kern also um Fragen, die im staatsorganisationsrechtlichen Teil der Verfassung geregelt sind. Im Rahmen der materiellen Verfassungsmäßigkeit wird die inhaltliche Vereinbarkeit der Maßnahme mit dem Grundgesetz geprüft, insbesondere ihre Vereinbarkeit mit Grundrechten. Daraus ergibt sich für typische Klausuraufgaben ein zweischrittiger Aufbau aus formeller und materieller Verfassungsmäßigkeit.

Häufig haben Klausuren eine prozessuale Einkleidung: Die Aufgabenstellung bezieht sich dann nicht nur auf die Verfassungsmäßigkeit der Maßnahme, sondern auch auf die Frage, in welchem Verfahren dies vor dem BVerfG geklärt werden kann. Dann geht es zunächst um die Zulässigkeit des Verfahrens, im Anschluss um seine Begründetheit. Da ein Verfahren zur Feststellung der Verfassungswidrigkeit einer Maßnahme dann begründet ist, wenn die Maßnahme tatsächlich verfassungswidrig ist, entspricht die Begründetheitsprüfung dem zweischrittigen Aufbau aus formeller und materieller Verfassungsmäßigkeit.

III. Prüfschemata

Prüfschema zur Prüfung der Verfassungsmäßigkeit einer staatlichen Maßnahme

Die Prüfung der Verfassungsmäßigkeit einer staatlichen Maßnahme an Hand der Verfassung als Prüfungsmaßstab folgt einem zweischrittigen Aufbau aus formeller und materieller Verfassungsmäßigkeit:
I. formelle Verfassungsmäßigkeit der staatlichen Maßnahme
  1. Zuständigkeit
  2. Verfahren
  3. Form
II. materielle Verfassungsmäßigkeit der staatlichen Maßnahme

Prüfschema zur Prüfung der Erfolgsaussichten eines verfassungsgerichtlichen Rechtsbehelfs

Wenn die Frage nach der Verfassungsmäßigkeit einer staatlichen Maßnahme in die Frage nach den Erfolgsaussichten eines verfassungsgerichtlichen Rechtsbehelfs eingekleidet ist, ist vorab dessen Zulässigkeit und im Rahmen der Begründetheit dann (wie oben) die Verfassungsmäßigkeit der Maßnahme zu prüfen:
A. Zulässigkeit des Rechtsbehelfs vor dem BVerfG
B. Begründetheit des Rechtsbehelfs
  I. formelle Verfassungsmäßigkeit der angegriffenen Maßnahme
    1. Zuständigkeit
    2. Verfahren
    3. Form
  II. materielle Verfassungsmäßigkeit der angegriffenen Maßnahme

Kapitel 2. Verfassunggebende Gewalt und Verfassunggebung

Literatur: *E.-W. Böckenförde*, Die verfassunggebende Gewalt des Volkes. Ein Grenzbegriff des Verfassungsrechts, 1986; *P. Cramer*, Artikel 146 Grundgesetz zwischen offener Staatlichkeit und Identitätsbewahrung, 2014; *H. Dreier*, Gilt das Grundgesetz ewig?, 2009; *M. F. Feldkamp*, Der Parlamentarische Rat 1948–1949, 1998; *R. Geiger*, Zur Beteiligung des Gesetzgebers gemäß Art. 23 Abs. 1 GG bei Änderung und Erweiterung der Europäischen Union, in: ZG 18 (2003), S. 193 ff.; *A. Hatje/S. v. Förster*, Historische Entwicklung der Europäischen Union, in: A. Hatje/P.-C. Müller-Graff (Hrsg.), Europäisches Organisations- und Verfassungsrecht, 2014, § 6 (S. 311 ff.); *J. Isensee*, Schlußbestimmung des Grundgesetzes: Artikel 146, in: HStR XII, 2014, § 258 (S. 131 ff.); *W. Kahl*, Die Entstehung des Grundgesetzes, in: JuS 1997, S. 1083 ff.; *W. Kahl*, Unionsbürgerstatus und nationale Staatsangehörigkeit, in: JURA 2011, S. 364 ff.; *A. Leopold*, Einführung in das Staatsangehörigkeitsrecht, in: JuS 2006, S. 126 ff.; *C. Schönberger*, Unionsbürger, 2005; *A. Thiele*, Der Austritt aus der EU – Hintergründe und rechtliche Rahmenbedingungen eines „Brexit", in: EuR 53 (2016), S. 281 ff.; *C. Walter*, Der Bürgerstatus im Lichte von Migration und europäischer Integration, in: VVDStRL 72 (2013), S. 7 ff.; *T. Wischmeyer*, Nationale Identität und Verfassungsidentität, in: AöR 140 (2015), S. 415 ff.

1 Angenommen, Sie werden von einer Polizistin angehalten und darauf hingewiesen, dass Sie gerade gegen eine sog. ordnungsbehördliche Verordnung[1] verstoßen haben, die beispielsweise das Trinken von Alkohol in der Öffentlichkeit untersagt. Nun sollten Sie – mit der Bierdose in der Hand – nachhaken: Was ist die **Rechtsgrundlage** dieser Verordnung? Die Uniformierte wird auf das Ordnungsbehördengesetz des Landes verweisen, das derartige Verordnungen vorsieht (in Nordrhein-Westfalen sind die §§ 25 ff. OBG NRW einschlägig)[2]. Sie bleiben hartnäckig: Was ist wiederum die Grundlage dieses Gesetzes? Man könnte auf das Gesetzgebungsrecht des Landtags von Nordrhein-Westfalen verweisen, geregelt in Art. 66 S. 1 NRWVerf.[3] Die Frage, warum die Landesverfassung gilt, mag man nun noch einmal durch Wegducken beantworten, indem man darauf verweist, dass das Grundgesetz in Art. 28 Abs. 1 S. 1 GG Vorgaben für die Landesverfassungen enthält, aber eben auch davon ausgeht, dass es sie gibt (→ Kap. 7 Rn. 3 f.)[4]. Damit aber kommt es zum Schwur: **Warum gilt das Grundgesetz**[5]? Die Antwort auf diese keineswegs triviale Frage versucht die Figur der sog. verfassunggebenden Gewalt zu geben. Sie scheint im Grundgesetz an zwei Stellen auf, bezeichnenderweise ganz am Anfang und ganz am Ende: Die **Präambel** behauptet, dass sich das deutsche Volk „kraft seiner verfassunggebenden Gewalt" dieses Grundgesetz gegeben habe (das Fugen-s ist leider schlicht fehl am Platze), und der rätselhafte **Art. 146 GG** lässt ahnen, dass das deutsche Volk von dieser verfassunggebenden Gewalt eines Tages neuen Gebrauch machen könnte (→ Rn. 22). Bevor wir der Frage nachgehen können, ob und wie dies geschehen könnte, sind allerdings noch einige verfassungstheoretische Grundbegriffe zu klären (A.). Daran schließt sich die Frage an, wie das Grundgesetz tatsächlich zustandegekommen und ob es dabei mit rechten Dingen zugegangen ist (B.). Sodann wird der Blick in Richtung der Europäischen Union gewendet, die ihre eigene Geschichtserzählung aufzuweisen hat (C.).

---

[1] Dabei handelt es sich – stark verknappt – um abstrakt-generelle Regelungen, die zur Abwehr von Gefahren von der Exekutive erlassen werden dürfen. Eine Verordnung könnte etwa im Winter das Eislaufen auf einem See im Stadtgebiet verbieten, um der Gefahr vorzubeugen, dass ein Eisläufer einbricht und ertrinkt.
[2] Im ersten Zugriff *Wittreck*, in: ders./Schlacke, Studienbuch NRW, § 4 Rn. 17 ff.
[3] Näher *Dietlein*, in: ders./Hellermann, Öffentliches Recht in NRW, § 1 Rn. 129 f.
[4] Näher *Dreier*, in: ders., GGK II, Art. 28 Rn. 41 ff. sowie 53 ff.
[5] Zum Folgenden zusammenfassend *Wittreck*, Geltung und Anerkennung von Recht, 2014, 17 ff.

A. Verfassungstheoretische Grundbegriffe

Zunächst aber sind als Nachtrag zum bereits vorgestellten Begriff der Verfassung (→ Kap. 1 Rn. 28 ff.) einige **Grundbegriffe aus seinem Umfeld** in der gebotenen Kürze namhaft zu machen. Wir beginnen mit der inzwischen durchaus umstrittenen Figur der Souveränität (I.), wenden uns sodann den in der Französischen Revolution geprägten Termini der konstituierenden bzw. konstituierten Gewalten zu (II.), und werfen danach einen Blick auf das Staatsvolk als eine dieser verfassten Gewalten (III.). Am Ende steht die Darstellung derjenigen Regelungen, die für die Zugehörigkeit zu diesem Staatsvolk relevant sind (sowie die Verschiebungen, die durch die Mitgliedschaft in der Europäischen Union diesbezüglich eingetreten sind; IV.).

I. Souveränität

Der Begriff der Souveränität[6] taucht als solcher weder im Grundgesetz noch in den Vertragswerken der Europäischen Union auf. Gleichwohl ist er in diesen Dokumenten präsent bzw. liegt ihnen zugrunde. Das Konzept ist in der frühen Neuzeit in Frankreich entwickelt worden und geht maßgeblich auf den Staatsdenker *Jean Bodin* zurück[7]. In dieser Ursprungssituation war es zunächst darauf gerichtet, den französischen König als unabhängig von den beiden Universalgewalten des europäischen Mittelalters auszuweisen, nämlich dem römisch-deutschen Kaiser sowie dem Papst. Positiv gewendet ist danach souverän, wer über sich keinen Machtträger anerkennen muss.

Als Rechtsfigur ist Souveränität heute in erster Linie ein Bestandteil des **Völkerrecht**s, also des zwischen den Staaten geltenden Rechts. Nach gängigem Verständnis wird Souveränität hier als das Recht oder die Fähigkeit eines Staates beschrieben, seine inneren wie äußeren Angelegenheiten selbst zu bestimmen, ohne von der Zustimmung anderer Völkerrechtssubjekte abhängig zu sein[8]. Zugleich geht das moderne Völkerrecht von der „souveränen Gleichheit" aller Staaten aus[9]. Allerdings ist fraglich, ob dieses klassische Verständnis von Souveränität angesichts der zunehmenden internationalen Verflechtung sowie der damit einhergehenden rechtlichen Einhegung der Staaten noch aufrechterhalten werden kann[10].

Verfassungsrechtlich gewendet wird das Konzept der Souveränität schließlich in der Rechtsfigur der sog. **Volkssouveränität**[11]. Sie wird im Grundgesetz ebenfalls nicht ausdrücklich genannt, aber üblicherweise in Art. 20 Abs. 2 S. 1 GG („Alle Staatsgewalt geht vom Volke aus") verortet[12]. Der Satz ist – liest man ihn negativ – zunächst einmal die deutliche Absage an die im 19. und frühen 20. Jahrhundert noch bemühten Legitimationstitel oder -quellen staatlicher Herrschaft, nämlich die Abstammung von einer

---

[6] Prägnant zur Begriffsgeschichte *Dreier*, in: Staatslexikon, 7. Aufl. 1988, 1203 ff.
[7] Quelle: *Bodin*, Über den Staat (1583), Reclam-Ausgabe 1987. Dazu bündig *Mayer-Tasch*, Einführung, in: ders., Jean Bodin, Sechs Bücher über den Staat, Bd. I, 11 ff.; *Becker*, in: Staat und Religion, 2017, 125 ff.
[8] Siehe *v. Arnauld*, Völkerrecht, Rn. 314.
[9] Nochmals *v. Arnauld*, Völkerrecht, Rn. 312 ff.
[10] Näher aus der völkerrechtlichen Diskussion *Kokott*, ZaöRV 64 (2004), 517, 532 f.
[11] Im ersten Zugriff *Böckenförde*, in: HStR³ II, § 24 Rn. 2 ff.
[12] Siehe BVerfGE 83, 37 (50) sowie *Stöcker*, Der Staat 30 (1991), 259, 261; *Pieroth*, JuS 2010, 473, 476; *Sokolov*, NVwZ 2016, 649, 649 f.; *Schröder*, JA 2017, 809, 810 f.

Herrscherdynastie oder gar die Herrschaft „von Gottes Gnaden" (Gleiches würde für irdische Heilslehren wie Sozialismus oder Kommunismus gelten)[13]. Positiv gewendet besagt er, dass Staatsgewalt erstens nur durch die Rückführung auf das Volk legitimiert werden kann[14]. Zweitens muss das Volk die Staatsgewalt auch selbst ausüben, wobei dies die Delegation auf besondere Organe nicht ausschließt; es muss allerdings auch hier ein Zurechnungs- und Verantwortungszusammenhang bestehen bleiben, der den Bürgerinnen und Bürgern effktiven Einfluß auf die Ausübung der Staatsgewalt einräumt[15]. Beide Prämissen haben in Gestalt der Figur der demokratischen Legitimation aller Staatsgewalt (→ Kap. 5 Rn. 40ff.) konkrete und recht kleinteilige Konsequenzen.

6 Die Mitwirkung der Bundesrepublik in der Europäischen Union wirft natürlich mit Macht die Frage auf, ob Deutschland als Glied dieser Union noch in einem derart verstandenen Sinn „souverän" ist. Diese Frage ist vom Bundesverfassungsgericht in der Entscheidung zum Reformvertrag von **Lissabon** emphatisch bejaht worden[16], was dem Gericht allerdings auch harsche Kritik eingebracht hat[17]. Sie soll hier noch einmal aufgegriffen werden, nachdem die unionsrechtliche Einbindung näher erläutert worden ist (→ Rn. 32f.).

II. Grundbegriffe: *pouvoir constituant* und *pouvoirs constitués*

7 Wer den Französisch- oder Lateinunterricht noch lebhaft vor Augen hat, erkennt in der Überschrift auf Anhieb das Partizip Präsens Aktiv bzw. das Partizip Perfekt Passiv: Es geht um die Gegenüberstellung von „konstituierenden" und „konstituierten" Gewalten, welche zentrale Elemente des Konzepts der verfassunggebenden Gewalt sind. Dass bis heute die französischen Bezeichnungen gebraucht werden, verweist darauf, dass die Figuren erstmals in der **Französischen Revolution** namhaft gemacht worden sind; sie gehen auf **Sieyes** zurück[18]. Dahinter steht die Überzeugung oder Einsicht, dass ein und dasselbe Volk seinen Willen quasi in zwei Aggregatzuständen kundtun kann: Tritt es als *pouvoir constituant* auf, also als konstituierende Gewalt, macht es von seiner dabei zunächst einmal unterstellten Kompetenz Gebrauch, sich in einem letztlich revolutionären Urakt eine komplett neue Ordnung zu geben; es ist dabei dem Grunde nach keinen Bindungen unterworfen[19]. In diesem Ur- oder Schöpfungsakt formt und begrenzt es nun die *pouvoirs constitués* oder konstituierten Gewalten: Dies werden typischerweise Organe der Legislative, Judikative und Exekutive sein, also Parlament, Rechtsprechung und Regierung. Diesen Gewalten erlegt das Volk in Form der Verfassung vielleicht kein Joch, aber doch eine Begrenzung ihrer Kompetenzen auf. Die **Pointe** dabei: Sofern das Volk für sich selbst eine Rolle als *pouvoir constitué* oder verfasste Gewalt vorsieht (etwa, indem es Volksentscheide oder sog. Referen-

---

[13] Siehe *Stöcker*, Der Staat 30 (1991), 259, 262.
[14] BVerfGE 47, 253 (275); 77, 1 (40); 83, 60 (72); 107, 59 (87).
[15] BVerfGE 83, 60 (71f.); 93, 37 (66f.); aus der Literatur *Böckenförde*, in: HStR³ II, § 24 Rn. 8, 10ff.; *Grzeszick*, in: Maunz-Dürig, GG, Art. 20 II (2010), Rn. 61; *Voßkuhle/Kaiser*, JuS 2009, 803, 804; *Schröder*, JA 2017, 809, 814.
[16] BVerfGE 123, 267 (348) u.ö.; kritisch gerade zur „Souveränitätsfixierung" des Gerichts *Wahl*, Der Staat 48 (2009), 587, 613.
[17] So etwa *Terhechte*, EuZW 2009, 724, 728f.; siehe ferner die differenzierte Darstellung bei *Rademacher*, EuR 55 (2018), 140, 142ff.
[18] *Stern*, Staatsrecht I², 1984, 146ff.; *Dreier*, Gilt das Grundgesetz ewig?, 2009, 7ff.
[19] Näher *Polzin*, Der Staat 53 (2014), 61ff.

den in die Verfassung aufnimmt, also Abstimmungen, bei denen das Volk über Vor-Entscheidungen des Parlaments zu befinden hat[20]), so ist es wie die anderen von ihm eingesetzten Organe an die selbstgesetzten Regeln gebunden, muss sich also an die Bestimmungen der Verfassungsurkunde über Volksabstimmungen halten (das betrifft etwa die zugelassenen Gegenstände oder die sog. Quoren, also Mindeststimmanteile, die ein Vorschlag aus dem Volk erreichen muss, um zur Abstimmung gestellt zu werden)[21].

III. Das Staatsvolk als verfasste Gewalt

Das Ergebnis wirkt paradox, und die Paradoxie setzt sich sogar noch fort. Denn wenn wir das souveräne Staatsvolk als Grund der Verfassung wie als Ankerpunkt für die Anknüpfung der Legitimation aller konstituierten Staatsgewalt ansprechen, dann schließt das nicht aus, dass das konkrete Staatsvolk der Bundesrepublik Deutschland erstens von der Verfassung bestimmt wird[22] und zweitens nach deren Regeln in seiner konkreten Zusammensetzung auch verändert werden kann[23]. 8

Dabei ist der Ausgangspunkt der ganz herrschenden Auffassung derjenige, dass die Bundesrepublik Deutschland **Ausdruck der kollektiven Selbstbestimmung des deutschen Volkes** ist[24]. Das Bundesverfassungsgericht hat ausdrücklich festgestellt, dass aus der Volkssouveränität gerade nicht folgt, „daß sich die Entscheidungen der Staatsgewalt von den jeweils Betroffenen her zu legitimieren hätten"[25]. Zur Begründung dieser Positionierung der Bundesrepublik als Nationalstaat wird maßgeblich auf die Präambel (→ Kap. 3 Rn. 8 ff.) sowie auf den Art. 116 Abs. 1 GG abgestellt[26], der nun in der Tat so zu lesen ist, dass Deutschland eine besondere Verantwortung für die Angehörigen der Staatsnation trägt (→ Rn. 11). Allerdings kann (und muss) die Bundesrepublik Deutschland auf die rasante Veränderung ihrer Wohnbevölkerung reagieren, indem sie ihr Staatsangehörigkeitsrecht ändert und es im Sinne eines Zugehörigkeitsangebots öffnet.

IV. Staatsangehörigkeit und Unionsbürgerschaft

1. Staatsangehörigkeit als Zugehörigkeitstitel

Die Bedeutung der Staatsangehörigkeit ist vor diesem Hintergrund schlechthin fundamental. Denn sie schafft eine feste Zuordnung des Einzelnen zu einer staatlichen Rechtsgemeinschaft und fungiert damit als Grundlage für die Zuschreibung von Rechten (und Pflichten); bekannt ist die schöne Wendung vom **„Recht, Rechte zu haben"** *(Hannah Ahrendt)*. Das betrifft in der Bundesrepublik neben den sog. Deutschengrundrechten zuallererst die **Teilhabe an der politischen Partizipation,** denn 9

---

[20] Beispiele wären das in Bayern und Hessen in den Landesverfassungen verankerte sog. obligatorische Verfassungsreferendum. Danach sind Änderungen dieser Verfassungsurkunden nur wirksam, wenn der entsprechende Parlamentsbeschluss anschließend in einer Volksabstimmung bestätigt wird; siehe Art. 75 Abs. 2 BayVerf. und Art. 123 Abs. 2 HessVerf.
[21] Unterstrichen von *Starck*, HStR³ III, § 33 Rn. 31.
[22] So *Starck*, in: HStR³ III, § 33 Rn. 31; *Schmidt-Aßmann*, AöR 116 (1991), 329, 351.
[23] *Giegerich*, in: Maunz/Dürig, GG, Art. 116 (2011), Rn. 31 ff.
[24] *Huber*, in: Sachs, GG, Präambel Rn. 16.
[25] BVerfGE 83, 37 (51).
[26] Siehe *Bleckmann*, DÖV 1988, 437 ff.; *Isensee*, HStR³ II, § 15 Rn. 38.

allein Bundesbürger sind auf Landes- und Bundesebene wahl- und abstimmungsberechtigt (Art. 28 Abs. 1 S. 2, 38 Abs. 1 u. 2 GG; lediglich für Wahlen auf Gemeindeebene sieht Art. 28 Abs. 1 S. 3 GG eine Beteiligung auch der Unionsbürger vor; → Rn. 13)[27].

10 Angesichts einer ganzen Vielzahl von freiwilligen wie unfreiwilligen Migrationsbewegungen weltweit gerät das bisherige Verständnis einer im Kern an die Zugehörigkeit zur Staatsnation anknüpfenden Staatsangehörigkeit in Deutschland wie in der internationalen Diskussion allerdings unter Rechtfertigungsdruck[28]. Tatsächlich stellt ein hoher Anteil von Einwohnern, die mangels Staatsangehörigkeit an der demokratischen Legitimation der deutschen Staatsgewalt nicht teilhaben können, ihr aber im Alltag selbstverständlich unterworfen sind (und sie auch mitfinanzieren), nicht nur ein demokratietheoretisches Problem dar[29]. Bisherige Vorstöße in Richtung eines **Ausländerwahlrecht**s sind allerdings von den Verfassungsgerichten des Bundes wie der Länder einhellig als verfassungswidrig verworfen worden[30]. Die Bundesrepublik bemüht sich vor diesem Hintergrund, das Auseinanderfallen von Legitimationssubjekt und Objekt der Staatsgewalt durch eine behutsame Öffnung des Staatsangehörigkeitsrechts zu vermeiden (→ Rn. 12).

2. Staatsangehörigkeit unter dem Grundgesetz

11 Das Grundgesetz enthält keine Positivregelung der deutschen Staatsangehörigkeit. Es bestimmt, dass dem Bund die ausschließliche **Gesetzgebungskompetenz** für die „Staatsangehörigkeit im Bunde" zukommt (Art. 73 Abs. 1 Nr. 2 GG; → Kap. 15 Rn. 84). Daneben enthält es gleich zwei Bestimmungen, die in der Sache Reaktionen des Verfassunggebers auf die massenhafte Aberkennung der deutschen Staatsangehörigkeit in der NS-Zeit darstellen: Zunächst verbietet **Art. 16 Abs. 1 S. 1 GG** den Entzug der deutschen Staatsangehörigkeit kategorisch[31], wohingegen der Verlust derselben aufgrund eines Gesetzes eintreten kann (Art. 16 Abs. 1 S. 2 GG)[32]. Die Bestimmung stellt sowohl ein Grundrecht als auch eine sog. institutionelle Garantie der deutschen Staatsangehörigkeit dar[33]. In den Übergangsvorschriften findet sich ferner **Art. 116 GG**. Abs. 1 der Norm bestimmt, dass als Deutscher im Sinne des Grundgesetzes – wichtig für die sog. Deutschengrundrechte wie Berufs- oder Versammlungsfreiheit (Art. 12 bzw. Art. 8 GG) – gilt, wer entweder die deutsche Staatsangehörigkeit besitzt oder als „Flüchtling oder Vertriebener deutscher Volkszugehörigkeit" (heute meist **Spätaussiedler** genannt) eingestuft wird[34]. Abs. 2 enthält ein gestuftes Angebot der Wiedergutmachung an die in der NS-Zeit zu Unrecht Ausgebürgerten. Um niemandem die deutsche Staatsangehörigkeit „aufzudrängen", erfolgt die **Wiedereinbürgerung** grundsätzlich auf Antrag der Betroffenen oder ihrer Abkömmlinge (S. 1).

---

[27] *Grzeszick*, in: Maunz/Dürig, GG, Art. 20 II (2010), Rn. 84 ff.; *Schröder*, JA 2017, 809, 811.
[28] Eingehend m.w.N. *Walter*, VVDStRL 72 (2013), 7, 17 ff. sowie *Wittreck*, in: Dreier, GGK I, Art. 16 Rn. 23, 59.
[29] Unterstrichen von *Sokolov*, NVwZ 2016, 649 ff.
[30] BVerfGE 83, 37; 83, 60; zuletzt BremStGHE 8, 234 = NdsVBl. 2014, 189.
[31] Leitentscheidung: BVerfGE 116, 24; näher dazu *Kämmerer*, NVwZ 2006, 1015 ff.
[32] Näher zu dieser Unterscheidung *Wittreck*, in: Dreier, GGK I, Art. 16 Rn. 46 ff.
[33] *Wittreck*, in: Dreier, GGK I, Art. 16 Rn. 41.
[34] Näher geregelt im Gesetz über die Angelegenheiten der Vertriebenen und Flüchtlinge (Bundesvertriebenengesetz – BVFG) i.d.F. der Bek. v. 10.8.2007 (BGBl. I 1902). Dazu näher m.w.N. *Wittreck*, in: Dreier, GGK III, Art. 116 Rn. 52 ff.

Wenn die Betroffenen hingegen nach dem 8. Mai 1945 ihren Wohnsitz nach Deutschland verlegt haben, gelten sie als nicht ausgebürgert (in diesem Fall wird unterstellt, dass die Wohnsitznahme das Interesse darin dokumentiert, wieder Deutscher zu werden)[35]. Auch mehr als siebzig Jahre nach Kriegsende finden beide Absätze des Art. 116 GG bzw. die dazu erlassenen Gesetze noch rege Anwendung[36].

Von seiner Kompetenz nach Art. 73 Abs. 1 Nr. 2 GG hat der Bund durch den Erlass des **Staatsangehörigkeitsgesetz**es **(StAG)** Gebrauch gemacht. Dieses war ursprünglich ganz dem nationalstaatlichen Gedanken verhaftet und vermittelte die deutsche Staatsangehörigkeit praktisch ausschließlich über die Abstammung von einem oder einer Deutschen[37]. Die Einbürgerung war an hohe Hürden geknüpft und insbesondere von der Aufgabe der bisherigen Staatsangehörigkeit abhängig (sog. Verbot der doppelten Staatsangehörigkeit). Das StAG folgte damit ursprünglich dem Konzept des *ius sanguinis* (wörtlich „Recht des Blutes"), während zahlreiche Verfassungsstaaten (namentlich Frankreich und die USA) auf das Konzept des *ius soli* (wörtlich „Recht des Bodens") setzen[38], also jeden als Staatsbürger anerkennen, der auf dem eigenen Territorium geboren worden ist[39]. In einer Reihe von anfangs heftig umstrittenen Reformschritten ist diese Abstammungsbindung seit 1999 sukzessive gelockert worden[40]. Insbesondere erwerben nun nach § 4 Abs. 3 StAG Kinder von Ausländern, die seit acht Jahren rechtmäßig in Deutschland leben, mit der Geburt im Inland die deutsche Staatsangehörigkeit. Die anfangs noch bestehende Pflicht, sich spätestens bis zum 21. Lebensjahr zwischen der deutschen Staatsangehörigkeit und derjenigen der Eltern zu entscheiden (sog. **Optionspflicht**; vgl. § 29 Abs. 1 StAG), ist für die meisten Betroffenen inzwischen nach § 29 Abs. 1a StAG entfallen. Zugleich wurde die Einbürgerung generell erleichtert und in zahlreichen Fällen die **doppelte Staatsangehörigkeit** zugelassen (§ 12 StAG); insbesondere sind Unionsbürger (und Schweizer) nicht mehr gehalten, ihre bisherige Staatsangehörigkeit aufzugeben (§ 12 Abs. 2 StAG)[41].

3. Die Unionsbürgerschaft

Die Unionsbürgerschaft zählt zu den Rechtsinstrumenten, mit denen die Union versucht, sich als eine Institution zu präsentieren (oder zu inszenieren?), die nicht allein auf freien Dienstleistungs- und Warenverkehr oder den Euro reduziert werden kann, sondern eine positive Rolle im Alltag der Bürgerinnen und Bürger der Mitgliedstaaten der Union spielt[42]. Die einschlägigen Regelungen finden sich in Art. 9 EUV sowie in den Art. 20 ff. AEUV[43]. Danach ist die **Unionsbürgerschaft** an die Staatsangehörig-

---

[35] Eingehend *Wittreck*, in: Dreier, GGK III, Art. 116 Rn. 81 ff.
[36] Zahlen bei *Wittreck*, in: Dreier, GGK III, Art. 116 Rn. 20.
[37] Zum ursprünglichen Stand *Gosewinkel*, Einbürgern und Ausschließen, 2001, 278 ff. sowie *v. Münch*, Die deutsche Staatsangehörigkeit, 2007, 23 ff.
[38] Gegenüberstellung beider Ansätze bei *Leopold*, JuS 2006, 126, 127 f.; *Kokott*, in: Sachs, GG, Art. 16 Fn. 1 ff.
[39] Näher *Kokott*, in: Sachs, GG, Art. 16 Fn. 3.
[40] *Hailbronner*, NVwZ 1999, 1273 ff.; kritisch etwa *Scholz/Uhle*, NJW 1999, 1510, 1513 ff.
[41] Zum gegenwärtigen Stand etwa *Hailbronner*, in: ders./Maaßen//Hecker/Kau, Staatsangehörigkeitsrecht, 6. Aufl. 2017, Teil 1 H. III.
[42] Zu diesem Impetus *Schönberger*, in: Grabitz/Hilf/Nettesheim, EU, Art. 20 AEUV, Rn. 25 f.; *Kluth*, in: Calliess/Ruffert, EUV/AEUV, Art. 20 AEUV Rn. 3 ff.
[43] Näher zum Folgenden *Schönberger*, Unionsbürger, 2009, 272 ff., 301 ff. sowie *Hailbronner/Thym*, NJW 2011, 2008 ff.; *Kahl*, JURA 2011, 364 ff.; *Huber*, EuR 48 (2013), 637 ff.

keit eines Mitgliedstaates geknüpft (Art. 9 S. 2 EUV bzw. Art. 20 Abs. 1 S. 2 AEUV) und soll diese ausdrücklich ergänzen, nicht ersetzen (Art. 9 S. 3 EUV bzw. Art. 20 Abs. 1 S. 3 AEUV). Konkret umfasst sie die **Freizügigkeit** im Hoheitsgebiet der Mitgliedstaaten (Art. 20 Abs. 2 S. 1 lit. a, 21 AEUV), das aktive und passive Kommunalwahlrecht im Wohnsitzstaat sowie das **Wahlrecht** zum Europäischen Parlament (Art. 20 Abs. 2 S. 1 lit. b, 22 Abs. 1 u. 2 AEUV), das Recht auf subsidiären konsularischen Schutz (Art. 20 Abs. 2 S. 1 lit. c, 23 AEUV) sowie das Petitionsrecht zum Europäischen Parlament bzw. zu den übrigen Organen der Union (Art. 20 Abs. 2 S. 1 lit. d, 24 UAbs. 2–4 AEUV). Unlängst sind diese Rechte noch um die Möglichkeit der **europäischen Bürgerinitiative** ergänzt worden (vgl. Art. 11 Abs. 4 EUV bzw. Art. 24 UAbs. 1 AEUV), die inzwischen erste Anwendungsfälle verzeichnet[44]. Die weitere Entwicklung der Unionsbürgerschaft wird u. a. davon abhängen, ob Rat und Parlament Gebrauch von den Fortschreibungsbefugnissen in Art. 21 Abs. 2 u. 3 AEUV machen bzw. den Fortentwicklungsauftrag nach Art. 25 AEUV ernst nehmen[45].

14 Von dieser Unionsbürgerschaft gehen inzwischen substantielle **Veränderungen des deutschen Staatsangehörigkeitsrechts** aus[46]. Denn die ursprünglich obwaltende Einschätzung, die Unionsbürgerschaft trete zur deutschen Staatsangehörigkeit lediglich hinzu, ohne sie zu modifizieren, ist vom Europäischen Gerichtshof rasch widerlegt worden. Er reklamiert etwa ein Überprüfungsrecht, wenn durch den Verlust der nationalen Staatsangehörigkeit (im konkreten Fall aufgrund einer durch Täuschung „erschlichenen" Einbürgerung) auch die Unionsbürgerschaft wegfällt[47].

B. Das Grundgesetz als Verfassung der Bundesrepublik Deutschland

15 Das Grundgesetz ist heute die unangefochtene und auch im Ausland hoch angesehene Verfassung der Bundesrepublik. Dabei sollte es anfangs nur als **Provisorium** für eine Übergangszeit gelten (I.). Spätestens mit der Wiedervereinigung hat es diesen provisorischen Charakter abgestreift und kann ungeachtet der Bezeichnung in jeder Hinsicht uneingeschränkt als Vollverfassung gelten (II.).

I. Erlass und Legitimationsgrundlagen des Grundgesetzes 1949

16 Teile der Entstehungsgeschichte des Grundgesetzes sind im **Verfassungstext** selbst dokumentiert, nämlich im Vorspruch (das ist nicht die Präambel, sondern der Text, der noch vor ihr steht) sowie in den Art. 144 und 145 GG. Daraus geht hervor, dass das Grundgesetz von einem Gremium namens „Parlamentarischer Rat" beschlossen wurde und anschließend von den Landtagen in zwei Dritteln der (west)deutschen Länder angenommen wurde, wobei Art. 144 Abs. 2 wie Art. 145 Abs. 1 GG zu entnehmen ist,

---

[44] Siehe EuG, 3.2.2017, T 646/13 – *Minority SafePack* sowie *Knauff*, in: Huber u. a. (Hrsg.), Jahrbuch für direkte Demokratie 2014–2016, 2018, 89 ff.
[45] Bislang Fehlanzeige: Siehe *Khan/Henrich*, in: Geiger/Khan/Kotzur, EUV/AEUV, Art. 21 AEUV Rn. 6 ff. sowie *Khan/Henrich*, ebda., Art. 25 Rn. 2 ff.
[46] Näher *Wittreck*, in: Dreier, GGK I, Art. 16 Rn. 26 f.; *ders.*, in: Dreier, GGK III, Art. 116 Rn. 26 ff. sowie *Kahl*, JURA 2011, 364 ff.
[47] EuGH, Urt. v. 2.3.2010, C-135/08 – *Rottmann*, NVwZ 2010, 509. Kritisch *Haack*, HStR³ X, § 205 Rn. 27.

dass die Geltung in Berlin bzw. die Mitwirkung Berliner Vertreter offenbar ein Problem darstellte[48].

Was ist dem Grundgesetztext nicht selbst zu entnehmen[49]? Der Anstoß für die Schaffung einer Verfassung für den westdeutschen Teilstaat geht auf die westlichen Besatzungsmächte zurück, die am 1. Juli 1948 den Ministerpräsidenten der westdeutschen Länder die sog. **Frankfurter Dokumente** überreichten[50]. Diese enthielten den Auftrag zur Verfassunggebung wie inhaltliche Vorgaben für das zu schaffende Verfassungswerk; ferner sahen sie noch Verfassungsreferenden, also abschließende Volksabstimmungen über die neue Verfassung in den Ländern vor. Es folgen zwei vorbereitende Zusammenkünfte, die wichtige Weichenstellungen vornehmen, nämlich die „Rittersturz"-Konferenz der deutschen Ministerpräsidenten[51] sowie der Herrenchiemseer Verfassungskonvent, der Politiker, hohe Beamte und Staatsrechtslehrer zusammenführt und in einen ersten Entwurf einer neuen Verfassung mündet[52]. 17

Auf dieser Grundlage verhandelt ab dem 1. September 1948 in Bonn der Parlamentarische Rat unter dem Vorsitz des späteren Bundeskanzlers *Konrad Adenauer*. Der Rat verdankt seine Legitimation der Wahl durch die Landtage nach den Grundsätzen der Verhältniswahl; er besteht aus 65 Personen, zu denen fünf Berliner Abgeordnete mit beratendem Stimmrecht treten. Die resultierende **Zusammensetzung** offenbart ein Patt zwischen Union und SPD (je 27), es kommen fünf liberale Vertreter und je zwei Abgeordnete der Kommunisten, der deutschnationalen Deutschen Partei (DP) und des Zentrums hinzu. Da – anders als in vielen Landesverfassungsberatungen zuvor – keines der „Lager" eine Gestaltungsmehrheit hat, ist das Grundgesetz von Kompromissen geprägt, zu denen u. a. die Übernahme des Weimarer Kirchenarrangements in Art. 140 GG zählt, der auf Artikel der Reichsverfassung von 1919 verweist, die dadurch in das Grundgesetz inkorporiert werden. Auf der Grundlage des Herrenchiemseer Entwurfs berät der Rat das Grundgesetz in drei Lesungen sowie in einer Reihe von Ausschüssen[53]; in der Schlussabstimmung am 8. Mai 1949 stimmen 53 der Mitglieder für das Grundgesetz; die **Gegenstimmen** stammen von der KPD, dem Zentrum, der DP sowie von Teilen der CSU, nach deren Auffassung das Werk dem bundesstaatlichen Gedanken nicht hinreichend Tribut zollt[54]. Nach der Genehmigung durch die westlichen Militärgouverneure stimmen dann alle westdeutschen Landtage wie von Art. 144 Abs. 1 GG vorgesehen dem Grundgesetz zu – alle bis auf den Bayerischen Landtag, der ebenfalls die ungenügende bundesstaatliche Ausgestaltung rügt (aber zugleich zusagt, das Grundgesetz anzuerkennen, sofern die erforderliche Zweidrittelmehrheit der anderen Landtage zustandekäme[55]). Nun wird der aufmerksame Leser fragen, was denn aus den ursprünglich geplanten **Volksabstimmungen** über das Grundgesetz in den einzelnen Ländern geworden ist. Nach längeren Debatten haben sich hier die Alliierten dem fast einhelligen Widerstand der deutschen Politiker ge- 18

---

[48] Näher *Dreier*, in: ders., GGK III, Art. 144 Rn. 24.
[49] Näher zum folgenden *Kahl*, JuS 1997, 1083 ff.; *Mußgnug*, HStR³ I, § 8; *Dreier*, in: ders., GGK III, Art. 144 Rn. 3 ff.
[50] Zugänglich in Parl. Rat I, 30 ff.
[51] Dokumente in Parl. Rat I; siehe *Hufen/Ziegler*, LKRZ 2009, 41 ff.
[52] Maßgeblich Parl. Rat II; näher *Frotscher/Pieroth*, VerfG, Rn. 781 ff.
[53] Knappe Dokumentation in: JöR 1 (1951), 1 ff.
[54] Siehe *Dreier*, in: ders., GGK III, Art. 144 Rn. 16; *Kahl*, JuS 1997, 1083 ff.
[55] *Dreier*, in: ders., GGK III, Art. 144 Rn. 21.

Kapitel 2. Verfassunggebende Gewalt und Verfassunggebung

beugt, die immer wieder für die „Landtagslösung" anstelle der Verfassungsreferenden plädiert hatten. Dabei lässt sich angesichts der Vielzahl der beteiligten Akteure keine einheitliche Motivlage benennen. Neben grundsätzlicher Skepsis gegenüber Instrumenten direkter Demokratie (die sich auch in den konkreten Regelungen des Grundgesetzes niederschlägt: → Kap. 5 Rn. 33) spielte offenbar eine wichtige Rolle, dass sich die Machthaber in der sowjetischen Besatzungszone mehrfach des Instruments der (teils manipulierten) Volksabstimmung bedient hatten, um Maßnahmen wie der Bodenreform Legitimation zu verschaffen[56]. Zugleich sollte der provisorische Charakter des ganzen Projekts unterstrichen werden[57].

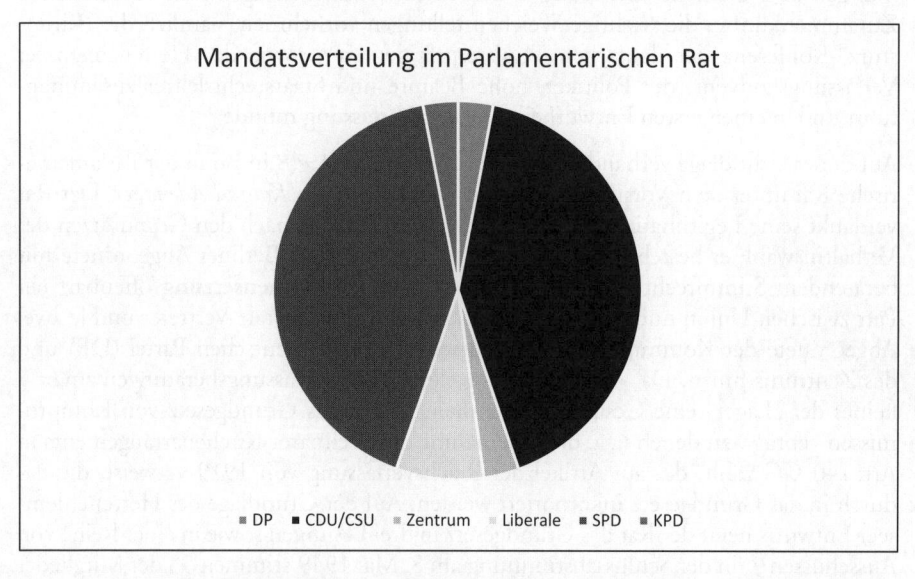

Mandatsverteilung im Parlamentarischen Rat

■ DP ■ CDU/CSU ■ Zentrum ■ Liberale ■ SPD ■ KPD

19 Die damit nur skizzierte Genese des Grundgesetzes wird häufig zum Anlass genommen, von einem **„Geburtsmakel"**[58] **des Grundgesetzes** zu sprechen. Dahinter stehen im Kern die folgenden kritischen Einwände:
- Während das Grundgesetz in der Präambel behauptet, sich der verfassunggebenden Gewalt des deutschen Volkes zu verdanken, übten in der Sache die **Alliierten** maßgeblichen Einfluss aus; sie haben das Verfassungswerk nicht nur angestoßen, sondern mussten es am Ende auch genehmigen[59].
- Durch den Verzicht auf die anfangs geplante Volksabstimmung weicht die Entstehung des Grundgesetzes markant von den üblichen Methoden der Verfassunggebung ab[60]: Es gab danach **keine** nachgelagerte **Volksbeteiligung** durch ein Referendum, aber auch keine vorgelagerte durch die Wahl einer verfassunggebenden Versammlung (so war es 1848 im Fall der Paulskirche sowie 1918/1919 im Falle der Weimarer Verfassung gehandhabt worden[61]).

---

[56] Näher *Jung,* Grundgesetz und Volksentscheid, 1994, 252 ff.; knapper *Dreier,* in: ders., GGK III, Art. 144 Rn. 7.
[57] Siehe hierzu auch *Murswiek,* in: BK (1986), Überschrift Rn. 9.
[58] Bezeichnung geprägt von *Isensee,* HStR³ VII, § 166 Rn. 32 ff.
[59] Eingehend *Wilms,* Ausländische Einwirkungen auf die Entstehung des Grundgesetzes, 1999, 262 f.
[60] Pointiert *Dreier,* in: ders., GGK III, Art. 144 Rn. 1, 3; *Mußgnug,* HStR³ I, § 8 Rn. 98.
[61] Knapp *Dreier,* in: ders., GGK III, Art. 144 Rn. 3–4.

– Die Wahl des Parlamentarischen Rates durch die **Landtage** konnte diesen Mangel ebenso wenig kompensieren wie ihre anschließende Zustimmung zum Grundgesetz – als die Landtage 1946 oder 1947 gewählt wurden, konnten ihnen die Landesvölker angesichts der völlig unklaren Lage kein wirksames Mandat für eine Verfassunggebung erteilen[62].

Dieser **Kritik** ist zuzugeben, dass sie zunächst dem Grunde nach sachlich zutrifft. Allerdings dürfte sie erstens übertreiben, zweitens den Charakter der verfassunggebenden Gewalt verzeichnen und drittens die weitere Entwicklung ausblenden[63]. Übertreibung: Richtig ist, dass die Alliierten Einfluss genommen haben und das Werk am Ende genehmigen mussten. In der Sache haben sich die Mitglieder des Parlamentarischen Rates allerdings mit bemerkenswerter Zähigkeit gegen Interventionen der Besatzungsmächte durchgesetzt; fragt man am Ende des Tages, wo tatsächlich ein Ergebnis oktroyiert wurde, dann bleibt praktisch die Gestaltung der Finanzverwaltung[64]. Inhaltlich orientiert sich der Parlamentarische Rat im Übrigen zuallererst an der deutschen Verfassungstradition, namentlich der Paulskirchenverfassung von 1849 sowie – teils als Vorbild, teils als Negativfolie – an der Weimarer Reichsverfassung. Es kommt schon in diesem frühen Stadium die Offenheit für die internationale Entwicklung hinzu; so berücksichtigt der Rat bei der Verhandlung der Grundrechte durchweg den Entwurf der späteren Allgemeinen Erklärung der Menschenrechte (AEMR)[65]. Verfassunggebende Gewalt: Die Entstehung des Grundgesetzes ist vielleicht das schönste Beispiel dafür, dass sich verfassunggebende Gewalt nicht wirksam regeln lässt. Richtig ist, dass man von den auch in Deutschland üblichen Modellen ihrer Ausübung abgewichen ist. Aber man hat mit den Landtagen die beste damals verfügbare Quelle demokratisch legitimierter deutscher Staatsgewalt einbezogen oder „angezapft". Und das Grundgesetz ist in Sachen Irregularität in durchaus **guter Gesellschaft** – weder die französischen Generalstände von 1789 noch die Philadelphia Convention von 1787 hatten den expliziten Auftrag, eine neue Verfassung zu erarbeiten. Sie haben dies in einem günstigen Moment aber getan und damit Gefolgschaft gefunden[66]. Damit sind wir beim dritten Punkt, der weiteren Entwicklung: Selbst wenn die Genese des Grundgesetzes untypisch oder gar irregulär gewesen sein sollte – es ist von den Deutschen seitdem erkennbar als „ihre" Verfassung akzeptiert worden[67]. Die erfolgreiche Revolution aber streift irgendwann den Makel ihrer Herkunft ab und erwächst in Legitimität.

II. Das Grundgesetz als gesamtdeutsche Verfassung

Der unerwartete Zusammenbruch der DDR wie die ebenso unerwartete Chance der Wiedervereinigung führten im „Wendejahr" 1989/1990 zu einer intensiven **Verfas-**

---

[62] So etwa *Mußgnug*, HStR³ I, § 8 Rn. 99.
[63] Gegen-Kritik bei *Dreier*, IPE I, § 1 Rn. 4f.
[64] Siehe *Wilms*, Ausländische Einwirkungen auf die Entstehung des Grundgesetzes, 1999, 180.
[65] Dafür etwa *Dreier*, DVBl. 1999, 667, 672ff. Die AEMR ist eine Resolution der Vollversammlung der Vereinten Nationen und hat als solche keine rechtliche Bindungswirkung, aber bleibenden Einfluss auf die weitere Entwicklung der Menschenrechte ausgeübt. Dazu im ersten Zugriff *Nettesheim*, in: HGR VI/2, § 173.
[66] Näher m.w.N. *Wittreck*, Geltung und Anerkennung von Recht, 2014, 24ff.
[67] Zusammenfassend Steinbeis/Detjen/Detjen (Hrsg.), Die Deutschen und das Grundgesetz, 2009.

sungsdiskussion, die weit über die Staatsrechtslehre hinausreichte[68]. Im Zentrum des Streits standen dabei der genaue Weg zur Wiedervereinigung sowie die Rolle, die das Grundgesetz dabei spielen sollte. Nach damaligem Verständnis bot es zwei Optionen für eine Wiedervereinigung, nämlich die „Beitrittslösung" nach Art. 23 GG a. F. sowie die „Verfassungslösung" nach Art. 146 GG (→ Rn. 22). Erstere hätte das Grundgesetz unverändert auf die DDR erstreckt, letztere hätte – sicher weitgehend auf der Textgrundlage des Grundgesetzes – eine neue gesamtdeutsche Verfassung bedeutet. Entsprechende Entwürfe, denen gemeinsam war, dass sie „Errungenschaften" der DDR oder Elemente ostdeutscher Identität in diese neue Verfassung integrieren wollten[69], haben sich allerdings nicht durchgesetzt. Das lag am Zeitdruck, aber auch und gerade an dem sich im Westen (namentlich in der Staatsrechtslehre) rasch herausbildenden Konsens, dass man am Grundgesetz möglichst festhalten und letztlich einen DDR-„Erbgutimport" gerade vermeiden wollte. Bis heute kann man deshalb häufig lesen, die DDR sei der Bundesrepublik 1990 nach Art. 23 GG a. F. beigetreten[70]. Tatsächlich ist die Vereinigung der beiden deutschen Staaten – unter Mitwirkung der vier Siegermächte – durch einen **völkerrechtlichen Vertrag** erfolgt[71]. Das Grundgesetz wurde dabei einer Reihe von Änderungen unterzogen, die aber durchweg einheitstechnischer Natur wahren und explizit nicht darauf abzielten, es „gesamtdeutsch" oder gar „ostdeutscher" zu machen. Eine solche Revision hat auch im Anschluss an die Wiedervereinigung nicht stattgefunden – trotz einer ganzen Anzahl an teils auch umfangreichen Änderungen[72], unter denen die Föderalismusreformen I und II sowie die jüngsten Änderungen der Finanzverfassung besondere Erwähnung verdienen[73].

III. Art. 146 GG

22 Die Schlussbestimmung des Grundgesetzes zählt bis heute zu den rätselhaftesten und umstrittensten Normen der bundesdeutschen Verfassung. Gestritten wird dabei im Kern um die Frage, welche Funktion Art. 146 GG *vor* der Wiedervereinigung spielen sollte und welche Funktion die Norm *nach* der Wiedervereinigung noch erfüllen kann. Nach verbreiteter Auffassung war Art. 146 GG lediglich als ein möglicher Weg zur Herstellung der Einheit gedacht und ist nach der Wiedervereinigung quasi „verbraucht"[74] (dumme Frage: warum steht die Bestimmung dann noch im Text der Verfassungsurkunde?). Nach richtiger Auffassung gab Art. 146 GG von Anfang an die Antwort auf gleich zwei Fragen, nämlich die **Wiedervereinigungs- und** die **Verfas-**

---

[68] Gute Zusammenfassung mit Quellen bei Guggenberger/Stein (Hrsg.), Die Verfassungsdiskussion im Jahr der deutschen Einheit, 1991.

[69] Prominent Guggenberger/Preuß/Ullmann (Hrsg.), Eine Verfassung für Deutschland, 1991 sowie *Rogner,* Der Verfassungsentwurf des Zentralen Runden Tisches der DDR, 1993.

[70] So etwa bei *Sachs,* in: ders, GG, Einf. Rn. 24. – Art. 23 S. 1 GG a. F. enthielt eine Auflistung der westdeutschen Länder, in denen das Grundgesetz zunächst gelten sollte. Satz 2 lautete dann: „In anderen Teilen Deutschlands ist es nach deren Beitritt in Kraft zu setzen."

[71] Konkret den Vertrag zwischen der Bundesrepublik Deutschland und der Deutschen Demokratischen Republik über die Herstellung der Einheit Deutschlands vom 31. August 1990. Dazu *Bickenbach,* JuS 2015, 891 ff.

[72] Detaillierte Nachweise in Dreier/Wittreck (Hrsg.), Grundgesetz, 11. Aufl. 2017, 1 ff. (dort auch Fußnotennachweise zu älteren oder zwischenzeitlich geltenden Fassungen der Verfassung).

[73] Allgemein zur Entwicklung des Grundgesetzes *Wittreck,* Ad Legendum 2011, 1 ff.; vgl. speziell zu den Föderalismusreformen *Selmer,* JuS 2006, 1057 ff.

[74] Maßgeblich vertreten von *Isensee,* HStR³ XII, § 258 Rn. 30 ff., 50 f.

sungsfrage[75]. Erstere hat sich in der Tat erledigt (was im Text nun auch zum Ausdruck kommt). Letztere ist hingegen weiter offen – Art. 146 GG stellt fest, was im Grunde ohnehin aus der Figur der verfassunggebenden Gewalt des Volkes folgt: Wenn das deutsche Volk eine neue Verfassung wünscht, wird sich dieser Wunsch Bahn brechen. Richtig ist, dass Art. 146 GG nicht regelt, wie dies zu geschehen hat: Die Bestimmung sieht insbesondere kein Verfahren vor. Aus der Wendung „in freier Entscheidung" hat das Bundesverfassungsgericht allerdings abgeleitet, dass ein solcher Akt der Verfassunggebung eine Volksabstimmung zwingend voraussetzt[76] – das ist plausibel, aber keineswegs zwingend. Das führt zur Folgefrage, ob das deutsche Volk in einem solchen Prozess der Verfassunggebung an die **Ewigkeitsklausel** des Art. 79 Abs. 3 GG gebunden wäre (→ Kap. 14 Rn. 5 ff.)[77]. Erneut nehmen zahlreiche Vertreter der Staatsrechtslehre eine solche Bindung an. Und erneut sprechen die besseren Gründe dafür, Art. 146 GG als eigenständige Norm anzusprechen, die eben nicht die Verfassungsänderung durch die *pouvoirs constitués*, sondern die Verfassunggebung durch den *pouvoir constituant* regelt. Diese ist *per definitionem* ungebunden. Zwar spricht viel dafür, dass wir uns auf absehbare Zeit keine andere Form des Zusammenlebens als einen demokratischen Rechtsstaat vorstellen können. Aber soll dem Grundgesetz ernsthaft zu entnehmen sein, dass Deutschland auf ewig ein Bundesstaat sein muss, selbst dann, wenn es tatsächlich eines Tages in einem Europäischen Bundesstaat aufgehen sollte?

C. Die EU-Verträge als Verfassungsrecht der Europäischen Union

Wenn die drei grundlegenden Verträge – EUV, AEUV und Grundrechte-Charta hier als Verfassungsrecht der Europäischen Union angesprochen werden (→ Kap. 1 Rn. 74 ff.), so geschieht dies erstens bewusst und zweitens in dem Bewusstsein, dass eine solche Festlegung nach wie vor Widerspruch in einer sich prononciert als „Staatsrechtslehre" verstehenden Wissenschaft vom öffentlichen Recht provozieren kann. Hier ist nochmals daran zu erinnern, dass kurz nach der Jahrtausendwende der Versuch politisch gescheitert ist, die Verträge ausdrücklich als „Verfassung" zu bezeichnen[78]. Sie erfüllen in Ansehung der Europäischen Union aber unzweifelhaft die Funktionen, die eine Verfassung für einen Staat erfüllt (oder die konkreter das Grundgesetz für die Bundesrepublik Deutschland erfüllt; → Kap. 1 Rn. 16). Der folgende Abschnitt soll gerafft ihre Entwicklung darstellen (I.) und auf die verbleibenden Unterschiede zwischen Vertrag und Verfassung aufmerksam machen (II.). Am Ende stehen der Beitritt zur Union (III.) wie der mögliche Austritt aus derselben (IV.). 23

I. Vertragliche Grundlagen

Grundlagen der Union sind heute **drei Verträge,** nämlich der Vertrag über die Europäische Union (EUV), der Vertrag über die Arbeitsweise der Europäischen Union (AEUV) sowie die Charta der Grundrechte (ChGrEU). Sie stehen am Ende einer Ent- 24

---

[75] So maßgeblich *Dreier,* in: ders., GGK III, Art. 146 Rn. 25 ff.
[76] BVerfGE 123, 267 (331 f.).
[77] Siehe hier etwa nur *Stern,* DtZ 1990, 289, 293 f.; *Erichsen,* Jura 1992, 52, 55; *Isensee,* HStR³ XII, § 258 Rn. 72; *Kirchhof,* Brauchen wir ein erneuertes Grundgesetz?, 1992, 15.
[78] Näher zu diesem Projekt und seinem Scheitern *Epping,* JZ, 2003, 821 ff.; *Schwarze,* Europarecht, 1. Aufl. 2012, 479 ff.; *Calliess,* in: ders./Ruffert, EUV/AEUV, EU-Vertrag (Lissabon) Art. 1 Rn. 51 ff.

wicklung⁷⁹, die hier nicht im Detail geschildert werden soll und kann (1.); zugleich ist kurz ihr Status darzulegen (2.).

1. Gründungsverträge und deren Zielsetzung

25 Die Europäische Union beginnt mit der Gründung dreier **Europäischer Gemeinschaften.** Den Anfang setzt die Europäische Gemeinschaft für Kohle und Stahl (EGKS; 1951); es folgen die Europäische Wirtschaftsgemeinschaft (EWG; 1957) sowie die Europäische Atomgemeinschaft (EURATOM; 1957). Sie beruhen nach der Vorstellung aller Beteiligten auf herkömmlichen völkerrechtlichen Verträgen, also solchen Vereinbarungen, die die Mitgliedstaaten kraft ihrer Souveränität eingehen (→ Rn. 3 ff.; wobei sie zugleich dieselbe Souveränität durch die Umsetzung des Vertrags beschränken). Wichtiger ist die Motivlage der anfangs sechs Beteiligten (Deutschland, Frankreich, Italien und die sog. Benelux-Staaten, also Belgien, Luxemburg und die Niederlande): Die Europäischen Gemeinschaften sind einerseits ein **wirtschaftliches Projekt:** Sie sollen dem verheerten Nachkriegseuropa mit tatkräftiger amerikanischer Hilfe durch den sog. Marshall-Plan⁸⁰ durch ökonomische Kooperation wieder zu Wohlstand verhelfen. Zugleich sind sie von Anfang an auch ein politisches, genauer ein **Friedensprojekt:** Insbesondere die EGKS oder Montanunion lebt von der Logik, dass gerade Deutschland und Frankreich mit ihrer Kohle- und Stahlindustrie die Schlüsselbranchen in das gemeinsame Projekt einbringen, die für eine erfolgreiche Kriegführung unerlässlich sind⁸¹. Wer die Europäische Gemeinschaft oder Union nur mit dem Binnenmarkt oder der Freizügigkeit gleichsetzt, verkennt ganz fundamental das, was die Gründer maßgeblich umgetrieben hat, nämlich der schlichte Satz „Nie wieder Krieg" (zumindest in Westeuropa, und insbesondere nie mehr zwischen Deutschland und Frankreich). Die Vergemeinschaftung der Rüstungsindustrie in Gestalt der EGKS sollte einen solchen Krieg schlicht ökonomisch unmöglich machen. Dass als drittes Motiv die „Ertüchtigung" gegen den kommunistischen **„Osten"** im Raum stand, versteht sich⁸². Zusammenfassend lässt sich festhalten: Die Union beginnt mit drei herkömmlichen völkerrechtlichen Verträgen, die besondere Organe schaffen, die sich durch bereichsspezifische Zuständigkeiten (Montanindustrie, Wirtschaft, Atomkraft) auszeichnen. Hinter ihnen steht aber bereits ein (friedens-)politischer Grundimpuls.

26 Die weitere **Entwicklung der Gemeinschaften** soll hier vorsätzlich nicht im Einzelnen nachgezeichnet werden (insbesondere verzichtet die Darstellung auf die übliche ermüdende Auflistung, aus der hervorgeht, welcher harmonische Gipfel in welchem schönen Ort Europas zu welchen maßgeblichen Änderungen der Verträge geführt hat und womöglich noch mit dem Namen toter oder noch lebender Politikgrößen verknüpft zu werden verdient)⁸³. Stattdessen sollen die maßgeblichen und heute noch wirksamen Entwicklungsvektoren oder -richtungen herausgearbeitet werden. Es sind dies im Kern drei, nämlich die **Ausweitung** in territorialer wie materieller Perspektive,

---

[79] Näher zur Geschichte der europäischen Einigung, die als Idee deutlich weiter zurückreicht, *Brunn*, Die Europäische Einigung von 1945 bis heute, 2002 sowie *Hatje/von Förster*, in: Enz. EuR I, § 6.
[80] Näher zu diesem klugen Hilfsprogramm Bührer/Herbst/Sowade (Hrsg.), Vom Marshallplan zur EWG, 2009.
[81] Unterstrichen von *Haltern*, Europarecht, 3. Auflage 2017, § 2, Rn. 76; *Calliess*, NVwZ 2018, 1, 2.
[82] Siehe nur *Hatje/v. Förster*, in: Hatje/Müller-Graff (Hrsg.), Enzyklopädie Europarecht, Bd. I, § 6 Rn. 13 f.
[83] Wer Detailhuberei schätzt, greife zu *Haratsch/Koenig/Pechstein*, Europarecht, Rn. 7 ff.

die **Verselbständigung** in normativer Perspektive sowie die **Vereinheitlichung** in institutioneller Perspektive:

– **Ausweitung:** Die Gemeinschaft bzw. Union hat zunächst in einer Reihe von Schüben die Zahl ihrer Mitglieder stetig vermehrt, wobei besondere Aufmerksamkeit das Ausgreifen nach Mittel- und Osteuropa nach dem Fall des „eisernen Vorhangs" 1989/1990 beansprucht. Mit dem „Brexit" (→ Rn. 35 f.) steht 2019 erstmals eine spürbare Schrumpfung an; zugleich laufen derzeit Beitrittsverhandlungen mit den Staaten des sog. Westbalkan[84], die nach Verarbeitung der Folgen der Jugoslawien-Kriege als Beitrittskandidaten gelten (→ Rn. 34). Nicht minder wichtig ist, dass Gemeinschaften bzw. Union ihr **Kompetenz-Portfolio** ebenso sichtbar **erweitert** haben. An die Stelle der bereichsspezifischen Vergemeinschaftung in ausgewählten wirtschaftlichen Fragen ist ein Kompetenztableau knapp unterhalb der Allzuständigkeit getreten, das weit über wirtschaftliche Fragen hinaus den Alltag der Bürgerinnen und Bürger Europas mitprägt. Dass diese Ausweitung regelmäßig ihren Ausgangspunkt bei ökonomischen oder ökonomisch relevanten Sachverhalten nimmt, sei anhand der augenblicklich besonders kontrovers diskutierten europäischen **Asylpolitik** erläutert (vgl. Art. 78 ff. AEUV)[85]. Denn sie startet als „Abfallprodukt" des rein wirtschaftlich ausgerichteten Binnenmarktes (vgl. Art. 3 Abs. 3 UAbs. 1 EUV). Die Logik: Der Wegfall von Grenzkontrollen dient der Verwirklichung des Binnenmarktes, insbesondere der Freizügigkeit. Er führt aber auch dazu, dass sich Migranten frei innerhalb Europas bewegen könnten, was sich nur vermeiden lässt, wenn die Union Regeln darüber erlässt, welcher Mitgliedstaat für welchen Antrag auf Asyl zuständig ist[86]. 27

> Wichtig ist hier der **Hinweis** auf die Vereinheitlichungs- oder vielleicht besser Hebelfunktion von Gleichheitssätzen oder Diskriminierungsverboten, wie sie dem Unionsrecht zuhauf zu entnehmen sind (vgl. allein Art. 9 S. 1 EUV oder Art. 8, 10 und 18 AEUV). Denn ein halbwegs begabter Jurist kann aus jedem Fall durch Bildung von Vergleichsgruppen einen Gleichheits- oder Diskriminierungsfall machen. Das sei anhand des berühmten **Fall**s Tanja Kreil exemplarisch erläutert: Diese deutsche Staatsbürgerin wollte bei der Bundeswehr Dienst mit der Waffe leisten, was Art. 12a Abs. 4 S. 2 GG kategorisch ausschloss. Obwohl die Union bzw. Gemeinschaft zum damaligen Zeitpunkt keinerlei Verteidigungskompetenzen hatte (m.a.W.: Verteidigung galt uneingeschränkt als „Kompetenzreservat" der Mitgliedstaaten), gab der Europäische Gerichtshof ihr Recht, und zwar mit der Begründung, dass dem Gemeinschaftsrecht ein arbeitsrechtliches Diskriminierungsverbot zu entnehmen sei, das eben auch für die Arbeitsverhältnisse von Berufssoldaten gelte[87].

– **Verselbständigung:** Wie dargelegt, starteten die Gemeinschaften auf der Grundlage konventioneller völkerrechtlicher Verträge. Schnell stellte sich aber heraus, dass insbesondere die für die Durchführung dieser völkerrechtlichen Verträge geschaffenen Institutionen ihren Auftrag ernstnahmen und sich nicht mehr als Agenten der Vertragsparteien, sondern als solche der Gemeinschaft bzw. der Union verstanden; das gilt an erster Stelle für die Kommission (→ Kap. 11 Rn. 105) sowie den Gerichtshof (→ Kap. 12 Rn. 15), später auch für das Parlament (→ Kap. 9 Rn. 3). Als wichtige Wegmarke gilt hier namentlich die Entscheidung „van Gend & Loos" des Europäischen Gerichtshofs. 28

---

[84] Näher *Verny,* in: Dauses/Ludwigs, Handbuch des EU-Wirtschaftsrechts, K. IV. (2017), Rn. 102 ff.
[85] Im ersten Zugriff zu Art. 78 ff. AEUV *Haratsch/Koenig/Pechstein,* Europarecht, Rn. 1111 ff.
[86] Näher m.w.N. *Wittreck,* in: Dreier, GGK I, Art. 16a Rn. 32 ff.
[87] EuGH C-285/98, ECLI:EU:C:2000:2.

29 – **Vereinheitlichung:** Dritte Globaltendenz ist die der Zusammenfassung der Institutionen wie der normativen Grundlagen[88]. Während anfangs jede der Gemeinschaften eigene Organe (jeweils Kommission, Rat, parlamentarische Versammlung und Gericht) aufwies, die auf der Grundlage eines eigenen Vertragswerkes entschieden und agierten, wurden sukzessive die Institutionen zusammengeführt, und die Europäische Union trat erst an Seite der Gemeinschaften und dann an ihre Stelle[89]. Heute präsentiert sich die Union – ungeachtet allen Dissenses, der etwa gegenwärtig in Sachen Flüchtlingspolitik oder der Frage der Weiterentwicklung zu beobachten ist – als Rechtsgemeinschaft mit einheitlichem normativen Gefüge und weitgehend einheitlichen Institutionen und Organen. Von den alten Gemeinschaften west allein **EURATOM** als separate Rechtspersönlichkeit fort, die aber von den Organen der Union verwaltet wird (lediglich die Kompetenzen des Parlaments sind deutlich eingeschränkt)[90].

2. EUV, AEUV und Grundrechte-Charta als geltendes Unionsverfassungsrecht

30 Vor diesem Hintergrund lassen sich die drei Vertragswerke heute als **Verfassung** der Union im funktionellen Sinne ansprechen[91]. Sie bilden gemeinsam das sog. Primärrecht der Union (→ Kap. 3 Rn. 19). Die Aufteilung ist dabei dem Grunde nach irreführend und geht darauf zurück, dass Union und Gemeinschaften ursprünglich nebeneinander standen. Tatsächlich haben namentlich EUV und AEUV den gleichen Rang, obwohl der EUV – insofern auch in der Formulierung stärker einer Verfassungsurkunde gleichend – eher grundsätzliche Fragen regelt und der (schon deshalb deutlich länger geratene) AEUV sich der näheren Ausgestaltung widmet.

Eng mit der Verfassungsfrage verknüpft ist die Frage nach der Rechtsnatur der Union. Sie selbst misst sich in Art. 47 EUV Rechtspersönlichkeit bei, ohne zur eigenen Rechtsnatur weiter Stellung zu nehmen. In Deutschland begegnen zwei prominente Konzepte der Einordnung, die erneut theoretische Ableitungszusammenhänge abbilden[92]: Einerseits spricht man vom **„Staatenverbund"**[93] und betont damit die Priorität der Mitgliedstaaten. Die Redeweise vom **„Verfassungsverbund"**[94] impliziert demgegenüber stärker die Zusammenschau und das (gleichberechtigte) Zusammenwirken von nationalem und unionalem Verfassungsrecht, das auch dem Ansatz und dem Anspruch dieses Buches zugrundeliegt.

II. Konzeptionelles Grundverständnis

31 Bis heute begegnen in der Deutung der Europäischen Union **zwei Grundansätze,** die sich durch eine gewisse Spannung auszeichnen und auch gegenwärtig zu verzeichnen-

---

[88] Wie hier *Ruffert*, EuR 39 (2004), 165 ff.; *Nettesheim*, in: Grabitz/Hilf/ders., Das Recht der EU, Art. 13 EUV (2015), Rn. 1 ff.; *Haratsch/Pechstein/Koenig*, Europarecht, Rn. 53 ff.
[89] Näher zu beiden Prozessen *Bieber*, Institutionen, in: Schulze/Zuleeg/Kadelbach, Europarecht, § 1 Rn. 1 ff.; *Nettesheim*, in: Grabitz/Hilf/ders., Das Recht der EU, Art. 1 EUV (2015), Rn. 49 ff.
[90] Näher dazu *Haratsch/Pechstein/Koenig*, Europarecht, Rn. 38, 53 f.; EURATOM bleibt im Folgenden außer Betracht.
[91] So auch schon zuvor EuGH v. 23.4.1986, 294/83, Slg. 1986, 1339 (Rn. 23) – *Les Verts*.
[92] Zusammenfassend m.w.N. zum Meinungsbild *Wollenschläger*, in: Dreier, GGK II, Art. 23 Rn. 16 f.
[93] BVerfGE 89, 155 (188, 190). Vgl. zuvor E 22, 293 (295 f.). Der Begriff geht auf *Paul Kirchhof* zurück: *ders.*, HStR³ X, § 214 Rn. 1, 9, 118.
[94] Maßgeblich *Pernice*, VVDStRL 60 (2001), 148, 164 ff.

den Konflikten zwischen den obersten Gerichten der Bundesrepublik und der Union zugrundeliegen (→ Kap. 17 Rn. 11). Im Grunde geht es darum, ob man die Union allein von den Mitgliedstaaten her denkt (1.) oder ihr normativen Selbstand zuschreibt (2.).

1. Die Mitgliedstaaten als „Herren der Verträge"

Das Bundesverfassungsgericht gehört zu denjenigen institutionellen Akteuren, die am deutlichsten darauf beharren, dass die Europäische Union von den Mitgliedstaaten her gedacht und insbesondere legitimiert werden muss. Das zentrale Schlagwort ist dabei das von den Mitgliedstaaten als „Herren der Verträge". Das Gericht verdient hier am Stück zitiert zu werden[95]:

32

„Die Ermächtigung zur Übertragung von Hoheitsrechten auf die Europäische Union oder andere zwischenstaatliche Einrichtungen erlaubt eine Verlagerung von politischer Herrschaft auf internationale Organisationen. Die Ermächtigung, supranationale Zuständigkeiten auszuüben, stammt allerdings von den Mitgliedstaaten einer solchen Einrichtung. Sie bleiben deshalb dauerhaft die Herren der Verträge. Die Quelle der Gemeinschaftsgewalt und der sie konstituierenden europäischen Verfassung im funktionellen Sinne sind die in ihren Staaten demokratisch verfassten Völker Europas. Die ‚Verfassung Europas', das Völkervertrags- oder Primärrecht, bleibt eine abgeleitete Grundordnung. Sie begründet eine im politischen Alltag durchaus weitreichende, aber immer sachlich begrenzte überstaatliche Autonomie. Autonomie kann hier nur – wie im Recht der Selbstverwaltung gebräuchlich – als eine zwar selbständige, aber abgeleitete, das heißt von anderen Rechtssubjekten eingeräumte Herrschaftsgewalt verstanden werden. Dagegen beansprucht die völker- und staatsrechtliche Souveränität gerade für ihre konstitutionellen Grundlagen die Unabhängigkeit von fremdem Willen [...]. Es kommt dabei nicht darauf an, ob eine internationale Organisation rechtsfähig ist, also ihrerseits als Subjekt in völkerrechtlichen Rechtsbeziehungen verbindlich handeln kann. Es kommt darauf an, wie das grundlegende Rechtsverhältnis zwischen der internationalen Organisation zu den Mitglied- und Vertragsstaaten ausgestaltet ist, die diese Organisation geschaffen und ihr die Rechtsfähigkeit verliehen haben."

Zentral dürfte das Etikett **„abgeleitete Grundordnung"** sein – also gerade das Gegenteil von verfassunggebender Gewalt nach traditionellem Verständnis (→ Rn. 7). Das Gericht erkennt daher den Anwendungsvorrang des Unionsrechts an, sieht ihn aber ausschließlich durch eine deutsche verfassungsrechtliche Ermächtigung begründet, die von der Bundesrepublik zurückgenommen werden könnte[96]. Zugleich begrenzt Art. 23 Abs. 1 GG den Anwendungsvorrang und eröffnet dem Bundesverfassungsgericht die Kontrolle (→ Kap. 14 Rn. 25 ff.).

2. Die Europäische Union als autonome Rechtsordnung

Der Gegenentwurf zu diesem Ansatz stammt – was nicht Wunder nimmt – vom Europäischen Gerichtshof. Dieser hat bereits 1963 in der Rechtssache „van Gend & Loos" ausgeführt[97]:

33

„Die Europäische Wirtschaftsgemeinschaft stellt eine neue Rechtsordnung des Völkerrechts dar, zu deren Gunsten die Staaten, wenn auch in begrenztem Rahmen, ihre Souveränitätsrechte eingeschränkt haben; eine Rechtsordnung, deren Rechtssubjekte nicht nur die Mitgliedstaaten, sondern auch die Einzelnen sind. Das von der Gesetzgebung der Mitgliedstaaten unabhängige Gemeinschaftsrecht soll daher den Einzelnen, ebenso wie es ihnen Pflichten auferlegt, auch Rechte verleihen."

---

[95] BVerfGE 123, 267 (348 f.) – *Lissabon*. Diese Entscheidung wird uns noch häufiger beschäftigen. Gute Zusammenfassung mit Übersicht zum Meinungsstand bei *Wollenschläger*, in: Dreier, GGK II, Art. 23 Rn. 12.
[96] BVerfGE 123, 267 (354).
[97] EuGH 5. 2. 1963 – C-26/62, ECLI:EU:C:1963:1.

Auf dieser Linie hat das Gericht in zahlreichen Folgeentscheidungen den autonomen Status sowie den Anwendungsvorrang des Gemeinschafts- bzw. Unionsrechts gegenüber den Rechtsordnungen der Mitgliedstaaten – einschließlich ihrer Verfassungen – begründet (→ Kap. 4 Rn. 34)[98]. Zugleich hat es in späteren Judikaten auf die Notwendigkeit hingewiesen, in umgekehrter Perspektive einerseits die **Verfassungsüberlieferung** der Mitgliedstaaten zu berücksichtigen und andererseits ihre **Verfassungsidentität** zu wahren; diese Pflicht ist in Gestalt von Art. 4 Abs. 2 S. 1 EUV Teil des Primärrechts geworden[99].

III. Beitritt zur Union (Art. 49 EUV)

34 Für den Beitritt zur Union sieht Art. 49 EUV erstens eine materielle Schwelle und zweitens ein geregeltes **Verfahren** vor[100]. Materiell muß der Beitrittskandidat die in Art. 2 EUV genannten „Werte" der Union achten und sich für ihre Förderung einsetzen (Art. 49 UAbs. 1 S. 1 EUV; → Kapitel 4 Rn. 10). Der Antrag auf den Beitritt ist an den Rat zu richten (Art. 49 UAbs. 1 S. 3 EUV); das Europäische Parlament sowie die nationalen Parlamente werden über den Antrag unterrichtet (Satz 2). Der Rat beschließt einstimmig (Satz 3), so dass im Grunde jeder Mitgliedstaat der Union ein Veto-Recht hat, was etwa den Beitritt (Nord-)Mazedoniens auf griechische Initiative hin lange Zeit unmöglich gemacht hat[101]. Während die Kommission lediglich angehört wird, muss das Europäische Parlament mit der Mehrheit seiner gesetzlichen Mitgliederzahl zustimmen (Satz 3 2. Halbs.). Der Europäische Rat kann Kriterien vereinbaren, an denen der Antrag gemessen wird (Satz 4).

UAbs. 2 des Art. 49 EUV regelt sodann die Aufnahmebedingungen sowie die notwendigen Anpassungen der Verträge. Beides wird durch ein **Abkommen** zwischen allen Mitgliedstaaten und dem antragstellenden Staat geregelt; dieses bedarf wiederum der Ratifikation durch alle Vertragsstaaten. In der Bundesrepublik bestimmt sich dieser Vorgang nach **Art. 23 Abs. 1 S. 3 GG,** setzt also eine Zweidrittelmehrheit in Bundestag und Bundesrat voraus[102].

IV. Möglichkeit des Austritts aus der Union (Art. 50 EUV)

35 Der Austritt eines Mitgliedsstaates aus der Union galt lange als rein theoretische Option – bis zum **„Brexit",** dessen genaue Gestaltung gegenwärtig intensiv verhandelt wird[103]. Dabei war durchaus umstritten, ob ein solcher Austritt überhaupt möglich

---

[98] Zusammenfassend m.w.N. *Wollenschläger,* in: Dreier, GGK II, Art. 23 Rn. 14f.
[99] Zur Deutung der Norm siehe BVerfGE 123, 267 (354); 136, 366 (386f.).
[100] Näher zum Beitrittsverfahren außer den Kommentierungen von Art. 49 EUV noch *Pechstein,* in: Enz. EuR I, § 15 Rn. 11 ff.; *Haratsch/Pechstein/König,* Europarecht, S. 50 ff.
[101] Zum Problem *Meng,* in: von der Groeben/Schwarze/Hatje, Europäisches Unionsrecht, Art. 49 AEUV Rn. 59.
[102] Das Meinungsbild ist allerdings geteilt, da verfassungsrechtlich umstritten ist, ob Beitrittsverträge nach Art. 49 EUV als völkerrechtliche Verträge unter die Regelung des Art. 59 Abs. 2 GG fallen oder als EU-spezifische Verträge i. S. d. Art. 23 Abs. 1 S. 2 GG anzusehen sind; siehe *Geiger,* in: ders./Khan/Kotzur, EUV/AEUV, Art. 49 Rn. 17f. sowie *Classen,* in: v. Mangoldt/Klein/Starck, GG II, Art. 23 Rn. 12; im Ergebnis ebenso *Wollenschläger,* in: Dreier, GGK II, Art. 23 Rn. 59.
[103] Näher *Thiele,* EuR 53 (2016), 281, 284 ff.; *Geiger,* in: ders./Khan/Kotzur, EUV/AEUV, Art. 50 EUV Rn. 9f.

sei – immerhin ist der EUV gem. Art. 53 EUV „auf unbegrenzte Zeit" geschlossen[104]. Art. 50 EUV sieht dazu folgendes Verfahren vor: Nach Art. 50 Abs. 1 EUV kann zunächst jeder Mitgliedstaat „im Einklang mit seinen verfassungsrechtlichen Vorschriften" beschließen, aus der Union auszutreten. Die Bestimmung verweist damit auf das Verfassungsrecht der Mitgliedstaaten. Was das für Deutschland bedeutet, ist durchaus strittig. Zunächst dürften die Präambel sowie Art. 23 Abs. 1 S. 1 GG mit ihrem ausdrücklichen Integrationsauftrag einem solchen Vorhaben entgegenstehen, müssten also zunächst nach Art. 79 GG geändert werden[105]. In diesem Rahmen hat etwa das Bundesverfassungsgericht mehrfach bekräftigt, dass aus dem Status der Mitgliedstaaten als „Herren der Verträge" ein grundsätzliches Austrittsrecht folge[106].

Nach Art. 50 Abs. 2 EUV teilt der austrittswillige Staat seine Absicht dem Europäischen Rat i. S. v. Art. 15 EUV mit (Satz 1; → Kap. 11 Rn. 91). Dieser beschließt daraufhin Leitlinien, auf deren Grundlage die Union mit dem Noch-Mitgliedstaat ein **Abkommen** aushandelt – diese Verhandlungen sind gegenwärtig im Gange (das Wort „laufen" geht dem Verfasser ein wenig schwer über die Lippen; Satz 2). Es kommt das Verfahren nach Art. 218 Abs. 3 AEUV zum Einsatz, das im Kern die Benennung eines Verhandlungsführers vorsieht (Satz 3). Das Abkommen wird vom Rat geschlossen, der nach Zustimmung des Parlaments mit qualifizierter Mehrheit entscheidet (Satz 4); diese Mehrheit bestimmt sich ausweislich des Art. 50 Abs. 4 UAbs. 2 EUV nach Art. 238 Abs. 3 lit. b AEUV. Konkret bedeutet dies, dass eine Mehrheit von 72 % der Mitglieder des Rates zustandekommen muss, die zusammen mindestens 65 % der Bevölkerung ausmachen; dabei zählen die Stimmen wie die Bevölkerung Großbritanniens nicht mit (Art. 50 Abs. 4 UAbs. 1 EUV). Um beide Seiten zu einer gütlichen Einigung zu zwingen, setzt Art. 50 Abs. 3 EUV eine **Frist** von zwei Jahren, um ein Abkommen zu erzielen; andernfalls hört die Anwendung der Verträge schlicht auf (in Ansehung Großbritanniens als „harter Brexit" bezeichnet). Die Frist kann allerdings vom Europäischen Rat im Einvernehmen mit dem austrittswilligen Staat wohlgemerkt einstimmig verlängert werden, was gegenwärtig unwahrscheinlich wirkt. Art. 50 Abs. 5 EUV bestimmt schließlich, dass ein „Weg zurück" nur über das vollständige Verfahren nach Art. 49 EUV führt – es gibt für reuige Ex-Mitglieder keinen erleichterten Zugang zur Union. **36**

D. Klausurhinweise

Das 2. Kapitel behandelt Grund- und Strukturfragen, die in dieser Form kaum zum Gegenstand einer Klausur werden dürften. Das wäre allerdings als Aufforderung zum Druck auf die „Löschtaste" gröblichst missverstanden. Denn ganz grundsätzlich gilt, dass Sie von Anfang an lernen müssen, abstraktes Wissen in verschiedene „Relevanz-Schubladen" einzuordnen. Es gibt Dinge, die eins zu eins in der Klausur abgefragt werden, und es gibt Kenntnisse, die im Hintergrund quasi Regie führen (oder eben fehlen). Die verfassunggebende Gewalt sowie die übrigen hier behandelten Rechtsfiguren zählen eindeutig zur letzteren Gruppe. Man wird Ihrer Darstellung anderer und deut-

---

[104] Näher *Götting*, Die Beendigung der Mitgliedschaft in der Europäischen Union, 2000; siehe auch *Geiger*, in: ders./Khan/Kotzur, EUV/AEUV, Art. 53 EUV Rn. 2.
[105] Statt aller *Wollenschläger*, in: Dreier, GGK II, Art. 23 Rn. 38 u. 92.
[106] BVerfGE 89, 155 (190); 123, 267 (350).

lich klausurträchtigerer Probleme – bspw. der Verfassungsänderung (→ Kap. 14) – sehr deutlich anmerken, ob Sie etwa den Unterschied zwischen Verfassunggebung und bloßer Verfassungsänderung verstanden haben.

Kapitel 3. Charakteristika des Verfassungsrechts

Literatur: *K.-D. Borchardt,* Auslegung, Rechtsfortbildung und Rechtsschöpfung, in: R. Schulze/ M. Zuleeg/S. Kadelbach (Hrsg.), Europarecht, 3. Aufl. 2016, § 15 (S. 625 ff.); *H. Dreier,* Staat ohne Gott, 2018; *C. Grabenwarter,* Die Verfassung in der Hierarchie der Rechtsordnung, in: O. Depenheuer/ders. (Hrsg.), Verfassungstheorie, 2010, § 11 (S. 391 ff.); *P. Häberle,* Präambeln im Text und Kontext von Verfassungen, in: FS Broermann, 1982, S. 211 ff.; *C. Hillgruber,* Verfassungsinterpretation, in: O. Depenheuer/C. Grabenwarter (Hrsg.), Verfassungstheorie, 2010, § 15 (S. 505 ff.); *H. Hoffschulte,* Christliches Menschenbild und Gottesbezug in der Verfassung der Europäischen Union, 2004; *S.A.E. Martens,* Methodenlehre des Unionsrechts, 2013; *J. Schmidt,* Religion, Gott, Verfassung, 2010; *A. Voßkuhle,* Gibt es und wozu nutzt eine Lehre vom Verfassungswandel?, in: Der Staat 43 (2004), S. 450 ff.; *R. Wahl,* Der Vorrang der Verfassung, in: Der Staat 20 (1981), S. 485 ff.; *F. Wittreck,* Der Anwendungsvorrang des einfachen Rechts, in: Ad Legendum 2018, S. 218 ff.

A. Normativität der Verfassung

Es zählt zum Kernbestand des formellen Verfassungsbegriffs (→ Kap. 1 Rn. 9 ff.), dass 1 der Verfassung ein **Vorrang** vor dem ihr nachgeordneten Recht zukommt, in Deutschland also vor den „einfachen" Gesetzen, in der Union vor dem Sekundärrecht (→ Rn. 20). Das ist aber nur eine Facette der Normativität der Verfassung. Deutlich komplexer ist die Frage, ob (und für wen) die Verfassung unmittelbar Bindungswirkung entfaltet. Denn ihre zentrale inhaltliche Aufgabe, grundlegende Weichenstellungen für die Ordnung eines Gemeinwesens außer Streit zu stellen[1], indem sie durch die erschwerte Abänderbarkeit zumindest dem Zugriff der jeweiligen Mehrheit entzogen werden (→ Kap. 14 Rn. 2 ff.), führt zwangsläufig dazu, dass eine Verfassung Bestimmungen enthält, die ganz grundsätzliche Fragen menschlichen Zusammenlebens eher einsilbig ansprechen.

Schulbeispiel ist das Sozialstaatsprinzip (→ Kap. 7 Rn. 10 ff.). Seine Textgrundlage im Grundgesetz beschränkt sich im Grunde auf Art. 20 Abs. 1 GG; danach ist Deutschland ein „sozialer Bundesstaat".

Napoleon I. wird in diesem Zusammenhang der Satz zugeschrieben, Verfassungsurkunden müssten „kurz und dunkel" sein[2]. Vor diesem Hintergrund soll zunächst entfaltet werden, inwieweit Verfassungsrecht „unmittelbar geltendes Recht" ist oder sein kann (I.). Es schließt sich der Versuch der Rechtstheorie an, das resultierende Dilemma durch die Unterscheidung von Regeln und Prinzipien in den Griff zu bekommen (II.). Am Ende steht der besondere Regelungstypus der Präambel (III.).

I. Verfassungsrecht als unmittelbar geltendes Recht

Art. 1 Abs. 3 GG bestimmt, dass die nachfolgenden Grundrechte alle drei Staatsgewal- 2 ten „als unmittelbar geltendes Recht" binden. In der Literatur findet sich noch vereinzelt der Hinweis, die Bestimmung sei eine Reaktion auf die Weimarer Reichsverfassung, der zufolge die Grundrechte lediglich **„Programmsätze"** gewesen seien, also

---

[1] Siehe nur *Depenheuer,* in: ders./Grabenwarter, Verfassungstheorie, § 16 Rn. 23.
[2] *Simon,* in: Lerch (Hrsg.), Die Sprache des Rechts, Bd. I, 2004, 405, 406.

mehr oder minder unverbindliche Regelungsaufträge an den Gesetzgeber[3]. Diese Legende ist zwar längst als Unsinn enttarnt, hält sich aber hartnäckig[4].

Unsinn oder nicht – die Legende verweist auf ein **Sachproblem**. Tatsächlich sind Verfassungsurkunden oft genug als Recht zwar höheren Ranges, aber minderer Bindungswirkung verstanden worden[5]. Und in der Tat finden sich in modernen Verfassungsurkunden (erst recht in den Verträgen der Union) zuhauf Bestimmungen, die man nicht unmittelbar anwenden kann wie eine Bestimmung des BGB zum Vertragsschluss (etwa § 126 II BGB) oder den § 242 StGB zum Diebstahl. Der (nochmalige) Hinweis auf das Sozialstaatsprinzip in Art. 20 Abs. 1, 28 Abs. 1 S. 1 GG resp. auf Art. 9 AEUV möge hier zunächst genügen (→ Kap. 7 Rn. 10 ff.).

3 Gleichwohl gehen Rechtsprechung und Literatur zum Grundgesetz wie zu den Verträgen davon aus, dass diese Verfassungsurkunden grundsätzlich geltendes und für die jeweiligen Normadressaten **verbindliches Recht** beinhalten[6], dem noch dazu der Vorrang vor den rangniederen Normen zukommt (→ Rn. 14 f.). Allerdings ist jeweils genau zu prüfen, wie die unmittelbare Anwendbarkeit einer konkreten Bestimmung ausgestaltet bzw. zu beurteilen ist. Das sei an einigen Beispielen erläutert:
– Auf der einen Seite finden sich Bestimmungen, die erkennbar **unmittelbar** wirken und im Grunde ohne konkretisierende einfache Gesetze auskommen (man nennt derartige Normen unter Anleihe aus dem angloamerikanischen Sprachraum auch *self-executing*); das gilt unter dem Grundgesetz für Art. 102 GG („Die Todesstrafe ist abgeschafft"). Mit Inkrafttreten des Grundgesetzes am 24. Mai 1949 hat diese Norm alle gesetzlichen Bestimmungen vernichtet bzw. aufgehoben, die die Todesstrafe androhten, ohne dass es auf eine Umsetzung durch den Gesetzgeber ankam. In den Unionsverträgen kann man etwa auf das Verbot von Zöllen verweisen (Art. 30 AEUV)[7].
– Am anderen Ende der Skala rangieren Bestimmungen, die ausdrücklich erst angewandt werden können, wenn der einfache Gesetzgeber **Ausführungsbestimmungen** zu ihrer Konkretisierung erlassen hat. Das gilt für Art. 138 Abs. 1 WRV, der über Art. 140 GG in das Grundgesetz „inkorporiert" ist; die Bestimmung gilt danach als vollgültige Verfassungsbestimmung. Sie enthält – seit wohlgemerkt fast genau 100 Jahren – den an den Gesetzgeber gerichteten verbindlichen Auftrag, die Staatsleistungen an die Religionsgesellschaften abzulösen (Satz 1). Allerdings macht Satz 2 klar, dass dies erst geschehen kann, wenn zuvor das Reich (also jetzt der Bund) ein sog. Grundsätzegesetz erlässt[8]. Ähnliches gilt für die Art. 90 ff. AEUV. Art. 90 AEUV enthält die Zielvorstellung einer gemeinsamen Verkehrspolitik, während Art. 91 AEUV zu deren Durchführung den Erlass von näher bestimmten

---

[3] So etwa *Katz*, Staatsrecht, Rn. 91, 551.
[4] Grundlegend *Dreier*, in: HGR I, § 4 Rn. 12 ff.
[5] Beispielsweise *Bryde*, in: HGR I, § 17 Rn. 7 mit Verweis insbesondere auf die französische Menschenrechtsdeklaration.
[6] Für das Grundgesetz *Stern*, Staatsrecht I², § 4 I 1; *Kirchhof*, in: HStR³ II, § 21 Rn. 67; für die Verträge der Union EuGH, C-26/62, Slg. 1963, 24 – *van Gend & Loos; Calliess*, in: ders./Ruffert, EUV/AEUV, Art. 1 AEUV Rn. 64.
[7] Näher *Khan/Eisenhut*, in: Vedder/Heintschel v. Heinegg, Europ. Unionsrecht, Art. 30 AEUV Rn. 1.
[8] Siehe nur *Morlok*, in: Dreier, GGK III, Art. 140/138 WRV Rn. 25 f.

Maßnahmen vorsieht; Art. 92 AEUV schließlich trifft eine Übergangsregelung, die bis zum Erlass dieser Maßnahmen gilt[9].

– Es bleibt ein breites Mittelfeld von Bestimmungen, die auf eine **gesetzliche Konkretisierung und Ausgestaltung** angelegt sind, ohne dass man ihnen die unmittelbare Wirkung absprechen könnte, solange dies noch nicht geschehen ist. Als Beispiele drängen sich der sog. Richtervorbehalt nach Art. 104 Abs. 2 S. 1 GG oder die Regelung zur Freizügigkeit der Unionsbürger nach Art. 21 AEUV (→ Kap. 2 Rn. 13f.) auf: Beide enthalten klare Vorgaben, gegen die beispielsweise ein einfaches Gesetz, eine Richtlinie oder eine Verordnung verstoßen können. Gleichwohl werden die Gesetzgeber in Deutschland wie der Union hingehen und näher ausbuchstabieren, wie die Entscheidung des Richters herbeizuführen ist bzw. wo die Freizügigkeit womöglich an Grenzen stößt.

II. Rechtstheoretische Unterscheidung von Regeln und Prinzipien

Bei der geschilderten Differenzierungsleistung wird häufig auf die in der Rechtstheorie entwickelte Unterscheidung von Regeln und Prinzipien zurückgegriffen. Zunächst: Was ist **Rechtstheorie**? Vereinfacht gesagt und unter Ausblendung von zahlreichen Streitigkeiten über die Detailabgrenzung ist die Rechtstheorie diejenige Grundlagenwissenschaft, die wohlgemerkt wertneutral danach fragt, was Recht ist und nach welchen Prämissen es funktioniert[10]. Abzugrenzen ist die Rechtstheorie damit insbesondere von der **Rechtsphilosophie,** die sich überwiegend als nicht wertneutrale Rechtsethik versteht, also nach den Bedingungen fragt, die anerkennenswertes oder eben „gerechtes" Recht erfüllen muss[11]. 4

Plastisches **Beispiel:** Ein Rechtsphilosoph würde bei der Bewertung der sog. Nürnberger Rassengesetze von 1935 zu dem Ergebnis kommen, dass diese schreiendes Unrecht und damit nicht befolgenswert sind. Der Rechtstheoretiker würde hingegen zu dem Ergebnis gelangen, dass sie als „Recht" einzustufen sind, denn sie gehörten zum wirksamen Rechtsbestand des NS-Staates[12].

Aus der Rechtstheorie stammt nun die genannte Unterscheidung von Regeln und Prinzipien. Im deutschen Sprachraum ist sie mit dem Namen von *Robert Alexy* verbunden, der hier im Original zu Wort kommen soll: 5

„Regeln sind Normen, die bei Erfüllung des Tatbestandes eine definitive Rechtsfolge anordnen, also bei Erfüllung bestimmter Voraussetzungen definitiv etwas gebieten, verbieten oder erlauben oder definitiv zu etwas ermächtigen. Sie können deshalb vereinfachend als ‚definitive Gebote' bezeichnet werden. Die für sie charakteristische Anwendungsform ist die Subsumtion. Demgegenüber sind Prinzipien Optimierungsgebote. Als solche sind sie Normen, die gebieten, daß etwas in einem relativ auf die tatsächlichen und die rechtlichen Möglichkeiten möglichst hohen Maße realisiert wird. Das bedeutet, daß sie in unterschiedlichen Graden erfüllt werden können, und daß das gebotene Maß ihrer Erfüllung nicht nur von den tatsächlichen, sondern auch von den rechtlichen Möglichkeiten abhängt. [...] Die Abwägung ist die für Prinzipien kennzeichnende Form der Anwendung."[13]

---

[9] Knapp *Khan,* in: Geiger/ders./Kotzur, EUV/AEUV, Art. 90 AEUV Rn. 4.
[10] Gute Einführung: *Rüthers/Fischer/Birk,* Rechtstheorie, § 1 Rn. 5ff.
[11] Siehe etwa *Mahlmann,* Rechtsphilosophie und Rechtstheorie, Einleitung Rn. 7.
[12] Näher *Wittreck,* Ad Legendum 2008, 128ff., 186ff.
[13] *Alexy,* Begriff und Geltung des Rechts, 119f.

6   Holzschnittartig reformuliert: Regeln werden erfüllt oder nicht, Prinzipien zu einem mehr oder weniger großen Grad. Tatsächlich enthalten die Verfassungsurkunden der Bundesrepublik wie der Union Einzelbestimmungen, die sich mit diesem Ansatz gut erklären lassen:
– Im Grundgesetz wie in den Verträgen finden sich vielfach **Frist**bestimmungen. Siehe einerseits Art. 76 Abs. 2 S. 2 GG: Sechswochenfrist für die Stellungnahme des Bundesrates zu einer Vorlage der Bundesregierung. Siehe andererseits Art. 294 Abs. 8 lit. b AEUV: Einberufung des Vermittlungsausschusses innerhalb von ebenfalls sechs Wochen (→ Kap. 15 Rn. 219 f.). Diese lassen sich als **Regeln** deuten: Handelt das Organ binnen fünf Wochen und drei Tagen, ist die Frist gewahrt; nach sechs Wochen und zwei Tagen ist sie nicht „etwas" oder „knapp" überschritten, sondern eben nicht gewahrt.
– Umgekehrt finden sich im Grundgesetz wie in den Verträgen zahlreiche Bestimmungen, bei denen ein solches Urteil – sieht man von Extremfällen einmal ab – praktisch ausgeschlossen ist und die sich daher im Sinne *Alexys* als **Prinzipien** deuten lassen. Das Sozialstaatsprinzip ist schon namhaft gemacht worden (→ Rn. 1 f.); man könnte ferner auf das Staatsziel „Umweltschutz" (Art. 20 a GG) oder Art. 87 e Abs. 4 GG verweisen (danach soll der Bund gewährleisten, dass beim Ausbau und Erhalt des Schienennetzes dem „Wohl der Allgemeinheit" Rechnung getragen wird). Im Recht der Union wird man noch häufiger fündig: Man könnte auf den Tierschutz (Art. 13 AEUV), vor allem aber auf die Werte und Ziele der Union verweisen (Art. 2 f. EUV; → Kap. 8 Rn. 22 ff.).

7   Geht die Unterscheidung überall trennscharf auf? – Sicher nicht. Man muss nur beim erstgenannten Beispiel etwas weiterlesen: Nach Art. 76 Abs. 2 S. 3 GG kann der Bundesrat „aus wichtigem Grunde" eine Fristverlängerung verlangen. Es handelt sich um einen sog. **unbestimmten Rechtsbegriff,** der letztlich von den Gerichten näher bestimmt werden muss – im konkreten Fall soll etwa der besondere Umfang einer Gesetzesvorlage ein wichtiger Grund sein, der bloße Personalmangel in der Bundesratsverwaltung nicht[14]. Die Unterscheidung von Regeln und Prinzipien ist danach hilfreich, kann aber nicht die gedankliche Ordnung der unmittelbaren Geltung einer gesamten Verfassungsurkunde leisten bzw. die skrupulöse Prüfung der Bindungswirkung jeder einzelnen Norm ersetzen.

III. Präambeln

8   Sowohl das Grundgesetz als auch die drei Verträge über die Europäischen Union weisen Präambeln oder Vorsprüche auf (das Wort ist vom lat. *praeambulare* für „vorausgehen" abgeleitet)[15]. Bei der Lektüre dieser vier Texte wird sogleich klar, dass sie sich schon im **Tonfall** deutlich vom Recht der jeweiligen Verfassungsurkunden abheben: Sie sind feierlicher, grundsätzlicher, im Einzelfall auch schwülstig. Es finden sich Hinweise auf historische Ereignisse oder Versuche, diese zu deuten (man spricht heute gerne von historischen „Narrativen", also kollektiven Geschichtserzählungen)[16]. Zugleich drängt sich die Frage auf, ob und wie man die Präambeln „anwenden" kann –

---

[14] Statt aller *Brosius-Gersdorf,* in: Dreier, GGK II, Art. 76 Rn. 69.
[15] Siehe *Häberle,* FS Broermann, 1982, 211, 214 ff. sowie *Boehl/Hobe,* in: Friauf/Höfling, GG, Präambel (2009), Rn. 21 ff.
[16] Vgl. etwa *Häberle,* FS Broermann, 1982, 211, 225 ff.; *Kotzur,* HStR³ XII, § 260 Rn. 26.

sie folgen ersichtlich nicht dem vertrauten Grundschema von Tatbestand und Rechtsfolge. Das hat immer wieder die Frage nach ihrem **normativen Status** aufgeworfen bzw. dazu geführt, dass er ihnen abgesprochen worden ist[17].

1. Normativität der Präambel des Grundgesetzes

Das Bundesverfassungsgericht hat früh anhand des in der Ursprungsfassung der Präambel noch enthaltenen Wiedervereinigungsgebots[18] klargestellt, dass die Präambel keine reine Geschichts- oder Legitimationserzählung, sondern vollwertiger Teil des Grundgesetzes ist und daher rechtliche **Bindungswirkung** entfaltet[19]. Die Lehre folgt dem inzwischen ganz einhellig, verweist aber zu Recht darauf, dass der normative Gehalt der einzelnen Aussagen der Präambel stark variiert. Unzweifelhaft ist etwa die Zielvorstellung eines „vereinten Europa" ein verbindliches Staatsziel, das der Bundesrepublik gemeinsam mit Art. 23 Abs. 1 S. 1 GG verwehrt, es den Briten in Sachen „Brexit" gleichzutun (→ Kap. 2 Rn. 35f.). Umgekehrt dürfte die historisch zumindest anfechtbare Behauptung, das Grundgesetz sei Frucht der verfassunggebenden Gewalt des Deutschen Volkes (→ Kap. 2 Rn. 7, 19, 22), heute keine erkennbaren Rechts- oder Regelungswirkungen mehr entfalten.

2. Normativität der Präambeln der Verträge der Union

Legt man die Präambeln des Grundgesetzes und der Verfassungsverträge der Union nebeneinander, so fallen unmittelbar Abweichungen auf, die auch die jeweils unterschiedliche normative Qualität oder Dignität der Präambeln bedingen[20]. Hier wirkt sich maßgeblich aus, dass die europäischen Verträge in der **Tradition** typischer **völkerrechtlicher Verträge** stehen, die regelmäßig mit sog. Erwägungsgründen beginnen, die einerseits die Motivation der Vertragspartner umreißen, andererseits aber auch die Auslegung des sich anschließenden Vertragswerkes anleiten wollen[21]. Vor diesem Hintergrund hat auch der Europäische Gerichtshof früh entschieden, die Präambeln der Verträge als **Auslegungshilfe** für die Interpretation der Verträge (→ Rn. 25) heranzuziehen[22].

3. Insbesondere: Der „Präambelgott"

Das Grundgesetz beginnt mit der Wendung „Im Bewußtsein seiner Verantwortung vor Gott und den Menschen". Sie wird oft fälschlich als *invocatio Dei* angesprochen, also als „Anrufung Gottes"[23]. Dies ist so nicht richtig, da das Grundgesetz gerade nicht wie die Schweizerische Bundesverfassung mit „Im Namen Gottes des Allmächtigen" überschrieben ist. Treffender ist die Bezeichnung als *nominatio Dei* oder **Benennung**

---

[17] Für das Grundgesetz prominent *v. Mangoldt*, Das Bonner Grundgesetz, 1. Aufl. 1953, Präambel Anm. 1 (S. 30).
[18] S. 3 lautete: „Das gesamte Deutsche Volk bleibt aufgefordert, in freier Selbstbestimmung die Einheit und Freiheit Deutschlands zu vollenden."
[19] BVerfGE 5, 85 (127) – *KPD-Verbot*.
[20] Näher *Dreier*, in: ders., GGK I, Präambel Rn. 15 ff.
[21] Nach Art. 31 Abs. 2 der sog. Wiener Vertragsrechtskonvention ist für die Interpretation völkerrechtlicher Verträge der „Vertragswortlaut samt Präambel und Anlagen" maßgeblich; siehe statt aller *Ipsen*, Völkerrecht, § 12 Rn. 13.
[22] EuGH 26/62, Slg. 1963, 24 – *van Gend & Loos*; EuGH 136/79, Slg. 1980, 2057 – *National Panasonic*; aus der Literatur *Geiger*, in: ders./Khan/Kotzur, EUV/AEUV, Präambel EUV Rn. 1 sowie *Streinz/Pechstein*, in: ders., EUV/AEUV, EUV Rn. 17.
[23] So *Geiger*, EuGRZ 1986, 121, 122.

Gottes[24]. Wichtiger als dieser Streit um Begriffe ist die Einsicht, dass mit „Gott" 1949 zwar unzweifelhaft der christliche Schöpfergott gemeint war, dass die Bezeichnung aber in einem religiös neutralen Staat (vgl. Art. 140 GG i. V. m. Art. 137 Abs. 1 WRV), der individuelle Glaubensfreiheit gewährt (Art. 4 Abs. 1 u. 2 GG), offen für die **Gottes- oder Transzendenzvorstellungen aller Bürgerinnen und Bürger** sein muss[25]. Für den in der Wolle gefärbten Atheisten wird das nur ein schwacher Trost sein – ihn nimmt die Präambel hier nicht mit. Gleichwohl ergibt sie auch in einem religiös neutralen Staat noch Sinn: Man hat diesen Teil der Präambel klug als „Demutsformel" angesprochen[26]. Der deutsche Staat bekennt, dass er (fehlbares) Menschenwerk ist und sich nicht nochmals an die Stelle Gottes zu setzen versuchen wird.

12　Der religiöse Bezug in den **Unionsverträgen** ist deutlich stärker verdünnt[27]. Nach durchaus kontroverser Diskussion[28] finden sich zwar in allen drei Texten Spurenelemente, die aber offen gestanden reichlich verdruckst daherkommen. Die Präambel des EUV führt aus, dass die Handelnden „aus dem kulturellen, religiösen und humanistischen Erbe Europas" schöpfen. Die Charta – ersichtlich an die Präambel des Grundgesetzes angelehnt – formuliert „In dem Bewusstsein ihres geistig-religiösen und sittlichen Erbes", wohingegen die Präambel des AEUV klinisch rein ist. Dieser Befund bildet den schlichten Umstand ab, dass in den Mitgliedstaaten der Union der öffentliche Status von Religion ganz unterschiedlich ausfällt – der Befund reicht von der anglikanischen Staatskirche im Noch-Mitglied Großbritannien bis zum bekannten französischen Laizismus, also der strikten Trennung von Staat und Kirche[29]. Damit geht einher, dass das Unionsrecht auch in Sachen Kirchen oder allgemeiner Religionsgemeinschaften eher einsilbig ausfällt (siehe praktisch nur Art. 17 AEUV)[30].

B. Vorrang des Verfassungsrechts

I. Normenhierarchie im nationalen Recht

13　Der „Vorrang der Verfassung" kommt im Grundgesetz eher verklausuliert zum Ausdruck[31]. Tatsächlich enthält die bundesdeutsche Verfassung – anders als viele Urkunden aus dem 19. Jahrhundert[32] – keine allgemeine Regel des Inhalts, dass die Verfassung dem einfachen Recht vorgeht und solche Gesetze, die nicht im Einklang mit der

---

[24] *Dreier*, in: ders., GGK I, Präambel Rn. 33.
[25] Statt aller *Hollerbach*, HStR VI, § 138 Rn. 83.
[26] Nochmals *Dreier*, in: ders., GGK I, Präambel Rn. 35.
[27] Näher *Dreier*, in: ders., GGK I, Präambel Rn. 15 f. sowie *Geiger*, in: Geiger/Khan/ders., EUV/AEUV, Präambel EUV Rn. 2.
[28] Siehe *Hoffschulte*, Christliches Menschenbild und Gottesbezug in der Verfassung der Europäischen Union, 2004.
[29] Knapper Überblick bei *Morlok*, in: Dreier, GGK I, Art. 4 Rn. 40; *ders.*, in: Dreier, GGK III, Art. 140 Rn. 23.
[30] Siehe *Krimphove*, EuR 44 (2009), 330 ff. sowie *Kotzur*, in: Geiger/Khan/ders., EUV/AEUV, Art. 17 AEUV Rn. 2 ff.
[31] Näher zum Folgenden *Wahl*, Der Staat 20 (1981), 485 ff.; *Schulze-Fielitz*, in: Dreier, GGK II, Art. 20 (Rechtsstaat), Rn. 81 ff.
[32] Siehe § 194 der Paulskirchenverfassung von 1849: „Keine Bestimmung in der Verfassung oder in den Gesetzen eines Einzelstaates darf mit der Reichsverfassung in Widerspruch stehen."; vgl. dazu knapp *Wittreck*, in: Dreier, GGK III, Art. 123 Rn. 9.

Verfassung stehen, verfassungswidrig und damit nichtig sind. Der Vorrang der Verfassung wird danach gemeinhin aus einer Zusammenschau der folgenden Bestimmungen hergeleitet[33]:
- **Art. 1 Abs. 3 GG** spricht bereichsspezifisch die Bindung aller drei Staatsgewalten an die Grundrechte aus[34].
- **Art. 20 Abs. 3 GG** bindet die Gesetzgebung an die „verfassungsmäßige Ordnung" (1. Hs.), Rechtsprechung und Exekutive hingegen an „Gesetz und Recht" (2. Hs.)[35]. Dahinter steckt ein **Stufenmodell,** dem zufolge die Legislative – unter selbstverständlicher Bindung an das Grundgesetz (→ Rn. 14) – für die beiden anderen Gewalten eine Art Handlungsprogramm diktiert; dass beide ebenso selbstverständlich an die Verfassung gebunden sind[36], kommt in der Norm hingegen nicht klar zum Ausdruck.
- Nach **Art. 93 Abs. 1 Nr. 2 GG** („Vereinbarkeit von Bundesrecht oder Landesrecht mit diesem Grundgesetze") bzw. **Art. 100 Abs. 1 GG** ist das Bundesverfassungsgericht in den Verfahren der abstrakten bzw. konkreten Normenkontrolle befugt, über die Vereinbarkeit von Gesetzen mit der Verfassung zu entscheiden und diese für nichtig zu erklären, sofern es diese Vereinbarkeit verneint (vgl. § 78 BVerfGG; → Kap. 17 Rn. 42, 53). Beide Verfahren bzw. das in ihnen zum Ausdruck kommende **Verwerfungsmonopol** des Gerichts setzen den Vorrang der Verfassung gedanklich voraus[37].
- Schließlich bindet **Art. 123 Abs. 1 GG** die Fortgeltung vorgrundgesetzlichen Rechts an den Vorbehalt „soweit es dem Grundgesetze nicht widerspricht"[38].

1. Geltungsvorrang der Verfassung vor dem einfachen Recht

Der Vorrang der Verfassung wendet sich zunächst an den parlamentarischen Gesetzgeber. Der ist an die „verfassungsmäßige Ordnung" und damit an das gesamte Grundgesetz (verstanden als **Verfassung im formellen Sinne**) gebunden[39]. Verbindlich sind sowohl solche Vorschriften, die wie die Grundrechte, das Sozialstaatsprinzip, Art. 20a GG oder das Verbot der Todesstrafe in Art. 102 GG *materielle* Vorgaben machen (also Entscheidungs*inhalte* gebieten oder verbieten), als auch diejenigen, die *formelle* oder *prozedurale* Vorgaben formulieren (also die äußere Form der Entscheidung oder den Weg zu ihr hin betreffen)[40]; Beispiele wären hier Art. 82 GG (Formvorschrift) oder Art. 76 Abs. 2 GG (Verfahren).

14

Nicht hingegen erfasst der Vorrang diejenigen einfachen Gesetze, die wie das BWahlG oder das BVerfGG zur **Verfassung im materiellen Sinne** gezählt werden. Das Primär- und Sekundärrecht der Union (→ Rn. 19f.) fällt ebenfalls nicht unter die „verfassungsmäßige Ordnung", kann ihr aber vorgehen (→ Kap. 4 Rn. 34ff.). Der Gesetzgeber muss den Vorrang bei seiner gesamten Legislativtätigkeit achten, so dass – mit

15

---

[33] So etwa *Kingreen,* HStR³ XII, § 263 Rn. 6.
[34] Näher *Dreier,* in: ders, GGK I, Art. 1 III Rn. 32 ff.
[35] Näher *Schulze-Fielitz,* in: Dreier, GGK II, Art. 20 (Rechtsstaat), Rn. 81 ff., 92 ff.
[36] BVerfGE 96, 375, (394 f.); *Gusy,* JuS 1983, 189, 193.
[37] So auch *Bethge,* in: Maunz/Schmidt-Bleibtreu/Klein/ders., BVerfGG, § 35 (2014), Rn. 24 f.; *Schenke,* JuS 2017, 1141, 1142 f.
[38] *Wittreck,* in: Dreier, GGK III, Art. 123 Rn. 28.
[39] *Kingreen,* HStR³ XII, § 263 Rn. 4; Jarass/*Pieroth,* GG, Art. 20 Rn. 45.
[40] *Badura,* HStR³ XII, § 265 Rn. 46; *Schulze-Fielitz,* in: Dreier, GGK II, Art. 20 (Rechtsstaat), Rn. 84; *Sachs,* in: ders., GG, Art. 20 Rn. 94.

gravierenden Konsequenzen – etwa auch das Zivil- und das Strafrecht von Art. 20 Abs. 3 1. Hs. GG durchdrungen werden[41].

Gesetze, die mit dem Grundgesetz in dem so umrissenen Sinne unvereinbar sind, entfalten von Anfang an und auf Dauer keine Wirkung; sie sind nach deutschem Verfassungsrechtsverständnis **nichtig**[42]. Wegen des Normverwerfungsmonopols der Verfassungsgerichte (hier des Bundes; → Kap. 17 Rn. 35, 43) entsteht faktisch ein Schwebezustand, in dem der – aus der Politik, der Wissenschaft oder aus der gerichtlichen Praxis erhobene – Vorwurf der Nichtigkeit im Raum steht; diese Phase der Unsicherheit endet erst, wenn das Bundesverfassungsgericht die Norm für nichtig erklärt (die Entscheidung wird dann nach § 31 Abs. 2 S. 3 BVerfGG als sog. *actus contrarius* oder Gegen-Akt zum Erlass des Gesetzes im Bundesgesetzblatt verkündet; → Kap. 15 Rn. 223) oder den Vorwurf ausräumt und das Gesetz bildlich gesprochen „freispricht". Nur eine Minderheit in der Staatsrechtslehre nimmt eingedenk dieses Schwebezustands an, verfassungswidrige Gesetze seien lediglich **vernichtbar**[43].

2. Anwendungsvorrang des einfachen Rechts vor der Verfassung

16 Nach dem bislang Gesagten mag die Überschrift überraschend wirken, dreht sie doch das Rangverhältnis zwischen Verfassung und einfachem Recht scheinbar um und verstößt damit gerade gegen den Vorrang der Verfassung[44]. Tatsächlich können beide Rechtsfiguren sehr entspannt miteinander auskommen, da sie auf ganz unterschiedlichen Ebenen der Prüfung angesiedelt sind. Der Anwendungsvorrang des einfachen Rechts sei an einem ebenso einfachen wie klausurrelevanten **Beispiel** erläutert:

Dass das Bundesverfassungsgericht für die Entscheidung über sog. abstrakte Normenkontrollen zuständig ist, lässt sich – praktisch gleichlautend – aus Art. 93 Abs. 1 Nr. 2 GG oder aus § 13 Nr. 6 BVerfGG herleiten (→ Kap. 17 Rn. 33 ff.). Welche Norm wendet man nun (zuerst) an? Die Antwort ist einfach: Die rangniedere, weil sie im Zweifel vom parlamentarischen Gesetzgeber noch näher konkretisiert worden ist und damit in der Anwendung präzisere Ergebnisse verspricht. Dahinter steht das eingangs beschriebene Problem, dass die Verfassung zwar dem Grunde nach unmittelbar gilt, oft genug aber nur vage Zielvorstellungen formuliert oder unbestimmte und hochgradig wertungsoffene Bestimmungen enthält. Dabei müssen Sie sich auch vor Augen halten, dass viele Normen in den Behörden und Gerichten von Beschäftigten angewandt werden müssen, die im Grunde keine juristische Vorbildung haben – viele wären schlicht überfordert, wenn sie etwa über Ansprüche einzelner Empfänger von staatlichen Unterstützungsleistungen freihändig nach dem Sozialstaatsprinzip zu entscheiden hätten (dafür gibt es gleich zehn Sozialgesetzbücher mit den lateinischen Kürzeln SGB I bis SGB X).

Was heißt das für Sie in der öffentlich-rechtlichen Prüfung? Sie beginnen stets mit der gesetzlichen Bestimmung, die in der Normenhierarchie an unterster Stelle steht, also etwa mit dem BVerfGG vor Art. 93 Abs. 1 GG, mit dem BWahlG vor Art. 38 Abs. 1 S. 1 GG oder mit dem PUAG vor Art. 44 GG (→ Kap. 9 Rn. 20). Führen beide Bestimmungen zu einem identischen Ergebnis, so ist das zusätzliche Abstellen auf die Verfassung sogar streng genommen falsch – Sie haben bereits ein belastbares Resultat, arbeiten aber quasi „mit Gürtel und Hosenträger".

---

[41] Näher *Röthel*, JuS 2001, 424 ff.
[42] Siehe BVerfGE 84, 9 (20 f.); 92, 26 (27); 93, 373 (376); zuletzt Entsch. v. 19.12.2017 – 1 BvL 3/14 *(numerus clausus)* sowie Entsch. v. 24.4.2018 – 2 BvL 10/16 – *Hochschulkanzler*. Aus der Literatur *Pestalozza*, Verfassungsprozeßrecht, § 20 Rn. 9; *Graßhof*, in: Burkiczak/Dollinger/Schorkopf, BVerfGG, § 78 Rn. 1, 13; *Schlaich/Korioth*, BVerfG, Rn. 378 ff.
[43] *Pestalozza*, Verfassungsprozeßrecht, § 20 Rn. 15 ff.; *Lippold*, Der Staat 29 (1990), 185, 204 ff.
[44] Näher jetzt *Wittreck*, Ad Legendum 2018, 218 ff.

Beispiele: Die Antragsberechtigung der Bundesregierung oder einer Landesregierung im Verfahren der abstrakten Normenkontrolle folgt unproblematisch aus § 76 Abs. 1 BVerfGG; der Rückgriff auf Art. 93 Abs. 1 Nr. 2 GG ist unnötig. Gleiches gilt für die Parteifähigkeit des Bundestages im Organstreit, die unzweifelhaft aus § 63 BVerfGG hergeleitet werden kann (→ Kap. 17 Rn. 23 ff., 36).

Zu einer Kombination beider Vorrang- oder Anwendungsregeln kommt es dann, wenn die Verfassung und das einfache Recht zu unterschiedlichen Ergebnissen gelangen. Hier gilt: Sie fangen mit dem einfachen Recht an und korrigieren dieses notfalls unter Rückgriff auf die Verfassung.

Schulbeispiele sind §§ 63 und 76 Abs. 1 BVerfGG im Vergleich zu Art. 93 Abs. 1 Nr. 1 und 2 GG. Nach § 63 BVerfGG sind lediglich die aufgezählten Verfassungsorgane sowie – vereinfacht – deren Teile parteifähig im Organstreit. Art. 93 Abs. 1 Nr. 1 GG ist weiter, weil er auch „andere Beteiligte" für antragsberechtigt erklärt (in der Praxis etwa die politischen Parteien; → Kap. 13 Rn. 35). Sie beginnen mit der Prüfung – Anwendungsvorrang des einfachen Rechts – mit § 63 BVerfGG. Ist Ihr Ergebnis negativ (der Antragsteller gehört nicht zum Kreis der Berechtigten), prüfen Sie – Geltungsvorrang der Verfassung – daran anschließend Art. 93 Abs. 1 Nr. 1 GG, der Sie zu dem Ergebnis führt, dass die in § 63 BVerfGG nicht genannte politische Partei wegen Art. 21 Abs. 1 GG sehr wohl antragsberechtigt ist, weil sich die höherrangige Verfassung durchsetzt. – Nach § 76 Abs. 1 BVerfGG müssen die Antragsteller im Verfahren der abstrakten Normenkontrolle von der Nichtigkeit der zur Überprüfung gestellten Norm „überzeugt" sein. Ist das der Fall, wird es lapidar festgestellt, ohne dass das Grundgesetz noch eine Rolle spielt. Hegen sie laut Sachverhalt lediglich „Zweifel", so ist das relevant, weil solche nach Art. 93 Abs. 1 Nr. 2 GG genügen – erneut setzt sich die Verfassung kraft ihres Geltungsvorrangs gegen das engere einfache Recht durch (→ Kap. 17 Rn. 39).

3. Verfassungskonforme Auslegung des einfachen Rechts

Deutlich wichtiger als die öffentlichkeitswirksame Verwerfung und Für-nichtig-Erklärung von Gesetzen durch das Bundesverfassungsgericht oder die Verfassungsgerichte der Länder ist ihre sog. **verfassungskonforme Auslegung**[45]. Ihr liegt die schlichte Überlegung zugrunde, dass die regelrechte Aufhebung eines vom demokratischen Gesetzgeber beschlossenen Gesetzes im Sinne der Gewaltenteilung oder besser -verschränkung (→ Kap. 6 Rn. 5 ff.) ein vergleichsweise massiver Übergriff ist[46], und dass zugleich der Grundsatz der Verhältnismäßigkeit dafür streitet, Konflikte zwischen der Verfassung und dem einfachen Recht so schonend wie möglich aufzulösen[47]. Stellt man danach in der Prüfung fest, dass ein vom Parlament beschlossenes Gesetz womöglich in bestimmten Konstellationen in Konflikt mit der Verfassung geraten könnte, so ist zunächst zu fragen, ob der Wortlaut des Gesetzes zwingend und eindeutig ist oder ob er offene Formulierungen enthält, die eine Interpretation im Sinne der Verfassung zulassen.

17

Beispiele wären zum einen bloße Soll-Vorschriften wie Art. 76 Abs. 3 S. 2 GG. „Soll" heißt wohlgemerkt an sich „muss", erlaubt aber im Ausnahmefall eine Abweichung, steht mithin für ein gemindertes Maß an Normativität. Ferner gehören unbestimmte Rechtsbegriffe wie „aus wichtigem Grund" oder „im öffentlichen Interesse" hierher. Zuletzt steht das Wort „kann" im Gesetzeswortlaut in der Regel für das sog. Ermessen, räumt also insbesondere der Exekutive echte Spielräume ein. Sie sind in der Weise zu nutzen, dass die mögliche Interpretation zu wählen ist, die noch von der Verfassung gedeckt wird.

---

[45] Näher dazu *Lüdemann*, JuS 2004, 27, 27 ff.; *Herresthal*, JuS 2014, 289, 295.
[46] Siehe *Herresthal*, JuS 2014, 289, 296; *Schäfers*, JuS 2015, 875, 879.
[47] So auch *Lüdemann*, JuS 2004, 27, 28 sowie *Battis*, HStR³ XII, § 275 Rn. 67.

Sodann ist zu fragen, ob diese Deutung noch mit dem Wortlaut, aber auch mit dem erkennbaren Willen des Gesetzgebers vereinbar ist oder dem Gesetz einen ganz neuen Sinn gibt[48].

Das sei anhand zweier **Beispiele** erläutert, eines aus der jüngeren Rechtsprechung, eines aus dem Fundus der „Klassiker" des öffentlichen Rechts.

Das Bundesverfassungsgericht hatte unlängst zu entscheiden, ob es verfassungsgemäß ist, dass nach §§ 17 Nr. 3, 18 der Verwaltungsgerichtsordnung (VwGO) an den Verwaltungsgerichten Beamte auf Lebenszeit als **Richter auf Zeit** ernannt werden können (Hintergrund: durch die Maßnahme sollen Richter gewonnen werden, die kurzfristig helfen, die „Asylwelle" abzuarbeiten). Der Vorwurf: Sie seien nicht hinreichend unabhängig i. S. v. Art. 97 GG (→ Kap. 12 Rn. 30 ff.)[49]. Das Gericht bestätigte die Normen, legte aber den § 18 VwGO verfassungskonform dahingehend aus, dass eine wiederholte Ernennung zum Richter auf Zeit ausgeschlossen sein müsse[50].

Der **Klassiker** betrifft das Grundrecht der Versammlungsfreiheit. Nach Art. 8 Abs. 1 GG haben alle Deutschen das Recht, sich „ohne Anmeldung oder Erlaubnis" friedlich zu versammeln. Gleichwohl sieht § 14 des Versammlungsgesetzes (VersG) im scheinbaren Widerspruch dazu eine Anmeldepflicht vor. Diese wird damit gerechtfertigt, dass gerade bei größeren Versammlungen die Behörden Vorbereitungen zu treffen haben, die auch und gerade dem Schutz der Versammlung dienen (Absperrungen, Umlenkung des Verkehrs u. a. m.)[51]. Dem Wortlaut des Art. 8 Abs. 1 GG wird aber Genüge getan, indem der § 14 VersG verfassungskonform dahingehend ausgelegt wird, dass bei Spontanversammlungen die Anmeldung entfällt, bei Eilversammlungen zumindest die Frist verkürzt wird[52]. Ein **Beispiel** für eine Spontanversammlung wären Studierende, die unmittelbar nach der Rückgabe einer Klausur gegen die als unfair empfundene Bewertung demonstrieren; eine Eilversammlung läge etwa vor, wenn bekannt wird, dass eine geflüchtete Familie am folgenden Tag abgeschoben werden soll.

18 Die (exakten) **Grenzen der verfassungskonformen Auslegung** zählen zu den am heftigsten umstrittenen Fragen des Öffentlichen Rechts[53]. Hierbei gilt es sich zunächst zu vergegenwärtigen, dass es nicht allein um ein komplexes theoretisches Problem geht, sondern einmal mehr um eine echte **Machtfrage.** Denn die verfassungskonforme Auslegung erlaubt nicht nur dem Bundesverfassungsgericht, sondern allen Gerichten (und in letzter Konsequenz auch den Behörden und sonstigen Amtswaltern der Exekutive), sich über den Wortlaut von Gesetzen wenigstens ein Stück weit mit der Begründung hinwegzusetzen, dass sie bei wortlautgetreuer Anwendung mit der Verfassung nicht vereinbar seien. Während die konkrete Normenkontrolle nach Art. 100 Abs. 1 GG klarstellt, dass kein einfaches Gericht (und erst recht keine Behörde) einem Gesetz den Gehorsam versagen darf, weil es mit der Verfassung insgesamt unvereinbar sei (→ Kap. 17 Rn. 43), gestattet die verfassungskonforme Auslegung – sozusagen ein Stockwerk tiefer – ein Ergebnis, das dem letztgenannten zumindest verdächtig nahe kommt[54].

---

[48] Vgl. BVerfGE 98, 17 (45); 126, 29 (47, Rn. 50); 130, 372 (398, Rn. 73); aus der Literatur *Schlaich/Korioth*, BVerfG, Rn. 443; *Schulze-Fielitz*, in: Dreier, GGK II, Art. 20 (Rechtsstaat), Rn. 87.
[49] BVerfG, Entsch. v. 22.3.2018 – 2 BvR 780/16.
[50] Ebd., Rn. 151 ff.
[51] BVerfGE 69, 315 (350); 128, 226 (260 f.); aus der Literatur *Schulze-Fielitz*, in: Dreier, GGK I, Art. 8 Rn. 83.
[52] BVerfGE 69, 315 (351); 85, 69 (74); aus der Literatur *Stern*, Staatsrecht IV/1, 1244 ff.
[53] Näher *Schlaich/Korioth*, BVerfG, Rn. 501 ff.; *Battis*, HStR³ XII, § 275 Rn. 66; *Wieland*, in: Dreier, GGK III, Art. 100 Rn. 24.
[54] Unterstrichen von *Lüdemann*, JuS 2004, 27, 29.

In dieser Situation betont das Bundesverfassungsgericht die **Grenzen** der verfassungskonformen Auslegung sowie das „Gebot maximaler Aufrechterhaltung des gesetzgeberischen Regelungsziels"[55]. Zuletzt hat es das wie folgt zusammengefasst[56]:

„Aus der grundsätzlichen Vermutung der Verfassungsmäßigkeit eines Gesetzes ergibt sich das Gebot, ein Gesetz im Zweifel verfassungskonform auszulegen. Der Respekt vor der gesetzgebenden Gewalt gebietet es, dem Willen des Gesetzgebers im Rahmen des verfassungsrechtlich Zulässigen soweit wie möglich Rechnung zu tragen. Sind unter Berücksichtigung von Wortlaut, Entstehungsgeschichte, systematischer Auslegung und Normzweck unterschiedliche Deutungen einer einfachrechtlichen Vorschrift möglich, von denen eine als verfassungswidrig zu verwerfen wäre, zumindest eine hingegen zu einem verfassungsgemäßen Ergebnis führt, so kommt es nicht in Betracht, die Vorschrift für mit der Verfassung unvereinbar zu erklären. Grenzen der verfassungskonformen Auslegung ergeben sich allerdings aus den anerkannten Auslegungsmethoden. Ein Normverständnis, das im Widerspruch zu dem klar erkennbar geäußerten Willen des Gesetzgebers steht, kann auch im Wege der verfassungskonformen Auslegung nicht begründet werden".

II. Europäisches Primär- und Sekundärrecht

Die Rechtsordnung der Europäischen Union steht wie das Grundgesetz vor der Frage, wie sie die Fülle der verschiedenen Rechtsregeln zueinander in ein hierarchisches (womöglich noch sinnhaftes) Gefüge setzt[57]. Auch hier gilt, dass das von Rechtsprechung und Rechtswissenschaft entwickelte Modell klarer konturiert wirkt als der Befund in den Vertrags- bzw. Verfassungstexten. Das Konzept – dessen Begriffe in den Verträgen gar nicht auftauchen – lässt sich auf einen einfachen Nenner bringen: Als **Primärrecht** der Union gelten die drei Verträge, die wir bereits als Verfassung der Union in einem funktionalen Sinne namhaft gemacht haben (→ Kap. 1 Rn. 74ff.)[58]. Es kommen die sog. allgemeinen Rechtsgrundsätze des Unionsrechts hinzu[59]; dabei handelt es sich um ungeschriebene Rechtsnormen, die aber den Rechtsordnungen der Mitgliedstaaten gemeinsam sind. 19

Als **Beispiele** werden typischerweise die Unionsgrundrechte (vgl. Art. 6 Abs. 3 EUV), der Verhältnismäßigkeitsgrundsatz, der Grundsatz von Treu und Glauben, das Rückwirkungsverbot und der Grundsatz der Gesetzmäßigkeit der Verwaltung genannt[60].

Als **Sekundärrecht** zählen demgegenüber die Rechtsakte, die von den Unionsorganen nach Art. 288 AEUV erlassen werden können, an erster Stelle die Richtlinien und Verordnungen[61]. Das Sekundärrecht unterscheidet sich vom Primärrecht nicht hinsichtlich seines Vorrangs vor dem nationalen Recht der Mitgliedstaaten (→ Kap. 4 Rn. 34ff.). Seine Nachrangigkeit gegenüber dem Primärrecht der Union führt im Falle des Verstoßes zur Nichtigkeit, die ausschließlich vom Europäischen Gerichtshof festzustellen ist (→ Kap. 17 Rn. 7, 55). 20

---

[55] BVerfGE 86, 288 (322); gleichsinnig zuletzt E 128, 326 (400, Rn. 160).
[56] BVerfG, Entsch. v. 22.3.2018 – 2 BvR 780/16, Rn. 150.
[57] Näher zum folgenden *Streinz,* Europarecht, § 1 Rn. 2ff.
[58] EuGH C-26/62, Slg. 1963, 24 – *van Gend & Loos;* EuGH C-4/64, Slg. 1964, 1253 – *Costa/ENEL;* aus der Literatur *Craig/de Búrca,* EU Law, 109f.; *Sauer,* Staatsrecht III, § 8 Rn. 2f.; *Hobe,* Europarecht, Rn. 399f.
[59] Siehe EuGH C 11/70, Slg. 1970, 1125 – *Internationale Handelsgesellschaft;* aus der Literatur *Haratsch/Koenig/Pechstein,* Europarecht, Rn. 450.
[60] EuGH C 11/70, Slg. 1970, 1125 – *Internationale Handelsgesellschaft;* siehe ferner sowie *Hobe,* Europarecht, Rn. 404f.
[61] Statt aller *König,* in: Schulze/Zuleeg/Kadelbach, Europarecht, § 2 Rn. 36ff.

C. Methoden der Verfassungsinterpretation

21 Der folgende Abschnitt kann und soll eine gute juristische **Methodenlehre** nicht ersetzen[62]. Er soll aber auf die Besonderheiten hinweisen, die sowohl die Interpretation des Grundgesetzes (I.) als auch die Auslegung des Verfassungsrechts der Union (II.) von der Deutung der einfachen Gesetze abheben, die in Ihrem Studium sonst dominieren (anfangs natürlich BGB und StGB).

I. Auslegung des Grundgesetzes

22 Wie eingangs dargelegt, beansprucht das Grundgesetz den Status als unmittelbar geltendes Recht – es dokumentiert nicht lediglich rechts- und staatsphilosophische Einsichten und umschreibt auch nicht bloß vage Zielvorgaben für den Gesetzgeber (→ Rn. 2 f.). Damit ist der Ausgangspunkt klar: Das Grundgesetz kann, ja darf nicht anders ausgelegt werden als „einfaches" Recht. Es unterliegt dem gleichen **Methodenkanon;** bei seiner Interpretation sind dieselben anerkannten Regeln anzuwenden, die auch bei der Deutung des einfachen Rechts herangezogen werden[63]. Es sind dies – stark verknappt – die folgenden:

– Der **Wortlaut:** Im Rahmen der letztlich gescheiterten Koalitionsverhandlungen zwischen Union, Grünen und Freien Demokraten nach der Bundestagswahl 2017 kam kurzzeitig die Idee auf, beide „Juniorpartner" in dieser Koalition sollten je einen Posten als Vizekanzler erhalten. Das war nach der Logik der Verteilung politischer Macht nachvollziehbar, scheiterte aber am klaren Wortlaut des Art. 69 Abs. 1 GG, der ausdrücklich von „einem" Bundesminister als Stellvertreter des Bundeskanzlers spricht.

– Die **historische Auslegung** fragt nach dem konkreten Willen des Normgebers (das kann in Ansehung des Grundgesetzes der Wille des *Verfassunggebers* sein, wenn es um Bestimmungen geht, die seit 1949 tatsächlich nicht geändert worden sind [→ Kap. 2 Rn. 7]; andernfalls ist auf den Willen des *verfassungsändernden Gesetzgebers* i. S. v. Art. 79 Abs. 2 GG abzustellen: → Kap. 14 Rn. 2 ff.). Hier ist als Besonderheit des Verfassungsrechts zu verzeichnen, dass der Entstehungsprozess von Verfassungsurkunden regelmäßig deutlich dichter dokumentiert wird als derjenige von einfachen Gesetzen[64]. Gleichwohl bleibt eine Unsicherheit: Gibt es den „einen Willen" des Parlamentarischen Rates (→ Kap. 2 Rn. 18), oder kann ich aus den Dokumenten im Grunde nur verfassungspolitische Vorstellungen einzelner Mitglieder rekonstruieren, die sich zwar im Ergebnis in der Abstimmung durchgesetzt haben mögen, aber nicht notwendig von allen Abstimmenden (noch dazu aus den gleichen Gründen) geteilt worden sind?

– Die **systematische Auslegung** stellt eine einzelne Bestimmung oder Norm in einen größeren Zusammenhang und deutet sie vor diesem Hintergrund. In den Grundgesetzartikeln zur Bundesregierung (Art. 62 ff. GG; → Kap. 11 Rn. 35 ff.) ist

---

[62] Empfehlenswert sind *Reimer*, Juristische Methodenlehre, sowie *Rüthers/Fischer/Birk*, Rechtstheorie mit Juristischer Methodenlehre.
[63] Siehe *Hillgruber*, in: Depenheuer/Grabenwarter, Verfassungstheorie, § 15 Rn. 37.
[64] Für das Grundgesetz stehen drei Sammlungen zur Verfügung: Eine knappe, aber sehr konzise Dokumentation findet sich in JöR 1 (1951). Umfangreicher sind die Parl. Rat-Bände. Noch im Entstehen begriffen ist die erschöpfende Dokumentenedition von Schneider.

durchweg vom „Bundeskanzler" die Rede. Hier ist unmittelbar einsichtig, dass eingedenk der Gleichheitsrechte in Art. 3 Abs. 2, Abs. 3 S. 1 GG auch die (gegenwärtig amtierende) Bundes*kanzlerin* gemeint und erfasst sein muss. Anderes gilt hingegen für Art. 12a GG, denn diese Bestimmung unterscheidet bewusst und gezielt zwischen Männern und Frauen: Erstere können zum Wehrdienst verpflichtet werden (Abs. 1), Letztere nur zum Sanitätsdienst (Abs. 4). Der systematische Zusammenhang macht deutlich, dass im einen Fall die männliche Form auch Frauen umfasst, im anderen Fall hingegen gerade nicht.

– Die **teleologische Auslegung** schließlich fragt nach dem Zweck einer Norm. Schulbeispiel ist die „Ewigkeitsklausel" des Art. 79 Abs. 3 GG (→ Kap. 14 Rn. 5 ff.). Sie schließt Änderungen des Grundgesetzes aus, die namentlich die Gehalte von Art. 1 und 20 GG „berühren". Ist die Bestimmung selbst änderungsfest? Ihrem Wortlaut nach gewiss nicht. Ihrer Zwecksetzung nach muss sie es sein: Art. 79 Abs. 3 GG soll den scheinbar legalen Übergang zu einer Diktatur verhindern (*nicht* die Diktatur selbst). Dann könnte der Verfassungsfeind die Bestimmung aber leicht umgehen, indem er (bildlich gesprochen) vormittags mit Zweidrittelmehrheit Art. 79 Abs. 3 GG streicht und nachmittags Demokratie und Rechtsstaat abschafft. Also ist auch die Ewigkeitsklausel selbst gegen eine Änderung geschützt.

Ungeachtet der Übereinstimmung in der Auffassung, dass auch die Verfassung nach diesen vier methodischen Ansätzen zu deuten ist, bleibt doch mit Händen zu greifen, dass sie sich vom einfachen Recht auch in Sachen Interpretation abhebt. Dafür zeichnen im Grunde zwei Faktoren verantwortlich, nämlich ihr **Höchstrang** innerhalb der deutschen Rechtsordnung (→ Rn. 13 ff.) wie die **Deutungsoffenheit** vieler in ihr enthaltener Begriffe (→ Rn. 2 f.). Zum Ersten: Da das Verfassungsrecht als Maßstab des einfachen Rechts fungiert bzw. dieses im Wege der verfassungskonformen Auslegung förmlich durchdringt, ist die Deutungshoheit über den Verfassungstext als Machtposition kenntlich zu machen. Wer erfolgreich eine bestimmte Interpretation einer Grundgesetzbestimmung etabliert, gibt damit auch eine Reihe von Folgeentscheidungen in der Deutung des einfachen Rechts vor. Zum Zweiten: Es ist etwa unmittelbar einsichtig, dass der Begriff „sozialer Bundesstaat" mit den gerade umrissenen vier Zugriffen nicht abschließend zu „bändigen" ist. 23

Das hat zwei Konsequenzen, die hier zunächst nur als Problemanzeigen aufgerufen werden sollen: Einerseits begründet die (erhöhte) Notwendigkeit der Interpretation der Verfassung die einzigartige **Machtposition des Bundesverfassungsgerichts,** denn es hat – zumindest innerhalb der deutschen Rechtsordnung – das vielzitierte „letzte Wort" über das Grundgesetz (→ Kap. 12 Rn. 6). Anders gewendet: Was aus dem Text des Grundgesetzes folgt, ist im Kern das, was ihm in der Lesart der Richterinnen und Richter des Bundesverfassungsgerichts zu entnehmen ist. Das Gericht mag sich dabei auf Vorarbeiten aus Wissenschaft und Politik stützen und muss nach einer Entscheidung auch die Kritik aus beiden gesellschaftlichen Subsystemen aushalten können. Ferner wird es darauf achten, dass seine Interpretation „anschlussfähig" in dem Sinne ist, dass jemand, der eine rechtswissenschaftliche Ausbildung durchlaufen hat, sie grundsätzlich nachvollziehen kann – eine schlichte Setzung, die weit außerhalb des Korridors der bislang vorgeschlagenen Deutungen des Verfassungstextes angesiedelt ist, dürfte regelmäßig keine Gefolgschaft finden.

24 Erkennt man diese Deutungshoheit an, so bleibt zuletzt die Frage nach der Abgrenzung von Verfassungsänderung und Verfassungsinterpretation. Nach Art. 79 Abs. 1 S. 1 GG kann das Grundgesetz nur in der Weise geändert werden, dass der Text der Verfassungsurkunde tatsächlich angepasst wird (→ Kap. 14 Rn. 2 ff.). Gleichwohl haben Bundesverfassungsgericht und zumindest Teile der Wissenschaft die Rechtsfigur des **Verfassungswandels** anerkannt[65]. Die geläufige Definition als „Sinnänderung ohne Textänderung" deutet sogleich die fundamentale Spannung zum Textänderungsgebot an: Wer sich auf Verfassungswandel beruft, behauptet, dass sich das tatsächliche Umfeld einer im Normtext unveränderten Bestimmung derart gewandelt habe, dass auch die bislang vorherrschende Interpretation dieser Bestimmung nicht mehr tragfähig sei.

Aktuelles **Beispiel** dürfte die Deutung von „Ehe" in Art. 6 Abs. 1 GG sein. Obwohl das Bundesverfassungsgericht noch vor wenigen Jahren festgestellt hat, dass damit nur eine Verbindung von (einem) Mann und (einer) Frau gemeint sei[66], hat der parlamentarische Gesetzgeber nunmehr die „Ehe für alle" eingeführt (vgl. § 1353 Abs. 1 BGB); es zeichnet sich Konsens dahingehend ab, dass die Anrufung des Verfassungsgerichts gegen diese Öffnung wenig aussichtsreich sein dürfte[67].

II. Auslegung des europäischen Primärrechts

25 Die Interpretation des Unionsrechts ist inzwischen **Gegenstand einer eigenen Subdisziplin der Rechtswissenschaft;** die Literatur wirkt nur noch schwer überschaubar[68]. Dabei nähert sie sich ihrem Thema aus unterschiedlichen Perspektiven. Nebeneinander begegnen etwa eher kritische Analysen der Rechtsprechung des Europäischen Gerichtshofes, die analysieren, wie er seine Kompetenzen durch Interpretation erweitert[69], und Werke, die schlicht die Besonderheiten der Interpretation des Unionsrechts nachzeichnen.

Was hebt die Interpretation des Unionsrechts nun von derjenigen des Grundgesetzes, aber auch vom einfachen Recht wie BGB oder StGB ab? Zunächst ist daran zu erinnern, dass das Unionsrecht in seinem Ursprung **Völkerrecht** ist und damit den eigenständigen Auslegungsregeln dieser Disziplin vielleicht nicht einfach unterliegt, aber doch von ihnen maßgeblich beeinflußt wird[70]. Ferner gilt es sich zu vergegenwärtigen, dass die Richterinnen und Richter des Bundesverfassungsgerichts als die letztlich maßgebliche Interpretationsinstanz für das Grundgesetz zwar in einem besonders hervorgehobenen Rahmen sowie im Lichte der Öffentlichkeit agieren mögen, mit den Diskutanten aus Wissenschaft, Rechtsprechung und (teils) Politik aber eine **gemeinsame Sozialisation durch die deutsche Juristenausbildung** teilen. Bei allen Unter-

---

[65] BVerfGE 142, 25 (65, Rn. 110); aus der Literatur *Voßkuhle*, Der Staat 43 (2004), 450 ff. sowie Jarass/Pieroth, GG, Art. 79 Rn. 3; sehr skeptisch *Hillgruber*, in: Depenheuer/Grabenwarter, Verfassungstheorie, § 15 Rn. 23 f.
[66] BVerfGE 128, 109 (125); 131, 239 (259); 133, 377 (409, Rn. 81).
[67] Siehe nur *Blome*, NVwZ 2017, 1658 ff.; vgl. noch im Vorfeld *Herzmann*, JURA 2015, 248 ff.
[68] Instruktive Übersicht bei *Reimer*, Juristische Methodenlehre, 13 f. Siehe im ersten Zugriff ferner *Borchardt*, in: Schulze/Zuleeg/Kadelbach, Europarecht, § 15 Rn. 31 ff. sowie aus der Ausbildungsliteratur *Buerstedde*, Juristische Methodik des europäischen Gemeinschaftsrechts, 2006.
[69] Dieser Tenor am Beispiel der Auslegung des Art. 51 Abs. 1 S. 1 ChGrEU bei *Ohler*, NVwZ 2013, 1433, 1438 („Selbstermächtigung"); vgl. weiterführend auch *Adrian*, Grundprobleme einer juristischen (gemeinschaftsrechtlichen) Methodenlehre, 2009, 198 ff.
[70] *Streinz*, Europarecht, Rn. 625; s. ferner *Aust*, EuR 52 (2017), 106 ff. – Guter erster Zugriff zur völkerrechtlichen Auslegung bei *v. Arnauld*, Völkerrecht, Rn. 227 ff.

schieden in der jeweiligen beruflichen Perspektive auf das (Verfassungs-)Recht können sie mithin auf eine gemeinsame (Fach-)Sprache, einen grundsätzlichen Konsens in Fragen der Methode sowie auf geteilte ungeschriebene Prämissen der deutschen Rechtsordnung – man denke an das Dogma von der Nichtigkeit verfassungswidriger Normen (→ Rn. 15) – bauen. All' das fehlt im Unionsrecht. Das betrifft sowohl die **Deutung des Primärrechts durch die Rechtswissenschaft,** die natürlich abhängig von der Übersetzung des Unionsrechts in die eigene Sprache ist – ein deutscher Jurist, der im Text der Verträge das Wort „Verhältnismäßigkeit" liest (etwa in Art. 5 Abs. 1 S. 2 EUV; → Kap. 6 Rn. 22 ff.), wird zunächst intuitiv in seinem Gedächtnis kramen, was er zur Verhältnismäßigkeit nach deutschem Recht gelernt hat. Das muss aber für die Übersetzung und das Verständnis des Wortes in Großbritannien, den Niederlanden oder Ungarn nicht eins zu eins gelten[71]. Der gleiche Befund begegnet beim **Europäischen Gerichtshof in Luxemburg** (→ Kap. 12 Rn. 12 ff.). Auch hier treffen Richterinnen und Richter aus ganz unterschiedlichen europäischen Rechtskulturen aufeinander, die jeweils Vorverständnisse und Wahrnehmungsengführungen mit sich bringen und die anderen nationalen Rechtsordnungen, über deren Interaktion mit dem Unionsrecht sie zu befinden haben (→ Kap. 17 Rn. 65 ff.), teils schlicht nicht kennen, teils aber auch wegen ihrer Abweichung zum Heimatrecht zumindest instinktiv skeptisch betrachten. Es kommt hinzu, dass die Entscheidung für Französisch als Arbeitssprache (→ Kap. 12 Rn. 13) auch nahelegt, sich an der Jurisdiktionskultur unserer gallischen Nachbarn zu orientieren. Das gilt etwa für den Begründungsstil des Europäischen Gerichtshofes, der sich häufig durch lapidare Kürze auszeichnet[72], während im Bundesverfassungsgericht das professorale Element nicht nur vereinzelt zum Lehr- oder eher Handbuchstil wechselt[73].

Welche Elemente sind nun – nach diesen eher rechtstatsächlichen Vorbemerkungen – charakteristisch für die Deutung des Primärrechts der Union? Auch hier ist zunächst die Deutungshoheit des Europäischen Gerichtshofes zu unterstreichen (→ Kap. 12 Rn. 15 f.). Dieser folgt im Ausgangspunkt den vier kanonischen Auslegungsregeln (→ Rn. 22), die aber modifiziert werden[74]. Die **Wortlautauslegung** muss berücksichtigen, dass der Wortlaut der Verträge in jeder der augenblicklich 24 Amtssprachen gleich verbindlich ist (Art. 55 Abs. 1 EUV; Art. 358 AEUV). Das setzt nicht stets den Abgleich mit allen anderen Sprachen voraus – ein solcher wäre praktisch nicht zu leisten. Das Ergebnis der Wortlautauslegung einer Sprachfassung soll aber wenigstens mit einer repräsentativen Auswahl anderer Fassungen zu vergleichen sein[75]. Die historische Auslegung zumindest des Primärrechts steht vor der Schwierigkeit, dass eine vollständige Dokumentation der Entstehung nicht zugänglich ist. Stellt man in Rechnung, dass zuletzt über zwanzig nationale Akteure mit je eigenen Agenden beteiligt waren, so erscheint der Versuch, den einen Willen des Vertragsgebers herauszudestillieren, auch als geradezu aberwitzig. Das wird nur zum Teil dadurch ausgeglichen, dass ausgewählte Erwägungen vorangestellt werden (→ Rn. 10). Systematische und teleologische Interpretation zieht der Gerichtshof zusammen und modifiziert sie durch zwei 26

---

[71] Näher *Kokott,* in: HGR I, § 22 Rn. 98 ff.
[72] Unterstrichen von *Rösler,* Europäische Gerichtsbarkeit auf dem Gebiet des Zivilrechts, 2012, 160 f.
[73] Kritisch *Hillgruber/Goos,* Verfassungsprozessrecht, Rn. 45; jüngst *van Ooyen,* Verfassungsgerichtsbarkeit, in: Voigt (Hrsg.), Handbuch Staat, 2018, 917, 924.
[74] Bündig zum folgenden *Borchardt,* in: Schulze/Zuleeg/Kadelbach, Europarecht, § 15 Rn. 34 ff.
[75] *Cremer,* in: Calliess/Ruffert, EUV/AEUV, Art. 55 EUV Rn. 4.

Zusatzregeln: Unionsrecht ist erstens nicht zuletzt im Interesse der Wahrung der Unionsrechtseinheit stets einheitlich auszulegen[76]. Zweitens obwaltet auch hier der *effet utile,* also die Maxime, das Unionsrecht stets so zu deuten, dass die Organe der Union die ihnen nach den Verträgen obliegenden Aufgaben erfüllen können[77].

Es kommen eine Reihe von unionsrechtsspezifischen Auslegungsmaximen hinzu[78].

- Als eigenständige Rechtsordnung ist das Unionsrecht **autonom** und grundsätzlich ohne Rückgriff auf die nationalen Rechtsordnungen auszulegen (→ Kap. 4 Rn. 16 f.).
- Das Unionsrecht ist in Zweifelsfällen so auszulegen, dass ihm die größtmögliche Wirksamkeit (**Effektivität**) zukommt und zugleich seine Gültigkeit nicht in Frage gestellt wird[79].
- Nach dem **Regel-Ausnahme-Prinzip** werden Rechtsbegriffe, die wie der Binnenmarkt oder die Grundfreiheiten grundlegend für die Unionsrechtsordnung sind, im Zweifel weit, Ausnahmen dazu hingegen eng ausgelegt.

D. Klausurhinweise

Auch das dritte Kapitel enthält kaum Kenntnisse, die an der Oberfläche einer Klausur abgefragt werden. Es sollte aber Fertigkeiten vermitteln, die Sie brauchen werden, um das „Karteikartenwissen" aus den anderen Kapiteln zu ordnen, in eine Struktur zu bringen und in der Klausur souverän zu präsentieren. Das gilt naheliegenderweise für den rein methodischen Abschnitt C, aber auch für die Ausführungen zum Anwendungsvorrang des einfachen Rechts, der konkrete Klausurhinweise enthält (→ Rn. 16). Zugleich werden Sie sowohl den Vorrang der Verfassung als auch die Figur der verfassungskonformen Auslegung in zahlreichen Fallbearbeitungen als Argument heranziehen können und müssen.

---

[76] EuGH C-449/93, Slg. 1995, I-4291 – *Rockfon.*
[77] EuGH C-46/93, 48/93, Slg. 1996, I-1029 – *Brasserie de pêcheur SA, Factortame Ltd.*
[78] Siehe nochmals *Borchardt,* in: Schulze/Zuleeg/Kadelbach, Europarecht, § 15 Rn. 31 ff.
[79] EuGH C-434/97, Slg. 2000, I-1129 – *K/Frankreich;* C-403/99, Slg. 2001, I-6883 – *Italien/K.*

Kapitel 4. Verhältnis von deutschem und europäischem Recht

Literatur: *J. Bauerschmidt,* Die Sperrwirkung im Europarecht, EuR 2014, 277 ff.; *A. Berger,* Anwendungsvorrang und nationale Verfassungsgerichte, 2015; *D. Burchardt,* Die Rangfrage im europäischen Normenverbund, 2015; *dies.,* Die Ausübung der Identitätskontrolle durch das Bundesverfassungsgericht, ZaöRV 2016, 527 ff.; *A. Bergmann,* Zur Souveränitätskonzeption des Europäischen Gerichtshofs: Die Autonomie des Unionsrechts und das Völkerrecht, 2018; *A. von Bogdandy/S. Schill,* Die Achtung der nationalen Identität unter dem reformierten Unionsvertrag, ZaöRV 2010, 701 ff.; *J. L. Cohen,* Globalization and Sovereignty. Rethinking Legality, Legitimacy, and Constitutionalism, 2012; *Th. Giegerich,* Zwischen Europafreundlichkeit und Europaskepsis – Kritischer Überblick über die bundesverfassungsgerichtliche Rechtsprechung zur europäischen Integration, ZEuS 2016, 3 ff.; *S.-P. Hwang,* Anwendungsvorrang statt Geltungsvorrang? Normlogische und institutionelle Überlegungen zum Vorrang des Unionsrechts, EuR 2016, 355 ff.; *A. Ingold,* Die verfassungsrechtliche Identität der Bundesrepublik Deutschland: Karriere – Konzept – Kritik, AöR 140 (2015), 1 ff.; *H. D. Jarass/S. Beljin,* Die Bedeutung von Vorrang und Durchführung des EG-Rechts für die nationale Rechtssetzung und Rechtsanwendung, NVwZ 2004, 1 ff.; *U. Jureit/N. Tietze,* Postsouveräne Territorialität – Die Europäische Union als supranationaler Raum, Der Staat 55 (2016), 353 ff.; *S. Kadelbach,* Konstitutionalisierung und Rechtspluralismus – über die Konkurrenz zweier Ordnungsentwürfe, in: J. Bung/A. Engländer (Hrsg.), Souveränität, Transstaatlichkeit und Weltverfassung, 2017, S. 97 ff.; *N. Krisch,* Beyond Constitutionalism: The Pluralist Structure of Postnational Law, 2010; *M. Ludwigs,* Der Ultra-vires-Vorbehalt des BVerfG – Judikative Kompetenzanmaßung oder legitimes Korrektiv?, NVwZ 2015, 537 ff.; *N. MacCormick,* Beyond the Sovereign State, The Modern Law Review 56 (1993), 1 ff.; *ders.,* Questioning Sovereignty: Law, State, and Nation in the European Commonwealth, 1999; *F. C. Mayer/H. M. Heinig,* Verfassung im Nationalstaat: Von der Gesamtrechtsordnung zur europäischen Teilrechtsordnung?, VVDStRL 75 (2016), 7 ff., 65 ff.; *F. C. Mayer/M. Wendel,* Die verfassungsrechtlichen Grundlagen der europäischen Integration in: A. Hatje/P.-Ch. Müller-Graf (Hrsg.), EnzEuR Bd. 1, § 4; *T. Michels,* Die dreidimensionale Reservekompetenz des BVerfG im Europarecht – Von der Solange-Rechtsprechung zum Honeywell-Beschluss, JA 2012, 515 ff.; *Ch. Ohler,* Herrschaft, Legitimation und Recht in der Europäischen Union – Anmerkungen zum Lissabon-Urteil des BVerfG, AöR 135 (2010), 153 ff.; *I. Pernice/P. M. Huber,* Europäisches und nationales Verfassungsrecht, VVDStRL 60 (2001), S. 148 ff., S. 194 ff.; *I. Pernice,* Der Schutz nationaler Identität in der Europäischen Union, AöR 136 (2011), 185 ff.; *M. D. Poli,* Der justizielle Pluralismus der europäischen Verfassungsgemeinschaft: „Babylonische Gerichte" oder „Gerichte für Babylon"?, Der Staat 55 (2016), 373 ff.; *T. Rademacher,* Die „Verfassungsidentität" als Grenze der Kompetenzübertragung auf die Europäische Union?, EuR 2018, 140 ff.; *M. H. Randall,* Der grundrechtliche Dialog der Gerichte in Europa, EuGRZ 2014, 5 ff.; *H. Sauer,* Der novellierte Kontrollzugriff des Bundesverfassungsgerichts auf das Unionsrecht, EuR 2017, 186 ff.; *K. Schneider,* Der Ultra-vires-Maßstab im Außenverfassungsrecht – Skizze sicherer Vollzugszeitumgebungen für zwischenstaatliche und supranationale Integrationsprozesse, AöR 139 (2014), 196 ff. *J. Schwarze* (Hrsg.), Das Verhältnis von nationalem Recht und Europarecht im Wandel der Zeit Bd. 1 und Bd. 2, 2012; *S. Simon,* Grenzen des Bundesverfassungsgerichts im europäischen Integrationsprozess, 2016; *A. Thiele,* Die Integrationsidentität des Art. 23 Abs. 1 GG als (einzige) Grenze des Vorrangs des Europarechts, EuR 2017, 367 ff.; *M. Tischendorf,* Theorie und Wirklichkeit der Integrationsverantwortung deutscher Verfassungsorgane: Vom Scheitern eines verfassungsgerichtlichen Konzepts und seiner Überwindung, 2017; *A. Voßkuhle,* Der europäische Verfassungsgerichtsverbund, NVwZ 2010, 1 ff.; *M. Wendel,* Richterliche Rechtsvergleichung als Dialogform: Die Integrationsrechtsprechung nationaler Verfassungsgerichte in gemeineuropäischer Perspektive, Der Staat 52 (2013), 339 ff.

A. Einführung

I. Themen und Fragestellungen

1 Das Verhältnis von deutschem und europäischem Recht ist ein vielschichtiges, komplexes Thema:
– Beim europäischen Primärrecht handelt es sich um **Vertragsrecht,** dessen Existenz sich von den Mitgliedstaaten als Vertragsparteien der Unionsverträge ableitet. Der EuGH interpretiert die Unionsrechtsordnung indes als **autonome Rechtsordnung,** aus der der Gerichtshof Rechtspflichten der Mitgliedstaaten und Vorranganspruche des Unionsrechts gegenüber dem nationalen Recht ableitet (B.).
– Das Grundgesetz ist eine **integrationsoffene Verfassung,** die auf eine Einbindung der Bundesrepublik Deutschland in die supranationale EU angelegt ist. Zugleich dient das Grundgesetz dem BVerfG aber als normative Grundlage dafür, dem vom EuGH formulierten Vorranganspruch des Unionsrechts verfassungsrechtliche Grenzen zu ziehen (C.).
– Nach herkömmlichem Verständnis muss ein solcher Konflikt zwischen zwei Rechtsordnungen eindeutig entschieden werden. Gegenwärtig wird indes kontrovers diskutiert, ob ein **Souveränitätsanspruch** überhaupt sinnvoll ist oder wie man den *multilevel constitutionalism* des 21. Jahrhunderts stattdessen konzipieren könnte (D.).

II. Ausgangspunkte

2 Als erste Orientierungspunkte für einen Einstieg in das Thema können zwei Aussagen dienen:
– Das Europarecht ist in der Regel in den Mitgliedstaaten **unmittelbar anwendbar.**

Beispiel: Die 2018 in Kraft getretene Europäische Datenschutz-Grundverordnung (DSGVO)[1] ist eine Verordnung des EU-Sekundärrechts nach Art. 288 Abs. 2 AEUV. Sie gilt daher unmittelbar in jedem Mitgliedstaat (zur unmittelbaren Anwendbarkeit des Primärrechts und anderer Formen des Sekundärrechts → 4/19ff.). Die deutschen Datenschutzbehörden wenden auf dieser Grundlage die DSGVO an und können beispielsweise bei Verstößen gegen die dort niedergelegten Datenschutzbestimmungen Bußgelder verhängen. Ebenso können Privatpersonen vor deutschen Gerichten gegen Datenverarbeiter klagen, die Daten unter Verstoß gegen die DSGVO verarbeiten. Im Ergebnis wird die DSGVO in deutschen Gerichts- und Verwaltungsverfahren genauso angewandt wie ein deutsches Gesetz.

3 – Konfliktfälle zwischen deutschem und europäischem Recht sind in der Regel durch **Anwendungsvorrang** des Unionsrechts gegenüber nationalem Recht zu lösen.

Beispiel: Die DSGVO hat als unmittelbar anwendbares Unionsrecht grundsätzlich Anwendungsvorrang vor deutschem Recht, unter anderem also vor dem Bundesdatenschutzgesetz (BDSG). Da im Verhältnis zwischen DSGVO und BDSG keine der vom BVerfG statuierten Ausnahmefälle einer Grenze des unionsrechtlichen Anwendungsvorrangs in Betracht kommt (→ 4/80ff.), ist es ohne weiteres möglich, die Normen des BDSG an der DSGVO zu messen und das BDSG daraufhin zu überprüfen, ob es den europarechtlichen Vorgaben aus der DSGVO entspricht. Sollte das für eine Einzelnorm nicht der Fall sein, geht die Regelung der DSGVO vor.

---

[1] VO (EU) 2016/679.

Das Verhältnis von europäischem und nationalem Recht und diesen Anwendungsvor- 4
rang kann man an Hand einer Grafik zu veranschaulichen versuchen:

Verhältnis von EU-Recht und Bundesrecht

```
         EU-Recht
       (Anwendungs-
      vorrang; ggfs. Grenzen
       in Bezug auf nationales
         Verfassungsrecht)

           Grundgesetz

     Parlamentsgesetze des Bundes

   Rechtsverordnungen des Bundes (→ 15/254 ff.)
```

Diese Grafik nimmt eine pyramidale Konstruktion auf, mit der klassischerweise Fra- 5
gen der Normenhierarchie in staatlichen Kontexten veranschaulicht werden (Vorrang
der Verfassung gegenüber dem Parlamentsgesetz, Vorrang des Parlamentsgesetzes gegenüber
untergesetzlichen Rechtsverordnungen etc.). Dem liegt als rechtstheoretisches
Konzept die auf *Hans Kelsen* zurückgehende **Stufenbaulehre** zu Grunde.[2] *Kelsen*
hat dieses Konzept für eine in sich geschlossene Rechtsordnung entwickelt, die sich auf
eine Grundnorm zurückführen lässt und von dieser Grundnorm aus hierarchisch konstruiert
werden kann.

Es ist aber gerade zweifelhaft, ob das Verhältnis von nationalem Recht und Unions- 6
recht hierarchischen Konzeptionen entspricht. Das Verhältnis ist **komplexer** als das
innerstaatliche Verhältnis von Verfassung und einfachem Recht und entzieht sich
daher einer einfachen grafischen Darstellung. Zumindest zwingt diese Komplexität zu
den relativierenden textlichen Zusätzen und Modifikationen an der Spitze der Grafik.
Bei aller Anschaulichkeit der Grafik liegt daher gerade in dieser Anschaulichkeit eine
Gefahr, weil sie in ihrer pyramidalen Grundstruktur einen hierarchischen Aufbau suggeriert,
den es so im Verhältnis von nationalem Recht und Unionsrecht nicht gibt.

---

[2] *Kelsen,* Reine Rechtslehre, S. 398 ff.

III. Gründe für die Komplexität des Verhältnisses von deutschem und europäischem Recht

7 Dass das Verhältnis von deutschem und europäischem Recht nicht einem einfachen Hierarchieprinzip folgt, liegt daran, dass für die Grundregeln der unmittelbaren Anwendbarkeit und des Anwendungsvorrangs des Europarechts **verschiedene Begründungen** mit grundsätzlich anderen Ausgangspunkten in Betracht kommen:
  – nämlich einerseits eine Begründung aus der Perspektive des Europarechts (EuGH),
  – andererseits eine Begründung vom Boden des staatlichen deutschen Rechts aus (BVerfG).

8 Beide Perspektiven unterschieden sich grundlegend durch ein unterschiedliches Verständnis in Bezug auf den **Geltungsgrund des Europarechts**.[3] Die unterschiedlichen Begründungsansätze führen in vielen Fällen zu denselben Ergebnissen (nämlich grundsätzlich unmittelbare Anwendbarkeit und Anwendungsvorrang des Europarechts), in Bezug auf die Grenzen des Vorrangs des Europarechts in Grenzfällen aber zu unterschiedlichen Ergebnissen. Der dadurch angelegte Konflikt der Rechtsordnungen lässt sich auf einer prinzipiellen Ebene nicht auflösen. Vielleicht muss man ihn auch gar nicht auflösen (→ 4/116ff.), sondern nur mit einem ungelösten Konflikt umzugehen lernen.[4] Das hat die Rechtspraxis getan, und das ist Ziel dieses Lehrbuchkapitels.

9 **Lernhinweis:** Mit einer solchen offenen Rechtslage zu arbeiten ist nicht einfach, insbesondere weil in schulischen und nicht-akademischen Kontexten die Vorstellung bedient wird, dass es für jedes Problem stets eine richtige Lösung gebe und für jede Frage eine einzige, richtige Antwort vorhanden sein müsse. Diese Vorstellung muss man überwinden, wenn man das Thema dieses Lehrbuchkapitels verstehen möchte. Das heißt nicht, dass Positionen beliebig werden. Aber es bedeutet, verschiedene und ggfs. inkompatible Perspektiven als solche zu durchdenken und sich die daraus resultierenden Spannungslagen nicht vorschnell wegzuwünschen.
Dieses Lehrbuch bedient daher nicht den verständlichen, aber illusorischen Wunsch, doch bitte einfach mal zu sagen, wie das Verhältnis von staatlichem und europäischem Recht denn nun „ist". Das Lehrbuchkapitel führt stattdessen in das begriffliche und konzeptionelle Instrumentarium und in verschiedene Perspektiven ein, mit denen man ein komplexes Problem möglichst adäquat beschreiben und erschließen kann. Es ist gut möglich, dass das zunächst als verwirrend erscheint und ein mehrmaliges Durcharbeiten des Kapitels erforderlich ist. Es kann dann helfen, zwischenzeitlich andere Kapitel zu erarbeiten und mit den dort erworbenen Kenntnissen auf dieses Kapitel zurückzukommen.

B. Das Verhältnis zum nationalen Recht aus der Perspektive des Unionsrechts

I. Verpflichtung der Mitgliedstaaten auf die Werte der Union

1. Unionsverfassungsrechtliche Grundlage, Art. 2 EUV

10 An hervorgehobener Stelle am Anfang der Unionsverträge sind in Art. 2 S. 1 EUV „die Menschenwürde, Freiheit, Demokratie, Gleichheit, Rechtsstaatlichkeit und die Wahrung der Menschenrechte" als grundlegende Werte der EU definiert. Damit sind die anerkannten Strukturmerkmale des freiheitlichen Verfassungsstaates angesprochen.[5]

---

[3] Für eine detaillierte Gegenüberstellung der Geltungsbegründung des EuGH und des BVerfG vgl. *Simon*, Grenzen des Bundesverfassungsgerichts, S. 83 ff.
[4] *Thiele*, EuR 2017, 367 (369 f.).
[5] *Hilf/Schorkopf*, in: Grabitz/Hilf/Nettesheim, EUV Art. 2 Rn. 9.

Durch ihre Festschreibung im Primärrecht wird der Charakter der EU – die gerade nicht eine schlichte Wirtschaftsgemeinschaft ist – als **Wertegemeinschaft** normativ verankert.[6] Die Werte sind Grundlage der EU und konstituieren ihr Proprium.[7]

Die **Homogenitätsklausel** in Satz 2 stellt klar, dass sich die Wertstrukturen der EU in den Verfassungen der Mitgliedsstaaten spiegeln sollen.[8] Durch die Verknüpfung mit dem Sanktionsverfahren des Art. 7 EUV soll die Achtung dieser Werte prozedural abgesichert werden. Der Mechanismus hat vor allem eine präventive Funktion.[9] 11

2. Sanktionsmechanismus bei Gefahr einer schwerwiegenden Verletzung, Art. 7 EUV

Im Fall einer fundamentalen Missachtung der in Art. 2 EUV aufgezählten Werte durch einen Mitgliedsstaat sieht Art. 7 EUV einen **Sanktionsmechanismus** vor, der im Zuge der Beitritte südosteuropäischer Staaten in die EU eingeführt wurde. Angesichts existierender Rechtsstaatlichkeitsdefizite war das Ziel dieser Neuregelung, insbesondere diese neuen Mitgliedsstaaten auch nach dem EU-Beitritt wirksam auf die Einhaltung der Werte des Art. 2 EUV verpflichten zu können.[10] Die Europäische Kommission hat im Dezember 2017 entschieden, als erstes Sanktionsverfahren in der Geschichte der EU ein solches Verfahren gegen Polen wegen Gefährdungen der richterlichen Unabhängigkeit einzuleiten.[11] 12

Art. 7 EUV stellt zwei verschiedene Verfahrensarten zur Verfügung.[12] Im Rahmen sog. **Vorfeldmaßnahmen** nach Abs. 1 können ein Drittel der Mitgliedsstaaten, das Europäische Parlament oder die Kommission dem Rat einen Vorschlag unterbreiten, dass der Rat mit einer 4/5-Mehrheit nach Zustimmung des Europäischen Parlaments die eindeutige Gefahr einer schwerwiegenden Verletzung der in Art. 2 EUV genannten Werte feststellt. Dazu muss der betreffende Mitgliedsstaat zunächst angehört werden (Art. 7 Abs. 1 UAbs. 1 S. 2 EUV). Der Beschluss hat Feststellungswirkung und kann durch Empfehlungen des Rates ergänzt werden, sodass er sich vor allem durch seine Warnfunktion und politische Signalwirkung in der Öffentlichkeit auszeichnet.[13] 13

Nach Art. 7 Abs. 2 EUV kann ein **zweistufiges Feststellungsverfahren** durch ein Drittel der Mitgliedsstaaten oder die Kommission nach Zustimmung des Europäischen Parlaments angestrengt werden. Im Anschluss kann der Europäische Rat einstimmig – ohne Stimmrecht des betroffenen Mitgliedsstaats gemäß Art. 354 Abs. 1 AEUV – eine schwerwiegende und anhaltende Verletzung der in Art. 2 EUV genannten Werte feststellen. 14

---

[6] *Kanalan/Wilhelm/Schwander*, Der Staat 56 (2017), 193 (193 ff.).
[7] EuGH 3.9.2008 – C-402/05 P u. C-415/05 P, ECLI:EU:2008:461, Rn. 303 – Kadi I; *Hilf/Schorkopf*, in: Grabitz/Hilf/Nettesheim, EUV Art. 2 Rn. 12.
[8] *Hilf/Schorkopf*, in: Grabitz/Hilf/Nettesheim, EUV Art. 2 Rn. 9. Art. 2 S. 2 EUV fordert im Vergleich zu Art. 28 Abs. 1 S. 1 GG einen geringeren Grad an Homogenität, vgl. *Franzius*, DÖV 2018, 381 (384).
[9] *Schorkopf*, in: Grabitz/Hilf/Nettesheim, EUV Art. 7 Rn. 67.
[10] *Schorkopf*, in: Grabitz/Hilf/Nettesheim, EUV Art. 7 Rn. 11.
[11] Begründeter Vorschlag der Kommission vom 20.12.2017, COM(2017) 835 final.
[12] Zum Verhältnis der Verfahren zueinander: *Nickel*, EuR 2017, 663 (666); *Schorkopf*, in: Grabitz/Hilf/Nettesheim, EUV Art. 7 Rn. 48; *Heintschel von Heinegg*, in: Vedder/Heintschel von Heinegg, EUV Art. 7 Rn. 17; *Ruffert*, in: Calliess/Ruffert, EUV Art. 7 Rn. 7.
[13] *Heintschel von Heinegg*, in: Vedder/Heintschel von Heinegg, EUV Art. 7 Rn. 3, *Schorkopf*, in: Grabitz/Hilf/Nettesheim, EUV Art. 7 Rn. 26.

15 In einem zweiten Schritt kann ein solcher Beschluss Grundlage für **Sanktionsbeschlüsse** nach Art. 7 Abs. 3 EUV sein, die die Aussetzung bestimmter Rechte des Mitgliedsstaats vorsehen. Exemplarisch werden die Stimmrechte im Rat genannt, darüber hinaus können auch andere Teilnahmerechte ausgesetzt werden.[14] Der Sanktionsmechanismus hat keinen Einfluss auf den mitgliedschaftlichen Status und befreit gemäß Art. 7 Abs. 3 UAbs. 1 EUV nicht von den Vertragspflichten. Rechtsschutz kann der betroffene Mitgliedsstaat nur hinsichtlich verfahrensrechtlicher Fragen vor dem EuGH erlangen; die materielle Entscheidung als solche ist einer gerichtlichen Kontrolle nicht zugänglich.[15]

II. Unmittelbare Anwendbarkeit und Anwendungsvorrang des Europarechts

1. Begründungsansatz: Das Unionsrecht als autonome Rechtsordnung

16 Der EuGH versteht das Europarecht als **autonome Rechtsordnung.** Damit ist eine Eigenständigkeit in zweifacher Hinsicht gemeint: zum einen gegenüber (sonstigem) Völkerrecht und zum anderen gegenüber dem mitgliedstaatlichen Recht.[16] Der EuGH beschreibt das Unionsrecht als eine gegenüber sonstigem Völkervertragsrecht autonome Rechtsordnung,[17] die von der Gesetzgebung der Mitgliedstaaten unabhängig sei.[18] Der Geltungsgrund des Unionsrechts ergibt sich damit allein aus den Gründungsverträgen.[19]

17 Bereits in den 1960er Jahren hat der EuGH in zwei Urteilen die Grundlage für die **Lehre vom Anwendungsvorrang** gelegt, indem er dem Unionsrecht diesen autonomen Charakter zugesprochen hat: Im Urteil *van Gend & Loos* erklärte der EuGH Normen des Primärrechts für **unmittelbar anwendbar.**[20] In seinem Urteil *Costa/E.N.E.L.*, das zum ersten Mal den Vorrang des EU-Rechts vor nationalem Recht statuiert hat, ging der EuGH einen Schritt weiter: Mit dem Gemeinschaftsrecht sei eine autonome Rechtsordnung entstanden, welche in die mitgliedstaatlichen Rechtsordnungen aufgenommen worden und vor allem wegen der Übertragung von Hoheitsrechten durch die Mitgliedstaaten auf die Gemeinschaft und der damit verbundenen Beschränkung ihrer Souveränitätsrechte für ihre Angehörigen und sie selbst verbindlich sei.[21] Diese Charakterisierung des Unionsrechts als autonomer Rechtsordnung ermöglichte es dem EuGH, die Frage der unmittelbaren Anwendbarkeit und des innerstaatlichen Rangs eigenständig zu bestimmen und diese Fragen nicht wie bei herkömmlichen völkerrechtlichen Verträgen einer Regelung im jeweiligen Recht der Mitgliedstaaten zu überlassen.[22]

---

[14] *Schorkopf,* in: Grabitz/Hilf/Nettesheim, EUV Art. 7 Rn. 43.
[15] *Van Vormizeele,* in: von der Groeben/Schwarze/Hatje, EUV Art. 7 Rn. 16.
[16] *Bergmann,* Souveränitätskonzeption des Europäischen Gerichtshofs, S. 251.
[17] EuGH 15.7.1964 – 6/64, ECLI:EU:C:1964:66, Slg. 1964, 1251 (1269) – Costa/E.N.E.L.
[18] EuGH 5.2.1963 – 26/62, ECLI:EU:C:1963:1, Slg. 1962, 3 (25) – Van Gend en Loos.
[19] *Hatje,* in: Schwarze, Verhältnis von nationalem Recht und Europarecht Bd. 1, S. 61, 63.
[20] EuGH 5.2.1963 – 26/62, ECLI:EU:C:1963:1, Slg. 1962, 3 (25) – Van Gend en Loos.
[21] EuGH 15.7.1964 – 6/64, ECLI:EU:C:1964:66, Slg. 1964, 1251 (1269) – Costa/E.N.E.L.
[22] *Bergmann,* Souveränitätskonzeption des Europäischen Gerichtshofs, S. 251 ff.; *Berger,* Anwendungsvorrang, S. 26 ff.; zur Maßgeblichkeit des nationalen Rechts bei sonstigen völkerrechtlichen Verträgen vgl. *Jarass/Beljin,* NVwZ 20014, 1 (1 f.).

> **Klausurhinweis:** Es ist üblicherweise keine sinnvolle Lernstrategie, allzu viel Kasuistik (Rechtsprechungsfälle) in der Weise zu lernen, dass Leitsätze oder Kernaussagen von Urteilen auswendig gelernt werden. Die in diesem Abschnitt erwähnten EuGH-Urteile formulieren indes eine zentrale europarechtliche Doktrin, die nicht in den Unionsverträgen positiviert ist. In Ermangelung einer konkreten normativen Anknüpfung für diese Doktrin ist es daher üblich, zu ihrer Begründung auf die genannten EuGH-Urteile hinzuweisen (vor allem *van Gend* sowie *Costa/ENEL*) und ihre Kernaussagen (das Europarecht als autonome Rechtsordnung, Anwendungsvorrang) zu referieren.

18

2. Unmittelbare Anwendbarkeit des Unionsrechts

a) Unmittelbare Anwendbarkeit des Primärrechts

Das EuGH-Urteil *van Gend & Loos* von 1963 betraf die Warenverkehrsfreiheit,[23] also eine Bestimmung des Primärrechts. Der EuGH hat damals entschieden, dass das Verbot zur Erhöhung von Zöllen zwischen den Mitgliedstaaten nicht nur die Mitgliedstaaten in ihrem Verhältnis untereinander verpflichtet, auf Zollerhöhungen zu verzichten. Vielmehr könne sich auch der einzelne Wirtschaftsteilnehmer unmittelbar auf die Warenverkehrsfreiheit berufen.

19

> **Hintergrund:** Dass diese Rechtsprechung im hohen Maße innovativ war und ganz wesentlich den heutigen Charakter des Unionsrechts prägt, erschließt sich ohne Völkerrechtskenntnisse nicht auf den ersten Blick: Denn es erscheint naheliegend, wenn nicht selbstverständlich, dass sich der Einzelne auf ihn begünstigende Rechtsnormen berufen und sie vor Gericht einklagen kann. Bei Normen des staatlichen Rechts ist dies auch der Fall, in der Regel aber nicht bei Normen des Völkervertragsrechts. Sie binden nur die Staaten, die einen völkerrechtlichen Vertrag abgeschlossen haben. Bei einem Verstoß gegen eine völkervertragliche Pflicht begeht der Staat einen Völkerrechtsverstoß. Die anderen Vertragsstaaten können als Vertragsparteien darauf bestehen, dass sich der Staat völkerrechtskonform verhält und seinen vertraglich eingegangenen Verpflichtungen nachkommt. Wenn der Staat dies tut, kann das für den einzelnen Bürger auch günstige Folgen haben. Aber der Einzelne kann dies nicht selbst einklagen: Denn Völkervertragsrecht ist in der Regel nicht unmittelbar anwendbar.[24]

20

Mit der Zuerkennung der unmittelbaren Anwendbarkeit hat der EuGH der Warenverkehrsfreiheit zu einer großen praktischen Wirksamkeit verholfen. Diese Lehre von der unmittelbaren Anwendbarkeit hat der EuGH nach und nach auf **alle Normen des Primärrechts** erstreckt, die sich von ihrem Regelungsgehalt dafür eignen: alle Grundfreiheiten im Binnenmarkt (Art. 26 ff. AEUV), die Wettbewerbsregeln (Art. 101 ff. AEUV) und mit gewissen Modifikationen auch das Verbot staatlicher Beihilfen (dort Art. 108 Abs. 3 S. 3 AEUV).[25]

21

b) Unmittelbare Anwendbarkeit von Verordnungen

Für die unmittelbare Anwendbarkeit des europäischen Sekundärrechts muss nach Art. 288 AEUV zwischen zwei unterschiedlichen Formen der abstrakt-generellen EU-Rechtsetzung unterschieden werden: zwischen Verordnungen und Richtlinien. Die europarechtliche Verordnung hat allgemeine Geltung; sie ist in allen ihren Teilen verbindlich und gilt **unmittelbar** in jedem Mitgliedstaat. Die Verordnung nach Art. 288 Abs. 2 AEUV ist daher nicht zu verwechseln mit einer Rechtsverordnung nach Art. 80 GG als deutsches Instrument der exekutiven Rechtsetzung (→ 15/254 ff.). Die sekun-

22

---

[23] Heute Art. 28 ff. AEUV; danach sind Zölle zwischen den Mitgliedstaaten mittlerweile vollständig verboten (Art. 30 AEUV).
[24] Zu dieser Ausgangslage *Bergmann*, Souveränitätskonzeption des Europäischen Gerichtshofs, S. 199.
[25] Zur unmittelbaren Anwendbarkeit dieser Primärrechtsnormen *Müller-Graff*, in: Hatje/Müller-Graff, EnzEuR Bd. 1, § 9 Rn. 12 ff.

därrechtliche Verordnung nach Art. 288 Abs. 2 AEUV entspricht vielmehr dem formellen Gesetz auf staatlicher Ebene.

23 Der EuGH hat diese unmittelbare Wirkung von EU-Verordnungen durch ein **Normwiederholungsverbot** gestärkt: Nach Erlass einer Verordnung dürfen die Mitgliedstaaten deren Wortlaut nicht im nationalen Recht wiederholen, damit für den Normanwender eindeutig ersichtlich ist, dass es sich um eine unmittelbar anwendbare Norm des EU-Rechts handelt.[26] Aus diesem Grund sind auch verbindliche Auslegungsregeln unzulässig.[27] Denn auch durch eine reine Wiederholung im nationalen Recht wäre für den Normadressaten nicht ersichtlich, ob die konkrete Regelung auf einer Verordnung oder auf rein nationalem Recht beruht.[28] Dieses Normwiederholungsverbot kann im Einzelfall auch zu einem **Normaufhebungsgebot** führen, nämlich dann, wenn ein bislang national geregelter Bereich auf europäischer Ebene neu geordnet und künftig durch eine Verordnung normiert wird.

24 **Beispiel:** Dies ist durch die 2018 in Kraft getretene Europäische Datenschutzgrundverordnung (DSGVO) geschehen. Sie hat die bisherige europäische Datenschutz-Richtlinie abgelöst, die umsetzungsbedürftig war und in Deutschland im Wesentlichen durch das BDSG von 1990 umgesetzt worden war. Mit Inkrafttreten der DSGVO mussten alle nationalen datenschutzrechtlichen Normen aufgehoben werden, auch wenn sie inhaltlich der DSGVO entsprachen. Der deutsche Gesetzgeber hat dies getan; das aktuelle BDSG regelt nur noch Einzelfragen, die die DSGVO nicht selbst regelt und der mitgliedstaatlichen Normsetzung überlässt.[29]

c) Umsetzungsbedürftigkeit von Richtlinien

25 EU-Richtlinien sind an die Mitgliedstaaten gerichtet und für sie hinsichtlich des gesetzgeberischen Ziels verbindlich. Sie bedürfen einer **Umsetzung in nationales Recht** (Art. 288 Abs. 3 AEUV). Für sie gilt daher die Doktrin von der unmittelbaren Anwendbarkeit des Unionsrechts in den Mitgliedstaaten nicht, jedenfalls grundsätzlich nicht. Das ändert am Verbindlichkeitsgrad der Richtlinie nichts, deren Umsetzung in nationales Recht vom EuGH gerichtlich kontrolliert werden kann. Auch der Konkretisierungsgrad der Richtlinie ist nicht zwingend geringer als bei nationalen Gesetzen. Richtlinienbestimmungen können zwar einen rahmenartigen Charakter haben, der dann erst durch die nationale Umsetzungsgesetzgebung konkretisiert wird. Richtlinien können aber ohne weiteres auch konkrete und detaillierte Bestimmungen enthalten.[30] Die europarechtliche Richtlinie ist daher keine rechtlich unverbindliche, rahmenartige Handlungsleitlinie, sondern ein umsetzungsbedürftiges EU-Gesetz.

26 Europäische Richtlinien werden nach deutschem Verfassungsrecht je nach Verteilung der Gesetzgebungskompetenzen zwischen Bund und Ländern (→ 15/52ff.) durch Bundes- oder Landesgesetz umgesetzt. Sofern ein formelles Bundes- oder Landesgesetz

---

[26] EuGH 7.2.1973 – 39/72, ECLI:EU:C:1973:13, Rn. 17 – Kommission/Italien.
[27] EuGH 31.1.1978 – 94/77, ECLI:EU:C:1978:17, Rn. 27 – Fratelli Zerbone.
[28] Dieses vom EuGH entwickelte Normwiederholungsverbot gilt jedoch nicht absolut. Der EuGH lässt eine punktuelle Wiederholung von Verordnungsvorschriften zu, soweit dies für die Verständlichkeit der Regelung erforderlich ist, so zum Beispiel, wenn sich die Rechtslage nur aus einer Zusammenschau unionsrechtlicher und nationaler Vorschriften ergibt: EuGH 28.3.1985 – 272/83, ECLI:EU: C:1985:147 Rn. 26f. – Kommission/Italien.
[29] Bundesdatenschutzgesetz. Gesetz zur Anpassung des Datenschutzrechts an die VO (EU) 2016/679 und zur Umsetzung der RL (EU) 2016/680 (Datenschutz-Anpassungs- und -Umsetzungsgesetz EU – DSAnpUG-EU) vom 30.6.2017; Art. 1.
[30] *Sydow*, JZ 2009, 373ff.

eine Rechtsetzungsdelegation an die Exekutive nach Art. 80 GG vorsieht, ist auch eine Richtlinienumsetzung durch eine Rechtsverordnung möglich.[31] Daraus kann sich dann nicht nur eine **zweistufige,** sondern auch eine **dreistufige Gesetzgebung** ergeben: europäische Richtlinie, deren Umsetzung durch Bundes- oder Landesgesetz mit der Ermächtigung an die Exekutive, das Nähere durch Rechtsverordnung zu regeln.

> **Historische Hinweise:** Bis zur Föderalismusreform von 2006 kannte das Grundgesetz eine Form 27
> mehrstufiger Gesetzgebung im Bund-Länder-Verhältnis, die Ähnlichkeiten zum Erlass von Richtlinien
> durch die EU und deren Umsetzung durch die Mitgliedstaaten aufwies: die Rahmengesetzgebung des
> Bundes. Rahmengesetze des Bundes (bspw. Beamtenrechtsrahmengesetz, Hochschulrahmengesetz)
> konnten zwar im Einzelfall auch unmittelbar geltendes Recht enthalten. In der Regel normierten die
> entsprechenden Bundesgesetze aber nur die Grundzüge, die durch Landesgesetze ausgefüllt wurden
> (Landesbeamtengesetze, Hochschulgesetze der Länder etc.).[32] Diese Kompetenzkategorie ist im
> Grundgesetz 2006 als Beitrag zur Entflechtung von Bundes- und Landeskompetenzen abgeschafft worden.
> Der EU-Vertrag kannte in der Fassung vor dem Vertrag von Lissabon von 2007 auch umsetzungsbedürftige Rahmenbeschlüsse, nämlich im Bereich der polizeilichen und justiziellen Zusammenarbeit
> in Strafsachen.[33] Bekanntestes Beispiel ist der Europäische Haftbefehl.[34] Rahmenbeschlüsse können
> heute nicht mehr erlassen werden, gelten aber ebenso wie die bestehenden nationalen Umsetzungsgesetze für sie fort, bis der jeweilige Rahmenbeschluss in den heute maßgebenden Handlungsformen
> aufgehoben, geändert oder ersetzt wird.[35]

d) Unmittelbare Wirkung von Richtlinien in Ausnahmefällen

In Ausnahmefällen kann einer europäischen Richtlinie unmittelbare Wirkung zukommen, nämlich wenn sie vom betreffenden Mitgliedstaat entgegen seiner Umsetzungspflicht gar nicht, nicht rechtzeitig oder nicht vollständig umgesetzt worden ist. Ein solcher Zustand würde der Schaffung eines einheitlichen Rechtsraums und der Sicherung der **Funktionsfähigkeit der Union** zuwiderlaufen.[36] Die Rechtsfigur der unmittelbaren Wirkung von Richtlinien hilft diesem Problem ab. 28

Diese Rechtsfigur ist mittlerweile als gefestigtes Gewohnheitsrecht in Rechtsprechung[37] und Literatur anerkannt, auch wenn es für sie in Art. 288 AEUV keinen unmittelbaren normativen Anknüpfungspunkt gibt. Ihre Kernaussage ist, dass Richtlinien unter gewissen Voraussetzungen ausnahmsweise doch unmittelbar gelten, also unabhängig von ihrer – nach Art. 288 Abs. 3 AEUV eigentlich vorgesehenen – Umsetzung in mitgliedstaatliches Recht. Dafür müssen **drei Voraussetzungen** erfüllt sein: 29
– Ein Mitgliedstaat hat eine Richtlinie trotz Ablauf der Umsetzungsfrist nicht oder nur unzureichend umgesetzt.

---

[31] Verwaltungsvorschriften sind demgegenüber keine geeignete Form der Richtlinienumsetzung, weil sie nur verwaltungsintern binden und der einzelne Bürger sich daher nicht unmittelbar auf sie berufen kann. Sie sind daher keine hinreichend sichere Rechtsgrundlage für die individuellen Rechtspositionen, die die umsetzungsbedürftige Richtlinie vorsieht, und bleiben daher hinter dem europarechtlichen Umsetzungsgebot zurück: EuGH 30.5.1991 – C-361/88, ECLI:EU:C:1991:224, Rn. 20f. – Kommission/Deutschland zur TA Luft.
[32] Art. 75 GG a. F. (bis 2006).
[33] Art. 29–42 EUV a. F. (Fassung bis 2007 vor dem Vertrag von Lissabon).
[34] Rahmenbeschluss 2002/584/JI vom 13.6.2002, ABl. 2002 Nr. L 190/1.
[35] Art. 9 des Protokolls Nr. 36 über die Übergangsbestimmungen zum Vertrag von Lissabon.
[36] Zu diesen Zielen im Zusammenhang mit der unmittelbaren Wirkung *Nettesheim* in: Grabitz/Hilf/Nettesheim, AEUV Art. 288, Rn. 139f.
[37] Vgl. etwa EuGH 5.4.1979 – 148/78, ECLI:EU:C:1979:110 – Ratti.

- Die Richtlinie ist inhaltlich so hinreichend bestimmt, dass sie keiner Konkretisierung bedarf, um angewendet werden zu können.
- Die Richtlinie ist unbedingt, räumt dem Mitgliedstaat also keine Wahlmöglichkeit ein, wie er die Richtlinie umsetzt.

30 Bei Vorliegen dieser Voraussetzungen tritt eine unmittelbare Richtlinienwirkung im vertikalen **Staat-Bürger-Verhältnis** ein. Dies bedeutet, dass der Bürger sich gegenüber staatlichen Stellen auf die noch nicht umgesetzte Richtlinie berufen kann, als wäre sie bereits in das nationale Recht umgesetzt worden (Beispiele: Die Richtlinie spricht dem Bürger Leistungen oder Vergünstigungen zu). Die Gründe für diese Rechtsfortbildung sind zum einen der Grundsatz des *effet utile*[38] und zum anderen die Überlegung, hierdurch den Staat für die unionsrechtswidrig nicht erfolgte Umsetzung zu sanktionieren.

31 In umgekehrter Richtung gilt dieser Gedanke nicht. Es gibt daher **keine umgekehrt vertikale Wirkung** von Richtlinien, die in Betracht gezogen werden könnte, wenn eine Richtlinie dem Bürger eine Belastung auferlegt (Beispiel: Abgabe- oder Steuerpflichten). Der Staat kann sich gegenüber dem Bürger nicht auf eine noch nicht umgesetzte Richtlinie berufen.

32 Eine dritte, umstrittene Spielart der Rechtsfigur der unmittelbaren Richtlinienwirkung ist die **horizontale Drittwirkung**. Das bezieht sich auf Konstellationen, in denen sich ein Bürger im Verhältnis zu einem anderen Bürger auf eine nicht umgesetzte Richtlinienbestimmung berufen möchte. In Betracht kommen kann dies, wenn eine Richtlinie zivilrechtlicher Natur ist, also beispielsweise Verbraucherrechte gegenüber privaten Unternehmen gewähren soll.

33 Gegen die horizontale Drittwirkung spricht, dass hier der **Sanktionsgedanke** nicht passt. Denn die Belastung durch eine unmittelbare Anwendung der Richtlinie würde hier einen Privaten treffen, der nicht zur Richtlinienumsetzung berufen war, sodass ihm gegenüber kein Grund für eine Sanktionierung vorliegt. Die Rechtsprechung hierzu ist uneinheitlich.[39]

3. Anwendungsvorrang des Unionsrechts

34 Die unmittelbare Anwendbarkeit des Unionsrechts kann zu Normkonflikten mit dem (ebenfalls unmittelbar anwendbaren) nationalen Recht führen. Entsprechende Konflikte sind nach der Rechtsprechung des EuGH über die Lehre vom **Anwendungsvorrang** des Unionsrechts zu lösen.

a) Teleologische Begründung der Vorrangdoktrin durch den EuGH

35 Die Notwendigkeit eines unionsrechtlichen Anwendungsvorrangs hat der EuGH im Urteil *Costa/E.N.E.L.* teleologisch begründet: Die Vertragsziele könnten nur erreicht werden, wenn das Gemeinschaftsrecht in jedem Mitgliedstaat **einheitlich gelte**. Daher sei es den Mitgliedstaaten verwehrt, gegen die Gemeinschaftsrechtsordnung, die sie nach dem Prinzip der Gegenseitigkeit angenommen hätten, nachträglich einsei-

---

[38] Gedanke, dass dem unionalem Recht zu größtmöglicher Wirksamkeit (französisch: *effet utile*) verholfen werden muss; der französische Fachausdruck ist im Europarecht gängig.
[39] *Nettesheim,* in: Oppermann/Classen/Nettesheim, Europarecht, § 9 Rn. 112 mit zahlreichen Nachweisen aus der Rechtsprechung.

tige Maßnahmen geltend zu machen. Andernfalls stehe die Rechtgrundlage der Gemeinschaft insgesamt auf dem Spiel.[40]

Diese Rechtsprechung führte der EuGH in weiteren Entscheidungen fort: 1970 entschied der EuGH im Urteil *Internationale Handelsgesellschaft*, dass einziger Prüfungsmaßstab für das europäische Sekundärrecht das europäische Primärrecht sei. Die Gültigkeit eines Sekundärrechtsakts und dessen Anwendbarkeit in den Mitgliedstaaten könne daher nicht mit der Begründung angezweifelt werden, dass die Norm des europäischen Sekundärrechts gegen nationale Grundrechte oder Strukturprinzipien der **nationalen Verfassung** verstoße.[41] Damit kommt nach Auffassung des EuGH dem gesamten europäischen Primär- und Sekundärrecht Vorrang gegenüber jeglichem nationalen Recht zu.[42] 36

Im *Simmenthal II*-Urteil aus dem Jahr 1978 führte der EuGH aus, welche Verpflichtungen sich aus dem Vorrang ergeben: **Nationale Gerichte** müssten unmittelbar anwendbares Gemeinschaftsrecht uneingeschränkt anwenden und entgegenstehendes nationales Recht unangewandt lassen. Dies müsse ihnen selbständig möglich sein, d. h. ohne dass hierzu ein Tätigwerden des Gesetzgebers oder eines Verfassungsgerichts erforderlich sei.[43] Wie der EuGH später klarstellte, besteht diese Pflicht auch für **nationale Verwaltungsbehörden**.[44] 37

b) Beschränkung der Vorrangdoktrin auf Anwendungsvorrang

In weiteren Urteilen hat der EuGH geklärt, wie die Vorrangdoktrin und dieses Gebot zur Nichtberücksichtigung entgegenstehenden nationalen Rechts dogmatisch im Einzelnen zu verstehen seien. 1998 erklärte der EuGH, es komme vor allem darauf an, dass entgegenstehendes nationales Recht nicht zur Anwendung komme und so die Wirksamkeit des Unionsrechts nicht beeinträchtigt werde. Eröffne die nationale Rechtsordnung mehrere geeignete Möglichkeiten, dieses Ergebnis zu erreichen, bestehe insoweit ein **Spielraum**.[45] 38

Somit fordert der EuGH als **Mindestanforderung** nur einen Anwendungsvorrang vor nationalem Recht, nicht dessen Nichtigkeit.[46] Eine entgegenstehende nationale Vorschrift bleibt damit weiter gültig und kann auf Sachverhalte, die außerhalb des Anwendungsbereichs der einschlägigen Vorschrift des EU-Rechts liegen (rein nationale Sachverhalte), nach wie vor Anwendung finden. 39

Beispiel: Nach § 44 a S. 1 VwGO ist es in Deutschland grundsätzlich nicht möglich, isoliert gegen behördliche Verfahrenshandlungen vorzugehen, also sich z. B. in einem laufenden Verwaltungsverfahren dagegen zu wehren, dass die Behörde die Vorlage bestimmter Unterlagen anordnet. Eine Klage vor dem Verwal- 40

---

[40] EuGH 15.7.1964 – 6/64, ECLI:EU:C:1964:66, Slg. 1964, 1251 (1269ff.). – Costa/E.N.E.L.
[41] EuGH 17.12.1970 – 11/70, ECLI:C:170:114, Slg. 1970, 1125 (1135) – Internationale Handelsgesellschaft.
[42] *Ruffert*, in: Calliess/Ruffert, AEUV Art. 1 Rn. 19 f.
[43] EuGH 9.3.1978 – 106/77, ECLI:EU:C:1978:49, Rn. 21, 24 – Simmenthal II; bestätigt in EuGH 7.2.1991 – C-184/89, ECLI:EU:C:1991:50, Rn. 19 – Nimz; EuGH 2.8.1993 – C-158/91, ECLI:EU:C:1993:332, Rn. 9 – Levy.
[44] EuGH 22.6.1989 – C-103/88, ECLI:EU:C:1989:256, Rn. 31 – Fratelli Costanzo.
[45] EuGH 20.10.1998 – C-10/97 bis C-22/97, ECLI:EU:C:1998:498, Rn. 19ff. – IN.CO.GE.'90, unter Verweis auf EuGH 4.4.1968 – 34/67, ECLI:EU:C:1968:24, Slg. 1968, 364 (373) – Lück/Hauptzollamt Köln; bestätigt in EuGH 19.11.2009 – C-314/08, ECLI:EU:C:2009:719, Rn. 83 – Filipiak.
[46] *Jarass/Beljin*, NVwZ 2004, 1 (4).

tungsgericht ist nur bzgl. einer verfahrensabschließenden Sachentscheidung zulässig. Art. 78 Abs. 1 DSGVO verlangt demgegenüber, dass verwaltungsgerichtliche Rechtsbehelfe auch gegen behördliche Untersuchungsmaßnahmen nach Art. 58 Abs. 1 DSGVO möglich sind. Bei derartigen Untersuchungsmaßnahmen handelt es sich nach deutschem Verständnis um Verfahrenshandlungen. Wird vor einem deutschen Verwaltungsgericht Klage gegen eine Untersuchungsmaßnahme nach § 58 Abs. 1 DSGVO erhoben, hat Art. 78 Abs. 1 DSGVO Anwendungsvorrang vor § 44a S. 1 VwGO. In datenschutzrechtlichen Verwaltungsverfahren kann man also in Deutschland wegen Art. 78 Abs. 1 DSGVO ausnahmsweise schon während des laufenden Verfahrens gegen behördliche Verfahrenshandlungen klagen. § 44a S. 1 VwGO gilt aber trotzdem weiterhin. Er ist nur in datenschutzrechtlichen Verfahren nicht anwendbar. Bei anderen Klagen vor deutschen Verwaltungsgerichten, die keine Verfahrenshandlungen nach der DSGVO betreffen, ist § 44a S. 1 VwGO unverändert anwendbar.

c) Vertiefung: Unterscheidung von Anwendungs- und Geltungsvorrang

41 Um diese EuGH-Rechtsprechung im Einzelnen zu verstehen, sind die Begriffe Geltung und Anwendbarkeit zu unterschieden, die teilweise in einem undifferenzierten Sprachgebrauch synonym verwendet werden. Erst eine präzise Unterscheidung schafft aber ein begriffliches Instrumentarium, mit dem das Verhältnis von nationalem und europäischem Recht und der grundsätzliche Vorrang des Europarechts adäquat beschrieben werden können:
– **Geltung** bezeichnet die Normexistenz und Normgültigkeit in genereller Hinsicht.
– **Anwendbarkeit** meint die Aktualisierbarkeit und Heranziehbarkeit der Norm im Einzelfall, also dann, wenn die Norm durch ein Organ der Exekutive oder der Judikative in einem konkreten Verfahren angewandt werden soll.[47] Wenn es um die unmittelbare Anwendbarkeit von individualschützenden Normen in einem Gerichtsverfahren geht, kann man auch von (individueller) Einklagbarkeit sprechen.

42 Die Anwendbarkeit einer Norm setzt damit ihre Geltung voraus: Eine ungültige Norm (nichtige Norm, aufgehobene Norm etc.) kann nie auf einen konkreten Fall angewandt werden. Umgekehrt gilt das nicht zwingend. Üblicherweise wird zwar eine geltende Norm, deren Tatbestandsvoraussetzungen erfüllt sind, auf den konkret zu entscheidenden Fall auch angewandt. Es ist aber möglich, die Anwendung einer Norm im Einzelfall auszuschließen, ohne dadurch die Geltung der Norm und ihre Anwendbarkeit auf andere Fälle aufzugeben.

43 **Beispiel zum Grundsatz „lex specialis derogat legi generali"**[48]**:** Art. 30 GG trifft eine allgemeine Regelung über die Kompetenz zur Wahrnehmung der staatlichen Befugnisse und die Erfüllung der staatlichen Aufgaben, Art. 70 Abs. 1 GG eine speziellere Regelung über das Recht zur Gesetzgebung. Die Gesetzgebungskompetenzen im Bund-Länder-Verhältnis bestimmen sich daher nach Art. 70 Abs. 1 GG, ohne dass davon die Geltung des Art. 30 GG berührt würde: Art. 30 GG gilt weiterhin und unabhängig von seiner Nichtanwendbarkeit für Fragen der Gesetzgebungskompetenzen und ist auf andere Aufgaben und Befugnisse als Gesetzgebung anwendbar.

44 Diese Differenzierung zwischen Geltung und Anwendbarkeit einer Norm eröffnet zwei verschiedene Möglichkeiten für den **Umgang mit Normenkollisionen:** Normenkollisionen können dadurch gelöst werden, dass einer der beiden Normen die Geltung abgesprochen wird. Der Norm, die sich durchsetzt, kommt dann **Geltungs-**

---

[47] Vertiefend zur Anwendbarkeit von Normen *Franz Reimer,* Juristische Methodenlehre, S. 92 ff.
[48] Die speziellere Norm verdrängt die allgemeine Norm. „Lex" wird dabei üblicherweise mit „Gesetz" übersetzt. Es geht aber nicht um das Verhältnis ganzer Gesetze oder ganzer Gesetzbücher zueinander, sondern um das Verhältnis einzelner Normen. Das lateinische *„derogare"* (derogieren) bezeichnet das Abdingen/Verdrängen im konkreten Anwendungsfall, also den Anwendungsvorrang.

vorrang zu. Es gibt aber eine weitere Möglichkeit: Zwei kollidierende Normen können beide gleichzeitig gelten, ohne dass das praktische Probleme auslöst, solange nur verhindert wird, dass sie beide gleichzeitig im konkreten Fall angewandt werden müssen. Das Kollisionsproblem wird dann nicht auf der Geltungsebene, sondern erst auf der Normanwendungsebene gelöst. Eine der beiden Normen hat dann im konkreten Fall Anwendungsvorrang.

Diese Möglichkeit besteht nicht nur im Verhältnis der spezielleren zur allgemeineren Norm – Art. 70 Abs. 1 im Verhältnis zu Art. 30 GG –, sondern auch im Verhältnis zwischen nationalem und europäischem Recht: Das Europarecht hat (lediglich) **Anwendungsvorrang** vor deutschen Normen. Die Geltung der deutschen Norm wird dadurch nicht berührt. Sofern die europarechtlichen Normen für den konkreten Fall tatbestandlich keine Rolle spielen, wird daher die weiterhin geltende deutsche Norm angewandt.[49]

> **Rechtsvergleichender Hinweis:** Das durch das *Case Law* des *Common Law* geprägte britische Rechtsdenken hat diese Differenzierung zwischen Geltungs- und Anwendungsvorrang des Europarechts nie mitgemacht.[50] Denn für ein *Case-Law*-Denken kommt es ohnehin immer nur darauf an, welche Regel auf den konkreten Fall angewandt wird, wenn der Fall konkret zur gerichtlichen Entscheidung ansteht. Eine Rechtstheorie, die sich abstrakt und ohne Fallbezug mit der Geltung von Normen befasst, ist für ein *Case-Law*-System nutzlos. Es ist für britische Juristen daher weitgehend unverständlich, dass deutsche Juristen die Geltung der nationalen Rechtsordnung nicht dadurch eingeschränkt sehen, dass dem Europarecht im Einzelfall Anwendungsvorrang einzuräumen ist. Der englische Fachterminus für dieses europarechtliche Gebot – *direct effect* – bezeichnet aus britischer Sicht, dass Fälle nach Maßgabe des Europarechts und nicht nach Maßgabe des britischen Rechts entschieden werden. Die im *Case-Law*-System fehlende Differenzierung zwischen Normgeltung und Normanwendung kann ein Stück weit erklären, warum die Abwehrhaltung gegenüber den Einflüssen des Europarechts in Großbritannien ausgeprägter als anderswo ist.

4. Positivierungsansätze für die Lehre vom Anwendungsvorrang

2004 war im **Entwurf des Europäischen Verfassungsvertrags** vorgesehen, die Vorrangdoktrin primärrechtlich zu kodifizieren. Art. I-6 des Verfassungsvertrags sollte lauten: „Die [EU-] Verfassung und das von den Organen der Union in Ausübung der der Union übertragenen Zuständigkeiten gesetzte Recht haben Vorrang vor dem Recht der Mitgliedstaaten." Das Scheitern dieser Vertragsrevision hat verhindert, dass die vom EuGH entwickelte Doktrin damals positiviert, also ausdrücklich im Primärrecht festgeschrieben wurde.

Bei nachfolgenden Vertragsrevisionen ist eine entsprechende Norm nur deshalb nicht aufgenommen worden, weil ihre ausdrückliche Niederlegung sich schlecht mit dem politischen Wunsch vertragen hätte, auf **Souveränitätsvorbehalte** in verschiedenen Mitgliedstaaten Rücksicht zu nehmen. Die Regierungskonferenz, die 2007 den Vertrag von Lissabon ausgehandelt hat, hat dem Vertrag daher eine Erklärung beigefügt. Sie ist nicht formaler Teil des Primärrechts, drückt aber den Willen und das Verständnis der EU-Mitgliedstaaten als Vertragsparteien aus. Ihr Kernsatz lautet: „Die Konferenz weist darauf hin, dass die Verträge und das von der Union auf der Grundlage der Verträge gesetzte Recht im Einklang mit der ständigen Rechtsprechung des Gerichts-

---

[49] *Jarass/Beljin*, NVwZ 2004, 1 (4).
[50] Siehe bspw. *Turpin/Tomkins*, British Government and the Constitution, S. 308 ff.; *Bogdanor*, The new British Constitution, S. 28 f.

hofs der Europäischen Union unter den in dieser Rechtsprechung festgelegten Bedingungen Vorrang vor dem Recht der Mitgliedstaaten haben."[51]

49 Darüber hinaus hat diese Regierungskonferenz von 2007 beschlossen, dass das Gutachten des Juristischen Dienstes des Rates zum Vorrang des Unionsrechts der Schlussakte beigefügt wurde.[52] Auch dieses Gutachten hatte herausgearbeitet, dass die **fehlende Positivierung** nichts an der Geltung der richterrechtlich entwickelten Vorrangdoktrin ändert.

5. Verhältnis von Anwendungsvorrang und Sperrwirkung der EU-Kompetenzen

50 Für den Anwendungsvorrang des Unionsrechts gibt es im Bereich der ausschließlichen und der geteilten Gesetzgebungszuständigkeiten (→ 15/80ff.) einen zweiten Begründungsansatz. Er argumentiert nicht unter Bezug auf Normenhierarchien, sondern unter Rückgriff auf die **Abgrenzung von Gesetzgebungskompetenzen.** Denn nach **Art. 2 Abs. 1, 2 AEUV** entfalten die Gesetzgebungskompetenzen der EU eine Sperrwirkung für die nationale Gesetzgebung. Im Bereich der ausschließlichen EU-Kompetenzen darf nur die EU gesetzgeberisch tätig werden, es sei denn, die Mitgliedstaaten werden von der Union zur Rechtsetzung ermächtigt (Art. 2 Abs. 1 AEUV). In Sachbereichen mit geteilten Gesetzgebungszuständigkeiten verbleibt es bei mitgliedstaatlichen Gesetzgebungskompetenzen, soweit die Union ihre Zuständigkeit nicht ausgeübt hat (Art. 2 Abs. 2 S. 2 AEUV).

51 Wenn die unionsrechtliche Sperrwirkung greift, ist die **Ausübung mitgliedstaatlicher Gesetzgebungskompetenzen gesperrt.** Eine gleichwohl erlassene mitgliedstaatliche Norm muss unanwendbar bleiben, weil der Mitgliedstaat seine Gesetzgebungskompetenz in diesem Bereich wegen der unionsrechtlichen Sperrwirkung nicht ausüben kann. Diese Argumentation führt zu keinem anderen Ergebnis als der Rückgriff auf die vom EuGH entwickelte Vorrangdoktrin. Die Argumentation mit den Kompetenzbestimmungen stützt sich aber auf eine präzisere Begründung, für die es zudem eine explizite **normative Grundlage** in Art. 2 Abs. 1, 2 AEUV gibt. Auch wenn in der Diskussion über den Anwendungsvorrang bislang der Rekurs auf die EuGH-Rechtsprechung dominiert, ist diese kompetenzrechtliche Argumentation vorzugswürdig.[53] Soweit die Kompetenznormen der Unionsverträge für die Beurteilung einer Normenkollision einschlägig sind, sollte man daher auch auf sie zurückgreifen.

52 **Beispiel** (→ 4/3): Das Verhältnis der DSGVO zum nationalen Datenschutzrecht kann man ohne weiteres kompetenziell fassen: Der Datenschutz fällt in den Bereich der zwischen Union und Mitgliedstaaten geteilten Zuständigkeiten, so dass das Inkrafttreten der DSGVO 2018 die Ausübung mitgliedstaatlicher Kompetenzen im Datenschutz sperrt, soweit die DSGVO eine Frage regelt (Art. 2 Abs. 2 S. 2 AEUV). Sofern Mitgliedstaaten ihre früheren datenschutzrechtlichen Regelungen nicht ohnehin wegen des Normwiederholungsverbots aufheben, sind die nationalen Datenschutzbestimmungen gemäß Art. 2 Abs. 2 AEUV unanwendbar.

---

[51] Erklärung zum Vorrang (17. Erklärung zum Vertrag von Lissabon, ABl. 2007 Nr. C 306, S. 256).
[52] Gutachten des Juristischen Dienstes des Rates vom 22. Juni 2007 in der Fassung des Dokuments 11197/07 (ABl. 2007 NR. C 306, S. 256): „Nach der Rechtsprechung des Gerichtshofs ist der Vorrang des EG-Rechts einer der Grundpfeiler des Gemeinschaftsrechts. Dem Gerichtshof zufolge ergibt sich dieser Grundsatz aus der Besonderheit der Europäischen Gemeinschaft. […] Die Tatsache, dass der Grundsatz dieses Vorrangs nicht in den künftigen Vertrag aufgenommen wird, ändert nichts an seiner Existenz und an der bestehenden Rechtsprechung des Gerichtshofs."
[53] Ebenso *Bauerschmidt*, EuR 2014, 277 (296f.).

C. Das Integrationsverfassungsrecht des Grundgesetzes

I. Integrationsauftrag: Staatsziel Europäische Union

Die Präambel des Grundgesetzes enthält seit 1949 eine Grundentscheidung für die Einigung Europas. Sie wird durch Art. 23 Abs. 1 S. 1 GG zu einer Staatszielbestimmung und einem **rechtsverbindlichen Integrationsauftrag** präzisiert. Art. 23 Abs. 1 S. 1 GG begründet eine Rechtspflicht der staatlichen Organe der Bundesrepublik Deutschland zur konstruktiven Mitwirkung an der europäischen Integration.[54] Die Norm stellt zugleich eine verfassungsrechtliche Schranke für die in Art. 50 AEUV verankerte Austrittsmöglichkeit dar.[55]

53

Eine Aussage über die Finalität des europäischen Einigungsprozesses (→ 8/29f.) trifft Art. 23 Abs. 1 S. 1 GG hingegen nicht. Vielmehr besteht für die politische Ausgestaltung des Integrationsauftrags ein **weiter Gestaltungsspielraum,** dem durch den Grundsatz der Europarechtsfreundlichkeit[56], durch die Strukturklausel des Art. 23 Abs. 1 S. 1 GG und durch die durch Art. 79 Abs. 3 GG geschützte Verfassungsidentität Direktiven und Grenzen gesetzt werden.[57]

54

II. Integrationsvoraussetzung: Strukturparallelität der EU zum GG

Art. 23 Abs. 1 GG präzisiert nicht nur den bereits in der Präambel enthaltenen Auftrag zur europäischen Integration, sondern verlangt als unabdingbare Voraussetzung für die deutsche Mitwirkung an der Verwirklichung eines vereinten Europas, dass die Europäische Union den in Art. 23 Abs. 1 S. 1 GG niedergelegten Strukturanforderungen entspricht **(Struktursicherungsklausel).**[58] Da sich diese aus nationalem Verfassungsrecht ergebende Verpflichtung naturgemäß allein an deutsche Staatsorgane richten kann, bindet sie auch nur diese unmittelbar, und zwar in zwei Richtungen: Positiv werden Anforderungen an die Struktur der EU aufgestellt, die den deutschen Staatsorganen die Richtung der europäischen Integration weisen. Umgekehrt ergibt sich negativ ein Verbot, an der Integration in einer EU mitzuwirken, die den in Art. 23 Abs. 1 S. 1 GG festgelegten Anforderungen nicht entspricht.[59]

55

Die Struktursicherungsklausel ist damit ein zwingend zu beachtender **Handlungsmaßstab** für deutsche Hoheitsträger bei allen Maßnahmen mit Bezug zur europäischen Integration[60] und entsprechender **Kontrollmaßstab** des BVerfG.[61] Ziel der Struktursicherungsklausel ist es nicht, einzelne grundgesetzliche Maßstäbe unverändert auf die EU zu projizieren.[62] Es soll nur ein **Mindestmaß an Verfassungshomogenität** zwischen mitgliedstaatlicher und europäischer Ebene gewährleistet werden. Insoweit korrespondiert Art. 23 Abs. 1 S. 1 GG mit Art. 2 und 7 EUV (→ 4/10ff.).

56

---

[54] BVerfGE 123, 267 (346ff.) – Lissabon.
[55] *Heining,* VVDStRL 75 (2016), S. 65ff. (78f.).
[56] Hierzu ausführlich: BVerfGE 123, 267 – Lissabon.
[57] *Wollenschläger,* in: Dreier, GG Art. 23 Rn. 37.
[58] *Thiele,* EuR 2017, 367 (371).
[59] *v. Heinegg,* in: BeckOK, GG Art. 23 Rn. 10.
[60] *Simon,* Grenzen des Bundesverfassungsgerichts, S. 48.
[61] *Streinz,* in: Sachs, GG Art. 23 Rn. 16f.
[62] BVerfGE 89, 155 (182) – Maastricht; 123, 267 (365f.) – Lissabon.

Erforderlich ist daher nur eine „strukturangepasste Grundsatzkongruenz"[63] mit dem Grundgesetz.

III. Integrationsverfahren zur Übertragung von Hoheitsrechten an die EU

57 Die europäische Integration nach dem Grundgesetz erfolgt im Wesentlichen wie beim Abschluss (sonstiger) völkerrechtlicher Verträge. Danach muss man zwischen der völkerrechtlichen Seite, nämlich dem **Vertragsabschluss** zwischen mehreren Staaten, und den **innerstaatlichen Voraussetzungen** für diesen Vertragsabschluss und seinen innerstaatlichen Wirkungen unterscheiden. Die innerstaatlichen Kompetenzen und Verfahrensregelungen für den Abschluss oder die Änderung von EU-Verträgen lauten:
– Verbandskompetenz des Bundes für den Vertragsabschluss,
– Vertragsverhandlungen und Vertragsunterzeichnung durch die Bundesregierung,
– Verabschiedung eines Vertragsgesetzes durch den Bundestag mit Zustimmung des Bundesrates (vielfach mit dem Erfordernis verfassungsändernder Zwei-Drittel-Mehrheiten in Bundestag und Bundesrat, → 4/67 ff.),
– auf dieser Basis Ratifikation des Vertrags durch den Bundespräsidenten.

1. Bundeskompetenz für den Vertragsabschluss

58 Nach Art. 23 Abs. 1 S. 2 GG besteht für **Hoheitsrechtsübertragungen** an die EU eine Bundeskompetenz. Der Bund kann also nicht nur solche Hoheitsrechte, für die er nach Art. 70 ff. GG die Gesetzgebungskompetenz hat, sondern auch Kompetenzen der Bundesländer auf die EU übertragen. Die Interessen der Länder werden durch das **Zustimmungserfordernis des Bundesrats** aus Art. 23 Abs. 1 S. 2 GG geschützt. Im Außenverhältnis liegt die Abschlusskompetenz für EU-Verträge oder ordentliche Vertragsänderungen (Art. 48 Abs. 2 bis 5 EUV) nach Art. 23 Abs. 1 S. 1, 2 GG ausschließlich beim Bund.[64]

59 Die Vertragsverhandlungen werden von deutschen Regierungsvertretern auf EU-Ebene geführt.[65] Die **Ratifikation,** also die völkerrechtlich verbindliche Unterzeichnung des ausgehandelten Vertrags, erfolgt durch den Bundespräsidenten (Art. 59 Abs. 1 GG).

2. Erfordernis eines Vertragsgesetzes
a) Funktionen des Vertragsgesetzes.

60 Nach Art. 23 Abs. 1 S. 2 GG ist für eine Hoheitsrechtsübertragung an die EU ein Parlamentsgesetz erforderlich. Dieses Parlamentsgesetz hat eine **Doppelfunktion:**
– Erst dieses Gesetz ermächtigt den Bundespräsidenten zur Ratifikation des Vertrages.
– Gleichzeitig schafft dieses Gesetz den erforderlichen **Rechtsanwendungsbefehl,** stellt also aus Sicht des deutschen Verfassungsrechts die innerstaatliche Anwendbarkeit des Europarechts her (→ 4/75 ff.).[66]

---

[63] *Streinz,* in: Sachs, GG, Art. 23 Rn. 20.
[64] *Siegel,* Europäisierung, S. 38; *Wollenschläger,* in: Dreier, GG, Art. 23 Rn. 40.
[65] Der Bundestag ist gem. Art. 23 Abs. 2 GG i. V. m. den Regelungen im EUZBBG zu beteiligen, die Länder wirken über den Bundesrat gem. Art. 23 Abs. 2, 4 bis 6 GG i. V. m. den Regelungen des EUZBLG mit. Das Verfahren entspricht dem der Beteiligung an der EU-Gesetzgebung (→ 15/206 ff.).
[66] *Wollenschläger,* in: Dreier, GG, Art. 23 Rn. 179; a. A. für die verfassungsrechtliche Funktion des Zustimmungsgesetzes *Pernice,* VVDStRL 60 (2001), S. 148 ff. (168 ff.): nationale Zustimmungsgesetze

Beispiel: Die letzte Revision der Unionsverträge ist durch den Vertrag von Lissabon erfolgt, der am 13. Dezember 2007 in Lissabon durch die Bundeskanzlerin und den Bundesaußenminister (und die Regierungsvertreter der übrigen EU-Mitgliedstaaten) unterzeichnet wurde. Dass dieser Vertrag im Anschluss daran vom Bundespräsidenten ratifiziert werden durfte und seit seinem Inkrafttreten am 1. Dezember 2009 in der Bundesrepublik Deutschland gilt, beruht auf dem Bundesgesetz zum Vertrag vom Lissabon vom 8. Oktober 2008, das der Bundestag mit Zustimmung des Bundesrates unter Beachtung von Art. 79 Abs. 2 GG beschlossen hat. Dieses Vertragsgesetz ist im Bundesgesetzblatt veröffentlicht[67] und besteht im Kern aus einem einzigen Satz:

61

„Dem in Lissabon am 13. Dezember 2007 von der Bundesrepublik Deutschland unterzeichneten Vertrag von Lissabon zur Änderung des Vertrags über die Europäische Union und des Vertrags zur Gründung der Europäischen Gemeinschaft einschließlich der zwei Protokolle zum Vertrag von Lissabon und der elf Protokolle, die durch den Vertrag von Lissabon den Verträgen beigefügt werden, sowie den von der Konferenz der Vertreter der Regierungen der Mitgliedstaaten angenommenen Erklärungen, wie sie in der Schlussakte vom selben Tage aufgeführt sind, wird zugestimmt."[68]

Dieses Gesetz bezeichnet man als **Vertragsgesetz,** als Ratifikationsgesetz oder als Zustimmungsgesetz: Der Bundestag erteilt die Zustimmung zu dem Vertrag, der in Lissabon unterzeichnet worden war. Es handelt sich also um die parlamentarische Zustimmung zum Handeln der Exekutive und ermöglicht dem Bundespräsidenten die völkerrechtliche Ratifikation.

62

Terminologischer Hinweis: Der Begriff „Zustimmungsgesetz" ist im deutschen Verfassungsrecht doppeldeutig und wird auch in einem anderen Zusammenhang außerhalb europarechtlicher Bezüge verwendet: nämlich zur Bezeichnung von Gesetzen des Bundestags, die der Zustimmung des Bundesrates bedürfen (→ 15/157 ff., 222; 10/22). Das oben erwähnte Gesetz zum Vertrag von Lissabon ist daher in einem doppelten Sinne ein Zustimmungsgesetz: Es ist einerseits das parlamentarische Zustimmungsgesetz zum Vertragsschluss, das zudem nicht vom Bundestag allein beschlossen wurde, sondern der Zustimmung des Bundesrats bedurfte. Wenn man die Begriffe voneinander abgrenzen möchte, kann man die Zustimmungsgesetze zu völkerrechtlichen Verträgen und EU-Verträgen als Vertragsgesetze oder als Ratifikationsgesetze bezeichnen.

63

b) Erforderlichkeit eines Vertragsgesetzes

Eine Übertragung von Hoheitsrechten und damit das Erfordernis eines Parlamentsgesetzes liegen vor, wenn der „ausschließliche Herrschaftsanspruch der Bundesrepublik im Geltungsbereich des Grundgesetzes zurückgenommen und der unmittelbaren Geltung und Anwendbarkeit eines Rechts aus anderer Quelle innerhalb des staatlichen Herrschaftsbereichs Raum gelassen wird"[69], also der EU die Befugnis eingeräumt wird, Maßnahmen mit **unmittelbarer Durchgriffswirkung** im staatlichen Herrschaftsbereich[70] zu erlassen.

64

Das BVerfG geht in seinem Lissabon-Urteil darüber hinaus und erklärt Art. 23 Abs. 1 S. 2 GG auf jede Veränderung der textlichen Grundlagen des europäischen Primärrechts für anwendbar.[71] Damit ist jede **Änderung des Integrationsprogramms** gemeint, unabhängig davon, ob eine Hoheitsübertragung im engeren Sinn vorliegt. Erfasst werden beispielsweise auch Fälle, in denen von der Flexibilitätsklausel des

65

---

seien gerade nicht Brücke oder Rechtsanwendungsbefehl; die Mediatisierung des Bürgers durch den Staat im Völkerrecht falle bei der EU gerade weitgehend weg.
[67] BGBl. 2008 II, 1038.
[68] Art. 1 S. 1 des Gesetzes zum Vertrag von Lissabon, BGBl. 2008 II, 1038.
[69] BVerfGE 73, 339 (374) – Solange II.
[70] *Rathke,* in: v. Arnauld/Hufeld, Lissabon-Begleitgesetze, § 7 Rn. 23.
[71] BVerfGE 123, 267 (355) – Lissabon.

Art. 352 AEUV Gebrauch gemacht werden soll, und Fälle des vereinfachten Vertragsänderungsverfahrens nach Art. 48 Abs. 6 bis 7 EUV.[72] Dementsprechend umfangreich sind auch die Konstellationen, in denen das für diesen Zusammenhang erlassene „Gesetz über die Wahrnehmung der Integrationsverantwortung des Bundestages und des Bundesrates in Angelegenheiten der Europäischen Union"[73] ein Gesetz nach Art. 23 Abs. 1 S. 2 GG für erforderlich erklärt.[74] Diese weite Auslegung ist nach den Ausführungen des BVerfG zur Wahrung der Integrationsverantwortung des Bundestags erforderlich.[75]

66 Mit dem Begriff der **Integrationsverantwortung** wird die Pflicht der deutschen Verfassungsorgane bezeichnet, dafür zu sorgen, dass die Vorgaben des Art. 23 Abs. 1 GG im Prozess der europäischen Integration eingehalten werden.[76] Diese Pflicht hat in materieller Hinsicht zwei Dimensionen:
– Zum einen haben Bundestag und Bundesrat bei der Übertragung von Hoheitsrechten an die EU dafür Sorge zu tragen, dass die verbindlichen Strukturvorgaben für die EU aus Art. 23 Abs. 1 S. 1 GG eingehalten werden und die nach Art. 23 Abs. 1 S. 3 i. V. m. Art. 79 Abs. 3 GG unverfügbare Verfassungsidentität (→ 4/71 ff.) gewahrt bleibt.
– Zum anderen sind die deutschen Verfassungsorgane verpflichtet, im Rahmen ihrer Kompetenzen auf europäischer Ebene (insbesondere bei der Ausübung ihres Stimmrechts im Rat) Identitätsverletzungen und *ultra-vires*-Akten (→ 4/91 f.) durch die EU entgegenzuwirken.

c) Qualifizierte Mehrheitserfordernisse für Vertragsgesetze

67 Aus Art. 23 Abs. 1 S. 3 GG können sich qualifizierte Mehrheitserfordernisse für Vertragsgesetz ergeben. Nach dieser Verfassungsnorm sind für die Begründung der EU sowie für Änderungen ihrer vertraglichen Grundlagen und vergleichbare Regelungen, durch die das Grundgesetz seinem Inhalt nach geändert oder ergänzt wird oder solche Änderungen oder Ergänzungen ermöglicht werden, **Zwei-Drittel-Mehrheiten** in Bundestag und Bundesrat gemäß Art. 79 Abs. 2 GG erforderlich (→ 14/3 f.).

68 Wann eine derartige **Verfassungsrelevanz**[77] im Einzelnen besteht und damit die Zwei-Drittel-Mehrheiten erforderlich werden, ist umstritten.[78] Zunächst ist festzustellen, dass nicht jede Übertragung von Hoheitsrechten nach Art. 23 Abs. 1 S. 2 GG, also nicht jede Änderung des europäischen Integrationsprogramms, ein qualifiziertes Mehrheitserfordernis auslösen kann. Denn dann wäre immer eine Mehrheit nach Art. 79 Abs. 2 GG erforderlich, und die explizite Nennung des Zustimmungserfordernisses des Bundesrats in Art. 23 Abs. 1 S. 2 GG wäre überflüssig, wenn seine Zustim-

---

[72] BVerfGE 123, 267 (355, 434 ff.). – Lissabon.
[73] Integrationsverantwortungsgesetz (IntVG) vom 22. September 2009 (BGBl. I S. 3022).
[74] §§ 2–4, 7–8 IntVG. Nach BVerfGE 123, 267 (Leitsatz 2.b), 435 f.) genügt ein Beschluss des Bundestags bzw. des Bundesrats, soweit die EU-Verträge eine Änderung ohne nationale Ratifikation in Sachbereichen ermöglichen, die bereits hinreichend bestimmt sind. Die entsprechenden Regelungen finden sich in §§ 5, 6 IntVG.
[75] BVerfGE 123, 267 (355) – Lissabon.
[76] Vgl. hierzu *Tischendorf*, Integrationsverantwortung, S. 78 ff.
[77] *Wollenschläger*, in: Dreier, GG, Art. 23 Rn. 55.
[78] Vgl. hierzu *Ohler*, AöR 135 (2010), 153 (156 ff.); *Rathke*, in: v. Arnauld/Hufeld, Lissabon-Begleitgesetze, § 7 Rn. 43 ff.

mung bereits immer über Art. 23 Abs. 1 S. 3 i. V. m. Art. 79 Abs. 2 GG erforderlich wäre.[79]

Daher ist die Frage der Verfassungsrelevanz nicht danach zu bestimmen, wie weitreichend die Änderungen im Primärrecht sind, sondern wie sich die Änderung auf die **deutsche Verfassungsordnung** auswirkt.[80] Wäre für eine entsprechende Änderung im nationalen Recht eine Änderung des Grundgesetzes erforderlich, so sind die Verfassungsrelevanz zu bejahen und daher Zwei-Drittel-Mehrheiten für das Vertragsgesetz notwendig.[81] Dies ist der Fall bei jeder erstmaligen Übertragung von Hoheitsrechten an die EU, also einer Einräumung neuer Befugnisse mit Durchgriffswirkung, da dies zu einer Änderung der verfassungsrechtlichen Kompetenzverteilung führt.[82] 69

Teilweise wird darüber hinausgehend angenommen, die **Verfassungsrelevanz** sei auch in Fällen ohne Übertragung von Hoheitsrechten gegeben, wenn die Einflussmöglichkeiten Deutschlands, etwa durch den Vertreter im Rat, auf Unionsebene maßgeblich verändert werden. Daher werden zum Teil bereits der Beitritt eines neuen Mitgliedstaats[83] oder die Umstellung vom Erfordernis der Einstimmigkeit auf qualifizierte Mehrheit und der damit verbundene Verlust des Vetorechts (Art. 48 Abs. 7 UAbs. 1 EUV) als verfassungsrelevant angesehen.[84] Das BVerfG hält in derartigen Fällen „gegebenenfalls" ein Gesetz nach Art. 23 Abs. 1 S. 3 GG für erforderlich,[85] ohne dass es abschließend konsentierte Kriterien gäbe. 70

3. Materielle Bindungen bei der Übertragung von Hoheitsrechten an die EU

Bei der Übertragung von Hoheitsrechten auf die EU bestehen materielle verfassungsrechtliche Bindungen: Denn was Bundestag und Bundesrat als verfassungsänderndem Gesetzgeber verwehrt ist, kann auch Bundestag und Bundesrat als Integrationsgesetzgeber bei der Übertragung von Hoheitsrechten auf die EU nicht gestattet sein. Die Grenzen einer zulässigen Verfassungsänderung nach **Art. 79 Abs. 3 GG** (→ 14/5 ff.) gelten über Art. 23 Abs. 1 S. 3 GG daher auch für Hoheitsrechtsübertragungen an die EU. 71

Eine über diese **absoluten Grenzen** hinausgehende Integration ist nur möglich, wenn über Art. 146 GG eine neue Verfassung in Kraft tritt.[86] Solange das Grundgesetz gilt, darf die **Verfassungsidentität** durch eine Übertragung von Hoheitsrechten an die EU nicht angetastet werden. Das hatte das BVerfG schon früh vor allem in Bezug auf die Grundrechte entschieden.[87] Eine Hoheitsübertragung darf den Menschenwürdekern der Grundrechte oder die für das Demokratie-, Rechts-, Sozial-, und Bundesstaatsprinzip wesentlichen Grundsätze nicht tangieren.[88] Die Gefahr einer Veräußerung nationaler Grundrechte durch die Übertragung von Hoheitsrechten an die EU ist mit dem 72

---

[79] *Jarass,* in: Jarass/Pieroth, GG, Art. 23 Rn. 31.
[80] *Rathke,* in: v. Arnauld/Hufeld, Lissabon-Begleitgesetze, § 7 Rn. 46.
[81] *Jarass,* in: Jarass/Pieroth, GG, Art. 23 Rn. 33.
[82] BVerfGE 58, 1 (36); *Streinz,* in: Sachs, GG, Art. 23 Rn. 72.
[83] *Wollenschläger,* in: Dreier, GG, Art. 23 Rn. 57; a. A. *Streinz,* in: Sachs, GG, Art. 23 Rn. 87.
[84] *Wollenschläger,* in: Dreier, GG, Art. 23 Rn. 57; differenzierend nach dem betroffenen Politikbereich *Rathke,* in: v. Arnauld/Hufeld, Lissabon-Begleitgesetze, § 7 Rn. 150.
[85] So etwa BVerfGE 123, 267 (391, 434) – Lissabon in Bezug auf die allgemeine Brückenklausel des Art. 48 VII EUV sowie hinsichtlich Art. 48 VI EUV und entsprechende Änderungsvorschriften.
[86] BVerfGE 123, 276 (331 f.) – Lissabon.
[87] BVerfGE 37, 271 (279 f.) – Solange I; 58, 1 (40); 73, 339 (375 f.) – Solange II.
[88] BVerfGE 142, 123 (195).

jetzigen Grundrechtsstandard auf EU-Ebene weitgehend gebannt. Heute ist es vor allem das Demokratieprinzip aus Art. 20 Abs. 1, 2 GG, das der europäischen Integration aus Sicht des BVerfG Grenzen setzt.

73 Das BVerfG argumentiert folgendermaßen: Nach dem in Art. 20 Abs. 2 S. 1 GG verankerten Grundsatz der Volkssouveränität müsse die Ausübung von Staatsgewalt immer im Sinne einer ununterbrochenen Legitimationskette auf das Volk zurückführbar sein. Diese Legitimation dürfe durch die Übertragung von Hoheitsrechten an die EU nicht entleert werden.[89] Die EU könne aus sich heraus die demokratische Legitimation nicht erbringen, sondern leite sie vor allem aus den Zustimmungsgesetzen der nationalen Gesetzgebungsorgane zu den Verträgen und dem darin enthaltenen Integrationsprogramm ab.[90] Daher könne der EU keine **Kompetenz-Kompetenz** übertragen werden, die ihr die eigenständige Schaffung von Kompetenzen ermöglichen würde.[91] Die Mitgliedstaaten müssten die „Herren der Verträge" bleiben.[92]

74 In veränderter Perspektive wird diese Argumentationslinie des BVerfG ein zweites Mal relevant, wenn es im nächsten Abschnitt um die **Grenzen des Anwendungsvorrangs** des Unionsrechts aus Sicht des Grundgesetzes geht (→ 4/92). Denn die verfassungsrechtlichen Grenzen für Hoheitsrechtsübertragungen an die EU bestimmen zugleich aus der verfassungsrechtlichen Sicht des BVerfG die Grenzen des Anwendungsvorrangs des Unionsrechts.[93]

IV. Unmittelbare Anwendbarkeit und Anwendungsvorrang des Unionsrechts aus der Perspektive des Grundgesetzes

1. Erfordernis eines Rechtsanwendungsbefehls für die innerstaatliche Anwendbarkeit

75 Die unmittelbare Anwendbarkeit des Unionsrechts in der Bundesrepublik Deutschland und dessen Anwendungsvorrang vor deutschem Recht sind im Ergebnis im Grundsatz auch aus der Perspektive des Grundgesetzes unbestritten. Jedoch unterscheidet sich die Begründung für die Geltung des Unionsrechts aus der Perspektive des staatlichen deutschen Rechts grundlegend von der Sichtweise des EuGH. Der Perspektive des deutschen Rechts liegt als Ausgangspunkt zu Grunde, dass das Völkerrecht und das staatliche Recht nach der in Deutschland herrschenden **dualistischen Sicht**[94] zwei unterschiedliche Rechtskreise bilden.[95] Auch das Europarecht und das nationale Recht sind zwei unterschiedliche Rechtskreise.

---

[89] BVerfGE 123, 267 (330) – Lissabon; 142, 123 (191 f.).
[90] BVerfGE 142, 123 (193).
[91] BVerfGE 89, 155 (187 f., 194) – Maastricht; 123, 267 (349 ff.) – Lissabon.
[92] BVerfGE 123, 267 (349) – Lissabon. Aus diesem Grund erlaube das Grundgesetz auch nicht den Eintritt in einen europäischen Bundesstaat (so BVerfGE 123, 267 (347 f.)); a. A. *Rademacher*, EuR 2018, 140 (157 f.).
[93] Zu dieser doppelten Bedeutung der Verfassungsidentität im Prozess der europäischen Integration: *Ingold*, AöR 140 (2015), 1 (10 ff.).
[94] Die Gegenposition bezeichnet man als Monismus (h. M. in Österreich und der Schweiz). Danach sind nationales und internationales Recht eine Einheit mit der Folge, dass das Völkerrecht ohne weiteres innerstaatlich anwendbar ist, der nach deutschem Verständnis notwendige Rechtsanwendungsbefehl im nationalen Recht (→ 4/76) also entbehrlich ist.
[95] BVerfGE 111, 307 (318).

Die innerstaatliche Anwendbarkeit des Europarechts hängt daher aus der Perspektive 76
der deutschen Rechtsordnung davon ab, dass eine staatliche Norm des deutschen
Rechts die Anwendbarkeit dieser nichtstaatlichen Regelungen anordnet (**Rechts-anwendungsbefehl**).[96] Erst der Rechtsanwendungsbefehl in einer staatlichen Norm
führt zur Anwendbarkeit des supranationalen Rechts im Inland, also insbesondere in
staatlichen Gerichtsverfahren. Auch der innerstaatliche Rang wird durch diesen Rechts-anwendungsbefehl bestimmt.

Das Grundgesetz enthält verschiedene Bestimmungen über die innerstaatliche An- 77
wendbarkeit von Normen des Völker- und Europarechts.[97] Für das Europarecht gilt
Art. 23 Abs. 1 S. 2 GG, nach dem zum Abschluss der Unionsverträge und für jede Ver-tragsänderung (Ratifikation) ein Gesetz erforderlich ist (→ 4/64 f.). Dieses **Vertrags-gesetz** enthält implizit den Rechtsanwendungsbefehl für das Europarecht in der Bun-desrepublik Deutschland,[98] und zwar für das europäische Primärrecht, auf das sich das
Vertragsgesetz unmittelbar bezieht, ebenso wie für das auf dem Primärrecht beruhende
Sekundärrecht.

2. Innerstaatlicher Rang des Unionsrechts: grundsätzliche Akzeptanz des Anwendungsvorrangs

Art. 23 Abs. 1 GG sagt zum Rang des innerstaatlich anwendbaren Europarechts im 78
Verhältnis zu deutschem Recht nichts Ausdrückliches. Seine Aussage zur Rangfrage
ist durch Auslegung zu ermitteln, für die vor allem der Entstehungszeitpunkt von Be-deutung ist: Art. 23 Abs. 1 GG ist in seiner jetzigen Fassung 1992 und damit zu einem
Zeitpunkt verabschiedet worden, als die vom EuGH entwickelte Lehre über den An-wendungsvorrang des Europarechts (→ 4/34 ff.) unionsrechtlich seit langem etabliert
war. Wenn der verfassungsändernde deutsche Gesetzgeber 1992 in Kenntnis dieser eu-roparechtlichen Doktrin eine neue verfassungsrechtliche Grundlage für die EU-Mit-gliedschaft der Bundesrepublik Deutschland geschaffen hat, so akzeptiert **Art. 23
Abs. 1 GG** damit im Grundsatz auch die unionsrechtliche Doktrin zum **Anwen-dungsvorrang** des Unionsrechts. Wenn der verfassungsändernde Gesetzgeber eine an-dere Absicht gehabt hätte, so hätte er explizite Vorbehalte gegen den Anwendungsvor-rang formulieren müssen.

Auch das **BVerfG** bestätigt grundsätzlich den Anwendungsvorrang des Unions- 79
rechts.[99] Dieser habe seine Grundlage aber nicht in der Autonomie des Unionsrechts,
wie der EuGH es sieht, sondern allein im Rechtsanwendungsbefehl, der im deutschen

---

[96] So die h. M. Vgl. etwa *Everling*, in: Schwarze, Verhältnis von nationalem Recht und Europarecht Bd. 1, S. 21, 23 f.; a. A. für das Europarecht *Pernice*, VVDStRL 60 (2001), S. 148 ff. (168 ff.).
[97] Art. 25 S. 1 GG für die allgemeinen Regeln des Völkerrechts, Vertragsgesetze zu Völkerrechtsverträgen nach Art. 59 Abs. 2 S. 1 GG.
[98] St. Rspr. des BVerfG: BVerfGE 73, 339 (374 f.); 89, 155 (190); 123, 267 (400), und h. M. für das GG, z. B. *Jarass*, in: Jarass/Pieroth, GG Art. 23 Rn. 39; a. A. *Pernice*, VVDStRL 60 (2001), S. 148 ff. (169): unmittelbares Rechtsverhältnis zwischen EU und Unionsbürgern, ohne dass die Staaten dazwischentreten oder die Anwendbarkeit des Unionsrechts durch einen Rechtsanwendungsbefehl im staatlichen Recht vermitteln müssten.
[99] Wie die herrschende Literatur erkennt das BVerfG den Vorrang ausdrücklich nur als Anwendungsvorrang an: BVerfGE 123, 267 (398) – Lissabon; 126, 286 (302) – Honeywell; kritisch hierzu *Hwang*, EuR 2016, 355 (359 ff.), die die Gründe für die kategorische Ablehnung eines Geltungsvorrangs in einem zu engen Verständnis von dessen Rechtsfolgen und einem Festhalten an der dualistischen Sicht in Bezug auf das Unionsrecht sieht.

Vertragsgesetz enthalten ist.[100] Für das Unionsrecht sei die Einräumung eines Vorrangs auch gegenüber dem Grundgesetz aufgrund der in Art. 23 Abs. 1 S. 2 GG enthaltenen Ermächtigung zur Übertragung von Hoheitsrechten grundsätzlich zulässig.[101]

3. Grenzen des unionsrechtlichen Anwendungsvorrangs im deutschen Recht

a) Verfassungsrechtliche Grundlagen für Begrenzungen des unionsrechtlichen Anwendungsvorrangs

80 Die innerstaatliche Anwendbarkeit und der Vorrang des Unionsrechts ergeben sich nach der Rechtsprechung des BVerfG also nicht aus den Unionsverträgen, sondern aus dem im nationalen Vertragsgesetz enthaltenen Rechtsanwendungsbefehl, zu dessen Schaffung das Grundgesetz ermächtigt. Die Anwendbarkeit und der Vorrang des Unionsrechts haben ihre Grundlage damit im **deutschen Verfassungsrecht** und sind von diesem abhängig. Folge dieser nationalen Perspektive ist, dass das BVerfG keinen absoluten Anwendungsvorrang des Unionsrechts anerkennt.[102] Das Gericht beansprucht eine eigene Kontrollkompetenz darüber, ob der in Deutschland anzuwendende Rechtsakt des Unionsrechts bestimmte vom BVerfG formulierte verfassungsrechtliche Grenzen einhält.

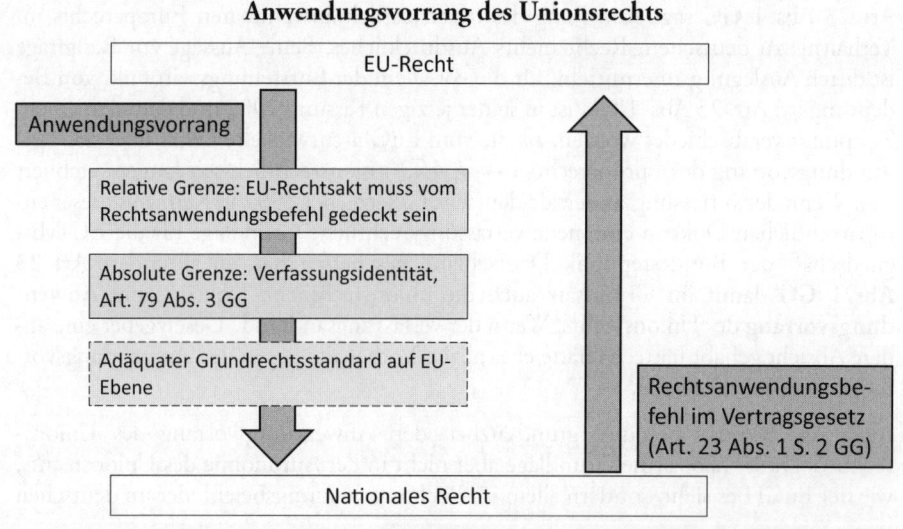

81 **Anwendungsvorrang des Unionsrechts**

```
                    ┌─────────────────┐
                    │    EU-Recht     │
                    └─────────────────┘
┌──────────────────┐        ↑
│ Anwendungsvorrang│        │
└──────────────────┘        │
┌──────────────────────────┐│
│ Relative Grenze: EU-Rechtsakt muss vom │
│ Rechtsanwendungsbefehl gedeckt sein    │
├──────────────────────────┤│
│ Absolute Grenze: Verfassungsidentität, │
│ Art. 79 Abs. 3 GG                      │
├──────────────────────────┤│    ┌─────────────────┐
│ Adäquater Grundrechtsstandard auf EU-  │    │ Rechtsanwendungsbe- │
│ Ebene                                  │    │ fehl im Vertragsgesetz │
└──────────────────────────┘│    │ (Art. 23 Abs. 1 S. 2 GG) │
           ↓                     └─────────────────┘
    ┌─────────────────┐
    │ Nationales Recht│
    └─────────────────┘
```

82 **Rechtsvergleichender Hinweis:** Auch die Verfassungsgerichte anderer Mitgliedstaaten haben grundlegende Urteile zur europäischen Integration und ihren verfassungsrechtlichen Grenzen gesprochen, u. a. die italienische *Corte Costituzionale* (*Frontini* 1973), der französische *Conseil Constitutionnel* und das tschechische Verfassungsgericht (2012). Die Urteile beruhen häufig auf einer ähnlichen Grundposition wie die Rechtsprechung des BVerfG, dass nämlich die Vertragsherrschaft der Mitgliedstaaten die nationalen Verfassungsgerichte dazu ermächtigt oder dass das nationale Verfassungsrecht sie dazu verpflichtet, das Unionsrecht einer Kontrolle durch die staatliche (Verfassungs-)Gerichtsbarkeit zu unterwerfen. Die Rechtsprechung des BVerfG zu verfassungsrechtlichen Grenzen des unionsrechtlichen Anwendungsvorrangs („Solange") und zu verfassungsrechtlichen Grenzen von Kompetenzübertragungen

---

[100] BVerfGE 73, 339 (375) – Solange II; 123, 267 (402) – Lissabon.
[101] BVerfGE 140, 317 (335).
[102] So die Zusammenfassung der Geltungsbegründung durch das BVerfG in *Voßkuhle*, NVwZ 2010, 1 (5f.); *Volkmann*, Grundzüge einer Verfassungslehre, S. 76f.

(Maastricht, Lissabon) ist in anderen Mitgliedstaaten vielfach rezipiert worden, teilweise in der Rechtsprechung der dortigen Verfassungsgerichte, teilweise auch in den Verfassungstexten.[103]

In der Rechtsprechung des BVerfG standen zunächst materielle Grenzen des Unionsrechts im Mittelpunkt (**Grundrechtsvorbehalt**), später dann kompetenzielle Grenzen (**Kompetenzvorbehalt**). Die Vereinbarkeit dieser auf das Grundgesetz gestützten Rechtsprechung mit EU-Recht ist umstritten (→ 4/95 ff.). 83

b) Grundrechtsvorbehalt („Solange"-Rechtsprechung)

Das BVerfG beansprucht in Bezug auf das Unionsrecht im Grundsatz eine Prüfungskompetenz, die auf den **Schutz der deutschen Grundrechte** zielt. Der Vorrang des Unionsrechts wird durch diesen Grundrechtsvorbehalt relativiert. Dessen praktische Bedeutung und Sprengkraft hat das BVerfG allerdings nach und nach zurückgenommen. 84

Diese BVerfG-Rechtsprechung wird als „**Solange**"-**Rechtsprechung** bezeichnet, und zwar in Aufnahme der Formulierung des zentralen Gedankens der Entscheidungen in Form eines Temporalsatzes: „Solange der Integrationsprozess der Gemeinschaft nicht so weit fortgeschritten ist, dass das Gemeinschaftsrecht auch einen von einem Parlament beschlossenen und in Geltung stehenden formulierten Grundrechtskatalog enthält, der dem Grundrechtskatalog des Grundgesetzes adäquat ist, ist ... [vor dem BVerfG ein] Normenkontrollverfahren zulässig und geboten, wenn das Gericht die für es entscheidungserhebliche Vorschrift des Gemeinschaftsrechts in der vom EuGH gegebenen Auslegung für unanwendbar hält, weil und soweit sie mit einem der Grundrechte des Grundgesetzes kollidiert."[104] 85

Das BVerfG hatte in dieser Entscheidung von 1974 (Solange I) also eine aktive Prüfungskompetenz für das Unionsrecht am Maßstab der Grundrechte des Grundgesetzes beansprucht, bis der Grundrechtsschutz auf Unionsebene den Grundrechtsstandards des Grundgesetzes entsprechen würde. Damit war die Möglichkeit zu einer Rücknahme dieses Kontrollanspruchs bereits angedeutet. Die dafür vom BVerfG formulierte Bedingung eines **adäquaten Grundrechtsschutzes** auf Unionsebene hat das BVerfG 1986 für erfüllt erachtet. In der Solange-II-Entscheidung hat das BVerfG daher auf die Ausübung seiner – nach wie vor prinzipiell beanspruchten – Prüfungskompetenz verzichtet, solange der Grundrechtsschutz auf EU-Ebene auf diesem Niveau bleibe.[105] 86

Diese Rechtsprechung ist vom BVerfG mehrfach bestätigt, näher konkretisiert und auch auf deutsche Umsetzungsrechtsakte erstreckt worden, die zwingende Vorgaben des Unionsrechts umsetzen (Umsetzungsrechtsakte für EU-Richtlinien).[106] Danach gilt auf der Basis der Rechtsprechung des BVerfG heute Folgendes: Das BVerfG beansprucht zwar prinzipiell weiterhin eine Prüfungskompetenz in Bezug auf Unionsrecht am Maßstab der Grundrechte des Grundgesetzes, **übt sie aber gegenwärtig nicht aus**. Daher sind Verfassungsbeschwerden oder Richtervorlagen an das BVerfG, mit denen die Grundgesetzwidrigkeit von Unionsrecht gerügt wird, von vorneherein 87

---

[103] *Wendel*, Der Staat 52 (2013), 339 ff.
[104] BVerfGE 37, 271 (271) – Solange I.
[105] BVerfGE 73, 339 (387) – Solange II.
[106] BVerfGE 89, 155 (174 f.) – Maastricht; 102, 147 (164 ff.) – Bananenmarktordnung; 123, 267 (399) – Lissabon; 118, 79 (95 f.) – Treibhausgas; 125, 260 (306) – Vorratsdatenspeicherung.

unzulässig, wenn ihre Begründung nicht darlegt, dass das Unionsrecht den unabdingbar gebotenen Grundrechtsschutz generell nicht gewährleiste.

88 Da der Grundrechtsschutz auf EU-Ebene seit der Solange-II-Entscheidung weiter ausgebaut und verbessert worden ist,[107] dürfte der Vorbehalt des BVerfG unter den gegebenen Umständen nur noch ein grundsätzlicher Vorbehalt **ohne aktuelle praktische Relevanz** sein. Mit dessen Aktualisierung ist auf lange Sicht nicht zu rechnen.

89 **Lernhinweis:** Man könnte daher auf den Gedanken kommen, ob die „Solange"-Rechtsprechung nicht durch die Entwicklung überholt und nur noch von rechtshistorischem Interesse ist. Das Argumentationsmuster, das das BVerfG in den Solange-Entscheidungen in Bezug auf die Grundrechte entwickelt hatte, wird vom BVerfG aber heute in anderen Bereichen fortgeführt (*ultra-vires*-Kontrolle, Identitätskontrolle). Diese Judikatur ist von aktueller Relevanz, u. a. in Bezug auf die Kompetenzen der Europäischen Zentralbank in der Eurokrise, und betrifft zentrale Grundsatzfragen des Verhältnisses von nationalem und europäischem Recht. Da man die aktuellen Urteile ohne Rückgriff auf die Argumentation der Solange-Rechtsprechung nicht verstehen kann, muss man die Grundzüge dieser älteren Rechtsprechung weiterhin lernen, auch wenn sie in ihrem ursprünglichen Anwendungsbereich (Grundrechte) keine Relevanz mehr hat.

c) Kompetenzvorbehalt (*ultra-vires*-Kontrolle)

90 Während sich die Solange-Rechtsprechung in einem materiellen Zugriff auf den Inhalt des Unionsrechts bezieht (Grundrechtskontrolle), zielt ein zweiter Prüfungsvorbehalt des BVerfG in einem formellen Zugriff auf die **Wahrung der EU-Kompetenzen** (Kompetenzkontrolle). Diese Kompetenzkontrolle ist vor allem im Urteil des BVerfG zum Vertrag von Maastricht 1993 formuliert und in späteren Entscheidungen konkretisiert worden.[108] Anders als die Grundrechtskontrolle übt das BVerfG die Kompetenzkontrolle auch in jüngerer Zeit tatsächlich aus.

91 Das BVerfG beansprucht eine Prüfungskompetenz darüber, ob „Rechtsakte der europäischen Einrichtungen und Organe sich in den Grenzen der ihnen eingeräumten Hoheitsrechte halten oder aus ihnen ausbrechen."[109] Man bezeichnet diese Kontrollkompetenz als *ultra-vires*-**Kontrolle**.[110] Wenn die EU außerhalb ihrer vertraglich eingeräumten Kompetenzen einen Rechtsakt setzt, ist dieser *ultra-vires*-Akt nach Auffassung des BVerfG in Deutschland nicht anwendbar. Das BVerfG begründet diesen Kontrollvorbehalt folgendermaßen: Das Unionsrecht bleibe von der vertraglichen Übertragung von Kompetenzen und der darin liegenden Ermächtigung abhängig. Rechtsakte der EU müssten daher immer vom im Vertragsgesetz enthaltenen Rechtsanwendungsbefehl gedeckt sein, um Anwendungsvorrang zu entfalten.[111] Die Unionsorgane bleiben für eine Erweiterung ihrer Befugnisse auf Vertragsänderungen angewiesen, die von den Mitgliedstaaten im Rahmen der für sie jeweils geltenden verfassungsrechtlichen Bestimmungen vorgenommen werden.[112]

---

[107] Zentrale Punkte: Ausarbeitung und förmliche Wirksamkeit der EU-Grundrechtecharta im Rang des Primärrechts, Beitritt der EU zur EMRK, Grundrechtsrechtsprechung des EuGH; Einzelheiten in Lehrbüchern zu den Grundrechten.

[108] BVerfGE 89, 155 (188) – Maastricht; 123, 267 (353f.) – Lissabon; 126, 286 (302ff.) – Honeywell; 134, 366 (382ff.); 142, 123 (198ff.).

[109] BVerfGE 89, 155 (188) – Maastricht.

[110] Lateinisch *ultra vires* – außerhalb der Kompetenzen.

[111] BVerfGE 123, 267 (400) – Lissabon; 142, 123 (187f., 207).

[112] BVerfGE 89, 155 (187f., 192, 199) – Maastricht; 123, 267 (349, 398) – Lissabon; 134, 366 (384); 142, 123 (187f., 207).

d) Identitätskontrolle

Einen weiteren Prüfungsvorbehalt stellt die Identitätskontrolle dar, die vom BVerfG zum ersten Mal im Lissabon-Urteil entwickelt wurde.[113] Dabei prüft das BVerfG, ob Maßnahmen der EU die Grundsätze des Art. 79 Abs. 3 GG tangieren. Sie bilden eine **absolute Grenze** für den Anwendungsvorrang.[114] Denn für Handlungen, welche die Grundsätze aus Art. 1 und Art. 20 GG berühren, kann und konnte der Integrationsgesetzgeber gemäß Art. 23 Abs. 1 S. 3 i. V. m. Art. 79 Abs. 3 GG nie eine Ermächtigung erteilen. Ihnen kann daher nach Auffassung des BVerfG auch kein Anwendungsvorrang zukommen.[115]

92

Beispiel: Von diesem Prüfungsvorbehalt machte das BVerfG vor allem im Zusammenhang mit der Euro-Krise Gebrauch.[116] So prüfte das BVerfG, ob ein Beschluss des EZB-Rats, nach dem das Europäische System der Zentralbanken (ESZB) künftig Staatsanleihen ausgewählter Mitgliedstaaten, soweit erforderlich, in unbegrenzter Höhe ankaufen sollte, einen Verstoß gegen die Verfassungsidentität darstellt. Es befürchtete, dass im Falle eines Ausfalls der Anleihen ein nicht überschaubares Haftungsrisiko für die BRD entstünde und dementsprechend das Budgetrecht des Bundestags verletzt sei (→ 4/105).[117]

93

e) Verhältnis der Kontrollvorbehalte des BVerfG untereinander

Das BVerfG löst sich in seiner jüngeren Rechtsprechung von einer rein auf das Vertragsgesetz gestützten Begründung der *ultra-vires*-Kontrolle[118] und präzisiert so das Verhältnis zur Identitätskontrolle: EU-Rechtsakte, die nicht vom Vertragsgesetz gedeckt sein, fehle die demokratische Legitimation. Deshalb könnten Kompetenzverstöße gleichzeitig die Identität der Verfassung berühren (Grundsatz der Volkssouveränität, Art. 79 Abs. 3 i. V. m. Art. 20 Abs. 2 S. 1 GG). Die *ultra-vires*-Kontrolle stelle daher einen **speziellen Anwendungsfall** der Identitätskontrolle dar.[119] Die beiden Kontrollansätze unterscheiden sich aber in ihrem Prüfungsansatz und stehen eigenständig nebeneinander. Im Rahmen der *ultra-vires*-Kontrolle wird allein die Einhaltung des Vertragsgesetzes geprüft, im Rahmen der Identitätskontrolle, ob Maßnahmen der EU die Grundsätze des Art. 79 Abs. 3 GG verletzen.[120]

94

V. Vereinbarkeit der Kontrollansprüche des BVerfG mit dem Unionsrecht

1. Inhaltliche Vereinbarkeit nationaler Kontrollvorbehalte mit EU-Recht

Umstritten ist, ob diese Kontrollansprüche des BVerfG mit dem EU-Recht vereinbar sind. Denn nach **Art. 344 AEUV** haben sich die Mitgliedstaaten verpflichtet, Streitigkeiten über die Auslegung oder Anwendung der Verträge nicht anders als in den Unionsverträgen vorgesehen zu regeln. Eine Kontrollkompetenz staatlicher Verfassungsgerichte oder anderer nationaler Gerichte über das Unionsrechts ist in den Unionsverträgen aber gerade nicht vorgesehen: Nach ihnen ist allein der EuGH be-

95

---

[113] BVerfGE 123, 267 (353 ff.) – Lissabon.
[114] *Jarass*, in: Jarass/Pieroth, GG Art. 23 Rn. 43.
[115] BVerfGE 134, 366 (384 f.); 142, 123 (195).
[116] Vgl. auch BVerfGE 140, 317 in Bezug auf Art. 1 Abs. 1 GG und das Rechtsstaatsprinzip.
[117] BVerfGE 134, 366 (418).
[118] Kritisch zu diesem Wandel in der Begründung des BVerfG *Sauer*, EuR 2017, 186 (191, 203 ff.).
[119] So auch *Schneider*, AöR 139 (2014), 196 (245 f.).
[120] BVerfGE 142, 123 (203).

rufen, die Wahrung des Rechts bei der Auslegung und Anwendung der Verträge zu sichern (Art. 19 Abs. 1 S. 2 EUV).[121]

96 Das BVerfG ist ausdrücklich auf die entsprechende Kritik an seiner Judikatur eingegangen und sieht keinen Unionsrechtsverstoß, weil seine eigene Kontrollkompetenz in der Grundkonstruktion der EU begründet sei, der EU also vorausliege: „Die Identitätskontrolle verstößt nicht gegen den Grundsatz der loyalen Zusammenarbeit im Sinne von Art. 4 Abs. 3 EUV. Sie ist vielmehr in Art. 4 Abs. 2 Satz 1 EUV der Sache nach angelegt [...] und entspricht insoweit auch den besonderen Gegebenheiten der Europäischen Union. Die Europäische Union ist ein Staaten-, Verfassungs-, Verwaltungs- und Rechtsprechungsverbund, der seine Grundlagen letztlich in völkerrechtlichen Verträgen der Mitgliedstaaten findet. Als **Herren der Verträge** entscheiden diese durch nationale Geltungsanordnungen darüber, ob und inwieweit das Unionsrecht im jeweiligen Mitgliedstaat Geltung und Vorrang beanspruchen kann [...]. Es bedeutet daher keinen Widerspruch zur Europarechtsfreundlichkeit des Grundgesetzes (Präambel, Art. 23 Abs. 1 Satz 1 GG), wenn das Bundesverfassungsgericht unter eng begrenzten Voraussetzungen die Maßnahme eines Organs oder einer Stelle der Europäischen Union für in Deutschland ausnahmsweise nicht anwendbar erklärt."[122]

97 Der Ausgangspunkt der Argumentation des BVerfG – die Vertragsherrschaft der Mitgliedstaaten – ist unbestritten. Fraglich ist indes, ob die Argumentation des BVerfG in sich schlüssig ist und die Folgerung, die das BVerfG aus diesem Ausgangspunkt zieht, wirklich in dieser Weise begründbar ist. Denn die Vertragsherrschaft steht nur **allen Mitgliedstaaten gemeinsam** zu, nicht aber jedem einzelnen Mitgliedstaat allein. Deshalb könne man aus der Vertragsherrschaft der Mitgliedstaaten keine Kontrollkompetenz eines einzelnen nationalen Verfassungsgerichts ableiten. Die *ultra-vires*-Kontrolle des BVerfG sei daher offenkundig europarechtswidrig, in keiner Weise zu rechtfertigen und „ein außerhalb der Unionsrechtsordnung anzusiedelnder Widerstandsakt"[123].

2. Prozeduralisierung des Konflikts: Das „Kooperationsverhältnis" von BVerfG und EuGH

98 Das BVerfG hat sich angesichts solcher Kritik intensiv und recht erfolgreich bemüht, den Konflikt mit dem EuGH zu entschärfen, ohne dabei seinen grundsätzlichen Ausgangspunkt aufzugeben.[124] Es übt seine Kontrollkompetenzen, die europarechtswidrig sein dürften, jedenfalls **europarechtsfreundlich** aus. Eine starrsinnige Kompromisslosigkeit kann man dem BVerfG nicht vorwerfen:

99 – Nach der Solange-Rechtsprechung übt das BVerfG seine – weiterhin grundsätzlich beanspruchte – Kontrollkompetenz über die Grundrechtskonformität des Unionsrechts gegenwärtig gar nicht mehr aus, sondern überlässt diese Kontrolle dem EuGH am Maßstab der europäischen Grundrechtsgewährleistungen.

100 – Sachlich ist der Konflikt über den Anwendungsvorrang des Unionsrechts auf das Verhältnis von nationalem Verfassungsrecht und EU-Recht beschränkt worden:

---

[121] *Ludwigs,* NvwZ 2015, 537 (539 ff.).
[122] BVerfGE 140, 317 (337 f.).
[123] *Giegerich,* ZEuS 2016, 3 (31); in dieselbe Richtung in Bezug auf einen von den nationalen Verfassungsgerichten jeweils autonom ausgestalteten Identitätsvorbehalt: Generalanwalt *Villalón,* Schlussanträge 14.1.2015 – C-62/14, ECLI:EU:C:2015:400, Rn. 59 f. – Gauweiler u. a.; vgl. in Bezug auf die Identitätskontrolle auch *Ingold,* AöR 140 (2015), 1 (24 ff.).
[124] Kritisch freilich *Burchardt,* ZaöRV 2016, 527 (533 ff.).

Das BVerfG akzeptiert wie alle mitgliedstaatlichen Rechtsordnungen und nationalen Verfassungsgerichte uneingeschränkt den Vorranganspruch des Unionsrechts in Bezug auf das **einfache staatliche Recht.**
- Die vom BVerfG beanspruchten Kontrollkompetenzen behält das BVerfG unter Heranziehung des Rechtsgedankens des Art. 100 Abs. 1 GG kompetenziell nur sich selbst vor (und hält nicht auch andere deutsche Gerichte zur Kompetenzkontrolle für berechtigt).[125]
- Sachlich ist die *ultra-vires*-Kontrolle auf „ersichtliche Grenzüberschreitungen", also **evidente Kompetenzverstöße,** beschränkt.[126]
- In prozeduraler Hinsicht ist die Kontrolle durch das BVerfG subsidiär gegenüber einer *ultra-vires*-Kontrolle des Unionsrechts durch den EuGH. Auch bevor das BVerfG eine Maßnahme der EU wegen Verstoßes gegen Art. 79 Abs. 3 GG für in Deutschland unanwendbar erklärt, legt es die Maßnahme im Rahmen eines Vorabentscheidungsverfahrens nach Art. 267 AEUV dem EuGH zur Prüfung vor.[127] Der darauffolgenden Prüfung eines *ultra-vires*-Akts oder einer Identitätsverletzung legt das BVerfG die Maßnahme in der Auslegung zu Grunde, die ihr durch den EuGH gegeben wird. Dabei erkennt das BVerfG ausdrücklich die **vorrangige Kompetenz des EuGH** aus Art. 19 Abs. 1 S. 2 EUV an, das Unionsrecht auszulegen und die hierbei verwendete Methode zu bestimmen, und billigt ihm eine „Fehlertoleranz" zu: Solange sich die Auslegung des EuGH auf anerkannte methodische Grundsätze zurückführen lasse und nicht objektiv willkürlich erscheine, habe das BVerfG diese zu respektieren und dürfe keine eigene Auslegung an deren Stelle setzten.[128]

101

102

103

Diese Instrumente haben dazu geführt, dass die überwiegende Anzahl möglicher Kollisionen mittlerweile „in den Bereich des Hypothetischen verlegt"[129] ist. Das BVerfG bestreitet daher einen Konflikt mit dem Unionsrecht und sieht sich in einem **„Kooperationsverhältnis"**[130] mit dem EUGH. Verfahrensrechtlich wird diese Kooperation durch das Vorabentscheidungsverfahren nach Art. 267 AEUV (→ 17/65ff.) ermöglicht. Der Konflikt wird auf diese Weise prozeduralisiert, also nicht ein für alle Mal abstrakt entschieden, sondern in ein Verfahren verwiesen, in dem schrittweise immer nur für eine konkrete Teilfrage eine praktikable Lösung erarbeitet wird.[131]

104

Beispiel (→ 4/93): Im Verfahren über den unbegrenzten Ankauf von Staatsanleihen durch das ESZB hat das BVerfG das Verfahren dem EuGH vorgelegt und dem EuGH die Frage gestellt, ob der geplante Ankauf mit dem Unionsrecht vereinbar sei.[132] Der EuGH bejahte die Vereinbarkeit mit dem Unionsrecht, stellte dabei aber Beschränkungen auf, die das Risiko eines Ausfalls verringerten.[133] Das BVerfG legte seiner abschließenden Entscheidung die vom EuGH vorgenommene Auslegung zugrunde und verneinte einen *ultra-vires*-Akt und eine Identitätsverletzung.[134]

105

---

[125] BVerfGE 123, 267 (354) – Lissabon; 140, 317 (337); 142, 123 (204).
[126] BVerfGE 126, 286 (304f.) – Honeywell; 134, 366 (392); 142, 123 (200f.).
[127] Siehe *Pernice,* AöR 136 (2011), 185 (213ff.), der dies bereits vor der Ausweitung der Vorlagepflicht auf die Identitätskontrolle in der Rechtsprechung des BVerfG forderte.
[128] BVerfGE 126, 286 (304, 307) – Honeywell; 142, 123 (204ff.).
[129] *Mayer/Wendel,* in: Hatje/Müller-Graff, EnzEuR Bd. 1, § 4 Rn. 200.
[130] BVerfGE 89, 155 (175) – Maastricht; 142, 123 (204).
[131] *Hertig Randall,* EuGRZ 2014, 5ff., *Poli,* Der Staat 55 (2016), 373ff.
[132] BVerfGE 134, 366.
[133] EuGH 16.6.2015 – C-62/14, ECLI:EU:C:2015:400, Rn. 116ff. – Gauweiler u.a.
[134] BVerfGE 142, 123 (213ff.).

106 Das BVerfG verfolgt eine **Streitentschärfungsstrategie** und hält dieses Vorgehen nicht nur für politisch klug, sondern angesichts der im Grundgesetz niedergelegten europäischen Integrationsidee auch rechtlich für geboten.

107 Das BVerfG erklärt seine Sicht folgendermaßen: „Dass in den [...] Grenzfällen möglicher Kompetenzüberschreitung seitens der Unionsorgane die verfassungsrechtliche und die unionsrechtliche Perspektive nicht vollständig harmonieren, ist dem Umstand geschuldet, dass die Mitgliedstaaten der Europäischen Union auch nach Inkrafttreten des Vertrags von Lissabon Herren der Verträge bleiben und die Schwelle zum Bundesstaat nicht überschritten wurde [...]. Die nach dieser Konstruktion im Grundsatz unvermeidlichen Spannungslagen sind im Einklang mit der europäischen Integrationsidee kooperativ auszugleichen und durch **wechselseitige Rücksichtnahme** zu entschärfen."[135]

D. Vertiefung

108 **Lernhinweis:** Der folgende Abschnitt greift die bisherigen Ausführungen zum Integrationsverfassungsrecht des Grundgesetzes, zur unmittelbaren Anwendbarkeit und zum Anwendungsvorrang des Unionsrechts und dessen Grenzen noch einmal auf. Dabei geht es nicht darum, noch weitere Einzelheiten aus der Rechtsprechung und weitere dogmatische Differenzierungen hinzufügen. Der folgende Abschnitt beleuchtet vielmehr das Verhältnis von nationalem und europäischem Recht noch einmal aus unterschiedlichen fachlichen Perspektiven und stellt die Einzelfragen in größere verfassungstheoretische Diskussionskontexte. Die folgenden Ausführungen gehören daher nicht zum Kernstoff rechtsdogmatischer Kenntnisse, die für eine Klausur unmittelbar gelernt werden müssten. Sie ermöglichen aber eine weiterführende Beschäftigung mit der aktuellen, interdisziplinären Fachdiskussion.

I. Akteurszentrierte Betrachtung: Der Streit über den Anwendungsvorrang als gerichtlicher Kompetenzkonflikt

109 Die Frage nach dem Anwendungsvorrang des Unionsrechts und seinen möglichen Grenzen aktualisiert sich regelmäßig in Gerichtsverfahren: Das BVerfG beansprucht eine Letztentscheidungskompetenz über die Anwendbarkeit von Unionsrecht im staatlichen Rechtskreis. Das kollidiert mit dem Anspruch des EuGH, dass er die einzige Instanz ist, die verbindlich über die Gültigkeit und die Auslegung des Unionsrechts entscheidet. In akteurszentrierter Perspektive kann daher der Konflikt über die Vorrangproblematik, der normtheoretisch als Konflikt zwischen der staatlichen und der EU-Rechtsordnung erscheint, auch als **Kompetenzkonflikt** zwischen dem EuGH und dem BVerfG reformuliert werden.[136]

110 Ein Anspruch auf Letztentscheidung wird mit unterschiedlichen Nuancierungen durch die **Gerichte fast aller EU-Mitgliedstaaten** erhoben, und zwar unabhängig davon, ob die Mitgliedstaaten über ein institutionell eigenständiges, zentralisiertes Verfassungsgericht verfügen (institutionelle Verfassungsgerichtsbarkeit, so das BVerfG und Verfassungsgerichte in 18 weiteren EU-Mitgliedstaaten) oder ob die jeweiligen Höchstgerichte neben ihren sonstigen Kompetenzen auch über verfassungsrechtliche

---

[135] BVerfGE 126, 286 (303) – Honeywell.
[136] *Mayer/Wendel*, in: Hatje/Müller-Graff, EnzEuR Bd. 1, § 4 Rn. 226; ausführlicher kritischer Überblick über Europafreundlichkeit oder Europaskepsis in der Rechtsprechung des BVerfG durch *Giegerich*, ZEuS 2016, 3 ff.

Fragen entscheiden (funktionelle Verfassungsgerichtsbarkeit in den übrigen EU-Mitgliedstaaten oder auch in den USA mit dem *US Supreme Court*).[137]

> **Methodischer Hinweis:** Beide Beschreibungsansätze für den Konflikt – normtheoretisch als Normenkonflikt bzw. Normanwendungskonflikt oder akteurszentriert als Konflikt zwischen Gerichten – erfassen andere, jeweils für sich relevante Aspekte. Politikwissenschaftliche Untersuchungen nutzen häufig akteurszentrierte Analyseinstrumente. Für juristische Argumentation ist es unverzichtbar, die Diskussion an Hand eines normativen Maßstabs zu führen und nicht als Beschreibung des tatsächlichen Agierens von Personen oder Institutionen, auch wenn das eine größere Anschaulichkeit haben mag. Ein solcher normativer Maßstab ist auch in Bezug auf die akteurszentrierte Sicht vorhanden, nämlich in der Frage nach gerichtlichen Kompetenzen. Gleichwohl dürfte ein Ansatz, der normbezogen nach der Grundlage und den Grenzen des Anwendungsvorrangs des Unionsrechts fragt, aus juristischer Perspektive letztlich leistungsfähiger als ein akteursbezogener Ansatz sein.

111

II. Politische Wirkungen: Grundrechts- und Demokratiefortschritte durch gerichtliche Renitenz

Der Konflikt zwischen EuGH und BVerfG (und anderen nationalen Verfassungsgerichten) über den Anwendungsvorrang des Unionsrechts ist in den letzten Jahrzehnten vor allem in Bezug auf zwei Rechtsbereiche ausgetragen worden, die von zentraler Bedeutung für das Verfassungsverständnis sind: in Bezug auf die Grundrechte und in Bezug auf das Demokratieprinzip (→ 4/83ff.).[138]

112

Der **Grundrechtskonflikt** ist Ende der 1960er/Anfang der 1970er Jahre ausgebrochen, also zu einem Zeitpunkt, als der damalige EWG-Vertrag und das Europarecht insgesamt noch über keinen geschriebenen Grundrechtskatalog verfügten. Auch die Rechtsprechung des EuGH, durch wertende Rechtsvergleichung einen europäischen Grundrechtsschutz zu entwickeln, steckte damals erst in den Anfängen.[139] Wenn nun diese europäische Rechtsordnung Anwendungsvorrang vor nationalem Recht beanspruchte, dann drohte ein rechtsstaatlicher Rückschritt, nachdem die Grundrechte des Grundgesetzes erst in den zwei, drei Jahrzehnten davor vom BVerfG sehr wirksam entfaltet worden waren. Das – durchaus robuste – Drängen des BVerfG auf einen vergleichbaren Grundrechtsschutz auf europäischer Ebene hat die Ausbildung eines effektiven Grundrechtsschutzes in der EU vielleicht nicht bewirkt, aber doch maßgeblich unterstützt.[140]

113

Der **Demokratiekonflikt** datiert insbesondere in die 1990er Jahre und hat sich vor allem am Vertrag von Maastricht von 1993 entzündet. Denn diese und mehrere andere Vertragsrevisionen hatten damals wesentliche Kompetenzen auf die europäische Ebene übertragen, u. a. die Währungspolitik, sie also den Mitgliedstaaten und damit

114

---

[137] Darstellung der Positionen in den anderen EU-Mitgliedstaaten bei *Mayer/Wendel,* in: Hatje/Müller-Graff, EnzEuR Bd. 1, § 4 Rn. 176ff; *Schwarze,* Verhältnis von nationalem Recht und Europarecht Bd. 2, 54ff.
[138] *Heinig,* VVDStRL 75 (2016), S. 65ff. (81) sieht in der Kontrolle durch die nationalen Verfassungsgerichte zudem eine wesentliche politische Funktion: Sie trage zur Akzeptanz der europäischen Integration in der nationalen Bevölkerung bei.
[139] EuGH 12.11.1969 – 29/69, ECLI:EU:C:1969:57 – Stauder; EuGH 14.5.1974 – 4/73, ECLI:EU:C:1974:51, Rn. 13ff. – Nold.
[140] *Giegerich,* ZEuS 2016, 3 (14): Die verbreitete und immer wieder zu lesende Auffassung, dass die Grundrechtsrechtsprechung des EuGH dem BVerfG zu verdanken sei, sei „eine bestenfalls halbwahre Legende": Das zentrale EuGH-Urteil (Nold 1974) sei nämlich bereits vor dem zentralen BVerfG-Urteil (Solange I, ebenfalls 1974) ergangen.

dem unmittelbaren Zugriff der nationalen Parlamente entzogen. Zugleich waren die demokratischen Strukturen auf europäischer Ebene noch schwach ausgeprägt; insbesondere war das Europäische Parlament zwar seit 1979 direkt gewählt, aber im Vergleich zum Rat nur mit untergeordneten Kompetenzen ausgestattet. Verschiedene staatliche Verfassungsgerichte haben in diesen Jahren geurteilt, dass einem derartig verfassten Integrationsverband Kompetenzen nur in einem begrenzten Umfang übertragen werden dürften.

115 Wenn man in zahlreiche fallbezogene Urteile im Nachhinein eine gerichtliche Strategie hineinlesen möchte – was methodisch so einfach nicht möglich ist, für das Gesamtverständnis einer jahrzehntelangen Rechtsentwicklung aber doch versucht werden kann –, dann haben das BVerfG und die nationalen Verfassungsgerichte Wesentliches angestoßen: Sie haben zentrale Integrationsinstrumente in Frage gestellt (Anwendungsvorrang, Kompetenzerweiterungen) und damit den Fortgang der europäischen Integration mehrfach zu blockieren gedroht. Letztlich ist aber nie eine Integrationsblocke eingetreten, sondern sind auf anderen Feldern **rechtsstaatliche und demokratische Fortschritte** erreicht worden (Grundrechtsschutz, parlamentarische Kompetenzen).[141]

III. Verfassungstheorie: Möglichkeiten einer heterarchischen Rechtsquellenlehre

116 Der Konflikt zwischen staatlicher und europäischer Rechtsordnung in der Frage des Anwendungsvorrangs lässt sich auf einer prinzipiellen Ebene nicht auflösen, wenn man eine einheitliche, in sich geschlossene Verfassungsordnung mit Ausschließlichkeitsanspruch für unverzichtbar hält **(Verfassungsmonismus).** Dann kann man nur entweder einen Primat des nationalen Rechts annehmen und die Geltung des Europarechts vom Rechtsanwendungsbefehl der nationalen Rechtsordnungen abhängig machen (nationaler Verfassungsmonismus) oder eine solche monistische und hierarchische Verfassungskonzeption umgekehrt vom Europarecht und dessen Vorranganspruch aus konstruieren (europäischer Verfassungsmonismus).[142]

117 Der Konflikt zwischen nationalem und europäischem Autoritätsanspruch lässt sich aber entschärfen, wenn man mit verschiedenen Vorrangbegriffen (Geltungsvorrang, Anwendungsvorrang) arbeitet und ihn wie das BVerfG proceduralisiert. Man kann diese Rechtsprechung und das jahrzehntelange Austarieren der Positionen als Versuch lesen, Grundsatzkonflikte zu vermeiden und die **Souveränitätsfrage** offenzuhalten.[143] Das könnte es ermöglichen, auf einen gänzlich anderen Lösungsansatz zu setzen, nämlich bewusst darauf zu verzichten, den prinzipiell nicht auflösbaren Konflikt in der einen oder der anderen Richtung zu entscheiden. Dies könnte ein zukunftsweisender

---

[141] *Volkmann,* Grundzüge einer Verfassungslehre, S. 254 f., 281 f. sieht in der Rechtsprechung des BVerfG die Intention, „die demokratische Performanz der Union zu verbessern". Nationale Vorbehalte seien notwendige Voraussetzung des „wechselseitigen Lernens" zwischen Unionsrecht und nationalem Verfassungsrecht.

[142] Kontrastierung beider Positionen mit umfangreichen Nachweisen bei *Mayer,* VVDStRL 75 (2016), S. 7 ff. (24 ff.).

[143] Zu einer parallelen Diskussion in Bezug auf das Territorialitätsprinzip („postsouveräne Territorialität" bzw. die „EU als postsouveräner Raum"): *Jureit/Tietze,* Der Staat 55 (2016), 353 ff.

Schritt sein, um das Verhältnis verschiedener Rechtsordnung nicht mehr an Hand der Souveränitätsfrage zu klären.[144]

Ob eine solche Logik ohne Letztentscheidungskompetenz funktionsfähig sein kann, ist umstritten. Wer mit dem Spannungsverhältnis verschiedener, in sich schlüssiger Sichtweisen nicht umgehen kann oder wer Vagheit politisch für gefährlich hält, wird stets darauf dringen, einen solchen Konflikt grundsätzlich und ein für alle Mal machtpolitisch zu entscheiden. Dann muss die Souveränitätsfrage gestellt und beantwortet werden. Die gegenteilige Position ist der Ansatz des **Verfassungspluralismus,** der in der englischsprachigen Diskussion als *multilevel constitutionalism* bezeichnet wird.[145] Er arbeitet mit Konzepten der gegenseitigen Autonomie, der Toleranz und Anerkennung von Legitimitätsansprüchen, also mit Heterarchie-[146] statt mit Hierarchievorstellungen.

118

Innerhalb eines solchen **heterarchischen Konzepts** bleiben allerdings Fragen, die in vergangenen Jahrzehnten und Jahrhunderten als unbedingt entscheidungsbedürftig galten, in einer vagen Offenheit, insbesondere die Souveränitätsfrage.[147] Ein verfassungspluralistischer Ansatz hält es für möglich, die Frage bewusst offen zu lassen und sie am Ende besser erst gar nicht mehr zu stellen, weil sie für die post-souveräne Konstellation des 21. Jahrhunderts keine adäquaten Antworten mehr ermöglicht.[148] Dafür müsse die hierarchische und monistische Logik, wie sie im Souveränitätsdenken ihren Ausdruck findet, durch eine auf gemeinsamen Werten basierende, heterarchische und dialogische Logik ersetzt werden. An die Stelle der Letztentscheidungskompetenz – des „letzten Wortes" – müsse ein Kooperationsgebot treten, das ebenso oder sogar besser in der Lage ist, die funktionale Einheit des Rechts zu wahren.[149]

119

---

[144] Plädoyer, die Souveränitätsfrage gar nicht mehr zu stellen: *Jakab,* European Constitutional Language, S. 91 ff., 109 ff.; ähnlich *Jureit/Tietze,* Der Staat 55 (2016), 353 (360 ff.): „Die EU als postsouveräner Raum".

[145] Überblick bei *Mayer,* VVDStRL 75 (2016), S. 7 ff. (28 ff., zur Kritik des Konzepts: 35 ff.); *Kadelbach,* in: Bung/Engländer, Souveränität, Transstaatlichkeit und Weltverfassung, S. 97 ff.; ausgearbeitet u. a. von *Cohen,* Globalization and Sovereignty, insb. S. 58 ff., 66 ff.

[146] Relativ neu gebildeter (bzw. neu in der Rechtswissenschaft rezipierter) Gegenbegriff zu Hierarchie, gebildet aus griechisch ἕτερος (*heteros:* der Andere) und ἀρχεῖν (*archein:* herrschen); er dient zur Bezeichnung eines Systems des gleichberechtigten Nebeneinanders verschiedener Hoheitsgewalten, die nicht in einem Über- und Unterordnungsverhältnis stehen.

[147] Vgl. das differenzierte Konzept eines „europäischen Normenverbunds" bei *Burchardt,* Rangfrage, insb. S. 330 ff., nach dem Unionsrecht und nationale Rechtsordnung auf einer abstrakten Ebene gleichrangig nebeneinander stehen. Die Rangfrage ist dabei allein in Bezug auf die konkrete Anwendungssituation kollidierender Normen zu beantworten. Ansonsten bleibt die Frage offen. Daraus ergibt sich eine „gemischt hierarchisch-heterarchische Natur" des Verhältnisses der beiden Rechtsordnungen.

[148] Das Konzept beruht vor allem auf Überlegungen des schottischen Rechtsphilosophen *MacCormick,* Modern Law Review 56 (1993), 1 ff.; *ders.,* Questioning Sovereignty, S. 113 ff; in dieser Denktradition beispielsweise *Krisch,* Beyond Constitutionalism, S. 23 ff.

[149] *Poli,* Der Staat 55 (2016), 373 (386 ff.); *Mayer,* VVDStRL 75 (2016), S. 7 ff. (36 ff.), spricht daher von einem kooperativen Verfassungspluralismus.

E. Klausurhinweise

120 Für Anfängerklausuren eignen sich die in diesem Kapitel behandelten Themen nur in ihren Kernaussagen:
– unmittelbare Anwendbarkeit und Vorrang des Unionsrechts mit der Begründung des EuGH, das Unionsrecht sei eine autonome Rechtsordnung;
– auf das Integrationsverfassungsrecht des GG gestützte Kontrollvorbehalte des BVerfG, die das BVerfG in einem „Kooperationsverhältnis" mit dem EuGH ausüben möchte.

121 Die Einzelheiten der Rechtsprechung und die Fragen, wie das Kooperationsverhältnis zwischen EuGH und BVerfG im Einzelnen verfassungsprozessual ausgestaltet wird, übersteigen das Anspruchsniveau des Grundstudiums.

122 Auf Examensniveau ist als Klausurkonstellation denkbar, dass die Frage nach der Verfassungsmäßigkeit eines Vertragsgesetzes gestellt wird, also die Einhaltung der formellen und materiellen Voraussetzungen des Art. 23 Abs. 1 S. 2 u. 3 GG. Materiell-rechtlich wird in Anlehnung an die Judikatur des BVerfG entweder zu prüfen sein, ob die Übertragung von Hoheitsrechten ein Verstoß gegen das Demokratieprinzip darstellt oder ob Rechtsakte der EU einen *ultra-vires*-Akt oder eine Identitätsverletzung darstellen.

123 Verfassungsprozessual sind für eine solche Prüfung folgende Punkte von Bedeutung:
– Als **Verfahrensarten** vor dem BVerfG kommen vor allem die abstrakte Normenkontrolle, der Organstreit oder eine Verfassungsbeschwerde in Betracht.
– Für den Fall der Verfassungsbeschwerde ist zu beachten, dass diese unter dem Aspekt der **Beschwerdebefugnis** nur zulässig ist, soweit eine Verletzung der in Art. 93 Abs. 4a GG genannten Rechte geltend gemacht wird. Da der Einzelne keinen direkten Anspruch auf Einhaltung des Demokratieprinzips hat, ist auf das Wahlrecht aus Art. 38 Abs. 1 S. 1 GG abzustellen (zur Subjektivierung des Demokratieprinzips → 5/65 ff.). Vorrangig vermittelt Art. 38 Abs. 1 S. 1 GG das aktive Wahlrecht zum Bundestag. Als Kehrseite – so zumindest das BVerfG – besteht ein Anspruch darauf, dass der Bundestag über hinreichende Gestaltungsmöglichkeiten verfügt, da sonst das Wahlrecht entleert wäre. Zudem schützt es davor, einer staatlichen Gewalt ausgesetzt zu werden, die der Bürger nicht legitimiert kann (also vor der Anwendung von EU-Recht, das sich nicht vom Vertragsgesetz gedeckt ist). Dieses Wahlrecht als Ausfluss der Volkssouveränität ist somit ebenfalls im Prozess der europäischen Integration nach Art. 23 Abs. 1 S. 3 i. V. m. Art. 79 Abs. 3 i. V. m. Art. 20 Abs. 1, 2 GG zu gewährleisten.
– In Bezug auf die Überprüfung des Vertragsgesetzes ist ausnahmsweise eine **präventive Kontrolle** eines Gesetzes zulässig ist, d. h. bereits vor dessen Inkrafttreten. Sonst wäre der Bundespräsident bereits vor einer Entscheidung des BVerfG zur Ratifikation ermächtigt und es könnte die Situation eintreten, dass die Bundesrepublik Deutschland völkerrechtlich eine Verpflichtung eingeht, die nach innerstaatlichem Recht unzulässig ist.
– Als **Prüfungsgegenstand** ermöglicht das deutsche Verfassungsprozessrecht nur eine Überprüfung deutscher Hoheitsakte (Vertragsgesetz, Durchführungsrechtsakte, Verhalten deutscher Regierungsvertreter im Rat usw.). Unionsrecht kann nicht unmittelbar Gegenstand von Verfahren vor dem BVerfG sein, sondern wird nur als Vorfrage bei der Kontrolle von Akten deutscher Hoheitsträger geprüft.

Kapitel 5. Demokratie

Literatur: *E.-W. Böckenförde*, Demokratie als Verfassungsprinzip, in: J. Isensee/P. Kirchhof (Hrsg.), Handbuch des Staatsrechts der Bundesrepublik Deutschland, 2. Auflage Heidelberg 1995, § 22; *B.-O. Bryde*, Die bundesrepublikanische Volksdemokratie als Irrweg der Demokratietheorie, in: Staatswissenschaft und Staatspraxis 1994, S. 305 ff.; *C. D. Classen*, Demokratische Legitimation im offenen Rechtsstaat, Tübingen 2009; *Th. Giegrich*, Zwischen Europafreundlichkeit und Europaskepsis – Kritischer Überblick über die bundesverfassungsgerichtliche Rechtsprechung zur europäischen Integration, ZEuS 2016, S. 3 ff.; *H. Dreier/F. Wittreck*, Repräsentative und direkte Demokratie im Grundgesetz, in: L. P. Feld/P. M. Huber/O. Jung/Ch. Wenzel/F. Wittreck (Hrsg.), Jahrbuch für direkte Demokratie 2009, Baden-Baden 2010, S. 11 ff.; *C. Franzius*, EuR 2013, S. 655 ff.; *A. Hatje/M. Kotzur*, Demokratie als Wettbewerbsordnung, VVDStRL 69 (2010), S. 135 ff., S. 173 ff.; *W. Heun*, Die Verfassungsordnung der Bundesrepublik Deutschland, Tübingen 2012; *K. Jünemann*: Government of, by, for the people: Zur Archäologie eines klassischen Zitats, JZ 2013, S. 1128 ff.; *J. Kersten*, Schwarmdemokratie – der digitale Wandel des liberalen Verfassungsstaates, Tübingen 2017, S. 127 ff.; *Ph. Lassahn*, Rechtsprechung und Parlamentsgesetz. Überlegungen zu Anliegen und Reichweite eines allgemeinen Vorbehalts des Gesetzes, Tübingen 2017; *G. Lübbe-Wolff*, Europäisches und nationales Verfassungsrecht, VVDStRL 60 (2001), S. 246 ff.; *M. Möstl/ M. Schuler-Harms*, Elemente direkter Demokratie als Entwicklungsperspektive, VVDStRL 72 (2013), S. 355 ff., S. 417 ff.; *J. H. Plaßmann*, Demokratie jenseits welchen Staates? Eine konzeptionelle Neuausrichtung der Debatte um demokratisches Regieren jenseits des Nationalstaates, Baden-Baden 2017; *H. Pünder/P. Cancik*, Wahlrecht und Parlamentsrecht als Gelingensbedingungen repräsentativer Demokratie, VVDStRL 72 (2013), S. 191 ff., S. 268 ff.; *M. Qvuortrup*, Direct Democracy. A comparative study of the theory and practice of government by the people, Manchester 2013; *C. Schmitt*, Verfassungslehre, München 1928; *I. Spiecker gen. Döhmann/S. Magen*, Kontexte der Demokratie: Parteien, Medien, Sozialstrukturen, VVDStRL 77 (2018), S. 9 ff., S. 67 ff.; *K. Stern*, Das Staatsrecht der Bundesrepublik Deutschland, Band I, 2. Auflage München 1984, S. 587 ff; *A. Thiele*, Verlustdemokratie, 2. Auflage Tübingen 2018, S. 20 ff., S. 50 ff.; *S. Tierney*, Constitutional Referendums – the Theory and Practice of Republican Deliberation, Oxford 2012; *A. Tschentscher*, Demokratische Legitimation der dritten Gewalt, Tübingen 2006; *U. Volkmann*, Die zwei Begriffe der Demokratie. Von der Übertragbarkeit staatsbezogener Demokratievorstellungen in überstaatliche Räume, in: K. Hofmann/K. Naumann (Hrsg.), Europäische Demokratie in guter Verfassung?, Baden-Baden 2010, S. 14 ff.; *ders.*, Mehrebenenparlamentarismus – Neue Wege zur europäischen Demokratie?, in: C. Franzius/F. C. Mayer/J. Neyer (Hrsg.), Modelle des Parlamentarismus im 21. Jahrhundert, Baden-Baden 2015, S. 185 ff.; *R. Ch. van Ooyen*, Die Staatstheorie des Bundesverfassungsgerichts und Europa, 6. Auflage Baden-Baden 2016, S. 70 ff.; *A. Voßkuhle/G. Sydow*, Die demokratische Legitimation des Richters, JZ 2002, S. 673 ff.; *F. Wittreck*, Direkte Demokratie und Verfassungsgerichtsbarkeit: eine kritische Übersicht zur deutschen Verfassungsrechtsprechung in Fragen der unmittelbaren Demokratie von 2000 bis 2002, JöR 53 (2005), S. 111 ff.

A. Demokratie als Herrschaftsform

I. Kernprinzipien der westlichen Demokratiekonzeption

Die prägnanteste, klassische Formulierung des Demokratieprinzips stammt vom US-amerikanischen Präsidenten *Abraham Lincoln*. In einer kurzen Ansprache hat er 1863 Demokratie als *„government of the people, by the people, for the people"* umschrieben[1]. Die französische Verfassung hat diese Formulierung wortwörtlich übersetzt und übernommen.[2]

---

[1] *Abraham Lincoln*, Gettysburg Address 1863. Die Rede ist in verschiedenen, leicht divergierenden Fassungen überliefert; das zentrale Zitat gilt im Wortlaut als gesichert, siehe *Jünemann*, JZ 2013, 1128 ff.

[2] Art. 2 Abs. 5 Frz. Verfassung 1958: *„Son principe est: gouvernement du peuple, par le peuple et pour le peuple."*

2 **Terminologischer Hinweis:** „*Government*" bezeichnet in diesem Zitat entsprechend dem üblichen englischen Sprachgebrauch nicht die Regierung im institutionellen Sinne. Dafür steht im US-amerikanischen Englisch „*administration*", was weder mit „Administration" noch mit „Verwaltung", sondern mit „Regierung" ins Deutsche zu übersetzen ist. „*Government*" bezeichnet Herrschaft oder das Regieren in einem umfassenden Sinne, also nicht nur Regierungshandeln, sondern das Ausüben von Staatsgewalt durch legislatives, exekutives oder judikatives Handeln.

3 Das Zitat formuliert in prägnanter Weise, dass die Beziehung zwischen dem Volk und der Ausübung von Staatsgewalt mehrere Dimensionen hat: Das Volk ist **Legitimationssubjekt** (Herrschaft des Volkes), das selbst die Herrschaft ausübt (Herrschaft durch das Volk) zum Wohl des Volkes (Herrschaft für das Volk).

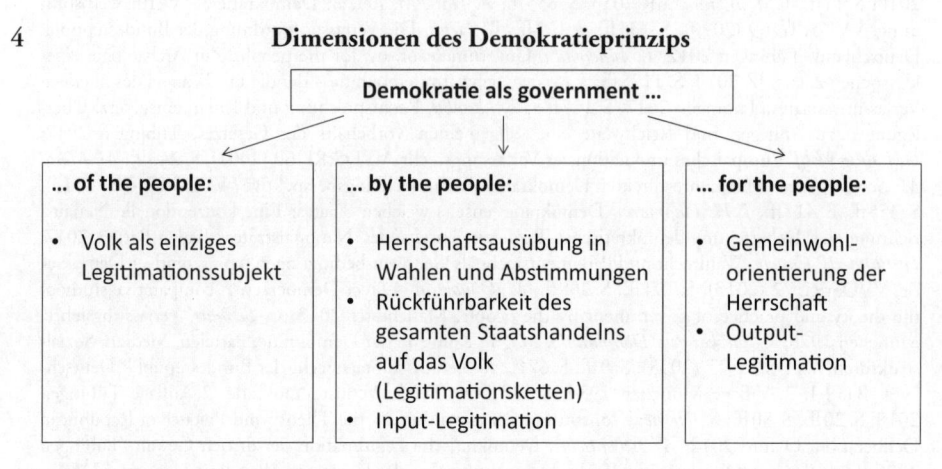

4 **Dimensionen des Demokratieprinzips**

Demokratie als government ...

... of the people:	... by the people:	... for the people:
• Volk als einziges Legitimationssubjekt	• Herrschaftsausübung in Wahlen und Abstimmungen • Rückführbarkeit des gesamten Staatshandelns auf das Volk (Legitimationsketten) • Input-Legitimation	• Gemeinwohlorientierung der Herrschaft • Output-Legitimation

5 Wenn man diese Kurzformel entfaltet, kann man Demokratie als ein auf politische Gleichheit aller Staatsbürger gestütztes, verbindliches Entscheidungsverfahren nach dem Mehrheitsprinzip verstehen und zwar grundsätzlich für alle Fragen, die für das Gemeinwesen relevant sind. Demokratische Herrschaft ist stets **Herrschaft auf Zeit,** was sich insbesondere im Erfordernis periodischer Wahlen und in der zeitlichen Begrenzung von Ämtern zeigt. Als prägende Elemente weist die Demokratie auf:[3]
- eine gegenständliche Omnipotenz (zur potentiellen Allzuständigkeit des Staates näher → 8/6);
- die zeitliche Begrenzung von Herrschaft;
- eine spezifische Streit- und Entscheidungskultur[4] und
- eine umfassende Partizipation aller Mitglieder des Gemeinwesens.

6 Diese Grundidee einer Herrschaft des Volkes durch das Volk und für das Volk hat (anspruchsvolle) tatsächliche wie normative Voraussetzungen und bedarf einer Entfaltung durch konkretisierende Rechtsinstitute, durch staatliche Institutionen und Verfahren.[5]

---

[3] *Thiele,* Verlustdemokratie, S. 58; zum spezifisch demokratischen Wettbewerb und dessen Formen *Kotzur,* VVDStRL 69 (2010), S. 173 ff. (190 ff.).

[4] Deren Voraussetzungen gehen weit über genuin verfassungsrechtliche Fragen hinaus, die entsprechenden Diskussionen werden insb. auch in der Politikwissenschaft geführt; zu Fragen der Responsivität *Pünder,* VVDStRL 72 (2013), S. 191 ff. (198 ff. mit zahlreichen weiteführenden Nachweisen); zur Frage des demokratischen Wettbewerbs *Hatje,* VVDStRl 69 (2010), S. 135 ff. (139 ff.).

[5] Grundlegend zu den Gelingensbedingungen von Demokratie *Pünder,* VVDStRL 72 (2013), S. 191 ff. (197 ff.).

Eine demokratische Streit- und **Entscheidungskultur** und eine umfassende **Partizipation** haben als unverzichtbare Voraussetzungen:[6]
- regelmäßige, freie und gleiche Wahlen,
- freie Meinungsbildung auf der Grundlage von Meinungs-, Presse-, Versammlungs- und Vereinigungsfreiheit,
- Mehrparteiensystem,
- Mehrheitsprinzip, gemäßigt durch Minderheitenschutz.

Politischen Systemen, deren Institutionen nicht auf diesen Kernelementen des Demokratieprinzips beruhen, kann man auf der Basis der freiheitlichen, europäisch-amerikanischen Verfassungstradition nur die demokratische Verfasstheit absprechen, auch wenn sie sich selbst als demokratisch verstehen oder bezeichnen. Der „demokratische Sozialismus", wie ihn die DDR realisiert hatte, war nach diesen Maßstäben keine Demokratie, sondern eine Parteidiktatur mit demokratischen Scheinelementen (Wahlen mit Einheitslisten, Blockparteien ohne programmatische Eigenständigkeit). 7

Auch innerhalb der westlichen Demokratien bestehen teilweise grundlegend **unterschiedliche Konzeptionen** über die konkrete Realisierung des Demokratieprinzips. Diese Unterschiede betreffen insbesondere: 8
- konkrete institutionelle Arrangements,
- das Verhältnis von direkter und repräsentativer Demokratie,
- das Verhältnis von *input*-Legitimation (Ableitungszusammenhänge vom Volk, Legitimationsketten, → 5/48ff.) zu *output*-Legitimation,
- die Frage, inwieweit Demokratie notwendigerweise auf Staatlichkeit und ein Staatsvolk bezogen sein muss und daher aus dem staatlichen Demokratieprinzip Grenzen der europäischen Integration folgen (zur entsprechenden Rechtsprechung des BVerfG oder auch des französischen *Conseil Constitutionnel* → 5/110ff.).

II. Das Prinzip der repräsentativen Demokratie

1. Der Repräsentationsgedanke

Ohne den Begriff zu gebrauchen, konstituiert das Grundgesetz die Bundesrepublik Deutschland auf Bundesebene konsequent als repräsentative Demokratie (Art. 20 Abs. 2 S. 2 GG). Auch die Arbeitsweise der Europäischen Union beruht nach dem EUV auf der repräsentativen Demokratie, wobei die Unionsverträge den Fachbegriff verwenden (Art. 10 Abs. 1 EUV). Diese durch *Alexander Hamilton*[7] geprägte Regierungsform beruht auf einer Repräsentation des Volkes in staatlichen Organen, primär im Parlament, in denen der **Volkswille** abgebildet und in konkrete Entscheidungen überführt wird. Dazu dient die Wahl der Parlamentsabgeordneten. 9

Die repräsentative Demokratie ist eine vollwertige Form der Demokratie neben der direkten Demokratie, auch wenn das **Repräsentationsprinzip** in besonderer Weise für vielfältig diskutierte Krisenphänomene der Demokratie verantwortlich gemacht 10

---

[6] *Spiecker gen. Döhmann*, VVDStRL 77 (2018), S. 9ff. (insb. 17ff.); speziell zum Prozess der öffentlichen Meinungsbildung *Magen*, VVDtRL 77 (2018), S. 67ff.; auch *Kersten*, Schwarmdemokratie, S. 127ff.

[7] 1755/57 – 1804, einer der Gründerväter der USA, u. a. durch Mitgliedschaft im Verfassungskonvent und Minister in der ersten Regierung nach der Unabhängigkeitserklärung; publizistisch prägend durch die *Federalist Papers* (*Hamilton/Madison/Jay*, The Federalist Papers, 1787/88; deutsche Ausgabe hrsg. und übersetzt von *Barbara Zehnpfennig*, 1993/2007).

wird.[8] Die repräsentative Demokratie beruht nicht nur auf pragmatischen Überlegungen und den praktischen Schwierigkeiten in der Umsetzung direkter Demokratie, sondern auf einem anspruchsvollen theoretischen Konzept: „Der Parlamentarismus [ist] keine Notlösung."[9]

11 Denn vielfach ist in einer pluralen Gesellschaft aus Bürgern mit einer Vielzahl individueller Präferenzen ein Volkswille gar nicht vorhanden, den man durch eine Abstimmung einfach nur feststellen und zum Ausdruck bringen müsste. Ein Volkswille muss in der Regel vor einer Sachentscheidung erst gebildet werden. Das parlamentarische, auf Repräsentation beruhende Regierungssystem bietet durch die formalisierte Wahlrechtsgleichheit gute Chancen auf gleichberechtigte **Partizipation** und das Prinzip periodischer Wahlen sichert die **Responsivität** (Rückbindung der Repräsentanten an das Volk).

2. Unterscheidung von Repräsentation und soziologischer Repräsentativität

12 Parlamentarische Repräsentation bedeutet nicht **soziologische Repräsentativität** in dem Sinne, dass sich die Zusammensetzung der Bevölkerung (in Fragen des Akademikeranteils, des Geschlechterverhältnisses, der Berufsgruppenzugehörigkeit, der Altersverteilung etc.) in einer entsprechenden Prägung der Parlamentarier widerspiegeln müsste.

13 Erwartungen an bestimmte soziologische Zusammensetzungen des Parlaments oder zumindest an die Vermeidung einer erheblichen Überrepräsentation einzelner Gruppen können durchaus gut begründet sein. Nur das Prinzip der **repräsentativen Demokratie** kann als solches für entsprechende Erwartungen nicht in Anspruch genommen werden. Wenn man solche Ziele verfolgt, müssen sie anders plausibel gemacht werden, etwa unter Hinweis auf Chancengerechtigkeit oder das Ziel breiten und differenzierten Sachverstandes im Parlament. Die politischen Parteien können durch eine entsprechende Aufstellung der Wahllisten zulässigerweise auf entsprechende Ziele hinwirken. Beispielsweise sind Parteitagsbeschlüsse über Frauenquoten für die Aufstellung von Wahllisten verfassungsrechtlich zulässig.

14 Verfassungsrechtlich verpflichtend sind Quotierungen nach soziologischen Gesichtspunkten hingegen eindeutig nicht. Wie beim freien statt imperativen Mandat sind es auch hier nicht nur pragmatische Gründe, die dem entgegenstehen (fehlende Einigkeit über die relevanten Kriterien; praktische Unerfüllbarkeit der Anforderungen, wenn mehrere Kriterien zugleich erfüllt werden müssen). Vielmehr sprechen vor allem grundsätzliche Erwägungen gegen Rechtspflichten zur Erfüllung bestimmter Quoten: zentral die **Freiheit der Wahl,** zudem das Verständnis der einzelnen Abgeordneten als Vertreter des ganzen Volkes, der damit notwendigerweise zahlreiche Bevölkerungsgruppen repräsentiert, denen er soziologisch nicht zuzurechnen ist.

---

[8] Differenzierte Auseinandersetzung mit Krisenwahrnehmungen und Krisenphänomenen der Demokratie im Allgemeinen und des Parlamentarismus im Besonderen: *Cancik,* VVDStRL 72 (2013), S. 268 ff. (270 ff.).
[9] *Pünder,* VVDStRL 72 (2013), S. 191 ff. (196).

3. Vergleich von repräsentativer und direkter Demokratie

In direktdemokratischen Systemen werden wichtige hoheitliche Entscheidungen in Abstimmungen unmittelbar durch das Volk getroffen. Als **Vorteile** direkter Demokratie gelten üblicherweise:[10]
- eine erhöhte Legitimation von Entscheidungen,
- eine erhöhte politische Partizipation,
- daraus resultierende positive Wirkungen in Bezug auf die Akzeptanz von Entscheidungen im Einzelfall und die Akzeptanz des politischen Systems im Ganzen,
- die Möglichkeit einer punktuellen Korrektur parlamentarischer Mehrheiten.

Dem stehen als **Nachteile** gegenüber:
- die Komplexität vieler Fragen, die sich einer Ja-/Nein-Alternative entziehen,
- das Erfordernis sehr spezifischen Sachverstandes für viele Fragen,
- die aus der Komplexität vieler Fragen, dem Erfordernis spezifischen Sachverstandes oder dem Desinteresse größerer Gruppen an bestimmten Fragen resultierende Gefahr, dass Abstimmungsergebnisse durch eine aktive Minderheit dominiert werden und das Prinzip der Gleichheit aller Staatsbürger faktisch verfehlt wird,
- das Problem einer Realisation einer Volksabstimmung im Rahmen eines parlamentarischen Systems, wenn die Volksabstimmung gerade ein Korrektiv der parlamentarischen Mehrheit war, für ihre Umsetzung aber eine – dann notwendigerweise andersdenkende – parlamentarische Mehrheiten oder Regierung erforderlich ist.[11]

Rechtsvergleichende Hinweise: Im Einzelnen lässt das Prinzip direkter Demokratie verschiedenste Ausprägungen zu. In der Schweiz, die häufig als Musterbeispiel einer Demokratie mit hohen direktdemokratischen Anteilen gilt, wird immer wieder über konkrete, nicht selten auch über kleinteilige Sachfragen abgestimmt, seit 1848 auf Bundesebene über 300 Mal. In Großbritannien hat sich seit dem ersten Referendum von 1975 demgegenüber eine Verfassungspraxis entwickelt, nach der über grundsätzliche Verfassungsfragen und weitreichende politische Richtungsentscheidungen ein Referendum abgehalten wird (EU-Mitgliedschaft, schottische Unabhängigkeit etc.). Referenden sind deshalb sehr viel seltener als in der Schweiz, haben aber im Einzelfall große Bedeutung.[12]

III. Rechtfertigung und Grenzen des Mehrheitsprinzips

1. Rechtfertigung des Mehrheitsprinzips

Die Entscheidung für die Demokratie wird durch die Überlegung getragen, dass die Rechtsunterworfenen selbst über die Normen entscheiden sollen, denen sie unterworfen sind. Die demokratische Entscheidung ermöglicht **Selbstbestimmung** der Rechtsunterworfenen. Dabei sind im Hinblick auf die Volkssouveränität die sachliche Richtigkeit oder die für alle gerechteste Lösung keine notwendigen Merkmale der Entscheidung, sondern nur die mehrheitliche Zustimmung zu ihr. Die Autorität des Gesetzgebers gründet auf der Mehrheit des Volkes. Der absolutistische Anspruch *auc-*

---

[10] *Möstl*, VVDStRL 72 (2013), S. 355 ff. (368 ff.).
[11] Zum Problem, dass eine repräsentative Demokratie nicht einfach beliebig mit plebiszitären Elementen angereichert werden kann, ohne die Funktionsfähigkeit des politischen Systems zu gefährden: *Möstl*, VVDStRL 72 (2013), S. 355 ff. (361 f.); sehr viel optimistischer in Bezug auf die Funktionsfähigkeit von Mischsystemen dagegen *Schuler-Harms*, VVDStRL 72 (2013), S. 417 ff. (425 ff.).
[12] Instruktive rechtsvergleichende Studien über Referenden im Allgemeinen: *Qvuortrup*, Direct Democracy, und speziell über Referenden als Instrument zur Entscheidung von Verfassungsfragen: *Tierney*, Constitutional Referendums.

toritas, non veritas facit legem (Thomas Hobbes) wird vom Gedanken der Volkssouveränität demokratisch gewendet.

19 Dabei ist die Festlegung auf das Mehrheitsprinzip vom Ansatz her nicht unproblematisch. Die politische Gleichheit aller Staatsbürger könnte an sich besser durch Einstimmigkeits- und Konsenserfordernisse realisiert werden. Denn für die unterlegene Minderheit führt das Mehrheitsprinzip gerade nicht zur Unterwerfung unter selbstgewählte Normen, sondern unter eine Herrschaft, die der eigenen Auffassung zuwiderläuft. Dennoch hat sich das Mehrheitsprinzip als Entscheidungsmodus demokratischer Herrschaft etabliert. Die Autorität der Mehrheitsentscheidung verpflichtet in der Demokratie auch die Minderheit. Die Bürger sind also in einer **Doppelrolle:** Als Teil des Volkes sind sie Ausgangspunkt der Herrschaft und legitimieren sie, als Individuen sind sie der so begründeten und legitimierten Herrschaft ebenso unterworfen, wie das in anderen Herrschaftsformen der Fall ist.[13]

20 Das Mehrheitsprinzip kann sachbezogen oder funktional begründet werden. So ist nicht von einem allgemeinen Volkswillen auszugehen, sondern anzunehmen, dass innerhalb des Staatsvolkes eine **Vielfalt von Meinungen** vorherrscht. Dieser Vielfalt wird bei der demokratischen Willensbildung mit einem Wettbewerb von Meinungen Rechnung getragen. Dieser Wettbewerb wird in der Demokratie zum zentralen Moment und die Ausübung des Selbstbestimmungsrechts verwirklicht sich in der Teilnahme an diesem Wettbewerb. Zudem realisiert sich mit der Beachtung des Mehrheitsprinzips zumindest die Selbstbestimmung eines größeren Teils der Rechtsunterworfenen.

21 Als **funktionales Argument** kann schließlich angeführt werden, dass demokratische Entscheidungen regelmäßig nur Mehrheitsentscheidungen sein können, da das Erfordernis einstimmiger Entscheidungen (Konsens) eine in der Praxis zu hohe Hürde in politischen Aushandlungsprozessen darstellen würde. Die Entscheidungsfindung wäre unabhängig von der gewählten Form demokratischer Willensbildung nahezu unmöglich, Entscheidungen würden durch ein Vetorecht Einzelner verschleppt.[14]

2. Funktionen der Opposition im parlamentarischen Regierungssystem

22 Die Minderheit ist für die Funktionsfähigkeit eines demokratischen Systems von zentraler Bedeutung. Sie dient einerseits als Antriebskraft des demokratischen Wettbewerbs und andererseits als Prüfstein für die Akzeptanz des demokratischen Systems. Die Minderheit erfüllt als Opposition eine zentrale Rolle im politischen System, sie ist kein Störfaktor, sondern unter den Aspekten der Alternative und der Kontrolle gerade ein konstitutives Element der parlamentarischen Demokratie.[15] Das Demokratieprinzip verlangt fortlaufend die Korrektur und **Kontrolle** der Mehrheit durch die Minderheit.

---

[13] *Thiele,* Verlustdemokratie, S. 38, S. 50 ff. zum Mehrheitsprinzip; eine Identitätsvorstellung, wie sie *Carl Schmitt* zu Grunde gelegt hatte, ist eine Utopie: *Schmitt,* Verfassungslehre, S. 234: „Demokratie (…) ist Identität von Herrscher und Beherrschten, Regierenden und Regierten, Befehlenden und Gehorchenden"; kritisch zu recht *Pünder,* VVDStRL 72 (2013), S. 191 ff. (195 f.).

[14] *Heun,* Die Verfassungsordnung der Bundesrepublik Deutschland, S. 37.

[15] Zur Rolle der Opposition im parlamentarischen Regierungssystem in rechtsvergleichender Perspektive *Sydow/Jooß,* ZParl 48 (2017), 535 ff.

Im parlamentarischen System fallen der Opposition besondere **Kontrollrechte** zu, die 23
gegebenenfalls auch gerichtlich geltend gemacht werden können. Eine dieser Kontrollbefugnisse der Minderheit im Deutschen Bundestag besteht in der Möglichkeit, Untersuchungsausschüsse einzusetzen (**Enquêterecht**[16]; → 9/20). Die Verhandlungen des Deutschen Bundestages sind zudem grundsätzlich öffentlich (Öffentlichkeitsprinzip). Der Ausschluss der Öffentlichkeit ist allerdings möglich, bedarf nach Art. 42 Abs. 1 S. 2 GG aber eines Beschlusses mit Zweidrittelmehrheit.

3. Verfassungsrechtliche Grenzen des Mehrheitsprinzips

a) Funktionen verfassungsrechtlicher Grenzen des Mehrheitsprinzips

Das Mehrheitsprinzip erfährt in der Demokratie Einschränkungen und Modifikationen. 24
Sie werden im Verfassungsstaat durch die Verfassung gezogen, insbesondere durch die Grundrechte und durch die Gewährleistung effektiver **Oppositionsrechte** im organisatorischen Teil der Verfassung. Diese Einschränkungen des Mehrheitsprinzips dienen unterschiedlichen Funktionen:
– Teilweise sichern sie für den Einzelnen Freiheitsräume auch und gerade für individuelle Überzeugungen und Verhaltensweise und zwar unabhängig davon, ob sie eine Chance auf eine Mehrheit haben (Grundrechte wie Religionsfreiheit).
– Teilweise sichern sie für die Minderheit die Chance, zur Mehrheit zu werden[17] (**Chancengleichheit** im politischen Prozess, demokratiebezogene Grundrechte wie Meinungs-, Informations- und Pressefreiheit etc.).
– Neben den politischen Minderheiten, die darum werben, zur politischen Mehrheit zu werden, gibt es auch Minderheiten, die aufgrund ihrer strukturellen Zusammensetzung zwar am politischen Prozess teilnehmen, aber keine realistische Möglichkeit haben, zur Mehrheit zu werden. Für die Gewährleistung ihrer Partizipationsmöglichkeiten bedarf es gegebenenfalls besonderer Regelungen.

Beispiel: Diese Situation trifft auf die Parteien nationaler Minderheiten zu. Diese sind für die Bundestags- 25
wahl gem. § 6 Abs. 3 S. 2 BWahlG von der Fünf-Prozent-Klausel ausgenommen. Nationale Minderheiten im Sinne dieser Norm sind die dänischen Südschleswiger, die Friesen, die deutschen Sinti und Roma und die Sorben. Für diese besondere Form des Minderheitenschutzes gibt es auf Landesebene einen konkreten Anwendungsfall: Im Bundesland Schleswig-Holstein sind gem. § 3 Abs. 1 S. 2 LWahlG SH Parteien der dänischen Minderheit von der Fünf-Prozent Hürde ausgenommen. Derzeit fällt der Südschleswigsche Wählerverband (SSW) unter diese Klausel. Der SSW muss bei den Wahlen zum Landtag von Schleswig-Holstein nur so viele Stimmen erhalten, wie für einen Sitz im Landtag erforderlich sind, was dem SSW regelmäßig gelingt.

b) Instrumente zur Begrenzung des Mehrheitsprinzips

Das Mehrheitsprinzip kann auf verschiedene Weisen begrenzt oder außer Kraft gesetzt 26
werden[18]:
– Manche Entscheidungen erklärt das Verfassungsrecht schlechthin für unverfügbar (Beispiele: Art. 1 Abs. 1 GG: Würde des Menschen, Art. 79 Abs. 3 GG).
– Andere Mehrheitsentscheidungen werden an materielle Voraussetzungen gebunden, beispielsweise an strenge Regeln des Rechtsstaatsprinzips, die einer gericht-

---

[16] Französisch *enquête* – Untersuchung; in der zusammengesetzten Form als parlamentarisches Enquêterecht ist der französische Terminus im deutschen Verfassungsrecht geläufig.
[17] BVerfGE 138, 102 (109) = NVwZ 2015, 209 (210); *Dreier* in: ders., GG Art. 20 (Demokratie) Rn. 72.
[18] *Klein* in: Maunz/Dürig, GG Art. 42 Rn. 77.

lichen Kontrolle unterworfen werden (Beispiele: Grundrechtseinschränkungen, die zwar nicht per se ausgeschlossen, aber nur im Rahmen des Verhältnismäßigkeitsprinzips zulässig sind).
- Entscheidungen von erheblichem Gewicht können an **qualifizierte Mehrheitserfordernisse,** also an einen breiten Konsens gebunden werden. So bedarf die Änderung des Grundgesetzes gem. Art. 79 Abs. 2 GG der Zustimmung von zwei Dritteln der Mitglieder des Bundestages und zwei Dritteln der Stimmen des Bundesrates (→ 10/28). Für Entscheidungen des Rates der Europäischen Union (Ministerrat) gilt grundsätzlich auch das Mehrheitsprinzip. Hiervon gibt es aber im Primärrecht geregelte Ausnahmen: die qualifizierte Mehrheit und sogar das Erfordernis der Einstimmigkeit (→ 10/47)

IV. Verhältnis von Demokratieprinzip und Rechtsstaatlichkeit

1. Verhältnis in funktionaler Perspektive[19]

27 Das Grundgesetz konstituiert die Bundesrepublik Deutschland als Demokratie (Art. 20 Abs. 1, 2 GG) und als Rechtsstaat (Art. 20 Abs. 3 GG). Beide **Staatsstrukturbestimmungen** sind grundsätzlich unabhängig voneinander, im Einzelnen beziehen sie sich überwiegend auf andere Fragestellungen und leiten sich nicht gegenseitig voneinander ab. Ebenso erklärt der EUV, dass sich die Europäische Union auf den eigenständigen Werten der Demokratie und der Rechtsstaatlichkeit gründet (Art. 2 S. 1 EUV).

28 Beiden Prinzipien liegt allerdings ein gemeinsamer Grundgedanke in Form der **Selbstbestimmung** zu Grunde. Demokratie ist die Form der kollektiven Selbstbestimmung, Rechtsstaatlichkeit ermöglicht individuelle Selbstbestimmung für den Einzelnen durch Gewährleistung von Rechtssicherheit und Grundrechten. Teilweise sind beide Prinzipien funktional miteinander verknüpft: Das rechtsstaatliche Gebot der Gesetzesbindung der Verwaltung und der Gerichte dient der Durchsetzung demokratischer Entscheidungen in Form von parlamentsbeschlossenen Gesetzen. Die Demokratie verwirklicht sich in rechtsstaatlichen Formen. Sie ist auf diese Formen angewiesen, einerseits zur effektiven Durchsetzung demokratischer Entscheidungen, andererseits zur Begrenzung demokratischer Herrschaft, damit diese weder totalitär noch willkürlich wird.

2. Verhältnis in historischer Perspektive

a) Demokratie und Rechtsstaat in Deutschland[20]

29 In historischer Perspektive ist der Rechtsstaat das Prinzip, das in Deutschland zuerst realisiert wurde, bevor eine Demokratisierung gelungen ist. Die Entfaltung des **Rechtsstaatsprinzips** im 19. Jahrhundert kann auch als eine Kompensation für das Scheitern oder die Unterdrückung demokratischer Forderungen interpretiert werden, sowohl im Vormärz als auch in der zweiten Jahrhunderthälfte nach dem Scheitern der demokratischen Revolution von 1848/49. Der auf dem monarchischen Prinzip beruhende Obrigkeitsstaat bot Rechtssicherheit, das Bürgertum verlegte sich auf die Nutzung dieser wirtschaftlichen und gesellschaftlichen Freiheitssphären statt demokratische Selbstbestimmung einzufordern.

---

[19] Vertiefend hierzu *Schulze-Fielitz* in: Dreier, GG Art. 20 (Rechtsstaat) Rn. 225.
[20] Vertiefend *Sachs* in: ders., GG Art. 20 Rn. 11; *Stern,* Staatsrecht I, S. 587 ff.

Vor dem Hintergrund dieser historischen Entwicklung ist die deutsche Rechtsordnung bis heute von einer ausgearbeiteten Rechtsstaatsdogmatik geprägt. So unbestritten die Geltung des Demokratieprinzips unter dem Grundgesetz ist, kennt auch diese demokratische Verfassung zahlreiche Rechtsinstitute, die eine rechtsstaatliche Einhegung des demokratischen Prozesses bewirken. Hierzu zählen u. a. die Grundrechte mit ihrem Vorrang vor dem parlamentarisch beschlossenen Gesetz (Art. 1 Abs. 3 GG) und die gerichtlichen Kontrollkompetenzen des BVerfG auch über demokratisch legitimierte politische Entscheidungen (umfangreiche Kompetenzen in Art. 93 GG). 30

b) Demokratisierung und Rechtsstaatlichkeit im Prozess der europäischen Integration.[21]

Die europäische Integration ist von einer ähnlichen Entwicklungsreihenfolge geprägt, nämlich durch eine Fokussierung der Rechtsprechung des EuGH und der Rechtswissenschaft auf rechtsstaatliche Bindungen in den ersten Jahrzehnten nach Abschluss der Römischen Verträge. Die Demokratisierung folgte deutlich später. Ein wichtiger Schritt war die **Direktwahl** des Europäischen Parlaments 1979, dessen Kompetenzen indes erst in den nachfolgenden Vertragsrevisionen von 1986, 1993, 2003 und 2007 schrittweise ausgeweitet worden sind. 31

Diese Abfolge lässt sich indes nicht wie im Deutschland des 19. Jahrhunderts aus Grundsatzvorbehalten gegenüber der Demokratie erklären. Denn sämtliche Vertragsstaaten waren seit Beginn der europäischen Integration demokratisch verfasste Staaten. Der Grund ist ein anderer: Die Europäischen Gemeinschaften wurden in den ersten Jahrzehnten lediglich als „Zweckverband funktionaler Integration" konzeptualisiert, nicht als eigener, **legitimationsbedürftiger Hoheitsträger.** Demokratie galt als ein Konzept nur für die Mitgliedstaaten, während die Ausübung einzelner Funktionen auf Gemeinschaftsebene, die lediglich der wirtschaftlichen Integration der Volkswirtschaften dienen sollten, zwar rechtsstaatlichen Formen folgen sollte, aber nicht als demokratisch legitimationsbedürftig erschien. 32

B. Die Demokratiekonzeption des Grundgesetzes

I. Konsequente Entscheidung für eine repräsentative Demokratie

1. Ebene des Bundes

Die Bundesrepublik Deutschland ist eine **repräsentative, parlamentarische Demokratie.** Die Staatsgewalt wird vom Volk in Wahlen und Abstimmungen und durch besondere Organe der Legislative, der Exekutive und der Judikative ausgeübt (Art. 20 Abs. 2 S. 2 GG). Auch wenn Art. 20 Abs. 2 S. 2 GG Abstimmungen als Instrument direkter Demokratie erwähnt, enthält das Grundgesetz nur rudimentär plebiszitäre Elemente, nämlich in Art. 29 GG für eine Neugliederung des Bundesgebiets, und ist im Übrigen durch einen antiplebiszitären Grundzug gekennzeichnet. 33

---

[21] Vertiefend *Nettesheim* in: Grabitz/Hilf/Nettesheim, Recht d. Europ. Union Art. 10 EUV Rn. 1 ff.; *Franzius,* EuR 2013, 655 ff.

34 Das zentrale Instrument zur Ausübung von Staatsgewalt durch das Volk sind die Wahlen zum Deutschen Bundestag nach Art. 38 GG.[22] Er ist das einzige, direkt gewählte Staatsorgan auf Bundesebene und wird schon durch diese **unmittelbare demokratische Legitimation** aus dem Kreis der übrigen Bundesorgane herausgehoben. Die zentrale Stellung, die das Grundgesetz dem Bundestag im Rahmen des parlamentarischen Regierungssystems zuschreibt, zeigt sich neben der direkten Wahl durch das Volk an seinen weitreichenden Kompetenzen.[23] Hierzu zählen insbesondere das Gesetzgebungs- und Budgetrecht und Kreationsbefugnisse für andere Staatsorgane, vor allem die Wahl des Bundeskanzlers (Art. 63 GG, → 11/52 ff.).

35 Durch die Parlamentswahl entsteht kein Auftragsverhältnis zwischen dem Volk oder den Wählern und den Abgeordneten, durch das die Abgeordneten an bestimmte Formen der Mandatswahrnehmung gebunden wären. Gegen ein solches imperatives Mandat sprechen nicht nur praktische Gründe, nämlich dass ein konkreter Wille einer Mehrheit von Wählern zu einer Vielzahl von Sachfragen schon gar nicht im Zeitpunkt der Wahl für alle sich im Laufe der Legislaturperiode stellende Fragen feststellbar ist. Das **freie Mandat** (Art. 38 Abs. 1 S. 2 GG) beruht vor allem auf grundsätzlichen Erwägungen über das Verständnis des Abgeordnetenmandats: Der Abgeordnete ist Vertreter des ganzen Volkes, nicht nur seiner Wähler.[24] Eine Rückbindung an die Präferenzen der Bevölkerung wird formal durch die periodischen Wahlen und während der Legislaturperiode durch informelle Rückkoppelungsmechanismen gewährleistet.

36 Der Parlamentarische Rat hat sich nach den Erfahrungen mit der Weimarer Reichsverfassung bewusst gegen ein direkt gewähltes Staatsoberhaupt entschieden und die Kompetenzen des Bundespräsidenten bewusst begrenzt (insbesondere kein Notverordnungsrecht). Immer wieder einmal gibt es aber Überlegungen, ob die Ausübung der Staatsgewalt durch das Volk nicht dadurch gestärkt werden könnte, dass der Bundespräsident **direkt gewählt** wird.

37 Eine isolierte Diskussion allein über den **Wahlmodus** wäre indes Ausdruck eines nur eingeschränkten Verständnisses für die Funktionslogik eines parlamentarischen Regierungssystems, wie es das Grundgesetz etabliert. Das politische Gewicht, das der Bundespräsident durch eine Direktwahl erlangen würde, müsste sich dann auch in erweiterten Kompetenzen äußern. Das könnte in der Form eines präsidentiellen Regierungssystems wie in den USA geschehen (Präsident als Regierungschef) oder in Form eines gemischten, semi-präsidentiellen Systems wie in Frankreich (Ernennung des Premierministers und der Minister durch den Präsidenten, die indes vom Vertrauen des Parlaments abhängig sind). Da es für solche grundlegenden Verfassungsänderungen in Deutschland keine nennenswerte Unterstützung gibt, sind alle Vorschläge zur Direktwahl des Bundespräsidenten stets sehr schnell verebbt.

2. Ebene der Bundesländer

38 Die **Homogenitätsklausel,** mit der das Grundgesetz Vorgaben für das Landesverfassungsrecht statuiert, legt die Landesverfassungen auf die Etablierung eines demokratischen Rechtsstaats im Sinne des Grundgesetzes fest (Art. 28 Abs. 1 S. 1 GG). Das bedeutet nicht, dass Einzelfestlegungen und Gewichtungen des Grundgesetzes durch die

---

[22] *Müller* in: v. Mangoldt/Klein/Starck, GG Art. 38 Rn. 1.
[23] *Müller* in: v. Mangoldt/Klein/Starck, GG Art. 38 Rn. 16–38.
[24] *Klein* in: Maunz/Dürig, GG Art. 38 Rn. 192.

Landesverfassungen nachgebildet werden müssten. Bundesrechtlich vorgegeben ist nur die Existenz eines frei zu wählenden Landesparlaments (Art. 28 Abs. 1 S. 2 GG).

In diesem Rahmen kann das Landesverfassungsrecht das Verhältnis von direkter und indirekter Demokratie anders als das Grundgesetz gewichten, also im größeren Maße als das Grundgesetz Formen direkter Demokratie vorsehen. Die Landesverfassungen tun dies in der Regel auch, beschränkt auf die Kompetenzen, die das Grundgesetz (Art. 70ff. GG; → 15/52ff.) für Landesgesetzgebung vorsieht. Ergebnis ist eine **bundesstaatliche Spaltung**[25] in Fragen direkter Demokratie mit der Folge, dass man die Bundesrepublik Deutschland mit Blick auf Bund und Länder auch als gemischte Demokratie oder repräsentatives System mit direktdemokratischen Elementen[26] bezeichnen kann.

II. Anforderungen an die demokratische Legitimation aller Staatsgewalt

1. Parlamentswahlen und Parlament als zentrale Legitimationsmittler

Nach Art. 20 Abs. 2 S. 1 GG geht alle Staatsgewalt vom Volk aus (Prinzip der **Volkssouveränität**). Jede Ausübung von Staatsgewalt muss daher auf das Volk rückführbar sein. Da das Volk aber nur den Bundestag direkt wählt und nur über die Neugliederung des Bundesgebiets direktdemokratisch entscheidet, muss die demokratische Legitimation der Staatsgewalt mittelbar hergestellt werden.

Für diese Vermittlung demokratischer Legitimation kommt dem unmittelbar legitimierten Bundestag eine zentrale Stellung zu: Das Parlament fungiert als zentraler Legitimationsmittler.[27] Das BVerfG formuliert dieses Erfordernis so: Alle Akte der staatlichen Organe „müssen sich auf den **Willen des Volkes** zurückführen lassen und ihm gegenüber verantwortet werden. Dieser Zurechnungszusammenhang zwischen Volk und staatlicher Herrschaft wird vor allem durch die Wahl des Parlaments, durch die von ihm beschlossenen Gesetze als Maßstab der vollziehenden Gewalt, sowie durch die grundsätzliche Weisungsgebundenheit der Verwaltung gegenüber der Regierung hergestellt."[28]

Die Wahlen sind die einzigen unmittelbaren Legitimationsakte des Volkes. Die Legitimation der Parlamente muss regelmäßig erneuert werden, weswegen die Wahlen in regelmäßig wiederkehrenden Abständen (**Periodizitätsprinzip**) stattfinden. Für die gewählten Volksvertretungen gilt zudem personelle und sachliche Diskontinuität (**Diskontinuitätsprinzip;** → 9/50). Die Periodizität der Wahlen und die Diskontinuität in der Arbeitsweise schaffen die Möglichkeit einer demokratischen Kontrolle der gewählten Volksvertretung. Gleichwohl muss die Wahlperiode so gewählt werden, dass die Arbeitsfähigkeit des Parlaments nicht zu stark beeinträchtigt wird. Die Grundsätze, nach denen die Wahlen zum Deutschen Bundestag stattfinden, sind in Art. 38 Abs. 1 S. 1 GG geregelt: allgemein, unmittelbar, frei, gleich und geheim (→ 9/26).

---

[25] *Möstl*, VVDStRL 72 (2013), S. 355ff. (357).
[26] *Schuler-Harms*, VVDStRL 72 (2013), S. 417ff. (418, 425ff.).
[27] *Müller* in: v. Mangoldt/Klein/Starck, GG Art. 38 Rn. 20.
[28] BVerfGE 83, 60 (72) = NJW 1991, 159 (160), ebenso BVerfGE 93, 37 (66) = NVwZ 1996, 574 (575).

2. Legitimationsstränge: institutionelle, personelle und sachliche Legitimation

a) Grundformen demokratischer Legitimation

43 Ausgehend von dieser Grundkonzeption lassen sich drei Grundformen demokratischer Legitimation unterscheiden, die man auch als **Legitimationsstränge** bezeichnen kann:[29]
- **funktionell-institutionelle** Legitimation: die Hoheitsgewalt ausübende Stelle muss als Staatsorgan oder Amt legitim errichtet und mit Funktionen und Kompetenzen ausgestattet sein;
- **organisatorisch-personelle** Legitimation: die Person, die in der staatlichen Organisation ein konkretes Amt wahrnimmt, muss auf demokratisch legitimierte Weise zum Amtsträger oder Amtswalter bestellt worden sein;
- **sachlich-inhaltliche** Legitimation: das konkrete Handeln des Amtsträgers in Ausübung des ihm übertragenen Amtes muss sich inhaltlich als demokratisch legitimiert erweisen lassen; zentrales Instrument dafür ist die Bindung von Exekutive und Judikative an die vom Parlament beschlossenen Gesetze (Art. 20 Abs. 3 GG).

44

funktionell-institutionell	organisatorisch-personell	sachlich-inhaltlich
Bindung durch verfassungsgemäße Institutions- und Funktionsvorgaben	Bindung durch ununterbrochene Legitimationskette (Wahlen, Ernennung, Zuweisung)	Bindung durch Gesetz, Aufsicht und Weisung

(Legitimationsstränge)

45 **Terminologischer Hinweis:** Das BVerfG und andere Autoren systematisieren bzw. bezeichnen die drei Legitimationsstränge teilweise auch anders, ohne dass damit sachliche Unterschiede verbunden wären.[30]

b) Komplementarität der Legitimationsstränge

46 Diese drei Legitimationsstränge stehen nicht beziehungslos nebeneinander, sondern müssen gemeinsam als Bausteine eines ausreichenden Legitimationsniveaus hoheitlichen Handelns wirksam sein. Sie sind komplementär. Das zeigt sich bereits in der Formulierung zur sachlich-inhaltlichen Legitimation: Das konkrete Handeln des Amtsträgers (personelle Legitimation) in der Ausübung des ihm übertragenen Amtes (institutionelle Legitimation) muss sich inhaltlich als demokratisch legitimiert erwei-

---

[29] Grundlegend *Böckenförde,* in: HStR I, 2. Auflage 1995, § 22 Rn. 12 f., 22 ff. (in der 3. Auflage 2005 ist dieser Paragraph durch einen Paragraphen zum Thema „Demokratische Willensbildung und Repräsentation" ersetzt worden); für die richterliche Legitimation *Voßkuhle/Sydow,* JZ 2002, 673 ff. (675 ff.), umfassend *Tschentscher,* Demokratische Legitimation der dritten Gewalt, S. 28 ff., 51 ff. (mit einem alternativen Kontrollmodell, S. 113 ff.).

[30] Beispielsweise: „institutionelle, funktionelle, sachlich-inhaltliche und personelle Legitimation", so BVerfGE 93, 37 (66 f.).

sen lassen (sachlich-inhaltliche Legitimation). Erst die **Kombination** dieser Elemente sichert die Effektivität des Legitimationszusammenhangs zwischen dem Volk als Legitimationssubjekt und der Staatsgewalt als Legitimationsobjekt. Einzelne Legitimationsstränge können daher in ihrer Bedeutung zurücktreten und im Einzelfall auch ganz ausfallen, solange insgesamt ein ausreichendes Legitimationsniveau gewährleistet ist.[31]

Beispiel: Gerichtsurteile werden „im Namen des Volkes" gesprochen. Dass sie demokratisch legitimiert sind, ergibt sich institutionell durch die Errichtung des jeweiligen Gerichts (in der Regel in Gesetzesform durch das GVG, für Bundesgerichte direkt durch die Verfassung: Art. 93, 95, 96 GG). In personeller Hinsicht stützt sich die Legitimation auf die Ernennung der Richter durch die ihrerseits personell legitimierte Stelle im zuständigen Justizministerium. In sachlicher Hinsicht ergibt sie sich aus der Gesetzesbindung der Judikative (Art. 20 Abs. 3 GG). Ein weiteres mögliches Instrument zur Sicherung sachlich-inhaltlicher Legitimation, die Weisungsabhängigkeit von der demokratisch legitimierten Regierung, ist für Richter zur Gewährleistung ihrer Unabhängigkeit ausdrücklich ausgeschlossen (Art. 97 Abs. 1 GG). Das birgt die Gefahr, dass die sachlich-inhaltliche Legitimation der Rechtsprechung geringer sein könnte als diejenige der Verwaltung, in der es diesen zusätzlichen Legitimationsstrang gibt. Um seinen Ausfall im Bereich der Judikative zu kompensieren, gibt es dort andere Instrumente, die die Beachtung der Gesetzesbindung als des einzigen Instruments der Vermittlung sachlich-inhaltlicher Legitimation in der Judikative absichern und so diesen Legitimationsstrang stärken: Instanzenzug, Kollegialprinzip, Öffentlichkeit der Verfahren, Begründungserfordernis für Urteile.

3. Erfordernis ununterbrochener Legitimationsketten

a) Entstehung von Legitimationsketten über das Parlament

Dadurch dass der Bundestag demokratische Legitimation über diese Legitimationsstränge vermittelt, entstehen Legitimationsketten.

Beispiel zur personellen Legitimation: Das Volk wählt den Bundestag, dieser wählt den Bundeskanzler. Andere Legitimationsketten sind lang: Der vom Bundestag gewählte und vom Bundespräsidenten ernannte Bundeskanzler schlägt Bundesminister vor, die nach ihrer Ernennung durch den Bundespräsidenten ihr Ministerium als oberste Bundesbehörde leiten und dadurch die personelle Besetzung der Ämter in ihrem Geschäftsbereich steuern, oft über mehrere Verwaltungsinstanzen vermittelt.

Nach der Rechtsprechung des BVerfG ist es entscheidend, dass die Legitimationskette nicht unterbrochen sein darf. Auf ihre Länge als solche kommt es nicht an, so dass auch lange Legitimationsketten demokratische Legitimation vermitteln, wenn sie insgesamt effektiv und an keiner Stelle unterbrochen sind. Es geht also nicht darum, dass das Volk im Wahlakt einen praktisch messbaren Einfluss auf jeden Akt der Ausübung von Staatsgewalt ausüben müsste. Das wäre illusorisch. Ob das Erfordernis demokratischer Legitimation erfüllt ist, lässt sich im Rahmen dieser Konzeption in umgekehrter Richtung prüfen: Die Metapher der Legitimationskette bezeichnet einen **Zurechnungszusammenhang,** der die Rückführbarkeit einer konkreten staatlichen Entscheidung auf das Volk ermöglichen muss.

b) Verbot des Dazwischentretens anderer Entscheidungsträger

Das Erfordernis der Legitimationskette dient vor allem dazu, ein Dazwischentreten anderer, demokratisch nicht legitimierter Entscheidungsträger zu verhindern. Das können Interessengruppen sein, die zur Entscheidung einen besonderen Bezug haben,

---

[31] St. Rspr., z. B. BVerfGE 83, 60 (72) = NJW 1991, 159 (160); BVerfGE 93, 37 (67f.) = NVwZ 1996, 574 (575).

Kapitel 5. Demokratie

eventuell auch über besonderen Sachverstand verfügen und in der Regel ein besonderes Interesse an einer ganz bestimmten Entscheidung haben werden (Arbeitgeber, Gewerkschaften, Verbraucher- oder Naturschutzorganisationen etc.). Auch wenn **interessierte Kreise** aus deutschen Staatsangehörigen bestehen und damit zum Staatsvolk gehören, sind sie nicht das Volk und kommen daher als Legitimationssubjekt nicht in Betracht.

51 **Vertiefungshinweis:** Es gibt eine Korrelation zwischen Positionen, die Demokratie zwingend als eine Form staatlicher Herrschaft begreifen und daher mit Blick auf die EU aus dem Demokratieprinzip **Integrationsschranken** ableiten (→ 5/111) und Positionen, die mit Blick auf innerstaatliche Legitimationsfragen als einziges Legitimationssubjekt des Volk als Ganzes begreifen und daher Beteiligungsformen von Interessengruppen nicht als Abstützung demokratischer Legitimation, sondern tendenziell als ihre Bedrohung begreifen.[32] In beiden Fällen stehen pluralismusskeptische, etatistische Grundpositionen im Hintergrund. Sie wurden prominent von einigen Vertretern der Staatsrechtslehre vertreten, die als Richter des BVerfG auch dessen integrationsskeptische Rechtsprechung zur EU geprägt haben: *Ernst-Wolfgang Böckenförde* (Verfassungsrichter von 1983 bis 1996), *Paul Kirchhof* (Verfassungsrichter von 1987 bis 1999).

52 Auch ehrenamtliche Richter, die es in den Tatsacheninstanzen der meisten Gerichtsbarkeiten gibt, am bekanntesten in der Strafgerichtsbarkeit,[33] sind von diesem Ausgangspunkt aus kein Beitrag zur Demokratisierung der Justiz. Die **Bürgerbeteiligung** in der Justiz oder auch der Exekutive galt zwar im 19. Jahrhundert als Form der Demokratisierung der Staatsgewalt, die damals indes insgesamt gerade nicht demokratisch legitimiert war.[34] Die bloße Tatsache, dass ein ehrenamtlicher Richter Staatsbürger ist, macht ihn aber nicht zum Repräsentanten des Volkes, der dadurch demokratische Legitimation gleichsam schon in sich trüge. Vielmehr muss die Beteiligung **ehrenamtlicher Richter** in der Justiz ihrerseits in den Wegen des Art. 20 Abs. 2 GG und damit zentral über den Bundestag legitimiert werden.

53 Das schließt nicht aus, dass eine Beteiligung ehrenamtlicher Richter auch heute sinnvoll ist, weil sie das Qualifikationsprofil der Berufsrichter ergänzen können, beispielsweise Jugendschöffen, für die erzieherische Befähigung und Erfahrung in der Jugenderziehung Berufungsvoraussetzung ist. Sie können auch **plurale Interessen** einbringen und zur Akzeptanz von Entscheidungen beitragen, so die Arbeitgeber- und Arbeitnehmervertreter in der Arbeitsgerichtsbarkeit. Das aber sind andere Legitimationsmodi, über deren Einbeziehung in die Konzeption demokratischer Legitimation Streit besteht (→ 5/61 ff.).

54 Demzufolge können Bürger und Interessenvertreter im Rahmen ihrer grundrechtlichen Freiheiten und durch die Ausübung ihres Wahlrechts auf die Ausübung von Staatsgewalt Einfluss nehmen, aber sie dürfen nicht selbst als einzelne Bürger Staatsgewalt ausüben.

---

[32] Zur Diskussion *Volkmann,* Grundzüge einer Verfassungslehre der Bundesrepublik Deutschland, S. 243 ff., insb. 245 f.
[33] §§ 29, 76 GVG.
[34] Klassische zeitgenössische Reformschrift: *P. J.A. Feuerbach,* Betrachtungen über das Geschworenengericht, 1813; aus heutiger Perspektive für die Justiz *Sydow,* Die Verwaltungsgerichtsbarkeit des ausgehenden 19. Jahrhunderts, 2000, S. 141 ff., für die Exekutive *von Krosigk,* Bürger in die Verwaltung!, 2010, insb. S. 89 ff.

Beispiel: Das Sozialgerichtsgesetz (§ 11 SGG) bestimmt für die Wahl der Berufsrichter in der Sozialgerichtsbarkeit, dass sie nach Beratung mit einem Ausschuss auf Lebenszeit ernannt werden. Dem Ausschuss sollen in angemessenem Verhältnis Vertreter der Versicherten, der Arbeitgeber, der Versorgungsberechtigten und der mit dem sozialen Entschädigungsrecht oder der Teilhabe behinderter Menschen vertrauten Personen sowie der Sozialgerichtsbarkeit angehören.

Die Versichertenvertreter, die Arbeitgebervertreter etc. sind nicht das Volk als einzig verfassungsrechtlich zulässiges Legitimationssubjekt. Auch die plurale und ausgewogene Zusammensetzung des Ausschusses ändert nichts daran, dass er mit Interessenvertretern besetzt ist. Sie tragen demzufolge zur demokratischen Legitimation der Richterwahl nichts bei, sondern bedrohen sie im Gegenteil. Die Norm ist verfassungsrechtlich nur deshalb zulässig, weil der Ausschuss lediglich beratende Funktionen hat und die Auswahlentscheidung in der Hand der demokratisch legitimierten Ministerialverwaltung verbleibt.

Das gilt auch für die Vertreter der Sozialgerichtsbarkeit in diesem Ausschuss. Denn Richter sind zwar demokratisch zur Ausübung von Rechtsprechung legitimiert, aber eben nur für diese Funktion. Wenn Richter an der Auswahl anderer Richter mitwirken oder gar selbst und abschließend über die Selbstergänzung ihres Berufsstandes entscheiden würden (Kooptation), dann könnten sie dies nicht als demokratisch für diese Funktion legitimierte Staatsgewalt tun, sondern nur als Vertreter einer Berufsgruppe. Als Vertreter einer Berufsgruppe sind sie aber nicht das Volk und damit zur Vermittlung demokratischer Legitimation ungeeignet. Im Ausschuss nach § 11 SGG dürfen sie daher lediglich mitwirken, weil dieser Ausschuss nur beratend tätig wird.

c) Verbot ministerialfreier Räume

Aus dem Gebot demokratischer Legitimation aller Staatsgewalt, ausbuchstabiert durch das Gebot ununterbrochener Legitimationsketten, folgt ein Grundprinzip der **Verwaltungsorganisation:** Sie muss grundsätzlich hierarchisch strukturiert sein und im Falle der Bundesverwaltung der Bundesregierung, im Falle der Landesverwaltung der zuständigen Landesregierung nachgeordnet sein. Denn die parlamentarische Verantwortung der Regierung bzw. der Minister, die zugleich Leiter der Ministerien als obersten Bundes- bzw. Landesbehörden sind, sichert die demokratische Legitimation der Verwaltung. Verwaltungsbehörden außerhalb dieser hierarchischen Struktur sind daher unter dem Grundgesetz grundsätzlich unzulässig (näher → 16/45 ff.).

Rechtsvergleichender Hinweis: Andere staatliche Verfassungsordnungen und das EU-Recht kennen solche aus dem Demokratieprinzip abgeleiteten Anforderungen an die Verwaltungsorganisation nicht: Die französische Verwaltungsorganisation kennt zahlreiche *autorités administratifs indépendants (AAI)*, die britische Verwaltung neben der Zentralverwaltung in *Whitehall* zahlreiche *agencies*, das EU-Recht nach diesen Vorbildern zahlreiche unabhängige Agenturen (→ 16/36 ff.). Nach dortigem Verständnis ist die demokratische Legitimation dieser Einrichtungen durch ihren Errichtungsbeschluss und ihre Gesetzesbindung ausreichend gewährleistet.

III. Kritik an der Einseitigkeit dieses Legitimationsmodells

1. Historische Bedingtheiten dieses Legitimationsmodells

Das BVerfG hat mit der Konturierung des institutionell-funktionellen, des organisatorisch-personellen und des sachlich-inhaltlichen Legitimationsstrangs und mit dem Erfordernis einer ununterbrochenen Legitimationskette die Verfassungsnorm des Art. 20 Abs. 2 GG konkretisiert. Das BVerfG konnte sich dabei auf Konzeptionen stützen, die in den 1970er Jahren von namhaften Verfassungsrechtlern entwickelt worden waren, u. a. dem späteren Bundesverfassungsrichter *Böckenförde* und dem späteren Bundespräsidenten *Herzog*.[35] Sie hatten ihre **Demokratiekonzeption** in bewusster Abgren-

---

[35] *Böckenförde,* Verfassungsfragen der Richterwahl, 1974, S. 71 ff.

zung gegenüber der Idee des demokratischen Sozialismus nach Art der DDR und gegenüber partizipativen Demokratievorstellungen entwickelt, die in den 1970er Jahren diskutiert wurden.

59 Die Betonung der zentralen Stellung des Bundestags als Legitimationsmittler und das Erfordernis ununterbrochener Legitimationsketten vom Volk über die Bundestagswahl zur konkreten staatlichen Entscheidung dienten vor diesem Hintergrund dazu, das parlamentarische Regierungssystem zu stärken und seine Leistungsfähigkeit gegenüber Angriffen und alternativen Entwürfen für Herrschaftssysteme zu verteidigen. Der damalige zeithistorische Hintergrund ist entfallen, die Idee des **demokratischen Sozialismus** hat sich selbst desavouiert und jede Strahlkraft verloren.

60 Heute sind es demgegenüber **populistische Strömungen** und weltweite Tendenzen hin zu autoritären Regimen, die die freiheitliche Demokratie und das parlamentarische Regierungssystem herausfordern. Es ist deshalb aus anderen Gründen wieder nötig, die Leistungsfähigkeit des Parlamentarismus zu betonen und den Nutzen herauszustellen, den das Demokratiekonzept des BVerfG hat. Gleichwohl ist die Rechtsprechung des BVerfG zu den Anforderungen an demokratische Legitimation der **Kritik** ausgesetzt. Dabei geht es nicht um Positionen, die das parlamentarische Regierungssystem als solches ablehnen und damit den Boden des Grundgesetzes und der Verfassungsinterpretation verlassen. Es gibt auch eine Kritik, die vom Ausgangspunkt des Art. 20 Abs. 2 GG aus argumentiert und dem BVerfG vorwirft, es habe diese Verfassungsbestimmung in einer einseitigen Weise interpretiert und eine bestimmte Lesart verabsolutiert.[36]

2. Alternative Legitimationsmodi

61 Der Kern der Kritik, die mit unterschiedlichen Akzentuierungen vorgetragen wird, lautet: Die Konzeption des BVerfG sei statisch, sie sei monistisch und sie sei hierarchiefixiert, ohne dass gerade diese spezifische Interpretation des Art. 20 Abs. 2 GG durch die Verfassung geboten sei. Das Grundgesetz sei nicht einseitig darauf festgelegt, dass nur das Volk als Ganzes Legitimation vermitteln könne und dass Legitimation nur über Legitimationsketten vermittelt werden könne (so aber die als monistisch bezeichnete Konzeption des BVerfG). Das Grundgesetz sehe vielmehr selbst in einem pluralistischen Demokratieverständnis **alternative** und **ergänzende Legitimationsmodi** vor, die das BVerfG in seiner Abwehrhaltung gegenüber drohenden Unterbrechungen der Legitimationskette ausblende.[37]

62 Für diese Position lassen sich verschiedene Ansatzpunkte anführen: Die Ausübung von Staatsgewalt muss sich letztlich immer auf den einzelnen Menschen und dessen Würde und Autonomie zurückführen lassen, die das Grundgesetz im Grundrechtsteil auch in das Zentrum der Verfassung stelle. Partizipation an staatlichen Entscheidungen muss nicht als Bedrohung demokratischer Legitimation verstanden werden, son-

---

[36] Die Kritikwelle hatte einen gewissen Höhepunkt in den 1990er Jahren: *H.-H. Trute,* Die Forschung zwischen grundrechtlicher Freiheit und staatlicher Institutionalisierung, 1994, S. 206 ff., *H.-C. Röhl,* Die Verwaltung 29 (1996), 487 (497 ff.); *A. Rinken,* KritV 79 (1996), 282 (insb. 292 ff.); *Th. Blanke,* Kritische Justiz 31 (1998), 452 (insb. 465 ff.), *Th. Groß,* Das Kollegialprinzip in der Verwaltungsorganisation, 1999, S. 174 ff.
[37] Überblick über alternative Ansätze bei *Classen,* Demokratische Legitimation im offenen Rechtsstaat, S. 24 ff., S. 54 ff., 63 ff.

dern kann sie ergänzen und abstützen. Das Grundgesetz enthält ja gerade zu diesem Zweck **partizipationsermöglichende Grundrechte:** Petitionsrecht, Versammlungsrecht, Meinungsfreiheit (Art. 5, 8, 19 GG). Auch die politischen Parteien, die an der politischen Willensbildung mitwirken, sind vom Grundgesetz ausdrücklich in ihrer Bedeutung für das Verfassungsleben anerkannt (Art. 21 GG, ausführlich → 13/1). Das Grundgesetz kennt keinen Schematismus an Legitimationskonzepten, sondern lässt mit der Garantie kommunaler Selbstverwaltung (Art. 28 Abs. 2 GG) auch Formen der Ausübung von Staatsgewalt zu, die sich nicht auf das Volk als Ganzes, sondern auf Teile des Volkes stützen.

Schließlich konzentriert sich das BVerfG auf das, was Lincoln „government by the people" und die politikwissenschaftliche Diskussion *input*-Legitimation nennt, während Demokratie auch „government for the people" sei. Wenn also institutionelle und prozedurale Arrangements nicht Ableitungszusammenhänge in das Zentrum stellen, sondern ihre Leistungsfähigkeit für das Volk, dann ist das nicht per se ein undemokratisches Konzept. Solche ***output*-orientierten Legitimationskonzeptionen** werden insbesondere für die EU vorgetragen und für sie kontrovers diskutiert (→ 5/103 ff.). 63

3. Vermittelnde Auffassungen: Komplementarität unterschiedlicher Legitimationsmodi

Für ein adäquates Verständnis der grundgesetzlichen Demokratie bieten sich vermittelnde Lösungen an, die verschiedene Legitimationsmodi nicht als prinzipiellen Gegensatz, sondern als gegenseitige Ergänzung verstehen.[38] Hierzu kann der Gedanke der Komplementarität verschiedener Legitimationsstränge nicht nur auf die institutionelle, personelle und sachlich-inhaltliche Legitimation bezogen werden, sondern auch auf andere **Legitimationskomponenten** wie Akzeptanz, Effizienz, Partizipation, Kontrolle und Entscheidungsrichtigkeit: 64

– Die über Parlamentswahlen und das Parlament, über institutionelle, personelle und sachlich-inhaltliche Legitimationsstränge und Legitimationsketten vermittelte demokratische Legitimation ist Grundlage des verfassungsrechtlichen Legitimationskonzepts. Ein Mindestmaß an auf diese Weise vermittelter demokratischer Legitimation ist unverzichtbar.
– Wenn dies gewährleistet ist, können andere Aspekte die Ausübung von Hoheitsgewalt ergänzen und abstützen und müssen nicht als potentielle Bedrohung des Ableitungszusammenhangs vom Volk möglichst zurückgedrängt werden.

IV. Subjektivierung des Demokratieprinzips

Das Demokratieprinzip ist in Art. 20 GG als **Staatsstrukturprinzip** niedergelegt. Mit seiner Rechtsprechung zu den Revisionen der europäischen Unionsverträge hat das BVerfG dieses objektivrechtliche Prinzip subjektiviert: Der einzelne Bürger kann die Beachtung der aus dem Demokratieprinzip resultierenden Maßstäbe im Wege der **Verfassungsbeschwerde** vor dem BVerfG einklagen, prozessual unter Berufung auf das verfassungsbeschwerdefähige Wahlrecht aus Art. 38 Abs. 1 S. 1 GG. 65

---

[38] Solche vermittelnden Positionen bei *Voßkuhle/Sydow,* JZ 2002, 673 ff. (676, 680 ff.); *Schmidt-Aßmann,* Allg. VerwR a. Ordnungsidee, S. 101 ff.; *Dreier,* in: ders. (Hg.), GG Art. 20 Rn. 108.

66 **Hinweis zur Terminologie:** Das Grundgesetz enthält Normen, die dem einzelnen Bürger ein individuelles, vor Gericht einklagbares Recht gewähren. Hierzu zählen insbesondere die Grundrechte und das Wahlrecht. Daneben enthält das Grundgesetz auch Normen, die rechtlich bindend sind, aber nicht einen einzelnen berechtigen, sondern z. B. die Staatsstruktur betreffen. Da das deutsche Rechtsschutzsystem überwiegend subjektivrechtlich konzipiert ist, kann der einzelne Bürger bei einem Verstoß gegen objektivrechtliche Normen nicht klagen. Ihre Beachtung muss in anderen Verfahren (bspw. Staatsaufsicht) oder durch andere Antragsteller (bspw. Bundesregierung als Antragstellerin im Organstreitverfahren) sichergestellt werden. Diese Unterscheidung von subjektiven und objektiven Normen (oder Normen mit subjektivrechtlichem Gehalt/objektivrechtlichem Gehalt) ist auch im einfachen Recht vorhanden. „Subjektivierung" bezeichnet damit die Interpretation oder Fortentwicklung einer objektivrechtlichen Norm, die ihr einen zusätzlichen subjektivrechtlichen Gehalt zulegt. Praktisch zeigt sich das daran, dass die Norm für den Einzelnen vor Gericht einklagbar wird.

67 Das BVerfG hat seit dem Maastricht-Urteil Verfassungsbeschwerden in Bezug auf die **Revisionen der Unionsverträge** für zulässig erklärt, die sich auf eine behauptete Verletzung des Wahlrechts aus Art. 38 Abs. 1 GG stützte. Gegenstand des Verfahrens waren aber nicht Wahlrechtsbestimmungen, sondern die Integration der Bundesrepublik Deutschland in die Europäische Union. Einen Zusammenhang zum Wahlrecht hat das BVerfG dadurch hergestellt, dass das Gericht eine Entwicklung für denkbar hielt, in der durch weitere Kompetenzübertragungen an die EU die innerstaatliche Demokratie und insbesondere die Entscheidungsbefugnisse des Bundestags ausgehöhlt würden. Das Wahlrecht aus Art. 38 Abs. 1 GG gewähre, so das BVerfG, nicht bloß ein formales Recht auf freie Teilnahme an Bundestagswahlen, sondern auf Wahlen zu einem Staatsorgan, das im Rahmen der staatlichen Demokratie über substanzielle Kompetenzen verfüge.[39] Damit werden die Kompetenzen des Bundestags und die Anforderungen und Grenzen der europäischen Integration aus dem Demokratieprinzip des Grundgesetzes verfassungsbeschwerdefähig.

68 Diese Rechtsprechung hat einen unmittelbaren prozessualen Hintergrund: Gegen eine Verletzung des Wahlrechts kann der einzelne vor dem BVerfG klagen (Verfassungsbeschwerde nach Art. 93 Abs. 1 Nr. 4a GG), gegen eine Verletzung der Kompetenzbestimmungen für den Bundestag oder das Demokratieprinzip besteht eine solche **Klagemöglichkeit** nicht. Indem das BVerfG auf diese Weise die bei ihm anhängige Verfassungsbeschwerde für zulässig erklärt hat, hat das Gericht dem Einzelnen Klagemöglichkeiten gegen Revisionen der Unionsverträge und sich selbst damit eine gerichtliche Kontrollmöglichkeit geschaffen.[40]

69 Neben dieser unmittelbaren prozessualen Folge hat diese Entscheidung aber auch Folgen für das Verständnis des Demokratieprinzips: Die Beachtung seiner Anforderungen wird – über Art. 38 Abs. 1 GG – einklagbar. Das Demokratieprinzip wird damit in Form eines subjektiven Rechts auf Demokratie **subjektiviert**.

C. Demokratische Legitimation der EU

I. Das Gebot demokratischer Verfasstheit der EU

70 Für ein Gemeinwesen, das in Europa supranationale Hoheitsgewalt ausübt, ist im 21. Jahrhundert keine Alternative zum Gebot demokratischer Verfasstheit denkbar.

---

[39] BVerfGE 123, 267 (329 ff.) = NJW 2009, 2267 (2284).
[40] *Giegrich*, ZEuS 2016, 3 ff. (25 f.).

Diesem Postulat tragen die Unionsverträge Rechnung, indem sie an prominenter 71
Stelle niederlegen, dass sich die EU auf Demokratie gründet (Art. 2 S. 1 EUV). Ihre
Arbeitsweise beruht auf der **repräsentativen Demokratie** (Art. 10 Abs. 1 EUV). Ausbuchstabiert wird diese Grundentscheidung durch die Bestimmungen über das Europäische Parlament (Art. 14 EUV, 223 ff. AEUV). Auch wenn das Parlament seine Gesetzgebungskompetenzen mit dem Rat teilt (Art. 289 AEUV, → 15/161 ff.), ist die
Frage, ob die EU demokratisch verfasst sein müsse, durch diese Primärrechtsnormen
auch auf der Ebene des positiven Rechts eindeutig beantwortet.

II. Strukturprobleme supranationaler demokratischer Legitimation

Eine Selbstverständlichkeit ist das Demokratiegebot für die EU gleichwohl nicht. 72
Lange Zeit wurde bestritten, dass das Demokratiepostulat auf die EU anwendbar sei.
Im Streit standen zwei Grundfragen: das **Demokratiebedürfnis** und die **Demokratiefähigkeit** auf europäischer Ebene.[41] In Abhängigkeit von den Positionen zu diesen
Grundfragen können daraus ganz unterschiedliche Folgerungen abgeleitet werden:

– Man konnte bestreiten, dass es in der EU überhaupt ein Bedürfnis nach demokra- 73
tischer Legitimation gebe, weil sie als „**Zweckverband funktionaler Integration**"
mit begrenzten Kompetenzen nicht (in derselben Weise) wie staatliches Handeln
legitimationsbedürftig sei. Diese Position hat ihre ohnehin brüchige Überzeugungskraft jedenfalls heute mit der immer weiteren Ausweitung der EU-Kompetenzen verloren und wird nicht mehr vertreten.

– Man kann ein **Legitimationsbedürfnis** für die Entscheidungsbefugnisse der EU 74
anerkennen, ihre Demokratiefähigkeit aber mangels soziologischer Voraussetzungen einer europäischen Demokratie verneinen (zur Position, die Demokratie ausschließlich als Form staatlicher Herrschaft versteht → 5/110 ff.). Daraus lässt sich
dann nur die Folgerung ableiten, dass den EU-Kompetenzen Grenzen gezogen
und sie eventuell sogar auf die Mitgliedstaaten zurück verlagert werden müssen,
wenn nicht dieser Integrationsverband zur Wahrung der Demokratie ganz verlassen werden soll.

– Man kann Legitimationsbedürfnis und **Demokratiefähigkeit der EU** grundsätz- 75
lich als gegeben ansehen und daraus die Folgerung ziehen, die auf EU-Ebene vorhandenen demokratischen Legitimationsstränge auszubauen, insbesondere also die
Kompetenzen des EU-Parlaments zu stärken. Die notwendige Reformagenda setzt
hier auf der Ebene der Organkompetenzen an. Dies ist die Grundidee der verschiedenen Revisionen der Unionsverträge gewesen (Verträge von Maastricht 1992,
Amsterdam 1997, Nizza 2001, Lissabon 2007, zudem der nicht ratifizierte Verfassungsvertrag von 2004).

– Schließlich kann man, im Ausgangspunkt wie die dritte Position, die Demokratie- 76
fähigkeit der EU grundsätzlich für gegeben erachten, das Problem einer europäischen Demokratie aber nicht auf der institutionellen, sondern auf der außerrechtlichen Ebene verorten: „Die EU wird nicht demokratisch vitalisiert durch
Vermehrung der Kompetenzen des Europäischen Parlaments, sondern durch Aufbau einer **europäischen Öffentlichkeit**."[42] (zur Bedeutung einer demokratischen
Öffentlichkeit → 5/120). Diese Position rekurriert vor allem auf intermediäre

---

[41] Zum Diskussionsstand um das Jahr 2000: *Lübbe-Wolff*, VVDStRL 60 (2001), S. 246 ff. (248 ff.).
[42] *Isensee*, Diskussionsbeitrag, VVDStRL 68 (2009), S. 468.

Strukturen wie die Medien. Je nach Einschätzung der Frage, ob und in welchen Zeiträumen eine europäische Öffentlichkeit entstehen wird oder in welchem Maße sie bereits vorhanden ist, folgen aus dieser Grundposition sehr unterschiedliche Einschätzungen zum aktuellen Stand der europäischen Demokratie.

77 – Schließlich gibt es in der öffentlichen Wahrnehmung und medialen Berichterstattung über die EU eine Tendenz, divergierende politische Präferenzen in den Mitgliedstaaten und Meinungsverschiedenheiten zwischen den Regierungen als problematisch wahrzunehmen oder darzustellen. Unterschiedliche Vorstellungen über den Umgang mit der Flüchtlingskrise oder Maßnahmen zur Eurorettung dienen dann als Beleg für fehlende **außerrechtliche Demokratievoraussetzungen** in der EU. Diese Interpretation kann richtig sein, wenn es prinzipiell an einem Grundkonsens darüber fehlen sollte, dass die EU der richtige Rahmen ist, um die Sachfragen, für die eine EU-Kompetenz besteht, einer Lösung zuzuführen. Ein Fehlschluss liegt indes vor, wenn politischer Streit über Sachfragen als Hinweis auf fehlende Demokratievoraussetzungen gewertet wird. Dass sich sogleich oder überhaupt immer alle einig sein müssten, ist vom Demokratieprinzip nicht gefordert. Das Gegenteil ist der Fall.

78 **Beispiel:** Die Tragfähigkeit der einzelnen Positionen lässt sich gut an Hand der sog. Krisenbeispiele der letzten Jahre („Eurokrise", „Finanzkrise", „Flüchtlingskrise") verifizieren:
– Diese politischen Großthemen sind geprägt durch eine kontroverse gesamteuropäische Diskussion. Sie leidet weder unter dem Fehlen gemeinsamer Themen noch unter sprachlichen Verständigungsschwierigkeiten oder unter dem Fehlen einer europäischen Medienöffentlichkeit. Die Annahme, für eine Demokratie auf europäischer Ebene fehle es an intermediären Strukturen, hat in den letzten Jahren an Überzeugungskraft verloren. Die Krisenbeispiele und der Streit über Wege aus der Krise sind daher gerade ein Beleg für die Existenz und Vitalität einer europäischen Öffentlichkeit.
– Die Bewertung fällt anders aus, wenn man nicht die lebendige und kontroverse Auseinandersetzung, sondern den fehlenden Konsens über den richtigen Lösungsansatz, die divergierenden Interessen in verschiedenen Mitgliedstaaten etc. für das Entscheidende hält. Damit aber läuft man Gefahr, autoritären Positionen das Wort zu reden, die noch nie einen Wert in der Auseinandersetzung und der Möglichkeit zum Dissens gesehen und den Parlamentarismus als Ausdruck von Partikularinteressen schon immer verachtet haben.
– Es spricht daher viel für eine Einschätzung, dass die genannten Krisen keine Defizite in außerrechtlichen Demokratievoraussetzungen haben deutlich werden lassen, sondern Schwächen in der Problemlösungsfähigkeit der gegenwärtigen institutionellen Strukturen der EU. Es ist daher nicht weiter erstaunlich, dass ein Jahrzehnt nach der letzten institutionellen Reform durch den Vertrag von Lissabon eine Reformdebatte über Kompetenzen und Institutionen der EU geführt wird.

III. Parlamentarische Legitimation der EU

1. Dualistisches Legitimationskonzept

79 Der Demokratiebegriff ist ein relationaler Begriff, der ein Legitimationssubjekt mit einem Legitimationsobjekt (Hoheitsgewalt) verknüpft. Das wirft die Frage auf, auf welches **Legitimationssubjekt** die EU gestützt werden kann und wie der Zurechnungszusammenhang zwischen diesem Legitimationssubjekt und der von der EU ausgeübten Hoheitsmacht beschaffen sein muss.

80 Das BVerfG hat 1992 in seinem Maastricht-Urteil zwei **Legitimationswege** benannt, über die die Staatsvölker der Mitgliedstaaten der EU demokratische Legitimation vermitteln: „Nimmt ein Verbund demokratischer Staaten hoheitlichen Aufgaben wahr und übt dazu hoheitliche Befugnisse aus, sind es zuvörderst die Staatsvölker der Mit-

gliedstaaten, die dies über die nationalen Parlamente demokratisch zu legitimieren haben. Mithin erfolgt demokratische Legitimation durch die Rückkoppelung des Handelns europäischer Organe an die Parlamente der Mitgliedstaaten; hinzu tritt – im Maße des Zusammenwachsens der europäischen Nationen zunehmend – innerhalb des institutionellen Gefüges der Europäischen Union die Vermittlung demokratischer Legitimation durch das von den Bürgern der Mitgliedstaaten gewählte Europäische Parlament."[43]

Dieses dualistische Konzept einer **doppelten Legitimationsvermittlung** über die nationalen Parlamente und über das Europäische Parlament liegt den Unionsverträgen zu Grunde (v. a. Art. 10 Abs. 2 EUV); als Konzept zweier sich ergänzender Legitimationswege ist es allgemein konsentiert.[44] Unterschiedliche Nuancierungen sind für die Gewichtung der beiden Legitimationsstränge möglich. Das BVerfG hatte 1992 noch eindeutig eine Priorität des nationalen Legitimationsstrangs angenommen. Die Reihenfolge in Art. 10 Abs. 2 EUV legt nach der Vertragsrevision von Lissabon (2007) eine umgekehrte Priorität nahe. Für die zentrale Frage der Organkompetenzen für die EU-Gesetzgebung besteht inzwischen in der Regel ein Gleichgewicht zwischen dem Rat (und damit dem nationalen Legitimationsstrang) und dem Europäischen Parlament (als europäischem Legitimationsstrang).[45]   81

2. Staatsvölker und Unionsbürger als eigenständige Legitimationssubjekte für die EU

Einer eingehenderen Betrachtung bedarf die Frage, auf welches Legitimationssubjekt sich die beiden Legitimationsstränge stützen. Für den **nationalen Legitimationsstrang** über die Wahl der nationalen Parlamente und Regierungen ist es selbstverständlich, dass als Legitimationssubjekt nur das jeweilige Staatsvolk in Betracht kommt. Insofern hat die EU so viele Legitimationssubjekte, wie sie Mitgliedstaaten hat. Das BVerfG spricht von den „Staatsvölkern der Mitgliedstaaten", die Unionsverträge damit übereinstimmend von den „Bürgerinnen und Bürgern" der Mitgliedstaaten (Art. 10 Abs. 2 UAbs. 2 EUV).[46]   82

Aber wer ist Legitimationssubjekt im Rahmen des europäischen Legitimationsstrangs? Bilden die **Unionsbürger** hierfür ein einheitliches Legitimationssubjekt? Es scheint, als sei das BVerfG im Maastricht-Urteil davon ausgegangen, dass der Legitimationsstrang über das Europäische Parlament sich auf dieselben Legitimationssubjekte wie die nationalen Legitimationsstränge stütze und nur der Zurechnungszusammenhang anders vermittelt werde: Das Europäische Parlament werde von den „Bürgern der Mitgliedstaaten" gewählt. Die Staatsvölker der Mitgliedstaaten würden nach dieser Vorstellung doppelt handeln: einerseits bei der Wahl der nationalen Parlamente, andererseits bei der Wahl der Europäischen Parlaments.   83

Die Unionsverträge legen für den Legitimationsstrang über das Europäische Parlament eine andere Lesart nahe, nämlich die Unionsbürger in ihrer Gesamtheit als Legitimationssubjekt zu begreifen. Art. 10 Abs. 2 UAbs. 1, 14 Abs. 2 EUV sehen eine Vertre-   84

---

[43] BVerfGE 89, 155 = NJW 1993, 3047 (Leitsatz); zu den beiden Legitimationssträngen *Classen*, Demokratische Legitimation im offenen Rechtsstaat, S. 91 ff., 95 ff.
[44] *Nettesheim*, in: Grabitz/Hilf/Nettesheim, Recht d. Europ. Union, Art. 10 EUV Rn. 65 ff.
[45] Ordentliches Gesetzgebungsverfahren nach Art. 294 AEUV (→ 15/165 ff.).
[46] *Haag*, in: Von der Groeben/Schwarze/Hatje, Europ. Unionsrecht Art. 10 EUV Rn. 10.

tung der Unionsbürgerinnen und Unionsbürger auf Unionsebene im Europäischen Parlament vor, nicht eine Vertretung der Staatsvölker der Mitgliedstaaten. Art. 11 Abs. 4 EUV räumt den Unionsbürgern bei Erreichen eines Quorums von einer Million Stimmberechtigten direktdemokratische Rechte ein. Art. 10 Abs. 4 EUV spricht davon, dass politische Parteien auf europäischer Ebene zur Herausbildung eines europäischen politischen Bewusstseins und zum Ausdruck des Willens der „Bürger der Union" beitragen. Beim europäischen Legitimationsstrang handeln demnach nicht dieselben Legitimationssubjekte wie auf nationaler Ebene ein zweites Mal, sondern ein eigenes, **gesamteuropäisches Legitimationssubjekt.**[47]

85 Einen deutlichen Hinweis, dass der europäische Legitimationsstrang in diesem Sinn zu verstehen ist, liefern die **Wahlrechtsbestimmungen** für das Europäische Parlament (→ 9/39 ff.). Entscheidenden Aussagegehalt hat das aktive und passive Wahlrecht von Unionsbürgern in ihrem Wohnsitzstaat unabhängig von ihrer Staatsangehörigkeit.[48] Wahlberechtigt für die auf die Bundesrepublik Deutschland entfallenden 96 Abgeordneten im Europäischen Parlament sind neben deutschen Staatsangehörigen „auch alle Staatsangehörigen der übrigen Mitgliedstaaten der Europäischen Union (Unionsbürger), die in der der Bundesrepublik Deutschland eine Wohnung innehaben oder sich sonst gewöhnlich aufhalten."[49] Das heißt: Nicht das deutsche Volk wählt 96 deutsche Abgeordnete, sondern die in Deutschland ansässigen Unionsbürger wählen 96 Unionsbürger als ihre Abgeordneten für das Europäische Parlament. Das deutsche EuWG hat dementsprechend einen zutreffenden Volltitel, nämlich Gesetz über die Wahl der Abgeordneten des Europäischen Parlaments aus der Bundesrepublik Deutschland.

86 Das ist nicht mit der Vorstellung vereinbar, dass hier das deutsche Volk als Legitimationssubjekt handele oder für die französischen Abgeordneten das französische Volk. Vielmehr handeln jeweils die **Unionsbürger,** und zwar unabhängig von ihrer Staatsangehörigkeit in Abhängigkeit von ihrem Wohnsitz. Das lässt sich plausibel nur erklären, wenn man die Unionsbürger insgesamt als Legitimationssubjekt versteht. Die Verteilung der Abgeordneten auf die Mitgliedstaaten hat somit nur eine Vorfunktion für die Wahlkreiseinteilung, bewirkt aber keine Aufteilung der Unionsbürger in verschiedene, je eigenständige Legitimationssubjekte.

87 Das dualistische Legitimationskonzept kann demnach nur im Sinne unterschiedlicher Legitimationssubjekte verstanden werden: beim nationalen Legitimationsstrang über die nationalen Parlamente handeln die Staatsvölker der Mitgliedstaaten, beim europäischen Legitimationsstrang handeln die Unionsbürger in ihrer Gesamtheit als **einheitliches Legitimationssubjekt.**

3. Vermittlungswege parlamentarischer Legitimation

a) Legitimation über das EU-Parlament

88 Art. 10 Abs. 2 EUV normiert, dass die Bürgerinnen und Bürger auf europäischer Ebene unmittelbar im Europäischen Parlament vertreten sind. Damit ist das Europä-

---

[47] Allgemein zur Fortentwicklung des Konzepts des Bürgerstatus durch die Unionsbürgerschaft *Walter,* VVDStRL 72 (2013), S. 7 ff. (28 ff.).
[48] Art. 3 RL 93/109/EG, umgesetzt durch §§ 6, 6b EuWG; zwischenzeitlich war diese Regelung auch primärrechtlich in Art. 8b Abs. 2 EG-Vertrag (Fassung des Vertrags von Maastricht 1992) niedergelegt.
[49] § 6 Abs. 3 EuWG; für die Wählbarkeit § 6b Abs. 2 EuWG; die Wahlgesetze der anderen Mitgliedstaaten enthalten reziproke Bestimmungen.

ische Parlament das einzige **direkt demokratisch legitimierte** Organ der Union. Auf Grund seiner Kompetenzen, die breit gefächert, wenn auch im Vergleich zu nationalen Parlamenten zurückgenommen sind, vermittelt das Europäische Parlament dem Handeln der anderen Unionsorgane Legitimation, teilweise auf sachlicher, teils auf personeller Ebene.[50]

Art. 14 Abs. 1 EUV legt die Aufgaben des Parlaments fest. Nach S. 1 besitzt das Parlament gemeinsam mit dem Rat die **Legislativbefugnis** und kann nicht als Alleingesetzgeber tätig werden. Regelmäßiges Gesetzgebungsverfahren ist das Mitentscheidungsverfahren nach Art. 294 AEUV (→ 15/194 ff.). Gemeinsam mit dem Rat beschließt das Parlament den Haushalt der Union im Verfahren nach Art. 314, 322 Abs. 1 AEUV. 89

Dem Parlament stehen des Weiteren **Kreationsbefugnisse** zu. Dazu zählt vor allem die Wahl des Kommissionspräsidenten auf Vorschlag des Europäischen Rates nach Art. 14 Abs. 1 S. 3 EUV, 17 Abs. 7 UAbs. 1 EUV (→ 9/9). Dadurch wird der Kommission zu indirekter demokratischer Legitimation verholfen. Zudem verfügt das Parlament über Kontrollbefugnisse nach Art. 14 Abs. 1 S. 2 EUV. Dazu gehört das Fragerecht gegenüber der Kommission nach Art. 230 Abs. 2 AEUV. Das Parlament kann zudem ein **Misstrauensvotum** gegenüber der Kommission anstrengen, Art. 17 Abs. 8 EUV iVm Art. 234 AEUV. Wie alle anderen Organe der EU hat das Parlament heute das Recht, Nichtigkeits- oder Untätigkeitsklage vor dem EuGH zu erheben (Art. 263 Abs. 2, 265 AEUV) und ist damit privilegiert klagebefugt. 90

b) Legitimation der EU über die mitgliedstaatlichen Parlamente

Neben dem Parlament wird der **Rat der Europäischen Union** als (Mit-)Gesetzgeber tätig, Art. 16 Abs. 1 S. 1 EUV. Rat und Parlament beschließen zudem zusammen den Haushalt der Union. Es existiert also eine **duale Legitimation** der EU-Gesetzgebung durch das Parlament und den Rat. Im ordentlichen Gesetzgebungsverfahren wirken Rat und Parlament gleichberechtigt nebeneinander, im besonderen Gesetzgebungsverfahren hat der Rat nach wie vor eine bevorzugte Position.[51] Neben diesen Legislativbefugnissen gestaltet der Rat Außenbeziehungen z. B. durch die Zustimmung zu völkerrechtlichen Verträgen und übt Exekutiv- sowie Kreationsbefugnisse (vgl. dazu beispielsweise Art. 126 Abs. 7-14, 301 Abs. 2 AEUV) aus. 91

Da der Rat sich aus je einem Vertreter jedes Mitgliedstaates auf Ministerebene zusammensetzt (zur Zusammensetzung des Rates → 10/33 ff.), ist er nicht direkt demokratisch legitimiert. Es handelt sich um eine **indirekte** demokratische **Legitimation,** da die entsandten Minister ihrerseits auf nationaler Ebene demokratisch über die nationalen Parlamente legitimiert sind.[52] 92

---

[50] *Bieber*, in: von der Groeben/Schwarze/Hatje, Europ. Unionsrecht Art. 14 EUV Rn. 2 f.
[51] *Ziegenhorn* in: Grabitz/Hilf/Nettesheim, Recht d. Europ. Union Art. 16 Rn. 8,9.
[52] Zur Zulässigkeit dieser Ratsbesetzung: BVerfGE 89, 155 (185 f.) = NJW 1993, 3047; BVerfGE 123, 267 (368 f.) = NJW 2009, 2267 (2289 f.).

IV. Alternative und ergänzende Legitimationskonzeptionen für die EU

1. Ansatzpunkte

93 Zentrales **Partizipationsinstrument der Unionsbürger**innen und -bürger ist ihr Wahlrecht zum Europäischen Parlament und zu den nationalen Parlamenten.[53] Diese primären, input-orientierten Legitimationsstränge entsprechen dem Grundsatz des Art. 10 Abs. 1 EUV, wonach die Arbeitsweise der Union auf der repräsentativen Demokratie beruht. Eine Legitimationsstärkung durch Verbindung verschiedener sich ergänzender Legitimationsquellen kann durch eine Einbindung der Zivilgesellschaft in die politischen Entscheidungen gelingen. Die Union bemüht sich um ein möglichst hohes Legitimationsniveau ihrer Entscheidungen und um Bürgernähe; letzteres ist u. a. an prominenter Stelle des Art. 1 Abs. 2 EUV sogar explizit als Zielbestimmung festgelegt.

94 Die zwei wichtigsten Säulen eines solchen individualistisch-partizipativen Ansatzes[54] des Demokratieprinzips, das den repräsentativen Ansatz ergänzt, sind **Transparenz** und Elemente **direkter Demokratie**. Dieser Ansatz strebt ein „Europa der Bürger" an, das die europäische Integration für jeden Einzelnen so erfahrbar macht, dass er sie zu seinem persönlichen Anliegen macht und sich deshalb in den politischen Prozess einbringt.[55] Um das Legitimationsniveau und damit die Akzeptanz unionaler Entscheidungen zu steigern, werden im Unionsrecht außerdem vereinzelt deliberative Prozesse eingesetzt: Dabei handelt es sich um ausführliche Beratungen und argumentative Überzeugung der Bürgerinnen und Bürger im Vorfeld der Entscheidungsfindung.[56]

2. Transparenz und Dialog

95 Die EU zielt auf ein hohes Maß an Transparenz, das „eine bessere Beteiligung der Bürger am Entscheidungsprozess [ermöglicht] und [...] eine größere Legitimität, Effizienz und Verantwortung der Verwaltung gegenüber dem Bürger" gewährleistet.[57] Erst durch Transparenz wird die **Partizipation** der Unionsbürgerinnen und -bürger effektiv möglich; andernfalls ist hoheitliches Handeln für den Einzelnen nur schwer verständlich. Aus diesem Grund ist das Transparenzgebot integraler Bestandteil eines jeden Demokratiekonzepts – so auch des europäischen.

96 Eine wichtige Rolle bei der Transparenzschaffung auf europäischer Ebene nimmt Art. 11 Abs. 1, Abs. 2 EUV ein, der auf die Schaffung eines politischen Diskurses in der **europäischen Öffentlichkeit** abzielt. Damit die Unionsbürger „ihre Ansichten in allen Bereichen des Handelns der Union öffentlich bekannt [...] geben und [austauschen]" können, sind die Organe verpflichtet, die dafür notwendigen Kommunikationsstrukturen und -räume zu schaffen (Abs. 1). Insoweit enthält Art. 11 Abs. 1 AEUV ein derivates **Teilhaberecht**[58] der Unionsbürger. Art. 11 Abs. 2 EUV strebt einen kontinuierlichen zivilgesellschaftlichen Dialog an; gemeint ist damit die Kommunikation

---

[53] *Huber,* in: Streinz (Hg.), EUV/AEUV Art. 11 EUV Rn. 3.
[54] *Ruffert,* in: Calliess/Ruffert (Hg.), EUV/AEUV Art. 11 EUV Rn. 3.
[55] *Huber,* in Streinz (Hg.), EUV/AEUV Art. 11 EUV Rn. 2.
[56] *Ruffert,* in: Calliess/Ruffert (Hg.), EUV/AEUV Art. 11 EUV Rn. 5.
[57] EuGH, 9.11.2010 – C-92/09, C-93/09, ECLI:EU:C:2010:662.
[58] *Huber,* in: Streinz (Hg.), EUV/AEUV Art. 11 EUV Rn. 11.

der Organe (in erster Linie die Kommission) mit den repräsentativen Verbänden und anderen überindividuellen Akteuren der Zivilgesellschaft. Dazu zählen insbesondere Kirchen und Religionsgemeinschaften, Arbeitgeberverbände und Gewerkschaften, Spitzenverbände aller Branchen sowie Nichtregierungsorganisationen.[59]

Eine weitere Ausprägung des **Transparenzgebots** stellt Art. 296 Abs. 2 AEUV dar, wonach alle Rechtsakte der Union mit einer Begründung zu versehen sind. Diese Begründungspflicht hat nicht nur informierenden Charakter bezüglich der zugrundeliegenden Motive des Rechtsaktes, sondern ermöglicht es den Betroffenen zudem, die gesetzgebenden Organe der Union zu kontrollieren, um so ggf. im Rahmen des Art. 263 Abs. 1 AEUV gegen Gesetzgebungsakte vorgehen zu können.[60]   97

Auch der in Art. 15 Abs. 3 AEUV gewährleistete Zugang jeder natürlichen oder juristischen Person mit (Wohn-)Sitz in der Union zu den Dokumenten der Organe, Einrichtungen und sonstigen Stellen der Union trägt zu mehr Transparenz und somit zu einer Stärkung der demokratischen Legitimation bei. Dieser in Art. 15 Abs. 3 AEUV gewährleistete Anspruch auf **Dokumentenzugang** ist allgemein (keine Beschränkung auf bestimmte Kategorien von Dokumenten) und voraussetzungslos (unabhängig vom Vorliegen eines bestimmten Interesses, nicht sekundärrechtlich einschränkbar).[61] Grundrechtliche Dimension erfährt das Zugangsrecht durch seine Normierung in Art. 42 GRCh.   98

Gemäß Art. 16 Abs. 8 EUV tagt der Rat öffentlich, wenn er über Entwürfe zu Gesetzgebungsakten berät oder abstimmt. Auch im Nachhinein sind die Ergebnisse der Abstimmungen des Rats (z. B. auf seiner Internetpräsenz) **öffentlich** zugänglich, sodass die Entscheidungen von den Unionsbürgen nachvollzogen werden können.   99

3. Formen direkter Demokratie auf europäischer Ebene

Auch jenseits der Wahlen zu den jeweils nationalen Parlamenten der Mitgliedstaaten und zum Europäischen Parlament haben die Unionsbürger die Möglichkeit der politischen Beteiligung. Die verschiedenen **Partizipationsmöglichkeiten** sind Ausprägung des Unionsbürgerstatus und finden sich überblicksartig im zweiten Teil des AEUV in Art. 20 Abs. 2 S. 2 lit. d (Unionsbürgerschaft) sowie in Art. 24 (Petitionsrecht). Art. 11 Abs. 4 EUV sieht als weiteres Element partizipativer Demokratie auf europäischer Ebene die Bürgerinitiative vor.[62]   100

Durch das in Art. 227 AEUV normierte **Petitionsrecht** kann jeder Bürger der Union sowie jede natürliche oder juristische Person mit Wohnort oder satzungsmäßigem Sitz in einem Mitgliedstaat außerhalb des formalisierten Rechtswegs individuelle Interessen geltend machen, indem er oder sie sich an das Europäische Parlament wendet. Durch diesen freien Zugang zum Europäischen Parlament wird die subjektive Rechtstellung der Unionsbürger verbessert und zugleich erhält das Europäische Parlament Anregungen für eigene politische Initiativen. Das Petitionsrecht ermöglicht dem Einzelnen die unmittelbare Beteiligung an politischen Grundentscheidungen der Union, sodass es eine Demokratie-, Partizipations- und Legitima-   101

---
[59] *Huber,* in: Streinz (Hg.), EUV/AEUV Art. 11 EUV Rn. 15.
[60] *Calliess,* in: Ruffert/Calliess (Hg.), EUV/AEUV Art. 296 AEUV Rn. 11.
[61] *Hofstötter,* in: von der Groeben/Schwarze/Hatje, Europ. Unionsrecht Art. 15 AEUV Rn. 23.
[62] Die Voraussetzungen für die europäische Bürgerinitiative sind entsprechend Art. 24 Abs. 1 EUV durch VO (EU) Nr. 211/2011 genauer festgelegt; im Einzelnen → 15/152 ff.

tionsfunktion[63] erfüllt. Seine Bedeutung im demokratischen Gefüge der Union spiegelt sich auch in Art. 44 GRCh wider, wo das Petitionsrecht grundrechtlich verankert ist. Das Europäische Parlament muss die Petition zur Kenntnis nehmen und sich mit ihr befassen; ein Abhilfeanspruch des Petenten besteht allerdings nicht.[64] Das genaue Verfahren ist in Titel VIII der Geschäftsordnung des Europäischen Parlaments (Art. 201 ff. GeschO EP) geregelt.

102 Ein weiteres Instrument zur Schaffung von mehr Transparenz und Bürgernähe auf europäischer Ebene ist der **Bürgerbeauftragte** des Europäischen Parlaments.[65] Seine Aufgabe liegt gem. Art. 228 Abs. 1 AEUV darin, „Beschwerden von jedem Bürger der Union oder von jeder natürlichen oder juristischen Person mit Wohnort oder satzungsmäßigem Sitz in einem Mitgliedstaat über Missstände bei der Tätigkeit der Organe, Einrichtungen oder sonstigen Stellen der Union [...] entgegenzunehmen", zu untersuchen und darüber Bericht zu erstatten. Aus Art. 24 AEUV geht zudem hervor, dass das Petitionsrecht und die Möglichkeit der Anrufung des Bürgerbeauftragten nebeneinander bestehen: Ein Subsidiaritätsverhältnis zwischen Art. 227 AEUV und Art. 228 AEUV liegt nicht vor. Neben der Durchsetzung individueller Interessen (subjektiv-öffentliches Recht zur Anrufung des Bürgerbeauftragten) eröffnet Art. 228 AEUV auch die Möglichkeit der allgemeinen Rechtmäßigkeitskontrolle der Tätigkeit der Unionsorgane. Stellt der Bürgerbeauftragte einen Missstand fest, teilt er dies der betroffenen Institution mit, die zur Stellungnahme und Beseitigung des Missstands verpflichtet ist.

4. Legitimation der EU durch *output*-Legitimation?

103 Die europäische Integration ist in den ersten Jahrzehnten in der Regel mit funktionalen Argumenten begründet worden. Wesentliches **Gründungsmotiv** für die Europäische Gemeinschaft für Kohle und Stahl 1951 noch unter dem unmittelbaren Eindruck zweier Weltkriege war die Überlegung, dass eine Vergemeinschaftung dieser Schlüsselbranchen für die (Kriegs-) Wirtschaft einen weiteren Krieg in Europa verhindern könne. Später traten andere *output*-orientierte Begründungen hinzu, insbesondere der Hinweis darauf, dass die Schaffung freier Märkte durch den Abbau von Binnenzöllen das Wachstum fördere. Diese Argumentation wurde dadurch begünstigt, dass die vergemeinschafteten Politikfelder überwiegend technisch-regulatorischer Natur waren. Auch wenn für den europäischen Einigungsprozess als Ganzen das Gegenteil der Fall war, konnten konkrete Einzelentscheidungen in diesen Politikfeldern als eher unpolitisch erscheinen oder dargestellt werden. Sie galten durch die Erreichung ihrer Zwecke als hinreichend legitimiert, so dass nach der demokratischen Legitimation der konkreten Entscheidungsträger und Verfahren nicht weiter gefragt wurde.

104 Den **funktionalen Argumenten** fehlt es weder in sich an Schlüssigkeit noch spricht prinzipiell etwas gegen Wirtschaftswachstum oder gar gegen Friedenssicherung. Der *Brexit* zeigt gerade, welchen Nutzen der EU-Binnenmarkt hat, und die befriedende Wirkung der EU auf einen bis dahin durch ständige Kriege geprägten Kontinent wird niemand geringschätzen wollen. Gleichwohl haben Legitimationskonzepte für die

---

[63] *Huber* in: Streinz (Hg.), EUV/AEUV Art. 227 AEUV Rn. 5.
[64] *Kluth* in: Calliess/Ruffert (Hg.), EUV/AEUV Art. 227 AEUV Rn. 5.
[65] Nähere Regelungen zu Wahl, Tätigkeit und Amtsenthebung des Bürgerbeauftragten in Titel IX (Art. 204 ff.) GeschO EP.

EU, die auf ihren *output* verweisen, grundlegende Schwächen auf unterschiedlichen Ebenen.

Auch bei der Wahrnehmung (wirtschafts-)regulatorischer Aufgaben handelt es sich eben nicht bzw. erst auf einer sekundären Ebene um rein technische Fragen, für die vor allem spezifischer Sachverstand erforderlich wäre und die man auf dieser Basis frei von politischen Auseinandersetzungen allein nach einer Fachlogik regeln könnte. Die Vorstellung, die EU nehme vor allem apolitische Aufgaben wahr, ist eine Chimäre und hat mit jeder Vertragsrevision mehr an Überzeugungskraft verloren. Die britischen *Brexit*-Befürworter formulieren in drastischer Zuspitzung, aber im Kern nicht falsch, welche Entscheidungen und möglichen Nachteile mit der **Mitgliedschaft im EU-Binnenmarkt** verbunden sind: der Verlust an Entscheidungsbefugnissen über das eigene Geld, die eigenen Grenzen, die eigenen Gesetze und den eigenen Handel. Auch wenn man die daraus in Großbritannien gezogenen Folgerungen nicht teilt, machen die Forderungen der *Brexiteers* deutlich, dass im institutionellen Rahmen der EU weitreichende Entscheidungen gefällt werden: über Geld, über Personenfreizügigkeit, über Standards des internationalen Handels. Der Legitimationsbedarf der EU ist angesichts ihrer Kompetenzen über grundlegende Fragen der Politikgestaltung nicht geringer als der Legitimationsbedarf staatlicher Hoheitsausübung. **105**

Diesen Legitimationsbedarf kann *output*-Legitimation nicht decken: **Output-Legitimation** setzt Konsens über die Ziele voraus, die mit technischen Regulierungsmaßnahmen erreicht werden sollen und deren Erreichung dann legitimatorisch von Bedeutung sein soll. Einen fehlenden Konsens über Ziele kann man durch *output*-Konzepte nicht überbrücken. Sofern nicht ein Ziel ausnahmsweise über jeden vernünftigen Zweifel erhaben ist – Friedenssicherung –, muss über die anzustrebenden Ziele, ihre Priorisierung und die dafür in Kauf zu nehmenden Kosten politisch gestritten werden. **106**

Beispiel: Dass die EU sehr erfolgreich in der Durchsetzung der Grundfreiheiten ist (Warenverkehrsfreiheit, Arbeitnehmerfreizügigkeit etc.), also entsprechend der vertraglichen Zielsetzung *output* liefert, trägt zu ihrer Legitimation nichts mehr bei, sondern delegitimiert die EU sogar, wenn gerade die Personenfreizügigkeit als Problem wahrgenommen wird – so die Sichtweise der *Brexiteers*. **107**

Schließlich bricht das Konzept der *output*-Legitimation sehr schnell in sich zusammen, wenn eine Institution in einer Zeit der Krise den intendierten *output* nicht liefert. Wenn ausschließlich die **Leistungsfähigkeit** einer Institution der Grund dafür ist, in ihr mitzuwirken und ihre Regeln zu befolgen, so entfällt dieser Grund bei fehlender Leistung. Wenn die EU die Eurokrise oder die Flüchtlingskrise nicht löst, macht sie sich selbst entbehrlich, so lautet die Überlegung. Im Gegensatz dazu hat ein politisches System, das auf demokratischen Beteiligungsmöglichkeiten beruht und dadurch Identifikation und emotionale Bindungen schafft, eine höhere Wahrscheinlichkeit, Zeiten politischer Krisen zu überstehen.[66] Da nicht jede Krise sofort lösbar ist, politische Systeme aber einer gewissen Stabilität bedürfen, spricht vieles dafür, ihre Begründung nicht nur in ihrer Leistungsfähigkeit zu suchen. **108**

---

[66] *Jakab*, European Constitutional Language, S. 183 f.

D. Demokratie als Integrationsschranke oder Integrationsgebot

109 Während es in den vorangehenden Abschnitten um das Demokratieprinzip als verfassungstheoretisches Konzept (A.) und dann um seine konkrete verfassungsrechtliche Realisation einerseits durch das Grundgesetz (B.) und andererseits die Unionsverträge (C.) auf der jeweiligen Ebene ging, verknüpft der abschließende Abschnitt (D.) das Demokratieprinzip mit der Frage nach der zulässigen oder gebotenen Tiefe der europäischen Integration. Abschnitt D. dient der Vertiefung und kann bei einer ersten Beschäftigung mit dem Thema zunächst übersprungen werden.

I. Demokratie als Schranke der europäischen Integration

110 Nach Auffassung des BVerfG erwachsen aus dem Demokratieprinzip Grenzen für die **europäische Integration.** Eine Kernaussage im Maastricht-Urteil des BVerfG lautet: „Vermitteln – wie gegenwärtig – die Staatsvölker über die nationalen Parlamente demokratische Legitimation, sind der Ausdehnung der Aufgaben und Befugnisse der Europäischen Gemeinschaften vom demokratischen Prinzip her **Grenzen** gesetzt. Dem Deutschen Bundestag müssen Aufgaben und Befugnisse von substantiellem Gewicht verbleiben."[67]

111 Diese Vorstellung von Demokratie als einer **Integrationsschranke** beruht auf der Annahme, dass Demokratie als Organisationsprinzip vorrangig für staatliche Herrschaft in Betracht kommt, dass also Demokratie und Staatlichkeit in einer engen, wenn nicht in einer notwendigen und unauflösbaren Beziehung stehen.[68] In historischer Perspektive war dieser Bezug in der Tat prägend: Üblicherweise haben Revolutionen oder Verfassungsreformen die Herrschaftsausübung im Rahmen eines bestehenden Staates demokratisiert, so die Französische Revolution 1789 oder die Weimarer Reichsverfassung 1919.

112 Umstritten ist, ob dieser historische Zusammenhang zwischen Staatlichkeit und Demokratie auch gegenwärtig und künftig unauflöslich ist. Ist die **historische Verbindung** von Demokratie und Staatlichkeit zufällig oder sind Staatlichkeit und die Existenz eines Staatsvolks eine notwendige Voraussetzung für Demokratie, die nur in staatlichen Kontexten funktionsfähig ist?

113 **Methodischer Hinweis:** Ein schlichtes etymologisches Argument – griechisch *demos* heiße Volk, also könne es Demokratie nur geben, wo ein Volk vorhanden sei – hilft als solches nicht weiter. Das liegt aus kommunikationstheoretischer Perspektive schon daran, dass sich die Bedeutung eines Begriffs nicht aus der Worteymologie, sondern aus der Begriffsverwendung im jeweiligen Kommunikationskontext ergibt. Etymologische Argumente sind daher für die Auslegung von Rechtsbegriffen in aktuell geltenden Gesetzen in der Regel unergiebig, solange nicht feststeht, dass ein Gesetzesbegriff gerade eine Bedeutung hat, die der Worteymologie entspricht. Das kann man aber nicht aus der Worteymologie selbst ableiten, ohne in einen Zirkelschluss zu verfallen.
Bei Lichte betrachtet ist zudem die Gleichsetzung von *demos* und Staatsvolk etymologisch nicht haltbar: *Demos* bezeichnet im Altgriechischen nämlich nicht die Gesamtheit aller, sondern oft mit teils pejorativem Unterton das einfache Volk im Gegensatz zu den Vornehmen. Demokratie ist bei *Aristoteles* daher Pöbelherrschaft. Zudem ist der Bezugsrahmen die antike *Polis*, nicht der moderne Territorialstaat.

---

[67] BVerfGE 89, 155 ff. (zum Maastrichter EU-Vertrag von 1992) – Leitsatz 4 = NJW 1993, 3047.
[68] Zu funktionalen und normativen Zusammenhängen zwischen Demokratie und Staatlichkeit u. a. *Plaßmann,* Demokratie jenseits welchen Staates?, S. 227 ff.

Für die These von einem unauflösbaren Zusammenhang von Demokratie, Staatsvolk 114
und Staatlichkeit wird auf außerrechtliche Voraussetzungen der Demokratie verwiesen. Zwei Begründungen kommen für diese etatistische Lesart des Demokratieprinzips in Betracht:
– Demokratie beruhe auf einer souveränen politischen Einheit, einem handelnden 115
  Subjekt. Diese Einheit könne sich nicht allein durch formal-rechtliche Gleichheit der Bürger durch gemeinsame Herrschaftsunterworfenheit und gemeinsame Teilhabe an der Herrschaft konstituieren. Die Demokratie bedürfe eines Volkes mit einer **substanziellen Gleichheit,** auf der die formale Staatsangehörigkeit aufruhen könne. Dafür kommen eine gemeinsame Religion, eine gemeinsame Sprache und Kultur, ein gemeinsames politisches Bekenntnis in Betracht, typischerweise aber seit der Französischen Revolution nationale Homogenität, was einen engen Bezug, wenn nicht eine Verwiesenheit der Demokratie auf den Nationalstaat begründe.[69]
– Demokratie sei nicht nur ein formaler Zurechnungszusammenhang, der sich in pe- 116
  riodischen Wahlakten erschöpft. Der Wahlakt könne demokratische Legitimation vielmehr nur dann vermitteln, wenn eine **demokratische Öffentlichkeit** mit Medien, politischen Parteien etc. vorhanden sei. Soweit besteht auf einer abstrakten Ebene weitgehend Konsens. Gestritten wird, ob diese Voraussetzungen auf europäischer Ebene vorhanden sind. Vertreter etatistischer Positionen meinen: Schon aus Sprachgründen existiere eine solche demokratische Öffentlichkeit nur im Rahmen bestehender Staaten.

Wer diese Prämissen teilt, muss supranationale Institutionen letztlich für nicht demo- 117
kratisierbar halten. Aus demokratischen Gründen muss man dann daran festhalten, dass die staatlichen Kompetenzen substanziell bleiben müssen, weil sonst die Demokratie ausgehöhlt wird.

II. Demokratie als Integrationsgebot

Die Gegenposition, die Demokratie nicht als Schranke für die europäische Integra- 118
tion, sondern als Argument für weitergehende Schritte **supranationaler Integration** und gegebenenfalls sogar als Integrationsgebot versteht, setzt argumentativ an drei Punkten an:
– Der erste Punkt betrifft das Postulat einer homogenen politischen Einheit als De- 119
  mokratievoraussetzung, das eine letztlich undemokratische, antipluralistische Stoßrichtung habe. Gesellschaften seien aber stets **pluralistisch.** Identitäten bilden sich an Hand pluraler Kriterien, unter denen das Kriterium nationaler Volkszugehörigkeit nicht notwendigerweise dominant sei. Eine substanzielle Einheit des Legitimationssubjekts Volk bestehe auch in Nationalstaaten nicht, sondern sei ein Konstrukt des 19. Jahrhunderts.[70]

---

[69] *Böckenförde,* Staat, Verfassung, Demokratie, 1991, S. 289 (332f., 348ff.) – Erstveröffentlichung in: Isensee/Kirchhof (Hg.), Staatsrecht I, 1. Aufl. 1987, S. 887ff.; abgeschwächte Form dieser Position im Sinne eines Erfordernisses einer „gewissen, wenngleich nicht überzogenen, Homogenität der Mitglieder des Gemeinwesens im Hinblick auf einen politischen Grundkonsens": *Thiele,* Verlustdemokratie, S. 53.

[70] Auseinandersetzung mit etatistischen Demokratiekonzeptionen bei *Bryde,* Staatswissenschaft und Staatspraxis 1994, 305ff., pointiert aus politikwissenschaftlicher Perspektive *van Ooyen,* Staatstheorie des BVerfG, S. 70ff.

120 – Der zweite Punkt betrifft die außerrechtlichen oder gesellschaftlichen Voraussetzungen von Demokratie in einer **demokratischen Öffentlichkeit**. Dass es für eine funktionsfähige Demokratie einer lebendigen demokratischen Öffentlichkeit bedarf, ist allgemein konsentiert. Demgegenüber divergieren die Auffassungen, was die Existenz einer supranationalen demokratischen Öffentlichkeit anbelangt. Die großen Themen der letzten Jahre, die vielfach als Krisen der EU interpretiert worden sind, sind durchaus über den Rahmen bestehender Staaten oder historisch gewachsener Völker hinaus diskutiert worden: Eurokrise bzw. Eurorettung, Migrationsfrage. Dass die Diskussionen kontrovers waren, ist kein Gegenargument, sondern gerade ein Beleg für die Existenz einer demokratischen Öffentlichkeit jenseits des Nationalstaats.

121 – Der dritte Ansatzpunkt für eine Gegenthese betrifft die Themen oder Herausforderungen, auf die in einem demokratischen Prozess eine Antwort gefunden werden soll. Die Probleme des 21. Jahrhunderts (Friedenssicherung, Klimawandel, globale Migration, globale Gerechtigkeit des Welthandelssystems etc.) betreffen überwiegend Fragen, die die **Problemlösungsfähigkeit** des einzelnen Staates übersteigen. Die ursprünglich in Nationalstaaten einmal vorhandene Kongruenz zwischen der Dimension der Hauptprobleme und der Größe der Staaten, die diese Probleme zu lösen versuchen, ist jedenfalls partiell entfallen.[71] Die Demokratie wird vor diesem Hintergrund nicht durch Wahrung staatlicher Kompetenzen gerettet, sondern bedroht. Denn welchen Nutzen hat eine lebendige demokratische Öffentlichkeit, wenn die von ihr ausersonnenen Handlungsoptionen das jeweilige Problem nicht lösen können?

122 Wenn man diese Positionen teilt, wird es zu einem demokratischen Gebot, die Entscheidungsebenen und Kompetenzen so zu organisieren, dass Selbstbestimmung effektiv möglich ist. Das kann gerade die Übertragung von Kompetenzen auf supranationale Ebenen gebieten, ohne dass dies notwendigerweise die EU sein muss. Wer die legitimatorischen Vorteile nationaler demokratischer Strukturen nicht aufgeben möchte, sich zugleich aber diesem **Kongruenzpostulat** nicht verschließt, plädiert entsprechend dem Subsidiaritätsprinzip für so viel nationale Demokratie wie möglich und zugleich für so viel supranationale *Governance* wie nötig.[72]

E. Klausurhinweise

123 Kapitel 5 behandelt das Thema Demokratie auf einer recht hohen Abstraktionsebene. Das gilt zunächst für die ideengeschichtlichen und verfassungstheoretischen Passagen (A.), aber auch für die verfassungsrechtlichen Teile (B., C.) und die abschließende Diskussion über das Verhältnis von Demokratie und supranationaler Integration (D.). Staatsorganisationsrechtliche Klausuren werden eher einzelne verfassungsrechtliche Institutionen und Verfahren als das Demokratieprinzip als solches zum Gegenstand haben, also beispielsweise eine konkrete Kompetenz des Deutschen Bundestags in das Zentrum stellen (→ insbesondere Kap. 9 und 15).

---

[71] Strittig ist im Einzelnen das Ausmaß, in welchem Umfang Denationalisierungstendenzen bestehen bzw. eine nationale Demokratie weiterhin effektive Herrschaftsfunktionen übernehmen kann, dazu *Thiele*, Verlustdemokratie, S. 20 ff.
[72] *Thiele*, Verlustdemokratie, S. 21.

E. Klausurhinweise

Die Klausurlösung beginnt dann mit dieser konkreten Kompetenzprüfung an Hand eines normativen Maßstabs, der in vielen Fällen in Art. 38 ff. GG und nicht direkt in Art. 20 Abs. 1, 2 GG zu finden sein wird. Auch für entsprechende europarechtliche Klausuren wird der Einstieg üblicherweise nicht bei der Zentralnorm des Art. 10 EUV liegen, sondern eine Prüfung an Hand konkreter Kompetenzbestimmungen geboten sein (für das Europäische Parlament insb. Art. 223 ff. AEUV). 124

Ob es im Rahmen der weiteren Klausurlösung eines Rückgriffs auf die grundgesetzliche Demokratiekonzeption, wie sie in der Rechtsprechung des BVerfG entfaltet worden ist, oder auf ideengeschichtliche und verfassungstheoretische Grundlagen bedarf, liegt an der Aufgabenstellung. Erforderlich ist ein Gespür für Schwerpunkte und Probleme des Falles, das sich am besten an Hand von Beispielen entwickeln lässt: 125

1. Fälle mit Schwerpunkt in der Anwendung von Verfassungsbestimmungen und der Subsumtion unter einzelne Tatbestandsmerkmale einer Verfassungsnorm lassen sich in der Regel ohne Rückgriff auf demokratietheoretische Überlegungen an Hand der Verfassungsnorm lösen, die Prüfungsmaßstab ist. 126

Beispiel: Der Sachverhalt schildert die Wahl eines Bundeskanzlers in mehreren Wahlgängen mit verschiedenen Mehrheitsverhältnissen: Der Fall wird auf eine Durchprüfung von Art. 63 GG hinauslaufen und damit erschöpfend zu lösen sein. Dass unter dem Grundgesetz der Bundeskanzler nicht direkt vom Volk gewählt wird und sich darin der auf *Hamilton* zurückgehende Repräsentationsgedanke zeigt, hat in der Falllösung nichts zu suchen, weil diese Überlegungen zwar dem Art. 63 GG ideengeschichtlich zu Grunde liegen, aber für den konkreten Fall und die konkrete Aufgabe einer Auslegung und Subsumtion unter Art. 63 GG nichts beitragen. 127

2. Fälle, die die Tragfähigkeit institutioneller Arrangements problematisieren und ggfs. bereits im Sachverhalt Hinweise darauf enthalten, dass einzelne Beteiligte das Prozedere oder das Arrangement für undemokratisch halten, legen einen Rückgriff auf die in diesem Lehrbuchkapitel erörterten Grundlagen nahe. 128

Beispiel: Ein Fall schildert, dass hoheitliche Aufgaben per Gesetz auf eine unabhängige EU-Agentur oder auf eine private, nur lose mit staatlichen Behörden verbundene Organisation übertragen werden sollen: Ein solcher Fall wird nicht abschließend mit der Frage nach Bundes- oder Landesgesetzgebungskompetenzen nach Art. 70 ff. GG für dieses Gesetz lösbar sein, auch wenn die Gesetzgebungskompetenzen der Einstieg in die Falllösung sein können. Es ist dann aber weiter zu fragen, ob das Gesetz materiell mit dem Demokratieprinzip vereinbar und damit verfassungsgemäß ist. Hierfür bleiben als Prüfungsmaßstab nur Art. 20 Abs. 1, 2 GG oder Art. 10 EUV, also Normen von hoher Abstraktion, die zur Feststellung ihres Aussagegehalts für den konkreten Fall unter Rückgriff auf die Gesamtkonzeption einer repräsentativen Demokratie und deren Funktionslogik und Funktionsanforderungen ausgelegt werden müssen. 129

Kapitel 6. Rechtsstaat

Literatur: Rechtsstaatsprinzip allgemein *C. Görisch*, Die Inhalte des Rechtsstaatsprinzips, in: JuS 1997, S. 988 ff.; *S. Hobe*, Rechtsstaatsprinzip, in: JA 1994, S. 394 ff.; *D. Nickel*, Integrationspolitische Herausforderungen an den Europäischen Rechtsstaat. Zur Zukunft der europäischen Rechts- und Wertegemeinschaft, in: EuR 52 (2017), S. 663 ff.; *S. Schmahl*, in: R. Schulze/M. Zuleeg/S. Kadelbach (Hrsg.), Europarecht, § 6; *E. Schmidt-Aßmann*, HStR³ II, § 26; *K. Stern*, Das Staatsrecht der Bundesrepublik Deutschland I², § 20; *A. Voßkuhle/A.-K. Kaufhold*, Grundwissen – Öffentliches Recht: Das Rechtsstaatsprinzip, in: JuS 2010, S. 116 ff.

Gewaltenteilung *N. Braun-Binder*, Fragmentierungen und grundgesetzliche Gewaltenteilung, in: DVBl. 2017, S. 1066 ff.; *U. Di Fabio*, HStR³ II, § 27; *D. Horn*, Gewaltenteilige Demokratie, demokratische Gewaltenteilung, in: AöR 127 (2002), S. 427 ff.; *K. Stern*, Das Staatsrecht der Bundesrepublik Deutschland II, § 36; *H.-J. Vogel*, Gewaltenvermischung statt Gewaltenteilung?, in: NJW 1996, S. 1505 ff.; *A. v. Arnauld*, Gewaltenteilung jenseits der Gewaltentrennung. Das gewaltenteilige System in der Verfassungsordnung der Bundesrepublik Deutschland, in: ZParl. 32 (2001), S. 678 ff.; *A. Voßkuhle/A.-K. Kaufhold*, Grundwissen – Öffentliches Recht: Der Grundsatz der Gewaltenteilung, in: JuS 2012, S. 314 ff.; *R. Wank*, Gewaltenteilung, in: JURA 1991, S. 622 ff.; *R. Weber-Fas*, Freiheit durch Gewaltenteilung – Montesquieu und der moderne Verfassungsstaat, in: JuS 2005, S. 882 ff.; *W.R. Wrege*, Das System der Gewaltenteilung im Grundgesetz, in: JURA 1996, S. 436 ff.

Vorrang und Vorbehalt des Gesetzes *S. Detterbeck*, Vorrang und Vorbehalt des Gesetzes, in: JURA 2002, S. 235 ff.; *H.-U. Erichsen*, Vorrang und Vorbehalt des Gesetzes, in: JURA 1995, S. 550 ff.; *K. Fischer*, Die Verfassungsmäßigkeit rückwirkender Normen, in: JuS 2001, S. 861 ff.; *S. Hölscheidt*, Der Grundsatz der Gesetzmäßigkeit der Verwaltung, in: JA 2001, S. 409 ff.; *S.-P. Hwang*, Anwendungsvorrang statt Geltungsvorrang? Normologische und institutionelle Überlegungen zum Vorrang des Unionsrechts, in: EuR 51 (2016), S. 355 ff.; *A. Voßkuhle*, Grundwissen – Öffentliches Recht: Der Grundsatz des Vorbehalts des Gesetzes, in: JuS 2007, S. 118 f.; *M. Wehr*, Grundfälle zu Vorrang und Vorbehalt des Gesetzes, in: JuS 1997, S. 231 ff.

Rechtssicherheit *S. Calmes-Brunet*, Rechtssicherheit und Vertrauensschutz im Verfassungsrecht, in: JuS 2014, S. 602 ff.; *O. Lepsius*, Die Rückwirkung von Gesetzen, in: JURA 2018, S. 577 ff., 695 ff.; *H. Maurer*, HStR³ IV, § 79; *K.-A. Schwarz*, Rückwirkung von Gesetzen, in: JA 2013, S. 683 ff.; *A. Voßkuhle/A.K. Kaufhold*, Grundwissen – Öffentliches Recht: Vertrauensschutz, in: JuS 2011, S. 794 ff.; *R. Wernsmann*, Grundfälle zur verfassungsrechtlichen Zulässigkeit rückwirkender Gesetze, in: JuS 1999, S. 1171 ff.

Verhältnismäßigkeit *M. Klatt/M. Meister*, Der Grundsatz der Verhältnismäßigkeit. Ein Strukturelement des globalen Konstitutionalismus, in: JuS 2014, S. 193 ff.; *W. Kluth*, Aufsatz Öffentliches Recht. Das Übermaßverbot, in: JA 1999, S. 606 ff.; *L. Michael*, Grundfälle zur Verhältnismäßigkeit, in: JuS 2001, S. 654 ff.; 764 ff., 866 ff.; *R. Rüsken*, Der Grundsatz der Verhältnismäßigkeit im Gemeinschaftsrecht und sein Verhältnis zur Gesetzesbindung von Verwaltung und Rechtsprechung, in: ZfZ 2010, S. 39 ff.; *F.-E. Schnapp*, Die Verhältnismäßigkeit des Grundrechtseingriffs, in: JuS 1983, S. 850 ff.; *V. Trstenjak/E. Beysen*, Das Prinzip der Verhältnismäßigkeit in der Unionsrechtsordnung, in: EuR 47 (2012), S. 265 ff.; *T. v. Danwitz*, Der Grundsatz der Verhältnismäßigkeit im Gemeinschaftsrecht, in: EWS 2003, S. 393 ff.; *A. Voßkuhle*, Grundwissen – Öffentliches Recht: Der Grundsatz der Verhältnismäßigkeit, in: JuS 2007, S. 429 ff.

1 Die Bundesrepublik Deutschland wie die Europäische Union verpflichten sich beide auf die Rechtsstaatlichkeit. Im Grundgesetz sieht man das Rechtsstaatsprinzip gewöhnlich in Art. 20 Abs. 3 GG verortet (obwohl dort nur ein Teilgehalt geregelt ist; → Rn. 12 f.); explizit erwähnt wird der „Rechtsstaat" ferner im „Europaartikel" des Art. 23 Abs. 1 S. 1 sowie in der „Homogenitätsklausel" des Art. 28 Abs. 1 S. 1 GG (→ Kap. 7 Rn. 3 f.). In Art. 2 S. 1 EUV wird die Rechtsstaatlichkeit zu den Werten gezählt, auf die sich die Union gründet (→ Kap. 8 Rn. 22 ff.); es kommen zahlreiche Bestimmungen hinzu, die wiederum einzelne Teilgehalte normieren (etwa Art. 5 Abs. 1 u. 4 EUV zum Grundsatz der Verhältnismäßigkeit). Die Redeweise von „Teilgehalten"

legt bereits nahe, dass der Rechtsstaat ein **Kompakt- oder Sammelbegriff** ist, der als begriffliches Dach für eine Vielzahl von einzelnen Rechtsfiguren dient, wobei die Zuordnung in Teilen umstritten ist; auch kann sich die konkrete Deutung mancher Figuren im deutschen Recht und im Unionsrecht verschieben[1].

Dabei begegnen dem Grunde nach zwei Verständnisse von „Rechtsstaat". Auf der einen Seite wird Art. 20 Abs. 3 GG lediglich als **Summe** sämtlicher Einzelausprägungen im Grundgesetz bzw. in EUV und AEUV verstanden – nicht mehr, aber auch nicht weniger[2]. Die entgegengesetzte Deutung versteht Art. 20 Abs. 3 GG hingegen als Verfassungsprinzip, das den einzelnen Konkretisierungen vorausliegt bzw. übergeordnet ist[3]. Das hat zwei praktische Konsequenzen: Wer den Rechtsstaat als **Verfassungsprinzip** versteht, kann erstens aus diesem Prinzip neue, derzeit noch ungeschriebene Regeln ableiten und zweitens behaupten, dass einzelne Bestimmungen, die das Rechtsstaatsprinzip näher ausbuchstabieren, es nicht ordnungsgemäß umsetzen oder in Spannung zu ihm stehen.

Beispiel: So gibt es vereinzelte Stimmen, die aus dem Rechtsstaatsprinzip eine streng verstandene Gewaltenteilung ableiten, die das deutsche System der Gewaltenverschränkung (→ Rn. 5 ff.) unter Rechtfertigungsdruck setzt. Nach dieser Auffassung soll etwa Art. 95 Abs. 2 GG (Berufung der Bundesrichter durch Mitglieder von Exekutive und Legislative) „verfassungswidriges Verfassungsrecht" sein[4].

Der Rechtsstaat gilt als „typisch deutsch" (tatsächlich wird das Wort wie „Angst", „Kindergarten" u. a. m. im angelsächsischen Raum häufig nicht übersetzt). Daran ist richtig, dass Deutschland schon im Kaiserreich ab 1871 Schritt für Schritt zu einem Rechtsstaat wurde, wohingegen sich die Demokratie erst nach der Revolution von 1918 durchgesetzt hat[5]. Dabei ist es wichtig, sich zu vergegenwärtigen, dass Demokratie wie Rechtsstaat gleichermaßen Instrumente der Limitation und Kontrolle von staatlicher Machtausübung sind: Während die Demokratie den Bürgerinnen und Bürgern in positiver Perspektive Einfluss auf die staatlichen Organe einräumt (→ Kap. 5 Rn. 5 ff.), setzt der Rechtsstaat in negativer Perspektive der Staatsgewalt Grenzen, indem er sie an rechtliche Vorgaben bindet und ihr bestimmte Verhaltens- wie Vorgehensweisen kategorisch versagt[6]. Im Folgenden werden nur zentrale Gehalte des Rechtsstaats auf Bundes- wie Unionsebene dargestellt[7].

A. Gewaltenteilung

Die Gewaltenteilung ist ein sehr altes Rezept zur Kontrolle und Einhegung von politischer Macht, das im Grunde auf die antike Idee der „Mischverfassung" zurückreicht, die etwa in der klassischen römischen Republik Elemente der Monarchie (Königtum:

---

[1] Zu den Konsequenzen dieser unterschiedlichen Deutung *Schulze-Fielitz*, in: Dreier, GGK II, Art. 20 (Rechtsstaat), Rn. 27.
[2] *Schmidt-Aßmann*, HStR³ II, § 26 Rn. 7.
[3] *Stern*, Staatsrecht I², 777, 780. – Systematisch zu der Diskussion *Kunig*, Das Rechtsstaatsprinzip, 1986, 63 ff.
[4] Hierzu *Cornils*, in: Depenheuer/Grabenwarter, Verfassungstheorie, § 20 Rn. 19 ff.
[5] *Dreier*, in: ders., GGK II, Art. 20 (Einführung), Rn. 1.
[6] *Schmidt-Aßmann*, HStR³ II, § 26 Rn. 47.
[7] Näher die Kommentierungen von Art. 20 GG; besonders empfehlenswert sind diejenigen von *Jarass*, in: ders./Pieroth, GG sowie *Schulze-Fielitz*, in: Dreier, GGK II.

die Konsuln), der Aristokratie (Herrschaft des Adels oder weniger: der Senat) sowie der Demokratie (Volksversammlungen) verwirklicht sieht[8]. In ihrer modernen Fassung wird die Aufteilung der staatlichen Gewalt in gesetzgebende (Legislative), ausführende (Exekutive) und rechtsprechende Gewalt (Judikative) erst in der Aufklärungsphilosophie des 17./18. Jahrhunderts formuliert[9]. Der ursprüngliche Kerngedanke ist die **Verhinderung von Machtmissbrauch** durch Verteilung von Aufgaben und Befugnissen auf verschiedene Akteure und Institutionen; dies kann dem Grunde nach durch strikte Trennung, aber auch durch gegenseitige Eingriffs- und Kontrollbefugnisse *(checks and balances)* bewirkt werden[10]. Erst später kommt der Gedanke hinzu, dass die Zuordnung von Kompetenzen auch dem Zweck dienen soll, die jeweilige **Staatsaufgabe** in die Hände des Organs zu legen, das sie nach seiner Zusammensetzung und Vorbildung **bestmöglich erfüllen** kann[11] – der Bundestag soll nicht mit über 700 Mitgliedern über die Ahndung eines einzelnen Falschparkers debattieren, und die einzelne Streifenpolizistin ist womöglich nicht dazu berufen, grundsätzliche Fragen der Sterbehilfe zu entscheiden.

I. Verschränkung der Gewalten unter dem Grundgesetz

5   Im Grundgesetz sucht man den Begriff der Gewaltenteilung vergebens. Hingegen nennt es gleich mehrfach die drei Staatsgewalten oder -funktionen (Art. 1 Abs. 3, 20 Abs. 2 u. 3 GG) und läßt auch durch seinen Aufbau erkennen, daß es von deren Existenz ausgeht (vgl. die Abschnitte VII – Gesetzgebung [→ Kap. 15], VIII – Ausführung [→ Kap. 11] sowie IX – Rechtsprechung [→ Kap. 12 und 17]). Zugleich werden diese Staatsfunktionen zwar nicht exklusiv, aber doch ihrem Löwenanteil nach bestimmten Institutionen zugewiesen, also die Gesetzgebung dem Bundestag (Art. 77 Abs. 1 GG; im Zusammenwirken mit dem Bundesrat, Art. 77 Abs. 2–4 GG; → Kap. 9 Rn. 10; Kap. 10 Rn. 22 ff.), die Ausführung der Gesetze den Regierungen und Behörden des Bundes und der Länder (Art. 83 ff. GG) sowie die Rechtsprechung – praktisch ausschließlich – den Gerichten (lies Art. 92 GG, wonach die rechtsprechende Gewalt den Richtern „anvertraut" wird). Zugleich folgern Rechtsprechung und herrschende Lehre aus dieser Zuordnung, dass jeder der drei Gewalten ein sog. **Kernbereich** an eigenen Aufgaben bleiben muss[12]. Wie jeder Versuch, aus einem bestimmten Kompetenztableau ein Mindestmaß als zwingend oder unabänderlich auszuweisen, ist dieses Konzept hochgradig deutungsoffen und im Detail entsprechend umstritten; es wird uns höchst plastisch bei den Rechten von Untersuchungsausschüssen sowie bei den Grenzen des parlamentarischen Fragerechts begegnen (→ Kap. 9 Rn. 16 ff.).

6   Charakteristisch für die deutsche Verfassungsordnung ist allerdings weniger diese Grundregel als der Befund, dass sie in einer Vielzahl von Verfassungsbestimmungen durchbrochen wird, weshalb die Rede von der **„Gewaltenverschränkung"** gängig und dem Grundgesetz wohl auch angemessen ist[13]. Die deutsche Verfassung setzt m. a. W. nicht auf strikte Trennung (so deutlich stärker die USA), sondern auf gegen-

---

[8] S. dazu *Rostock,* Die antike Theorie der Organisation staatlicher Macht, 1975.
[9] *Stern,* Staatsrecht I², 793.
[10] *Cornils,* in: Depenheuer/Grabenwarter, Verfassungstheorie, § 20 Rn. 8 ff.
[11] BVerfGE 68, 1 (86); 95, 1 (15); 98, 218 (251 f., Rn. 136).
[12] *Schulze-Fielitz,* in: Dreier, GGK II, Art. 20 (Rechtsstaat), Rn. 71.
[13] Klassisch *Möllers,* Gewaltengliederung, 2005.

seitige Einwirkungs- und Kontrollrechte; typisch ist, dass ein Organ zwar Einfluss auf die Zusammensetzung eines anderen Organs hat, sich anschließend von diesem aber in der Sache kontrollieren lassen muss. Die folgende Auflistung erhebt dabei keinen Anspruch auf Vollständigkeit:
- Der Bundeskanzler als Zentralfigur der Exekutive wird vom Bundestag als Organ der Legislative gewählt (Art. 63 GG), gehört diesem üblicherweise an und kann vom Bundestag auch wieder abgewählt werden (Art. 67 f. GG).
- Die Bundesregierung wirkt durch ihre Initiativbefugnis (Art. 76 Abs. 1 GG) an der Gesetzgebung mit; in Gestalt des Verordnungsrechts (Art. 80 Abs. 1 GG) kann ihr (sowie weiteren Akteuren) der Bundestag sogar eine echte Befugnis zur materiellen Gesetzgebung übertragen werden (→ Kap. 15 Rn. 233 ff.).
- Das Bundesverfassungsgericht ist befugt, vom Parlament erlassene Gesetze wegen ihres Verstoßes gegen das Grundgesetz zu verwerfen (Art. 93 Abs. 1 Nr. 2, 100 Abs. 1 GG; vgl. §§ 78, 82 Abs. 1, 95 Abs. 3 BVerfGG; → Kap. 12 Rn. 6); es fungiert damit als Negativgesetzgeber.
- Umgekehrt werden die Richterinnen und Richter des Bundesverfassungsgerichts von Bundestag und Bundesrat gewählt (Art. 94 Abs. 1 S. 2 GG; → Kap. 12 Rn. 7). Dem liegt die oben umrissene Logik zugrunde, nach der die zu Kontrollierenden sich die Kontrolleure aussuchen und damit auch auf (vermeintliche) Fehlentwicklungen reagieren können, indem bei der nächsten Wahl weniger „strenge" Kontrolleure benannt werden. Nach dem gleichen Modell haben Exekutive und Legislative auch Einfluss auf die Auswahl der übrigen Richterinnen und Richter (vgl. zu den Richterwahlausschüssen Art. 95 Abs. 2 bzw. Art. 98 Abs. 4 GG).
- Ein Sonderproblem stellt schließlich das sog. **Richterrecht** dar. Es entsteht, wenn die Rechtsprechung nicht lediglich das geschriebene Gesetz anwendet, sondern dabei (vermeintliche) Lücken im Gesetz schließt, es weiterentwickelt oder auch außer Anwendung lässt und durch (vermeintlich) bessere Lösungsansätze ersetzt[14]. Das ist an sich ein Verstoß gegen die Rechtsbindung der Gerichte (neben Art. 20 Abs. 3 GG noch in Art. 97 Abs. 1 GG explizit unterstrichen), ist vom Bundesverfassungsgericht aber als unvermeidlich eingestuft worden[15].

Abschließend ist darauf hinzuweisen, dass die Mitwirkung der Bundesrepublik in der Europäischen Union vergleichsweise massive **Verschiebungen** in dem so umrissenen Gewaltengefüge mit sich gebracht hat und weiterhin mit sich bringt[16]. Dem liegt im Kern der Umstand zugrunde, dass für Deutschland nach außen hin stets die Bundesregierung handelt (das folgt aus allgemeinen Regeln und wird in Art. 32 GG – auswärtige Gewalt – bestenfalls angedeutet)[17]. Schon beim „normalen" Handeln nach außen verschiebt das die Gewichte. Zwar müssen Bundestag und gegebenenfalls Bundesrat nach Art. 59 Abs. 2 GG völkerrechtlichen Verträgen Deutschlands mit anderen Staaten zustimmen, sie befinden sich dabei aber in der sog. **Ratifikationssituation** (als Ratifikation bezeichnet man an sich die feierliche Verbindlichkeitserklärung durch den Bundespräsidenten nach Art. 59 Abs. 1 GG, die einem völkerrechtlichen Vertrag erst

7

---

[14] Aus der überreichen Literatur zuletzt allgemeiner *Jestaedt*, in: Buhmke (Hrsg.), Richterrecht, 2012, 49 ff.
[15] BVerfGE 34, 269 (287); zum Problem noch die neuere Darstellung von *Schmidt-Aßmann*, HStR³ II, § 26 Rn. 66; *Schulze-Fielitz*, in: Dreier, GGK II, Art. 20 (Rechtsstaat), Rn. 102 ff.
[16] *Di Fabio*, HStR³ II, § 27 Rn. 64 ff.
[17] Näher statt aller *Wollenschläger*, in: Dreier, GGK II, Art. 32, Rn. 26.

Bindungswirkung verleiht; in der Staatspraxis umfasst die Bezeichnung allerdings auch die regelmäßig notwendige Zustimmung nach Art. 59 Abs. 2 GG)[18]: Während die Bundesregierung in der Aushandlung und inhaltlichen Ausgestaltung des Vertrages mit dem anderen Staat denkbar frei ist (ohne Kompromisse kommen Verträge nun einmal nicht zustande), kann das Parlament in der Abstimmung nach Art. 59 Abs. 2 GG nur noch im Ganzen „Ja" oder „Nein" sagen, aber nicht mehr „Ja, aber". Da aber das „Nein" die Beziehungen zum ausländischen Partner empfindlich stören könnte (wir erleben das gerade im transatlantischen Verhältnis hautnah)[19] und die Bundesregierung in dessen Augen wie in der Öffentlichkeit beschädigt, wird die Legislative hier nur zu diesem Mittel greifen, wenn sie ganz erhebliche Vorbehalte gegen den Vertrag oder einzelne Inhalte desselben hat.

8 Dieser Effekt verschärft sich nun ganz erheblich durch den europäischen Einigungsprozess. Zwar müssen Bundestag und Bundesrat der ausdrücklichen Übertragung neuer Kompetenzen auf die Union bzw. Änderungen des Primärrechts zustimmen (vgl. Art. 23 Abs. 1 S. 2 u. 3 GG; → Kap. 14 Rn. 19f.). Innerhalb dieses Rahmens üben aber die Vertreter der Bundesregierung als Mitglieder im Rat nach Art. 289 Abs. 1, 294 AEUV echte Legislativbefugnisse aus (→ Kap. 10 Rn. 39); dies kann im Einzelfall dazu führen, dass politischer Widerstand im nationalen Parlament auf Unionsebene „überspielt" wird.

Beispiel: Man stelle sich einen Innenminister vor, der mit der Forderung nach zusätzlichen Kompetenzen für Polizei und Geheimdienste im Bundestag nicht durchdringt. Im Rat – dieser besteht in der entscheidenden Sitzung wohlgemerkt jeweils aus den Innenministern der übrigen Mitgliedstaaten – darf er auf deutlich mehr Verständnis für seine entsprechenden Vorschläge rechnen ...

Das Grundgesetz hat das Problem erkannt und versucht in Art. 23 Abs. 1a–3 GG gegenzusteuern, indem dem Parlament spezielle Informations- und Mitwirkungsrechte eingeräumt werden (näher dazu das EUZBBG; → Kap. 9 Rn. 21ff.). Die Absätze 4–6 der Norm betreffen das verwandte Problem der Mitwirkung der Länder (näher dazu das EUZBLG).

II. Gebot des institutionellen Gleichgewichts der Institutionen der Union

9 Auch das Unionsrecht bekennt sich nicht explizit zur Gewaltenteilung. Gleichwohl begegnet auch hier die Verteilung von Aufgaben und Befugnissen der Union auf unterschiedliche Institutionen, die dem Grunde nach ebenfalls Machtmissbrauch verhindern sowie sicherstellen sollen, dass jede Funktion von einem Organ erfüllt wird, das dazu bestmöglich geeignet ist. Rechtsprechung und Literatur haben das resultierende Funktions- und Institutionsgefüge so gefasst, dass es einem **„Gebot des institutionellen Gleichgewichts"** genügen muss[20]. Nach diesem in Art. 13 Abs. 2 EUV verankerten Grundsatz sind ungeachtet einer fehlenden Gewaltentrennung die Kompetenzen der Union so zu verteilen und durch das Erfordernis des Zusammenwirkens auszubalancieren, dass der Effekt der Machtbegrenzung erreicht wird[21]. Näher folgt daraus,

---

[18] Dazu knapp *Kempen/Schiffbauer*, ZaöRV 77 (2017), 95, 106.
[19] Vgl. unlängst BVerGE 143, 65 – *CETA*.
[20] *Classen*, in: Schulze/Zuleeg/Kadelbach, Europarecht, § 4 Rn. 12.
[21] EuGH C-133/06, Slg. 2008, I-3189 – *EP/Rat*; aus der Literatur knapp *Geiger*, in: ders./Khan/Kotzur, EUV/AEUV, Art. 13 EUV Rn. 13ff. sowie *Huber*, EuR 38 (2003), 574, 576.

dass die Organe der Union einerseits Befugnisse der übrigen Organe zu achten, andererseits loyal im Interesse der Union zusammenzuarbeiten haben.

Gleichwohl sind die **Unterschiede zur nationalstaatlichen Verfassung** nicht zu übersehen[22]. Hier wirkt sich wiederum aus, dass Staaten auf dem internationalen Parkett von der Exekutive vertreten werden. Zunächst unterscheidet auch das Primärrecht der Union verschiedene Funktionen und ordnet diese den Organen zu. Dabei sind als Unionsfunktionen die Normgebung (Art. 288 ff. AEUV; → Kap. 15) sowie die Rechtsprechung (Art. 256 ff. AEUV; → Kap. 17) vergleichsweise klar konturiert, wohingegen die Exekutivfunktion (→ Kap. 11) nicht als eigener Abschnitt auftaucht; immerhin wird sie in Art. 17 Abs. 1 S. 5 EUV nach Maßgabe der Verträge der Kommission zugeschrieben. Auch für das Unionsrecht ist dabei eine **Funktionenverschränkung** charakteristisch: 10

– Die Rechtsprechungsfunktion ist beim Gerichtshof monopolisiert (vgl. Art. 19 EUV, Art. 251 ff. AEUV), doch kann dieser einerseits Rechtsakte der Union verwerfen (Art. 263 AEUV; → Kap. 17 Rn. 55) und ist andererseits in seiner Zusammensetzung dem Einfluss der Regierungen der Mitgliedsstaaten unterworfen (Art. 253 UAbs. 1 AEUV; → Kap. 12 Rn. 18 ff.). Wichtiger als die negative Gesetzgebungsfunktion dürfte die positive in Gestalt von Richterrecht sein – besonders markantes Beispiel ist die Judikatur zur Staatshaftung (→ Kap. 12 Rn. 15).
– Die **Kommission** ist – mit wenigen Ausnahmen – für Exekutivaufgaben ausschließlich zuständig, in ihrer Zusammensetzung aber in einem gestuften Verfahren von der Mitwirkung von Parlament (Art. 14 Abs. 1 S. 3, 17 Abs. 7 UAbs. 1 EUV) und Europäischem Rat (Art. 17 Abs. 7 UAbs. 1 u. 2 EUV) abhängig; sie kann wiederum vom Parlament nach Art. 17 Abs. 8 EUV bzw. vom Gerichtshof auf Antrag des Rates nach Art. 245 UAbs. 2, 247 AEUV aus dem Amt entfernt werden. Wichtig ist, dass sie allein das **Gesetzesinitiativrecht** hat (Art. 289 Abs. 1 S. 1, 294 Abs. 1 AEUV); ferner können ihr Gesetzgebungsbefugnisse im Wege der Delegation übertragen werden (Art. 290 AEUV).
– Das Parlament teilt sich mit dem Rat die Gesetzgebungs- und Haushaltsbefugnisse (Art. 14 Abs. 1, 16 Abs. 1 EUV, Art. 294 AEUV). Diese teilweise Übertragung von echten (nicht abgeleiteten) Normgebungskompetenzen stellt die deutlichste Verschiebung im Funktionengefüge dar, zumal die übrigen Unionsorgane auf die Zusammensetzung des Rates keinerlei Einfluss haben (→ Kap. 15 Rn. 161 ff.).

B. Vorrang und Vorbehalt des Gesetzes

Beide Rechtsfiguren sind im Grunde von Verwaltungsgerichtsbarkeit und Literatur bereits im 19. Jahrhundert herausgearbeitet worden[23]. Sie werden unter dem Schlagwort der „**Gesetzmäßigkeit der Verwaltung**" zusammengefasst, das wiederum auch für die Unionsebene anerkannt wird[24]. 11

---

[22] *Kichhof*, HStR³ X, § 214 Rn. 1 ff.
[23] *Schulze-Fielitz*, in: Dreier, GGK II, Art. 20 (Rechtsstaat), Rn. 5.
[24] EuGH, 22.3.1961, Rs. 42 u. a./59, E 1961, 109 (172 ff.); *Geiger*, in: ders./Khan/Kotzur, EUV/AEUV, Art. 6 EUV Rn. 35 f.

I. Vorrang des Gesetzes

12 Wie der Vorrang der Verfassung (→ Kap. 3 Rn. 13 ff.) kommt der Vorrang des Gesetzes im Grundgesetz eher verklausuliert zum Ausdruck. Nach Art. 20 Abs. 3 GG sind „die vollziehende Gewalt und die Rechtsprechung [...] an Gesetz und Recht gebunden", wohingegen die Gesetzgebung lediglich „die verfassungsmäßige Ordnung" zu wahren hat. Dem liegt ein **Stufenmodell** zugrunde, nach dem das Parlament unter Bindung an die Verfassung (namentlich die Grundrechte) das Handeln der zweiten und dritten Gewalt durch Gesetze praktisch „programmiert"; diese Gesetze konkretisieren zugleich die Verfassung und machen deren eher abstrakte Bestimmungen für die anderen beiden Gewalten erst anwendbar. Der Vorrang des Gesetzes lässt sich dabei auf die klassische Kurzformel „Keine Handlung gegen das Gesetz" bringen. Weder Behörden noch Gerichte dürfen geltende Gesetze ignorieren oder ihnen zuwiderhandeln. Nach überwiegender Auffassung ist ihnen insbesondere die Nichtanwendung von Gesetzen mit der Begründung untersagt, sie verstießen gegen die Verfassung oder anderes höherrangiges deutsches Recht[25] (vgl. Art. 31 GG).

13 Die Mitgliedschaft der Bundesrepublik in der Europäischen Union (oder genauer die Interpretation der Konsequenzen dieser Mitgliedschaft durch den Europäischen Gerichtshof) hat den Vorrang des Gesetzes allerdings substantiell modifiziert. Denn der **Anwendungsvorrang** des Unionsrechts (→ Kap. 4 Rn. 34 ff.) wird ganz überwiegend so gedeutet, dass deutsche Behörden wie Gerichte nationales Recht außer Anwendung lassen dürfen und müssen, wenn es Unionsrecht widerspricht bzw. seine Anwendung im Einzelfall zu abweichenden Ergebnissen führen würde[26].

Durchaus strittig ist ferner die Bedeutung der Wendung „und **Recht**" in Art. 20 Abs. 3 GG. Sie wird teils auf Gewohnheitsrecht oder Richterrecht (→ Rn. 6) bezogen[27], teils als Öffnung der Verfassung für überpositives oder „Naturrecht" gedeutet[28]. In der Tat dürfte Art. 20 Abs. 3 GG eingedenk der NS-Zeit als Eingeständnis zu lesen sein, dass das Gesetz und die Gerechtigkeit auseinanderklaffen können, ohne damit Behörden und Richter sogleich zu freihändigen Gerechtigkeitsspekulationen einladen zu wollen[29].

II. Vorbehalt(e) des Gesetzes

14 Der Vorbehalt des Gesetzes lässt sich auf die Kurzformel **„Keine Maßnahme ohne Gesetz"** bringen; er ist als allgemeine Regel weder im Grundgesetz noch im Primärrecht der Union explizit geregelt. Im Kern betrifft die Rechtsfigur die Frage, ob eine staatliche Maßnahme auf ein Parlamentsgesetz oder eine von der Exekutive erlassene Rechtsverordnung gestützt werden kann (und muss) oder von Behördenvertretern kraft eigener Einschätzung der Sachlage getroffen werden kann.

---

[25] *Schulze-Fielitz*, in: Dreier, GGK II, Art. 20 (Rechtsstaat), Rn. 92.
[26] EuGH C-184/89, Slg. 1991, I-297 – *Nimz*.
[27] *Hofmann*, in: Schmidt-Bleibtreu/ders./Henneke, GG, Art. 20 Rn. 90.
[28] Dazu *Grzeszick*, in: Maunz/Dürig, GG, Art. 20 VI (2007), Rn. 63.
[29] Näher *Schulze-Fielitz*, in: Dreier, GGK II, Art. 20 (Rechtsstaat), Rn. 94.

Beispiel: In der Frühzeit der Mülltrennung taten sich die Deutschen mit der Zuordnung zur richtigen Tonne noch schwer, und es kam zu „Fehlwürfen". Einige Gemeinden erließen daraufhin „Müllschnüffel-Satzungen", die es kommunalen Bediensteten erlaubten, Grundstücke zu betreten, um die Mülltonnen zu überprüfen[30]. Durften sie dies, oder hätte erst der Bundestag (oder ein Landtag) eine entsprechende gesetzliche Ermächtigung schaffen müssen?

Tatsächlich unterscheiden deutsches wie Unionsrecht verschiedene Arten von Gesetzesvorbehalten. Prominent sind zunächst die speziellen Regelungsvorbehalte, die sich zu den **Grundrechten** des Grundgesetzes wie in der Grundrechtecharta finden. Dabei weicht die Regelungstechnik auf deutscher und europäischer Ebene voneinander ab: Während sich im Grundgesetz der Vorbehalt meist im Abs. 2 der jeweiligen Grundrechtsbestimmung findet (typisch: „Dieses Recht kann durch Gesetz oder aufgrund eines Gesetzes beschränkt werden", vgl. Art. 8 Abs. 2 GG)[31], kennt die Grundrechtecharta einen Globalvorbehalt in Art. 52 Abs. 1 S. 1 u. 2 („Einschränkung [...] gesetzlich vorgesehen")[32].

Der allgemeine Vorbehalt des Gesetzes wird demgegenüber aus dem Rechtsstaats- wie dem Demokratieprinzip (→ Rn. 2) abgeleitet. Er besagt zunächst, dass der Staat für alle freiheitsmindernden Maßnahmen eine parlamentsgesetzliche Grundlage braucht[33] (im Gegenschluss wären rein begünstigende Maßnahmen nicht auf eine gesetzliche Grundlage angewiesen, wobei sogleich der warnende Hinweis Not tut, dass in einer komplexen Gesellschaft die Begünstigung des einen den anderen belasten kann – man denke nur an Subventionen an Unternehmen). 15

Schulbeispiel sind Sofortleistungen an Opfer eines Hochwassers – es reicht, wenn im Haushalt Geld für solche Zahlungen vorgesehen ist, es bedarf keiner gesetzlichen Regelung der Verteilung.

Die Rechtsprechung hat den allgemeinen Vorbehalt des Gesetzes allerdings dahingehend erweitert, dass der parlamentarische Gesetzgeber „in grundlegenden normativen Bereichen, zumal im Bereich der Grundrechtsausübung, soweit diese staatlicher Regelung zugänglich ist, alle wesentlichen Entscheidungen selbst zu treffen hat"[34]. Diese **„Wesentlichkeitslehre"** (bitte nicht: „Theorie") wird häufig kritisiert, teils auch bespöttelt („Wortwolke")[35], ist aber tragfähig, wenn man sie auf den Kern der Grundrechtsrelevanz reduziert[36]. Hier ist nun die Einsicht zentral, dass „Grundrechtsrelevanz" nicht mit „Grundrechtseingriff" in eins fällt. Denn häufig können die Bürgerinnen und Bürger von ihren Grundrechten nur sinnhaft Gebrauch machen, wenn der Staat entsprechende Regeln bereitstellt; das gilt etwa für Verwaltungsverfahren, aber in Ansehung der Berufsfreiheit (Art. 12 GG) auch für das gesamte Prüfungsrecht, das in diesem Sinne „wesentlich" ist[37].

Als letzte Ausprägung auf nationaler Ebene ist der **Parlamentsvorbehalt** zu nennen[38]. Er adressiert das Problem des Ausgangsfalles und fragt, ob eine Regelung durch Parla- 16

---

[30] Siehe *Schmidt*, in: Ehlers/Fehling/Pünder, Besonderes Verwaltungsrecht III, § 65 Rn. 2.
[31] Dazu statt aller *Lerche*, HGR III, § 62 Rn. 45.
[32] Knapp *Jarass*, GRCh, Art. 52 Rn. 19.
[33] *Schulze-Fielitz*, in: Dreier, GGK II, Art. 20 (Rechtsstaat), Rn. 105.
[34] BVerfGE 49, 89 (126); zuletzt E 123, 39 (78).
[35] *Stern*, Staatsrecht I², 812.
[36] *Schmidt-Aßmann*, HStR³ II, § 26 Rn. 64.
[37] Zur Juristischen Prüfung BVerfGE 84, 34 (45f.).
[38] *Reimer*, in: Hoffmann-Riem/Schmidt-Aßmann/Voßkuhle, Grundlagen des Verwaltungsrechts I, § 9 Rn. 1 ff.

mentsgesetz zu erfolgen hat oder ob schon eine untergesetzliche Regelung durch Verordnung oder Satzung ausreicht (→ Rn. 14). Auch zu diesem Problem ist die Entscheidungspraxis der Verwaltungs- und Verfassungsgerichte stark einzelfallabhängig (sie fragt ebenfalls nach der „Wesentlichkeit" der Regelung), was in der Klausur einigen Spielraum verschafft. Im Fall der „Müllschnüffelsatzungen" sahen die Gerichte den Parlamentsvorbehalt übrigens als verletzt an[39].

17 Welche Rolle spielt angesichts der institutionellen Zuordnung der Gesetzgebungsfunktion zu Parlament und Rat der Gesetzesvorbehalt auf **Unionsebene?** Dass „wesentliche[n] Aspekte" vom Unionsgesetzgeber selbst entschieden werden müssen und nicht an die Kommission delegiert werden dürfen, folgt beispielsweise aus Art. 290 Abs. 1 UAbs. 2 S. 2 AEUV. Ohne daraus sogleich eine „europäische Wesentlichkeitslehre" abzuleiten, hat der Europäische Gerichtshof früh anerkannt, dass Rechtsakte, die Unionsrecht vollziehen, auf einer klaren und unzweideutigen unionsrechtlichen Grundlage beruhen müssen[40].

C. Rechtssicherheit

18 Das Gebot der Rechtssicherheit fungiert seinerseits als Oberbegriff für mehrere Teilgehalte, wobei die genaue Zuordnung im Einzelfall variiert[41]. Der Grundgedanke der Maxime liegt auf der Hand: Recht hat u. a. die Aufgabe, durch Verhaltenssteuerung für **Erwartungssicherheit** zu sorgen – wir sollen uns im Regelfall darauf verlassen können, dass sich unsere Mitmenschen an Regeln halten[42]. Das aber setzt wenigstens zweierlei voraus: Rechtsnormen (aber auch die auf ihrer Grundlage ergehenden behördlichen Bescheide und gerichtlichen Urteile) müssen verständlich und im Wortsinne nachvollziehbar sein – die Bürgerinnen und Bürger müssen wissen, was der Staat (oder die Union) von ihnen wollen oder ihnen gestatten (I.). Und in zeitlicher Perspektive kann Recht diese Koordinierungsfunktion nur erfüllen, wenn es sich nicht ständig ändert und Menschen jeweils dazu zwingt, sich und ihre Lebens- und Wirtschaftsplanung an womöglich grundlegend neue Rahmenbedingungen anzupassen (II.). Allerdings sei unterstrichen, dass der letzte Punkt eine schwierige **Gratwanderung** markiert, denn der deutsche Staat wie die Union müssen ihrerseits mit ihren Gesetzen und sonstigen Maßnahmen auf eine Umwelt reagieren, die sich in den Zeiten der Globalisierung gerade durch steten Wandel auszeichnet.

I. Rechtsklarheit

19 Die Maxime der Rechtsklarheit lässt sich wiederum in eine Reihe von konkreteren Vorgaben für staatliches bzw. unionales Handeln aufspalten:
 – Rechtsvorschriften müssen zunächst ausreichend **bestimmt** sein; die jeweils Betroffenen müssen insbesondere das Ausmaß einer möglichen Belastung erkennen können[43].

---

[39] BVerwG DÖV 1994, 739; zuvor VGH Mannheim DVBl. 1993, 778.
[40] EuGH, 25.9.1984, C-117/83, Rn. 11 – *Könecke*; EuGH, 11.7.2002, C-210/00, Rn. 52 – *Käserei Champignon Hofmeister*.
[41] Zusammenfassend *Schmidt-Aßmann,* HStR³ II, § 26 Rn. 81.
[42] Aus der Perspektive der Rechtssoziologie *Luhmann, Das Recht der Gesellschaft,* 1993, 124 ff.
[43] BVerfGE 49, 168 (181); 80, 103 (107 f.); 131, 268 (309 f.).

- Aus dem eng verwandten Gebot der **Normenklarheit** folgt namentlich, dass das Zusammenspiel verschiedener Normen nachvollziehbar und insbesondere widerspruchsfrei zu sein hat[44].
- Die **Normenwahrheit** verbietet das „Segeln unter falscher Flagge"; das hat das Bundesverfassungsgericht etwa im Falle einer „Übergangsregelung" gerügt, die erkennbar als Dauerlösung gedacht war[45].

II. Rückwirkungsverbot

Eine besondere Ausprägung des Gebots der Rechtssicherheit ist zuletzt das **Rückwirkungsverbot**[46]. Es begegnet in zwei Formen. Zum einen gilt ein allgemeines Rückwirkungsverbot als Teilgehalt des Rechtsstaatsprinzips; dieses kennt allerdings Ausnahmen (siehe sogleich)[47]. Spezieller ist das genuin strafrechtliche Rückwirkungsverbot (lateinisch *nulla poena sine lege [praevia]* – „keine Strafe ohne [vorheriges] Gesetz"). Es ist in Art. 103 Abs. 2 GG sowie Art. 49 Abs. 1 ChGrEU normiert und gilt ausnahmslos (lediglich für schwerstes staatliches „Systemunrecht" werden Ausnahmen erwogen[48]; vgl. dazu auch Art. 49 Abs. 2 ChGrEU).

20

Im Rahmen des allgemeinen rechtsstaatlichen Rückwirkungsverbotes unterscheidet die Rechtsprechung des Bundesverfassungsgerichts noch die (grundsätzlich unzulässige) **echte** sowie die (grundsätzlich zulässige) **unechte Rückwirkung** (auch tatbestandliche Rückanknüpfung genannt)[49]. Im Kern geht es um die Frage, ob der Gesetzgeber einen bereits abgeschlossenen Tatbestand vor sich hat oder lediglich die Regeln eines in der Vergangenheit begonnenen, aber noch andauernden Prozesses ändert. Im letzten Fall habe ich grundsätzlich kein schützenswertes Vertrauen darauf, dass eine mir günstige Rechtslage auch in Zukunft fortbesteht, wohingegen mein Vertrauen im ersten Fall Schutz verdient[50] (im Hintergrund steht die schlichte Einsicht, dass sich die Betroffenen im Fall eines abgeschlossenen Tatbestands nicht mehr auf die Neuregelung einstellen können).

21

Schulbeispiel ist die Altlast. Angenommen, beim Betrieb eines Chemiewerks sind in den achtziger Jahren Chemikalien in den Boden gelangt, die damals als unbedenklich galten, später aber als krebserregend erkannt werden. Wenn der Gesetzgeber daraufhin 2018 eine Pflicht zur Sanierung entsprechender Grundstücke auf Kosten der Eigentümer schafft, so kommt es in Sachen Rückwirkung auf die tatsächliche Fallgestaltung an: Hat der Betreiber seit den achtziger Jahren den nunmehr als gefährlich erkannten Stoff ununterbrochen in den Boden eingebracht, so wird lediglich ein nicht abgeschlossener Vorgang rechtlich neu bewertet. Das Vertrauen des Betreibers in die Ungefährlichkeit der Chemikalie ist angesichts neuer Erkenntnisse nicht schutzwürdig; es liegt eine zulässige unechte Rückwirkung vor. Hat der Betreiber aber in den neunziger Jahren nicht nur die Einbringung des Stoffes, sondern den ganzen Betrieb eingestellt, so würde die Literatur eine echte Rückwirkung annehmen, wenn der Betreiber (oder womöglich sein Rechtsnachfolger) 2018 in die Pflicht genommen wird. Die Rechtsprechung ist groß-

---

[44] BVerfGE 99, 216 (243); 108, 1 (20); 114, 1 (53); aus der Literatur nur *Buhmke,* Relative Rechtswidrigkeit, 2004, 37 ff.
[45] BVerfGE 107, 218 (256).
[46] Unlängst prägnant zusammengefasst von *Lepsius,* JURA 2018, 577 ff., 695 ff.
[47] Exemplarisch aus der Rechtsprechung BVerfGE 19, 119 (127); näher *Stern,* Staatsrecht I², 831 f.; *Jarass/Pieroth,* GG, Art. 20 Rn. 94 ff.
[48] BVerfGE 95, 96 (113) – *Mauerschützen.*
[49] *Schulze-Fielitz,* in: Dreier, GGK II, Art. 20 (Rechtsstaat), Rn. 164.
[50] *Stern,* Staatsrecht I², 833.

zügiger und argumentiert dahingehend, dass die Altlast als solche ja fortbestehe und insofern kein abgeschlossener Vorgang vorliege (?)[51].

Wichtig sind zuletzt die möglichen **Ausnahmen**. Die Rechtsprechung lässt auch die echte Rückwirkung ausnahmsweise zu, wenn entweder „zwingende Gründe des gemeinen Wohls" tangiert sind oder das Vertrauen der Betroffenen entweder tatsächlich fehlt oder nicht schutzwürdig ist[52]. Umgekehrt kann auch die unechte Rückwirkung ausnahmsweise unzulässig sein, wenn die Betroffenen mit einer Neuregelung nicht zu rechnen brauchten und ihr Vertrauen schutzwürdiger als das mit dem Gesetz verfolgte Anliegen ist[53].

D. Verhältnismäßigkeit

22 Der Grundsatz der Verhältnismäßigkeit wird im Grundgesetz nicht eigens namhaft gemacht, begegnet aber in zahlreichen einfachgesetzlichen Bestimmungen (statt aller § 2 PolG NRW)[54]. Im Primärrecht der Union wird seine Anwendung in Art. 5 Abs. 1 u. 4 EUV sowie (für das Strafrecht) in Art. 49 Abs. 3 ChGrEU angeordnet[55]. Dabei ist die Zielrichtung des Grundsatzes ungeachtet eines breiten Konsenses in der Anwendung auf deutscher und unionsrechtlicher Ebene durchaus verschieden:

In Deutschland besteht seit jeher Streit, ob der Grundsatz der Verhältnismäßigkeit aus den **Grundrecht**en oder aus dem **Rechtsstaatsprinzip** abzuleiten ist[56]. Konsequenz der letztgenannten Position wäre, dass der Grundsatz nicht nur im Staat-Bürger-Verhältnis gelten müsste – das ist unstreitig –, sondern auch zwischen staatlichen Stellen, also etwa bei der Anwendung der Bundesaufsicht nach Art. 85 Abs. 3 u. 4 GG gegenüber den Ländern. Anerkannt ist eine solche Geltung inzwischen in Ansehung der kommunalen Selbstverwaltung nach Art. 28 Abs. 2 GG[57].

23 In der Sache besagt der Grundsatz der Verhältnismäßigkeit, dass staatliches oder unionales Handeln in **Relation** zu den Rechtsminderungen zu setzen ist, mit denen es für die Gewaltunterworfenen einhergeht. Aus dieser Überlegung resultiert ein vierstufiges Prüfprogramm, das man treffend als „Rationalitätskontrolle" bezeichnet hat *(Niels Petersen)*. Seinen „Sitz im Leben" hat es in der Klausurpraxis in der Grundrechtsprüfung[58].
– Erster Schritt ist die Ermittlung und Würdigung des Zwecks, den die staatliche Maßnahme verfolgt. Dieser **Zweck** muss erstens für sich genommen legitim sein (wobei man namentlich in der Klausur äußerst zurückhaltend sein sollte, schon die Zwecksetzung als *per se* illegitim auszuweisen; Schulbeispiel dafür wäre ein „Gesetz zur Verdrängung von Frauen aus dem Arbeitsmarkt"). Zweitens bestimmt er die „Wertigkeit" des staatlichen Handelns; zum Schutze von Leben und Gesund-

---

[51] Näher mit Nachweisen *Wittreck*, JURA 2008, 534 ff.
[52] BVerfGE 72, 200 (258); 126, 369 (393 f.).
[53] BVerfGE 89, 48 (66); 116, 96 (132 f.).
[54] Zusammenfassend zum Standort im Rechtssystem: *Merten*, in: HGR III, § 68 Rn. 24.
[55] Bündig *Trstenjak/Beysen*, in: EuR 47 (2012), 265, 266; *Jarass*, GRCh, Art. 49 Rn. 17 ff.
[56] *Dreier*, in: ders., GGK I, Vorb. Rn. 145.
[57] Etwa BVerfGE 125, 141 (167 f.); 138, 1 (19 ff.).
[58] Statt aller *Dreier*, in: ders., GGK I, Vorb. Rn. 145 ff.

heit darf der Staat erkennbar mehr, als wenn er lediglich Ziele der Wirtschaftsförderung verfolgt.

> **Klausurhinweis:** Hier hilft das – häufig unterschätzte – Stichwortverzeichnis der von Ihnen benutzten Gesetzestexte. So kann man einfach behaupten, dass etwa staatliche Wohnraumförderung ein legitimes Ziel im Sinne der Verhältnismäßigkeitslehre ist. Sie wird aber im Grundgesetz mehrfach erwähnt, woraus sich schließen lässt, dass die Verfassung davon ausgeht, dass es sich um eine legitime Staatsaufgabe handelt (vgl. Art. 74 Abs. 1 Nr. 18, 125c Abs. 2 S. 1, 143c Abs. 1 S. 1 GG). Solch eine Normanknüpfung oder auch schon der bloße Hinweis auf das Sozialstaatsprinzip (→ Kap. 7 Rn. 10ff.) machen die Sache in der Klausur besser.

— Zweiter Schritt ist die Prüfung, ob die staatliche Maßnahme **geeignet** ist, den Zweck zu erreichen. Dabei wird nicht verlangt, dass schon im Vorfeld feststeht, dass der Zweck zu 100% erfüllt wird – das wäre gerade bei Maßnahmen im ökonomischen Bereich völlig sachfremd. Ausreichend ist bereits, dass der Zweck lediglich gefördert wird[59]. Der zuständigen Stelle (namentlich dem Gesetzgeber) kommt diesbezüglich ein sog. Einschätzungsspielraum zu (wenn Sie es gerne ein wenig geschwollener haben, sprechen Sie von „Einschätzungsprärogative"). Ausgeschieden werden mithin nur Maßnahmen, die erkennbar völlig ungeeignet sind.

Schönes oder zumindest eingängiges **Beispiel:** In seiner Zeit als Bundesumweltminister hat Sigmar Gabriel eine Regelung veranlasst, nach der deutsche Autofahrer Rußfilter in Dieselfahrzeuge einbauen mussten. In Ansehung des Art. 20a GG (→ Kap. 8 Rn. 17f.) unzweifelhaft ein legitimer Zweck, nur stellte sich rasch heraus, dass die Filterwirkung der Filter buchstäblich gleich Null war …

— Dritter Schritt ist die Erforderlichkeit der Maßnahme. Sie liegt vor, wenn es keine gleich effektive Maßnahme gibt, die für den Betroffenen weniger belastend ist. Auch hier gilt, daß hinsichtlich der Frage, ob die weniger belastende Maßnahme wirklich gleich effektiv ist, ein Einschätzungsspielraum der staatlichen Verantwortlichen besteht. In der Sache ist hier einerseits die praktische Phantasie gefragt (was könnte man denn anders machen?), andererseits natürlich das – sich im Laufe des Studiums ansammelnde – juristische Wissen.

Beispiel aus der Rechtsprechung: Für nicht erforderlich hat das Bundesverfassungsgericht eine Regelung erklärt, nach der Falkner nicht nur das Jagen mit Greifvögeln, sondern auch den Umgang mit Schusswaffen erlernen mußten. Die Betroffenen wiesen völlig zu Recht darauf hin, dass diese Kenntnisse teuer und zeitaufwendig, aber für den Falknerberuf völlig unnötig waren[60].

— Zuletzt ist die **Angemessenheit** oder Verhältnismäßigkeit im engeren Sinne zu prüfen. Im Grunde fragt man mit dem Volksmund, ob im konkreten Fall „mit Kanonen auf Spatzen geschossen" wird. Es werden also die Rechtsminderung des Betroffenen sowie der staatlicherseits verfolgte Zweck in Beziehung zueinander gesetzt, wobei sich natürlich ein Wertungsspielraum eröffnet, der regelmäßig mehrere Ergebnisse als vertretbar ausweist.

Erneut ein **Beispiel** aus der Rechtsprechung: Als unangemessen hat das Bundesverfassungsgericht die öffentlichkeitswirksame Durchsuchung einer Anwaltskanzlei eingestuft, die ausschließlich durchgeführt wurde, um angebliche Parkverstöße des Anwalts aufzuklären[61].

---

[59] Siehe *Stern*, Staatsrecht III/2, 776f.
[60] BVerfGE 55, 159.
[61] Beschluss v. 7.9.2006 – 2 BvR 1141/05, Rn. 17.

24 In Ansehung des Verhältnismäßigkeitsgrundsatzes des Unionsrechts wird man eine Mikro- und eine Makroebene unterscheiden müssen. Handeln Organe der Union (etwa die Kommission oder Agenturen; → Kap. 11 Rn. 104 ff.) gegenüber natürlichen oder juristischen Personen, so sind sie nach der Rechtsprechung des Europäischen Gerichtshofs verpflichtet, verhältnismäßig im Sinne der gerade dargelegten Kriterien zu handeln[62]; das Prüfprogramm ist im Kern identisch mit dem deutschen. Auf der **Makroebene** ist der bereits zitierte Art. 5 Abs. 1 u. 4 EUV angesiedelt, denn hier geht es nicht um das Handeln einzelner Unionsamtswalter, sondern um die Ausübung der Zuständigkeiten der Union. Die Norm zählt mithin wie das Subsidiaritätsprinzip (→ Kap. 15 Rn. 115 ff.) zu den Sicherungen, die verhindern sollen, daß die Union ungehindert ihre Kompetenzen vermehrt bzw. die bestehenden Kompetenzen „ausreizt" (lies Art. 5 Abs. 4 UAbs. 1 EUV; → Kap. 15 Rn. 120 ff.). Ihre Tauglichkeit zu diesem Zweck wird allerdings überwiegend als eher dürftig eingeschätzt[63].

E. Die Europäische Union als Raum der Freiheit, der Sicherheit und des Rechts

25 Ebenfalls in den Kontext der Rechtsstaatlichkeit gehört zuletzt die etwas bombastische Selbstbeschreibung der Union als „Raum der Freiheit, der Sicherheit und des Rechts" (Titel V des AEUV, Art. 67–89). Während die Union in ihrer Frühphase ausschließlich auf wirtschaftliche Kooperation und Koordinierung angelegt war (→ Kap. 2 Rn. 25), zählt dieser Titel zu den Errungenschaften der „immer engeren Union". Dabei ist zu unterstreichen, dass die entsprechenden Unionskompetenzen und Angleichungsmaßnahmen anfangs nur dazu gedacht waren, Defizite aufzufangen, die aus dem Abbau der Grenzkontrollen resultierten, die wiederum im Interesse der Funktion des Binnenmarktes für notwendig gehalten wurden (siehe als Zeugnis Art. 77 AEUV)[64]. Der Abschnitt kann und soll hier nicht im Detail besprochen werden[65]. Prominente Elemente dieser Raumarchitektur, die teilweise auch substantielle Rückwirkungen auf das deutsche (Verfassungs-)Recht haben, sind insbesondere die folgenden:
– Bereits angesprochen worden ist die einheitliche (?) **Asylpolitik** der Europäischen Union (Art. 78 ff. AEUV). Sie steht gegenwärtig intensiv in der Diskussion. Dabei ist es wichtig, sich zu vergegenwärtigen, dass das Asylrecht des Unionsrechts das einschlägige deutsche Recht inzwischen komplett überformt hat, was etwa die Forderung, das Asylrecht in Art. 16a GG abzuschaffen oder doch deutlich einzuschränken, als völlig hilflos kennzeichnet[66].
– Noch in der Umsetzung begriffen ist die **justizielle Zusammenarbeit in Zivilsachen** (Art. 81 AEUV)[67]. Hier werden Sie im Laufe Ihres Studiums im Zivil- und

---

[62] *v. Danwitz*, EWS 2003, 393, 394.
[63] Zum weiten Beurteilungsspielraum der Unionsorgane *v. Danwitz*, EWS 2003, 393, 395 f.
[64] Näher etwa *Gusy/Schewe*, in: Weidenfeld, Europa-Handbuch I, 342 ff.
[65] Eingehend *Rosenau/Petrus*, in: Vedder/Heintschel v. Heinegg, Europäisches Unionsrecht, Art. 67 AEUV Rn. 2.
[66] Näher *Wittreck*, in: Dreier, GGK I, Art. 16a Rn. 32 ff. sowie 49 f.
[67] Näher, auch zu den Umsetzungsakten, *Remien*, in: Schulze/Zuleeg/Kadelbach, Europarecht, § 14 Rn. 12 sowie *Leible*, in: Enz. EuR III, § 14.

Zivilprozessrecht rasch realisieren, in welchem Ausmaß Unionsrecht bereits in den Alltag hineinragt.
- Deutlich kontroverser ist schließlich die **justizielle Zusammenarbeit in Strafsachen** (Art. 82 ff. AEUV)[68]. Denn hier hat der Grundsatz der gegenseitigen Anerkennung gerichtlicher Urteile und Entscheidungen (Art. 82 Abs. 1 UAbs. 1 AEUV) vorsichtig formuliert seine Tücken. Denn auf dieser Annahme oder besser Fiktion ruht der sog. **Europäische Haftbefehl,** der schon mehrfach das Bundesverfassungsgericht beschäftigt hat[69]. Holzschnittartig formuliert verpflichtet er die Mitgliedstaaten, Verdächtige auf Anforderung der Justiz eines anderen Mitgliedstaates zu überstellen, ohne in die eigene Sachprüfung der Vorwürfe einzusteigen[70]. Während der Europäische Gerichtshof den mit diesem Rechtsinstitut verbundenen Auslieferungsautomatismus nicht beanstandet hat[71], hat das Bundesverfassungsgericht zunächst das deutsche Umsetzungsgesetz verworfen[72] und zuletzt im Falle einer in Italien ergangenen Verurteilung in Abwesenheit des Angeklagten sogar die Verfassungsidentität i. S. v. Art. 23 Abs. 1 S. 3, 79 Abs. 3 GG tangiert gesehen (→ Kap. 14 Rn. 25 ff.)[73].

F. Klausurhinweise

Die unmittelbare Klausurrelevanz des 6. Kapitels präsentiert sich als sehr heterogen. Zwar werden Sie das Rechtsstaatsprinzip in vielen Prüfungssituationen heranziehen können und müssen, die einzelnen Abschnitte spielen aber in der Klausur ganz unterschiedliche Rollen: Gewaltenteilung und institutionelles Gleichgewicht zählen zum Strukturwissen bzw. können im Einzelfall als Argumente eine Rolle spielen. Hingegen sind inbesondere der Vorbehalt des Gesetzes, das Rückwirkungsverbot und die Verhältnismäßigkeit dogmatische Figuren, die unmittelbar zum Gegenstand einer Klausur werden können, wenn etwa die Frage im Raum steht, ob die Polizei für eine neuartige Maßnahme wie die Anordnung, bei Veranstaltungen „Sperrfahrzeuge" gegen Terroranschläge aufzustellen, eine eigene gesetzliche Ermächtigungsgrundlage braucht.

Zuletzt noch einige neuere Übungsfälle zum Thema:

M. J. Huber, Der enttäuschte Parteispender, in: Jura 2014, S. 1282 ff.
C. Langer, Klausur: Der steinige Weg zu einem Endlager, in: GewArch. 2017, S. 334 ff.
T. André/J. Rauber, Anfängerklausur – Öffentliches Recht: Gesetzgebungsverfahren – Soloauftritt „Luftsicherheit", in: JuS 2011, S. 425 ff.

---

[68] Bündig *Weißer,* in: Schulze/Zuleeg/Kadelbach, Europarecht, § 42 Rn. 10 ff.; *Meyer, in:* Enz. EuR III, § 37; knapp *Kotzur,* in: Geiger/Khan/ders., EUV/AEUV, Art. 82 AEUV Rn. 4 ff.
[69] Leitentscheidung: BVerfGE 113, 273; siehe danach noch BVerfG (K), NJOZ 2010, 1428; zuletzt BVerfGE 140, 317. Siehe dazu näher *Wittreck,* in: Dreier, GGK I, Art. 16 Rn. 34 f., 77.
[70] Näher *Weißer,* in: Schulze/Zuleeg/Kadelbach, Europarecht, § 42 Rn. 77 ff.
[71] EuGH C-303/05, Slg. 2007, I-3633 – *Advocaten voor de Wereld.*
[72] BVerfGE 113, 273.
[73] BVerfGE 140, 317 (342).

Kapitel 7. Bundesstaat, Sozialstaat, Republik, Säkularität

Literatur: Bundesstaat *J. Isensee,* Idee und Gestalt des Föderalismus im Grundgesetz, in: HStR³ VI, § 126; *M. Jestaedt,* Bundesstaat als Verfassungsprinzip, in: HStR³ II, § 29; *S. Korioth,* Die Rechtsprechung des Bundesverfassungsgerichts zum Bundesstaat, in: R. van Ooyen/M. Möllers (Hrsg.), Handbuch Bundesverfassungsgericht im politischen System, 2. Aufl., 2015, S. 693 ff.; *H.-P. Schneider,* Der neue deutsche Bundesstaat, 2013; *A. Voßkuhle/A.-K. Kaufhold,* Grundwissen – Öffentliches Recht: Das Bundesstaatsprinzip, in: JuS 2010, S. 873 ff.; *F. Wittreck,* Die Bundestreue, in: I. Härtel (Hrsg.), Handbuch Föderalismus I, § 18; *F. Wittreck,* Grenzen der Landesverfassungen, in: M. Hein/F. Petersen/S. v. Steinsdorff (Hrsg.), Die Grenzen der Verfassung, 2018, S. 209 ff.

Sozialstaat *P. Axer,* Soziale Gleichheit – Voraussetzung oder Aufgabe der Verfassung?, in: VVDStRL 68 (2009), S. 177 ff.; *E. Eichenhofer,* Geschichte des Sozialstaats, 2007; *E. Forsthoff,* Begriff und Wesen des sozialen Rechtsstaats, VVDStRL 12 (1954), S. 8 ff.; *H. M. Heinig,* Der Sozialstaat im Dienst der Freiheit, 2008; *T. Kingreen,* Das Sozialstaatsprinzip im europäischen Verfassungsverbund, 2003; *M. Knauff,* Die Daseinsvorsorge im Vertrag von Lissabon, in: EuR 45 (2010), S. 725 ff.; *A. Voßkuhle/T. Wischmeyer,* Sozialstaat, in: JuS 2015, S. 693 ff.; *H. Zacher,* Das soziale Staatsziel, in: HStR³ II, § 28.

Republik *M. Anderheiden,* Gemeinwohl in Republik und Union, 2006; *A. v. Bogdandy,* Konstitutionalisierung des europäischen öffentlichen Rechts in der europäischen Republik, in: JZ 2005, S. 529 ff.; *H. Dreier,* Kants Republik, in: JZ 2004, S. 745 ff.; *R. Gröschner,* Die Republik, in: HStR³ II, § 23; *S. Huster,* Republikanismus als Verfassungsprinzip?, in: Der Staat 34 (1995), S. 606 ff.; *J. Isensee,* Republik – Sinnpotential eines Begriffs, in: JZ 1981, S. 1 ff.; *T. Maissen,* Art. Republik, in: Der Neue Pauly, Bd. 15/2, 2002, Sp. 714 ff.; *K. Nowrot,* Das Republikprinzip in der Rechtsordnungengemeinschaft, 2014; *F. Wittreck,* „Republik" als verfassungsunmittelbare Grundrechtsschranke?, in: G. Gornig u. a. (Hrsg.), Iustitia et Pax. Gedächtnisschrift für Dieter Blumenwitz, 2008, S. 881 ff.; *F. Wittreck,* Republik und (verweigerte) Öffentlichkeit, in: K. Gräfin v. Schlieffen u. a. (Hrsg.), Republik – Rechtsverhältnis – Rechtskultur. Festschrift für Rolf Gröschner, 2018, S. 81 ff.

Säkularität *H. Dreier,* Staat ohne Gott, 2018; *S. Huster,* Die ethische Neutralität des Staates, 2. Aufl. 2017; *F. Wittreck,* Religiöse Paralleljustiz im Rechtsstaat?, in: U. Willems/A. Reuter/D. Gerster (Hrsg.), Ordnungen religiöser Pluralität, 2016, S. 439 ff.; *F. Wittreck,* Das Christentum als Fundament des Grundgesetzes?, in: ders. (Hrsg.), Grundlagen des Grundgesetzes, 2018, S. 1 ff.

1 Die weiteren in Art. 20 Abs. 1–3 GG niedergelegten, in Art. 79 Abs. 3 GG gegen grundlegende Veränderung geschützten (→ Kap. 14 Rn. 5 ff.) sowie in den Art. 23 Abs. 1 und Art. 28 Abs. 1 GG in Richtung der Union bzw. der Länder gerichteten Verfassungsprinzipien haben in Rechtsprechung wie Literatur weit weniger Statur und Prominenz gewonnen als Demokratie und Rechtsstaat (→ Kap. 5 und 6). Zugleich sind die Parallelen im Unionsrecht hier schwächer ausgeprägt, fehlen teils ganz. In der gebotenen Kürze sollen im Folgenden der Bundesstaat (A.), der Sozialstaat (B.), die Republik (C.) sowie die Säkularität staatlicher Machtausübung (D.) dargestellt werden.

A. Bundesstaat

2 Dass Deutschland ein Bundesstaat ist, folgt schon aus dem Staatsnamen „Bundesrepublik"[1] und wird in Art. 20 Abs. 1 GG bekräftigt[2]. Abzugrenzen ist der Bundesstaat von einem bloßen **Staatenbund** – als Beispiel wird hier regelmäßig der 1815 geschlossene

---

[1] Eingehend *Murswiek,* in: Bonner Kommentar, Überschrift (2012), Rn. 14 ff.
[2] Näher zum Folgenden *Jestaedt,* HStR³ II, § 29; *Voßkuhle/Kaufhold,* JuS 2010, 873 ff.; *Bauer,* in: Dreier, GGK II, Art. 20 (Bundesstaat); *Jarass/Pieroth,* GG, Art. 20 Rn. 23 ff.

Deutsche Bund angeführt³. Ein solcher zeichnet sich dadurch aus, dass allein den einzelnen Gliedern des Bundes Staatscharakter zukommt, während der Bund diese Qualität gerade nicht aufweist. Im Bundesstaat gelten demgegenüber sowohl der Bund als auch die einzelnen Bundesglieder als Staaten, haben also nach dem klassischen dreigliedrigen Konzept der Allgemeinen Staatslehre jeweils ein eigenes Staatsgebiet, ein Staatsvolk und üben eigenständige Staatsgewalt aus⁴. Souverän (→ Kap. 2 Rn. 3 ff.) sind die Glieder des Bundes hingegen nicht mehr, was sich nicht zuletzt darin äußert, dass den Bundesländern kein Recht zum Austritt aus der Bundesrepublik zukommt⁵. Das Bundesstaatsprinzip wird im Grundgesetz in einer Vielzahl von Bestimmungen näher entfaltet⁶, wobei den **Kompetenzbestimmungen** besondere Bedeutung zukommt (→ Kap. 15 Rn. 42 ff.). Praktisch kaum weniger bedeutsam, aber in den Juristenausbildungsordnungen regelmäßig ausdrücklich als Prüfungsgegenstand ausgeschlossen⁷, ist die bundesstaatliche **Finanzverfassung**⁸. Hier sollte zumindest bekannt sein, dass die Verteilung von Geld (und Kompetenzen) zwischen Bund und Ländern seit Gründung der Bundesrepublik eine echte „Dauerbaustelle" ist – der Großteil der über 60 Änderungen des Grundgesetzes seit 1949 betraf das Verhältnis von Bund und Ländern, in Sonderheit die Lenkung der verschiedenen Finanzströme zwischen ihnen⁹. Im Folgenden sollen lediglich die Verfassungsautonomie der Länder (I.), die Bundestreue (II.), das Konzept des „Wettbewerbsföderalismus" (III.) sowie die Neugliederung des Bundesgebietes (IV.) näher vorgestellt werden.

I. Verfassungsautonomie der Länder und Homogenitätsgebot

Nach Art. 28 Abs. 1 S. 1 GG muss „[d]ie verfassungsmäßige Ordnung in den Ländern 3 […] den Grundsätzen des republikanischen, demokratischen und sozialen Rechtsstaates im Sinne dieses Grundgesetzes entsprechen." Art. 28 Abs. 1 S. 2 GG enthält konkrete Vorgaben für Volksvertretungen in den Ländern und Kommunen¹⁰; Art. 28 Abs. 1 S. 3 GG eröffnet in den Kommunen Unionsbürgern das Wahlrecht (→ Kap. 9 Rn. 43). Die Zentralbestimmung in Art. 28 Abs. 1 S. 1 GG firmiert auch als **„Homogenitätsgebot"**¹¹. Ihr liegt die Überzeugung zugrunde, dass ein Bundesstaat nur funktionieren kann, wenn der Bund wie seine Glieder zumindest in Grundsatzfragen der staatlichen Organisation den gleichen Regeln unterliegen bzw. den gleichen Verfassungsprinzipien folgen¹². Die Bestimmung steht in einer langen Tradition, die über die Weimarer Republik (dort Art. 17 WRV) bis auf den Deutschen Bund von 1815 zurückreicht (dort Art. XIII Deutsche Bundesakte)¹³. Wichtig ist, sich von Anfang an

---

³ Im ersten Zugriff *Grzeszick,* Vom Reich zur Bundesstaatsidee, 1996, 189 ff.
⁴ Näher zu diesem Konzept *Schöbener/Knauff,* Allgemeine Staatslehre, § 3 Rn. 17 ff.
⁵ Unterstrichen von BVerfG (K), Entsch. v. 16.12.2016 – 2 BvR 349/16, JA 2017, 238.
⁶ Im Überblick *Bauer,* in: Dreier, GGK II, Art. 20 (Bundesstaat), Rn. 22 sowie *Grzeszick,* in: Maunz/Dürig, GG, Art. 20 IV (2006), Rn. 66 ff.
⁷ Siehe für Nordrhein-Westfalen § 11 Abs. 2 Nr. 9 JAG NRW.
⁸ Guter erster Zugriff: *Schwarz/Reimer,* JuS 2007, 119 ff., 219 ff.
⁹ *Pieroth,* in: Wittreck (Hrsg.), 60 Jahre Grundgesetz, 2010, 33, 34.
¹⁰ Näher *Nierhaus/Engels,* in: Sachs, GG, Art. 28 Rn. 18 ff.
¹¹ Näher zum folgenden *Menzel,* Landesverfassungsrecht, 2002, 240 ff.; *Dittmann,* HStR³ VI, § 127 Rn. 1 ff.; *Dreier,* in: ders., GGK II, Art. 28 Rn. 41 ff.; *Wittreck,* in: Hein/Petersen/v. Steinsdorff (Hrsg.), Die Grenzen der Verfassung, 2018, 209, 217 ff.
¹² BVerfGE 9, 268 (279); 41, 88 (119); 60, 175 (207); 90, 60 (84 f.); 102, 224 (234 f.).
¹³ Nachgezeichnet bei *Dreier,* in: ders., GGK II, Art. 28 Rn. 3 ff.

das **Korrespondenzverhältnis** der Norm mit Art. 20 Abs. 1–3, 23 Abs. 1 und 79 Abs. 3 GG zu vergegenwärtigen: Art. 20 Abs. 1–3 GG enthält die für die Verfassungsidentität der Bundesrepublik schlechthin zentralen Verfassungsprinzipien, bildlich gesprochen ihre „Seele". Art. 79 Abs. 3 GG entzieht (u. a.) diese Prinzipien zwar nicht jeder Änderung, wohl aber einer „Berührung" (→ Kap. 14 Rn. 8). Das muss aber für die Interpretation von Art. 28 Abs. 1 S. 1 GG (wie von Art. 23 Abs. 1 S. 1 GG) leitend sein: Der Bund kann nur das den Ländern verbindlich vorgeben bzw. nur das zur Bedingung seiner Mitwirkung an der Europäischen Union machen, was für ihn selbst identitätsstiftend und mit Ewigkeitsrang verpflichtend ist. Das aber spricht dafür, alle Bestimmungen gleichermaßen eng auszulegen: Es kann nicht um Details der Verfassung gehen, sondern um echte Fundamentalentscheidungen, hinter die Bund wie Land nicht zurückgehen können, ohne ihre Qualifikation als demokratische Verfassungsstaaten in Frage zu stellen[14]. Hier ist übrigens der **Rechtsvergleich** hilfreich[15]: Eine Regelung, die in einem unzweifelhaft demokratischen Rechtsstaat unbeanstandet in Geltung steht, sollte nicht leichter Hand als schlechterdings undemokratisch oder rechtsstaatswidrig denunziert werden (das gilt auch für die Länder untereinander).

4 Aus dem Homogenitätsgebot folgt im Umkehrschluss die **Verfassungsautonomie** der Länder[16]. Sofern Art. 28 Abs. 1 GG keine Vorgaben zu entnehmen sind, bleiben die Länder in der Ausgestaltung ihrer Landesverfassungen frei[17]. Allerdings hat sich in der Verfassungspraxis gezeigt, dass gerade die nach dem Grundgesetz erlassenen oder grundlegend reformierten Verfassungsurkunden der Länder sich regelmäßig eng am Grundgesetz orientieren[18] – das gilt für die Grundrechte, aber auch für die Ausgestaltung der Staatsorganisation. Die gelegentlich geäußerte Hoffnung, die Landesverfassungen könnten zu **„Versuchslaboren"** werden, in denen echte verfassungsrechtliche Neuerungen ersonnen werden, die sich anschließend auf die Bundesebene übertragen lassen, hat sich nur in Ausnahmefällen erfüllt[19]. Da die Länder nach richtiger Auffassung beim Erlass oder bei der Änderung ihrer Verfassungsurkunden nicht an die Kompetenzordnung der Art. 70ff. GG gebunden sind[20], bestimmt sich ihr Verhältnis zum (einfachen) Bundesrecht ausschließlich nach der Kollisionsregel des Art. 31 GG.

Beispiel: Ein Bundesland wäre danach durchaus frei, in seine Landesverfassung ein Grundrecht auf „freie Fahrt für freie Bürger" aufzunehmen, also ein Tempolimit auf Autobahnen zu verbieten. Änderte der Bund aber die Straßenverkehrsordnung (StVO – wohlgemerkt eine Rechtsverordnung des Bundes, → Kap. 15 Rn. 233 ff.) und führte ein solches Tempolimit ein, würde die Landesverfassung nach Art. 31 GG gebrochen.

---

[14] Für Zurückhaltung bzw. einen breiten Spielraum der Länder BVerfGE 60, 175 (207); 64, 301 (317); 96, 345 (368 f.); 103, 111 (135) sowie aus der Literatur *Dittmann*, HStR³ VI, § 127 Rn. 11ff.; *Dreier*, in: ders., GGK II, Art. 28 Rn. 53, 57; *Jarass/Pieroth*, GG, Art. 28 Rn. 1.
[15] So auch *Dreier*, in: ders., GGK II, Art. 79 III Rn. 20; *Herdegen*, in: Maunz/Dürig, GG, Art. 79 (2014), Rn. 113.
[16] Näher *Menzel*, Landesverfassungsrecht, 2002, 240; *Dittmann*, HStR³ VI, § 127 Rn. 1 f., 9 ff.; zur Fundierung der Verfassungshoheit der Länder im Bundesstaatsprinzip ferner *Jestaedt*, HStR³ II, § 29 Rn. 65.
[17] Diese Doppelfunktion der Norm betonen *Dittmann*, HStR³ VI, § 127 Rn. 11 sowie *Dreier*, in: ders., GGK II, Art. 28 Rn. 42.
[18] So auch *Menzel*, Landesverfassungsrecht, 2002, 349.
[19] Regelmäßig wird unterstrichen, dass sich Bestimmungen zum Status der Opposition nur in den Landesverfassungen finden (so *Menzel*, Landesverfassungsrecht, 2002, 436; *Jarass/Pieroth*, GG, Art. 20 Rn. 22a). Allerdings hat sich der Bund bislang der Rezeption dieser Innovation gerade versagt ...
[20] BVerfGE 36, 342 (364 f.).

Welche **konkreten Bindungen** folgen danach für die Länder aus Art. 28 Abs. 1 S. 1 GG[21]? Das republikanische Prinzip verbietet auch ihnen unmittelbar die Wiedereinführung einer Monarchie (→ Rn. 15). Das Demokratieprinzip ist teils so gedeutet worden, als setze es der unmittelbaren Demokratie auf Landesebene Grenzen[22]. Tatsächlich ist es die am direktesten ins Auge springende Abweichung des Landesverfassungsrecht von der Ausgestaltung auf Bundesebene, dass inzwischen alle Länder **direktdemokratische Instrumente** vorsehen[23], während das Grundgesetz zwar in seinem Art. 20 Abs. 2 S. 2 von „Wahlen und Abstimmungen" spricht, Volksentscheide aber explizit nur für die Neugliederung vorsieht (→ Rn. 9; → Kap. 5 Rn. 15 ff.). Daraus folgt aber keine irgendwie geartete „Verfassungsentscheidung" für einen Vorrang der repräsentativen Demokratie, den es gegen das Volk (als Inhaber der Staatsgewalt) abzusichern hätte[24]. Hingegen sind die Länder verpflichtet, den verfassungsrechtlichen Status der Parteien wie der Abgeordneten jeweils in seinen Grundzügen nachzuvollziehen[25]. Von den Teilgehalten des Rechtsstaats (→ Kap. 6 Rn. 4 ff.) hat die Rechtsprechung nach Art. 28 Abs. 1 S. 1 GG etwa die Gewaltenteilung und das Bestimmtheitsgebot als verbindlich ausgeflaggt[26].

II. Die Bundestreue

Rechtsprechung und herrschende Lehre gehen von der Existenz eines ungeschriebenen Rechtssatzes aus, der **„Grundsatz bundesfreundlichen Verhaltens"** oder kürzer „Bundestreue" genannt wird[27]. Der Begriff ist insofern irreführend, weil diese „Treue" eben nicht allein dem Bund gilt (also die Länder ihm gegenüber in die Pflicht nimmt), sondern auch vom Bund in seinem Verhältnis zu den Ländern sowie von den Ländern untereinander zu wahren ist[28]. Nach der Rechtsprechung soll er Bund und Länder „stärker unter der gemeinsamen Verfassungsrechtsordnung aneinander" binden[29] und zur Rücksichtnahme auf die Belange der jeweils anderen Seite verpflichten[30]. Gängig ist die Formel, Bund wie Länder müssten bei der Ausübung ihrer Kompetenzen Rücksicht auf die Rechte und Kompetenzen von Ländern und Bund nehmen und sie lediglich so ausüben, dass die Befugnisse des jeweils anderen nicht über Gebühr beschnitten werden[31]. Näher werden in Rechtsprechung und Literatur **materielle Pflichten**

5

---

[21] Detaillierte Auflistungen zum folgenden bei *Dreier,* in: ders., GGK II, Art. 28 Rn. 53 ff.; knapper *Jarass/Pieroth,* GG, Art. 28 Rn. 4 ff.
[22] Zuletzt HambVerfG, Urt. v. 13.10.2016 – 2/16, JZ 2017, 360 – *„Rettet den Volksentscheid".*
[23] Guter Überblick bei *Rux,* Direkte Demokratie in Deutschland, 2008, 259 ff., 404 ff.; knapper *Wittreck,* in: Feld u. a. (Hrsg.), Jahrbuch direkte Demokratie 2012, 41 ff.
[24] A. A. wohl der noch überwiegende Meinung, etwa *Möstl,* VVDStRL 72 (2013), 355, 361 ff.; näher zur hier vertretenen Position *Dreier/Wittreck,* in: Feld u. a. (Hrsg.), Jahrbuch für direkte Demokratie 2009, 2010, 11 ff.
[25] Näher BVerfGE 102, 224 (234 f.), 134, 141 (177, Rn. 105; beides zu Abgeordneten); zu Parteien E 60, 53 (61).
[26] BVerfGE 2, 307 (319); 103, 111 (135); 139, 19 (48, Rn. 56; betrifft Art. 80 Abs. 1 S. 2 GG).
[27] BVerfGE 92, 203 (234); maßgebliche Monographie: *Bauer,* Die Bundestreue, 1992; vgl. ferner *Egli,* Die Bundestreue, 2010; *Wittreck,* in: Handbuch Föderalismus I, § 18 sowie knapp *Jarass/Pieroth,* GG, Art. 20 Rn. 27 ff.
[28] Statt aller *Bauer,* in: Dreier, GGK II, Art. 20 (Bundesstaat), Rn. 47.
[29] BVerfGE 8, 122 (140).
[30] BVerfGE 104, 249 (269 f.); 139, 321 (353; Rn. 101).
[31] BVerfGE 12, 205 (254 f.); 106, 1 (27); 133, 241 (271, Rn. 87).

(gegenseitige Information, Abstimmung und Kooperation)[32] und prozedurale oder **Verfahrenspflichten** unterschieden, die aus der Bundestreue folgen sollen (hier denkt man etwa an die Art der Verhandlungsführung[33]). Schließlich wird der Grundsatz noch dogmatisch auf den Gedanken der sog. **Verfassungsorgantreue** zurückgeführt; danach haben auch auf Bundes- wie Landesebene alle Verfassungsorgane ihre Befugnisse so auszuüben, dass sie die Befugnisse der übrigen Organe möglichst schonen[34].

6 Klingt vielleicht gut – hat aber einen **Haken**[35]. Sichtet man die durchaus eindrucksvolle Rechtsprechung näher, so bleiben exakt drei Entscheidungen des Bundesverfassungsgerichts, in denen es einen *Verstoß* gegen die Bundestreue angenommen hat[36]:
- In BVerfGE 8, 122 hatte das Gericht über eine von hessischen Gemeinden durchgeführte Befragung ihrer Bürgerinnen und Bürger zur Bewaffnung der Bundeswehr mit Atomwaffen zu entscheiden[37]
- In BVerfGE 12, 205 ging es um den (vergleichsweise tolldreisten) Versuch der Regierung *Adenauer*, an den Ländern vorbei ein „Deutschland-Fernsehen" zu schaffen[38]
- BVerfGE 92, 203 schließlich betraf den Fall der sog. EG-Fernsehrichtlinie; in der Sache rügte das Gericht, dass der Bund (konkreter die Bundesregierung) bei der Mitwirkung im Rat der damals noch als „Gemeinschaft" firmierenden Union die Landeskompetenz für die Sachmaterie nicht hinreichend berücksichtigt hatte.

Allen drei Fällen ist gemein, dass man sie ohne Weiteres auch ohne den Rückgriff auf ungeschriebenes Recht hätte lösen können, nämlich durch schlichte **Anwendung der Kompetenzordnung** des Grundgesetzes[39]. Es spricht daher viel dafür, dass es die Bundestreue als Rechtsfigur erstens nicht gibt und durch ihre Verabschiedung zweitens auch kein Schaden entsteht. Genauer gesagt muss sie auch gar nicht verabschiedet, sondern nur verschoben werden. Denn sie ergibt durchaus Sinn als Klugheitsregel (oder auch als Regel des föderalen Anstands): Ein Bundesstaat funktioniert gewiss besser, wenn Bund und Länder aufeinander Rücksicht nehmen und angemessen miteinander kommunizieren.

> **Hinweis:** Selbst wenn Sie dieser Position nicht folgen wollen und sich der herrschenden Meinung anschließen, sollten Sie in der Klausur außerordentlich zurückhaltend mit der Bundestreue umgehen – sie ist und bleibt schlicht und einfach ein Gummibegriff.

7 Zuletzt soll noch auf die sog. **Unionstreue** eingegangen werden[40]. Im Gegensatz zur Bundestreue hat sie einen klaren Anhalt im Text der Verträge, nämlich in Art. 4 Abs. 3 EUV, der namentlich in UAbs. 1 den Grundsatz der loyalen Zusammenarbeit statuiert und Union wie Mitgliedstaaten wechselseitig darauf verpflichtet. Der Europäische Gerichtshof hatte diese wechselseitige Bindung schon zuvor anerkannt[41]. Er

---

[32] Siehe BVerfGE 43, 291 (348f.); 104, 249 (270ff.).
[33] Zuletzt BVerfGE 103, 81 (88).
[34] BVerfGE 119, 96 (125).
[35] Grundsätzliche Kritik bei *Wittreck*, in: Handbuch Föderalismus I, § 18 Rn. 39 ff.
[36] Nochmals *Wittreck*, ebda., § 18 Rn. 36 f.
[37] Dazu *Menzel*, in: ders./Müller-Terpitz, Verfassungsrechtsprechung, 133 ff.
[38] Siehe dazu knapp *Müller-Terpitz*, in: Menzel/ders., Verfassungsrechtsprechung, 143 ff.
[39] Näher *Wittreck*, in: Handbuch Föderalismus I, § 18 Rn. 48.
[40] Dazu *Wittreck*, in: Handbuch Föderalismus I, § 18 Rn. 17 f.; *Bauer*, in: Dreier, GGK II, Art. 20 (Bundesstaat), Rn. 18 f.; *Geiger*, in: ders./Khan/Kotzur, EUV/AEUV, Art. 4 EUV Rn. 5 ff.
[41] EuGH, C-230/81, Slg. 1983, 287 – *Luxemburg/EP*; C-44/84, Slg. 1986, 81 – *Hurd*.

hat daraus konkret etwa Informations- und Unterrichtungspflichten der Organe der Union wie der Mitgliedstaaten abgeleitet[42].

III. Unitarisierung vs. Wettbewerbsföderalismus

Schon bei Erlass des Grundgesetzes war strittig, in welche „Generalrichtung" der deutsche Bundesstaat sich entwickeln sollte – der bayerische Widerspruch gegen das Grundgesetz fußt auf diesem Streit (→ Kap. 2 Rn. 18). Es geht im Kern um die Frage, was die Verfassungsentscheidung für einen Bundesstaat eigentlich bedeutet. Üblicherweise werden die Aspekte der **Freiheitssicherung** durch die Verteilung und Begrenzung politischer Macht (auch „vertikale Gewaltenteilung" genannt)[43] sowie der Anerkennung „landsmannschaftlicher **Vielfalt**"[44] angeführt. Damit ist über die Reichweite dieser Entscheidung aber noch nicht viel gesagt oder gewonnen. Es stehen sich letztlich zwei Konzepte gegenüber[45]: Der „Wettbewerbsföderalismus" zielt darauf, dass die Bundesländer möglichst große Gestaltungsräume (etwa durch Übertragung von Kompetenzen, → Kap. 15 Rn. 52 ff.) erhalten und diese nutzen, um namentlich in Rechtsetzung und Verwaltung tatsächlich voneinander substantiell abweichende Konzepte zu verfolgen, die – so das Ideal – in Konkurrenz zueinander treten und von anderen Ländern dann nach einer Zeit des Vergleichs übernommen werden können, wenn sie sich etwa im Land A als praktisch tauglicher erwiesen haben als im Land B. Wer auf **Unitarisierung** setzt, sieht unterschiedliche Regelungen in den Ländern im Grunde als Gleichheitsproblem bzw. beruft sich auf Grundgesetzbestimmungen wie Art. 72 Abs. 2 GG, der eine Bundeskompetenz nach diesem Artikel u. a. daran bindet, dass sie zur „Herstellung gleichwertiger Lebensverhältnisse im Bundesgebiet"[46] erforderlich ist. Tatsächlich ist dem Grundgesetz keine Entscheidung für das eine oder andere Konzept zu entnehmen, weil unterschiedliche Reformvorhaben diesbezüglich unterschiedliche Signale gesandt haben. Die „Föderalismusreform I" von 2006 etwa zielte klar in Richtung Umverteilung von substantiellen Kompetenzen auf die Länder[47], während die letzte große Reform der Finanzbeziehungen 2017[48] sich im Grunde schonungslos auf den Nenner „Geld vom Bund gegen Kompetenzen der Länder" bringen lässt. Dementsprechend begegnen auch in der Verfassungspraxis Phänomene der Unitarisierung durch informelle Koordination (man denke an die Schulpolitik) wie des Wettbewerbsföderalismus nebeneinander.

8

IV. Neugliederung (Art. 29 GG)

Wer den Art. 29 GG aufmerksam liest, wird schnell merken: Diese Norm hat sich jemand ausgedacht, der ganz gewiss nicht wollte, dass sie jemals zur Anwendung kommt[49]. Der

9

---

[42] EuGH, C-275/00, Slg. 2002, I-10 943 – *First NV*; C-45/93, Slg. 1994, I-935 – *K/Spanien*.
[43] BVerfGE 55, 274 (318 f.); aus der Literatur nur *Grzeszick,* in: Maunz/Dürig, GG, Art. 20 IV (2006), Rn. 20 ff.
[44] Statt aller *Grzeszick,* in: Maunz/Dürig, GG, Art. 20 IV (2006), Rn. 29.
[45] Näher zum folgenden *Bauer,* in: Dreier, GGK II, Art. 20 (Bundesstaat), Rn. 9 ff., 26 ff.
[46] Näher dazu *Wittreck,* in: Dreier, GGK II, Art. 72 Rn. 22.
[47] Auswertung bei *Schneider,* Der neue deutsche Bundesstaat, 2013; knapper *Selmer,* JuS 2006, 1052 ff.
[48] Gesetz zur Änderung des Grundgesetzes v. 13.7.2017, BGBl. I 2447; dazu nur die Würdigung von *Heun/Thiele,* in: Dreier, GGK III, Vorb. zu Art. 104a–115, Rn. 12 f.
[49] Ähnlich *Leonardy,* in: Eckart/Jenkis (Hrsg.), Föderalismus in Deutschland, 2001, 14 ff. Siehe näher zur Neugliederung – außer den Kommentierungen zu Art. 29 GG – noch *Dietlein,* Der Staat 38 (1999), 547 ff.; *Würtenberger,* HStR³ VI, § 132 sowie *Erbguth,* JZ 2011, 433 ff.

Beleg für diese zugegebenermaßen boshafte These sind die Art. 118 und 118a GG: Schon der historische Verfassunggeber hat für die einzige tatsächlich erfolgte Neugliederung, nämlich die **Bildung Baden-Württembergs** aus den Teilstaaten Baden, Württemberg-Baden und Württemberg-Hohenzollern im Jahre 1951, eine Sondervorschrift vorgesehen (Art. 118 GG)[50]. Für die beabsichtigte Vereinigung von Berlin und Brandenburg wurde 1994 noch Art. 118a GG eingefügt; das Projekt ist allerdings 1996 in der Volksabstimmung in Brandenburg gescheitert[51].

Art. 29 GG taugt ungeachtet seiner fehlenden praktischen Relevanz oder genauer Tauglichkeit allerdings als Beleg für eine nicht unwichtige Eigenart des Bundesstaates grundgesetzlicher Prägung. Zwar garantiert Art. 79 Abs. 3 GG die Existenz von „Ländern" (→ Kap. 14 Rn. 6). Hingegen garantiert er nicht die **Existenz der konkreten Länder.** Denn Art. 29 Abs. 2 Satz 1 GG ist eindeutig zu entnehmen, dass der Bund die Existenz eines einzelnen Bundeslandes wohlgemerkt durch *Bundesgesetz* beenden kann; die betroffenen Länder sind lediglich zu hören (Satz 2). Nur die Landesvölker bestimmen im notwendigen Volksentscheid (näher dazu Abs. 3 und 6) mit, ob die Neugliederung tatsächlich zustandekommt[52].

B. Sozialstaat

10 Das soziale Staatsziel kann sehr gut als Anschauungsmaterial herangezogen werden, um zu illustrieren, wie nah das **Verfassungsrecht** sein Haus am Wasser der **Politik** gebaut hat[53]. Das Beiwort „sozialer" in Art. 20 Abs. 1 GG (wiederholt in Art. 28 Abs. 1 S. 1 GG) stellt zwar eine Weichenstellung dar, die über Art. 79 Abs. 3 GG Ewigkeitswert hat. Sie ist aber hochgradig deutungsoffen – was der deutsche Staat kraft seiner Selbstcharakterisierung als Sozialstaat konkret zu leisten hat, wird jemand, der sich der politischen Linken zurechnet, möglicherweise anders einschätzen als eine Person, die sich selbst als „bürgerlich" einsortieren würde. Das sei hier nur als Problemanzeige verstanden – fragen Sie bei der Auseinandersetzung mit verfassungsrechtlichen Fragen stets kritisch, ob entweder Sie selbst oder ein Text, den Sie gerade lesen, vom Wortlaut des Grundgesetzes oder von einer (partei-)politischen „Voreinstellung" gesteuert wird (das gilt wohlgemerkt auch für dieses Buch). Wie dargelegt und hoffentlich einsichtig, ist diese Gefahr der Setzung politischer Prämissen, die dann mit nur noch scheinbar rechtlichen Argumenten nachvollzogen oder besser garniert werden, beim Sozialstaatsprinzip besonders ausgeprägt.

I. Materieller Gehalt

11 Traditionell versucht man, dieser Weite des sozialen Staatszieles mittels zweier Strategien beizukommen. Zum einen verweist man auf die zahlreichen Bestimmungen, die über das gesamte Grundgesetz verstreut sind und es näher konkretisieren[54]; das sind

---

[50] Dazu BVerfGE 5, 34.
[51] Näher statt aller *Wollenschläger*, in: Dreier, GGK III, Art. 118a Rn. 15 ff.
[52] Unterstrichen von *Scholz*, in: Maunz/Dürig, GG, Art. 29 (2016), Rn. 16.
[53] Gute Einführung in das Problem bei *Hollerbach*, in: Maihofer (Hrsg.), Ideologie und Recht, 1969, 37 ff.
[54] Komplette Auflistung bei *Wittreck*, in: Dreier, GGK II, Art. 20 (Sozialstaat), Rn. 26.

teils Gesetzgebungskompetenzen (etwa Art. 74 Abs. 1 Nr. 12 GG zur Sozialversicherung), teils Verwaltungskompetenzen (etwa Art. 87 Abs. 2 GG zu sozialen Versicherungsträgern). Zum anderen bündelt man die verschiedenen Gehalte des Prinzips zu zwei Unterprinzipien, nämlich der **Fürsorge** und der **Vorsorge**[55]. Die erstgenannte nimmt den Staat in die Pflicht, im Falle akuter Not zu helfen; das betrifft etwa Obdachlosigkeit, das simple Fehlen von verfügbaren Geldmitteln zum Monatsende oder auch die Opfer von Umweltkatastrophen[56]. Die Staatsaufgabe „Vorsorge" hingegen soll diese Fälle nach Möglichkeit gar nicht eintreten lassen[57]. Sie schlägt sich in Deutschland in einer Tradition, die bis auf die Sozialreformen Bismarcks im 19. Jahrhundert zurückreicht, in den großen Sozialversicherungen nieder[58]. Diese beruhen auf dem Gedanken, dass der einzelne – der hier durchaus zu seinem Glück gezwungen wird (sog. Paternalismus) – angehalten wird, in guten Zeiten für schwere vorzusorgen, indem er (meist gemeinsam mit dem Arbeitgeber) in verschiedene Kassen einzahlt, aus denen er dann im Falle von Krankheit, Ruhestand oder Arbeitslosigkeit etc. wiederum Leistungen erhält, die teils noch vom Staat aufgestockt werden, wenn sie sich nicht als ausreichend erweisen. Für Leistungen im Rahmen von Vorsorge wie Fürsorge hat dabei die Rechtsprechung unmittelbar aus dem Sozialstaatsprinzip i. V. m. der Menschenwürdegarantie (Art. 1 Abs. 1 GG) einen **Anspruch auf** Leistungen entwickelt, die dem einzelnen **ein menschenwürdiges Dasein** gewährleisten[59]. Dabei hat es unterstrichen, dass sich aus diesen beiden – ebenso hochrangigen wie unbestimmten – Verfassungsbestimmungen kein fester Eurowert ableiten lässt, der monatlich mindestens zu zahlen wäre. Es beschränkt sich vielmehr – konkret am Beispiel der Sätze der sog. Grundsicherung nach „Hartz IV" – auf die Prüfung, ob der Gesetzgeber die von ihm festgelegten Werte nach einem nachvollziehbaren und in sich schlüssigen Verfahren ermittelt hat[60]. Zugleich hat es klargestellt, dass die Leistungen im Rahmen von Fürsorge wie Vorsorge vom Maß des gesamtgesellschaftlichen Reichtums abhängen[61] – es kann m. a. W. nur verteilt werden, was vorhanden ist.

II. Bindungs- und Rechtswirkung

Im Grundansatz unterscheidet sich das Sozialstaatsprinzip nicht von anderen Verfassungsnormen: Es ist unmittelbar geltendes Recht[62], das nach Art. 28 Abs. 1 S. 1 GG für die Länder verbindlich ist (→ Rn. 3 f.) und nach Art. 79 Abs. 3 GG gegen Änderungen geschützt wird, die es „berühren" (→ Kap. 14 Rn. 8)[63]. In der **Lissabon**-Entscheidung hat sich das Bundesverfassungsgericht diesbezüglich dahingehend festgelegt, dass aus Art. 79 Abs. 3 GG i. V. m. dem Sozialstaatsprinzip folgen soll, dass

12

---

[55] So etwa *Wittreck,* in: Dreier, GGK II, Art. 20 (Sozialstaat), Rn. 28 f., 30 ff. oder *Jarass*/Pieroth, GG, Art. 20 Rn. 156 f.
[56] BVerfGE 100, 271 (284); näher *Wittreck,* in: Dreier, GGK II, Art. 20 (Sozialstaat), Rn. 28 f.
[57] BVerfGE 68, 193 (209).
[58] Plastisch *Eichenhofer,* Sozialrecht, 10. Aufl. 2017, Rn. 42 ff., 288 ff.
[59] BVerfGE 125, 175 (Ls. 1); aus der Literatur *Schnath,* NZS 2010, 297 ff.; *Nolte,* Der Staat 52 (2013), 245 ff.; *Wittreck,* in: Dreier, GGK II, Art. 20 (Sozialstaat), Rn. 45 f.
[60] BVerfGE 125, 175 (226). Kritisch *Rixen,* JöR 61 (2013), 525, 528 ff.
[61] BVerfGE 33, 303 (333): sog. Vorbehalt des Möglichen.
[62] BVerfGE 1, 97 (105); 6, 32 (41); aus der Literatur nur *Papier,* HGR II, § 30 Rn. 2.
[63] BVerfGE 84, 90 (121); 94, 49 (103).

dem deutschen Gesetzgeber „die sozialpolitisch wesentlichen Entscheidungen in eigener Verantwortung" obliegen müssen, mithin also integrationsfest sind[64].

In anderen Urteilen hat das Gericht allerdings betont, dass die Aufgabe der Konkretisierung des Sozialstaatsprinzips primär beim parlamentarischen **Gesetzgeber** angesiedelt sei, der dabei über einigen **Spielraum** verfüge[65]. Ob er den Art. 20 Abs. 1 GG als Auftrag zur aktiven Sozialgestaltung – bis hin zur „Umverteilung" – interpretiert oder sich zurückhaltender auf die Bekämpfung von sozialer Not beschränkt, wird von den Verfassungsgerichten aus gutem Grund nur höchst zurückhaltend geprüft[66].

III. Die Europäische Union als soziale Union

13   Abschließend sind einige Hinweise zum Stellenwert des sozialen Staatsziels im **Unionsrecht** angezeigt[67]. Schon unter den Werten der Union tauchen Gerechtigkeit und Solidarität auf (Art. 2 S. 2 EUV). Die Ziele umfassen sodann die „soziale Marktwirtschaft" (Art. 3 Abs. 3 UAbs. 1 S. 2 EUV; der Begriff kommt i. Ü. im Grundgesetz so nicht vor)[68]. Von großer mittelbarer Bedeutung ist Art. 9 EUV, der die Gleichbehandlung der **Unionsbürger** anordnet (→ Kap. 2 Rn. 13f.). Allerdings hat der Europäische Gerichtshof dieser Gleichbehandlung Grenzen gesetzt, damit die Freizügigkeit der Unionsbürger (Art. 21 AEUV) nicht zur ungehinderten „Einwanderung in die Sozialsysteme" führt[69]. Eigene Kompetenzen in Sachen Sozialpolitik kommen der Union nach Art. 151ff. AEUV zu; zuletzt enthält die **Grundrechtecharta** ausgeprägt viele Gewährleistungen sozialen Zuschnitts (siehe namentlich den Titel IV „Solidarität")[70].

C. Republik

14   Das republikanische Prinzip ist im Staatsnamen der Bundesrepublik sowie in Art. 20 Abs. 1 GG niedergelegt[71]. Über Art. 28 Abs. 1 S. 1 GG (→ Rn. 3f.) bindet es auch die Länder; hingegen hat Deutschland aus guten Gründen nicht den Versuch unternommen, im Art. 23 Abs. 1 S. 1 GG seine Mitwirkung an der Europäischen Union an die Wahrung republikanischer Grundsätze zu binden – bekanntlich zählen zu den Mitgliedsstaaten zahlreiche Monarchien wie Dänemark, die Niederlande sowie (noch) Großbritannien. Näher ausbuchstabiert wird das Republikprinzip im Abschnitt über den **Bundespräsidenten** (Art. 54–61 GG; → Kap. 11 Rn. 9ff.). Hingegen verzichtet das Grundgesetz auf spezielle Bestimmungen, die eine Restauration der Monarchie

---

[64] BVerfGE 123, 267 (362, Rn. 258).
[65] BVerfGE 18, 257 (267); 59, 231 (263); 125, 175 (Ls. 2); aus der Literatur *Grzeszick*, in: Maunz/Dürig, GG, Art. 20 VIII (2014), Rn. 18 sowie *Sachs*, in: ders., GG, Art. 20 Rn. 48.
[66] Dafür BVerfGE 102, 254 (298f.); *Wittreck*, in: Dreier, GGK II, Art. 20 (Sozialstaat), Rn. 25.
[67] Näher zum folgenden *Kingreen*, Das Sozialstaatsprinzip im europäischen Verfassungsverbund, 2003, 283ff.; Bast/Rödl (Hrsg.), Wohlfahrtsstaatlichkeit und soziale Demokratie in der Europäischen Union, 2013; *Wittreck*, in: Dreier, GGK II, Art. 20 (Sozialstaat), Rn. 17ff.
[68] Vgl. auch noch Art. 3 Abs. 3 UAbs. 2 EUV zu weiteren Sozialzielen.
[69] Siehe zuletzt EuGH, C-67/14, ECLI:EU:C:2015:597 Rn. 49 – *Alimanovic* und dazu *Kingreen*, NVwZ 2015, 1503ff.
[70] Eingehend Iliopoulos-Strangas (Hrsg.), Soziale Grundrechte in Europa nach Lissabon, 2010.
[71] Näher dazu *Gröschner*, HStR³ II, § 23; *Nowrot*, Das Republikprinzip in der Rechtsordnungengemeinschaft, 2014, 179ff.; *Dreier*, in: ders., GGK II, Art. 20 (Republik).

verhindern sollen oder sich gegen die Angehörigen ehemaliger Herrscherhäuser richten – sie finden sich im europäischen Ausland, aber auch in Hessen (nach Art. 101 Abs. 3 HessVerf. dürfen Angehörige ehemaliger Herrscherhäuser tatsächlich nicht Mitglied der Landesregierung werden)[72].

I. Formelles Republikverständnis

Die nach wie vor überwiegende Lehre folgt einem formellen Verständnis von „Republik"[73]: Danach bestimmt dieses Verfassungsprinzip, dass Deutschland eine **Nichtmonarchie** ist und auch kein anderes Staatsoberhaupt duldet, das auf Lebenszeit ernannt wird oder seine Legitimation auf einen anderen Modus als die letztlich auf das Volk zurückgehende Wahl stützt – sei es Zugehörigkeit zu einer Familie, Partei, besondere religiöse oder wissenschaftliche „Erleuchtung" u. a. m.[74] Das Republikprinzip weist damit einen recht breiten Überschneidungsbereich zum Demokratieprinzip auf, ist Demokratie doch stets Herrschaft auf Zeit (vgl. für den Bundespräsidenten Art. 54 Abs. 2 GG; → Kap. 11 Rn. 28).

15

II. Materielle Gehalte des Republikprinzips?

Dieses formale Verständnis sieht sich zunehmender Kritik ausgesetzt[75]; punktuell hat auch das Bundesverfassungsgericht das Republikprinzip herangezogen, um Ergebnisse zu begründen, die über das Verbot einer Monarchie hinausreichen. Dabei spielen dem Grunde nach zwei Überlegungen eine Rolle. Zum einen wird (wohl zu Recht) darauf verwiesen, dass in der Bundesrepublik die Gefahr einer Restauration der Monarchie gleich Null ist – diejenigen Angehörigen der vor 1918 regierenden Herrscherhäuser, die wie *Ernst-August von Hannover* in der Öffentlichkeit leidlich präsent sind, entfalten hier faktisch eine stärkere Abschreckungs- und Sicherungswirkung als Art. 79 Abs. 3 GG i. V. m. dem Republikprinzip. Überzeugender ist der Verweis darauf, dass die bis auf die Antike zurückreichende **ideengeschichtliche Tradition** der Republik (*„res publica res populi"*, lateinisch „Die Republik [das Gemeinwesen] ist eine Sache des Volkes") stets mehr transportiert hat als den bloßen Ausschluss einer Monarchie[76]. Verwiesen wird auf das fundamentale Freiheitsversprechen (die gängige deutsche Übersetzung von Republik ist „Freistaat"), die **Gemeinwohlbindung,** den Gedanken des wohlgemerkt fremdnützigen Amtswalters sowie auf das im Wortstamm enthaltene Moment der „Öffentlichkeit"[77]. In diesem letztgenannten Sinne hat das Bundesverfassungsgericht in seiner Entscheidung zum Einsatz von Wahlcomputern tatsächlich den dort generierten Grundsatz der Öffentlichkeit der Wahl (verstanden als Möglichkeit der öffentlichen Kontrolle des Wahlaktes durch die Möglichkeit seines Nachvollzugs; → Kap. 9 Rn. 36) auch auf das Republikprinzip gestützt[78]. Einzelne Vertreter dieser

16

---

[72] Dazu *Wittreck*, in: GedS Blumenwitz, 2008, 881, 883 ff.
[73] So *Dreier*, in: ders., GGK II, Art. 20 (Republik), Rn. 17 ff. – Gegenauffassung bei *Gröschner*, HStR³ II, § 23 Rn. 10, 16 ff. (jeweils m. w. N.).
[74] So auch *Gröschner*, HStR³ II, § 23 Rn. 39.
[75] Siehe etwa *Sommermann*, in: v. Mangoldt/Klein/Starck, GG II, Art. 20 Rn. 14 ff.
[76] Bündig *Isensee*, JZ 1981, 1 ff. sowie *Maissen*, DNP 15/2, 714 ff.
[77] Näher *Nowrot*, Das Republikprinzip in der Rechtsordnungengemeinschaft, 2014, 343 ff.
[78] BVerfGE 123, 39 (69); kritisch *Wittreck*, FS Gröschner, 2018, 81, 81 f.

Richtung haben ferner dafür plädiert, auch die Europäische Union als eine in diesem Sinne materiell aufgeladene **republikanische Union** zu verstehen[79].

17 Warum ist davon dringend abzuraten? Es ist richtig, dass „Republik" ein Begriff ist, an den in der europäischen Rechts- und Verfassungsentwicklung seit der Antike die verschiedensten Hoffnungen geknüpft worden sind[80]. Allerdings sind diese Versprechen mittlerweile an anderer Stelle der Verfassungsurkunde eingelöst worden, und zwar in einer Weise, die dem Juristen die deutlich präzisere und vorhersagbarere Subsumtion erlaubt: **Freiheit** garantieren die Grundrechte sowie die Demokratie, die Bindung der Amtswalter folgt aus der Spezialvorschrift des Art. 33 GG i. V. m. Art. 1 Abs. 3 GG und dem Rechtsstaatsprinzip. Insbesondere für das immer wieder gebetsmühlenartig bemühte **Gemeinwohl** als Gehalt des Republikprinzips gilt, dass es im demokratischen Verfassungsstaat kein objektiv feststehendes gemeines Wohl gibt und geben kann: In negativer Perspektive mag vielleicht noch einleuchten, dass ein Amtsträger, der öffentliche Gelder in seine Tasche umleitet, nicht dem Gemeinwohl dient (aber für diese Einsicht wie für die Ahndung dieses Verhaltens brauchen wir nicht das Republikprinzip). In positiver Perspektive aber wird das Gemeinwohl im Parlament formuliert (→ Kap. 9 Rn. 10), das dabei politische Präferenzentscheidungen unter Berücksichtigung der Einschätzung der jeweiligen Situation trifft: Es folgt nicht aus Art. 20 Abs. 1 GG, ob der Bund oder ein Land mehr Geld für Lehrer oder für Soldaten ausgeben soll. Einen derart flüssigen und interpretationsbedürftigen Begriff über die Verknüpfung mit dem Republikprinzip auf die oberste Normebene des Grundgesetzes zu heben (zur Erinnerung: die „Republik" ist nach Art. 79 Abs. 3 GG änderungsfest), schafft Interpretationsspielräume bis hart an den Rand der **Beliebigkeit**[81].

D. Säkularität staatlicher Gewalt

18 Abschließend sei auf eine Facette moderner Verfassungsstaatlichkeit eingegangen, die auf den ersten Blick nicht die gleiche „Fallhöhe" wie die übrigen – immerhin in Art. 20 Abs. 1 bzw. Art. 28 Abs. 1 S. 1 GG kodifizierten – Verfassungsprinzipien zu haben scheint. Gleichwohl gehört sie hierher. Es geht um die schlichte Einsicht, dass sich der moderne freiheitliche Verfassungsstaat nicht mehr religiös bzw. unter Rekurs auf religiöse Wahrheiten begründen lässt. Er mag der Religion Raum lassen und dabei auch im Einzelfall Rechtspositionen anerkennen und durchsetzen, die ihrerseits religiös fundiert sind. Er formuliert aber allein nach seinen verfassungsrechtlichen Prämissen die Regeln für diese Anerkennung und reklamiert damit aus gutem Grund die **Kompetenz-Kompetenz** in Ansehung religiös radizierten oder verorteten Rechts für sich. Anders formuliert: Der bundesdeutsche Verfassungsstaat hat – zumindest nach seinem Selbstverständnis – den jahrhundertelangen Kampf des weltlichen gegen das geistliche Recht zu seinen Gunsten entschieden.

19 Woraus folgt das, und über was für praktische Fälle reden wir dabei? Die Säkularität der deutschen Verfassungsordnung lässt sich zunächst nicht an einer einzelnen Verfas-

---

[79] So namentlich v. *Bogdandy*, JZ 2005, 529 ff.; *Nowrot*, Das Republikprinzip in der Rechtsordnungengemeinschaft, 2014, 552 ff.
[80] Bündig *Dreier*, in: ders., GGK II, Art. 20 (Republik), Rn. 1 ff.
[81] Näher entfaltet bei *Dreier*, in: ders., GGK II, Art. 20 (Republik), Rn. 20 ff., 24 ff.

sungsbestimmung festmachen, sondern liegt dem Grundgesetz gedanklich voraus. Ausdruck findet sie nicht zuletzt im Grundsatz der **religiös-weltanschaulichen Neutralität,** die wir aus der Gesamtschau einer Reihe von Verfassungsbestimmungen ableiten[82]:
– Art. 3 Abs. 3 S. 1 GG verbietet die Bevorzugung wie die Benachteiligung wegen des Glaubens
– Art. 4 Abs. 1 u. 2 GG gewährleisten die Religionsfreiheit des Einzelnen[83]
– Art. 33 Abs. 3 GG stellt klar, dass individuelle Rechte wie der Zugang zu staatlichen Ämtern unabhängig vom religiösen Bekenntnis sind
– Art. 140 GG i. V. m. Art. 137 Abs. 1 WRV besagt lapidar „Es besteht keine Staatskirche"[84] (die Zahl der Normen ließe sich vermehren).

Der Grundsatz besagt, dass sich der Staat weder ausdrücklich noch konkludent mit einer Religion oder Weltanschauung identifizieren darf[85]. Das hat eine starke gleichheitrechtliche Komponente und schließt sowohl die Privilegierung des einen Bekenntnisses als auch die Diskriminierung des anderen Bekenntnisses aus[86]; die Bundesrepublik soll nach einer vielzitierten Wendung des Bundesverfassungsgerichts **„Heimstatt aller Staatsbürger"** sein[87]. Es ist allerdings einzuräumen, dass der bundesdeutsche Verfassungsstaat dieses Versprechen nicht ganz durchhält, denn an wenigstens zwei Stellen ist das Grundgesetz nicht religiös neutral: Die Präambel wurde schon erwähnt (→ Kap. 3 Rn. 11), auch der nach Art. 140 GG i. V. m. Art. 139 WRV gewährleistete besondere Schutz des Sonntags gilt einem Tag, der nun einmal dem Christentum heilig ist, anderen Religionen nicht[88].

Zugleich erschöpft sich die **Säkularität** der staatlichen Ordnung nicht in ihrer religiös-weltanschaulichen Neutralität. Denn diese ist das Resultat der Inbeziehungsetzung von Normen des geltenden Verfassungsrechts. Das Postulat der Säkularität setzt eher auf der Ebene der Verfassunggebung an (→ Kap. 2 Rn. 7). Grund der Geltung des Rechts können nur das Volk und sein Wille sein – wie auch immer man ihn im konkreten Fall bestimmen kann. Hingegen ist eine **Letztbegründung des Rechts,** die auf den unergründlichen Ratschluss Gottes abstellt, keine ernsthafte Option mehr. 20

Warum ist es schließlich (wieder) wichtig, auf diese Säkularität der staatlichen Ordnung hinzuweisen? Denn die christlichen Großkirchen haben längst ihren Frieden mit dem Grundgesetz gemacht (was gleichwohl gelegentliche Konflikte nicht ausschließt, → Kap. 17 Rn. 65)[89]. Angesichts der religiösen Pluralisierung der deutschen Gesellschaft nimmt aber die Zahl der Fälle zu, in denen Einzelne oder Gruppen mit der Behauptung auftreten, „göttliches Recht" gebiete ihnen dieses oder verbiete ihnen jenes, und darauf möge der deutsche Staat Rücksicht nehmen. Man denkt unwillkür- 21

---

[82] Siehe aus der Rechtsprechung BVerfGE 123, 148 (178); 137, 273 (304, Rn. 86); 138, 296 (338 f., Rn. 109); 139, 321 (349 f., Rn. 91); aus der Literatur grundlegend *Schlaich,* Neutralität als verfassungsrechtliches Prinzip, 1972; *Huster,* Die ethische Neutralität des Staates, 2. Aufl. 2017; *Dreier,* Staat ohne Gott, 2018, 95 ff.
[83] Statt aller *Barczak,* JURA 2015, 463 ff.
[84] Hier im ersten Zugriff *Holterhus/Aghazadeh,* JuS 2016, 19 ff., 117 ff.
[85] BVerfGE 108, 282 (300).
[86] BVerfGE 138, 296 (338 f., Rn. 109).
[87] BVerfGE 108, 282 (299).
[88] Unproblematisch lt. BVerfGE 125, 39 (84).
[89] Näher *Wittreck,* in: ders. (Hrsg.), Grundlagen des Grundgesetzes, 2018, 1 ff.

lich an die islamische „Scharia"[90], doch sind derlei Geltungskonflikte keineswegs auf Muslime beschränkt – auch das „Kirchenasyl" funktioniert letztlich nach der Maxime „Man muss Gott mehr gehorchen als den Menschen" (Apg. 5,29).

22 Die deutsche Rechtsordnung öffnet sich in Ansehung solcher Verweise oder einer solchen Berufung auf religiöses Recht durchaus recht weit; sie hält dafür im Kern zwei Mechanismen bereit, die hier nur skizziert werden können. Zum einen stellt sie bei der Auslegung der **Religionsfreiheit** nach Art. 4 Abs. 1 u. 2 GG auf das sog. Selbstverständnis des Grundrechtsträgers ab[91]: Wenn er oder sie plausibel macht, dass ein bestimmtes Verhalten für ihn aus religiösen Gründen verbindlich oder verboten ist, dann bringt der Staat ihn oder sie in Gewissensnot, wenn er das Verhalten gegen ein Gebot nicht zulässt oder gegen ein Verbot erzwingt. Er muss dann gute Gründe dafür namhaft machen, die Freiheit in dieser Weise zu verkürzen (Sie werden das in der Grundrechtsvorlesung als Punkt „Verfassungsrechtliche Rechtfertigung eines Eingriffs" kennenlernen[92]).

Plastisches **Beispiel** war zuletzt das Kopftuch einer bayerischen Rechtsreferendarin: Sie sah sich verpflichtet, es stets zu tragen, die bayerische Justiz wollte sie mit diesem religiösen Symbol zumindest nicht als Vertreterin des Staates in Robe in den Gerichtssaal lassen[93]. Der angemahnte gute Grund dürfte auch hier die oben dargelegte religiöse Neutralität des Staates sein – Richterinnen und Richter tragen doch gerade Roben, damit ihre Person hinter dem Amt zurücktritt[94].

23 Zum anderen verweist das sog. **Internationale Privatrecht** der Bundesrepublik – geregelt im Einführungsgesetz zum BGB und übrigens vom Unionsrecht inzwischen intensiv umgestaltet[95] – häufig auf das sog. Heimatrecht von Ausländern, die sich in der Bundesrepublik aufhalten. Da viele muslimische Staaten, aber auch Indien oder Israel ihre Bürger in Sachen Familien- und Erbrecht auf religiöses Recht verweisen[96], müssen auch deutsche Gerichte in diesen Fällen etwa die islamische „Scharia" anwenden. Das deutsche Recht kennt allerdings eine Art Sicherheitsventil, begibt sich mithin nicht willenlos in Abhängigkeit von ausländischem oder religiösem Recht. Art. 6 EGBGB (*ordre public* oder öffentliche Ordnung) besagt, dass eine Rechtsnorm eines anderen Staates (oder eben des religiösen Rechts) nicht anzuwenden ist, wenn ihre Anwendung zu einem Ergebnis führt, das mit wesentlichen Grundsätzen des deutschen Rechts offensichtlich unvereinbar ist (Satz 1). Nach Satz 2 sind hier insbesondere die Grundrechte zu berücksichtigen.

Auch hierzu ein **Beispiel:** Der Bundesgerichtshof hatte sich mit dem Fall zweier Syrer zu beschäftigen, die in Syrien nach dem Recht der syrisch-orthodoxen Kirche geheiratet hatten, das – ähnlich wie das katholische Kirchenrecht – keine Scheidung kennt. In Deutschland begehrte nunmehr die Frau die Scheidung.

---

[90] Beste Darstellung derzeit von *Rohe*, Scharia und deutsches Recht, in: ders. u. a., Handbuch Christentum und Islam in Deutschland, Bd. 1, 2014, 272 ff.
[91] Siehe BVerfGE 83, 341 (353); 108, 282 (298 f.); *Morlok*, in: Dreier, GGK I, Art. 4 Rn. 60; *Barczak*, JURA 2015, 463, 467; *Kokott*, in: Sachs, GG, Art. 4 Rn. 18 f.
[92] Statt aller *Hufen*, Staatsrecht II, § 8.
[93] Siehe BayVGH, Urt. v. 7.3.2018 – 3 BV 16.2040 und dazu luzide *Friedrich*, KuR 24 (2018), 88 ff.
[94] BVerfG (K), Beschl. v. 27.6.2017 – 2 BvR 1333/17 –, NJW 2017, 2333, 2336, im Fall einer hessischen Referendarin.
[95] Guter erster Zugriff *Weller/Hategan*, JuS 2016, 969 ff., 1063 ff. Siehe zuletzt EuGH, C-372/16, ECLI: EU: C:2017:988 – *Sahyouni ./. Mamisch* und dazu *Wittreck*, JöR 66 (2018), 111, 115.
[96] Siehe m.w.N. *Wittreck*, in: Willems/Reuter/Gerster (Hrsg.), Ordnungen religiöser Pluralität, 2016, 439, 445 f.

Der BGH gab ihr Recht. Zwar war syrisches Recht anwendbar, das wiederum auf das syrisch-orthodoxe Kirchenrecht verwies. Dieses verstieß aber gegen Art. 6 EGBGB, weil aus Art. 6 Abs. 1 GG nicht nur der Schutz der (bestehenden) Ehe, sondern auch das Recht folgt, eine neue einzugehen, was die Möglichkeit der Scheidung notwendig voraussetzt[97].

Soviel zu dem Raum, den das deutsche Recht der Religion oder präziser religiösem Recht lässt. Die **Grenze** markiert ein Fall, der vor einiger Zeit die Öffentlichkeit umtrieb und immer noch vor Gericht anhängig ist, nämlich die sog. Wuppertaler „Shariah Police"[98]. Dort war eine Gruppe von Islamisten mit orangenen Warnwesten mit ebendiesem Aufdruck in der Innenstadt „Streife" gegangen und hatte Passanten – wohlgemerkt ohne Drohungen oder Anwendung von Gewalt – angehalten, sich an die Gebote des islamischen Rechts zu halten. Vor Gericht wird nun erörtert, ob sie gegen das Uniformverbot des Versammlungsrechts (vgl. § 3 Abs. 1 VersG) verstoßen oder sich der Amtsanmaßung nach § 132 StGB schuldig gemacht haben[99]. Das dürfte dem Problem nicht wirklich gerecht werden. Vielleicht haben die Islamisten diese Bestimmungen verletzt. Ganz sicher aber haben sie den Konsens der säkularen Rechtsbegründung aufgekündigt und symbolisch den öffentlichen Raum „göttlichem Recht" oder ihrer recht speziellen Lesart desselben unterworfen. Wir reden nicht über Amtsanmaßung, sondern über eine viel grundlegendere **Rechtsanmaßung,** die dem säkularen demokratischen Rechtsstaat grundsätzlich den Gehorsam aufkündigt. Ihr gilt es zu begegnen.

E. Klausurhinweise

Erneut dominiert im 7. Kapitel das Struktur- und Hintergrundwissen. Gerade eine Klausur, die sich ausschließlich oder auch nur vornehmlich mit dem Republikprinzip beschäftigt, dürfte eher verstörend wirken. Hingegen gilt es, zu den anderen beiden Verfassungsprinzipien des Art. 20 GG schlicht die aktuelle Rechtssprechung zu beobachten – kommt es zu einem Streit über die Reichweite des Homogenitätsgebotes nach Art. 28 Abs. 1 S. 1 GG oder über die Höhe der Sätze der nach Art. 20 Abs. 1 GG gebotenen Sozialleistungen, so ist damit zu rechnen, dass sowohl im universitären Prüfungsbetrieb als auch im Staatsexamen derartige Entscheidungen zur Vorlage von Fällen gemacht werden. Nichts anderes gilt für die Säkularität: Schon die nächste Folgeentscheidung zur „Schariapolizei" kann zum Gegenstand einer Klausur oder einer mündlichen Prüfung gemacht werden und verlangt dann das Eingehen auf Neutralität wie Säkularität.

Zuletzt einige jüngere Übungsfälle zum Thema:

> *N. Grosche,* Semesterabschlussklausur – Öffentliches Recht: Staatsorganisationsrecht – Neue Wege in die Demokratie?, in: JuS 2016, S. 239–243.
> *S. Martini,* Hausarbeit: Deutschland zuerst?, in: ZJS 2017, S. 74–83

---

[97] BGHZ 169, 240 und dazu die Anmerkungen von *Henrich,* FamRZ 2007, 113 ff.; *Rauscher,* JZ 2007, 738 ff.
[98] LG Wuppertal, 21.11.2016 – 22 KLs – 50 Js 180/14 – 6/16 (Freispruch; aufgehoben von BGH NJW 2018, 1893); siehe zum Problem *Wittreck,* in: FS Jarass, 2015, 265, 272 ff.
[99] Nochmals m. N. *Wittreck,* in: FS Jarass, 2015, 265, 272 f., 275.

Kapitel 7. Bundesstaat, Sozialstaat, Republik, Säkularität

M. Ruffert/J. Löbel, Anfängerhausarbeit – Öffentliches Recht: Staatsorganisationsrecht – „Wir schaffen das!", in: JuS 2016, S. 1088–1094

G. H. Stumpf, Anfängerklausur – Demokratieförderung unter dem Grundgesetz – Verfassungsrechtliche Zulässigkeit von Volksbefragungen, in: JA 2017, S. 601–609.

Kapitel 8. Staatsaufgaben, Staatszielbestimmungen und Ziele der EU

Literatur: *M. Brenner*, Staatsaufgaben, in: O. Depenheuer (Hrsg.), Verfassungstheorie, 2010, S. 837 ff.; *H.-P. Bull*, Die Staatsaufgaben nach dem Grundgesetz, 1977; *W. Cremer*, Auf dem Weg zu einer europäischen Wirtschaftsregierung?, EuR 2016, 256 ff.; *E. Denninger*, Das Staatsziel Frieden, KJ 2015, 134 ff.; *D. Grimm* (Hrsg.), Staatsaufgaben, 1986; *ders.* (Hrsg.), Wachsende Staatsaufgaben, sinkende Steuerungsfähigkeit des Rechts?, 1990; *U. Mückenberger*, Eine europäische Sozialverfassung?, EuR 2014, 369 ff.; *M. Schladebach*, Staatszielbestimmungen im Verfassungsrecht, JuS 2018, 118 ff.; *W. Weiss*, Privatisierung und Staatsaufgaben, 2002; *U. Volkmann*, Vom Ursprung und Ziel der Europäischen Union: Die Perspektive der Rechtswissenschaft, in: G. Kirchhof/H. Kube/R. Schmidt (Hrsg.), Vom Ursprung und Ziel der Europäischen Union, 2016, S. 57 ff.

A. Unterscheidung von Staatszielbestimmungen, Staatsaufgaben und Zielen der Union

Staatszielbestimmungen, Staatsaufgaben und Ziele der Union sind **Fachbegriffe** mit Bedeutungen, die sich untereinander und vom alltagssprachlichen Gebrauch teilweise unterscheiden. Trotz ähnlicher Begrifflichkeiten entspricht die verfassungsrechtliche Kategorie der Staatsziele bzw. Staatszielbestimmungen (des Grundgesetzes und der Landesverfassungen) nicht der unionsrechtlichen Kategorie der Unionsziele (aus dem EUV). Die Kategorie der Ziele der Union beinhaltet allgemeine Aufgabenzuweisungen an die EU und hat damit Ähnlichkeiten zur Kategorie der Staatsaufgaben. Allerdings bestehen auch zwischen Unionszielen und Staatsaufgaben grundlegende Unterschiede: Die Unionsziele sind in Art. 3 EUV normiert und vertraglich abschließend bestimmt, während das Grundgesetz keinen abschließenden Katalog von Staatsaufgaben enthält.

Die Begriffe lassen sich folgendermaßen bestimmen und voneinander abgrenzen[1]:
– **Staatszielbestimmungen** sind Verfassungsnormen des Grundgesetzes oder des Landesverfassungsrechts mit rechtlicher Bindungswirkung, die dem Staat die fortdauernde Beachtung oder Erfüllung bestimmter Aufgaben vorschreiben, dabei aber die Art der Aufgabenerfüllung weitgehend offenlassen.[2] Bei den im Grundgesetz normierten Staatszielen handelt es sich um einen kleinen, relativ fest umrissenen Bestand ausdrücklicher Verfassungsnormen (insb. Art. 20a, Art. 26 Abs. 1 GG[3]).
– Bei **Staatsaufgaben** handelt es sich um einen offenen Kreis möglicher Aufgaben, derer sich der Staat annehmen kann. Sie müssen als solche nicht ausdrücklich im Verfassungstext normiert sein: Der Staat kann sich prinzipiell jede Aufgabe zu eigen machen, ohne dafür einer spezifischen Aufgabenzuweisung zu bedürfen.
– Die **Ziele der Europäischen Union** sind abschließend in Art. 3 EUV normiert. Jenseits dieses Kreises der Unionsziele und der zu ihrer Verwirklichung der Union

---

[1] Zu weiteren Unterscheidungen und Abgrenzungen (öffentliche Aufgaben, Verwaltungsaufgaben): *Schmidt-Aßmann*, Das allgemeine Verwaltungsrecht als Ordnungsidee, 2. Aufl. 2006, S. 154.
[2] Bericht der Sachverständigenkommission „Staatszielbestimmungen/Gesetzgebungsaufträge", 1983, S. 20 f.
[3] Vorschlag einer Ergänzung des Katalogs um ein weiteres Staatsziel „Nachhaltigkeit/Generationengerechtigkeit", das in einem neuen Art. 20b GG verankert werden könnte: *Kahl*, Nachhaltigkeitsverfassung, 2018.

übertragenen Kompetenzen (Prinzip der begrenzten Einzelermächtigung, → 15/ 53ff.) darf die EU nicht tätig werden. Die Unionsziele haben demzufolge in Verbindung mit den Kompetenznormen der Unionsverträge eine kompetenzbegründende und zugleich kompetenzbegrenzende Funktion.
- Das Ziel einer immer engeren Union der Völker Europas (Art. 1 Abs. 2 EUV) bildet schließlich eine gänzlich eigenständige Kategorie, weil es sich nicht auf einzelne Sachbereiche bezieht, sondern auf die **„Finalität"** der Union als ganzer. Unter dieser Chiffre der Finalität der EU wird eine Diskussion über Nutzen und Gefahren institutioneller Weiterentwicklungen der EU und über die Frage geführt, ob es dafür ein konsentiertes Fern- oder Endziel gibt.

B. Staatsaufgaben

I. Staatsaufgabenlehren

3 Staatsaufgaben sind in einer langen staatstheoretischen Tradition – parallel zur Entstehung des modernen Staates in der Frühen Neuzeit – durch **Staatsaufgabenlehren** oder Staatsrechtfertigungs- und Staatsbegründungslehren entwickelt worden.[4] Ein Kernbestand von Staatsaufgaben ist weitgehend konsentiert, so dass das Grundgesetz sie als unbestritten voraussetzt: die Staatsaufgaben der inneren und äußeren Sicherheit und eine Grundversorgung der Bevölkerung in Form der Daseinsvorsorge.

4 Eine allgemeingültige Staatsaufgabenlehre ist aber nie erreicht worden und letztlich nicht möglich. Denn die Vorstellungen darüber, was notwendige und was mögliche Staatsaufgaben seien, unterliegen einem **historischen Wandel** und sind auch durch die jeweiligen gesellschaftlichen Bedingungen determiniert. Die Staatsaufgaben folgen daher nicht aus einem abstrakten Staatsbegriff, sondern aus der jeweiligen Verfassungsordnung.[5]

5 **Beispiele:** Aufgaben der sozialen Sicherung und Daseinsvorsorge sind erst seit dem ausgehenden 19. Jahrhundert und verstärkt seit dem 20. Jahrhundert durch den Staat wahrgenommen worden. Bildungsträger waren über Jahrhunderte die Kirchen, aber kaum der frühneuzeitliche Staat.

II. Verfassungsrechtliche Determinanten für Staatsaufgaben

1. Staatliche Omnipotenz

6 Der Staat kann sich prinzipiell jeder Aufgabe annehmen, die im demokratischen Prozess für relevant erachtet wird: Prinzip der Allzuständigkeit bzw. **Omnipotenz des Staates.**[6] Dieses Prinzip der staatlichen Allzuständigkeit bedeutet vor allem, dass der Staat keiner besonderen Begründung und keines besonderen Kompetenztitels bedarf, wenn er sich eine Aufgabe zu eigen machen möchte. Die verfassungsrechtlichen Kompetenzbestimmungen im Bund-Länder-Verhältnis und im Verhältnis der Staatsgewalten und Staatsorgane untereinander dienen nur dazu, die zuständige Handlungsebene

---

[4] Exemplarisch die Klassikertexte von *Thomas Hobbes* (1588–1679), Leviathan (deutsche Ausgabe u. a. 1986 mit Nachwort von *Malte Disselhorst*) und *John Locke* (1632–1704), Two Treatises on Government (deutsche Ausgabe u. a. 1986 herausgegeben und mit Nachwort versehen von *Mayer-Tasch*).
[5] *Schmidt-Aßmann*, Das allgemeine Verwaltungsrecht als Ordnungsidee, 2. Aufl. 2006, S. 155.
[6] *Thiele*, Verlustdemokratie, S. 59 ff.

und die zuständigen Organe innerhalb des Staates festzulegen (Verbandskompetenzen, Organkompetenzen). Sie verhalten sich aber nicht zur vorgelagerten Frage, ob der Staat als Ganzer eine Aufgabe ergreifen darf.

Beispiele: Der Staat kann sich frei entscheiden, den Erwerb von Wohneigentum zu unterstützen, den Spitzensport zu fördern oder gegen Gefahren aus dem übermäßigen Verzehr zuckerhaltiger Getränke vorzugehen. Er kann in diesen Bereichen auf ein eigenes Tätigwerden aber auch verzichten und die jeweilige Aufgabe der privaten oder gesellschaftlichen Selbstorganisation überlassen. 7

2. Verfassungsrechtliche Grenzen für die Begründung von Staatsaufgaben

Die weitgehende Freiheit zur Begründung neuer Staatsaufgaben, zu ihrer Wahrnehmung oder auch zum Verzicht auf ihre Wahrnehmung besteht im Rahmen relativ weiter Grenzen. Umgekehrt ergeben sich auch nur in Ausnahmefällen aus den Grundrechten oder anderen Verfassungsbestimmungen **Handlungsverbote** für den Staat. 8

Beispiel: Es ist dem weltanschaulich neutralen Staat verwehrt, selbst religiöse Angebote bereitzustellen oder Organisationsstrukturen für Religionsgemeinschaften zu schaffen.[7] Verfassungsrechtlich problematisch ist daher die Schaffung der notwendigen Organisationsformen für islamischen Religionsunterricht und islamische Theologie an Schulen und Universitäten in NRW durch staatliches Handeln.[8] Die entsprechenden landesrechtlichen Normen können nur als (langjährige) Übergangsregelung akzeptiert werden, bis die Muslime in Deutschland entsprechende Organisationsformen selbst entwickelt haben. 9

3. Verfassungsrechtliche Pflichten zur Erfüllung bestimmter Mindestaufgaben

Im Grundgesetz lassen sich Staatsaufgaben normativ teilweise aus der Schutzpflichtendimension der Grundrechte (Art. 2–17 GG), aus der Menschenwürde (Art. 1 Abs. 1 GG) oder aus dem Sozialstaatsprinzip (Art. 20 Abs. 1 GG) ableiten.[9] Aber nur in Ausnahmefällen ergibt sich daraus eine unbedingte staatliche **Handlungspflicht,** deren Erfüllung vom einzelnen Bürger eingeklagt werden kann. Anerkannt ist eine staatliche Handlungspflicht beispielsweise für die Absicherung des Existenzminimums: Das BVerfG hat direkt aus dem Sozialstaatsprinzip i.V.m. Art. 1 Abs. 1 GG einen subjektiven Anspruch auf Gewährung eines menschenwürdigen Existenzminimums abgeleitet.[10] 10

4. Kernbestand an Staatsaufgaben als Grenze der europäischen Integration?

Das BVerfG hat im Urteil zum Vertrag von Lissabon eine Staatsaufgabenlehre als Maßstab für zulässige Integrationsschritte und Kompetenzübertragungen auf die EU herangezogen. In einer Passage seines Urteils hat das Gericht fünf **Reservatbereiche** benannt, die für die demokratische Gestaltungsfreiheit von besonderer Bedeutung seien und deshalb jedenfalls in ihrem Kern nicht auf die EU übertragen werden könnten: 11
– das materielle und formelle Strafrecht,
– die Verfügung über das Gewaltmonopol (polizeilich nach innen, militärisch nach außen),

---

[7] *Germann,* in: Beck-OK GG, Art. 4 Rn. 79.
[8] U.a. § 132a SchulG NRW.
[9] Grundlegend *Bull,* Die Staatsaufgaben nach dem Grundgesetz, 1977; sodann *Grimm* (Hrsg.), Staatsaufgaben, 1986, und *ders.* (Hrsg.), Wachsende Staatsaufgaben, sinkende Steuerungsfähigkeit des Rechts?, 1990, im Kontext der Privatisierungsdiskussion dann *Weiss,* Privatisierung und Staatsaufgaben, 2002, zudem *Brenner,* Staatsaufgaben, in: Depenheuer (Hrsg.), Verfassungstheorie, 2010, S. 837 ff.
[10] BVerfGE 125, 175 ff.

- das parlamentarische Budgetrecht,
- die sozialstaatliche Gestaltung von Lebensverhältnissen,
- kulturell besonders bedeutsame Entscheidungen etwa im Familienrecht, Schul- und Bildungssystem oder über den Umgang mit religiösen Gemeinschaften.

12 Diese Ausführungen sind vielfach kritisiert worden. Die Kritik betrifft zwei Ebenen: Es geht einerseits in Bezug auf die europäische Integration um die Frage, ob Staatlichkeit mit entsprechenden staatlichen Kernaufgaben oder Demokratie im staatlichen Kontext mit entsprechenden demokratischen Gestaltungsmöglichkeiten wirklich als Integrationsgrenzen konstruiert werden können (→ 5/110). Andererseits betrifft die Kritik am BVerfG-Urteil die Ausführungen des Gerichts über staatliche Kernaufgaben als solche: Die Aufzählung dieser fünf Bereiche sei von einer gewissen **Beliebigkeit.** Es fehle an einer normativen Verankerung und Begründung dafür, warum gerade diese Bereiche zur unverzichtbaren Staatsaufgabe erklärt worden seien.[11]

13 In der Tat zeigt sich beispielsweise an den gegenwärtigen Schritten und Diskussionen über eine verstärkte verteidigungspolitische Kompetente der EU ein Jahrzehnt nach dem Lissabon-Urteil, dass die Vorstellungen über die Abgrenzung von Staats- und EU-Aufgaben auch in diesen Bereichen, die das BVerfG als Kernbereich staatlicher Aufgaben angesehen hatte, einem **Wandel** unterliegen können. Denn die Diskussion wird heute ausschließlich als politische Diskussion über Wünschbarkeit und Realisierbarkeit einer europäischen Verteidigungsunion geführt, nicht aber als verfassungsrechtliche Diskussion darüber, dass damit der verfassungsrechtlich unabdingbare Kern deutscher Staatlichkeit aufgegeben würde.[12]

C. Staatszielbestimmungen

I. Bindungswirkung von Staatszielbestimmungen

14 Staatszielbestimmungen formulieren sachlich umschriebene Ziele, deren Verwirklichung vom Staat anzustreben ist. Staatsziele determinieren staatliche Aufgaben.[13] Die Staatszielbestimmungen des GG sind offen formuliert und lassen so Raum für eine **dynamische Fortentwicklung.** Sie vermitteln daher allenfalls in einem engen Kernbereich eine Bestandsgarantie. Staatszielbestimmungen entfalten als gesellschaftspolitische Leitziele, bei deren Verwirklichung der Staat großen Entscheidungsspielraum hat, eine geringere Bindungswirkung als die Verfassungsprinzipien. Sie sind durch die Gesetzgebung auszugestalten. Dabei kommt dem Gesetzgeber ein weiterer Entscheidungsspielraum zu als bei einem Gesetzgebungsauftrag.

15 Staatszielbestimmungen bilden keine Schranken für Grundrechte. Als kollidierendes Verfassungsrecht können sie aber einfachgesetzliche Grundrechtsschranken legitimie-

---

[11] *Terhechte,* EuZW 2009, 724 (730).
[12] Vgl. den warnenden Hinweis von *Schwerdtfeger,* EuR 2015, 290 (294), die Staatskernaufgabenlehre des BVerfG sei eine Gefahr für die angemessene Bewertung zukünftiger dynamischer Entwicklungen der EU – die Gefahr scheint sich nicht zu realisieren, weil die Ausführungen des BVerfG offenbar ein Jahrzehnt später nicht mehr als maßstabgebend angesehen werden.
[13] „Staatsziele als Aufgabendeterminanten": *Schmidt-Aßmann,* Das allgemeine Verwaltungsrecht als Ordnungsidee, 2. Aufl. 2006, S. 156; aus der Ausbildungsliteratur zu Staatszielbestimmungen: *Schladebach,* JuS 2018, 118 ff.

ren. Im Kollisionsfall zwischen Staatszielbestimmungen und anderen Bestimmungen von Verfassungsrang ist **praktische Konkordanz** herzustellen. In der Rechtsanwendung müssen Staatszielbestimmungen zur Auslegung unbestimmter Rechtsbegriffe herangezogen werden und in Abwägungen auf der Rechtsfolgenseite eingestellt werden.

Anders als Grundrechte vermitteln Staatszielbestimmungen grundsätzlich **keine Rechtserzwingungsmacht** für den Einzelnen. Er kann sich nicht im Rahmen einer Verfassungsbeschwerde vor dem BVerfG oder im Verfahren vor den Verwaltungsgerichten unter ausschließlicher Berufung auf Rechte aus den Staatszielbestimmungen gegen staatliche Eingriffe wehren. 16

II. Einzelne Staatszielbestimmungen

1. Staatszielbestimmungen im Grundgesetz

a) Umwelt- und Tierschutz (Art. 20a GG)

Der Umweltschutz ist als Staatszielbestimmung 1994 in das Grundgesetz eingefügt worden. Nach Art. 20a GG werden die **natürlichen Lebensgrundlagen** geschützt. Darunter fallen alle nicht vom Menschen geschaffenen Umweltgüter wie Luft, Wasser und Boden.[14] Umfasst ist auch die biologische Vielfalt und die Sicherung eines artgerechten Lebens bedrohter Tier- und Pflanzenarten. Durch das Bekenntnis zur Verantwortlichkeit für künftige Generationen in Art. 20a GG verpflichtet die Verfassung zu nachhaltigem Handeln. Dabei genießt der Gesetzgeber großen politischen Handlungsspielraum. 17

2002 wurde der **Tierschutz** als Staatsziel in Art. 20a GG aufgenommen. Anders als der Schutz der natürlichen Lebensgrundlagen, der anthropozentrisch konzipiert ist, soll der Tierschutz als ethischer Schutz der Tiere um ihrer selbst willen verstanden werden.[15] Von Art. 20a GG sind alle Tiere erfasst, wenngleich ihr Schutz abhängig von ihrer Leidens- und Empfindungsfähigkeit Abstufungen erfährt.[16] 18

b) Friedensziel

Das Grundgesetz bekennt sich an mehreren Stellen[17] zur Friedfertigkeit. Insoweit kann von einem **Friedensziel** des Grundgesetzes gesprochen werden.[18] Dieses kommt besonders prägnant durch Art. 26 Abs. 1 GG zum Ausdruck.[19] Darin ächtet der Verfassungsgeber Angriffskriege und erteilt dem Strafgesetzgeber einen entsprechenden Gesetzgebungsauftrag. Die Norm ist im Einklang mit dem Völkerrecht auszulegen.[20] Es ist daher nicht jeder Fall der Friedensstörung erfasst, sondern nur völkerrechtswid- 19

---

[14] *Huster/Rux*, in: Beck-OK GG, Art. 20a Rn. 12.
[15] BT-Drs. 14/8860, S. 3.
[16] *Huster/Rux*, in: Beck-OK GG Art. 20a Rn. 19; vertieft zu den Inhalten der Tierschutzpflicht *Caspar/Geissen*, NVwZ 2002, 913ff. (915).
[17] Schon in der Präambel gibt der Verfassungsgeber den Frieden der Welt als Schutzgut und Ziel an; darüber hinaus in Art. 1 Abs. 2, 24 Abs. 2, 3 und Art. 26 GG.
[18] *Denninger*, KJ 2015, 134 (135).
[19] Die Einordnung von Art. 26 Abs. 1 GG als Staatszielbestimmung ist freilich umstritten; dafür: *Sommermann*, Staatsziele und Staatszielbestimmungen S. 416ff.; dagegen: *Herdegen*, in: Maunz/Dürig Art. 26 Rn. 5.
[20] *Herdegen*, in: Maunz/Dürig Art. 26 Rn. 4.

rige militärische Gewalt, die in die Schutzgüter von Art. 2 Ziff. 4 UN-Charta eingreift.[21] Danach sind die territoriale Unversehrtheit und die politische Unabhängigkeit eines Staates sowie die sonstigen Ziele der Vereinten Nationen geschützt. Art. 26 Abs. 1 GG verbietet damit nicht jegliche Form militärischer Auseinandersetzung. Insbesondere schließt das Grundgesetz die Möglichkeit eines Verteidigungskrieges nicht aus.[22]

c) Europäische Integration

20 Zu den Staatszielen des Grundgesetzes zählt auch die europäische Integration nach Art. 23 GG. Dadurch verpflichtet sich der Staat zur Förderung des **Integrationsprozesses** etwa durch die Übertragung von Hoheitsrechten nach Art. 23 Abs. 1 S. 2 GG oder die Mitwirkung an der innereuropäischen Willensbildung (ausführlich → 5/118).

2. Staatszielbestimmungen in den Landesverfassungen

21 In den Landesverfassungen der Bundesländer ist eine Vielzahl verschiedener Staatszielbestimmungen normiert. In einigen Landesverfassungen der neuen Bundesländer finden sich auch Begriffsdefinitionen.[23] Besonders viele Staatszielbestimmungen der Länder haben eine **soziale Zielrichtung**[24] oder sind aus dem Bereich des **Umweltschutzes**[25]. Soweit Landesverfassungen Staatszielbestimmungen enthalten, für deren Gebiet der Bund die Gesetzgebungskompetenz hat, können sie nur bei der Auslegung und Anwendung bestehender Gesetze zum Tragen kommen. Insbesondere in den Verfassungen der alten Bundesländer, die vor Erlass des Grundgesetzes erarbeitet worden sind, sind solche Bestimmungen häufig.[26]

D. Ziele und Finalität der Europäischen Union

I. Das Friedensziel als Gründungsmotiv

22 Die Europäischen Gemeinschaften sind unter dem unmittelbaren Eindruck des 2. Weltkrieges und des damals ebenfalls noch nicht lange zurückliegenden 1. Weltkriegs als europäisches **Friedensprojekt** gegründet worden. Die Friedensförderung steht in Art. 3 Abs. 1 EUV nach wie vor an prominenter Stelle der Unionsverträge. Zentrales Instrument der Friedenssicherung war von Anfang an vor allem eine wirtschaftspolitische Integration, angefangen mit vergemeinschafteten Regelungen der Kohle- und Stahlproduktion als kriegsrelevanten Schlüsselindustrien.

---

[21] *Heintschel von Heinegg*, in: BeckOK GG Art. 26 Rn. 7 f.
[22] *Herdegen*, in: Maunz/Dürig Art. 26 Rn. 2.
[23] Z. B. Art. 13 SächsVerf, Art. 3 Abs. 3 LSA Verf, Art. 43 ThürVerf.
[24] Z. B. ein Recht auf Wohnung nach Art. 106 Abs. 1 BayVerf, Art. 28 Abs. 1 LVerfBerlin, Art. 14 BremVerf.
[25] Z. B. Art. 31 Abs. 1 LVerfBerlin, Art. 12 LVerfMV, Art. 26a HessVerf.
[26] Z. B. Art. 141 Abs. 2 Var. 3 BayVerf zum Schutz deutschen Kulturguts vor Abwanderung ins Ausland.

II. Wirtschafts- und finanzpolitische Ziele

1. Binnenmarkt (Art. 3 Abs. 3 UAbs. 1 EUV)

Der Binnenmarkt umfasst ein Raum ohne Binnengrenzen, in dem der freie Verkehr 23
von Waren, Personen, Dienstleistungen und Kapital gewährleistet ist (Art. 26 Abs. 2 AEUV). Diese vier **Grundfreiheiten** konstituieren den europäischen Binnenmarkt und garantieren einen freien Wirtschaftsverkehr sowie verschiedene Individualrechte (Niederlassungsfreiheit, Freizügigkeit der Arbeitnehmer). Dies erfordert Harmonisierungen der unterschiedlichen Produkt- und Sicherheitsstandards der Mitgliedsländer oder auch eine Angleichung von Ausbildungsstandards, so dass das Binnenmarktziel (Art. 3 Abs. 3 EUV, 26 AEUV) und der darauf bezogene Kompetenztitel (Art. 114 AEUV) Grundlage einer weitreichenden Sekundärrechtssetzung der EU sind.[27]

2. Wirtschafts- und Währungsunion (Art. 3 Abs. 4 EUV)

Die Europäische Wirtschaftsgemeinschaft hatte ursprünglich nur wenige Kompeten- 24
zen im Bereich der Wirtschafts-, Fiskal- und Währungspolitik. Erst der Vertrag von Maastricht legte 1993 die Grundlagen einer **Wirtschafts- und Währungsunion** (Art. 3 Abs. 4 EUV). Auch wenn das Primärrecht den Ausdruck „Wirtschafts- und Währungsunion" so verwendet, als handele es sich um einen einheitlichen Begriff, ist der Abschnitt über die Wirtschafts- und Währungspolitik (Art. 119 ff. AEUV) von einer Asymmetrie geprägt:[28]

– Die Zuständigkeit für die **Währungspolitik** ist für die Eurostaaten vollständig auf die EU übertragen;
– die **Wirtschaftspolitik** (insbesondere die Finanz-, Struktur- und Arbeitsmarktpolitik) verbleibt nach wie vor überwiegend in mitgliedstaatlicher Zuständigkeit;
– für die **Haushaltspolitik** der Eurostaaten gibt es unionsrechtliche Vorgaben (Grenzen von 3% des Bruttoinlandsprodukts für das Jahresdefizit bzw. 60% des BIP für den Gesamtschuldenstand), die längere Zeit mit großer Flexibilität gehandhabt wurde, ohne dass Überschreitungen der Grenzwerte Sanktionen nach sich gezogen hätten.

Unter dem Eindruck der Staatsschuldenkrise hat ein Politikwandel eingesetzt, der u. a. 25
Regelungen zur Überwachung der Staatshaushalte und zur makroökonomischen Steuerung betrifft (verschiedene Verordnungen sowie Fiskalvertrag aus den Jahren 2011–2013).[29] Die aktuelle Reformdiskussion in Bezug auf die EU bezieht sich auf die Frage, ob die europäische **Wirtschaftsunion** weiterentwickelt werden soll, insbesondere durch weitere europäische Wirtschafts- und Haushaltskompetenzen.

Die Diskussion wird teilweise mit Chiffren geführt, die sich auf neue Institutionen zu 26
beziehen scheinen (Etablierung einer „Europäischer Wirtschaftsregierung", Ernennung eines „Europäischen Finanzministers"). Im Zentrum der Reformüberlegungen stehen indes nicht Institutionen, sondern mögliche weitere unionale Kompetenzen

---

[27] Zu dieser Kompetenznorm *Kiekebusch,* Der Grundsatz der begrenzten Einzelermächtigung, S. 227 ff.
[28] Dazu *Cremer,* EuR 2016, 256 ff. (265 f.); zu den Funktionen der EZB auch *Manger-Nestler/Böttner,* EuR 2014, 621 ff.
[29] Nähere Darstellung und Nachweise bei *Cremer,* EuR 2016, 256 ff. (267 ff.); aus der damaligen Diskussion über die Zulässigkeit finanzieller Solidaritätsverpflichtungen der Mitgliedstaaten untereinander *Potacs,* EuR 2013, 133 ff.

zur Koordinierung und Überwachung der mitgliedstaatlichen Haushalts- und Wirtschaftspolitik.

III. Rechtsstaatliche und sozialpolitische Ziele

27 Die EU verspricht ihren Bürgern einen **Raum der Freiheit, der Sicherheit und des Rechts** ohne Binnengrenzen, in dem drei freie Personenverkehr gewährleistet ist (Art. 3 Abs. 2 S. 1 EUV, näher → 6/25 ff.). Im Unterschied zum Binnenmarktziel ist der Raum der Freiheit, der Sicherheit und des Rechts nicht für alle Staaten uneingeschränkt verpflichtend (eingeschränkte Verpflichtungen: Dänemark, Irland, Großbritannien)[30]. Art. 3 Abs. 2 EUV ist nicht unmittelbar anwendbar.[31] Konkretisierende Bestimmungen und Rechtsgrundlagen für eine **Sekundärrechtssetzung** der EU finden sich in Art. 67 ff. AEUV. Hierauf beruht u. a. das sog. Schengener Recht über das Grenzkontrollregime.

28 Das **Solidaritätsprinzip** und die **Antidiskriminierung** aus Art. 3 Abs. 3 UAbs. 3 EUV gestalten sich konkret in den Gleichheitsregeln der Grundrechte-Charta (Art. 20 bis 26 GRCh), im Gebot der Achtung des Grundsatzes der Gleichheit der Unionsbürger beim Handeln der Union (Art. 9 S. 1 EUV), im Verbot jeder Diskriminierung aus Gründen der Staatsangehörigkeit (Art. 18 AEUV) und in der Befugnis der Union zum Erlass von Antidiskriminierungsmaßnahmen (Art. 19 AEUV) aus.[32]

IV. Finalität der EU: Ziel einer immer engeren Union?

29 Nach Art. 1 Abs. 2 EUV ist die Gründung der EU Bestandteil und Abschnitt eines auf unbestimmte Zeit angelegten Prozesses auf dem Weg zu einer immer engeren Union der Völker Europas. Im EUV wird nirgends festgelegt, wie sich die Mitgliedstaaten den endgültigen Zustand der immer engeren Union der Völker Europas vorstellen. Die Präambel des Grundgesetzes enthält insoweit seit 1949 unverändert einen **Programmsatz,** der von einem „vereinten Europa" spricht. Das Ziel einer immer engeren Union weist in eine Entwicklungsrichtung, die eine fortschreitende Integration anstrebt, d. h. auf eine Verdichtung und Vertiefung der Beziehungen hinarbeitet.

30 Die „immer engere Union" im Sinne von Art. 1 Abs. 2 EUV ist demnach nicht identisch mit der nach Art. 1 Abs. 1 EUV gegründeten EU.[33] Vielmehr soll die **Perspektive** der weiteren Vertiefung der Integration festlegt und insoweit einer Rückwärtsentwicklung bzw. einer Desintegration entgegengewirkt werden.

---

[30] Protokolle 2 bis 5 zum Vertrag von Amsterdam.
[31] *Müller-Graf,* in: Dauses/Ludwigs, Handbuch des EU-Wirtschaftsrechts, 43. EL Oktober 2017, A. I. Verfassungsziele Rn. 157.
[32] Weiterführung zur europäischen Sozialverfassung: *Mückenberger,* EuR 2014, 369 ff.
[33] Dies lässt sich der englischen und französischen Textfassung entnehmen, wo der Ausdruck „Union" im Zusammenhang mit der angestrebten Union der Völker kleingeschrieben wird im Gegensatz zu Art. 1 Abs. 1 EUV, der sich auf die durch die Unionsverträge errichtete Institution EU bezieht, die als Eigenname auch im englischen und französischen Text großgeschrieben ist.

E. Klausurhinweise

Die Diskussionen über Staatsaufgaben und die Finalität der EU sind **Grundlagenthemen,** die sich eher für mündliche Prüfungen als für Klausuren eignen. Angesichts der begrenzten verfassungsrechtlichen Bindungswirkung von Staatszielbestimmungen eignen auch sie sich nur bedingt für Klausuraufgaben. Denkbar ist, dass eine Klausuraufgabe gerade darauf hinausläuft herauszuarbeiten, dass Staatszielbestimmungen keine einklagbaren subjektiven Rechte enthalten und der Ausgestaltungsspielraum des Gesetzgebers weit ist.

31

Die wirtschafts- und finanzpolitischen, die rechtsstaatlichen und sozialpolitischen Ziele der EU sind Grundlage für die Politik der EU in diesen Bereichen. Die Politiken der Union in diesem Sachbereichen beruhen im Einzelnen nicht auf Art. 3 EUV, sondern auf umfangreichen Titeln, Kapiteln und Abschnitten des AEUV. Sofern das Europarecht nicht als Schwerpunkt- oder Vertiefungsfach gewählt wird, ist davon nach den Prüfungsordnungen der Bundesländer für die Staatsexamina regelmäßig nur das Binnenmarktziel mit seinen **Grundfreiheiten** (Art. 26 ff. AEUV) und der **Binnenmarktkompetenz** (Art. 114 AEUV) prüfungsrelevant, deren Dogmatik in diesem Kapitel allerdings nicht näher ausgeführt wird. Hierzu muss der Parallelband zu diesem Lehrbuch (*Petersen*, Deutsches und Europäisches Verfassungsrecht II: Grundrechte und Grundfreiheiten) oder ein Europarechtslehrbuch herangezogen werden.

32

Kapitel 9. Parlamente

Literatur: *P. Dann,* Parlamente im Exekutivföderalismus, 2004; *W. Frenz,* Abgeordnetenrechte, in: JA 2010, S. 126 ff.; *B. Grzeszick,* Verfassungsrechtliche Grundsätze des Wahlrechts, in: JURA 2014, S. 1110 ff.; *T. Hebeler/J. Schulz,* Prüfungswissen zum Untersuchungsausschussrecht, in: JuS 2010, S. 969 ff.; *S. Höpfner,* Parlamentarische Kontrolle in Deutschland und in der Europäischen Union, 2004; *T. Holzner,* Das Europäische Parlament im Institutionengefüge der EU – Verschiebung der Kräfteverhältnisse infolge der Durchsetzung eines „Spitzenkandidaten" als Kommissionspräsident?, in: EuR 50 (2015), S. 525 ff.; *H. H. Klein,* Stellung und Aufgaben des Bundestages, in: HStR³ III, 2005, § 50 (S. 711 ff.); *ders.,* Status des Abgeordneten, in: HStR³ III, 2005, § 51 (S. 741 ff.); *P. Kunig,* Fragen zu den Wahlrechtsgrundsätzen, in: JURA 1994, S. 554 ff.; *H. Lackner,* Grundlagen des Wahlprüfungsrechts nach Art. 41 GG, in: JuS 2010, S. 307 ff.; *H. Mann/C. Pohl,* Die wahlrechtlichen Gleichheitssätze in der neueren Rechtsprechung des Bundesverfassungsgerichts, in: Y. Becker/F. Lange (Hrsg.), Linien der Rechtsprechung des Bundesverfassungsgerichts, Bd. 3, 2014, S. 435 ff.; A. Maurer/D. Nickel (Hrsg.), Das Europäische Parlament, 2005; *H. Meyer,* Demokratische Wahl und Wahlsystem, in: HStR³ III, 2005, § 45 (S. 521 ff.); *T. du Mesnil de Rochemont/M.W. Müller,* Die Rechtsstellung der Bundestagsabgeordneten, in: JuS 2015, S. 504 ff., 603 ff.; *M. Morlok/C. Hientzsch,* Das Parlament als Zentralorgan der Demokratie, in: JuS 2011, S. 1 ff.; *M. Morlok/ H. Kühr,* Wahlrechtliche Sperrklauseln und die Aufgaben einer Volksvertretung, in: JuS 2012, S. 385 ff.; M. Morlok/U. Schliesky/D. Wiefelspütz (Hrsg.), Parlamentsrecht, 2016; *D. Pauland/M Rolfsen,* Aktuelle Probleme des Wahl(prüfungs)rechts in der Fallbearbeitung, in: JURA 2010, S. 677 ff.; *S. Pernice-Warnke,* Das Urteil des Bundesverfassungsgerichts zur Drei-Prozent-Sperrklausel im Europawahlrecht. Bundesverfassungsrechtliche und europarechtliche Fragestellungen mit Prüfungsrelevanz, in: JURA 2014, S. 1143 ff.; *M. Schulte,* Das Recht der Untersuchungsausschüsse, in: JURA 2003, S. 505 ff.; *H. Schulze-Fielitz,* Theorie und Praxis parlamentarischer Gesetzgebung, 1988; *W. Schwanegel,* Die parlamentarische Kontrolle des Regierungshandelns, in: JURA 2018, S. 463 ff.; *J.P. Terhechte,* Die vorzeitige Bundestagsauflösung als verfassungsrechtliches Problem, in: JURA 2005, S. 512 ff.; *A. Voßkuhle/A.-B. Kaiser,* Grundwissen – Öffentliches Recht: Demokratische Legitimation, in: JuS 2009, S. 803 ff.; *T. Wilrich,* Der Bundestagspräsident, in: DÖV 2002, S. 152 ff.; *W. Zeh,* Gliederung und Organe des Bundestages, in: HStR³ III, 2005, § 52 (S. 769 ff.).

1 Ob das Europäische Parlament als „echtes" Parlament gelten darf, ist durchaus umstritten. Der Vergleich mit dem Bundestag belegt in der Tat, dass nach wie vor einige markante Unterschiede bestehen. Gleichwohl überwiegen die **Parallelen in der Funktions- und auch Denkweise beider Institutionen.** Das sei zunächst anhand der Funktionen und Kompetenzen belegt (A.), bevor die Wahlen zu beiden Parlamenten (B.) sowie ihre jeweiligen Auflösungsmöglichkeiten (C.) erläutert werden. Am Ende steht die Darstellung der Struktur sowie der Arbeitsweise des Bundestages wie des Europäischen Parlaments (D.).

A. Funktionen und Kompetenzen von Deutschem Bundestag und Europäischem Parlament

2 **Rechtsgrundlage** für die Besetzung und die Funktionsweise des **Bundestag**es[1] ist ein eigener Abschnitt im Grundgesetz (Art. 38–48 GG; es kommen zahlreiche Einzelbestimmungen hinzu, unter denen der Abschnitt zur Gesetzgebung Hervorhebung

---

[1] Überblicksliteratur: *Morlok/Hientzsch,* JuS 2011, 1 ff.; *Maurer,* Staatsrecht I, § 13 Rn. 13 ff.; *v. Münch/ Mager,* Staatsrecht, Rn. 165 ff.; *Kämmerer,* Staatsorganisationsrecht, Rn. 112 ff.; *Korioth,* Staatsrecht I, Rn. 379 ff.; *Degenhart,* Staatsorganisationsrecht, Rn. 627 ff.; *Gröpl,* Staatsrecht I, Rn. 917 ff.; *Morlok/Michael,* Staatsorganisationsrecht, Rn. 621 ff. sowie *Peucker/Bätge,* Staatsorganisationsrecht, Rn. 79 ff. Erschöpfend für die Vertiefung Morlok/Schliesky/Wiefelspütz, Parlamentsrecht. Ausführliche Zusammenfassung zu den Funktionen des Bundestages auch bei *Klein,* in: HStR³ III, § 50 Rn. 15 ff.

verdient: Art. 76 ff. GG; → Kap. 15 Rn. 181 ff.). Ergänzt wird die Verfassung durch die Geschäftsordnung nach Art. 40 Abs. 1 S. 2 GG (GOBT; → Rn. 51 f.). Als einfache Gesetze kommen das Bundeswahlgesetz (BWahlG; → Rn. 26 ff.), das Abgeordnetengesetz (AbgG; → Rn. 53 ff.), das Untersuchungsausschussgesetz (PUAG; → Rn. 20) sowie die beiden Gesetze zur Mitwirkung an der europäischen Integration hinzu (IntVG sowie EUZBBG; → Rn. 21 ff.).

Die Grundlagen der Tätigkeit des **Europäischen Parlament**s[2] finden sich in Art. 10 Abs. 2 UAbs. 1, 14 EUV sowie in den Art. 223–234 AEUV; auch hier kommen weitere Vorschriften der Verträge hinzu. Das Parlament gibt sich ebenfalls eine Geschäftsordnung (Art. 232 Abs. 1 AEUV). Aus dem Sekundärrecht verdienen der sog. Direktwahlakt[3] und das Abgeordnetenstatut[4] sowie daneben das (deutsche) Europawahlgesetz (EuWG) und das Europaabgeordnetengesetz (EuAbgG) Erwähnung.

3

I. Repräsentation

Sowohl Bundestag als auch Europäisches Parlament werden in den jeweiligen Verfassungstexten ausdrücklich als „Vertretung" der Bürgerinnen und Bürger angesprochen. Laut Art. 38 Abs. 1 S. 2 GG sind die Abgeordneten „Vertreter des ganzen Volkes", während Art. 10 Abs. 2 UAbs. 1 EUV klarstellt, dass die Bürgerinnen und Bürger „auf Unionsebene unmittelbar im Europäischen Parlament vertreten" sind (vgl. noch Art. 14 Abs. 2 UAbs. 1 S. 1 EUV). Beide Bestimmungen sind Ausdruck der **Repräsentationsfunktion** eines Parlaments[5]; nach einer plastischen Wendung aus der Zeit der Französischen Revolution soll ein Parlament die Bevölkerung so abbilden, wie eine Karte das Land abbildet. Dahinter steht auch die Einsicht, dass sich in beiden Verfassungsordnungen die wirklich werthaltigen aktiven Mitwirkungsbefugnisse der Bürgerinnen und Bürger auf den alle vier resp. fünf Jahre wiederholenden Akt der Parlamentswahl beschränken. Im Rahmen des Konzepts der demokratischen Legitimation (→ Kap. 5 Rn. 40 ff.) schultert dieser Wahlakt (bzw. schultert das dabei gewählte Parlament) den Löwenanteil der Legitimationslast. Zugleich sind die Abgeordneten beider Parlamente praktisch die einzigen personell unmittelbar legitimierten Amtswalter in der Bundesrepublik und der Europäischen Union[6]. Mit dieser Repräsentationsaufgabe geht die Erwartung einher, dass die Abgeordneten sich nicht lediglich als Vertreter ihrer Parteien, ihrer konkreten Wähler oder ihres Bundeslandes resp. Mitgliedstaates verstehen, sondern als Vertreter des gesamten Volkes bzw. der gesam-

4

---

[2] Überblicksliteratur: *Streinz,* Europarecht, Rn. 301 ff.; *Herdegen,* Europarecht, § 7 Rn. 68 ff.; *Hobe,* Europarecht, Rn. 310 ff.; *Oppermann/Classen/Nettesheim,* Europarecht, § 5 Rn. 21 ff.; *Haratsch/Koenig/Pechstein,* Europarecht, Rn. 224 ff.

[3] Akt zur Einführung unmittelbarer allgemeiner Wahlen der Abgeordneten der Versammlung v. 20.9.1976 (ABl. 1976 L 278, 5); seitdem jeweils beim Beitritt neuer Mitgliedstaaten geändert. Aktuelle konsolidierte Fassung abzurufen bei EUR-Lex.

[4] Beschluss des Europäischen Parlaments vom 28.9.2005 zur Annahme des Abgeordnetenstatuts des Europäischen Parlaments (2005/684/EG, Euratom; ABl. 2005 L 262, 1); dazu im ersten Zugriff *Oppermann/Classen/Nettesheim,* Europarecht, § 5 Rn. 29 ff. sowie *Kotzur,* in: Geiger/Khan/ders., EUV/AEUV, Art. 223 AEUV Rn. 12 ff.

[5] Dazu knapp im Überblick *Morlok/Hientzsch,* JuS 2011, 1, 2; eingehend *Stern,* Staatsrecht II, S. 37 ff. und *Böckenförde,* HStR³ III, § 34 Rn. 26 ff.

[6] Es kommen im (Europäischen) Rat noch diejenigen Akteure hinzu, die wie der Präsident der Französischen Republik unmittelbar vom Volk gewählt werden.

ten Bevölkerung der Union – man könnte auch auf das Gemein- oder Gesamtwohl verweisen[7]. Diese Aufgabe erfüllen die Abgeordneten gemeinsam in ihrer Gesamtheit[8]. Zuletzt folgt aus dem Repräsentationsauftrag die Erwartung, dass die Abgeordneten ihr Mandat tatsächlich wahrnehmen[9] (was echte Doppelmandate anspruchsvoll erscheinen lässt). Hingegen lassen sich aus der Repräsentationsfunktion keine Mindestanwesenheitsquoten für das Plenum ableiten; hier erkennt die Rechtsprechung an, dass sich die Parlamentsarbeit in die Ausschüsse verlagert hat[10].

II. Wahl und Kreation

5   In Ansehung der Wahl- oder auch Kreationsfunktion ist nochmals zu unterstreichen, dass Bundestag wie Europäisches Parlament in ihrer jeweiligen Verfassungsordnung grundsätzlich die einzigen von den Bürgerinnen und Bürgern direkt demokratisch legitimierten Organe sind. Die Wahl weiterer Amtsträger durch die beiden Parlamente schafft also die zweitbeste mögliche **personelle Legitimation** derselben[11], wohingegen jeder weitere (insbesondere exekutive) Ernennungsakt diese Legitimation weiter verdünnt.

1. Wahl- und Kreationsrechte des Bundestags

6   Der Bundestag wählt zunächst sein eigenes Präsidium, das aus dem Bundestagspräsidenten[12], seinen Stellvertretern und den Schriftführern besteht (Art. 40 Abs. 1 S. 1 GG; näher §§ 1–3 GOBT; → Rn. 75f.). Traditionell erhält jede Fraktion einen Vizepräsidentenposten (§ 2 Abs. 1 S. 2 GOBT). Mindestens ebenso wichtig ist die Wahl des Bundeskanzlers (Art. 63 GG bzw. § 4 GOBT; → Kap. 11 Rn. 52ff.); dass sie grundsätzlich mit der Mehrheit der Mitglieder des Bundestages erfolgt (Art. 63 Abs. 2 S. 1, 121 GG), soll sicherstellen, dass der Kanzler zu Beginn seiner Amtszeit tatsächlich die Unterstützung der Mehrheit der Repräsentanten des Volkes hinter sich weiß. Der Wahl korrespondiert die Möglichkeit der Abwahl durch das konstruktive Misstrauensvotum nach Art. 67 Abs. 1 S. 1 GG (erneut mit der Mehrheit der Mitglieder) oder nach einer gescheiterten Vertrauensfrage gem. Art. 68 Abs. 1 S. 1 GG (dito; → Kap. 11 Rn. 58ff.). Ferner wählt der Bundestag die Hälfte der Richter des Bundesverfassungsgerichts (Art. 94 Abs. 1 S. 2 GG; näher §§ 5f. BVerfGG; → Kap. 12 Rn. 5); hier soll die notwendige Zweidrittelmehrheit nicht nur demokratische Legitimation vermitteln, sondern auch sicherstellen, dass nur Kandidaten präsentiert werden, die über die politischen Lagergrenzen hinweg kompromissfähig sind.

7   Mittelbar wirkt der Bundestag zuletzt noch an der Wahl des Bundespräsidenten mit (→ Kap. 11 Rn. 28ff.). Nach Art. 54 Abs. 3 GG besteht die dafür zuständige Bundes-

---

[7] Unter dem Grundgesetz BVerfGE 121, 266 (305); 131, 316 (342).
[8] BVerfGE 80, 188 (217f.); 130, 318 (342); 140, 115 (149f., Rn. 91).
[9] BVerfGE 56, 396 (405); *du Mesnil/Müller,* JuS 2016, 504, 505. Siehe auch § 13 II 1 GOBT.
[10] BVerfGE 44, 308 (317).
[11] Vgl. *Morlok/Hientzsch,* JuS 2011, 1, 1; *Magiera,* in: Sachs, GG, Art. 38 Rn. 33 sowie *Heun,* Die Verfassungsordnung der Bundesrepublik Deutschland, 2012, 140.
[12] Ausführlich zum Bundestagspräsidenten *Wilrich,* DÖV 2002, 152ff. – Der Bundestagspräsident nimmt nicht nur parlamentarische Funktionen wahr, sondern kann auch als Verwaltungsbehörde i. S. d. § 1 Abs. 4 VwVfG handeln. Außerdem ist er oberste Dienstbehörde der Beamten des Bundestages (§ 129 BBG). Grundsätzlich ist in solchen Fällen (zunächst) der Verwaltungsrechtsweg gegeben (§ 40 Abs. 1 S. 1 VwGO bzw. § 126 Abs. 1 BBG, siehe auch § 50 Abs. 1 Nr. 5 VwGO).

versammlung aus den Mitgliedern des Bundestages sowie einer gleichen Anzahl von Mitgliedern, die von den Landtagen gewählt werden; die demokratische Legitimation des Präsidenten wird so auf das Bundes- wie auf die Landesvölker zurückgeführt.

Es kommen zahlreiche weitere Wahlakte im Grundgesetz und in einfachen Gesetzen hinzu[13], von denen hier nur einige aufgelistet werden sollen: 8
- Der Wehrbeauftragte nach Art. 45b GG bzw. § 113 GOBT
- Das Parlamentarische Kontrollgremium nach Art. 45d Abs. 1 GG[14]
- Die Mitglieder des Richterwahlausschusses nach Art. 95 Abs. 2 GG[15]
- Der Bundesdatenschutzbeauftragte (§ 11 Abs. 1 S. 1 Bundesdatenschutzgesetz – BDSG)[16].

2. Wahl- und Kreationsrechte des Europäischen Parlaments

Bereits aus Art. 14 EUV geht hervor, dass auch das Europäische Parlament seinen Präsidenten sowie das Präsidium wählt (Art. 14 Abs. 4 EUV). Ferner wählt es nach Art. 14 Abs. 1 S. 3 EUV den **Präsidenten der Kommission**. Näher ausbuchstabiert werden beide Wahlakte in der Geschäftsordnung bzw. in Art. 17 EUV. Erstere legt fest, dass das Präsidium aus dem Präsidenten und 14 Vizepräsidenten besteht (Art. 24 Abs. 1 GOEuP) und zweieinhalb Jahre amtiert (Art. 19 Abs. 1 GOEuP)[17]. Art. 17 EUV bestimmt, dass der Europäische Rat dem Parlament „nach entsprechenden Konsultationen" sowie unter Berücksichtigung der Ergebnisse der Wahlen zum Parlament mit qualifizierter Mehrheit (→ Kap. 11 Rn. 110 ff.) einen Kandidaten vorschlägt (Art. 17 Abs. 7 UAbs. 1 S. 1 EUV). Das Parlament wählt diesen Kandidaten mit der Mehrheit seiner Mitglieder (UAbs. 1 S. 2; → Rn. 41). Kommt diese Mehrheit nicht zustande, so muss der Europäische Rat innerhalb eines Monats einen neuen Kandidaten benennen; für Rat wie Parlament bleibt es bei den qualifizierten Mehrheiten (UAbs. 1 S. 3). Das Verfahren stellt sicher, dass der Präsident der Kommission zumindest zum Amtsantritt tatsächlich die Mehrheit der Vertreterinnen und Vertreter der europäischen Bürgerschaft hinter sich weiß. Damit korrespondiert, dass die europäischen Parteien oder besser Parteienbündnisse (→ Kap. 13 Rn. 40) inzwischen Spitzenkandidaten für die Europawahlen aufstellen, die wiederum vom Europäischen Rat bei der Personalauswahl nicht leichter Hand ignoriert werden können[18]. Die Auswahl der weiteren Mitglieder der Kommission folgt einem anderen Muster: Nach Art. 17 Abs. 7 UAbs. 2 EUV erstellt der Rat im Einvernehmen mit dem Präsidenten der Kommission auf der Grundlage der Vorschläge der Mitgliedstaaten eine Liste der weiteren Mitglieder. Der Präsident und diese weiteren Mitglieder stellen sich als Kollegium sodann einem Zustimmungsvotum des Europäischen Parlaments (Art. 17 Abs. 7 UAbs. 3 S. 1 EUV), bevor die Kommission vom Europäischen Rat mit qualifizierter Mehrheit ernannt wird (Art. 17 Abs. 7 UAbs. 3 S. 2 EUV; → Kap. 11 Rn. 113). Das Verfahren wirkt auf den ersten Blick, als könne das Parlament nur nach Art einer Blockwahl im ganzen „Ja" oder „Nein" sagen und müsse womöglich unliebsame Kandidaten dulden, um ge- 9

---

[13] Guter Überblick bei *Morlok/Hientzsch*, JuS 2011, 1, 7 f. und *Maurer*, Staatsrecht I, § 13 Rn. 120; eingehend *Klein*, in: HStR³ III, § 50 Rn. 27 ff.
[14] Näher *Hornung*, in: Morlok/Schliesky/Wiefelspütz, Parlamentsrecht, § 30 Rn. 11 ff.
[15] Näher *Wittreck*, Die Verwaltung der Dritten Gewalt, 2006, 305 f.
[16] Siehe dazu *Wieczorek*, in: Kühling/Buchner, DS-GVO BDSG, § 11 BDSG Rn. 11 ff.
[17] Knapp *Geiger*, in: ders./Khan/Kotzur, EUV/AEUV, Art. 14 EUV Rn. 25 ff.; etwas eingehender *Schoo*, in: Schwarze, EU, Art. 14 EUV Rn. 59.
[18] Siehe dazu *Holzner*, EuR 50 (2015), 525, 528 ff.

wünschte nicht zu verhindern. Tatsächlich hat das Europäische Parlament – ein schönes Beispiel dafür, dass die konkrete Machtverteilung zwischen Institutionen oft nicht mit der „Papierform" übereinstimmt – die Praxis der Anhörung der Kandidatinnen und Kandidaten für die Kommission etabliert und faktisch durchgesetzt, dass Personen, die hier (etwa wegen sichtlich fehlender Kompetenz oder wegen Korruptionsverdachts) „durchfallen", anschließend gar nicht erst präsentiert werden[19]. Wie auf Bundesebene korrespondiert auch hier dem Wahl- bzw. Bestellungsrecht die Möglichkeit des **Misstrauensantrags** (Art. 17 Abs. 8 EUV, Art. 234 AEUV). Er kann sich nur gegen die Kommission als Ganze richten und bedarf einer Mehrheit von zwei Dritteln der abgegebenen Stimmen (die zugleich der Mehrheit der Parlamentsmitglieder entsprechen muss; → Kap. 11 Rn. 114). Schließlich kommt nach Art. 228 Abs. 2 AEUV noch die Wahl des **Europäischen Bürgerbeauftragten** hinzu, an den sich Unionsbürger mit Beschwerden wenden können[20].

III. Gesetzgebung

10 Auf Bundesebene ist der Bundestag klar als **primärer Gesetzgeber** ausgewiesen (Art. 77 Abs. 1 S. 1 GG)[21]; insbesondere kommt ihm die Gesetzesinitiative zu (Art. 76 Abs. 1 GG; siehe § 76 GOBT; → Kap. 15 Rn. 147 f., 156 ff.). Im markanten Unterschied zu allen Bundesländern teilt er sich diese Rolle nicht mit dem Volksgesetzgeber[22]. Gemeinsam mit dem Bundesrat wird der Bundestag auch als verfassungsändernder Gesetzgeber tätig (Art. 79 Abs. 2 GG; → Kap. 14 Rn. 3); anders als in einigen Bundesländern ist er dabei auch nicht an ein sog. obligatorisches Verfassungsreferendum gebunden. Im Übrigen ist die **Mitwirkung des Bundesrates** nicht als gleichberechtigt einzustufen. Zwar hat die Länderkammer im Falle von Zustimmungsgesetzen (→ Kap. 15 Rn. 159 f.) eine echte Vetoposition, doch kann sie im Regelfall des Einspruchsgesetzes vom Bundestag mit (evtl. doppelt) qualifizierter Mehrheit überstimmt werden (Art. 77 Abs. 4 GG; → Kap. 15 Rn. 157, 217 ff.). Insbesondere kommt ihm in Sachen Gesetzgebung eine im Kern reaktive Rolle zu; er kann zwar nach Art. 76 Abs. 1 GG Gesetzesinitiativen starten, aber nicht mit eigenen Gesetzbeschlüssen „vorlegen". Es kommt hinzu, dass in der Verfassungspraxis Initiativen des Bundesrates gerade dann schlicht (unter offenem Verstoß gegen Art. 76 Abs. 3 S. 6 GG) unbehandelt „liegenbleiben", wenn eine große Koalition amtiert und sich auf keine Position zu der konkreten Initiative einigen kann[23].

11 Während sich der Bundestag das Gesetzgebungsrecht lediglich mit dem Bundesrat „teilen" muss, wird das Europäische Parlament nur gemeinsam mit dem Rat als Gesetzgeber tätig (Art. 14 Abs. 1, 16 Abs. 1 EUV bzw. Art. 289 Abs. 1, 294 AEUV;

---

[19] Zum Anhörungsverfahren (jetzt: Art. 118 GOEuP) näher *Kugelmann*, in: Streinz, EUV/AEUV, Art. 17 EUV Rn. 116 sowie mit konkreten Beispielen zum Scheitern einzelner Kandidaten *Epping*, in: Vedder/Heintschel v. Heinegg, Europäisches Unionsrecht, Art. 17 EUV Rn. 33 f. Nach *Ruffert*, in: Calliess/Ruffert, EUV/AEUV, Art. 17 Rn. 51 soll die bereits seit 1995 geübte Praxis, einzelne „Hearings" durchzuführen, mit dem Primärrecht unvereinbar sein.

[20] Siehe dazu – außer den Kommentaren zu Art. 228 AEUV – noch *Haas*, Der Ombudsmann als Institution des Europäischen Verwaltungsrechts, 2012.

[21] BVerfGE 1, 144 (154); 37, 363 (380 f.).

[22] Siehe etwa Art. 72 Abs. 1 BayVerf.: „Die Gesetze werden vom Landtag oder vom Volk (Volksentscheid) beschlossen."

[23] Vgl. *Sannwald*, in: Schmidt-Bleibtreu/Hofmann/Henneke, GG, Art. 76 Rn. 86.

→ Kap. 15 Rn. 161 ff., 194 ff.). Es liegt wenigstens im ordentlichen Gesetzgebungsverfahren ein echtes Kondominium vor, wobei die nähere Ausgestaltung des Verfahrens keiner Seite ein sichtbares Übergewicht einräumt; beide können einander blockieren[24]. Schwer wiegt, dass das Europäische Parlament grundsätzlich **kein echtes Gesetzinitiativrecht** hat (vgl. Art. 293 Abs. 1, 294 Abs. 2 AEUV zum obligatorischen Vorschlagsrecht der Kommission; Ausnahmen finden sich in Art. 14 Abs. 2 UAbs. 2 EUV sowie Art. 223 Abs. 2, 226 Abs. 3, 228 Abs. 4 AEUV)[25]. Das indirekte Initiativrecht gem. Art. 225 AEUV ist nur ein schaler Ersatz; es irritiert das Missverhältnis, dass das Parlament mit der Mehrheit seiner Mitglieder beschließen muss (S. 1), während die Kommission lediglich die Gründe für ihr Nichtaufgreifen des Anliegens mitzuteilen hat[26].

IV. Budgetrecht

In den meisten Bundesländern ist die Finanzverfassung ausdrücklich kein Prüfungsstoff im Staatsexamen[27]. Gleichwohl wäre es töricht, das Budget vollständig auszusparen. Dafür sprechen im Kern zwei Gründe: Zum einen belegen gleich mehrere erbitterte Verfassungskonflikte um das Budgetrecht, dass der Haushalt eine echte **Machtfrage** ist[28]. Zum anderen sind Studierende der Rechtswissenschaften (wie anderer Disziplinen) gut beraten, sich zu vergegenwärtigen, in welchem Ausmaß Geld als Steuerungsinstrument fungiert.

12

1. Bundestag

Im Abschnitt über „Das Finanzwesen" (Art. 104a–115 GG) taucht das Budgetrecht des Bundestages[29] nicht besonders prominent auf. Kernbestimmung ist **Art. 110 GG**. Darin heißt es eher unspektakulär, dass der Haushaltsplan durch das Haushaltsgesetz festgestellt wird (Abs. 2 Satz 1). Die nüchterne Sprache verdeckt, dass das Budgetrecht eine wesentliche Kompetenz des Parlaments ist, denn über den Haushalt kann es die Exekutive häufig sehr viel direkter steuern als über förmliche Gesetze – man denke etwa an die Freigabe oder Verweigerung der Mittel für konkrete Rüstungsvorhaben.

13

2. Europäisches Parlament

Das Budgetrecht (oder genauer Mit-Budgetrecht) des Europäischen Parlaments wird in den Verträgen sehr viel deutlicher akzentuiert als im Grundgesetz. Bereits Art. 14 Abs. 1 S. 1 und Art. 16 Abs. 1 S. 1 EUV besagen praktisch gleichlautend, dass Europä-

14

---

[24] Ähnlich *Kotzur*, in: Geiger/Khan/ders., EUV/AEUV, Art. 294 AEUV Rn. 2.
[25] Vgl. BVerfGE 129, 300 (337).
[26] Vgl. *Kaufmann-Bühler*, in: Lenz/Borchardt, EU-Verträge, Art. 225 AEUV Rn. 2.: „unvollkommenes Initiativrecht"; positive Bewertung dagegen etwa bei *Huber*, in: Streinz, EUV/AEUV, Art. 225 AEUV Rn. 1: „schon heute ein Initiativrecht in nuce". In der Praxis gibt es zwischen Kommission und Parlament inzwischen zudem Vereinbarungen, die deutlich über den Regelungsgehalt von Art. 225 AEUV hinausgehen und die Einflussmöglichkeiten des Parlaments stärken. Siehe hierzu *Dauses*, EuZW 2010, 241 ff. sowie *Haratsch/Koenig/Pechstein*, Europarecht, Rn. 240.
[27] Für NRW siehe § 11 Abs. 2 Nr. 9 Juristenausbildungsgesetz (JAG).
[28] Näher *Dreier*, in: Hoffmann-Riem/Schmidt-Aßmann, Effizienz als Herausforderung an das Verwaltungsrecht, 1998, 59 ff.
[29] Zusammenfassend zum folgenden *Kemmler*, in: Schmidt-Bleibtreu/Hofmann/Henneke, GG, Art. 110 Rn. 1 ff. und 22 ff.; besondere Betonung auch bei *Morlok/Hientzsch*, JuS 2011, 1, 6.

isches Parlament und Rat gemeinsam die Haushaltsbefugnisse ausüben[30]. Konkretisiert wird dies in Art. 310 Abs. 1 UAbs. 2 sowie insbesondere in **Art. 314 AEUV**, der ein **komplexes Abstimmungsverfahren** zwischen beiden Organen vorsieht, das erneut durch einen Vorschlag der Kommission eingeleitet wird (Art. 314 Abs. 2 AEUV). Im Haushaltsverfahren wird zunächst der Rat tätig (Art. 314 Abs. 3 AEUV) und übermittelt seinen Standpunkt dem Parlament. Billigt dieses den Standpunkt nicht, so wird ein Vermittlungsausschuss einberufen (Art. 314 Abs. 5–8 AEUV). Den Beteiligten sind dabei jeweils Fristen gesetzt.

V. Kontrolle

15 In seiner jüngsten Leitentscheidung hat das Bundesverfassungsgericht noch einmal unterstrichen, dass der Grundsatz effektiver parlamentarischer Kontrolle aus dem Demokratie- wie dem Rechtsstaatsprinzip (in Sonderheit der Gewaltenteilung) zugleich abgeleitet werden kann (→ Kap. 5 Rn. 43 ff.; → Kap. 6 Rn. 3, 5 ff.)[31]. Dennoch bleibt eine **Grundspannung** mit der Funktionsmaxime des parlamentarischen Regierungssystems: Die Parlamentsmehrheit, die eine Regierung trägt, hat kein wirkliches Interesse daran, diese Regierung „scharf" zu kontrollieren – der Hund muss zur Jagd getragen werden bzw. wird nur dann wirklich intensiv nachhaken und -fragen, wenn ein Missstand allzu offensichtlich wird. Auf nationaler Ebene – so die Faustregel – sind Kontrollinstrumente daher nur dann effektiv, wenn sie als Minderheitenrechte auch von der Opposition eingesetzt werden können (1. und 2.). Hier ist das Europäische Parlament deutlich freier, da es den anderen Organen der Union nicht in gleicher Weise verpflichtet ist; ausnahmsweise ist es insofern besser aufgestellt als der Bundestag.

1. Instrumente parlamentarischer Kontrolle der Exekutive

16 Grundgesetz wie Geschäftsordnung des Bundestages sehen eine ganze **Palette** von Kontrollrechten des Bundestages gegenüber der Bundesregierung vor, deren Effektivität durchaus unterschiedlich ausfällt. Ausdrücklich im Grundgesetz genannt sind das Zitierrecht (Art. 43 Abs. 1 GG), der Untersuchungsausschuss (näher unter 2.; → Rn. 20), weitere Ausschüsse (Art. 45, 45 a, 45 c GG), der Wehrbeauftragte (Art. 45 b GG)[32] sowie das Parlamentarische Kontrollgremium, das speziell der „Kontrolle der nachrichtendienstlichen Tätigkeit des Bundes" dient (Art. 45 d GG)[33]. Es bleibt noch das „finale" Kontrollmittel, nämlich die Abwahl des Bundeskanzlers durch ein sog. konstruktives Misstrauensvotum nach Art. 67 GG (→ Kap. 11 Rn. 58 ff.). Nicht explizit erwähnt ist demgegenüber das parlamentarische Fragerecht, das nur in den verschiedenen Anfragen nach §§ 100–106 GOBT aufscheint.

17 Unter den genannten Kontrollinstrumentarien ist zunächst das **Zitierrecht** nach Art. 43 Abs. 1 GG bzw. §§ 42, 68 GOBT praktisch wirkungslos, weil es nicht als Minderheitenrecht ausgestaltet ist[34]. Es ist unverändert aus älteren deutschen Verfassungen

---

[30] Näher zum Haushaltsrecht und entsprechenden Verfahren *Streinz*, Europarecht, Rn. 730 ff. sowie *Haratsch/Koenig/Pechstein*, Europarecht, Rn. 667 ff.
[31] BVerfG NVwZ 2018, 51 f.; vgl. zuvor noch E 3, 225 (247); 7, 183 (188); 137, 185 (213 f.); 139, 194 (223 f.). Aus der Literatur bündig zum Folgenden *du Mesnil/Müller*, JuS 2016, 603, 606.
[32] Dazu nur *Luch*, in: Morlok/Schliesky/Wiefelspütz, Parlamentsrecht, § 33 Rn. 17 ff.
[33] Näher *Hornung*, in: Morlok/Schliesky/Wiefelspütz, Parlamentsrecht, § 30.
[34] Ähnlich Jarass/*Pieroth*, GG, Art. 43 Rn. 1.

übernommen worden³⁵, die noch davon ausgingen, dass sich Regierung und Parlament als Gegenspieler verstehen – unter den Bedingungen des parlamentarischen Regierungssystems ist es im Grunde dysfunktional, da die Mehrheit des Parlaments, die hinter der Regierung steht, deren Mitglieder nicht öffentlich maßregeln wird. Tatsächlich ist das Zitierrecht zuletzt nur dann angewandt worden, wenn sich – typischerweise zu später Stunde – Zufallsmehrheiten der Opposition ergaben.

Deutlich wirkungsvoller ist die im Grundgesetz nur angedeutete Kontrollfunktion der **Fachausschüsse** (→ Rn. 73 f.), von denen der Verfassungstext nur diejenigen für die Europäische Union, auswärtige Angelegenheiten und Verteidigung erwähnt (Art. 45 und 45 a GG; näher §§ 54 ff. GOBT)³⁶. Hier kommt deren Funktionslogik zum Tragen: Sie sind deutlich kleiner als das Plenum (damit nicht zuletzt besser befähigt zu einer Tätigkeit, die sowohl Sacharbeit als auch sachlichere Arbeit ist³⁷) und bestehen in der Regel aus ausgewiesenen Fachleuten. Das erlaubt etwa dem Verteidigungsausschuss, ranghohe Ministerialbeamte aus dem Verteidigungsministerium auch auf hohem Niveau zu einzelnen Rüstungsprojekten peinlich zu befragen³⁸. **18**

Das Fragerecht schließlich (herkömmlich auch als **Interpellationsrecht** bezeichnet, von lateinisch *interpellatio* für Unterbrechung) war Gegenstand einer Reihe von jüngeren Entscheidungen des Bundesverfassungsgerichts, die es mangels einer ausdrücklichen Grundlage im Grundgesetz aus dem Abgeordnetenstatus nach Art. 38 Abs. 1 S. 2 GG (→ Rn. 54 ff.), dem Demokratieprinzip (→ Kap. 5 Rn. 43 ff.) sowie aus der Gewaltenteilung (→ Kap. 6 Rn. 5 ff.) abgeleitet haben³⁹. Es ist funktional auf die Aufgaben der Parlamentarier bezogen; sie haben Anspruch auf diejenigen Informationen, die sie benötigen, um ihre Befugnisse sachgerecht wahrzunehmen. Ihm korrespondiert eine **Pflicht zur** grundsätzlich öffentlichen **Antwort**⁴⁰. Die Grenzen des Auskunftsanspruchs lassen sich ebenfalls nur aus der Verfassung ableiten. Zunächst muss der Gegenstand der Frage in den Zuständigkeits- und Verantwortungsbereich der Bundesregierung fallen; das schließt namentlich Fragen zu reinen Landesangelegenheiten aus⁴¹. Ebenfalls aus dem Gewaltenteilungsgrundsatz folgt der Schutz des sog. Kernbereichs der Eigenverantwortung der Exekutive⁴². Dieser umfasst einen „unausforschbaren" Beratungs- und Handlungsbereich, so dass grundsätzlich nur über sog. abgeschlossene Vorgänge informiert werden muss. Weitere Grenzen folgen aus den Grundrechten Dritter⁴³ sowie dem „Staatswohl"⁴⁴. **19**

---

35 Nachweise bei *Morlok*, in: Dreier, GGK II, Art. 43 Rn. 5 ff.
36 Eingehend *Winkelmann*, in: Morlok/Schliesky/Wiefelspütz, Parlamentsrecht, § 23.
37 Unterstrichen von *Klein*, in: Maunz/Dürig, GG, Art. 40 (2007), Rn. 127; primär auf die Arbeitsbelastung des Parlaments verweist *Versteyl*, in: v. Münch/Kunig, GG I, Art. 43 Rn. 23.
38 Näher *Gerland*, in: Morlok/Schliesky/Wiefelspütz, Parlamentsrecht, § 29 Rn. 37 ff.
39 BVerfGE 124, 78; 130, 318; 137, 185; 139, 194; 143, 101; BVerfG NVwZ 2018, 51; zusammenfassend *Glauben*, LKRZ 2015, 129 ff. sowie *Hillgruber*, JA 2018, 238 ff.
40 Unterstrichen von BVerfG NVwZ 2018, 51 (53 f., Rn 200 ff.).
41 BVerfGE 124, 161 (189); 139, 194 (227 ff., Rn. 111 ff.).
42 BVerfGE 131, 152 (210); 137, 185 (234, Rn. 136); BVerfG NVwZ 2018, 51 (56, Rn. 227 ff.).
43 Näher BVerfGE 137, 185 (243 f., Rn. 153 ff.); BVerfG NVwZ 2018, 51 (57 ff., Rn. 233 ff.); zusammenfassend Jarass/*Pieroth*, GG, Art. 38 Rn. 58.
44 BVerfGE 124, 78 (123); 137, 185 (240 ff., Rn. 149 ff.); BVerfG NVwZ 2018, 51 (59 f., Rn. 246 ff.); aus der Literatur nur *Müller*, in: v. Mangoldt/Klein/Starck, GG II, Art. 38 Rn. 29.

Diesem ordnet das Gericht etwa das Interesse des Bundes an der Bewahrung von Geschäftsgeheimnissen der von ihm beherrschten Unternehmen zu[45].

2. Untersuchungsrecht

20 Parlamentarische Untersuchungsausschüsse gelten nach wie vor als das „schärfste Schwert" der Opposition[46]. Normativer „Sitz im Leben" ist Art. 44 GG, der durch das PUAG näher konkretisiert wird. Das Untersuchungsrecht (auch **„Enquêterecht"** genannt) ist als Minderheitenrecht und damit grundsätzlich effektiv ausgestaltet; der Bundestag muss danach einen Untersuchungsausschuss einsetzen, wenn ein Viertel der Abgeordneten dies verlangt (derzeit also 178 von 709). Verweigert die Mehrheit die Einsetzung, so sind die Unterlegenen als „konstituierte Antragsminderheit" berechtigt, das Organstreitverfahren einzuleiten (→ Kap. 17 Rn. 21 ff.)[47]. Gleiches gilt, wenn anschließend im Ausschuss einzelne Beweisanträge der Viertel-Minderheit von der Mehrheit abgelehnt werden[48]. Das Untersuchungsrecht unterliegt seinerseits **Grenzen:** Zunächst muss nach der sog. Korollarlehre der Gegenstand der Untersuchung in den Zuständigkeitsbereich des Bundestages fallen (von lateinisch *corollarium* oder „Zugabe", „Kränzchen"; die Enquête muss sich bildlich gesprochen um die Kompetenzen des Parlaments winden)[49]. Daran fehlt es bei der Untersuchung rein privater oder auch kirchlicher Sachverhalte, ferner bei Angelegenheiten, die allein in die Zuständigkeit der Länder fallen; als Kontrollüberlegung taugt die Frage, ob der Bundestag auf das Ergebnis des Untersuchungsausschusses entweder mit einem Gesetz oder mit einem Misstrauensvotum gegen die Bundesregierung reagieren könnte. Auch hier sind der Kernbereich der Exekutive (→ Rn. 19)[50] sowie die Grundrechte Betroffener zu achten[51].

VI. Mitwirkung des Bundestages in Angelegenheiten der Europäischen Union

21 Obwohl die Mitwirkung der nationalen Parlamente am Prozess der europäischen Integration auch vom Unionsrecht eingefordert wird (siehe Art. 12 EUV sowie Art. 48 EUV), ist sie aus gleich zwei Gründen letztlich eine **Quadratur des Kreises.** Zum einen wirkt sich hier die schon geschilderte Verschiebung im Gewaltengefüge aus, die der Bundesregierung als Teil des (Europäischen) Rates letztlich Legislativbefugnisse überträgt (→ Kap. 6 Rn. 8). Zum anderen kommt einmal mehr die Funktionslogik des parlamentarischen Regierungssystems zum Tragen (→ Kap. 11 Rn. 50 f.): Die Bundestagsmehrheit hat kein politisches Interesse an einer engmaschigen Kontrolle der von ihr getragenen bzw. gewählten Bundesregierung. Es wirkt vor diesem Hintergrund mitunter hilflos, wenn das Bundesverfassungsgericht in einer Reihe von jün-

---

[45] BVerfG NVwZ 2018, 51 (62 ff., Rn. 281 ff., 312 ff.). Auf Grundrechte können sich diese staatlich beherrschten Unternehmen nicht berufen: ebda., Rn. 238 ff.
[46] Näher zum folgenden – außer den Kommentierungen zu Art. 44 GG und dem Kommentar von Waldhoff/Gärditz zum PUAG (2015) – *Brocker*, in: Morlok/Schliesky/Wiefelspütz, Parlamentsrecht, § 23; aus der Ausbildungsliteratur *Schulte*, JURA 2003, 505 ff.; *Hebeler/Schulz*, JuS 2010, 969 ff.; *Sachs*, JuS 2017, 185 ff. sowie *Schwanengel*, JURA 2018, 463, 467 ff.
[47] BVerfGE 113, 113 (120).
[48] BVerfGE 105, 197 (221 ff.).
[49] BVerfGE 77, 1 (44); aus der Literatur *Hebeler/Schulz*, JuS 2010, 969, 969 f. sowie *Schulte*, JURA 2003, 505, 506.
[50] BVerfGE 124, 78 (120); 143, 101 (137, Rn. 119).
[51] BVerfGE 124, 78 (125 f.).

geren Entscheidungen immer wieder die Mitwirkung des Bundestages an der Integration anmahnt, ja beschwört[52].

Diese Mitwirkung des Bundestages ist in Art. 23 Abs. 1–3 GG, dem Integrationsverantwortungsgesetz (IntVG – schon der Name sollte Ihnen klarmachen, dass hier weiße Salbe verkauft wird …) sowie dem Gesetz über die Zusammenarbeit von Bundesregierung und Deutschem Bundestag in Angelegenheiten der Europäischen Union (EUZBBG) geregelt; es kommen einzelne Bestimmungen der Geschäftsordnung hinzu (siehe §§ 93ff. GOBT)[53]. Dabei ist zwischen **harten und weichen Mitwirkungsrechten** zu unterscheiden. Die „harten" werden wir im Rahmen der Verfassungs- und Vertragsänderung näher kennenlernen: Sowohl eine Änderung der Verträge nach Art. 48 EUV (→ Kap. 14 Rn. 18ff.) als auch die niedrigschwelligeren Modifikationen des Primärrechts der Union (→ Kap. 14 Rn. 28ff.) setzen eine Zustimmung des Bundestages (resp. des Bundesrates) mit Zweidrittelmehrheit nach Art. 23 Abs. 1 S. 2 u. 3 GG voraus – hier kommt am Parlament tatsächlich niemand vorbei, weil die Zweidrittelmehrheit die Einbindung der Opposition und damit Kompromisse erforderlich macht. Im folgenden soll es daher nur um die „weichen" Mitwirkungsbefugnisse gehen, wobei die Detailregelungen in IntVG und EUZBBG weitgehend außer Betracht bleiben sollen. **22**

Art. 23 Abs. 2 GG stellt zunächst die allgemeine Regel auf, dass der Bundestag (neben dem Bundesrat; → Kap. 10 Rn. 26) in „Angelegenheiten der Europäischen Union" mitwirkt (Satz 1); dabei ist „Angelegenheiten" denkbar weit zu verstehen[54]. Nach Satz 2 der Norm unterrichtet die Bundesregierung den Bundestag umfassend und zum frühestmöglichen Zeitpunkt (näher §§ 3ff. EUZBBG). **23**

> Die Bestimmung ist eine gute Gelegenheit, um auf den Sinn und die Grenzen von **Informationspflichten** hinzuweisen[55]. Der Sinn: Nur derjenige, der über Informationen verfügt, kann wirklich Gebrauch von seinen Rechten bzw. Befugnissen machen; der Bundestag kann sich keine Meinung zu einer asylpolitischen Initiative der Bundesregierung auf europäischer Ebene bilden, von der er nichts weiß[56]. Gerade die „Angelegenheiten der Europäischen Union" sind allerdings ein anschaulicher Beleg dafür, dass Information auch gezielt zur Lähmung von Institutionen genutzt werden kann (oder zumindest im Ergebnis zu einer solchen Lähmung führt, was die Frage aufwirft, ob dies billigend in Kauf genommen wird). Dem Vernehmen nach produzieren die Organe der Union mittlerweile derart viele Dokumente, dass die Parlamentarier im Bundestag schon erhebliche Schwierigkeiten haben, in ihrem engeren Interessen- und Kompetenzbereich (etwa als Ausschussmitglied) alles zur Kenntnis zu nehmen[57].

---

[52] BVerfGE 123, 267 (434); 131, 152 (194ff.); 132, 195 (270f.).

[53] Zusammenfassend zum Folgenden – außer den Kommentaren zu Art. 23 GG – etwa *Ruffert*, in: Morlok/Schliesky/Wiefelspütz, Parlamentsrecht, § 42; *Mayer*, ebda., § 43; siehe auch den Kommentar von v. Arnauld und Hufeld zu den sog. EU-Begleitgesetzen (2. Aufl. 2018).

[54] So auch *Wollenschläger*, in: Dreier, GGK II; Art. 23 Rn. 116 sowie *Classen*, in: v. Mangoldt/Klein/Starck, GG II, Art. 23 Rn. 69f.

[55] Instruktiv *Uerpmann-Wittzack*, in: v. Münch/Kunig, GG I, Art. 23 Rn. 75: Es bestehe einerseits die Gefahr einer „Informationsflut […], die das Parlament überfordert", andererseits bedinge eine Filterung durch die Bundesregierung „die Gefahr einer Vorsteuerung, die der Intention der Mitwirkungsrechte widerspricht".

[56] BVerfGE 131, 152 (204): Herstellung parlamentarischer Öffentlichkeit.

[57] Es kommen unter Umständen noch die Dokumente der anderen Mitgliedstaaten hinzu. Siehe etwa *Classen*, in: v. Mangoldt/Klein/Starck, GG II, Art. 23 Rn. 75.

Kernbestimmung ist sodann Art. 23 Abs. 3 GG. Danach gibt die Bundesregierung vor ihrer Mitwirkung an Rechtsetzungsakten der Union (→ Kap. 15 Rn. 161 ff.) dem Bundestag Gelegenheit zur Äußerung (Satz 1; näher § 8 EUZBBG). Sie „berücksichtigt" diese Stellungnahme bei den Verhandlungen (Satz 2). Was heißt nun **„berücksichtigen"?** Gegen die erste Intuition besteht Konsens, dass die Stellungnahme des Bundestages für die Bundesregierung nicht verbindlich ist (lies § 8 Abs. 4 S. 6 EUZBBG); sie muss sie in ihre Entscheidungsfindung einbeziehen bzw. sich mit ihr auseinandersetzen und den Bundestag darüber informieren, dass und warum sie der Stellungnahme nicht folgt[58]. Das macht das Verfahren keineswegs wertlos – man sollte auch hier die Wirkung von informellen Beteiligungsrechten nicht unterschätzen. Stellt man die eingangs betonte Interessenarchitektur in Rechnung, so wird man doch zu dem Ergebnis gelangen, dass die Redeweise von der „Integrationsverantwortung" (§ 1 IntVG) des Bundestags womöglich etwas vollmundig ist.

24 Gleiches dürfte zuletzt für die sog. **Subsidiaritätsrüge** und die ihr nachgeschaltete **Subsidiaritätsklage** gelten, auf die Art. 23 Abs. 1a GG sowie §§ 11 f. IntVG und §§ 93c und 93d GOBT verweisen[59]. Beide Institute sollen die effektive Durchsetzung des Grundsatzes der Subsidiarität nach Art. 5 Abs. 3 EUV sichern (→ Kap. 15 Rn. 115 ff.). Abweichend von der Grundregel, dass ein Staat nach außen von der Exekutive vertreten wird (→ Kap 11 Rn. 45), legt Art. 23 Abs. 1a S. 1 GG dieses Recht in die Hände von Bundestag und Bundesrat. Das findet eine – allerdings bislang nicht praktisch gewordene – Parallele in Art. 93 Abs. 1 Nr. 2a GG; danach ist in dieser Abart der abstrakten Normenkontrolle (→ Kap. 17 Rn. 33 ff.) auch ein Landesparlament antragsberechtigt[60]. Hinter beiden Bestimmungen steckt der gemeinsame Grundgedanke, dass es jeweils um die „Verteidigung" von Legislativkompetenzen gegen den „Übergriff" einer übergeordneten Ebene geht. In dieser Situation, so die Überlegung, soll das Legislativorgan selbst seine Rechte wahren können und nicht darauf angewiesen sein, dass die Exekutive sich in Marsch setzt. Diese Zwecksetzung wird in Art. 23 Abs. 1a S. 2 GG nochmals zugespitzt, indem das Recht auf Anrufung des Europäischen Gerichtshofes als **Minderheitenrecht** ausgestaltet wird (ein Viertel der Mitglieder des Bundestages; siehe näher Art. 23 Abs. 1a S. 3 GG und dazu § 12 IntVG). Dahinter steckt die eingangs des Abschnitts schon in Erinnerung gerufene Einsicht, dass diejenigen Abgeordneten, die als Parlamentsmehrheit die Regierung stützen, weniger geneigt sein dürften, dieser in die Arme zu fallen, wenn sie subsidiaritätswidrige Unionsrechtsakte mitträgt[61]. In der Praxis sind bereits einige Rügen wie Klagen zu verzeichnen, wobei Bundestag wie Bundesrat dazu neigen, nicht allein den Verstoß gegen Art. 5 Abs. 3 EUV zu rügen, sondern auch die fehlende Kompetenz der Union[62]. In

---

[58] Siehe wiederum *Wollenschläger*, in: Dreier, GGK II; Art. 23 Rn. 132; *Hillgruber*, in: Schmidt-Bleibtreu/Hofmann/Henneke, GG, Art. 23 Rn. 66; *Jarass*/Pieroth, GG, Art. 23 Rn. 58.
[59] Näher zum folgenden *Bickenbach*, EuR 48 (2013), 523 ff.; *Mayer*, in: Morlok/Schliesky/Wiefelspütz, Parlamentsrecht, § 43 Rn. 232 ff.; *Jarass*/Pieroth, GG, Art. 23 Rn. 55.
[60] Näher statt aller *Kees*, in: Barczak, BVerfGG, § 76 Rn 66.
[61] BVerfGE 123, 267 (431); *Mayer*, in: Morlok/Schliesky/Wiefelspütz, Parlamentsrecht, § 43 Rn. 236.
[62] Näher *Mayer*, in: Morlok/Schliesky/Wiefelspütz, Parlamentsrecht, § 43 Rn. 259; siehe auch BT-Drs. 18/12260, S. 16 ff. An sich ist eine solche Rüge allerdings nicht statthaft, da das Subsidiaritätsprotokoll speziell auf das Subsidiaritätsprinzip Bezug nimmt, nicht jedoch auf sämtliche Kompetenzbestimmungen der Verträge, siehe *Kötter*, in: v. Arnauld/Hufeld, Systematischer Kommentar zu den Lissabon-Begleitgesetzen, § 8 Rn. 58 f.

der Sache handelt es sich bei der Subsidiaritätsklage um eine **Nichtigkeitsklage** nach Art. 263 AEUV (→ Kap. 17 Rn. 55 ff.)[63].

B. Parlamentswahlen

Die bislang vorgestellten Funktionen und Kompetenzen belegen eindrucksvoll die **Machtfülle** der Parlamente. Stellt man zusätzlich in Rechnung, dass die Wahl dieser Parlamente im Grunde die einzige Möglichkeit des Volkes ist, tatsächlich effektiven Einfluss auf die Staatsgewalt ausüben zu können, so erweist sich die Wahl als hochsensibler Akt. Das sei im Folgenden anhand der Wahlen zum Deutschen Bundestag (I.) wie zum Europäischen Parlament (II.) erläutert. 25

I. Wahlen zum Deutschen Bundestag

1. Wahlrechtsgrundsätze

Die Wahlrechtsgrundsätze sind in Art. 38 Abs. 1 S. 1 GG bündig zusammengefasst. Danach werden die Abgeordneten des Deutschen Bundestages in allgemeiner (a), unmittelbarer (b), freier (c), gleicher (d) und geheimer (e) Wahl gewählt. Diese Grundsätze gelten nach **Art. 28 Abs. 1 S. 2 GG** auch für die Wahlen zu den Landesparlamenten sowie den kommunalen Vertretungskörpern. Ergänzt hat sie das Bundesverfassungsgericht noch um den – nur auf den ersten Blick konfligierenden – Grundsatz der Öffentlichkeit der Wahl (f). Zugleich hat es Art. 38 Abs. 1 S. 1 GG zu einem verfassungsbeschwerdefähigen „Grundrecht auf Demokratie" ausgestaltet und dabei weniger den einzelnen Grundrechtsträger als seine eigene Kompetenzausstattung im Blick gehabt (g). 26

a) Allgemeinheit

Eine Wahl ist allgemein, wenn alle Bürger aktiv und passiv stimmberechtigt sind, also wählen und gewählt werden können. Eingeschränkt wird der Grundsatz in der Bundesrepublik durch das **Wahlalter** (nach Art. 38 Abs. 2 GG 18 Jahre für das aktive wie passive Wahlrecht; vgl. auch § 12 Abs. 1 Nr. 1 BWahlG). Daneben begegnen noch wenige eng gefasst **Ausschlusstatbestände** (vgl. §§ 12 Abs. 1 Nr. 3, 13, 15 BWahlG). Während eine umfassende Betreuung bzw. die gerichtlich angeordnete Unterbringung in der Psychiatrie nach § 63 StGB (§ 13 Nr. 2 u. 3 BWahlG) selbsterklärend sind, bedarf der Ausschluss durch Richterspruch der kurzen Erläuterung (§§ 13 Nr. 1, 15 Abs. 2 Nr. 2 BWahlG). Nach § 45 Abs. 1 StGB schließt eine Verurteilung zu einer Freiheitsstrafe von einem Jahr und mehr wegen eines Verbrechens (vgl. § 12 Abs. 1 StGB) vom passiven Wahlrecht aus; das aktive Wahlrecht kann nur auf Zeit aberkannt werden, wenn das Gesetz dies ausdrücklich anordnet (§ 45 Abs. 5 StGB). Beispiele finden sich in §§ 101, 108c, 109i StGB; es geht entweder um Fälle schwerster Kriminalität, Delikte im Kontext von Wahlen oder im weitesten Sinne Staatsschutzdelikte[64]. 27

---

[63] Statt aller *Geiger*, in: ders./Khan/Kotzur, EUV/AEUV, Art. 5 EUV Rn. 16.
[64] Näher *Strelen*, in: Schreiber, BWahlG, § 13 Rn. 7 ff.

b) Unmittelbarkeit

28 Die Unmittelbarkeit der Wahl verbietet den Einsatz von sog. **Wahlmänner**n, wie er prominent bei den Präsidentenwahlen in den USA erfolgt[65]. Dahinter steht der Gedanke, dass sich keine „Zwischengewalt" zwischen die einzelnen Wahlberechtigten bzw. seine individuelle Wahlentscheidung und die Zusammensetzung des Parlaments schieben soll (was die Gefahr der Verfälschung des Wahlergebnisses nach sich zöge). Bevor man sich aber allzu weit über die USA erhebt, sollte man sich vergegenwärtigen, dass auch in Deutschland die Unmittelbarkeit der Wahl darunter leidet, dass wir mehrheitlich Listen „vorgesetzt" bekommen, die wir nur im Ganzen ankreuzen oder ablehnen können – wir vollziehen Vorentscheidungen von Parteigremien nach[66]. Anders ist das nur in den Bundesländern, die wie Bremen und Hamburg auch auf Landesebene das sog. **Kumulieren** erlauben (auf Kommunalebene ist dies in der Mehrheit der Bundesländer möglich, jedoch nicht in Nordrhein-Westfalen), also die Möglichkeit, Stimmen bei einzelnen Bewerbern zu „häufeln" und sie auf diese Weise nach vorne zu wählen[67]. Gleiches gilt für das **Panaschieren,** also die Option, die Stimmen auf mehrere Listen zu verteilen[68].

c) Freiheit

29 Freiheit der Wahl besagt zunächst, dass staatliche Stellen weder Wahlempfehlungen geben noch Sanktionen an ein bestimmtes oder auch nur vermutetes Wahlverhalten knüpfen dürfen[69]. Während diese Frage in den letzten Jahren allenfalls nach öffentlichen und als amtlich zu wertenden Äußerungen von Politikern über gegnerische Parteien im Raum stand[70], hatte der Verfassungsgerichtshof von Rheinland-Pfalz über amtliche Aufdrucke auf Wahlzetteln zu entscheiden, die das Wahlvolk dazu bewegen sollten, mehr Frauen in die Kommunalvertretungen zu wählen; das Gericht sah hier die Freiheit der Wahl verletzt[71].

30 Als klassischer Streit zur Freiheit der Wahl gilt hingegen die Frage, ob in Deutschland nach dem Vorbild anderer und unzweifelhaft demokratischer Staaten (etwa Australien, Belgien und Italien) eine **Wahlpflicht** eingeführt werden könnte[72]. Die Antwort hängt davon ab, ob Art. 38 Abs. 1 S. 1 GG nur das „Wie" der Wahl oder auch das „Ob" schützt. Für die letztgenannte Variante spricht der Vergleich zu den übrigen Freiheitsrechten, die regelmäßig auch die (negative) Freiheit schützen, etwa keinen Glauben zu haben, keinen Beruf auszuüben oder einem Verein fernzubleiben[73].

---

[65] BVerfGE 47, 253 (279f.); Jarass/*Pieroth,* GG, Art. 38 Rn. 14.
[66] Kritisch *v. Arnim,* JZ 2009, 813, 818f.
[67] Näher zu Bremen *Haberland,* in: Fischer-Lescano u. a. (Hrsg.), Verfassung der Freien Hansestadt Bremen, 2016, Art. 75 Rn. 31 ff.; allgemein *Nierhaus/Engels,* in: Sachs, GG, Art. 28 Rn. 19.
[68] Siehe *Dreier,* in: ders, GGK II, Art. 28 Rn. 63 sowie Jarass/*Pieroth,* GG, Art. 28 Rn. 11.
[69] *Morlok,* in: Dreier, GGK II, Art. 38 Rn. 86ff.
[70] BVerfGE 138, 102 – *Schwesig.*
[71] VerfGH Rheinl.-Pfalz NVwZ 2014, 1089; dazu statt aller *Sachs,* JuS 2014, 1144ff.
[72] Dazu einerseits *Schneider,* in: AK-GG, Art. 38 (2002), Rn. 66; *Labrenz,* ZRP 2011, 214ff.; *Sacksofsky,* in: Morlok/Schliesky/Wiefelspütz, Parlamentsrecht, § 6 Rn. 53, andererseits *Stern,* Staatsrecht I², 322f.
[73] Statt aller *Dreier,* in: ders., GGK I, Vorb. Rn. 87.

d) Gleichheit

Der Grundsatz der Gleichheit der Wahl ist der komplexeste und zugleich wohl auch der in vielen Detailfragen umstrittenste Gehalt des Art. 38 Abs. 1 S. 1 GG, der bis in die jüngste Vergangenheit hinein die Rechtsprechung beschäftigt[74]. Im Ausgangspunkt herrscht Konsens über zwei Teilgehalte: Aus der Gleichheit der Wahl folgen die Maximen der **Zählwertgleichheit** sowie der **Erfolgswertgleichheit** aller Stimmen. Die Zählwertgleichheit besagt, dass jede Person gleich viele Stimmen hat[75] – das klingt banal, aber im 19. Jahrhundert war etwa das „Senioratsstimmrecht" verbreitet, nach dem Wahlberechtigte über 50 wegen ihrer Weisheit und Lebenserfahrung zwei Stimmen vergeben durften[76]. Und aktuell wollen Vorstöße in Richtung eines Familienstimmrechts nicht verstummen, wonach Eltern die Stimmen ihrer Kinder mit abgeben sollen dürfen[77].

31

Eigentlicher Stein des Anstoßes ist aber die Erfolgswertgleichheit. Eingeschränkt wird sie durch **Sperrklauseln** wie die Fünfprozenthürde auf Bundesebene (siehe § 6 Abs. 3 BWahlG); Aufmerksamkeit haben jüngst noch die Dreiprozentklausel für die Wahlen zum Europäischen Parlament (→ Rn. 39 ff.)[78] sowie die 2,5 %-Klausel für die Kommunalwahlen in NRW auf sich gezogen[79]. Alle Klauseln schränken die Erfolgswertgleichheit ein, weil sie dafür sorgen, dass sich Stimmen für diejenigen Parteien, die den Schwellenwert nicht erreichen, nicht auf das Ergebnis auswirken. Zur Illustration: Bei der Bundestagswahl 2013, bei der AfD und FDP knapp an der Hürde scheiterten, hat die Fünfprozentklausel dafür gesorgt, dass gut 16 % der wohlgemerkt *abgegebenen* Stimmen im Bundestag nicht repräsentiert waren[80] – ein wenigstens bedenkliches Ergebnis.

32

Wie rechtfertigen Rechtsprechung und herrschende Lehre die Einschränkung der Wahlrechtsgleichheit? Immerhin ist Art. 38 Abs. 1 S. 1 GG ein verfassungsbeschwerdefähiges grundrechtsgleiches Recht (vgl. Art. 93 Abs. 1 Nr. 4a GG und § 90 Abs. 1 BVerfGG)[81], und die Norm sieht auch keinen expliziten Einschränkungsvorbehalt vor. Gleichwohl hält die Rechtsprechung die Rechtfertigung von Einschränkungen der Wahlrechtsgleichheit für möglich, verlangt aber besonders rechtfertigende bzw. „zwingende" Gründe[82]. Anerkannt hat sie für den Bundestag (und damit die 5 %-Klausel) das Abstellen auf die **Funktionsfähigkeit** des Parlaments und dabei insbesondere die Aufgabe der Regierungsbildung[83]. Da beides im Europäischen Parlament wie

33

---

[74] Siehe *Mann/Pohl*, in: Becker/Lange (Hrsg.), Linien der Rechtsprechung des Bundesverfassungsgerichts, Bd. 3, 2014, 435, 438 ff., 482 ff.
[75] BVerfGE 95, 408 (417); aus der Literatur nur *Grzeszick*, JURA 2014, 1110, 1115.
[76] Konkretes Beispiel: Noch § 11 Abs. 2 des Sächs. Wahlgesetzes für die Zweite Kammer v. 5.5.1909 (GVBl. 1909 S. 339) weist allen über 50 eine zusätzliche „Altersstimme" zu.
[77] So tatsächlich mit Blick auf das sog. Stellvertretermodell beispielsweise *Spieker*, Ehe und Familie als Ressource der Gesellschaft, in: Häberle/Hattler (Hrsg.), Ehe und Familie – Säulen des Gemeinwohls, 2014, 33, 48 sowie *Peschel-Gutzeit*, ZParl. 30 (1999), 556, 563. Eingehend zum Thema *Reimer*, ZParl. 35 (2004), 322 ff. sowie *Müller-Franken*, Familienwahlrecht und Verfassung, 2013, 47 ff.; Überblick wiederum bei *Grzeszick*, JURA 2014, 1110, 1119.
[78] BVerfGE 129, 300; 135, 259; aus der umfangreichen Literatur nur *Grzeszick*, NVwZ 2014, 537 ff.
[79] VerfGH NRW NVwZ 2018, 159 (im Anschluss an BVerfGE 120, 82) und dazu im Vorfeld *Barczak*, NWVBl. 2017, 133 ff.
[80] Siehe BVerfGE 146, 327 (353 ff., Rn. 67 ff.).
[81] Statt aller Jarass/*Pieroth*, GG, Art. 38 Rn. 1.
[82] BVerfGE 124, 1 (19); 135, 259 (286).
[83] BVerfGE 95, 408 (419); 129, 300 (320 f.); 131, 316 (344).

in Kommunalvertretungen entweder nicht stattfinde (der Bürgermeister wird inzwischen fast durchweg direkt gewählt; zur Wahl der Kommission → Rn. 9), ließen sich Sperrklauseln für die Europa- und Kommunalwahlen hingegen nicht rechtfertigen[84]. Auch eine Erhöhung der Fünfprozenthürde für die Bundestagswahl dürfte ausscheiden[85].

34 Als ein Sonderproblem sei zuletzt das sog. **negative Stimmgewicht** erwähnt[86]. Diese Figur bezeichnet das absurde Ergebnis, dass ein Bürger, der eine Stimme *für* eine Partei abgibt, dieser schadet, weil ein Gewinn an Stimmen zu einem Verlust an Mandaten führt. Das konnte nach dem zwischenzeitlich geltenden Bundeswahlrecht passieren, weil die Stimmen noch unter den Bundesländern verrechnet wurden[87]. Das Bundesverfassungsgericht hat hier – gut nachvollziehbar – die Wahlgleichheit als verletzt erachtet[88]. Das Problem stellt sich allerdings – auf Landesebene – auch an anderer Stelle, nämlich bei Volksabstimmungen.

Konkretes **Beispiel** ist die Verfassungsänderung durch Volksentscheid in Nordrhein-Westfalen. Sie setzt nach Art. 69 Abs. 3 S. 3 NWVerf. voraus, dass zwei Drittel der Abstimmenden der Änderung zustimmen (unproblematisch) und sich mindestens die Hälfte der Stimmberechtigten an der Abstimmung beteiligt. Das verstößt gegen Art. 28 Abs. 1 S. 1 GG, weil hier derjenige, der an der Abstimmung teilnimmt und *gegen* die Änderung stimmt, ihr Zustandekommen bewirken kann, weil er hilft, das – auch im übrigen sinnwidrige – Beteiligungsquorum zu überwinden[89].

e) Geheimheit

35 Die Geheimheit der Wahl ist im Grunde selbsterklärend: Weder staatliche Stellen noch die übrigen Wahlberechtigten sollen wissen, wie der oder die einzelne wählt[90], um jeglichen Druck zu vermeiden, der wiederum die Freiheit der Wahl beeinträchtigen würde (→ Rn. 29). Daraus folgt auch die Antwort auf die Frage, ob ich auf die Geheimheit **verzichten** kann[91]. Das ist unproblematisch im Vorfeld der Wahl – andernfalls dürfte ich weder für eine bestimmte Partei werben noch an deren Wahlveranstaltungen teilnehmen. Es ist ebenfalls unproblematisch nach der Wahl – natürlich darf ich im privaten Umfeld oder auch öffentlich kundtun, wen oder was ich gewählt habe. Anders sieht es im unmittelbaren Zusammenhang mit dem eigentlichen Wahlakt aus[92]: Wenn der Einzelne hinginge und mit den Worten „Jeder soll sehen, wo ich mein Kreuz mache" die Sichtblende im Wahllokal hinwegfegte, drohten zwei Gefahren. Erstens könnte gerade ein prominenter oder schlicht mächtiger Wahlberechtigter andere (etwa seine Arbeitnehmer) beeinflussen[93]. Zweitens und wichtiger noch könnte sich sozialer Druck im engeren Umfeld aufbauen – frei nach dem Motto:

---

[84] BVerfGE 120, 82 (109 ff.); 129, 300 (324 ff.); 135, 259 (291 ff.).
[85] BVerfGE 47, 253 (277); 95, 408 (419); aus der Literatur wie hier *Maurer*, Staatsrecht I, § 13 Rn. 32: „Höchstgrenze, die grundsätzlich nicht überschritten werden darf"; kritisch auch *Trute*, in: v. Münch/Kunig, GG I, Art. 38 Rn. 58 f.; anders beispielsweise *Korioth*, Staatsrecht I, Rn. 517a: Erst eine Sperrklausel von über 10 % verstoße gegen den Grundsatz der Verhältnismäßigkeit.
[86] Näher dazu *Grzeszick*, JURA 2014, 1110, 1118 sowie *Holste*, NVwZ 2013, 529 ff.
[87] Im Detail BVerfGE 121, 266.
[88] BVerfGE 121, 266 (304 ff.).
[89] Näher m.w.N. *Wittreck*, in: Schlacke/ders., Landesrecht NRW, 2017, § 1 Rn. 20.
[90] Siehe *Grzeszick*, JURA 2014, 1110, 1120 f.; zuletzt *Beining*, JURA 2018, 29 ff.
[91] Siehe *Trute*, in: v. Münch/Kunig, GG I, Art. 38 Rn. 69.
[92] BVerfGE 123, 39 (76 f.); aus der Literatur *Meyer*, HStR[3], § 46 Rn. 20 sowie *Grzeszick*, in: Stern/Becker, Grundrechte-Kommentar, Art. 38 Rn. 136.
[93] Vgl. *Morlok*, in: Dreier, GGK II, Art. 38 Rn. 124.

„Wir haben doch alle nichts zu verbergen", was je nach Wohnquartier die Stimmabgabe für bestimmte Parteien zum Spießrutenlauf machen könnte.

f) Öffentlichkeit

Den Grundsatz der Öffentlichkeit hat das Bundesverfassungsgericht in der sog. **Wahlcomputerentscheidung** entwickelt[94]. Er ist im Grunde missverständlich formuliert, denn es geht dem Gericht nicht eigentlich um die Öffentlichkeit des Wahlaktes an sich (die ist ja gerade ausgeschlossen: → Rn. 35), sondern um die Möglichkeit des öffentlichen **Nachvollzugs** einer streitigen Wahl. Und die ist bei Wahlen mit konventionellen Wahlzetteln durch schlichte Nachzählung unter Beobachtung möglich, bei Computern, die manipulationsanfällig sind und sich nach der Wahl buchstäblich als „Black Box" erweisen, eben nicht. Ob sich das Gericht dabei neben dem Demokratie- und dem Rechtsstaatsgebot unbedingt auch noch auf das Republikprinzip hätte berufen müssen, mag man differenziert beurteilen (→ Kap. 7 Rn. 16)[95]. 36

g) „Grundrecht auf Demokratie"

Zuletzt hat das Bundesverfassungsgericht dem Art. 38 Abs. 1 S. 1 GG noch einen **„Anspruch auf Demokratie"** entnommen[96]. Was ganz unschuldig und gemeinwohldienlich als subjektives Recht des einzelnen daherkommt, ist in der Sache eine durchaus problematische Selbstermächtigung des Gerichts, die es diesem erlaubt, auf Verfassungsbeschwerden von einzelnen Grundrechtsträgern hin Akte des deutschen Integrationsgesetzgebers auf ihre Vereinbarkeit mit dem Grundgesetz zu überprüfen[97]. Letztlich hat sich das Bundesverfassungsgericht damit einen Art. 23 Abs. 1 S. 4 GG geschaffen, der so allerdings nicht im Verfassungstext auftaucht: „Das letzte Wort in Fragen der Europäischen Union hat Karlsruhe"[98]. Das Gericht im Wortlaut[99]: 37

„Der in Art. 38 Abs. 1 Satz 1 in Verbindung mit Art. 20 Abs. 1 und Abs. 2 und Art. 79 Abs. 3 GG verankerte Anspruch des Bürgers auf demokratische Selbstbestimmung gilt ausweislich von Art. 23 Abs. 1 GG grundsätzlich auch in Ansehung der europäischen Integration (1). Er vermittelt dem Bürger nicht nur Schutz vor einer substantiellen Erosion der Gestaltungsmacht des Deutschen Bundestages, sondern auch vor offensichtlich und strukturell bedeutsamen Kompetenzüberschreitungen durch Organe, Einrichtungen und sonstige Stellen der Europäischen Union (2)."

Das zieht in der Sache allzu berechtigte Kritik auf sich, ist augenblicklich aber Stand der Rechtsprechung und muss in dieser Form geläufig sein.

2. Wahlsystem

Das Grundgesetz selbst schweigt zum Wahlsystem. Erst aus dem auf der Grundlage von Art. 38 Abs. 3 GG erlassenen BWahlG ergibt sich, dass die Bundesrepublik im Kern dem sog. Verhältniswahlrecht folgt, dies aber mit Elementen des Mehrheitswahlrechts kombiniert. Was unterscheidet beide Systeme? Das **Mehrheitswahlrecht** – als 38

---

[94] BVerfGE 123, 39 (68 ff.).
[95] Näher jetzt *Wittreck,* in: FS Gröschner, 2018, 81 (81 f.).
[96] BVerfGE 142, 123 (193, Rn. 133). Siehe dazu näher *Müller,* in: v. Mangoldt/Klein/Starck, GG II, Art. 38 Rn. 170 ff.
[97] Siehe BVerfGE 123, 267 (340 f.).
[98] Pointiert kritisch etwa *Schönberger,* JZ 2010, 1160 ff.; *Dreier,* in: ders., GGK II, Art. 20 (Demokratie), Rn. 123; Jarass/*Pieroth,* GG, Art. 20 Rn. 9a.
[99] BVerfGE 142, 123 (191, Rn. 129).

Schulbeispiel gilt Großbritannien – vergibt Mandate an denjenigen, der im Wahlkreis die meisten Stimmen erhalten hat (*„first past the post"*; in Frankreich kommt es hingegen grundsätzlich wirklich auf die absolute Mehrheit an, was in der Regel zu Stichwahlen führt)[100]. Das bewirkt, dass alle Gegenstimmen unter den Tisch fallen und sich im Parlament nicht wiederfinden; es kommt hinzu, dass extreme Verzerrungen zwischen dem Stimmenanteil einer Partei und ihrem Anteil an den Parlamentssitzen entstehen können[101]. Zugleich belegen jüngere Wahlen in Großbritannien, dass der oft ins Feld geführte Vorteil, die Mehrheitswahl führe zu klaren Mehrheiten, sich keineswegs stets einstellt. Das **Verhältniswahlrecht** zielt demgegenüber darauf, die Zusammensetzung des Parlaments möglichst eng an die Verteilung der Stimmen zu binden; es dürfte damit der Repräsentationsfunktion eines Parlamentes angemessener sein als das britische Modell. Das Bundeswahlgesetz vereint nun Elemente beider Systeme: 299 Abgeordnete werden mit der sog. Erststimme in Wahlkreisen direkt gewählt (§§ 1 Abs. 2, 4f. BWahlG), wobei die Einteilung dieser Wahlkreise sowohl komplex als auch missbrauchsanfällig ist; siehe näher §§ 2 u. 3 BWahlG[102]. Die gleiche Anzahl von Abgeordneten wird über Landeslisten nach den Grundsätzen der Verhältniswahl gewählt (sog. Zweitstimme; §§ 1 Abs. 2, 6 BWahlG). Zentral sind nun – neben der bereits angesprochenen Fünfprozentklausel (→ Rn. 32) – zwei Mechanismen: Entgegen der irreführenden Bezeichnung sind für die Zusammensetzung des Bundestages im Ergebnis die Zweitstimmen maßgeblich (lies § 6 Abs. 4 BWahlG). Hat eine Partei danach mehr „Direktmandate" gewonnen, als ihr nach dem Zweitstimmenanteil zustehen, so verbleiben diese zwar nach § 6 Abs. 4 S. 2 BWahlG (sog. **Überhangmandate**), werden aber nach einem komplizierten System durch Ausgleichsmandate für andere Parteien aufgewogen (siehe § 6 Abs. 5–7 BWahlG). Das kann gerade dann zu einem substantiellen Anwachsen des Bundestages führen, wenn in einem Land sehr viele auszugleichende Überhangmandate anfallen – denn diese Kompensation muss in allen Ländern nachvollzogen werden, um nicht dem betroffenen Land überproportional viel Einfluss einzuräumen. Dieses – nach langem Streit[103] – eingeführte System hat dazu geführt, dass der gegenwärtige Deutsche Bundestag statt 598 (§ 1 Abs. 1 BWahlG) 709 Abgeordnete hat. Es besteht Konsens über die Reformbedürftigkeit dieser Regelung; dem steht ein Dissens über mögliche Lösungswege gegenüber[104].

II. Wahlen zum Europäischen Parlament

39 Die Europawahlen haben unlängst mehrfach das Bundesverfassungsgericht beschäftigt, das kurz nacheinander erst eine Sperrklausel von fünf Prozent und danach eine

---

[100] Näher zu Großbritannien *Loughlin,* in: IPE I, § 4 Rn. 66; zu Frankreich *Jouanjan,* in: IPE I, § 2 Rn. 64.
[101] Man stelle sich einfach vor, in Bayern würde der Landtag nach dem Mehrheitswahlrecht gewählt – das Ergebnis läge auf der Hand.
[102] Zum Problem *Hahlen,* in: Schreiber, BWahlG, § 3 Rn. 1 ff. Siehe jüngst auch VerfGH Rheinl.-Pfalz NVwZ-RR 2016, 161. – Im Zusammenhang mit entsprechenden Manipulationen spricht man häufig vom sog. *Gerrymandering* (es handelt sich um ein Kofferwort, das sich an den früheren Gouverneur von Massachusetts *Elbridge Gerry* und das Wort „Salamander" anlehnt).
[103] Letzte Leitentscheidung: BVerfGE 131, 316; instruktiv *Nicolaus,* JuS 2000, 436 ff.; *Guckelberger,* JA 2012, 641 ff.; *Holste,* NVwZ 2013, 529 ff.
[104] Zuletzt *Boehl,* ZRP 2017, 197 ff.

solche von drei Prozent verworfen hat[105]. Dabei war für das Gericht ganz offenbar die Vorstellung maßgeblich, dass das Europäische Parlament vom Bundestag in mehrfacher Hinsicht wesensverschieden sei. Tatsächlich weist sein Wahlverfahren deutliche Unterschiede zu demjenigen des Bundestages auf, die aus seiner **Doppelfunktion** als Vertretung der Bürgerinnen und Bürger der Union wie der Mitgliedstaaten folgt. Das gilt für die Sitzverteilung (1.) ebenso wie für das Unionsbürgerwahlrecht (2.).

1. Sitzverteilung nach ponderiertem Schlüssel

Nach Art. 14 Abs. 2 UAbs. 1 S. 2 EUV darf die Anzahl der Vertreterinnen und Vertreter der Bürgerschaft Europas (→ Rn. 4) im Europäischen Parlament 750 (zuzüglich des Präsidenten) nicht überschreiten[106]. S. 3 und 4 bestimmen näher, dass die Vertretung „degressiv proportional" erfolgt, und jeder Mitgliedstaat mindestens sechs und höchstens 96 Sitze erhält. Das Europäische Parlament hat diesen unbestimmten Begriff wie folgt näher erläutert[107]: 40

> Er „bedeutet, dass das Verhältnis zwischen der Bevölkerung und der Zahl von Sitzen jedes Mitgliedstaates in Abhängigkeit von seiner jeweiligen Bevölkerung variieren muss, so dass jeder Abgeordnete eines bevölkerungsreicheren Mitgliedstaates mehr Bürgerinnen und Bürger vertritt als jeder Abgeordnete eines bevölkerungsärmeren Mitgliedstaates und umgekehrt, aber auch, dass kein bevölkerungsärmerer Mitgliedstaat über mehr Sitze verfügt als ein bevölkerungsreicherer Mitgliedstaat".

Anders gewendet: Kleinere Mitgliedstaaten sollen bevorzugt werden, dies aber nicht in dem Ausmaß, dass sie die größeren tatsächlich überflügeln. Das ist eine Form von Ungleichbehandlung, die aber aus dem bündischen oder Unionsgedanken heraus gerechtfertigt wird bzw. dem Gedanken der Staatengleichheit geschuldet ist[108]. Der Mechanismus begegnet – mit Abweichungen im Detail – in Bundesstaaten weltweit[109]; unter dem Grundgesetz findet er sich dem Grunde nach bei der **Zusammensetzung des Bundesrates** wieder, die zwar ebenfalls die Zahl der Sitze an die Bevölkerung knüpft, dabei aber kleinere Länder vor den großen deutlich bevorteilt (Art. 51 Abs. 2 GG; → Kap. 10 Rn. 14).

Die konkrete **Zusammensetzung** des Parlaments ergibt sich nach Art. 14 Abs. 2 UAbs. 2 EUV aus einem Beschluss des Europäischen Rates i. S. v. Art. 15 EUV (→ Kap. 10 Rn. 31 f.; → Kap. 11 Rn. 91). Dieser erfolgt einstimmig; ihm geht eine Initiative des Europäischen Parlaments voraus, das anschließend nochmals zustimmen muss. Dieses Verfahren soll sicherstellen, dass die Organe der Union auf Veränderungen der Bevölkerung in Mitgliedstaaten reagieren können, ohne zum Verfahren der Vertragsänderung greifen zu müssen (→ Kap. 14 Rn. 18 ff., 31)[110]. Nach dem einschlägigen Beschluss setzt sich das Europäische Parlament in der Legislaturperiode 2014–2019 wie folgt zusammen[111]: 41

---

[105] BVerfGE 129, 300 – *Fünfprozentklausel;* 135, 259 – *Dreiprozentklausel;* zuvor hatte das Gericht die Fünfprozentklausel noch gebilligt: E 51, 222. Aus der Ausbildungsliteratur *Pernice-Warnke,* JURA 2014, 1143 ff.
[106] Näher zum folgenden *Huber,* in: Streinz, EUV/AEUV, Art. 14 EUV Rn. 44 ff.; *Geiger,* in: ders./Khan/Kotzur, EUV/AEUV, Art. 14 EUV Rn. 17 ff. Da der Präsident noch hinzukommt, dürfen es also insgesamt nicht mehr als 751 Sitze sein.
[107] Europäisches Parlament, Entschließung v. 11.10.2007 (2007/2169 (INI), Ziffer 6).
[108] BVerfGE 129, 300 (318 f.).
[109] Instruktiv *Bauer,* in: Dreier, GGK II, Art. 51 Rn. 9.
[110] *Geiger,* in: ders./Khan/Kotzur, EUV/AEUV, Art. 14 EUV Rn. 21.
[111] Beschluss des Europäischen Rates v. 28.6.2013 (2013/312/EU).

Deutschland	96	Niederlande	26	Österreich	18	Litauen	11
Frankreich	74	Belgien	21	Bulgarien	17	Lettland	8
Italien	73	Tschechien	21	Slowakei	13	Slowenien	8
Verein. Königreich	73	Griechenland	21	Finnland	13	Estland	6
Spanien	54	Ungarn	21	Dänemark	13	Zypern	6
Polen	51	Portugal	21	Irland	11	Luxemburg	6
Rumänien	32	Schweden	20	Kroatien	11	Malta	6

Zur Veranschaulichung: Jeder der sechs Abgeordneten des Inselstaates Malta (ca. 400.000 Einwohner) steht dabei für 66.667 Einwohner, wohingegen die 96 deutschen Abgeordneten (ca. 82 Millionen Einwohner) rechnerisch je 854.167 Einwohner vertreten[112]. Da diese Sitzverteilung eine offensichtliche Ungleichheit im Erfolgswert der Stimmen der Unionsbürgerschaft darstellt[113], ist es konsequent, wenn Art. 14 Abs. 3 EUV bzw. Art. 39 Abs. 2 ChGrEU von den fünf aus dem Grundgesetz bekannten **Wahlgrundsätzen** (→ Rn. 26 ff.) nur vier übernehmen, nämlich die Allgemeinheit, Unmittelbarkeit, Freiheit und Geheimheit der Wahl. Ihr Verständnis entspricht grundsätzlich dem des Art. 38 Abs. 1 S. 1 GG, wobei sich der Grundsatz der unmittelbaren Wahl dahingehend verschiebt, dass er insbesondere die Entsendung der Abgeordneten durch die nationalen Parlamente ausschließt[114].

42 Näher konkretisiert wird die Wahl des Europäischen Parlaments in **Art. 223 Abs. 1 AEUV**[115]. Danach erstellt das Parlament den Entwurf der Bestimmungen für die allgemeine unmittelbare Wahl seiner Mitglieder, und zwar entweder nach einem einheitlichen Verfahren in allen Mitgliedstaaten oder im Einklang mit den allen Mitgliedstaaten gemeinsamen Grundsätzen (UAbs. 1). Der Rat erlässt auf Grundlage dieses Entwurfs einstimmig die erforderlichen Bestimmungen, denen das Parlament wiederum mit der Mehrheit seiner Mitglieder zustimmen muss. Sodann müssen noch die Mitgliedstaaten nach ihren jeweiligen verfassungsrechtlichen Bestimmungen zustimmen (Art. 223 Abs. 1 UAbs. 2). Der **Direktwahlakt** von 1976 (→ Rn. 2) schafft dabei eine Rahmenordnung für die Mitgliedstaaten, die ihr erklärtes Ziel einer echten Wahlrechtsvereinheitlichung auf Unionsebene allerdings bislang nicht erreicht hat[116]. In der Bundesrepublik gilt das eingangs bereits erwähnte Europawahlgesetz (EuWG), das sich weitgehend am BWahlG orientiert[117].

2. Wahlberechtigung von Unionsbürgern

43 Nach Art. 22 AEUV folgen aus der Unionsbürgerschaft (→ Kap. 2 Rn. 13) zwei subjektive Rechte auf Teilnahme an Wahlen[118]. Zum einen verfügen Unionsbürgerinnen und Unionsbürger über das aktive und passive **Kommunalwahlrecht** in jedem Mit-

---

[112] Instruktive Übersicht: http://www.bpb.de/nachschlagen/zahlen-und-fakten/europawahl/183203/stimmengewichtung-und-sitzverteilung.
[113] BVerfGE 129, 300 (318).
[114] So *Geiger*, in: ders./Khan/Kotzur, EUV/AEUV, Art. 14 EUV Rn. 23.
[115] Siehe zum folgenden *Huber*, in Streinz, EUV/AEUV, Rn. 7 ff.; *Kotzur*, in: Geiger/Khan/ders., EUV/AEUV, Art. 223 AEUV Rn. 8 ff.
[116] Näher *Kotzur*, in: Hailbronner/Wilms, EU, Art. 223 Rn. 46 ff.
[117] Näher dazu *Lenz/Gerhard*, Einführung Europawahlgesetz; siehe auch *Schreiber*, NVwZ 2004, 21 ff.
[118] Siehe *Magiera*, in: Streinz, EUV/AEUV, Art. 22 AEUV Rn. 6 sowie *Khan/Henrich*, in: Geiger/Khan/Kotzur, EUV/AEUV, Art. 22 AEUV Rn. 2 ff.

gliedstaat, in dem sie ihren Wohnsitz haben, ohne die Staatsangehörigkeit zu besitzen (Art. 22 Abs. 1 S. 1 AEUV sowie Art. 40 ChGrEU); dies wird in Deutschland in Art. 28 Abs. 1 S. 3 GG aufgegriffen und sodann von den Kommunalwahlgesetzen der Länder näher ausbuchstabiert[119]. Zum anderen besitzen Bürgerinnen und Bürger der Union unter den gleichen Voraussetzungen in der gesamten Union das aktive und passive Wahlrecht zum Europäischen Parlament (Art. 22 Abs. 2 S. 1 AEUV sowie Art. 39 Abs. 1 ChGrEU). Beide Rechte werden vorbehaltlich solcher Bestimmungen ausgeübt, die vom Rat einstimmig gemäß einem besonderen Gesetzgebungsverfahren (→ Kap. 15 Rn. 194 ff.) und nach Anhörung des Europäischen Parlaments festgelegt werden; der Rat kann dabei Ausnahmebestimmungen vorsehen (Art. 22 Abs. 1 u. 2 S. 2 AEUV). Auf der Grundlage dieser Vorbehalte hat der Rat die Kommunalwahlrichtlinie[120] sowie insbesondere die **Richtlinie 93/109/EG** erlassen, die den Mitgliedstaaten in Sachen Unionsbürgerwahlrecht zum Europäischen Parlament einen Rahmen vorgibt, den diese auszugestalten haben[121]. In Deutschland fällt die Beteiligung der hier ansässigen nichtdeutschen Unionsbürger eher verhalten aus[122].

C. Auflösungsrecht

Es zählt zu den wichtigsten Lehren für Studierende der Rechtswissenschaft, dass die Frage, wie man sich aus einer rechtlichen Bindung wieder lösen kann, oftmals viel bedeutender als die Frage ist, wie man sie eingeht. Dieses Problem der **„Exit-Option"** stellt sich rechtsgebietsübergreifend bei Verträgen, Ehen und eben auch bei Machthabern aller Art: Wie wird man sie wieder los? Stellt man in Rechnung, dass das Parlament das vielzitierte „Gravitationszentrum des demokratischen Verfassungsstaates" darstellt, dann ist die Befugnis, über seine (vorzeitige) Auflösung zu entscheiden, eine **Machtfrage** ersten Ranges. Sie wird auf deutscher (I.) und europäischer Ebene (II.) durchaus unterschiedlich beantwortet.

44

I. Deutscher Bundestag

Der Deutsche Bundestag hat ausweislich des Grundgesetzes – anders als viele nationale Parlamente und sämtliche deutsche Landesparlamente[123] – **kein echtes Selbstauflösungsrecht.** Auch die teils noch anzutreffende Auflösung durch Volksentscheid ist dem Grundgesetz fremd[124]. Allerdings hat die Staatspraxis rechtliche Instrumente, die an sich zu anderen Zwecken gedacht waren oder sind, zu einem faktischen Auf-

45

---

[119] Siehe nur *Görisch*, in: Schlacke/Wittreck, Landesrecht NRW, § 3 Rn. 10, 34, 62.
[120] Richtlinie 94/80/EG (ABl. 1994 L 368, 38); näher *Kadelbach*, in: Ehlers, Europäische Grundrechte, § 26 Rn. 56 ff.; siehe knapp auch *Lange,* Kommunalrecht, Kap. 4 Rn. 11.
[121] Richtlinie 93/109/EG über die Einzelheiten der Ausübung des aktiven und passiven Wahlrechts bei den Wahlen zum Europäischen Parlament für Unionsbürger mit Wohnsitz in einem Mitgliedstaat, dessen Staatsangehörigkeit sie nicht besitzen (ABl. 1993 L 329, 34); siehe dazu EuGH C-145/04, ECLI:EU:C:2006:543 – *Spanien/Vereinigtes Königreich*.
[122] Zahlen bei *Khan/Henrich,* in: Geiger/Khan/Kotzur, EUV/AEUV, Art. 22 AEUV Rn. 8.
[123] Hinweise bei *Morlok,* in: Dreier, GGK II, Art. 39 Rn. 9.
[124] Sie begegnet etwa in Baden-Württemberg (Art. 43 Abs. 2 LVerf.) und in Brandenburg (Art. 78 Abs. 1 S. 1 und Abs. 3 LVerf.).

lösungsrecht fortentwickelt; das Bundesverfassungsgericht hat das bislang in jedem Einzelfall gebilligt[125].

46 Konkret sieht das Grundgesetz zwei Konstellationen vor, in denen der **Bundespräsident** den Bundestag auflösen kann. Sie zählen zugleich zu den wenigen Fällen, in denen ihm tatsächliche politische Gestaltungsmacht zukommt (→ Kap. 11 Rn. 15). Der erste Fall ist in Art. 63 Abs. 4 S. 3 GG geregelt und damit im Kontext der Kanzlerwahl angesiedelt (→ Kap. 11 Rn. 55). Er betrifft den sog. dritten Wahlgang (auch: dritte Wahlphase), der bislang allerdings noch nicht verfassungspraktisch geworden ist. Findet sich weder auf Vorschlag des Bundespräsidenten (1. Wahlgang; Abs. 1 u. 2) noch auf Vorschlag aus dem Bundestag (2. Wahlgang; Abs. 3) ein Bewerber, der die Stimmen der Mehrheit der Mitglieder i. S. v. Art. 121 GG (auch „Kanzlermehrheit") auf sich vereint, so findet nach Art. 63 Abs. 4 S. 1 GG ein neuer Wahlgang statt, in dem gewählt wird, wer die meisten Stimmen erhält. Vereint der Gewählte die Kanzlermehrheit auf sich, so muss ihn der Bundespräsident ernennen (Abs. 4 S. 2) – das ist konsequent. Ist das nicht der Fall, so hat der Bundespräsident tatsächlich die Wahl: Sofern er den Gewählten für fähig und in der Lage hält, angesichts der Mehrheitsverhältnisse erfolgreich zu regieren, kann er ihn (oder sie) ernennen. Sofern er jedoch zu dem Schluss gelangt, dass eingedenk der Zusammensetzung des Bundestages oder in Ansehung der Person des Gewählten eine gedeihliche Zusammenarbeit nicht möglich sein wird, hat er die Macht, den Bundestag aufzulösen.

47 Ähnlich gelagert ist die – im Gegensatz zum dritten Wahlgang schon mehrfach praktizierte – Auflösung nach einer gescheiterten Vertrauensfrage nach Art. 68 GG (→ Kap. 11 Rn. 62 ff., 65 ff.). An sich ist Art. 68 GG als Instrument des Bundeskanzlers gedacht, um die Abgeordneten, die ihn bzw. seine Regierungskoalition unterstützen, „auf Linie" zu bringen – getreu dem Motto: „Folgt mir, oder ich werfe Euch die Brocken vor die Füße"[126]. Zwar hat es Fälle gegeben, in denen eine Vertrauensfrage zu diesem Zweck eingesetzt worden ist[127]. Prominenter ist jedoch die „Umnutzung" zur sog. **auflösungsgerichteten Vertrauensfrage,** zuletzt unter *Gerhard Schröder* im Jahr 2005. Denn Art. 68 Abs. 1 S. 1 GG sieht vor, dass nach dem Scheitern der Vertrauensfrage (also dem Verfehlen der „Kanzlermehrheit" nach Art. 121 GG) der Bundespräsident binnen 21 Tagen den Bundestag auflösen *kann*. Erneut ist ihm echtes politisches Ermessen eingeräumt[128]: Es zählt seine Einschätzung, ob der Bundeskanzler mit dem gegenwärtigen Bundestag noch arbeiten kann oder ob die Situation derart verfahren ist, dass Neuwahlen die bessere Lösung darstellen. Dieses Ermessen war auch ein maßgeblicher Grund dafür, dass das Bundesverfassungsgericht das Auflösungsrecht des

---

[125] Siehe wiederum *Morlok,* in: Dreier, GGK II, Art. 39 Rn. 19 sowie *Klein,* in: Maunz/Dürig, GG, Art. 39 (2016), Rn. 83 f.

[126] Dazu *Schneider,* in: AK-GG, Art. 68 (2002), Rn. 2: „wirksames Instrument zur Disziplinierung des Parlaments".

[127] Auf Bundesebene betrifft das die Vertrauensfrage von *Helmut Schmidt* im Jahr 1982, mit der er eine Verabschiedung des Bundeshaushaltes erzwang, sowie die erste Vertrauensfrage von *Gerhard Schröder* aus dem Jahr 2001. Sie war keineswegs darauf gerichtet, die rot-grüne Regierungskoalition zu beenden, sondern sollte dazu dienen, eine Mehrheit in den eigenen Reihen für den Bundeswehreinsatz in Afghanistan zu erhalten. Da die NATO nach den Anschlägen vom 11. September den Bündnisfall festgestellt hatte, hätte *Schröder* sich – ohne Vertrauensfrage – einer großen Zustimmung durch die Union und FDP gewiss sein können. Zu den beiden Fällen knapp *Schröder,* HStR³ III, § 65 Rn. 44.

[128] Unterstrichen von *Mager,* in: v. Münch/Kunig, GG I, Art. 68 Rn. 27 sowie *Epping,* in: v. Mangoldt/Klein/Starck, GG II, Art. 68 Rn. 41.

Bundespräsidenten selbst für den Fall anerkannt hat, dass der Bundeskanzler die Vertrauensfrage erkennbar zu dem Zweck stellt, eine Auflösung des Bundestages und damit Neuwahlen anzustreben – unabhängig von der Frage, ob eine „materielle Auflösungslage" besteht, also tatsächlich die Mehrheit der Abgeordneten kein Vertrauen mehr in seine Amtsführung hat. Das Bundesverfassungsgericht hat diesen Umgang mit der Norm (wenn man böse wäre, könnte man von Missbrauch sprechen) nicht zuletzt deshalb gebilligt, weil letztlich gleich vier Verfassungsorgane zum identischen Ergebnis gelangen müssen[129]: Der Bundeskanzler muss Neuwahlen wollen, der Bundestag muss ihm mehrheitlich folgen, und auch der Bundespräsident darf keinen anderen Ausweg sehen. Schlussendlich entscheidet dann noch auf eine etwaige Klage hin das Bundesverfassungsgericht. Das sollte offensichtlichen Missbrauch ausschließen. Vielleicht wäre gleichwohl ein echtes Selbstauflösungsrecht mit qualifizierter Mehrheit zumindest ehrlicher[130].

II. Europäisches Parlament

Weder das Primärrecht der Union noch die Geschäftsordnung des Europäischen Parlaments sehen die Möglichkeit einer **Auflösung** desselben vor[131]. Insbesondere zieht ein Misstrauensantrag gegen die Kommission nach Art. 234 EUV (→ Rn. 9; → Kap. 11 Rn. 114) nicht entsprechend Art. 68 GG (→ Rn. 47) eine Auflösungsoption nach sich. 48

D. Struktur und Arbeitsweise der Parlamente

Eine Versammlung von über 700 Personen ist als solche zunächst einmal eines: handlungsunfähig (in manchen größeren Hörsälen lässt sich das plastisch nachvollziehen). Parlamente bedürfen daher einer **Binnenstruktur** oder -gliederung, und sie müssen Handlungsroutinen und Organe ausbilden, die ihnen erlauben, ihre Funktionen zu erfüllen und ihre Aufgaben wahrzunehmen. Bundestag (I.) und Europäisches Parlament (II.) bauen hier auf einer gemeineuropäischen Tradition des Parlamentarismus auf, die sich seit dem 19. Jahrhundert entwickelt hat[132]. Im Folgenden steht der Bundestag im Vordergrund, während zum Europäischen Parlament nur einige vergleichende Hinweise erfolgen (→ Rn. 76). 49

I. Struktur und Arbeitsweise des Bundestages

1. Legislaturperiode und Diskontinuität

Der Bundestag wird nach Art. 39 Abs. 1 S. 1 GG für vier Jahre gewählt. Seit Jahren wird erwogen, die Legislaturperiode auf fünf Jahre zu verlängern. Dem liegt die Einsicht zugrunde, dass ein Parlament erstens eine Einarbeitungszeit benötigt, um neue 50

---

[129] Siehe BVerfGE 114, 121 (157 ff.).
[130] So bereits im Jahr 1976 die Enquete-Kommission Verfassungsreform, BT-Drs. 7/5924, S. 40 ff. Im Anschluss an die Vertrauensfrage von 2005 ist diese Forderung wieder laut geworden. Siehe die Nachweise bei *Mager*, in: v. Münch/Kunig, GG I, Rn. 37.
[131] Statt aller *Huber*, in Streinz, EUV/AEUV, Art. 14 EUV Rn. 69.
[132] Speziell zur deutschen Tradition *Wittreck*, in: Morlok/Schliesky/Wiefelspütz, Parlamentsrecht, § 2.

Abgeordnete zu sozialisieren. Zweitens geschieht – als Faustformel – im letzten Jahr der Legislaturperiode nicht mehr viel, weil die Parteien im Wahlkampfmodus sind und jedenfalls solche Projekte nicht mehr anfassen, die sie nach ihrer Wahrnehmung Stimmen kosten könnten. Eine Verlängerung der Legislaturperiode würde somit die verbleibende „Kernarbeitszeit" verlängern. Dabei sind zwei rechtliche Hürden zu nehmen: Nach allgemeiner Auffassung kann kein Bundestag seine eigene Legislaturperiode verlängern (Motto: Keine Entscheidung in eigener Sache)[133]; eine Verlängerung müsste also dergestalt vor sich gehen, dass der gegenwärtige 19. Deutsche Bundestag den Art. 39 Abs. 1 S. 1 GG ändert, aber nach vier Jahren (oder früher) auseinandergeht. Der 20. Deutsche Bundestag würde dann erstmals für eine Amtszeit von fünf Jahren gewählt. Zweite Hürde: Während eine Legislaturperiode von fünf Jahren ebenfalls nach allgemeiner Auffassung unproblematisch wäre[134], besteht eine **Obergrenze** für die zulässige Dauer von Legislaturperioden. Wie gesehen, ist Demokratie Herrschaft auf Zeit (→ Kap. 5 Rn. 5); der demokratischen Legitimation ist nur Genüge getan, wenn das Volk seine Repräsentanten innerhalb angemessener Frist neu wählen und damit eben auch für Entscheidungen durch Abwahl „bestrafen" kann, die von der Bevölkerung als fehlsam oder selbstbezüglich wahrgenommen werden. Wo die Grenze genau verläuft, mag strittig sein; zehn Jahre wären hingegen definitiv nicht hinnehmbar. Der Grundsatz der **Diskontinuität** (→ Kap. 5 Rn. 42) ist schließlich nicht im Grundgesetz, sondern an eher unscheinbarer Stelle in der Geschäftsordnung des Bundestages geregelt: Nach deren § 125 gelten mit dem Ende der Wahlperiode alle Gegenstände als „erledigt"; das betrifft insbesondere Gesetzentwürfe. Der Grund: Der neue Bundestag soll keine „Altlasten" erben, die das Vorgängerparlament – das ja womöglich deutlich abweichende Mehrheitsverhältnisse kannte – schon weit vorangetrieben hatte[135].

2. Geschäftsordnung

51 Die Geschäftsordnung des Bundestages ist im Rahmen der Rechtsquellen bereits kurz angesprochen worden (→ Rn. 2). Sie ist eine Rechtsnorm *sui generis;* geläufig ist die Redeweise von einer **autonomen Satzung** oder einem Rechtsakt eigener Art, der im Rang unter dem Parlamentsgesetz steht. Sie wird vom Bundestag in der konstituierenden Sitzung erlassen und gilt nur für die Legislaturperiode; in der Sache wird allerdings die alte Geschäftsordnung regelmäßig fortgeschrieben, und die heutige GOBT steht in der Tradition der GO des preußischen Abgeordnetenhauses, die dann vom Reichstag übernommen und weiterentwickelt wurde[136]. Als **Binnenrecht** des Bundestages gilt sie nur für die Abgeordneten sowie für solche Personen, die sich kurzfristig der Ordnungsgewalt des Parlaments unterwerfen (also etwa auftretende Regierungsmitglieder oder auch Zuhörer), nicht aber für Außenstehende[137]. Ein Verstoß gegen die Ge-

---

[133] BVerfGE 1, 14 (33); 18, 151 (154); aus der Literatur nur *Morlok*, in: Dreier, GGK II Art. 39 Rn. 18.
[134] Siehe statt aller *Versteyl*, in: v. Münch/Kunig, GG I, Art. 39 Rn. 5 (der selbst aus rechtspolitischen Gründen für eine entsprechende Verlängerung auf fünf Jahre plädiert).
[135] Statt aller *Michael*, in: Morlok/Schliesky/Wiefelspütz, Parlamentsrecht, § 49 Rn. 34 ff. Der für den Bundestag in § 125 GOBT niedergelegte Grundsatz der sachlichen Diskontinuität gilt grundsätzlich auch vor dem Europäischen Parlament, doch kann ausdrücklich entschieden werden, unerledigte Angelegenheiten fortzusetzen (Art. 229 GOEuP).
[136] *Wittreck*, in Morlok/Schliesky/Wiefelspütz, Parlamentsrecht, § 2 Rn. 13.
[137] Ebenso *Morlok*, GGK II, Art. 40 Rn. 12 ff. Nach überwiegender Auffassung soll die Geschäftsordnung die Mitglieder der Bundesregierung und des Bundesrates allerdings nicht erfassen. Auch in Bezug auf Zuhörer wird vielfach nur auf das Hausrecht nach Art. 40 Abs. 2 S. 1 GG abgestellt.

schäftsordnung macht eine Handlung und insbesondere ein auf diese Weise erlassenes Gesetz nicht nichtig[138]. Allerdings ist es im Einzelfall möglich, dass die Geschäftsordnung nur Rechtspositionen konkretisiert, die ohnehin unmittelbar aus der Verfassung herzuleiten sind; dann kann ein Verstoß zur Nichtigkeit führen (→ Kap. 15 Rn. 192 f.)[139].

Ein Wort zur Herausbildung der besonderen **Handlungsform** „Geschäftsordnung". Hier steckt das Grundgesetz einmal mehr tief im 19. Jahrhundert. In der Epoche des Konstitutionalismus bedurften förmliche Gesetze der Zustimmung von Monarch und Parlament. Da man den Fürsten nicht (mehr) an der Ausgestaltung der inneren Ordnung des Parlaments beteiligen wollte, griff man zum Instrument des Binnenrechts, das ohne seine Zustimmung erlassen und geändert werden konnte[140].

Das Recht des Bundestages, sich eine Geschäftsordnung zu geben, wirkt auf den ersten 52 Blick wie eine reine Kompetenznorm. Tatsächlich reicht die Bedeutung der Norm weiter. Denn sie begründet einen **Funktionsvorbehalt,** der als Gegenrecht zu den Rechten der einzelnen Abgeordneten und Fraktionen fungieren kann[141]. Art. 40 Abs. 1 S. 2 GG liegt nach diesem Verständnis die Einsicht zugrunde, dass der Bundestag nur funktionsfähig ist, wenn die Abgeordneten sich der Geschäftsordnung unterordnen und eigene Rechtspositionen nur in dem Umfang geltend machen, der noch mit den Belangen der Gesamtheit vereinbar ist.

Beispiel wäre namentlich § 76 Abs. 1 GOBT, der vorsieht, dass Gesetzesvorlagen nur von den Fraktionen oder von 5 % der Mitglieder des Deutschen Bundestages eingebracht werden können (und der dadurch nach überwiegender Auffassung Art. 76 Abs. 1 GG [„aus der Mitte des Bundestages"] in verfassungskonformer Weise konkretisiert[142]). Durch die entsprechenden Regelungen werden zugleich implizit stets auch die Rechte der einzelnen Abgeordneten beschränkt, da sie eben nicht mehr alleine handeln können[143].

3. Abgeordnetenrechte

Das Grundgesetz stattet die Abgeordneten des Deutschen Bundestages mit einer 53 Reihe von **Rechten** aus, die teils im Bundeswahlgesetz, im Abgeordnetengesetz sowie in der Geschäftsordnung noch näher konkretisiert werden[144].

Nach Art. 38 Abs. 1 S. 2 GG sind die Abgeordneten des Bundestages „Vertreter des 54 ganzen Volkes, an Aufträge und Weisungen nicht gebunden und nur ihrem Gewissen unterworfen". Zur Deutung dieser Wendung werden noch ergänzend die Wahlgrundsätze des Satzes 1 herangezogen (→ Rn. 26 ff.). Auf dieser Grundlage haben Rechtspre-

---

[138] So die überwiegende Auffassung, siehe exemplarisch *Klein,* in: Maunz/Dürig, GG, Art. 40 (2007), Rn. 57; a. A. namentlich *Morlok,* GGK II, Art. 40 Rn. 22: Ein schwerwiegender Verstoß gegen die Geschäftsordnung könne den Prozess der demokratischen Willensbildung auch ohne gleichzeitigen Verfassungsverstoß so sehr korrumpieren, dass der entsprechende Beschluss ungültig sei, gleichviel ob er Außenwirkung habe oder nicht.
[139] Unterstrichen von *Gröpl,* in: ders./Windhorst/v. Coelln, Studienkommentar GG, Art. 40 Rn. 16; vgl. auch BVerfGE 29, 221 (234).
[140] Näher wiederum *Wittreck,* in: Morlok/Schliesky/Wiefelspütz, Parlamentsrecht, § 2 Rn. 11 ff.
[141] Vgl. etwa BVerfGE 130, 318 (349); 96, 264 (278); 84, 304 (321).
[142] Zur diesbezüglichen Kontroverse näher *Korioth,* Staatsrecht I, Rn. 878 und 1040, der selbst jedoch von einer Verfassungswidrigkeit von § 76 Abs. 1 GOBT ausgeht und auch dem einzelnen Abgeordneten ein Initiativrecht zugestehen will. Für die h. M. siehe exemplarisch *Mann,* in: Sachs, GG, Art. 76 Rn. 9.
[143] Siehe wiederum BVerfGE 96, 264 (278 f.) zur Festsetzung einer Fraktionsmindeststärke.
[144] Überblick bei *Frenz,* JA 2010, 126 ff.; eingehend *Klein,* in: HStR³ III, § 51 Rn. 1 ff.

chung und Lehre als zentrale Teilgehalte des verfassungsrechtlichen Status der Abgeordneten die **Freiheit** und die **Gleichheit des Mandats** herausgearbeitet und aus diesen wiederum konkrete **Teilhaberechte** abgeleitet (→ Rn. 57)[145].

55 Die **Freiheit des Mandats**[146] knüpft an das Verbot von „Aufträgen und Weisungen" an. Das Grundgesetz entscheidet sich damit bewusst gegen das sog. imperative Mandat, das den Wählenden erlaubt, dem oder der Gewählten konkrete Vorgaben mit auf den Weg zu geben, wie er oder sie in bestimmten Fragen abzustimmen hat[147]. Ähnlich wie Richterinnen und Richter (→ Kap. 12 Rn. 30 ff.) sollen die Abgeordneten in sachlicher und persönlicher Unabhängigkeit entscheiden können. Das setzt einerseits inhaltliche Entscheidungsfreiheit bei der Wahrnehmung der mit dem Amt verbunden Pflichten[148], andererseits den Schutz des Mandates gegen jeden anderen Verlust als durch Nichtwiederwahl. Dieser Schutz richtet sich gegen staatliche Eingriffe, etwa die Behinderung der offenen Kommunikation des Abgeordneten mit seinen Wählern durch die Überwachung durch den Verfassungsschutz[149]. Erfasst sind aber auch Private und insbesondere Parteien (→ Kap. 13) wie Fraktionen (→ Rn. 69 ff.)[150]. Das führt insbesondere zur feinen Unterscheidung von **Fraktionszwang** und **Fraktionsdisziplin**[151]: Letztere ist zulässig[152]; insbesondere kann eine Fraktion (oder die letztlich hinter ihr stehende Partei) einem oder einer Abgeordneten deutlich in Aussicht stellen, dass das „Ausscheren" in einer zentralen Frage zur Folge haben dürfte, dass der oder die Betroffene bei der nächsten Wahl nicht wieder aufgestellt werden wird; auch den Rückruf aus einem Ausschuss hat die Rechtsprechung gebilligt[153]. Unzulässig ist hingegen jeder Versuch, direkt oder indirekt das laufende Mandat zu beenden oder seine Ausübung faktisch unmöglich zu machen.

Beispiele wären eine vom Abgeordneten bei Antritt des Mandats „blanco" zu unterschreibende Verzichtserklärung, die von der Fraktionsführung dann nach einem Abweichen von der Partei- oder Fraktionslinie nur noch datiert und dem Präsidenten übermittelt werden müsste[154]. Gleiches gilt für das Versprechen hoher Strafzahlungen für den Fall des Abweichens – der vom Ruin bedrohte Abgeordnete ist nicht mehr „frei", und der entsprechende Vertrag ist nichtig[155].

56 Die **Gleichheit des Mandats** hat das Bundesverfassungsgericht in die Wendung „Alle Mitglieder des Parlaments sind einander formal gleichgestellt" gekleidet[156]. Das

---

[145] BVerfGE 112, 118 (134); 123, 267 (342); aus der Literatur *du Mesnil/Müller,* JuS 2016, 504, 505 ff. und 603, 605 ff. sowie *Degenhart,* Staatsrecht I, Rn. 648 ff.
[146] Näher *Morlok,* in: Dreier, GGK II, Art. 38 Rn. 149 ff. sowie *Stern,* Staatsrecht I², 1069 ff.; Überblick bei *Gröpl,* in: ders./Windhorst/v. Coelln, Studienkommentar GG, Art. 38 Rn. 29 ff.
[147] Statt aller *Maurer,* Staatsrecht I, § 13 Rn. 60.
[148] BVerfGE 118, 277 (326).
[149] BVerfGE 134, 141 (178 f., Rn. 108).
[150] *Morlok,* in: Dreier, GGK II, Art. 38 Rn. 149; Jarass/*Pieroth,* GG, Art. 38 Rn. 48 f.; *Roth,* in: Umbach/Clemens, GG, Art. 38 Rn. 107 sowie *Schneider,* in: AK-GG, Art. 38 (2002), Rn. 20 und 39.
[151] Statt aller *Trute,* in: v. Münch/Kunig, GG I, Art. 38 Rn. 89 sowie *Müller,* in: v. Mangoldt/Klein/Starck, GG II, Art. 38 Rn. 55 ff., der betont, dass die Grenzlinie zwischen zulässiger Fraktionsdisziplin und unzulässigem Fraktionszwang bis heute nicht überzeugend bestimmt sei und die Übergänge „fließend" seien.
[152] BVerfGE 102, 224 (239 f.).
[153] BVerfGE 80, 188 (233).
[154] BVerfGE 2, 1 (74) – so etwa die Praxis der KPD in der Zwischenkriegszeit.
[155] Jarass/*Pieroth,* GG, Art. 38 Rn. 48. Siehe § 134 BGB.
[156] BVerfGE 40, 296 (318); vgl. E 102, 224 (237 ff.).

schlägt sich insbesondere in der gleich hohen Entschädigung bzw. Besoldung nieder (→ Rn. 66f.), wobei die Rechtsprechung Ausnahmen bzw. Zuschläge für das Präsidium des Parlaments[157] sowie für „politisch besonders hervorgehobene parlamentarische Funktionen" anerkennt (etwa Fraktionsvorsitzende)[158]. Als Verstoß gegen die Gleichheit der Abgeordneten hat das Bundesverfassungsgericht unlängst die Forderung nach speziellen **Oppositionsrechten** für solche Fraktionen eingestuft, die auch zusammen nicht in der Lage waren, etwa einen Untersuchungsausschuss nach Art. 44 GG (→ Rn. 20) zu erzwingen[159].

Der Status der Abgeordneten konkretisiert sich schließlich in einer Reihe von **Teilhaberechten**[160]. Ihnen liegt jeweils die Einsicht zugrunde, dass eine effektive Wahrnehmung des Mandats im Sinne einer wirksamen Einwirkung auf die verschiedenen Parlamentsfunktionen (→ Rn. 4ff.) unmöglich wäre, wenn den einzelnen Abgeordneten (und den Fraktionen) hier nicht wehrfähige Rechtspositionen eingeräumt werden. Als Kompetenzen und Befugnisse, die den Abgeordneten im Rahmen eines Amtes zur Ausübung übertragen worden sind, müssen die folgenden Rechte dem Grunde nach streng von Grundrechten (verstanden als Individualrecht) unterschieden werden. Zugleich ist festzuhalten, dass die exakte **Grenzziehung** zwischen den – auch den Abgeordneten unzweifelhaft zustehenden – Grundrechten und ihren sog. organschaftlichen Befugnissen als Amtswalter/Mandatsträger zu den nach wie vor ungelösten Rätseln des deutschen Staatsrechts zählt[161]. 57

Nur zwei **Beispiele:** Das Oberverwaltungsgericht Münster ordnete die Äußerung eines Mandatsträgers, sein Gegenüber sei ein „Klüngelkandidat", seinen organschaftlichen Befugnissen zu. Das Bundesverfassungsgericht sah in der identischen Konstellation hingegen die – nochmals drastischere – Bezeichnung eines anderen Mandatsträgers als „Dummschwätzer" von der Meinungsäußerungsfreiheit nach Art. 5 Abs. 1 S. 1 1. Alt. GG erfasst (und gedeckt)[162].

Konkret werden nun aus dem Teilhaberecht folgende Rechtspositionen abgeleitet: 58
– Das **Rederecht** der Abgeordneten[163]. Hier stellt sich sogleich das Problem der Begrenzung und anschließenden Verteilung der (knappen) Redezeit auf die Fraktionen, Gruppen und evtl. einzelnen Abgeordneten (besonders begehrt sind natürlich die Kernzeiten, in der die Redner hoffen können, zur Hauptsendezeit in die Nachrichten zu gelangen). Die Rechtsprechung hat die Aufteilung nach der Stärke der Gruppierungen gebilligt[164], aber eine Mindestredezeit als obligatorisch ausgewiesen[165]. In der Parlamentspraxis ist die Verteilung klassische Aufgabe des sog. Ältestenrates (siehe § 6 GOBT; → Rn. 76).

---

[157] BVerfGE 40, 296 (318).
[158] Zuletzt BVerfGE 119, 302 (309).
[159] BVerfGE 142, 25 (61ff., Rn. 99ff., 122ff.).
[160] Zusammenfassend *Wiefelspütz,* in: Morlok/Schliesky/ders., Parlamentsrecht, § 12 Rn. 23ff.; Jarass/Pieroth, GG, Art. 38 Rn. 53ff.
[161] Beachtlicher Lösungsvorschlag jetzt bei *Gausing,* Das Abgeordnetenmandat zwischen Staat und Gesellschaft, 2018.
[162] OVG Münster, Beschl. v. 16.5.2013 – 15 A 785/12 (juris) bzw. BVerfG (K), NJW 2009, 749.
[163] Siehe näher *Zeh,* in: HStR³ III, § 52 Rn. 33ff.
[164] BVerfGE 10, 4 (14ff.); 96, 264 (284ff.).
[165] BVerfGE 96, 264 (285).

- Das Recht, an **Beratungen und Abstimmungen** teilzunehmen[166], impliziert zugleich ein Antragsrecht[167]. Für Gesetzesinitiativen ist dieses allerdings eingedenk der Funktionsfähigkeit des Bundestages nach § 76 Abs. 1 GOBT beschränkt (→ Kap. 15 Rn. 147).
- Eingedenk der faktischen Verlagerung der Parlamentsarbeit in die Ausschüsse (→ Rn. 73f.) hat der einzelne Abgeordnete auch einen Anspruch auf einen **Sitz in einem Ausschuss,** aber nicht im Ausschuss seiner Wahl[168]; dahinter steht namentlich bei fraktionslosen Abgeordneten die Sorge, dass sie die Funktion der Ausschüsse, das verkleinerte Plenum abzubilden, stören könnten. Deshalb haben sie nach ganz herrschender Auffassung zwar ein Rede-, aber kein Stimmrecht im Ausschuß.
- Das **Fragerecht** ist bereits im Rahmen der Kontrollfunktion erläutert worden (→ Rn. 19).
- Schließlich haben die einzelnen Abgeordneten das Recht, sich zu **Fraktionen** zusammenzuschließen (→ Rn. 69 ff.)[169].

59 Das **Abgeordnetenmandat** beginnt nicht mit der Wahl oder deren Annahme (vgl. § 45 BWahlG), sondern erst mit dem Zusammentritt des neuen Bundestages[170]. Es endet mit dem Zusammentritt des nachfolgenden Bundestages sowie durch den Tod des Abgeordneten. Weitere Verlustgründe sind in § 46 Abs. 1 BWahlG aufgelistet[171]; zu ihnen zählt das Verbot der Partei, der der Abgeordnete angehört (→ Kap. 13 Rn. 20ff.). Zugleich enthält das Grundgesetz mehrere Verbote, das Amt als Abgeordneter gemeinsam mit anderen Ämtern auszuüben (sog. **Inkompatibilitäts-** oder Unvereinbarkeitsvorschriften)[172]. Sie dienen letztlich dem Schutz der Gewaltenteilung (→ Kap. 6 Rn. 5 ff.) und finden sich in folgenden Vorschriften[173]:
- Art. 55 Abs. 1 GG: Unvereinbarkeit von Mandat und Amt des **Bundespräsidenten**
- Art. 94 Abs. 1 S. 3 GG: Unvereinbarkeit von Mandat und Amt als Richter des **Bundesverfassungsgerichts**
- Art. 137 Abs. 1 GG sieht die Möglichkeit der Beschränkung der Wahl von verschiedenen Amtsträgern vor; prominent ist das Verbot, dass aktive Richter dem Bundestag angehören (ihr Amt ruht nach § 36 Abs. 2 DRiG).
- Art. 7 Abs. 2 des Direktwahlakts (DWA)[174] schließt die gleichzeitige Mitgliedschaft im Bundestag und im **Europäischen Parlament** aus; hingegen soll die gleichzeitige Mitgliedschaft im Bundestag und in einem Landtag möglich sein[175] (wobei die

---

[166] Näher *Morlok,* in: GGK II, Art. 38 Rn. 156.
[167] So auch *Klein,* in: HStR³ III, § 51 Rn. 34.
[168] Näher BVerfGE 80, 188 (221 ff.) – *Wüppesahl.*
[169] BVerfGE 70, 324 (354); 130, 318 (342); 142, 25 (61, Rn. 97); aus der Literatur nur *Kluth,* in: Schmidt-Bleibtreu/Hofmann/Henneke, GG, Art. 38 Rn. 94. Für Gruppen siehe E 84, 304 (322f.). Aus diesem Grund wird auch mit Blick auf die Rechtspositionen der Fraktionen primär auf Art. 38 Abs. 1 S. 2 GG abgestellt. Daneben spielen Art. 40 Abs. 1 S. 2 GG und auch Art. 21 GG eine Rolle. Näher hierzu *Trute,* in: v. Münch/Kunig, GG I, Art. 38 Rn. 96.
[170] *Wiefelspütz,* in: Morlok/Schliesky/ders., Parlamentsrecht, § 12 Rn. 8 sowie Jarass/*Pieroth,* GG, Art. 38 Rn. 39.
[171] Zum Verzicht nach § 46 Abs. 1 Nr. 4 BVerfG (K), NJW 2014, 3085.
[172] Näher *Klein,* HStR³ III, § 51 Rn. 26 ff.
[173] Eingehend dazu die Kommentierungen der einzelnen Vorschriften.
[174] *Lenz/Gerhard,* Einführung Europawahlgesetz, Rn. 32. Siehe auch § 22 Abs. 2 Nr. 14 EuWG.
[175] So Jarass/*Pieroth,* GG, Art. 38 Rn. 45.

Frage im Raum steht, wie beide Mandate tatsächlich verantwortungsvoll i. S. v. § 44a AbgG ausgeübt werden sollen[176]).

a) Gegenrechte

Der Schutz des Abgeordnetenmandats ist nicht grenzenlos gewährleistet[177]. Derartige Grenzen folgen aus der Geschäftsordnungsautonomie des Bundestages (→ Rn. 51 f.), der eng damit verknüpften Sicherung seiner Funktionsfähigkeit sowie dem Mehrheitsprinzip nach Art. 42 Abs. 2 S. 1 GG[178]. Auch das Konzept der „wehrhaften Demokratie" (→ Kap. 13 Rn. 20 ff.) taugt grundsätzlich zur Einschränkung[179]. Allerdings legt das Bundesverfassungsgericht strenge Verhältnismäßigkeitsanforderungen an (→ Kap. 6 Rn. 22 ff.)[180] und unterstreicht, dass die Rechte des einzelnen Abgeordneten zwar „eingeschränkt, ihm jedoch grundsätzlich nicht entzogen werden können"[181]. Mit dem Mandat korrespondieren aus den gleichen Überlegungen heraus zugleich **Pflichten:**[182]

60

- Abgeordnete sind grundsätzlich zur **Anwesenheit** und zur Mitwirkung an der Parlamentsarbeit verpflichtet (näher § 44a AbgG)[183]
- Sie trifft eine Verschwiegenheitspflicht über vertrauliche oder gar geheime Informationen (§ 44d AbgG)[184]
- Schließlich hat das Bundesverfassungsgericht die Verhaltensregeln nach § 44b AbgG gebilligt, die insbesondere Offenlegungspflichten für „Einkünfte neben dem Mandat" (Nr. 2) vorsehen[185].

b) Immunität und Indemnität (Art. 46 GG)

Die Rechte aus Art. 46 GG werden heute teils als „Privilegien" eingestuft und entsprechend kritisch beäugt[186]. Bevor wir einen Blick in die Details werfen, ist der Hinweis wichtig, dass beide Garantien dienende Funktion haben – sie schützen letztlich nicht den einzelnen Abgeordneten, sondern die Gesamtheit des Parlaments. Präziser schützt die **Indemnität** (wörtlich: Schadlosigkeit) nach Art. 46 Abs. 1 GG die freie Rede im Parlament und damit dessen Funktion als öffentliches Forum einer demokratischen Gesellschaft[187]. Die **Immunität** (wörtlich: Lastenfreiheit oder Unverletzlichkeit) nach Art. 46 Abs. 2 GG schützt die personelle Zusammensetzung des Parlaments gegen Übergriffe der Exekutive; dem liegt die bittere Erfahrung des 19. Jahrhunderts zugrunde, dass die zur monarchischen Exekutive gehörende Staatsanwaltschaft sich einspannen ließ, um mit Hilfe mitunter fragwürdiger Vorwürfe Abgeordnete auszuschal-

61

---

[176] Kritisch daher *Morlok,* in: Dreier, GGK II, Art. 38 Rn. 147.
[177] Zusammenfassend *Wiefelspütz,* in: Morlok/Schliesky/ders., Parlamentsrecht, § 12 Rn. 29 ff.
[178] Siehe BVerfGE 112, 118 (136 f.); 118, 277 (324); 130, 318 (348, 358 ff.).
[179] BVerfGE 134, 141 (179 ff., Rn. 110 ff.). Im konkreten Fall ging es um die Überwachung des der Partei „Die Linke" zugehörigen Abgeordneten *Ramelow* durch den Verfassungsschutz.
[180] BVerfGE 134, 141 (181, Rn. 118).
[181] BVerfGE 80, 188 (219).
[182] Zusammenfassend *Wiefelspütz,* in: Morlok/Schliesky/ders., Parlamentsrecht, § 12 Rn. 34 f.
[183] BVerfGE 44, 308 (317); 56, 396 (405).
[184] BVerfGE 67, 100 (135).
[185] BVerfGE 118, 277 (352 ff.); siehe zu dieser durchaus kontroversen Entscheidung *Sachs,* JuS 2007, 1044 ff.
[186] Näher *Witt,* JURA 2001, 585 ff. sowie *Wiefelspütz,* in: Morlok/Schliesky/ders., Parlamentsrecht, § 13; ausführlich zu Art. 46 GG auch *du Mesnil/Müller,* JuS 2016, 603, 604 f.
[187] Unterstrichen von *Schulze-Fielitz* in: Dreier, GGK II, Art. 46 Rn. 9.

ten, die sich zuvor durch besonders effektive Oppositionsarbeit hervorgetan hatten[188]. Hier hat sich die Bedrohungslage unter den Bedingungen eines parlamentarischen Regierungssystems deutlich verschoben: Die Staatsanwaltschaft wird nicht mehr von monarchischen Amtsträgern kontrolliert, sondern vom Justizministerium, das seinerseits dem Parlament verantwortlich ist.

> Der letzte vom Bundesverfassungsgericht entschiedene **Fall** illustriert, dass hier nur noch in speziellen Situationen Gefahr droht. Der CDU-Bundestagsabgeordnete *Pofalla* war in Nordrhein-Westfalen als sog. Schattenjustizminister vorgesehen. Just am Tag vor der Landtagswahl wurden seine Wohnung und seine Kanzlei von der Staatsanwaltschaft durchsucht, die dem SPD-geführten Landesjustizministerium unterstand – ein Schelm, wer Böses dabei denkt ... Gleichwohl hat das Bundesverfassungsgericht in gleich zwei Entscheidungen zur Sache keine Rechtsverletzung erkennen können[189].

62 **Unterschiede** und **Gemeinsamkeiten** beider Rechtsinstitute lassen sich am besten optisch veranschaulichen:

Schutz	Indemnität (Art. 46 Abs. 1 GG)	Immunität (Art. 46 Abs. 2–4 GG)
Wofür?	Abstimmung oder Äußerung	Mit Strafe bedrohte Handlung
Wo?	Im Bundestag oder in einem seiner Ausschüsse	Überall
Taten aus welchem Zeitraum?	Taten während der Mandatsdauer	Auch Handlungen aus der Zeit vor dem Mandatserwerb
Wie?	Strafausschließungsgrund	Prozeßhindernis
Bis wann?	Auch nach Mandatsende	Nur während der Mandatsdauer
Aufhebbar?	Nein	Ja
Ausnahmen	„verleumderische Beleidigungen"	„bei Begehung der Tat oder im Laufe des folgenden Tages festgenommen"; ferner Genehmigung des Bundestages

Zunächst gilt es festzuhalten, dass die Indemnität seit geraumer Zeit die Gerichte wie die Öffentlichkeit nicht mehr beschäftigt hat[190]. Ganz anders die Immunität, die zuletzt im Zentrum der Aufmerksamkeit stand, als kurz nacheinander zwei Abgeordnete in den Verdacht gerieten, kinderpornografisches Material zu besitzen[191]. Hier ist zunächst der Aufbau der Norm relevant. Art. 46 Abs. 2 GG enthält die **Grundregel,** nach der Maßnahmen der Strafverfolgung gegen Abgeordnete grundsätzlich unzulässig sind[192]. Zugleich sieht die Bestimmung zwei Ausnahmen vor: Die Festnahme „bei Begehung der Tat oder im Laufe des folgenden Tages" ist im Grunde selbsterklärend – die Polizei muss den Parlamentarier, der mit abgesägter Schrotflinte und Beute die Bank verlässt, nicht nach Vorlage seines Abgeordnetenausweises ziehen lassen. Die Genehmigung des Bundestages ist als ausdrückliche *vorherige* Zustimmung des Plenums

---

[188] Einige Fälle bei *Huber,* Deutsche Verfassungsgeschichte seit 1789, Bd. 1, 384 f.
[189] BVerfGE 103, 81 – *Pofalla I;* 104, 310 – *Pofalla II.* Siehe dazu nur *Wiefelspütz,* ZParl. 34 (2003), 754 ff.
[190] Zuletzt wohl BVerwGE 83, 1 (15 f.).
[191] Siehe dazu *Eibach/Ruhs,* JURA 2015, 718 ff.
[192] Näher Jarass/*Pieroth,* GG, Art. 46 Rn. 6 f. sowie *Magiera,* in: Sachs, GG, Art. 46 Rn. 13 ff., der deshalb auch die übliche Praxis des Bundestages, zunächst eine generelle Genehmigung zu erteilen, als „nicht ganz bedenkenfrei" bezeichnet.

zu verstehen[193]. Die Rechtsprechung unterstreicht den weiten Spielraum, den das Plenum bei dieser Entscheidung genießt[194]; damit korrespondiert, dass der einzelne Abgeordnete nur einen Anspruch auf willkürfreie Entscheidung über die Aufhebung oder Nichtaufhebung seiner Immunität hat[195]. Eingedenk der Kritik am „Immunitätsprivileg" handhabt der Bundestag diese Genehmigung in der **Praxis** dergestalt[196], dass zu Anfang der Legislaturperiode die Immunität der Abgeordneten generell aufgehoben wird (Anlage 6 zur GOBT). Der Schutz reduziert sich darauf, dass die Ermittlungsbehörden 48 Stunden vor Einleitung des Ermittlungsverfahrens dem Präsidenten des Bundestages Mitteilung zu machen haben; dieser kann dann gemeinsam mit dem Ausschuss für Immunitätsangelegenheiten prüfen, ob der Bundestag ein Verlangen nach Abs. 4 der Norm stellt. Der Genehmigung des Bundestages bedürfen dann erst die förmliche Anklage oder die Verhängung von Haft. In der Sache geht es in dieser Phase regelmäßig um Durchsuchungen[197]. Während Abs. 2 der Norm nur vor der „Verhaftung" im strengen Sinne schützt (also auf die §§ 112 ff., 127 StPO verweist), erstreckt Abs. 3 den Schutz auf alle übrigen Maßnahmen, die die persönliche Freiheit i. S. v. Art. 2 Abs. 2 S. 2, 104 GG einschränken[198].

Beispiel: Der Genehmigung des Bundestages bedarf daher auch der kurzfristige Polizeigewahrsam, in den ein Bundestagsabgeordneter genommen werden soll, weil er bei einer verbotenen oder gewalttätigen Versammlung aufgegriffen worden ist[199].

Nach Abs. 4 hat der Bundestag schließlich das sog. **Reklamationsrecht,** kann also ein mit seiner Genehmigung begonnenes Strafverfahren aussetzen lassen, sofern er den Eindruck gewinnt, dass die Strafverfolgungsbehörden den Abgeordneten aus sachfremden Gründen verfolgen. Erneut hat der Betroffene nur einen Anspruch auf willkürfreie Entscheidung[200].

c) Zeugnisverweigerungsrecht und Beschlagnahmeverbot (Art. 47 GG)

Art. 47 GG berechtigt Abgeordnete, über Personen oder Tatsachen das Zeugnis zu verweigern, sofern diese Personen entweder dem Abgeordneten Informationen anvertraut haben oder der Abgeordnete umgekehrt ihnen (Satz 1)[201]. „Soweit dieses Zeugnisverweigerungsrecht reicht", sind nach Satz 2 auch die Beschlagnahme und Sicherstellung von Schriftstücken verboten. Hinter „Soweit [...] reicht" verbirgt sich ein Zusammenhang, den wir in der Rechtswissenschaft als **Akzessorietät** bezeichnen (von lateinisch *accedere* = „hinzutreten")[202]: Gemeint ist im Kern eine Wenn-Dann-Beziehung. Ist Tatbestand A gegeben, so ist dann (aber auch nur dann) auch Tatbestand B miterfüllt

---

[193] *Storr,* in: v. Mangoldt/Klein/Starck, GG II, Art. 46 Rn. 42; Jarass/*Pieroth,* GG, Art. 46 Rn. 9. Der Sprachgebrauch des Grundgesetzes unterscheidet sich insofern von § 184 Abs. 1 BGB, wonach die Genehmigung die *nachträgliche* Zustimmung zu einem Rechtsgeschäft ist.
[194] BVerfGE 104, 310 (332 f.).
[195] BVerfGE 104, 310 (325 ff.); BVerfG (K), NJW 2014, 3085 (3086, Rn. 26).
[196] Näher *Wiefelspütz,* in: Morlok/Schliesky/ders., Parlamentsrecht, § 13 Rn. 41 ff.
[197] Dazu näher Ziffer 5 der Anlage 6 zur GOBT.
[198] Näher dazu *Augsberg,* JuS 2011, 28 ff., 128 ff.; *Gusy,* HGR IV, § 93.
[199] Vgl. die Fallgestaltung in BVerfG (K), NJW 2017, 1460 – „*Hitlers Kinder"*.
[200] BVerfGE 104, 310 (331).
[201] Eingehend *Brocker,* DVBl. 2003, 1321 ff. sowie *Wiefelspütz,* in: Morlok/Schliesky/ders., Parlamentsrecht, § 14.
[202] Statt aller *Magiera,* in: Sachs, GG, Art. 47 Rn. 7. Gleichsinnig wird bisweilen auch von „Konnexität" gesprochen, so etwa *Kluth,* in: Schmidt-Bleibtreu/Hofmann/Henneke, GG, Art. 47 Rn. 8.

und somit tritt Rechtsfolge B_1 ein: Wenn der Abgeordnete das Zeugnis verweigern darf, soll sich der Staatsanwalt die Informationen auch nicht auf dem Umweg über die Akten (heute wohl eher: Dateien[203]) verschaffen können. Über welche Fälle reden wir?

Beispiel: Eine Bürgerin wendet sich an eine Abgeordnete, um sie über Mißstände in einer Außenstelle des Bundesamtes für Migration und Flüchtlinge (BAMF) zu informieren (eine eingestandenermaßen sehr fernliegende und arg konstruiert wirkende Fallkonstellation ...). Die Abgeordnete richtet daraufhin eine Anfrage nach § 104 GOBT (→ Rn. 19) an die Bundesregierung oder legt einen Gesetzentwurf nach § 76 GOBT vor (→ Kap. 15 Rn. 147). Die betroffene Landesregierung sieht sich bloßgestellt und setzt Polizei und Staatsanwaltschaft in Marsch, um die „undichte Stelle" ausfindig zu machen. Dürfen beide die Abgeordnete und ihr Team vernehmen und das Büro im Bundestag durchsuchen?

In dieser Konstellation soll Art. 47 GG zwei Hauptfunktionen erfüllen: Es geht einmal um das **Vertrauensverhältnis** zwischen dem Abgeordneten und einer Person, die sich gerade deshalb an ihn gewandt hat, weil er Abgeordneter ist und deshalb in der Sachfrage womöglich etwas bewirken kann[204] (im Hintergrund steht nicht zuletzt das Petitionsrecht nach Art. 17 GG[205]). Zugleich soll Art. 47 GG den Mitgliedern des Parlaments die Beschaffung der für die Ausübung ihres Mandats notwendigen Informationen erleichtern. Indem die Vorschrift einen Schutzraum schafft, der demjenigen des **Beichtstuhl**s gleicht[206], stellt sie sicher, dass sich Bürgerinnen und Bürger unbesorgt an die Mitglieder des Bundestages wenden können, um sie über Mißstände zu informieren[207]. Nicht anders als bei Art. 46 GG (→ Rn. 61) wird der einzelne Abgeordnete eigentlich um des gesamten Parlaments willen geschützt[208].

d) Die Rechte nach Art. 48 GG

64 Art. 48 GG sichert einen bunten Strauß von Rechtspositionen ab[209], die sich in ihrer Eignung, öffentliche Schnappatmung zu erzeugen, deutlich unterscheiden. Ganz im Zentrum steht die Abgeordnetenentschädigung oder besser -besoldung nach Art. 48 Abs. 3 S. 1 GG (→ Rn. 66 f.). Demgegenüber ist das Erregungspotenzial von Urlaubsanspruch, Behinderungsverbot und freier Fahrt in der Bahn überschaubar. Die Mischung ist auch in didaktischer Perspektive interessant, weil **diverse Normtypen** miteinander verknüpft werden[210]:

– Abs. 1 und 2 der Norm sichern das passive Wahlrecht (→ Rn. 27), Abs. 2 und 3 hingegen den Abgeordnetenstatus (→ Rn. 53 ff.)[211].
– Abs. 2 ist ein typisches Abwehrrecht, wohingegen Abs. 1 und 3 Leistungsrechte enthalten.
– Abs. 3 richtet sich gegen den Staat; Abs. 1 und 2 gelten demgegenüber auch für Private[212].

---

[203] Zu den erfassten Datenträgern statt aller *Schulze-Fielitz*, in: Dreier, GGK II, Art. 47 Rn. 11.
[204] BVerfGE 108, 251 (269).
[205] Dazu im ersten Zugriff nur *Krings*, JuS 2004, 474 ff. sowie *Bauer*, HGR V, § 117.
[206] Zum sog. Beichtgeheimnis statt aller *de Wall*, Art. Beichtgeheimnis, in: RGG⁴, 1226 f.
[207] BVerfGE 134, 141 (174, Rn. 97).
[208] BVerfGE 108, 251 (269); 129, 208 (265).
[209] Siehe – neben den Kommentierungen von Art. 48 GG – näher *Klein,* in: HStR³ III, § 51 Rn. 35 ff.; im Überblick *du Mesnil/Müller*, JuS 2016, 603, 605.
[210] Bündig Jarass/*Pieroth*, GG, Art. 48 Rn. 1.
[211] Zum letzten Punkt BVerfGE 118, 277 (334).
[212] Dies ist bemerkenswert. Private werden durch das Grundgesetz nämlich nur ausnahmsweise unmittelbar verpflichtet (anderes wichtiges Beispiel: Art. 9 Abs. 3 S. 2 GG). Siehe zu Abs. 1 *Storr*, in: v. Mangoldt/Klein/Stark, GG II, Art. 48 Rn. 10 und zu Abs. 2 *Magiera*, in: Sachs, GG, Art. 48 Rn. 7.

Art. 48 Abs. 1 GG regelt zunächst, dass jeder, der sich um einen Sitz im Bundestag bewirbt, Anspruch auf **Urlaub** für die Wahlvorbereitung hat[213]; das betrifft Arbeitgeber im öffentlichen Dienst wie in der Privatwirtschaft gleichermaßen. § 3 S. 1 AbgG bestimmt näher, dass dieses Recht die letzten zwei Monate vor dem Wahltag umfasst. Allerdings besteht kein Anspruch auf Fortzahlung der Bezüge (siehe § 3 S. 2 AbgG); gerade der private Arbeitgeber soll eine Kandidatur nicht behindern dürfen, muss sie allerdings auch nicht subventionieren. Art. 48 Abs. 2 GG statuiert in gleicher Intention ein **Behinderungsverbot,** das in § 2 AbgG näher konturiert wird[214]. Dahinter steht die Erfahrung, dass namentlich öffentliche und private Arbeitgeber geneigt sein können, Abgeordnete oder angehende Abgeordnete zumindest für die Kandidatur für bestimmte Parteien „abzustrafen". Aus diesem Grund ordnet zunächst Satz 1 einen speziellen Kündigungsschutz an; Satz 2 ist weiter gefasst und schließt Behinderungen aus, also alle Maßnahmen, die die Übernahme eines Mandats entweder erschweren oder unmöglich machen[215]. Keine verfassungswidrigen Behinderungen sind Inkompatibilitätsbestimmungen (→ Rn. 59) sowie Transparenzregeln (→ Rn. 66). Der **Beförderungsanspruch** nach Art. 48 Abs. 3 S. 2 GG schließlich ist qua Verfassung auf die Beförderungsmittel beschränkt, auf die der Bund maßgeblichen Einfluss hat, mithin auf die Deutsche Bahn (siehe näher Art. 87e Abs. 3 GG)[216]. Das einfache Recht geht darüber hinaus und gewährleistet den Parlamentariern innerhalb Deutschlands zwar nicht buchstäblich „freie Fahrt", aber einen weitreichenden Erstattungsanspruch (vgl. §§ 16f. AbgG). 65

Die **Abgeordnetenentschädigung** belegt einmal mehr, dass es mit den Worten „Reden wir über Geld" regelmäßig ernst wird[217]. Bevor wir in die Klage darüber einstimmen, dass „die in Berlin" für ihre dargebotene Leistung entweder erbärmlich zu wenig oder erkennbar zu viel erhalten, sind aber zwei Lernleistungen zu erbringen. Zunächst ist das Wort **„Entschädigung"** (so tatsächlich Art. 48 Abs. 3 S. 1 GG) zu würdigen. Das Grundgesetz befindet sich nämlich terminologisch noch im tiefsten 19. Jahrhundert. Damals tagten die Parlamente oder „Landstände" noch einmal pro Jahr für gewöhnlich zwei Wochen. Die Abgeordneten gingen einem bürgerlichen Beruf nach; dafür, dass sie ihn in dieser Sitzungsperiode nicht ausüben konnten, wurden sie entschädigt. Daher auch die Redeweise von den „Diäten" der Parlamentarier (wörtlich „Tagegelder" von lateinisch *dies* für Tag)[218]. Die Abgeordneten des Bundestages sind inzwischen längst Berufs- bzw. Vollzeitpolitiker, weshalb die Redeweise von ihrer Besoldung oder allgemeiner Alimentierung angemessener ist. In Umkehrung der Perspektive ist es heute eher ein Problem, dass und wenn ein Abgeordneter noch einer weiteren Tätigkeit neben seinem Mandat nachgeht (etwa als Rechtsanwalt). Der Bun- 66

---

[213] Umfassend *Klein*, in: Maunz/Dürig, GG, Art. 48 (2016), Rn. 48 ff.
[214] Siehe *Kluth*, in: Schmidt-Bleibtreu/Hofmann/Henneke, GG, Art. 48 Rn. 5 ff. sowie *Storr*, in: v. Mangoldt/Klein/Starck, GG II, Art. 48 Rn. 26 ff. Interessante Bewertung auch bei *Maurer*, Staatsrecht I, § 13 Rn. 84: „scheinbar selbstverständliche Vorschrift", deren Anwendung aber „keineswegs so unproblematisch" ist, wie man zunächst annehmen könnte, weil offen ist, wann die Schwelle zur verfassungswidrigen Behinderung überschritten wird.
[215] BVerfGE 42, 312 (329).
[216] *Schulze-Fielitz,* in: Dreier, GGK II, Art. 48 Rn. 33.
[217] Pointiert kritisch etwa *v. Arnim*, DVBl. 2014, 605 ff.; siehe ferner *Schwarz*, NVwZ 2016, 97 ff. sowie eingehend *Wiefelspütz*, in: Morlok/Schliesky/ders., Parlamentsrecht, § 15.
[218] Instruktiv *Schulze-Fielitz,* in: Dreier, GGK II, Art. 48 Rn. 1; siehe ferner *Magiera*, in Sachs, GG, Art. 48 Rn. 18 f.

destag hat dafür **Transparenzregeln** aufgestellt[219], die sicherstellen sollen, dass eine solche Nebentätigkeit (insbesondere die dabei erzielten Nebeneinkünfte) sich nicht auf das Mandat ausüben oder zu Interessenkonflikten führen (man denke an die als Rechtsanwältin tätige Abgeordnete, die über Angelegenheiten zu entscheiden hat, die eines ihrer Mandate betreffen)[220].

67 Die zweite Lernleistung betrifft ein Strukturproblem: Die Entscheidung über die Abgeordnetenbesoldung erfolgt durch Gesetz des Bundestages (Art. 48 Abs. 3 S. 3 GG) und ist damit eine klassische **Entscheidung in eigener Sache**[221]. Ungeachtet einer ganzen Reihe von einschlägigen Verfassungsgerichtsentscheidungen[222] ist die Alimentierung des Parlaments daher nach wie vor in vielen Einzelfragen strittig. Die Rechtsprechung hat folgende Leitplanken errichtet: Die „Entschädigung" ist als sog. Vollalimentation zu verstehen, die dem Abgeordneten mitsamt seiner Familie während der Mandatsdauer eine ausreichende wirtschaftliche Lebensgrundlage bietet[223]. Die Höhe muss sowohl seinem durch hervorgehobene demokratische Legitimation gekennzeichneten Status entsprechen als auch seine Unabhängigkeit sichern[224]. Sie muss den Grundsatz der Gleichheit der Abgeordneten wahren (→ Rn. 56)[225]. Verwahrt hat sich das Bundesverfassungsgericht ferner gegen Versuche, die sensible Entscheidung über die eigene Besoldung entweder „auszulagern" (neudeutsch würde man von „Outsorcing" sprechen), indem sie einem unabhängigen Gremium überantwortet wird[226], oder zu automatisieren, indem die Höhe der Besoldungssteigerung an die Preisentwicklung geknüpft wird[227]. Gleichwohl hat der Bundestag 2014 für ein Modell votiert, nach dem sich die Abgeordnetenbesoldung an derjenigen für die **Richter der obersten Gerichte des Bundes** (Besoldungsgruppe R6) orientiert (§ 11 Abs. 1 AbgG). Seit 2015 beträgt sie damit lt. Gesetz monatlich 9.082 €. Die Anpassung erfolgt nach § Abs. 11 Abs. 4 und 5 AbgG. Daneben erhalten die Abgeordneten als „Amtsausstattung" eine steuerfreie Kostenpauschale (§§ 12 ff. AbgG). Es kommen Versorgungsansprüche nach den §§ 18 ff. AbgG hinzu[228].

e) Rechtsschutz des Abgeordneten

68 Nach dem Grundgesetz wie dem BVerfGG kommen zwei Wege in Betracht, die der Abgeordnete beschreiten kann, wenn er seinen bis hierhin umrissenen Status gefährdet sieht[229]: Er kann ein **Organstreitverfahren** nach Art. 93 Abs. 1 Nr. 1 GG einleiten, wobei ihn die Rechtsprechung nicht als Organteil des Bundestages i. S. v. § 63 BVerfGG, sondern lediglich als „anderen Beteiligten" i. S. v. Art. 93 Abs. 1 Nr. 1 GG

---

[219] Siehe § 44b AbgG und dazu Anlage 1 zur GOBT.
[220] Siehe BVerfGE 118, 277 (323) und dazu *Wiefelspütz,* in: Morlok/Schliesky/ders., Parlamentsrecht, § 15 Rn. 26 ff.
[221] Unterstrichen von BVerfGE 40, 296 (327); näher m. w. N. *Schulze-Fielitz,* in: Dreier, GGK II, Art. 48 Rn. 34 ff.
[222] Namentlich BVerfGE 40, 296 – *Abgeordnetendiäten;* 102, 224 – *Funktionszulagen* sowie 118, 277 – *Nebeneinkünfte.*
[223] BVerfGE 40, 296 (316); 102, 224 (239).
[224] BVerfGE 40, 296 (316, 319); 76, 256 (341 ff.).
[225] Eingehend *Schulze-Fielitz,* in: Dreier, GGK II, Art. 48 Rn. 24 f.
[226] Näher zu solchen Überlegungen *Schulze-Fielitz,* in: Dreier, GGK II, Art. 48 Rn. 36.
[227] BVerfGE 40, 296 (316 f.); näher *Wiefelspütz,* in: Morlok/Schliesky/ders., Parlamentsrecht, § 15 Rn. 10 ff.
[228] Im Detail nochmals *Wiefelspütz,* in: Morlok/Schliesky/ders., Parlamentsrecht, § 15 Rn. 34 ff.
[229] Siehe im ersten Zugriff *Sauer,* in: Morlok/Schliesky/Wiefelspütz, Parlamentsrecht, § 16.

einstuft, was zugleich (wohl bewusst) die Möglichkeit einer Prozeßstandschaft für den Bundestag nach § 64 Abs. 1 BVerfGG ausschließt (→ Kap. 17 Rn. 28). Die ausdrückliche und pauschale Erwähnung von Art. 38 GG (→ Rn. 54) in Art. 93 Abs. 1 Nr. 4a GG und § 90 Abs. 1 BVerfGG legt aber nahe, dass er seinen Status auch im Wege der **Verfassungsbeschwerde** verteidigen kann. Die genaue Abgrenzung ist – in Parallele zum bereits dargestellten Streit über die Abgrenzung von Grundrechten und Mandatsträgerbefugnissen (→ Rn. 57) – streitig[230]. Die aktuelle Handhabung des Bundesverfassungsgerichts, an der Sie sich in einer Klausur orientieren können, lässt sich im Kern wie folgt zusammenfassen: Rügt ein Abgeordneter eine Verletzung seines besonderen Status nach Art. 38 Abs. 1 S. 2 GG, ist grundsätzlich das Organstreitverfahren die statthafte Verfahrensart, sofern er sich gegen die Maßnahme eines Antragsgegners richtet, der selbst im Organstreitverfahren parteifähig ist[231]. Fehlt es an einem solchen parteifähigen Antragsgegner, beispielsweise bei einer Gerichtsentscheidung, kann der Abgeordnete zur Geltendmachung seines Status auf die Verfassungsbeschwerde ausweichen, die sonst zurücktritt[232].

4. Fraktionen

Obwohl die Rechtsprechung die Fraktionen[233] völlig zu Recht als „notwendige Einrichtungen des Verfassungslebens"[234] und „maßgebliche Faktoren der parlamentarischen Willensbildung"[235] eingestuft hat, kommen sie im Text des Grundgesetzes nur an versteckter (und hoffentlich nicht praxisrelevanter) Stelle vor, nämlich in **Art. 53a Abs. 1 S. 2 GG.** Der sog. Gemeinsame Ausschuss ist in der Sache das **Notparlament** für den **Verteidigungsfall** (näher Art. 115e GG); die 1968 in die Verfassung aufgenommene Bestimmung macht deutlich, dass die Bedeutung der Fraktionen 1949 den damals Beteiligten noch nicht hinreichend vor Augen stand, während der bestimmende Einfluss fast zwanzig Jahre später mit Händen zu greifen war. Da Art. 53a GG keine näheren Bestimmungen über Organisation und Funktion der Fraktionen enthält, ist auf die **§§ 10 ff. GOBT** sowie die **§§ 45 ff. AbgG** zurückzugreifen.

69

Dabei ist mit der **Warnung** zu beginnen, dass sich namentlich diejenigen Studierenden, die auf Nachrichten aus dem politischen Berlin mit einem energischen Weiterklicken oder hektischen Wischbewegungen auf der Benutzeroberfläche reagieren, mit Fraktionen regelmäßig schwertun (genauer gesagt mit ihrer Abgrenzung von *Parteien:* → Kap. 13). Deshalb der Versuch einer Klarstellung: **Fraktionen** sind Zusammenschlüsse von Abgeordneten des Bundestages, die entweder einer Partei oder mehreren eng miteinander verbundenen Parteien angehören – Wetten auf den Fortbestand der Fraktionsgemeinschaft von CDU und CSU dürfen derzeit angenommen werden. **Par-**

70

---

[230] Eingehend und wohlabgewogen *Sauer,* ebda., § 16 Rn. 13 ff.
[231] Die Parteifähigkeit des Antragsgegners kann sich dabei wiederum entweder einfachgesetzlich aus § 63 BVerfGG oder unmittelbar aus Art. 93 Abs. 1 Nr. 1 GG ergeben, der weiter gefasst ist („anderer Beteiligter").
[232] Siehe *Grzeszick,* in: Stern/Becker, Grundrechte-Kommentar, Art. 38 Rn. 138 sowie *Magiera,* in: Sachs, GG, Art. 38 Rn. 74; kritisch zu diesem „Ausweichen" auf die Verfassungsbeschwerde *Hillgruber/Goos,* Verfassungsprozessrecht, Rn. 122f. und 344 ff.: Soweit es um den Abgeordnetenstatus gehe, handele es sich bei der Aufnahme von Art. 38 GG in den Kreis der mit der Verfassungsbeschwerde rügefähigen Rechte (Art. 93 Abs. 1 Nr. 4a GG) um ein „Redaktionsversehen".
[233] Näher zum folgenden *Klein/Frings,* in: Morlok/Schliesky/Wiefelspütz, Parlamentsrechtrecht, § 17.
[234] BVerfGE 70, 324 (350).
[235] BVerfGE 70, 324 (351).

teien sind hingegen Vereinigungen, die zwar auf vielfältige Weise in das Parlament hineinwirken, aber selbst außerhalb des Parlaments angesiedelt sind. Das heißt zugleich: Eine Maßnahme gegen eine Partei verletzt niemals Rechte ihrer Fraktion (diese stammen aus Art. 38 Abs. 1 S. 2 GG), und eine Maßnahme gegen eine Fraktion niemals die Rechte der hinter ihr stehenden Partei (die wohlgemerkt aus Art. 21 Abs. 1 GG herrühren).

Das sei anhand zweier **Beispiele** erläutert: Erlässt der Bundestag mit Mehrheit ein Gesetz, das politischen Parteien untersagt, sich an Medienunternehmen zu beteiligen, so ist (möglicherweise) eine *Partei* in ihren Rechten tangiert, die wie die SPD besonders viele derartige Beteiligungen hält. – Die Bundestags*fraktion* der SPD kann durch dieses Gesetz als solches nicht in eigenen Rechten verletzt sein. Wohl aber kann die Parlamentsmehrheit beim Zustandekommen des Gesetzes Antrags- und Rederechte der Fraktion mißachtet haben. Das würde wiederum die Fraktion in ihren Rechten tangieren, aber nicht die SPD als Partei.

71 Was müssen Sie darüber hinaus über Fraktionen wissen? Als Zusammenschluss einzelner Abgeordneter, die dabei Gebrauch von ihrem freien Mandat machen (→ Rn. 55), können sich die Fraktionen ebenfalls auf **Art. 38 Abs. 1 S. 2 GG** berufen[236]. Um den Status als Fraktion zu erlangen, müssen sich wenigstens fünf Prozent der Mitglieder des Bundestages zusammenschließen (§ 10 Abs. 1 S. 1 GOBT; derzeit also 36 Abgeordnete). Da wegen der Sperrklausel ohnehin nur solche Parteien in das Parlament einziehen, die mehr als fünf Prozent der Zweitstimmen errungen haben (→ Rn. 32), stellen die Abgeordneten einer auf diese Weise in den Bundestag eingezogenen Partei in aller Regel automatisch eine Fraktion. Demgegenüber kommen sog. **Gruppen** (also Vereinigungen, die aus weniger als fünf Prozent der Abgeordneten bestehen und nur eingeschränkte Rechte im Parlament haben; vgl. § 10 Abs. 4 GOBT[237]) und **fraktionslose Abgeordnete**[238] entweder als erfolgreiche Wahlkreisbewerber oder über die sog. **Grundmandatsklausel** in den Bundestag (§ 6 Abs. 3 S. 1 2. Alt. BWahlG)[239]. Diese Klausel schützt im Grunde Regionalparteien und besagt, dass eine Partei auch dann in den Bundestag einzieht, wenn sie drei „Direktmandate" erringt. Die Pointe der Regelung: Die Partei erhält nicht nur diese Direktmandate – das ist ohnehin selbstverständlich –, sondern darüber hinaus Mandate entsprechend ihrem Zweitstimmenanteil.

Beispiel: Angenommen, eine Partei erzielt 2 % der Zweitstimmen – und würde damit an der Fünfprozentklausel scheitern –, gewinnt aber drei oder mehr Direktmandate. Geht man von 598 Abgeordneten aus (durch die Überhang- und Ausgleichsmandate wird das nochmals komplizierter; → Rn. 38), erhielte sie wenigstens zwölf Mandate, also zu den drei direkt errungenen noch neun über die Liste. Profitiert hat von dieser Regelung zuletzt die PDS bzw. jetzt „Die Linke" in Ostdeutschland.

Es gibt noch eine weitere Option: Gruppen und fraktionslose Abgeordnete können im **Streit** entstehen, wenn einzelne oder mehrere Parlamentarier aus ihrer bisherigen Fraktion ausscheiden oder von ihr ausgeschlossen werden; derzeit trifft das im 19. Deutschen Bundestag für zwei ehemalige AfD-Abgeordnete zu.

---

[236] Siehe nur *Morlok,* in: Dreier, GGK II, Art. 38 Rn. 184.
[237] Näher zu dieser Figur *Klein,* in: Morlok/Schliesky/Wiefelspütz, Parlamentsrecht, § 18 Rn. 1 ff.
[238] Siehe *Klein,* ebda., § 18 Rn. 24 ff. sowie *Trute,* JURA 1990, 184 ff.; Leitentscheidung BVerfGE 80, 188 – *Wüppesahl.*
[239] Dazu *Sacksofsky,* in: Morlok/Schliesky/Wiefelspütz, Parlamentsrecht, § 6 Rn. 67; gebilligt hat die Klausel BVerfGE 95, 408 (421 f.); kritisch hingegen *Morlok,* in: Dreier, GGK II, Art. 38 Rn. 116.

Namentlich der Blick in die GOBT lehrt rasch, dass die Fraktionen die eigentlichen 72
Akteure im Bundestag sind, hinter denen der einzelne Abgeordnete nicht nur zurücktritt, sondern regelrecht „verzwergt" wird (man spricht auch von der sog. **Mediatisierung,** also wörtlich der „Mittelbarmachung" – der einzelne Abgeordnete kann seine Rechte nicht mehr unmittelbar, sondern nur noch vermittelt über die Fraktion ausüben[240])[241]. Das folgt schon aus den Verteilungsregeln der §§ 11 f. GOBT, erst recht aber aus einer Reihe von Vorschriften, die ausdrücklich nur Fraktionen oder fünf Prozent der Parlamentarier berechtigen[242]:
- § 42 GOBT: Ausübung des Zitierrechts nach Art. 43 Abs. 1 GG (→ Rn. 17)
- § 52 S. 1 GOBT: Antrag auf namentliche Abstimmung
- § 76 Abs. 1 GOBT: Gesetzesinitiave nach Art. 76 Abs. 1 GG (→ Kap. 15 Rn. 147)
- § 89: Einberufung des Vermittlungsausschusses nach Art. 77 Abs. 2 S. 4 GG; (→ Kap. 15 Rn. 217 ff.).

Wichtig ist auch die ständige Rechtsprechung, die es ausschließlich den Fraktionen erlaubt, Rechte des Bundestages in sog. **Prozessstandschaft** im Verfahren des Organstreits nach Art. 93 Abs. 1 Nr. 1 GG wahrzunehmen; sie gelten dabei eingedenk der gerade dargestellten Rechte aus der Geschäftsordnung nach überwiegender Auffassung als Organteile i. S. v. § 63 BVerfGG (→ Kap. 17 Rn. 28). Besondere Probleme wirft schließlich der Streit zwischen Fraktionen und einzelnen Abgeordneten – etwa über den Ausschluss aus der Fraktion – auf[243]. Das liegt nicht zuletzt daran, dass hier ein verfassungsrechtliches Insichgeschäft vorliegt: Beide Seiten berufen sich auf Art. 38 Abs. 1 S. 2 GG.

5. Ausschüsse

Während die Fraktionen das Parlament entsprechend seiner politisch-weltanschau- 73
lichen Ausrichtung gliedern, sollen die Ausschüsse dieselben Parlamentarier nach sachlich-fachlichen Gesichtspunkten verteilen[244]. Dabei ist von Anfang an zu unterstreichen, dass in den Ausschüssen des modernen Parlaments die **eigentliche Sacharbeit** geleistet wird[245]. Das Plenum taugt im Grunde nicht für eine Debatte, die ein echter Gedankenaustausch sein soll, sondern für den ritualisierten Austausch von Argumenten, die oft genug weniger an die „Gegenseite" als an die Öffentlichkeit gerichtet sind[246]. In den Ausschüssen hingegen sitzen – in der Tendenz – erstens Abgeordnete, die über Fachwissen verfügen. Zweitens findet hier zwischen den Lesungen im Plenum die eigentliche Kleinarbeit am Gesetzestext statt, also das Feilen und Feilschen an und um Halbsätze und Gliederungsziffern. Sofern sich die Beteiligten fachlich „auf Augenhöhe" einstufen, sind zugleich Kompromisse in der Sache vielleicht nicht zwingend, aber zumindest möglich. Vier dieser Fachausschüsse sind im Grundgesetz ausdrücklich erwähnt: Neben dem „Europaausschuss" nach Art. 45

---

[240] Zum rechtshistorischen Hintergrund bündig *Willoweit,* in: HRG² III, 1394 ff.
[241] Statt aller *Sauer,* in: Morlok/Schliesky/Wiefelspütz, Parlamentsrecht, § 16 Rn. 17.
[242] Eingehend *Achterberg,* Parlamentsrecht, 290 ff.; die folgende Liste erhebt keinen Anspruch auf Vollständigkeit.
[243] Näher *Ipsen,* NVwZ 2005, 361 ff.; *Sauer,* in: Morlok/Schliesky/Wiefelspütz, Parlamentsrecht, § 16 Rn. 16 f.
[244] Näher *Geis,* HStR³ III, § 54 sowie *Winkelmann,* in: Morlok/Schliesky/Wiefelspütz, Parlamentsrecht, § 23.
[245] Pointiert BVerfGE 80, 188 – *Wüppesahl.*
[246] Näher *Schürmann,* in: Morlok/Schliesky/Wiefelspütz, Parlamentsrecht, § 20 Rn. 7 ff.

GG[247] sind dies der Ausschuss für auswärtige Angelegenheiten, der Verteidigungsausschuss (Art. 45a GG) sowie der Petitionsausschuss (Art. 45c GG)[248].

74 Hat man diese fundamentale praktische Bedeutung der Ausschüsse einmal erkannt, so ist sogleich mit Händen zu greifen, dass sowohl ihre Besetzung als auch ihre Leitung echte oder eben „harte" **Machtfragen** aufwerfen. Erneut wird rasch klar, dass hier die Fraktionen (→ Rn. 69 ff.) als schlechthin maßgebliche Akteure auftreten. Ausschüsse sind nach § 12 S. 1 GOBT im Verhältnis der Stärke der einzelnen Fraktionen zu besetzen; diese benennen auch die Ausschussmitglieder (§ 57 Abs. 2 S. 1 GOBT) sowie – über den Ältestenrat – die Vorsitzenden (§ 58 GOBT). Dabei hat es die Parlamentsmehrheit grundsätzlich in der Hand, gem. § 57 Abs. 1 S. 1 GOBT die Größe der Ausschüsse sowie das rechnerische Verfahren ihrer Besetzung zu bestimmen. Qua Verfassung ist sie dabei dem Grunde nach doppelt eingehegt, und zwar durch zwei Maximen, die beide aus dem Demokratieprinzip folgen (→ Kap. 5 Rn. 18 ff.), sich aber im Ergebnis widersprechen können – woraus wiederum Spielraum resultiert.

- Die Maxime der **Spiegelbildlichkeit** verlangt, das Plenum im Ausschuss möglichst exakt abzubilden (im Hintergrund steht die Repräsentationsfunktion des Parlaments; → Rn. 4)[249]. Gerade dann, wenn im Plenum die Mehrheit knapp ausfällt, führt dies mit einiger Sicherheit zu einem Patt im Ausschuss, zumal dann, wenn man diesen mit einer geraden Anzahl von Mitgliedern beschickt (zum Vermittlungsausschuss → Kap. 15 Rn. 217 ff.).
- Die Maxime der **Durchsetzungsfähigkeit** verlangt demgegenüber, dass die – und sei sie noch so hauchdünne – Mehrheit im Parlament auch über eine Mehrheit im Ausschuss verfügen muss[250]. Dahinter steckt eine einfache Überlegung: Die Ausschüsse leisten nach der ersten Lesung im Plenum (vgl. §§ 79f. GOBT) die eigentliche „handwerkliche" Arbeit an den Gesetzentwürfen. Angenommen, ein Entwurf der – knappen – rechten Mehrheit würde anschließend in einem Ausschuss mit – ebenso knapper – linker Mehrheit in eine Form gebracht, die für das andere Lager inakzeptabel ist; hier würden sich Ausschüsse und Plenum gegenseitig blockieren.

Die Schlussfolgerung aus diesem Dilemma: Die Parlamentsmehrheit ist frei im Zuschnitt der Ausschüsse sowie in der Wahl (wie in der Modifikation) der geläufigen Verteilungsverfahren. Üblicherweise verwendet man in der parlamentarischen Arbeit deren drei (die mathematischen Details müssen nicht bekannt sein)[251]:
- Höchstzahlverfahren nach *d'Hondt*[252]
- Verfahren nach *Hare/Niemeyer*[253]
- Divisormethode mit Standardrundung nach *Saint-Laguë/Schepers*[254].

---

[247] Dazu – außer den Kommentierungen zu Art. 45 GG – eingehend *Baddenhausen*, in: Morlok/Schliesky/Wiefelspütz, Parlamentsrecht, § 27.
[248] Näher zu diesem Ausschuss, mit dem das Grundrecht aus Art. 17 GG (Petitionsrecht) korrespondiert, nur *Finger*, in: Morlok/Schliesky/Wiefelspütz, Parlamentsrecht, 2016, § 26.
[249] BVerfGE 80, 188 (222); 84, 304 (323); 130, 318 (353); aus der Literatur *Winkelmann*, in: Morlok/Schliesky/Wiefelspütz, Parlamentsrecht, § 23 Rn. 30.
[250] Vgl. BVerfGE 80, 188 (221 ff.); 84, 304 (323); 96, 264 (282); 106, 253 (262); aus der Literatur *Winkelmann*, in: Morlok/Schliesky/Wiefelspütz, Parlamentsrecht, § 23 Rn. 30.
[251] Siehe dazu *Kunth*, ZParl. 22 (1991), 297 ff. sowie knapp *Morlok*, in: Dreier, GGK II, Art. 38 Rn. 110. Plastisch Datenhandbuch Bundestag II, 2081 ff.
[252] Verfassungskonform lt. BVerfGE 6, 130 (144).
[253] Siehe BVerfGE 34, 81 (100 f.).
[254] Derzeit zugrunde gelegt in § 6 Abs. 2 S. 2–7 BWahlG.

Zugleich entspricht es (guter) parlamentarischer Übung, den **Vorsitz** in den Ausschüssen zu verteilen, also auch die Opposition zu bedenken. Traditionell wird etwa der Haushaltsausschuss (zum Budgetrecht → Rn. 12 f.) von einem Mitglied der Opposition geführt; diese Tradition wird teils bereits als Gewohnheitsrecht eingestuft[255]. Wie dargelegt (→ Rn. 58), haben fraktionslose Abgeordnete nur beratendes Stimmrecht und keinen Anspruch auf einen Sitz im Ausschuss ihrer Wahl (vgl. § 57 Abs. 2 S. 2 GOBT).

6. Präsidium und Ältestenrat

Während das Präsidium im Grundgesetz zumindest angesprochen wird (vgl. Art. 40 Abs. 1 S. 1 GG), geht der Ältestenrat erst aus der Geschäftsordnung hervor (§ 6 GOBT), die auch das **Präsidium** näher ausgestaltet (§§ 2, 5, 7 ff. GOBT)[256]. Dieses besteht nach § 5 GOBT aus dem Präsidenten sowie seinen Stellvertretern. Nach § 2 Abs. 1 S. 2 GOBT ist jede Fraktion durch mindestens einen solchen Vizepräsidenten im Präsidium vertreten. Diese Regelung ist im Sinne der Gleichheit der Abgeordneten (und damit auch der Fraktionen; → Rn. 69 ff.) an sich unmittelbar einleuchtend, wirft aber ein Problem auf: Die Mitglieder des Präsidiums werden gewählt und benötigen dabei – wie der Bundeskanzler – die Stimmen der Mehrheit der Mitglieder des Bundestages i. S. v. Art. 121 GG (→ Kap. 11 Rn. 52 ff.). Was tun, wenn die Mehrheit nicht erreicht wird, weil die Parlamentarier – etwa in Ansehung von Mitgliedern der AfD – „Berührungsängste" haben? Immerhin sind sie in der Abstimmung frei und nur ihrem Gewissen unterworfen.

75

> Das theoretische **Problem** ist unlängst im Landtag von Nordrhein-Westfalen praktisch geworden. Dort hatten die „Piraten" in der vergangenen Legislaturperiode zunächst einen Vizepräsidentenposten erhalten. Nach dem Rücktritt dieses Abgeordneten stellte die Fraktion mehrere Bewerber zur Wahl, die von der Parlamentsmehrheit jedoch schlicht als nicht akzeptabel einstuft wurden. Die darob erhobene Klage der „Piraten" blieb vor dem Landesverfassungsgericht ohne Erfolg: Erstens gibt es auf Landesebene keine Vorschrift, die § 2 Abs. 1 S. 2 GOBT entspricht, und zweitens sind die Abgeordneten nun einmal frei – wer Bewerber aufstellt, die nicht satisfaktionsfähig sind, muss auch das Risiko tragen, dass sie in der Abstimmung „durchfallen"[257].

Die **Aufgaben** des Präsidiums sind in den §§ 7 f. GOBT gebündelt[258]; es kommen zahlreiche Bestimmungen aus der gesamten Geschäftsordnung hinzu. Der Präsident und seine Stellvertreter vertreten danach den Bundestag und regeln seine Geschäfte (§ 7 Abs. 1 S. 1 GOBT). Das ist wichtig für den Verfassungsprozess; namentlich im Organstreitverfahren vertritt der Präsident entweder den Bundestag, sofern dieser in seiner Gesamtheit Partei ist, oder tritt als Organteil mit eigenen Rechten i. S. v. § 63 BVerfGG auf, wenn etwa ein einzelner Abgeordneter gegen eine seiner Maßnahmen aufbegehrt (→ Kap. 17 Rn. 28). Der Präsident übt ferner das Hausrecht und die Polizeigewalt im Bundestag aus (Art. 40 Abs. 2 S. 1 GG; § 7 Abs. 2 S. 1 GOBT); dazu untersteht ihm eine eigene Polizei, die in der Sache aus abgeordneten Beamten der Bundespolizei besteht[259]. Dies dient der Abschirmung des Bundestages gegenüber der

---

[255] *Winkelmann*, in: Morlok/Schliesky/Wiefelspütz, Parlamentsrecht, § 23 Rn. 37.
[256] Dazu – außer den Kommentierungen von Art. 40 GG – *Blum*, in: Morlok/Schliesky/Wiefelspütz, Parlamentsrecht, § 21 Rn. 1 ff., 46 ff.
[257] VerfGH NRW NVwZ-RR 2017, 217 – *Piraten*. Fragwürdig ist, dass der VerfGH insgesamt zur Unzulässigkeit kam, zur Begründung dieses Ergebnisses aber im Original über 20 Seiten brauchte.
[258] Näher *Blum*, in: Morlok/Schliesky/Wiefelspütz, Parlamentsrecht, § 21 Rn. 1 ff.
[259] Zur Polizei beim Deutschen Bundestag *Igel/Feldkamp*, ZParl 44 (2013), 126 ff.; am Beispiel des Landes Hessen auch monographisch *Günther*, Hausrecht und Polizeigewalt des Parlamentspräsidenten, 2013.

Exekutive und damit der Gewaltenteilung (→ § 6 Rn. 5 ff.). Im Kern der Aufgaben des Präsidiums steht schließlich die **Sitzungsleitung** nach § 8 GOBT[260].

76 Der **Ältestenrat** besteht nach § 6 Abs. 1 S. 1 GOBT aus dem Präsidenten, seinen Stellvertretern sowie 23 weiteren Mitgliedern, die von den Fraktionen nach dem Schlüssel von § 12 GOBT (→ Rn. 69 ff.) benannt werden[261]. Während das Präsidium die eher formalen Leitungsaufgaben übernimmt, dient der traditionsreiche Ältestenrat der „Verständigung" zwischen den Fraktionen (§ 6 Abs. 2 S. 2 GOBT). Namentlich erwähnt sind die Besetzung der Ausschussvorsitzenden (§ 6 Abs. 2 S. 2; → Rn. 74) sowie die Verteilung der Redezeiten (§ 35 Abs. 1 S. 1 GOBT; → Rn. 58). Beide Beispiele belegen, dass es letztlich um die tatsächliche Zuteilung von Einfluss geht. Die weiteren Aufgaben ergeben sich aus § 6 Abs. 3 u. 4 GOBT und sind weniger spektakulär.

II. Struktur und Arbeitsweise des Europäischen Parlaments

77 Das Europäische Parlament soll im Folgenden nicht in gleicher Dichte wie der Bundestag besprochen werden[262]. Das ist auch gar nicht nötig, weil sich schnell herausstellt, dass es weitgehend **strukturanalog** zum Bundestag arbeitet. Es folgt daher nur eine geraffte Darstellung der Art. 223 AEUV sowie der Geschäftsordnung, die diese Analogien herausarbeitet und auf die verbleibenden Unterschiede hinweist.

Der **Status** der Abgeordneten geht im Kern aus dem Abgeordnetenstatut hervor; ergänzend kommen der Direktwahlakt sowie das deutsche Europaabgeordnetengesetz hinzu (→ Rn. 2)[263]. Hervorhebung verdienen die folgenden Positionen:
- Die Abgeordneten sind **unabhängig** und weisungsfrei (Art. 6 Abs. 1 Direktwahlakt; Art. 2 GOEP; Art. 2 Abs. 1 Abgeordnetenstatut); dieser Status wird durch das Protokoll Nr. 7 über Vorrechte und Befreiungen der Europäischen Union im Sinne der **Indemnität** und **Immunität** (→ Rn. 61 f.) geschützt[264].
- Mindestens 25 Abgeordnete können sich zu **Fraktionen** zusammenschließen, die wie im Bundestag die zentralen Akteure für die parlamentarische Tätigkeit sind (Art. 30 GOEP; → Rn. 69 ff.). Die derzeit acht Fraktionen orientieren sich nicht an nationalen, sondern an politischen Grenzen; der Europäische Gerichtshof hat hingegen die Bildung „gemischter" Fraktionen untersagt, die offen die politische Zusammengehörigkeit zwischen ihren Mitgliedern verneinen[265].

---

[260] Einzelheiten bei *Blum,* in: Morlok/Schliesky/Wiefelspütz, Parlamentsrecht, § 21 Rn. 16 ff.
[261] Näher wiederum *Blum,* in: Morlok/Schliesky/Wiefelspütz, Parlamentsrecht, § 21 Rn. 51 ff.
[262] Im ersten Zugriff *Bieber,* in: Schulze/Zuleeg/Kadelbach, Europarecht, § 1 Rn. 22 ff.; *Ruffert,* in: Morlok/Schliesky/Wiefelspütz, Parlamentsrecht, § 42 Rn. 29; *Kotzur,* in: Geiger/Khan/ders., EUV/AEUV, Art. 223 AEUV Rn. 12 ff.
[263] Näher *Böttger,* EuR 37 (2002), 898 ff.; *Uppenbrink,* Das Europäische Mandat – Status der Abgeordneten des Europäischen Parlaments, 2004 sowie *Fleuter,* Mandat und Status des Abgeordneten im Europäischen Parlament, 1991.
[264] Fundstelle zur aktuellen konsolidierten Fassung: ABl. 2012 C 326, 266; siehe ursprünglich auch BGBl. 1965 II, 1482. Die Indemnität ist nunmehr in Art. 8, die Immunität in Art. 9 geregelt.; vgl. ferner § 5 EuAbgG. Zum notwendigen Zusammenhang mit der Ausübung des Mandats EuGH C-163/10, ECLI:EU:C:2011:543 – *Patriciello.*
[265] EuG, T-222/99, T-327/99 u. T-329/99, Slg. 2001, II-2823 – *Martinez.*

E. Klausurhinweise

Kapitel 9 vereint echte „Klausurklassiker" mit Fragen, die wie das Budgetrecht ausdrücklich nicht geprüft werden dürfen, aber für das Verständnis der Funktion eines Parlaments wichtig sind. Was sind die **Klassiker?** Unbedingt hierher gehören die folgenden Konstellationen, die regelmäßig zum Gegenstand von Prüfungen gemacht werden:
– Wahl und Abwahl von Bundeskanzler und Kommission
– Kontrolle der Exekutive durch Frage- und Untersuchungsrecht
– Wahlgrundsätze; hier hat zuletzt namentlich die Gleichheit der Wahl (Stichwort: Sperrklauseln) im Mittelpunkt des Interesses gestanden
– Konflikte zwischen einzelnen Abgeordneten und Fraktionen bzw. den Fraktionen und dem Parlament.

Dabei gilt erneut, dass die konkrete Relevanz vom „Tagesgeschäft" abhängt. Das kann nicht heißen, dass man sämtliche Entscheidungen des Bundesverfassungsgerichts und des Europäischen Gerichtshofes zur Kenntnis nimmt. Konkreter Hinweis dazu: Die Gerichte publizieren auf ihren Internetseiten Pressemitteilungen, denen man gut entnehmen kann, welche ihrer Entscheidungen sie selbst für wichtig halten. Sichtet man diese vor einer anstehenden Prüfung, so stehen die Chancen einigermaßen gut, dass man die wirklich relevanten Urteile nicht übersieht.

Die Prüfungsrelevanz der Themenkomplexes „Parlament" belegt zuletzt das reichhaltige Angebot an einschlägigen jüngeren Fallbearbeitungen:

M. Bäumerich/B. Fadavian, Grundfälle zum Gesetzgebungsverfahren, in: JuS 2017, S. 1067 ff.
M. Bäumerich, Grundfälle zu den Gesetzgebungskompetenzen, in: JuS 2018, S. 123 ff.
T. P. Holterhus, Anfängerklausur – Öffentliches Recht: Staatsorganisationsrecht – Der beobachtete Abgeordnete, in: JuS 2014, S. 233 ff.
T. P. Holterhus, Anfängerklausur – Öffentliches Recht: Staatsorganisationsrecht – Entrechtete Opposition, in: JuS 2016, S. 711 ff.
B. Huggins/J. Hölting, „Die strenge Parteivorsitzende", in: Ad Legendum 2018, S. 41 ff.
S. Jürgensen/E. Sokolov, Anfängerklausur – Öffentliches Recht: Staatsorganisationsrecht – Freund, Feind, Fraktionsfreund, in: JuS 2018, S. 36 ff.
A. Kulick/M. Bendisch, Anfängerklausur – Öffentliches Recht: Staatsorganisationsrecht, Grundrechte und Verfassungsprozessrecht – Verlust der Abgeordnetenimmunität, in: JuS 2017, S. 1181 ff.
B. Kümper, Anfängerhausarbeit – Öffentliches Recht: Verfassungsrecht – Ausschluss aus dem Landtag, in: JuS 2015, S. 1087 ff.
L. Lammers/S. Lehmann, Immun gegen Durchsuchungen?, in: JA 2015, S. 526 ff.
M. W. Müller, Can't Wait to Get on the Road Again, in: JURA 2017, S. 471 ff.
T. Öller, Anfängerklausur – Öffentliches Recht: Staatsorganisationsrecht – Der Bundeskanzler und die Flüchtlinge, in: JuS 2018, S. 355 ff.
T. Öller, Anfängerklausur – Staatliches Mauttheater, in: JA 2017, S. 443 ff.
M. Pohlmann, Die „geheimen" Kriegswaffenexporte – Klausur zum Staatsorganisationsrecht, in: Verwaltungsrundschau 2016, S. 18 ff.
B. Schmidt/I. Kögel, Demokratie hat ihren Preis!, in: JA 2015, S. 439 ff.
T. Tenostendarp, Eine Frage des Vertrauens, in: Ad Legendum 2017, S. 32 ff.
E. V. Towfigh/K. Schönfeldt, Fraktionslos – rechtslos?, in: Jura 2016, S. 1321 ff.

Kapitel 10. Gubernative Organe mit Gesetzgebungsfunktionen

Literatur: *H. H. Klein,* Der Bundesrat der Bundesrepublik Deutschland – die "Zweite Kammer", AöR 108 (1983), 329 ff.; *D. Wyduckel,* Der Bundesrat als Zweite Kammer. Zur verfassungsrechtlichen Stellung des Bundesrats im Gesetzgebungsverfahren, DÖV 1989, 181 ff.; *R. Dolzer/M. Sachs,* Das parlamentarische Regierungssystem und der Bundesrat – Entwicklungsstand und Reformbedarf, in: VVDStRL 58 (1999), S. 7 ff., S. 39 ff.; *T. Hebeler,* Verfassungsrechtliche Stellung und Funktion des Bundesrates, JA 2003, 522; *R. Herzog,* Stellung des Bundesrates im demokratischen Bundesstaat, in: J. Isensee/P. Kirchhof, Handbuch des Staatsrechts der Bundesrepublik Deutschland, Band III, 3. Aufl. 2005, § 57; *S. von Alemann,* Der Rat der Europäischen Union: Seine Stellung im institutionellen Gefüge des europäischen Mehrebenensystems und sein Beitrag zur demokratischen Legitimation der Europäischen Union, 2009; *H. Wedemeyer,* Mehrheitsbeschlussfassung im Rat der Europäischen Union. Rechtliche Grundlagen, praktische Umsetzung und ihre Folgen für die Vertretung nationaler Interessen, 2008.

A. Bundesrat und Rat der EU als Ausdruck von Gewalten- und Ebenenverschränkungen

I. Strukturelle Gemeinsamkeiten zwischen Bundesrat und Rat der EU

1 Mit dem Bundesrat auf Bundesebene und dem Rat auf EU-Ebene bestehen zwei Verfassungsorgane, deren Bezeichnung und vor allem deren Zusammensetzung und deren Funktionen erhebliche **Parallelen** aufweisen[1]: mit Regierungsmitgliedern besetzt, primär mit Gesetzgebungsfunktionen betraut. Mit ihren legislativen Hauptfunktionen treten der Bundesrat und der Rat der EU neben die direkt gewählten Parlamente. Anders als beispielsweise in Großbritannien entstehen dadurch aber keine Zwei-Kammer-Parlamente[2], sondern Verfassungsordnungen mit jeweils zwei eigenständigen Organen, die mit unterschiedlichen Kompetenzen an den Gesetzgebungsverfahren beteiligt sind.

2 Neben dieser Verschränkung der Gewalten im Verhältnis von Legislative und Exekutive bewirkt die Existenz von Bundesrat und Rat eine zweite Verschränkung: eine **Ebenenverschränkung** zwischen Bund und Ländern bzw. zwischen EU und Mitgliedstaaten. Denn der Bundesrat ist zwar mit Mitgliedern der Landesregierungen besetzt; er ist aber ein Verfassungsorgan des Bundes und nimmt seine Funktionen dementsprechend auf Bundesebene wahr. Ebenso ist der Rat zwar mit Regierungsvertretern der Mitgliedstaaten besetzt; es handelt sich aber um ein EU-Organ, das seine Funktionen auf EU-Ebene ausübt.

---

[1] Deutlich zurückhaltender *Bauer,* in: Dreier, GG Art. 50 Rn. 11, der von „allenfalls ansatzweise vergleichbare[n] Strukturen" spricht.

[2] Zum Bundesrat insoweit BVerfGE 37, 363 (380) = NJW 1974, 1751 (1751). Zur Diskussion auch *Schöbener,* in: BK-GG, Art. 50 (Bearb. 2010) Rn. 15 ff.

Grafisch können die **Ebenen- und Gewaltenverschränkungen** durch Bundesrat und Rat der EU folgendermaßen dargestellt werden:

Ebenen- und Gewaltenverschränkung durch den Bundesrat

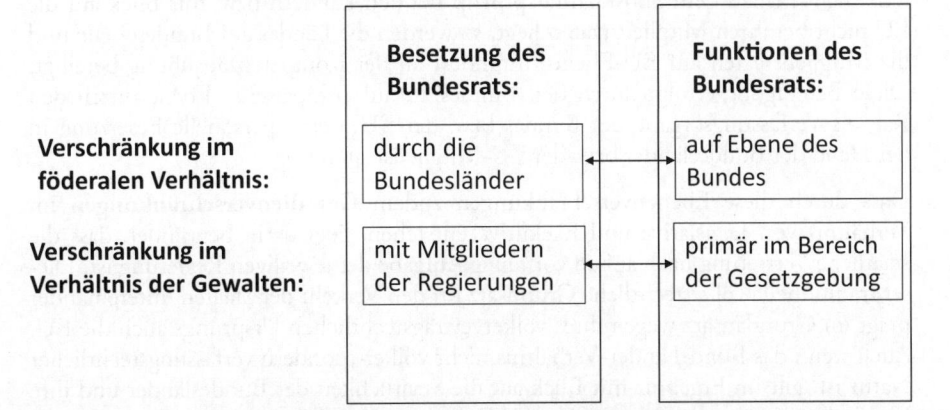

	Besetzung des Bundesrats:	Funktionen des Bundesrats:
Verschränkung im föderalen Verhältnis:	durch die Bundesländer	auf Ebene des Bundes
Verschränkung im Verhältnis der Gewalten:	mit Mitgliedern der Regierungen	primär im Bereich der Gesetzgebung

Ebenen- und Gewaltenverschränkung durch den Rat der EU

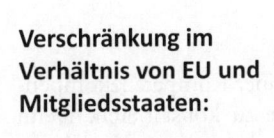

	Besetzung des Rats der EU:	Funktionen des Rats der EU:
Verschränkung im Verhältnis von EU und Mitgliedsstaaten:	durch die EU-Mitgliedsstaaten	auf Ebene der Europäischen Union
Verschränkung im Verhältnis der Gewalten:	mit Mitgliedern der Regierungen	primär im Bereich der Gesetzgebung

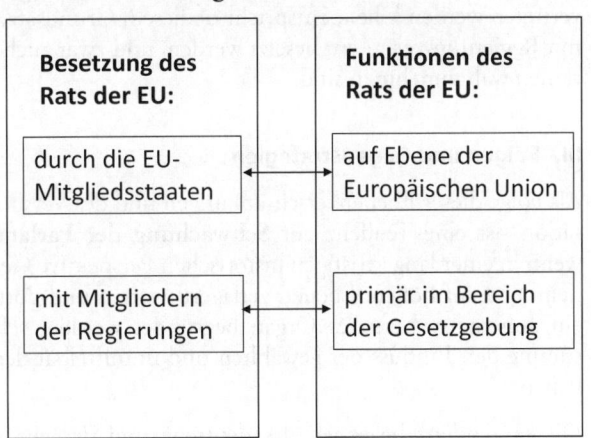

Diese strukturellen Ähnlichkeiten bestehen unabhängig davon, dass das **politische Gewicht** der Institutionen sehr unterschiedlich ist: Während der Rat auf europäischer Ebene ein zentrales Organ ist, dessen politische Dominanz gegenüber dem Europäischen Parlament erst nach und nach begrenzt worden ist, ist der Bundesrat im Vergleich zum Deutschen Bundestag ein Verfassungsorgan von nachgeordneter Bedeutung. Das unterschiedliche politische Gewicht zeigt sich bereits in der Formulierung der zentralen Verfassungsbestimmungen: Der Rat legt die Politik der EU fest und wird gemeinsam mit dem Europäischen Parlament als Gesetzgeber tätig (Art. 16 Abs. 1 EUV), während der Bundesrat lediglich ein Organ zur Mitwirkung der Bundesländer bei Bundes- und EU-Angelegenheiten ist (Art. 50 GG).

II. Zielsetzung und Gründe der Gewalten- und Ebenenverschränkungen

7   Diese Verschränkungen der Staatsgewalten und der Ebenen dienen der **Kompensation von Kompetenzverlusten** in Mehrebenensystemen: Wenn schon eine Kompetenz nicht gemäß dem Subsidiaritätsprinzip bei den Ländern bzw. mit Blick auf die EU nicht bei ihren Mitgliedstaaten liegt, so werden die Länder auf Bundesebene und die Mitgliedstaaten auf EU-Ebene zumindest an der Kompetenzausübung beteiligt. Diese Beteiligung erfolgt durch den Bundesrat, auf europäischer Ebene durch den Rat, als Verfassungsorgane des Bundes bzw. der EU, deren personelle Besetzung in der Hand der Bundesländer bzw. der EU-Mitgliedstaaten liegt.

8   Dass durch diese Ebenenverschränkungen zudem **Gewaltenverschränkungen** im Verhältnis von Legislative und Exekutive entstehen, liegt darin begründet, dass die staatliche Vertretung nach außen vorrangig Aufgabe der jeweiligen Regierung ist. Dieser traditionelle völkerrechtliche Grundsatz für den Verkehr der Staaten untereinander prägt im Grundansatz wegen ihres völkervertragsrechtlichen Ursprungs auch die EU. Auch wenn das Bund-Länder-Verhältnis nicht völker-, sondern verfassungsrechtlicher Natur ist, gilt im Ergebnis mit Blick auf die Staatlichkeit der Bundesländer und ihre Einbindung in das föderale Gefüge des Grundgesetzes nichts anderes. Wenn also die Bundesländer auf Ebene des Bundes bzw. die EU-Mitgliedstaaten in den EU-Gremien vertreten werden sollen, entspricht es diesem Grundsatz, dass entsprechende Gremien mit Regierungsvertretern besetzt werden, und zwar auch dann, wenn legislative Funktionen wahrzunehmen sind.

III. Folgen und Gegenstrategien

9   Als Folge dieser Ebenenverschränkungen und des Versuchs einer Kompetenzkompensation[3] ist eine Tendenz zur **Schwächung der Parlamente** zu konstatieren. Denn wenn in einer längerfristigen historischen Perspektive Gesetzgebungskompetenzen zunehmend auf höhere Ebenen verlagert werden und dort dann Beteiligungsrechte für ein gubernativ besetztes Organ begründet werden, schmälert dies in der Gesamtsumme den Einfluss der gewählten und unmittelbar demokratisch legitimierten Parlamente.

10 Dieser Tendenz begegnen das deutsche und das europäische Verfassungsrecht dadurch, dass auf Bundes- bzw. EU-Ebene die **Kompetenzen** der Parlamente (Bundestag, EU-Parlament) möglichst gestärkt und die Kompetenzen der gubernativ besetzten Organe (Bundesrat, Rat) beschränkt werden. Auf Bundesebene realisiert sich dies seit Erlass des Grundgesetzes in einem eindeutigen Vorrang des Bundestags bei bloßen Mitwirkungsrechten des Bundesrats. Auf EU-Ebene ist gegenüber der historischen Ausgangsposition mit einer früheren Dominanz des Rates bei bloßen Mitwirkungsrechten des EU-Parlaments mittlerweile in der Regel ein Gleichgewicht der beiden Organe erreicht.

11 Um einer drohenden Schwächung der Parlamente entgegenzuwirken, sehen das EU-Recht und das Grundgesetz zudem ein **Mitwirkungsrecht** der nationalen Parlamente auf EU-Ebene vor. Das führt notwendigerweise dazu, dass die EU-Gesetzgebungsver-

---

[3] Hierzu *Bauer*, in: Dreier, GG Art. 50 Rn. 17.

fahren mit Beteiligung der nationalen Parlamente eine erhöhte Verfahrenskomplexität erhalten. Vergleichbare Mitwirkungsrechte der Landesparlamente auf Bundesebene gibt es nicht: Unter dem Grundgesetz realisieren sich die Mitwirkungsbefugnisse der Länder auf Bundesebene ausschließlich über die Landesregierungen und den Bundesrat.

Zusammenfassende Grafik zu den Erwägungen, aus denen heraus sich die institutionelle Stellung von Bundesrat und Rat der EU im verfassungsrechtlichen Institutionengefüge erklären lässt: 12

Erwägungen zur institutionellen Stellung von Bundesrat und Rat der EU

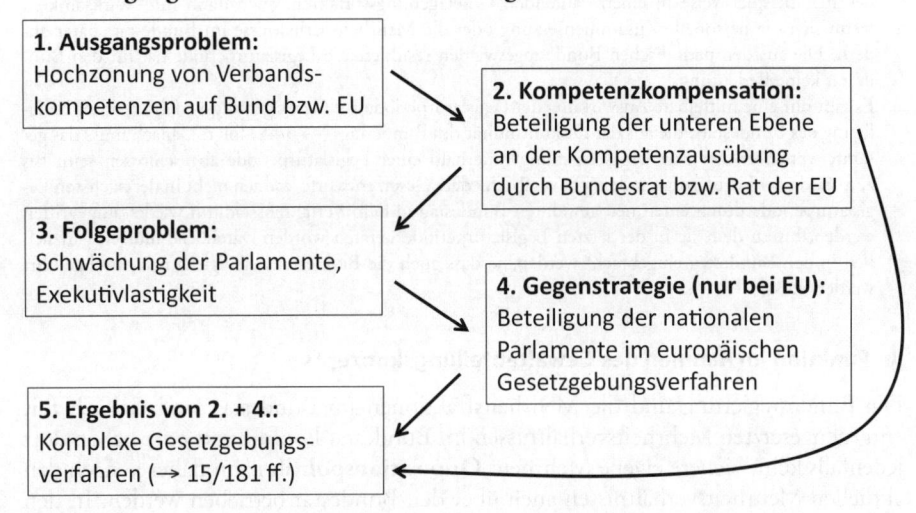

1. **Ausgangsproblem:** Hochzonung von Verbandskompetenzen auf Bund bzw. EU

2. **Kompetenzkompensation:** Beteiligung der unteren Ebene an der Kompetenzausübung durch Bundesrat bzw. Rat der EU

3. **Folgeproblem:** Schwächung der Parlamente, Exekutivlastigkeit

4. **Gegenstrategie (nur bei EU):** Beteiligung der nationalen Parlamente im europäischen Gesetzgebungsverfahren

5. **Ergebnis von 2. + 4.:** Komplexe Gesetzgebungsverfahren (→ 15/181 ff.)

B. Bundesrat

Ungeachtet seiner personellen Besetzung mit Ländervertretern ist der Bundesrat ein **Verfassungsorgan des Bundes,** nicht der Länder[4]. 13

I. Besetzung

Der Bundesrat besteht aus **Mitgliedern der Landesregierungen,** die die Bundesratsmitglieder nach den Vorschriften des jeweiligen Landesverfassungsrechts bestellen und abberufen (Art. 51 Abs. 1 S. 1 GG). Jedes Bundesland hat in Abhängigkeit von seiner Bevölkerungszahl mindestens drei und höchstens sechs Stimmen (Einzelheiten in Art. 51 Abs. 2 GG). Jedes Land kann so viele Mitglieder in den Bundesrat entsenden, wie es Stimmen hat. Der Bundesrat wählt – im jährlichen Turnus unter den Bundesländern wechselnd – einen Ministerpräsidenten zu seinem Präsidenten (Art. 52 Abs. 1 GG). 14

Die Bundesratsmitglieder genießen nicht den verfassungsrechtlichen **Status** der direkt gewählten Parlamentarier des Bundestags (Freiheit des Mandats, Art. 38 Abs. 1 S. 2 15

---

[4] BVerfGE 106, 310 (330) = NJW 2003, 339 (339).

GG; dazu 5/35). Sie üben ihre Funktion im Bundesrat als Mitglieder der Landesregierung aus. Das hat zur Folge, dass Weisungen der Landesregierung zur Ausübung der Funktion im Bundesrat zulässig sind.[5]

16 Im Gegensatz zum Bundestag ist der Bundesrat ein Dauergremium.[6] Seine konkrete personelle Besetzung ändert sich zwar laufend in Abhängigkeit von der Neubildung von Landesregierungen. Ein Wechsel in der personellen Besetzung ändert aber nichts daran, dass das Verfassungsorgan als solches unverändert fortbesteht (**keine Diskontinuität** wie beim Bundestag).

17 **Folgen für das Gesetzgebungsverfahren:** Als Folge dieser Kontinuität behalten Rechtsakte des Bundesrates, beispielsweise in einem laufenden Gesetzgebungsverfahren, auch dann ihre Wirksamkeit, wenn sich die personelle Zusammensetzung oder die Mehrheitsverhältnisse im Bundesrat später ändern. Die aus den periodischen Bundestageswahlen resultierende Legislaturperiode hat für den Bundesrat keine Bedeutung.

Es gibt nur eine mittelbare Auswirkung der Legislaturperiode auf Gesetzgebungsverfahren unter Beteiligung des Bundesrats, die aus der Diskontinuität des Bundestags (→ 5/42) folgt: Danach muss das gesamte Verfahren der Bundesgesetzgebung innerhalb einer Legislaturperiode abgeschlossen sein. Bis zum Ende der Legislaturperiode nicht verabschiedete Gesetzentwürfe können nicht in der nächsten Legislaturperiode durch einen neu gewählten Bundestag in dem Verfahrensstadium wieder aufgegriffen werden, bis zu dem sie in der letzten Legislaturperiode beraten worden waren. Sie müssen gänzlich neu in den Bundestag eingebracht werden, so dass auch die Bundesratsbeteiligung neu durchgeführt werden muss.

II. Funktion im Rahmen des Gewaltenteilungskonzepts

18 Die Bundesregierung und die Mehrheitsfraktionen im Bundestag sind vielfach mit entgegengesetzten Mehrheitsverhältnissen im Bundesrat konfrontiert oder haben dort jedenfalls keine sichere eigene Mehrheit. **Oppositionspolitik** kann daher je nach den aktuellen Mehrheitsverhältnissen auch über den Bundesrat betrieben werden. In den ersten Jahrzehnten der Bundesrepublik waren dies unter den Bedingungen eines stabilen Dreiparteiensystems (Unionsparteien, SPD, FDP) eher Ausnahmesituationen. Sie sind umso häufiger geworden, je mehr sich das Parteienspektrum ausdifferenziert und je größer die Unterschiedlichkeit von Koalitionsbildungen auf Bundes- und Landesebene geworden ist.

19 Das hat die Frage aufgeworfen, ob dies den Bundesrat in verfassungswidriger Weise als Instrument der Opposition instrumentalisiert oder ob ein solches Vorgehen zulässig ist. Die Wahrnehmung der Kompetenzen, die das Grundgesetz dem Bundesrat zuweist, ist eine legitime Ausübung der **verfassungsmäßigen Funktionen** dieses Verfassungsorgans. Sie wird auch dann nicht illegitim, wenn dadurch gegenläufige parteipolitische Interessen im Verhältnis zur Bundesregierung und den Mehrheitsfraktionen im Bundestag verfolgt werden. Nach Art. 50 GG dient der Bundesrat zwar der Mitwirkung der Länder auf Bundes- und EU-Ebene. Dies beschränkt die Landesregierungen aber nicht darauf, im Bundesrat landesspezifische Interessen zu verfolgen, sondern ermöglicht dort auch ein parteipolitisch geprägtes Vorgehen. Ein in dieser Weise agie-

---

[5] Allg. Auffassung, im Umkehrschluss zu erschließen aus Art. 53a Abs. 1 S. 3 und Art. 77 Abs. 2 S. 3 GG; *Pieroth*, in: Jarass/Pieroth, GG Art. 52 Rn. 7; eine nach Landesverfassungsrecht ggfs. zulässige Volksbefragung auf Landesebene kann hingegen nach der Struktur des Bundesrats keine Bindung der Bundesratsmitglieder begründen: BVerfGE 8, 104 ff.

[6] *von der Decken*, in: Schmidt-Bleibtreu et al., GG Art. 50 Rn. 4.

render Bundesrat ist kein Fremdkörper, sondern Teil des vom Grundgesetz geschaffenen Gewaltenteilungssystems und der institutionellen Logik der Aufteilung von Gesetzgebungskompetenzen auf zwei Organe.[7]

Vorwürfe einer Blockadepolitik argumentieren mit der **Idealvorstellung** eines monolithisch handelnden Staates jenseits von Parteipolitik, für deren Tragfähigkeit das Grundgesetz keinen Anhaltspunkt bietet (→ 13/1 ff.). Befürchtungen, divergierende Mehrheitsverhältnisse in Bundestag und Bundesrat könnten zu einer Paralysierung des politischen Systems führen, haben sich in der Verfassungswirklichkeit der vergangenen Jahrzehnte nicht realisiert. Denn einerseits ist das politische System der Bundesrepublik Deutschland nicht durch zwei antagonistische, kompromissunfähige politische Parteien oder Lager geprägt, die in erster Linie Obstruktionspolitik betreiben würden. Andererseits sind die Kompetenzen des Bundesrates so begrenzt und in Verfahrensabläufe eingebunden, dass der Bundesrat die Möglichkeiten der Bundesregierung und der sie tragenden Bundestagsmehrheit zur politischen Gestaltung nicht grundlegend beschneiden kann (insb. Möglichkeit zur Überstimmung eines Bundesratseinspruchs durch den Bundestag nach Art. 77 Abs. 4 GG bei Einspruchsgesetzen; zudem Vermittlungsverfahren nach Art. 77 Abs. 2–3 GG, → 15/159 u. 217 ff.).

20

III. Kompetenzen des Bundesrats

Art. 50 GG umschreibt die Aufgaben des Bundesrats in der Weise, dass durch ihn die Länder bei der Gesetzgebung und Verwaltung des Bundes und in Angelegenheiten der Europäischen Union **mitwirken.** Die einzelnen Kompetenzen des Bundesrats ergeben sich nicht aus dieser Norm, sondern aus den Grundgesetzbestimmungen über das Verfahren der Bundesgesetzgebung (Art. 76 ff. GG), die Ausführung der Bundesgesetze und die Bundesverwaltung (Art. 83 ff.) und die Europäische Union (Art. 23 GG). Daneben sind an verschiedenen Stellen des Grundgesetzes Einzelkompetenzen des Bundesrats normiert.[8]

21

1. Mitwirkung an der Bundesgesetzgebung

Die Kompetenzen des Bundesrats zur Mitwirkung an der Bundesgesetzgebung werden danach differenziert, ob es sich bei dem beratenen Gesetzentwurf um ein **Einspruchsgesetz** handelt (Regelfall) oder ob das Grundgesetz ausnahmsweise anordnet, dass ein Gesetz mit einem entsprechenden Inhalt der Zustimmung des Bundesrats bedarf (**Zustimmungsgesetz**). Solche Regelungen zur notwendigen Zustimmung des Bundesrates finden sich nicht in Art. 50 ff. GG, die nur die institutionellen Regelun-

22

---

[7] Prägnanter Problemaufriss bei *Bauer*, in: Dreier, GG Art. 50 Rn. 20; aus der – häufig schon älteren – Diskussion über die verfassungsgemäße Stellung des Bundesrats im politischen System der Bundesrepublik: *Hans Hugo Klein,* Der Bundesrat der Bundesrepublik Deutschland – die "Zweite Kammer", AöR 108 (1983), 329 ff.; *Wyduckel,* Der Bundesrat als Zweite Kammer. Zur verfassungsrechtlichen Stellung des Bundesrats im Gesetzgebungsverfahren, DÖV 1989, 181 ff.; *Oeter*, Integration und Subsidiarität im deutschen Bundesstaatsrecht. Untersuchungen zur Bundesstaatstheorie unter dem Grundgesetz, 1998, S. 465 ff., *Dolzer/Sachs,* Das parlamentarische Regierungssystem und der Bundesrat – Entwicklungsstand und Reformbedarf, in: VVDStRL 58 (1999), S. 7 ff. bzw. S. 39 ff.; monographisch *Rührmair*, Der Bundesrat zwischen Verfassungsauftrag, Politik und Länderinteressen, 2001, S. 33 ff.

[8] Z. B. Art. 35 Abs. 3 S. 2 GG: Verlangen des Bundesrats, Maßnahmen der Bundesregierung zur Katastrophenhilfe zu beenden. Eine ausführliche Übersicht bei *Korioth,* in: v. Mangoldt/Klein/Starck, GG Art. 50 Rn. 22 f.

gen zum Bundesrat enthalten, sondern im Zusammenhang mit der jeweiligen Sachfrage.

23 **Beispiele:** Nach Art. 96 Abs. 5 GG kann ein Bundesgesetz „mit Zustimmung des Bundesrates" vorsehen, dass Strafgerichtsbarkeit des Bundes für Völkermord etc. durch Gerichte der Länder ausgeübt werden kann. Verfassungsändernde Gesetze bedürfen stets einer Zustimmung des Bundesrats, und zwar mit zwei Dritteln seiner Stimmen (Art. 79 Abs. 2 GG).

24 Bei Einspruchsgesetzen kann ein Einspruch des Bundesrats durch den Bundestag überstimmt werden (Art. 77 Abs. 4 GG). Bei Zustimmungsgesetzen ist die Zustimmung durch den Bundesrat unverzichtbar (im Einzelnen zu den Kompetenzen des Bundesrats im Verfahren der Bundesgesetzgebung → 15/157 ff.).

2. Mitwirkung an der Verwaltung des Bundes

25 Mitwirkungsrechte des Bundesrats im Bereich der Verwaltung werden durch zahlreiche Einzelnormen in den Art. 83 ff. GG normiert. Das Grundgesetz begründet Mitwirkungsrechte für den Bundesrat im Bereich der Verwaltung in der Regel dann, wenn es **Ingerenzrechte des Bundes** in den Bereich der Landesverwaltung statuiert (bspw. Art. 84 Abs. 5, 85 Abs. 2 GG). Der Bundesrat hat dann die Funktion, Landeskompetenzen zu schützen und die Ausübung von Ingerenzbefugnissen des Bundes gegenüber den Landesverwaltungen zu kontrollieren (zu den Einzelheiten → 16/67 ff.).

3. Mitwirkung in EU-Angelegenheiten (Art. 23 Abs. 4–6 GG)

26 Der Bundesrat hat im EU-Gesetzgebungsverfahren das Recht zur **Stellungnahme** (→ 15/175, 215). Zusätzlich zu diesem Recht ist es Aufgabe des Bundesrats, die Vertreter der Bundesländer zu benennen, wenn auf europäischer Ebene die Vertretung der Bundesrepublik Deutschland im Rat nicht durch die Bundesregierung, sondern durch Mitglieder einer Landesregierung wahrgenommen wird. Ob dies der Fall ist, ist nach Art. 23 Abs. 6, 7 GG i. V. m. dem EUZBLG davon abhängig, wie das Grundgesetz für die jeweils im Rat behandelte Materie die Gesetzgebungskompetenzen zwischen Bund und Ländern verteilt (→ 10/38).

IV. Arbeitsweise des Bundesrats

1. Geschäftsordnung

27 Ebenso wie der Bundestag gibt sich der Bundesrat eine **Geschäftsordnung** (Art. 52 Abs. 3 S. 2 GG). Für ihre rechtliche Qualifizierung und ihre Rechtswirkungen gilt dasselbe wie für die Geschäftsordnung des Bundestags (→ 15/192). Das heißt insbesondere, dass reine Geschäftsordnungsverstöße im Gesetzgebungsverfahren ein nach den Regelungen des GG wirksam beschlossenes Gesetz nicht unwirksam machen.

2. Abstimmungsmodalitäten

28 Für Abstimmungen im Bundesrat gilt das **Mehrheitsprinzip** (Art. 52 Abs. 3 S. 1 GG). Dass die Gesamtstimmenzahl im Bundesrat verfassungsrechtlich vorgegeben ist (Art. 51 Abs. 2 GG), führt dazu, dass für alle Abstimmungen eine absolute Mehrheit erforderlich ist, weil sich Enthaltungen bei feststehender Stimmenzahl wie Gegenstimmen auswirken. Bei Verfassungsänderungen besteht das Erfordernis einer Zwei-Drittel-Mehrheit (Art. 79 Abs. 2 GG).

Für die Abstimmungsverhältnisse kommt es nicht auf die in einer Bundesratssitzung 29
anwesende Zahl von Landesministern, sondern auf die **Stimmenzahl** des Bundeslandes an, weil die Stimmen für ein Land nur einheitlich abgegeben werden können
(Art. 51 Abs. 3 S. 2 GG). Der Zwang zu einheitlicher Stimmabgabe resultiert daraus,
dass die Bundesratsmitglieder nicht ein freies Mandat wie die Bundestagsabgeordneten nach Art. 38 Abs. 1 S. 2 GG wahrnehmen, sondern als Mitglieder der Landesregierung handeln.

Als Folge dieser Regelungen werden die **Mehrheitsverhältnisse** in den Landtagen 30
nicht eins zu eins im Bundesrat abgebildet: Oppositionsparteien, die zwar eine Landtagsfraktion bilden, aber an der Landesregierung nicht beteiligt sind, haben auf die
Stimmabgabe ihres Bundeslandes im Bundesrat keinen Einfluss. Koalitionsregierungen ist es bei Meinungsverschiedenheiten innerhalb der Landesregierung verwehrt,
die Stimmen ihres Landes zu splitten.[9] Üblicherweise sehen Koalitionsvereinbarungen
auf Landesebene daher vor, dass sich das Bundesland der Stimme enthält, wenn innerhalb der Landesregierung kein Konsens über das Abstimmungsverhalten erzielt werden kann.

C. Rat der EU

I. Bezeichnung

Das europäische Primärrecht bezeichnet das in diesem Abschnitt behandelte EU-Organ, das wie der Bundesrat ein gubernativ besetztes Organ mit legislativen Hauptfunktionen ist, schlicht als **„Rat"** (Art. 16 EUV, Art. 237 ff. AEUV). Zur besseren Abgrenzung gegenüber zahlreichen anderen und höchst unterschiedlichen Gremien mit der Bezeichnung Rat (Rat als Organ einer Gemeinde[10] im Kommunalrecht, Rat der EKD in der Kirchenorganisation etc.) sind in seiner Selbstdarstellung[11] und im allgemeinen Sprachgebrauch auch andere Bezeichnungen gebräuchlich: 31
- „Rat der Europäischen Union",
- „Rat der EU",
- „Ministerrat", eigentlich die Bezeichnung des Vorgängerorgans des heutigen Rates im damaligen EGKS-Vertrag von 1952, wegen Anschaulichkeit aber nach wie vor auch für den heutigen Rat gebräuchlich.

Diese Zusätze zur offiziellen Bezeichnung, die auch in anderen EU-Amtssprachen üblich sind, sind unproblematisch, solange dadurch **keine Verwechselung** mit dem zweiten EU-Organ, dem Europäischen Rat (→ 11/91 ff.), oder mit dem Europarat als eigenständiger völkerrechtlicher Institution neben der EU entsteht. 32

---

[9] Instruktiver und viel diskutierter Fall, der allerdings mit unklaren und widersprüchlichen Stimmabgaben im Bundesrat eine sehr spezielle Konstellation betrifft, die in dieser Form vermutlich nicht ein zweites Mal vorkommen wird (und daher kaum klausurgeeignet sein dürfte): BVerfGE 106, 310 (330ff.).
[10] Nach §§ 40 ff. GO NRW offiziell ebenfalls schlicht „Rat", daneben je nach Landesrecht und Sprachgebrauch auch Gemeinderat/Stadtrat.
[11] www.consilium.europa.eu.

II. Organisation des Rates

1. Zusammensetzung und Vorsitz

33 Der Rat besteht aus einem **Vertreter jedes Mitgliedsstaats** auf Ministerebene (Art. 16 Abs. 2 EUV). Die frühere Bezeichnung als Ministerrat hat also nach wie vor eine sachliche Berechtigung. Der Vorsitz wechselt alle sechs Monate zwischen den Mitgliedstaaten.

2. Ratsformationen in Abhängigkeit von der behandelten Materie

34 Der Rat tagt nach Art. 16 Abs. 6 EUV in Abhängigkeit vom jeweils behandelten Politikbereich in verschiedenen Zusammensetzungen (auch **Ratsformationen** oder **Ratskonfigurationen** genannt). Die Ratsformationen für „Allgemeine Angelegenheiten" und „Auswärtige Angelegenheiten" sind primärrechtlich durch Art. 16 Abs. 6 EUV festgelegt. Die Liste der übrigen Zusammensetzungen wird vom Europäischen Rat nach Art. 236 AEUV beschlossen. Gegenwärtig bestehen zehn Ratsformationen, beispielsweise für „Wirtschaft und Finanzen", für „Justiz und Inneres" und für „Umwelt".

35 Hinweis zur Bedeutung der Unterscheidung verschiedener Ratsformationen: Jede Ratsformation kann die primärrechtlichen Kompetenzen des Rates wahrnehmen. Es gibt als EU-Organ nach Art. 16 EUV nur einen Rat, nicht zehn verschiedene Räte.[12] In welcher Formation der Rat gehandelt hat, wird konsequenterweise bei rechtsverbindlichen Beschlüssen, insbesondere im EU-Gesetzgebungsverfahren, nicht eigens benannt. Ein Verstoß gegen die interne Aufgabenaufteilung zwischen den verschiedenen Ratsformationen ist für die Rechtsverbindlichkeit eines Beschlusses ohne Relevanz. In Klausuren genügt es daher, die Zuständigkeit des Rates als solchem festzustellen.

36 Für diejenigen EU-Mitgliedstaaten, deren Währung der Euro ist („Euro-Gruppe"), besteht eine besondere Ratsformation mit besonderen Kompetenzen für die Wirtschafts- und Währungsunion einschließlich des Europäischen Stabilitätsmechanismus. Diesem Rat gehören nur die Finanzminister der Euro-Staaten an (Art. 136 AEUV), die sich für eine Amtszeit von zweieinhalb Jahren einen Präsidenten wählen. Die **Finanzminister der Euro-Gruppe** tagen üblicherweise einen Tag vor dem Treffen des Rates „Wirtschaft und Finanzen", der die Minister aus allen EU-Mitgliedstaaten umfasst.

3. Landesminister als deutsche Vertreter im Rat

37 Die Vertreter der Mitgliedstaaten im Rat werden durch den jeweiligen Mitgliedstaat in Abhängigkeit von der Struktur der eigenen Regierung benannt. Es muss sich dabei nicht zwingend um einen Minister der jeweiligen nationalen Regierung handeln. Mit Blick auf föderale Mitgliedstaaten ermöglicht Art. 16 Abs. 2 EUV es den einzelnen EU-Mitgliedstaaten auch, sich im Rat durch einen **Landesminister** vertreten zu lassen, sofern ein solcher Landesminister nach den staatlichen Regelung des betreffenden Mitgliedstaates für die Regierung des von ihm vertreten Mitgliedstaates verbindlich handeln und das Stimmrecht ausüben kann.[13]

38 Das Grundgesetz schafft die Voraussetzungen, damit die Bundesrepublik Deutschland von dieser Möglichkeit Gebrauch machen kann. Dabei sind in Abhängigkeit von der

---

[12] *Epping*, in: Vedder/Heintschel von Heinegg, Europ. Unionsrecht Art. 16 Rn. 31.
[13] *Calliess*, in: Calliess/Ruffert, EUV/AEUV Art. 16 EUV Rn. 9.

innerstaatlichen Kompetenzverteilung verschiedene Konstellationen zu unterscheiden:
- Gemäß Art. 23 Abs. 4 GG, § 4 Abs. 1 EUZBLG sind vom Bundesrat benannte Vertreter der Länder an den Beratungen der Bundesregierung zur **Festlegung der deutschen Verhandlungsposition** zu beteiligen. Als Vertreter der Länder kommen dabei Mitglieder aller Landesregierungen in Betracht. Soweit dies möglich ist, sind sie von der Bundesregierung auf Verlangen des Bundesrats zu den Beratungen im Rat hinzuzuziehen (§ 6 Abs. 1 S. 1 EUZBLG). Dabei verbleibt die Verhandlungsführung bei der Bundesregierung (§ 6 Abs. 1 S. 2 EUZBLG).
- Weitergehende Rechte der vom Bundesrat benannten Mitglieder der Landesregierungen bestehen im Bereich der ausschließlichen Gesetzgebungskompetenz der Länder: Sind auf europäischer Ebene bei einer Beratung im Rat im Schwerpunkt ausschließliche Gesetzgebungskompetenzen der Länder auf den Gebieten der **schulischen Bildung,** der **Kultur** und des **Rundfunks** betroffen, so ist die Verhandlungsführung im Rat gemäß Art. 23 Abs. 6 S. 1 GG auf einen vom Bundesrat benannten Vertreter der Länder zu übertragen, der Landesminister sein muss (§ 6 Abs. 2 S. 2 EUZBLG). Dabei ist der Ländervertreter von der Bundesregierung allerdings nicht völlig unabhängig. Gemäß Art. 23 Abs. 6 S. 2 GG, in einfaches Recht umgesetzt durch § 6 Abs. 2 S. 3 EUZBLG, kann er seine Kompetenzen nur unter Beteiligung und in Abstimmung mit der Bundesregierung wahrnehmen. Sie ist also weiter an der Festlegung der deutschen Verhandlungsposition beteiligt. Prozedural besteht die Pflicht, mit der Bundesregierung Einvernehmen herzustellen. Sollte sich ein Einvernehmen nicht herstellen lassen, so hat der Ländervertreter das Letztentscheidungsrecht. Er muss seine Entscheidung jedoch gegenüber der Bundesregierung begründen.
- Für die **übrigen Bereiche** der ausschließlichen Gesetzgebungszuständigkeit der Länder kann der Bundesrat Vertreter benennen, die in Abstimmung mit der Bundesregierung Erklärungen im Rat abgeben können (§ 6 Abs. 2 S. 5 EUZBLG). Dann bleibt es aber, anders als in den Fällen des Art. 23 Abs. 6 GG, bei der Verhandlungsführung durch die Bundesregierung (§ 6 Abs. 2 S. 6 EUZBLG).

III. Kompetenzen des Rates

Die Hauptfunktion des Rates liegt in der **Gesetzgebung,** die er gemeinsam mit dem Europäischen Parlament ausübt, in der Regel gleichberechtigt nach näherer Bestimmung des Art. 294 AEUV über das ordentliche Gesetzgebungsverfahren. Ebenso stellt der Rat gemeinsam mit dem Europäischen Parlament den Haushaltsplan der EU fest[14] (Art. 314 AEUV) und beschließt die Bestimmungen über das System der Eigenmittel und den mehrjährigen Finanzrahmen (besondere Gesetzgebungsverfahren nach Art. 311 und 312 AEUV). 39

Daneben weisen die Unionsverträge dem Rat eine Reihe weiterer Kompetenzen zu: 40
- Gemeinsam mit dem Europäischen Rat (→ 11/91 ff.) und dem Hohen Vertreter für die Außen- und Sicherheitspolitik (→ 11/123 f.) gestaltet der Rat die **Gemeinsame Außen- und Sicherheitspolitik** der EU und fasst dafür die erforderlichen Beschlüsse (Art. 26 Abs. 2 EUV; zur Beschlussfassung Art. 31 EUV).

---

[14] Zu den einzelnen Kompetenzen von Rat und Parlament im Haushaltsrecht der EU: EuGH vom 17.9.2013, ECLI:EU:C:2013:559.

– Der Rat schließt die von der Kommission ausgehandelten **internationalen Abkommen** der EU ab (Art. 218 Abs. 6 AEUV).
– Der Rat **ernennt** die Mitglieder verschiedener Institutionen, nämlich des Rechnungshofs, des Wirtschafts- und Sozialausschusses und des Ausschusses der Regionen.

41 Von diesen Kompetenzen des Rats der EU sind diejenigen Kompetenzen zu unterscheiden, die nach dem Unionsrecht bei den **Regierungen der Mitgliedstaaten** liegen, v. a. bei bestimmten Personalfragen.

42 **Beispiel:** Ernennung der Richter und Generalanwälte des EuGH durch die Regierungen der Mitgliedstaaten im gegenseitigen Einvernehmen (Art. 19 Abs. 2 EUV, 254 Abs. 2 S. 2 AEUV).

43 Derartige Entscheidungen der Regierungen der Mitgliedstaaten werden auf einer **Regierungskonferenz** getroffen, die kein EU-Organ ist, sondern ein Treffen von Ministern der EU-Mitgliedstaaten. Da der Personenkreis des Rats des EU und einer solchen Regierungskonferenz identisch ist, können beide Sitzungen zeitlich unmittelbar aufeinander folgen. Das ändert aber nichts daran, dass die Minister in einem solchen Fall für ihre Mitgliedstaaten und nicht als Rat der EU handeln und demzufolge die Bestimmungen der Verträge über den Rat nicht gelten.

IV. Arbeitsweise, Verfahren und Beschlussfassung

1. Tagungen des Rates

44 Die Tagungen des Rates finden üblicherweise in Brüssel statt, in bestimmten Kalendermonaten stattdessen in Luxemburg. Die drei Ratsformationen für Allgemeine Angelegenheiten, Außenbeziehungen sowie Wirtschaft und Finanzen tagen regelmäßig, üblicherweise monatlich, die übrigen Formationen meist in **Sitzungsrhythmen** von etwa drei Monaten. Im Jahresdurchschnitt ergibt sich dadurch bei Gesamtbetrachtung aller Ratsformationen mehr als eine Ratssitzung pro Woche.

45 Der Rat tagt **öffentlich,** wenn er über Vorschläge für Gesetzgebungsakte berät oder abstimmt (Art. 16 Abs. 8 S. 1 EUV). Öffentliche Sitzungen sind für ein Regierungsorgan an sich unüblich.[15] Der Rat hat die Öffentlichkeit für die Wahrnehmung seiner legislativen Funktionen als Zugeständnis an Forderungen nach mehr demokratischer Transparenz eingeführt.[16]

2. Vorbereitungs- und Unterstützungsgremien

46 Der **Ausschuss der Ständigen Vertreter** (AStV) bereitet die Arbeiten des Rates vor und führt die ihm vom Rat übertragenen Aufträge aus (Art. 240 Abs. 1 AEUV). Ihm gehören die Ständigen Vertreter der Mitgliedstaaten bei der EU an. Der AStV tritt wöchentlich zusammen, arbeitet in zwei Gruppen (AStV II für Außen-, Wirtschafts-, Währungspolitik sowie Justiz und Inneres, AStV I für die übrigen Politikfelder) und mit zahlreichen Fachausschüssen und spezialisierten Arbeitsgruppen. Zur Beurteilung der internationalen Situation in den Bereichen der Gemeinsamen Außen- und Sicher-

---

[15] Vgl. bspw. § 22 Abs. 3 GO BReg: „Die Sitzungen der Bundesregierung sind vertraulich. Insbesondere sind Mitteilungen über Ausführungen einzelner Bundesminister, über das Stimmenverhältnis und über den Inhalt der Niederschrift ohne besondere Ermächtigung des Bundeskanzlers unzulässig."
[16] *Jacqué*, in: von der Groeben/Schwarze/Hatje, Europ. Unionsrecht Art. 16 EUV Rn. 52 ff.

heitspolitik besteht ein Politisches und Sicherheitspolitisches Komitee (PSK) mit Vorsitz durch einen Vertreter des Hohen Vertreters für die Außen- und Sicherheitspolitik. Der Rat wird von einem Generalsekretariat unterstützt, das einem vom Rat ernannten Generalsekretär untersteht (Art. 240 Abs. 2 AEUV).

3. Beschlussmehrheiten

Der Rat fasst seine Beschlüsse mit einfacher Mehrheit, mit qualifizierter Mehrheit oder einstimmig. Die erforderliche Beschlussmehrheit wird durch die primärrechtliche Norm bestimmt, auf deren Grundlage der Rat den konkreten Beschluss fasst. Einfache Mehrheitserfordernisse sind selten. Einstimmigkeitserfordernisse gibt es nur in wenigen, dafür aber wichtigen Sachbereichen. In der Mehrzahl der Sachbereiche reicht heute eine **qualifizierte Mehrheit** im Rat aus. 47

Beispiele: Art. 31 Abs. 1 S. 1 EUV (in der Regel Einstimmigkeit im Bereich der Gemeinsamen Außen- und Sicherheitspolitik); Art. 293 Abs. 1 AEUV (grundsätzlich Einstimmigkeit im Rahmen des ordentlichen Gesetzgebungsverfahrens, allerdings mit der Möglichkeit qualifizierter Mehrheiten in zahlreichen Verfahrensschritten ab der zweiten Lesung nach Art. 294 Abs. 8, 10, 13 AEUV); Art. 311 Abs. 3 AEUV (Einstimmigkeit bei der Festlegung des Systems der Eigenmittel). 48

Unabhängig davon strebt der Rat nach wie vor aus Gründen der Akzeptanz der Entscheidung häufig **Einstimmigkeit** an, nachdem er lange Zeit überhaupt nur einstimmig mit der Folge von Vetorechten handeln konnte. Dem allmählichen Übergang zu qualifizierten Mehrheiten und damit zu einer größeren Handlungsfähigkeit des Rates durch verschiedene Vertragsrevisionen und Absprachen der Mitgliedstaaten untereinander[17] lag stets ein intensives politisches Ringen der EU-Mitgliedstaaten um die Aufgabe von Vetorechten zu Grunde. 49

Art. 238 AEUV regelt die **Stimmengewichtung** im Rat. Die Norm setzt eine Festlegung über die notwendige Abstimmungsmehrheit im Rat voraus und regelt dann im Einzelnen, bei welchen Stimmverhältnissen eine einfache bzw. eine qualifizierte Mehrheit erreicht ist. Für das Erfordernis einer qualifizierten Mehrheit gilt im Grundsatz das Prinzip der doppelten Mehrheit: eine Stimmenmehrheit von mindestens 55 % der Ratsmitglieder, die mindestens 65 % der EU-Bevölkerung vertreten. 50

Lernhinweise: Bereits die Feststellung, ob eine qualifizierte Mehrheit im Rat ausreicht oder Einstimmigkeit erforderlich ist, ist nicht bei allen Kompetenztiteln auf den ersten Blick ersichtlich. Das gilt insbesondere für das EU-Gesetzgebungsverfahren mit dem Regel-Ausnahme-Verhältnis in Art. 293 Abs. 1 und Art. 294 Abs. 8, 10, 13 AEUV, das für andere gesetzesbezogene Beschlussfassungen weitere Modifikationen erfahren kann (bspw. Art. 290 Abs. 2 AEUV, nach dem für die dort geregelte Materie stets die qualifizierte Mehrheit im Rat ausreicht). 51
Im Anschluss daran stellt sich das zweite Problem, dass die Bestimmungen des Art. 238 AEUV zur Berechnung der qualifizierten Mehrheit kompliziert sind. Denn dieser Artikel kombiniert in wenig übersichtlicher Weise (mittlerweile nicht mehr relevante) Übergangsbestimmungen, Regelungen zu Sperrminoritäten und differenzierte Prozentsätze in Abhängigkeit davon, ob dem Ratsbeschluss ein Kommissionsvorschlag zu Grunde liegt oder nicht. Im Einzelfall können daher auch andere als die

---

[17] Unter anderem durch den sog. Luxemburger Kompromiss von 1966, mit dem eine längerfristige Blockade des Ratshandelns wegen eines Streits über die Überwindung des Einstimmigkeitserfordernisses mit dem Kompromiss beigelegt wurde, dass der Rat bei „sehr wichtigen Interessen" eines Mitgliedstaates Einstimmigkeit anstrebe, was in der Praxis auf ein Vetorecht hinauslief. Hierzu knapp *Hix*, in: Schwarze et al., EU-Kommentar Art. 16 Rn. 44.

oben genannten Prozentsätze von 55% der Ratsmitglieder und 65% der Bevölkerung für das Erreichen einer qualifizierten Mehrheit erforderlich werden.[18]
Eine Kenntnis der Einzelheiten ist auch auf Staatsexamensniveau nicht erforderlich. Zum abrufbaren Wissen brauchen nur zwei Punkte zu gehören:
1. Der Rat entscheidet nach den Bestimmungen der Verträge mittlerweile vielfach mit qualifizierter Mehrheit statt einstimmig.
2. Dafür gilt ein System doppelter Mehrheiten in Bezug auf die Ratsmitglieder (Zahl der Staaten) und die von ihnen repräsentierten Bevölkerungen (Zahl der Einwohner).

D. Klausurhinweise

I. Klausurrelevante Themen und Fragestellungen

52 Der **Bundesrat** hat im Vergleich zum Bundestag geringere Kompetenzen und ist von nachgeordneter politischer Bedeutung. Beim **Rat der EU** ist dies anders, doch die Institutionen der EU gehören in der Regel nur im Überblick zum Prüfungsstoff. Es ist daher nicht zu erwarten, dass Einzelheiten der internen Organisation oder des organinternen Beratungsverfahrens des Bundesrats oder des Rats der EU zum Gegenstand von Prüfungsarbeiten werden.

53 Häufiger wird es darauf ankommen, im Rahmen eines Gesetzgebungsverfahrens festzustellen, welche Kompetenzen dem Bundesrat (**Einspruchsrecht** oder **Zustimmungserfordernis**) bzw. dem Rat der EU zustehen (regelmäßig gleichberechtigte Entscheidungsbefugnisse mit dem Europäischen Parlament). In diesem Rahmen kann nicht ausgeschlossen werden, dass Prüfungsarbeiten auch die Abstimmungsmodalitäten und Mehrheitserfordernisse abprüfen. Irgendwelche Zahlenverhältnisse zu diesem Zweck zu lernen, kann gleichwohl nicht empfohlen werden. Dass sich Prüfungsarbeiten auf Kompetenzen von Bundesrat oder Rat der EU jenseits ihrer legislativen Hauptfunktionen beziehen, dürfte unwahrscheinlich sein.

54 Dass über den Bundesrat legitimerweise parteipolitische Oppositionspolitik auch außerhalb spezifischer Landesinteressen betrieben werden darf, ist an sich ein älteres Problem ohne besonders aktuelle Klausurrelevanz. Da dieses Problem die Möglichkeit bietet, Grundfragen des verfassungsrechtlichen Institutionengefüges, des Gewaltenteilungskonzepts und des Staats- und Demokratieverständnisses abzuprüfen, mag ein Prüfungssachverhalt gleichwohl einmal diese Frage aufwerfen.

II. Aufbauhinweise

55 Die Kompetenzen des Bundesrates bzw. des Rates der EU werden in aller Regel in Klausuren vorkommen, deren Schwerpunkt einem **Gesetzgebungsverfahren** gewidmet ist (siehe dazu die Aufbauhinweise und Prüfschemata in Kapitel 15).

---

[18] Vertiefend zu den Mehrheitserfordernissen *Hatje/von Förster*, in: Hatje/Müller-Graff, EnzEuR I § 10 Rn. 121 ff.

Sofern es im Rahmen einer solchen Prüfung auf die Abstimmungsverhältnisse im Rat 56
ankommt, reicht es aus, die Schritte bzw. die Systematik zu kennen, mit denen das
Primärrecht die Abstimmungsmodalitäten im Rat festlegt:
- zunächst Bestimmung der erforderlichen Mehrheit im Rat im einschlägigen Kompetenztitel,
- im Falle der qualifizierten Mehrheit sodann Berechnungsregelungen für die qualifizierte Mehrheit in Art. 238 AEUV.

Kapitel 11. Organe der Exekutive

Literatur: *T. Barczak,* Die parteipolitische Äußerungsbefugnis von Amtsträgern, NVwZ 2015, 1014 ff.; *H. Dreier,* Die drei gängigsten Irrtümer über die Weimarer Reichsverfassung, in: ders., Staatsrecht in Demokratie und Diktatur, 2016, S. 49 ff.; *K. Herrmann,* Staatssekretäre ohne Beamtenverhältnis: organisationsrechtlicher Pragmatismus oder Verstoß gegen Art. 33 Abs. 4 und 5 GG? Verwaltungsarchiv 101 (2010), 377 ff.; *Th. Holzner,* Das Europäische Parlament im Institutionengefüge der EU – Verschiebung der Kräfteverhältnisse infolge der Durchsetzung eines „Spitzenkandidaten" als Kommissionspräsident?, EuR 2015, 525 ff.; *H. Meyer,* Das Prüfungsrecht des Bundespräsidenten: staatrechtliche Argumentation auf dem Prüfstand, JZ 2011, 602 ff.; *Ch. Möllers,* Die drei Gewalten – Legitimation der Gewaltengliederung in Verfassungsstaat, Europäischer Integration und Internationalisierung, 2008; *D. Nickel,* Wahl- und Kreationsfunktionen des Europäischen Parlaments – unter besonderer Berücksichtigung der Einsetzung der Kommission, EuR 2016, 28 ff.; *J. Schemmel,* Die geschäftsführende Bundesregierung, NVwZ 2018, 105 ff.; *F. Schoch,* Prüfungsrecht und Prüfungspflicht des Bundespräsidenten bei der Gesetzesausfertigung, ZG 2008, 209 ff.; *G. Sydow,* Externalisierung und institutionelle Ausdifferenzierung. Kritik der Organisationsreformen in der EU-Eigenadministration, VerwArch. 97 (2006), 1 ff.; *ders.,* Der Europäische Auswärtige Dienst, JZ 2011, 6 ff.; *F. Hoffmeister,* Die Außenvertretung der Europäischen Union im Lichte von acht Jahren Erfahrung mit dem Lissabon-Vertrag – wer ist heutzutage der europäische Außenminister?, ZEuS 2017, 451 ff.

A. Probleme einer Definition der Exekutive

1 Das **Gewaltenteilungsschema** aus Legislative, Exekutive oder Judikative ordnet in einer institutionellen Perspektive alle Organe des Staates bzw. der EU einer der drei Gewalten zu (→ 15/3). Das Schema ist als abschließendes, umfassendes Schema konzipiert. Am abschließenden Ansatz dieser Kategorienbildung ändert sich nichts, wenn statt der institutionellen Perspektive eine funktionale Perspektive eingenommen wird. Die Legislative erscheint dann nicht als Gesetzgeber, sondern als Gesetzgebung, die Judikative nicht als Gerichtsbarkeit, sondern als Rechtsprechung, die Exekutive nicht organisatorisch, sondern von ihren Funktionen her als ausführende Gewalt. Auch in dieser Perspektive lassen sich alle hoheitlichen Funktionen einer der drei Gewalten zuordnen.

2 Hoheitliches Handeln ist indes vielschichtig, die dafür eingerichteten Organe sind im einzelnen sehr unterschiedlich. Eindeutige Zuordnungen sind vor allem zur ersten und zur dritten Gewalt möglich: Parlamente als Legislative, Gerichte als Judikative. Teilweise ist auch die Zuordnung zur zweiten Gewalt nicht zweifelhaft: Verwaltung als Exekutive. Damit ist der Kreis der Staatsorgane und der Organe der EU allerdings nicht erschöpft. Es bleiben vor allem Organe mit unterschiedlichen **Repräsentations-, Regierungs-** und sonstigen **Leitungsfunktionen.** Sie üben keine exekutiven Tätigkeiten in dem Sinne aus, dass sie primär Gesetze ausführen würden. Zugleich sind sie weder gesetzgebend noch rechtsprechend tätig.

3 Grundsätzlich ließe sich dieses Problem durch die Bildung weiterer Kategorien lösen, beispielsweise mit einer Gubernative als regierender Gewalt oder einer eigenständigen auswärtigen Gewalt. Auch wenn es immer wieder Vorschläge für eine Erweiterung der Kategorien gegeben hat, ist das **Dreierschema** heute nahezu unbestritten. Vor allem liegt es Art. 20 Abs. 2 S. 2 GG zu Grunde, und die Zuordnung zu einer der drei Gewalten löst nach Art. 20 Abs. 3 GG unterschiedliche Rechtsfolgen aus. Unter dem Grundgesetz müssen daher alle Staatsorgane einer der drei Kategorien Legislative, Exe-

kutive und Judikative zugeordnet werden, auch wenn dies nicht für alle Staatsorgane mit derselben Eindeutigkeit möglich ist wie bei Parlamenten, Verwaltungsbehörden oder Gerichten.

Die unvermeidbaren Zuordnungsschwierigkeiten können definitorisch gelöst werden, indem eine der drei Kategorien, die Exekutive, als **Auffangkategorie** verstanden wird: Zur Exekutive zählt, was nicht Teil der Legislative oder der Judikative ist (Subtraktionsmethode). Der Nachteil dieser Vorgehensweise besteht darin, dass sie keine positive Bestimmung dessen bietet, was exekutives Handeln oder die Exekutive ausmacht. Eine exakte Definition fällt angesichts der Mannigfaltigkeit exekutiven Handelns auch schwer; allenfalls bleiben Umschreibungen typischer Bereiche der Exekutive ohne definitorische Abgrenzungsschärfe. 4

Begriffsbestimmung der Exekutive 5

Gesamtbereich staatlicher Institutionen und Funktionen

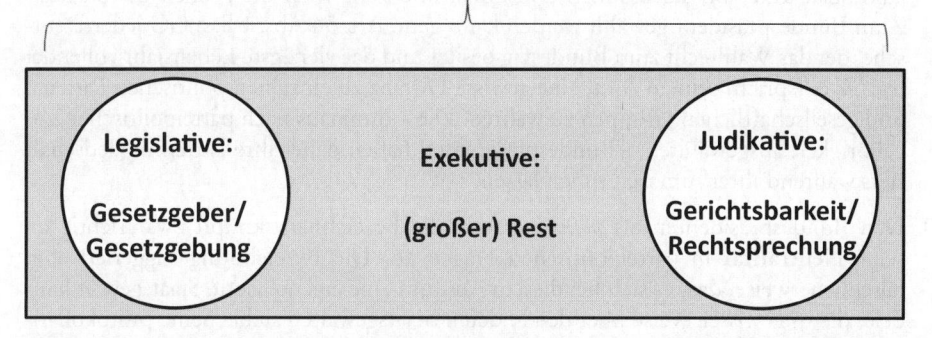

Legislative:	Exekutive:	Judikative:
Gesetzgeber/ Gesetzgebung	(großer) Rest	Gerichtsbarkeit/ Rechtsprechung

Der **Vorteil dieser Negativdefinition** der Exekutive als Auffangkategorie liegt darin, dass in Entsprechung zu Art. 20 Abs. 2 S. 2 GG sämtliche Organe einer der drei Kategorien zugeordnet werden können. Für den Bundespräsidenten wird beispielsweise durch die Zuordnung zur Exekutive verdeutlicht, dass auch er an Recht und Gesetz gebunden ist (Art. 20 Abs. 3 GG) und nicht über dem Gesetz steht (→ 11/20). 6

> **Methodischer Hinweis:** An dieser Diskussion zur Bestimmung der Organe, die der Exekutive zuzuordnen sind, kann eine methodische Frage verdeutlicht werden, nämlich die Unterscheidung zwischen Wortherkunft und juristischer Begriffsbildung: Die Etymologie eines Wortes kann ein hilfreicher Anhaltspunkt für die Begriffsbildung sein, ohne dafür aber von entscheidender Bedeutung oder gar bindend zu sein. So bezeichnet *executio* als (spät-)lateinische Substantivbildung zum Verb *exsequi* die Vollstreckung eines Urteils oder – in der mittelalterlichen und frühneuzeitlichen Kanzleisprache – die Ausführung einer Anordnung. Aus dieser Etymologie des Wortes kann allerdings nicht gefolgert werden, dass Exekutive als verfassungsrechtliche Kategorie auf gesetzesausführende Funktionen beschränkt sein müsse. Vielmehr kann die heutige Begriffsbildung auch unabhängig von der Etymologie erfolgen und Dinge als exekutiv qualifizieren, die mit dem lateinischen Wort nichts zu tun haben.
> Es kommt also nicht darauf an, was das Wort Exekutive „eigentlich" oder „wirklich" heißt, sondern was mit der verfassungsrechtlichen Begriffsbildung erreicht werden soll: nämlich zum Beispiel die Festlegung, dass ein Organ nach Art. 20 Abs. 3 GG gesetzesgebunden ist. 7

Für das Europarecht ist die Bestimmung der Exekutive nicht unionsverfassungsrechtlich determiniert, sondern eine Frage der **wissenschaftlichen Kategorienbildung.** Nur für die Kommission findet sich eine explizite Formulierung in den Unionsverträgen, nach der sie unter anderem Exekutivfunktionen ausübt (Art. 17 Abs. 1 S. 5 8

EUV). Für den Europäischen Rat ist nur negativ bestimmt, dass er nicht gesetzgeberisch tätig wird (Art. 15 Abs. 1 S. 2 EUV). Nach der Subtraktionsmethode legt dies ebenfalls eine Zuordnung zur Exekutive nahe, da der Europäische Rat auch keinerlei Rechtsprechungsaufgaben hat. Der Hohe Vertreter der Union leitet die Gemeinsame Außen- und Sicherheitspolitik der Union (Art. 18 Abs. 2 S. 1 EUV). Wenn man für das EU-Recht nicht eine eigenständige vierte, auswärtige Gewalt begründen möchte, spricht auch hier die Subtraktionsmethode für eine Zuordnung zur Exekutive.

B. Bundespräsident

I. Stellung, Funktion und Kompetenzen

1. Stellung und Funktion

9 Der Bundespräsident repräsentiert als **Staatsoberhaupt** der Bundesrepublik Deutschland Staat und Volk nach außen und innen und verkörpert die Einheit des Staates.[1] Zum Bundespräsident gewählt werden kann gem. Art. 54 Abs. 1 S. 2 GG jeder Deutsche, der das Wahlrecht zum Bundestag besitzt und das vierzigste Lebensjahr vollendet hat. Es entspricht seinem Amt, eine gewisse Distanz zu einzelnen politischen Parteien und gesellschaftlichen Gruppen zu wahren. Die – durchaus nach parteipolitischer Zugehörigkeit ausgewählten – Bundespräsidenten haben daher ihre Parteimitgliedschaft stets während ihrer Amtszeit ruhen lassen.

10 Den Bundespräsidenten als *pouvoir neutre*[2] zu bezeichnen, knüpft zwar richtig an seine **Neutralität** in parteipolitischen Fragen an. Die Bezeichnung suggeriert aber fälschlicherweise, dass es sich bei diesem Amt um eine eigene, vierte Staatsgewalt handele, die in gewisser Weise über den anderen Staatsgewalten stehe. Seine protokollarische Hervorhebung als Staatsoberhaupt begründet eine solche Stellung aber nicht. Vielmehr steht der Bundespräsident „in keinerlei Hinsicht ‚über dem Gesetz'".[3] Er übt seine Funktionen als Teil der Exekutive im Rahmen der ihm durch die Verfassung übertragenen, insgesamt sehr zurückhaltenden Kompetenzen aus.

11 **Historischer Hintergrund:** Das Grundgesetz hat die Stellung und die Kompetenzen des Bundespräsidenten bewusst beschränkt, insbesondere im Vergleich zum Weimarer Reichspräsidenten. Dessen weitreichende Kompetenzen, insbesondere sein in den Jahren um 1933 intensiv genutztes Notverordnungsrecht, galten bei Erarbeitung des Grundgesetzes als einer der Konstruktionsfehler der Weimarer Reichsverfassung, die die Machtübernahme durch die Nationalsozialisten ermöglicht oder jedenfalls begünstigt hätten. Ob dieser Kausalitätszusammenhang so erwiesen werden kann, wird in der historischen Forschung allerdings zunehmend angezweifelt.[4] Es könnte auch sein, dass der damalige Verweis auf Unzulänglichkeiten der Reichsverfassung (und auf eine rechtspositivistische methodische Grundhaltung) bei vielen Juristen in der unmittelbaren Nachkriegszeit vor allem dazu diente, sich als wehrlose Opfer des Nationalsozialismus darzustellen und von eigener Verstrickung abzulenken.
Methodische Folgen für die Grundgesetzinterpretation: Dieser Einwand gegen die Tragfähigkeit des historischen Arguments ändert nichts daran, dass viele Mitglieder des Parlamentarischen Rates zentrale Entscheidungen der Weimarer Reichsverfassung tatsächlich für problematisch hielten und sie als Kon-

---

[1] BVerfGE 136, 323 (332) – NPD Äußerung; vgl. BVerfGE 136, 277 (310f.) – Bundesversammlung; *Pieroth,* in: Jarass/Pieroth, GG Art. 54 Rn. 1; *Heun,* in: Dreier, GG Art. 58 Rn. 11.
[2] Französisch, deutsch: neutrale Gewalt.
[3] BVerfGE 136, 323 (333) – NPD Äußerung.
[4] *Dreier,* Die drei gängigsten Irrtümer über die Weimarer Reichsverfassung, in: ders., Staatsrecht in Demokratie und Diktatur, 2016, S. 49ff. (S. 53ff.).

trastfolie für die Erarbeitung des Grundgesetzes genutzt haben (starke Stellung des Reichspräsidenten, schwacher Föderalismus, fehlende Sicherungen für die Stabilität der parlamentarisch gestützten Regierung etc.). Der historische Wille des Verfassungsgebers lief demnach in der Tat vielfach auf eine Abkehr von Strukturentscheidungen der Weimarer Reichsverfassung hinaus, so dass diese Motivation im Rahmen der historischen Auslegung des Grundgesetzes gut herangezogen werden kann.

2. Kompetenzen

Die Kompetenzen des Bundespräsidenten ergeben sich aus verschiedenen Normen des Grundgesetzes, ggfs. auch unmittelbar aus seiner **Amtsstellung** (Beispiel: Staatssymbolik), ohne dass durch solche unmittelbar aus seiner Amtsstellung abgeleiteten Kompetenzen die verfassungsmäßigen Kompetenzen anderer Staatsorgane beschnitten werden dürfen. Solche gewohnheitsrechtliche Kompetenzen sind daher auch unter dem Aspekt des Demokratieprinzips des Art. 20 Abs. 1, 2 GG nur sehr zurückhaltend anzunehmen.[5] Zu den dem Bundespräsidenten verfassungsrechtlich zugewiesenen Kompetenzen gehören der Abschluss völkerrechtlicher Verträge (Art. 59 Abs. 1 GG), die Ernennung und Entlassung der Mitglieder der Bundesregierung (Art. 63 Abs. 1, 2, 64 Abs. 1 GG), das Begnadigungsrecht (Art. 60 Abs. 2 GG) sowie die Mitwirkung an der Gesetzgebung (Art. 82 Abs. 1 S. 1 GG).

12

Als Staatsoberhaupt obliegt dem Bundespräsidenten nach Art. 59 Abs. 1, 2 GG traditionellerweise die **Vertretung** der Bundesrepublik Deutschlands nach außen. Danach ist der Bundespräsident allerdings nur dazu befugt, die von der Bundesregierung oder der Legislative getroffenen Entscheidungen auf völkerrechtlicher Ebene zu repräsentieren und zu ratifizieren; eine inhaltlichen Ausgestaltung der völkerrechtlichen Verträge obliegt ihm nicht. Auch bei der Ernennung und Entlassung der Mitglieder der Bundesregierung (Art. 63 Abs. 1, 2, 64 Abs. 1 GG) beschränkt sich die Kompetenz des Bundespräsidenten auf die Prüfung der geringen formellen Voraussetzungen, während die politische Entscheidung allein dem Bundeskanzler obliegt. Man spricht daher auch von einer staatsnotariellen Funktion des Bundespräsidenten, die sich auch auf seine Mitwirkung an der Gesetzgebung des Bundes (Art. 82 Abs. 1 S. 1 GG) erstreckt. Einzig im Rahmen seiner Reservefunktion kann der Bundespräsident bspw. bei der Ernennung (Art. 63 Abs. 4 GG) und Entlassung (Art. 68 Abs. 1 S. 1 GG) nach eigenem politischen Ermessen handeln.

13

Zur Erfüllung seiner **Integrations-** und **Repräsentationsaufgaben** ist der Bundespräsident außerdem dazu berechtigt und unter Umständen sogar dazu verpflichtet, sich öffentlich zu äußern. Zwar haben seine Äußerungen aufgrund seiner Position als Staatsoberhaupt besonderes Gewicht, solange diese aber erkennbar einem Gemeinwohlziel dienen und einen Beitrag zur sachlichen Auseinandersetzung liefern, sind sie verfassungsrechtlich zulässig.[6] Dies gilt auch für kritische Äußerungen hinsichtlich sich abzeichnender Missstände und Fehlentwicklungen im Parteienstaat, die sich trotz der parteipolitischen Neutralität notwendigerweise auch auf konkrete Parteien erstrecken dürfen. Erst wenn der Bundespräsident „unter evidenter Vernachlässigung seiner Integrationsfunktion und damit willkürlich Partei"[7] ergreift, ist die Grenze des verfassungsrechtlich zulässigen überschritten. Im Übrigen obliegt es aber dem Bundespräsi-

14

---

[5] Anders *Maurer*, Staatsrecht I, § 15 Rn. 20, der eine gewohnheitsrechtliche Kompetenz des Bundespräsidenten für den Bereich der Staatssymbolik annimmt, soweit ausdrückliche Regelungen fehlen.
[6] BVerfGE 136, 323 (335) – NPD Äußerung.
[7] BVerfGE 136, 323 (336) – NPD Äußerung.

denten, autonom zu entscheiden, ob und wie er sich äußert, wobei ihm ein weiter Gestaltungsspielraum zugestanden wird.[8]

3. Kompetenzausübung: gebundene Entscheidungen, Ermessen, Prüfungsrechte

a) Rechtlich gebundene Handlungspflichten

15 Die Mehrzahl der Kompetenztitel räumt dem Bundespräsidenten kein Ermessen ein; vielmehr ist er üblicherweise zur Vornahme der Amtshandlung verpflichtet. Eine echte inhaltliche Einflussnahme auf staatliche Rechtsakte ist damit regelmäßig ausgeschlossen, allerdings obliegen dem Bundespräsidenten gewisse **Kontrollrechte,** die zumindest die Prüfung des Vorliegens der (verfassungs-) rechtlichen Voraussetzungen umfassen.

16 **Beispiele:** Unter der Prämisse, dass die formellen Ernennungsvoraussetzungen der Vorgeschlagenen vorliegen, ist der Bundespräsident an den Vorschlag des Bundeskanzlers für die Ernennung der Bundesminister gebunden (Art. 64 Abs. 1 GG). Die Auflösung des Bundestages liegt dagegen im pflichtgemäßen Ermessen des Bundespräsidenten (Art. 68 Abs. 1 S. 1 GG).[9]

b) Formelles Prüfungsrecht in Bezug auf Bundesgesetze

17 Fraglich ist, ob der Bundespräsident in Ausnahmefällen dazu berechtigt, ggfs. dazu verpflichtet sein kann, die Vornahme der ihm an sich verpflichtend aufgegebenen Amtshandlung zu verweigern, wenn er sie für verfassungsrechtlich unzulässig hält. Dies setzt voraus, dass ihm auf Grundlage seiner Kontrollfunktion ausnahmsweise auch ein **Prüfungsrecht** zusteht.

18 Bei der Mitwirkung des Bundespräsidenten an der **Gesetzgebung** des Bundes nach Art. 82 Abs. 1 S. 1 GG wird ein solches jedenfalls im Hinblick auf die Überprüfung formeller Voraussetzungen unstreitig bejaht.[10] Der Bundespräsident ist befugt, die Einhaltung der verfassungsrechtlichen Vorschriften des Gesetzgebungsverfahrens zu überprüfen. Dies ergibt sich bereits aus dem Wortlaut des Art. 82 Abs. 1 S. 1 GG. Ebenfalls Einigkeit besteht in der Ablehnung eines **politischen Prüfungsrechts** des Bundespräsidenten[11], da dies eine unzulässige Einmischung in die politische Staatsleitung darstellen würde.

c) Materielles Prüfungsrecht in Bezug auf Bundesgesetze

19 Neben dem formellen Prüfungsrecht des Bundespräsidenten steht ihm im Rahmen von Art. 82 Abs. 1 S. 1 GG nach überwiegender Ansicht auch ein **eingeschränktes materielles Prüfungsrecht** zu.[12] Inhalt der Prüfung ist die Frage, ob ein von ihm auszufertigendes Bundesgesetz materiell mit den Vorschriften des Grundgesetzes vereinbar ist.

20 Weder der Wortlaut noch die systematische Stellung des Art. 82 Abs. 1 S. 1 GG schließen ein solches *per se* aus. Außerdem ist der Bundespräsident wie jedes andere Verfassungsorgan an das **Grundgesetz gebunden** (Art. 1 Abs. 3, 20 Abs. 3 S. 1 GG), er kann also nicht dazu verpflichtet werden, einem verfassungswidrigen Gesetz durch seine Ausfertigung zur

---

[8] BVerfGE 136, 323 (336) – NPD Äußerung.
[9] BVerfGE 114, 121 (148) – Bundestagsauflösung III.
[10] BVerfGE 131, 47 (53) – Call-by-Call; allg. Auffassung, vgl. *Pieroth,* in: Jarass/Pieroth, GG Art. 82 Rn. 3; *Heun,* in: Dreier, GG Art. 82 Rn. 12; *Nierhaus/Mann,* in: Sachs, GG Art. 82 Rn. 7; *Haratsch,* in: Sodan, GG Art. 82 Rn. 7.
[11] Ganz hM; vgl. nur *Stern,* Staatsrecht II, S. 234 f.
[12] Vgl. zu den hier vertretenen Ansichten: *Haratsch,* in: Sodan, GG Art. 82 Rn. 8; *Nierhaus/Mann,* in: Sachs, GG Art. 82 Rn. 8; *Pieroth,* in: Jarass/Pieroth, GG Art. 82 Rn. 3.

Gültigkeit zu verhelfen. Auch der Hinweis auf die vorrangige Kompetenz sowie das Normverwerfungsmonopol (Art. 100 Abs. 1 S. 1 GG) des BVerfG ist nicht tragfähig. Zum einen trifft Art. 100 Abs. 1 S. 1 GG keine Aussage über das Verhältnis des BVerfG zum Bundespräsidenten, sondern bezieht sich nur auf das Verhältnis zu anderen Gerichten. Zudem verwirft der Bundespräsident durch die Verweigerung der Ausfertigung kein geltendes Recht und tritt somit nicht in echte Konkurrenz zum BVerfG.

Fraglich erscheint daher weniger die Feststellung, dass dem Bundespräsident ein materielles Prüfungsrecht zusteht, als die Frage nach dessen **Reichweite.** Die wohl herrschende Meinung begrenzt diese auf evidente und offensichtliche Verfassungsverstöße.[13] Dem unmittelbar demokratisch legitimierten Gesetzgeber stünde eine Einschätzungsprärogative zu, die es dem Bundespräsidenten verbiete, bereits bei bloßen Zweifeln an der Verfassungsmäßigkeit eines Gesetzes dessen Ausfertigung zu verweigern. Dem wird entgegengehalten, dass Art. 20 Abs. 3 S. 1 GG eine umfassende Verfassungsbindung vorsehe, so dass für eine Beschränkung des materiellen Prüfungsrechts keine verfassungsrechtliche Grundlage bestünde.[14] 21

d) Prüfungsrecht am Maßstab des Unionsrechts

Ein Prüfungsrecht des Bundespräsidenten bezüglich der materiellen Vereinbarkeit eines Gesetzes mit dem **Unionsrecht** wird überwiegend verneint. Zwar gilt das in Art. Art. 4 Abs. 3 AEUV normierte Gebot des europafreundlichen Verhaltens auch für den Bundespräsidenten[15], dennoch kommt dem Unionsrecht nur ein Anwendungsvorrang und kein Geltungsvorrang zu. Zudem begrenzt der Wortlaut des Art. 82 Abs. 1 S. 1 GG das Prüfungsrecht auf „Vorschriften dieses Grundgesetzes". 22

Prüfungsrecht des Bundespräsidenten 23

politisches Prüfungsrecht (–)

uneingeschränktes formelles Prüfungsrecht (+)

Bundespräsident

eingeschränktes materielles Prüfungsrecht (+)

unionrechtliches Prüfungsrecht (–)

---

[13] *Pieroth,* in: Jarass/Pieroth, GG Art. 82 Rn. 3; *Nierhaus/Mann,* in: Sachs, GG Art. 82 Rn. 13; *Haratsch,* in: Sodan, GG Art. 82 Rn. 10; zur Diskussion *Schoch,* ZG 2008, 209 ff., einerseits und *Meyer,* JZ 2011, 602 ff. andererseits.

[14] *Butzer,* in: Maunz/Dürig, GG Art. 82 Rn. 201.

[15] Aus diesem Grund für eine europarechtliche Prüfungskompetenz *Neumann,* DVBl. 2007, 1335 (1338 f.), *Schladebach/Koch,* Jura 2016, 355 (358).

24 **Lernhinweis:** Dem Thema „Prüfungsrecht des Bundespräsidenten" wird in Teilen der didaktischen Literatur eine erhebliche Bedeutung zugemessen. Ganz abgesehen von der Terminologie – Inhaber von Staatsämtern üben Kompetenzen aus und nicht persönliche Rechte – kann es sich indes nicht um eine eigenständige Kompetenzkategorie handeln. Es geht vielmehr bei den unter „Prüfungsrecht" diskutierten Konstellationen stets um die Ausübung anderer, rechtlich gebundener Kompetenzen des Bundespräsidenten (Ernennung von Ministern, Ausfertigung von Gesetzen etc.), für deren Ausübung ihm kein Ermessen zukommt. Der Bundespräsident könnte in Ausnahmefällen berechtigt, u. U. sogar verpflichtet sein, die Vornahme der ihm an sich verpflichtend aufgegebenen Amtshandlung zu verweigern, wenn sie (verfassungs-)rechtlich zweifelhaft oder unzulässig sein sollte. Da dies meist nicht auf der Hand liegen wird, stellt sich die Frage, welches Staatsorgan über Zweifelsfälle entscheidet und dafür den behaupteten Verfassungsverstoß prüft: der Bundespräsident vor Vornahme der Amtshandlung oder ggfs. später das BVerfG. Im Rahmen der Kompetenzausübung durch den Bundespräsidenten können demzufolge unter dem Stichwort „Prüfungsrecht" Fragen des Verhältnisses verschiedener Staatsorgane zueinander diskutiert werden.

4. Kompetenzausübung: Gegenzeichnungspflicht

25 In der Ausübung seiner Kompetenzen ist der Bundespräsident üblicherweise an die **Gegenzeichnung** durch den Bundeskanzler oder den zuständigen Bundesminister gebunden (Art. 58 S. 1 GG). Durch diese billigt die Bundesregierung das Handeln des Bundespräsidenten und übernimmt die politische Verantwortung. Da darüber hinaus verhindert wird, dass sich Bundespräsident und Bundesregierung in ihren Positionen diametral gegenüberstehen, wird die Einheitlichkeit der Staatsleitung sichergestellt. Der Bundespräsident wird hingegen von eigenständigen politischen Handlungen mit Entscheidungscharakter ausgeschlossen, im Organstreit sowie im Rahmen von Art. 61 GG bleibt er jedoch rechtlich selbst verantwortlich. Ist eine Gegenzeichnung erforderlich, so erfolgt diese bei rechtlich verbindlichen Akten des Bundespräsidenten grundsätzlich schriftlich, bei sonstigen Akten konkludent durch stillschweigende Billigung.

26 Einer Kontrasignatur bedürfen nach Art. 58 S. 1 GG „Anordnungen und Verfügungen" des Bundespräsidenten. Von diesem einheitlichen **Doppelbegriff**[16] werden unbestritten jedenfalls alle rechtlich verbindlichen und nach außen wirkenden (Organ-)Akte des Bundespräsidenten erfasst, unabhängig von ihrer Form.[17] Teilweise wird die Gegenzeichnungspflicht darüber hinaus auf alle amtlichen und politisch bedeutsamen Handlungen des Bundespräsidenten erstreckt (Reden, Interviews, Stellungnahmen etc.). Inwiefern dies mit der Integrationsfunktion vereinbar und praktisch durchführbar ist, erscheint zumindest fraglich. Eine Grenze der Amtsführung ergibt sich aber jedenfalls aus dem allgemeinen Gebot der Verfassungsorgantreue.

27 Art. 58 S. 2 GG sieht ausdrücklich vier **Ausnahmen** von der Gegenzeichnungspflicht vor, in denen eine Kontrasignatur unmöglich bzw. verfehlt ist. Nach Sinn und Zweck des Art. 58 S. 2 GG ist es zudem erforderlich, weitere Präsidialakte von der Gegenzeichnungspflicht auszunehmen. Hierzu zählen:
– das Verlangen nach der Einberufung des Bundestags (Art. 39 Abs. 3 S. 3 GG),
– der Kanzlervorschlag (Art. 63 Abs. 1, 115h Abs. 2 S. 1 GG),
– der eigene Amtsverzicht sowie
– die Anrufung des Bundesverfassungsgerichts nach Art. 93 Abs. Nr. 1 GG;

---

[16] *Heun*, in: Dreier, GG Art. 58 Rn. 10; *Schenke*, BK Art. 58, Rn. 63.
[17] Allg. Auffassung, vgl. *Herzog*, in: Maunz/Dürig, GG Art. 58, Rn. 21; *Nierhaus*, in: Sachs, GG Art. 58 Rn. 7 f.; vgl. *Pieroth*, in: Jarass/Pieroth, GG Art. 58 Rn. 1.

- Unterlassungen wie auch die Verweigerung förmlicher Rechtsakte (bspw. die Verweigerung der Bundestagsauflösung) sind nach überwiegender Ansicht ebenfalls prinzipiell kontrasignaturfrei.[18]

II. Wahl durch die Bundesversammlung

Der Bundespräsident wird – anders als z. B. die Staatsoberhäupter in Frankreich, Österreich oder Polen – nicht unmittelbar vom Volk, sondern von der **Bundesversammlung** gewählt. Dies ist eine Konsequenz aus den zurückgenommenen Kompetenzen des Staatsoberhaupts. Eine Direktwahl des Bundespräsidenten, die rechtspolitisch immer wieder einmal gefordert wird und durch Verfassungsänderung prinzipiell auch eingeführt werden könnte, wäre ohne eine grundlegende Veränderung des politischen Gewichts des Amtes nicht sinnvoll. Die Amtszeit des Bundespräsidenten beträgt fünf Jahre, Art. 54 Abs. 2 S. 1 GG. Er kann gem. Art. 54 Abs. 2 S. 2 GG nur einmal wiedergewählt werden. 28

Die **Modalitäten** der Bundespräsidentenwahl sind in Art. 54 GG sowie im BPräsWahlG geregelt. Die Bundesversammlung ist ein oberstes Verfassungsorgan, das allein für die Wahl des Bundespräsidenten vom Präsidenten des Bundestags einberufen wird (Art. 54 Abs. 4 S. 2 GG). Ihre Kompetenz beschränkt sich auf die Durchführung des Wahlaktes. Deshalb verfügen die Mitglieder der Bundesversammlung nicht über die gleichen Rechte wie die Abgeordneten des Bundestags, insbesondere haben sie kein aus dem GG ableitbares Rederecht.[19] 29

Nach Art. 54 Abs. 3 GG besteht die Bundesversammlung aus den Mitgliedern des Bundestags und einer gleichen Anzahl von Mitgliedern, die von den Volksvertretungen der Länder gewählt werden. Diese **paritätische Besetzung** der Bundesversammlung mit Vertretern des Bundes und der Länder ist Ausdruck der föderalen Gliederung der Bundesrepublik.[20] Die Delegierten der Länder müssen keine Mitglieder der Landtage sein; in der Staatspraxis wählen die Landesparlamente bisweilen auch prominente Persönlichkeiten in die Bundesversammlung, die kein parlamentarisches Mandat innehaben. Voraussetzung ist lediglich das passive Wahlrecht zum Bundestag (§ 3 BPräsWahlG). Die Zahl der Delegierten der Länder bestimmt sich nach der jeweiligen Bevölkerungszahl des Bundeslands. 30

Die **Wahl** durch die Bundesversammlung erfolgt geheim (§ 9 Abs. 3 S. 1 BPräsWahlG) und ohne vorherige Aussprache (Art. 54 Abs. 1 GG), um Personaldebatten zu vermeiden, die mit der Stellung des Bundespräsidenten als Staatsoberhaupt und Integrationsfigur nicht zu vereinbaren wären. Der Bewerber muss die Stimmen der Mehrheit der Mitglieder der Bundesversammlung auf sich vereinen (Art. 54 Abs. 6 S. 1 GG), erforderlich ist also die absolute Mehrheit. Wird diese im ersten und zweiten Wahlgang nicht erreicht, so genügt im dritten Wahlgang die relative Mehrheit der Stimmen: Gewählt ist dann, wer in einem weiteren Wahlgang die meisten Stimmen auf sich vereinigt (Art. 54 Abs. 6 S. 2 GG). 31

---

[18] Allg. Auffassung, vgl. *Heun,* in: Dreier, GG, Art. 58 Rn. 11; *Nierhaus,* in: Sachs, GG, Art. 58 Rn. 15, 20 f.
[19] BVerfGE 136, 277 (312, 314) – Bundesversammlung; BVerfGE 138, 125 (133).
[20] BVerfGE 136, 277 (306) – Bundesversammlung.

III. Vertretung des Bundespräsidenten

32 Der Bundespräsident wird im Falle seiner Verhinderung (Krankheit, Auslandsreise etc.) oder bei vorzeitiger Erledigung des Amtes (Rücktritt, Tod etc.) durch den **Präsidenten des Bundesrates** vertreten (Art. 57 GG). Diese Regelung ist im Hinblick auf Gewaltenteilungsaspekte nicht ganz unproblematisch, weil der Bundesratspräsident dann im Rahmen von Gesetzgebungsverfahren Mehrfachfunktionen ausüben könnte. Um dies zu vermeiden, ist er während der Vertretungszeit an der Ausübung seines Amtes als Bundesratspräsident gehindert und wird in dieser Funktion durch den Vizepräsidenten vertreten (§ 7 Abs. 1 GeschOBR). Das bezieht sich nicht auf die Ausübung seines Amtes als Ministerpräsident, weil dort das Gewaltenteilungsproblem nicht besteht.

33 Die Vertretungsregelung des Art. 57 GG greift nicht ein, wenn der Bundespräsident sich weigert, eine Amtshandlung vorzunehmen, zu der er – beispielsweise nach Auffassung des Bundesratspräsidenten – verpflichtet wäre. Zur Klärung solcher **Kompetenzfragen** ist allein das BVerfG im Wege des Organstreits (Art. 93 Abs. Nr. 1 GG) oder der Präsidentenanklage (Art. 61 GG) berufen.

IV. Präsidentenanklage

34 Eine Möglichkeit zur Abwahl des Bundespräsidenten in der laufenden Amtszeit besteht nicht. *Ultima ratio* wäre eine **Präsidentenanklage** vor dem BVerfG (Art. 61 GG), das ihn bei einem vorsätzlichen Verfassungs- oder Gesetzesverstoß seines Amts für verlustig erklären kann.

C. Bundesregierung

I. Rechtsgrundlagen

1. Grundgesetz

35 Die zentralen Normen zur Bundesregierung sind auf Verfassungsebene in Art. 62 bis 69 GG niedergelegt. Dieser Grundgesetzabschnitt enthält Bestimmungen zur **Struktur** und zur **Bildung** der Bundesregierung, betrifft also die Regierung im institutionellen Sinn.

36 Die Aufgaben dieses Staatsorgans, also die **Regierungstätigkeit im funktionellen Sinne,** sind in anderen Grundgesetzartikeln niedergelegt. Insbesondere sind die Regelungen zu den Kompetenzen und Verfahrenspflichten der Bundesregierung nicht in Art. 62 ff. GG, sondern im jeweiligen Sachzusammenhang normiert. Beispiele:
– Art. 23 Abs. 2 S. 2, Abs. 3 GG zur Zusammenarbeit von Bundesregierung, Bundestag und Bundesrat in EU-Angelegenheiten;
– Art. 43 und 53 GG zur Anwesenheit der Mitglieder der Bundesregierung im Bundestag bzw. Bundesrat und ihren Ausschüssen;
– Art. 76 Abs. 1 GG zum Gesetzesinitiativrecht der Bundesregierung;
– Art. 86 GG zur Organisationsgewalt der Bundesregierung in Bezug auf die Bundesverwaltung.

2. Gesetze über die Rechtsverhältnisse der Bundesminister und der Parlamentarischen Staatssekretäre

Einzelregelungen über die Ausgestaltung des Amtsverhältnisses der Mitglieder der Bundesregierung sind im **Bundesministergesetz**[21] niedergelegt. Für Parlamentarische Staatssekretäre, die als Mitglieder des Bundestags einzelne Bundesminister bei ihren Regierungsaufgaben unterstützen, gilt das ParlStG.[22] 37

> **Klausurhinweis:** Das BMinG und das ParlStG sind für verfassungsrechtliche Klausuren von geringer Bedeutung, u. a. weil sie primär Fragen der persönlichen Rechtsverhältnisse (Versorgung etc.) regeln, v. a. aber, weil nur das Grundgesetz Prüfungsmaßstab für eine Frage nach der Verfassungsmäßigkeit sein kann.
> Denkbar ist, dass eine – ggfs. fiktive, für Klausurzwecke erfundene – Regelung des BMinG oder des ParlStG Prüfungsgegenstand einer Klausur wird, d. h. auf ihre Vereinbarkeit mit Art. 62ff. GG geprüft werden soll. Das BMinG könnte zudem einmal in einer Klausur relevant werden, in der es bspw. um die Befugnis des Bundespräsidenten geht, die Ernennung eines Bundesministers aus Rechtsgründen zu verweigern (→ 11/16, 24). Entsprechende Rechtsgründe können sich aus §§ 4, 5 BMinG ergeben. Dann stünden freilich nicht diese Normen des BMinG im Zentrum der Klausur, sondern die aus dem GG abzuleitenden Kompetenzen des Bundespräsidenten im Rahmen der Ministerernennung. 38

3. GeschO der Bundesregierung

Die Bundesregierung hat in Ausübung ihrer Geschäftsordnungsautonomie nach Art. 65 S. 4 GG eine vom Bundespräsidenten genehmigte **Geschäftsordnung** beschlossen. Da der Grundsatz der Diskontinuität (→ 5/42) für die Bundesregierung nicht gilt, sie sich also nicht nach der Wahl eines Bundeskanzlers neu konstituiert, gilt die Geschäftsordnung kontinuierlich fort, solange sie nicht geändert wird.[23] 39

Die Geschäftsordnung ist für die Arbeitsweise der Bundesregierung von zentraler Bedeutung und dafür rechtlich verbindlich. Ein **Verstoß** gegen eine Vorschrift der Geschäftsordnung führt aber nur dann zu einem Verfassungsverstoß, wenn die Geschäftsordnungsvorschrift einen verfassungsrelevanten Inhalt hat, indem sie eine Regelung des Grundgesetzes wiederholt oder einen wesentlichen Verfassungsinhalt konkretisiert. Reine Geschäftsordnungsverstöße, die nicht zugleich einen Verfassungsverstoß beinhalten, sind daher im Außenverhältnis zu anderen Staatsorganen oder zum Bürger ohne Bedeutung. Sie können deshalb nicht die Verfassungswidrigkeit eines Beschlusses der Bundesregierung begründen. 40

4. Koalitionsvereinbarungen

Koalitionsvereinbarungen können die vom Grundgesetz vorgegebenen Bestimmungen über die Bildung der Bundesregierung nicht abändern. Sie können aber eine bestimmte **Praxis,** insbesondere zur Ausübung der Kompetenzen des Bundeskanzlers, vorprägen. Nach den üblichen Koalitionsvereinbarungen kann beispielsweise der Bundeskanzler für die Ministerien, die von der anderen Koalitionspartei besetzt werden 41

---

[21] Gesetz über die Rechtsverhältnisse der Mitglieder der Bundesregierung (BMinG); der offizielle Kurztitel „Bundesministergesetz" ist verkürzend, weil das Gesetz auch die Rechtsverhältnisse des Bundeskanzlers regelt, der nach Art. 62 GG aber nicht Bundesminister, sondern als Kanzler Mitglied der Bundesregierung ist.
[22] Gesetz über die Rechtsverhältnisse der Parlamentarischen Staatssekretäre (ParlStG); zur Rechtstellung von Staatssekretären: *Herrmann,* Verwaltungsarchiv 101 (2010), 377 ff.
[23] BVerfGE 91, 148 (167) – Umlaufverfahren; zustimmend *Hermes,* in: Dreier, GG Art. 65 Rn. 49.

sollen, die Minister nicht einfach dem Bundespräsidenten zur Ernennung und Entlassung vorschlagen (so aber Art. 64 Abs. 1 GG); vielmehr behält sich jede Koalitionspartei üblicherweise vor, über die Besetzung „ihrer" Ministerien selbst zu entscheiden. Eine solche Personalentscheidung über ein Ministeramt durch eine Koalitionspartei muss freilich, um wirksam zu werden, in den verfassungsrechtlich vorgesehen Formen vollzogen werden.

42 Eine **verfassungsrechtliche Bindung** oder Verpflichtung erwächst aus Koalitionsverträgen und sonstigen Absprachen innerhalb einer Koalition nicht.[24] Der Bundeskanzler wird Koalitionsabsprachen nur bei der Ausübung seiner verfassungsrechtlichen Kompetenzen nicht ignorieren können, ohne dass die Koalition zerbricht, so dass ihre politische Bindungswirkung recht hoch ist.

43 **Klausurhinweis:** In Falllösungen spielen daher Koalitionsvereinbarungen in der Regel überhaupt keine Rolle; die verfassungsrechtliche Prüfung erfolgt allein an Hand der Normen des Grundgesetzes. Denkbar ist lediglich, dass in einer Klausur gerade die verfassungsrechtliche Unverbindlichkeit einer im Sachverhalt erwähnten Koalitionsvereinbarung herausgearbeitet werden soll.

II. Stellung, Funktion und Kompetenzen

1. Stellung und Funktion

44 Im Hinblick auf die Stellung als Verfassungsorgan und der damit primär verbundenen Aufgabe der Staatsleitung[25] kommt der Bundesregierung ein Bündel an Funktionen und Regierungsaufgaben zu, deren Wahrnehmung jeweils gegenüber den Funktionen anderer Bundesorgane und Institutionen abzugrenzen ist:
- **Initiativfunktionen:** Das Grundgesetz weist der Bundesregierung eigene Initiativfunktionen für die Rechtsetzung dergestalt zu, dass sie ein Initiativrecht im Hinblick auf die Gesetzgebung nach Art. 76 GG besitzt (näher konkretisiert in § 76 der GO-BT).
- **Rechtsetzungsfunktion:** In den Fällen der delegierten Exekutivgesetzgebung nach Art. 80 GG (→ 15/233 ff.) fällt der Bundesregierung als Ausnahme zu Art. 20 Abs. 2 S. 2 GG eine Rechtsetzungsfunktion zu.
- **Integrationsfunktion:** Zudem ist die Bundesregierung im Rahmen der europäischen Integration Träger der Integrationsverantwortung.
- **Kontroll- und Entscheidungsfunktionen:** Die Bundesregierung überwacht – unter Letztentscheidung durch das BVerfG – die Gesetzesanwendung. Rechtsprechende Funktionen erhält sie dadurch aber nicht.
- **Außenpolitische Funktionen:** Des Weiteren steht der Bundesregierung in bestimmten Fällen die finale Entscheidungszuständigkeit in Fragen der Außenpolitik zu (z. B. Entscheidung hinsichtlich der Einreise ausländischer Staatsoberhäupter und Mitglieder ausländischer Regierungen in das Bundesgebiet)[26].
- **Exekutivfunktionen:** Die Bundesregierung bildet neben ihrer Stellung als Verfassungsorgan des Bundes mit Regierungsaufgaben zugleich die Spitze der Bundesverwaltung. Die Bundesminister haben demzufolge eine Doppelstellung als Teile des

---

[24] Allg. Auffassung, vgl. *Pieroth,* in: Jarass/Pieroth, GG Art. 64 Rn. 1, Art. 65 Rn. 3 m. Nw.
[25] BVerfGE 105, 252 (270) – Glykolwein; vgl. auch BVerfGE 105, 279 (301) – Osho; BVerfG, NJW 2018, 928 (930) Rn. 61 – Fall Wanka.
[26] BVerfG, NJW 2017, 1166 (1166): Zum Auftritt von Regierungsmitgliedern der Türkei in Deutschland.

Verfassungsorgans Bundesregierung und als oberste Bundesbehörden. Die Systemdifferenzierung zwischen Regierung und Verwaltung und die daraus resultierende Doppelstellung der Minister zeigt sich insbesondere in den Vertretungsregelungen: Als Regierungsmitglied wird ein Minister im Falle der Verhinderung durch einen anderen Minister, als Leiter der obersten Bundesbehörde durch einen Staatssekretär in seinem Ministerium vertreten.[27]

2. Kompetenzen

An zahlreichen Stellen wird der Bundesregierung durch das Grundgesetz ausdrücklich oder stillschweigend ein Bündel an Organkompetenzen zugeordnet, die es ihr ermöglichen bzw. sie verpflichten, ihre allgemeinen und spezifischen Funktionen durch rechtsverbindliche Maßnahmen auszuüben: 45

- **Gesetzesinitiativrecht:** Zur Wahrnehmung ihrer Initiativ- und Leitungsfunktion hat die Bundesregierung das Gesetzesinitiativrecht nach Art. 76 Abs. 1, 42, 81 GG, das Recht zum Erlass von Verwaltungsvorschriften (Art. 84 Abs. 2 GG; Art. 85 Abs. 2 GG; Art. 86 GG) beim Gesetzesvollzug durch die Länder (Art. 83 ff. GG), des Weiteren Zuständigkeiten aus Art. 26 Abs. 2, 32 Abs. 3, 35 Abs. 3, 91 Abs. 2, 119 S. 1 GG.
- **Vermittlungskompetenzen:** In bestimmten Fällen steht der Bundesregierung die Möglichkeit bzw. das Recht zur Anrufung des Vermittlungsausschusses (Art. 77 Abs. 2 S. 4 GG) oder Vermittlungsmöglichkeiten in Angelegenheiten der Europäischen Union (Art. 23 Abs. 3 S. 1 GG) zu.
- **Rechtsetzungskompetenz:** Im Hinblick auf eine etwaige Rechtsetzungskompetenz ist dahingehend zu differenzieren, dass sich nicht unmittelbar aus Art. 80 Abs. 1 GG allein, sondern erst aus dem Zusammenspiel mit einer entsprechenden einfachgesetzlichen Ermächtigung eine delegierte Exekutivrechtsetzungskompetenz ergibt (Art. 80 GG). Des Weiteren besteht eine Rechtsetzungskompetenz in Bezug auf Verwaltungsvorschriften, also grundsätzlich behördeninterne Regelungen (Art. 84 ff. GG).
- **Kontroll- und Entscheidungsbefugnisse:** Die Bundesregierung überwacht z. B. die Ausführung der Bundesgesetze in den Ländern (z. B.: Art. 84 Abs. 3 GG, Ausführung der Bundesgesetze in den Ländern; Art. 85 Abs. 4 GG) und Waffenexporte (Art. 26 Abs. 2 GG).
- **Europabezogene Entscheidungsbefugnisse:** Grundsätzlich stehen der Bundesregierung im Hinblick auf den Prozess der europäischen Integration sehr weitreichende Befugnisse bzw. Kompetenzen zu. Erkennbar wird dies insbesondere daran, dass etwaige Stellungnahmen von Bundestag (Art. 23 Abs. 3 GG) und Bundesrat (Art. 23 Abs. 5 GG) für die Bundesregierung grundsätzlich nicht verbindlich sind. Von diesem Grundsatz schafft Art. 23 Abs. 5 S. 2 GG eine Ausnahme, die jedoch in Art. 23 Abs. 5 S. 3 GG mit einer Rückausnahme eingeschränkt wird, nämlich in Form eines Zustimmungsrechts zur Legitimation von Ausgaben im Rahmen der Angelegenheiten der Europäischen Union zugunsten der Bundesregierung.

---

[27] § 14 Abs. 1, 3 GeschO BReg; dazu *Hermes,* in: Dreier, GG Art. 62, Rn. 19.

3. Pflicht zur Neutralität bei regierungsamtlichen Äußerungen

46 Im Grundsatz handelt es sich bei staatlicher Informations- und Öffentlichkeitsarbeit um eine zulässige und notwendige Tätigkeit. Die Bundesregierung und ihre Mitglieder sind dabei jedoch an Grundrechte (Art. 1 Abs. 3 GG) sowie Gesetz und Recht (Art. 20 Abs. 3 GG) gebunden. Insbesondere die nach Art. 21 Abs. 1 S. 1 GG vorgesehenen parteipolitischen Mitwirkungsmöglichkeiten erfordern die Gleichheit der politischen Parteien im Hinblick auf ihren verfassungsrechtliche Status. Daraus resultiert eine grundsätzliche **Neutralitätspflicht** der Bundesregierung und ihrer Mitglieder im Umgang mit und im Verhältnis zu allen politischen Parteien i. S. d. Art. 21 GG. Die höchstrichterlich entwickelte Dogmatik zur staatlichen Informationstätigkeit in Form der parteipolitischen Neutralität resultiert in regierungsspezifischen Rechten und Pflichten. Daher sind die Entscheidungskriterien, die nach der Rechtsprechung des BVerfG für den Bundespräsidenten maßgeblich sind,[28] nicht auf das Spannungsverhältnis zwischen Bundesregierung und politischen Parteien übertragbar.

47 Die Mitglieder der Bundesregierung sind in aller Regel Mitglieder politischer Parteien und werden auch mit Rücksicht auf ihre Parteizugehörigkeit in ihre Ämter berufen. Sie stehen damit als **Parteipolitiker** im politischen Wettbewerb mit anderen Politikern. In dieser Hinsicht dürfen und sollen sie sich politisch profilieren, unterliegen also nicht der Pflicht zur parteipolitischen Neutralität. Für das Bestehen einer Neutralitätspflicht kommt es nach Ansicht des BVerfG[29] daher darauf an, ob ein Mitglied der Bundesregierung gerade in dieser Funktion oder in einer parteipolitischen Funktion handelt.

48 Dabei sind Inhalt, Form und der äußere Zusammenhang des Verhaltens „nach ihrem objektiven Erscheinungsbild"[30] als Abgrenzungskriterien für das Bestehen der Neutralitätspflicht maßgeblich. Liegt das Verhalten außerhalb der amtlichen Funktion als Mitglied der Bundesregierung, besteht grundsätzlich keine Neutralitätspflicht. Diese Grundsätze gelten auch außerhalb von Wahlkampfzeiten.[31] Für die Gesamtschau bzw. Einzelfallwürdigung im Hinblick darauf, ob eine Neutralitätspflicht im konkreten Fall besteht,[32] kommen insbesondere folgende Aspekte in Betracht:
– spezifischer Rückgriff auf die mit dem Amt verbundene Autorität[33] (anzunehmen bei Äußerung in amtlichen Verlautbarungen, Pressemitteilungen oder im offiziellen Internetauftritt, Verwendung von Staatssymbolen und Hoheitszeichen, Nutzung von Amtsräumen und sonstiger Sach- oder Finanzmittel),
– spezifische Beziehung zwischen Nutzung amtlicher Mittel und der Äußerung,[34]

---

[28] Vgl. *Putzer*, DÖV 2015, 417 (418f., 423f.): zum Vergleich der Äußerungsrechte des Bundespräsidenten und (Mitgliedern) der Bundesregierung.
[29] BVerfGE 138, 102 (112) – Fall Schwesig; kritisch zu dieser Entscheidung *Mandelartz*, DÖV 2015, 326 (329).
[30] BVerfG, NJW 2018, 928 (933) Rn. 69 – Fall Wanka.
[31] BVerfG, NJW 2018, 928 (929) Rn. 46 – Fall Wanka; innerhalb von Wahlkampfzeiten bzw. bei wahlrelevanten Zusammenhängen ist Art. 38 Abs. 1 S.1 GG einschlägig und wäre in solchen Fällen spezieller als Art. 21 Abs. 1 S. 1 GG, vgl. *Morlok*, in: Dreier, GG Art. 21 Rn. 78.
[32] BVerfGE 138, 102 (118) – Fall Schwesig; zuletzt in BVerfG, NJW 2018, 928 (932) Rn. 66 – Fall Wanka.
[33] BVerfGE 138, 102 (112–113) – Fall Schwesig; *Barczak*, NVwZ 2015, 1014 (1016).
[34] *Barczak* NVwZ 2015, 1014 (1016).

– Zuordnung des Verhaltens zum Handlungsfeld des Amtsträgers, z. B.: amtsbezogene Ankündigung des betreffenden Regierungsmitglieds oder Anreise im Dienstwagen,[35] (dann Neutralitätspflicht) oder des Parteipolitikers bzw. der Privatperson (keine Neutralitätspflicht).[36]

Soweit danach eine Neutralitätspflicht besteht, ist sie verletzt, wenn Staatsorgane parteiergreifend zu Gunsten oder zu Lasten einer Partei oder von Wahlbewerbern Stellung beziehen.[37] Ferner verlangt die Neutralitätspflicht im Hinblick auf das staatliche Handeln die Wahrung des **Sachlichkeitsgebots,** sodass eine Reaktion auf unsachliche und diffamierende Äußerungen mit der Beantwortung in unsachlicher und diffamierender Weise seitens der Bundesregierung oder Mitgliedern derselben in Amtsausübung unzulässig ist.[38] Insoweit steht bei der Amtsausübung dem Staat kein „Recht auf Gegenschlag"[39] zu. 49

III. Bestellung der Bundesregierung und Beendigung der Amtszeit

1. Grundsätze

Das Grundgesetz hat ein **parlamentarisches Regierungssystem** geschaffen. Die Regierung ist damit nicht – wie im 19. Jahrhundert nach dem monarchischen Prinzip – vom Vertrauen des Fürsten bzw. des Staatsoberhaupts, sondern vom Vertrauen des Parlaments abhängig. Sie wird vom Parlament gebildet. 50

Das Grundgesetz regelt vorrangig die Wahl und Ernennung des Bundeskanzlers und die Formen der Erledigung seines Amtes. Die Bundesminister werden im Anschluss an die parlamentarische Wahl des Kanzlers auf dessen Vorschlag hin ohne weitere Wahl im Parlament ernannt. Ein vergleichbares **Abhängigkeitsverhältnis** besteht für die Beendigung der Amtszeit der Bundesminister: Ihr Amt endet in jedem Fall mit der Erledigung des Amtes des Bundeskanzlers (Art. 69 Abs. 2 GG). Damit konstruiert das Grundgesetz die Regierung nicht wie andere Verfassungsordnungen (Großbritannien, Frankreich) primär als ein kollegiales Organ von Ministern, von denen lediglich einem Minister – dem Premierminister – eine herausgehobene Bedeutung zukommt. Vielmehr besteht die Bundesregierung einerseits aus dem Bundeskanzler, dessen Amt für die Bildung und den Bestand der Regierung von zentraler Bedeutung ist, und andererseits aus den Bundesministern (Art. 65 GG). 51

2. Wahl und Ernennung des Bundeskanzlers

Durch das parlamentarische Regierungssystem des Grundgesetzes hängt die Amtszeit des Bundeskanzlers und der Bundesregierung von der Wahlperiode des Bundestags ab, der jeweils zu Beginn der **Legislaturperiode** den Kanzler wählt. Dieses Wahl- und Ernennungsverfahren ist in Art. 63 GG geregelt. Die Norm sieht drei aufeinander folgende Möglichkeiten der Kanzlerwahl vor, von denen die letzten beiden jedoch subsidiär und in der Staatspraxis bisher noch nicht zur Anwendung gekommen sind. 52

---

[35] *Mandelartz,* DÖV 2015, 326 (328).
[36] BVerfG, NJW 2018, 928 (931) – Fall Wanka.
[37] BVerfGE 138, 102 (112) – Fall Schwesig; vgl. *Barczak,* NVwZ 2015, 1014 (1015, 1016).
[38] BVerfG, NJW 2018, 928 (931) Rn. 59 – Fall Wanka.
[39] BVerfG, NJW 2018, 928 (931) Rn. 60 – Fall Wanka.

53 Im ersten Wahlgang wird der Bundeskanzler auf Vorschlag des Bundespräsidenten (Art. 63 Abs. 1 GG) mit der **Mehrheit** der Mitglieder des Bundestags (Art. 63 Abs. 2 S. 1 GG) gewählt. Die Wahl erfolgt geheim (§ 4 S. 1 GO-BT) und ohne Aussprache (Art. 63 Abs. 1 GG), d. h. ohne offene Personaldebatte im Plenum. Benötigt werden die Stimmen der Mehrheit der gesetzlichen Mitgliederzahl des Bundestags (sog. Kanzlermehrheit, Art. 121 GG). Gelingt es dem Kandidaten, diese Mehrheit auf sich zu vereinen, ist er vom Bundespräsidenten zum Bundeskanzler zu ernennen, Art. 63 Abs. 2 S. 2 GG. Das Vorschlagsrecht des Bundespräsidenten ist frei; es liegt in seinem politischen Ermessen, welchen Kandidaten er vorschlägt. Dennoch hat das Vorschlagsrecht in der Staatspraxis bislang keine eigenständige Rolle gespielt: Mit Blick auf die politischen Mehrheitsverhältnisse im Bundestag entscheidet sich der Bundespräsident regelmäßig für den Kandidaten der voraussichtlichen Regierungsfraktion und orientiert sich ggf. an den zuvor getroffenen Koalitionsvereinbarungen, auch wenn er rechtlich nicht an diese gebunden ist.

54 Erzielt der vom Bundespräsidenten vorgeschlagene Kandidat die erforderliche Mehrheit nicht, so geht das **Vorschlagsrecht** (dazu § 4 S. 2 GO-BT) auf den Bundestag über: Gemäß Art. 63 Abs. 3 GG kann dieser nun innerhalb einer 14-Tages-Frist auf eigene Initiative einen Bundeskanzler wählen. Auch hier ist die sog. Kanzlermehrheit erforderlich. Wird diese erreicht, so ist der Gewählte vom Bundespräsidenten zu ernennen. Innerhalb der 14 Tage können beliebig viele Wahlgänge durchgeführt werden.

55 Das Verfahren nach Art. 63 Abs. 4 GG kommt schließlich zur Anwendung, wenn sich auch nach Ablauf der 14 Tage keine eindeutigen Mehrheitsverhältnisse im Bundestag ergeben haben bzw. kein weiterer Wahlgang durchgeführt wurde. In diesem Fall findet unverzüglich ein **neuer Wahlgang** statt, in dem gewählt ist, wer die meisten Stimmen erhält (Art. 63 Abs. 4 S. 1 GG). In diesem Verfahren genügt zur Wahl folglich die Mehrheit der abgegebenen Stimmen. Das weitere Vorgehen hängt dann davon ab, ob der Kandidat die sog. Kanzlermehrheit oder lediglich die einfache bzw. relative Mehrheit der Stimmen erreicht hat: Hat er die Stimmen der Mehrheit der Mitglieder des Bundestags auf sich vereint, so ist der Bundespräsident gem. Art. 63 Abs. 4 S. 1 GG verpflichtet, ihn binnen sieben Tagen zum Bundeskanzler zu ernennen. Wird die sog. „Kanzlermehrheit" verfehlt, der Kandidat also lediglich mit der Mehrheit der abgegebenen Stimmen gewählt, verstärkt sich in einer solchen verfassungsrechtlichen Krisensituation die Position des Bundespräsidenten: Er kann nach seinem politischen Ermessen entweder den Gewählten trotz der Aussicht auf erschwerte Regierungsarbeit in einer Minderheitsregierung ernennen oder den Bundestag auflösen und so den Weg für Neuwahlen ebnen.

3. Ernennung der Bundesminister

56 Das Grundgesetz beschränkt sich für die Ernennung der Bundesminister auf einen schlichten Satz: Sie werden vom Bundespräsidenten auf Vorschlag des Bundeskanzlers ernannt (Art. 64 Abs. 1 GG). Nach dem Wortlaut der Norm (Indikativ) und ihrer Systematik (politisch zurückgenommene Stellung des Bundespräsidenten) ist der Bundespräsident grundsätzlich verpflichtet, den Vorgeschlagenen zu ernennen.

57 Das Grundgesetz kennt **kein Zustimmungsvotum** des Bundestags zu einzelnen Ministern oder zur Regierung als Ganzer, wie es im Europarecht in Bezug auf die Kom-

mission als Kollegium besteht (→ 11/113). Der Bundestag kann zudem einzelne Minister nicht abwählen, sondern nur im Wege des Misstrauensvotums einen anderen Kanzler mit der Folge wählen, dass das Amt aller Bundesminister erlischt (Art. 67, 69 Abs. 2 GG). Formale Kompetenzen des Bundestags in Bezug auf die Besetzung der einzelnen Ministerämter sind damit nicht vorhanden.

4. Misstrauensvotum

Das in Art. 67 Abs. 1 S. 1 GG vorgesehene **konstruktive Misstrauensvotum** beruht auf dem Gedanken, dass in einer parlamentarischen Demokratie die Regierung grundsätzlich des Vertrauens der Parlamentsmehrheit bedarf.[40] Der Begriff „konstruktiv" bedeutet, dass das Vertrauen dem Bundeskanzler nur entzogen werden kann, wenn gleichzeitig *(uno acto)* ein neuer Bundeskanzler gewählt wird. Eine alleinige Abwahl ohne gleichzeitige Neuwahl sieht das GG nicht vor. 58

> **Rechtshistorische Hinweise:** Eine solche Möglichkeit enthielt Art. 54 WRV: der Reichstag konnte den Reichskanzler durch Vertrauensentzug stürzen, ohne einen Nachfolger zu bestimmen. Die darin liegende Gefahr instabiler Regierungsverhältnisse führte zur Regelung des konstruktiven Misstrauensvotums im GG.
> Unter dem Grundgesetz ist es bisher zweimal zu einem konstruktiven Misstrauensvotum gekommen: 1972 versuchte der CDU/CSU-Fraktionsvorsitzende Rainer Barzel, Kanzler Willy Brandt abzulösen, scheiterte allerdings sehr knapp. 1982 führte das konstruktive Misstrauensvotum zu einem Regierungswechsel: Die FDP verließ die Koalition mit der SPD und ging ein Bündnis mit der CDU ein. Dem damaligen Bundeskanzler Helmut Schmidt (SPD) wurde das Misstrauen ausgesprochen und Helmut Kohl (CDU) wurde Schmidts Nachfolger. 59

§ 97 GeschO BT regelt das nähere Verfahren. Der **Misstrauensantrag** ist demnach von einem Viertel der Mitglieder des Bundestages oder einer Fraktion, die mindestens ein Viertel der Mitglieder des Bundestages umfasst, zu unterzeichnen. In dem Antrag muss ein namentlich benannter Nachfolger zur Wahl vorgeschlagen werden. Die Wahl des Vorgeschlagenen muss mit absoluter Mehrheit der Mitglieder des Bundestages (sog. Kanzlermehrheit, Art. 121 GG) erfolgen. Zwischen Misstrauensantrag und Wahl müssen gem. Art. 67 Abs. 2 GG 48 Stunden liegen. Diese Frist soll Zufallsmehrheiten und übereilte Entscheidungen vermeiden. 60

Erhält das Misstrauensvotum die erforderliche Mehrheit im Bundestag, muss der Bundespräsident den Bundeskanzler **entlassen.** Damit einher geht die Entlassung aller Bundesminister, Art. 69 Abs. 2 GG. Einzelnen Ministern kann das Misstrauen nicht ausgesprochen werden. Der Bundespräsident muss den vom Bundestag zum Bundeskanzler Gewählten ernennen.[41] 61

5. Vertrauensfrage

Ausgehend vom Ziel des GG, eine handlungsfähige Regierung zu sichern, dient die **Vertrauensfrage** nach Art. 68 GG als Instrument des Bundeskanzlers, sich einer Mehrheit im Parlament zu vergewissern und sie zu stabilisieren. Aus Art. 81 Abs. 1 S. 2 GG ergibt sich, dass die Vertrauensfrage mit einer Gesetzesvorlage oder politischen Sachfrage verbunden werden kann. Die Formulierung „Vertrauensfrage" ist insoweit unpräzise, als Art. 68 Abs. 1 S. 1 GG einen Antrag des Bundeskanzlers voraus- 62

---

[40] *Küster,* in: Hömig/Wolff, GG Art. 67, Rn. 1.
[41] Zur Frage, ob im Rahmen des Art. 67 GG ein materielles Prüfungsrecht des Bundespräsidenten besteht: *Herzog* in: Maunz/Dürig, GG Art. 67 Rn. 33.

setzt. Es handelt sich gerade nicht um eine mehr oder weniger verbindliche Anfrage, sondern um ein förmliches Antragsrecht des Bundeskanzlers.[42] Der Bundeskanzler entscheidet nach eigenem Ermessen, ob und wann er die Vertrauensfrage stellt.

63 Erhält der Bundeskanzler auf seinen Antrag hin das Vertrauen, also die Zustimmung der Mehrheit der Mitglieder des Bundestages (Art. 121 GG), ergeben sich keine weiteren Konsequenzen. Der Bundeskanzler geht politisch gestärkt aus der Abstimmung hervor. Erreicht der Bundeskanzler nicht das Vertrauen der gesetzlichen Mehrheit der Mitglieder des Bundestages, so ergeben sich für ihn drei Möglichkeiten:
- Er kann seinen **Rücktritt** erklären und so die Wahl eines neuen Regierungschefs nach Art. 63 GG veranlassen,
- er kann als Kanzler in einer **Minderheitsregierung** weiter regieren oder
- er kann dem Bundespräsidenten vorschlagen, den **Bundestag aufzulösen**.

64 Art. 68 Abs. 1 S. 2 GG eröffnet damit eine Möglichkeit zur Parlamentsauflösung und zu einer neuen Bundestagswahl: Der Bundespräsident kann nach einem Beschluss des Bundestages, dem Bundeskanzler das Vertrauen zu verweigern, den Bundestag innerhalb von 21 Tagen auflösen, solange nicht der Bundestag mit der Mehrheit seiner Mitglieder einen anderen Bundeskanzler wählt.

6. „Unechte" Vertrauensfrage

65 Damit könnte Art. 68 Abs. 1 S. 2 GG einen indirekten Weg eröffnen, um im Zusammenwirken von Bundeskanzler, Bundestagsmehrheit und Bundespräsident Neuwahlen auch dann zu ermöglichen, auch wenn keine Lage politischer Instabilität besteht. Das kann aus Sicht einer Regierungsmehrheit wünschenswert sein, um sich unabhängig von der Länge der Legislaturperiode in einer günstigen politischen Situation ein neues Mandat vom Wähler zu holen. Der Bundeskanzler stellt dazu die Vertrauensfrage und die – politisch vorhandene Mehrheit des Bundestags – verweigert die Zustimmung mit dem Ziel, die Auflösung des Bundestages zu erreichen und Neuwahlen zu initiieren (**„unechte"** oder **auflösungsgerichtete** Vertrauensfrage).

66 Hinweis zur Staatspraxis: Der Vertrauensantrag wurde unter dem Grundgesetz fünfmal gestellt: Zweimal, um die Regierungsmehrheit zu stabilisieren, und zwar durch *Helmut Schmidt* 1982, der den Antrag zur Billigung seiner Wirtschaftspolitik stellte, und durch Gerhard Schröder 2001, der die Vertrauensfrage mit der Abstimmung über den Afghanistan-Einsatz der Bundeswehr verband (echte Vertrauensfrage). Dreimal wurde die Vertrauensfrage mit dem Ziel gestellt, Neuwahlen zu initiieren (unechte Vertrauensfrage): 1972 durch *Willy Brandt*, 1982 durch *Helmut Kohl* und schließlich 2005 durch *Gerhard Schröder*, der dann aber die Wahl verlor.

67 Die **verfassungsrechtliche Zulässigkeit** dieses Vorgehens ist umstritten. Denn es folgt zwar formal den in Art. 68 GG vorgesehenen Schritten zur Bundestagsauflösung, dient aber einem von Art. 68 GG an sich nicht vorgesehenen Zweck: nämlich gerade nicht dazu, die Regierungsmehrheit zu stabilisieren, sondern in der laufenden Legislaturperiode Neuwahlen zu ermöglichen. Damit tritt die unechte Vertrauensfrage funktional an die Stelle eines Selbstauflösungsrechts des Parlaments, das das Grundgesetz aber bewusst in keiner Norm vorsieht.

68 Aus diesen Gründen hat das BVerfG entschieden, dass die auflösungsgerichtete Vertrauensfrage nur dann gerechtfertigt sei, wenn die Handlungsfähigkeit einer parlamen-

---

[42] *Herzog*, in: Maunz/Dürig, GG Art. 68 Rn. 17.

tarisch verankerten Bundesregierung verloren gegangen ist: Es bedürfe einer **materiellen Auflösungslage** im Sinne einer Lage politischer Instabilität. Der Bundeskanzler verfüge bei der Bewertung dieser Lage allerdings über einen Einschätzungsspielraum, welcher durch das BVerfG nur eingeschränkt überprüfbar sei.

> **Lernhinweise:** Das BVerfG hat zweimal über diese Konstellation entschieden, 1983 und 2005 (BVerfGE 62, 1 ff. und BVerfGE 114, 121 ff., dort mit zwei Sondervoten). Man kann die Kernaussagen (Leitsätze) dieser Urteile auswendig lernen und hoffen, dass in einer Klausur dieses Leitsatzwissen abgefragt wird:
> – Erfordernis der materiellen Auflösungslage als ungeschriebenes Tatbestandsmerkmal des Art. 68 Abs. 1 S. 1 GG,
> – Einschätzungsspielraum des Bundeskanzlers in Bezug auf das Vorliegen einer Lage politischer Instabilität, die die materielle Auflösungslage bedingt,
> – eingeschränkte Kontrolle dieser Einschätzung durch das BVerfG.
>
> Über diese konkrete Konstellation hinaus kann man mit diesem Leitsatzwissen indes nichts anfangen, und die Wahrscheinlichkeit, dass genau diese Konstellation als Klausurfall gestellt wird, ist gering. Eine anspruchsvollere, letztlich aber weiterführende Lernstrategie nutzt die Urteile statt zum Auswendiglernen daher dazu, methodische Fähigkeiten der Grundgesetzinterpretation einzuüben.
> Mit begrenztem Aufwand können dazu aus der zweiten Entscheidung (BVerfGE 114, 121 ff.) gelesen werden: Rn. 132–147 (Auflösungslage als Voraussetzung des Art. 68 Abs. 1 S. 1 GG) und Rn. 148–163 (Funktionen und Kompetenzen der beteiligten Verfassungsorgane und des BVerfG untereinander). Die Argumentation zur Zulässigkeit der auflösungsgerichteten Vertrauensfrage bekommt danach folgende methodische Grundstruktur:
> – Wortlaut (grammatikalische Auslegung): alle (rein formellen) Voraussetzungen des Art. 68 Abs. 1 GG sind beim Stellen einer auflösungsgerichteten Vertrauensfrage erfüllt.
> – Zweck: Die Norm soll einer Klärung und Stabilisierung der Regierungsmehrheit in politisch instabilen Zeiten dienen.
> – Systematik: Das Grundgesetz kennt kein Selbstauflösungsrecht des Parlaments, das durch eine unechte Vertrauensfrage indirekt mit Beteiligung des Bundespräsidenten erreicht wird.
> – Historie: Der Parlamentarische Rat hat sich vor dem Hintergrund instabiler Regierungsverhältnisse in der Weimarer Republik für eine Verfassung entschieden, die auf Stabilität der Regierung zielt; damit sind beliebige Parlaments- und Regierungsneuwahlen aus politischer Opportunität nicht vereinbar.
> – Ergebnis: als zusätzliches, ungeschriebenes Tatbestandsmerkmal ist das Erfordernis einer materiellen Auflösungslage in Art. 68 Abs. 1 S. 1 GG hineinzulesen, um dessen Zweck gerecht zu werden (andere methodische Begründung bzw. Formulierung für dasselbe Ergebnis: Art. 68 Abs. 1 S. 1 GG ist teleologisch auf Konstellationen zu reduzieren, in denen eine materielle Auflösungslage besteht).
>
> Wer nicht nur die Mehrheitsposition des BVerfG nachvollziehen, sondern weiterführend auch die Problematik dieser Argumentation und eine gut vertretbare andere Herangehensweise kennenlernen möchte, kann zusätzlich das Sondervotum der Verfassungsrichterin *Lübbe-Wolff* (Rn. 213–243) lesen.

7. Kommissarische Weiterführung der Geschäfte

Die Ämter der Regierungsmitglieder enden insbesondere mit dem Zusammentritt eines neuen Bundestags (Art. 69 Abs. 2 GG). Bis zur Ernennung von Nachfolgern führen die Regierungsmitglieder die Geschäfte auf Ersuchen des Bundespräsidenten **kommissarisch** weiter (Art. 69 Abs. 3 GG). Zur Gewährleistung einer kontinuierlichen Regierungstätigkeit sind sie dazu verpflichtet, ebenso wie der Bundespräsident verpflichtet ist, sie darum zu ersuchen.

Art. 69 Abs. 3 GG spricht von einer **Weiterführung der „Geschäfte"** und meint damit die Ausübung der Kompetenzen, die den Regierungsmitgliedern vom Grundgesetz übertragen sind. Die Kompetenzen eines geschäftsführenden Bundeskanzlers sind also nicht geschmälert, und auch die Kompetenzen eines geschäftsführenden Bundesministers sind dieselben wie sonst.[43] Nur das Instrument der Vertrauensfrage (Art. 68 GG) steht dem geschäftsführenden Bundeskanzler nicht zur Verfügung, da er sein Amt ohnehin nicht auf der Grundlage eines ihm vom neuen Bundestag ausgesprochenen Vertrauens ausübt. Ebenso kann der Bundestag gegen den geschäftsführenden Bundeskanzler keinen Misstrauensantrag (Art. 67 GG) stellen. Dieses Instruments bedarf der Bundestag in dieser Konstellation auch nicht, weil er statt dessen nach Art. 63 GG einen neuen Bundeskanzler wählen könnte.

72 Die verbreitete Vorstellung, geschäftsführende Mitglieder der Bundesregierung seien in der Ausübung ihrer **Kompetenzen** verfassungsrechtlich beschränkt, findet im Grundgesetz keinen Anhaltspunkt. Auch das Verb „Weiterführung" ist nicht dahin zu verstehen, dass neue politische Initiativen oder Entscheidungen ausgeschlossen seien. Denn dieses Verb bezieht sich insgesamt auf die weitere Ausübung der verfassungsrechtlichen Kompetenzen des Amtsträgers und nicht auf einzelne laufende inhaltliche Projekte. Es kann lediglich einer sinnvollen politischen Rücksichtnahme auf Koalitionsverhandlungen oder den bevorstehenden Regierungswechsel entsprechen, dass geschäftsführende Minister auf die Schaffung vollendeter Tatsachen verzichten, die die Regierungsbildung konterkarieren oder der Staatsraison entgegenlaufen würden.

73 Sollte in längeren Phasen der Regierungsbildung ein Ausscheiden einzelner Minister aus persönlichen Gründen unvermeidbar oder aus politischen Gründen erwünscht sein (zum Beispiel zur Übernahme parlamentarischer Ämter im neugewählten Bundestag), ist es verfassungsrechtlich möglich, einen anderen Bundesminister geschäftsführend mit der Leitung eines weiteren Ministeriums zu betrauen. Solange wie der Bundeskanzler nicht neu gewählt ist, die geschäftsführende Regierung also nicht das Vertrauen des neuen Bundestags hat, kann hingegen nicht eine andere Person erstmals zum geschäftsführenden Bundesminister ernannt werden.

74 Dieses **„Versteinerungsprinzip"** in Bezug auf die Mitglieder einer geschäftsführenden Bundesregierung ergibt sich nach h. M. aus dem Wortlaut des Art. 69 Abs. 3 GG, der nur von Weiterführung der Geschäfte spricht. Es dient dem Schutz der Kompetenzen des Bundestags im parlamentarischen Regierungssystem. Als verfassungsrechtlich zwingend erscheint die Staatspraxis, die das Versteinerungsprinzip achtet, allerdings nicht, insbesondere dann nicht, wenn sie die Handlungsfähigkeit der Bundesregierung beeinträchtigt.[44] Zudem erscheint der Bundestag nicht als sonderlich schutzbedürftig, da er ja die Situation einer geschäftsführenden Bundesregierung jederzeit durch Neuwahl eines Bundeskanzlers beenden könnte.

75 Das Versteinerungsprinzip setzt nach einer Neuwahl des Bundestags einer langfristigen Geschäftsführung durch die bestehende Bundesregierung gewisse **praktische Grenzen,** weil im Laufe der Zeit die Zahl der Bundesminister sinken wird. Ohne dass das Grundgesetz Fristen für die Neuwahl eines Bundeskanzlers nach Zusammentritt eines neuen Bundestags festlegen würde, sind die Bestimmungen des VI. Abschnitts des Grundgesetzes darauf ausgelegt, dass entweder in absehbarer Zeit ein neuer Bun-

---

[43] *Schemmel,* NVwZ 2018, 105 ff. (108 f.).
[44] Zur Diskussion des Versteinerungsprinzips und möglicher Ausnahmen *Schemmel,* NVwZ 2018, 105 ff. (108).

deskanzler gewählt und ernannt (notfalls zur Bildung einer Minderheitsregierung nach Art. 63 Abs. 4 S. 3 GG) oder der Bundestag zwecks Neuwahlen wieder aufgelöst wird.

IV. Struktur und Arbeitsweise der Bundesregierung

1. Struktur der Bundesregierung und Organisationskompetenz des Bundeskanzlers

Die Grundstruktur der Organisation der Bundesregierung wird durch die Verfassung festgelegt: Die Bundesregierung besteht aus dem **Bundeskanzler** und den **Bundesministern** (Art. 62 GG). Einige Minister sind vom Grundgesetz mit besonderen Kompetenzen ausgestattet (Bundesminister für Verteidigung, Art. 65a GG; Bundesminister der Finanzen, Art. 112, 114 Abs. 1 GG), so dass ihre Ämter verfassungsrechtlich vorgegeben sind. 76

Für alle anderen Minister und die von ihnen geleiteten Ministerien hat der Bundeskanzler die Organisationsautonomie. Er kann demnach – in den Grenzen der Funktionsfähigkeit der Bundesregierung – verfassungsrechtlich frei entscheiden, wie viele Minister er ernennt, wie er die **Ressorts** im Einzelnen zuschneidet und welchem Minister er welches Ressort überträgt. Wie bei der personellen Ernennung der Minister (→ 11/41) schließt die verfassungsrechtliche Freiheit nicht aus, dass die Organisationshoheit des Bundeskanzlers durch politische Bindungen faktisch erheblich eingeschränkt ist, insbesondere durch eine Koalitionsvereinbarung. 77

Das Amt eines **„Vizekanzlers"** kennt das Grundgesetz nicht. Die Verfassung sieht lediglich die Ernennung eines Bundesministers zum Stellvertreter des Bundeskanzlers vor (Art. 69 Abs. 1 GG). Kompetenzen sind damit nur bei dessen Verhinderung verbunden.[45] Soweit Koalitionsvereinbarungen oder sonstige Texte den zum Stellvertreter des Bundeskanzlers ernannten Minister als „Vizekanzler" bezeichnen, dient dies lediglich dazu, die Bedeutung des kleineren Koalitionspartners zu betonen und die verfassungsrechtliche Heraushebung der Stellung des Bundeskanzlers terminologisch etwas zu kompensieren. Ein zusätzliches Amt mit über Art. 69 Abs. 1 GG hinausgehenden Kompetenzen wird dadurch nicht geschaffen. Auch der Bundeskanzler kann ein solches Amt nicht auf der Grundlage seiner Organisationskompetenz errichten, weil seine Organisationskompetenz nur im Rahmen der von Art. 62 GG vorgegebenen Grundstruktur der Bundesregierung besteht. 78

Art. 62 GG schließt es auch aus, dass andere Amtsinhaber als der Bundeskanzler und die Bundesminister zu Kabinettsmitgliedern berufen werden. Dies gilt insbesondere für **Staatsminister,** parlamentarische und beamtete **Staatssekretäre.** Parlamentarische Staatssekretäre können daher aus den Mitgliedern des Bundestags zur Unterstützung der Regierungsmitglieder in ihren Regierungsfunktionen ernannt werden, aber nicht Mitglieder der Bundesregierung mit Stimmrecht werden.[46] 79

---

[45] Niedergelegt in § 8 S. 2 GeschO BReg.
[46] *Hermes,* in: Dreier, GG Art. 62 Rn. 12.

2. Arbeitsweise: Richtlinienkompetenz des Bundeskanzlers, Ressortprinzip, Kollegialprinzip

80 Für die Arbeitsweise der Bundesregierung nennt Art. 65 GG drei Prinzipien: die **Richtlinienkompetenz** des Bundeskanzlers, die Leitung der einzelnen Ministerien durch den zuständigen Ministers (Ressortprinzip) und die Verantwortung der Bundesregierung als Kollegium (Kollegialprinzip). Damit unterscheidet das GG zwischen Aufgaben, die dem Bundeskanzler und den einzelnen Ministern obliegen, und Aufgaben, welche die Bundesregierung als Kollegialorgan zu erfüllen hat.

a) Richtlinienkompetenz des Bundeskanzlers

81 Auf Grund seiner Richtlinienkompetenz (auch Kanzlerprinzip genannt) bestimmt der Bundeskanzler die **Richtlinien der Politik** und trägt hierfür die Verantwortung, Art. 65 S. 1 GG. Die Formulierung dieses ersten Satzes des Art. 65 GG ist weit geraten. Denn wie sich aus dem zweiten Satz des Art. 65 GG ergibt, richten sich die Richtlinien an die Bundesminister, können also nur organintern innerhalb der Bundesregierung wirken. Dem Parlament oder anderen Verfassungsorganen gegenüber kann der Bundeskanzler nicht auf Grund seiner Richtlinienkompetenz „die Politik" bestimmen, sondern nur die Kompetenzen ausüben, die ihm auf Grund anderer Normen zukommen. Das Recht der Gesetzesinitiative hat beispielsweise nicht der Bundeskanzler, sondern nach Art. 76 GG die Bundesregierung, so dass es dafür eines Kabinettsbeschlusses bedarf.

82 Typischerweise handelt es sich bei Richtlinienentscheidungen des Bundeskanzlers um leitende, aber ausfüllungsbedürftige **Rahmenentscheidungen,** die vom jeweiligen Minister in seinem Ressort umgesetzt werden sollen. Es können aber auch konkrete politische Einzelentscheidungen unter diese Kompetenz fallen. Welche einzelnen Bereiche dies sind, entscheidet der Bundeskanzler selbst im Rahmen seines politischen Handlungsspielraums. In Koalitionsregierungen ist dieser Handlungsspielraum üblicherweise durch den Koalitionsvertrag und laufende Abstimmungen unter den Koalitionsparteien faktisch beschränkt.

b) Ressortprinzip

83 Das Ressortprinzip umfasst die selbständige Leitung und Verwaltung der einzelnen Geschäftsbereiche der Bundesregierung durch die einzelnen Bundesminister, Art. 65 S. 2 GG. „Leitung **in eigener Verantwortung**" meint sowohl die innere Organisation als auch die politische Ausgestaltung. Dem jeweiligen Minister obliegt die Personal- und Organisationshoheit des Ministeriums und der nachgeordneten Bundesbehörden. Die Ressortkompetenz der Minister wird durch die Richtlinienkompetenz des Bundeskanzlers begrenzt. Dadurch darf die Grenze zur selbständigen Ressortleitung aber nicht in der Weise überschritten werden, dass kein relevanter politischer Gestaltungsspielraum mehr beim Minister verbleibt.[47] Einzelnen Bundesministern werden im GG und in der GOBReg Sonderrechte eingeräumt: Art. 112 GG (Bundesfinanzminister), Art. 65a GG (Verteidigungsminister) und § 26 Abs. 2 GOBReg (Innen- und Justizminister).

---

[47] *Herzog,* in: Maunz/Dürig, GG Art. 65 Rn. 11.

c) Kollegialentscheidungen der Bundesregierung

Das Grundgesetz kennt neben Bundeskanzler und Bundesministern auch das **Kollegialorgan** Bundesregierung, Art. 65 S. 3 GG.[48] Gewisse Angelegenheiten wie der Beschluss von Gesetzesentwürfen (Art. 76 Abs. 1 GG) und die in § 15 GOBReg bezeichneten Angelegenheiten sind durch die Bundesregierung als Kollegialorgan zu entscheiden. Bei Meinungsverschiedenheiten zwischen Ministern ordnet Art. 65 S. 3 GG einen Mehrheitsbeschluss der Bundesregierung an. Damit ist gesagt, dass das Kabinett ein Kollegium gleichberechtigter Minister ist.

84

3. Auskunftspflichten der Bundesregierung gegenüber dem Parlament

In einer parlamentarischen Demokratie ist die **Kontrolle der Regierung** eine wesentliche Aufgabe des Parlaments. Diese Kontrollfunktion folgt aus dem Gewaltenteilungsgrundsatz und dem Demokratieprinzip. Der Zurechnungszusammenhang zwischen Volk und staatlicher Herrschaft wird auch durch den Einfluss des Parlaments auf die Politik der Regierung hergestellt, sodass eine Geheimhaltung der Regierung gegenüber dem Parlament den demokratischen Legitimationszusammenhang beeinträchtigen kann.[49] Ohne die Beteiligung am Wissen der Regierung kann das Parlament sein Kontrollrecht gegenüber der Regierung nicht ausüben.[50]

85

Daher bestehen **Frage- und Informationsrechte** des Bundestages, der Fraktionen und der einzelnen Abgeordneten. Das Fragerecht und die damit korrespondierende Antwortpflicht der Bundesregierung sind im GG nicht ausdrücklich geregelt. Sie ergeben sich nach der Rechtsprechung des BVerfG aber aus dem Mandat des Abgeordneten (Art. 38 GG) und den Aufgaben des Parlaments (Art. 20 Abs. 2 S. 2 GG). Das aus der Verfassung herleitbare Fragerecht findet eine konkrete Ausgestaltung in §§ 100 bis 106 GO-BT.[51] Die Anfrage muss den sachlichen Verantwortungsbereich der Regierung betreffen und kann sich nicht auf Angelegenheiten beziehen, die nicht in die Zuständigkeit der Bundesregierung fallen, denn dann fehlt es an einer Verantwortlichkeit der Bundesregierung gegenüber dem Bundestag.[52] Allerdings ist der Verantwortungsbereich der Regierung betroffen, wenn die Anfrage die Tätigkeit unmittelbar nachgeordneter Behörden betrifft.[53]

86

Nach Rechtsprechung des BVerfG unterfallen ebenso die Tätigkeiten von mehrheitlich oder vollständig in der Hand des Bundes befindlichen Unternehmen in Privatrechtsform[54] dem Verantwortungsbereich der Bundesregierung, sodass sich insoweit ebenfalls entsprechende Auskunftspflichten ergeben. Inhaltlich steht das parlamentarische Informationsrecht unter dem **Vorbehalt der Zumutbarkeit**[55]; dieser erfordert

87

---

[48] *Herzog*, in: Maunz/Dürig, GG Art. 65 Rn. 69.
[49] BVerfGE 137, 185 (233) – Informationsrechte Bundestag = NVwZ 2014, 1652 (1654); BVerfGE 130, 76 (128) – Privatisierung des Maßregelvollzugs = NVwZ 2012, 1033.
[50] BVerfG, Beschl. v. 13.6.2017 – 2 BvE 1/15, Rn. 86 = NVwZ 2017, 1364 (1365).
[51] Diese Beschränkung des Fragerechts in der GO-BT ist zulässig, *Klein,* in: Maunz/Dürig, GG Art. 43, Rn. 88.
[52] BVerfGE 124, 161 (188f., 196) – Überwachung von Bundestagsabgeordneten.
[53] BVerfG, Beschl. v. 13.6.2017 – 2 BvE 1/15, Rn. 90 = NVwZ 2017, 1364 (1365): Auskunftspflicht der Bundesregierung gegenüber Bundestag zum Einsatz von V-Leuten durch die Nachrichtendienste.
[54] BVerfG, Urt. v. 7.11.2017 – 2 BvE 2/11, Rn. 216 = NVwZ 2018, 51 (55), Rn. 216 – Parlamentarisches Frage- und Informationsrecht mit Bezug zur Deutschen Bahn AG und Finanzmarktaufsicht.
[55] BVerfG, Urt. v. 7.11.2017 – 2 BvE 2/11, Rn. 249f. = NVwZ 2018, 51 (60), Rn. 249f.

die Mitteilung aller Informationen, über die die Bundesregierung verfügt oder die sie mit zumutbarem Aufwand in Erfahrung bringen kann.

88 Eine Ablehnung der Beantwortung ist nur aus besonderen Gründen möglich. Sie ergeben sich aus dem Verantwortungsbereich der Regierung, dem **Kernbereich exekutiver Eigenverantwortung,** dem Staatswohl[56] und Grundrechten Dritter.[57] Ist eine derartige Position betroffen, so müssen die widerstreitenden Interessen (Geheimhaltungs- und Informationsinteresse) abgewogen und soweit wie möglich in einen angemessenen Ausgleich (sog. praktische Konkordanz) gebracht werden.

89 **Beispiel:** So kann sich die Bundesregierung bzgl. Anfragen zum Einsatz verdeckt handelnder Personen (V-Leute) in der Regel auf entgegenstehende Gründe des Staatswohls und deren Grundrechte berufen, wenn die an sie gerichteten Fragen einen Bezug zu konkreten Personen aufweisen. Selbst bei Fragen zum Einsatz konkreter Personen als V-Leute kann aber das Informationsinteresse überwiegen, wenn eine Gefährdung grundrechtlich geschützter Belange ausgeschlossen ist und eine Beeinträchtigung der Funktionsfähigkeit der Nachrichtendienste nicht ernsthaft zu befürchten ist.[58]

4. Öffentlichkeitsarbeit/Warnungen

90 Art. 65 S. 2 GG wird auch als Grundlage für Warnungen im Rahmen staatlicher Informationstätigkeit herangezogen. Zu einer solchen Öffentlichkeitsarbeit ist die Regierung berechtigt,[59] diese kann aber in Rechte Dritter eingreifen und ist daher nur unter bestimmten Voraussetzungen zulässig.[60]

D. Europäischer Rat

I. Stellung, Funktion und Kompetenzen

1. Stellung im Institutionengefüge der EU

91 Das Recht der Europäischen Union steht insoweit in der Tradition der von *Montesquieu* (1689–1755) geprägten **Gewaltenteilungskonzeption,** als es verschiedene Organe konstituiert und ihnen unterschiedliche Funktionen zuweist. Die Zuordnung von Funktionen zu Institutionen folgt dabei aber vielfach anderen Kriterien, als es einem idealtypischen Gewaltenteilungsschema entsprechen würde, das auch in staatlichen Kontexten nicht in Reinform verwirklicht ist.[61]

---

[56] BVerfG, Urt. v. 7.11.2017 – 2 BvE 2/11, Rn. 281, 312 = NVwZ 2018, 51 (62), Rn. 281; (65), Rn. 312.
[57] BVerfG, Beschl. v. 13.6.2017 – 2 BvE 1/15, Rn. 89 = NVwZ 2017, 1364 (1365).
[58] BVerfG, Beschl. v. 13.6.2017 – 2 BvE 1/15, Rn. 124 = NVwZ 2017, 1364 (1371); Anm. dazu: *von Achenbach,* JZ 2017, 1170 ff.
[59] BVerfGE 105, 252 (271) – Glykolwein; jüngst BVerfG, NJW 2018, 928 (930) Rn. 51 – Fall Wanka.
[60] Es muss eine Aufgabe der handelnden Stelle gegeben sein, diese muss im Rahmen ihrer Zuständigkeit tätig sein, die Äußerungen müssen inhaltlich richtig und nach Form und Inhalt angemessen sein. Dazu näher: BVerfGE 105, 252 (270): Informationstätigkeit der Bundesregierung im Bereich des Verbraucherschutzes – Glykolwein; vgl. auch BVerfGE 105, 279 (301): – Osho: Aufgabe der Staatsleitung.
[61] Das gilt – wie vielfältige Formen exekutiver Rechtsetzung zeigen – namentlich insofern, als Aufgaben und Institutionen nicht zwingend in der Weise parallelisiert werden, dass Legislativaufgaben stets der legislativen Gewalt in Form eines Parlaments zugeordnet würden; zum Rat als EU-Gesetzgebungsorgan (→ 10/39).

Der **Europäische Rat** entzieht sich einer einfachen Kategorisierung anhand der Dreigliederung aus Legislative, Exekutive und Judikative: Er setzt sich aus den Staats- und Regierungschefs der Mitgliedstaaten sowie den Präsidenten des Europäischen Rates und der Kommission zusammen. Er wird im Gegensatz zum Rat nicht gesetzgeberisch tätig[62] und übt keine Rechtsprechung aus, was nach der Subtraktionsmethode (→ 11/4) eine Zuordnung zur Exekutive nahelegt. Eine angemessene Vorstellung von der Stellung und den Funktionen des Europäischen Rates ist freilich kaum durch eine Qualifikation seiner Stellung und Funktion als exekutives Handeln zu gewinnen, sondern nur durch die ihm durch Art. 15 Abs. 1 EUV positiv zugewiesenen Funktionen. 92

2. Funktionen

Art. 15 Abs. 1 EUV weist dem Europäischen Rat folgende Funktionen zu: Der Europäische Rat gibt der Union die für ihre Entwicklung erforderlichen Impulse und legt die allgemeinen **politischen Zielvorstellungen** und Prioritäten hierfür fest. Er ist damit das zentrale politische Organ der EU für die Gesamtausrichtung der EU-Politik. 93

3. Kompetenzen

Zur Wahrnehmung seiner allgemeinen politischen Leitungsaufgabe verfügt der Europäische Rat **kaum über Kompetenzen** zur Verabschiedung rechtsverbindlicher Maßnahmen. Er benötigt sie auch nicht, weil die von ihm formulierten politischen Zielsetzungen und Prioritäten ohnehin nicht aus sich selbst heraus vollzugsfähig sind. Es ist nicht Aufgabe des Europäischen Rates, sondern der übrigen Organe der Union, aus den Zielsetzungen konkrete Maßnahmen abzuleiten (Gesetze im Wege der Gesetzgebung durch Rat und Parlament nach Art. 289 AEUV, Beschlüsse des Rates zum operativen Vorgehen im Bereich der Gemeinsamen Außen- und Sicherheitspolitik nach Art. 28 EUV etc.). 94

Da die Mitgliedschaft im Europäischen Rat und im Rat jeweils von denselben nationalen Regierungen herrührt, besteht eine weitgehende Parallele in der politischen Ausrichtung und den Mehrheitsverhältnissen in beiden Organen. Die **operative Umsetzung** der vom Europäischen Rat formulierten Zielsetzungen, für die es formaler Beschlusskompetenzen oder Kreationsrechte für andere Organe bedarf, erfolgt daher in der Regel durch den Rat. 95

Der Europäische Rat verfügt demzufolge nur ausnahmsweise über **Beschlusskompetenzen,** nämlich für: 96
- seine eigene Selbstorganisation: Wahl eines Präsidenten des Europäischen Rats (Art. 15 Abs. 5 EUV), Erlass einer Geschäftsordnung (Art. 235 Abs. 3 AEUV);
- die Organisation des Rates: Festlegung der Ratsformationen (→ 10/34) und des Rotationsverfahrens für den Ratsvorsitz (Art. 236 AEUV).

II. Zusammensetzung

1. Staats- und Regierungschefs

Der Europäische Rat setzt sich aus den **Staats- und Regierungschefs** der Mitgliedstaaten, dem Präsidenten des Europäischen Rates und dem Präsidenten der Europäischen 97

---

[62] Art. 15 Abs. 1 EUV.

Kommission zusammen. Der Hohe Vertreter der Union für Außen- und Sicherheitspolitik nimmt an seinen Beratungen teil (Art. 15 Abs. 2 EUV).

98 Die Formulierung „Staats- und Regierungschefs" ist in Bezug auf den einzelnen Mitgliedstaat nicht kumulativ, sondern **alternativ** zu verstehen. Die anderen Sprachfassungen des EUV sind in dieser Frage durchgängig klarer als die deutsche Fassung formuliert.[63]

99 Der gänzlich untechnische und für juristische Kontexte ungewöhnliche Terminus „**Chef**" in Art. 15 Abs. 2 EUV resultiert aus der Notwendigkeit, sehr unterschiedliche Amts- und Organstrukturen der Mitgliedstaaten unter einen gemeinsamen Begriff zu fassen. Jeder Mitgliedstaat entscheidet selbst, welchem Amt nach den innerstaatlichen Verfassungsbestimmungen das politische Hauptgewicht zukommt, das die Mitgliedschaft des Amtsträgers im Europäischen Rat trägt. In den meisten Mitgliedstaaten ist das Premierminister, in der Bundesrepublik Deutschland der Bundeskanzler („Regierungschef"). Die Französische Republik mit ihrem semipräsidentiellen Regierungssystem wird hingegen im Europäische Rat durch den Präsidenten der Republik („Staatschef"[64]), nicht hingegen durch den französischen Ministerpräsidenten vertreten.

2. Präsident des Europäischen Rates

100 Der Europäische Rat wählt seinen **Präsidenten** (Art. 15 Abs. 5 EUV), der verkürzend oft „Ratspräsident" oder „EU-Ratspräsident" genannt wird. Die Kurzbezeichnung legt fälschlicherweise einen Bezug zum Rat der EU nahe. Der Rat der EU hat indes keinen gewählten Präsidenten, sondern in seinen verschiedenen Formationen jeweils einen Vorsitz, der im Rotationsprinzip durch die dem Rat angehörenden Minister der Mitgliedstaaten wahrgenommen wird (Art. 16 Abs. 9 EUV, → 10/33 ff.).

101 Das Amt des Präsidenten des Europäischen Rates besteht in der gegenwärtigen Form seit 2009. Es wird seitdem **hauptamtlich** für zweieinhalb Jahre durch eine Person wahrgenommen, die kein einzelstaatliches Amt ausüben darf. Damit der Präsident die herausgehobene Bedeutung dieses Amts politisch ausfüllen kann, hat der Europäische Rat bislang Persönlichkeiten zum Präsidenten gewählt, die als frühere Ministerpräsidenten eines Mitgliedstaates bereits politische Spitzenpositionen bekleidet hatten (*Herman von Rompuy* als früherer belgischer, *Donald Tusk* als früherer polnischer Ministerpräsident). Die Kürze der Amtszeit soll zugleich Befürchtungen bei der Schaffung dieses Amtes Rechnung tragen, eine Einzelperson könne zu Lasten der Staats- und Regierungschefs der Mitgliedstaaten die Politik der EU dominieren.

III. Arbeitsweise

102 Die Bestimmungen zur Arbeitsweise des Europäischen Rates sind teilweise im grundlegenden Artikel zum Europäischen Rat, Art. 15 EUV, normiert. Teilweise stehen sie in einem kurzen Abschnitt des AEUV, nämlich Art. 235, 236 AEUV, und im übrigen in seiner Geschäftsordnung.[65]

---

[63] „*Heads of State or Government*", „*chefs d'État ou de gouvernement*", „*Jefes de Estado o de Gobierno*", „*capi di Stato o di governo*" etc.
[64] Staatsoberhaupt, der zugleich nach Art. 9 der Frz. Verfassung von 1958 den Vorsitz im Ministerrat führt und zentrale Exekutivbefugnisse hat.
[65] Geschäftsordnungsautonomie nach Art. 235 Abs. 3 AEUV.

Der Europäische Rat entscheidet üblicherweise im **Konsens**.[66] Er tritt regulär zweimal 103
im Halbjahr zusammen, zudem bei Bedarf zu einer außerordentlichen Tagung
(Art. 15 Abs. 3 EUV). Die Kontinuität der Arbeiten des Europäischen Rates wird zwischen den Tagungen durch seinen hauptamtlichen Präsidenten gewährleistet, zudem
durch den Rat in der Ratsformation „Allgemeine Angelegenheiten" (Art. 15 Abs. 6
S. 1 lit. b), 16 Abs. 6 UAbs. 2 EUV).

E. Europäische Kommission

> **Hinweis zu Bezeichnung:** Art. 13 Abs. 1 EUV spricht in der Aufzählung der Organe von der „Europä- 104
> ischen Kommission". Zugleich legt dieser Artikel in Klammern die Kurzbezeichnung „Kommission" fest,
> die an allen anderen Stellen des Primärrechts verwendet wird. Die verbreitete Annahme, die Europäische
> Kommission sei durch die letzte Vertragsrevision in Kommission umbenannt worden und könne jetzt nur
> noch so bezeichnet werden, hat in den Unionsverträgen keinen Anhaltspunkt. Während das großgeschriebene Adjektiv beim Europäischen Rat (Art. 15 EUV) zwingend ist und beim Rat (Art. 16 EUV) ebenso
> zwingend fehlen muss, kann pragmatisch entschieden werden, ob man von der Europäischen Kommission
> sprechen möchte oder ob die offizielle Kurzbezeichnung als Kommission aus dem Kontext heraus verständlich und dann vorzugswürdig ist. Die Kommission handhabt diese Wahlmöglichkeit ebenso.[67]

I. Stellung, Funktionen und Kompetenzen

1. Stellung und Funktionen

Ebenso wenig wie der Europäische Rat lässt sich die Europäische Kommission bruch- 105
los in ein Gewaltenteilungsschema aus Legislative, Exekutive und Judikative einordnen.[68] Sie erfüllt ein Bündel an Funktionen, deren Wahrnehmung jeweils gegenüber
den Funktionen anderer EU-Organe und Institutionen abzugrenzen ist:
- **Initiativ- und Leitungsfunktionen:** Das Unionsrecht weist der Kommission – im
  Rahmen der vom Europäischen Rat formulierten allgemeinen politischen Prioritäten und Zielvorstellungen – eigene Initiativ- und Leitungsfunktionen zu: Sie fördert die allgemeinen Interessen der Union und ergreift geeignete Initiativen zu diesem Zweck (Art. 17 Abs. 1 S. 1 EUV).
- **Exekutivfunktionen:** Die Kommission ist das zentrale Exekutivorgan der EU.[69]
  Sie sorgt für die Anwendung der Verträge, führt den Haushaltsplan aus und verwaltet die Programme. Zusammenfassend formuliert Art. 17 Abs. 1 S. 5 EUV in Bezug
  auf diesen Bereich ihrer Tätigkeiten, dass die Kommission „Koordinierungs-, Exekutiv- und Verwaltungsfunktionen" ausübe.
- **Kontrollfunktionen:** Die Kommission überwacht schließlich – unter Letztentscheidung durch den EuGH – die Anwendung des Unionsrechts durch die Mitgliedstaaten (Art. 17 Abs. 1 S. 3 EUV). Rechtsprechende Funktionen erhält sie dadurch aber nicht.

---

[66] Stimmenthaltungen stehen dem Zustandekommen von Beschlüssen nicht entgegen: Art. 15 Abs. 4 EUV, 235 Abs. 1 UAbs. 3 AEUV; Ausnahmen vom Konsensprinzip – einfache oder qualifizierte Mehrheit – nach Art. Art. 15 Abs. 5 EUV, Art. 235 Abs. 3, 236 AEUV.
[67] Vgl. die Homepage mit beiden Bezeichnungen: https://ec.europa.eu/commission/index_de.
[68] Zur Einordnung der Kommission in ein Gewaltengliederungskonzept *Möllers*, Die drei Gewalten, S. 183 ff.
[69] Ein Teil der Exekutivfunktionen ist mittlerweile allerdings von der Kommission auf Europäische Ämter und Agenturen übertragen (→ 16/36 ff.).

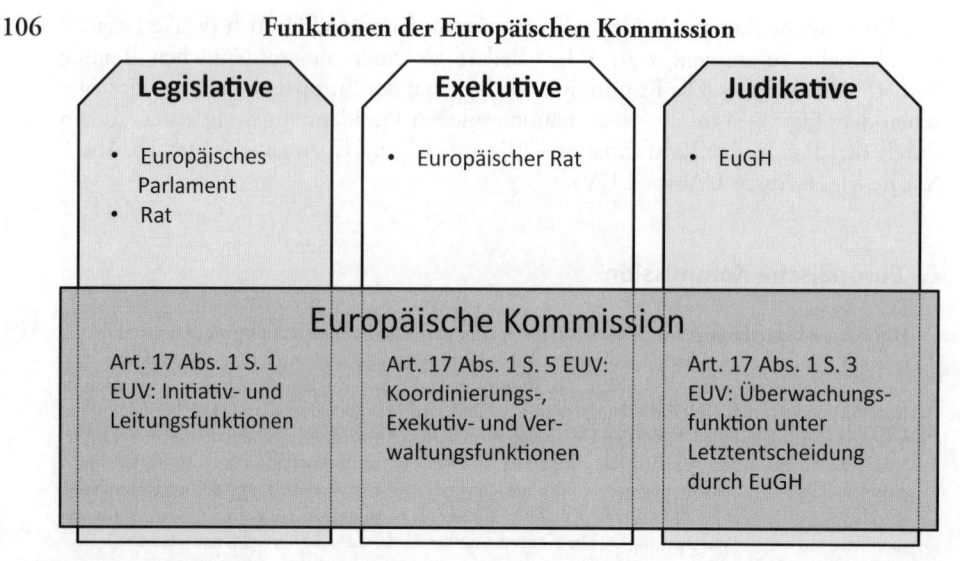

106 Funktionen der Europäischen Kommission

Legislative	Exekutive	Judikative
• Europäisches Parlament • Rat	• Europäischer Rat	• EuGH

Europäische Kommission		
Art. 17 Abs. 1 S. 1 EUV: Initiativ- und Leitungsfunktionen	Art. 17 Abs. 1 S. 5 EUV: Koordinierungs-, Exekutiv- und Verwaltungsfunktionen	Art. 17 Abs. 1 S. 3 EUV: Überwachungsfunktion unter Letztentscheidung durch EuGH

2. Kompetenzen

107 Sämtliche Organkompetenzen der Kommission setzen – wie auch bei allen anderen EU-Organen – eine Verbandskompetenz der EU voraus (zu den Rechtsetzungskompetenzen der EU → 15/60 ff.; zu ihren Verwaltungskompetenzen → 16/5 ff.). Unter der Voraussetzung entsprechender EU-Verbandskompetenzen hat die Kommission folgende Organkompetenzen, die es ihr ermöglichen, ihre allgemeinen Funktionen durch rechtsverbindliche Maßnahmen auszuüben:

– **Gesetzesinitiativrecht:** Zur Wahrnehmung ihrer Initiativ- und Leitungsfunktion hat die Europäische Kommission – als einziges Organ der EU – das Gesetzesinitiativrecht (Initiativmonopol der Kommission für die EU-Gesetzgebung nach Art. 17 Abs. 2 S. 1 EUV, Art. 289 Abs. 1 S. 1, 294 Abs. 2 AEUV). Die Kommission ist auch in den weiteren Schritten des Gesetzgebungsverfahrens mit eigenen prozeduralen Kompetenzen beteiligt, gibt Stellungnahmen ab, kann neue Initiativen ergreifen und verhandelt mit Rat und Parlament im Rahmen des Trilogs.[70]

– **Verwaltungskompetenzen:** Im Rahmen der auf wenige, aber bedeutsame Sachbereiche beschränkten EU-Kompetenzen für die Verwaltung (direkter Vollzug des Unionsrechts) liegen die Organkompetenzen in der Regel bei der Kommission. Sie ist beispielsweise zuständige Behörde für die Untersuchung und Feststellung von Wettbewerbsverstößen (Art. 105 AEUV) und die Kontrolle staatlicher Beihilfen (Art. 108 AEUV). Die Kommission verwaltet zudem die verschiedenen Fonds der EU (z. B. Art. 163 AEUV für den Europäischen Sozialfonds).

– **Kontrollkompetenzen:** Die Kontrollfunktion der Kommission in Bezug auf die Einhaltung des Unionsrechts durch die Mitgliedstaaten wird v. a. durch ihre Kompetenzen zur Verfahrensführung im Vorverfahren und zur Antragstellung im Vertragsverletzungsverfahren vor dem EuGH konkretisiert (Art. 258 AEUV).

---

[70] Kompetenzen im laufenden Gesetzgebungsverfahren in den einzelnen Absätzen des Art. 294 AEUV; zum EU-Gesetzgebungsverfahren unter Einschluss des Trilogs (→ 15/194 ff.).

II. Struktur, Bestellung, Absetzung

1. Struktur der Kommission

Die Kommission besteht aus dem **Präsidenten** der Kommission, dem **Hohen Vertreter** der Union für Außen- und Sicherheitspolitik als einem der Vizepräsidenten der Kommission und aus weiteren Mitgliedern der Kommission, die im allgemeinen Sprachgebrauch üblicherweise **Kommissare** oder Kommissionsmitglieder genannt werden. Aus ihrem Kreis ernennt der Kommissionspräsident weitere Vizepräsidenten. Die Zahl der Kommissionsmitglieder entspricht bislang der Zahl der EU-Mitgliedstaaten (Art. 17 Abs. 4 EUV). Im Hinblick auf die vertragliche Festlegung zur Reduzierung der Zahl der Kommissare ab 2014 hat der Europäische Rat einen Beschluss gefasst, nach dem einstweilen am bisherigen System einer Vertretung aller Mitgliedstaaten auf Ebene der Kommissare festgehalten wird (zulässig nach Art. 17 Abs. 5 S. 1 EUV). 108

Unterhalb dieser Ebene der Kommissare gliedert sich die Kommission mit ihren etwa 32.000 Beschäftigten in **Generaldirektionen** und weitere Organisationseinheiten. 109

2. Wahl des Kommissionspräsidenten

Hinweis zur Bedeutung des Wahlmodus und zur Vergleichsfolie: Die Regierungssysteme der (weitaus meisten) EU-Mitgliedstaaten sind parlamentarisiert, d. h. die Regierung ist von einer Wahl durch das Parlament und vom Vertrauen der Parlamentsmehrheit abhängig. Neben der Gesetzgebung liegt gerade eine Hauptfunktion des Parlaments in der Regierungsbildung; Parlamentswahlen werden dementsprechend in der Öffentlichkeit primär als Abstimmungen zwecks Bildung einer neuen Regierung wahrgenommen. In Deutschland ist diese Parlamentarisierung der Regierung nach einem langen politischen Ringen während des 19. Jahrhunderts erst 1917 durchgesetzt und in der Weimarer Reichsverfassung 1919 endgültig festgeschrieben worden. Unmittelbar gewählt wird unter dem Grundgesetz nur der Bundeskanzler, der dem Bundespräsidenten die Bundesminister zur Ernennung vorschlägt (→ 11/16). 110

Die Bestimmungen zur Wahl des Kommissionspräsidenten und zur Ernennung und Bestätigung der Kommission, wie sie seit der letzten Vertragsrevision von 2010 gelten, sind nur vor dieser Vergleichsfolie verständlich: Sie lassen sich als Kompromisslösung verstehen zwischen einer intergouvernementalen Bestimmung der Kommission durch die mitgliedstaatlichen Regierungen über den Europäischen Rat und einer Rückbindung der Kommission an ein Zustimmungsvotum, an das Vertrauen und damit an die Mehrheitsverhältnisse im Europäischen Parlament.

In dieser Frage des Wahlmodus des Kommissionspräsidenten kulminieren daher zahlreiche Konfliktlinien und Grundprobleme der EU, insbesondere zwischen Intergouvernementalität und Supranationalität der EU (→ 5/70 ff., 90 ff.), Fragen der demokratischen Legitimation und der Stellung des Europäischen Parlaments bis hin zu Akzeptanzfragen mit der Überlegung, ob nicht ein personalisierter Wahlkampf zum EU-Parlament mit Spitzenkandidaten für das Amt des Kommissionspräsidenten das politische System der EU für viele Bürger attraktiver oder verständlicher machen könnte.

Für die Wahl des Kommissionspräsidenten gilt seit der letzten Vertragsrevision durch den Vertrag von Lissabon das folgende, in Art. 17 Abs. 7 EUV niedergelegte **Verfahren:** Der Europäische Rat schlägt dem Europäischen Parlament mit qualifizierter Mehrheit einen Kandidaten vor. Dabei berücksichtigt der Europäische Rat das Ergebnis der Wahlen zum Europäischen Parlament, was schon deshalb nötig ist, weil der Vorgeschlagene bei der anschließenden Wahl im Europäischen Parlament auf die Stimmenmehrheit angewiesen ist (Art. 17 Abs. 7 UAbs. 1 S. 2, 3 EUV).[71] 111

Damit ist auf EU-Ebene das Erfordernis einer **Mehrheitswahl** für den Kommissionspräsidenten durch das Parlament eingeführt, wobei das Parlament stets an den Kandi- 112

---

[71] Zur Aufstellung eines „Spitzenkandidaten" für die spätere Wahl zum Kommissionspräsidenten im Vorfeld der Wahlen zum Europäischen Parlament: *Holzner*, EuR 2015, 525 ff.

datenvorschlag des Europäischen Rats gebunden ist. Es kann ihn nur annehmen oder ablehnen, nicht aber selbst einen anderen Kandidaten auswählen. Der Europäische Rat ist an die Mehrheitsverhältnisse im Parlament nur für seinen Erstvorschlag und nur in Form einer Berücksichtigungspflicht gebunden.

3. Ernennung der Kommissare

113 Auf der Grundlage von Vorschlägen der Mitgliedstaaten nimmt der Rat sodann im Einvernehmen mit dem vom Parlament gewählten Kommissionspräsidenten eine Liste der Persönlichkeiten an, die der Rat als Kommissare vorschlägt. Die gesamte Kommission stellt sich dann als Kollegium einem **Zustimmungsvotum des Parlaments** und wird auf dieser Grundlage vom Europäischen Rat mit qualifizierter Mehrheit ernannt (Art. 17 Abs. 7 UAbs. 2, 3 EUV).[72]

4. Misstrauensantrag gegen die Kommission (Art. 17 Abs. 8 EUV, Art. 234 AEUV)

114 Die Kommission ist als Kollegium dem Europäischen Parlament gegenüber **verantwortlich** (Art. 17 Abs. 8 S. 1 EUV). Dem entspricht es, dass Art. 234 AEUV dem Parlament die Möglichkeit eines Misstrauensantrags gegen die Kommission gibt, der allerdings in doppelter Hinsicht an hohe Hürden gebunden ist:
– Der Misstrauensantrag kann sich nur gegen die Kommission als Kollegium, nicht gegen einzelne Kommissare richten, was die politische Hemmschwelle erhöht. Insofern besteht eine gewisse Parallele zum Grundgesetz, dass ebenfalls kein Misstrauensvotum gegen einzelne Minister, sondern nur gegen den Bundeskanzler kennt, an dessen Amt das Amt sämtlicher Minister hängt (Art. 67 Abs. 1 i. V. m. 69 Abs. 2 GG).
– Der Misstrauensantrag bedarf im Europäischen Parlament einer Mehrheit von zwei Dritteln der abgegebenen Stimmen und der Mehrheit der Parlamentsmitglieder (Art. 234 Abs. 2 AEUV).

III. Arbeitsweise der Kommission

1. Arbeitsweise des Kollegiums der Kommissare

115 Mit „Kommission" kann in einem untechnischen Sprachgebrauch sowohl das **Kollegium der Kommissare** als auch die **gesamte Behörde** mit ihren Generaldirektionen und allen ihren Beschäftigten gemeint sein. Rechtsverbindliche Beschlüsse der Kommission kann nur das Kollegium der Kommissare fassen. Angesichts der Vielzahl an rechtsverbindlichen Maßnahmen der Kommission v. a. im Bereich ihrer Exekutivfunktionen wird der Arbeitsanfall dadurch bewältigt, dass die Tagesordnungen der Kommissionssitzungen zahlreiche Punkte mit Beschlussvorlagen aus den Generaldirektionen enthalten, über die ohne Aussprache im Kreis der Kommissare *en bloc* abgestimmt wird.

2. Generaldirektionen und Externalisierung von Verwaltungsaufgaben

116 Die Kommission ist in **Generaldirektionen** gegliedert, die unter Leitung eines Kommissars für verschiedene Politikbereiche zuständig sind. Ihre Aufgabe ist es, Strategien, Rechtsvorschriften und Förderprogramme der EU zu entwickeln, sie umzusetzen und zu verwalten.

---

[72] Einzelheiten zur Bestellung der Kommission: *Nickel,* EuR 2016, 28 ff.

Mit ihrem Weißbuch zur Verwaltungsreform von 2000 und ihrer Mitteilung zur Ex- 117
ternalisierung[73] hat die Kommission begonnen, einen Teil ihrer Verwaltungsaufgaben
auf **eigenständige Behörden** zu übertragen. Neben Effizienzüberlegungen war Ziel
der Reformen insbesondere eine Trennung von politischer Leitung und administrativem Vollzug, soweit er auf EU-Ebene stattfindet. Die Kommission sollte stärker als
Verfassungsorgan der EU und nicht als Verwaltungsbehörde konturiert werden. Ohne
dass dieser Grundgedanke konsequent durchgeführt worden wäre, sollte zwischen Planung und Programmausführung, zwischen politischer Leitung und administrativem
Vollzug nicht nur funktionell unterschieden werden. Diese Funktionen sollten auch
getrennten Institutionen zugeordnet werden.[74]

Zur Umsetzung dieses Konzepts hat die Kommission eine Reihe von Aufgaben an 118
Ämter mit organisatorisch-logistischen Hilfsfunktionen abgegeben (Ämter für Personalauswahl, Gehaltsabrechnung, Gebäudemanagement, Übersetzungszentrum etc.),
vor allem aber an EU-**Agenturen,** die als verselbständigte Verwaltungsbehörden für
einzelne Verwaltungsaufgaben der EU zuständig sind (→ 16/36ff.).

F. Weitere Exekutivorgane

Das Grundgesetz und die Unionsverträge enthalten eine Reihe weiterer Normen über 119
exekutive Organe. Die Europäische Zentralbank und der Rechnungshof werden durch
Art. 13 EUV als Organe der EU qualifiziert. Das Grundgesetz sieht mit der Bundesbank (Art. 88 GG) und dem Bundesrechnungshof (Art. 114 Abs. 2 GG) Institutionen
mit vergleichbaren Aufgaben vor, ohne dass sie im deutschen Verfassungsrecht zum
Kreis der obersten Bundesorgane oder Verfassungsorgane gerechnet würden. Sie gehören vielmehr zur obligatorischen Bundesverwaltung. Folge der unterschiedlichen Qualifizierung dieser Organe ist, dass Bundesbank und Bundesrechnungshof im Organstreitverfahren nicht parteifähig sind,[75] während die EZB und der Rechnungshof der
EU vor dem EuGH Nichtigkeitsklage zur Wahrung ihrer Rechte erheben können.[76]

I. Zentralbanken

> **Klausurhinweis:** Das Finanzverfassungsrecht ist kein Prüfungsstoff. Klausurrelevant sind daher nur 120
> die nachfolgend dargestellten Fragen im Zusammenhang mit der Unabhängigkeit der Bundesbank,
> weil sich daran Grundsatzfragen der Demokratiekonzeption des Grundgesetzes zeigen. Einzelheiten
> zur EZB können in Art. 282ff. AEUV nachgelesen werden.[77]

Art. 88 GG verpflichtet den Bund zur Errichtung einer Währungs- und Notenbank 121
als **Zentralbank.** Mit Gründung der Europäischen Währungsunion sind zentrale Aufgaben auf die Europäische Zentralbank übertragen worden (verfassungsrechtliche
Grundlage: Art. 88 S. 2 GG). Die Bundesbank ist seitdem institutionell in das Euro-

---

[73] Weißbuch zur Verwaltungsreform, KOM(2000), 200; Mitteilung Externalisierung der Verwaltung der Gemeinschaftsprogramme, KOM(2000) 788.
[74] KOM(2000) 788, S. 5; dazu ausführlich *Sydow,* VerwArch. 97 (2006), 1 ff. (17ff.).
[75] Art. 93 Abs. 1 Nr. 1 GG; str., dazu *Pieroth,* in: Pieroth/Schlink, GG Art. 93 Rn. 12.
[76] Art. 263 Abs. 3 AEUV.
[77] Zu den Funktionen der EZB auch *Manger-Nestler/Böttner,* EuR 2014, 621 ff.

päische System der Zentralbanken integriert, das aus der Europäischen Zentralbank und den nationalen Zentralbanken besteht (Art. 282 Abs. 1 AEUV).

122 Die **Unabhängigkeit der Bundesbank** von Weisungen der Bundesregierung ist nicht im Grundgesetz selbst, sondern in § 12 BBankG niedergelegt und mittlerweile unionsverfassungsrechtlich durch Art. 130 AEUV abgesichert.[78] Für das deutsche Verfassungsrecht bildet die Weisungsunabhängigkeit einer Einrichtung der Exekutive eine seltene, besonders begründungsbedürftige Ausnahme. Denn in der Regel gewährleistet gerade die Weisungsabhängigkeit von der dem Parlament gegenüber verantwortlichen Bundesregierung den demokratischen Legitimationszusammenhang nach Art. 20 Abs. 2 GG. Angesichts der Aufgaben der Bundesbank zur Sicherung der Geldwertstabilität ist ihre Unabhängigkeit als Ausnahmefall stets für zulässig erachtet worden.[79]

II. Hoher Vertreter für die Gemeinsame Außen- und Sicherheitspolitik

123 In den Bestimmungen über die Organe der EU finden sich Anklänge an die Konzeption einer eigenständigen Auswärtigen Gewalt neben Legislative, Exekutive und Judikative, wie sie bei *John Locke* (1632–1704) zu finden ist: Der EUV enthält im Titel über die Organe der Union einen eigenen Artikel über den **Hohen Vertreter der Union für Außen- und Sicherheitspolitik** (Art. 18 EUV), auch wenn der Hohe Vertreter in Art. 13 EUV nicht als Organ der EU genannt ist. Er gehört vielmehr mehreren Organe an oder nimmt an deren Beratungen teil, nämlich beim Europäischen Rat, beim Rat der EU und bei der Kommission.[80]

124 Der Hohe Vertreter der Union leitet die **Gemeinsame Außen- und Sicherheitspolitik** der EU[81] (Art. 18 Abs. 2 S. 1 EUV). Er nimmt dazu an den Beratungen des Europäischen Rats teil (Art. 15 Abs. 2 S. 2 EUV), leitet den Rat in der Formation für „Auswärtige Angelegenheiten" (Art. 18 Abs. 3 EUV) und ist einer der Vizepräsidenten der Kommission, dort mit Kompetenzen für deren außenpolitische Zuständigkeiten (Art. 18 Abs. 4 EUV, „Doppelhut" des Hohen Vertreters). Der Hohe Vertreter der Union für Außen- und Sicherheitspolitik wird vom Europäischen Rat mit qualifizierter Mehrheit und mit Zustimmung des Präsidenten der Kommission ernannt (Art. 18 Abs. 1 EUV). Das Amt ist 2009 durch den Vertrag von Lissabon geschaffen worden. Erste Amtsinhaberin war *Catherine Ashton,* Nachfolgerin seit 2014 *Federica Mogherini.*

III. Reformperspektive: Europäische Wirtschaftsregierung und Europäischer Finanzminister?

125 In der aktuellen Reformdiskussion zur Zukunft und Weiterentwicklung der EU tauchen immer wieder Vorschläge zur Etablierung einer **„Europäischer Wirtschaftsregierung"** oder zur Ernennung eines **„Europäischen Finanzministers"** auf. Entspre-

---

[78] Ohne praktische Relevanz daher heute die ältere deutsche Rechtsprechung, nach der die Unabhängigkeit der Bundesbank verfassungsrechtlich nicht geboten ist: BVerwGE 41, 334 (354 ff.).
[79] BVerwGE 41, 334 (356 ff.), siehe auch BVerfGE 89, 155 (208 f.) – Maastricht.
[80] Zur Entstehungsgeschichte, Aufgabenzuweisung und Bedeutung des hohen Vertreters für die gemeinsame Außen- und Sicherheitspolitik sowie dem Mehrebenensystem der EU-Außenvertretung: vgl. *Hoffmeister,* ZEuS 2017, 451 (454–455).
[81] Näher zum auswärtigen Handeln der EU, das in diesem Lehrbuch ausgeklammert bleibt: *Thym,* in: von Bogdandy/Bast (Hg.), Europäisches Verfassungsrecht, S. 441 ff.; *Sydow,* JZ 2011, 7 ff.

chende Reformvorschläge zielen allerdings primär nicht auf die Schaffung neuer Institutionen und Ämter, sondern auf die Begründung weiterer Kompetenzen der EU zur Koordinierung und Überwachung der mitgliedstaatlichen Haushalts- und Wirtschaftspolitik (→ 14/25ff.). Es ist eine rein terminologische Frage von sekundärer, wenn auch symbolischer Bedeutung, ob man die EU-Institutionen, denen diese erweiterten EU-Kompetenzen übertragen werden könnten, dann als „Wirtschaftsregierung", „Finanzminister" oder in anderer Weise bezeichnet (bislang auf der Basis von Art. 137 AEUV i. V. m. dem Protokoll Nr. 14 betreffend die Eurogruppe „Chef der Euro-Gruppe").

G. Klausurhinweise

I. Klausurrelevante Themen und Fragestellungen

Das **Prüfungsrecht** des Bundespräsidenten ist ein klassisches Problem, das in einer Examensklausur kaum noch einmal wird wiederholt werden können. Auch die Frage nach seinen Äußerungsrechten war Gegenstand eines verfassungsgerichtlichen Verfahrens, das als solches nicht mehr zur Grundlage einer Examensklausur wird gemacht werden können. An beiden Konstellationen können indes methodische Grundfragen der Interpretation von Kompetenzbestimmungen im Lichte der institutionellen Stellung eines Verfassungsorgans geübt werden, die in anderen (oder auch nur leicht modifizierten) Konstellationen ohne weiteres klausurrelevant werden können. 126

In Bezug auf die **Bundesregierung** lassen sich vielfältige Klausuraufgaben denken. Anschauungsmaterial (und Anregungen zur Klausurerstellung) bietet die Staatspraxis laufend, beispielsweise in Bezug auf Fragen der Regierungsbildung. Es drängt sich daher in diesem Bereich in besonderer Weise auf, das politische Geschehen dauerhaft zu verfolgen und sich aus den Quellen zu informieren, die vermutlich auch die Klausurersteller nutzen (überregionale Zeitungen, öffentlich-rechtliche Rundfunkanstalten und deren Internetseiten). Innerhalb des Verfassungsrechts erweist sich die staatliche Informationsarbeit als Materie, die sowohl im Hinblick auf staatsorganisationsrechtliche, grundrechtsbezogene sowie verwaltungsrechtliche Aspekte Probleme aufwirft und somit Klausurinhalte generieren kann. 127

Die **Institutionen der EU** gehören in der Regel nur im Überblick zum Prüfungsstoff. Es ist daher nicht zu erwarten, dass Einzelheiten der Organisation oder des Verfahrens des Europäischen Rates oder der Europäischen Kommission oder gar des Hohen Vertreters für Außen- und Sicherheitspolitik zum Gegenstand von Prüfungsarbeiten werden. In der Regel dürfte eine Kenntnis der Stellung und Funktion der EU-Organe ausreichen, möglichst mit einem Verständnis für Parallelen und Unterschiede zum parlamentarischen Regierungssystem des Grundgesetzes. 128

Denkbar ist, dass in einer Falllösung einzelne Kompetenzen der Europäischen Kommission geprüft werden, z. B. das Gesetzesinitiativrecht im Rahmen eines EU-Gesetzgebungsverfahrens. Einzelfragen nach dem Wahlmodus für den Kommissionspräsidenten oder ähnliches müssten sich ggfs. aus dem Normtext der einschlägigen Primärrechtsbestimmung beantworten lassen; abrufbares Einzelwissen dazu muss nicht auswendig gelernt werden. Gerade für eine mündliche Prüfung ist es hingegen sehr nützlich, wenn die widerstreitenden Überlegungen und Interessen erklärt werden 129 können, die hinter den aktuellen Einzelbestimmungen eines solchen Wahlmodus stehen, und dafür eine Vergleichsfolie aus dem nationalen Verfassungsrecht (sowie nach Möglichkeit aus der Verfassungsgeschichte) vorhanden ist.

II. Aufbauhinweise

130 Eine Vertrautheit mit dem politischen Geschehen ist für verfassungsrechtliche Klausuren von erheblichem Vorteil, wenn ein Aufbauhinweis beherzigt wird: Politisch interessierte und informierte Studierende müssen kritisch prüfen, ob eine ihnen bekannte Staatspraxis einem Verfassungsgebot entspringt, das dann auch der Klausurlösung zu Grunde zu legen ist, oder ob die übliche Praxis lediglich politischen Absprachen und Rücksichtnahmen folgt. Für das Gelingen dieser Unterscheidung ist es von zentraler Bedeutung, die Klausur strikt **normgebunden** aufzubauen und stets die **Verfassung als Prüfungsmaßstab** im Blick zu behalten: Ausgangspunkt jeder Klausurlösung muss eine Verfassungsnorm sein, aus der sich die behauptete Rechtsfolge ergeben kann. Das bedeutet:
- Wenn eine Verfassungsnorm mit passender Rechtsfolge gefunden ist, sind deren Tatbestandsvoraussetzungen auszulegen und zu prüfen.
- Findet sich eine solche Norm im Grundgesetz bzw. in den Unionsverträgen nicht (z. B. keine Bestimmung über eine verfassungsrechtliche Bindungswirkung einer Koalitionsvereinbarung), spricht dies dafür, dass eine entsprechende Staatspraxis (z. B. faktische Beachtung von Koalitionsvereinbarungen) verfassungsrechtlich zwar durchaus zulässig sein kann, aber nicht zwingend geboten ist. Es kann zur Aufgabe einer Klausur gehören, dies explizit festzustellen. Eine irgendwie geartete „Durchprüfung" des Klausursachverhalts an Hand eines diffusen, nicht näher benannten Prüfungsmaßstabs oder an Hand der Staatspraxis ist nicht möglich und wäre fehlerhaft.

III. Prüfungsschema

131 **Grundschema zur Überprüfung der Rechtmäßigkeit des Handelns/Unterlassens eines Exekutivorgans:**

I. Bestimmung der Rechtsgrundlage des Handelns und des Prüfungsmaßstabes
II. Formelle Anforderungen
    1. Verbandszuständigkeit (soweit der Sachverhalt Anlass zu Zweifeln am Vorliegen der Verbandszuständigkeit bietet)
    2. Organzuständigkeit
    3. Verfahrenserfordernisse (soweit durch die Rechtsgrundlage statuiert, z. B. Beteiligung anderer Organe)
    4. Formerfordernisse (soweit durch die Rechtsgrundlage statuiert)
III. Materielle Anforderungen
    1. Tatbestandliche Voraussetzungen der Rechtsgrundlage
    2. Rechtsfolgen (gebundene Entscheidung? Ermessen?)

Kapitel 12. Gerichte

Literatur: *M. Ahlt,* Personelle Besetzung des EuGH und „Entscheidungskultur", in: B. Gsell/W. J. Hau (Hrsg.), Zivilgerichtsbarkeit und europäisches Justizsystem, 2012, S. 31 ff.; *S. Alber,* Die Generalanwälte beim Gerichtshof der Europäischen Gemeinschaften, in: DRiZ 2006, S. 168 ff.; M. Bobek (Hrsg.), Selecting Europe's Judges, 2015; *A. v. Bogdandy/C. Krenn,* Zur demokratischen Legitimation von Europas Richtern, in: JZ 2014, S. 529 ff.; *N. Bosch,* Sachliche und persönliche Unabhängigkeit von Gerichtspersonen, in: JURA 2015, S. 56 ff.; *C.D. Classen,* Rechtsschutz, in: H. Schulze/M. Zuleeg/S. Kadelbach (Hrsg.), Europarecht, 3. Aufl. 2015, § 4 (S. 228 ff.); *N. Colneric,* Aspekte der richterlichen Unabhängigkeit am EuGH, in: Betrifft Justiz 97 (2009), S. 23 ff.; *C. Degenhart,* Gerichtsorganisation, in: HStR³ V, § 114 (S. 725 ff.); *K.F. Gärditz,* Richterwahlausschüsse für Richter im Landesdienst, in: ZBR 2011, S. 109 ff.; *W. Hakenberg/ C. Schilhan,* Die Architektur der EU-Gerichtsbarkeit – Aktualität und Perspektiven im Lichte von Lissabon, in: ZfRV 49 (2008), S. 104 ff.; *U. Kischel,* Amt, Unbefangenheit und und Wahl der Bundesverfassungsrichter, in: HStR³ III, § 69 (S. 1233 ff.); *C. Kohler,* Zur institutionellen Stellung des Gerichtshofs der Europäischen Gemeinschaften, in: EuGRZ 2003, S. 117 ff.; *H.-W. Rengeling/M. Kotzur,* Die Organisationsstruktur der europäischen Gerichtsbarkeit, in: H.-W. Rengeling/A. Middeke/M. Gellermann (Hrsg.), Handbuch des Rechtsschutzes in der Europäischen Union, 3. Aufl. 2014, § 3 (S. 23 ff.); *S.U. Pieper,* Verfassungsrichterwahlen, 1998; W. Reutter (Hrsg.), Landesverfassungsgerichte, 2017; *M. Sachs,* Bedeutung der Bestenauslese nach Art. 33 II GG für die Richterwahl nach Art. 95 II GG, in: JuS 2017, S. 89 ff.; *K. Schlaich/S. Korioth,* Das Bundesverfassungsgericht, 11. Aufl. 2018; *M. Schröder,* Verfassungsrichterwahl im transparenten Konsens?, in: ZG 30 (2015), S. 150 ff.; *D. Wilke,* Die rechtsprechende Gewalt, in: HStR³ V, § 112 (S. 633 ff.); *F. Wittreck,* Die Verwaltung der Dritten Gewalt, 2006; *F. Wittreck,* Dritte Gewalt im Wandel, in: VVDStRL 74 (2015), S. 115 ff.

In den Verfassungsordnungen der Bundesrepublik wie der Europäischen Union spielen Gerichte eine **herausragende Rolle.** Sie sollen im Folgenden zunächst als institutionelle Akteure vorgestellt und in Beziehung zu den anderen Hoheitsträgern gesetzt werden. Ihre Funktionsweise ist Gegenstand des Abschnitts zur Rechtsprechung (→ Kap. 17). Die Darstellung beginnt mit der jeweiligen Struktur der deutschen und europäischen Gerichtsbarkeit (A. u. B.). Es schließen sich die Bestellung und Rechtsstellung der Richterinnen und Richter (C.) sowie eine knappe Skizze der Gewährleistung der richterlichen Unabhängigkeit an (D.). 1

A. Struktur der deutschen Gerichtsbarkeit

Die Gerichtsbarkeit ist im Grundgesetz im **IX. Abschnitt „Die Rechtsprechung"** (Art. 92–104 GG) in ihren Grundzügen geregelt[1]. Näher entfaltet wird die Ordnung der Dritten Gewalt sodann im Gerichtsverfassungsgesetz (GVG)[2], im Deutschen Richtergesetz (DRiG)[3] sowie in den einzelnen Prozeßordnungen (insb. Verwaltungsgerichtordnung [VwGO], Arbeitsgerichtsgesetz [ArbGG], Sozialgerichtsgesetz [SGG] und Finanzgerichtsordnung [FGO] sowie die entsprechenden Ausführungsgesetze der Länder). Wegen seiner hervorgehobenen Position wie seiner Bedeutung gerade für das Verfassungsrecht wird hier zunächst das Bundesverfassungsgericht vorgestellt (I.), bevor in gebotener Kürze über die übrigen Gerichte des Bundes und der Länder orientiert wird (II.). 2

---

[1] Im ersten Zugriff *Wilke,* in: HStR³ V, § 112.
[2] Maßgeblicher Kommentar: *Kissel/Mayer,* GVG, 9. Aufl. 2018.
[3] Dazu *Schmidt-Räntsch,* DRiG, 6. Aufl. 2009 (Neuaufl. angekündigt für 2018).

Kapitel 12. Gerichte

I. Das Bundesverfassungsgericht

1. Rechtsquellen

3 Das Bundesverfassungsgericht wird in Art. 92 GG als Teil der rechtsprechenden Gewalt erwähnt[4]; **Art. 93 GG** enthält einen (allerdings unvollständigen) Zuständigkeitskatalog, und **Art. 94** Abs. 1 **GG** regelt seine Zusammensetzung und Besetzung. Auf der Grundlage von Art. 94 Abs. 2 S. 1 GG ist sodann das Gesetz über das Bundesverfassungsgericht ergangen (BVerfGG)[5], das die Einzelheiten regelt. Im Grundgesetz wird das Gericht noch mehrfach erwähnt, wobei Art. 21 Abs. 3 u. 4 sowie Art. 100 Abs. 1 GG Hervorhebung verdienen (Zuständigkeit für Maßnahmen gegen verfassungsfeindliche Parteien und sog. konkrete Normenkontrolle; → Kap. 13 Rn. 20ff.; → Kap. 17 Rn. 43ff.).

2. Status und institutionelle Ausgestaltung

4 Das Bundesverfassungsgericht gilt heute einhellig – neben Bundespräsident, Bundestag, Bundesrat und Bundesregierung – als fünftes **Verfassungsorgan** der Bundesrepublik Deutschland (siehe § 1 Abs. 1 BVerfGG)[6]. Das geht aus dem Grundgesetz so nicht hervor (hier fällt unmittelbar auf, dass den übrigen vier Organen ein eigener Abschnitt gewidmet ist, während das Bundesverfassungsgericht im Abschnitt über die Rechtsprechung lediglich miterwähnt wird). Letztlich hat sich das Gericht diesen Status selbst zugesprochen und damit in der Verfassungspraxis schlicht Erfolg gehabt[7]. Zugleich sollte man sich vergegenwärtigen, dass aus der bloßen Zuschreibung des Status als Verfassungsorgan praktisch keine rechtlichen Konsequenzen erwachsen[8] (abgesehen vom Protokoll: bei Staatsakten sieht man den Präsidenten des Gerichts in einer Reihe mit den Repräsentanten der anderen vier Organe[9]).

5 Das Bundesverfassungsgericht hat seinen **Sitz** in **Karlsruhe** (und damit bewusst in räumlicher Entfernung zu Berlin; § 1 Abs. 2 BVerfGG)[10]. Es besteht aus zwei Senaten zu je acht Richterinnen und Richtern (§ 2 Abs. 1 u. 2 BVerfGG; zur Wahl → Rn. 18ff.). Die Voraussetzungen für das Amt sind in den §§ 2 Abs. 3, 3 BVerfGG näher geregelt; dass die Richterinnen und Richter anderen Verfassungsorganen des Bundes und der Länder nicht angehören dürfen (Art. 94 Abs. 1 S. 3, § 3 Abs. 3 BVerfGG; sog. Inkompatibilität oder Unvereinbarkeit), ist erkennbar Ausdruck der Gewaltenteilung (→ Kap. 6 Rn. 5ff.). Die **Amtszeit** von zwölf Jahren ohne Möglichkeit der Wiederwahl (§ 4 Abs. 1 u. 2 BVerfGG) soll die Unabhängigkeit der Mitglieder des Gerichts sichern (→ Rn. 30ff.)[11]: Einmal im Amt, müssen

---

[4] Bündig *Volp*, in: Barczak, BVerfGG, § 1 Rn. 46f.
[5] Aktuellste Kommentierung aus der Feder des „Dritten Senats", also der wissenschaftlichen Mitarbeiterinnen und Mitarbeiter des Gerichts: Barczak, BVerfGG.
[6] Statt aller *Hillgruber/Goos*, Verfassungsprozessrecht, Rn. 8; *Burkiczak*, in: Burkiczak/Dollinger/Schorkopf, BVerfGG, § 1 Rn. 49ff.
[7] Sog. Statusdenkschrift von 1952: JöR 6 (1957), 144ff.
[8] Unterstrichen von *Schlaich/Korioth*, BVerfG, Rn. 33ff.
[9] Nach ständiger protokollarischer Übung gilt der Präsident des Bundesverfassungsgerichts als „fünfter Mann im Staate"; vgl. nur www.protokoll-inland.de/PI/DE/RangTitulierung/Rangfragen/rangfragen_node.html (30.6.2018).
[10] Zur Bedeutung des Standortes m.w.N. *Meinel*, AöR 138 (2013), 584, 593; kritisch zu der „Randlage" aber z.B. *Schönberger*, in: Das entgrenzte Gericht, 2011, 9, 63f. (Zitat 63).
[11] Hierzu und zum folgenden nur *Schlaich/Korioth*, BVerfG, Rn. 42.

sich die Richterinnen und Richter nicht mehr um das Wohlwollen derjenigen sorgen, denen sie den Posten verdanken. Auch sonst ist ihre richterliche Unabhängigkeit mehrfach abgesichert: Ihr Amt verlieren die Mitglieder auch im Falle von Amtsunfähigkeit und schwersten Verfehlungen erst nach einem Beschluss, den das Plenum des Gerichts mit Zweidrittelmehrheit zu fällen hat (siehe § 105 BVerfGG) und zu dem es bislang noch nicht gekommen ist[12]. Das Gericht verwaltet sich ferner selbst, wobei erneut das Plenum das oberste Organ ist (vgl. § 1 Abs. 3 BVerfGG)[13]. Dahinter steht der Gedanke, nach der einmal erfolgten Wahl in das Richteramt Einflussmöglichkeiten von Legislative wie Exekutive auf das Gericht möglichst auszuschließen.

Das Bundesverfassungsgericht gilt auch und gerade im Rechtsvergleich[14] als außerordentlich kompetenzstarkes Gericht. Dabei spielt neben den eigentlichen Zuständigkeitskatalogen (Art. 93 Abs. 1 GG bzw. § 13 BVerfGG; → § 17 Rn. 5) auch die **institutionelle Reputation** eine Rolle, die sich das Gericht bei den anderen Verfassungsorganen wie bei der Bevölkerung erarbeitet hat[15]. In historischer Perspektive darf festgehalten werden, dass namentlich die Rechtsprechung des Bundesverfassungsgerichts zu den Grundrechten maßgeblich dazu beigetragen hat, die anfangs durchaus noch obrigkeitsstaatliche Denkungsart in der Bundesrepublik zu öffnen[16]. Zugleich hat die Möglichkeit, sich im Wege der Verfassungsbeschwerde nach Art. 93 Abs. 1 Nr. 4a, §§ 13 Nr. 8a, 90ff. BVerfGG direkt an das Gericht zu wenden, es zu einem „Bürgergericht" gemacht, dem der Ruf vorauseilt, die der deutschen Staatsgewalt Unterworfenen tatsächlich immer wieder effektiv gegen diese Hoheitsgewalt in Schutz zu nehmen[17]. Umgekehrt begegnet in der Wissenschaft die Klage über einen **„Bundesverfassungsgerichtspositivismus"**[18] – die Staatsrechtslehre vollziehe im Grunde nur die Karlsruher Rechtsprechung kommentierend nach und bewege sich auch dann in ihren Geleisen, wenn sie im Einzelfall konkrete Entscheidungen oder die darin entfalteten Argumente kritisiere.

3. Landesverfassungsgerichte

Neben dem Bundesverfassungsgericht verdienen noch die **Landesverfassungsgerichte** Erwähnung[19]. Jedes der 16 Bundesländer verfügt inzwischen über ein eigenes Verfassungsgericht (die Bezeichnung schwankt: meist ist vom „Verfassungsgerichtshof" die Rede, gelegentlich vom „Staatsgerichtshof", und einige Landesverfassungen sprechen ganz nüchtern vom „Verfassungsgericht"), so dass die Reservezuständigkeit

---

[12] Siehe *Diehm,* in: Barczak, BVerfGG, § 105 Rn. 1.
[13] *Wittreck,* Die Verwaltung der Dritten Gewalt, 2006, 266ff.
[14] Guter Überblick bei *Tomuschat,* in: FS 50 Jahre BVerfG I, 2001, 245ff.; *Voßkuhle,* in: v. Mangoldt/Klein/Starck, GG III, Art. 93 Rn. 13ff.; detailliert für den europäischen Raum die Beiträge in IPE VI.
[15] Eingehend zur Bedeutung und Zerbrechlichkeit dieses Vertrauens jetzt *H. Wefing,* Die Zeit Nr. 10 v. 1.2.2018, 2.
[16] Statt aller *Vorländer,* in: v. Ooyen/Möllers (Hrsg.), Das Bundesverfassungsgericht im politischen System, 2. Aufl. 2015, 299, 305ff.; vgl. außerdem *Köcher,* F.A.Z. Nr. 195 v. 22.8.2012, 10 sowie *dies.,* F.A.Z. Nr. 192 v. 20.8.2014, 8.
[17] *Lübbe-Wolff,* in: Grimm (Hrsg.), Verfassung in Vergangenheit und Zukunft, 2011, 133, 135; aufgegriffen von *Voßkuhle,* NJW 2013, 1329, 1335.
[18] Begriffsprägung bei *Schlink,* Der Staat 28 (1989), 161ff.; aufgegriffen z.B. von *Jestaedt,* Verfassungsgerichtspositivismus, in: Depenheuer u.a. (Hrsg.), Nomos und Ethos, 2002, 183ff.
[19] Jüngste Monographie: Reuter (Hrsg.), Landesverfassungsgerichte, 2017.

des Bundesverfassungsgerichts nach Art. 99 GG heute (bis 2008: Schleswig-Holstein) keine Anwendung mehr findet. Ihre institutionelle Ausgestaltung orientiert sich überwiegend an derjenigen des Bundesverfassungsgerichts[20]. Ihre öffentliche Wahrnehmung bzw. ihre **Bedeutung** schwanken stark; sie reicht von Gerichten, die auch die Fachöffentlichkeit praktisch nicht wahrnimmt, bis zu selbstbewussten Spruchkörpern mit eigenständiger Rechtsprechung. Auch hier spielt regelmäßig eine Rolle, ob es eine eigenständige Landesverfassungsbeschwerde gibt (so in Bayern und Berlin) oder ob das Landesverfassungsgericht im Grunde auf eine Funktion als Staatsgerichtshof beschränkt ist, der Streitigkeiten zwischen den Landesverfassungsorganen zu schlichten hat (so noch Nordrhein-Westfalen)[21].

II. Fachgerichtsbarkeiten

8 Das Grundgesetz regelt nur die **Gerichte des Bundes** (Art. 93–96 GG) und gibt allgemeine Regeln vor, die für alle deutschen Gerichte gelten (Art. 97 ff. GG). Gleichwohl lässt sich an diesen Bestimmungen die Grundstruktur der deutschen Gerichtsbarkeit gut ablesen[22]. Art. 95 Abs. 1 GG benennt die obersten Gerichtshöfe des Bundes und ordnet sie der jeweiligen Gerichtsbarkeit zu. Es sind dies
– der Bundesgerichtshof mit Sitzen in Karlsruhe (Hauptsitz) und Leipzig (dort nur der 5. Strafsenat)
– das Bundesverwaltungsgericht in Leipzig
– der Bundesfinanzhof in München
– das Bundesarbeitsgericht in Erfurt und
– das Bundessozialgericht in Kassel.

Daneben sieht Art. 96 GG weitere Bundesgerichte vor, von denen das Bundespatentgericht in München das bekannteste sein dürfte.

9 Hinter diesen wenigen Bundesgerichten scheinen aber die deutlich zahlreicheren **Gerichte der Länder** auf. Wie die Bundesgerichte sind sie in fünf „Gerichtsbarkeiten" sowie eine Fülle von Sondergerichtsbarkeiten gegliedert. Diese Ausdifferenzierung ist charakteristisch für den deutschen Gerichtsaufbau und im internationalen Vergleich eher unüblich[23] (sie fehlt auch auf europäischer Ebene, siehe sogleich).

---

[20] Details bei *Wittreck,* Die Verwaltung der Dritten Gewalt, 2006, 493 ff. sowie bei *Bothe,* in: Dalibor/Debus (Hrsg.), Perspektiven des öffentlichen Rechts, 2011, 189 ff.
[21] Vgl. *Dreier,* Grundrechtsschutz durch Landesverfassungsgerichte, 2000, 13 ff. Siehe für Nordrhein-Westfalen aber jetzt den Gesetzentwurf der Regierungsfraktionen zur Einführung einer Individualverfassungsbeschwerde v. 6.3.2018: LT-Drucks. 17/2122.
[22] Siehe *Hillgruber,* in: Maunz/Dürig, GG, Art. 92 (2007), Rn. 1 ff.
[23] Unterstrichen von *Schulze-Fielitz,* in: Dreier, GGK III, Art. 95 Rn. 10; *Weber-Grellet,* ZRP 2013, 110 ff.

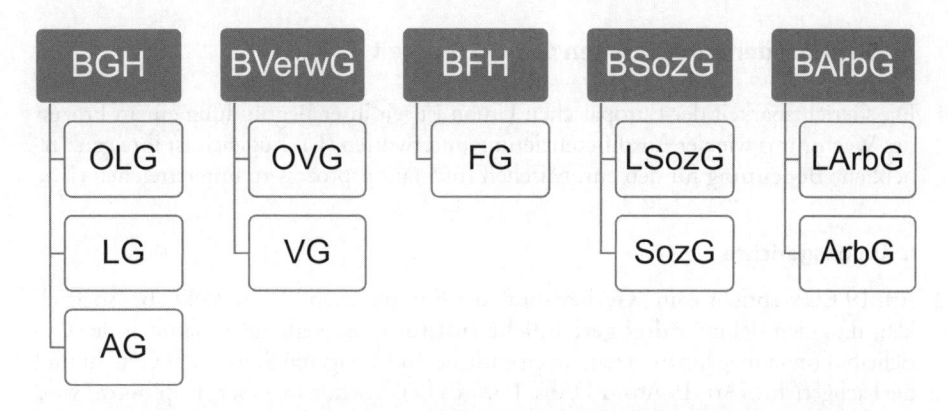

BGH	BVerwG	BFH	BSozG	BArbG
OLG	OVG	FG	LSozG	LArbG
LG	VG		SozG	ArbG
AG				

Die **Aufgaben** und der **Aufbau** der fünf Fachgerichtsbarkeiten seien zu einer ersten 10 Orientierung rasch umrissen[24]: Die **ordentliche Gerichtsbarkeit** – die bei weitem zahlenmäßig größte – behandelt im Kern Straf- und Zivilsachen nach der StPO bzw. der ZPO; ihre Struktur ist im GVG näher geregelt. Sie ist vierstufig aufgebaut (Amtsgerichte – Landgerichte – Oberlandesgerichte – Bundesgerichtshof), wobei der Instanzenzug je nach Rechtsgebiet und Rechtsmittel unterschiedlich ausgestaltet ist. Die **Verwaltungsgerichtsbarkeit** ist die allgemeine Gerichtsbarkeit des öffentlichen Rechts, die etwa über Fragen des allgemeinen Verwaltungsrechts, des Polizei- oder des Baurechts entscheidet. Ihr Aufbau ist dreistufig (Verwaltungsgerichte – Oberverwaltungsgerichte – Bundesverwaltungsgericht). Die **Finanz**- wie die **Sozialgerichtsbarkeit** stellen demgegenüber spezialisierte Gerichtsbarkeiten des öffentlichen Rechts dar: Finanzgerichte und Bundesfinanzhof sind für Fragen des Steuerrechts zuständig, die dreigliedrig aufgebauten Sozialgerichte für alle Fragen der Sozialversicherung (also etwa Renten- und Krankenversicherung, aber auch die Grundsicherung nach „Hartz IV"). Die ebenfalls dreigliedrige **Arbeitsgerichtsbarkeit** ist wiederum ein spezialisierter Zweig der ordentlichen Gerichtsbarkeit und beschäftigt sich mit der Sondermaterie des Arbeitsrechts. Die beiden letztgenannten Gerichtsbarkeiten zeichnen sich dadurch aus, dass neben den Berufsrichterinnen und -richtern auch ehrenamtliche Gerichtspersonen mitwirken, die jeweils Interessengruppen vertreten[25]: So wirken in der Arbeitsgerichtsbarkeit je ein Arbeitnehmer- und ein Arbeitgebervertreter mit (vgl. § 6 Abs. 1 ArbGG), in der Sozialgerichtsbarkeit typischerweise ein Vertreter der Versicherten- und ein Vertreter der Versicherungsseite (vgl. §§ 3, 12 SGG).

Zunächst sind diese Gerichte und ihre Richterinnen und Richter *Gegenstand* des Verfassungsrechts (siehe namentlich Art. 97 GG zu ihrer Unabhängigkeit sowie Art. 98 GG zu ihrem Status; → Rn. 30 ff.)[26]. Zu **Akteuren** desselben werden sie im Rahmen der Normenkontrolle oder Richtervorlage (→ Kap. 17 Rn. 43 ff.) sowie im Vorabentscheidungsverfahren nach Art. 267 AEUV (→ Kap. 17 Rn. 65 ff.).

---

[24] Näher *Degenhart,* in: HStR³ V, § 114 Rn. 21 ff.
[25] Eingehend *Baderschneider,* Der Bürger als Richter, 2010.
[26] Näher *Wittreck,* Die Verwaltung der Dritten Gewalt, 2006, 114 ff.

B. Struktur der europäischen Gerichtsbarkeit

11 Die Gerichtsbarkeit der Europäischen Union ist seit ihrer Begründung einem Prozess des Wachstums wie der Ausdifferenzierung unterworfen (I.). Zugleich ist ihre ganz erhebliche **Bedeutung** für den europäischen Integrationsprozess zu unterstreichen (II.).

I. Unionsgerichte

12 Art. 19 EUV spricht vom „**Gerichtshof**" der Europäischen Union, stellt aber sogleich klar, dass sich dahinter **drei gerichtliche Institutionen** verbergen, nämlich der Gerichtshof (man mag hinzusetzen: im eigentlichen oder engeren Sinne), das Gericht und die Fachgerichte (Art. 19 Abs. 1 UAbs. 1 S. 1 EUV)[27]. Schon in dieser „Kopfnorm" wird festgelegt, dass der Gerichtshof aus einem Richter je Mitgliedstaat besteht (und von Generalanwälten in nicht näher bestimmter Zahl unterstützt wird), wohingegen das Gericht aus *mindestens* einem Richter je Mitgliedstaat besteht (Art. 19 Abs. 2 UAbs. 1 u. 2 EUV; tatsächlich zählt das Gericht derzeit 47 Richterinnen und Richter und wird ab dem 1. September 2019 aus zwei Richtern je Mitgliedstaat bestehen, dann also – nach dem „Brexit" – 56 Köpfe zählen). Ein Fachgericht bestand von 2004 bis 2016 für Fragen des Dienstrechts der Union[28]; nach seiner Auflösung ist für diese Fragen das Gericht zuständig. Gerichtshof wie Gericht haben ihren **Sitz** in **Luxemburg**[29].

13 Näher konturiert wird der Gerichtshof in den Art. 251 ff. AEUV, in der **Satzung** des Gerichtshofs (vgl. Art. 251 UAbs. 1 AEUV) sowie in der Verfahrensordnung, die von ihm selbst mit Genehmigung des Rates beschlossen wird (Art. 253 Abs. 6 AEUV)[30]. Dabei gelten die Art. 251–253 AEUV dem Gerichtshof (im engeren Sinne), Art. 254 und 256 dem Gericht sowie Art. 257 den Fachgerichten. Der Gerichtshof gliedert sich in Kammern (drei Mitglieder) und Große Kammern (fünf Mitglieder), kann aber nach Art. 251 UAbs. 2 AEUV auch als Plenum tagen. Die Mitglieder wählen den Präsidenten aus ihrer Mitte für jeweils drei Jahre (Art. 253 UAbs. 3 AEUV). Der Gerichtshof ernennt ferner einen **Kanzler,** dem die umfangreiche Verwaltung untersteht – man denke hier insbesondere an den erheblichen Übersetzungsaufwand, der daraus resultiert, dass sich jeder Unionsbürger in seiner Sprache an den Gerichtshof wenden kann (dessen Arbeitssprache wiederum französisch ist). Das Gericht wird in Art. 254 AEUV weitgehend parallel zum Gerichtshof strukturiert und ebenfalls in dessen Satzung näher bestimmt.

14 Eine dem deutschen Recht in dieser Form fremde, aber gleichwohl wichtige Rolle spielen die elf **Generalanwälte**[31]. Lt. Art. 19 Abs. 2 UAbs. 1 S. 2 EUV, Art. 252 UAbs. 1 S. 1 unterstützen sie den Gerichtshof; ihre Qualifikation wie ihre Wahl entsprechen den Richterinnen und Richtern des Gerichtshofes (Art. 19 Abs. 2 UAbs. 3 S. 1–3 EUV; vgl. auch Art. 8 der Satzung des Gerichtshofs; → Rn. 13). Nach Art. 252 UAbs. 1 S. 1 AEUV

---

[27] Siehe eingehend *Oppermann/Classen/Nettesheim,* Europarecht, 63 ff.; *Streinz,* Europarecht, Rn. 409 ff.
[28] Näher *Hakenberg,* EuZW 2006, 391 ff.
[29] Einziger Artikel lit. d) des Protokolls (Nr. 6) über die Festlegung der Sitze der Organe und bestimmter Einrichtungen, sonstiger Stellen und Dienststellen der Europäischen Union, ABl. 2012 C 326/265.
[30] Zur Satzung: Protokoll (Nr. 3) über die Satzung des Gerichtshofs der Europäischen Union, ABl. 2010 C 83/210; zur Verfahrensordnung: ABl. 2012 L 265/1.
[31] Eingehend *Alber,* DRiZ 2006, 168 ff.

beträgt ihre Zahl an sich acht; der Rat hat aber von der in Satz 2 der Norm eingeräumten Möglichkeit Gebrauch gemacht, die Zahl zu erhöhen. Nach Art. 252 UAbs. 2 haben sie öffentlich begründete Schlussanträge zu den Rechtssachen zu stellen, in denen nach der Satzung des Gerichtshofs ihre Mitwirkung erforderlich ist. Diese Schlussanträge sind häufig umfangreicher als die späteren Urteile, wobei der Gerichtshof ihnen überwiegend, wenn auch nicht immer folgt[32]. In der Sache stellen sie eine umfassende Vorprüfung der Sach- und Rechtslage dar, die den Gerichtshof zwar nicht bindet, ihm aber als „zweite Meinung" dient, die ihm erlaubt, die eigene Entscheidung auf eine deutlich breitere argumentative Grundlage zu stellen. Zugleich wirken die Generalanwälte damit an der Rechtsfortbildungsaufgabe des Gerichtshofes mit (siehe sogleich).

II. Funktion des Europäischen Gerichtshofs im Prozess der europäischen Integration

Die Rolle des Europäischen Gerichtshofs im Prozess der europäischen Integration kann kaum überschätzt werden[33]. Der Gerichtshof hat von Anfang an seine Aufgabe in einer Weise interpretiert, die die übliche Redeweise von der Judikative als einer „rein reaktiven Gewalt" Lügen straft. Zwar ist richtig, dass auch der Europäische Gerichtshof nur zur Entscheidung derjenigen Fälle berufen ist, die ihm formgerecht vorgelegt worden sind. Er kann wie jedes deutsche Gericht nicht von sich aus tätig werden und ist überdies in seiner Entscheidungsfindung an das Unionsrecht gebunden, darf also an sich kein eigenständiges Handlungs- oder gar Aktionsprogramm entwickeln. Gleichwohl ist der Gerichtshof völlig zu Recht als **„Motor der Integration"**[34] bezeichnet worden, der insbesondere maßgeblich das Verständnis des Unionsrechts als einer **eigenständigen supranationalen Rechtsordnung** begründet hat, die zwar in ihrem Ursprung durch völkerrechtliche Verträge zustandegekommen sein mag, sich von der Funktionslogik des Völkerrechts aber abgelöst und Selbstand gewonnen hat (→ Kap. 4 Rn. 16 ff.)[35]. Es kommt hinzu, dass der Gerichtshof ebenfalls früh begonnen hat, die Kompetenzen der Union (wie insbesondere seine eigenen) denkbar weit auszulegen und den Rang wie die Geltungskraft des Gemeinschafts- und später Unionsrechts gegen mögliche Obstruktionsmaßnahmen der Mitgliedstaaten konsequent abzusichern (→ Kap. 4 Rn. 34 ff.)[36]. Zuletzt verdient Erwähnung, dass der Gerichtshof in hoher und auf nationaler Ebene so

15

---

[32] Prominent abgewichen ist der Gerichtshof etwa von den Schlussanträgen des Generalanwalts *Jääskinen* (v. 25.6.2013, BeckRS 2014, 80934) in der Frage des „Rechts auf Vergessenwerden"; er hat entgegen dem Generalanwalt einen Anspruch auf Datenlöschung grundsätzlich anerkannt: EuGH, NJW 2014, 2257 – *Google*; ausführliche Untersuchung zur „Folgsamkeit" des EuGH bei *v. Lijnden*, F.A.Z. Einspruch v. 7.12.2017.
[33] Siehe dazu *Pernice*, EuR 31 (1996), 27, 33 ff.; *v. Danwitz*, Verwaltungsrechtliches System und Europäische Integration, 1996, 127 ff.
[34] *Höpner*, Berliner Journal für Soziologie 21 (2011), 203 ff.; zuerst wohl *Oppermann/Hiermaier*, JuS 1980, 782, 783; vgl. auch *Hallstein*, Die echten Probleme der europäischen Integration, 1965, 9: „Integrationsfaktor erster Ordnung"; im übrigen ist mit dem Bild des Motors oft auch die Kommission gemeint (→ Kap. 11 Rn. 104 ff.): *Hallstein*, ebd., 8.
[35] Explizit EuGH, Rs. 6/64, Slg. 1964, 1253 (1269) – *Costa/ENEL*: „eigenständige Rechtsordnung"; zuvor noch EuGH, Rs. 26/62, Slg. 1963, 3 (25) – *van Gend & Loos*: „neue Rechtsordnung des Völkerrechts"; näher *Sauer*, Staatsrecht III, 134, 147 f.
[36] Dazu gehört in erster Linie der Anwendungsvorrang des Unionsrechts vor dem gesamten nationalen Recht; grundlegend EuGH, Rs. 6/64, Slg. 1964, 1251 (1269 f.); näher *Oppermann/Classen/Nettesheim*, Europarecht, 147 ff.; *Wittreck*, Ad Legendum 2018, 218, 223 ff.

wohl nicht erreichter Dichte **Richterrecht** gesetzt hat[37]. Der Hinweis auf das Regime der Staatshaftung der Mitgliedstaaten für Verstöße gegen Unionsrecht soll an dieser Stelle genügen: Aus einem eher spärlichen Anhalt im Vertragstext (der EuGH beruft sich etwa auf Art. 4 Abs. 3 AEUV, später auch auf Art. 340 AEUV Abs. 2 AEUV, der eigentlich die außervertragliche Haftung der Union regelt) hat er ein hochwirksames Kontrollinstrument konstruiert, das die Mitgliedstaaten durch die Drohung mit substanziellen finanziellen Nachteilen zwingt, ihren vertraglichen Verpflichtungen (etwa zur fristgemäßen Umsetzung europäischer Richtlinien sowie zu unionsrechtskonformem Staatshandeln insgesamt) nachzukommen[38].

16 Die so umrissene Rolle als Motor hat dem Gerichtshof **Kritik** eingetragen, die bis heute anhält und angesichts einiger jüngerer Entscheidungen (namentlich zum Anwendungsbereich des Unionsrechts i. S. v. Art. 51 Abs. 1 S. 1 ChGrEU[39] sowie zum Beitritt der Union zur Europäischen Menschenrechtskonvention, den Art. 6 Abs. 2 EUV wohlgemerkt verbindlich vorsieht[40]) eher noch zunimmt. Tatsächlich ist die Wahrscheinlichkeit, dass der Gerichtshof etwa auf eine Nichtigkeitsklage eines Mitgliedstaates hin zu dem Ergebnis gelangt, dass die Union ihre Kompetenzen überschritten hat, verschwindend gering. Das Gericht gewährleistet diesbezüglich keinen effektiven Rechtsschutz, weil es im Zweifel – so die begründete Befürchtung – zugunsten der Union entscheidet und dabei auch Begründungen in Kauf nimmt, die man einem Studierenden in der Anfängerklausur nicht durchgehen lassen würde[41]. Zugleich gerät der Gerichtshof dort, wo er seine eigenen Kompetenzen weit versteht, zwangsläufig mit den nationalen Verfassungsgerichten in Konflikt; in besonderem Maße gilt das für den Schutz der Grundrechte im europäischen Mehrebenensystem[42].

C. Bestellung und Rechtsstellung der Richter

17 Hat man einmal realisiert, dass Gerichte (gerade Verfassungsgerichte) ein veritabler Machtfaktor im modernen Verfassungsstaat sind (der sich gerade dadurch auszeich-

---

[37] Siehe *Walter*, Rechtsfortbildung durch den EuGH, 2009, 374 f.; zur faktischen Rechtsetzung durch den EuGH ausführlich auch *Mayr*, in: Elser u. a. (Hrsg.), Das letzte Wort – Rechtsetzung und Rechtskontrolle in der Demokratie, 2014, 97 ff.

[38] Grundlegend EuGH, Rs. C 6/90 u. C 9/90, Slg. 1991, I-5357 (5413 ff.) – *Francovich;* aus der st. Rspr. lediglich exemplarisch noch EuGH, Rs. C-46/93 u. C-48/93, Slg. 1996, I-1029 (1141 ff.) – *Brasserie;* aus dem Schrifttum etwa *Dörr*, EuZW 2012, 86 ff.; ausführlich *Ossenbühl/Cornils*, Staatshaftungsrecht, 6. Aufl. 2013, 595 ff.

[39] Der Gerichtshof legt die Formulierung „bei der Durchführung des Rechts der Union" denkbar weit aus; insbesondere EuGH, NJW 2013, 1415 (1415 f. Rn. 19 ff.) – *Åkerberg Fransson;* aus der Kritik nur *Ohler*, NVwZ 2013, 1433, 1438: „generalklauselartige Selbstermächtigung"; für die jedenfalls im Ergebnis positive Rezeption repräsentativ *Weiß*, EuZW 2013, 287, 289; weiterführend zu den Hintergründen schließlich *Thym*, NVwZ 2013, 889 ff.

[40] EuGH, JZ 2015, 773 ff.; aus der Kritik z. B. *Streinz*, JuS 2015, 567, 568 f.; vgl. pro und contra auch *Thym* bzw. *Grabenwarter*, EuZW 2015, 180.

[41] Kabarettreif die zweite Entscheidung zur Tabakwerbung: EuGH, Rs. C-380/03, Slg. 2006, I-11573 ff.; kritisch für viele *Maierhöfer*, JZ 2007, 463 ff. – Zumindest fragwürdig aktuell auch die Entscheidungen zu den Staatsanleihekäufen der EZB im Zuge der jüngsten Währungs- und Staatsschuldenkrise: EuGH, EuZW 2015, 599 nach Vorlage durch das BVerfG, EuZW 2014, 192; weiterführend z. B. *Ohler*, NVwZ 2015, 1001 ff.; s. nun auch BVerfG, NJW 2017, 2894.

[42] Aus der Ausbildungsliteratur z. B. *Ludwigs/Sikora*, JuS 2017, 385 ff.; zum „europäischen Verfassungsgerichtsverbund" hier nur *Voßkuhle*, NVwZ 2010, 1 ff.

net, dass er sich und seine Organe an rechtliche Regeln bindet, deren Einhaltung konsequenterweise auch überprüft und sanktioniert werden muss; → Kap. 6 Rn. 3), dann wird mit Händen zu greifen klar, dass die Frage, wer Richterin oder Richter wird, eine **Machtfrage** ersten Ranges ist. Entsprechend umstritten ist die Frage, wer das „Wachpersonal" aussuchen darf, in vielen Verfassungsstaaten[43]. Das deutsche Verfassungs- wie das Europäische Unionsrecht geben allerdings – bei allen Unterschieden im Detail – eine Antwort, die im Grundton verblüffend übereinstimmend ist: Die Überwachenden werden von den Überwachten ausgesucht. Das ist zunächst anhand von Bundesverfassungsgericht (I.) und Europäischem Gerichtshof (II.) zu demonstrieren, bevor der Vollständigkeit halber noch die Fachgerichtsbarkeiten „bestückt" werden sollen (III.). Dass ungeachtet dieser gewaltenübergreifenden Besetzung die Gerichte noch als unabhängig gelten dürfen, sei abschließend dargelegt (IV.).

I. Wahl der Richter des Bundesverfassungsgerichts

18 Die Richterinnen und Richter des Bundesverfassungsgerichts werden nach Art. 94 Abs. 1 S. 2 GG je zur Hälfte vom Bundestag und vom Bundesrat gewählt; §§ 5 ff. BVerfGG buchstabieren das Verfahren näher aus. Die unlängst geänderten Normen geben allerdings nur höchst unzureichend Aufschluss über die tatsächlichen Verhältnisse. Diese sollen vor der Entfaltung des förmlichen Verfahrens erläutert werden[44].

19 Dem Grunde nach hatten CDU/CSU und SPD die beiden Senate hälftig unter sich aufgeteilt, wobei die **informelle Absprache** dahin ging, dass jeweils zwei Parteimitglieder und zwei der Partei nur „Nahestehende" nominiert werden sollten. Die anderen Parteien (namentlich FDP und Grüne) wurden über Jahre nur dann berücksichtigt, wenn sie dies im Rahmen einer Koalition durchsetzen konnten (so gelangten immer wieder einzelne Richterinnen und Richter in das Gericht, die von den kleineren Parteien vorgeschlagen wurden). 2016 hat sich dieses Bild dahingehend verschoben, dass CDU/CSU und SPD den Grünen angesichts von deren Sperrminorität im Bundesrat angeboten haben, ein Vorschlagsrecht für jeden fünften vom Bundesrat zu besetzenden Posten auszuüben. Sowohl diese „Fünf gewinnt"-Regel als auch das grundsätzliche Arrangement stehen derzeit auf dem Prüfstand, wobei sich eine Verteilung nach dem Muster drei – drei – eins – eins abzeichnet; dem „Kartell" gehören allerdings nur CDU/CSU, SPD, FDP und Grüne an, was mit Macht die Frage nach der Berücksichtigung von Linke und AfD aufwirft[45].

---

[43] Im Überblick; *Kneip,* in: Gabriel/Kropp (Hrsg.), Die EU-Staaten im Vergleich, 3. Aufl. 2008, 637 ff.; *Epstein/Knight/Shvetsova,* The William and Mary Bill of Rights Journal 10 (2001), 7 ff.
[44] Näher z. B. *Voßkuhle,* in: v. Mangoldt/Klein/Starck, GG III, Art. 94 Rn. 14 ff.; prononciert kritisch wie viele *Wittmann,* in: Barczak, BVerfGG, § 6 Rn. 15 ff.: „außerordentlich intransparent"; „faktische Verlagerung des Auswahlverfahrens auf nicht wahlberechtigte Personen" (jeweils Rn. 18 m. w. N.).
[45] Vgl. zum jüngsten Streit um die Nachfolge des CDU-nahen Richter *Eichberger,* dessen Platz im Ersten Senat eigentlich ein Kandidat der Grünen einnehmen sollte, nur *Rath,* LTO v. 1.6.2018, abrufbar unter www.lto.de/recht/hintergruende/h/richterwahlen-bverfg-vorschlag-gruene-erst-nachfolger-voss kuhle/(30.6.2018). Den nunmehr gefundenen Kompromiss bespricht *Suliak,* LTO v. 6.7.2018 (19.9.2018).

20 Was auf den ersten Blick wie ein ziemlich dreister Kuhhandel wirkt, hat ganz überwiegend **bemerkenswert gute Ergebnisse** produziert[46]. Denn die politischen Parteien haben das geschilderte Nominierungsrecht nie als ein absolutes verstanden, sondern sich vorbehalten, einzelnen Kandidatinnen und Kandidaten der an sich vorschlagsberechtigten Seite die Zustimmung zu verweigern. Das hat einen heilsamen Zwang bewirkt, nur solche Personen vorzuschlagen, die erstens fachlich „satisfaktionsfähig" sind und zweitens in dem Ruf stehen, mit der jeweils anderen Seite zumindest reden zu können. Dieser „Zwang zur Mitte" schließt zunächst politisch exponierte bzw. stark polarisierende Persönlichkeiten aus. Es kommt hinzu, dass das Bundesverfassungsgericht mit Erfolg eine **institutionelle Kultur** entwickelt hat, die es den Vorgeschlagenen ermöglicht, sich von den Vorschlagenden zu emanzipieren. Die Klage von Parteipolitikern nach aus ihrer Sicht erfolglosen verfassungsgerichtlichen Verfahren, das habe man sich bei der Nominierung von Herrn X oder Frau Y aber ganz anders vorgestellt, ist ebenso häufig wie beruhigend[47].

21 Nach dieser eher rechtssoziologischen Rahmung nunmehr zum förmlichen **Verfahren.** Die Grundregel, dass die Richterinnen und Richter des Gerichts je zur Hälfte von Bundestag und Bundesrat gewählt werden (Art. 94 Abs. 1 S. 2 GG sowie § 5 Abs. 1 S. 1 BVerfGG), wird in den §§ 5–10 BVerfGG wie folgt konkretisiert: § 5 Abs. 1 S. 2 BVerfGG nimmt zunächst die Verteilung zwischen den „Richter-Richtern" und den sonstigen Richtern vor (nach § 2 Abs. 3 S. 1 BVerfGG als Konkretisierung des Art. 94 Abs. 1 S. 1 GG müssen jedem Senat drei Richterinnen oder Richter angehören, die bereits drei Jahre an einem der obersten Gerichtshöfe des Bundes tätig sind [→ Rn. 8]; die Bestimmung soll sicherstellen, dass im Bundesverfassungsgericht hinreichend berufsrichterlicher Sachverstand präsent ist)[48].

22 Die **Wahl im Bundestag** erfolgt gem. § 6 Abs. 1 BVerfGG inzwischen durch das Plenum und wird in einem speziellen Wahlausschuss nur noch vorbereitet (bis 2015 erfolgte die Wahl selbst in diesem Ausschuss, was als intransparent und mit Blick auf den klaren Wortlaut des Art. 94 Abs. 1 S. 2 GG als verfassungswidrig kritisiert wurde[49]). Die Wahl erfolgt ohne Aussprache, um die Person der Vorgeschlagenen nicht im Vorfeld zu „beschädigen"[50]; notwendig ist eine Zweidrittelmehrheit der abgegebenen Stimmen, mindestens aber die Mehrheit der gesetzlichen Mitgliederzahl (vgl. Art. 121 GG), derzeit also 355 von 709 Stimmen. Dieses Quorum soll eine erhöhte demokratische Legitimation der Gewählten ebenso sicherstellen wie ihre Akzeptanz über politi-

---

[46] In diese Richtung auch *Schneider*, NJW 1997, 2030, 2032; *Wieland*, in: Dreier, GGK III, Art. 94 Rn. 11; *Schlaich/Korioth*, BVerfG, Rn. 45; trotzdem kritisch *Wittmann*, in: Barczak, BVerfGG, § 6 Rn. 17.
[47] Vgl. *Schlaich/Korioth*, BVerfG, Rn. 43 ff.; *Wieland*, in: Dreier, GGK III, Art. 94 Rn. 11.
[48] Den Zweck der Vorschrift erläutert instruktiv *Volp*, in: Barczak, BVerfGG, § 2 Rn. 27; vgl. BVerfGE 65, 152 (157).
[49] Repräsentativ Jarass/*Pieroth*, GG, Art. 94 Rn. 2; anders aber BVerfGE 131, 230 (234 ff.). Zur Neuregelung, die erstmals bei der Wahl des RiBVerfG *Christ* am 5.9.2017 zur Anwendung kam, jetzt *Wittmann*, in: Barczak, BVerfGG, § 6 Rn. 20 ff., 54 ff.; scharfe Kritik etwa bei *Lechner/Zuck*, BVerfGG, § 6 Rn. 4, der mangels Öffentlichkeit von einer „Mogelpackung" spricht, weil weiterhin letztlich der Wahlausschuss entscheide.
[50] Kritisch hingegen *Preuß*, ZRP 1988, 389, 394 f.; *Häberle*, Bundesverfassungsrichter-Kandidaten auf dem Prüfstand?, in: ders., Verfassungsgerichtsbarkeit – Verfassungsprozessrecht, 2014, 235 ff.; für mehr Transparenz und offen für die Idee einer öffentlichen Anhörung auch *Wieland*, in: Dreier, GGK III, Art. 94 Rn. 17.

sche „Lagergrenzen" hinweg. Der Wahl geht die eigentliche Auswahl in einem zwölfköpfigen Wahlausschuss voraus, dessen Funktionsweise in § 6 Abs. 2–5 BVerfGG näher geregelt wird. Der Ausschuss wird nach den Regeln der Verhältniswahl gewählt, soll also das Plenum in Verkleinerung abbilden (im Detail § 6 Abs. 2 BVerfGG)[51]. Den Vorsitz hat das lebensälteste Mitglied inne (§ 6 Abs. 3 BVerfGG); die Mitglieder sind zur Verschwiegenheit verpflichtet (Abs. 4), und ein Vorschlag setzt schon im Ausschuss eine qualifizierte Mehrheit von acht der zwölf Stimmen voraus (Abs. 5). Auch hier gilt allerdings, dass der Arbeit des Ausschusses informelle Sondierungen vorausgehen, in denen Partei- und Fraktionsgremien potentielle Richterinnen und Richter sichten bzw. zu regelrechten Vorstellungsgesprächen einladen.

Gleiches gilt für die Wahl im **Bundesrat,** über die § 7 BVerfGG nur knapp bestimmt, 23
dass sie mit Zweidrittelmehrheit erfolgt (also derzeit 46 von 69 Stimmen). Auch hier hat sich das Verfahren eingebürgert, dass die beiden „großen" Parteien je einen federführenden Ministerpräsidenten benennen, der informelle Vorgespräche führt, mögliche Kandidatinnen und Kandidaten näher prüft und vorfühlt, ob die anderen Parteien mit diesen „leben" können. Eher geringe praktische Bedeutung kommt den Wahlvorschlägen des Gerichts (§ 7a BVerfGG) sowie den beim Bundesjustizministerium geführten Listen potentieller Richterinnen und Richter (§ 8 BVerfGG) zu. Hochrelevant ist hingegen § 9 BVerfGG zur **Wahl des Präsidenten** bzw. Vizepräsidenten, die im Wechsel von Bundesrat und Bundestag gewählt werden; dass hier ein Posten mit nochmals gesteigerter Macht vergeben wird, merkt man daran, dass es immer wieder zu strategischen Manövern und der Verzögerung der Wahl einzelner Richter kommt, um im richtigen Augenblick den „Wunschkandidaten" präsentieren zu können.

II. Bestellung der Richter des Europäischen Gerichtshofes

Der Bestellungsprozess der Richterinnen und Richter der Gerichte der Union ist in 24
seinen Grundzügen bereits in Art. 19 Abs. 2 UAbs. 3 EUV normiert und wird in den Art. 253–255 AEUV näher entfaltet[52]. Nach Art. 19 Abs. 2 UAbs. 3 S. 1 EUV sind Persönlichkeiten auszuwählen, „die jede **Gewähr für Unabhängigkeit** bieten"; i. ü. verweist die Norm in Sachen Qualifikation auf Art. 253 und 254 AEUV. Danach müssen die Mitglieder des Gerichtshofes über die Gewähr der Unabhängigkeit hinaus noch „in ihrem Staat die für die höchsten richterlichen Ämter erforderlichen Voraussetzungen erfüllen oder Juristen von anerkannt hervorragender Befähigung" sein (Art. 253 UAbs. 1 AEUV). Mitglieder des Gerichts müssen „lediglich" über die Befähigung zur Ausübung hoher richterlicher Tätigkeiten verfügen (Art. 254 UAbs. 2 S. 1 AEUV).

Die Richterinnen und Richter beider Gerichte werden von den Regierungen der Mit- 25
gliedstaaten „im gegenseitigen Einvernehmen" für eine Amtszeit von sechs Jahren ernannt (Art. 19 Abs. 2 UAbs. 3 S. 2 EUV); die individuelle Auswahl ist Sache der Mitgliedstaaten. Eine Wiederernennung ist nach Art. 19 Abs. 2 UAbs. 3 S. 3 EUV bzw.

---

[51] Derzeit ist der Ausschuss wie folgt zusammengesetzt: CDU/CSU fünf und SPD drei Sitze; AfD, FDP, Grüne und Linke je ein Sitz.
[52] Im ersten Zugriff *Siebert,* Die Auswahl der Richter am Gerichtshof der Europäischen Gemeinschaften, 1997; *Epping,* Der Staat 36 (1997), 349, 361 ff.; aus jüngerer Zeit *Wegener,* in: Calliess/Ruffert, EUV/ AUEV, Art. 19 EUV Rn. 48 ff.

Art. 253 UAbs. 4, 254 UAbs. 2 S. 4 AEUV möglich. Die vergleichsweise kurze **Amtszeit** wie die Möglichkeit der Wiederernennung stoßen seit jeher auf berechtigte Kritik[53], erlauben sie der jeweiligen Regierung doch, einen Richter für seine Rechtsprechung in der sechsjährigen Amtsperiode zu sanktionieren. Zugleich steht die Gefahr im Raum, dass Richterinnen und Richter gerade gegen Ende der jeweiligen Amtsperiode darauf „schielen", wie die Entscheidungen, an denen sie mitwirken, von der heimischen Regierung aufgenommen werden. Hier ist die zwölfjährige Amtsperiode der Richterinnen und Richter des Bundesverfassungsgerichts klar vorzugwürdig (→ Rn. 5).

26 Ein weiterer markanter Unterschied zum Bundesverfassungsgericht ist der **Ausschuss zur Eignungsprüfung** nach Art. 255 AEUV. Bevor die Richterposten beider Gerichte im gegenseitigen Einvernehmen besetzt werden, ist dieser Ausschuss von den Regierungen jeweils anzuhören (Art. 253 UAbs. 1 a. E., Art. 254 UAbs. 2 S. 2 AEUV). Er besteht aus sieben Personen, die entweder Richterinnen und Richter des Gerichtshofs oder höchster einzelstaatlicher Gerichte waren oder sonst die gleichen Qualifikationsanforderungen erfüllen (siehe Art. 255 UAbs. 2 S. 1 AEUV). Ein Mitglied wird vom Europäischen Parlament vorgeschlagen; die Ernennung erfolgt sodann durch den Rat, der auch das Procedere des Ausschusses festlegt[54]. Obwohl ein Anhörungsrecht an sich lediglich ein „weiches" Mitwirkungsrecht darstellt, hat sich die Einschaltung des Ausschusses als hochgradig wirksam erwiesen: In seinem jüngsten Tätigkeitsbericht weist das Gremium aus, dass es in 18 % der 80 ihm vorgelegten Nominierungen zu einer negativen Einschätzung der Qualifikation der nominierten Person gelangt ist; die Regierungen haben daraufhin durchweg von der Ernennung der Betroffenen abgesehen[55].

27 Den praktischen Umgang der Bundesrepublik Deutschland mit „ihrem" Richterposten" konnte man über Jahrzehnte nur als grob fahrlässig bezeichnen. Nicht nur fehlte es lange Zeit an einer gesetzlichen Regelung des innerstaatlichen Auswahlverfahrens (heute: §§ 1 Abs. 3, 10 Abs. 1 S. 2 RiWahlG)[56]. Über Jahre waren deutsche Richter zudem nur sechs Jahre im Amt, weil dann eine neue Regierungskoalition an der Macht war, die den **Richterposten als politische Verteilungsmasse** ansah und mit einem Kandidaten besetzte, der der eigenen „Farbenlehre" entsprach. Das sorgte zuverlässig dafür, dass die deutschen Richter just in dem Augenblick ausschieden, als sie eingearbeitet waren und anfangen konnten, tatsächlich Einfluss auf das Gericht und seine Entscheidungen auszuüben. Insofern scheint ein Lernprozess eingesetzt zu haben, denn der gegenwärtige deutsche Richter, der Kölner Staatsrechtslehrer *Thomas v. Danwitz*, amtiert seit 2006 und damit über Koalitionswechsel hinweg. Auch die deutsche Generalanwältin *Juliane Kokott* (Universität St. Gallen) ist bereits seit 2003 im Amt.

---

[53] Statt aller *Pache,* in: Vedder/Heintschel v. Heinegg, Europäisches Unionsrecht, Art. 19 EUV Rn. 29; *Huber,* in: Streinz, EUV/AEUV, Art. 254 AEUV Rn. 7.
[54] Zuletzt Beschluss v. 11.2.2014 (2014/76/EU), ABl. 2014 L 41/18. Mitglied ist u. a. der Präsident des Bundesverfassungsgerichts *Andreas Voßkuhle*.
[55] Siehe den fünften Ausschussbericht für 2017/2018, abrufbar unter curia.europa.eu/jcms/upload/docs/application/pdf/2018-05/5eme_rapport_dactivite_du_c255_-_en_final_-_public.pdf, 13f. (30.6.2018).
[56] Zu den späten Reformbestrebungen unter dem Gesichtspunkt der demokratischen Legitimation instruktiv *Balders/Hansalek,* ZRP 2006, 54 ff.

III. Bestellung der Richter der Fachgerichtsbarkeiten

Da die deutschen Gerichte ganz überwiegend solche der Länder sind, enthält das Grundgesetz keine Detailvorgaben für ihre Ernennung bzw. Beförderung in ein höheres Amt. Art. 98 Abs. 4 GG enthält allerdings eine dem Art. 95 Abs. 2 GG (näher ausgeformt im RiWahlG) für Bundesrichter weitgehend entsprechende Rahmenvorgabe; danach können die Länder „bestimmen, daß über die Anstellung der Richter in den Ländern der Landesjustizminister gemeinsam mit einem **Richterwahlausschuß** entscheidet." Die Norm wirft eine Reihe von Streitfragen auf, die hier nicht im Detail entfaltet werden müssen. Sie ist eine Reaktion auf das Versagen der deutschen Justiz in der Weimarer Republik und in der NS-Zeit und sollte ursprünglich sicherstellen, dass nur Personen mit „demokratischer Gesinnung" zu Richterinnen und Richtern werden konnten[57]. Zu diesem Zweck ermöglicht sie den Ländern, an die Stelle der geläufigen Ernennung der Richter durch die Exekutive (nach den Landesverfassungen regelmäßig die Landesregierung, die das Ernennungsrecht aber ebenso regelmäßig auf das Justizministerium überträgt) ein Zusammenwirken aller drei Gewalten treten zu lassen. Tatsächlich haben neun Länder von dieser Möglichkeit Gebrauch gemacht[58]; bei Abweichungen im Detail setzen sich die Richterwahlausschüsse regelmäßig aus Landtagsabgeordneten und Mitgliedern aus der Richterschaft (vereinzelt auch der Anwaltschaft) zusammen[59]. Die übrigen Länder belassen es bei der Ernennung durch die Exekutive, wobei in manchen Ländern faktisch die Judikative allein entscheidet.

28

So die Handhabung in **Nordrhein-Westfalen:** Nach Art. 58 S. 1 NWVerf. ist die Ernennung Sache der Landesregierung, die diese Aufgabe aber aufgrund von Art. 58 S. 2 NWVerf. weitgehend (je nach Besoldungsgruppe) auf das Justizministerium delegiert hat (§ 2 S. 1 der Verordnung über die Ernennung, Entlassung und Zurruhesetzung der Beamtinnen und Beamten und Richterinnen und Richter des Landes Nordrhein-Westfalen v. 25.2.2014). Dieses hat es auf die Präsidentinnen und Präsidenten der Obergerichte (OLG, OVG u. a. m.) weiterdelegiert (§ 3 Abs. 1 dieser Verordnung i. V. m. §§ 2, 3 Abs. 2 und 3 Nr. 1 der Beamten- und Disziplinarzuständigkeitsverordnung des Justizministeriums v. 4.12.2007), sodass im Ergebnis nur noch Richterinnen und Richter entscheiden, wer ihre Reihen ergänzt – in der Sache ist das die sog. Kooptation.

Die **Erfahrungen** in den Ländern sind im Übrigen eher unerfreulich: Es gibt Hinweise in einiger Dichte, dass Richterwahlausschüsse die parteipolitische Durchdringung der Richterschaft eher fördern[60]. Das ist bei kurzem Nachdenken naheliegend: Die Parlamentarier sind ohnehin Parteipolitiker. Aber auch die Richterinnen und Richter sind keineswegs schlichte Repräsentanten neutralen Sachverstandes, sondern gehören Richtervereinigungen an, auf deren „Ticket" sie gewählt werden, und die wiederum Näheverhältnisse zu den politischen Parteien aufweisen. Das begünstigt **„Paketlösungen",** in denen die eine Seite einen Präsidentinnenposten und die andere Seite eine Vorsitzendenstelle erhält.

29

---

[57] Gleichsinnig *Hillgruber*, in: Maunz/Dürig, GG, Art. 98 (2010), Rn. 7 f. Dieses Anliegen spiegelt sich auch in den parallel entstandenen Landesverfassungen wider; vgl. Art. 127 Abs. 2 HessVerf., Art. 136 Abs. 2 BremVerf., Art. 63 Abs. 2 S. 2 HmbVerf. sowie *Gärditz* ZBR 2011, 109, 110, für Bundesrichter außerdem § 11 RiWahlG.
[58] Näher *Wittreck*, Die Verwaltung der Dritten Gewalt, 2006, 396 ff. sowie *Gärditz*, ZBR 2011, 109, 109.
[59] Je nach Zusammensetzung der Gremien ist ihre eigene demokratische Legitimation zweifelhaft: *Wittreck*, ZRP 2013, 72, 73 f.; ebenso *Gärditz* ZBR 2011, 109, 111.
[60] Für die Wahl der Bundesrichter aufschlußreich *Schulze-Fielitz*, in: Dreier, GGK III, Art. 95 Rn. 30; eher unkritisch speziell für Schleswig-Holstein *Wrobel*, NordÖR 2016, 50 ff.

Ein ähnlicher Befund lässt sich schließlich für die unlängst noch vor dem Bundesverfassungsgericht streitig erörterte Wahl der Richter zu den Bundesgerichten erheben[61]. Sie ist in Art. 95 Abs. 2 GG knapp geregelt und wird im Richterwahlgesetz (RiWahlG) näher ausbuchstabiert.

IV. Garantien richterlicher Unabhängigkeit

1. Das Konzept richterlicher Unabhängigkeit

30 Die Unabhängigkeit der Richterinnen und Richter gilt als zentrale Ausprägung von **Rechtsstaatlichkeit** wie **Gewaltenteilung** (→ Kap. 6 Rn. 3, 5 ff.). Das ist dem Grunde nach richtig, verleitet aber dazu, die Gefahr der Übergriffe aus der Gerichtsbarkeit selbst auszublenden: Richterliche Unabhängigkeit gilt auch gegenüber anderen Richterinnen und Richtern, und tatsächlich dürften derzeit zumindest in Deutschland Gefahren für die Unabhängigkeit des Gerichtspersonals am ehesten aus der Justiz selbst hervorgehen. Zugleich ist die Unabhängigkeit der Rechtsprechung eine Institution, die – zumindest auf dem Papier – weltweit zum festen Repertoire der modernen Verfassungsstaatlichkeit gehört[62]. Dementsprechend ist sie nicht allein im Grundgesetz (→ Rn. 32 ff.) und im Unionsrecht gewährleistet (→ Rn. 37), sondern auch in einer inzwischen unübersichtlichen Fülle von internationalen Dokumenten teils unklarer Rechtsnatur[63]. Das für Deutschland wie die Union wichtigste Dokument dieser Art dürfte die Europäische Menschenrechtskonvention sein, deren Art. 6 Abs. 1 S. 1 jeder Person das Recht auf ein unabhängiges und unparteiisches Gericht einräumt[64].

31 In diesem inter- und supranationalen Diskurs zur richterlichen Unabhängigkeit hat sich folgende Unterscheidung herauskristallisiert:
- Die *sachliche* Unabhängigkeit korrespondiert mit der Gesetzesbindung der Gerichte (Art. 20 Abs. 3, Art. 97 Abs. 1 GG) und soll sicherstellen, dass keine anderen Faktoren als das Gesetz Einfluss auf die richterliche Entscheidung nehmen können; das schließt Weisungen, aber auch jede andere Form der direkten oder indirekten Einflußnahme aus.
- Die *persönliche* Unabhängigkeit sichert die sachliche Unabhängigkeit dahingehend ab, dass sie Richterinnen und Richter gegen negative Konsequenzen abschirmt, die etwa unliebsame Entscheidungen haben könnten. Das bedeutet im Kern Schutz vor Versetzung, Absetzung oder Kürzung des Gehalts (sowie sonstigen Sanktionen).
- Während die genannten beiden Ausprägungen die einzelne Gerichtsperson schützen, nimmt die *institutionelle* Unabhängigkeit die Dritte Gewalt als Ganzes oder eben als Institution in den Blick und will sie möglichst gegen Zugriffe von Legislative und insbesondere Exekutive abschirmen. In vielen europäischen Ländern hat dies zur Einführung sog. Oberster Räte der Gerichtsbarkeit geführt, in denen Vertreterinnen und Vertreter der Richterschaft die Mehrheit haben und die etwa für Anstellung, Beförderung und Disziplinierung der Richterinnen und Richter zu-

---

[61] BVerfGE 143, 20 – *Richterwahl* und dazu *Gärditz*, NJW 2016, 3429 ff. sowie *Sachs*, JuS 2017, 89 ff.
[62] Im Überblick Seibert-Fohr (Hrsg.), Judicial Independence in Transition, 2012.
[63] Näher *Wittreck*, Verwaltung der Dritten Gewalt, 2006, 211 ff.; instruktiv *Terhechte*, German Law Journal 10 (2009), 501 ff.
[64] Näher dazu *Meyer*, in: Karpenstein/Mayer, EMRK, Art. 6 Rn. 43 ff.; vgl. zum sog. fair-trial-Grundsatz zuletzt BVerfG, Beschluss v. 26.2.2018 – 2 BvR 107/18, Rn. 31 ff.

ständig sind[65]. Das Konzept kollidiert – mit Händen zu greifen – mit dem deutschen Verständnis von Gewaltenverschränkung (→ Kap. 6 Rn. 5 ff.) und demokratischer Legitimation (→ Kap. 5 Rn. 40 ff.).

2. Richterliche Unabhängigkeit unter dem Grundgesetz

Für deutsche Richter ist die Zentralnorm Art. 97 GG; diese Garantie wird durch Art. 101 Abs. 1 S. 2 GG ergänzt, in § 1 GVG wiederholt sowie in den §§ 25 ff., 45 Abs. 1 S. 1 DRiG näher konkretisiert. Art. 97 Abs. 1 GG gewährleistet dabei die *sachliche*, Art. 97 Abs. 2 GG die *persönliche* Unabhängigkeit. Ein Verständnis der institutionellen Unabhängigkeit ist der deutschen Rechtsordnung – bis auf das Bundesverfassungsgericht – fremd (→ Kap. 6 Rn. 5 ff.; → Rn. 5). 32

a) Sachliche Unabhängigkeit

Wie dargelegt, wird die sachliche Unabhängigkeit im Kern als Weisungsfreiheit verstanden[66]; darüber hinaus schützt sie gegen jede Einflußnahme auf dem Weg zur richterlichen Entscheidung[67]. Die Garantie richtet sich gegen alle drei Gewalten. Sie verbietet die Einflußnahme der **Exekutive** durch Maßnahmen der Dienstaufsicht[68] sowie die Einflußnahme der Legislative durch jede andere Maßnahme als das Gesetz (dies dient ja gerade der Steuerung der Richter; → Kap. 6 Rn. 12). Ausgeschlossen oder zumindest eingeschränkt ist danach etwa die sog. parlamentarische **Urteilsschelte:** Der Bundestag mag ein „Fehlurteil" zum Anlass nehmen, die Rechtslage zu ändern, er darf aber nicht förmlich beschließen, dass ein Fehlurteil vorliegt[69]. Schließlich richtet sich die Garantie auch gegen die Rechtsprechung selbst – tatsächlich gehen die meisten in Gerichtsentscheidungen dokumentierten Übergriffe von anderen Richterinnen und Richtern aus[70]. 33

Wo liegen die **„Problemzonen"?** – es ist in Deutschland tatsächlich unüblich, dass etwa Justizministerien durch sog. Telefonjustiz versuchen, Verfahren zu beeinflussen. Gefahren lassen sich in drei Bereichen ausmachen, die eng miteinander zusammenhängen. Die deutsche Justiz ist hierarchisch aufgebaut (→ Rn. 10) und damit darauf angelegt, dass (wenige) Richterinnen und Richter befördert werden. Dieses Beförderungssystem als solches sowie insbesondere die dafür notwendigen Beurteilungen der einzelnen Richterinnen und Richter durch ihre Vorgesetzten ziehen immer wieder Kritik auf sich[71]. Denn wer befördert werden will, kann zumindest darüber nachsinnen, welche Erwartungen die Personen hegen könnten, die darüber zu befinden haben. Und die dienstliche Beurteilung erfüllt ebenfalls erkennbar eine Lenkungswirkung (sonst gäbe es sie nicht). Für beide Fragen relevant ist zuletzt das Phänomen des sog. **Erledigungsdruck**s (vornehmer ist auch von „Erledigungserwartung" die Rede), 34

---

[65] Instruktiv *Minkner*, Die Gerichtsverwaltung in Deutschland und Italien, 2015, 336 ff.; vgl. noch *Schulze-Fielitz*, in: Dreier, GGK III, Art. 97 Rn. 12 sowie eingehend *Jeschke*, Justizielle Autonomie in Europa, 2016.
[66] BVerfGE 36, 174 (185); 60, 175 (214); 87, 68 (85).
[67] Beispiel: Ein Gesetz, nach dem die Einteilung der Richter in Besoldungsgruppen bei gleicher richterlicher Funktion vom Ermessen der entscheidenden Stelle abhängt, ist verfassungswidrig, vgl. BVerfGE 26, 79 (92 ff.).
[68] Dies wird häufig als Kern der Garantie verstanden: *Schulze-Fielitz*, in: Dreier, GGK III, Art. 97 Rn. 19.
[69] Näher *Hillgruber*, in: Maunz/Dürig, GG, Art. 97 (2008), Rn. 92.
[70] Näher *Wittreck*, Die Verwaltung der Dritten Gewalt, 2006, 183 ff.
[71] Zusammenfassend m.w.N. *Wittreck*, VVDStRL 74 (2015), 115, 156.

also die verbreitete Klage der Richterschaft, sie werde durch ungenügende Ausstattung mit Stellen zu einer Arbeitsweise gezwungen, die nicht mehr sachgerecht sei[72].

b) Persönliche Unabhängigkeit

35 Die persönliche Unabhängigkeit wird in Art. 97 Abs. 2 GG deutlich klarer konturiert als die sachliche. Satz 1 stellt zunächst klar, dass Richter gegen ihren Willen weder entlassen noch versetzt werden können (auch **Inamovibilität** genannt). Der Vorbehalt, dass dies nur die „endgültig angestellten" Richter erfasst, korrespondiert im Kern mit dem Status des Richters auf Probe (vgl. §§ 12 f., 22 DRiG), der zunächst noch auf seine praktische Eignung hin geprüft werden soll[73]. Als weitere Vorbehalte benennt Satz 1 die Regelung durch Gesetz sowie die richterliche Entscheidung (→ Rn. 36); die einschlägigen Vorschriften (z. B. §§ 21, 24 DRiG) sind extrem eng gefasst. Vereinfacht gesagt verliert ein Richter sein Amt bei schweren Straftaten oder disziplinarischen Vergehen[74]; versetzt werden kann er praktisch nur, wenn sein Gericht vom Gesetzgeber aufgelöst wird (siehe Art. 97 Abs. 2 S. 3 GG)[75]. Zuletzt hat das Bundesverfassungsgericht die (vergleichsweise kurzfristige) Verwendung von **Richtern auf Zeit** an den Verwaltungsgerichten (siehe §§ 17 Nr. 3, 18 VwGO) dem Grunde nach gebilligt, aber eingedenk des Art. 97 Abs. 2 S. 1 GG ihre mehrmalige Verwendung untersagt[76].

c) Institutionelle Sicherungen der Unabhängigkeit

36 Sehen sich Richterinnen oder Richter in ihrer Unabhängigkeit beeinträchtigt, so stehen ihnen verschiedene Kontroll- und Überprüfungsmechanismen zur Verfügung. Der wichtigste dürften die **Richterdienstgerichte** sein (näher §§ 61–68, 77–83 DRiG). Sie sind eine deutsche Besonderheit und die wohl wirksamste „Garantiemacht" der richterlichen Unabhängigkeit im deutschen Recht. Sie stellen letztlich sicher, dass in allen Fragen, die die Unabhängigkeit auch nur entfernt tangieren können, Richterinnen und Richter das letzte Wort haben (siehe die Kompetenzkataloge in §§ 62 u. 78 DRiG). Es kommt hinzu, dass die Dienstgerichte von der Richterschaft praktisch selbständig besetzt werden, denn über ihre Besetzung entscheiden die Präsidien der (ordentlichen) Gerichte, denen sie angegliedert sind (§§ 61 Abs. 3, 77 Abs. 3 DRiG). Das Präsidium aber ist ein seinerseits unabhängiges Selbstverwaltungsorgan, dem die jeweilige Gerichtsspitze sowie Richterinnen und Richter angehören, die von der Richterschaft des Gerichts gewählt werden (näher §§ 21 a ff. GVG)[77]. Der Mechanismus stellt sicher, dass Richterinnen und Richter erst dann von der Exekutive sanktioniert werden können, wenn sie ein Verhalten an den Tag legen, das eindeutig die kollegiale Solidarität überstrapaziert.

---

[72] Ernüchternd *Grade*, Betrifft Justiz 120 (2014), 11 ff.; *Jungbluth*, Betrifft Justiz 117 (2014), 17 ff. Siehe dazu auch BVerfG (K), Beschluss v. 9.3.2018 – 2 BvR 174/18.
[73] Vgl. als einen jüngeren Fall der Entlassung eines Proberichters DienstGH Hamm, Beschluss v. 2.6.2017 – 1 DGH 2/17; zu Rechtsschutzproblemen in diesem Zusammenhang *v. Glasenapp*, NordÖR 2016, 1 ff.
[74] Jüngeres Beispiel: Ein niedersächsischer Richter, der Rechtsreferendaren Klausurlösungen für das Zweite Staatsexamen zum Kauf angeboten und auch verkauft hatte, wurde vom LG Lüneburg u. a. wegen Bestechlichkeit und versuchter Nötigung zu fünf Jahren Haft verurteilt: LG Lüneburg, Urt. v. 26.2.2015 – 33 KLs/760 Js 44594 (20/14); sein Amt endete gem. § 24 Nr. 1 DRiG mit Rechtskraft dieses Urteils.
[75] Siehe BGH NVwZ-RR 2004, 466 – *Auflösung des Bundesdisziplinargerichts*.
[76] BVerfG, Urt. v. 22.3.2018 – 2 BvR 780/16.
[77] Siehe *Kissel/Mayer*, GVG, § 21 a Rn. 7 ff.

Wo deren Grenzen verlaufen mögen, demonstriert ein aktueller **Fall:** Ein Richter eines süddeutschen OLG wehrt sich vor den Dienstgerichten gegen den Vorhalt seiner Präsidentin, er erledige weniger als der Durchschnitt der anderen Richter an seinem Gericht (gehässige Bemerkung: das ist wohl das Wesen des Durchschnitts ...). Obwohl die Präsidentin ihn damit zu einer Änderung seiner Rechtsprechung zwingen will und mit Händen zu greifen die sachliche Unabhängigkeit verletzt[78], haben die Dienstgerichte seinem Begehren ganz überwiegend nicht stattgegeben[79]. Dahinter steckt offenbar ein Konsens der Richterschaft, wonach alle „irgendwie" ihr Pensum schaffen und der Kollege sich bitteschön nicht so anstellen solle.

Sofern die Richterdienstgerichte nicht abhelfen, bleibt noch der Weg zum Bundesverfassungsgericht. Zwar ist die richterliche Unabhängigkeit an sich kein Individualrecht i. S. v. Art. 93 Abs. 1 Nr. 4a GG. Gleichwohl können Richterinnen und Richter eine **Verfassungsbeschwerde** erheben und die Verletzung ihrer Unabhängigkeit rügen, weil diese als hergebrachter Grundsatz des richterlichen Amtsrechts i. S. v. Art. 33 Abs. 5 GG gilt – diese Norm ist aber mit der Verfassungsbeschwerde rügefähig[80].

3. Richterliche Unabhängigkeit im Unionsrecht

Das Unionsrecht gewährleistet die Unabhängigkeit der Richterinnen und Richter 37 nicht explizit, sondern setzt sie als **Qualifikation für das Amt** voraus (Art. 19 UAbs. 3 S. 1 EUV; Art. 253 UAbs. 1, 254 UAbs. 2 S. 1, 257 UAbs. 4 S. 1 AEUV; Art. 4 der Satzung des Gerichtshofs)[81]. Dies gilt auch für die Generalanwältinnen und Generalanwälte (Art. 19 UAbs. 3 S. 1 EUV), denen aber namentlich für ihre Schlussanträge ausdrücklich attestiert wird, dass sie diese „in völliger Unabhängigkeit" zu stellen haben. Auch Art. 47 S. 2 ChGrEU gibt jedem Unionsbürger das Recht auf ein unabhängiges Gericht; da die Charta für die Organe der Union gilt (Art. 51 Abs. 1 S. 1 ChGrEU), wirkt dies auf den Gerichtshof zurück. Zuletzt verweist Art. 6 Abs. 3 EUV auf die EMRK und weist sie als Teil des Unionsrechts aus (→ Rn. 30). Insofern besteht breiter Konsens, dass der Europäische Gerichtshof richterliche Unabhängigkeit genießt (vgl. zur persönlichen Unabhängigkeit auch Art. 3 Abs. 1 und Art. 6 Abs. 1, ggf. i. V. m. Art. 8 der Satzung des Gerichtshofs); tatsächlich sind auch keine Versuche der übrigen institutionellen Akteure der Union verzeichnet, den Gerichtshof generell oder im Einzelfall zu beeinflussen. Die **Schwachstelle** der Unabhängigkeit der Richterinnen und Richter der Union ist bereits benannt worden: Die kurze Amtszeit und die Möglichkeit der Wiederwahl schwächen namentlich die persönliche Unabhängigkeit deutlich (→ Rn. 25). Gemildert wird das Problem durch die Satzungsbestimmung, nach der Richterinnen und Richter nicht an Fällen mitwirken dürfen, in denen ihr Heimatstaat Partei ist. Es bleibt aber dabei, dass sie – ebenso wie die

---

[78] Näher *Wittreck*, NJW 2012, 3287 ff.; reichlich unkritisch *Thiele,* Der Staat 52 (2013), 415 ff.
[79] Zuletzt BGH NJW 2018, 158 (159 ff. Rn. 16 ff.); der BGH hat das vorinstanzliche Urteil allerdings aufgehoben und zur erneuten Verhandlung und Entscheidung unter besonderer Berücksichtigung der durchschnittlichen Erledigungszahlen sowie ihrer methodisch sachgerechten Ermittlung zurückverwiesen; vgl. dazu *Schulte-Kellinghaus*, Betrifft Justiz 33 (2017), 201 ff. Der Richter hat zwischenzeitlich Verfassungsbeschwerde erhoben, vgl. *Kaufmann,* LTO v. 8.2.2018, abrufbar unter www.lto.de/recht/justiz/j/schulte-kellinghaus-verfassungsbeschwerde-richterliche-unabhaengigkeit-langsame-arbeitsweise/ (30.6.2018).
[80] Das Bundesverfassungsgericht spricht explizit von einem grundrechtsgleichen Recht aus Art. 33 Abs. 5 GG; siehe zuletzt BVerfG NVwZ 2017, 1702 (1702 Rn. 15) und aus der Literatur *Battis*, in: Sachs, GG, Art. 33 Rn. 12. Falls Sie über den Wortlaut des Art. 33 Abs. 5 GG stolpern (dort ist von „Berufsbeamtentum" die Rede): Richterinnen und Richter sind nach Art. 98 Abs. 1 GG keine Beamten, werden aber in fast allen Fragen wie solche behandelt (vgl. §§ 46, 71 DRiG).
[81] Weiterführend *Huber*, in: Streinz, EUV/AEUV, Art. 19 EUV Rn. 22; eingehend *Baltes*, Die demokratische Legitimation und die Unabhängigkeit des EuGH und des EuG, 2011, 21 ff.

Kommissarinnen und Kommissare – nicht Vertreter nationaler Interessen ihres Heimatlandes, sondern der Union selbst sind.

D. Klausurhinweise

Kapitel 12 ist in dieser Hinsicht vielleicht kein „Hotspot" im engeren Sinne. Erneut gilt, dass schlichtes Überblättern positiv schädlich ist. Denn wer die Struktur der Gerichtsbarkeit der Bundesrepublik wie der Union nicht kennt, wird in den hochgradig klausurrelevanten Fragen des 17. Kapitels orientierungslos durch den Wald der Welt irren und unnötige Anfängerfehler begehen, die in der Regel hart bestraft werden. Zugleich können insbesondere zur richterlichen Unabhängigkeit (C.) tatsächlich sowohl in Klausuren wie in der mündlichen Prüfung konkrete Fragen gestellt werden, wenn es zuvor entsprechende Entscheidungen gegeben hat, die für mediales Aufsehen gesorgt haben.

Kapitel 13. Parteien als „am Verfassungsleben beteiligte Organe"

Literatur: *H.-H. v. Arnim,* Die neue EU-Parteienfinanzierung, in: NJW 2005, S. 247 ff.; *L. Bechler/ S. Neidhardt,* Verfassungsgerichtlicher Rechtsschutz für Parteien vor der Bundestagswahl. Die Nichtanerkennungsbeschwerde zum BVerfG, in: NVwZ 2013, S. 1438 ff.; *N. Etzig/T. Müller,* Der SPD-Mitgliederentscheid und die Freiheit des Mandats, in: NVwZ 2018, S. 549 ff.; *R. Geerlings,* Das Statut der europäischen Parteien, in: Recht und Politik 40 (2004), S. 38 ff.; *C. Gusy,* Verfassungswidrig, aber nicht verboten!, in: NJW 2017, S. 601 ff.; *A. Hatje,* Parteiverbote und Europarecht, in: DVBl. 2005, S. 261 ff.; *C. Hillgruber,* Parteienfreiheit, in: HGR V, 2013, § 118 (S. 463 ff.); *N. J. Janson,* Staatliche Politikfinanzierung in Bewegung – Keine Fraktionszuwendungen für „Verfassungsfeinde"?, in: NVwZ 2018, S. 288 ff.; *J. Kersten/S. Rixen* (Hrsg.), Parteiengesetz (PartG) und europäisches Parteienrecht, 2009; *T. Kingreen,* Auf halbem Weg von Weimar nach Straßburg: Das Urteil des Bundesverfassungsgerichts im NPD-Verbotsverfahren, in: JURA 2017, S. 499 ff.; *T. Kumpf,* Verbot politischer Parteien und Europäische Menschenrechtskonvention, in: DVBl. 2012, S. 1344 ff.; *H. Lackner,* Grundlagen des Wahlprüfungsrechts nach Art. 41 GG, in: JuS 2010, S. 307 ff.; *M. Morlok,* Das Parteiverbot, in: JURA 2013, S. 317 ff.; *M. Morlok,* Kein Geld für verfassungsfeindliche Parteien?, in: ZRP 2017, S. 66 ff.; *S. Roßner,* Parteiausschluss, Parteiordnungsmaßnahmen und innerparteiliche Demokratie, 2014; *M. Schröder,* Stellung der Parteien, in: HGR V, 2013, § 119 (S. 519 ff.); *T. Schweitzer,* Die europäischen Parteien und ihre Finanzierung durch die Europäische Union, 2014; *J. Thiem,* Nationale Parteien im europäischen Parlament, 2009; *A. Uhle,* Das Parteiverbot gem. Art. 21 II GG. Eine Wiederbesichtigung nach der Entscheidung des BVerfG zum NPD-Verbotsantrag, in: NVwZ 2017, S. 583 ff.; *S. Zotti,* Politische Parteien auf europäischer Ebene, 2010.

A. Begriff und Funktion von Parteien

I. Funktion

Art. 21 Abs. 1 S. 1 GG bestimmt lapidar „Die Parteien wirken bei der politischen Willensbildung des Volkes mit."[1] Dabei dürfte der Begriff der „Mitwirkung" in Ansehung der tatsächlichen Rolle (und Macht) der Parteien eher zu blass sein: Die Parteien sind in der Bundesrepublik **maßgebliche Akteure der politischen Willensbildung.** Dahinter steht die Einsicht, dass zwar der Wahlakt ein höchst individueller Vorgang sein mag, in dessen Rahmen der Einzelne durch die Geheimheit der Wahl nochmals bewusst „vereinzelt" wird (→ Kap. 9 Rn. 35), und dass zugleich die Wahlentscheidung von einem Motivbündel getragen ist, das jeder anders schnürt. Eine Wahl ergibt (nicht: macht) aber nur Sinn, wenn etwas zur Wahl steht – das können Personen, aber auch Programme sein. Hier genau kommen die Parteien ins Spiel: Sie sollen – so die Idealvorstellung – in einem dauernden **Kommunikationsprozess** einerseits die politischen Wünsche und Vorstellungen der Bevölkerung ermitteln, bündeln und zu grundsätzlich abstimmungsfähigen konkreten Vorschlägen verdichten und andererseits um Zustimmung für diese politischen Projekte werben[2]. Am Ende steht dann die Möglichkeit, in den Wahlen auf Bundes-, Landes- und Gemeindeebene Kandidaten zu wählen, die für bestimmte Programme der Sozial- oder Wirtschaftspolitik ste-

1

---

[1] Näher zum Folgenden – außer den Kommentierungen zu Art. 21 GG sowie zum PartG – noch *Shirvani,* Das Parteienrecht und der Strukturwandel im Parteiensystem, 2010; *Ossege,* Das Parteienrechtsverhältnis, 2012; sowie die Beiträge in Morlok/Poguntke/Sokolov (Hrsg.), Parteienstaat – Parteiendemokratie, 2018.

[2] Siehe BVerfGE 44, 125 (145 ff.).

hen oder zumindest für eine Weltanschauung, die man als Wähler teilen kann oder nicht. Dass die **Realität** von dieser Idealvorstellung abweichen kann und sich durch Vermachtungs- und Entkoppelungsprozesse auszeichnet, in denen Parteivertreter ohne wirkliche Rückbindung an weite Teile der Bevölkerung reine Machtpolitik oder „Postengeschacher" treiben, steht auf einem anderen Blatt[3].

II. Parteibegriff

2 Art. 21 GG wird im **Parteiengesetz** (PartG) konkretisiert[4]; ferner spielen die Parteien eine prominente Rolle im BWahlG, da sie maßgeblich für die Aufstellung von Kandidaten verantwortlich sind (näher §§ 18ff. BWahlG). Am PartG orientieren sich auch Rechtsprechung und Literatur, wenn es um die Bestimmung des Begriffs der Partei geht. § 2 Abs. 1 PartG bestimmt:

> „Parteien sind Vereinigungen von Bürgern, die dauernd oder für längere Zeit für den Bereich des Bundes oder eines Landes auf die politische Willensbildung Einfluss nehmen und an der Vertretung des Volkes im Deutschen Bundestag oder einem Landtag mitwirken wollen, wenn sie nach dem Gesamtbild der tatsächlichen Verhältnisse, insbesondere nach Umfang und Festigkeit ihrer Organisation, nach der Zahl ihrer Mitglieder und nach ihrem Hervortreten in der Öffentlichkeit eine ausreichende Gewähr für die Ernsthaftigkeit dieser Zielsetzung bieten. Mitglieder einer Partei können nur natürliche Personen sein."

3 Vor einem Blick auf die einzelnen Elemente und Tatbestandsmerkmale dieser Definition ist es notwendig, sich ihren **normativen Status** zu vergegenwärtigen. Denn eingedenk des Vorrangs der Verfassung vor dem einfachen Gesetz (→ Kap. 3 Rn. 13 f.) kann und darf der parlamentarische Gesetzgeber nicht hingehen und den verfassungsrechtlichen Begriff der „Partei" i. S. v. Art. 21 Abs. 1 GG verbindlich festsetzen – er hätte es andernfalls in der Hand, den Parteibegriff so zu manipulieren, dass eine der Parlamentsmehrheit in der einen oder anderen Weise „unliebsame" Partei ihren Status verlieren würde. Die Sprachregelung lautet also: Es gibt einen verfassungsrechtlichen Begriff der Partei i. S. v. Art. 21 Abs. 1 GG, der allerdings in § 2 Abs. 1 PartG zutreffend und loyal umgesetzt bzw. konkretisiert worden ist[5] – der verfassungsrechtliche und der gesetzliche Parteibegriff sind (derzeit) deckungsgleich.

> **Hinweis:** Über diesen Einzelfall hinaus gilt: Bitte nie das Grundgesetz vom einfachen Recht her *verbindlich* deuten, sondern stets klarstellen, dass die Verfassung maßgeblich ist und im einfachen Recht lediglich (richtig) ausbuchstabiert worden ist.

Nach diesem Warnhinweis zurück zur Definition. Zunächst fällt auf, dass § 2 Abs. 1 S. 1 PartG eine Engführung auf die Teilnahme an Bundes- und Landtagswahlen vornimmt. Ausgeschlossen sind zum einen sog. **Rathausparteien,** also Vereinigungen, die – womöglich landesweit – lediglich die Teilnahme an Kommunalwahlen anstreben[6]. Gleiches gilt für Vereinigungen und Initiativen, die zwar auf die politische Willensbildung Einfluss nehmen, dies aber – wie das Bündnis „Mehr Demokratie" – aus-

---

[3] Schonungslos *Towfigh,* Das Parteien-Paradox, 2015, 103 ff.
[4] Kommentierungen von Ipsen (Hrsg.), Parteiengesetz, 2008; Kersten/Rixen (Hrsg.), Parteiengesetz und europäisches Parteienrecht, Kommentar, 2009; *Lenski,* Parteiengesetz und Recht der Kandidatenaufstellung, 2011.
[5] BVerfGE 91, 262 (267); 134, 124 (129); 146, 319 (323, Rn. 14). Aus der Literatur *Kunig,* in: Isensee/Kirchhof, HStR ³III, § 40 Rn. 5, 6 ff. sowie Jarass/*Pieroth,* GG, Art. 21 Rn. 6.
[6] Dafür BVerfGE 6, 367 (372 f.); 69, 92 (111); *Klein,* in: Maunz/Dürig, GG, Art. 21 (2014), Rn. 239; kritisch *Morlok,* in: Dreier, GGK II, Art. 21 Rn. 37 sowie Jarass/*Pieroth,* GG, Art. 21 Rn. 10.

schließlich oder doch vornehmlich über Volksabstimmungen erreichen wollen[7]. Problematisch dürfte insbesondere sein, dass oberhalb von Bundes- und Landesebene Europa hier gar nicht auftaucht[8].

Ausgeschlossen sind nach der Spezialregelung in § 2 Abs. 3 PartG ferner Auslands- bzw. **Ausländerparteien,** also solche politischen Vereinigungen, die oder deren Vorstand mehrheitlich aus Nichtdeutschen bestehen (Nr. 1) oder deren Sitz oder deren Geschäftsleitung sich im Ausland befinden (Nr. 2)[9]. Im Hintergrund steht die Festlegung auf die Bundesrepublik als Nationalstaat, in dem die politische Partizipation auf Landes- und Bundesebene an die deutsche Staatsangehörigkeit geknüpft ist (→ Kap. 2 Rn. 9ff.). Zugleich soll die Bestimmung verhindern, dass an der demokratischen Legitimation deutscher Staatsgewalt Gruppierungen teilnehmen, die von außen „ferngesteuert" werden[10]. 4

Als **Vereinigung** zählt jede Organisation, zu der sich „eine Mehrheit natürlicher und juristischer Personen oder Personenvereinigungen für längere Zeit zur Verfolgung eines gemeinsamen Zwecks auf freiwilliger Basis zusammenschließt und einer einheitlichen Willensbildung unterwirft"[11]. Abweichend von dieser allgemeinen Definition stellt allerdings § 2 Abs. 1 S. 2 PartG klar, dass Mitglieder einer Partei nur natürliche Personen sein können. Ziel der Vereinigung muss die **Einflußnahme auf die politische Willensbildung** sein; in deren Zentrum stehen Wahlen und Abstimmungen i. S. v. Art. 20 Abs. 2 S. 2 GG, ohne dass sich politische Willensbildung darin erschöpfen würde[12]. Vielmehr zählt dazu auch das gesamte Spektrum von der politischen Bildung über die öffentliche Debatte bis hin zum regelrechten Wahlkampf[13]. Das Kriterium „dauernd oder für längere Zeit" wird in § 2 Abs. 2 PartG dahingehend konkretisiert, dass eine sechsjährige Abstinenz von Bundes- und Landtagswahlen die Eigenschaft als Partei in Frage stellt. Es ist eng verknüpft mit der **„Gewähr für die Ernsthaftigkeit".** Es soll „Zufallsbildungen von kurzer Lebensdauer"[14] ebenso ausschließen wie sog. Spaßparteien (man denke an „Die Partei"[15]). Die Rechtsprechung stellt auf die Mitgliederzahl sowie (mittelbar) auf den Wahlerfolg ab und verlangt i. ü. gut nachvollziehbar die Existenz einer Satzung (§ 6 PartG)[16]. 5

---

[7] Unterstrichen von *Kunig,* in: v. Münch/ders., GG, Art. 21 Rn. 15 sowie Jarass/*Pieroth,* GG, Art. 21 Rn. 12.
[8] Wie hier *Ipsen,* in: Sachs, GG, Art. 21 Rn. 20; Jarass/*Pieroth,* GG, Art. 21 Rn. 10 a. E.
[9] Näher *Lenski,* Parteiengesetz, 2011, § 2 Rn. 40 ff.
[10] Mann stelle sich vor, die *Erdoğan*-Regierung nähme über einen deutschen „Ableger" der AKP unmittelbaren Einfluss auf Bundes- und Landtagswahlen. Zum Gefährdungspotenzial durch türkisch-nationalistische Gruppierungen in Deutschland vgl. BT-Drs. 18/12042 v. 24.4.2017.
[11] BVerwGE 106, 177 (181); aufgegriffen von *Höfling,* in: Sachs, GG, Art. 9 Rn. 9 sowie *Jarass*/Pieroth, GG, Art. 9 Rn. 3.
[12] Mißverständlich BVerfGE 20, 56 (114).
[13] BVerfGE 8, 51 (65); 91, 262 (268 f.); aus der Literatur *Kunig,* in: HStR³ III, § 40 Rn. 16.
[14] BVerfGE 91, 262 (270).
[15] Zum Problem *Koch,* ZRP 2011, 196 ff.
[16] Siehe BVerfGE 24, 300 (332); 89, 266 (272); 91, 262 (272); lt. BVerfGE 134, 131 (134) sind acht Mitglieder zu wenig.

B. Verfassungsrechtliche Stellung unter dem Grundgesetz

6 Während die Weimarer Reichsverfassung von 1919 die politischen Parteien noch in rein negativer Perspektive erwähnte (Art. 130 Abs. 1 WRV: „Die Beamten sind Diener der Gesamtheit, nicht einer Partei"), erkennt das Grundgesetz in Art. 21 Abs. 1 GG an prominenter Stelle ihre wichtige Funktion für den demokratischen Verfassungsstaat an[17]. Mit dieser **Anerkennung** gehen allerdings **Vorgaben** für die innere Ordnung der Parteien einher (I.), und mit dem Parteiverbot bzw. der Möglichkeit des Ausschlusses von der staatlichen Finanzierung legt die Verfassung auch Werkzeuge bereit, mittels derer der Staat des Grundgesetzes reagieren kann, wenn sich eine Partei als regelrecht feindlich entpuppt (III.). Zu erörtern sind ferner der Status der Freiheit und Gleichheit (II.), die seit jeher heftig umstrittene Finanzierung der Parteien (IV.) sowie ihre (insbesondere verfassungsrechtlichen) Rechtsschutzmöglichkeiten (V.).

I. Innere Ordnung

1. Demokratische Grundsätze

7 Nach Art. 21 Abs. 1 S. 3 GG muss die innere Ordnung der Parteien „demokratischen Grundsätzen" entsprechen[18]. §§ 6ff. PartG konkretisieren diese Anforderung. Die Bestimmungen stellen durchaus einen **Balanceakt** dar. Denn einerseits sind die Parteien „am Verfassungsleben beteiligte Faktoren"[19] und damit so nah an der Schnittstelle zur Ausübung von Staatsgewalt angesiedelt, dass dem demokratischen Verfassungsstaat nicht gleichgültig sein kann, wie sie ihre Willensbildung ausgestalten. Andererseits sind sie eben nicht Teil der Staatsgewalt, sondern grundsätzlich Ausdruck gesellschaftlicher Selbstorganisation, die gerade nicht eins zu eins den Funktionsgesetzen staatlicher Aufgabenwahrnehmung unterworfen werden sollen[20].

Das Problem sei anhand eines einfachen **Beispiels** illustriert: Einem gewöhnlichen Verein steht es frei, nur weibliche oder nur männliche Mitglieder aufzunehmen oder die Mitgliedschaft an eine bestimmte Religionszugehörigkeit zu knüpfen – man denke an eine konfessionell gebundene traditionelle Studentenverbindung[21]. Dahinter steht die simple Einsicht, dass weder der Staat noch die Verfassung uns vorschreiben können, mit wem wir unsere Freizeit verbringen wollen. Eine Partei ist zwar auch eine Vereinigung (→ Rn. 5), aber es geht doch offensichtlich um etwas mehr als Freizeitgestaltung. Gleichwohl ist durchaus umstritten, ob eine Parteisatzung die Mitgliedschaft an das Geschlecht oder die Konfession knüpfen darf[22].

Konsens besteht zunächst darin, dass jede innere Ordnung der Partei nach einem „**Führerprinzip**" kategorisch ausgeschlossen ist[23]. Im Übrigen seien aus den zahlrei-

---

[17] Zusammenfassend zum folgenden *Kunig,* in: Isensee/Kirchhof, HStR ³III, § 40 Rn. 31 ff.; *Morlok,* in: Dreier, GGK II, Art. 21 Rn. 19 ff.; *Ipsen,* in: Sachs, GG, Art. 21 Rn. 5 ff.
[18] Näher *Klein,* in: Maunz/Dürig, GG, Art. 21 (2012), Rn. 334 ff.; Jarass/*Pieroth,* GG, Art. 21 Rn. 33 ff.
[19] BVerfGE 1, 208 (230); siehe auch BVerfGE 4, 27 (30): „Funktionen eines Verfassungsorgans".
[20] Siehe etwa *Morlok,* in: Dreier, GGK II, Art. 21 Rn. 125 f. oder Jarass/*Pieroth,* GG, Art. 21 Rn. 33.
[21] Gelungene Falllösung von *Huggins/Hölting,* in: Ad Legendum 2018, 41 ff.; vgl. aus der Literatur nur *Höfling,* in: Sachs, GG, Art. 9 Rn. 37.
[22] Geschlecht: Dagegen Jarass/*Pieroth,* GG, Art. 21 Rn. 36; dafür *Klein,* in: Maunz/Dürig, GG, Art. 21 (2012), Rn. 379. Konfession: Dagegen (soweit ersichtlich) *niemand;* dafür BVerfG (K), NJW 2002, 2227 (2228) – *Parteiausschluss wegen Mitgliedschaft in der Scientology-Bewegung; Kotzur,* JuS 2001, 54, 56 f.
[23] BVerfGE 2, 1 (40).

chen Streitfragen drei besonders relevante Komplexe herausgegriffen und näher erläutert, nämlich die parteiinternen Wahlen und Abstimmungen (2.), die Mitgliedschaft (3.) und die Parteigerichtsbarkeit (4.).

2. Parteiinterne Wahlen und Abstimmungen

Wenn sich die Wahrung „demokratischer Grundsätze" nicht in den parteiinternen **Wahlen** niederschlägt, wo dann? Allerdings steckt auch hier der Teufel im Detail, denn eins zu eins lassen sich die Regeln, die für die staatliche Organisation gelten, ganz offensichtlich nicht auf Parteien übertragen, die nun einmal im unübersichtlichen Grenzgebiet von Staat und Gesellschaft angesiedelt sind. Zunächst besteht dem Grunde nach Konsens, dass sowohl interne Wahlen zu Parteiämtern als auch die Nominierung von Kandidatinnen und Kandidaten für Parlamentswahlen den **Wahlgrundsätzen des Art. 38 Abs. 1 S. 1 GG** unterliegen (→ Kap. 9 Rn. 26ff.)[24]. Zugleich müssen für Parteiämter periodisch wiederkehrende Wahlen stattfinden – auch Parteiführung ist Herrschaft auf Zeit (→ Kap. 5 Rn. 5)[25]. Gleichwohl akzeptiert die Rechtsprechung eingedenk der Sonderstellung der Parteien folgende Ausnahmen vom staatlichen Regime des Wahlrechts[26]:

– Der Grundsatz der Unmittelbarkeit i. S. v. Art. 38 Abs. 1 S. 1 GG gilt nicht; Wahlmänner und -frauen sind zulässig[27]
– Auch das sog. imperative Mandat ist parteiintern erlaubt[28]
– Das Mehrheitswahlrecht darf zur Anwendung kommen[29]
– Auch das verpönte Blockwahlsystem soll dem Grunde nach zu dulden sein, sofern sichergestellt ist, dass relevante Minderheiten (also solche mit wenigstens 10% der Delegierten/Mitglieder) zum Zuge kommen[30]
– Schließlich sind Quotenregelungen insbesondere zugunsten einer stärkeren Repräsentation von Frauen zulässig[31].

In jüngerer Zeit kommt es immer häufiger zu **Mitgliederabstimmungen** oder zumindest -befragungen[32] zu besonders wichtigen Fragen wie Koalitionsverträgen oder der Bestimmung des oder der Spitzenkandidaten für Wahlen[33]. Vereinzelt werden solche direktdemokratischen Elemente kritisch beäugt, weil sie im PartG nicht explizit vorgesehen sind und das freie Mandat der gewählten Abgeordneten beschneiden sollen[34].

---

[24] *Morlok,* in: Dreier, GGK II, Art. 21 Rn. 139; *Streinz,* in: v. Mangoldt/Klein/Starck, GG, Art. 21 Rn. 168; Jarass/*Pieroth,* GG, Art. 21 Rn. 34.
[25] Statt aller *Morlok,* in: Dreier, GGK II, Art. 21 Rn. 127.
[26] Zusammenfassend zu diesem aus der Literatur *Guckelberger,* JA 2012, 561 ff. und JA 2012, 641 ff.; *Voßkuhle/Kaufhold,* JuS 2013, 1078 ff.; *Grzeszick,* JURA 2014, 1110 ff.
[27] Nochmals *Streinz,* in: v. Mangoldt/Klein/Starck, GG, Art. 21 Rn. 168.
[28] *Morlok,* in: Dreier, GGK II, Art. 21 Rn. 140; Jarass/*Pieroth,* GG, Art. 21 Rn. 34.
[29] BGHZ 106, 67 (80); HambVerfG DVBl. 1993, 1070; aus der Literatur *Kube,* ZRP 2004, 52, 54.
[30] BGH NJW 1974, 183 (184); zustimmend *Werner,* Gesetzesrecht und Satzungsrecht bei der Kandidatenaufstellung politischer Parteien, 2010, 208 ff.; kritisch *Morlok,* in: Dreier, GGK II, Art. 21 Rn. 139.
[31] Dafür *Oebbecke,* JZ 1988, 176 ff.; kritisch *Heyen,* DÖV 1989, 649 ff.; vermittelnd *Morlok,* in: Dreier, GGK II, Art. 21 Rn. 139.
[32] Die Abstimmung ist dabei für die Parteiorgane bindend, die Befragung in der Regel nicht (zumindest nicht rechtlich; die politischen Kosten für das Ignorieren eines Mitgliedervotums dürften gleichwohl erheblich sein).
[33] Zuletzt hat die SPD ihre Mitglieder 2018 über die erneute „Große Koalition" abstimmen lassen: *Etzig/Müller,* NVwZ 2018, 549 ff.
[34] So *Degenhart,* DRiZ 2014, 12 (13).

Hier dürfte aber nichts anderes gelten als für die entsprechende Anwendung der Wahlrechtsgrundsätze (→ Rn. 8): Art. 21 Abs. 1 S. 3 GG bindet die Parteien an „demokratische Grundsätze". Wenn Art. 20 Abs. 2 S. 2 GG nebeneinander „Wahlen und Abstimmungen" als Typen legitimer Ausübung der Volkssouveränität nennt, spricht wenig dafür, die Nutzung von Mitgliederentscheiden auszuschließen, sofern sie denn in der Satzung verankert sind[35].

3. Parteimitgliedschaft und – insbesondere – ihre Beendigung

10 Die Regelung der Mitgliedschaft in einer politischen Partei ist **von zentraler Bedeutung**[36]. Auf der einen Seite hat eine Partei ein legitimes Interesse daran, die „Unterwanderung" durch solche Personen zu vermeiden, die ihre politischen bzw. weltanschaulichen Prämissen nicht teilen. In umgekehrter Perspektive muss sie sich aus den gleichen Gründen von solchen Mitgliedern trennen können, die parteiinterne Konsense aufkündigen, offen gegen die einmal mehrheitlich festgelegte „Parteilinie" agitieren oder sich anderweitig offen parteischädlich verhalten[37]. Nimmt man wiederum die Aussage ernst, dass die parteiinterne Willensbildung „von unten noch oben" zu verlaufen hat[38], muss auf der anderen Seite klar sein, dass eine Veränderung in der Zusammensetzung eines Ortsvereins, eines Landesverbandes oder einer Gesamtpartei sich irgendwann in den von der Partei formulierten Positionen niederschlagen wird. Ganz ähnlich schließen „demokratische Grundsätze" sicher eine parteiliche Praxis aus, in der schlichte öffentliche Kritik am Beschluss eines Parteigremiums oder gar eines Parteitages umstandslos zum Parteiausschluss führt[39].

11 Näher geregelt ist die Mitgliedschaft in **§ 10 PartG**. Nach § 10 Abs. 1 S. 1 PartG sind die Parteiorgane nach näherer Bestimmung der Satzung frei in der Entscheidung über die Aufnahme von Mitgliedern; nach Satz 2 muss eine Ablehnung nicht einmal begründet werden. Das wird von der Rechtsprechung gebilligt[40], von der Literatur aber aus guten Gründen kritisiert: Die Partei muss zumindest nachvollziehbare Gründe für die Verweigerung der Aufnahme haben und diese auch offenlegen[41]. Noch strenger müssen die Anforderungen an einen **Parteiausschluss** ausfallen (vgl. § 10 Abs. 4 PartG): Ein Mitglied verstößt etwa dann „erheblich" gegen die Grundsätze oder Ordnung der Partei, wenn es für eine andere Partei kandidiert oder offen gegen die eigene wirbt[42].

---

[35] Wie hier *Morlok,* in: Dreier, GGK II, Art. 21 Rn. 139. – Das Bundesverfassungsgericht hat einstweilige Anordnungen nach § 32 BVerfGG (dazu im ersten Zugriff nur *Bäcker,* JuS 2013, 119 ff.) sowohl 2013 als auch 2018 als unzulässig abgelehnt, da Parteien keine Staatsgewalt ausüben; es hat dabei zugleich durchblicken lassen, dass es einen Verstoß gegen Art. 38 Abs. 1 S. 2 GG für an den Haaren herbeigezogen hält: BVerfG (K), JuS 2014, 381, m. Anm. *Sachs;* 2018 wurden die Anträge ohne Begründung verworfen.

[36] Näher zum Problem *Lenski,* Parteiengesetz, 2011, § 10 Rn. 2 ff.; *Ossege,* Das Parteienrechtsverhältnis, 2012, 132 ff.

[37] Aus der Rechtsprechung KG, NJOZ 2008, 1379 – *Parteiausschluss wegen antisemitischer Äußerungen (Fall Hohmann);* näher *Ullrich,* JZ 2014, 1084 ff.

[38] BVerfGE 2, 1 (40).

[39] Aus der Rechtsprechung KG, DVBl. 2014, 259 ff.

[40] BGHZ 101, 193 (201 ff.); ebenso *Ipsen,* in: Sachs, GG, Art. 21 Rn. 83 f.

[41] So *Morlok,* in: Dreier, GGK II, Art. 21 Rn. 135; Jarass/*Pieroth,* GG, Art. 21 Rn. 36.

[42] Bundesparteigericht der CDU NVwZ-RR 1999, 153 ff.; aus der Literatur noch *S. Roßner,* ZG 23 (2008), 335, 341 ff.

4. Parteigerichtsbarkeit

§ 14 PartG sieht vor, dass die Parteien **Schiedsgerichte** zu bilden haben[43], die wohlgemerkt keine Schiedsgerichte i. S. v. §§ 1025 ff. ZPO sind[44]. Die einzelnen Absätze der Norm sollen sicherstellen, dass diese Gerichte und ihre Entscheidungen rechtsstaatlichen Grundsätzen genügen (lies etwa Abs. 4 zur notwendigen Möglichkeit, ein Mitglied eines solchen Gerichts wegen Befangenheit abzulehnen[45]). Zugleich müssen ihre Entscheidungen eingedenk des Rechtsprechungsmonopols (→ Kap. 17 Rn. 2) von staatlichen Gerichten überprüft werden können, wobei keine Überprüfung im Detail stattfinden darf (dann wären die Parteigerichte im Grunde überflüssig), sondern nur zu fragen ist, ob offenkundige Fehler unterlaufen sind oder allgemein gültige Rechtsgrundsätze missachtet wurden[46].

12

II. Freiheit und Gleichheit

1. Freiheit

Nach Art. 21 Abs. 1 S. 2 GG ist die **Gründung** von Parteien frei[47]. Über die juristische Sekunde der Gründung hinaus ist nach ganz herrschender Auffassung auch die freie **Betätigung** der Parteien geschützt[48]. Erfasst sind danach Gründung, Beitritt und Austritt, Wahl der Rechtsform, der inneren Organisation, der Zielsetzung, des Namens wie des Programms. Ausgeschlossen ist namentlich ein behördliches Zulassungsverfahren (→ Rn. 37)[49]. Erfasst ist ferner die Verfügung über Einnahmen und Vermögen[50], nicht aber die wirtschaftliche Betätigung als solche (etwa durch die Beteiligung an Medienunternehmen)[51].

13

2. Gleichheit

Die Gleichheit der Parteien ist im Kern **Chancengleichheit** im politischen Wettbewerb[52]. Zur Begründung wird teils allein auf Art. 21 Abs. 1 GG oder auf Art. 3 Abs. 1 GG abgestellt, teils auf eine Kombination beider; teils werden noch das Demokratieprinzip (→ Kap. 5) oder die Wahlrechtsgrundsätze (→ Kap. 9 Rn. 26 ff.) herangezogen[53]. Sie ist sowohl ein Satz des objektiven Rechts als auch ein Grundrecht der

14

---

[43] Näher *Ossege*, Das Parteienrechtsverhältnis, 2012, 296 ff.
[44] Dabei handelt es sich um private Schlichtungsstellen, die andere Private aufgrund ihrer Vertragsfreiheit anstelle staatlicher Gerichte mit der Entscheidung über Streitigkeiten betrauen; im ersten Zugriff dazu *Schlüter*, JURA 2016, 1115 ff.
[45] Als „Befangenheit" bezeichnet die Rechtssprache eine Situation, in der ein Grund vorliegt, der geeignet ist, Misstrauen gegen die Unparteilichkeit eines Richters zu rechtfertigen (vgl. § 42 Abs. 2 ZPO und dazu statt aller *Huber*, JuS 2017, 211 ff.).
[46] BVerfG (K), NJW 2002, 2227 (2227); BGHZ 75, 158 (159); aus der Literatur *Morlok*, in: Dreier, GGK II, Art. 21 Rn. 141 f. sowie Jarass/*Pieroth*, GG, Art. 21 Rn. 38.
[47] Näher zum folgenden *Kunig*, in: HStR³ III, § 40 Rn. 23 ff.; Jarass/*Pieroth*, GG, Art. 21 Rn. 20 f.
[48] Siehe BVerfGE 89, 266 (270); 104, 14 (19); 121, 30 (56 f.).
[49] So ausdrücklich *Kunig*, in: HStR³ III, § 40 Rn. 24.
[50] BVerfGE 84, 290 (300).
[51] Anders jedoch BVerfGE 121, 30 (56 ff.): Art. 5 Abs. 1 S. 2 i. V. m. Art. 21 GG; zum Problem m. w. N. *Morlok*, Handlungsfelder politischer Parteien, in: Ipsen (Hrsg.), 40 Jahre Parteiengesetz, 2009, 53 (53 ff.).
[52] Grundlegend *Morlok*, in: Dreier, GGK II, Art. 21 Rn. 77 ff.
[53] Kompakt m. w. N. zum Meinungsbild *Morlok*, in: Dreier, GGK II, Art. 21 Rn. 78.

Parteien, das mit der Verfassungsbeschwerde verteidigt werden kann (→ Rn. 36)[54]. Nach der Rechtsprechung ist die Gleichheit **streng und formal** zu handhaben: Die Anforderungen an die Rechtfertigung von Ungleichbehandlungen sind hoch (streng), und die von der Partei vertretenen politischen Positionen dürfen nicht berücksichtigt werden (formal)[55]. Maßgeblicher rechtfertigender Grund ist dabei der sog. relative **Bürgerzuspruch,** der am klarsten und am wenigstens manipulationsanfällig im letzten vorliegenden Wahlergebnis dokumentiert wird (so auch § 5 Abs. 1 S. 3 PartG)[56]. Danach dürfen staatliche Leistungen (namentlich Rundfunksendezeiten im Wahlkampf) nach einem Schlüssel verteilt werden, der sich an den letzten Wahlerfolgen der Parteien orientiert. Als weitere gerechtfertigte Ungleichbehandlungen sind die wahlrechtlichen Sperrklauseln (→ Kap. 9 Rn. 32) sowie der Schwellenwert für die staatliche Parteienfinanzierung (nach § 18 Abs. 4 PartG ein Mindeststimmenanteil von 0,5 % bei der letzten Bundestagswahl) anerkannt[57].

15 Plastischer Ausdruck der Gleichheit der Parteien ist **§ 5 PartG** (bitte lesen!). Danach sollen alle Parteien gleichbehandelt werden, wenn ein Träger öffentlicher Gewalt den Parteien Einrichtungen zur Verfügung stellt oder andere öffentliche Leistungen gewährt (Abs. 1 S. 1); dabei kann die Bedeutung der Parteien berücksichtigt werden (S. 2), die sich wiederum nach den letzten Wahlergebnissen bestimmt (S. 3). Von diesem speziellen Gleichbehandlungsgebot erfasst sind etwa der Zugang zu Stadthallen[58] oder das Auftreten im Straßenwahlkampf[59] (für die Wahlwerbung in Rundfunk und Fernsehen gibt es noch eine Fülle von Sonderregelungen in den Rundfunkgesetzen und -staatsverträgen[60]). Zuletzt hat die Chancengleichheit der Parteien die Gerichte mehrfach nach abschätzigen Äußerungen von Politikern über (andere) Parteien beschäftigt[61].

III. Parteienfinanzierung

16 Die Finanzierung der politischen Parteien ist seit jeher Gegenstand intensiver, teils auch hysterischer Debatten[62]. Dem entspricht eine lange Reihe von verfassungsgerichtlichen Entscheidungen, die viele Einzelfragen geklärt, aber nicht wirklich für Rechtsfrieden gesorgt haben[63]. Im Frühsommer 2018 ist einmal mehr eine Neuregelung erfolgt, die gelinde gesagt kontrovers diskutiert wird[64]. Das Dilemma liegt

---

[54] Etwa BVerfGE 5, 77.
[55] BVerfGE 14, 121 (132 ff.); 104, 14 (20 f.); 111, 382 (398 ff.).
[56] Zu weiteren möglichen Kriterien BVerfGE 85, 264 (292 ff.).
[57] *Morlok*, in: Dreier, GGK II, Art. 21 Rn. 87; für parteinahe Stiftungen gleichsinnig BVerfGE 71, 1 (38).
[58] Zuletzt BVerfG, NVwZ 2018, 819 – *Wetzlar;* dazu *Hecker,* NVwZ 2018, 787 ff.; aus der Ausbildungsliteratur *Ehlers,* JURA 2012, 849 ff.; Fallösung bei *Bader,* JURA 2009, 940 ff.
[59] Zusammenfassend *Morlok,* in: Dreier, GGK II, Art. 21 Rn. 96 f.
[60] Im ersten Zugriff *Bethge,* Rechtsfragen der Wahlwerbung in Hörfunk und Fernsehen, in: Becker (Hrsg.), Wahlwerbung politischer Parteien im Rundfunk, 1990, 31 ff.
[61] BVerfGE 136, 323 – *„Spinner";* 138, 102 – *Schwesig;* 140, 225 (einstweilige Anordnung) und NJW 2018, 928 (Hauptsache) – *Wanka;* näher zum Ganzen *Barczak,* NVwZ 2015, 1014 ff.; *Putzer,* DÖV 2015, 417 ff.; anschauliche Fallbearbeitung bei *Stumpf,* JA 2016, 198.
[62] Näher zum folgenden *Morlok,* in: Dreier, GGK II, Art. 21 Rn. 100 ff.; *ders.,* NJW 2000, 761 ff.; *Nikkho,* DVBl. 2018, 337 ff.
[63] BVerfGE 8, 51 (62 ff.); 20, 56 (96 ff.); 52, 63 (86 ff.); 73, 40 (47 ff.); 85, 264 (283 ff.); zuletzt E 135, 234 – *Zahlung von Abschlagsleistungen aus der Parteienfinanzierung.*
[64] BT-Drs. 19/2509 bzw. 19/2734; eingebracht am 5.6.2018, nach zweiter und dritter Beratung mehrheitlich angenommen am 15.6.2018 (BT-Plenarprotokoll 19/40, 3927 A, 3930 C).

auf der Hand: Erhalten die Parteien für ihre Arbeit staatliche Mittel, so handelt es sich um „sauberes Geld", dem nicht der Verdacht anhaftet, private Akteure wollten sich womöglich Einfluss kaufen. Allerdings entscheiden über die Vergabe staatlicher Mittel in der Regel (Partei-)Politiker, so dass sich das Problem der **Entscheidung in eigener Sache** stellt (und der Vorwurf der „Selbstbedienung" sogleich zur Hand, wenn auch wohlfeil ist). Verweist man die Parteien auf eine private Finanzierung durch Spenden, so steht nicht mehr die Entscheidung in eigener Sache in Rede, sondern die Abhängigkeit von (womöglich unbekannten) finanzkräftigen Kreisen, die mit ihren großzügigen Spenden Verhaltenserwartungen verbinden (bis hin zur regelrechten Bestechung). Zahlreiche Affären (von der „Flickaffäre" bis zu *Helmut Kohls* „Ehrenwort") haben dem Ansehen der Parteien in der Öffentlichkeit diesbezüglich massiv geschadet[65].

Das gegenwärtige Verfahren der Parteienfinanzierung ist in den **§§ 18ff. PartG** geregelt[66]; es soll hier nur in Grundzügen vorgestellt werden. Danach fließt den Parteien Geld aus vier Quellen zu (vgl. § 18 Abs. 1 PartG):
– Spenden
– Beiträge der Mitglieder und „Mandatsträger" (etwa reichen – je nach Partei – die Bundestagsabgeordneten einen Teil ihrer Entschädigung an ihre Parteien weiter; → Kap. 9 Rn. 66f.)
– Staatliche Mittel
– Sonstige Mittel, etwa Einkünfte aus parteieigenen Unternehmen oder Zinsen

17

Die staatlichen Mittel sind zum einen durch eine sog. **absolute Obergrenze** begrenzt (§ 18 Abs. 2 u. 5 Satz 2 PartG); diese ist jüngst unter heftiger öffentlicher Kritik auf 190 Millionen Euro angehoben worden. Dabei ist häufig der (falsche) Eindruck entstanden, diese Summe würde den Parteien unmittelbar ausgezahlt. Welche Mittel tatsächlich fließen, folgt erst aus § 18 Abs. 3 PartG; danach „vergoldet" der Staat jede abgegebene gültige Stimme mit 0,83 € (§ 18 Abs. 3 S. 1 Nr. 1 u. 2 PartG), jeden Euro, der als Mandats- oder Mitgliedsbeitrag resp. als Spende eingeworben wird, mit 0,45 €. Dahinter steckt erneut das Kalkül, dass der Erfolg der Parteien im Wettbewerb ein legitimes Kriterium für ihre Ungleichbehandlung ist (§ 18 Abs. 1 PartG; → Rn. 14). Begrenzt wird die Summe noch durch eine **relative Obergrenze** (§ 18 Abs. 5 S. 1 PartG): Die staatliche Teilfinanzierung darf die Summe der übrigen Einnahmen der Partei (näher § 24 Abs. 4 Nr. 1–7 PartG) nicht überschreiten. Mit der Finanzierung korrespondiert eine engmaschige Pflicht zur Rechenschaftslegung (§§ 23ff. PartG), die wiederum Art. 21 Abs. 1 S. 4 GG umsetzt[67].

Dass der staatliche Zuschuss für eingeworbene **Spenden** auf 3.300 € je natürliche Person begrenzt ist, verweist auf ein Sachproblem, das Rechtsprechung und Wissenschaft seit Gründung der Bundesrepublik beschäftigt[68]. Das PartG nimmt sich seiner in § 25 PartG an. Zum einen werfen gerade hohe Spenden die Frage der Einflußnahme auf; darauf reagiert das Gesetz, indem es bestimmte Spender ausschließt (§ 25 Abs. 2

18

---

[65] *Ipsen*, Der Staat der Mitte, 2009, 165.
[66] Im ersten Zugriff *Muthers*, Rechtsgrundlagen und Verfahren zur Festsetzung staatlicher Mittel zur Parteienfinanzierung, 2004, 71ff.
[67] Näher statt aller *Shirvani*, NVwZ 2017, 1321ff.
[68] Siehe BVerfGE 8, 51 – *1. Parteispendenurteil*; 52, 63 – *2. Parteispendenurteil*; 73, 40 – *3. Parteispendenurteil*; aus der Literatur im Überblick *Morlok*, in: Dreier, GGK II, Art. 21 Rn. 101; *Volkmann*, JZ 2000, 539ff.; *Koch*, DÖV 2003, 451ff.; aus strafrechtlicher Perspektive *Saliger*, Parteiengesetz und Strafrecht, 2005, 20ff.; *ders./Sinner*, NJW 2005, 1073ff.

PartG) und für Spenden über 10.000 € resp. 50.000 € abgestufte Veröffentlichungspflichten anordnet (§ 25 Abs. 3 PartG). Zum anderen wirft die Möglichkeit, Parteispenden bei der Einkommensteuererklärung so geltend zu machen, dass das zu versteuernde Einkommen sinkt (näher §§ 10b Abs. 2, 34g Abs. 1 EStG), ein Problem der sozialen Gerechtigkeit auf; das Bundesverfassungsgericht hat früh eine Regelung moniert, die für „kapitalkräftige Kreise" besondere Anreize setzt (und zugleich die ihnen nahestehenden Parteien begünstigt und somit gegen deren Chancengleichheit verstößt; → Rn. 14)[69]. Daher ist die steuerliche Geltendmachung von Parteispenden gedeckelt (für das Verfahren nach § 34g EStG auf 825 € pro Person bzw. 1.650 € pro Ehepaar; im Verfahren nach § 10b EStG auf 1.650 € resp. 3.300 €)[70].

19 Ein Sonderproblem der mittelbaren Parteifinanzierung stellen schließlich die – stetig steigenden – Mittel dar, die den **Fraktionen** zufließen[71]. Zwar sieht § 50 Abs. 4 S. 2 AbgG hier ein ausdrückliches Verbot der Verwendung für Parteiaufgaben vor, doch belegt eine Fülle von Fällen der verdeckten Querfinanzierung – etwa durch den Einsatz von Fraktionsmitarbeitern oder durch „Öffentlichkeitsarbeit" der Fraktion –, dass die Abgrenzung erstens oft nicht möglich ist und zweitens deshalb besonders verführerisch ist. Das Bundesverfassungsgericht hat in einer kontrovers diskutierten Entscheidung gleichwohl die Praxis gebilligt[72].

IV. Parteiverbot

1. Die NPD-Verbotsverfahren

20 Das Parteiverbotsverfahren ist gegenwärtig fest mit dem Kürzel „NPD" verknüpft[73]. Zunächst war 2003 ein Versuch, die rechtsextreme Partei zu verbieten, denkbar krachend und denkbar peinlich gescheitert[74]: Das Bundesverfassungsgericht kam in einer mit knapper Mehrheit zustande gekommenen Entscheidung zu dem Schluß, dass die Funktionärsschicht der NPD in einem solchen Ausmaß von Personen durchsetzt war, die auf verschiedene Weise mit dem Verfassungsschutz und anderen Behörden zusammenarbeiteten, dass nicht mehr klar war, welche Äußerungen und Handlungen tatsächlich der Partei zugerechnet werden konnten (oder eben unter dem Deckmantel der Parteitätigkeit letztlich vom Staat zu verantworten waren). Der nach „Abschaltung" aller geheimdienstlichen Quellen unternommene neue Versuch führte dann Anfang 2017 zu einem zunächst überraschenden Urteil: Die NPD ist zwar **verfassungsfeindlich,** aber nicht erfolgreich genug, um verboten zu werden[75]. Dieses neue

---

[69] BVerfGE 8, 51 (66).
[70] Das soll lt. BVerfGE 85, 264 (316) „für den durchschnittlichen Einkommensempfänger erreichbar" sein.
[71] Zum Problem *Morlok*, in: Dreier, GGK II, Art. 21 Rn. 109; *Schönberger,* Juristische Trennung und tatsächliche Trennbarkeit von Partei und Fraktion, in: Morlok/Poguntke/Sokolov (Hrsg.), Parteienstaat – Parteiendemokratie, 2018, S. 39 (40ff.).
[72] BVerfGE 140, 1; dazu nur *von Arnim*, DÖV 2016, 368ff.
[73] Näher zum folgenden *Sachs*, JuS 2017, 377ff. *Thiel*, in: ders. (Hrsg.), Wehrhafte Demokratie, 173ff.; *Stiehr,* JuS 2015, 994ff.; *Volp*, NJW 2016, 459ff.; *Uhle*, NVwZ 2017, 583ff.; siehe auch *Siegel/Hartwig,* NVwZ 2017, 590ff.
[74] BVerfGE 107, 339 – *NPD-Verbot I;* dazu nur *Gelberg*, Das Parteiverbotsverfahren nach Art. 21 Abs. 2 GG am Beispiel des NPD-Verbotsverfahrens, 2009.
[75] BVerfGE 144, 20 – *NPD-Verbot II;* dazu etwa *Kingreen*, JURA 2017, 499 oder (im Vorfeld der Entscheidung) *Morlok*, ZRP 2013, 69ff.

Tatbestandsmerkmal, das vom Gericht dem bisherigen Kriterienkatalog für ein Verbot hinzugefügt wurde (→ Rn. 29), ergänzten die Richter um den Hinweis, unterhalb der Schwelle des Verbots komme auch eine finanzielle Sanktion in Gestalt der Entziehung staatlicher Zuschüsse bzw. der steuerrechtlichen Begünstigung (→ Rn. 32) in Betracht[76].

2. Das Parteiverbot als Ausdruck „wehrhafter Demokratie"

Bevor wir uns den konkreten Voraussetzungen des Parteiverbots bzw. des Ausschlusses von der staatlichen Finanzierung zuwenden, ist das Sanktionsinstrumentarium zunächst in seine verschiedenen Kontexte zu stellen. Einschlägige Normen sind Art. 21 Abs. 2–4 GG i. V. m. §§ 13 Nr. 2, 2a, 43 ff. BVerfGG. Diese sind sogleich im größeren Zusammenhang der sog. **wehrhaften Demokratie** zu verorten[77]. Gemeinsam mit dem (häufigen) Vereinsverbot nach Art. 9 Abs. 2 GG[78] sowie den bislang noch nicht zur Anwendung gelangten Instituten der Grundrechtsverwirkung nach Art. 18 GG (i. V. m. §§ 13 Nr. 1, 36 ff. BVerfGG)[79] und der Richteranklage nach Art. 98 Abs. 2 u. 5 GG (i. V. m. §§ 13 Nr. 9, 58 ff. BVerfGG)[80] stehen die Sanktionen nach Art. 21 GG für das Versprechen des deutschen Verfassungsstaates, nicht nochmals widerstandslos seiner Beseitigung zuzusehen, sondern sich nach der Maxime „Keine Freiheit für die Feinde der Freiheit" gegen Verfassungsfeinde jeder Couleur zur Wehr zu setzen[81]. Dabei muss zugleich klar sein, dass diese Maxime bzw. das Konzept der „wehrhaften Demokratie" den freiheitlichen Verfassungsstaat an seine Grenzen führen. Denn Demokratie lebt gerade vom offenen und öffentlichen Austausch von Argumenten und von der stetigen Infragestellung des vorgefundenen *status quo* (→ Kap. 5 Rn. 6). Das Konzept der wehrhaften (auch „streitbaren") Demokratie weist nun bestimmte Argumente und Positionen als „unsagbar" oder schlechthin nicht verhandlungsfähig aus. Das mag einleuchten, sofern es um den Versuch geht, dem untoten Gedankengut der NS-Diktatur wieder Leben einzuhauchen. In anderen Fällen von „Systemkritik" droht aber schnell die Gratwanderung.

Schließlich sollte bekannt sein, dass es in der frühen Bundesrepublik zwei erfolgreiche Verbotsanträge gab: Während in Ansehung der offen neonazistischen „Sozialistischen Reichspartei" **(SRP)** breiter Konsens bestand[82], war das 1956 erfolgte Verbot der kommunistischen **KPD** höchst kontrovers[83]; wahrscheinlich trifft die Einschätzung zu, es wäre klüger gewesen, sie „den leisen Tod des politisch Erfolglosen sterben zu lassen"[84].

3. Die Verbotsvoraussetzungen

Nach Art. 21 Abs. 2 GG sind Parteien verfassungswidrig, „die nach ihren Zielen oder nach dem Verhalten ihrer Anhänger darauf ausgehen, die freiheitliche demokratische Grundordnung zu beeinträchtigen oder zu beseitigen oder den Bestand der Bundesre-

---

[76] BVerfGE 144, 20 (202, Rn. 527 und 242, Rn. 625).
[77] Bündig *Volp*, NJW 2016, 459, 462 ff.
[78] Vgl. zuletzt BVerwG, Beschl. v. 23.2.2018 – 1 VR 11/17 – *Hells Angels Bonn*.
[79] Siehe dazu näher *Schmitt Glaeser*, in: HGR III/2, § 74.
[80] Statt aller *Burmeister*, DRiZ 1998, 518 ff.
[81] Näher zum Konzept der wehrhaften Demokratie *Wittreck*, in: Dreier, GGK I, Art. 18 Rn. 26 ff.; *Thiel*, in: ders. (Hrsg.), Wehrhafte Demokratie, 1 ff.; *Janisch*, DRiZ 2017, 352 ff.
[82] Verbot 1952: BVerfGE 2, 1. – Statt aller nur *Rensmann*, in: Menzel (Hrsg.), Verfassungsrechtsprechung, 1. Aufl. 2000, 56 ff.
[83] BVerfGE 5, 85. Siehe dazu *Will*, Ephorale Verfassung, 2017, 441 ff.
[84] *Morlok*, ZRP 2013, 69 (70).

publik Deutschland zu gefährden". Wie dargelegt, hat die Rechtsprechung diese geschriebenen Verbotsvoraussetzungen noch um weitere Tatbestandsmerkmale ergänzt. Im Einzelnen:

a) Freiheitliche demokratische Grundordnung

23 Bei diesem unbestimmten Rechtsbegriff begegnet uns einmal mehr das Problem, dass wir aus der Gesamtheit der Normen der Verfassung einen Bestand herausdestillieren müssen, der besonderen Schutz genießt – andernfalls wäre jede Partei, die eine Änderung der Verfassung nach Art. 79 Abs. 1 u. 2 GG vorschlägt, sogleich ein Verfassungsfeind. Dabei besteht Konsens, dass die freiheitliche demokratische Grundordnung zwar Überschneidungen mit dem nach Art. 79 Abs. 3 GG gegen Änderung geschützten Gehalten aufweist, damit aber nicht identisch ist[85]. Das Bundesverfassungsgericht hat sie in der SRP-Entscheidung wie folgt umrissen[86]:

„Freiheitliche demokratische Grundordnung im Sinne des Art. 21 II GG ist eine Ordnung, die unter Ausschluß jeglicher Gewalt und Willkürherrschaft eine rechtsstaatliche Herrschaftsordnung auf der Grundlage der Selbstbestimmung des Volkes nach dem Willen der jeweiligen Mehrheit und der Freiheit und Gleichheit darstellt. Zu den grundlegenden Prinzipien dieser Ordnung sind mindestens zu rechnen: die Achtung vor den im Grundgesetz konkretisierten Menschenrechten, vor allem vor dem Recht der Persönlichkeit auf Leben und freie Entfaltung, die Volkssouveränität, die Gewaltenteilung, die Verantwortlichkeit der Regierung, die Gesetzmäßigkeit der Verwaltung, die Unabhängigkeit der Gerichte, das Mehrparteienprinzip und die Chancengleichheit für alle politischen Parteien mit dem Recht auf verfassungsmäßige Bildung und Ausübung einer Opposition."

Bevor Sie anfangen, das auf eine Karteikarte zu übertragen, um es auswendig zu lernen, werfen Sie bitte einen Blick in § 4 Abs. 2 des Gesetzes über den Bundesverfassungsschutz (BVerfSchG); dort hat der Gesetzgeber die Entscheidung des Gerichts quasi protokolliert.

b) Partei

24 Es muss sich bei der zu verbietenden Organisation tatsächlich um eine **Partei nach § 2 PartG** handeln (→ Rn. 2 ff.); das hat das Bundesverfassungsgericht etwa im Fall der sog. Freiheitlichen Arbeiterpartei sowie der „Nationalen Liste" verneint[87], weshalb deren Verbot nach Art. 9 Abs. 2 GG dem zuständigen Innenminister oblag.

c) Ziele

25 Die Ziele einer Partei sind laut Bundesverfassungsgericht „der Inbegriff dessen, was eine Partei politisch anstrebt, unabhängig davon, ob es sich um Zwischen- oder Endziele, Nah- oder Fernziele, Haupt- oder Nebenziele handelt"[88]. Sie ergeben sich aus dem Programm, aber auch sonstigen Erklärungen, die der Partei zurechenbar sind (bis hin zu nahestehenden Zeitschriften)[89]. Es kommt auf die tatsächlichen Ziele an; die Partei muss sich nicht offen zum Verfassungsbruch bekennen[90].

---

[85] BVerfGE 144, 20 (205 f., Rn. 536); *Streinz*, in: v. Mangoldt/Klein/Starck, GG, Art. 21 Rn. 227; Jarass/*Pieroth*, GG, Art. 21 Rn. 49.
[86] BVerfGE 2, 1 (12); Zustimmung aus der Literatur etwa bei *Unger*, Das Verfassungsprinzip der Demokratie, 2010, 119 f.
[87] BVerfGE 79, 379 ff.; 91, 276 ff. – *FAP*; 91, 262 ff. – *Nationale Liste*.
[88] BVerfGE 144, 20 (214, Rn. 558).
[89] Näher BVerfGE 5, 85 (144).
[90] BVerfGE 144, 20 (215, Rn. 559).

d) Verhalten der Anhänger

Hier stellt sich das Problem der Zurechnung: Die Partei kann nicht für jeden „Irrläufer" verantwortlich gemacht werden, der mit Parteiabzeichen am Revers Parolen brüllt oder gewalttätig wird. Diesen **Zurechnungszusammenhang** sieht die Rechtsprechung hergestellt, wenn „in dem Verhalten des jeweiligen Anhängers der politische Wille der betroffenen Partei erkennbar zum Ausdruck kommt"[91]. Das sei klar der Fall, wenn sich die Partei das Verhalten ausdrücklich zu eigen macht; es reiche aber auch eine Übereinstimmung mit einer „Grundtendenz"[92]. Da der Text von „Anhängern" spricht, ist der Kreis weiter als derjenige der Mitglieder[93]. 26

e) Beseitigung/Beeinträchtigung

Beseitung bedeutet „die Abschaffung zumindest eines der Wesenselemente der freiheitlichen demokratischen Grundordnung oder deren Ersetzung durch eine andere Verfassungsordnung oder ein anderes Regierungssystem"[94]. Die **Beeinträchtigung** liegt demgegenüber bereits dann vor, wenn „eine Partei nach ihrem politischen Konzept mit hinreichender Intensität eine spürbare Gefährdung der freiheitlichen demokratischen Grundordnung bewirkt"[95]. 27

f) Darauf Ausgehen

Die Formulierung legt nahe, dass das Handeln der Partei eine **Erheblichkeitsschwelle** überschreitet, wofür die bloße Forderung nach einem verfassungswidrigen Ergebnis nicht ausreicht. Die Rechtsprechung verwendet Formeln wie „aktiv kämpferische, aggressive Haltung"[96] oder vom notwendigen Übergang vom „Bekennen" zum „Bekämpfen"[97]. 28

g) Potentialität

Neu ist die erstmals in der zweiten NPD-Entscheidung verwendete Formel, für ein Verbot seien notwendig „konkrete Anhaltspunkte von Gewicht, die es zumindest möglich erscheinen lassen, dass das gegen die Schutzgüter des Art. 21 Abs. 2 GG gerichtete Handeln einer Partei erfolgreich sein kann (**Potentialität**)"[98]. Das Gericht reagiert damit auf die Rechtsprechung des Europäischen Gerichtshofs für Menschenrechte, der auf Beschwerde einer in der Türkei verbotenen Partei hin entschieden hat, ein Verbot sei erst zulässig, wenn von der Partei eine unmittelbar bevorstehende Gefahr für die Demokratie ausgehe (was vielleicht ein klein wenig blauäugig ist)[99]. 29

---

[91] BVerfGE 144, 20 (215, Rn. 561).
[92] BVerfGE 144, 20 (215 ff., Rn. 560 ff.).
[93] BVerfGE 2, 1 (22); 144, 20 (215, Rn. 560).
[94] BVerfGE 144, 20 (211, Rn. 550).
[95] BVerfGE 144, 20 (213, Rn. 556).
[96] BVerfGE 5, 85 (141).
[97] BVerfGE 144, 20 (219f., Rn. 570ff.).
[98] BVerfGE 144, 20 (224f., Rn. 585).
[99] EGMR (GK), 13.2.2003 – Nr. 41340/98, NVwZ 2003, 1489 – *Refah Partisi u. a./Türkei*; siehe dazu *Morlok*, JURA 2013, 317, 323.

4. Das Verbotsverfahren

30 **Antragsberechtigt** sind nach § 43 Abs. 1 BVerfGG Bundestag, Bundesrat und Bundesregierung (Voraussetzung ist hier jeweils ein Mehrheitsbeschluß)[100]; falls eine Partei nur in einem Land aktiv ist, kann den Antrag nach § 43 Abs. 2 BVerfGG auch die Landesregierung stellen (hier drängt sich aber die Prüfung auf, ob es sich tatsächlich um eine Partei handelt; → Rn. 2ff.). Die Partei wird nach den gesetzlichen Vorschriften (vgl. § 3 PartG) oder ihrer Satzung vertreten (§ 44 BVerfGG). Das Bundesverfassungsgericht führt ein sog. **Vorverfahren** durch, um zu prüfen, ob der Antrag Aussicht auf Erfolg hat; verneint es dies bereits in diesem Stadium, kann es den Antrag als unzulässig oder nicht hinreichend begründet zurückweisen. Andernfalls tritt es in die sog. Hauptverhandlung ein, an deren Ende das Urteil steht. An dieser Stelle ist auf eine eher versteckte Bestimmung hinzuweisen, nämlich den § 15 Abs. 4 S. 1 BVerfGG[101]. Zu den Verfahren, für die in dieser Norm ein besonderes Mehrheitsverhältnis im entscheidenden Senat gefordert wird, zählen auch die beiden Sanktionsverfahren nach Art. 21 Abs. 2–4 GG. Für eine „dem Antragsgegner nachteilige[n] Entscheidung" bedarf es danach einer **Zweidrittelmehrheit**. Da die Senate mit acht Richterinnen und Richtern besetzt sind (§ 2 Abs. 2 BVerfGG; → Kap. 12 Rn. 5), bedeutet „zwei Drittel" hier faktisch „drei Viertel", nämlich sechs von acht Senatsmitgliedern[102] – eine hohe Hürde.

5. Folgen des Verbots

31 Die möglichen Folgen eines Verbots sind in § 46 BVerfGG umrissen[103]. Die Feststellung der Verfassungswidrigkeit (Abs. 1) kann nach Abs. 2 auf Teile der Partei beschränkt werden. Nach Abs. 3 S. 1 sind mit der Feststellung die Auflösung der Partei sowie das Verbot sog. Ersatzorganisationen zu verbinden. Nach S. 2 kann das Gericht ferner die Einziehung des Vermögens anordnen. Als **Ersatzorganisation** ist eine Vereinigung einzustufen, wenn „sie in der Art ihrer Betätigung (Teilnahme an der politischen Willensbildung des Volkes, Beteiligung an politischen Wahlen usw.), in der Verfolgung der politischen Ziele, nach den in ihr wirksamen politischen Kräften, nach dem Kreis der von ihr Angesprochenen, nach der politischen Haltung ihrer Anhänger und nach dem aus der zeitlichen Abfolge des Geschehens (Verbot der Organisation und Schaffung des Ersatzes) erkennbaren Zusammenhang die verbotene Partei zu ersetzen bestimmt ist."[104] Sie genießen nicht das Parteienprivileg (→ Rn. 33)[105]. Näher ausbuchstabiert werden die Verbotsfolgen noch in §§ 32f. PartG sowie § 46 Abs. 1 S. 1 Nr. 5, Abs. 4 BWahlG. Nach den letztgenannten Bestimmungen verlieren **Abgeordnete** der betroffenen Parteien ihr Bundestagsmandat, was von der Rechtsprechung gebilligt worden ist[106], in der Literatur aber teils kritisiert wird[107].

---

[100] Eingehend jetzt die Kommentierung von *Kliegel,* in: Barczak, BVerfGG, §§ 43ff.; knapper Jarass/*Pieroth,* GG, Art. 21 Rn. 45ff.
[101] Näher *Braun,* in: Barczak, BVerfGG, § 15 Rn. 29ff.
[102] Statt aller *Volkmann,* DÖV 2007, 577, 579, Fußn. 16).
[103] Näher *Waldhoff,* in: Walter/Grünewald, BeckOK BVerfGG, § 46 sowie *Kliegel,* in: Barczak, BVerfGG, § 46.
[104] BVerfGE 6, 300 (307).
[105] BVerfGE 16, 4 (5f.).
[106] BVerfGE 2, 1 (74).
[107] So namentlich *Morlok,* in: Dreier, GGK II, Art. 21 Rn. 156.

6. Das neue Verfahren zum „Abgraben" der finanziellen Mittel

In der zweiten NPD-Entscheidung hat das Bundesverfassungsgericht einen überdeutlichen **„Wink"** gegeben, dass die NPD zwar nicht verboten werden könne, man ihr aber sprichwörtlich „ans Geld gehen" dürfte[108]. Der Ball ist vom verfassungsändernden Gesetzgeber sogleich begierig aufgegriffen worden, wovon jetzt die neuen Art. 21 Abs. 3 u. 4 GG sowie § 46a BVerfGG zeugen[109]. Unter den gleichen Voraussetzungen wie für ein Verbot – abzüglich des Merkmals der Potentialität[110] – kann das Gericht eine verfassungsfeindliche Partei danach von der staatlichen Finanzierung (→ Rn. 16f.) ebenso ausschließen wie von der steuerlichen Privilegierung (→ Rn. 18); der Ausschluss ist auf sechs Jahre befristet. Der erste **Antrag** liegt dem Bundesverfassungsgericht inzwischen vor; nach der Entscheidung ist das hoch prüfungsrelevant.

32

7. Das „Verbotsprivileg"

Art. 21 Abs. 2 GG (bzw. jetzt das gesamte Ensemble der Abs. 2–4) werden auch als „Parteienprivileg" bezeichnet[111]. Das überrascht zunächst, denn die Möglichkeit, verboten zu werden, ist sicher keine Rechtswohltat, die man als Privileg bezeichnen würde. Im Umkehrschluss wird ein Schuh daraus: Da nur das Bundesverfassungsgericht Parteien verbieten darf, ist allen anderen staatlichen Stellen untersagt, eine Partei so zu behandeln, als sei sie verboten (**Ausschluss sog. verbotsgleicher Maßnahmen;** auch „Sperrwirkung" genannt)[112]. Das hat etwa die hessische Gemeinde Büdingen lernen müssen, die im Anschluss an die Entscheidung des Bundesverfassungsgerichts den Versuch unternommen hat, der NPD im Gemeinderat die Fraktionszuschüsse zu kürzen – immerhin stehe doch jetzt fest, dass die NPD verfassungsfeindlich sei …[113]. Nicht ausgeschlossen ist hingegen die schlichte Behauptung, eine Partei sei verfassungsfeindlich – sie muss allein schon deshalb möglich sein, weil sonst Bundestag und Bundesrat nicht über den Antrag nach § 43 BVerfGG debattieren dürften (→ Rn. 30), was widersinnig wäre.

33

V. Rechtsschutz der Parteien

Die politischen Parteien können – je nach der von ihnen gewählten zivilrechtlichen Organisationsform – wie andere Bürger oder Organisationen auch staatlichen Rechtsschutz nach den allgemeinen Regeln in Anspruch nehmen[114]. Typisch sind Streitigkeiten, in denen es letztlich um die Gleichbehandlung bzw. um § 5 Abs. 1 PartG (→ Rn. 14f.) geht.

34

---

[108] BVerfGE 144, 20 (233, Rn. 606).
[109] Näher *Barczak,* in: ders., BVerfGG, § 46a Rn. 1 ff., 5 ff. sowie Jarass/*Pieroth,* GG, Art. 21 Rn. 56 ff.
[110] Statt aller *Ipsen,* in: Sachs, GG, Art. 21 Rn. 213.
[111] Statt aller *Morlok,* in: Dreier, GGK II, Art. 21 Rn. 157.
[112] BVerfGE 5, 85 (140); 12, 296 (304); 144, 20 (201, Rn. 526); aus der Literatur statt aller *Morlok,* in: Dreier, GGK II, Art. 21 Rn. 157.
[113] HessVGH, Urt. v. 5.4.2017 – 8 C 459/17.N, 8 B 458/17.N – *NPD in Büdingen.* Vgl. dazu *Janson,* NVwZ 2018, 288 ff.
[114] Vor den ordentlichen Gerichten (→ Kap. 12 Rn. 10) musste etwa die NPD ihr Recht auf Eröffnung eines Girokontos bei einer Bank erstreiten, die diese Partei *partout* nicht unter ihren Kunden dulden wollte: OVG Bln.-Bbg., Urt. v. 13.10.2016 – 3 B 10.15, BeckRS 2016, 52931.

Der **Schulfall** ist die Weigerung einer Gemeinde, einer politischen Partei die Stadthalle zur Verfügung zu stellen, obwohl andere Parteien zugelassen werden. Die Partei wird hier typischerweise vor den Verwaltungsgerichten klagen (→ Kap. 12 Rn. 10).

Im Folgenden soll es hingegen um die spezifisch verfassungsrechtlichen oder verfassungsprozessualen Rechtsschutzmöglichkeiten gehen, die mit dem besonderen Status der Parteien (→ Rn. 6 ff.) korrespondieren oder aus ihm eigentlich erst erwachsen.

1. Organstreitverfahren

35 Das Verfahren nach Art. 93 Abs. 1 Nr. 1 GG, §§ 13 Nr. 5, 63 ff. BVerfGG (→ Kap. 17 Rn. 21 ff.) zielt im Kern auf die Beilegung von Streitigkeiten unter obersten Bundesorganen – typisch ist etwa der Streit zwischen einer Fraktion als Teil des Bundestages (→ Kap. 9 Rn. 69 ff.) und der Bundesregierung, weil diese eine sog. kleine Anfrage (vgl. §§ 75 Abs. 3, 104 GOBT) nicht oder nicht vollständig beantwortet hat[115]. Eingedenk des besonderen verfassungsrechtlichen Status der Parteien (→ Rn. 6 ff.) geht das Bundesverfassungsgericht allerdings – unter grundsätzlicher Zustimmung der Literatur – davon aus, dass auch Parteien das Organstreitverfahren einleiten können, wenn sie sich durch andere Verfassungsorgane in dieser besonderen Rechtsposition verletzt sehen[116]. Es stützt sich dabei auf den Wortlaut von Art. 93 Abs. 1 Nr. 1 GG, der neben den in § 63 BVerfGG genannten obersten Bundesorganen und ihren Teilen auch „**andere[r] Beteiligte[r]**" für antragsberechtigt erklärt, sofern sie denn im Grundgesetz mit eigenen Rechten ausgestattet sind – das ist in Ansehung der Parteien in Art. 21 Abs. 1 GG der Fall.

2. Verfassungsbeschwerde

36 Die (Individual-)Verfassungsbeschwerde nach Art. 93 Abs. 1 Nr. 4a GG, §§ 13 Nr. 8a, 90 ff. BVerfGG[117] ist an sich in diesem Lehrbuch ein Fremdkörper, weil sie das klassische Instrument zur verfassungsgerichtlichen Durchsetzung der **Grundrechte** ist. Gleichwohl bedarf sie hier der kurzen Erwähnung, weil die politischen Parteien tatsächlich ein Wahlrecht haben, ob sie etwa den Status der Gleichheit (→ Rn. 14 ff.) unter primärer Stützung auf Art. 21 Abs. 1 GG im Wege des Organstreitverfahrens rügen (→ Rn. 35) oder sich auf den Gleichheitssatz i. S. v. Art. 3 Abs. 1 GG stützen und dessen Verletzung im Rahmen einer Verfassungsbeschwerde geltend machen[118].

3. Nichtanerkennungsbeschwerde

37 Wie dargelegt, wäre ein staatliches Zulassungs- oder Anerkennungsverfahren mit dem Status der Freiheit der Parteien nicht vereinbar (→ Rn. 13). Damit ist aber keineswegs ausgeschlossen, dass staatliche Stellen in die Situation geraten können, dass sie über die Behauptung einer Gruppierung zu entscheiden haben, sie sei eine politische Partei. Der prominenteste Fall ist im Wahlrecht angesiedelt: Reicht eine Vereinigung im Vorfeld der Bundestagswahl Wahlvorschläge ein, so muss der Bundeswahlausschuss prüfen, ob es sich tatsächlich um eine Partei i. S. v. Art. 21 GG handelt[119]; gelangt diese

---

[115] Zuletzt BVerfG, NVwZ 2018, 51 und dazu *Hillgruber*, JA 2018, 238 ff.
[116] BVerfGE 4, 27 (27 ff.); 79, 379 (383 f.); aus der Literatur nur *Barczak*, in: ders., BVerfGG, § 63 Rn. 58 ff.
[117] Statt aller im ersten Zugriff *Wieland*, in: Dreier, GGK III, Art. 93 Rn. 83 ff.
[118] So *Ipsen*, in: Sachs, GG, Art. 21 Rn. 48 ff.
[119] Näher *Hahlen*, in: Schreiber, BWahlG, § 18 Rn. 32 ff.

Prüfung zu einem negativen Ergebnis (vgl. § 18 Abs. 3 und 4 BWahlG), so sehen nunmehr die Art. 93 Abs. 1 Nr. 4c GG i. V. m. §§ 13 Nr. 3a, 96a ff. BVerfGG ein eigenes Überprüfungsverfahren vor (vgl. auch § 18 Abs. 4a BWahlG)[120]. Bislang hat das Bundesverfassungsgericht allerdings alle entsprechenden Beschwerden zurückgewiesen[121].

Es steht damit die Frage im Raum, ob das neue Beschwerdeverfahren Vereinigungen, die sich neu als politische Parteien etablieren wollen, tatsächlich effektiveren Rechtsschutz als bislang vermittelt. Denn es ist ausdrücklich mit dem Eingeständnis eingeführt worden, dass die **Wahlprüfung** nach Art. 41 GG bzw. §§ 13 Nr. 3, 48 BVerfGG – die hier nicht näher dargestellt werden soll[122] – solchen Gruppierungen „Steine statt Brot" gab, die als Klein- oder Kleinstparteien erstmals an der Bundestagswahl teilnehmen wollten und nicht zugelassen wurden. Sie mussten bislang die gesamte Wahl anfechten und scheiterten damit regelmäßig, weil das Bundesverfassungsgericht selbst bei der Annahme eines sog. Wahlfehlers – also etwa der rechtswidrigen Einstufung als Nichtpartei – in einem zweiten Schritt fragt, ob sich der Fehler auf das Wahlergebnis ausgewirkt haben kann[123]. Das aber konnte bei Klein- und Kleinstparteien regelmäßig verneint werden, weshalb sie auch bei offen rechtswidriger Nichtanerkennung keine Chance hatten[124]. 38

C. Verfassungsrechtliche Stellung der Parteien auf europäischer Ebene

Das **Primärrecht** der Europäischen Union erwähnt politische Parteien gleich dreimal. In Art. 10 Abs. 4 EUV werden sie als Ausprägung oder Bestandteil des unionsrechtlichen Demokratieprinzips (→ Kap. 5 Rn. 70 ff.) ausgewiesen; danach tragen „[p]olitische Parteien auf europäischer Ebene […] zur Herausbildung eines europäischen politischen Bewusstseins und zum Ausdruck des Willens" der Unionsbürgerinnen und -bürger bei. Diese Parallelvorschrift zu Art. 21 Abs. 1 GG wird in Art. 224 AEUV näher konkretisiert, der im Abschnitt über das Europäische Parlament angesiedelt ist (→ Kap. 9). Danach können Rat und Parlament durch Verordnung Regeln für diese politischen Parteien auf europäischer Ebene und insbesondere Vorschriften über ihre Finanzierung festlegen; das ist in Gestalt der VO (EU/Euratom) 1141/2014[125] geschehen; diese ist unlängst geändert worden[126]. Schließlich unterstreicht auch Art. 12 Abs. 2 ChGrEU im Kontext der Versammlungs- und Vereinigungsfreiheit, dass politische Parteien auf der Ebene der Union den politischen Willen der Unionsbürgerinnen und -bürger zum Ausdruck bringen[127]. 39

---

[120] Näher *Wieland*, in: Dreier, GGK III, Art. 93 Rn. 98 f.
[121] Siehe BVerfG, Beschl. v. 25.7.2017 – 2 BvC 2/17, NVwZ 2017, 1450 – *Sächsische Volkspartei*.
[122] Statt aller *Lackner*, JuS 2010, 307 ff. sowie *Ewer*, in: Morlok/Schliesky/Wiefelspütz, Parlamentsrecht, § 8.
[123] BVerfGE 59, 119 (123); 85, 148 (159), 89, 291 (304); aus der Literatur statt aller. *Achterberg/Schulte*, in: v. Mangoldt/Klein/Starck, GG, Art. 41 Rn. 44 ff sowie ausführlich *Bechler*, in: Barczak, BVerfGG, § 96a Rn. 1 ff.
[124] Kritisch *Kühl/Unruh*, DVBl. 1994, 1396 ff.
[125] Vom 22.10.2014, ABl. 2014 L 317, 1. Siehe dazu *Kaufhold*, in: Dauses/Ludwigs, Handbuch des EU-Wirtschaftsrechts, Kap. A. II. (2017), Rn. 126 ff.
[126] Verordnung (EU/Euratom) 2018/673 v. 3.5.2018, ABl. 2018 L 114 I/1.
[127] Dazu statt aller *Jarass*, ChGrEU, Art. 12 Rn. 18.

40 Zentral ist dabei die Frage, wie eine Partei „auf der Ebene der Union" (Erwägungsgrund Nr. 4 der VO spricht von „Wahrlich transnational angelegten europäischen politischen Parteien") von einem bloßen Bündnis nationaler politischer Parteien abzugrenzen ist – ein solches Modell der Vergemeinschaftung begegnet noch bei den Fraktionen im Europäischen Parlament (→ Kap. 9 Rn. 77). Nach Art. 2 Nr. 3 der VO 1141/2014 ist eine „europäische politische Partei' ein politisches Bündnis, das politische Ziele verfolgt und gemäß den in dieser Verordnung festgelegten Bedingungen und Verfahren bei der in Artikel 6 eingerichteten Behörde für europäische politische Parteien und europäische politische Stiftungen eingetragen ist'. Art. 3 Abs. 1 VO 1141/2014 listet dann (in aktualisierter Fassung) näher die folgenden Voraussetzungen auf:

a) Es hat seinen Sitz in einem Mitgliedstaat, wie in seiner Satzung angegeben;
b) seine Mitgliedsparteien sind in mindestens einem Viertel der Mitgliedstaaten durch Mitglieder des Europäischen Parlaments, von nationalen oder regionalen Parlamenten oder von regionalen Versammlungen vertreten, oder
es oder seine Mitgliedsparteien haben in mindestens einem Viertel der Mitgliedstaaten bei der letzten Wahl zum Europäischen Parlament mindestens drei Prozent der abgegebenen Stimmen in jedem dieser Mitgliedstaaten erhalten;
ba) seine Mitgliedsparteien sind nicht Mitglieder einer anderen europäischen politischen Partei;
c) insbesondere sein Programm und seine Tätigkeiten stehen im Einklang mit den Werten, auf die sich die Union gemäß Artikel 2 EUV gründet, und zwar Achtung der Menschenwürde, Freiheit, Demokratie, Gleichheit, Rechtsstaatlichkeit und Wahrung der Menschenrechte, einschließlich der Rechte von Personen, die Minderheiten angehören;
d) es oder seine Mitglieder haben an der Wahl zum Europäischen Parlament teilgenommen oder öffentlich die Absicht bekundet, an der nächsten Wahl zum Europäischen Parlament teilnehmen zu wollen; und
e) es verfolgt keine Gewinnzwecke.

41 Das Unionsrecht verfolgt damit im deutlichen Unterschied zum deutschen Recht ein Konzept der **„Eingangskontrolle"** (→ Rn. 13). Institutionell verkörpert wird dies durch die zum 1. September 2016 eingerichtete unabhängige „Behörde für europäische politische Parteien und europäische politische Stiftungen" (Art. 6 VO 1141/2014; dort auch zu den einzelnen Vorkehrungen)[128]. Sie ist beim Europäischen Parlament angesiedelt; gegen ihre Entscheidungen ist Rechtsschutz zum Europäischen Gerichtshof im Wege der Nichtigkeits- oder Untätigkeitsklage eröffnet (Art. 6 Abs. 11 VO 1141/2014; → Kap. 17 Rn. 55 ff.). Mittlerweile sind im Register der Behörde zwölf europäische Parteien verzeichnet[129]. Die **Finanzierungsregeln** legen besonderes Augenmerk darauf, dass keine Quersubventionierung nationaler Parteien stattfindet[130].

---

[128] Näher *Ipsen*, in: Sachs, GG, Art. 21 Rn. 228; vgl. den Internetauftritt der Behörde unter http://www.appf.europa.eu/appf/de/home.html.
[129] Siehe http://www.appf.europa.eu/appf/de/transparency.html.
[130] Näher *v. Arnim*, NJW 2005, 247 ff. sowie *Schweitzer*, Die europäischen Parteien und ihre Finanzierung durch die Europäische Union, 2014.

D. Klausurhinweise

Das Recht der Parteien ist ein häufiger Gegenstand von Klausuren. Dabei ist die „große" Lösung eher selten: Die Prüfung eines kompletten Parteiverbotsverfahrens. Allerdings ist gerade der erste Antrag beim Bundesverfassungsgericht eingegangen, der NPD nach Art. 21 Abs. 3 und 4 GG die finanziellen Mittel zu entziehen; sobald hier eine Entscheidung vorliegt, ist das Thema natürlich unmittelbar klausurrelevant. Häufiger sind Klausuren und sonstige Prüfungen, die eine Ebene tiefer angesiedelt sind.

Typische Konstellation: Eine angeblich verfassungsfeindliche Partei will eine Versammlung in einer Stadthalle abhalten. Obwohl diese Stadthalle anderen örtlichen Parteien zur Verfügung gestellt wird, weigert sich die Kommune unter Hinweis auf die verfassungsfeindliche Gesinnung. Hier ist unter Hinweis auf § 5 ParteiG, den Grundsatz der Gleichbehandlung sowie das Parteienprivileg herauszuarbeiten, dass die (vermeintlich) verfassungsfeindliche Partei vor einem Verbot eben nicht als verboten behandelt werden darf.

Daneben kommt noch ein Organstreitverfahren einer Partei in Betracht, die sich durch eine Neuregelung des Parteien- oder Wahlrechts in ihren Rechten tangiert sieht. Und natürlich sollten Sie aufmerksam die Diskussion um die Parteienfinanzierung verfolgen – auch hier ist das letzte Wort noch nicht gesprochen.

Zuletzt erneut einige jüngere Fallbearbeitungen zur Vertiefung und Nacharbeit:

G. H. Stumpf, Anfängerklausur – Wahlkampfgetöse – Bundesminister versus Landespartei, in: JA 2016, S. 198 ff.
T. Rademacher/N. Marsch, Anfängerklausur – Öffentliches Recht: Staatsorganisationsrecht und Verfassungsprozessrecht – Mitgliederbefragung zum Koalitionsvertrag, in: JuS 2017, S. 992 ff.
E. Badenhausen-Fähnle/M. Groth, Anfängerhausarbeit: Staatsorganisationsrecht – Nichtanerkennungsbeschwerde, in: ZJS 2014, S. 666 ff.

Kapitel 14. Verfassungsänderung

Literatur: Verfassungsänderung unter dem Grundgesetz: *S. Augsberg,* Das verfassungsändernde Gesetz, in: W. Kluth/G. Krings (Hrsg.), Gesetzgebung, 2014, § 28 (S. 729 ff.); *P. Badura,* Verfassungsänderung, Verfassungswandel, Verfassungsgewohnheitsrecht, in: HStR³ XII, § 270 (S. 591 ff.); *H. Dreier,* Gilt das Grundgesetz ewig?, 2009; *H.-U. Erichsen,* Die Verfassungsänderung nach Art. 79 GG und der Verfassungsbeschluß nach Art. 146 GG, in: JURA 1992, S. 52 ff.; *K.-E. Hain,* Die Grundsätze des Grundgesetzes, 1999; *P. Kirchhof,* Die Identität der Verfassung, in: HStR³ II, § 21 (S. 261 ff.); *J. Masing,* Kontinuität und Diskontinuität: Die Verfassungsänderung, in: Der Staat 44 (2005), S. 1 ff.; *K. Stern,* Das Staatsrecht der Bundesrepublik Deutschland I², 1984, § 5 (S. 140 ff.); *U. Volkmann,* Grundzüge einer Verfassungslehre der Bundesrepublik Deutschland, 2013; *U. Volkmann,* Verfassungsänderung und Verfassungswandel, in: JZ 2018, S. 265 ff.; *D. Zacharias,* Die sog. Ewigkeitsgarantie des Art. 79 Abs. 3 GG, in: M. Thiel (Hrsg.), Wehrhafte Demokratie, 2003, S. 57 ff.

Widerstandsrecht: *S. Ehricht,* Widerstand im demokratischen Verfassungsstaat, in: INDES 4 (2017), S. 57 ff.; *T. Elpel,* Das Widerstandsrecht, 2017; *J. Heinemann,* Das Widerstandsrecht nach Art. 20 Abs. 4 GG, in: M. Thiel (Hrsg.), Wehrhafte Demokratie, 2003, S. 99 ff.; *W. Höfling,* Widerstand im Rechtsstaat, in: HGR V, § 121 (S. 593 ff.); *J. Isensee,* Widerstandsrecht im Grundgesetz, in: B. Enzmann (Hrsg.), Handbuch politische Gewalt, 2013, S. 143 ff.; *D. Johst,* Begrenzung des Rechtsgehorsams, 2016; *S. Schmahl,* Rechtsstaat und Widerstandsrecht, in: JöR 55 (2007), S. 99 ff.; *K.-A. Schwarz,* Widerstandsfall, in: HStR³ XII, § 282 (S. 1027 ff.); *K.-P. Sommermann,* Widerstandsrecht und demokratische Selbstbestimmung, in: Der Staat 54 (2015), S. 575 ff.; *M. Städtler,* Recht über dem Recht, in: ARSP 99 (2013), S. 55 ff.; *K. Stern,* Das Staatsrecht der Bundesrepublik Deutschland II, § 57 (S. 1487 ff.); *F. Wittreck,* Verfassungsrechtliche Fragen des Widerstandsrechts heute, in: D. Schweikard/N. Mooren/L. Siep (Hrsg.), Ein Recht auf Widerstand gegen den Staat?, 2018, S. 49 ff.

Änderung der EU-Verträge: *R. Geiger,* Zur Beteiligung des Gesetzgebers gemäß Art. 23 Abs. 1 GG bei Änderung und Erweiterung der Europäischen Union, in: ZG 18 (2003), S. 193 ff.; *N. Görlitz,* Europäische Verfassung und Artikel 23 GG, in: ZG 19 (2004), S. 249 ff.; *A. J. Kumin,* Vertragsänderungsverfahren und Austrittsklausel, in: W. Hummer/W. Obwexer (Hrsg.), Der Vertrag von Lissabon, 2009, S. 302 ff.; *M. Sichert,* Grenzen der Revision des Primärrechts in der Europäischen Union, 2005.

Grenzen aus dem nationalen Verfassungsrecht: *W. Durner,* Verfassungsbindung deutscher Europapolitik, in: HStR³ X, § 216 (S. 433 ff.); *D. Ehlers,* Verhältnis des Unionsrechts zu dem Recht der Mitgliedstaaten, in: H. Schulze/M. Zuleeg/S. Kadelbach (Hrsg.), Europarecht, 3. Aufl. 2015, § 11 (S. 491 ff.); *C. Grabenwarter,* in: A. v. Bogdandy/J. Bast (Hrsg.), Europäisches Verfassungsrecht, 2. Aufl. 2009, S. 121 ff.; *U. Hufeld,* Anwendung des europäischen Rechts, in: HStR³ X, § 215 (S. 383 ff.); *M. Nettesheim,* Wo endet das Grundgesetz? – Verfassungsgebung als grenzüberschreitender Prozess, in: Der Staat 51 (2012), S. 313 ff.; *T. Rademacher,* Die „Verfassungsidentität" als Grenze der Kompetenzübertragung auf die Europäische Union, in: EuR 53 (2018), S. 140 ff.; *K.-P. Sommermann,* Offene Staatlichkeit: Deutschland, in: IPE II, § 14 (S. 3 ff.); *A. Thiele,* Die Integrationsidentität des Art. 23 Abs. 1 GG als (einzige) Grenze des Vorrangs des Europarechts, in: EuR 52 (2017), S. 367 ff.; *M. Walter,* Integrationsgrenze Verfassungsidentität, in: ZaöRV 72 (2012), S. 177 ff.

A. Änderung des Grundgesetzes

1   Das Grundgesetz ist in den nunmehr fast 70 Jahren seines Bestehens über 60 mal geändert worden und etwa auf das Anderthalbfache des ursprünglichen Textumfanges angestiegen – es gilt daher im internationalen Vergleich als **„labile" Verfassung.** Damit ist wohlgemerkt nicht gemeint, dass die bundesdeutsche Staatlichkeit instabil oder gefährdet wäre, sondern lediglich, dass die deutsche Verfassungsurkunde vergleichsweise leicht zu ändern ist[1].

---

[1] *Volkmann,* JZ 2018, 265, 266, der auch eine kursorische Zusammenfassung der Änderungen gibt. Eine ebensolche gibt auch *Badura,* in: HStR³ XII, § 270 Rn. 37 ff.

I. Verfahren der Verfassungsänderung[2]

1. Textänderungsgebot (Art. 79 Abs. 1 S. 1 GG)

Geregelt ist das Verfahren der Verfassungsänderung in Art. 79 Abs. 1 u. 2 GG. Zunächst setzt Art. 79 Abs. 1 S. 1 GG eine ausdrückliche Änderung oder Ergänzung des Verfassungstextes voraus (Art. 79 Abs. 1 S. 2 GG bitte einfach ignorieren – die Bestimmung ist 1954 eingefügt worden, um die letztlich gescheiterte Europäische Verteidigungsgemeinschaft zu ermöglichen[3]). Dieses Textänderungsgebot wirkt zunächst zirkulär – wie sonst soll man die Verfassung denn ändern können? Verständlich wird die Norm vor dem Hintergrund der Weimarer Reichsverfassung, unter deren Geltung sog. **Verfassungsdurchbrechungen** möglich waren. Eine Verfassungsdurchbrechung war kein Verfassungs*bruch* im Sinne eines schlichten Verstoßes gegen den Normbefehl der Verfassung, sondern eine Bestimmung in einem einfachen Gesetz (etwa eines zum Schutze der Republik), die von der Verfassung in der Sache abwich und deshalb mit verfassungsändernder Mehrheit (dies waren auch in Weimar zwei Drittel der Abgeordneten in Reichstag und Reichsrat, vgl. Art. 76 Abs. 1 S. 2 WRV) erlassen wurde. Es war in der Zwischenkriegszeit m. a. W. Nebenverfassungsrecht möglich, bzw. die Weimarer Reichsverfassung gab nicht mit letzter Sicherheit Aufschluss über den Stand des geltenden Verfassungsrechts[4] (ähnlich ist heute die Lage in Österreich[5]). Genau das soll Art. 79 Abs. 1 S. 1 GG verhindern: Die Norm wahrt die sog. **Urkundeneinheit** der Verfassung und soll damit sicherstellen, dass die Bürgerinnen und Bürger sich durch einen einfachen Blick in das Grundgesetz Klarheit darüber verschaffen können, was von Verfassung wegen gilt oder nicht[6] – sie sollen nicht in das „Kleingedruckte" schauen oder fürchten müssen, dass etwa die Polizei mit den Worten „Da ist Ihnen wohl etwas entgangen" nach der Verhaftung eine bislang unbekannte Rechtslage aus der Schublade zaubert. Zugleich erfüllt Art. 79 Abs. 1 S. 1 GG damit eine **Warn- und Signalfunktion** für die Bürgerinnen und Bürger wie für die Mitglieder von Bundestag und Bundesrat[7] – eine Änderung des Grundgesetzes soll nicht als Unterpunkt 27 Buchstabe d eines umfangreichen Reformpakets zur Rentenversicherung „durchrutschen", sondern stets als „Gesetz zur Änderung des Grundgesetzes" ausgeflaggt werden und den Verantwortlichen klarmachen, dass gerade die Operation am offenen Herzen des Verfassungsstaates ansteht.

Allerdings erleidet die damit an sich klar konturierte Norm gleich zwei substanzielle **Einbußen,** von denen eine einmal mehr Folge der Mitwirkung Deutschlands am Projekt der Europäischen Union ist. Zwar bestimmt Art. 23 Abs. 1 S. 3 GG, dass für Änderungen der vertraglichen Grundlagen der Union, durch die das Grundgesetz seinem Inhalt nach geändert oder ergänzt wird, Art. 79 Abs. 2 u. 3 GG gelten (→ Rn. 20,

---

[2] Für einen rechtsvergleichenden Einblick siehe *Masing,* Der Staat 44 (2005), 1 ff.
[3] *Badura,* in: HStR³ XII, § 270 Rn. 31; *Dreier,* in: ders., GGK II, Art. 79 I Rn. 4 f., 28 ff.; *Erichsen,* JURA 1992, 52, 52; *Stern,* Staatsrecht I², 164 f.
[4] *Badura,* in: HStR³ XII, § 270 Rn. 30; *Dreier,* in: ders., GGK II Art. 79 I Rn. 2 f.; *Stern,* Staatsrecht I², 157 f.
[5] *Dreier,* in: ders., GGK II, Art 79 I Rn. 9.
[6] *Erichsen,* JURA 1992, 52, 52; vom „Urkundlichkeitsgebot" spricht *Unger,* Das Verfassungsprinzip der Demokratie, 2008, 189. Das Bundesverfassungsgericht nennt dies den „Grundsatz der Urkundlichkeit und Einsichtbarkeit jeder Verfassungsänderung", BVerfGE 9, 334 (336).
[7] *Dreier,* in: ders., GGK II, Art. 79 I Rn. 21; *Erichsen,* JURA 1992, 52, 52; *Peucker/Bätge,* Staatsorganisationsrecht, Rn. 254.

25 ff.). Damit erkennt die Bestimmung im Umkehrschluss allerdings dem Grunde nach an, dass sich durch Änderungen von EUV und AEUV Deutschlands Verfassungslage ändert, ohne dass sich dies wie von Art. 79 Abs. 1 S. 1 GG vorgesehen im Text des Grundgesetzes niederschlägt[8] – mit Händen zu greifen ist dies bei den Kompetenzkatalogen der Art. 73 f. GG (→ Kap. 15 Rn. 52 ff., 80 ff.), die längst zu guten Teilen in Richtung Europa abgewandert und entsprechend „ausgehöhlt" worden sind[9]. In der Sache zeigt sich hier nur der Anwendungsvorrang des Unionsrechts (→ Kap. 4 Rn. 34 ff.). Typischerweise bemüht sich die Bundesrepublik, offene Widersprüche zwischen dem Grundgesetz und dem Unionsrecht zu vermeiden, indem sie den Text der Verfassung „nachführt" (und damit in der Sache dem Textänderungsgebot zu genügen versucht); allerdings gelingt dies nicht immer.

Zwei **Beispiele:** Art. 12a Abs. 4 GG sah seit 1968 vor, dass im Verteidigungsfall auch Frauen zum Dienst im Sanitätswesen verpflichtet werden können; S. 2 der Norm lautete „Sie dürfen auf keinen Fall Dienst mit der Waffe leisten." Nachdem der Europäische Gerichtshof auf Klage einer Deutschen hin festgestellt hatte, dass dies eine unzulässige Diskriminierung aufgrund des Geschlechts darstellte[10], hat der verfassungsändernde Gesetzgeber die Bestimmung im Jahre 2000 neu gefasst. – Art. 19 Abs. 3 GG bestimmt, dass die Grundrechte auch für inländische juristische Personen gelten. Das Bundesverfassungsgericht hat 2011 festgestellt, dass ungeachtet des Wortlauts davon auch solche juristischen Personen erfasst werden, die ihren Sitz in einem Mitgliedstaat der Union haben[11]; hier ist der Wortlaut nicht angepasst worden und wird folglich unionsrechtlich überlagert, ohne dass dies aus der Verfassungsurkunde hervorgeht.

4   Die zweite Ausnahme ist bereits bei der **Wiedervereinigung** angesprochen worden (→ Kap. 2 Rn. 21). Wie dargelegt, erfolgte diese keineswegs durch einen „Beitritt" der DDR nach Art. 23 GG a. F., sondern durch einen völkerrechtlichen Vertrag, der in vielfacher Hinsicht materiell verfassungsändernde Wirkung hatte (und daher aus guten Gründen mit Zweidrittelmehrheit in Bundestag und Bundesrat angenommen werden musste).

2. Zweidrittelmehrheit (Art. 79 Abs. 2 GG)

5   Ein Gesetz zur Änderung des Grundgesetzes bedarf nach Art. 79 Abs. 2 GG der Zustimmung von zwei Dritteln der Mitglieder des Bundestages und zwei Dritteln der Stimmen des Bundesrates. Gemeint ist damit jeweils die **Zweidrittelmehrheit der gesetzlichen Mitglieder** (vgl. Art. 121 GG). Dies sind derzeit 473 von 709 Abgeordneten des Bundestages (folgt aus § 1 Abs. 1 u. 7 BWahlG; → Kap. 9 Rn. 38), sowie 46 von 69 der Mitglieder des Bundesrates nach Art. 51 Abs. 2 GG. Wohlgemerkt meint „zwei Drittel" damit nicht „mehr als zwei Drittel".

Auf den ersten Blick wirkt die noch dazu doppelte Zweidrittelmehrheit wie eine **hohe Hürde.** Tatsächlich hat sie an Effektivität dadurch gewonnen, dass CDU/CSU und SPD im Bundestag nunmehr gemeinsam keine Zweidrittelmehrheit mehr haben – bislang galt im Grunde, dass ein Konsens der „großen" Parteien den Weg zur Verfassungsänderung bahnte, und genau so sind auch die über sechzig bisherigen Eingriffe in den Verfassungstext zustande gekommen[12]. Angesichts der auch im Bundesrat abgebildeten Zersplitterung der Parteienlandschaft mag das zukünftig schwieriger wer-

---

[8]   *Kirchhof,* in: HStR³ II, § 21 Rn. 38.
[9]   Näher *Wittreck,* in: Dreier, GGK II, Vorb. zu Art. 70–74 Rn. 22.
[10] EuGH, Urt. v. 11.1.2000, Rs. C 285/98 – *Tanja Kreil.*
[11] BVerfGE 129, 78 (95 ff.) – *Le Corbusier.*
[12] *Badura,* in: HStR³ XII, § 270 Rn. 28; *Volkmann,* JZ 2018, 265, 266.

den. Wie könnte man das anders machen und damit dem Gedanken des erhöhten Bestandsschutzes der Verfassung gerechter werden? Eine wirkliche Erschwerung wäre das sog. **obligatorische Verfassungsreferendum,** also die notwendige Zustimmung des Volkes zu entsprechenden Änderungen. Sie ist in der Schweiz Standard bzw. gilt dort als völlig selbstverständlicher Ausdruck der verfassunggebenden Gewalt des Volkes (→ Kap. 2 Rn. 8, 22), und begegnet daneben noch in Bayern und Hessen (Art. 75 Abs. 2 S. 2 BayVerf. bzw. Art. 123 Abs. 2 HessVerf.)[13]. Es ist bezeichnend, dass beide Landesverfassungen seit 1946 weniger als zehnmal geändert worden sind. Allerdings hat unlängst das Hamburgische Verfassungsgericht allen Ernstes entschieden, dass die Einführung eines entsprechenden obligatorischen Verfassungsreferendums in Hamburg gegen das Demokratieprinzip (!) verstoßen würde[14] – das durchaus erstaunliche Argument: Dann könnte ja das Volk die Verfassung einfacher ändern als das Parlament[15]. Falls Sie dieser Unfug auf Anhieb überzeugen sollte, lesen Sie bitte noch einmal den Abschnitt zur verfassunggebenden Gewalt des *Volkes* (nicht: des Parlamentes; → Kap. 2 Rn. 8) nach.

II. Materielle Grenzen der Verfassungsänderung (Art. 79 Abs. 3 GG)

Art. 79 Abs. 3 GG (die sog. Ewigkeitsklausel) war zum Zeitpunkt seiner Entstehung 1949 eine echte Innovation, die allerdings inzwischen von vielen Verfassungsurkunden kopiert worden ist. Dies gilt besonders für solche, die nach der **Überwindung einer Diktatur** einen verfassungsstaatlichen Neuanfang ermöglichen sollten (etwa für Griechenland, Portugal und Spanien, aber auch für viele Staaten des ehemaligen Ostblocks)[16]. Tatsächlich reagiert auch Art. 79 Abs. 3 GG auf vermeintliche Fehler der Weimarer Reichsverfassung sowie die NS-Diktatur[17], wird dabei aber häufig mißverstanden. Gängig ist etwa die Redeweise, die Ewigkeitsklausel solle den (erneuten) Übergang zu einer Diktatur verhindern[18] – das kann keine Rechtsnorm dieser Welt, was wir augenblicklich vielleicht gerade in mehreren Staaten, die früher dem „Westen" zugerechnet wurden, mit einer gewissen Bangigkeit erleben müssen. Was Art. 79 Abs. 3 GG leisten kann und will, ist weniger und zugleich mehr: Die Bestimmung soll den (scheinbar) legalen Übergang zur Diktatur unmöglich machen oder nach einem schönen Bild die „Legalitätsbrücke" vom Grundgesetz zu einer wie auch immer gearteten „neuen Ordnung" abbrechen[19]. Sie reagiert damit auf gleich zwei historische Weichenstellungen: Zum einen kannte die Weimarer Reichsverfassung keine vergleichbare materielle Grenze der Verfassungsänderung[20]; vielmehr ging die ganz herrschende Meinung davon aus, dass man durchaus mit Zweidrittelmehrheit im Reichstag und im Reichsrat die kommunistische Rätediktatur hätte einführen können. Zum

6

---

[13] *Badura,* in: HStR³ XII, § 270 Rn. 4, 29; *Dreier,* in: ders., GGK II Art. 79 II Rn. 10f.; *Volkmann,* JZ 2018, 265, 266.
[14] HambVerfG, Urt. v. 13.10.2016 – 2/16, JZ 2017, 360 – *„Rettet den Volksentscheid".*
[15] Betont kritisch auch *Groß,* JZ 2017, 349ff. sowie *Wittreck,* in: Feld u. a. (Hrsg.), Jahrbuch für direkte Demokratie 2014–2016, 2018, 298ff.
[16] Rechtsvergleichende Hinweise bei *Dreier,* in: ders., GGK II, Art. 79 III Rn. 9ff.
[17] Zu weiteren Reaktionen siehe *Wahl,* JuS 2001, 1041, 1042.
[18] So etwa noch bei *Herdegen,* in: Maunz/Dürig, GG, Art. 79 (2014), Rn. 65; a. A. *Dreier,* in: ders., GGK II, Art. 79 III Rn. 15.
[19] *Kirchhof,* in: HStR³ II, § 21 Rn. 42; *Stern,* Staatsrecht I², 166; *Dreier,* Gilt das Grundgesetz ewig?, 2009, 57ff.
[20] *Badura,* in: HStR³ XII, § 270 Rn. 21; *Kirchhof,* in: HStR³ II, § 21 Rn. 64.

anderen ist Art. 79 Abs. 3 GG die unmittelbare Reaktion auf „das" **Ermächtigungsgesetz** vom 24. März 1933[21]. Sie stolpern über die Anführungszeichen? Ermächtigungsgesetze waren in der Zwischenkriegszeit durchaus normal, es sind vor „dem" einen zehn weitere verzeichnet, die jeweils mit Zweidrittelmehrheit zustandekamen[22]. Gleichwohl zielt Art. 79 Abs. 3 GG natürlich in erster Linie auf das Gesetz, das heute als zentraler Baustein der „Machtübergabe" gilt.

Was wird von Art. 79 Abs. 3 GG geschützt? Hier ist zunächst vor einem **Lesefehler** zu warnen, der namentlich in mündlichen Prüfungen häufig unterläuft: Es geht nicht um die Artikel 1 *bis* 20, sondern die Artikel 1 *und* 20. Die Grundrechte sind danach ausdrücklich nicht veränderungsfest[23]. Geschützt sind vielmehr Art. 1 GG (also die Menschenwürde [Abs. 1], das – ohnehin sachgerechter in der Präambel zu verortende Bekenntnis zu den Menschenrechten [Abs. 2] sowie die unmittelbare Bindungswirkung der Grundrechte [Abs. 3] – diese dürfen also nicht etwa zu bloßen Regelungsaufträgen oder Programmsätzen herabgestuft werden) und die Verfassungsprinzipien des Art. 20 GG (gemeint sind nur die Abs. 1–3, da das Widerstandsrecht in Abs. 4 [→ Rn. 12 ff.] erst 1968 eingefügt worden ist[24]). Ferner sind ausdrücklich gewährleistet die Gliederung des Bundes in Länder sowie die wohlgemerkt „grundsätzliche Mitwirkung der Länder bei der Gesetzgebung". Beginnen wir mit der „Gliederung". Art. 79 Abs. 3 GG stellt sicher, dass die Bundesrepublik aus „Ländern" besteht. Nach dem Wortlaut sind damit mindestens zwei gemeint, wobei man darüber streiten kann, ob zwei Länder tatsächlich einen funktionsfähigen Föderalismus tragen können.

> **Gedankenexperiment:** Dem Wortlaut des Art. 79 Abs. 3 GG wäre danach Genüge getan, wenn Bremen fortexistierte und alle anderen Bundesländer zu einem Staat vereinigt würden – das Resultat wäre absurd.

Zugleich ergibt der Gegenschluss aus Art. 29 GG (→ Kap. 7 Rn. 9), dass Art. 79 Abs. 3 GG nicht die Existenz der gegenwärtig existierenden 16 Länder schützt[25] – immerhin erlaubt Art. 29 GG es dem Bund, die Existenz einzelner Länder zu beenden (er muss dabei lediglich die betroffene Bevölkerung, nicht aber die Landesorgane beteiligen[26]). In der Literatur finden sich Mindestzahlen zwischen drei und fünf[27], wobei auf absehbare Zeit eine Neugliederung des Bundesgebietes etwa so realistisch ist wie die Marslandung.

7 Die **„grundsätzliche Mitwirkung"** stellt klar, dass keineswegs das gegenwärtige Verfahren der Beteiligung an der Gesetzgebung über den Bundesrat (vgl. Art. 50 ff. bzw. Art. 77 GG; → Kap. 10 Rn. 22) mit Ewigkeitswert gewährleistet wird. Der verfassungsändernde Gesetzgeber könnte etwa das schon 1948/1949 diskutierte Senatsmodell einführen, in dessen Rahmen nicht die Landesregierungen die Länder vertreten, sondern vom Volk gewählte Abgeordnete einer zweiten Kammer (so in den USA)[28].

---

[21] RGBl. I 1933, 141 – Gesetz zur Behebung der Not von Volk und Reich.
[22] Näher *Willoweit*, Deutsche Verfassungsgeschichte, § 38 Rn. 8.
[23] Zu den verschiedenen Strategien, sie doch zu schützen, näher *Stern*, Staatsrecht III/2, 1072.
[24] *Badura*, in: HStR³ XII, § 270 Rn. 35.
[25] Vgl. BVerfGE 1, 14 (18); *Erichsen*, JURA 1992, 52, 53; *Stern*, Staatsrecht I², 169.
[26] Siehe zur Neugliederung nur *Wollenschläger*, in: Dreier, GGK II, Art. 29 Rn. 15 ff.
[27] Siehe Jarass/*Pieroth*, GG, Art. 79 Rn. 12 sowie *Hain*, in: v. Mangoldt/Klein/Starck, GG II, Art. 79 Rn. 131 f.
[28] *Erichsen*, JURA 1992, 52, 53; *Stern*, Staatsrecht I², 170; gegen die Zulässigkeit des reinen Senatsmodells argumentiert *Herdegen*, in: Maunz/Dürig, GG, Art. 79 (2014), Rn. 104.

Es bleibt die Frage, was eine **„Berührung"** der geschützten Gehalte, namentlich des 8
Art. 20 GG darstellt[29]. Hier gilt es sich zunächst zu vergegenwärtigen, dass Art. 79
Abs. 3 GG ein grundsätzliches Problem aufwirft bzw. präziser noch verschärft. Oft ist
die Rede vom „demokratischen Verfassungsstaat" (sicher auch in diesem Buch). Wenn
man ein bisschen nachdenkt, sollte klar werden, dass das ein Stück weit schief ist. Die
Verfassung ist unzweifelhaft eine gute Idee, aber sie hat mit Demokratie nicht viel zu
tun[30]. Wie dargelegt, kann die Verfassung nur mit einer Zweidrittelmehrheit geändert
werden (→ Rn. 3 f.). Das heißt aber im Umkehrschluss, dass sie eine **Minderheiten-
herrschaft** installiert und sich in Spannung zum Grundgedanken des Demokratieprinzips setzt, der nun einmal „Herrschaft der Mehrheit" heißt (→ Kap. 5 Rn. 18 ff.).
Art. 79 Abs. 2 GG bedeutet aber gerade umgekehrt, dass 65 % der Bundesbürgerinnen
und -bürger sich nicht gegen 35 % ihrer Landsleute durchsetzen können. Das ist für
Dinge, über die wir uns wirklich einig sind (Grundrechte, Demokratie, richterliche
Unabhängigkeit), zwar gut nachvollziehbar, aber nicht eben demokratisch. Das Problem potenziert sich auf der Zeitachse. Schon im 18. Jahrhundert hat man treffend be-
merkt, die Verfassungsurkunde sei die „Herrschaft der Toten über die Lebenden"[31].
Daran ist richtig, dass etwa in Ansehung des Grundgesetzes die Generation der heute
Studierenden an Präferenzen einer Generation gebunden ist, die längst ins Grab ge-
sunken ist. Bevor man Art. 79 Abs. 3 GG deutet, sollte man sich daher vor Augen führen, dass er mit der vermessenen Aussage aufwartet, dass bestimmte Präferenzen der
Generation von 1948/1949 gar nicht geändert werden können (zur Frage, ob
Art. 146 GG zu einem anderen Ergebnis führt, → Kap. 2 Rn. 22).

All' dies streitet zwingend für eine möglichst enge Deutung des Art. 79 Abs. 3 GG, 9
weil sich die Ewigkeitsklausel sonst wie eine **Käseglocke** über den *status quo* des geltenden Verfassungsrechts stülpt und zur Versteinerung des Grundgesetzes führt. Bevor
man dieses nach hiesiger Auffassung zwingende Ergebnis näher begründet, ist allerdings – scheinbar in Spannung dazu – zunächst darzulegen, dass Art. 79 Abs. 3 GG
nicht nur die Verfassungsprinzipien des Art. 20 Abs. 1–3 GG schützt, sondern auch
weitere Bestimmungen des Grundgesetzes zu erfassen vermag[32].

Zwei **Beispiele:** Sind die Wahlgrundsätze des Art. 38 Abs. 1 GG sowie die richterliche Unabhängigkeit
nach Art. 97 GG von der Ewigkeitsklausel geschützt? Im ersten Zugriff muss die Antwort „Nein" lauten,
da sie im Wortlaut des Art. 79 Abs. 3 GG nicht auftauchen. Bei näherer Prüfung muss die Antwort differenziert ausfallen. Denn ein Staat, in dem unfreie Wahlen stattfinden, kann nicht ernsthaft als „Demokratie" zählen (→ Kap. 9 Rn. 29 f.)[33]; ebenso wird ein Land, in dem Richterinnen und Richter Weisungen erhalten, wie sie einzelne Fälle zu entscheiden haben, kaum als Rechtsstaat durchgehen (→ Kap. 12
Rn. 30 ff.)[34].

Offenbar führen hauchdünne Fäden von den einzelnen Verfassungsprinzipien des
Art. 20 GG zu weiteren Grundgesetzbestimmungen, die sie näher ausbuchstabieren
und konkretisieren, damit aber auch in den Augen der Ewigkeitsklausel mit ihnen
„verschweißen" (bitte sprechen Sie nie davon, dass eine solche konkretere Bestim-

---

[29] Näher zum folgenden *Dreier*, in: ders., GGK II, Art. 79 III Rn. 19 f.
[30] *Horn*, in: Depenheuer/Grabenwarter (Hrsg.), Verfassungstheorie, 2010, § 22, Rn. 38 f.
[31] Näher *Dreier*, Gilt das Grundgesetz ewig?, 2009, 28 ff.
[32] Dazu auch *Erichsen*, JURA 1992, 52, 53 f.
[33] Siehe *Dreier*, in: ders., GGK II, Art. 79 III Rn. 38.
[34] Ebenso *Schulze-Fielitz*, in: Dreier, GGK III, Art. 97 Rn. 62; zur Unabhängigkeit der Richter als Ausdruck des Rechtsstaatsprinzips *Stern,* Staatsrecht² I, 838 ff.

Kapitel 14. Verfassungsänderung

mung „Ausfluss" eines Verfassungsprinzips ist – denn wenn Sie Ausfluss feststellen, wenden Sie sich bitte an den Urologen Ihres Vertrauens ...). – Umgekehrt belegen die Wahlmänner in den USA (an *denen* hat es nicht gelegen ...), dass ein demokratischer Staat *mittelbare* Wahlen gegen Art. 38 Abs. 1 S. 1 GG durchaus aushalten kann, und auch die Detailregeln des Art. 97 Abs. 2 GG zur Versetzbarkeit von Richtern könnten modifiziert werden, ohne Deutschland den Vorwurf einzuhandeln, kein Rechtsstaat mehr zu sein[35]. Damit ist gleichzeitig klar, dass der Rechtsvergleich auch bei Art. 79 Abs. 3 GG eine wichtige Rolle spielt (→ Kap. 3 Rn. 21 ff.).

10 Das **Bundesverfassungsgericht** formuliert die Dinge etwas anders: Eine Berührung liege nicht vor, wenn den Grundsätzen „im allgemeinen Rechnung getragen wird und sie nur für eine Sonderlage entsprechend deren Eigenart aus evident sachgerechten Gründen modifiziert werden"[36]. Auch hier ist aber klar, dass die Norm eine enge Auslegung erfordert und keinesfalls die gegenwärtige Detailausgestaltung des Grundgesetzes änderungsfest macht[37].

11 Zum Schluss ist noch die klassische Frage zu klären, ob **Art. 79 Abs. 3 GG** selbst änderbar ist. Dem Wortlaut nach ja, weil die Norm sich selbst nicht für **änderungsfest** erklärt. Gleichwohl geht die ganz herrschende Meinung davon aus, dass die Ewigkeitsklausel selbst änderungsfest sein muss[38]. Andernfalls könnte sie am Dienstag gestrichen werden, damit der kommende Diktator am Mittwoch freie Bahn hätte. Methodisch liegt ein Fall der teleologischen Extension oder Erweiterung (eine Norm kann ihren Zweck nur erfüllen, wenn man sie über den Wortlaut hinaus auslegt) bzw. des *argumentum ad absurdum* vor: Jede andere Interpretation würde die Ewigkeitsklausel ihrer Schutzfunktion berauben.

III. Widerstandsrecht (Art. 20 Abs. 4 GG)

1. Standort und dogmatische Einordnung

12 Dass im Anschluss an die Ewigkeitsklausel das Widerstandsrecht nach Art. 20 Abs. 4 GG erörtert wird, mag zunächst überraschen. Bei näherem Hinsehen wird aber rasch klar, dass Art. 79 Abs. 3 GG wie das Widerstandsrecht Bestimmungen zum Schutz des grundgesetzlichen Verfassungsstaates gegen Angriffe auf seine Identität sind. Beide Artikel zählen somit – gemeinsam mit dem Vereinsverbot nach Art. 9 Abs. 2 GG, der Grundrechtsverwirkung nach Art. 18 GG, den Maßnahmen gegen verfassungsfeindliche Parteien nach Art. 21 Abs. 2–4 GG (→ Kap. 13 Rn. 20 ff.) sowie der Richteranklage nach Art. 98 Abs. 2 u. 5 GG – zum Ensemble der sog. **wehrhaften Demokratie.** Zugleich ist Art. 20 Abs. 4 GG ein **grundrechtsgleiches Recht,** das nach Art. 93 Abs. 1 Nr. 4a GG mit der Verfassungsbeschwerde geltend gemacht werden kann. Seine Bedeutung ist marginal, fehlt aber nicht ganz.

---

[35] Zu der Möglichkeit mittelbarer Wahlen *Herdegen,* in: Maunz/Dürig, GG, Art. 79 (2014), Rn. 139; ähnlich unter Bezugnahme auf die Wahlrechtsgrundsätze *Dreier,* in: ders., GGK II, Art. 79 III Rn. 38; zur Versetzbarkeit *Hillgruber,* in: Maunz/Dürig, GG, Art. 97 (2008), Rn. 2.

[36] BVerfGE 30, 1 (24) – *Abhörurteil;* 132, 195 (244, Rn. 118) – *ESM;* 137, 108 (144f., Rn. 84) – *Art. 91e GG.*

[37] Vgl. hierzu im Detail die Kommentierungen zu Art. 79 GG; führend ist die von *Dreier,* in: ders., GGK II, Art. 79 III Rn. 19 ff.

[38] BVerfGE 84, 90 (120); *Erichsen,* JURA 1992, 52, 54; *Stern,* Staatsrecht I², 172; *Badura,* in: HStR³ XII, § 270 Rn. 35; Jarass/*Pieroth,* GG, Art. 79 Rn. 19.

2. Funktionen

a) Symbolische Funktion

Das Widerstandsrecht dient primär der symbolischen Kommunikation der Bundesrepublik. Sie sendet dabei Botschaften in drei Richtungen aus: Die erste gilt der eigenen Bevölkerung. Denn das Widerstandsrecht wurde nicht zufällig 1968 in das Grundgesetz aufgenommen, und zwar als Teil der Kompensation für die damals heftig umstrittene „Notstandsverfassung" (es sind dies im Kern die Vorschriften der Art. 35 Abs. 2 u. 3, Art. 87a Abs. 4 sowie Art. 91 GG). Das Widerstandsrecht sollte bekräftigen, dass Deutschland nicht auf dem Weg in die „andere Republik" ist bzw. die Bürger sich einer solchen Wendung in den Weg stellen dürfen. Das zweite Signal geht an die Gegner der Verfassung und lautet, dass sich die Bundesrepublik nicht kampflos preisgeben wird. Schließlich begründet Art. 20 Abs. 4 GG zwar keine Pflicht zum Widerstand, äußert aber die deutliche Verfassungserwartung, dass die Bürgerinnen und Bürger die Sache der Verteidigung des Grundgesetzes zu der ihren machen[39]. Das dritte Signal schließlich gilt dem Ausland, namentlich den europäischen Partnern: Deutschland wird sich nicht wieder kampflos einer Diktatur ergeben.

13

b) Rechtfertigungs- und Restitutionsfunktion

Käme es tatsächlich zum Widerstandsfall (→ Rn. 15), so würde Art. 20 Abs. 4 GG zwei rechtlich relevante Funktionen erfüllen[40]: Zum einen sorgte er unmittelbar qua Verfassung für die **Rechtfertigung** tatsächlicher Widerstandshandlungen, die an sich den Tatbestand von Strafgesetzen erfüllen (Waffenbesitz, Körperverletzungs- und Tötungshandlungen). Selbst wenn der Widerstand zunächst erfolglos bleibt, entfaltet nach der späteren Rückkehr zu einer freiheitlichen Ordnung Art. 20 Abs. 4 GG eine **Restitutions**- oder Rückerstattungsfunktion, indem die Widerstandshandlungen nachträglich als gerechtfertigt angesehen werden. Das könnte in Gestalt der Rehabilitierung von Angehörigen des Widerstands, aber auch ihrer Entschädigung erfolgen.

14

3. Einzelfragen

Träger des Widerstandsrechts sind nach dem Wortlaut des Art. 20 Abs. 4 GG lediglich Deutsche i. S. v. Art. 116 Abs. 1 GG (→ Kap. 2 Rn. 11 f.)[41]. Das **Schutzgut** ist mit „diese Ordnung" umschrieben, womit Abs. 4 auf die Abs. 1–3 des Art. 20 GG verweist (→ Kap. 8 Rn. 14 ff.). Geschützt wird der freiheitliche Verfassungsstaat gegen seine „Beseitigung"; danach löst nicht ein einzelner – auch gravierender – Verstoß gegen das Grundgesetz den Widerstandsfall aus, sondern erst der Versuch, die freiheitliche Ordnung als ganze zu beseitigen. Zugleich macht der Begriff „es unternimmt" klar, dass bereits die Phase der aktiven Verwirklichung des Umsturzes begonnen haben muss. Aus der sog. **Subsidiaritätsklausel** („andere Abhilfe nicht möglich") folgt schließlich, dass die Einschaltung der Behörden und Gerichte vorrangig ist; erst wenn sie unmöglich ist oder – etwa wegen deren Mitwirkung am Umsturz – keine Aussicht auf Erfolg verspricht, darf der einzelne zu Widerstandshandlungen und damit in letz-

15

---

[39] *Schwarz*, in: HStR³ XII, § 282 Rn. 29.
[40] Näher *Wittreck*, in: Dreier, GGK II, Art. 20 IV Rn. 16.
[41] *Schwarz*, in: HStR³ XII, § 282 Rn. 24; *Jarass*/Pieroth, GG, Art. 20 Rn. 174.

ter Konsequenz auch zur Gewalt greifen. Das Bundesverfassungsgericht hat das Widerstandsrecht vor diesem Hintergrund knapp wie folgt zusammengefasst[42]:

„Das Widerstandsrecht nach Art. 20 Abs. 4 GG ist ein subsidiäres Ausnahmerecht, das als ultima ratio von vornherein nur dann in Betracht kommt, wenn alle von der Rechtsordnung zur Verfügung gestellten Rechtsbehelfe so wenig Aussicht auf wirksame Abhilfe bieten, dass die Ausübung des Widerstandes das letzte Mittel zur Erhaltung oder Wiederherstellung des Rechts ist".

4. Widerstandsrecht im Unionsrecht?

16 Dem Unionsrecht ist ein Widerstandsrecht fremd[43]. Die Verteidigung der Werte der Union i. S. v. Art. 2 EUV im Verfahren nach Art. 7 EUV, Art. 354 AEUV (→ Kap. 4 Rn. 10 ff.) ist allein Sache der **Unionsobrigkeit,** nicht der Unionsbürgerinnen und -bürger (zumindest nach dem Vertragstext ...).

B. Änderung der EU-Verträge

17 Das Verfahren zur Änderung der Verträge macht einmal mehr deutlich, dass die Union in ihrem Ursprung auf einem **völkerrechtlichen Vertragswerk** aufruht (→ Kap. 2 Rn. 25); dieser genetische „Quellcode" kommt in Art. 48 EUV unverkennbar wieder zum Vorschein[44]. Denn die Änderung der Verfassungsverträge setzt die Einstimmigkeit der Mitgliedstaaten und die Ratifikation des jeweiligen Änderungsvertrags nach ihren verfassungsrechtlichen Vorschriften (in Deutschland nach Art. 23 Abs. 1 GG) voraus. In Ansehung ihrer Änderung sind die Mitgliedstaaten mithin tatsächlich die vielzitierten „Herren der Verträge" (→ Kap. 2 Rn. 32); damit korrespondiert, dass der Union sowohl die Kompetenz-Kompetenz als auch eine eigenständige **verfassungsändernde Gewalt** fremd sind[45].

I. Vertragsänderungsverfahren (Art. 48 EUV)

18 Mit dem Wortlaut von Art. 48 Abs. 1 EUV ist zwischen dem ordentlichen Änderungsverfahren (1.) und den vereinfachten Änderungsverfahren zu unterscheiden (2.). In beiden Fällen ist zunächst die Lektüre der durchaus umfangreichen Normen notwendig.

1. Ordentliches Änderungsverfahren (Art. 48 Abs. 2–5 EUV)

19 Die **Initiative** zur ordentlichen Änderung der Verträge kann von den Regierungen der Mitgliedstaaten, dem Europäischen Parlament oder der Kommission ausgehen; diese legen ihre Entwürfe dem Rat vor (Art. 48 Abs. 2 S. 1 EUV). Satz 2 unterstreicht, dass diese Vorlagen auch einen „Rückbau" der Kompetenzen der Union bezwecken können. Der Rat legt sie dem Europäischen Rat i. S. v. Art. 15 EUV vor und bringt sie zur Kenntnis der nationalen Parlamente (→ Kap. 9 Rn. 21 ff.), um einen unionsweiten

---

[42] BVerfGE 123, 267 (333) – *Lissabon.*
[43] *Klamt,* Die Europäische Union als Streitbare Demokratie, 2012, 417; *Wittreck,* in: Dreier, GGK II, Art. 20 IV Rn. 9.
[44] Unterstrichen von BVerfGE 123, 267 (384); *Dreier,* in: ders., GGK II, Art. 79 II Rn. 8; *Cremer,* in: Calliess/Ruffert, EUV/AEUV, Art. 48 EUV Rn. 6.
[45] Aus der Literatur nur *Kirchhof,* in: HStR³ X, § 214 Rn. 1 ff.

Diskussionsprozess in Gang zu setzen. Dem gleichen Zweck der **Schaffung einer europäischen Öffentlichkeit** dient die in Art. 48 Abs. 3 EUV geregelte Option der Einberufung eines **Konvent**s. Dieser besteht aus Vertretern der nationalen Parlamente, der Staats- und Regierungschefs der Mitgliedstaaten, des Europäischen Parlaments und der Kommission (UAbs. 1 S. 1). Die Einberufung erfolgt durch den Präsidenten des Europäischen Rates, sofern dieser mit einfacher Mehrheit beschlossen hat, die vorgeschlagenen Änderungen zu prüfen. Allerdings ist der Konvent nicht obligatorisch; nach UAbs. 2 kann der Europäische Rat mit einfacher Mehrheit beschließen, von der Einberufung abzusehen, wenn der Umfang der vorgeschlagenen Änderungen diesen Aufwand nicht rechtfertigt. Andernfalls prüft der Konvent die Vorschläge und nimmt im Konsensverfahren eine Empfehlung an (UAbs. 1 S. 3). Was ist die Funktionslogik des Konvents? Das Verfahren lehnt sich erkennbar an den Konvent an, der die Grundrechte-Charta vorbereitet hat[46]. In der Sache geht es darum, die genuin unionsrechtlichen Legitimationsstränge mit denen der Mitgliedstaaten zu verknüpfen; das institutionelle Setting soll gerade unterstreichen, dass die Union inzwischen mehr ist als ein völkerrechtliches Geschöpf der Mitgliedstaaten[47].

Verpflichtend ist hingegen der nächste Schritt, nämlich die **Konferenz der Vertreter der Regierungen der Mitgliedstaaten** (Art. 48 Abs. 4 EUV). Sie wird vom Präsidenten des Europäischen Rates einberufen, der zugleich das einzige Unionsorgan ist, das eine aktive Rolle spielt. Denn die Mitgliedstaaten müssen nach den normalen völkerrechtlichen Regeln einstimmig die Vertragsänderungen beschließen (UAbs. 1) und sie anschließend nach den jeweiligen verfassungsrechtlichen Vorgaben ratifizieren (UAbs. 2). Während dies in einigen Mitgliedstaaten Volksabstimmungen voraussetzt, richtet sich das Verfahren in Deutschland nach Art. 23 Abs. 1 S. 2 bzw. 3 GG[48]. Stockt das Verfahren der Ratifizierung in einzelnen Mitgliedstaaten, befasst sich der Europäische Rat mit der Frage (Art. 48 Abs. 5 EUV). Wirksam wird die Vertragsänderung dann regelmäßig mit der Hinterlegung aller Ratifikationsurkunden; das Unionsrecht enthält dazu keine allgemeine Regel (Art. 357 AEUV betrifft nur das ursprüngliche Inkrafttreten der Römischen Verträge). Vielmehr enthält jeder Änderungsvertrag Vorschriften über sein Inkrafttreten[49].

20

2. Vereinfachte Änderungsverfahren (Art. 48 Abs. 6–7 AEUV)

Daneben sehen Art. 48 Abs. 6 u. 7 EUV noch zwei vereinfachte Möglichkeiten der Vertragsänderung vor, die allerdings jeweils nur ausgewählte Teile der Vertragswerke betreffen. Sie sind vom Bundesverfassungsgericht ausdrücklich als noch innerhalb der Grenzen der Integrationsgewalt liegend anerkannt worden[50].

21

---

[46] So auch *Kumin,* in: Hummer/Obwexer (Hrsg.), Der Vertrag von Lissabon, 2009, 302, 304; *Oppermann,* in: FS Herzog, 2009, 313, 323.
[47] Ähnlich BVerfGE 123, 267 (384f.).
[48] BVerfGE 123, 267 (387); *Wollenschläger,* in: Dreier, GGK II, Art. 23 Rn. 24; aus der Literatur zu Art. 23 GG *Sommermann,* in: IPE II, § 14 Rn. 33ff.
[49] Dazu nur *Khan,* in: Geiger/ders./Kotzur, EUV/AEUV, Art. 357 AEUV Rn. 3.
[50] BVerfGE 123, 267 (386f.).

a) Verfahren nach Art. 48 Abs. 6 EUV

22 Das erste vereinfachte Verfahren betrifft ausschließlich den Dritten Teil des AEUV über die internen Politikbereiche der Union, also die Art. 26–197 AEUV[51]. Erneut geht die Initiative von den Regierungen der Mitgliedstaaten, dem Europäischen Parlament oder der Kommission aus und richtet sich an den Europäischen Rat (UAbs. 1). Dieser beschließt nach Anhörung von Kommission und Parlament einstimmig (UAbs. 2 S. 2). In Kraft tritt die Änderung allerdings erst, wenn alle Mitgliedstaaten nach ihren verfassungsrechtlichen Bestimmungen zugestimmt haben, was in Deutschland erneut nach Art. 23 Abs. 1 S. 2 o. 3 GG erfolgt[52].

b) Passerelle-Klausel (Art. 48 Abs. 7 EUV)

23 Was nach Nudelsorte klingt, leitet sich tatsächlich von der französischen Bezeichnung für eine Fußgängerbrücke ab (deshalb auch „Brückenverfahren" genannt)[53]. Worum geht es? Art. 48 Abs. 7 EUV ermächtigt wohlgemerkt – in deutlicher Abweichung von der Logik des gesamten sonstigen Art. 48 EUV – ein Organ der *Union* zu Änderungen der Verträge. Danach kann der Europäische Rat i. S. v. Art. 15 EUV einstimmig folgende Verschiebungen beschließen[54]:

- Gemäß UAbs. 1 den Übergang von der einstimmigen zur qualifizierten Abstimmung im Rat (i. S. v. Art. 16 EUV; → Kap. 10 Rn. 47 ff.)[55]
- Gemäß UAbs. 2 den Übergang vom besonderen zum ordentlichen Gesetzgebungsverfahren im Rat (vgl. Art. 289, 294 AEUV; → Kap. 15 Rn. 194 ff.).

Was wie eine bereichsspezifische Kompetenz-Kompetenz der Union wirkt, ist aber erneut doppelt durch Mechanismen der **mitgliedstaatlichen Mitwirkung und Kontrolle** eingehegt. Zunächst mag der Europäische Rat zwar ein Organ der Union sein, aber er besteht nach Lage der Dinge im Kern aus den Staats- und Regierungschefs der Mitgliedstaaten (plus dem Präsidenten der Kommission, vgl. Art. 15 Abs. 2 EUV; → Kap. 11 Rn. 97 ff.). Dementsprechend hat jeder Mitgliedstaat eine Veto-Position inne und kann nicht gegen seinen Willen überstimmt werden. Es kommt hinzu, dass die vom Rat beschlossenen Initiativen den nationalen Parlamenten übermittelt werden (UAbs. 3 S. 1). Diese haben sechs Monate Zeit, um über die Initiative zu befinden (UAbs. 3 S. 2); lehnt ein mitgliedstaatliches Parlament den Beschluss ab, so wird er nicht erlassen. Zuständig ist in Deutschland regelmäßig der Bundestag (§ 10 IntVG; → Kap. 9 Rn. 21 ff.). Nach UAbs. 4 ist ferner die Zustimmung des Europäischen Parlaments notwendig, das mit der Mehrheit seiner Mitglieder beschließt. Diese komplexen Sicherungen haben bisher entsprechende Beschlüsse verhindert[56].

---

[51] Näher *Frenz*, Handbuch Europarecht VI, Rn. 41 ff.; *Geiger*, in: ders./Khan/Kotzur, EUV/AEUV, Art. 48 EUV Rn. 12.
[52] Statt aller *Wollenschläger*, in: Dreier, GGK II, Art 23 Rn. 47 f.
[53] Siehe BVerfGE 123, 267 (388 ff.) sowie *Geiger*, in: ders./Khan/Kotzur, EUV/AEUV, Art. 48 EUV Rn. 13 ff.
[54] Beachte Art. 353 AEUV, wonach die Norm auf die folgenden Artikel keine Anwendung findet: Art. 311 Abs. 2 u. 3, 312 Abs. 2 UAbs. 1, 352 und 354 AEUV.
[55] UAbs. 1 S. 2 nimmt Beschlüsse mit militärischen oder verteidigungspolitischen Bezügen aus.
[56] Siehe zum Stand *Böttner*, EuR 52 (2017), 381, 382.

3. Grenzen der Vertragsänderung?

Das Verfassungsrecht der Union kennt – ähnlich wie die Verfassung der Weimarer Republik von 1919[57] – **keine materiellen Grenzen** der Vertragsänderung; eine Art. 79 Abs. 3 GG entsprechende Ewigkeitsklausel fehlt. Gleichwohl finden sich erste Stimmen in der Literatur, die etwa die in Art. 2 EUV kodifizierten Werte (→ Kap 4 Rn. 10 ff.) oder den Grundsatz der Gleichheit unter den Mitgliedstaaten als veränderungsfest ausweisen[58]. 24

II. Grenzen für Kompetenzübertragungen aus dem nationalen Verfassungsrecht

Nach Art. 23 Abs. 1 S. 3 GG gelten für Änderungen der vertraglichen Grundlagen der Europäischen Union, durch die das Grundgesetz seinem Inhalt nach ergänzt oder geändert wird, Art. 79 Abs. 2 u. 3 GG. Die reichlich verschachtelte Norm wird auch als **Bestandssicherungsklausel** bezeichnet[59]. Sie richtet sich nicht unmittelbar an die Union, wohl aber an den deutschen Integrationsgesetzgeber. Sie untersagt der Bundesregierung wie Bundestag und Bundesrat jede Mitwirkung an einer Vertragsänderung nach Art. 48 EUV, die aus der Bundesrepublik einen Staat machen würde, der aus guten Gründen nicht mehr als demokratischer Rechts- und Sozialstaat i. S. v. Art. 79 Abs. 3 GG i. V. m. Art. 20 Abs. 1–3 GG verstanden werden könnte. 25

Wo die Grenzen genau verlaufen, die sich aus diesem Grundsatz herleiten lassen, ist allerdings heftig umstritten und Gegenstand einer kaum mehr überschaubaren Debatte[60]. Denn einerseits machen die Präambel wie Art. 23 Abs. 1 S. 1 GG deutlich, dass Deutschland am Prozess der europäischen Integration teilnehmen darf, ja muss. Andererseits sollen aus Art. 23 Abs. 1 S. 3 i. V. m. Art. 79 Abs. 3 GG „rote Linien" folgen, die der Integrationsgesetzgeber (bzw. vorher die Bundesregierung als Verhandlungsführerin) nicht überschreiten darf. Die Rechtsprechung des Bundesverfassungsgerichts stellt hier namentlich auf das Demokratie- sowie auf das Bundesstaatsprinzip ab. Integrationsfester Kern des erstgenannten ist insbesondere der **Bundestag,** dem „eigene Aufgaben und Befugnisse von substantiellem politischen Gewicht" verbleiben müssen[61], zu denen an erster Stelle das Budgetrecht zählt (→ Kap. 9 Rn. 12 f.). Das schließt insbesondere Ausgaben aus, denen das Parlament nicht vorab zugestimmt hat[62]. Die Wahrung des bundesstaatlichen Prinzips verlangt sodann, dass auch den Ländern Kompetenzen von hinreichendem Gewicht verbleiben; zugleich fordert es ihre Beteiligung am Prozess der Integration über den Bundesrat (vgl. Art. 23 Abs. 4–6 GG bzw. das EUZBLG)[63]. 26

---

[57] Zu Art. 76 WRV und seiner Deutung näher *Dreier,* in: ders., GGK II, Art. 79 III Rn. 2 f.
[58] *Sichert,* Grenzen der Revision des Primärrechts in der Europäischen Union, 2005, 557 ff.; *Klamt,* Die Europäische Union als Streitbare Demokratie, 2012, 306 ff.; kritisch *Nettesheim,* EuR 41 (2006), 737, 744 f.; *Ohler,* in: Grabitz/Hilf/Nettesheim, EUV/AEUV, Art. 48 EUV (2011), Rn. 24 f.
[59] Näher *Durner,* in: HStR³ X, § 216 Rn. 18 ff.; *Wollenschläger,* in: Dreier, GGK II, Art. 23 Rn. 87 ff.; *Jarass*/Pieroth, GG, Art. 23 Rn. 35 ff.; Jarass/*Pieroth,* GG, Art. 79 Rn. 8 ff.
[60] Siehe nur die jüngeren Beiträge von *Nettesheim,* Der Staat 51 (2012), 313, 317 ff. oder *Rademacher,* EuR 53 (2018), 140, 147 ff. (jeweils m. w. N.).
[61] BVerfGE 123, 267 (356, Rn. 246).
[62] BVerfGE 123, 267 (361 f., Rn. 256); 129, 124 (179, Rn. 125); 132, 195 (241; Rn. 110); 135, 317 (401, Rn. 164).
[63] Zusammenfassend *Wollenschläger,* in: Dreier, Art. 23 Rn. 136 ff. sowie *Jarass*/Pieroth, GG, Art. 23 Rn. 37, 61 ff.

27 Das Gericht hat in seiner zentralen **Lissabon-Entscheidung** diese Grenzen der Integration wie folgt umrissen[64]:

„Das Vertrauen in die konstruktive Kraft des Integrationsmechanismus kann allerdings von Verfassungs wegen nicht unbegrenzt sein. Wenn im europäischen Integrationsprozess das Primärrecht durch Organe verändert oder erweiternd ausgelegt wird, entsteht eine verfassungsrechtlich bedeutsame Spannungslage zum Prinzip der begrenzten Einzelermächtigung und zur verfassungsrechtlichen Integrationsverantwortung des einzelnen Mitgliedstaates. Wenn Gesetzgebungs- oder Verwaltungszuständigkeiten nur unbestimmt oder zur dynamischen Fortentwicklung übertragen werden oder wenn die Organe Zuständigkeiten neu begründen, erweiternd abrunden oder sachlich ausdehnen dürfen, laufen sie Gefahr, das vorherbestimmte Integrationsprogramm zu überschreiten und außerhalb ihrer Ermächtigung zu handeln. Sie bewegen sich auf einem Pfad, an dessen Ende die Verfügungsgewalt über ihre vertraglichen Grundlagen steht, das heißt die Kompetenz, über ihre Kompetenzen zu disponieren. Eine Überschreitung des konstitutiven Prinzips der begrenzten Einzelermächtigung und der den Mitgliedstaaten zustehenden konzeptionellen Integrationsverantwortung droht, wenn Organe der Europäischen Union unbeschränkt, ohne eine – sei es auch nur sehr zurückgenommene und sich als exzeptionell verstehende – äußere Kontrolle darüber entscheiden können, wie das Vertragsrecht ausgelegt wird."

Anders gewendet: Art. 23 Abs. 1 GG darf nicht den Weg zu einem **europäischen Bundesstaat** bahnen. Ein derartiger Schritt setzt nach der Rechtsprechung des Bundesverfassungsgerichts voraus, dass sich das deutsche Volk in Ausübung seiner verfassunggebenden Gewalt eine neue Verfassung gibt, die einer solchen Aufgabe der eigenen souveränen Staatlichkeit ausdrücklich zustimmt[65].

III. Verfahren der vertieften Integration unterhalb der Vertragsänderung

28 Schließlich kennt das Unionsrecht noch eine Reihe von Mechanismen, die ohne eine formelle Änderung der Verträge eine gewisse Beweglichkeit und Anpassungsfähigkeit des Verfassungsrechts der Europäischen Union gewährleisten. Auch sie sind vom Bundesverfassungsgericht in der Lissabon-Entscheidung gewogen und für nicht zu schwer befunden worden; allerdings hat das Gericht dabei einige Vorbehalte angebracht[66].

1. Eigenmittel der Union (Art. 311 AEUV)

29 Nach Art. 311 UAbs. 1 AEUV stattet sich die Union „mit den erforderlichen Mitteln aus, um ihre Ziele zu erreichen und ihre Politik durchführen zu können". Das klingt zunächst wie eine Generalermächtigung, ließe sich also in der Weise deuten, dass die Union selbständig festsetzt, welche Beiträge die Mitgliedstaaten zum Unionshaushalt beizusteuern haben. Tatsächlich ist Art. 311 AEUV **keine Kompetenz-Kompetenz** zu entnehmen; die Norm manifestiert lediglich die politische Absicht der Mitgliedstaaten, die Union so auszustatten, dass sie ihre Ziele erreichen und ihre Befugnisse wahrnehmen kann[67].

---

[64] BVerfGE 123, 267 (352).
[65] BVerfGE 123, 267 (347f.).
[66] BVerfGE 123, 267 (393ff.). Im ersten Zugriff *Herrnfeld*, in: Schwarze, EU-Kommentar, Art. 48 EUV Rn. 17ff.; ausführlichst *J.-U. Hahn*, EuZW 2009, 758ff.
[67] BVerfGE 89, 155 (194ff.) – *Maastricht;* 123, 267 (393) – *Lissabon;* ferner *Khan,* in: Geiger/ders./Kotzur, EUV/AEUV, Art. 311 AEUV Rn. 1. Näher zu den „Eigenmitteln" der Union *Becker,* Das Finanz- und Haushaltskonzept der Europäischen Union, 2014, 29ff.

2. Kompetenzergänzungsklausel (Art. 352 AEUV)

Besonders intensiv haben sich Bundesverfassungsgericht und Literatur mit Art. 352 AEUV auseinandergesetzt[68]. Die Bestimmung erlaubt den Erlass von Vorschriften, wenn aus den Verträgen zwar eine Zielvorgabe folgt, die hierfür erforderlichen Befugnisse aber fehlen (Art. 352 Abs. 1 S. 1 AEUV; im deutschen Recht würde man eher von Aufgaben- und Befugnisnorm sprechen[69]). Mustert man die durchaus raumgreifend formulierten Ziele der Union (→ Kap. 8 Rn. 22 ff.), so ist in der Tat die Furcht berechtigt, dass nach dieser Logik der Kompetenzkatalog munter ergänzt werden könnte[70]. Das Verfahren zeichnet sich nämlich dadurch aus, dass ausschließlich Organe der Union tätig werden: Die notwendigen Vorschriften werden vom Rat einstimmig auf Vorschlag der Kommission und nach Zustimmung des Europäischen Parlaments beschlossen (Abs. 1 S. 1); das Erfordernis der Einstimmigkeit stellt dabei dem Grunde nach sicher, dass kein Mitgliedstaat gegen seinen Willen zur vertieften Integration gezwungen werden kann. Es sei aber erneut an die mit der Mitwirkung in der Union einhergehende Verschiebung im Gewaltenteilungsgefüge erinnert (→ Kap. 6 Rn. 8): Die politischen Interessen des jeweiligen Regierungsmitglieds müssen nicht zwangsläufig deckungsgleich mit der Position des Bundestages in dieser Frage sein. Um diesen Sorgen zu begegnen, sieht Art. 352 Abs. 2 AEUV vor, dass die Kommission die nationalen Parlamente auf entsprechende Vorschläge „aufmerksam macht". Der explizite Hinweis auf die sog. **Subsidiaritätsrüge** (→ Kap. 15 Rn. 115 ff.) macht deutlich, dass etwa Bundestag und/oder Bundesrat kein regelrechtes Mitwirkungs- oder Mitentscheidungsrecht haben, sondern auf den Rechtsweg verwiesen werden (→ Kap. 9 Rn. 24). Art. 352 Abs. 3 u. 4 AEUV schließt näher benannte Maßnahmen von einer Änderung nach Art. 352 Abs. 1 AEUV aus[71]. Bundesverfassungsgericht wie Europäischer Gerichtshof haben auf die **Grenzen** der Kompetenzergänzungsklausel hingewiesen. Dem Gerichtshof zufolge darf sie nicht genutzt werden, um eine „wesentliche Änderung" des unionalen Rechtssystems herbeizuführen[72]. Und das höchste deutsche Gericht hat die Bestimmung des Art. 352 AEUV einschränkend dahingehend ausgelegt bzw. durch deutsches Verfassungsrecht „eingehegt", dass „ihre Inanspruchnahme verfassungsrechtlich die Ratifikation durch den Deutschen Bundestag und den Bundesrat auf der Grundlage von Art. 23 Abs. 1 Satz 2 und Satz 3 GG voraus [setzt]. Der deutsche Vertreter im Rat darf die förmliche Zustimmung zu einem entsprechenden Rechtssetzungsvorschlag der Kommission für die Bundesrepublik Deutschland nicht erklären, solange diese verfassungsrechtlich gebotenen Voraussetzungen nicht erfüllt sind" (→ Kap. 9 Rn. 21 ff.)[73].

---

[68] BVerfGE 123, 267 (393 ff.); aus der Literatur *Winkler,* JA 2008, 572 ff. sowie *Schäfer,* Die Flexibilitätsklausel im europäischen Integrationsprozess, 2013.

[69] Typisch für das Polizeirecht: Siehe *Denninger,* in: Lisken/ders. (Hrsg.), Handbuch des Polizeirechts, D Rn. 67 f.

[70] Nachweise zur Nutzung der Norm bzw. ihrer Vorgängerbestimmung bei *Streinz,* in: ders., EUV/AEUV, Art. 352 AEUV Rn. 56 ff.

[71] Näher *Khan,* in: Geiger/ders./Kotzur, EUV/AEUV, Art. 352 AEUV Rn. 9 sowie *Winkler,* EuR 43 (2008), 384, 386 f.; aus der Rechtsprechung EuGH 5.10.2000 – C-376/98, ECLI:EU:C:2000:544 Rn. 78 f. – *Tabakwerbeverbot.*

[72] EuGH 28.3.1996 – Gutachten 2/94, ECLI:EU:C:1996:140 Rn. 34 f. – *EMRK.*

[73] BVerfGE 123, 267 (395).

3. Weitere niedrigschwellige Ergänzungsverfahren

31 Nur abschließend und ergänzend sei auf weitere Möglichkeiten hingewiesen, die Verträge abseits der Verfahren nach Art. 48 EUV zu ändern[74]:
- Art. 17 Abs. 5 UAbs. 1 EUV (einstimmige Änderung der Zahl der Kommissionsmitglieder; → Kap. 11 Rn. 108 f.)
- Art. 42 Abs. 2 UAbs. 1 S. 2 EUV (einstimmige Einführung einer gemeinsamen Verteidigung)
- Art. 49 EUV (Aufnahme neuer Mitgliedstaaten; → Kap. 2 Rn. 34)
- Art. 25 Abs. 2 AEUV (Ausgestaltung des Unionsbürgerstatus; → Kap. 2 Rn. 13 f.)
- Art. 223 Abs. 1 AEUV (Wahl des Europäischen Parlaments nach einem einheitlichen Verfahren; → Kap. 9 Rn. 2, 39 ff.)
- Art. 252 Abs. 1 AEUV (Zahl der Generalanwälte am EuGH; → Kap. 12 Rn. 14).

C. Klausurhinweise

Änderungen der Verfassung wie der Verträge sind eher selten Gegenstand von Klausuren; natürlich steigt diese Wahrscheinlichkeit dann stark, wenn es tatsächlich zu Eingriffen in die Texte kommt und diese noch dazu politisch umstritten sind. Kommt es zu einer solchen Klausurgestaltung, ist eine doppelte Mahnung wichtig: Einerseits ist ein verfassungsänderndes Gesetz sehr wohl tauglicher Gegenstand einer abstrakten Normenkontrolle (→ Kap. 17 Rn. 33 ff.). Allerdings darf es allein an Art. 79 Abs. 1–3 GG gemessen werden, keinesfalls – schlimmer logischer Fehler – an den übrigen Bestimmungen des Grundgesetzes (das gilt in der Sache auch für die Verträge). Dazu eine jüngere Fallbearbeitung:

E. J. Lohse, Die Hüter der Verfassung, in: JA 2014, S. 519 ff.

---

[74] Zusammenfassend zum Folgenden *Meng,* in: v. der Groben/Schwarze/Hatje, Europäisches Unionsrecht I, Art. 48 EUV Rn. 23 ff. sowie *Geiger,* in: ders./Khan/Kotzur, EUV/AEUV, Art. 48 EUV Rn. 17 f.

Kapitel 15. Rechtsetzung

Literatur: *Ch. Bickenbach,* Das Subsidiaritätsprinzip in Art. 5 EUV und seine Kontrolle, EuR 2013, 523 ff.; *G. Britz,* Verfassungsrechtliche Verfahrens- und Rationalisierungsanforderungen an die Gesetzgebung, Die Verwaltung 50 (2017), 421 ff.; *Ch. Bumke,* Die Pflicht zur konsistenten Gesetzgebung. Am Beispiel des Ausschlusses der privaten Vermittlung staatlicher Lotterien und ihrer bundesverfassungsgerichtlichen Kontrolle, Der Staat 49 (2010) 1, 77 ff.; *A. Hatje/P.-Ch. Müller-Graff,* Enzyklopädie Europarecht, Band 1: Europäisches Organisations- und Verfassungsrecht, 1. Aufl. 2014; *O. Lepsius,* Anmerkung zu BVerfG, Urteil v. 9.12.2008 – 2 BvL 1/07 u. a. (Pendlerpauschale), JZ 2009, 260 ff.; *S. Kadelbach/ Ch. Tietje,* Autonomie und Bindung der Rechtsetzung in gestuften Rechtsordnungen, VVDStRL 66 (2007), 7 ff., 45 ff.; *D. Kiekebusch,* Der Grundsatz der begrenzten Einzelermächtigung, 2017; *G. Lienbacher/B. Grzeszick,* Rationalitätsanforderungen an die parlamentarische Rechtsetzung im demokratischen Rechtsstaat, VVDStRL 71 (2012), 7 ff., 49 ff.; *L. O'Hara,* Konsistenz und Konsens – Die Anforderungen des Grundgesetzes an die Folgerichtigkeit der Gesetze, 2018; *M. Payandeh,* Das Gebot der Folgerichtigkeit: Rationalitätsgewinn oder Irrweg der Grundrechtsdogmatik?, AöR 136 (2011), 578 ff.; *A. Steinbach,* Rationale Gesetzgebung, 2017; *U. Stelkens/V. Mehde,* Rechtsetzungen der europäischen und nationalen Verwaltungen, VVDStRL 71 (2012), 369 ff., 418 ff.; *G. Sydow,* Die Richtlinie als Instrument zur Entlastung des europäischen Gesetzgebers – zur unmittelbaren Anwendbarkeit verfahrensrechtlicher Richtlinien im europäischen Verwaltungsverbund, JZ 2009, 373 ff.; *ders.,* Europäische exekutive Rechtsetzung zwischen Kommission, Komitologieausschüssen, Parlament und Rat, JZ 2012, 157 ff.; *V. Trstenjak/ E. Beysen,* Das Prinzip der Verhältnismäßigkeit in der Unionsrechtsordnung, EuR 2012, 265 ff.; *J. von Achenbach,* Demokratische Gesetzgebung in der Europäischen Union. Theorie und Praxis der dualen Legitimationsstruktur europäischer Hoheitsgewalt, 2014; *dies.,* Verfassungswandel durch Selbstorganisation: Triloge im europäischen Gesetzgebungsverfahren, Der Staat 55 (2016) 1, 1 ff.; *F. Wittreck,* Wächter wider Willen: Probleme der Beteiligung von Parlamenten am europäischen Integrationsprozeß auf Bundes- und Landesebene, ZG 26 (2011), 122 ff.

Dieses Kapitel ist der Rechtsetzung auf **EU-, Bundes- und Landesebene** gewidmet. 1
Behandelt werden:
– die Bedeutung, Formen und Leitbilder der Rechtsetzung (A.),
– die Gesetzgebungskompetenzen (Verbandskompetenzen, B.),
– die Gesetzgebungsorgane (Organkompetenzen, C.),
– das Verfahren der parlamentarischen Gesetzgebung (D.) und
– die verfassungsrechtlichen Vorgaben und Restriktionen exekutiver Rechtsetzung (E.).

Für die **Bundesländer** beschränkt sich dieses Kapitel auf die Bestimmungen des 2
Grundgesetzes über die Gesetzgebungskompetenzen der Länder in Abgrenzung zu
den Bundeskompetenzen im Rahmen von Abschnitt B. Die Organkompetenzen und
Gesetzgebungsverfahren auf Landesebene werden durch die jeweilige Landesverfassung geregelt und gehören nicht zu den prüfungsrelevanten Kerngebieten des Verfassungsrechts.

A. Bedeutung, Formen und Leitbilder der Rechtsetzung

I. Verhältnis von Legislative, Exekutive und Judikative

In der Unterscheidung von Legislative, Exekutive und Judikative steht die Legislative 3
regelmäßig an erster Stelle. Das gilt sowohl bei einer funktionellen Begriffsverwendung (Legislative als hoheitliche Funktion der Gesetzgebung) als auch bei einer institutionellen Redeweise (Legislative als Gesetzgeber). Seit der Prägung des Gewaltenteilungskonzepts durch *Montesquieu* im 18. Jahrhundert hat sich diese Reihenfolge mit

der Legislative als erster Gewalt durchgesetzt. Sie wird in Art. 20 Abs. 2 S. 2 GG aufgenommen und liegt der Aufzählung der Organe der Europäischen Union in Art. 13 Abs. 1 EUV zu Grunde.

4 Diese Reihenfolge ist ein Hinweis auf die besondere **Bedeutung der Gesetzgebung** als Instrument rechtlicher Gestaltung im modernen Staat. Für die Europäische Union gilt Ähnliches: Sie versteht sich als Rechtsgemeinschaft, die vor allem durch eine Angleichung der mitgliedstaatlichen Rechtsordnungen im Wege der Gesetzgebung verwirklicht wird. Zwar leistet auch die Rechtsprechung des EuGH einen wesentlichen Beitrag zur europäischen Integration. Die EU ist aber vor allem eine **Rechtsetzungsgemeinschaft**.

5 Für die **Demokratie** ist die hervorgehobene Bedeutung der Legislative von zentraler Bedeutung: In der parlamentarischen Demokratie verwirklicht sich der demokratische Wille zentral im parlamentarischen Gesetz. Exekutive und Judikative werden insbesondere über ihre Gesetzesbindung demokratisch gesteuert und legitimiert. Die drei Staatsgewalten stehen daher nicht eigenständig und grundsätzlich gleichwertig nebeneinander, wie *Montesquieu* dies zur Machtbegrenzung unter vordemokratischen Bedingungen konzipiert hatte, sondern sind hierarchisch gestuft.[1]

6 **Historische und rechtsvergleichende Vertiefungshinweise:** Es ist kein Zufall, dass die Gesetzgebung seit dem 18. Jahrhundert an erster Stelle der Staatsfunktionen steht. Das Souveränitäts- und Herrschaftsverständnis hatte sich damals gewandelt: Recht wurde als frei gestaltbar und veränderbar betrachtet. Als einzige Voraussetzung für die Möglichkeit zur Gesetzgebung erschien die Gesetzgebungskompetenz (*auctoritas, non veritas facit legem*[2]). Daraus resultiert die heute unbestrittene Geltung des *lex-posterior*-Grundsatzes, nach dem das neuere Gesetz Vorrang vor älterem Recht hat.

Das Mittelalter hatte anders gedacht: Recht wurde als statisch konzipiert, im Zweifel kam der älteren Rechtsposition Vorrang zu. Aufgabe des Herrschers war vor diesem Hintergrund die Rechtswahrung, nicht die Rechtsetzung. Das zentrale Herrschaftsrecht war dementsprechend die *iurisdictio*: Rechtsprechung. Dies konnte auch rechtsgestaltende Aufgaben umfassen, die heute als exekutiv verstanden würden, nicht aber die freie Gestaltung einer als abstrakt-generell konzipierten Rechtsordnung im Wege der Gesetzgebung.

Nicht nur in historischer, sondern auch in rechtsvergleichender Perspektive ist die herausgehobene Bedeutung der Gesetzgebung nicht selbstverständlich. Das Rechtsdenken des *Common Law* ist auf die Rechtsprechung der Gerichte fokussiert, die das *Common Law* durch Präjudizien fortentwickeln. Parlamentarische Gesetzgebung erscheint im Rahmen des *Common Law* nur als punktuelle Korrektur des richterrechtlichen *Common Law* und nicht als der primäre Modus zur Fortentwicklung des Rechts. Der *Brexit* dient aus britischer Perspektive daher nicht allein dazu, sich der wahrgenommenen Fremdbestimmung durch europäische Gesetzgebung zu entziehen, sondern mindestens ebenso dazu, die Rechtsprechungskompetenz des EuGH zu beenden.

II. Rechtsetzungsakteure

1. Staatliche und supranationale Rechtsetzung

7 Zentrale Rechtsetzungsakteure im Europa des 21. Jahrhunderts sind einerseits die Staaten, andererseits die Europäische Union. Gegenüber einem früheren Rechtsdenken, das das 19. und überwiegend auch noch das 20. Jahrhundert geprägt hatte, ist dies eine wesentliche Erweiterung: Die Rechtsquellenlehre des 19. und 20. Jahrhun-

---

[1] Zum Zusammenhang zwischen verfassungstheoretischer Stufenbaulehre und Demokratieprinzip *Jakab*, European Constitutional Language, 2016, S. 363 f.

[2] Klassisches Zitat („Die Autorität, nicht die Wahrheit macht das Gesetz"), zurückgehend auf das Werk von *Hobbes* (Leviathan, 1668); Einführung in dessen Staatsdenken bei *Höffe*, Thomas Hobbes, 2010.

derts hatte sich ausschließlich auf staatliches Recht konzentriert. Rechtsetzung war damals mehr oder minder gleichbedeutend mit **staatlicher Gesetzgebung.** Die Gesetzgebungskompetenzen konnten in föderalen Staaten auf die unterschiedlichen Ebenen des Bundesstaates aufgeteilt sein; an der Wahrnehmung von Rechtsetzung als nahezu ausschließlich staatlicher Aufgabe änderte dies nichts.

Neben die Staaten sind in der zweiten Hälfte des 20. Jahrhunderts zunächst die Europäischen Gemeinschaften getreten, deren Rechtsnachfolger heute die EU als eigener, **supranationaler Rechtsetzungsakteur** ist. Schon seit langem übersteigt die Rechtsetzung durch die EU quantitativ und in ihrer Bedeutung die eigenständige Rechtsetzung der EU-Mitgliedstaaten, jedenfalls in den Kernbereichen der europäisierten Kompetenzen im Bereich des Wirtschaftsrechts. Auch die EU leitet allerdings ihre Existenz von ihren Mitgliedstaaten ab, die die EU durch die Gründungsverträge geschaffen haben (→ 1/29). Durch diese Verträge ist eine eigene Rechtsordnung entstanden, deren Organe nun auf der Grundlage des Primärrechts eigenständig neues Recht setzen, das europäische Sekundär- und Tertiärrecht. 8

Auch mit dieser Erweiterung auf supranationale Rechtsetzung durch die EU ist der Kreis der Institutionen, die Recht setzen, aber nicht erschöpft. Recht wird heute nicht nur durch Staaten und durch die EU, sondern auch durch zahlreiche andere Institutionen geschaffen, insbesondere durch **internationale Organisationen,** deren Existenz auf völkerrechtlichen Verträgen zwischen mehreren Staaten beruht. Man kann das EU-Recht und das Sekundärrecht internationaler Organisationen daher als staatsabgeleitetes Recht verstehen und damit noch in die tradierte Rechtsquellenlehre einordnen, die stets vom Staat aus gedacht hatte. 9

2. Private Rechtsetzung

Neben den Staaten, der EU und internationalen Organisationen gibt es weitere Rechtsetzungsakteure, deren Existenz sich nicht in irgendeiner Weise von den Staaten ableitet. Meist werden sie als private oder als **nicht-staatliche Rechtsetzungsakteure** bezeichnet. 10

Beispiele: Internationale Wirtschaftsakteure gestalten durch privatrechtliche Verträge das internationale Wirtschaftsrecht, die ICANN[3] regelt das Internet bzw. die Domainvergabe, Religionsgemeinschaften schaffen religiöses Recht,[4] internationale Sportverbände setzen Sportrecht.[5] 11

Die heutige Rechtstheorie qualifiziert die von solchen Institutionen gesetzten Normen ohne weiteres als **Recht,** auch wenn es sich eindeutig nicht um staatliches und auch nicht um staatsabgeleitetes Recht handelt. Der Rechtsbegriff ist also über das staatliche Recht hinaus erweitert worden.[6] Manche Autoren gehen so weit zu sagen, dass sich die 12

---

[3] *Internet Corporation for Assigned Names and Numbers;* Rechtsfähigkeit nach kalifornischem Recht als privatrechtliche Organisation.
[4] Zur Rechtsetzung der Kirchen bspw. *de Wall/Muckel,* Kirchenrecht, 5. Aufl. 2017, § 19, § 25.
[5] Überblick über Formen nichtstaatlicher Rechtsetzung bei *Röthel,* JZ 2007, 55 ff.; zu Einzelbereichen folgende Beiträge: *Bumke/Röthel* (Hrsg.), Privates Recht, 2012 und *Vieweg/Staschik,* in: *Vieweg* (Hrsg.), Lex Sportiva, 2015, S. 15 ff.; konzeptionelle Grundlegung bei *Bachmann,* Private Ordnung, 2006 und *Seinecke,* Das Recht des Rechtspluralismus, 2015.
[6] Soziologisch formuliert: Recht wird nicht nur auf der Ebene der gesamten Gesellschaft, sondern auch auf der Ebene von Organisationen gebildet, vgl. *Hecke,* Kanonisches Recht, 2017, S. 8, S. 22 ff.

Kapitel 15. Rechtsetzung

dominanten Rechtsquellen heute an den Peripherien des Rechts befinden: also nicht mehr in einem als geschlossen gedachten staatlichen Bereich, sondern an den Grenzen zu andern Sektoren der Weltgesellschaft. Dort werden zugleich immer auch Normen konstitutioneller Qualität produziert, die festlegen, welche Akteure in welchen Verfahren dieses Recht setzen.[7]

13 Man kann fragen, ob es sich hierbei wirklich um eine neue Entwicklung oder nur um eine erweiterte **Wahrnehmung** handelt. Denn religiöses Recht, das für sich eine eigenständige, staatsunabhängige Geltung beansprucht, gab es beispielsweise schon lange, bevor sich der moderne Staat mit seinen Gesetzgebungskompetenzen entwickelt hat. Die staatszentrierte Rechtsquellenlehre des 19. und 20. Jahrhunderts konnte mit nicht-staatlichem Recht nur nicht viel anfangen und hat es für ihre Theoriebildung daher weitgehend ignoriert.

14 Das **Verhältnis von staatlicher und privater Rechtsetzung** bzw. von staatlichem und nicht-staatlichem Recht ist gegenwärtig Gegenstand einer vielschichtigen Diskussion. Die Diskussionen knüpfen daran an, dass nicht-staatliche Verbände und Institutionen in ihrem jeweiligen Wirkungsbereich über große Macht verfügen können. Der einzelne Bürger kann daher gegebenenfalls auf den Schutz der staatlichen Rechtsordnung gegenüber übermächtigen Verbänden angewiesen sein.

15 **Beispiel:** Die Sperrung eines Sportlers wegen Dopingvorwürfen durch einen Sportverband kann dessen Karriere beenden und hat daher einschneidende Wirkungen. Dies wirft die Frage auf, ob der Staat eine Schutz- und Kontrollfunktion gegenüber einer solchen Entscheidung eines privaten Sportgerichts wahrnehmen muss. Üblicherweise geht es in solchen Konstellationen um die Frage nach Zugang zur staatlichen Gerichtsbarkeit und um deren Kontrollkompetenzen gegenüber Entscheidungen nicht-staatlicher Gerichte, beispielsweise eines religiösen Gerichts oder eines Sportschiedsgerichts.[8]

3. Parlamentarische Gesetzgebung und Volksgesetzgebung

16 Nach Art. 20 Abs. 2 S. 2 GG wird die Staatsgewalt unter dem Grundgesetz vom Volk in Wahlen und Abstimmungen und durch besondere Organe der Gesetzgebung, der vollziehenden Gewalt und der Rechtsprechung ausgeübt. Eine Volksabstimmung sieht das Grundgesetz allerdings nur in Form eines Volksentscheids zur Bestätigung eines Bundesgesetzes vor, das das Bundesgebiet neu gliedert (Art. 29 Abs. 2 GG[9]). Das Grundgesetz hat demnach eine eindeutige Entscheidung zu Gunsten der parlamentarischen Gesetzgebung getroffen, die für formelle Bundesgesetze die ausschließliche Form der Gesetzgebung ist. Die Landesverfassungen ermöglichen demgegenüber unterschiedliche **Formen direkter Demokratie** durch Volksinitiative, Volksbegehren oder Volksentscheid.

17 Das Unionsrecht ist gegenüber direkten Formen der Demokratie ähnlich zurückhaltend wie das Grundgesetz: Es ermöglicht zwar eine Bürgerinitiative, also eine indirekte Form der Gesetzesinitiative (→ 15/152), aber keine Gesetzgebung durch die Unionsbürger.

---

[7] *Teubner*, ZaöRV 2003, 1 (14f.).
[8] Dazu weiterführend *Brunk*, Der Sportler und die institutionelle Sportschiedsgerichtsbarkeit, 2016; zum Verhältnis von staatlicher und religiöser Gerichtsbarkeit *Wittreck*, JöR n. F. 66 (2018), S. 111 ff., rechtsvergleichend *Hotte*, Religiöse Schiedsgerichtsbarkeit, 2013.
[9] Für die Sonderfälle Baden und Württemberg sowie Berlin und Brandenburg: Art. 118, 118a GG.

Diese **Fokussierung auf die parlamentarische Gesetzgebung** ist insbesondere auf 18
Bundesebene rechtspolitisch umstritten. Die Zurückhaltung des Grundgesetzes in
dieser Frage beruht u. a. darauf, dass eine Volksabstimmung notwendigerweise über
eine Ja-/Nein-Alternative erfolgen muss, auch wenn zentrale Fragen mit einer derart
grobmaschigen Fragestellung nicht zur Entscheidung gestellt werden können. Andererseits könnte das Instrument der Volksabstimmung die politische Partizipation erhöhen und jedenfalls punktuell als Korrektiv parlamentarischer Mehrheiten dienen.

Zum Problem wird diese Korrektivfunktion allerdings, wenn eine Volksabstimmung 19
eine grundlegende Richtungsentscheidung beinhaltet, für deren Realisierung es dann
aber an einer parlamentarischen Mehrheit und an einer stabilen, parlamentsgestützten
Regierung fehlt. Es ist deshalb eine Herausforderung, in einem grundsätzlich parlamentarischen Regierungssystem einen Ort für Volksabstimmungen zu definieren, in
dem sie eine **konstruktive Ergänzung** und keine destruktive Irritation darstellen.

> **Beispiel:** Chancen und Probleme einer Volksabstimmung lassen sich am britischen Votum für den *Brexit* 20
> studieren. Die Abstimmung hat die politische Partizipation erhöht und eine unmittelbare Entscheidung
> der Wähler über ein in Großbritannien seit jeher strittiges Thema ermöglicht. Zentrale Fragen blieben
> aber mit der Ja-/Nein-Entscheidung über den Austritt aus der EU ungeklärt (diskutiert unter dem Stichwort „harter/weicher *Brexit*": Verbleib im europäischen Binnenmarkt? Zollunion mit der EU?). Da die Stabilität der britischen Regierung während des gesamten Austrittsprozesses in einer vagen Offenheit verblieb
> und zudem die Mehrheit der Parlamentarier die *Brexit*-Entscheidung nur aus Respekt vor dem Wähler,
> nicht aber aus eigener Überzeugung mitgetragen haben, war nie recht erkennbar, wie dieses Votum in einer
> für Großbritannien sinnvollen Weise praktisch umgesetzt werden konnte.

III. Ideale, Leitbilder und Rationalitätsansprüche an die Gesetzgebung

1. Kodifikationsideal

Entsprechend dem Kodifikationsideal gilt es seit der Zeit der Aufklärung als erstre- 21
benswert, das staatliche Recht in umfassenden **Kodifikationen** zusammenzufassen.

> **Historische und rechtsvergleichende Hintergründe:** In dieser Kodifikationstradition stehen das 22
> preußische Projekt eines *Corporis Juris Fridericiani* von 1749/1751, das Preußische Allgemeine Landrecht von 1794, sodann der die europäischen Rechtsentwicklungen stark prägende französische *Code
> civil* von 1801 und auch das BGB von 1900.[10] Das BGB ist in dieser Reihe ein Nachzügler: Es wurde
> erst nach einer längeren Auseinandersetzung über die Kodifikation des Gemeinen Rechts (auf dem römischen Recht basierendes, gewohnheitsrechtlich und subsidiär in den deutschen Staaten im 19. Jahrhundert geltendes Zivilrecht) erlassen, in der sich in Deutschland erst am Ende des 19. Jahrhunderts
> der Kodifikationsgedanke durchgesetzt hat.[11] Dem *Common-Law*-Rechtskreis ist das Kodifikationsideal fremd, weil Gesetze dort ohnehin nur als punktuelle Korrektur des die Lebenssachverhalte umfassend regelnden *Common Law* konzipiert sind.

Für das Kodifikationsideal besteht Einigkeit darüber, dass es sich um ein bloßes Leit- 23
bild für die Gesetzgebung handelt, dem keine normative Verbindlichkeit zukommt: Es

---

[10] Zur europäischen Kodifikationsbewegung im romanischen Rechtskreis und in Deutschland im Anschluss an den *Code civil: Sacco/Rossi*, Einführung in die Rechtsvergleichung, 3. aus dem Italienischen übersetzte Auflage 2017, S. 214 ff.; zur Gesetzgebungslehre um 1900: *Emmenegger*, Gesetzgebungskunst – gute Gesetzgebung als Gegenstand einer legislativen Methodenbewegung in der Rechtswissenschaft um 1900, 2006.

[11] *Thibaut*, Über die Notwendigkeit eines allgemeinen bürgerlichen Rechts für Deutschland, 1814; *von Savigny*, Vom Berufe unserer Zeit für Gesetzgebung und Jurisprudenz, 1814 (beide in: Thibaut und Savigny, Ihre programmatischen Schriften, mit einer Einführung von *Hattenhauer*, 1973).

gibt kein Verfassungsgebot, Normen zu kodifizieren. Gleichwohl kennzeichnet der Kodifikationsgedanke das Ideal der staatlichen Gesetzgebung außerhalb des *Common-Law*-Rechtskreises bis heute, wenn auch das Kodifikationsideal an **Prägekraft** eingebüßt hat.

24 **Beispiele:** Während das deutsche Sozialrecht durch das Sozialgesetzbuch (SGB I – XII) in jüngerer Zeit weitgehend kodifiziert worden ist, sind zahlreiche andere Bereiche durch Einzelgesetze geprägt. Die in den 1990er Jahren geplante Kodifikation des Umweltrechts ist zunächst am Fehlen einer einheitlichen Gesetzgebungskompetenz des Bundes gescheitert und nach der Föderalismusreform von 2006, die das Kompetenzproblem weitgehend beseitigt hat, politisch nicht mehr nachdrücklich betrieben worden.

25 Das **Verbot des Einzelfallgesetzes** (vgl. Art. 19 Abs. 1 S. 1 GG für grundrechtseinschränkende Gesetze) hat mit der Kodifikationsfrage nichts zu tun. Das Verbot des Einzelfallgesetzes schränkt verfassungsrechtlich die Möglichkeit ein, eine nur für einen einzelnen Sachverhalt bestimmte Regelung in Gesetzesform zu fassen. Gesetze sind demzufolge in der Regel abstrakt-generell zu fassen, um auf eine unbestimmte Vielzahl von Fällen anwendbar zu sein. Es ist aber nicht verfassungsrechtlich geboten, dass solche abstrakt-generellen Gesetzesnormen stets mit anderen Normen in einer systematisch geordneten Kodifikation zusammengefasst werden müssen.

26 Auch das Europarecht ist nicht umfassend kodifiziert, sondern durch einzelne **Richtlinien** und **Verordnungen** geprägt. In Teilbereichen hat die EU allerdings Bereichskodifikationen geschaffen, beispielsweise den Zollkodex für das gesamte EU-Zollrecht. Die Kodifikationsbemühungen im EU-Recht zielen allerdings eher auf eine Konsolidierung (redaktionelle Zusammenfassung und Bereinigung) von einzelnen, mehrfach geänderten Gesetzen statt auf umfassende Kodifikation.[12]

27 Die normativen Maßstäbe für das Rechtsetzungsverfahren variieren nicht in Abhängigkeit von der Frage, ob Normen umfassend kodifiziert oder ein einzelnes Gesetz erlassen werden sollen. Eine Kodifikation setzt aufwendige, mehrjährige **Vorarbeiten** im Vorfeld des Gesetzgebungsverfahrens voraus, unterliegt aber keinen besonderen Kompetenz- oder Verfahrensvorschriften.

2. Formale, materielle und prozedurale Rationalitätsansprüche an die Gesetzgebung

28 **Historischer Hintergrund:** Seit sich der moderne Staat als Gesetzgebungsstaat etabliert hat, wird seine Gesetzgebung von Überlegungen über Gesetzgebungsideale, Leitbilder und Ziele der Rechtsetzung begleitet. Gesetzgebungsideale sind alt und sie betreffen nicht nur das Kodifikationsideal: Der Einsetzung einer Gesetzeskommission in Preußen, des Gesetzesausschusses von 1781, lag die Idee zu Grunde, die Qualität der Gesetzgebung durch fachlich unabhängige Beratung zu verbessern. Ob sich aus diesen Idealen auch normativ bindende, verfassungsrechtliche Anforderungen an die Gesetzgebung ableiten lassen, wurde seit den 1970er Jahren diskutiert.[13]

29 Die aktuelle verfassungsrechtliche Diskussion über **Rationalitätsansprüche** an die Gesetzgebung ist inhaltlich vielschichtig, weil über sehr heterogene Anforderungen diskutiert wird. Es geht beispielsweise um Forderungen nach Systemgerechtigkeit oder Folgerichtigkeit der Gesetzgebung, um eine Verfahrenspflicht zur vollständigen Ermittlung und methodengerechten Beurteilung des abwägungsrelevanten Sachver-

---

[12] Interinstitutionelle Vereinbarung vom 20. Dezember 1994 über ein beschleunigtes Arbeitsverfahren für die amtliche Kodifizierung von Rechtstexten, ABl. C 102 vom 4. 4. 1996, S. 2.
[13] *Degenhart*, Systemgerechtigkeit und die Selbstbindung des Gesetzgebers als Verfassungspostulat, 1976.

halts oder um Begründungserfordernisse, sei es für das Gesetz als solches, sei es für Ausnahmeregelungen und Abweichungen von der gesetzlichen Grundentscheidung. In den deutschen Diskussionen hat häufig der Begriff der Rationalität der Gesetzgebung die Funktion eines Oberbegriffs übernommen. Im Europarecht werden ähnliche Fragen – meist unter dem Oberbegriff der *good governance* – verhandelt.[14]

Die vielfältigen Einzelanforderungen, die gegebenenfalls unter Rationalitäts- oder *good-governance*-Gesichtspunkten an die Gesetzgebung herangetragen werden können, lassen sich in drei Kategorien aufgliedern:[15] 30
- **formale Rationalität** der Gesetzgebung (bspw. Bestimmtheit, begriffliche Konsistenz, logische Widerspruchsfreiheit, Systemgerechtigkeit, Folgerichtigkeit);
- **materielle Rationalität** der Gesetzgebung (bspw. Gerechtigkeit, ökonomische Effizienz);
- **prozedurale Rationalität** (bspw. Pflichten zur Sachverhaltsermittlung im Gesetzgebungsverfahren).

Die prozeduralen oder verfahrensrechtlichen Anforderungen, über die in diesem Zusammenhang diskutiert wird, würden gegebenenfalls eine Ergänzung der im GG bzw. im AEUV normierten Verfahrensbestimmungen über das Gesetzgebungsverfahren darstellen. Die Bestimmungen der Art. 76 ff. GG bzw. 293 f. AEUV normieren das **äußere Gesetzgebungsverfahren,** also die verbindlich zu durchlaufenden, formalen Verfahrensschritte. Mit prozeduralen Rationalitätsanforderungen könnte der Versuch unternommen werden, darüber hinausgehend auch auf die Entscheidungsfindung der beteiligten Akteure Einfluss zu nehmen (zu dieser Differenzierung zwischen äußerem und innerem Gesetzgebungsverfahren → 15/184, 205). 31

3. Rechtsgrundlagen im deutschen Verfassungsrecht
a) Normative Grundlagen

Teilweise handelt es sich bei diesen formalen, materiellen oder prozeduralen Fragen um Ideale und Leitbilder für gute Gesetzgebung, für die Einigkeit darüber besteht, dass es ihnen an verfassungsrechtlicher Verbindlichkeit fehlt. Hierzu zählt das Kodifikationsziel (→ 15/21). Im Übrigen ist die normative **Verbindlichkeit** von Rationalitätsanforderungen **umstritten.** Für die Annahme verbindlicher Rationalitätsanforderungen können verschiedene verfassungsgerichtliche Urteile angeführt werden, insbesondere des Bundesverfassungsgerichts, aber auch von Landesverfassungsgerichten oder auf europäischer Ebene des EuGH.[16] Diese Urteile sind allerdings sehr kontrovers diskutiert worden. Endgültig geklärte Positionen gibt es nicht, insbesondere nicht im deutschen Verfassungsrecht. 32

---

[14] Anknüpfung an das Weißbuch der Europäischen Kommission von 2001 mit dem Titel „Europäisches Regieren *(European Governance)*", KOM (2001), 428 endg., ABl. C 287 vom 12. Oktober 2001, S. 1; zur Diskussion des Governance-Konzepts und seiner Bedeutung für die EU-Rechtsetzung: *Härtel,* in: Hatje/Müller-Graff, EnzEuR I § 11 Rn. 76 ff.
[15] Diese Systematisierung nach *Steinbach,* Rationale Gesetzgebung, S. 73 ff., 101 ff., 163 ff.; andere Aufgliederung bei *O'Hara,* Konsistenz und Konsens, S. 117 ff., 175 ff., 213 ff: nachvollziehbare Ausgestaltung von Regelungsstrukturen, konsequente Zielverfolgung, methodengerechte Erfassung und Beurteilung der Wirklichkeit.
[16] Nw. bei *Grzeszick,* VVDStRL 71 (2012), 49 ff. (53).

33 Das Fehlen gefestigter Positionen zur normativen Verbindlichkeit von Rationalitätsanforderungen im deutschen Recht ist unter anderem darauf zurückzuführen, dass die in Betracht kommenden Rationalitätsgebote im Verfassungsrecht selbst **nicht explizit normiert** sind. Der Verfassungstext schweigt. Die deutschen Verfassungsgerichte, insb. das Bundesverfassungsgericht, haben sich in ihren Urteilen in der Regel entweder auf das Rechtsstaatsprinzip in seiner formellen oder materiellen Ausprägung (Art. 20 Abs. 2 GG) oder auf den Gleichheitssatz (Art. 3 GG) gestützt, also auf Verfassungsbestimmungen von hohem Abstraktionsgrad.

34 **Rechtsprechungsbeispiel:** Ein Beispiel bietet das Urteil des BVerfG zur Pendlerpauschale aus dem Jahr 2008,[17] dem eine Neuregelung im Einkommensteuergesetz zu Grunde lag. Nach der Neufassung des EStG sollten Fahrten zwischen Wohnung und Arbeitsstätte erst ab dem 21. Kilometer (statt wie vorher ab dem 1. Kilometer) steuerlich absetzbar sein. Das BVerfG hat diese Regelung mit folgender Begründung für verfassungswidrig erklärt: Eine einmal getroffene Belastungsentscheidung müsse folgerichtig im Sinne einer Belastungsgleichheit umgesetzt werden. Das Einkommensteuerrecht enthalte die Grundentscheidung, dass die finanzielle Leistungsfähigkeit der Steuerpflichtigen nach dem Nettoprinzip bemessen werde (steuerliche Absetzbarkeit von Erwerbsaufwendungen und existenzsichernden Aufwendungen). Abweichungen vom Nettoprinzip bedürften daher eines sachlichen Grundes. Ein solcher Grund fehle hier. Das vom Gesetzgeber verfolgte Ziel von Steuermehreinnahmen sei zwar legitim; es rechtfertige aber keinen Systembruch, sondern könne nur innerhalb der Grundentscheidung realisiert werden.

b) Kritik

35 Diese Rechtsprechung und die zu Grunde liegende Vorstellung verpflichtender Rationalitäts- und Konsequenzgebote sind teilweise heftig kritisiert worden.[18] Kern der Kritik ist die Frage, ob damit nicht die **Rationalität politischer Prozesse,** letztlich das Demokratieprinzip, verfehlt würden. Denn dem Gesetzgeber werden auf diese Weise Begründungspflichten für seine Entscheidungen auferlegt, und zwar bei Konsequenzgeboten nicht für die gesetzliche Grundentscheidung, sondern für Ausnahmen. Das aber erschwert differenzierte Lösungen und politische Kompromisse, begünstigt Alles-oder-Nichts-Lösungen und steht so in einem latenten Widerspruch zur Rationalität des parlamentarischen Verfahrens. Die Vorstellung, dass der Inhalt des Rechts durch bestimmte Entscheidungsregeln vorgeprägt sein könne, steht mit dem Gedanken der Demokratie in Widerspruch. Zur Demokratie gehört gerade die inhaltliche Verfahrens- und Entscheidungsoffenheit zwingend hinzu.[19]

36 Hinzu tritt eine **Kompetenzfrage:** Je intensiver verfassungsrechtlich begründete Rationalitätsansprüche an die Gesetzgebung herangetragen werden, umso mehr Bedeutung gewinnt die verfassungsgerichtliche Kontrolle. An die Stelle parlamentarischer Gestaltung tritt die verfassungsgerichtliche Prüfung. Letztlich bewirken Rationalitätsansprüche also eine Kompetenzverschiebung zu Gunsten der Verfassungsgerichtsbarkeit.

37 Teilweise wird auch eingewandt, dass Konsequenzgebote die **Normenhierarchie** verletzen würden. Wenn nämlich gesetzliche Ausnahmen auf Vereinbarkeit mit der ge-

---

[17] BVerfGE 122, 210 ff. = NJW 2009, 48 ff.
[18] *Lepsius,* Anmerkung zu BVerfG, Urteil v. 9.12.2008 – 2 BvL 1/07 u. a. (Pendlerpauschale), JZ 2009, 260 ff. (262); *Bumke, Der* Staat 49 (2010), 77 ff. (93), *Grzeszick,* VVDStRL 71 (2012), 49 ff. (55 ff.); *Britz,* Verfassungsrechtliche Verfahrens- und Rationalisierungsanforderungen an die Gesetzgebung, Die Verwaltung 50 (2017), 421 ff.; *Payandeh,* AöR 136 (2011), 578 ff.; ohne eine durchgängig kritische Grundhaltung demgegenüber *Steinbach,* Rationale Gesetzgebung, 2017.
[19] *O'Hara,* Konsistenz und Konsens, S. 5.

setzlichen Grundentscheidung geprüft werden, könnte dies darauf hinauslaufen, dass Gesetze letztlich an sich selbst gemessen werden und nicht am Maßstab der Verfassung. Denn dem Gleichheitssatz des Art. 3 Abs. 1 GG, auf den eine entsprechende Argumentation verfassungsrechtlich gestützt werden kann, ist aus sich heraus der konkrete Prüfungsmaßstab nicht zu entnehmen. Er transformiert nur einfachgesetzliche Entscheidungen des Gesetzgebers in einen Prüfungsmaßstab für die verfassungsgerichtliche Kontrolle.

4. Rechtsgrundlagen im Europarecht

Im europäischen Verfassungsrecht bestehen teilweise eindeutige primär- oder sekundärrechtliche Regelungen, die Einzelausprägungen von *good-governance*-Konzepten für die EU-Gesetzgebung positivieren. 38

Beispiel: Das gilt für die Begründungspflicht für EU-Rechtsakte nach Art. 296 Abs. 2 AEUV. Deshalb enthalten europäische Verordnung und Richtlinien zwingend Erwägungsgründe, während das Grundgesetz keine vergleichbaren Anforderungen formuliert und deutsche Gesetze daher im Gesetzestext auch keine Begründungserwägungen enthalten. 39

Über diese primärrechtlichen Anforderungen hinausgehend haben die am EU-Gesetzgebungsverfahren beteiligten Organe (Europäisches Parlament, Rat und Kommission → 10/31 ff., 11/91 ff., 104 ff.) ihre Leitbilder 2016 in einer **interinstitutionellen Vereinbarung** niedergelegt.[20] Diese interinstitutionelle Vereinbarung formuliert eine gesetzgeberische Gesamtstrategie – nicht in Bezug auf die konkreten Inhalte der EU-Gesetzgebung, sondern in Bezug auf die Qualität des Gesetzgebungsprozesses. Dazu gehören Rechtsklarheit, Einfachheit und Transparenz und vor allem die Einhaltung von Verfahrensstandards im Gesetzgebungsprozess. Zu letzterem zählen eine jährliche und mehrjährige Programmplanung der EU, insbesondere ein jährliches Arbeitsprogramm der Kommission, eine systematische Gesetzesfolgenabschätzung sowie eine *ex-post*-Evaluierung der geltenden Rechtsvorschriften.[21] Diese interinstitutionelle Vereinbarung knüpft an ähnliche ältere Vereinbarungen und Erklärungen zum EU-Gesetzgebungsprozess an, beispielsweise zur Kodifizierung von Rechtstexten,[22] zur redaktionellen Qualität der Rechtsvorschriften[23] oder zu den praktischen Modalitäten des damals neuen Mitentscheidungsverfahrens,[24] das heute das ordentlichen Gesetzgebungsverfahren der EU geworden ist (→ 15/165 ff.) 40

Die Handlungsform einer solchen interinstitutionellen Vereinbarung hat in Art. 295 AEUV eine primärrechtliche Grundlage. Art. 295 S. 2 AEUV stellt klar, dass interinsti- 41

---

[20] Interinstitutionelle Vereinbarung zwischen dem Europäischen Parlament, dem Rat der Europäischen Union und der Europäischen Kommission über bessere Rechtsetzung vom 13. April 2016, ABl. 2016 Nr. L 123/1, gleichnamige Vorgängervereinbarung vom 16. Dezember 2003, ABl. C 321 vom 31.12.2003 zur Umsetzung des Weißbuchs der Europäischen Kommission „Europäisches Regieren *(European Governance)*" von 2001.
[21] Interinstitutionelle Vereinbarung über bessere Rechtsetzung (Fn. 20), Rn. 4 ff., 12 ff., 20 ff.; zur vertraglichen Grundlage der Programmplanung: Art. 17 I 7 EUV.
[22] Interinstitutionelle Vereinbarung vom 20. Dezember 1994 über ein beschleunigtes Arbeitsverfahren für die amtliche Kodifizierung von Rechtstexten, ABl. C 102 vom 4.4.1996, S. 2.
[23] Interinstitutionelle Vereinbarung vom 22. Dezember 1998 über Gemeinsame Leitlinien für die redaktionelle Qualität der gemeinschaftlichen Rechtsvorschriften, ABl. C 73 vom 17.3.1999, S. 1.
[24] Gemeinsame Erklärung vom 13. Juni 2007 zu den praktischen Modalitäten des neuen Mitentscheidungsverfahrens, ABl. C 145 vom 30.6.2007, S. 5.

tutionelle Vereinbarungen die EU-Verträge wahren müssen, also keine Verfahrensregeln aufstellen können, die im Widerspruch zu den primärrechtlichen Anforderungen an das Gesetzgebungsverfahren nach Art. 293, 294 AEUV stehen.[25] Solange eine interinstitutionelle Vereinbarung die primärrechtlichen Regelungen nur ausgestaltet oder zusätzliche (Selbst-)Verpflichtungen der Gesetzgebungsorgane enthält, ist sie zulässig und kann mit **bindendem Charakter** abgeschlossen werden. Ein solcher Selbstbindungswille der Organe liegt der interinstitutionellen Vereinbarung von 2016 zu Grunde. *Good Governance* ist daher nicht nur ein unverbindliches Leitbild der EU-Gesetzgebung. Sie hat auf EU-Ebene vielmehr – in den Einzelausprägungen der Vereinbarung von 2016 – verpflichtenden Charakter, freilich nicht auf verfassungsrechtlicher, sondern auf sekundärrechtlicher Grundlage.

B. Verbandskompetenzen für die Gesetzgebung

I. Strukturelle Parallelen und Unterschiede zwischen europäischem und deutschem Verfassungsrecht

42 Das Grundgesetz verteilt die Verbandskompetenzen für die Gesetzgebung im Bund-Länder-Verhältnis, während die Unionsverträge die Verbandskompetenzen der EU im Verhältnis zu den Mitgliedstaaten bestimmen. Ungeachtet zahlreicher Unterschiede im Detail besteht im Grundsatz eine deutliche **strukturelle Parallelität** zwischen den Kompetenzregelungen im deutschen und im europäischen Verfassungsrecht:

43 – Jede einzelne Gesetzgebungskompetenz der EU muss nach dem **Prinzip der begrenzten Einzelermächtigung** ausdrücklich begründet werden, ansonsten verbleiben die Kompetenzen bei den Mitgliedstaaten (Art. 4 Abs. 1 EUV, → 15/60). In vergleichbarer Weise haben unter dem Grundgesetz grundsätzlich die Länder das Gesetzgebungsrecht, soweit das Grundgesetz nicht ausdrücklich eine Bundeskompetenz begründet (Art. 70 Abs. 1 GG, → 15/53).

44 – Diese parallel laufenden **Regel-Ausnahme-Verhältnisse** schließen es nicht aus, dass das europäische Primärrecht bzw. das Grundgesetz für bedeutsame Materien eine EU- bzw. Bundeszuständigkeit begründen. Letztlich hat daher die EU ungeachtet des Prinzips der begrenzten Einzelermächtigung weitreichende Gesetzgebungskompetenzen und auch im Bund-Länder-Verhältnis liegt der Schwerpunkt der Gesetzgebungskompetenzen eindeutig beim Bund.

45 – Die **Kompetenzkategorien** des europäischen und deutschen Verfassungsrechts entsprechen sich weitgehend: Mit der ausschließlichen Zuständigkeit der EU (Art. 2 Abs. 1 AEUV) korrespondiert im föderalen Verhältnis unter dem GG die ausschließliche Gesetzgebung des Bundes (Art. 71 GG); die zwischen EU und Mitgliedstaaten geteilte Zuständigkeit nach Art. 2 Abs. 2 AEUV entspricht *cum grano salis* der konkurrierenden Gesetzgebung von Bund und Ländern nach Art. 72 GG.

46 – Das **Subsidiaritätsprinzip** als Kompetenzausübungsregel für die EU (Art. 5 Abs. 3 EUV) soll im Bereich der zwischen EU und Mitgliedstaaten geteilten Zuständig-

---

[25] Das ist insbesondere in Bezug auf den sog. Trilog und dessen Vereinbarkeit mit Art. 294 AEUV nicht ganz unproblematisch, dazu unten → 15/197ff.

keiten eine vergleichbare Schutzfunktion für die mitgliedstaatlichen Kompetenzen entfalten wie sie im Bereich der konkurrierenden Gesetzgebung von Bund und Ländern der Erforderlichkeitsklausel des Art. 72 Abs. 2 GG zum Schutz der Landeskompetenzen zugedacht ist. Der praktische Effekt beider Schutzmechanismen ist aber begrenzt.

Ein Unterschied zwischen deutschem und europäischem Recht besteht für die verfassungsrechtliche Lösung der Aufgabe, die Beachtung der verfassungsrechtlichen Kompetenzzuweisungen in der Praxis sicherzustellen und Kompetenzübergriffe zu verhindern: Das Grundgesetz vertraut dafür primär auf eine präzise materiell-rechtliche Bestimmung der Kompetenznormen mit hoher verfassungsgerichtlicher Kontrolldichte, während das europäische Primärrecht eher **prozedurale Sicherungsmechanismen** nutzt (→ 15/129 ff.) 47

II. Grundsätze der supranationalen und innerstaatlichen Kompetenzverteilung

1. Grundsätzlich umfassende Kompetenzen des Staates

Der moderne Staat hat im Laufe einer langen historischen Entwicklung seit der frühen Neuzeit eine grundsätzlich umfassende Kompetenz beansprucht und sie gegenüber anderen Hoheitsträgern durchgesetzt. Der moderne Staat übt in seinem Staatsgebiet eine prinzipiell umfassende Herrschaftsgewalt aus, der grundsätzlich alle Personen unterworfen sind, die sich in diesem Territorium aufhalten (zur **Omnipotenz** des Staates → 8/6 f.). 48

> Historische Hintergründe: Dadurch unterscheidet sich die moderne Staatlichkeit von mittelalterlichen Formen der Herrschaft, die stets auf einzelne personal, territorial oder sachlich beschränkte Herrschaftstitel gestützt war. Ein einzelner Herrscher konnte zwar gegebenenfalls zahlreiche Herrschaftstitel in einer Person vereinen und führte dann eine entsprechend lange Liste von Titeln; er hatte aber nie ein umfassendes Zugriffsrecht auf sämtliche Fragen, sondern teilte die Herrschaft mit kirchlichen, adeligen oder anderen Herrschaftsträgern. 49

Die umfassende Herrschaftsgewalt des modernen Staates schließt es nicht aus, dass der Staat andere Entscheidungsträger im eigenen Territorium akzeptiert und ihnen durch seine Verfassung Rechte zur **autonomen Gestaltung** und Rechtsetzung zuerkennt. 50

Beispiele im Grundgesetz: Garantie der kommunalen Selbstverwaltung nach Art. 28 Abs. 2 GG; Freiheit von Vereinigungen nach Art. 9 GG, insbesondere auch Tarifautonomie der Tarifpartner; Selbstverwaltung von Religionsgemeinschaften nach Art. 140 GG i. V. m. Art. 137 Abs. 3 WRV. 51

2. Aufteilung der Gesetzgebungskompetenzen zwischen Bund und Ländern

Das Grundgesetz setzt diese Konzeption umfassender staatlicher Kompetenzen voraus. Es konstituiert **staatliche Herrschaft als umfassende Hoheitsgewalt** mit prinzipieller staatlicher Allzuständigkeit, ohne dies an irgendeiner Stelle explizit zu sagen. Erst auf nachfolgenden Ebenen teilt es die staatlichen Kompetenzen im föderalen Verhältnis zwischen Bund und Ländern auf (Art. 30, 70 ff., 84 ff. GG) und weist ihre Ausübung besonderen Organen der Gesetzgebung, der vollziehenden Gewalt und der Rechtsprechung zu (vgl. Art. 20 Abs. 2 GG). 52

Für den Bereich der Gesetzgebung enthält Art. 70 GG eine Grundsatzregelung, die der allgemeinen Kompetenzverteilung im Bund-Länder-Verhältnis nach Art. 30 GG 53 entspricht: Die Gesetzgebung ist Aufgabe der Länder, soweit nicht das Grundgesetz dem Bund Gesetzgebungskompetenzen zuweist. Bundeskompetenzen werden damit in der Sache nach dem Prinzip der begrenzten Einzelermächtigung begründet, auch wenn dieser aus dem Europarecht stammende Begriff (→ 15/60) üblicherweise nicht im Kontext des Grundgesetzes und seiner Kompetenzregelungen verwendet wird. Denn auf prinzipieller Ebene gibt es einen grundlegenden Unterschied: Bei der Begründung von EU-Kompetenzen nach dem **Prinzip der begrenzten Einzelermächtigung** geht es um die Übertragung von Hoheitsrechten auf einen *anderen* Hoheitsträger, während die Art. 70 ff. GG die staatliche Kompetenzen auf die beiden Ebenen des föderalen Systems verteilen.

54 Zuweisungen von Gesetzgebungskompetenzen an den Bund sind in großer Zahl vorhanden (→ 15/80), sodass im Ergebnis die **Gesetzgebungskompetenzen des Bundes** im Vergleich zu denen der Länder deutlich überwiegen. Insbesondere sind das Zivil- und das Strafrecht einschließlich des jeweiligen Prozessrechts (BGB, StGB, ZPO, StPO) und zahlreiche weitere zentrale Rechtsgebiete (Arbeitsrecht, überwiegend auch das Wirtschafts- und Gewerberecht) bundesrechtlich geregelt. Gesetzgebungskompetenzen der Länder bestehen vor allem für das Schul- und Hochschulrecht, das Kommunalrecht, das Gefahrenabwehrrecht und weitere Bereiche des Verwaltungsrechts. In ihrer Summe erreichen sie bei weitem nicht das Gewicht, das der Bundesgesetzgebung zukommt.

55 **Historische Hintergründe:** Dieses Verhältnis von Bundes- und Landesgesetzgebung entspricht nicht den ursprünglichen Intentionen der Väter und Mütter des Grundgesetzes und der Westalliierten im Jahr 1949. Auch als Reaktion auf die Zentralisierung der Machtbefugnisse auf Reichsebene schon durch die Weimarer Reichsverfassung und dann ausgeprägt im Nationalsozialismus hatten sie eine ausgeprägt föderative Ausrichtung der Verfassung beabsichtigt. Dieses Ziel hat seinen Niederschlag unter anderem in den Bestimmungen der Art. 30 GG (Ausübung der staatlichen Befugnisse grundsätzlich als Aufgabe der Länder) und Art. 79 Abs. 3 GG (Ewigkeitsgarantie für die Gliederung des Bundes in Länder und deren Mitwirkung bei der Gesetzgebung) gefunden (→ 14/6 f.).

56 Das Konzept der konkurrierenden Gesetzgebung sollte die Gesetzgebungskompetenzen eigentlich angemessen zwischen Bund und Ländern verteilen und sich nicht im praktischen Ergebnis als weitgehende Entscheidung zu Gunsten von Bundeskompetenzen erweisen. Dieses Ziel sollte durch die Erforderlichkeitsklausel in Art. 72 Abs. 2 GG erreicht werden. Dessen ursprüngliche Fassung hat sich aber nicht als wirksamer Schutz von Landeskompetenzen erwiesen. Deshalb sind die Kompetenzbestimmungen des Grundgesetzes im Rahmen der **Föderalismusreform 1994** geändert worden. Dazu gehörten zahlreiche einzelne Veränderungen in den Katalogen der ausschließlichen und der konkurrierenden Gesetzgebung, eine neue Fassung der Erforderlichkeitsklausel in Art. 72 Abs. 2 GG und die Einführung einer Abweichungskompetenz der Länder nach Art. 72 Abs. 3 GG (→ 15/93). Diese Maßnahmen der Föderalismusreform haben die Dominanz des Bundesrechts zwar nicht beendet, aber doch die Eigenständigkeit der Länder in manchen Bereichen der Gesetzgebung gestärkt.

57 **Beispiel:** Praktische Konsequenz der Föderalismusreform ist beispielsweise, dass sich die Beamtenbesoldung seitdem von Land zu Land unterscheidet und auseinanderentwickelt, während bis 1994 auch die Besoldung der Landesbeamten bundesrechtlich vereinheitlicht war. Mit Blick auf den hohen Personalkostenanteil in den Landeshaushalten sind den Ländern dadurch auch in haushaltspolitischer Hinsicht durchaus beachtliche Gestaltungsmöglichkeiten zugewachsen.

Als Folge dieser Verschiebung von Gesetzgebungsmaterien von einer in eine andere 58
Kompetenzkategorie bestehen bis heute Gesetze, deren Erlass heute nicht mehr in die
Kompetenz des ursprünglichen Gesetzgebers fallen würde. Es handelt sich in der Regel
um Bundesgesetze, für die es heute an einer Bundesgesetzgebungskompetenz fehlt,
seltener um Landesgesetze über Materien, für die mittlerweile der Bund zuständig ist.
Art. 125a GG bestimmt, dass diese Gesetze nicht 1994 auf einen Schlag wegen Kompetenzwidrigkeit verfassungswidrig geworden sind, sondern einstweilen fortgelten und
durch den heute zuständigen Gesetzgeber ersetzt werden können.

Beispiele: Bis zur Föderalismusreform II (2006) war das **Versammlungsrecht** Teil der konkurrierenden 59
Gesetzgebung im Bereich des Art. 74 Abs. 1 Nr. 3 GG a. F. Seitdem ist es der Gesetzgebungskompetenz
der Länder gemäß Art. 70 Abs. 1 GG zugeordnet. Allerdings haben bisher nur wenige Länder (Bayern,
Berlin (teilweise), Niedersachsen, Sachsen, Sachsen-Anhalt und Schleswig-Holstein) ein eigenes Landesversammlungsgesetz erlassen, sodass das Versammlungsgesetz des Bundes in den übrigen Ländern gemäß
Art. 125a Abs. 1 GG fortgilt.

Anderes gilt für das **Bundesladenschlussgesetz,** welches bis 2006 ebenfalls unter die Gesetzgebungskompetenz des Bundes fiel, vgl. Art. 74 Abs. 1 Nr. 11 GG a. F. Es wurde fast überall landesrechtlich durch
Ladenöffnungsgesetze abgelöst. Lediglich Bayern nutzte die Möglichkeit, ein eigenes Gesetz zu erlassen,
bisher nicht. Dort gilt somit gemäß Art. 125a Abs. 1 GG weiterhin das LadSchlG des Bundes.

3. Prinzip der begrenzten Einzelermächtigung für die EU

Der Europäischen Union kommt anders als den modernen Staaten keine umfassende 60
Zuständigkeit zu. Die Kompetenzen der EU müssen im Einzelfall begründet werden
(Prinzip der begrenzten Einzelermächtigung, Art. 5 Abs. 1 S. 1 EUV). Diese Aufgabe
übernimmt das europäische Primärrecht, dem damit eine grundlegende, kompetenzbegründende Funktion für die EU zukommt. Nach dem Prinzip der begrenzten Einzelermächtigung wird die EU nur innerhalb der Grenzen der **durch die Verträge begründeten Zuständigkeiten** tätig.[26]

Das Prinzip der begrenzten Einzelermächtigung wird durch zwei Kompetenzaus- 61
übungsregeln ergänzt: das Subsidiaritätsprinzip und das Verhältnismäßigkeitsprinzip
(→ 15/108 ff.). Das Prinzip der begrenzten Einzelermächtigung und die beiden ergänzenden Kompetenzausübungsregeln gelten gleichermaßen für legislatives, exekutives
und judikatives Handeln der EU. Angesichts der zentralen Bedeutung der Gesetzgebung als Instrument politischer Gestaltung werden diese Prinzipien aber meistes in
Bezug auf die EU-Gesetzgebung diskutiert und haben in diesem Bereich des legislativen Handelns ihr Hauptanwendungsfeld.

Das Prinzip der begrenzten Einzelermächtigung betrifft die **Regelungstechnik** (Erfor- 62
dernis eines Kompetenztitels für die Verbandskompetenz der EU), nicht das tatsächliche Ausmaß der EU-Kompetenzen. Das Prinzip schließt nicht aus, dass es weitreichende Kompetenztitel gibt und die EU auf dieser Basis ganze Sachbereiche
flächendeckend regeln kann. Das ist insbesondere im Bereich der Wirtschaftsgesetzgebung zur Verwirklichung des Binnenmarktes der Fall.[27]

Jeder europäische Rechtsakt gibt den Kompetenztitel an, auf den er gestützt ist. Da 63
sich die Kompetenztitel auch überscheiden können, kann es im Einzelfall sein, dass

---

[26] Umfassend *Kiekebusch,* Der Grundsatz der begrenzten Einzelermächtigung.
[27] Binnenmarktgesetzgebungskompetenz nach Art. 114 AEUV; vgl. zudem die Kompetenzergänzungsklausel des Art. 352 AEUV (→ 15/105).

mehrere **Kompetenztitel** für einen Rechtsakt in Betracht kommen. Die Kompetenzgrundlage ist dann nach dem Hauptzweck oder dem Schwerpunkt des Rechtsakts zu bestimmen. Wenn das zu keinem eindeutigen Ergebnis führt, kann ein Rechtsakt auch auf mehrere Kompetenztitel gestützt werden.

64 Die EU hat **keine Kompetenz-Kompetenz,** kann sich also nicht selbst weitere Kompetenzen zulegen. Dies ist nur im Wege einer Vertragsrevision möglich. Für sie normiert Art. 48 EUV ein Vertragsänderungsverfahren, das für den Abschluss der Vertragsrevision eine Ratifikation der Vertragsänderung durch alle EU-Mitgliedstaaten erfordert (Art. 48 Abs. 4 S. 2 EUV). In das vorbereitende Verfahren der Vertragsänderung sind auch die EU-Institutionen einbezogen.[28] Seit Art. 48 EUV in der heutigen Fassung gilt, ist die Kompetenz-Kompetenz in gesamthänderischer Verbundenheit den Mitgliedstaaten und der EU zugewiesen.[29] Es trifft daher nicht (mehr) uneingeschränkt zu, dass die Kompetenz-Kompetenz in Bezug auf die EU allein bei den Mitgliedstaaten liege, auch wenn das häufig noch so behauptet wird und auch Art. 5 Abs. 2 S. 1 EUV dies – entsprechend des Rechtszustands vor Einführung des Art. 48 EUV – noch so formuliert.

65 **Methodischer Hinweis:** Das BVerfG hatte zum früheren Rechtszustand vor Einführung des heutigen Art. 48 EUV ein durchaus anschauliches Schlagwort geprägt: die Mitgliedstaaten als „Herren der Verträge". Dieses Schlagwort hat seitdem ein Eigenleben entwickelt und vor allem die Änderung der Rechtslage überdauert, obwohl es in methodischer Hinsicht unbestreitbar ist, dass nur einer Norm (und nicht einem Schlagwort) Rechtsgeltung zukommen kann. Daher muss unter die aktuelle Fassung des Normtextes des Art. 48 EUV subsumiert werden, statt Rechtsfolgen aus anschaulichen Begriffsprägungen abzuleiten.

III. Systematik und Anwendungsbereich der Kompetenzbestimmungen

1. Systematik der verfassungsrechtlichen Normierungen

a) Normierung der Gesetzgebungskompetenzen im Grundgesetz

66 Das Grundgesetz grenzt die Gesetzgebungskompetenzen von Bund und Ländern in Art. 70 bis 74 GG voneinander ab. Nach dem Regel-Ausnahme-Verhältnis des Art. 70 Abs. 1 GG haben grundsätzlich die **Länder** das Gesetzgebungsrecht, soweit das Grundgesetz nicht dem Bund für einen bestimmten Sachbereich die Gesetzgebungsbefugnis verleiht.

67 Die Zuordnung der einzelnen Gesetzgebungsmaterien zu den Gesetzgebungskategorien der ausschließlichen Bundesgesetzgebung und der konkurrierenden Gesetzgebung erfolgt durch die Kataloge in Art. 73 und 74 GG. Diese Kompetenzkataloge sind nicht abschließend. Auch an anderen Stellen des Grundgesetzes finden sich Kompetenzzuweisungen, beispielsweise in Art. 21 Abs. 3 GG für das Parteienrecht, das bundesrechtlich geregelt wird. Die ausschließlichen Landesgesetzgebungskompetenzen ergeben sich vor diesem Hintergrund nach einer **Subtraktionsmethode:** Für alle Materien, die im Grundgesetz nicht der ausschließlichen Gesetzgebung des Bundes oder der konkurrierenden Gesetzgebung zugeordnet sind, haben die Länder die Gesetzgebungskompetenz.

---

[28] Art. 48 Abs. 2–5 EUV für das ordentliche Vertragsänderungsverfahren, Art. 48 Abs. 6, 7 EUV für das vereinfachte Änderungsverfahren; zur Vertragsrevision näher (→ 4/47).

[29] *Härtel,* in: Hatje/Müller-Graff (Hrsg.), EnzEuR I, § 11 Rn. 128.

Die Regelungen darüber, was ausschließliche bzw. konkurrierende Gesetzgebung für die Abgrenzung der Bundes- und Landeskompetenzen in der jeweiligen Materie konkret bedeuten, finden sich in Art. 71 und 72 GG. Gesetzessystematisch bilden daher sowohl Art. 71 und 73 GG (ausschließliche Gesetzgebung des Bundes) als auch Art. 72 und 74 GG (konkurrierende Gesetzgebung) jeweils ein Normenpaar. **68**

b) Normierung supranationaler Gesetzgebungskompetenzen im Europarecht

Das europäische Primärrecht normiert die grundlegenden Prinzipien für die Begründung und die Ausübung supranationaler Kompetenzen im EUV (Art. 4 Abs. 1, 5 EUV): **69**
- das Prinzip der begrenzten Einzelermächtigung,
- das Subsidiaritätsprinzip und
- das Verhältnismäßigkeitsprinzip.

Darauf aufbauend enthält der AEUV direkt am Beginn einen Titel zu den Arten und Bereichen der EU-Kompetenzen (Art. 2–6 AEUV). Dieser Titel definiert die unterschiedlichen Kompetenzarten oder Kompetenzkategorien der EU: **70**
- ausschließliche Zuständigkeit der Union,
- mit den Mitgliedstaaten geteilte Zuständigkeit der Union,
- Koordinierungs-, Unterstützungs- und Ergänzungskompetenzen der Union.

Systematik der EU-Kompetenzen **71**

Grundsätze	Kompetenzkategorien	Kompetenztitel
Art. 4 I, 5 EUV	Art. 2 AEUV	im gesamten EUV/AEUV
↓	↓	↓
Prinzipien der • begrenzten Einzelermächtigung • Subsidiarität • Verhältnismäßigkeit	• Ausschließliche Kompetenz • Geteilte Kompetenz • Unterstützungs-, Koordinierungs- und Ergänzungskompetenz	Beispiele: • Art. 46 • Art. 78 II • Art. 103 AEUV Zusammenfassung: • Art. 3–6 AEUV

Darüber hinaus werden in diesem 1. Titel des AEUV bereits die wesentlichen Sachmaterien genannt, in denen EU-Kompetenzen bestehen, und zwar gegliedert nach den verschiedenen Kompetenzarten (Art. 2 Abs. 3, 4 und Kataloge in den verschiedenen Absätzen der Art. 3–6 EUV). Bei den **Gesetzgebungskatalogen in Art. 2–6 AEUV** handelt es sich nicht um eine abschließende Festlegung darüber, welche Sachmaterie welcher Kompetenzkategorie unterfällt. Die Gesetzgebungskataloge in Art. 2–6 AEUV bilden die Einzelkompetenzen der EU nur in einer Art nachrichtlicher Zusammenfassung ab, um die Lesbarkeit des Primärrechts zu erhöhen und eine erste grobe Orientierung über die EU-Kompetenzen zu ermöglichen. Die einzelnen Kompetenztitel sind vielmehr über das gesamte Primärrecht verstreut. **72**

73 **Beispiele:** Art. 46 AEUV für Maßnahmen zur Herstellung der Freizügigkeit der Arbeitnehmer, Art. 78 Abs. 2 AEUV für Maßnahmen in Bezug auf ein gemeinsames europäisches Asylsystem, Art. 103 AEUV für wettbewerbsrechtliche Gesetzgebung.

74 Die exakten Grenzen der EU-Kompetenzen ergeben sich aus diesen einzelnen **Kompetenztiteln** in Verbindung mit den allgemeinen Kompetenzregelungen der Art. 4 Abs. 1, 5 EUV und 2 Abs. 1, 2, 5 AEUV. Dass die Kompetenzen nicht schon abschließend durch den Eingangstitel des AEUV, sondern erst durch die einzelne Kompetenztitel des AEUV geregelt werden, wird durch die Formulierungen in Art. 2, 4 AEUV klargestellt.[30]

2. Anwendungsbereich der Kompetenzregelungen

75 Die Verfassungsnormen des EUV/AEUV und des GG über die Verbandskompetenzen im Bereich der Gesetzgebung gelten nicht nur für die parlamentarische Gesetzgebung durch den Deutschen Bundestag oder die Landesparlamente bzw. auf EU-Ebene für das ordentliche Gesetzgebungsverfahren durch Europäisches Parlament und Rat zum Erlass von Sekundärrecht, sondern umfassen **jede Form von Rechtsetzung** auf der entsprechenden Ebene (Verbandskompetenz als Grundvoraussetzung für die Wahrnehmung von Gesetzgebungsbefugnissen).

76 Die Regelungen zu den **Verbandskompetenzen** sind also neben der parlamentarischen Gesetzgebung auch von Bedeutung für:
– alle Formen der Volksgesetzgebung, soweit sie auf der jeweiligen Ebene verfassungsrechtlich eröffnet sind, also insbesondere auf Landesebene. Ihre Zulässigkeit setzt voraus, dass sich die Gesetzgebung auf Materien bezieht, für die das Land die Gesetzgebungskompetenz hat. Ebenso sind Europäische Bürgerinitiativen nur zu Fragen zulässig, für die die EU die Gesetzgebungskompetenz hat.
– Darüber hinaus gelten die Regelungen zu den Verbandskompetenzen auch für **exekutive** Rechtsetzung nach Art. 80 GG bzw. Art. 290, 291 AEUV (→ 15/239). Denn der Bundestag, die Landesparlamente und der europäische Gesetzgeber können der jeweiligen Exekutive nur solche Rechtsetzungskompetenzen übertragen, über die sie selbst verfügen.
– Die differenzierten Kompetenzregeln der Art. 70 ff. GG gelten schließlich auch für die innerstaatliche Umsetzung europäischer Richtlinien durch den Bund oder durch die Länder.

77 Diese Umsetzungsaufgabe für Richtlinien ist nicht als „auswärtige Angelegenheit" zu qualifizieren, für die nach Art. 73 Abs. 1 Nr. 1 GG stets der Bund zuständig wäre. Auch aus Art. 23 GG ergibt sich unmittelbar keine Zuständigkeitsregelung für die Richtlinienumsetzung, denn Art. 23 Abs. 2–7 GG regelt nur die Kompetenzverteilung für die Wahrnehmung der deutschen **Mitwirkungsrechte auf europäischer Ebene** (→ 15/175). Aus der Norm lässt sich aber ein Argument ableiten: Art. 23 GG setzt nämlich voraus, dass es europäische Gesetzgebung zu Materien gibt, die der Gesetzgebungsbefugnis der Länder unterliegen. Art. 23 Abs. 5 S. 2, Abs. 6 GG stärken in EU-Angelegenheiten die Mitwirkungsbefugnisse der Länder über den Bundesrat bzw. einen Vertreter der Länder. Aus dieser Norm ist daher mittelbar zu entnehmen, dass

---

[30] Art. 4 Abs. 2 AEUV: „... Zuständigkeit erstreckt sich auf die folgenden Hauptbereiche ..."; Art. 2 Abs. 4, 5 AEUV: „Die Union ist nach Maßgabe des Vertrags über die Europäische Union zuständig ..." bzw. „nach Maßgabe der Verträge zuständig ..."

im Bereich von EU-Kompetenzen die innerstaatlichen Befugnisse der Länder nicht noch zusätzlich im Verhältnis zum Bund ausgehöhlt, sondern verfassungsrechtlich möglichst gestärkt werden sollen.

Das heißt konsequenterweise für die Richtlinienumsetzung, dass sie in der **Kompetenz der Länder** verbleibt, wenn die Materie ohne europarechtliche Einwirkung von ihnen zu regeln wäre. Die Kompetenz zur Richtlinienumsetzung bestimmt sich demnach ohne Besonderheiten nach den Kompetenzregeln der Art. 70 ff. GG, d. h. in Abhängigkeit von der Sachmaterie, die in der Richtlinie geregelt wird. Das kann im Einzelfall zu einer gesplitteten Richtlinienumsetzung im deutschen Recht zwingen, nämlich immer dann, wenn eine Richtlinie Materien regelt, für die das Grundgesetz die Gesetzgebungskompetenzen zwischen Bund und Ländern aufteilt. 78

Beispiel: Die Wasserrahmen-Richtlinie der EU (RL 2000/60/EG) ist teilweise bundesrechtlich durch das Wasserhaushaltsgesetz auf der Grundlage des Gesetzgebungstitels für die konkurrierende Gesetzgebung nach Art. 74 Abs. 1 Nr. 32 GG umgesetzt, im Übrigen durch die Wassergesetze der Länder. 79

IV. Kompetenzkategorien

1. Ausschließliche Gesetzgebungskompetenzen

Das europäische und das deutsche Verfassungsrecht begründen ausschließliche Zuständigkeiten für die EU bzw. den Bund jeweils explizit durch **Enumeration** der ausschließlichen Gesetzgebungsmaterien. Spiegelbildlich dazu gibt es ausschließliche Gesetzgebungskompetenzen der Mitgliedstaaten im Verhältnis zur EU bzw. der Bundesländer im Verhältnis zum Bund. Sie werden allerdings nicht enumerativ bestimmt, sondern ergeben sich nach Art. 4 Abs. 1 EUV für die Mitgliedstaaten im Verhältnis zur EU und nach Art. 70 GG für die Bundesländer im Verhältnis zum Bund immer dann, wenn der EU bzw. dem Bund keinerlei Gesetzgebungskompetenzen für den jeweiligen Sachbereich zugewiesen sind. 80

Im Bereich der ausschließlichen Zuständigkeit der Union kann nur die EU gesetzgeberisch tätig werden und verbindliche Rechtsakte erlassen (Art. 2 Abs. 1 AEUV). Die ausschließliche Zuständigkeit begründet demnach positiv die Kompetenz der EU und schließt negativ eine Kompetenz der Mitgliedstaaten aus (**Sperrwirkung;** zur Frage nach den Rechtsfolgen für gleichwohl erlassenes mitgliedstaatliches Recht → 4/51). Dies gilt unabhängig davon, ob die EU von ihrer Kompetenz Gebrauch macht.[31] Ausgenommen von dieser Sperrwirkung sind nur Maßnahmen der Mitgliedstaaten zur Durchführung des EU-Rechts im Sinne von Art. 291 Abs. 2 AEUV (zum Durchführungsbegriff für das EU-Recht → 15/249). 81

Beispiele: Eine ausschließliche Unionszuständigkeit besteht für verschiedene wirtschafts- und währungspolitische Kernbereiche, nämlich insbesondere für das Zollrecht, für die Wettbewerbsregeln im EU-Binnenmarkt, für die Währungspolitik im Euro-Raum und für die Handelspolitik (im Einzelnen vgl. Art. 3 AEUV). 82

Im Bereich der **ausschließlichen Gesetzgebung** des Bundes hat nur der Bund die Gesetzgebungskompetenz (Art. 71 GG). 83

Beispiele: Zu den Sachbereichen der ausschließlichen Gesetzgebung des Bundes zählen seit Erlass des Grundgesetzes klassische gesamtstaatliche Aufgaben wie die Außen- und Verteidigungspolitik, das Staats- 84

---

[31] *Bauerschmidt,* EuR 2014, 277 ff. (283).

angehörigkeitsrecht, das Asyl- und das Einwanderungsrecht, zudem beispielsweise seit 2017 die Digitalisierung der öffentlichen Verwaltung.[32]

85 Das Grundgesetz kann ausschließliche Zuständigkeiten des Bundes immer nur im Verhältnis zu den Ländern begründen, nicht im **Verhältnis zur EU.** Denn die Verbandskompetenzen im Verhältnis zur EU richten sich nicht nach Art. 71, 73 GG, sondern nach dem europäischen Primärrecht. Dementsprechend kann es sein, dass der Bund in Materien, die ihm das GG zwar als ausschließliche Kompetenzen zuweist, heute nur noch eingeschränkte oder überhaupt keine Kompetenzen mehr hat.

86 **Beispiele:** Währungswesen, Handelsverträge, Waren- und Zahlungsverkehr mit dem Ausland (Art. 73 Abs. 1 Nr. 4, 5 GG); durchgängig bestehen aber abschließende EU-Kompetenzen, sowohl für das Verhältnis zu den anderen EU-Mitgliedstaaten als auch für das Verhältnis zu Drittstaaten).

87 Das europäische und das deutsche Verfassungsrecht sehen im Bereich der ausschließlichen Gesetzgebung der EU bzw. des Bundes übereinstimmend die Möglichkeit vor, dass die EU die Mitgliedstaaten bzw. der Bund die Länder gesetzlich zur **Rechtsetzung ermächtigen** (Art. 2 Abs. 1 AEUV bzw. Art. 71 GG). Eine größere Bedeutung haben diese Normen in der Praxis nicht gewonnen. Normen für die umgekehrte Konstellation existieren gar nicht: Die Länder können im Bereich ihrer Gesetzgebungskompetenzen nicht den Bund durch (übereinstimmende) Landesgesetze zur Gesetzgebung ermächtigen. Ebenso wenig können die Mitgliedstaaten die EU im Wege der mitgliedstaatlichen Gesetzgebung zur Gesetzgebung ermächtigen: Das würde die Begründung einer neuen EU-Kompetenz im Wege der Vertragsrevision erfordern.

2. Konkurrierende bzw. geteilte Gesetzgebungskompetenzen

a) Konkurrierende Gesetzgebung im Grundgesetz

88 Das europäische und das deutsche Verfassungsrecht kennen eine Kompetenzkategorie, die im Grundgesetz als konkurrierende Gesetzgebung bezeichnet wird, während das europäische Primärrecht von einer geteilten Zuständigkeit spricht. Ungeachtet der **abweichenden Terminologie** entsprechen sich die Regelungen im GG bzw. im AEUV in ihren Grundstrukturen weitgehend.

89 In den Materien der konkurrierenden Gesetzgebung haben Bund und Länder grundsätzlich **beide** das Gesetzgebungsrecht. Um sich widersprechende Normen im Bundes- und Landesrecht auszuschließen, trifft Art. 72 GG verschiedene Regelungen über Voraussetzungen und Folgen der Wahrnehmung der jeweiligen Kompetenzen von Bund und Ländern. Es gilt also nicht Art. 31 GG (Bundesrecht bricht Landesrecht), sondern die differenzierte Regelung des Art. 72 GG. Die Grundregeln für das Verhältnis von Bundes- und Landesgesetzgebungskompetenzen im Bereich der konkurrierenden Gesetzgebung lauten:
– Solange und soweit der Bund von seiner konkurrierenden Gesetzgebungszuständigkeit keinen Gebrauch macht, können die Länder die jeweilige Materie regeln (Art. 72 Abs. 1 GG).
– Macht hingegen der Bund von seinem Gesetzgebungsrecht Gebrauch, sperrt dies die jeweilige Materie für die Landesgesetzgebung. Landesrecht ist in diesem Fall kompetenzwidrig und deshalb nichtig.

---

[32] Art. 91c Abs. 5 GG; zur Nutzung dieser Gesetzgebungskompetenz *Herrmann/Stöber*, NVwZ 2017, 1401 ff.

b) Geteilte Zuständigkeiten im Unionsrecht

In Sachbereichen geteilter Zuständigkeit nach EU-Recht dürfen sowohl die EU als auch die Mitgliedstaaten handeln und verbindliche Rechtsakte erlassen (Art. 2 Abs. 2 S. 1 AEUV). Die Mitgliedstaaten können in diesen Sachbereichen allerdings nur tätig werden, sofern und soweit die Union ihre Zuständigkeit nicht ausgeübt hat (Art. 2 Abs. 2 S. 2 AEUV). 90

Auch im Bereich der geteilten Zuständigkeiten besteht demnach wie bei den ausschließlichen Zuständigkeiten der EU eine **Sperrwirkung**. Sie wird allerdings auf andere Weise ausgelöst: Während bei den ausschließlichen Zuständigkeiten der EU bereits die primärrechtliche Anordnung der ausschließlichen EU-Zuständigkeit eine Sperrwirkung für staatliche Gesetzgebung entfaltet, wird diese Sperrwirkung im Bereich der geteilten Zuständigkeit erst durch den Erlass von europäischem Sekundärrecht ausgelöst. Wenn der europäische Gesetzgeber seine Gesetzgebungskompetenz ausübt, dürfen die Mitgliedstaaten nicht mehr tätig werden. Wenn sie es gleichwohl tun oder vorhandene mitgliedstaatliche Regelungen in diesem Bereichen einfach fortbestehen lassen, gilt im Ergebnis das Unionsrecht. 91

Üblicherweise wird dies über die Figur des **Anwendungsvorrangs** des Unionsrechts gegenüber widersprechendem nationalem Recht begründet. Die heutige Fassung des Art. 2 Abs. 1, 2 AEUV legt demgegenüber nahe, dass gleichwohl erlassenes nationales Recht wegen Kompetenzwidrigkeit nichtig ist (→ 4/50 f.). Damit sind die Rechtsfolgen einer gleichzeitigen Ausübung konkurrierender Gesetzgebungskompetenzen im deutschen und europäischen Verfassungsrecht identisch: Die Wahrnehmung einer konkurrierenden Gesetzgebungskompetenz durch die EU bzw. den Bund bewirkt die Kompetenzwidrigkeit und damit die Nichtigkeit der Gesetzgebung der Mitgliedstaaten bzw. der Bundesländer zur selben Sachmaterie. 92

3. Doppelzuständigkeiten

a) Abweichungskompetenzen der Bundesländer

Art. 72 Abs. 1 GG und Art. 2 Abs. 2 AEUV führen im Bereich der konkurrierenden bzw. geteilten Kompetenzen in der Regel zu einer eindeutigen Kompetenzzuweisung an nur einen Gesetzgeber. Sie vermeiden im Interesse einer klaren Kompetenzordnung parallele Doppelzuständigkeiten von Bund und Ländern bzw. von EU und Mitgliedstaaten. Für Ausnahmekonstellationen kennen das deutsche und das europäische Verfassungsrecht allerdings solche Doppelzuständigkeiten. Rechtsgrundlage im Grundgesetz ist **Art. 72 Abs. 3 S. 1 GG,** der in seinem begrenzten Anwendungsbereich für die Länder eine **Abweichungskompetenz** begründet. 93

Für die in Art. 72 Abs. 3 S. 1 GG aufgezählten Materien konkurrierender Zuständigkeit können die Länder durch Landesgesetz eigene, **abweichende Regelungen** auch dann erlassen, wenn der Bund von seiner konkurrierenden Kompetenz Gebrauch gemacht hat. Um das Verhältnis von Bundes- und Landesrecht in diesen Materien des Art. 72 Abs. 3 S. 1 GG prozedural sinnvoll zu gestalten und zugleich eindeutige Regelungen über die Normgeltung zu schaffen, treffen die weiteren Sätze des Art. 72 Abs. 3 GG folgende Bestimmungen: Soweit nicht mit Zustimmung des Bundesrates etwas anderes im Bundesgesetz bestimmt ist, treten Bundesgesetze über diese Materien frühestens sechs Monate nach ihrer Verkündung in Kraft (Art. 72 94

Abs. 3 S. 2 GG), um den Ländern Zeit für eine abweichende Landesgesetzgebung zu lassen.

95 Im Verhältnis von Bundes- und Landesrecht geht in diesen Materien das jeweils spätere Gesetz vor (Art. 72 Abs. 3 S. 3 GG). Für das Verhältnis von Bundes- und Landesrecht gilt also in diesem Fall nicht Art. 31 GG, obwohl die Materien des Art. 72 Abs. 3 S. 1 GG gerade ein seltener Fall sein könnten, in dem das normhierarchische Verhältnis nach Art. 31 GG (Bundesrecht bricht Landesrecht) relevant werden könnte.[33] An die Stelle eines normhierarchischen Verhältnisses setzt aber Art. 72 Abs. 3 S. 3 GG als *lex specialis* zu Art. 31 GG für das Verhältnis von Bundes- und Landesrecht im Anwendungsbereich des Art. 72 Abs. 3 GG den *lex-posterior*-**Grundsatz.**

96 Das jeweils spätere Gesetz muss keine eigene inhaltliche Konzeption verfolgen, sondern kann sich auch darin erschöpfen, das Gesetz der anderen Ebene aufzuheben. Die Norm ermöglicht Bund und Ländern zudem nicht nur ein einmaliges Gebrauchmachen von der jeweils eigenen Kompetenz. Vielmehr besteht auf beiden Seiten eine **Vollkompetenz,** sodass auch der Bund nach Erlass abweichender Landesgesetze wiederum ein abweichendes Bundesgesetz erlassen kann. Ein legislatives Ping-Pong zwischen Bund und Land, das die Norm *ad absurdum* führen würde, hat sich in der Verfassungspraxis unter dem Grundgesetz bisher in keinem Fall ergeben.

b) Doppelzuständigkeiten von EU und Mitgliedstaaten

97 Das Europarecht kennt keine dem Art. 72 Abs. 3 GG entsprechende Ausnahmeregelung, die es den EU-Mitgliedstaaten ermöglichen würde, von europarechtlichen Normen im Bereich der geteilten Zuständigkeiten wieder abzuweichen und gesetzlich etwas anderes als im europäischen Sekundärrecht zu regeln. Aber auch das Europarecht sieht für einen begrenzten Kreis von Sachmaterien Doppelzuständigkeiten vor, in diesem Fall von EU und Mitgliedstaaten: Nach **Art. 4 Abs. 3, 4 AEUV** kann die EU in den Bereichen Forschung, technologische Entwicklung, Raumfahrt, Entwicklungszusammenarbeit und humanitäre Hilfe Maßnahmen treffen, ohne dass die Ausübung dieser Zuständigkeit die Mitgliedstaaten hindert, gleichzeitig ihre eigenen Zuständigkeiten in diesen Materien auszuüben.

98 Ein Problem widersprüchlicher Normsetzung wie im Bund-Länder-Verhältnis, das Art. 72 Abs. 3 S. 1 GG durch die Konkurrenzregel des Vorrangs der *lex posterior* löst, entsteht im Anwendungsbereich des Art. 4 Abs. 3, 4 AEUV erst gar nicht: Art. 4 Abs. 3, 4 AEUV begründet zwar in den genannten Bereichen parallele Kompetenzen von EU und Mitgliedstaaten, beschränkt die EU-Kompetenzen in diesen Bereichen aber zugleich auf **nicht-legislatives Handeln,** nämlich darauf, Maßnahmen zu treffen, Programme zu erstellen und durchzuführen bzw. eine gemeinsame Politik zu verfolgen.

---

[33] Üblicherweise hat Art. 31 GG kaum einen Anwendungsbereich, weil Bundes- und Landesrecht in der Regel über die Kompetenzbestimmungen klar voneinander abgegrenzt sind. Sollte es zu ein- und derselben Frage widersprüchliches Bundes- und Landesrecht geben, muss in aller Regel eine der beiden Normen kompetenzwidrig und schon deshalb nichtig sein, sodass es auf Art. 31 GG gar nicht mehr ankommt.

4. Unterstützungs-, Koordinierungs- und Ergänzungskompetenzen der Union

Als „Auffangbecken"[34] für die sonstigen, ergänzenden EU-Kompetenzen fungiert Art. 2 Abs. 5 AEUV. Danach bestehen nach Maßgabe einzelner Kompetenztitel im AEUV Unterstützungs-, Koordinierungs- und Ergänzungskompetenzen der EU. Diese Kompetenzen entfalten **keine Sperrwirkung,** sondern lassen die Zuständigkeit der Mitgliedstaaten unberührt. Zudem kann die EU in diesen Bereichen die Rechtsvorschriften der Mitgliedstaaten nicht harmonisieren. 99

Beispiele: Koordinierung der Beschäftigungspolitik der Mitgliedstaaten (Art. 5 Abs. 2 AEUV), EU-Maßnahmen in den Bereichen Industrie, Kultur und Tourismus (im Einzelnen: Art. 6 AEUV). 100

5. Kompetenzergänzungsklausel, Kompetenzen kraft Sachzusammenhangs und kraft Natur der Sache

a) Bundeskompetenzen kraft Sachzusammenhangs

In eng begrenzten **Ausnahmefällen** bestehen ungeschriebene Gesetzgebungskompetenzen des Bundes kraft Natur der Sache und Gesetzgebungskompetenzen kraft Sachzusammenhangs bzw. Annexkompetenzen. Es handelt sich bei diesen Kompetenzarten indes nicht um zusätzliche, ungeschriebene Kompetenzkategorien, sondern um Zuordnungen von explizit nicht geregelten Sachmaterien zu den vorhandenen Kompetenzkategorien. In der Regel soll die Argumentationsfigur des Sachzusammenhangs dazu dienen, eine ungeschriebene ausschließliche Kompetenz des Bundes zu begründen. 101

Eine Bundeskompetenz kraft Sachzusammenhangs setzt voraus, dass eine in die Kompetenz des Bundes fallende Materie sinnvoll nicht gesetzlich geregelt werden kann, ohne dass dabei eine Sachfrage mitgeregelt wird, für die es außerhalb dieses Sachzusammenhangs keine Bundeskompetenz gibt.[35] Um auf diese Weise eine Bundeskompetenz begründen zu können, muss der **Sachzusammenhang** zu einer explizit normierten Bundeskompetenz **eng und zwingend** sein. Dass in einer komplexen Rechtsordnung alles irgendwie mit irgendwelchen in Art. 73 oder 74 GG genannten Materien zusammenhängt, begründet keine Bundeskompetenzen kraft Sachzusammenhangs. 102

Beispiel: Die Bundeskompetenz für die Wahlwerbung politischer Parteien als Teil des Parteienrechts nach Art. 21 Abs. 3 GG erstreckt sich auch auf Wahlwerbung durch politische Parteien in den Medien, obwohl die Medien jenseits von Fragen der Wahlwerbung der Regelung durch die Länder unterliegen. 103

b) Bundeskompetenzen aus der Natur der Sache

Ähnlich **restriktive Anforderungen** sind an Bundeskompetenzen aus der Natur der Sache zu stellen. So läge die Festlegung der Bundeshauptstadt auch dann in der Kompetenz des Bundes, wenn dies nicht ohnehin durch Art. 22 Abs. 1 GG geregelt wäre. Ein anerkannter Fall einer Bundeskompetenz kraft Natur der Sache ist die Regelung des Verwaltungsverfahrensrechts für die Bundesbehörden, für das es an einer expliziten Regelung im GG fehlt. Das BVerfG hat demgegenüber aber für die Festlegung der deutschen Rechtschreibung eine Bundeskompetenz aus der Natur der Sache ab- 104

---

[34] *Calliess,* in: Calliess/Ruffert, EUV/AEUV, 5. Aufl. 2016, Art. 2 AEUV Rn. 19.
[35] BVerfGE 98, 265 (299) = NJW 1999, 841.

gelehnt, und zwar völlig zurecht: Denn das – in diesem Fall sicherlich gegebene – Bedürfnis nach Einheitlichkeit schafft für sich noch keinen Kompetenztitel für den Bund, da diese Einheitlichkeit auch durch eine Selbstkoordination der Länder hergestellt werden kann.[36]

c) Kompetenzergänzungsklausel für die EU

105 Für die EU besteht in **Art. 352 AEUV** explizit eine Kompetenzergänzungsklausel. Ihre Nutzung setzt voraus, dass ein vertragliches Ziel in einem der in den Verträgen festgelegten Politikbereiche der Union erreicht werden soll, es dafür aber an einer expliziten Kompetenzzuweisung an die EU fehlt. Tatbestandlich geht Art. 352 AEUV damit über die Konstellationen hinaus, für die im deutschen Verfassungsrecht ungeschriebene Kompetenzen kraft Natur der Sache oder kraft Sachzusammenhangs begründet werden können.[37]

106 Die notwendigen Grenzen für die Nutzung dieses Artikels werden nicht primär materiell-rechtlich durch dessen Tatbestandsvoraussetzungen gezogen, sondern durch hohe **Verfahrens- und Mehrheitserfordernisse:** Vorschlag der Kommission, Zustimmung des Europäischen Parlaments, Beteiligung der nationalen Parlamente und vor allem Einstimmigkeit im Rat.

107 **Vertiefungshinweis zu Strukturunterschieden von deutschem und europäischem Recht:** Art. 352 EUV ist ein Beispiel dafür, dass das Europarecht in materieller Hinsicht vielfach schwach determiniert ist, ohne dass dies eine unbegrenzte Nutzung dieses Artikels zu Lasten mitgliedstaatlicher Kompetenzen ermöglichen würde. Der Schutzmechanismus für die mitgliedstaatlichen Kompetenzen ist allerdings nicht materiell-rechtlicher Natur (enge Tatbestandsvoraussetzungen der Norm wie in vergleichbaren Konstellationen üblicherweise im deutschen Verfassungsrecht). Der Schutzmechanismus ist politischer Art: Die Mitgliedstaaten müssen durch ihre im Rat vertretenen Regierungsmitglieder einstimmig der Nutzung dieses Artikels zustimmen.
Folgen hat dieser unterschiedliche Ansatz vor allem für die gerichtliche Kontrolldichte: Das BVerfG würde in vergleichbaren Konstellationen materiell-rechtlich und tendenziell restriktiv nachprüfen, ob die Tatbestandsvoraussetzungen der einschlägigen Norm gegeben waren. Da im Europarecht der Schutzmechanismus in diesem Fall das Einstimmigkeitserfordernis ist, ist der EuGH in Bezug auf die Tatbestandsvoraussetzungen des Art. 352 EUV großzügig und lässt auch weite Normauslegungen zu, sofern im Rat in dieser Frage Einstimmigkeit erzielt worden war.
Manche halten dies für eine prinzipielle Direktionsschwäche des Rechts auf EU-Ebene und werfen dem EuGH eine zu integrationsfreundliche – letztlich: eine zu laxe – Rechtsprechung vor. Solche Vorwürfe sind bei einer isolierten Analyse der Rechtsprechung richtig. Sie blenden aber die Verfahrensorientierung des Europarechts und den politischen Kontext solcher Urteile aus. Entweder verkennen solche Vorwürfe die andersgeartete Funktionslogik des Europarechts (was schlichte Unkenntnis wäre), oder hinter solchen Vorwürfen steht der implizite Wunsch, dass die Funktionslogik des Europarechts doch so wie die Funktionslogik des deutschen Rechts sein solle. Darüber kann man ohne weiteres getrennter Auffassung sein: Eine starke Rolle eines Verfassungsgerichts hat Vorteile (Neutralität, Rationalität von Entscheidungen), aber auch Nachteile (Beschneidung politischer Gestaltungsoptionen durch wenige, nur mittelbar demokratisch legitimierte Richter).

---

[36] BVerfGE 98, 218 (249) = NJW 1998, 2515.
[37] *Kiekebusch*, Der Grundsatz der begrenzten Einzelermächtigung, S. 198 ff.

V. Kompetenzausübungsregeln

1. Bedeutung von Kompetenzausübungsregeln

Das Verfassungsrecht kann die gesetzgeberischen Verbandskompetenzen schlicht durch die Normierung von Gesetzgebungstiteln für die einzelnen Sachbereiche zuweisen. Dann begründet bereits der Gesetzgebungstitel abschließend die Verbandskompetenz zur Gesetzgebung. Das Verfassungsrecht kann aber auch zusätzliche **Voraussetzungen für die Wahrnehmung einer Gesetzgebungskompetenz** statuieren, die die Kompetenzausübung im Einzelnen steuern. In besonderer Weise drängt sich dies bei geteilten bzw. konkurrierenden Zuständigkeiten auf, bei denen der Kompetenztitel für sich alleine noch keine eindeutige und abschließende Zuweisung der Verbandskompetenz an nur einen Gesetzgeber bewirkt. 108

Während das Grundgesetz mit der **Erforderlichkeitsklausel des Art. 72 Abs. 2 GG** nur für Teilbereiche der konkurrierenden Gesetzgebungskompetenzen eine Kompetenzausübungsregel enthält, nutzt das Europarecht diese Möglichkeit zur Feinsteuerung der Kompetenzen weitaus breiter, allerdings ohne dass dies im Ergebnis einen effektiven Schutz mitgliedstaatlicher Kompetenzen bewirkt hätte. Der EUV bindet die Ausübung der EU-Gesetzgebungskompetenzen bei allen Kompetenzarten an das **Verhältnismäßigkeitsprinzip,** also auch bei ausschließlicher EU-Gesetzgebung. Zudem ist die europäische Gesetzgebung an das **Subsidiaritätsprinzip** gebunden, soweit es sich um geteilte Zuständigkeiten oder Unterstützungs-, Koordinierungs- und Ergänzungsmaßnahmen der EU handelt. Das Subsidiaritätsprinzip betrifft demnach nur die nicht-ausschließlichen Kompetenzen der EU im Gegensatz zum Verhältnismäßigkeitsprinzip mit seinem umfassenden Geltungsbereich für alle Kompetenzarten. 109

Das Grundgesetz kennt für die ausschließliche Gesetzgebung des Bundes **keine speziellen Kompetenzausübungsregeln.** Auch im Bereich der konkurrierenden Gesetzgebung gibt es grundsätzlich keine weiteren Kompetenzausübungsregeln für den Bund. Die Kompetenzausübung durch den Bund sperrt im Bereich der konkurrierenden Gesetzgebung grundsätzlich eine entsprechende Landesgesetzgebung (Kernkompetenz des Bundes nach Art. 72 Abs. 1 GG). Ausnahmsweise haben die Länder in einigen Sachbereichen die Kompetenz zur Abweichungsgesetzgebung (Art. 72 Abs. 3 GG). Art. 72 Abs. 1, 3 GG arbeiten demzufolge ohne tatbestandliche Kompetenzausübungsregeln und regeln das Verhältnis von Bundes- und Landesrecht über die Rechtsfolgen einer Kompetenzausübung durch eine der beiden Seiten. 110

Im Gegensatz hierzu statuiert Art. 72 Abs. 2 GG für bestimmte Materien der konkurrierenden Gesetzgebung eine Kompetenzausübungsregel als zusätzliche Voraussetzung für die Bundesgesetzgebung, nämlich eine **Erforderlichkeitsklausel.** Sie entspricht für das Bund-Länder-Verhältnis funktional dem Subsidiaritätsprinzip des EU-Rechts für die zwischen EU und Mitgliedstaaten geteilten Zuständigkeiten. 111

2. Erforderlichkeitsklausel, Art. 72 Abs. 2 GG

Der Bund kann von seiner konkurrierenden Gesetzgebungskompetenz ohne weitere materielle Voraussetzungen Gebrauch machen und damit eine Landesgesetzgebung sperren, wenn der Sachbereich in seine Kernkompetenz fällt und damit die Grundregel des Art. 72 Abs. 1 GG gilt. Für bestimmte, in Art. 72 Abs. 2 GG benannte Materien der konkurrierenden Gesetzgebung setzt das Gesetzgebungsrecht des Bundes ne- 112 ben dem Vorhandensein eines Kompetenztitels voraus, dass die Herstellung **gleichwertiger Lebensverhältnisse** im Bundesgebiet oder die Wahrung der **Rechts- oder Wirtschaftseinheit** im gesamtstaatlichen Interesse eine bundesgesetzliche Regelung erforderlich machen. Art. 72 Abs. 2 GG ist neben den Grenzen der einzelnen Kompetenztitel des Art. 74 Abs. 1 GG damit eine zusätzliche Voraussetzung für die Ausübung der Bundesgesetzgebungskompetenz.

113 Auch im Bereich der Erforderlichkeitsklausel bleibt es bei den Grundregeln des Art. 72 Abs. 1 GG: Eine bundesrechtliche Regelung sperrt Landesregelungen. Macht der Bund von seinem Gesetzgebungsrecht keinen Gebrauch, haben die Länder die Gesetzgebungskompetenz.

114 Die Erforderlichkeit der bundesrechtlichen Regelung unterliegt der Kontrolle durch das BVerfG. Dem Bundesgesetzgeber kommt **kein Beurteilungsspielraum** zu, der von verfassungsgerichtlicher Kontrolle ausgenommen wäre. Gerade dadurch soll Art. 72 Abs. 2 GG in der aktuellen Fassung einen wirksameren Schutz der Landeskompetenzen gewährleisten, als das die frühere Fassung bis 1994 ermöglicht hatte, nach der bereits ein bloßes „Bedürfnis" nach einer bundesrechtlichen Regelung ausgereicht hatte. Das BVerfG gesteht dem Bundesgesetzgeber allerdings auch heute im Bereich von Prognoseentscheidungen eine Einschätzungsprärogative für die Voraussetzungen des Art. 72 Abs. 2 GG zu, wenn er den Sachverhalt sorgfältig ermittelt, seine Prognose auf ein angemessenes Prognoseverfahren gestützt und keine sachfremden Erwägungen eingestellt hatte.[38] Auch damit ist es aber nicht so, dass die Beurteilung, ob die Voraussetzungen des Art. 72 Abs. 2 GG vorliegen, in die Hand des Bundesgesetzgebers abgegeben wäre.[39]

3. Subsidiaritätsprinzip als Kompetenzausübungsregel

115 Nach Art. 5 Abs. 1 S. 2 EUV unterliegt die Ausübung der EU-Kompetenzen den Prinzipien der Subsidiarität und der Verhältnismäßigkeit. Sie dienen dem **Schutz der Mitgliedstaaten vor Kompetenzeingriffen** durch die Union. Subsidiarität bedeutet Vorrang der kleineren vor der größeren Einheit nach Maßgabe ihrer Leistungsfähigkeit. Diese Idee prägt als politische Leitlinie auch die rechtspolitischen Diskussionen darüber, welche Kompetenzen der EU primärrechtlich übertragen oder ggfs. auf die Mitgliedstaaten rückübertragen werden sollen.

116 In der positivierten Fassung des Art. 5 EUV handelt es sich demgegenüber um Prinzipien, die die primärrechtliche Begründung einer EU-Kompetenz voraussetzen und im Anschluss daran **begrenzende Regeln für die Ausübung dieser Kompetenzen** formulieren. Dazu werden die Subsidiaritäts- und Verhältnismäßigkeitsmaßstäbe für die EU-Gesetzgebung durch Art. 5 Abs. 3, 5 EUV definiert und durch das Protokoll über die Anwendung der Grundsätze der Subsidiarität und der Verhältnismäßigkeit[40] konkretisiert.

---

[38] BVerfGE 106, 62 (152 f.) = NJW 2003, 41 ff.
[39] BVerfGE 140, 65 (94 f.) = NJW 2015, 2404.
[40] Protokoll Nr. 2 zum Vertrag von Lissabon über die Anwendung der Grundsätze der Subsidiarität und der Verhältnismäßigkeit, ABl. 2007 Nr. C 306/150.

Die Gesetzgebungskompetenzen der EU unterliegen damit im Bereich der geteilten 117
Kompetenzen einer Schrankentrias:
- Existenz eines **Kompetenztitels** gemäß dem Prinzip der begrenzten Einzelermächtigung und Wahrnehmung dieser Kompetenz gemäß den Prinzipien
- der **Subsidiarität** und
- der **Verhältnismäßigkeit.**

Das Subsidiaritätsprinzip erfordert nach Art. 5 Abs. 3 EUV eine zweistufige Prüfung: 118
Die geplante Maßnahme darf durch die Mitgliedstaaten nicht ausreichend verwirklicht werden können (**Negativkriterium**) und muss wegen ihres Umfangs oder ihrer Wirkungen besser auf Unionsebene zu verwirklichen sein (**Positivkriterium**).

Das Subsidiaritätsprinzip betrifft nach Art. 5 Abs. 3 EUV nur diejenigen Kompeten- 119
zen, für die **keine ausschließlichen EU-Kompetenzen** bestehen. Denn für ausschließliche EU-Kompetenzen ist bereits primärrechtlich entschieden, dass sie sich für die Anwendung des Subsidiaritätsgedankens nicht eignen, sondern ein Handeln auf EU-Ebene geboten ist. Für die zwischen Mitgliedstaaten und EU geteilten Kompetenzen ist jeweils im Einzelfall zu prüfen, ob die in Betracht gezogenen Maßnahmen nicht auf mitgliedstaatlicher, regionaler oder lokaler Ebene erreichen werden könnten. Das Subsidiaritätsprinzip entfaltet insofern eine ähnliche Schutzfunktion zu Gunsten der kleineren Einheit, wie es die Erforderlichkeitsklausel nach Art. 72 Abs. 2 GG im Bereich der konkurrierenden Gesetzgebung zum Schutz der Landesgesetzgebungskompetenzen unter dem Grundgesetz tun soll (→ 15/112).

4. Verhältnismäßigkeitsprinzip als Kompetenzausübungsregel

Das Verhältnismäßigkeitsprinzip besagt nach Art. 5 Abs. 4 S. 1 EUV, dass die Maß- 120
nahmen der Union inhaltlich und formal nicht über das zur Erreichung der konkreten Ziele erforderliche Maß hinausgehen dürfen. Es bestimmt als dritter Prüfungsschritt im Rahmen der Schrankentrias des Art. 5 EUV den zulässigen **Umfang** und die zulässige **Intensität** einer Maßnahme des europäischen Gesetzgebers, ihre Reichweite und ihre materielle Regelungsdichte.[41]

> **Weiterführender Hinweis (bei Kenntnissen der Grundrechtsdogmatik):** Der hier behandelte kom- 121
> petenzielle Verhältnismäßigkeitsgrundsatz ist von der Verhältnismäßigkeitsprüfung zu unterscheiden,
> die im Rahmen einer Prüfung von Grundrechten oder europäischen Grundfreiheiten vorgenommen
> wird. Denn die Zielrichtung ist eine andere: Statt den Einzelnen schützt der kompetenzbezogene Verhältnismäßigkeitsgrundsatz die Autonomie der Mitgliedstaaten.[42] Somit ist auch die Judikatur zu den
> Schranken-Schranken der Grundrechte nicht übertragbar. Es muss vielmehr ein schonender Ausgleich
> zwischen der Wirtschafts- und Politikintegration innerhalb der Europäischen Union und der Wahrung
> der nationalen Identität gemäß Art. 4 Abs. 2 EUV getroffen werden.[43]

Um dem kompetenziellen Verhältnismäßigkeitsprinzip zu genügen, muss eine gesetz- 122
geberische Maßnahme der EU **geeignet sowie erforderlich** sein, um ihr Ziel zu erreichen. Dabei ist unter gleichermaßen effektiven Maßnahmen diejenige zu wählen, die den Handlungsspielraum der Mitgliedsstaaten gemäß Art. 5 Abs. 4 S. 1 EUV „inhaltlich wie formal" am wenigsten einschränkt.[44] Dabei müssen die mit der Maßnahme

---

[41] *Calliess,* in: Calliess/Ruffert, EUV/AEUV, Art. 5 EUV, Rn. 43.
[42] *Bast,* in: Grabitz/Hilf/Nettesheim, EU, Art. 5 EUV, Rn. 66 f.; *Lienbacher,* in: Schwarze/Becker/Hatje/Schoo, EU-Kommentar, Art. 5 EUV, Rn. 35, 39.
[43] *Calliess,* in: Calliess/Ruffert, EUV/AEUV, Art. 5 EUV, Rn. 53.
[44] *Kadelbach,* in: Von der Groeben/Schwarze/Hatje, Europäisches Unionsrecht, Art. 5 EUV, Rn. 52.

einhergehenden Nachteile in einem angemessenen Verhältnis zu den angestrebten Zielen stehen.[45] Diese Angemessenheitsprüfung wird im Einzelnen durch Art. 5 S. 5 des Protokolls Nr. 2 über die Anwendung der Grundsätze der Subsidiarität und der Verhältnismäßigkeit strukturiert.[46]

5. Steuerung der Auswahl zwischen Richtlinie und Verordnung durch das Verhältnismäßigkeitsprinzip

123 Dem europäischen Gesetzgeber steht nach den meisten Gesetzgebungstiteln der Unionsverträge ein **Wahlrecht** zu, ob er einen in seine Gesetzgebungskompetenz fallenden Sachbereich unmittelbar und abschließend durch eine Verordnung (Art. 288 Abs. 2 AEUV) regeln möchte oder ob er durch den Erlass einer Richtlinie ein mehrstufiges Gesetzgebungsverfahren wählt (Art. 288 Abs. 3 AEUV). Denn nach der heutigen Fassung der Verträge ermächtigen die meisten Gesetzgebungstitel die Union in einer allgemeinen Formulierung dazu, „Maßnahmen" zu erlassen.[47]

124 In diesen Fällen gilt: Maßstab für die Wahl zwischen Verordnung und Richtlinie ist nach Art. 96 Abs. 1 AEUV der Grundsatz der Verhältnismäßigkeit, wie er in Art. 5 Abs. 4 EUV niedergelegt ist (→ 15/120). Daraus lassen sich zwei unterschiedliche Folgerungen ziehen:

125 – Teilweise wird aus dieser Norm ein pauschaler **Vorrang des Richtlinienerlasses** vor dem Erlass einer Verordnung abgeleitet. Mit der Begründung, dass Art. 5 Abs. 4 EUV die Wahl des mildesten Mittels fordere, wird aus dieser Norm eine „Mittelhierarchie" im Sinne eines Vorrangs der Richtlinie abgeleitet.[48] Die Vollharmonisierung durch Verordnungen, bei denen die nationalen Handlungsspielräume komplett entfallen, sei *ultima ratio*.[49]

126 – Der EuGH teilt diese Auffassung nicht und beschränkt seine gerichtliche Überprüfung auf Fälle offensichtlicher Ungeeignetheit des in Frage stehenden Mittels.[50] Er gesteht dem unionalen Gesetzgeber somit einen **weiten Ermessensspielraum** zu und fordert lediglich eine Entscheidung nach objektiven Kriterien sowie eine Folgenabschätzung. Ob das Mittel die bestmögliche und einzig mögliche Maßnahme war, wird vom EuGH gerichtlich nicht überprüft.[51]

---

[45] *Lienbacher*, in: Schwarze/Becker/Hatje/Schoo, EU-Kommentar, Art. 5 EUV, Rn. 38; *Bast*, in: Grabitz/Hilf/Nettesheim, EU, Art. 5, Rn. 71.

[46] Zu den Einzelheiten *Lienbacher*, in: Schwarze/Becker/Hatje/Schoo, EU-Kommentar, Art. 5 EUV, Rn. 41, 42; *Bast*, in: Grabitz/Hilf/Nettesheim, EU, Art. 5, Rn. 71, 75; *Calliess*, in: Calliess/Ruffert, EUV/AEUV, Art. 5 EUV, Rn. 47.

[47] Beispiel: Art. 114 Abs. 1 S. 2: AEUV (Binnenmarktkompetenz).

[48] *Calliess*, in: Calliess/Ruffert, EUV/AEUV, Art. 5 EUV, Rn. 52–54 mwN; *Bast*, in: Grabitz/Hilf/Nettesheim, EU, Art. 5 EUV, Rn 72; *Vedder*, in: Vedder/Heintschel von Heinegg, Europäisches Unionsrecht, Art 5 EUV, Rn. 37.

[49] *Calliess*, in: Calliess/Ruffert, EUV/AEUV, Art. 5 EUV, Rn. 54.

[50] EuGH, 12.11.1996 – C-84/94, ECLI:EU:C:1996:431 Rn. 58; EuGH, 20.5.2010 – C-365/08, ECLI:EU:C:2010:283 Rn. 31; zudem *Kadelbach*, in: Von der Groeben/Schwarze/Hatje, Europäisches Unionsrecht, Art 5 EUV, Rn. 51.

[51] Zur EuGH-Rechtsprechung näher: *Calliess*, in: Calliess/Ruffert, EUV/AEUV, Art. 5 EUV, Rn. 51; *Bast*, in: Grabitz/Hilf/Nettesheim, EU, Art. 5 EUV, Rn 73; *Vedder*, in: Vedder/Heintschel von Heinegg, Europäisches Unionsrecht, Art. 5 EUV, Rn. 36.

Die Position des EuGH in dieser Frage überzeugt. Denn der Regelung in Art. 296 Abs. 1 AEUV liegt zwar der Gedanke zu Grunde, dass die mitgliedstaatlichen Kompetenzen in der EU möglichst weitgehend erhalten bleiben sollen und es einer Begründung bedarf, warum eine Frage auf europäischer Ebene geregelt werden soll. Es ist aber zweifelhaft, ob dieses Ziel einer Schonung mitgliedstaatlicher Kompetenzen wirklich viel mit der Wahl der Handlungsform auf europäischer Ebene zu tun hat. Entscheidend für mitgliedstaatliche Handlungsfreiräume ist nämlich nicht so sehr die abstrakte Handlungsform eines europäischen Rechtsakts, sondern dessen konkrete **Regelungsdichte**. Für mitgliedstaatliche Handlungsfreiräume ist durch die Wahl der Richtlinie als Handlungsform nichts gewonnen, wenn der europäische Gesetzgeber zwar eine Richtlinie erlässt und so eine mitgliedstaatliche Umsetzungsgesetzgebung ermöglicht, deren Inhalt aber in der Richtlinie im Detail determiniert ist. Dann werden die nationalen Parlamente mit einer Eins-zu-Eins-Umsetzung der Richtlinie beschäftigt, haben in der Sache keine Gestaltungsmöglichkeit.

127

Man sollte deshalb die Funktion der Handlungsform der Richtlinie nicht illusorisch in der Schonung mitgliedstaatlicher Kompetenzen sehen, sondern sie anders bestimmen: Eine Richtlinie ermöglicht es den nationalen Gesetzgebern, neue Normen mit europarechtlichem Ursprung in systematisch stimmiger Weise in das bestehende **nationale Normengefüge** einzufügen. Daher ist die Richtlinie ein sinnvolles Instrument, wenn der europäische Gesetzgeber Einzelbestimmungen für Sachbereiche treffen möchte, die im Übrigen weiterhin autonom auf nationaler Ebene geregelt werden. Wenn hingegen ein gesamter Sachbereich einer europarechtlichen Regelung unterworfen werden soll (und es dafür nach Maßgabe des Verhältnismäßigkeits- und Subsidiaritätsprinzips ausreichende Gründe gibt), spricht alles für die Wahl einer Verordnung.[52]

128

VI. Prozedurale Absicherungen und Justitiabilität der Kompetenzregelungen

1. Verhältnis prozeduraler und materiell-rechtlicher Sicherungsmechanismen

Das Grundgesetz bestimmt die Verbandskompetenzen durch die materiell-rechtlichen Bestimmungen der Art. 70 ff. GG. Deren Beachtung unterliegt mit hoher Kontrolldichte der verfassungsgerichtlichen **Prüfung durch das BVerfG.** Dieser Ansatz entspricht einer allgemeinen Grundprägung des deutschen Verfassungsrechts. Er äußert sich im Bereich der Kompetenzregelungen vor allem bei der Beantwortung der Frage, wie Landeskompetenzen im Bereich der konkurrierenden Gesetzgebung vor Aushöhlung geschützt werden können. Die Überlegungen haben sich in einer längeren Entwicklung stets auf die Tatbestandsvoraussetzungen der Erforderlichkeitsklausel des Art. 72 Abs. 2 GG konzentriert, sowohl bei der Verfassungsgebung 1949 als auch bei der Verfassungsänderung im Zuge der Föderalismusreform und ebenso in der Rechtsprechung des BVerfG, das versucht hat, diese Tatbestandsvoraussetzungen näher zu konturieren.

129

Bei allen strukturellen Parallelen, die zwischen den kompetenziellen Normierungen im Grundgesetz und im europäischen Primärrecht bestehen (→ 15/42), wird in dieser Frage der Sicherungsmechanismen im europäischen Recht ein anderer Ansatz erkennbar: Das EU-Recht kennt zwar ebenfalls materiell-rechtliche Regelungen zu den Verbandskompetenzen, deren Direktionskraft ist aber schwächer ausgeprägt. Das zeigt

130

---

[52] Vertiefend zum Verhältnis von Verordnung und Richtlinie *Sydow*, JZ 2009, 373 ff.

sich in der **begrenzten Justitiabilität** des Subsidiaritäts- und des Verhältnismäßigkeitsprinzips, deren Prüfung durch den EuGH nicht mit einer Kontrolldichte erfolgt, die mit derjenigen des BVerfG bei der Erforderlichkeitsklausel des Art. 72 Abs. 2 GG vergleichbar wäre. Dem EuGH ist daher vielfach vorgeworfen worden, er verstehe seine Rolle zu sehr als Motor der europäischen Integration und verfehle daher seine Aufgabe, mitgliedstaatliche Kompetenzen vor einer Erosion zu schützen.

131 Das Europarecht vertraut demnach nicht so sehr auf materiell-rechtliche Normierungen und deren engmaschige verfassungsgerichtliche Kontrolle, sondern stärker auf **Verfahren und prozedurale Anforderungen,** die einen Schutz mitgliedstaatlicher Kompetenzen gewährleisten sollen. Dazu zählen:
- spezifische **Begründungspflichten** (→ 15/133),
- ein **Frühwarnmechanismus** (→ 15/134) und
- die **Subsidiaritätsrüge,** die bereits im Rahmen des laufenden EU-Gesetzgebungsverfahrens durch nationale Parlamente erhoben werden kann, also nicht wie die verfassungsgerichtliche Kontrolle erst nach Abschluss des Gesetzgebungsverfahrens wirkt.

132 **Vertiefungshinweis:** Bei der Kompetenzergänzungsklausel des Art. 352 AEUV wurde dieser Grundansatz des EU-Rechts bereits sichtbar (→ 15/105 ff.): Die Norm ist tatbestandlich denkbar weit gefasst und kann daher vom EuGH nicht strikt interpretiert werden, statuiert aber hohe Verfahrens- und Mehrheitserfordernisse im politischen Prozess. Es gibt keinen Konsens darüber, welcher Ansatz über eine überlegene Leistungsfähigkeit zum Schutz von Kompetenzen verfügt: Ein primär materiell-rechtlicher Ansatz mit engmaschiger verfassungsgerichtlicher *ex-post*-Kontrolle (deutsches Verfassungsrecht) oder ein stärker prozeduraler Ansatz, der die Chancen erhöht, dass sich bestimmte Positionen im politischen Prozess Gehör verschaffen (Europarecht).
Mit Methoden der Verfassungsinterpretation lässt sich dieser Streit nicht entscheiden; dazu bedürfte es einer sehr differenzierten Wirkungsanalyse mit empirischen Methoden. Ein Vergleich der Regelungskonzepte des deutschen und des europäischen Verfassungsrechts kann sich aber jedenfalls nicht in einem Verweis auf die geringere materiell-rechtliche Determinierung durch das Primärrecht und die korrespondierende geringere Kontrolldichte durch den EuGH erschöpfen.

2. Spezifische Begründungspflichten für EU-Gesetzentwürfe

133 Entwürfe für Gesetzgebungsakte der EU müssen gemäß Art. 5 des **EU-Subsidiaritätsprotokolls** umfassend begründet werden. Jeder Gesetzentwurf soll detaillierte Angaben enthalten, die eine Beurteilung ermöglichen, ob die Grundsätze der Subsidiarität und Verhältnismäßigkeit eingehalten wurden. Dazu gehören Angaben zu den voraussichtlichen finanziellen Auswirkungen sowie – im Fall einer Richtlinie – zu den Auswirkungen auf die von den Mitgliedstaaten zu erlassenden Rechtsvorschriften. Art. 5 des EU-Subsidiaritätsprotokolls konkretisiert damit die allgemeinen Begründungspflichten für Gesetzgebungsakte nach Art. 296 Abs. 2 AEUV.

3. Frühwarnmechanismus und Subsidiaritätsrüge

134 Die Einhaltung des Subsidiaritätsprinzips ist darüber hinaus durch besondere verfahrensrechtliche Vorschriften im EU-Subsidiaritätsprotokoll abgesichert. Den nationalen Parlamenten wird durch Art. 5 Abs. 3, UA 2, Art. 12 lit. b EUV die Aufgabe zugewiesen, auf die Einhaltung des Subsidiaritätsprinzips zu achten. Die nationalen Parlamente werden dazu durch einen Frühwarnmechanismus befähigt, der ihnen bereits *ex-ante* ein **präventiv-politisches Kontrollrecht** darüber eröffnet, ob die Kompetenzausübung durch die EU im Einzelfall subsidiaritätsgerecht erfolgt.[53]

---

[53] *Calliess,* in: Calliess/Ruffert, EUV/AEUV, Art. 5 EUV, Rn. 64.

Nach Art. 6 des EU-Subsidiaritätsprotokolls können die nationalen Parlamente oder 135
ihre Kammern binnen acht Wochen nach Übermittlung eines Gesetzentwurfs gegenüber den Präsidenten des Europäischen Parlaments, des Rates und der Kommission darlegen, weshalb der Entwurf ihres Erachtens nicht mit dem Subsidiaritätsprinzip vereinbar ist. Diese **Stellungnahmen der nationalen Parlamente** müssen gemäß Art. 7 Abs. 1 des EU-Subsidiaritätsprotokolls im Rahmen des europäischen Gesetzgebungsverfahrens berücksichtigt werden. Erreicht die Anzahl von Stellungnahmen nationaler Parlamente ein bestimmtes Quorum, muss der Entwurf durch die europäischen Organe eingehend geprüft werden.[54] Das Subsidiaritätsprotokoll legt den Organen für ihr weiteres Vorgehen Begründungspflichten auf (Art. 7 Abs. 1–3). Der europäische Gesetzgeber hat zu prüfen, ob die Subsidiaritätsrüge begründet ist. Ist er mit der Mehrheit von 55 % der Mitglieder des Rates oder einer Mehrheit der abgegebenen Stimmen im Europäischen Parlament von einem Verstoß überzeugt, wird der Gesetzesvorschlag nicht weiter verfolgt.

4. Verfassungsgerichtliche Kontrolle der Kompetenzbestimmungen

Die Beachtung der Kompetenzbestimmungen kann vor den Verfassungsgerichten eingeklagt werden: Vor dem EuGH insbesondere durch eine **Nichtigkeitsklage** gegen europäische Rechtsakte, vor dem BVerfG durch ein **Normenkontrollverfahren.** Das BVerfG beansprucht darüber hinaus eine Kompetenz zur *ultra-vires*-Kontrolle von Unionsrechtsakten (näher zu den allgemeinen verfassungsgerichtlichen Kontrollkompetenzen: (→ 17/15). 136

Das deutsche und das europäische Recht haben in Ergänzung dieser Verfahrensarten 137
jeweils eine besondere verfassungsgerichtliche Klageart geschaffen, die speziell auf die Beachtung des Subsidiaritätsprinzips im Europarecht bzw. der Erforderlichkeitsklausel bei konkurrierender Gesetzgebung unter dem Grundgesetz zielen:
– Jeder EU-Mitgliedstaat kann nach Maßgabe des **Art. 263 AEUV Subsidiaritätsklage** zum EuGH erheben.[55] Es handelt sich dabei um eine besondere Form der Nichtigkeitsklage.[56]
– Nach **Art. 93 Abs. 1 Nr. 2a GG** entscheidet das BVerfG auf Antrag des Bundesrates, einer Landesregierung oder eines Landesparlaments über Meinungsverschiedenheiten darüber, ob ein Bundesgesetz den Voraussetzungen des Art. 72 Abs. 2 GG entspricht.

Die Grundsätze der Subsidiarität und der Verhältnismäßigkeit unterliegen grundsätzlich ebenso wie die Erforderlichkeitsklausel des Art. 72 Abs. 2 GG der vollen **verfassungsgerichtlichen Kontrolle** des EuGH bzw. des BVerfG. In der Praxis ist der EuGH indes zurückhaltender als das BVerfG und gesteht den rechtsetzenden Organen einen weiten Gestaltungs- bzw. Ermessensspielraum zu (→ 15/126). Letztlich beschränkt sich die die gerichtliche Subsidiaritäts- und Verhältnismäßigkeitskontrolle aufgrund der dem Unionsgesetzgeber vom EuGH zugestandenen Einschätzungsprärogative auf offensichtliche Kompetenzüberschreitungen und Ermessensmissbrauch.[57] 138

---

[54] Näher dazu *Bickenbach*, EuR 2013, 531 ff.
[55] Art. 8 des EU-Subsidiaritätsprotokoll, der noch auf die Vorgängervorschrift des Art. 230 EGV verweist.
[56] *Bast*, in: Grabitz/Hilf/Nettesheim, Das Recht der EU, 60. EL 2016, Art. 5 EUV, Rn. 64.
[57] *Calliess* in: Calliess/Ruffert, EUV/AEUV, Art. 5 EUV, Rn. 51.

139 Die materielle Prüfung der Subsidiarität durch den EuGH beschränkt sich in der Regel auf die **Kontrolle des Positivkriteriums.** Sind die Ziele der Maßnahme wegen ihres Umfangs oder ihrer Wirkungen auf Unionsebene besser zu verwirklichen, folgert der EuGH daraus zugleich die Einhaltung des Negativkriteriums, ohne dieses näher zu prüfen.[58] Die Anforderungen sind daher weniger streng als bei der Erforderlichkeitsprüfung nach Art. 72 Abs. 2 S. 2 GG durch das BVerfG.[59] Im Rahmen der Verhältnismäßigkeit prüft der Gerichtshof nur, ob die von einer unionsrechtlichen Bestimmung eingesetzten Mittel zur Erreichung der mit der betreffenden Regelung verfolgten legitimen Ziele geeignet sind und nicht über das dafür erforderliche Maß hinausgehen.[60] Im Rahmen dieser zweistufigen Prüfung berücksichtigt er auch Kriterien der Angemessenheit.[61]

C. Gesetzgebungsorgane und Beteiligungsberechtigte

I. Verhältnis von Verbands- und Organkompetenzen

140 Von den Verbandskompetenzen für die Gesetzgebung ist die Frage zu unterscheiden, welche **Organe** auf der jeweiligen Ebene die Gesetzgebungskompetenz haben. Für die parlamentarische Gesetzgebung sind dies:
- das Europäisches Parlament und der Rat für die EU-Gesetzgebung,
- der Bundestag und der Bundesrat für die Bundesgesetzgebung,
- die Landesparlamente für die Landesgesetzgebung.

141 Bei diesen beiden Fragen nach den Verbands- und nach den Organkompetenzen handelt es sich um getrennte Probleme auf nacheinander gelagerten Ebenen: Eine Organkompetenz setzt das Bestehen der Verbandskompetenz voraus. Im Einzelfall kann es sein, dass beide Fragen im Prozess der Verfassungsgebung bzw. der europäischen Vertragsrevisionen politisch miteinander verknüpft worden sind. Typische Fälle einer solchen **Verknüpfung** betreffen Konstellationen, in denen der höheren Ebene Gesetzgebungskompetenzen nur unter der Bedingung zugestanden worden sind, dass in die Ausübung dieser Kompetenzen ein Schutzmechanismus zu Gunsten der nachgeordneten Ebene eingefügt wurde.

142 Im **Bund-Länder-Verhältnis** sind das vor allem Konstellationen, in denen dem Bund die Kompetenz übertragen worden ist, durch seine Gesetzgebung auch den Verwaltungsvollzug der Bundesgesetze zu regeln, der üblicherweise Sache der Länder ist. Das Grundgesetz schützt die Interessen der Länder in solchen Fällen dadurch, dass die jeweiligen Bundesgesetze der Zustimmung des Bundesrats als Vertretung der Länder bedürfen (→ 15/157 ff.).

---

[58] EuGH 18.6.2015 – C-508/13, ECLI:EU:C:2015:403, Rn. 44 f. – Estland/Parlament und Rat; 8.6.2010 – C-58/08, ECLI:EU:C:2010:321 Rn. 75 ff. – Vodafone u. a.
[59] *Kadelbach*, in: von der Groeben/Schwarze/Hatje, EUV, Art. 5 Rn. 47.
[60] EuGH 16.6.2015 – C-62/14, ECLI:EU:C:2015:400 Rn. 67 – Gauweiler u. a.; 8.6.2010 – C-58/08, ECLI:EU:C:2010:321 Rn. 75 ff. – Vodafone u. a.; 10.12.2002 – C491/91, ECLI:EU:C:2002:741 Rn. 122 – British American Tobacco.
[61] EuGH 12.5.2011 – C-176/09, ECLI:EU:C:2011:290 Rn. 63 und 68 ff. – Luxemburg/Parlament und Rat.

Beispiele: Bundesgesetze, die Regelungen über die Einrichtung der Landesbehörden im Bereich der Bundesauftragsverwaltung treffen (Art. 85 Abs. 1 S. 1 GG) oder die der Bundesregierung das Recht zu Einzelweisungen an die Landesbehörden verleihen (Art. 84 Abs. 5 GG). 143

Im Verhältnis von EU und Mitgliedstaaten handelt es sich meist um Sachbereiche, die in besonderer Weise durch nationale Interessen und Souveränitätsvorbehalte gekennzeichnet sind. Das europäische Verfassungsrecht nimmt in solchen Konstellationen auf die Interessen und **Souveränitätsvorbehalte** der Mitgliedstaaten dadurch Rücksicht, dass die Rolle des Rates als Vertretung der Mitgliedstaaten im europäischen Gesetzgebungsverfahren gegenüber dem Europäischen Parlament gestärkt wird (→ 15/162). 144

Diese Gesetzgebungsmaterien der EU unterliegen somit einer schwächeren parlamentarischen Gestaltungsmacht durch das EU-Parlament und stehen stattdessen in stärkerer Abhängigkeit von den EU-Mitgliedstaaten, die im Rat durch ihre Regierungen vertreten sind. Man kann in solchen Kompetenzbestimmungen einen Hinweis auf nach wie vor bestehende Parlamentarisierungs- und Demokratiedefizite der EU sehen, die Regelungen aber auch als sinnvollen **Kompromiss** zwischen europäischem Integrationswillen und Souveränitätsvorbehalten der Staaten deuten. 145

Beispiele: Einsetzung einer europäischen Staatsanwaltschaft, operative Zusammenarbeit der Polizeibehörden (Art. 86 Abs. 1, 87 Abs. 3 AEUV). 146

II. Recht der Gesetzesinitiative

Das deutsche und das europäische Verfassungsrecht beschränken jeweils den Kreis derjenigen, die über das Recht der **Gesetzesinitiative** verfügen. So sehr ein Gesetzesvorstoß im politischen Raum von beliebigen Personen und Institutionen innerhalb und außerhalb des Kreises der Verfassungsorgane stammen kann, wird das verfassungsrechtliche Gesetzgebungsverfahren durch das beschränkte Recht der Gesetzesinitiative von Anfang an formalisiert und kanalisiert. 147

1. Gesetzesinitiativrecht für die Bundesgesetzgebung

Unter dem Grundgesetz haben die Bundesregierung, die Mitglieder des Bundestags und der Bundesrat unabhängig voneinander ein Recht zur Gesetzesinitiative für die **Bundesgesetzgebung** (Art. 76 GG), letztlich also alle in Gesetzgebungsfragen wesentlichen Verfassungsorgane. Die Möglichkeit einer Bürgerinitiative auf Bundesebene besteht nicht. Die Festlegung der Initiativberechtigten im Grundgesetz steuert die Verfahrensschritte des weiteren Gesetzgebungsverfahrens: Vorlagen der Bundesregierung sind zunächst dem Bundesrat, Vorlage des Bundesrats sind dem Bundestag über die Bundesregierung zuzuleiten (Art. 72 Abs. 2, 3 GG). 148

2. Gesetzesinitiativrecht für die EU-Gesetzgebung

a) Initiativmonopol der Kommission als Regel

Auf europäischer Ebene verfügt im Regelfall nur die Kommission über das Initiativrecht (Art. 289 Abs. 1 S. 1, 294 Abs. 2 AEUV). Das EU-Recht zielt auf eine **Monopolisierung** dieser zentralen Entscheidungsbefugnis über die Einleitung des Gesetzgebungsverfahrens. Diese Befugnis soll im Regelfall ausschließlich in der Hand der Kommission liegen, der auf diese Weise die Rolle eines „Motors der Integration" zu- 149 wächst.⁶² Dahinter steht die Überlegung, dass die Kommission als dezidiert supranational besetzte, unabhängige Institution den Integrationsprozess möglichst frei von nationalen Rücksichtnahmen voranbringen kann.⁶³ Diese Rolle der Kommission als Initiator europäischer Gesetzgebung beschränkt sich nicht auf die formale Einleitung des Gesetzgebungsverfahrens, sondern wird von ihr auch darüber hinaus und im Vorfeld durch Erarbeitung von Grünbüchern und Weißbüchern wahrgenommen (thematische Diskussionsgrundlagen bzw. legislative Programme).

150 Das Europäische Parlament und der Rat haben jeweils nur ein **indirektes Initiativrecht:** Sie können die Kommission auffordern, geeignete Vorschläge für einen Unionsrechtsakt zu unterbreiten (Art. 225 S. 1, 241 S. 1 AEUV). Die Aufforderung ist nicht bindend: Wenn die Kommission keinen Gesetzesvorschlag vorlegt, muss sie dem Parlament bzw. dem Rat lediglich die Gründe dafür mitteilen (Art. 225 S. 2, 241 S. 2 AEUV). Zudem eröffnet Art. 11 Abs. 4 EUV die Möglichkeit einer Gesetzesinitiative durch Unionsbürger (Europäische Bürgerinitiative, → 15/152).

b) Sonderfälle zusätzlicher Initiativberechtigter

151 In bestimmten Sonderkonstellationen bestehen weitere Gesetzesinitiativrechte für eine Gruppe von Mitgliedstaaten oder für das Europäische Parlament, in diesem Fall über das Aufforderungsrecht nach Art. 225 AEUV hinaus. Zudem kennt der AEUV Gesetzgebungsverfahren auf Empfehlung der Europäischen Zentralbank oder auf Antrag des EuGH oder der Europäischen Investitionsbank. Alle diese Konstellationen sind in Art. 289 Abs. 4 AEUV zusammenfassend normiert, setzen aber jeweils eine eigene vertragliche Anordnung in einem anderen Vertragsartikel voraus. Wie im deutschen Verfassungsrecht (→ 15/162) wird als Folge der veränderten **Zuweisung des Gesetzesinitiativrechts** in diesen Fällen konsequenterweise der Ablauf des Gesetzgebungsverfahrens modifiziert (Art. 294 Abs. 15 AEUV).

c) Europäische Bürgerinitiative

152 Art. 11 Abs. 4 EUV ermöglicht eine europäische Bürgerinitiative durch mindestens eine Million Unionsbürger. Sie können die Kommission auffordern, Vorschläge zu Themen zu unterbreiten, in denen es nach Ansicht der Bürgerinitiative eines Rechtsakts der Union bedarf. Die Thematik der Bürgerinitiative muss demzufolge im Rahmen der Verbandskompetenzen der EU liegen; andernfalls ist sie unzulässig.⁶⁴ Diese Norm gewährt kein eigenes Gesetzesinitiativrecht, sondern beinhaltet lediglich das Recht, die Kommission aufzufordern, ein Gesetzgebungsverfahren im Rahmen ihrer Befugnisse einzuleiten. Das **Recht der Bürgerinitiative** geht daher nicht über das indirekte Vorschlagsrecht von Parlament und Rat hinaus.

153 Die Einzelheiten zur europäischen Bürgerinitiative werden nach Art. 24 Abs. 1 AEUV im ordentlichen Gesetzgebungsverfahren durch eine Verordnung festgelegt, die vom Parlament und Rat 2011 erlassen worden ist.⁶⁵ In Umsetzung von Art. 11 Abs. 4 EUV stellt diese Verordnung über die Bürgerinitiative insbesondere Mindestbedin-

---

⁶² Zur Bedeutung des Initiativmonopols innerhalb der allgemeinen Funktion der Kommission zum Agenda-Setting: *Haltern*, Europarecht – Dogmatik im Kontext I, S. 225 ff.
⁶³ Zur Begründung für das Initiativmonopol der Kommission: *Härtel*, in: Hatje/Müller-Graff, EnzEuR I § 11 Rn. 114 f.
⁶⁴ EuG T-754/14 zur Bürgerinitiative „Stop TTIP", dazu *Brauneck*, NVwZ 2017, 1345 f.
⁶⁵ VO (EU) Nr. 211/2011 über die Bürgerinitiative, ABl. 2011 Nr. L 65/1.

gungen auf, die eine breite, staatenübergreifende gesellschaftliche Basis für die Bürgerinitiative gewährleisten sollen. So muss der für jede Bürgerinitiative ad hoc zu bildende **Bürgerausschuss** – eine Art Organisationskomitee – Unionsbürger aus mindestens sieben Mitgliedstaaten umfassen (Art. 3 Abs. 2 Bürgerinitiative-VO). Die Unterzeichner der Bürgerinitiative müssen aus mindestens einem Viertel der Mitgliedstaaten kommen und dort jeweils eine Mindestzahl erreichen (Art. 7 Bürgerinitiative-VO).

Von den 37 thematisch und formal **zulässigen Bürgerinitiativen** in den ersten fünf Jahren nach Verabschiedung der Verordnung haben nur drei die erforderlichen Unterstützerzahlen erreicht.[66] Sie haben damit die Pflicht der Kommission ausgelöst, eine Gesetzesinitiative im Sinne der Bürgerinitiative zu prüfen. In einem dieser Fälle hat die Kommission tatsächlich Gesetzesvorschläge im Sinne der Bürgerinitiative vorgelegt.[67]

154

Dies lässt verschiedene Deutungen zu: Der bloße Abgleich zwischen gestarteten und letztlich erfolgreichen Bürgerinitiativen muss zur Einschätzung einer weitgehenden **Wirkungslosigkeit** dieses Instruments führen. Das Scheitern vieler Initiativen an den erforderlichen Unterstützerzahlen lässt sich auch als Hinweis auf eine nur schwach ausgeprägte demokratische Öffentlichkeit in der EU als Ganzer und damit auf demokratische Schwächen der EU deuten (→ 5/72 ff.). Eine solche Argumentation dürfte indes zentrale Gesichtspunkte verfehlen: Einerseits entfalten Bürgerinitiativen auch nicht-formalisierte Wirkungen im Sinne des politischen Agenda-Settings. Andererseits ist die erhebliche Zahl europäischer Bürgerinitiativen gerade ein Beleg einer lebendigen demokratischen Öffentlichkeit in der EU als Ganzer, ohne die solche grenzüberschreitenden Initiativen aus der Bürgergesellschaft überhaupt nicht möglich wären.

155

III. Organkompetenzen für die Bundesgesetzgebung

1. Beschlusskompetenz des Bundestages

Die Organkompetenzen für die Bundesgesetzgebung werden zusammenfassend durch Art. 78 GG normiert. Danach bedarf es für das Zustandekommen eines Bundesgesetzes ausnahmslos eines **Beschlusses des Bundestags,** der damit zentrales Gesetzgebungsorgan auf Bundesebene ist.

156

2. Zustimmungs- und Einspruchsrechte des Bundesrats

Neben dem Bundestag ist der Bundesrat (→ 10/13) an jedem Gesetzgebungsverfahren auf Bundesebene beteiligt: Gesetzesbeschlüsse des Bundestags sind stets dem Bundesrat zuzuleiten (Art. 77 Abs. 1 S. 2 GG). Welche Kompetenzen dem **Bundesrat** im Einzelnen zukommen, richtet sich nach der Art des zu verabschiedenden Gesetzes. Das Grundgesetz unterscheidet Zustimmungsgesetze und Einspruchsgesetze. Die Zustimmungsbedürftigkeit muss durch eine Grundgesetzbestimmung ausdrücklich angeordnet sein. Bei allen anderen Bundesgesetzen handelt es sich um Einspruchsgesetze.

157

---

[66] Detailinformationen zu allen Bürgerinitiativen unter: http://ec.europa.eu/citizens-initiative/public/welcome?lg=de; weitere 20 Bürgerinitiativen waren unzulässig, in der Regel weil sie auf Rechtsfolgen zielten, die außerhalb der primärrechtlichen Kompetenzen der EU liegen und daher nicht im Rahmen einer europäischen Gesetzgebung erreichbar sind (bspw. die Bürgerinitiative *„Stop Brexit"*).

[67] Bürgerinitiative *„Right2Water"* mit nachfolgender Überarbeitung der EU-Trinkwasser-Richtlinie.

Kapitel 15. Rechtsetzung

158 **Beispiele für Zustimmungsgesetze:** Art. 84 Abs. 5 GG (Bundesgesetze, die der Bundesregierung gegenüber den Ländern die Befugnis zur Einzelweisung für die Ausführung von Bundesrecht verleihen), Art. 85 Abs. 1 S. 1 GG (Bundesgesetze, die im Bereich der Bundesauftragsverwaltung für den Bund Befugnisse in Bezug auf die Einrichtung von Landesbehörden begründen).

159 **Zustimmungsgesetze** kommen nur durch ausdrückliche Zustimmung des Bundesrats zu Stande. Für das Zustandekommen von **Einspruchsgesetzen** reicht hingegen der Gesetzesbeschluss des Bundestags, wenn der Bundesrat den Vermittlungsausschuss nicht anruft (Art. 77 Abs. 2 GG), er keinen Einspruch einlegt oder ihn zurücknimmt (Art. 77 Abs. 3 GG). Wenn der Bundesrat Einspruch gegen den Gesetzesbeschluss des Bundestags einlegt, kommen Einspruchsgesetze nur zu Stande, wenn der Bundestag den Bundesratseinspruch zurückweist. Je nach Abstimmungsmehrheit im Bundesrat ist dazu im Bundestag ein Beschluss der Mehrheit seiner Mitglieder oder einer Mehrheit von zwei Dritteln erforderlich, die mindestens die Mehrheit der Mitglieder des Bundestags umfassen muss (Art. 77 Abs. 4 GG).

160 **Lernhinweis:** Zur Abgrenzung von Zustimmungs- und Einspruchsgesetzen gibt es eine Reihe von **Urteilen des Bundesverfassungsgerichts**, deren Ergebnisse weitgehend konsentiert sind. Die Leitsätze dieser Urteile werden daher nicht selten als fester Bestandteil der Verfassungsdogmatik behandelt, deren Kenntnis von manchen Klausurerstellern und -korrektoren erwartet wird. So fragwürdig das Abprüfen von auswendig gelerntem Leitsatzwissen in Klausuren auch ist, wird man in diesem Fall nicht raten können, die Urteile vollständig zu ignorieren. Dabei dürfen die Leitsätze allerdings nicht verabsolutiert und so behandelt werden, als handele es sich um eigene, nur ungeschriebene Verfassungsnormen. Das BVerfG hat vielmehr die geschriebenen Normen des GG ausgelegt und das Auslegungsergebnis in Form eines Leitsatzes verdichtet. Methodisch überzeugend ist in Klausuren daher nur ein Vorgehen, das bei einer Norm des GG seinen Ausgangspunkt nimmt und sich um deren Auslegung müht. Dabei kann es dann hilfreich sein zu wissen, zu welchem Ergebnis das BVerfG bei derselben Aufgaben der Grundgesetzinterpretation gekommen ist. Die wichtigsten Urteile betreffen folgende Konstellationen:[68]

1. Reichweite des (in der Praxis häufigen) Zustimmungsvorbehalts aus Art. 84 Abs. 1 GG:[69]
   - Regelt ein Bundesgesetz, das die Länder als eigene Angelegenheit ausführen, das Verwaltungsverfahren, so bedarf nach Art. 84 Abs. 1 GG das Gesetz als Ganzes der Zustimmung des Bundesrates.
2. Zulässigkeit einer Aufteilung von Regelungen zu einer Materie auf zwei Gesetze zur Vermeidung der Zustimmungsbedürftigkeit:[70]
   - Es ist verfassungsrechtlich nicht zu beanstanden, wenn die Bundesregierung oder der Bundestag eine Materie auf verschiedene Gesetze aufteilen, um auszuschließen, dass der Bundesrat Regelungen verhindert, die für sich genommen nicht unter dem Vorbehalt seiner Zustimmung stehen.
3. Zustimmungsbedürftigkeit von Änderungsgesetzen:[71]
   - Nicht jedes Gesetz, das ein mit Zustimmung des Bundesrates ergangenes Gesetz ändert, ist allein aus diesem Grund zustimmungsbedürftig.
   - Wenn ein mit Zustimmung des Bundesrates ergangenes Gesetz durch ein Gesetz geändert wird, das selbst neue Vorschriften enthält, die ihrerseits die Zustimmungsbedürftigkeit auslösen, so ist das Änderungsgesetz zustimmungsbedürftig.
   - Ändert das Änderungsgesetz Regelungen, die die Zustimmungsbedürftigkeit ausgelöst haben, so bedarf es ebenfalls der Zustimmung des Bundesrates.
   - Enthält ein Zustimmungsgesetz sowohl materiell-rechtliche Regelungen als auch Vorschriften für das Verwaltungsverfahren der Landesverwaltung gemäß Art. 84 Abs. 1 GG, so ist ein dieses

---

[68] Weitere Urteile in diesem Kontext: BVerfGE 24, 184 ff. = NJW 1969, 33 ff.; 48, 127 ff. = NJW 1978, 1245 ff.; 114, 196 ff. = NVwZ 2006, 191 ff.; 126, 77 ff. = NVwZ 2010, 1146 ff.
[69] BVerfGE 8, 274 = NJW 1959, 475 ff.
[70] BVerfGE 105, 313 = NJW 2002, 2543 ff.
[71] BVerfGE 37, 363 = NJW 1974, 1751 ff.

Gesetz änderndes Gesetz zustimmungsbedürftig, wenn durch die Änderung materiellrechtlicher Normen die nicht ausdrücklich geänderten Vorschriften über das Verwaltungsverfahren bei sinnorientierter Auslegung ihrerseits eine wesentlich andere Bedeutung und Tragweite erfahren.

IV. Organkompetenzen und Beteiligungsrechte für die EU-Gesetzgebung

1. Parlament und Rat als grundsätzlich gleichberechtigte Gesetzgeber

Die Organkompetenzen für die EU-Gesetzgebung liegen im Regelfall gemeinsam und gleichberechtigt beim Rat und beim Europäischen Parlament. Etwa drei Viertel aller Kompetenztitel im AEUV sehen gleichberechtigte Kompetenzen von Rat und Parlament im Gesetzgebungsverfahren vor. **Gleichberechtigte Gesetzgebungskompetenzen** von Parlament und Rat sind daher gesetzessystematisch wie tatsächlich der Regelfall. 161

Es bestehen indes Ausnahmen, in aller Regel zu Lasten des Parlaments, deren Zahl und Gewicht nicht zu vernachlässigen ist: In bestimmten Materien kommt dem Rat ein Vorrang zu, der im europarechtlichen Schrifttum üblicherweise als **Präponderanz**[72] bezeichnet wird. 27 Kompetenztitel statuieren einen solchen Vorrang des Rates und stufen die Beteiligungsrechte des Parlaments in der Regel auf ein Anhörungserfordernis herunter; das entspricht einem knappen Viertel aller Kompetenztitel der Verträge. 162

Beispiele: Hierzu zählen Fragen der justiziellen und der operativen polizeilichen Zusammenarbeit, zudem die Wahrnehmung der EU-Kompetenzen bei der Aufsicht über Kredit- und Finanzinstitute oder in der Umwelt- und Energiepolitik.[73] 163

In wenigen Ausnahmefällen – drei Kompetenztitel im AEUV – gibt es umgekehrt eine **Präponderanz des Parlaments,** und zwar ausschließlich für bestimmte Fragen einer parlamentsbezogenen Gesetzgebung: über den Abgeordnetenstatus, Untersuchungsausschüsse oder den Bürgerbeauftragten.[74] 164

Der AEUV unterscheidet **verschiedene Gesetzgebungsverfahren,** die sich hauptsächlich in der Frage unterscheiden, wer die Kompetenz für den Gesetzesbeschluss hat: 165
– Das ordentliche Gesetzgebungsverfahren besteht in der gemeinsamen Annahme eines Rechtsaktes durch das Europäischen Parlament und den Rat (Art. 289 Abs. 1, 294 AEUV).
– In bestimmten Materien werden demgegenüber im Rahmen besonderer Gesetzgebungsverfahren die Rechtsakte durch den Rat mit Beteiligung des Europäischen Parlaments oder – freilich selten – durch das Europäische Parlament mit Beteiligung des Rates angenommen (Art. 289 Abs. 2 AEUV).

Welches Gesetzgebungsverfahren zu beachten ist und welchen Organen demzufolge die Kompetenz für den Gesetzesbeschluss zukommt, wird in jedem Kompetenztitel eigenständig und **ausdrücklich geregelt.** 166

---

[72] Lateinische Wurzel, in den deutschen juristischen Fachwortschatz aber wohl aufgenommen über das französische Wort *prépondérance* (Vorherrschaft, Vormachtstellung).
[73] Bspw. Art. 81 Abs. 3, 87 Abs. 3, 127 Abs. 6, 192 Abs. 2, 194 Abs. 3 AEUV: komplette Übersicht bei *Härtel,* in: Hatje/Müller-Graff (Hrsg.), EnzEuR I, § 11 nach Rn. 147.
[74] Art. 223 II, 226 III, 228 IV AEUV.

167 **Beispiel:** Art. 114 Abs. 1 S. 2 AEUV, der Kompetenztitel für die Maßnahmen zur Rechtsangleichung im Binnenmarkt, bestimmt: „Das Europäische Parlament und der Rat erlassen gemäß dem ordentlichen Gesetzgebungsverfahren …" Damit wird auf die Verfahrensbestimmungen in Art. 289 Abs. 1, 294 AEUV verwiesen.

2. Anhörungsrechte des Wirtschafts- und Sozialausschusses und des Ausschusses der Regionen

168 Die Europäische Union verfügt über zwei **beratende Ausschüsse:** einen Wirtschafts- und Sozialausschuss und einen Ausschuss der Regionen. Sie zählen nicht zu den Organen der EU, sondern nehmen lediglich in bestimmten Gesetzgebungsverfahren beratende Aufgaben wahr (Art. 14 Abs. 4 EUV, 300 Abs. 1 AEUV). Der Wirtschafts- und Sozialausschuss setzt sich aus Arbeitgeber- und Arbeitnehmervertretern und anderen Vertretern der Zivilgesellschaft zusammen, der Ausschuss der Regionen aus Vertretern der regionalen und lokalen Gebietskörperschaften (für Deutschland primär aus Vertretern der Bundesländer, daneben je ein Vertreter des Deutschen Städtetages, des Deutschen Landkreistages und des Deutschen Städte- und Gemeindebundes).[75]

169 Art. 304 Abs. 1, 307 Abs. 1 AEUV als allgemeine Normen zu den Kompetenzen dieser beiden Ausschüsse bestimmen, dass die Ausschüsse vom Parlament, vom Rat oder der Kommission angehört werden können, wenn eines dieser Organe dies für zweckmäßig erachtet (fakultative Anhörungen). Für obligatorische **Anhörungen** verweisen die beiden Artikel auf die „in den Verträgen vorgesehenen Fällen", also auf die einzelnen Kompetenztitel des Primärrechts. Diese sehen Anhörungspflichten in der Regel dann vor, wenn der jeweilige Kompetenztitel eine sachliche Affinität zu Fragen des Arbeitsrechts, der Sozial- oder Regionalpolitik aufweist (bspw. Art. 153 Abs. 2, 166 Abs. 4, 172 AEUV).

170 Stellungnahmen der beiden Ausschüsse sind im Gesetzgebungsverfahren zu berücksichtigen: Die Gesetzgebungsorgane müssen sich mit ihnen befassen und sie in ihre Erwägungen einstellen. Diese **Berücksichtigungspflicht** folgt im Gegenschluss aus dem Recht der Gesetzgebungsorgane, verspätete Stellungnahmen der Ausschüsse unberücksichtigt zu lassen (Art. 304 Abs. 2 S. 2, 307 Abs. 3 S. 2 AEUV). Bindend sind die Stellungnahmen nicht. Die Relevanz der beiden Ausschüsse für die EU-Gesetzgebungsverfahren und ihre öffentliche Wahrnehmung ist demzufolge begrenzt, auch wenn ihre Position im Einzelfall einmal Gewicht erlangen kann und ihre Mitglieder und die dahinterstehenden Interessengruppen dies insgesamt anders sehen mögen (oder jedenfalls anders darstellen). Letztlich handelt es sich aber gerade beim Wirtschafts- und Sozialausschuss um nichts anderes als um eine formalisierte und durch das Primärrecht legitimierte Form des Lobbyismus, der auch unabhängig von diesem Ausschuss in vielfältiger Weise existiert.[76]

3. Beteiligung nationaler Parlamente: Zielsetzung aus EU-Perspektive

171 Die EU stützt sich auf ein Konzept **doppelter demokratischer Legitimation,** das den Unionsverträgen zu Grunde liegt und auch vom BVerfG verfolgt und nachdrücklich

---

[75] Rechtsgrundlagen für die Besetzung in Art. 301 ff. bzw. 305 ff. AEUV.
[76] Zum deutlichen Bestreben der EU-Institutionen, den Lobbyismus Transparenzanforderungen zu unterwerfen und damit der Kritik an seiner Legitimität den Boden zu entziehen: *Härtel,* in: Hatje/Müller-Graff, EnzEuR I § 11 Rn. 126 f.; Interinstitutionelle Vereinbarung vom 13. April 2016 „Bessere Rechtsetzung", Rn. 32 ff.

eingefordert wird:[77] Legitimation über das direkt gewählte Europäische Parlament einerseits und über die nationalen Parlamente andererseits. Der Legitimationsstrang von den Staatsvölkern der Mitgliedstaaten über die nationalen Parlamente zur EU vermittelt sich darüber, dass die zentralen EU-Institutionen, der Europäische Rat und der Rat, durch die Staats- und Regierungschefs bzw. durch Mitglieder der nationalen Regierungen besetzt sind (→ 10/33), die ihrerseits gegenüber ihrem nationalen Parlament verantwortlich sind. Wie sich die parlamentarische Verantwortlichkeit der nationalen Regierungen im Einzelnen darstellt und welche Einflussmöglichkeiten dies den nationalen Parlamenten gibt, ist eine Frage des jeweiligen nationalen Verfassungsrechts.

Zusätzlich weist Art. 12 EUV den nationalen Parlamenten auf europarechtlicher Grundlage eigene Rechte zu: 172
- Es handelt sich dabei teilweise um **Rechte der nationalen Parlamente** auf frühzeitige Information, insbesondere über Gesetzentwürfe der Kommission (Art. 12 lit. a) EUV). Dieses Informationsrecht soll die nationalen Parlamente in die Lage versetzen, auf die Positionierung ihrer Regierung im Rat Einfluss zu nehmen.
- Teilweise handelt es sich um weitergehende Handlungskompetenzen der nationalen Parlamente, insbesondere zur Absicherung des Subsidiaritätsprinzips (Art. 12 lit. b) EUV (→ 15/134).
- Schließlich fasst Art. 12 EUV die Kompetenzen der nationalen Parlamente auch für andere Verfahren als die Gesetzgebung zusammen, insbesondere für Vertragsänderungen und den Beitritt neuer Mitgliedstaaten.

Diese in Art. 12 EUV vorgesehene **Rolle der nationalen Parlamente** in EU-Fragen wird durch zwei Protokolle näher konkretisiert: das Protokoll über die Rolle der nationalen Parlamente in der Europäischen Union[78] und das Protokoll über die Anwendung der Grundsätze der Subsidiarität und der Verhältnismäßigkeit[79]. Diese Protokolle sind nach Art. 51 EUV Vertragsbestandteil, zählen also zum europäischen Primärrecht. Das Protokoll über die Rolle der nationalen Parlamente in der EU konkretisiert die Pflichten der europäischen Institutionen, vor allem der Kommission und des Rats, zur Unterrichtung der nationalen Parlamente und zur Übermittlung von Unterlagen aus dem EU-Gesetzgebungsverfahren.   173

4. Beteiligung von Bundestag und Bundesrat: Zielsetzung des deutschen Verfassungsrechts

Das Grundgesetz enthält in Art. 23 GG Regelungen über die **Beteiligung des Bundestages und des Bundesrates** in Angelegenheiten der Europäischen Union. Teilweise handelt es sich dabei um eine deklaratorische Wiederholung der Regelungen des EU-Rechts: Die Klagebefugnis von Bundestag und Bundesrat vor dem EuGH wegen Verstoßes einer EU-Gesetzgebung gegen das Subsidiaritätsprinzip kann als euro-   174

---

[77] BVerfGE 89, 155 ff. = NJW 1993, 3047; Art. 10 Abs. 2 EUV formuliert in seinen zwei Unterabsätzen diese beiden Legitimationsstränge: direkt über das Europäische Parlament und indirekt, nämlich vermittelt durch die parlamentarisch verantwortlichen nationalen Regierungen, über die nationalen Parlamente.
[78] Protokoll Nr. 1 zum Vertrag von Lissabon über die Rolle der nationalen Parlamente in der Europäischen Union.
[79] Protokoll über die Anwendung der Grundsätze der Subsidiarität und der Verhältnismäßigkeit, dazu bereits (→ 15/116, 133 ff.).

päisches Klageverfahren vor dem EuGH seine Rechtsgrundlage nicht in einer nationalen Verfassung haben. Art. 23 Abs. 1a S. 1 GG begründet also die Klagebefugnis nicht, sondern gestaltet sie aus und konkretisiert damit, was sich bereits aus Art. 8 des Protokolls über die Anwendung der Grundsätze der Subsidiarität und der Verhältnismäßigkeit und Art. 263 AEUV ergibt.[80]

175 Überwiegend enthält Art. 23 GG (neben der grundlegenden Integrationsklausel in Art. 23 Abs. 1 GG, → 4/53 ff.) Bestimmungen darüber, wie Bundestag und Bundesrat ihre europarechtlich vorgesehenen **Mitwirkungsbefugnisse an der europäischen Gesetzgebung** im Einzelnen wahrnehmen.[81] Damit schafft Art. 23 GG die konkreten Bestimmungen des staatlichen Verfassungsrechts, um den Legitimationsstrang für die EU-Gesetzgebung über die nationalen Parlamente zu realisieren. Das Beteiligungsverfahren lässt sich in drei Schritte einteilen:
– Unterrichtung durch die Bundesregierung,
– Stellungnahme des Bundestags/Bundesrats und
– Berücksichtigung der Stellungnahme beim Handeln auf EU-Ebene.

176 Erfasst sind alle Akte, die mit der **europäischen Integration** im Zusammenhang stehen.[82] Hierzu gehören sowohl die Übertragung von Hoheitsgewalt auf die EU (Art. 23 Abs. 1 S. 2 u. 3 GG) wie auch die Ausübung dieser Hoheitsgewalt, wozu unter anderem die EU-Gesetzgebung gehört.[83]

177 Zugleich verfolgt Art. 23 GG ein weiteres Ziel, das dem föderalen Verfassungsaufbau der Bundesrepublik Deutschland geschuldet ist: Durch Art. 23 GG sollen auch die Landeskompetenzen geschützt und den Bundesländern in EU-Angelegenheiten Mitwirkungsrechte gesichert werden. Art. 23 GG verfolgt damit ein **doppeltes Ziel:**
– einerseits die Stärkung parlamentarischer Kompetenzen gegen eine Tendenz der europäischen Integration in Richtung Exekutive,
– andererseits die Stärkung der Landeskompetenzen gegen eine Tendenz der europäischen Integration in Richtung Zentralstaatlichkeit.

178 Deshalb wird in bestimmten Bereichen (schulische Bildung, Kultur und Rundfunk, Art. 23 Abs. 6 S. 1 GG) die deutsche Vertretung im Rat nicht durch die Bundesregierung, sondern durch einen vom Bundesrat bestimmten Vertreter der Länder wahrgenommen (→ 10/26). Diese Regelung hat nichts mit dem Verhältnis von Parlamentarismus und Exekutive zu tun und zielt nicht darauf, die demokratische Legitimation der EU zu stärken. Art. 23 Abs. 6 GG ist deshalb auch keine Bestimmung, die die europarechtlichen Vorstellungen über die Rolle der nationalen Parlamente im EU-Gesetzgebungsprozess aus Art. 10 Abs. 2, 12 EUV realisieren würde, sondern eine zusätzliche, spezifisch dem **deutschen Föderalismus** geschuldete Regelung.

---

[80] *Wolff,* in: Hörig/Wolff, GG für die BRD, Art. 23 Rn. 23; *Scholz,* in: Maunz/Dürig, GG, Art. 23 Rn. 41, 112.

[81] Zur Problematik der Rolle der nationalen Parlamente im europäischen Einigungsprozess: *Wittreck,* ZG 26 (2011), 122 ff.

[82] Das BVerfG hält den Anwendungsbereich des Art. 23 II GG bei eigenständigen völkerrechtlichen Verträgen der Mitgliedstaaten bereits für eröffnet, wenn sie „in einem Ergänzungs- oder sonstigen besonderen Näheverhältnis zum Recht der Europäischen Union stehen". Vgl. BVerfG, NVwZ 2012, 954 (958 f.).

[83] *Wollenschläger,* in: Dreier, GG, Art. 23 Rn. 111.

Entsprechend der doppelten Zielsetzung, die die einzelnen Normen des umfangrei- 179
chen und komplexen Art. 23 GG verfolgen, wird das Nähere zu diesen Normen durch
zwei unterschiedliche Bundesgesetze geregelt:
- durch das Gesetz über die Zusammenarbeit von Bundesregierung und Deutschem
  Bundestag in Angelegenheiten der Europäischen Union (**EUZBBG,** nicht-amtlich
  auch: Parlamentsbeteiligungsgesetz) und
- durch das Gesetz über die Zusammenarbeit von Bund und Ländern in Angelegenheiten der Europäischen Union (**EUZBLG**).

Das **Parlamentsbeteiligungsgesetz** hat seine Rechtsgrundlage in Art. 23 Abs. 3 S. 3 180
GG, das Gesetz über die Zusammenarbeit von Bund und Ländern in Art. 23 Abs. 7
GG. Diese Differenzierung ist nicht irrelevant, weil es im zweiten Fall um Länderinteressen geht, so dass das Gesetz nach Art. 23 Abs. 7 GG im Gegensatz zum Parlamentsbeteiligungsgesetz eine Bundesratszustimmung erfordert.

D. Das Verfahren der parlamentarischen Gesetzgebung

I. Verfassungsrechtliche und soziologische Sicht auf das Gesetzgebungsverfahren

Die parlamentarischen Gesetzgebungsverfahren auf Bundes- und EU-Ebene sind 181
komplexe Verfahren, für die es zahlreiche Verfahrensvarianten gibt, jeweils mit zahlreichen Verfahrensschritten bis zum erfolgreichen Abschluss des Verfahrens. Im Kern sehen das deutsche und das europäische Recht bis zu drei Beratungen des Gesetzentwurfs vor, die als **Lesungen** bezeichnet werden; zwischen den Lesungen erfolgen
Ausschussberatungen.

> **Lernhinweis:** Die Einzelheiten der Verfahren lassen sich durch Ablaufdiagramme darstellen, die aller- 182
> dings schnell unübersichtlich werden, wenn die grafische Darstellung alle denkbaren Verfahrensvarian-
> ten abbilden soll. Die einzelnen Verfahrensschritte brauchen nicht in allen Einzelheiten gelernt zu wer-
> den. Insbesondere sind Geschäftsordnungsbestimmungen des deutschen Rechts (GeschO BT, GeschO
> BR) und die Verfahrensnormen des AEUV zum Gesetzgebungsverfahren im Einzelnen kein Prüfungs-
> stoff. Bei Kenntnis der Grundstrukturen lassen sich die Verfahrensschritte bei Bedarf im jeweiligen
> Normtext nachlesen (im deutschen Recht primär Art. 76–78 GG, ergänzend die Geschäftsordnungen
> der beteiligten Verfassungsorgane; im Europarecht Art. 293, 294 AEUV).

Die verfassungsrechtlichen Anforderungen an das Verfahren sind nicht zugleich eine 183
realitätsgetreue tatsächliche Beschreibung des sozialen Geschehens der **Gesetzgebung
auf politischer Ebene.** Das wäre ein Missverständnis, das die normative und die tatsächliche Ebene unbesehen in eins setzen würde. Zahlreiche Absprachen und Klärun-
gen unter den Verfahrensbeteiligten und mit Dritten finden außerhalb des verfassungsrechtlich vorgegebenen Verfahrens statt (Koalitionsrunden, Absprachen der
Verfahrensbeteiligten untereinander, Einbindung von Interessengruppen der Zivilgesellschaft).[84] Das ist in soziologischer Perspektive unvermeidbar und in normativer
Perspektive keineswegs aus sich heraus verfassungswidrig.

Normativ geboten ist, dass die verfassungsrechtlich vorgesehenen Schritte, das äußere 184
Gesetzgebungsverfahren, durch die jeweils zuständigen Institutionen durchlaufen

---

[84] Für das EU-Gesetzgebungsverfahren, insb. die Einbindung von Interessengruppen der Zivilgesellschaft, ausführlich *Härtel*, in: Hatje/Müller-Graff, EnzEuR I, § 11 Rn. 121 ff.

werden. Dass die Beteiligten ihre inhaltlichen Positionen meist nicht dort festlegen, wird dadurch nicht ausgeschlossen. Diesen Prozess der Entscheidungsfindung kann man als **inneres Gesetzgebungsverfahren** bezeichnen (→ 15/31, 205). *Niklas Luhmann* hat diese Differenz in einer seiner frühen Studien aus soziologischer Sicht durch die Unterscheidung von Herstellung und Darstellung der Entscheidung beschrieben: Das formale Verfahren diene nur der Darstellung der Entscheidung, die Herstellung finde andernorts statt. Das verfassungsrechtliche Gesetzgebungsverfahren diene also nicht der Entscheidung, sondern der Darstellung der Herstellung der Entscheidung.[85]

185 Diese soziologische Sichtweise hilft, die Rationalität von Gesetzgebung als politisches Verfahren zu verstehen. Zugleich aber blendet diese Sichtweise einen entscheidenden verfassungsrechtlichen Punkt aus: Aus verfassungsrechtlicher Perspektive ist das Gesetzgebungsverfahren keine bloße Darstellungsform für die Herstellung der Entscheidung, sondern das Verfahren, in dem die Entscheidung über das Gesetz **rechtsverbindlich** getroffen wird.

II. Lesungen und Ausschussberatungen von Gesetzentwürfen im Deutschen Bundestag

1. Lesungen und Ausschussberatungen im Deutschen Bundestag

186 Im deutschen Recht erfolgt die Verfahrensbeteiligung von Bundestag und Bundesrat nacheinander. Die Lesungen des Gesetzentwurfs erfolgen also durch das Plenum des Deutschen Bundestags, während der Bundesrat erst nach Abschluss der Lesungen im Bundestag und nach dessen Gesetzesbeschluss beteiligt wird. Dass der Bundestag Gesetzentwürfe in drei Lesungen beraten müsste, schreibt das Grundgesetz nicht vor. Art. 77 Abs. 1 S. 1 GG stellt lediglich fest, dass „[die] Bundesgesetze […] vom Bundestage beschlossen" werden. Die Ordnung des Gesetzgebungsverfahrens bis zum Gesetzesbeschluss des Bundestags wird vielmehr der **autonomen Satzungsgewalt** des Bundestags gemäß Art. 40 Abs. 1 S. 2 GG überlassen.

187 Die Regelungen zu den Lesungen des Gesetzentwurfs sind in der **Geschäftsordnung** des Bundestags (§ 78 Abs. 1 S. 1 Alt. 1 GeschO BT) niedergelegt:

188 – In der ersten Lesung kann eine **allgemeine Aussprache** im Plenum stattfinden. Häufig wird die Gesetzesvorlage jedoch direkt an einen oder mehrere Ausschüsse überwiesen (§ 80 Abs. 1 S. 1 GeschO BT).[86]

189 – In den Ausschüssen werden die Gesetzesentwürfe nicht selten erheblich abgeändert, nachdem sie zumeist ausführlich geprüft und diskutiert wurden. Auch Vertreter der Bundesregierung sind in diesen Prozess eingebunden, denn sie müssen den Ausschussmitgliedern Rechenschaft ablegen. Meistens werden die **Ausschussberatungen** mit einer Beschlussempfehlung und einem Bericht für das Plenum abgeschlossen (§ 81 Abs. 1 S. 2 Hs. 1 GeschO BT).

190 – Die **zweite Lesung** dient der Detailberatung der Ausschussberichte im Plenum und schließt daher an die Empfehlung der beteiligten Ausschüsse an. Auch diese Lesung kann mit einer allgemeinen Aussprache eröffnet werden. § 81 Abs. 2 GeschO BT normiert, dass die einzelnen Bestimmungen sodann nacheinander zu beraten und zu beschließen sind. Gemäß § 82 Abs. 1 GeschO BT wird den Ab-

---

[85] *Luhmann*, Legitimation durch Verfahren, S. 11 ff.
[86] Als verfassungsgemäß anerkannt durch BVerfGE 1, 144 (151) = NJW 1952, 537.

geordneten die Möglichkeit eingeräumt, Änderungsanträge zu stellen. Vor allem in der zweiten Lesung findet folglich die parlamentarische Willensbildung im Plenum statt.

– Die dritte Beratung erfolgt, wenn in zweiter Beratung keine Änderungen beschlossen worden sind, unmittelbar anschließend (§ 84 S. 1 lit. a Gescho BT), im Übrigen in der Regel am zweiten Tage nach Verteilung der Drucksachen mit den beschlossenen Änderungen.[87] Mit der **dritten Lesung** wird die Schlussabstimmung gemäß § 86 GeschO BT vorbereitet. 191

2. Folgen von Geschäftsordnungsverstößen

Die GeschO BT stellt nur **Binnenrecht** des Bundestages für die Gesetzesberatungen dar. Wird vom Bundestag daher ein Gesetz unter Missachtung des Erfordernisses der drei Lesungen oder anderer Geschäftsordnungsanforderungen beschlossen, ist fraglich, ob ein Verfassungsverstoß vorliegt. Für bestimmte Verstöße gegen die Geschäftsordnung hat das BVerfG dies in Ausnahmefällen anerkannt: Das BVerfG fordert für einen Verfassungsverstoß, dass durch die Verletzung einer Vorschrift der Geschäftsordnung zugleich eine Bestimmung des Grundgesetzes verletzt wird.[88] 192

Beispiele: Auch wenn die Zahl der vorgeschriebenen Lesungen im Wesentlichen die Parlamentsarbeit bestimmt, ist dies kein Erfordernis, das die demokratische Ordnung aufstellt.[89] Folglich führt ein Verstoß gegen die §§ 78 ff. GeschO BT nicht zur Verfassungswidrigkeit des Gesetzes. 193

Ein Verstoß gegen die Regelung zur Schlussabstimmung in § 86 GeschO BT bewirkt demgegenüber die Verfassungswidrigkeit des Gesetzes. Denn die Abstimmung über den vorgesehenen Gesetzesbeschluss muss nach Art. 77 Abs. 1 S. 1 GG durch das Plenum erfolgen und kann beispielsweise nicht durch einen Beschluss im Ausschuss ersetzt werden.

III. Beratung von EU-Gesetzentwürfen

1. Lesungen und Ausschussberatungen nach Art. 294 AEUV

Auf EU-Ebene sind Rat und Parlament als **gleichberechtigte Gesetzgeber** im ordentlichen Gesetzgebungsverfahren an den Lesungen des Gesetzentwurfs von Anfang an gemeinsam beteiligt. Im Vergleich zum Bundesrat, dem der Gesetzesbeschluss des Bundestags erst nach Abschluss der Ausschussberatungen und Lesungen zugeleitet wird, ist die Stellung des Rats der Europäischen Union damit nicht nur durch seine Beschlusskompetenz über den Gesetzesvorschlag, sondern auch prozedural durch frühzeitige und gleichberechtigte Beteiligung im Verfahren deutlich gestärkt. Zudem ist in die europäischen Gesetzgebungsverfahren durchgängig auch die Kommission einbezogen, der nicht nur das Gesetzesinitiativrecht zukommt. In einer Mittlerrolle soll sie auch im laufenden Verfahren auf dessen erfolgreichen Abschluss hinwirken. 194

Nach den Regelungen des Art. 294 AEUV legen das Parlament und der Rat ihre Position in den Lesungen jeweils schriftlich fest. Der AEUV bezeichnet diese Positionie- 195

---

[87] Eine frühere Beratung ist nur möglich, wenn auf Antrag einer Fraktion oder von fünf vom Hundert der Mitglieder des Bundestages zwei Drittel der anwesenden Mitglieder des Bundestages es beschließen. Handelt es sich um Gesetzentwürfe der Bundesregierung, die für dringlich erklärt worden sind (Art. 81 GG), kann die Fristverkürzung mit der Mehrheit der Mitglieder des Bundestages beschlossen werden (vgl. § 84 S. 1 lit. b GeschO BT).
[88] BVerfGE 29, 221 (234) = NJW 1971, 365 ff.
[89] BVerfGE 1, 144 (153) = NJW 1952, 537; 29, 221 (234) = NJW 1971, 365 ff.

rungen als Standpunkte. Das Parlament verweist den Kommissionsvorschlag zur Erarbeitung seines Standpunkts an einen federführenden Parlamentsausschuss und ggfs. weitere beteiligte Ausschüsse. In dieser durch Ausschüsse geprägten Arbeitsweise ähneln sich Bundestag und Europäisches Parlament. Nach der Ausschussberatung wird der Standpunkt des Parlaments in erster Lesung dem Rat übermittelt (Art. 294 Abs. 3 AEUV). Wenn der Rat ihn billigt, ist der Rechtsakt bereits in der **ersten Lesung** erlassen (Art. 294 Abs. 4 AEUV).

196 In der Praxis ist die Verabschiedung von Gesetzen in erster Lesung zum Regelfall geworden. Das beruht auf den Wirkungen des in der Praxis entwickelten **Trilogverfahrens,** das die nach Art. 294 AEUV möglichen zweiten und dritten Lesungen und das förmliche Vermittlungsverfahren nach Art. 294 Abs. 10–12 AEUV weitgehend ersetzt.[90]

2. Ergänzung der Lesungen durch den Trilog

197 **Lernhinweis:** In diesem Abschnitt zum Trilog wird eine Ergänzung des EU-Gesetzgebungsverfahrens dargestellt, die in der Praxis seit langem etabliert, im EU-Primärrecht aber nicht vorgesehen ist. Der Trilog gehört nicht zum Prüfungsstoff, seine Funktionsweise muss nicht auswendig gelernt werden. Man kann an diesem Beispiel aus der EU-Gesetzgebung allerdings gut Grundsatzfragen der demokratischen Legitimation der EU veranschaulichen und durch das Nachvollziehen der verschiedenen Sichtweisen die eigene Argumentationsfähigkeit im Umgang mit dem Verfassungsrecht schulen. Dementsprechend kann man vom nachfolgenden Abschnitt mehr profitieren, wenn man ihn nicht als Lernstoff, sondern als Übungs- und Anwendungsbeispiel betrachtet.

a) Funktionsweise des Trilogs

198 Das europäische Gesetzgebungsverfahren nach Art. 294 AEUV wird in der Praxis stets durch informelle Verhandlungsrunden zwischen Kommission, Rat und Parlament ergänzt, die mit einem Kunstwort als **Trilog**[91] bezeichnet werden. Vielfach wird im Trilog bereits während der ersten Lesung eine Verständigung unter den beteiligten Institutionen erzielt, sodass der Gesetzentwurf bereits in erster Lesung verabschiedet werden kann. Dadurch wird das in Art. 294 AEUV niedergelegte Gesetzgebungsverfahren nicht nur um zusätzliche informelle Verfahrensschritte ergänzt, sondern in seinem Gesamtablauf modifiziert und verkürzt: Was nach Art. 294 Abs. 4 AEUV zwar zulässig ist, aber doch als Ausnahme erscheint, nämlich die Verabschiedung eines Gesetzentwurfs bereits in erster Lesung, wird so zur Regel. An die Stelle der in Art. 294 AEUV typischerweise vorgesehenen weiteren Lesungen tritt eine primärrechtlich nicht vorgesehene informelle Verfahrensweise. Das ist Ansatzpunkt für die kontroversen Diskussionen über den Trilog.

199 Die Triloge in der ersten Lesung werden nach der Abstimmung im federführenden Parlamentsausschuss geführt, also noch vor Festlegung des Standpunkts des Parlaments. Wenn sich im Trilog ein **Kompromiss** erzielen lässt, kann das Parlament seinen Standpunkt bereits in dieser kompromissfähigen Fassung festlegen, und der Rat billigt ihn dann unmittelbar. Diese Vorgehensweise kürzt den Gesetzgebungsprozess

---

[90] Zu weiteren in der Praxis etablierten Modifikationen des in Art. 294 AEUV vorgesehenen Verfahrens Haltern, Europarecht – Dogmatik im Kontext I, S. 486 ff.
[91] Etymologisch verfehlte, aber eingebürgerte Analogiebildung zu Dialog; englisch/französisch *trilogue*, teilweise auch Trialog/*trialogue,* offenbar aus lautlicher Parallelität zu Dialog.

deutlich ab. Das andernfalls vorgesehe Verfahren mit zweiter Lesung, Vermittlung und dritter Lesung entfällt.

b) Primärrechtliche Zulässigkeit und Problematik

Einen Verstoß gegen den AEUV stellt diese Vorgehensweise gleichwohl nicht dar. Denn der AEUV eröffnet selbst die Möglichkeit, ein Gesetz bereits in erster Lesung zu verabschieden (Art. 294 Abs. 4 AEUV). Zugleich ist dem AEUV kein Verbot zu entnehmen, das es den Verfahrensbeteiligten verwehren würde, im Konsens zusätzlich zu den vorgeschriebenen Verfahrensschritten weitere, **informelle Verhandlungen** zu führen. Solange das in der Praxis etablierte Vorgehen sich nicht in direkten Widerspruch zu den Vorgaben des AEUV setzt, ist es verfassungsrechtlich zulässig. 200

Unproblematisch ist es gleichwohl nicht, dass das im AEUV vorgesehene Gesetzgebungsverfahren in der Praxis weitgehend entwertet ist und es vielfach durch ein **konsensuales Vorgehen** der Verfahrensbeteiligten ersetzt wird.[92] Denn darunter könnten die Transparenz und Verfahrensklarheit leiden, weil der tatsächliche Ablauf des Gesetzgebungsverfahrens nur sehr eingeschränkt den Normen des Art. 294 AEUV zu entnehmen ist. Dies könnte die demokratische Kontrolle des Gesetzgebungsverfahrens erschweren. 201

Dieses Problem haben die drei beteiligten Institutionen als Reaktion auf die verbreitete **Kritik am Trilog** entschärft: Das Trilog-Verfahren beruht mittlerweile jedenfalls in seinen Grundzügen auf einer Interinstitutionellen Vereinbarung der drei Organe aus dem Jahr 2016, die im EU-Amtsblatt publiziert ist.[93] Der Trilog hat damit eine Formalisierung in einer primärrechtlich durch Art. 295 AEUV vorgesehenen Handlungsform gefunden. In der Interinstitutionellen Vereinbarung von 2016 haben sich die drei Organe zur Transparenz auch der trilateralen Verhandlungen verpflichtet.[94] In der Praxis werden auch tatsächlich die Termine der Trilogverhandlungen bekanntgemacht. 202

Darauf beschränkt sich die **Transparenz** des Trilogs aber auch: Der Trilog selbst findet hinter verschlossenen Türen statt, Ergebnis- oder gar Verlaufsprotokolle werden nicht publiziert. Damit ist nicht nachvollziehbar, auf welchen Gründen Kompromisse beruhen und welches Organ im Einzelnen welche Position vertreten hat. Würde stattdessen das Verfahren komplett bis zur dritten Lesung durchlaufen, wären die Standpunkte der beteiligten Institutionen und deren Entwicklung im Laufe des Gesetzgebungsverfahrens stets öffentlich. Der Legitimität der europäischen Rechtsetzung wäre dadurch besser gedient als durch Trilogverfahren, die sich primär durch Praktikabilität und Effizienz auszeichnen. 203

---

[92] Grundlegende Kritik am Trilog durch *von Achenbach*, Demokratische Gesetzgebung in der Europäischen Union. Theorie und Praxis der dualen Legitimationsstruktur europäischer Hoheitsgewalt, S. 201ff., 469ff.; *dies.*, Verfassungswandel durch Selbstorganisation: Triloge im europäischen Gesetzgebungsverfahren, Der Staat 55 (2016), 33ff.

[93] Interinstitutionelle Vereinbarung zwischen dem Europäischen Parlament, dem Rat der Europäischen Union der Europäischen Kommission über bessere Rechtsetzung vom 13. April 2016, ABl. 2016 Nr. L 123/1, Rn. 32ff.

[94] Interinstitutionelle Vereinbarung über bessere Rechtsetzung (Fn. 93), Rn. 38.

c) Alternativen zum Trilog

204 Eine Umstellung der gegenwärtigen **Gesetzgebungspraxis,** die dem Trilog die primärrechtliche Basis entziehen würde, ließe sich durch eine Änderung des Art. 294 AEUV erzwingen. Dort müsste – in Parallelität zum Grundgesetz – die Möglichkeit gestrichen werden, ein Gesetz bereits in erster Lesung zu verabschieden.

205 Es wäre freilich aus soziologischer Perspektive eine Illusion anzunehmen, dass ein zwingendes Erfordernis von drei Lesungen dazu führen würde, dass sich der inhaltliche Prozess der Meinungsbildung dann in den Verfahrensschritten des **äußeren Gesetzgebungsverfahrens** vollziehen würde (zu dieser Unterscheidung von verfassungsrechtlicher und soziologischer Sicht auf das Gesetzgebungsverfahren → 15/184). Vor diesem Hintergrund kann man den Trilog als innovative Zwischenebene zwischen dem streng formalisierten äußeren Gesetzgebungsverfahren und völlig informellen *ad-hoc*-Meinungsbildungsprozessen interpretieren und wertschätzen, deren Existenz ohnehin unvermeidlich ist und die ohne jede Öffentlichkeitsbeteiligung funktionieren.

3. Beteiligung des Bundestags an der EU-Gesetzgebung

206 Art. 23 Abs. 2 S. 2 GG statuiert eine weitreichende Pflicht der Bundesregierung zur Unterrichtung und **Beteiligung des Bundestags** an Gesetzgebungsverfahren auf EU-Ebene, an denen die Bundesregierung durch ihren Vertreter im Rat der EU mitwirkt. Die Informationen müssen den Bundestag in die Lage versetzen, innerstaatliche Mitwirkungsrechte gegenüber der Bundesregierung auszuüben und so deren Handeln auf europäischer Ebene im Rat parlamentarisch rückzubinden.

207 **Lernhinweis:** Die Einzelheiten der parlamentarischen Beteiligung nach Art. 23 Abs. 2, 3 GG, insbesondere die nachfolgend dargestellte einfachgesetzliche Ausgestaltung des Verfahrens, gehören nicht zum erforderlichen Präsenzwissen für Prüfungen.

208 Die Bundesregierung hat dazu dem Bundestag Informationen über Initiativen, das Ergebnis ihrer eigenen Willensbildung, die Vorbereitung und den Verlauf der Beratungen innerhalb der Organe der Europäischen Union und deren Stellungnahmen zu übermitteln.[95] Der Bundestag muss die Informationen so rechtzeitig erhalten, dass er sich eine Meinung zu dem Vorhaben bilden kann, bevor die Bundesregierung verbindliche Erklärungen im Rat abgibt (§ 4 Abs. 1 S. 2 EUZBBG). Umgekehrt darf die Bundesregierung vor einer **Unterrichtung des Bundestags** an der Beschlussfassung im Rat nicht mitwirken.[96] Da es sich beim europäischen Gesetzgebungsprozess um ein oft langwieriges Verfahren handelt, in dessen Verlauf etliche Kompromisse erforderlich sind, ist die Bunderegierung zu einer fortlaufenden Unterrichtung über den aktuellen Verhandlungsstand verpflichtet (§ 3 Abs. 1 S. 1 EUZBBG).[97] Die einzige Einschränkung ergibt sich aus dem Grundsatz der Gewaltenteilung, nach dem der Bundesregierung ein Kernbereich exekutiver Eigenverantwortung zusteht (§ 3 Abs. 4 EUZBBG). Danach ist sie nicht verpflichtet, ihren internen Willensbildungsprozess offenzulegen. Erst wenn ihre interne Willensbildung abgeschlossen ist, muss sie ihren Standpunkt dem Parlament mitteilen.[98]

---

[95] Vgl. die exemplarische Aufzählung in § 3 Abs. 2 EUZBBG.
[96] BVerfGE 131, 152 (212) = NVwZ 2012, 954–967.
[97] BVerfGE 131, 152 (209) = NVwZ 2012, 954–967.
[98] BVerfGE 131, 152 (206) = NVwZ 2012, 954–967.

Anknüpfend an das Informationsrecht hat die Bundesregierung dem Bundestag gemäß Art. 23 Abs. 3 S. 1 GG vor ihrer Mitwirkung an Rechtssetzungsakten der EU, also vor den ersten Verhandlungen im Rat, Gelegenheit zur Stellungnahme zu geben. Einfachgesetzlich ist das **Recht zur Stellungnahme** in § 8 Abs. 1 EUZBBG geregelt. Damit die Beteiligung des Bundestags ihre legitimationsstiftende Funktion erfüllen kann, muss sich der Bundestag mindestens mit den Vorlagen auseinandersetzen.[99] Wie der Bundestag das tut, kann er im Rahmen seiner Geschäftsordnungsautonomie (Art. 40 Abs. 1 S. 2 GG) selbst bestimmen.[100] Gemäß Art. 45 S. 2 GG kann er die Ausübung seiner Mitwirkungsrechte vollständig auf den Ausschuss für Angelegenheiten der Europäischen Union übertragen (vgl. § 93b Abs. 2 GeschO BT). 209

Gibt der Bundestag eine Stellungnahme ab, so hat die Bundesregierung diese gemäß Art. 23 Abs. 3 S. 2 GG bei den Verhandlungen zu berücksichtigen.[101] Das **Letztentscheidungsrecht** liegt hingegen im Ergebnis bei der Bundesregierung. Ist die Position des Bundestags in einem wesentlichen Belang auf europäischer Ebene nicht durchsetzbar, gilt das in § 8 Abs. 4 EUZBBG geregelte Verfahren, welches für diesen Fall einen Kompromiss ermöglichen soll. Die Bundesregierung hat dann in den Verhandlungen auf EU-Ebene einen Parlamentsvorbehalt einzulegen (§ 8 Abs. 4 S. 1 EUZBBG) und sich um Einvernehmen mit dem Bundestag zu bemühen (§ 8 Abs. 4 S. 2–5 EUZBBG). 210

4. Beteiligung des Bundesrats an der EU-Gesetzgebung (Art. 23 Abs. 4–6 GG)

Die Regelungen für die **Beteiligung des Bundesrats** ergeben sich aus Art. 23 Abs. 2 S. 2, Abs. 4–6 GG und dem EUZBLG, welches auf Grundlage des Art. 23 Abs. 7 GG die Beteiligungsrechte konkretisiert. Auch der Bundesrat ist nach Art. 23 Abs. 2 S. 2 GG über Gesetzesvorhaben auf EU-Ebene zu unterrichten. Die sich daraus ergebenden Informationsrechte entsprechen denen des Bundestags.[102] Eine Beteiligung des Bundesrates an der Willensbildung des Bundes, d.h. an der Entscheidungsfindung der Bundesregierung in Bezug auf ihre Position im Rat, findet allerdings gemäß Art. 23 Abs. 4 GG nur statt, soweit der Bundesrat an einer entsprechenden innerstaatlichen Maßnahme mitzuwirken hätte oder soweit die Länder innerstaatlich zuständig wären.[103] Nach Art. 52 Abs. 3a GG kann der Bundesrat eine Europa-Kammer bilden, welche die Beteiligungsrechte anstelle des Bundesratsplenums ausüben kann. 211

Lernhinweis: Auch hier gilt: Die nachfolgenden Einzelheiten der Bundesratsbeteiligung nach Art. 23 Abs. 4–6 GG, insbesondere die nachfolgend dargestellte einfachgesetzliche Ausgestaltung des Verfahrens, gehören nicht zum erforderlichen Präsenzwissen für Prüfungen. 212

---

[99] *Wollenschläger*, in: Dreier, GG, Art. 23 Rn. 129; *Jarass*/Pieroth, GG, Art. 23 Rn. 52; differenzierend *Classen* in v. Mangoldt/Klein/Starck, Art. 23 Rn. 80, der einen Verstoß gegen das Demokratieprinzip erst bei einem systematischen Unterlassen jeglicher Befassung mit Unionsvorlagen sieht.

[100] BVerfGE 131, 152 (213) = NVwZ 2012, 954ff.

[101] BT-Dr 12/3896, S. 19.

[102] *Scholz* in: Maunz/Dürig, GG Art. 23 Rn. 164; *Wollenschläger*, in: Dreier, GG, Art. 23 Rn. 120; a. A. *Classen* in: v. Mangoldt/Klein/Starck II, Art. 23 Rn. 76, der dem Bundesrat nur ein Informationsrecht zuspricht, soweit die Voraussetzungen für die Beteiligung nach Art. 23 Abs. 4, 5 GG vorliegen.

[103] Für Gesetzgebungsakte der EU ergeben sich daraus zunächst keine Einschränkungen: Denn eine entsprechende innerstaatliche Maßnahme stellt entweder ein Bundesgesetz dar, an welchem der Bundesrat immer mindestens gemäß Art. 77 Abs. 2, 3 GG (Einspruchsgesetz) mitwirkt, oder die Gesetzgebungskompetenz liegt gemäß Art. 70 Abs. 1 GG bei den Ländern. Der Bundesrat hat also stets ein Recht zur Stellungnahme.

213 In welchem Umfang die Stellungnahmen zu berücksichtigen sind, richtet sich entsprechend dem Ziel, auch bei Maßnahmen auf EU-Ebene die **innerstaatliche Kompetenzverteilung** zwischen Bund und Ländern zu berücksichtigen, nach der Verteilung der Gesetzgebungskompetenzen zwischen Bund und Ländern:

214 – Nach Art. 23 Abs. 5 S. 1 GG findet nur eine einfache Berücksichtigung der Stellungnahme statt (vgl. auch § 5 Abs. 1 EUZBLG). Das ist zum einen der Fall, wenn für den fraglichen EU-Rechtsakt eine ausschließliche **Bundeszuständigkeit** besteht und dadurch Interessen der Länder berührt werden. Länderinteressen sind berührt, soweit sie für den Vollzug des EU-Rechtsaktes zuständig sind.[104] Zum anderen gilt dies, soweit im Übrigen der Bund das Recht zur Gesetzgebung hat. Damit sind Fälle der konkurrierenden Gesetzgebungskompetenz angesprochen, soweit die Voraussetzungen der Erforderlichkeitsklausel nach Art. 72 Abs. 2 GG vorliegen.

215 – Soweit hingegen im Schwerpunkt **Gesetzgebungsbefugnisse der Länder** betroffen sind (§ 5 Abs. 2 S. 1 EUZBLG), ist die Stellungnahme des Bundesrats nach Art. 23 Abs. 5 S. 2, 1. Hs. GG maßgeblich zu berücksichtigen. Gemeint sind Fälle, in denen eine ausschließliche Zuständigkeit der Länder besteht oder Teile der konkurrierenden Gesetzgebung betroffen sind, bei denen Art. 72 Abs. 2 GG einschlägig ist und dessen Voraussetzungen aber nicht erfüllt sind.[105] Sollten die Ansicht des Bundesrats und die der Bundesregierung divergieren, enthält § 5 Abs. 2 S. 3–6 EUZBLG eine Konkretisierung: Lässt sich kein Einvernehmen herstellen, kann der Bundesrat mit zwei Dritteln seiner Stimmen seine Auffassung bestätigen (Beharrungsbeschluss), die dann für die Bundesregierung maßgebend ist (§ 5 Abs. 2 S. 5 EUZBLG).

216 Neben dem Recht zur Stellungnahme hat der Bundesrat zusätzlich die Möglichkeit, durch Vertreter der Länder direkt an den Beratungen zu Rechtsakten auf EU-Ebene mitzuwirken (→ 10/26).

IV. Vermittlungsverfahren

1. Vermittlungsverfahren nach Art. 77 Abs. 2 GG

217 Nach Art. 77 Abs. 2 GG kann der Bundesrat im Verfahren der parlamentarischen Gesetzgebung ein **Vermittlungsverfahren** einleiten. Das Vermittlungsverfahren wird vom Bundesrat initiiert, wenn er Einwände gegen ein vom Bundestag beschlossenes Gesetz hat. Der Vermittlungsausschuss soll unterschiedliche Standpunkte von Bundestag und Bundesrat zu einem Ausgleich bringen und einen Einigungsvorschlag erarbeiten.

218 Der **Vermittlungsausschuss** hat eine eigene Geschäftsordnung, die vom Bundestag beschlossen wird und der Zustimmung des Bundesrates bedarf und die Zusammensetzung und das Verfahren regelt (Art. 77 Abs. 2 S. 2 GG). Die Besetzung erfolgt paritätisch mit je 16 Mitgliedern des Bundestages und des Bundesrates. Die vom Bundesrat entsandten Mitglieder vertreten jeweils ein Bundesland, sind aber nicht an Weisungen gebunden (Art. 77 Abs. 2 S. 3 GG). Der Bundestag bestimmt seine Vertreter an-

---

[104] *Classen,* in: v. Mangoldt/Klein/Starck (Hrsg.), GG, Art. 23 Rn. 87.
[105] *Classen,* in: v. Mangoldt/Klein/Starck (Hrsg.), GG, Art. 23 Rn. 89.

hand des Stärkeverhältnisses der Fraktionen im Bundestag (Spiegelbildlichkeitsgrundsatz).[106] Die Vertreter werden von den Fraktionen ausgewählt.

Im Vermittlungsausschuss können Ergänzungen, Streichungen oder Änderungen vorgeschlagen werden und sogar ein Gesetz zurückgezogen werden. Jedoch dürfen Änderungen nicht auf ein sachlich neues Gesetz hinauslaufen. Denn dann würde die wesentliche Willensbildung nicht mehr im Parlament, sondern im Vermittlungsausschuss stattfinden. Die Ausarbeitung gänzlich neuer Ideen im Rahmen des Vermittlungsverfahrens käme einem faktischen Gesetzesinitiativrecht gleich, das dem Ausschuss nicht zusteht und das zur Verkürzung des parlamentarischen Verfahrens und zur Beschneidung der parlamentarischen Öffentlichkeit führen würde.[107] Daher müssen **Beschlussvorschläge** des Vermittlungsausschusses inhaltlich im Rahmen des bisherigen Gesetzgebungsverfahrens und der eingebrachten Anträge und Stellungnahmen bleiben (vgl. Art. 77 Abs. 2 S. 1 GG).[108] Der Vermittlungsausschuss darf somit nichts vorschlagen, was nicht bereits schon im Gesetzesvorschlag, den Änderungsanträgen, den Beschlussempfehlungen der Ausschüsse oder Stellungnahmen gemäß Art. 76 GG erörtert wurde. Der Bundestag muss über die Änderungsvorschläge gemäß Art. 77 Abs. 2 S. 5 GG erneut einen Beschluss fassen. Dies erklärt sich aus der nicht bindenden Natur der Vorschläge des Vermittlungsausschusses. 219

2. Vermittlungsverfahren nach Art. 294 Abs. 10–14 AEUV

Im EU-Gesetzgebungsverfahren ist ein **Vermittlungsverfahren** vorgesehen, wenn nach der zweiten Lesung noch keine Einigung zwischen Rat und Parlament erzielt ist (Art. 294 Abs. 10–14 AEUV). Der Vermittlungsausschuss setzt sich paritätisch aus Mitgliedern des Rates oder deren Vertretern und aus Mitgliedern des Parlaments zusammen; die Kommission nimmt in einer Mittlerrolle an den Beratungen teil. Sofern in diesem Vermittlungsverfahren ein gemeinsamer Entwurf vorgelegt wird, müssen ihn Parlament und Rat jeweils in dritter Lesung billigen (Art. 294 Abs. 13 AEUV). Das Trilogverfahren (→ 15/198), das während der ersten beiden Lesungen und auch während des Vermittlungsverfahrens möglich ist, hat das Vermittlungsverfahren in der Praxis deutlich entwertet und funktional weitgehend ersetzt. 220

V. Gesetzesbeschluss, Ausfertigung, Verkündung und Inkrafttreten der Gesetze

1. Gesetzesbeschluss (Art. 77 Abs. 1 GG) und Zustandekommen des Gesetzes (Art. 78 GG)

Der Bundestag stimmt am Ende der dritten Lesung im Plenum über den Gesetzentwurf ab. Diese Abstimmung stellt den **Gesetzesbeschluss** gemäß Art. 77 Abs. 1 S. 1 GG dar. Ausreichend ist dafür zumeist die Mehrheit der abgegeben Stimmen (vgl. Art. 42 Abs. 2 GG). Nur bei einer Verfassungsänderung oder in den im Grundgesetz vorgesehenen Fällen ist eine qualifizierte Mehrheit erforderlich. 221

Da am Gesetzgebungsverfahren auch der Bundesrat beteiligt ist, ist das Gesetz durch den Gesetzesbeschluss des Bundestages noch nicht zu Stande gekommen. Welcher **Mitwirkungsakte des Bundesrates** es bedarf, bestimmt Art. 78 GG in Abhängigkeit 222

---

[106] BVerfGE 112, 118 (140) = NJW 2005, 203 ff.
[107] BVerfGE 120, 56 (74 ff.) = NVwZ 2008, 665 ff.
[108] BVerfGE 101, 297 (306 ff.) = NJW 2000, 572 ff.

davon, ob es sich um ein Zustimmungs- oder ein Einspruchsgesetz handelt. Zustimmungsgesetze kommen zu Stande, wenn der Bundesrat dem vom Bundestag beschlossenen Gesetz zustimmt. Bei Einspruchsgesetzen bestehen je nach Verfahrenskonstellation mehrere Möglichkeiten, die Art. 78 GG im Einzelnen aufzählt.

2. Prüfungsrecht des Bundespräsidenten vor Ausfertigung der Bundesgesetze

223 Die Bundesgesetze werden vom Bundespräsidenten nach Gegenzeichnung durch den Bundeskanzler oder den zuständigen Bundesminister **ausgefertigt** und im Bundesgesetzblatt verkündet (Art. 82 Abs. 1 S. 1 GG, für die Gegenzeichnung Art. 58, dazu → 11/25).

224 Nach Art. 82 Abs. 1 S. 1 GG werden die „nach den Vorschriften dieses Grundgesetzes zustande gekommenen Gesetze" vom Bundespräsidenten ausgefertigt. Der Wortlaut dieser Norm ist Anknüpfungspunkt für eine Kontroverse zum **Prüfungsrecht des Bundespräsidenten.** Das Grundgesetz weist dem Bundespräsidenten mit dieser Formulierung jedenfalls die Aufgabe und die Kompetenz zu, die Einhaltung der kompetenziellen und prozeduralen Verfassungsnormen zu überprüfen, bevor er ein Gesetz ausfertigt (formelles Prüfungsrecht).[109]

225 Umstritten ist das **materielle Prüfungsrecht** des Bundespräsidenten, also die Frage nach seiner Kompetenz, ein Gesetz auf Vereinbarkeit mit dem materiellen Verfassungsrecht, insbesondere den Grundrechten, zu prüfen und ggfs. deshalb seine Ausfertigung zu verweigern.[110]

226 – Der **Wortlaut** des Art. 82 Abs. 1 S. 1 GG ist für die Entscheidung dieser Frage wenig ergiebig, weil er einerseits durch das Verbum „zustandekommen" eher auf prozedurale Aspekte abzustellen scheint, andererseits allgemein auf die Vorschriften des Grundgesetzes Bezug nimmt und damit auch dessen materielle Normen meinen könnte.

227 – Die Frage lässt sich daher nur durch **systematische Verfassungsinterpretation** unter Rekurs auf die verfassungsrechtliche Stellung des Bundespräsidenten im Verhältnis zu anderen Verfassungsorganen klären. Danach ist die Beachtung der materiellen Verfassungsnormen Verpflichtung aller Staatsorgane (Art. 1 Abs. 3, 20 Abs. 3 GG), also eine Pflicht, die im Gesetzgebungsverfahren gleichermaßen dem Bundestag und Bundesrat wie dem Bundespräsidenten obliegt. Eine Einschätzungsprärogative des Bundespräsidenten über verfassungsrechtlich strittige Fragen ist dem nicht zu entnehmen – im Gegenteil: Das Grundgesetz verortet politische Macht und damit auch Verantwortung primär beim unmittelbar demokratisch legitimierten Parlament.

228 – Eine **autoritative Kontrollfunktion** über die Verfassungsmäßigkeit von Gesetzen weist das Grundgesetz dem Bundesverfassungsgericht zu: Art. 93 Abs. 1 Nr. 2 GG bezieht sich – anders als Art. 82 Abs. 1 S. 1 GG – ausdrücklich nicht nur auf die förmliche, sondern auch auf die sachliche Vereinbarkeit von Bundesrecht mit dem Grundgesetz.

---

[109] Allg. Auffassung: *Hömig,* in: Hömig/Wolff, GG, Art. 82 Rn. 3; *Butzner,* in: Maunz/Dürig, GG, Art. 82 Rn. 92; *Nierhaus/Mann,* in: Sachs, GG, Art. 82 Rn. 7.

[110] Zentrale Entscheidungen: BVerfGE 1, 396 (413f.), 2, 143 (169) = NJW 1953, 537ff.; 34, 9 (23) = JuS 73, 111f.; 106, 310ff. = NJW 2003, 339ff.; 131, 53ff = NJW 2012, 1941ff.

Dies alles spricht gegen ein materielles Prüfungsrecht des Bundespräsidenten. Es 229
kommt nur bei evident verfassungswidrigen Gesetzen in Betracht (**materiell-rechtliche Evidenzkontrolle** durch den Bundespräsidenten).[111]

3. Unterzeichnung und Veröffentlichung europäischer Gesetze

Gesetzgebungsakte, die gemäß dem ordentlichen Gesetzgebungsverfahren erlassen 230
worden sind, werden vom Präsidenten des Europäischen Parlaments und vom Präsidenten des Rates **unterzeichnet** (Art. 297 Abs. 1 AEUV). Sie werden im Amtsblatt der Europäischen Union veröffentlicht.

4. Inkrafttreten: äußere und innere Wirksamkeit

Im Regelfall bestimmen Gesetze in ihren Schlussbestimmungen den Zeitpunkt ihres 231
Inkrafttretens selbst. Fehlt eine solche Bestimmung, treten Bundesgesetze am vierzehnten Tag nach Ausgabe des Bundesgesetzblattes (Art. 82 Abs. 2 S. 2 GG) und europäische Gesetz am zwanzigsten Tag nach ihrer Veröffentlichung in Kraft (Art. 297 Abs. 1 AEUV).

Diese Bestimmungen über das Inkrafttreten betreffen die **äußere Wirksamkeit** oder 232
Geltung des Gesetzes. Davon kann die **innere Wirksamkeit** oder Geltung der Normen zu unterscheiden sein, wenn das Gesetz hierfür einen abweichenden Zeitpunkt bestimmt. Diese innere Geltung wird im Europarecht auch als Anwendung der Norm bezeichnet.[112]

E. Verfassungsrechtliche Vorgaben und Restriktionen exekutiver Rechtsetzung

I. Zielsetzung und Legitimationsproblematik exekutiver Rechtsetzung

Anders als das Gewaltenteilungsschema aus Legislative, Exekutive und Jurisdiktion 233
suggeriert, ist Rechtsetzung nicht ausschließlich eine parlamentarische Funktion, weder im staatlichen Kontext noch in der EU. In der parlamentarischen Demokratie kommt die Gesetzgebung zwar als zentrale Aufgabe in erster Linie dem Parlament zu, das unmittelbar durch Wahlen legitimiert ist. Neben der **parlamentarischen Gesetzgebung** kennen aber alle modernen politischen Systeme auch eine Normsetzung durch die Exekutive.

Exekutive Rechtsetzung ist eine notwendige Ergänzung der parlamentarischen Ge- 234
setzgebung. Sie erhöht die Gesetzgebungskapazität und auch die Geschwindigkeit, mit der eine Reaktion auf neue Entwicklungen möglich ist. Das Parlament alleine könnte die Regelungserfordernisse einer modernen Gesellschaft nicht erfüllen. Durch ergänzende exekutive Rechtsetzung kann eine übertriebene Detailgenauigkeit parlamentsbeschlossener Gesetze vermieden werden.[113] Wenn der Exekutive die Konkretisierung der Normen – von der abstrakt-generellen Regelung im formellen Gesetz bis

---

[111] So im Ergebnis die h. M.: *Butzner*, in: Maunz/Dürig, GG, Art. 82 Rn. 92, 181 m. w. N.
[112] Beispiel Art. 99 Datenschutz-Grundverordnung: Inkrafttreten der Verordnung am 25. Mai 2016 (Art. 99 Abs. 1 DSGVO), Anwendung bzw. Geltung ab 25. Mai 2018 (Art. 99 Abs. 2 DSGVO: „Anwendung" in der Überschrift, dafür synonym „gelten" im Normtext).
[113] *Mehde*, VVDStRL 71 (2012), 443.

hin zur ihrer Anwendung auf den konkreten Einzelfall – in Zwischenschritten ermöglicht wird, kann mit einer solchen zwischengeschalteten exekutiven Rechtsetzung ein erheblicher Gewinn an Transparenz, Rationalität der Rechtsanwendung und Rechtssicherheit verbunden sein.[114]

235 **Rechtsverordnungen** weisen nicht die unmittelbare demokratische Legitimität eines Parlamentsgesetzes auf. Neben dem Demokratieprinzip kann exekutive Rechtsetzung das Rechtsstaatsprinzip in Form des Gewaltenteilungsgrundsatzes gefährden: Es kann eine freiheitsbedrohende Machtkonzentration in der Hand der Exekutive bedeuten, wenn ein und dieselbe Staatsgewalt eine Norm erlässt und sie zugleich im Einzelfall anwendet. Das Grundgesetz ermöglicht aus diesen Gründen exekutive Rechtsetzung durch Rechtsverordnungen nur sehr restriktiv und bindet sie über Art. 80 GG zwingend an die parlamentarische Gesetzgebung zurück. Durch diese Norm und durch die verschiedenen verfassungsrechtlichen Gesetzesvorbehalte, die stets Vorbehalte des formellen Gesetzes sind (Wesentlichkeitslehre, Eingriffe in Freiheit und Eigentum), besteht unter dem Grundgesetz nur ein begrenzter, verfassungsrechtlich eng abgesteckter Raum für exekutive Rechtsetzung.

236 **Historischer Hintergrund:** Für diese Entscheidung waren Weimarer Erfahrungen bzw. deren Interpretation aus der Perspektive der Nachkriegszeit prägend. Denn der Reichspräsident hatte unter der Weimarer Reichsverfassung ein weitreichendes Verordnungsrecht, das auch zur Etablierung und Sicherung der nationalsozialistischen Herrschaft genutzt **worden** ist (Notverordnungsrecht nach Art. 48 Abs. 2 WRV). In der Zeit nach 1945 war die Einschätzung weit verbreitet, dass diese und andere Normen der Weimarer Reichsverfassung verfassungsrechtliche Schwächen oder Konstruktionsfehler gewesen seien, die für den Nationalsozialismus mitverantwortlich gewesen seien. Dass dieses Narrativ heute auch als Versuch zur Ablenkung von eigener Verantwortung interpretiert wird, ändert nichts daran, dass diese Einschätzung 1949 prägend für die bewusste Abkehr von der Weimarer Reichsverfassung war.

237 Das Europarecht hat die restriktive Bestimmung des Art. 80 GG nahezu wortgleich in Art. 290 Abs. 1 AEUV für die **Delegation von Rechtsetzungsbefugnissen auf die Kommission** übernommen. Diese Norm auf europäischer Ebene ist nicht durch historische Erfahrungen erklärbar und auch nur zum Teil auf Gewaltenteilungsziele im Verhältnis der EU-Organe untereinander zurückzuführen. Vielmehr trägt die Begrenzung exekutiver Rechtsetzung auf europäischer Ebene Souveränitätsvorbehalten der Mitgliedstaaten Rechnung: Denn die exekutive Rechtsetzung liegt auf EU-Ebene allein in der Hand der Kommission als dezidiert supranationalem Organ, während die Mitgliedstaaten beim Erlass von Sekundärrecht über ihre Regierungsvertreter im Rat wesentliche Mitwirkungsbefugnisse haben. Die Delegation von Rechtsetzungsbefugnissen nach Art. 290 AEUV ist deshalb nicht allein als Delegation auf ein Exekutivorgan verfassungsrechtlich begrenzt, sondern sie wird durch das Primärrecht auch als Delegation auf ein supranationales Organ beschränkt.

238 **Rechtsvergleichender Vertiefungshinweis:** Andere Verfassungsordnungen sind in Bezug auf exekutive Rechtsetzung weniger restriktiv als das europäische und vor allem das deutsche Verfassungsrecht. Im britischen Recht fungiert in vielen Fällen die königliche Prärogative als Kompetenztitel der Regierung, um durch *Orders in Council* exekutives Recht ohne jede parlamentarische Beteiligung oder vorherige Ermächtigung zu setzen. In der französischen Verfassung ist sogar das Regel-Ausnahme-Verhältnis von parlamentarischer und exekutiver Normsetzung umgedreht: Nur wenn ein Sachbereich durch die Verfassung ausdrücklich dem Parlament zur Gesetzgebung überantwortet ist, ist eine parlamentari-

---

[114] *Mehde*, VVDStRL 71 (2012), 421.

sche Gesetzgebung zulässig. In allen anderen Sachbereichen werden die Normen durch die Exekutive (Staatspräsident, Regierung) erlassen, und zwar auf Grund einer allgemeinen, verfassungsrechtlichen Kompetenzzuweisung an die Exekutive zur autonomen Rechtsetzung in diesen Bereichen, nicht auf Grund einer parlamentarischen Ermächtigung dazu durch ein Gesetz.

An diesen Unterschieden in der Behandlung exekutiver Rechtsetzung zeigt sich einmal mehr, wie sehr dem Grundgesetz ein parlamentszentriertes Demokratieverständnis zu Grunde liegt (→ 5/70ff.) und dass auch das Europarecht vom Parlament (und vom Rat) aus denkt. Das französische Verfassungsrecht der V. Republik verfolgt demgegenüber bewusst das Konzept eines *parlementarisme rationalisé*, eines begrenzten Parlamentarismus.

II. Formen exekutiver Rechtsetzung

1. Überblick

Der Begriff der **exekutiven Rechtsetzung** bezieht sich nicht darauf, dass im parlamentarischen Gesetzgebungsverfahren teilweise Gesetzgebungsorgane beteiligt sind, die durch die Exekutive besetzt werden (Bundesrat, Rat auf Ebene der EU, dazu → 10/13ff., 31ff.). Exekutive Rechtsetzung ist vielmehr eine Rechtsetzung außerhalb des parlamentarischen Verfahrens allein durch die Exekutive. Eine solche exekutive Rechtsetzung ermöglichen auch das deutsche und das europäische Verfassungsrecht. 239

Dies zwingt zu einer terminologischen Differenzierung, weil Gesetze demnach vom Parlament oder von der Exekutive erlassen werden können: Parlamentsbeschlossene Gesetze bezeichnet man zur Verdeutlichung der Abgrenzung als formelle Gesetze (oder gleichbedeutend als Gesetze im formellen Sinn). Von der Exekutive erlassene Normen sind demgegenüber nur **im materiellen Sinn Gesetze,** d. h. es handelt sich um abstrakt-generelle Normen wie die parlamentsbeschlossenen Gesetze, aber sie sind in formeller Hinsicht durch einen anderen Normgeber als das Parlament erlassen und daher keine formellen Gesetze. 240

Um das normhierarchische Verhältnis zum Parlamentsgesetz deutlich zu machen, heißen von der Exekutive erlassene Normen im deutschen Recht auch **untergesetzliche Normen.** Im Europarecht kann man sie als **Tertiärrecht** bezeichnen[115] in Abgrenzung zu den EU-Verträgen als Primärrecht und zu den von EU-Parlament und Rat beschlossenen Richtlinien und Verordnungen als Sekundärrecht. Wenn man deutlich machen möchte, dass die Kommission durch das Sekundärrecht zum Erlass von Tertiärrecht ermächtigt werden muss, kann man auch von habilitiertem[116] oder abgeleitetem Recht[117] sprechen. 241

Der AEUV bezeichnet delegierte Rechtsakte des Tertiärrechts in Art. 290 Abs. 1 AEUV als Rechtsakte **ohne Gesetzescharakter.** Diese Bezeichnung entspricht der deutschen Terminologie, nach der Rechtsverordnungen keine Gesetze im formellen Sinne sind. Das europäische Tertiärrecht ist kein formelles, im Verfahren des Art. 294 AEUV als europäisches Sekundärrecht erlassenes Recht. Ebenso wie deutsche Rechtsverordnungen aber auf Grund ihrer abstrakt-generellen Regelungsinhalte und ihrer allgemeinen Geltung ohne weiteres Gesetze im materiellen Sinne sind, hat auch das europäische Tertiärrecht im materiellen Sinne Gesetzescharakter. Wenn also der AEUV 242

---

[115] *Weiß,* Der Europäische Verwaltungsverbund, 2010, S. 77 mit Fn. 118 und passim; *Möstl,* Vertrag von Lissabon, 2010, S. 98, *ders.,* DVBl. 2011, 1076ff. (1077); *Groß,* DÖV 2004, 20ff.
[116] *Jacqué,* in: Auby/Dutheil de la Rochère (Hrsg.), Droit Administratif Européen, 2007, 25 (43ff.).
[117] Erwägungsgrund 1, Art. 1 VO (EU) Nr. 182/2011; ebenso *Kahl,* Der Staat 50 (2011), 353ff. (354).

von Rechtsakten ohne Gesetzescharakter spricht, bezieht sich das nur auf die formelle, nicht aber auf die materielle Seite. Selbstverständlich sind auch die sog. Rechtsakte ohne Gesetzescharakter verbindlich.

243 Das zu Grunde liegende, ermächtigende Parlamentsgesetz bezeichnet man im deutschen Recht als **Ermächtigungsgrundlage** für den Erlass einer Rechtsverordnung. Im europäischen Recht spricht man üblicherweise vom sekundärrechtlichen Basisrechtsakt, der Rechtsgrundlage für den Erlass von Tertiärrecht ist. Ein sachlicher Unterschied ist mit der unterschiedlichen Begrifflichkeit nicht verbunden. Die Terminologie Basisrechtsakt wäre im deutschen Recht aber ungewöhnlich und erläuterungsbedürftig, während Ermächtigungsgrundlage für eine Rechtsverordnung unmittelbar verständlich ist. Umgekehrt ist im europarechtlichen Kontext der Begriff Basisrechtsakt aus sich heraus eindeutig und nicht weiter erläuterungsbedürftig. Es bietet sich daher an, die differenzierte Terminologie dem jeweiligen Kontext entsprechend zu benutzen.

244 Insgesamt ergeben sich zahlreiche terminologische Variationsmöglichkeiten, die teilweise vollständig synonym sind und teilweise andere Aspekte in den Vordergrund stellen. Teilweise handelt es sich um eingeführte Begrifflichkeiten der Rechtswissenschaft, teilweise haben die Begriffe ihre Grundlage im jeweiligen Verfassungsrecht, ohne dass die offizielle Terminologie der Normtexte die gebräuchlichere Terminologie sein müsste. Im Europarecht ist beispielsweise **„Tertiärrecht"** sehr viel geläufiger als der in Art. 290 Abs. 1 AEUV verwendete Begriff der „Rechtsakte ohne Gesetzescharakter".

245 **Terminologische Varianten zur Bezeichnung verschiedener Normebenen**

Normebene	Normgeber	Terminologie im deutschen Recht	Terminologie im Europarecht
1.	Verfassungsgeber (*pouvoir constituant*)	• Grundgesetz • Verfassung, Verfassungsrecht	• Verträge (Art. 1 II AEUV) • Gründungsverträge • Unionsverträge • (europäisches) Primärrecht • (europäisches) Verfassungsrecht
2.	Parlament (bei der EU zusammen mit dem Rat)	• Gesetze • formelle Gesetze • Gesetze im formellen Sinn • Parlamentsgesetze • parlamentsbeschlossene Gesetze	• Sekundärrecht, Sekundärrechtsakte • Gesetzgebungsakte (Art. 289 III AEUV)
3.	Exekutive	• (rein) materielle Gesetze • Gesetze im materiellen Sinn • untergesetzliche Rechtsnormen • exekutives Recht • Beispiel: Rechtsverordnung	• Tertiärrecht • Rechtsakte ohne Gesetzescharakter (Art. 290 I AEUV) • abgeleitetes, habilitiertes bzw. delegiertes Recht (Art. 290 III AEUV) • Beispiel: Durchführungsverordnung
	Voraussetzung für gesetzesakzessorische exekutive Rechtsetzung:	• Ermächtigungsgrundlage (in einem formellen Gesetz)	• Basisrechtsakt (des Sekundärrechts) • Ermächtigungsgrundlage (selten)

2. Gesetzesakzessorisches Exekutivrecht: Rechtsverordnungen, delegiertes Recht, Durchführungsrecht

246 Um die **parlamentarische Rückbindung** und damit die demokratische Legitimation exekutiver Rechtsetzung zu gewährleisten (→ 15/233 ff.), benötigt die Exekutive nach deutschem und nach europäischem Verfassungsrecht in der Regel eine ausdrückliche und konkrete Ermächtigung durch ein formelles Gesetz, um auf dieser Grundlage selbst Recht setzen zu dürfen. Man kann diese Form exekutiver Rechtsetzung als gesetzesakzessorische exekutive Rechtsetzung bezeichnen.

Diese Form exekutiver Rechtsetzung erfolgt im deutschen Recht in Form von Rechts- 247
verordnungen nach Art. 80 GG. Rechtsverordnungen sind allgemeinverbindliche, untergesetzliche Rechtssätze, die von der Exekutive auf Grundlage eines Parlamentsgesetzes erlassen werden.[118] Rechtsverordnungen haben wie Parlamentsgesetze eine
abstrakt-generelle Verbindlichkeit, sie gewähren dem Bürger unmittelbar Rechte
und legen ihm Pflichten auf.[119] Im Unterschied zu formellen Gesetzen ist Gesetzgeber
für Rechtsverordnungen die Exekutive.

Beispiele: Die Straßenverkehrsordnung (StVO) wird auf Grundlage des § 6 Abs. 1 Straßenverkehrsgesetz 248
(StVG) vom Bundesverkehrsministerium erlassen. Die meisten Beispiele für Rechtsverordnungen bietet
das Verwaltungsrecht. Die Verordnung über Informations- und Nachweispflichten nach bürgerlichem
Recht (BGB-Informationspflichten-Verordnung), die die Pflichten des Reiseveranstalters vor, bei und
nach Reisevertragsabschluss konkretisiert hatte, ist 2018 außer Kraft getreten. Ihre Regelungen sind in das
BGB überführt worden.

Das Europarecht kennt zwei **Formen einer exekutiven Rechtsetzung** auf der Basis se- 249
kundärrechtlicher Ermächtigungen:
– delegierte Rechtsakte, die weitgehend den deutschen Rechtsverordnungen entsprechen (Art. 290 AEUV), und
– Durchführungsrechtsakte (Art. 291 Abs. 2 AEUV).[120]

Diese beiden Formen unterscheiden sich in ihrer **Funktion:** Während das delegierte 250
Recht der inhaltlichen Konkretisierung des Basisrechtsakts dient und damit den
Rechtsverordnungen des deutschen Rechts vergleichbar ist, regeln Durchführungsrechtsakte den mitgliedstaatlichen Vollzug des Basisrechtsakts. Sie sollen einheitliche
Vollzugsbedingungen für den indirekten Vollzug des Europarechts in allen Mitgliedstaaten gewährleisten (näher zur Funktion des Durchführungsrechts für den mitgliedstaatlichen Verwaltungsvollzug → 16/6 ff.). Durchführungsrechtsakte haben keine unmittelbare Entsprechung im deutschen Recht. Unter funktionellen Gesichtspunkten
bestehen allerdings deutliche Parallelen zu den allgemeinen Verwaltungsvorschriften,
die die Bundesregierung nach Art. 84 Abs. 2, 85 Abs. 2 S. 1 GG für den Landesvollzug
von Bundesrecht erlassen kann (→ 11/45).

Delegierte Rechtsakte und Durchführungsrechtsakte können jeweils in der Form einer 251
Richtlinie oder einer Verordnung ergehen. Im Verhältnis zum mitgliedstaatlichen
Recht und in der Frage seiner **Umsetzungsbedürftigkeit** unterscheidet sich das Tertiärrecht daher nicht vom Sekundärrecht. Es gibt tertiärrechtliche Verordnungen,
nämlich delegierte Verordnungen und Durchführungsverordnungen, die jeweils nach
Art. 288 Abs. 2 AEUV unmittelbar in jedem Mitgliedstaat gelten. Ebenso gibt es tertiärrechtliche Richtlinien, nämlich delegierte Richtlinien sowie Durchführungsricht-
linien, die einer Umsetzung in innerstaatliches Recht gemäß Art. 288 Abs. 3 AEUV
bedürfen.

---

[118] *Meßerschmidt,* JURA 2016, 748.
[119] *Stelkens,* VVDStRL 71 (2012), 396 m.w.N.
[120] Grundlegende Neuordnung seit dem Vertrag von Lissabon, dazu insgesamt *Craig,* European Law Review 2011, 671 ff.; *Sydow,* JZ 2012, 157 ff.; *Bast,* Common Market Law Review 2012, 885 ff.; *Chris-
tiansen/Dobbels,* European Law Journal 2013, 42 ff.; *Ilgner,* Die Durchführung der Rechtsakte des europäischen Gesetzgebers durch die Europäische Kommission, 2014; *Gaitzsch,* Tertiärnormsetzung in
der Europäischen Union, 2015.

3. Weitere Formen exekutiver Rechtsetzung

252 In der deutschen wie in der europäischen Rechtsordnung gibt es jeweils weitere Formen exekutiver Rechtsetzung, die verfassungsrechtlich nicht auf Art. 80 GG bzw. 290, 291 AEUV beruhen und keine Ermächtigungen in einem förmlichen Gesetz bzw. Sekundärrechtsakt erfordern. Sie stellen Formen der **autonomen exekutiven Rechtsetzung** dar:
– Verwaltungsvorschriften als exekutives Binnenrecht,
– Satzungen als Recht von Selbstverwaltungskörperschaften (z. B. kommunale Satzungen, insbesondere Bebauungspläne, auf der Basis der Selbstverwaltungsgarantie des Art. 28 Abs. 2 GG[121]),
– insbesondere auf europäischer Ebene auch *soft law* in Form von Kommissionsmitteilungen etc.

253 Diese Formen exekutiver Rechtsetzung sind Gegenstand des Verwaltungsrechts und werden in diesem Lehrbuchkapitel nicht weiter thematisiert. Auch Rechtsverordnungen sowie das delegierte und das Durchführungsrecht werden hier nicht in allen Einzelheiten, sondern nur in Bezug auf ihre verfassungsrechtliche Determinierung durch Art. 80 GG bzw. Art. 290, 291 AEUV behandelt.

III. Verfassungsrechtliche Anforderungen an gesetzesakzessorische Rechtsetzung durch die Exekutive

1. Anforderungen aus Art. 80 GG an den Erlass von Rechtsverordnungen

254 Art. 80 GG ermächtigt den parlamentarischen Gesetzgeber zu einer Delegation der Rechtssetzungsbefugnis an die Exekutive. Art. 80 GG gibt die Voraussetzungen vor, unter denen eine solche Delegation an die Exekutive erfolgen kann, und schließt eine Generalbevollmächtigung der Exekutive zur Rechtsetzung aus. Art. 80 Abs. 1 S. 4 GG ermöglicht eine Weiterdelegation der Verordnungsermächtigung an nachgeordnete Behörden. Exekutive Rechtsetzung nach Art. 80 GG dient einer **schrittweisen Konkretisierung** von der abstrakt-generellen Ebene zur Anwendung auf den Einzelfall, insbesondere dann, wenn die Voraussetzungen der Parlamentsgesetze sich auf Generalklauseln beschränken, es geht also um eine „Dekonzentration des Normerlasses".[122]

255 Stellt sich heraus, dass die formell-gesetzliche Ermächtigungsgrundlage nichtig ist, so ist auch die Rechtsverordnung nichtig. Dieselbe Rechtsfolge tritt ein, wenn die Rechtsverordnung nicht mit der Ermächtigungsgrundlage vereinbar ist. Verstößt die Rechtsverordnung gegen das Zitiergebot oder sonstiges höherrangiges Recht, so ist sie ebenfalls nichtig. Fehler im Verordnungsgebungsverfahren, die nicht zugleich die Verfassung verletzen, lassen die Wirksamkeit der Rechtsverordnung unberührt. Wenn allerdings gleichzeitig ein Verfassungsverstoß vorliegt und diese Rechtsverletzung offensichtlich ist, resultiert daraus die **Unwirksamkeit der Rechtsverordnung.**

256 **Gerichtlich überprüfbar** sind bundesrechtliche Rechtsverordnungen im Rahmen der Verfassungsbeschwerde, es besteht aber die Hürde der unmittelbaren Betroffenheit.

---

[121] Zur Unterscheidung von Satzungen und Rechtsverordnungen *Mehde,* VVDStRL 71 (2012), 418 (427f.).
[122] *Stelkens/Mehde,* VVDStRL 71 (2012), 399ff. bzw. 421ff.

Eine abstrakte Normenkontrolle scheidet für den Bürger aus, da der Kreis der Antragsteller auf Staatsorgane beschränkt ist.[123] Die konkrete Normenkontrolle beschränkt sich auf formelle Gesetze. Unter dem Landesgesetz stehende Rechtsvorschriften können einer Normenkontrolle nach § 47 VwGO unterliegen.

2. Anforderungen aus Art. 290 AEUV an den Erlass delegierten Rechts

Wenn eine sekundärrechtliche Richtlinie oder Verordnung der Kommission Rechtsetzungsbefugnisse überträgt, kann sie nach Art. 290 I AEUV delegierte Richtlinien und Verordnungen erlassen. Delegierte Rechtsakte dienen der Ergänzung – ggfs. auch der Änderung – bestimmter, nicht wesentlicher Vorschriften des betreffenden Basisrechtsakts. Ziele, Inhalt, Geltungsbereich und Dauer einer Ermächtigung zum Erlass von delegiertem Recht müssen ausdrücklich in einem Basisrechtsakt begründet und festgelegt werden. Die wesentlichen Aspekte sind dabei einer Regelung durch den Basisrechtsakt vorbehalten, eine Befugnisübertragung für sie ist ausgeschlossen.[124] Damit entsprechen die **materiell-rechtlichen Anforderungen an die Ermächtigungsnorm** in Art. 290 Abs. 1 AEUV weitgehend den Anforderungen, die Art. 80 GG an die Ermächtigung zum Erlass von Rechtsverordnungen stellt.[125]

257

Unterschiede zum deutschen Recht bestehen im **Verfahren der exekutiven Rechtsetzung:** Während der Bundestag nach Art. 80 GG Rechtsverordnungen nur materiellrechtlich determiniert, können sich das Europäische Parlament und der Rat bei der Übertragung von Rechtsetzungsbefugnissen an die Kommission nach Art. 290 Abs. 2 AEUV zusätzlich vorbehalten, auch prozedural beim Erlass des delegierten Rechts beteiligt zu werden. Art. 290 Abs. 2 lit. b) AEUV sieht nämlich die Möglichkeit vor, dass sich Parlament und Rat im Basisrechtsakt ein Vetorecht vorbehalten können. Das von der Kommission erlassene delegierte Recht kann dann nur in Kraft treten, wenn das Parlament oder der Rat innerhalb einer festzulegenden Frist keine Einwände erheben. Damit ermöglicht das Primärrecht eine umfassende Kontrollzuständigkeit von Rat und Parlament für die delegierte Rechtsetzung durch die Kommission.

258

Dies soll die demokratische Legitimation der delegierten Rechtsetzung und ihre Rückbindung an die primär demokratisch verantwortlichen Organe stärken. So begrüßenswert dies im Grundsatz ist, so stellt sich doch die Frage, ob Rat und Parlament diese **Kontrollfunktion** auch tatsächlich im Hinblick auf Arbeitskapazität und spezialisierten Sachverstand wahrnehmen können. Der Entlastungseffekt für das Parlament, den die Delegation von Rechtsetzungsbefugnissen auf die Exekutive für Detailfragen eigentlich haben soll, wird dadurch konterkariert, wenn das Parlament mit einer in die Einzelheiten gehenden Kontrollaufgabe für die Wahrnehmung der delegierten Rechtsetzungsbefugnisse betraut wird.

259

Es spricht daher einiges dafür, dass die Lösung des Art. 80 GG in diesem Fall das **überlegene Ordnungsmodell** ist: nämlich eine strenge materiell-rechtliche Rückbindung

260

---

[123] *Meßerschmidt,* JURA 2016, 757.
[124] Art. 290 Abs. 1 AEUV, der die ältere EuGH-Rechtsprechung zu dieser Frage nunmehr primärrechtlich verankert hat, vgl. EuGH 27.9.1979 – C-230/78, ECLI:EU:C:1979:216 – Spa Eridania und EUGH 13.7.1995 C-156/93, ECLI:EU:C:1995:238 – Parlament/Kommission; zur Auslegung dieser Norm: *Härtel,* in: Hatje/Müller-Graff (Hg.), EnzEuR I § 11 Rn. 62ff., *Gaitzsch,* Tertiärnormsetzung in der EU, 2015, 56ff.
[125] Vergleich von Art. 290 AEUV mit Art. 80 GG: *Möstl,* DVBl. 2011, 1076 (1080f.).

der Verordnungsgebung an das ermächtigende Parlamentsgesetz unter gerichtlicher Kontrolle und unter Verzicht auf parlamentarische Mitwirkungsrechte beim Verordnungserlass. Das Europarecht setzt demgegenüber in diesem Fall wie auch sonst nicht so sehr auf materiell-rechtliche Bindungen, sondern mit der Möglichkeit des parlamentarischen Vetorechts eher auf prozedurale Mechanismen.

3. Anforderungen aus Art. 291 Abs. 2 AEUV an den Erlass von Durchführungsrecht

261 Nach Art. 291 Abs. 2 AEUV kann ein Sekundärrechtsakt der Kommission – im Bereich der Gemeinsamen Außen- und Sicherheitspolitik: dem Rat – die Befugnis zum **Erlass von Durchführungsbestimmungen** übertragen. Es handelt sich neben dem delegierten Recht um eine weitere Form des Tertiärrechts.[126]

262 Weil der Erlass von Durchführungsrecht den Grundsatz der mitgliedstaatlichen Autonomie beschränkt, werden die Mitgliedstaaten über besondere EU-Ausschüsse am Erlass des Durchführungsrechts beteiligt. In Anlehnung an den französischen bzw. englischen Sprachgebrauch (frz. *comités*, engl. *committees*, daraus *comitologie/comitology*) wird diese Ausschussbeteiligung als **Komitologie** bezeichnet. Diese Komitologie-Ausschüsse sind mit Vertretern der nationalen Exekutiven besetzt und haben gegenüber der Kommission Beteiligungs- und Vetorechte.[127]

F. Klausurhinweise

I. Klausurrelevante Themen und Fragestellungen

263 Die **Rechtsetzung** ist als zentrale hoheitliche Funktion von erheblicher Klausurrelevanz. Bei der Konzeption verfassungsrechtlicher Klausuren bietet es sich häufig an, formelle und materiellrechtliche Fragen miteinander zu verbinden. Eine typische Klausuraufgabe besteht in der Prüfung der formellen und materiellen Verfassungsmäßigkeit eines (fiktiven oder realen) Gesetzes. Typische Aufgabestellungen lauten dafür: „Ist das X-Gesetz verfassungsgemäß?" bzw. „Hat ein Normenkontrollverfahren in Bezug auf das X-Gesetz Aussicht auf Erfolg?" (mit vorgelagerter Prüfung der Zulässigkeit des verfassungsgerichtlichen Verfahrens).

264 Die **Gesetzgebungskompetenzen** und das **Gesetzgebungsverfahren** sind daher als zentrale formelle Anforderungen an die Gesetzgebung im hohen Maße klausurrelevant, auch wenn sie nur selten eine Falllösung ganz alleine ausfüllen dürften. Bei einer offen gehaltenen Aufgabenstellung („Ist das X-Gesetz verfassungsgemäß?") ist die Frage der Gesetzgebungskompetenz in jedem Fall zu prüfen, Fragen des Gesetzgebungsverfahrens hingegen nur dann, wenn der Sachverhalt Verfahrensschritte der Gesetzgebung schildert.

265 Fälle zur exekutiven Rechtsetzung beinhalten häufig auch verwaltungsrechtliche Aspekte oder Schwerpunkte. Die **exekutive Rechtsetzung** wird deshalb vor allem dann klausurrelevant, wenn nach dem Studienplan auch das Allgemeine Verwaltungsrecht

---

[126] Zur Abgrenzung zwischen delegiertem Recht und Durchführungsrecht: EuGH 18.3.2014 – C-427/12, ECLI:EU:C:2014:170 Rn. 35 ff. – Kommission/EP u. a.
[127] Einzelheiten: VO (EU) NR. 182/2011 (sog. Komitologie-VO), dazu *Sydow,* JZ 2012, 157 ff.

behandelt worden ist. Anfängerklausuren in den ersten beiden Studiensemestern werden kaum einen Fall zur Bearbeitung stellen, der seinen Schwerpunkt im Bereich der exekutiven Rechtsetzung hat. Da Art. 80 GG aber andererseits eine Verfassungsbestimmung von zentraler Bedeutung für die Abgrenzung von Legislative und Exekutive ist, gehören die Kernaussagen dieser Norm zum Kernstoff des Verfassungsrechts.

II. Aufbauhinweise

1. Fälle zum Gesetzgebungsverfahren

Wenn ein Fall u. a. das Verfahren der Bundesgesetzgebung zum Gegenstand hat, bietet es sich in der Regel an, die **Prüfung des Gesetzgebungsverfahrens** mit Art. 78 GG zu beginnen. Diese Norm als Einstiegsnorm der Fallprüfung verweist auf die verschiedenen Absätze des Art. 77 GG zurück und eröffnet darüber die Prüfung der einzelnen Verfahrensschritte des Gesetzgebungsverfahrens und der Beteiligungserfordernisse für den Bundesrat.

266

Eine vergleichbare, zusammenfassende Norm wie Art. 78 GG als Prüfungseinstieg gibt es im Unionsrecht nicht. Dort überprüft man die **Rechtmäßigkeit eines Gesetzgebungsverfahrens** am besten in chronologischer Reihenfolge, indem man die einzelnen Absätze der Art. 293, 294 AEUV nacheinander durchprüft.

267

2. Fälle zur Überprüfung von Rechtsverordnungen

Die **Rechtmäßigkeitsanforderungen** für Rechtsverordnungen beruhen auf der Vereinbarkeit mit Verfassungs- und Gesetzesrecht, insbesondere materiell-rechtliche Probleme lassen sich auf die Frage nach der Wesentlichkeitstheorie und dem Vorbehalt des Gesetzes zurückführen.[128] Dabei lässt sich in zwei Schritten vorgehen: Zunächst ist zu prüfen, ob eine ausreichende gesetzliche Ermächtigungsgrundlage vorhanden ist, sodann ob die Rechtsverordnung von dieser gefundenen Ermächtigungsgrundlage gedeckt ist. Für delegierte Rechtsakte des Unionsrechts kann man genauso vorgehen.

268

Eine vollständige Überprüfung der **Rechtmäßigkeit einer Rechtsverordnung** wird erst auf der Grundlage von breiteren Kenntnissen im Verwaltungsrecht möglich sein und kann deshalb in verfassungsrechtlichen Klausuren in den ersten Studiensemestern noch nicht Prüfungsgegenstand sein.

269

III. Prüfschemata

Grundschemata für die Prüfung der Verfassungsmäßigkeit eines Gesetzes

– Aufgabenstellung vom Typ: „Ist das X-Gesetz verfassungsgemäß?"
    I. Formelle Verfassungsmäßigkeit des X-Gesetzes
        1. Gesetzgebungskompetenz
        2. Gesetzgebungsverfahren
    II. Materielle Verfassungsmäßigkeit des X-Gesetzes (z. B. Vereinbarkeit mit den Grundrechten)

270

---

[128] *Mehde*, Rechtsetzungen der europäischen und nationalen Verwaltungen, VVDStRL 71 (2012), 429; *Meßerschmidt*, JURA 2016, S. 751.

Kapitel 15. Rechtsetzung

- **Aufgabenstellung vom Typ: „Hat ein Normenkontrollverfahren über das X-Gesetz Aussicht auf Erfolg?"**
  A. Zulässigkeit des Normenkontrollverfahrens
  B. Begründetheit des Normenkontrollverfahrens
     I. formelle Verfassungsmäßigkeit des X-Gesetzes
        1. Gesetzgebungskompetenz
        2. Gesetzgebungsverfahren
     II. materielle Verfassungsmäßigkeit des X-Gesetzes (z. B. Vereinbarkeit mit den Grundrechten)

Prüfschema zu den Gesetzgebungskompetenzen des Bundes

271
I. Ausschließliche Gesetzgebungskompetenz des Bundes, Art. 71 GG für:
   1. Katalog, Art. 73 Abs. 1 Nr. 1-14; 105 Abs. 1 GG
   2. Sonderfälle: Art. 21 Abs. 3, 23 Abs. 3, 7, 38 Abs. 3, 41 Abs. 3, 45c Abs. 2, 48 Abs. 3 S. 3, 54 Abs. 7 GG
II. Konkurrierende Gesetzgebungskompetenz des Bundes, Art. 72 Abs. 1 GG für:
   1. Katalog, Art. 74 Abs. 1 Nr. 1-33, 105 Abs. 2 GG (beachte Art. 125a GG)
   2. Fällt das Gesetz unter Art. 72 Abs. 2 GG: Prüfung der Erforderlichkeit
III. Ungeschriebene Gesetzgebungskompetenz des Bundes
   1. Kompetenz kraft Sachzusammenhangs
   2. Annexkompetenz
   3. Kompetenz kraft Natur der Sache

Prüfschema: Rechtmäßigkeit einer Rechtsverordnung

272
A. Ausreichende gesetzliche Ermächtigung für die Rechtsverordnung?
I. Ermächtigungsgrundlage (Bsp.: § 6 StVG)
II. Formelle Rechtmäßigkeit der gesetzlichen Ermächtigung
   1. Gesetzgebungskompetenz, Art. 72ff. GG
   2. Gesetzgebungsverfahren, Art. 76ff. GG
III. Materielle Rechtmäßigkeit der gesetzlichen Ermächtigung
   1. Bestimmtheitsgebot, Art. 80 Abs. 1 S. 2 GG
   2. Wahrung der Wesentlichkeitstheorie: grundrechtsrelevante Angelegenheiten müssen in formellen Gesetzen geregelt werden, für diese darf der Exekutive keine Ermächtigung zur Rechtsetzung durch Rechtsverordnung erteilt werden
   3. Vereinbarkeit mit Grundrechten
   4. Verhältnismäßigkeit des formellen Gesetzes

B. Rechtsverordnung von der unter A. gefundenen Ermächtigung gedeckt?
I. Formelle Rechtmäßigkeit der Rechtsverordnung
   1. Zuständigkeit des Verordnungsgebers: Art. 80 Abs. 1 S. 1 GG i. V. m. EGL: Bundesregierung, Bundesminister, Landesregierungen (hier z. B. § 6 StVG: Bundesverkehrsminister)

2. Verfahren
   a. Art. 80 Abs. 2 GG: dort bezeichnete Inhalte bedürfen der Zustimmung des Bundesrates
   b. Verkündung im Bundesgesetzblatt, Art. 82 Abs. 1 S. 2 GG
3. Form: Zitiergebot, Art. 80 Abs. 1 S. 3 GG
II. Materielle Rechtmäßigkeit der Rechtsverordnung
   1. Materielle Vereinbarkeit mit der Ermächtigungsgrundlage: Rechtsverordnung muss sich innerhalb des vorgegebenen Ermächtigungsrahmens halten
   2. Materielle Vereinbarkeit mit sonstigem höherrangigem Recht
      a. Verhältnismäßigkeit der Rechtsverordnung
      b. Vereinbarkeit der Rechtsverordnung mit Grundrechten
      c. Bestimmtheit der Rechtsverordnung

Kapitel 16. Verwaltung

Literatur: *I. Appel/M. Eifert,* Das Verwaltungsrecht zwischen klassischem dogmatischen Verständnis und steuerungswissenschaftlichem Anspruch, VVDStRL 67 (2008), S. 226 ff., S. 286 ff.; *M. Döhler,* Wie Ministerien (versuchen), Bundesbehörden (zu) steuern: eine politische Kosten-Nutzen-Analyse, VerwArch. 102 (2011), 110 ff.; *H. Dreier,* Hierarchische Verwaltung im demokratischen Staat, 1991; *A. Funke,* Die Verwaltungshoheit der Länder im Zugriff der Bundesgesetzgebung, insbesondere bei der Bundesauftragsverwaltung, VerwArch. 103 (2012), 290 ff.; *S. Huster,* Der Einfluss des Bundes auf die Ausführung von Geldleistungsgesetzen im Rahmen der Bundesauftragsverwaltung: das Beispiel der Anordnung von Stichprobenkontrollen, Die Verwaltung 49 (2016), 577 ff.; *A.-K. Kaufhold,* Einheit in Vielfalt durch umgekehrten Vollzug? Zur Anwendung mitgliedstaatlichen Rechts durch europäische Institutionen, JöR n. F. 66 (2018), 85 ff.; *N. Kazele,* Arkanbereiche der Exekutive? – Zum Verhältnis der Exekutive zu den anderen Gewalten im demokratischen Rechtsstaat, VerwArch. 101 (2010), 469 ff.; *S. Kirste,* Das System der Europäischen Agenturen, VerwArch. 102 (2011), 268 ff.; *F. Landscheidt,* Der Sitzwechsel europäischer Agenturen am Beispiel der Europäischen Arzneimittelagentur (EMA) im Rahmen des „Brexit", ZEuS 2017, 3 ff.; *J. Oebbecke,* in: Isensee/Kirchhof (Hrsg.), Handbuch des Staatsrechts VI, § 136, S. 743 ff.; *E. Pache/ Th. Groß,* Verantwortung und Effizienz in der Mehrebenenverwaltung, VVDStRL 66 (2007), S. 106 ff., S. 152 ff.; *E. Peuker,* Die Anwendung nationaler Rechtsvorschriften durch Unionsorgane – Ein Konstruktionsfehler der europäischen Bankenaufsicht, JZ 2014, 764 ff.; *G. Sydow,* Verwaltungskooperation in der EU, 2004; *ders.,* Externalisierung und institutionelle Ausdifferenzierung: Kritik der Organformen in der EU-Eigenadministration, VerwArch. 97 (2006), 1 ff.; *W. Weiß,* Dezentrale Agenturen in der EU-Rechtsetzung, EuR 2016, 631 ff.

1 Dieses Kapitel behandelt die verfassungsrechtlichen Bestimmungen über die Verwaltung:
 – Der Schwerpunkt der verfassungsrechtlichen Normierungen liegt im Bereich der **Verwaltungskompetenzen,** einerseits im Verhältnis zwischen EU und Mitgliedstaaten, andererseits im Bund-Länder-Verhältnis (Verbandskompetenzen, dazu A.).
 – Daneben finden sich verschiedene verfassungsrechtliche Vorgaben für die **Verwaltungsorganisation** (B.).
 – Zudem bestehen unter bestimmten Voraussetzungen **Ingerenzrechte** der EU in Bezug auf das Verwaltungshandeln der Mitgliedstaaten sowie vergleichbare Ingerenzrechte des Bundes in Bezug auf die Verwaltungstätigkeit der Bundesländer (C.). Diese Ingerenzrechte ermöglichen es der EU bzw. dem Bund, beim Auseinanderfallen von Gesetzgebungs- und Verwaltungskompetenzen auf das Verwaltungshandeln Einfluss zu nehmen, um einen effektiven und an den gesetzlichen Vorgaben orientierten Verwaltungsvollzug sicherzustellen.
 – Schließlich bestehen verfassungsrechtliche Vorgaben und Restriktionen für ebenenübergreifende **Verwaltungskooperationen** im europäischen Verwaltungsverbund oder im Rahmen einer Verwaltungszusammenarbeit von Bund und Ländern (D.).

A. Verwaltungskompetenzen

I. Kompetenzielle Grundentscheidungen

2 Das deutsche und das europäische Verfassungsrecht haben für ihren jeweiligen Regelungsbereich zwei übereinstimmende Grundentscheidungen für die Zuweisung der Verbandskompetenzen im Bereich der Verwaltung getroffen:
 – Die **Gesetzgebungs- und die Verwaltungskompetenzen** werden unabhängig voneinander bestimmt und in vielen Fällen nicht parallelisiert (anders z. B. in den

USA, wo Bundesgesetze stets in Bundesverwaltung vollzogen werden). Aus der Gesetzgebungskompetenz für einen Sachbereich folgt also nicht automatisch die Kompetenz, die auf dieser Kompetenzgrundlage erlassenen Gesetze auch administrativ zu vollziehen. Die Verwaltungskompetenzen im Verhältnis zwischen EU, Bund und Ländern (**Verbandskompetenzen**) werden eigenständig begründet.

– Die Verwaltungskompetenzen werden **meist dezentralisiert,** liegen also in der Regel auf der unteren Ebene: im Verhältnis von EU und Mitgliedstaaten bei den Mitgliedstaaten, im Bund-Länder-Verhältnis bei den Ländern. Europäische Gesetze werden deshalb vielfach durch die Mitgliedstaaten vollzogen, Bundesgesetze vielfach durch Landesbehörden. Die umgekehrte Vollzugskonstellation ist verfassungsrechtlich ausgeschlossen (kein Vollzug von Landesgesetzen durch Bundesbehörden, in der Regel kein Vollzug von nationalem Recht durch EU-Institutionen, → 16/12).

Für den Vollzug des EU-Rechts muss die Frage nach den Verbandskompetenzen doppelt gestellt werden: zunächst für das Verhältnis zwischen EU und Mitgliedstaaten, sodann im föderalen System der Bundesrepublik für das Verhältnis zwischen Bund und Ländern. Da in beiden Fällen die Vollzugskompetenzen grundsätzlich auf der jeweils unteren Ebene liegen, obliegt der Vollzug europäischer Gesetze vielfach deutschen Landesbehörden. Das hat folgende Konsequenzen: 3

– Die Zuständigkeit der **EU-Administration** beschränkt sich auf den Vollzug eines kleineren Teils des europäischen Rechts, ist also eng begrenzt;
– die Kompetenzen der **Bundesverwaltung** beschränken sich auf den Vollzug eines Teils des EU-Rechts und eines Teils des Bundesrechts und sind damit ebenfalls begrenzt;
– **Landesbehörden** können EU-, Bundes- und Landesrecht vollziehen und sind sehr weitreichend, denn Landesbehörden vollziehen in Deutschland einen erheblichen Teil des EU-Rechts, den größten Teil des Bundesrechts und das gesamte Landesrecht.

II. Verwaltungskompetenzen im Verhältnis zwischen EU und Mitgliedstaaten

1. Rechtsgrundlagen

Die Verbandskompetenzen für den Vollzug des Unionsrechts im Verhältnis zwischen EU und Mitgliedstaaten werden durch das europäische **Primärrecht** bestimmt. Es enthält allerdings keine zusammenhängende Normierung des administrativen Vollzugs des Unionsrechts im Sinne einer systematischen, konzeptionell geschlossenen Regelung. Während das Grundgesetz der Ausführung der Bundesgesetze, der Bundesverwaltung, den Gemeinschaftsaufgaben und der Verwaltungszusammenarbeit zwei eigene Abschnitte widmet,[1] sind entsprechende Normierungen im europäischen Primärrecht nach anderen Gesichtspunkten systematisiert. Sie erscheinen daher als über das Primärrecht verstreut, wenn man sie in Erwartung einer durchnormierten Verwaltungsvollzugsordnung zusammenlesen möchte. 4

Für die Verwaltungskompetenzen im Verhältnis zwischen EU und Mitgliedstaaten sind vor allem folgende Normen von Bedeutung: 5
– das **Prinzip der begrenzten Einzelermächtigung** (Art. 4 Abs. 1, 5 Abs. 1 EUV);

---

[1] Abschnitt VIII, Art. 83 ff. GG, zudem Abschnitt VIIIa, Art. 91 a ff. GG, dazu → Rn. 23 ff. und Rn. 87 ff.

- die einzelnen, über das Primärrecht **verstreuten Kompetenztitel** (primär im AEUV);
- besondere **sektorale Kompetenzgrundlagen** für Formen der Verwaltungszusammenarbeit: bspw. Zusammenarbeit im Zollwesen (Art. 33 AEUV), Verwaltungszusammenarbeit für den Raum der Freiheit, der Sicherheit und des Rechts (Art. 74 AEUV), polizeiliche Zusammenarbeit (Art. 87 AEUV);
- die Kompetenzen der EU für **Unterstützungsmaßnahmen** für die Vollzugskapazitäten der mitgliedstaatlichen Verwaltungen (Art. 197 Abs. 2 AEUV) und für den Erlass von **Durchführungsrecht** für den mitgliedstaatlichen Vollzug (Art. 291 Abs. 2 und 3 AEUV);
- die **Prinzipien der Subsidiarität und der Verhältnismäßigkeit** als Kompetenzausübungsregelungen (Art. 5 EUV).

2. Indirekter Vollzug des Unionsrechts: Grundentscheidung für ein dezentrales Vollzugssystem

6 Wenn die EU europäische Normen selbst durch Behörden auf EU-Ebene vollzieht, spricht man von direktem Vollzug des Unionsrechts. Wird das Unionsrechts durch mitgliedstaatliche Behörden vollzogen, bezeichnet man dies als indirekten Vollzug. Dieser indirekte Vollzug des Unionsrechts durch die Mitgliedstaaten ist der Regelfall. Unabhängig davon, ob man den Begriff des Vollzugsföderalismus terminologisch für glücklich hält oder nicht,[2] erzwingen die kompetenzrechtlichen Festlegungen des Primärrechts ein grundsätzlich **dezentrales,** auf die mitgliedstaatlichen Verwaltungen gestütztes **Vollzugskonzept.**

7 Denn das Prinzip der **begrenzten Einzelermächtigung** und die Grundsätze der **Subsidiarität** und **Verhältnismäßigkeit** (→ 15/60ff., 108ff.) beziehen sich auch auf die Vollzugskompetenzen, auch wenn Art. 4 Abs. 1 und 5 EUV üblicherweise mit Blick auf Gesetzgebungskompetenzen diskutiert werden. Demzufolge bedarf es für die Begründung einer Verwaltungskompetenz auf EU-Ebene eines ausdrücklichen Kompetenztitels in den Verträgen, dessen Heranziehung für Verwaltungskompetenzen den Grundsätzen der Subsidiarität und der Verhältnismäßigkeit entsprechen muss. Auch wenn ein Sachbereich gesetzlich europarechtlich normiert ist, bestehen damit zusätzliche Begründungshürden für europäische Verwaltungskompetenzen.

8 Die EU greift mit dem Konzept des indirekten Vollzugs auf die Verwaltungsorganisationen der Mitgliedstaaten zurück. Die Mitgliedstaaten haben den Vollzug des Unionsrechts in aller Regel den vorhandenen Behörden entsprechend ihrer fachlichen Zuständigkeit zugewiesen, ohne dass größere institutionelle Anpassungen an die zusätzlichen europäischen Aufgaben zu konstatieren wären. Eingespielte interne Verfahrensabläufe und Fachkenntnisse können durch diesen **Rückgriff auf bestehende Verwaltungsstrukturen** für den Vollzug des Unionsrechts genutzt werden. Dabei werden durchaus nicht nur spezialisierte Fachbehörden mit europäischen Vollzugsaufgaben und anspruchsvollen grenzüberschreitenden Kooperationsverpflichtungen betraut. Zur Umsetzung der Dienstleistungsrichtlinie verknüpft das Binnenmarktinfor-

---

[2] Kritische Diskussion des Föderalismusbegriffs in Bezug auf die EU bei *Franzius,* Europäisches Verfassungsrechtsdenken, S. 61 ff.

mationssystem beispielsweise auch lokale Verwaltungsbehörden miteinander, die im Bereich der Gewerbeaufsicht tätig sind.[3]

Die nationalen Verwaltungen übernehmen damit funktional EU-Aufgaben, bleiben aber organisatorisch Teil der nationalen Verwaltungen. Deshalb kann man die nationalen Verwaltungen im Hinblick auf ihre Aufgaben beim Vollzug des EU-Rechts als **„kodependente"**[4] **(doppelabhängige) Organisationen** bezeichnen. Ihre Einordnung als „quartäre Organisationsebene der EU-Verwaltung"[5] ist demgegenüber tendenziell missverständlich. Denn dies suggeriert einen organisatorischen Aufbau mit hierarchischen Beziehungen, wie sie im Verhältnis zwischen der europäischen und den mitgliedstaatlichen Verwaltungen nur punktuell und gerade nicht in genereller Weise bestehen. 9

Im Rahmen des indirekten Vollzugs werden Verwaltungsverfahren in den Mitgliedstaaten zum Vollzug ein- und desselben Unionsrechtsakts grundsätzlich unabhängig voneinander und somit gegebenenfalls parallel durchgeführt. Die Rechtswirkungen mitgliedstaatlicher Entscheidungen bleiben auf den Hoheitsbereich des eigenen Staates beschränkt: Die Mitgliedstaaten entscheiden **„jeder für sich"**.[6] 10

Der indirekte, isoliert-einzelstaatliche Vollzug des Unionsrechts wahrt mitgliedstaatliche Verwaltungskompetenzen und verwirklicht das Ziel der Bürgernähe und das Subsidiaritätsprinzip. Durch Parallelverfahren in verschiedenen Mitgliedstaaten wird indes ein hoher Verwaltungsaufwand verursacht. Tendenziell ist durch dieses Vollzugskonzept die einheitliche Anwendung („effektive Durchführung") des Unionsrechts gefährdet. Denn die Heterogenität der mitgliedstaatlichen Organisationsformen, abweichende Verfahrensbestimmungen, unterschiedliche Verwaltungstraditionen und andere Prägungen des Verwaltungspersonals begründen die Gefahr eines **divergierenden Vollzugs** europäischer Gesetze. Deshalb sind für einzelne Sachmaterien unmittelbare Vollzugskompetenzen der EU begründet worden (**vertikale Zentralisierung,** → 16/14ff.). Teilweise werden Vollzugskompetenzen auch bei einem einzelnen Mitgliedstaat gebündelt, dessen Entscheidung unionsweite Wirkung entfaltet (**horizontale Zentralisierung,** → 16/19ff.). 11

Schließlich gibt es eine einzige, atypische **Ausnahmekonstellation** im Bereich des *Single Supervisory Mechanism* für die Bankenaufsicht, in dessen Rahmen die Europäische Zentralbank punktuell auch nationales Recht vollzieht. Dem liegt ein grundsätzlich anderes Integrationsmodell zu Grunde: Es zielt nicht – wie sonst im Europarecht allgemein üblich – auf europäische Integration durch Harmonisierung des materiellen Rechts der Mitgliedstaaten, sondern auf Integration durch einen gemeinsamen Vollzug bei Fortbestand nationaler Regelungen. Weitere Anwendungsfälle für dieses Integrationskonzept, gegen das grundlegende verfassungs- und unionsrechtliche Ein- 12

---

[3] Zum System des „einheitlichen Ansprechpartners" in der Dienstleistungs-Richtlinie *Sommermann,* in: Hill/Sommermann/Stelkens/Ziekow (Hrsg.), 35 Jahre VwVfG, S. 191 ff., 201 f.; zur Umsetzung der Dienstleistungs-RL in das deutsche VwVfG *Kahl,* in: Axer/Grzeszick/Kahl/Mager/Reimer (Hrsg.), Europ. VerwR in der Konsolidierungsphase, S. 39 ff., 77 ff.
[4] *Cassese,* Der Staat 22 (1994), 25 ff. (26).
[5] *Hatje,* EuR Beiheft 1/1998, S. 14 ff.; die Zählung folgt dem Organisationsebenenmodell von *Hilf,* Organisationsstruktur der EG, S. 13 ff.
[6] *Sydow,* Verwaltungskooperation in der EU, S. 126 ff.; *Pache,* VVDStRL 66 (2007), S. 106 ff. (128 ff.).

wände erhoben worden sind[7], hat der europäische Gesetzgeber über die Bankenaufsicht hinaus nicht geschaffen.

13   **Verwaltungskompetenzen im Verhältnis von EU und Mitgliedstaaten**

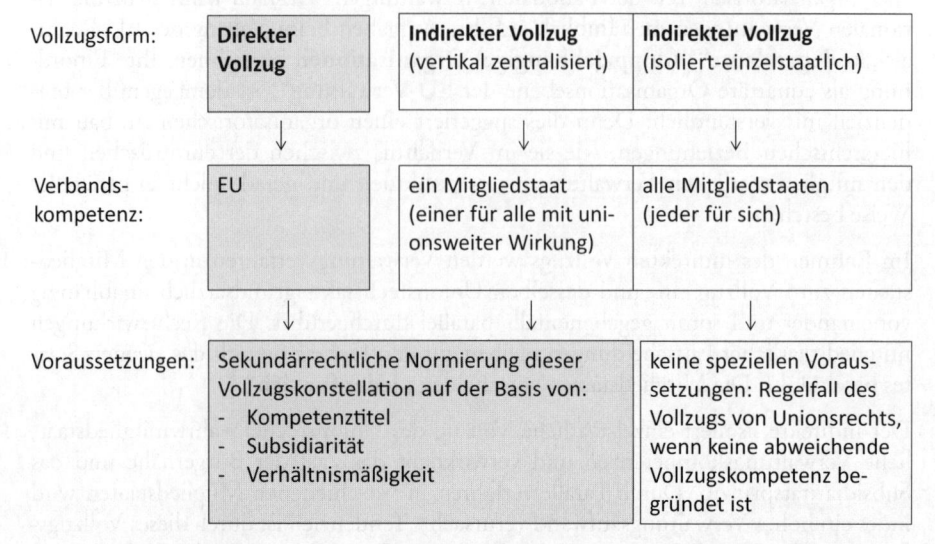

Vollzugsform:	Direkter Vollzug	Indirekter Vollzug (vertikal zentralisiert)	Indirekter Vollzug (isoliert-einzelstaatlich)
Verbandskompetenz:	EU	ein Mitgliedstaat (einer für alle mit unionsweiter Wirkung)	alle Mitgliedstaaten (jeder für sich)
Voraussetzungen:	Sekundärrechtliche Normierung dieser Vollzugskonstellation auf der Basis von: - Kompetenztitel - Subsidiarität - Verhältnismäßigkeit		keine speziellen Voraussetzungen: Regelfall des Vollzugs von Unionsrechts, wenn keine abweichende Vollzugskompetenz begründet ist

3. Vertikale Zentralisierung: Verbandskompetenzen der EU für den direkten Vollzug des Unionsrechts

14   Nach dem Prinzip der begrenzten Einzelermächtigung (→ 15/60ff.) bedarf die EU nicht nur für die Gesetzgebung, sondern auch für die Begründung von Verwaltungszuständigkeiten auf europäischer Ebene einer **ausdrücklichen Kompetenzgrundlage im Einzelfall**. Viele Bestimmungen des europäischen Primärrechts mit seinem Mischsystem aus sachlichen und finalen Kompetenzzuweisungen ermächtigen die Union allgemein zum Tätigwerden oder zum Ergreifen von Maßnahmen. Die einzelnen Kompetenztitel unterscheiden also nicht zwischen legislativem und administrativem Handeln.

15   Das bedeutet allerdings nur, dass es kompetenziell grundsätzlich zulässig ist, Vollzugsaufgaben auf die Union zu übertragen.[8] Es heißt keineswegs, dass Gesetzgebungs- und Verwaltungskompetenzen stets parallelisiert werden müssten. Vielmehr verbleibt im Regelfall die Verwaltungskompetenz auch dann bei den Mitgliedstaaten, wenn eine Sachfrage materiell europarechtlich geregelt ist. Es bedarf einer zusätzlichen Prüfung anhand des Subsidiaritäts- und Verhältnismäßigkeitsprinzips, wenn zusätzlich auch europäische Verwaltungskompetenzen begründet werden sollen.[9] Ebenso wie für die

---

[7] Darstellung und Kritik dieser Konstruktion bei *Peuker,* JZ 2014, 764ff.; *Kaufhold,* JöR n. F. 66 (2018), 85ff.
[8] EuGH, Slg. 1994, I-3681ff., 3711f.; längere Zeit wurde diese Normierungskompetenz allerdings auch bestritten, so etwa *Wahl/Groß,* DVBl. 1998, 2 (10ff.); *Caspar,* DVBl. 2002, 1437ff. (1443f.); näher *Sydow,* VerwArch. 97 (2006), 1ff. (12f.).
[9] Hilfreich dazu die Aufgliederung von Kompetenzcharakteristika (Breite, Tiefe, Dichte, Modus, Ausrichtung) bei von Bogdandy/Bast/*Nettesheim,* Europ. VerfR, S. 389ff., 418ff.

Gesetzgebungskompetenzen ist die Zulässigkeit von Verwaltungskompetenzen der
EU daher nach einer **dreischrittigen Prüfung** festzustellen:
- Vorliegen eines Kompetenztitels,
- Subsidiarität,
- Verhältnismäßigkeit.

Art. 298 AEUV begründet keine europäischen Verwaltungskompetenzen. Art. 298 16
Abs. 2 AEUV ermöglicht zwar den Erlass von Bestimmungen über die EU-Eigenadministration. Diese Norm kann sich aber nicht auf die Verbandskompetenzen der EU, sondern nur auf die **Organkompetenzen** beziehen:[10] auf Errichtung und Struktur verselbstständigter Verwaltungseinheiten auf EU-Ebene und die Kompetenzabgrenzung zwischen ihnen und der Kommission. Die vorausliegende Frage nach den Verwaltungskompetenzen der Union beurteilt sich nicht nach Art. 298 AEUV, sondern nach den allgemeinen Kompetenztiteln in Verbindung mit dem Subsidiaritäts- und dem Verhältnismäßigkeitsprinzip.

Der **direkte Vollzug** des Unionsrechts durch eigene Behörden und Institutionen der 17
EU ist deshalb die **Ausnahme**. Er beschränkte sich lange Zeit auf Fragen des Personals und der internen Organisation der europäischen Institutionen, zudem als bedeutsamen Sachbereich mit außenwirksamem Verwaltungshandeln auf das Wettbewerbsrecht. Auf sekundärrechtlicher Grundlage sind nach und nach zusätzliche Verwaltungskompetenzen der EU begründet worden. Es handelt sich aber im Vergleich zum Tätigkeitsumfang der nationalen Verwaltungen nach wie vor um eine überschaubare Anzahl von Einzelkompetenzen. Üblicherweise werden zudem nationale Fachbehörden in den direkten Vollzug des Unionsrechts eingebunden.

Beispiel: Für die (unter Gesundheitsaspekten umstrittene) Zulassung des Wirkstoffs Glyphosat für Pflan- 18
zenschutzmittel ist nach Art. 13 Abs. 2 VO (EG) Nr. 1107/2009 die Kommission zuständig. Sie entscheidet über die Zulassung im Rahmen des direkten Vollzugs, und zwar im sog. Komitologieverfahren (→ 16/
62 f.), also unter Beteiligung eines mit Vertretern der Mitgliedstaaten besetzten Ausschusses.[11] Die Wirkstoffzulassung bedeutet noch keine Zulassung eines Pflanzenschutzmittels, denn dieses enthält oft Beistoffe oder mehrere Wirkstoffe. Pflanzenschutzmittel mit zugelassenen Wirkstoffen werden in einem zweiten Schritt national zugelassen, in Deutschland auf der Basis des Pflanzenschutzgesetzes durch das Bundesamt für Verbraucherschutz und Lebensmittelsicherheit, wobei eine gegenseitige Anerkennung der Zulassungen in der EU erfolgt. In ähnlicher Weise besteht im direkten Vollzug eine Vollzugszuständigkeit für die Zulassung von Arzneimitteln.[12]

4. Horizontale Zentralisierung: Verwaltungskompetenzen im Verhältnis zwischen den EU-Mitgliedsstaaten

Verschiedene Sekundärrechtsakte des EU-Rechts begründen keine EU-Kompetenz für 19
den direkten Vollzug, weisen die Vollzugskompetenz aber auch nicht sämtlichen Mitgliedstaaten jeweils für das eigene Hoheitsgebiet zu. Sie folgen einem Bedürfnis nach Bündelung der Vollzugskompetenzen und realisieren diese dadurch, dass sie die Vollzugskompetenz einem einzelnen Mitgliedstaat zuweisen. Dessen Entscheidung entfaltet **unionsweite, transnationale Wirkung:** Die Vollzugskompetenzen werden hori-

---

[10] Allgemein zu den Organkompetenzen innerhalb der EU von Bogdandy/Bast/*Nettesheim*, Europ. VerfR, S. 389 ff., 405 ff.
[11] Rechtsgrundlage VO (EG) Nr. 1107/2009; gestützt auf Art. 37 Abs. 2, Art. 95, Art. 152 Abs. 4 Buchst. b EGV (heute: Art. 43 Abs. 2, Art. 114, Art. 168 Abs. 4 Buchst. b AEUV).
[12] Rechtsgrundlage VO (EG) Nr. 726/2004.

zontal zentralisiert; von den Mitgliedstaaten entscheidet nicht mehr „jeder für sich", sondern **„einer für alle"**.[13]

20 **Beispiel:** Die von den Mitgliedstaaten ausgestellten **Führerscheine** werden auf der Basis einer EU-Richtlinie gegenseitig anerkannt.[14] Die Mitgliedstaaten beurteilen die Fahreignung einer Person also nicht alle eigenständig und erlassen nicht parallele Verwaltungsentscheidungen zur selben Frage. Die Verbandskompetenz wird vielmehr (anhand des Wohnsitzes) bei einem Mitgliedstaat gebündelt; alle anderen Mitgliedstaaten verlieren die Kompetenz, eigenständig über die Fahrberechtigung einer Person im eigenen Hoheitsgebiet zu entscheiden. In vergleichbarer Weise ist für den Vollzug des europäischen Asyl- und Flüchtlingsrechts (Schengener und Dubliner Recht) derjenige EU-Mitgliedstaat zuständig, den ein Asylbewerber als erstes betritt.[15]

21 Die administrative Handlungsform, die eine horizontale Konzentration von Verwaltungsbefugnissen ermöglicht, wird als **transnationaler Verwaltungsakt** bezeichnet. Die Einzelheiten sind Gegenstand des Europäischen Verwaltungsrechts. Für die verfassungsrechtliche Beurteilung einer solchen horizontalen Zentralisierung ist von Bedeutung, dass sich entsprechende Vollzugsstrukturen vom isoliert-einzelstaatlichen Vollzug grundsätzlich im Hinblick auf Kompetenzzuweisungen, Verfahrensstrukturen, Rechtswirkungen der Verwaltungsentscheidungen, Rechtsschutz etc. unterscheiden. Daraus resultieren besondere Legitimationsanforderungen. Aus der Perspektive derjenigen Mitgliedstaaten, bei denen die Entscheidungsbefugnis *nicht* zentralisiert wird, ist es mit Blick auf den Verlust eigener Hoheitsbefugnisse gleichgültig, ob Vollzugszuständigkeiten an die EU-Eigenadministration oder an eine andere mitgliedstaatliche Verwaltung abgegeben werden. In beiden Fällen entfalten administrative Entscheidungen im eigenen Hoheitsgebiet Rechtswirkungen, die nicht durch eine eigene, nationale Behörde erlassen worden sind und gegen die der Bürger deshalb auch nicht vor den eigenen Gerichten Rechtsschutz erlangen kann.

22 Deshalb müssen die **Legitimationsanforderungen** an eine durch EU-Sekundärrecht angeordnete horizontale Zentralisierung von Verwaltungskompetenzen den Anforderungen entsprechen, die beim direkten Vollzug an eine vertikale Zentralisierung der Vollzugskompetenzen gestellt werden (Prinzip der begrenzten Einzelermächtigung, Verhältnismäßigkeit, Subsidiarität).

III. Verwaltungskompetenzen im Verhältnis von Bund und Ländern

1. Rechtsgrundlagen

23 **Art. 83 ff. GG** regeln die Verbandskompetenzen für den Vollzug von Bundesgesetzen. Für den Vollzug von Landesgesetzen ergibt sich die Verwaltungskompetenz der Länder aus **Art. 30 GG**.

---

[13] *Sydow,* Verwaltungskooperation in der EU, S. 138 ff.; *Pache,* VVDStRL 66 (2007), S. 106 ff. (130 ff.).
[14] Art. 2, Art. 7 Nr. 1 RL 2006/126/EG über den Führerschein, in Deutschland auf Grundlage des StVG umgesetzt durch § 28 Fahrerlaubnis-VO (Verordnung über die Zulassung von Personen zum Straßenverkehr).
[15] Art. 12, 13 VO (EU) Nr. 604/2013; dazu EuGH 26.7.2017 – C-646/16 – Jafari/Österreich.

Verwaltungskompetenzen im Bund-/Länder-Verhältnis 24

Gesetzgebungs-kompetenz:	**Bund**		**Länder**
	↓	↓	↓
Verwaltungs-kompetenzen:	Bund (u.a. Art. 87 GG)	Länder (Regelfall: Art. 83 ff. GG)	Länder (ohne Ausnahme, Art. 30 GG)

Die Länder führen die Bundesgesetze in der Regel **als eigene Angelegenheiten** aus 25 (Art. 83, 84 GG), in bestimmten Fällen stattdessen **im Auftrag des Bundes** (Art. 85 GG). Diese Differenzierung betrifft nicht die Verbandskompetenzen: In beiden Fällen liegt Landesverwaltung vor. Von Bedeutung ist die Unterscheidung zwischen Art. 83, 84 GG und Art. 85 GG erst für die Ausgestaltung der Landesverwaltung im Hinblick auf Aufsichts-, Weisungs- und Mitbestimmungsrechte des Bundes, die bei der Bundesauftragsverwaltung nach Art. 85 GG deutlich intensiver ausgestaltet sind (→ 16/ 73 ff.).

Ob **Landeseigenverwaltung oder Bundesauftragsverwaltung** vorliegt, wird nicht 26 durch Art. 83 bis 85 GG geregelt, sondern dort vorausgesetzt („Führen die Länder die Bundesgesetze im Auftrage des Bundes aus, so ...", Art. 85 Abs. 1 S. 1 GG). Regelfall ist die Landeseigenverwaltung nach Art. 83 GG mit den dann bestehenden Ingerenzrechten nach Art. 84 GG. Bundesauftragsverwaltung gibt es als
- **obligatorische Bundesverwaltung** (Beispiele: Verwaltung der Bundesautobahnen nach Art. 90 Abs. 2 GG, bestimmte Formen der Steuerverwaltung nach Art. 108 Abs. 3 GG): in diesem Fall ergibt sich das Vorliegen von Bundesauftragsverwaltung unmittelbar aus der entsprechenden Grundgesetzbestimmung;
- **fakultative Bundesverwaltung** (Beispiele: Verteidigung und Zivilschutz nach Maßgabe von Art. 87b Abs. 2 GG, Atomenergieverwaltung nach Art. 87c GG): in diesem Fall bestimmt erst das zugehörige Bundesgesetz, ob die Länder das Bundesgesetz im Auftrag des Bundes nach Art. 85 GG oder als eigene Angelegenheit nach Art. 83, 84 GG verwalten.

Soweit nach europäischem Verfassungsrecht die Mitgliedstaaten für den Vollzug des 27 europäischen Rechts zuständig sind (→ 16/6 ff.), stellt sich ebenso wie beim Vollzug von Bundesrecht die Frage, ob dafür im föderalen System der Bundesrepublik Deutschland der Bund oder die Länder zuständig sind. Das Europarecht enthält hierzu keine Regelung, sondern belässt diese Frage in der **Regelungsautonomie der Mitgliedstaaten**. Auch das Grundgesetz enthält keine explizite Regelung für die Verwaltungskompetenzen beim Vollzug von EU-Recht, weil sich diese Frage beim Erlass des Grundgesetzes noch nicht stellte.

Die Regelungslücke wird durch eine Analogie geschlossen: nämlich durch **analoge** 28 **Anwendung der Art. 83 ff. GG** auch für die Verbandskompetenzen von Bund und Ländern beim indirekten Vollzug von Europarecht.[16] Das führt vielfach zu Vollzugs-

---

[16] BVerwGE 102, 119 (125 f.).

kompetenzen der Länder, soweit nicht im Einzelfall, insb. nach Art. 87 Abs. 2 GG, eine Verwaltungskompetenz des Bundes begründet ist. Die weiteren Einzelheiten dieser Analogiebildung sind umstritten. Der Streit wirkt sich vor allem in Bezug auf die Frage aus, welche Einwirkungsrechte der Bund gegenüber den Ländern hat, um sicherzustellen, dass die Länder der unionsrechtlichen Verpflichtung zum effektiven Vollzug des Unionsrechts nachkommen (→ 16/76 ff.).

2. Obligatorische Bundesverwaltung

29 Führt der Bund EU-Normen oder Bundesgesetze durch Bundesbehörden oder bundesunmittelbare Körperschaften oder Anstalten aus, spricht man von **bundeseigener Verwaltung oder Bundesverwaltung.** Verbandskompetenzen des Bundes im Bereich der Verwaltung müssen ausdrücklich durch das Grundgesetz begründet werden. Materien, die im Grundgesetz nicht als Gegenstand der bundeseigenen Verwaltung genannt sind oder für die das Grundgesetz eine Bundesverwaltung nicht zumindest ermöglicht, werden in Landesverwaltung geführt.

30 Art. 87 Abs. 1 S. 1 GG weist dem Bund die Verwaltungskompetenz für den Auswärtigen Dienst, die Bundesfinanzverwaltung, die Verwaltung der Bundeswasserstraßen und der Schifffahrt zu (obligatorische Bundesverwaltung). Die überregionalen Sozialversicherungsträger (z. B. Deutsche Rentenversicherung Bund) und die Bundesagentur für Arbeit als bundesunmittelbare Körperschaften des öffentlichen Rechts beruhen auf Art. 87 Abs. 2 GG.[17]

3. Fakultative Bundesverwaltung

31 Eine fakultative Bundesverwaltung besteht einerseits nach Art. 87 Abs. 1 S. 2 GG. Diese Norm ermöglicht dem Bundesgesetzgeber die Errichtung einer Bundespolizei (früher Bundesgrenzschutz), von Zentralstellen für das polizeiliche Auskunfts- und Meldewesen, für die Kriminalpolizei (Bundeskriminalamt) und des Verfassungsschutzes.

32 Andererseits kann auch nach Art. 87 Abs. 3 GG eine Verbandskompetenz des Bundes für den Verwaltungsvollzug begründet werden: Art. 87 Abs. 3 S. 1 GG ermöglicht die Errichtung von Bundesoberbehörden und damit die Übernahme einer Materie in Bundesverwaltung, und zwar gerade für solche Sachbereiche, für die eine Bundesverwaltungskompetenz nicht enumerativ an anderer Stelle im Grundgesetz begründet ist.[18] Voraussetzung ist lediglich das Bestehen einer Gesetzgebungskompetenz des Bundes.

33 **Beispiele:** Art. 87 Abs. 3 S. 1 GG ist die verfassungsrechtliche Grundlage für die gesetzliche Errichtung der Bundesnetzagentur in Bonn (Marktregulierungsaufgaben), des Umweltbundesamtes mit Hauptsitz in Dessau und des Deutschen Patent- und Markenamtes mit Hauptsitz in München. Insgesamt bestehen etwa 70 Bundesoberbehörden auf der Basis dieser Verfassungsbestimmung.

34 Art. 87 Abs. 3 GG ist damit ein Einfallstor für die Begründung weiterer Verwaltungskompetenzen des Bundes über die im Grundgesetz ausdrücklich benannten Materien der Bundesverwaltung hinaus. Um einer drohenden Erosion der Verwaltungskompetenzen der Länder vorzubeugen, begrenzt Art. 87 GG gleichzeitig mit der Begründung

---

[17] Ausführlich zur obligatorischen Bundesverwaltung: *Oebbecke*, HStR § 136 Rn. 112–117.
[18] BVerfGE 14, 197 (210) = BeckRS 1962, 103755; BVerfGE 104, 238 (247) = DVBl. 2002, 546 (547).

von Verwaltungskompetenzen des Bundes dessen Verwaltungskapazitäten zur Wahrnehmung dieser Kompetenzen: Art. 87 Abs. 3 S. 1 GG ermöglicht nur die **Errichtung von Bundesoberbehörden**. Die Errichtung von bundeseigenen Mittel- und Unterbehörden und damit eine flächendeckende Verwaltungsstruktur im gesamten Bundesgebiet ist nach Art. 87 Abs. 3 S. 2 GG an erhöhte Voraussetzungen gebunden (→ 16/ 48 f.).[19]

B. Verfassungsrechtliche Vorgaben für die Verwaltungsorganisation

I. Primärrechtliche Vorgaben für die Struktur der EU-Verwaltung

1. Die Kommission als Hauptverwaltungsorgan

Das europäische Primärrecht enthält mit Art. 17 Abs. 1 EUV und Art. 298 AEUV zwei grundlegende Normen über die europäische Exekutive. Soweit eine Verbandskompetenz der EU für den Verwaltungsvollzug besteht, sind die Exekutivfunktionen primär der **Kommission** zugewiesen: Sie sorgt für die Anwendung der Verträge sowie derjenigen Maßnahmen, die die Organe kraft der Verträge erlassen. Die Kommission führt den Haushaltsplan der EU aus und verwaltet die EU-Programme. Zusammenfassend formuliert Art. 17 EUV, dass die Kommission „Koordinierungs-, Exekutiv- und Verwaltungsfunktionen" ausübe.[20]

35

2. Primärrechtliche Grundlagen für die Errichtung Europäischer Agenturen

Durch europäisches Sekundärrecht können die Organkompetenzen auf EU-Ebene auch auf andere, **verselbständigte Verwaltungseinheiten** übertragen werden, die nach Art. 298 AEUV als Teil der europäischen Verwaltung die Kommission unterstützen. Anders als in den Anfangsjahren der EU, als die begrenzten Verwaltungsaufgaben der EU ausnahmslos durch die Kommission wahrgenommen wurden, ist die EU-Verwaltung mittlerweile institutionell ausdifferenziert. Die Behörden auf EU-Ebene werden im Anschluss an den englischen Sprachgebrauch *(agency)* üblicherweise als **Agenturen** bezeichnet.

36

Beispiele: Je nach Zählweise bestehen gegenwärtig zwischen 40 und 50 EU-Agenturen, von denen sich 15 in Brüssel befinden.[21] Die übrigen Sitze sind über die Staatsgebiete der EU-Mitgliedstaaten verstreut; die Europäische Agentur für Flugsicherheit (EASA) hat beispielsweise ihren Sitz in Köln. Zu diesen Agenturen gehört auch die Grenzschutzagentur FRONTEX mit Sitz in Warschau.[22]

37

Die europäischen Agenturen unterstehen teilweise in einem hierarchischen Verhältnis direkt der Kommission (**Exekutivagenturen**[23]). Meistens werden europäische Agenturen durch eine eigene Rechtspersönlichkeit, Personalhoheit, Haushaltsautonomie und Weisungsunabhängigkeit als von der Kommission unabhängige Einrichtungen

38

---

[19] Ausführlich zur fakultativen Bundesverwaltung: *Oebbecke*, HStR § 136, Rn. 118–133.
[20] Art. 17 Abs. 1 S. 2, S. 4, S. 5 EUV; zur Einordnung der Kommission in ein Gewaltengliederungskonzept *Möllers*, Die drei Gewalten, S. 183 ff.
[21] Übersicht unter https://europa.eu/european-union/about-eu/agencies_de; zur Sitzfrage *Landscheidt*, ZEuS 2017, 3 ff.
[22] Keine Grenzpolizei mit eigenen Polizeikräften, sondern eine Agentur, errichtet durch VO (EG) Nr. 2007/2004.
[23] Aufgaben in der Verwaltung bestimmter EU-Programme, beispielsweise ERASMUS+.

errichtet (**Regulierungsagenturen** oder **Fachagenturen**)[24]. Teilweise treffen diese Agenturen selbst verbindliche Einzelfallentscheidungen, teilweise leisten sie für konkrete Vollzugsaufgaben der Kommission und gegebenenfalls der Mitgliedstaaten Unterstützung oder bereiten die Verwaltungsentscheidung durch die Kommission fachlich vor. In begrenztem Umfang sind sie zur administrativen Rechtsetzung befugt.[25]

39 Verfassungsrechtliche **Kompetenzgrundlage** für die Errichtung von Agenturen ist **Art. 298 AEUV,** nach dem sich die Organe, Einrichtungen und sonstigen Stellen der Union zur Ausübung ihrer Aufgaben auf eine unabhängige europäische Verwaltung stützen. Nach Art. 298 Abs. 2 AEUV können im ordentlichen EU-Gesetzgebungsverfahren die näheren Regelungen zur EU-Eigenverwaltung durch Verordnungen getroffen werden.[26] Durch die Einfügung dieser Norm in das Primärrecht durch den Vertrag von Lissabon ist die frühere Rechtsauffassung endgültig überholt, dass das Gebot des institutionellen Gleichgewichts[27] auf EU-Ebene die Errichtung verselbstständigter Verwaltungseinheiten ausschließe, weil sie als „vertragsfremde Einrichtungen"[28] nicht mit den primärrechtlichen Organ- und Kompetenzbestimmungen vereinbar seien.

3. Demokratische Legitimation des Organisationsmodells der EU-Verwaltung

40 Die Errichtung der europäischen Fachagenturen folgt einer **technokratischen Funktionslogik,** die die gesamte europäische Verwaltung prägt: Die Übertragung von Vollzugsaufgaben auf Agenturen soll dazu dienen, dass „Beschlüsse aufgrund sachlicher und wissenschaftlicher Erwägungen"[29] getroffen werden. Negativ formuliert bedeutet dies: Das Verwaltungshandeln soll von politischen Einflussnahmen frei sein. Dazu dienen die Haushalts- und Personalhoheit und vor allem die Weisungsunabhängigkeit der europäischen Agenturen (mit Ausnahme der Exekutivagenturen). Damit unterscheidet sich das Unionsrecht in dieser Frage der Verwaltungsorganisation diametral vom deutschen Recht (→ 16/45 ff.).

41 Rechtsvergleichender Hinweis: Das Unionsrecht folgt in dieser Frage der Verwaltungsorganisation auf EU-Ebene Grundmustern der britischen und der französischen Verwaltungsrechtsordnungen, die neben den hierarchisch gegliederten Ministerialverwaltungen auch durch zahlreiche unabhängige Verwaltungsbehörden geprägt sind, nämlich die britischen *agencies* und die französischen *autorités administratives indépendantes (AAI).*

42 Die Existenz und Weisungsfreiheit europäischer Agenturen wird teilweise als Beleg für die These vom **Demokratiedefizit** der EU angeführt, weil im technokratischen Charakter der EU-Verwaltung ein Widerspruch zur demokratischen Steuerung der Verwaltung über eine gewählte, politisch verantwortliche Leitung gesehen wird. In Großbritannien oder Frankreich vertritt indes niemand die Auffassung, dass die dortigen nationalen Verwaltungsstrukturen undemokratisch seien. Das Organisationsmodell

---

[24] Zum System der Agenturen: *Kirste,* VerwArch 102 (2011), 268 ff.
[25] Dazu *Weiß,* EuR 2016, 631 ff.
[26] Zur früheren Diskussion über die Errichtungskompetenz für verselbstständigte Verwaltungseinrichtungen *Sydow,* VerwArch. 97 (2006), 1 ff. (10 ff.).
[27] EuGH, ausgehend von Rs. Köster, Slg. 1970, 1161 ff. Rn. 6; allgemein zu den Organkompetenzen innerhalb der EU von Bogdandy/Bast/*Nettesheim,* Europ. VerfR, S. 389 ff., 405 ff.
[28] *Priebe,* Vertragsfremde Einrichtungen im Recht der EG; mit ähnlich negativen Konnotationen *Berger,* Vertraglich nicht vorgesehene Einrichtungen des Gemeinschaftsrecht; neutraler *Hilf,* Dezentralisierungstendenzen in der EU.
[29] KOM(2008) 135, S. 6.

unabhängiger Agenturen verfehlt deshalb nicht das Demokratieprinzip, sondern realisiert ein anderes Verständnis von Demokratie.

Es stützt sich nicht allein auf demokratische Ableitungszusammenhänge, die durch die sekundärrechtliche Errichtung der Agenturen und die gesetzliche Steuerung ihres Verwaltungshandelns selbstverständlich auch hier gegeben sind. Ergänzend tritt nach dem europäischen Demokratieverständnis *output*-orientiert die Frage nach der **Leistungsfähigkeit** bestimmter institutioneller Arrangements für die Bürger hinzu. Die Legitimation der europäischen Arzneimittelbehörde setzt nach diesem Verständnis nicht voraus, dass ihr konkretes Verwaltungshandeln im Einzelfall über eine Weisungskette durch gewählte Volksvertreter beeinflusst werden kann. Ihre Legitimation begründet sich vielmehr neben der gesetzlichen Grundlage für ihr Handeln auch aus einer effizienten, wirksamen und sicheren Handhabung der Arzneimittelzulassung in der EU. 43

II. Verfassungsrechtliche Vorgaben für die Struktur der Bundesverwaltung

Neben den Bestimmungen über die Kompetenzabgrenzung von Bund und Ländern im Bereich der Verwaltung enthält das Grundgesetz auch Vorgaben für die Struktur der Bundesverwaltung. 44

1. Errichtungs- und Leitungskompetenz der Bundesregierung

Nach der grundgesetzlichen Demokratiekonzeption (→ 5/33 ff., insb. 5/43 ff.) müssen Verwaltungsbehörden grundsätzlich in einem **hierarchischen Abhängigkeitsverhältnis zur Regierung** stehen, die als politisch dem Parlament verantwortliche Institution die demokratische Legitimation der Verwaltung gewährleistet.[30] In Umsetzung dieser Grundentscheidung regelt Art. 86 GG die Organisationsgewalt für die Bundesverwaltung und weist sie der Bundesregierung zu: Sie erlässt die allgemeinen Verwaltungsvorschriften und regelt die Einrichtung der Bundesbehörden. Diese Organisationsgewalt umfasst die Kompetenz zur Weisung im Einzelfall, die in oberster Zuständigkeit nach Art. 65 S. 2 GG beim zuständigen Bundesminister liegt. Dieses aus dem Demokratieprinzip des Grundgesetzes abgeleitete grundlegende Strukturprinzip einer hierarchischen Unterstellung der Verwaltung unter die politisch verantwortliche Regierung gilt über Art. 28 Abs. 1 S. 1 GG auch für das Verhältnis der Landesverwaltungen zur jeweiligen Landesregierung. 45

Das Demokratieprinzip des Grundgesetzes schließt weisungsfreie Behörden außerhalb dieses hierarchischen Legitimationszusammenhangs grundsätzlich aus (**Verbot des ministerialfreien Raumes**). Das Grundgesetz sieht Ausnahmen für den Bundesrechnungshof[31] und die Bundesbank zur Absicherung ihrer Aufgabe vor, die Geldwertstabilität zu gewährleisten.[32] Weitere Ausnahmen sind nach deutschem Verfassungsverständnis nur auf gesetzlicher oder gewohnheitsrechtlicher Grundlage zulässig, wenn zwingende Sachgründe für eine abweichende Verwaltungsorganisation bestehen. 46

---

[30] BVerfGE 9, 268 (282) = NJW 1959, 1171 (1172); *Dreier*, Hierarchische Verwaltung im demokratischen Staat, S. 129 ff.; zur Steuerung der Bundesbehörden durch die Ministerien in der Praxis: *Döhler*, VerwArch. 102 (2011), 110 ff.

[31] Richterliche Unabhängigkeit seiner Mitglieder für die Prüfung der Wirtschaftlichkeit und Ordnungsmäßigkeit der Haushaltsführung nach Art. 114 Abs. 2 GG.

[32] Art. 88 GG, dessen S. 2 seit 1992 die Möglichkeit einer Übertragung dieser Aufgabe auf die ebenfalls unabhängige Europäische Zentralbank vorsieht.

Kapitel 16. Verwaltung

47 **Beispiele** für zulässigerweise weisungsfreie Behörden und Stellen: Bundesprüfstelle für jugendgefährdende Schriften[33], Bundeskartellamt, Bundesbeauftragte für Datenschutz und Informationsfreiheit, deren Funktion auch in der Kontrolle der Bundesverwaltung besteht, so dass sie durch das BDSG unmittelbar dem Bundestag und nicht der Bundesregierung zugeordnet ist.

2. Regelmäßige Beschränkung auf Bundesoberbehörden

48 Wie bereits im Rahmen der Verbandskompetenzen des Bundes erörtert (→ 16/32ff.), ermöglicht Art. 87 Abs. 3 S. 1 GG die **Errichtung von Bundesoberbehörden** und damit die Übernahme von Verwaltungsaufgaben in Bundesverwaltung, auch wenn für den jeweiligen Sachbereich ansonsten keine Bundesverwaltungskompetenz durch das Grundgesetz begründet wird. Bundesoberbehörden sind Behörden, die keine eigene Rechtsfähigkeit besitzen und einem Bundesministerium unmittelbar nachgeordnet sind.

49 Für die Errichtung von **bundeseigenen Mittel- und Unterbehörden** bestehen nach Art. 87 Abs. 3 S. 2 GG erhöhte materielle (dringender Bedarf für neue Aufgaben des Bundes) und formelle Voraussetzungen (Bundesratszustimmung). Damit soll eine flächendeckende Behördenstruktur des Bundes mit entsprechend hohen Verwaltungskompetenzen verhindert werden, um die Verwaltungskompetenzen der Länder nicht über Art. 87 Abs. 3 GG zu weit auszuhöhlen. Verfassungsrechtlich zulässige bundeseigene Mittel- und Unterbehörden sind daher selten. Beispiele bilden die Wasser- und Schifffahrtsämter des Bundes und die Hauptzollämter.

C. Ingerenzrechte[34] der EU und des Bundes beim Auseinanderfallen von Gesetzgebungs- und Verwaltungskompetenzen

I. Rechtfertigung von Ingerenzrechten gegenüber den Mitgliedstaaten bzw. Bundesländern

50 Wenn EU-Gesetze durch europäische Behörden, Bundesgesetze durch Bundesbehörden oder Landesgesetze durch Landesbehörden vollzogen werden, verfügt der jeweilige Gesetzgeber ungeachtet des Gewaltenteilungsgrundsatzes über Steuerungsinstrumente, mit denen er auf einen gesetzmäßigen, effektiven Vollzug des Gesetzes durch die Verwaltung hinwirken kann. Die Einflussnahme vollzieht sich im deutschen Verfassungsrecht über die parlamentarisch verantwortliche Regierung, die gegenüber der ihr nachgeordneten Verwaltung weisungsbefugt ist. Auf Bundesebene ergibt sich dies aus den Bestimmungen über das Verhältnis von Bundestag und Bundesregierung (insb. Art. 43 Abs. 1, 63 Abs. 1, 67 Abs. 1 GG) in Verbindung mit der Leitungsgewalt der Bundesregierung über die Bundesverwaltung (Art. 86 GG), ohne dass dafür noch weitere Bestimmungen im Grundgesetz getroffen werden müssten. Die Landesverfassungen enthalten vergleichbare Bestimmungen. Auf diese Weise werden die demokratische Legitimation des Verwaltungshandelns und die **Rückbindung an das Parlament** als zentralen Legitimationsmittler sichergestellt.

---

[33] BVerfGE 83, 130 (149ff.) = NJW 1991, 1471 (1474f.).
[34] Ingerenz: abgeleitet vom lateinischen Verb *ingerere* – sich einmischen, hier also allgemein als Einflussrechte zu verstehen (enger die Begriffsverwendung im Strafrecht, wo Ingerenz bei Unterlassungsdelikten die pflichtwidrige Einflussnahme auf ein Geschehen bezeichnet, aus der eine Garantenpflicht zur Erfolgsabwendung erwächst).

Dieser Mechanismus wird unterbrochen, wenn die Gesetzgebungs- und die Verwaltungskompetenzen auseinanderfallen, also beim Landesvollzug von Bundesgesetzen und ebenso beim indirekten Vollzug des Europarechts. Denn die Landesverwaltungen unterstehen der jeweiligen Landesregierung, die dem Landtag, nicht aber dem Bundestag gegenüber politisch verantwortlich ist. Ebenso wenig ist das Verhältnis zwischen der EU und den nationalen Verwaltungen hierarchisch geprägt: Die Kommission verfügt grundsätzlich über kein Weisungsrecht gegenüber nationalen Behörden. 51

Das Grundgesetz erkennt gleichwohl an, dass der Bund ein legitimes Interesse daran hat, den Vollzug der Bundesgesetze durch die Landesverwaltungen zu beeinflussen. Deshalb begründen Art. 84, 85 GG spezielle **Ingerenzrechte des Bundes** in Bezug auf die Landesverwaltungen, wenn diese Bundesrecht vollziehen. Diese Bundeskompetenzen werden teilweise durch den Bundesgesetzgeber ausgeübt (Art. 84 Abs. 1 S. 2, Art. 85 Abs. 1 S. 1 GG), überwiegend durch die Bundesregierung. Dadurch entstehen Verflechtungen zwischen Bund und Ländern, die unter dem Aspekt der Verantwortungsklarheit nicht unproblematisch sind und die die Eigenständigkeit und Eigenverantwortung der Länder für die Wahrnehmung ihrer verfassungsrechtlichen Kompetenzen tendenziell aushöhlen. 52

Ingerenzrechte beim Landesvollzug von Bundesrecht 53

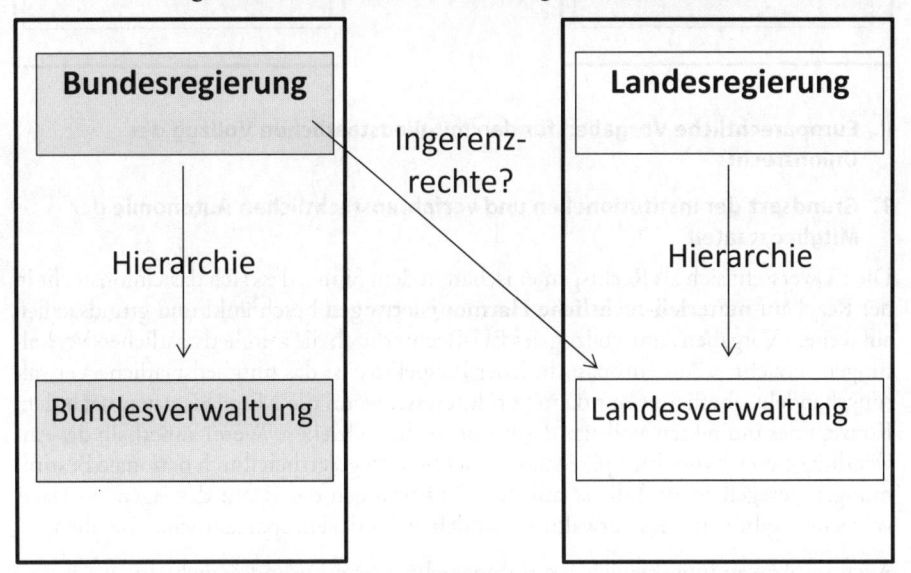

Im Verhältnis zwischen EU und Mitgliedstaaten bestehen durch den üblichen indirekten Vollzug des Unionsrechts dieselben Probleme: nämlich einerseits ein legitimes Bedürfnis der EU, **Vollzugsdefizite** für das Unionsrecht und Vollzugsdivergenzen zwischen den Mitgliedstaaten möglichst zu **vermeiden** und dazu Einfluss auf den mitgliedstaatlichen Vollzug nehmen zu können, andererseits ein ebenso legitimes Interesse der Mitgliedstaaten, institutionelle und verfahrensrechtliche Fragen ihres Verwaltungshandelns autonom regeln zu können. Wie dieses Spannungsverhältnis aufgelöst wird, ist nur in Teilaspekten unmittelbar im Primärrecht geregelt (insb. Art. 291 AEUV). Es ergibt sich im Übrigen aus der Rechtsprechung des 54

EuGH, die sich auf das Effektivitätsgebot nach Art. 4 Abs. 3 EUV, 291 Abs. 1 AEUV stützt.

55 **Ingerenzrechte beim indirekten Vollzug von Unionsrecht**

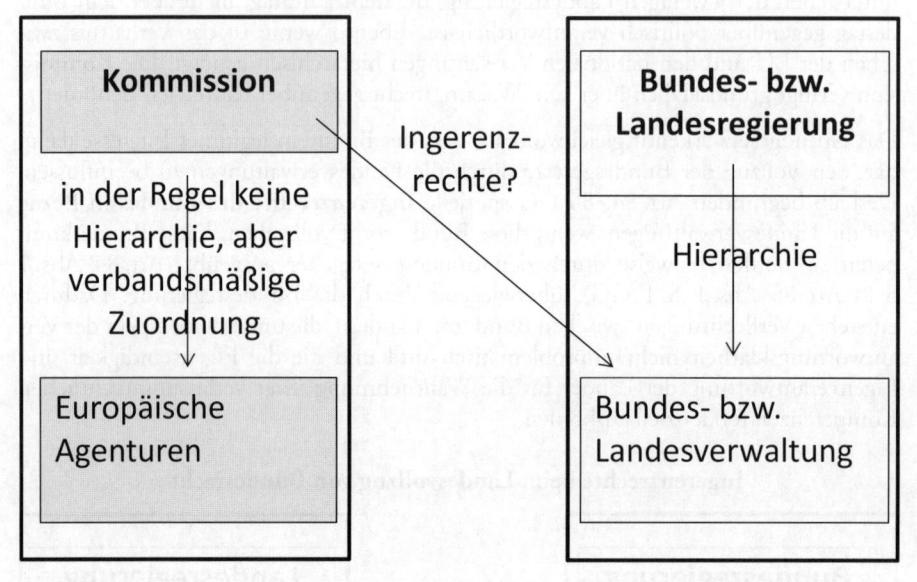

```
┌─────────────────────────┐        ┌─────────────────────────┐
│      Kommission         │        │      Bundes- bzw.       │
│                         │        │    Landesregierung      │
│                    Ingerenz-     │                         │
│  in der Regel keine  rechte?     │                         │
│    Hierarchie, aber              │       Hierarchie        │
│    verbandsmäßige                │                         │
│      Zuordnung                   │                         │
│           ↓             │        │           ↓             │
│      Europäische        │        │      Bundes- bzw.       │
│       Agenturen         │        │    Landesverwaltung     │
└─────────────────────────┘        └─────────────────────────┘
```

II. Europarechtliche Vorgaben für den mitgliedstaatlichen Vollzug des Unionsrechts

1. Grundsatz der institutionellen und verfahrensrechtlichen Autonomie der Mitgliedstaaten

56 Die EU versteht sich als Rechtsgemeinschaft in dem Sinne, dass sich das Unionsrecht in der Regel auf **materiell-rechtliche Harmonisierungen** beschränkt und grundsätzlich auf weitere Vorgaben zum Vollzug des EU-Rechts durch die mitgliedstaatlichen Verwaltungen verzichtet. Aus europarechtlicher Perspektive ist das mitgliedstaatliche Verwaltungshandeln überhaupt nur dann von Interesse, wenn die Mitgliedstaaten nach dem Konzept des indirekten Vollzugs das Europarecht vollziehen. Wenn außerhalb des Anwendungsbereichs des Europarechts ein Sachbereich gesetzlich durch nationale Bestimmungen geregelt ist und die staatlichen Verwaltungen das Recht des eigenen Staates vollziehen, gibt es für das Verwaltungshandeln keinerlei europarechtliche Vorgaben.

57 Auch im Anwendungsbereich des Europarechts besteht grundsätzlich eine institutionelle und verfahrensrechtliche **Autonomie der Mitgliedstaaten** für den Verwaltungsvollzug des EU-Rechts. Die Mitgliedstaaten vollziehen das Unionsrecht grundsätzlich in ihren eigenen Verwaltungsstrukturen und nach ihrem eigenen Verfahrensrecht: „Soweit das Gemeinschaftsrecht einschließlich der allgemeinen gemeinschaftsrechtlichen Grundsätze hierfür keine gemeinsamen Vorschriften enthält, gehen die nationalen Behörden bei dieser Durchführung der Gemeinschaftsregelungen nach den formellen und materiellen Bestimmungen des nationalen Rechts vor."[35] Es steht

---

[35] EuGH, Slg. 1983, 2633 ff. Rn. 17 – Deutsche Milchkontor GmbH; zur Diskussion über die institutionelle und verfahrensrechtliche Autonomie EuGH, Slg. 1971, 49, 58 und Slg. 1971, 1107 (1116), Slg.

grundsätzlich jedem Mitgliedstaat frei, die Kompetenzen beim Vollzug des Unionsrechts innerstaatlich so zu verteilen, wie er es für zweckmäßig hält.[36]

Diese Grundsätze zur institutionellen und prozeduralen Autonomie sind eine Folge des **Prinzips der begrenzten Einzelermächtigung** in Art. 5 Abs. 1 S. 1 EUV: Es gibt keine umfassende Kompetenz der EU, die mitgliedstaatlichen Verwaltungsstrukturen und Verwaltungsverfahren zum Vollzug des Unionsrechts zu normieren. Die Ableitung der Autonomieformel aus dem Prinzip der begrenzten Einzelermächtigung bedeutet aber auch, dass die Autonomieformel als solche keine unmittelbare Abstützung im Primärrecht hat. Auch wenn dies verschiedentlich versucht worden ist, ist es daher methodisch unzulässig, eine abstrakte Formel zur institutionellen Autonomie der Mitgliedstaaten zu postulieren, die absolut gelten würde. Punktuelle unionsrechtliche Vorgaben für die Verwaltungsorganisation oder für die Verwaltungsverfahren zum indirekten Vollzug des Unionsrechts können nicht pauschal für unzulässig erklärt werden, sondern sind im Einzelfall an den primärrechtlichen Kompetenzbestimmungen zu messen.[37] 58

2. Effektivitätsgebot als Grenze der mitgliedstaatlichen Autonomie

Die Autonomie der Mitgliedstaaten beim Vollzug des Unionsrechts hat demnach Grenzen in dem Umfang, in dem das Primärrecht solche Grenzen vorsieht oder ermöglicht.[38] Sie ergeben sich einerseits aus der **Verpflichtung der Mitgliedstaaten zum effektiven Vollzug** des Unionsrechts, andererseits aus der Möglichkeit der EU, Durchführungsbestimmungen für den mitgliedstaatlichen Vollzug als Zwischenschicht zwischen Sekundärrecht und administrativer Normanwendung im Einzelfall zu erlassen (→ 16/61 ff.). 59

Insbesondere setzt die Verpflichtung der Mitgliedstaaten zum effektiven Vollzug des Unionsrechts (Art. 291 Abs. 1 AEUV) als Ausprägung des Grundsatzes der loyalen Zusammenarbeit (Art. 4 Abs. 3 EUV) der institutionellen und verfahrensrechtlichen Autonomie der Mitgliedstaaten beim Vollzug des Europarechts Grenzen. Aus dem Gebot der **effektiven Anwendung des Unionsrechts** hat der EuGH deshalb zahlreiche Einzelvorgaben insbesondere für Fragen des mitgliedstaatlichen Verwaltungsverfahrens und die Gewährung verwaltungsgerichtlichen Rechtsschutzes abgeleitet. Das hat zu einer europarechtlichen Überformung des mitgliedstaatlichen Verwaltungsrechts im Anwendungsbereich des Europarechts geführt. Die Einzelheiten sind Gegenstand des Verwaltungs- und des Verwaltungsprozessrechts. Diese Vorgaben sollen verhindern, dass die materiell-rechtliche Harmonisierung durch Vollzugsdivergenzen zwischen den Mitgliedstaaten konterkariert wird. 60

1999, I-223 Rn. 32 – Upjohn Ltd.; *von Danwitz*, DVBl. 1998, 421 (429 ff.); *ders.*, Europ. VerwR, S. 302 ff.; *Kahl*, Die Verwaltung 29 (1996), 341 ff.; *Sydow*, Verwaltungskooperation in der EU, S. 72 ff.; ausführlich zur Autonomieformel *Krönke*, Verfahrensautonomie der MS der EU.

[36] St. Rspr., bspw. EuGH, Slg. 1982, 1791 ff. Rn. 12.
[37] Aus der kritischen Diskussion dieser Formel bzw. ihres dogmatischen Wertes *Classen*, Die Verwaltung 31 (1998), 306 ff.; *Kadelbach*, Allg. VerwR unter europ. Einfluss, S. 113.
[38] Nachweise organisationsrechtlicher Vorgaben bei *Schwarze*, in: *ders.* (Hrsg.), Verwaltungsrecht unter europäischem Einfluss, S. 123 ff., 151 ff.; *Suerbaum*, Kompetenzverteilung beim Verwaltungsvollzug des GemeinschaftsR, S. 209.

3. Durchführungsrecht als Instrument zur Steuerung des mitgliedstaatlichen Verwaltungsvollzugs

61 Während das Effektivitätsgebot des Art. 4 Abs. 3 EUV vor allem durch den EuGH als primärrechtliche Grundlage für richterrechtliche Vorgaben an den mitgliedstaatlichen Verwaltungsvollzug des Unionsrechts genutzt worden ist, bietet Art. 291 AEUV der Kommission die Möglichkeit, den mitgliedstaatlichen Vollzug des Unionsrechts durch den **Erlass von Tertiärrecht** zu steuern. Art. 291 Abs. 2 AEUV legt fest, dass der Grundsatz der institutionellen und verfahrensrechtlichen Autonomie der Mitgliedstaaten durch Durchführungsbestimmungen der Kommission beschränkt werden kann (→ 15/249 f.). Durchführungsrechtsakte können Vorgaben für die mitgliedstaatliche Verwaltungsorganisation, das Verwaltungsverfahren oder den Verwaltungsrechtsschutz enthalten, immer unter der Voraussetzung, dass sie erforderlich sind, um eine einheitliche Umsetzung eines Sekundärrechtsakts der EU in allen Mitgliedstaaten zu gewährleisten.[39]

62 Weil der Erlass von Durchführungsrecht den Grundsatz der mitgliedstaatlichen Autonomie beschränkt, sind die Mitgliedstaaten nach Art. 291 Abs. 3 AEUV am Erlass des Durchführungsrechts zu beteiligen. Diese mitgliedstaatliche Beteiligung beim Erlass von Durchführungsrecht erfolgt im Rahmen der sog. **Komitologie** durch Komitologieausschüsse. Sie werden durch Vertreter der Mitgliedstaaten besetzt und haben im Erlassverfahren für das Durchführungsrecht Zustimmungs- oder Vetorechte.[40]

63 Art. 291 Abs. 2 und 3 AEUV schafft so ein System der **Kompensation:** Einschränkung der mitgliedstaatlichen Autonomie gegen Beteiligung beim Erlass der autonomiebeschränkenden Durchführungsbestimmungen. Durchführungsmaßnahmen der Kommission unter Beteiligung der Komitologieausschüsse sind föderal-typische Formen der Vollzugsharmonisierung.[41] In vergleichbarer Weise wird nach deutschem Verfassungsrecht eine Beteiligung des Bundesrats ausgelöst, wenn die Bundesgesetzgebung oder der Erlass von Verwaltungsvorschriften durch die Bundesregierung die Landesverwaltung tangiert (bspw. Art. 84 Abs. 1 S. 6, Abs. 2, Abs. 3 S. 2, Abs. 5, Art. 85 Abs. 1 S. 1, Abs. 2 GG).

III. Steuerungs- und Aufsichtsrechte des Bundes gegenüber den Landesverwaltungen

1. Keine Vorgaben beim Vollzug von Landesgesetzen

64 Wenn die Länder im Bereich ihrer eigenen Gesetzgebungskompetenzen das von ihnen gesetzte Recht selbst vollziehen (Verwaltungskompetenz der Länder aus Art. 30 GG, → 16/23 f.), so beschränken sich die bundesrechtlichen Vorgaben auf das **Homogenitätsgebot** des Art. 28 Abs. 1 S. 1 GG: Der landeseigene Vollzug von Landesrecht muss also insbesondere nach rechtsstaatlichen Grundsätzen erfolgen. Darüber hinausgehende bundesrechtliche Vorgaben gibt es in diesem Fall nicht.

---

[39] EuGH 18.3.2014 – C-427/12, ECLI:EU:C:2014:170, Rn. 39 = BeckRS 2014, 80567 – Kommission/EP u. a.
[40] Einzelheiten: Komitologie-VO (VO (EU) Nr. 182/2011).
[41] *Möllers*, in: Schmidt-Aßmann/Schöndorf-Haubold (Hrsg.), Europ. VerwVerbund, S. 293, 311.

Organisations-, Aufsichts-, Weisungs- und sonstige Mitwirkungsrechte des Bundes gegenüber den Ländern bzw. den Landesverwaltungen ergeben sich aus Art. 84 und 85 GG nur dann, wenn die Länder Bundesrecht vollziehen (Verwaltungskompetenz der Länder aus Art. 83 GG). Die Intensität dieser Bundeskompetenzen unterscheidet sich dann danach, ob Landeseigenverwaltung oder Bundesauftragsverwaltung vorliegen.[42]

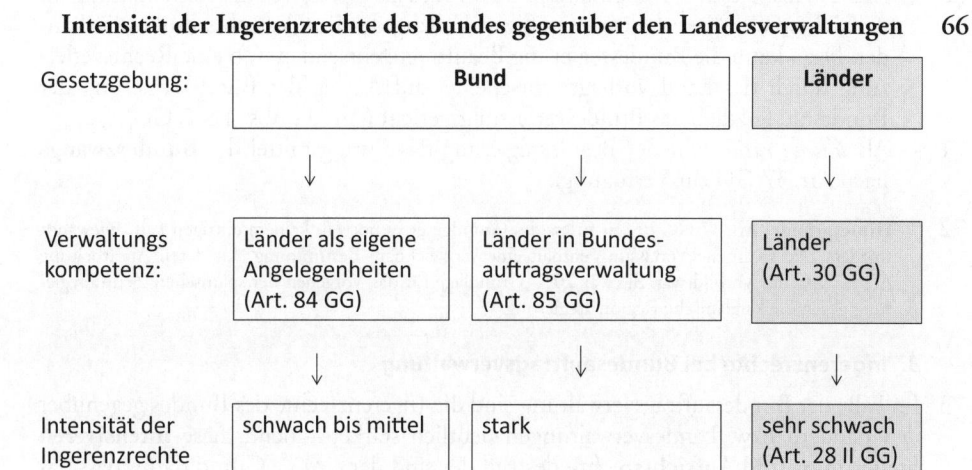

65

Intensität der Ingerenzrechte des Bundes gegenüber den Landesverwaltungen

66

Gesetzgebung:	**Bund**		**Länder**
	↓	↓	↓
Verwaltungskompetenz:	Länder als eigene Angelegenheiten (Art. 84 GG)	Länder in Bundesauftragsverwaltung (Art. 85 GG)	Länder (Art. 30 GG)
	↓	↓	↓
Intensität der Ingerenzrechte des Bundes:	schwach bis mittel	stark	sehr schwach (Art. 28 II GG)

2. Ingerenzrechte bei Ausführung der Bundesgesetze als eigene Angelegenheit der Länder

Auch bei der Ausführung von Bundesrecht durch die Länder bleiben die Einrichtung der Behörden und die Regelung des Verwaltungsverfahrens grundsätzlich Aufgabe des jeweiligen Landes (Art. 84 Abs. 1 S. 1 GG). Die Formulierung „Einrichtung der Behörden" bezieht sich auf die Gründung (Errichtung), die innere Organisation und Ausstattung mit Personal und Sachmitteln und die Zuweisung von Aufgaben. Auch beim Vollzug von Bundesrecht verfügen die Länder im Verhältnis zum Bund also grundsätzlich über eine institutionelle und verfahrensrechtliche Autonomie in Bezug auf ihre Verwaltungen, wie sie in entsprechender Weise den EU-Mitgliedstaaten beim indirekten Vollzug des Unionsrechts gegenüber der EU zukommt. Von diesem **Grundsatz der Organisations- und Verfahrensautonomie der Länder** bestehen folgende Ausnahmen:

67

– Art. 84 Abs. 1 S. 2 GG begründet in seinem ersten Halbsatz eine **konkurrierende Gesetzgebungskompetenz** für den Bund in Bezug auf die Organisationsgewalt für die Landesverwaltung und das Verwaltungsverfahrensrecht der Länder. Die Norm sieht ähnliche Möglichkeiten eines Zusammenspiels zwischen bundesrechtlicher Regelung und Abweichungsmöglichkeit für die Länder vor wie bei den konkurrierenden Gesetzgebungskompetenzen des Art. 72 Abs. 3 GG (→ 15/94ff.). Dementsprechend verweist Art. 84 Abs. 1 S. 4 GG auf Art. 72 Abs. 3 S. 3 GG.

68

---

[42] Zu bundesrechtlichen Einwirkungen auf die Verwaltungshoheit der Länder, v. a. bei Bundesauftragsverwaltung: *Funke,* VerwArch. 103 (2012), 290ff. und *Huster,* Die Verwaltung 49 (2016), 577ff.

69 – Art. 84 Abs. 2 und 5 GG ermöglichen eine in die Zukunft gerichtete **Steuerung des Verwaltungshandelns der Länder durch den Bund:** einerseits abstrakt-generell durch den Erlass allgemeiner Verwaltungsvorschriften durch die Bundesregierung mit Zustimmung des Bundesrates (Art. 84 Abs. 2 GG), andererseits durch Einzelweisungen der Bundesregierung, sofern ihr ein Bundesgesetz mit Zustimmung des Bundesrates ein solches Einzelweisungsrecht für besondere Fälle überträgt (Art. 84 Abs. 5 GG).

70 – Art. 84 Abs. 3 und 4 GG gewähren dem Bund als repressives Instrumentarium ein **Aufsichtsrecht** über den rechtmäßigen Vollzug des Bundesrechts durch die Länder. Dazu kann die Bundesregierung Beauftragte entsenden. Ob eine Rechtsverletzung durch das Land vorliegt, entscheidet auf Antrag der Bundesregierung der Bundesrat, letztlich das Bundesverfassungsgericht (Art. 84 Abs. 4 S. 2 GG).

71 – Als *ultima ratio* steht der Bundesregierung das Zwangsmittel des **Bundeszwangs** nach Art. 37 GG zur Verfügung.

72 **Hintergründe:** Art. 37 GG ist seit Erlass des Grundgesetzes noch in keinem einzigen Fall angewandt worden. Die spanische Verfassung enthält eine vergleichbare Bestimmung, für deren Ausarbeitung Art. 37 GG das Vorbild war. Sie war 2017 Grundlage für das Vorgehen der spanischen Zentralregierung gegen die katalanische Regionalregierung.

3. Ingerenzrechte bei Bundesauftragsverwaltung

73 Im Falle der Bundesauftragsverwaltung sind die Ingerenzrechte des Bundes gegenüber den Ländern bzw. Landesverwaltungen deutlich stärker – denn diese **intensiveren Steuerungs- und Aufsichtsrechte** des Bundes sind der einzige Grund dafür, dass das Grundgesetz neben der Landeseigenverwaltung diesen zweiten Typus für den Vollzug von Bundesrecht durch die Länder zur Verfügung stellt.

74 Auch bei Bundesauftragsverwaltung bleibt es dabei, dass die Wahrnehmungskompetenz für den Verwaltungsvollzug bei den Ländern liegt, also im Außenverhältnis gegenüber Dritten stets eine Landesbehörde handelt. Der Bund kann deren Handeln durch Verwaltungsvorschriften (Art. 85 Abs. 2 S. 1 GG), durch Weisungen (Art. 85 Abs. 3 GG) und Aufsichtsrechte[43] (Art. 85 Abs. 4 GG) beeinflussen. Ihm steht aber nach Art. 85 GG – anders als den Kommunalaufsichtsbehörden im Verhältnis zu den Gemeinden – **kein Selbsteintrittsrecht** zu, das es ihm ermöglichen könnte, eine Verwaltungsaufgabe an Stelle der an sich zuständigen Landesbehörde selbst wahrzunehmen.

75 Im Vergleich zu Art. 84 GG ergeben sich Unterschiede bei der Bundesauftragsverwaltung also nicht im grundsätzlichen Verhältnis zwischen Bund und Ländern. Sie liegen in den Einzelheiten der Ingerenzrechte des Bundes. Insbesondere bestehen folgende Unterschiede:
 – Den Ländern steht bei Bundesauftragsverwaltung **keine Abweichungskompetenz** in Bezug auf bundesrechtliche Vorgaben über die Einrichtung der Behörden zu (keine Parallelregelung in Art. 85 GG zu Art. 84 Abs. 1 S. 2 bis 4 GG);
 – die Bundesregierung hat bei Bundesauftragsverwaltung auch in **personellen Fragen** begrenzte Mitwirkungsrechte (Art. 85 Abs. 1 S. 2 und 3 GG);
 – **Einzelweisungen** können durch die obersten Bundesbehörden und nicht nur durch die Bundesregierung erlassen werden (Art. 85 Abs. 1 S. 3 GG);
 – die Bundesaufsicht erstreckt sich nicht nur auf die Rechtmäßigkeit, sondern auch auf die **Zweckmäßigkeit** des Landeshandelns (Art. 85 Abs. 4 S. 1 GG).

---

[43] Dazu ausführlich: *Oebbecke*, HStR § 136 Rn. 44 ff.

4. Ingerenzbefugnisse des Bundes beim Vollzug des Europarechts durch die Länder?

Fragen der innerstaatlichen Kompetenzverteilung zwischen Bund und Ländern beim Vollzug des Europarechts sind verfassungsrechtlich nicht explizit geregelt: Das Unionsrecht belässt diese Frage in der Autonomie der Mitgliedstaaten, und auch das Grundgesetz enthält keine Normen, die sich ausdrücklich auf den indirekten Vollzug des Unionsrechts beziehen. Für die Verteilung der verwaltungsrechtlichen Verbandskompetenzen zwischen Bund und Ländern werden daher im Grundsatz **Art. 83 ff. GG analog** angewandt (→ 16/23 ff., 64 ff.) mit der Folge, dass das Unionsrecht in der Mehrzahl der Fälle durch Landesbehörden vollzogen wird. Die Einzelheiten dieser Analogiebildung sind umstritten, so dass sich in Bezug auf die Ingerenzrechte des Bundes beim Vollzug des Unionsrechts zwei Auffassungen gegenüberstehen. 76

> **Hinweis zur Bedeutung des Meinungsstreits:** Die beiden Auffassungen unterscheiden sich im praktischen Ergebnis nur in wenigen Fällen, nämlich dann, wenn Gesetzgebungsmaterien der Länder (Schule, Hochschule, Polizei etc.) unionsrechtlich geregelt sind und aus Sicht des Bundes in Zweifel steht, ob die Länder ihrer Verpflichtung zum effektiven Vollzug des Unionsrechts wirksam nachkommen. Weil dies in der Praxis selten vorkommt, gehören die in den nächsten Absätzen dargestellten Positionen nicht zum Kernstoff des Verfassungsrechts. Man muss sie nicht auswendig lernen. Wenn man aber beide Positionen durchdenkt und die jeweilige Argumentation nachvollzieht, kann man einiges über die Wirkungsweise von Analogien und Verweisungen lernen. 77

– Einer ersten Ansicht nach wird das von den Mitgliedstaaten zu vollziehende Unionsrecht dem Bundesrecht gleichgestellt. Die Verwaltungskompetenzen für den Vollzug von Unionsrecht richten sich nach dieser Auffassung **vollständig nach Art. 83 ff. GG analog,** d. h. einschließlich der in diesen Artikeln normierten Ingerenzbefugnisse des Bundes gegenüber den Ländern. Für diese Auffassung spricht, dass die gesamtstaatliche Verantwortung gegenüber der EU durch den Bund wahrgenommen wird, bei Vollzugsdefiziten durch die Länder im Außenverhältnis also der Bund verantwortlich ist und er daher ebenso legitime Interessen an Ingerenzrechten wie beim Landesvollzug von Bundesrecht hat. 78

– Die Gegenauffassung hält eine Analogiebildung in dieser Weise für zu undifferenziert: Die Kompetenzverteilung für den innerstaatlichen Vollzug von Unionsrecht könne sich nur dann **analog nach Art. 83 ff. GG** richten, wenn die Gesetzgebungskompetenz für die fragliche Materie ohne Einfluss des Europarechts nach der grundgesetzlichen Kompetenzverteilung beim Bund läge.[44] Nach dieser Auffassung muss also eine hypothetische Kompetenzprüfung anhand das Grundgesetzes (unter Hinwegdenken der europarechtlichen Zuständigkeit) durchgeführt werden: Führt diese Prüfung zu einer **hypothetischen Bundesgesetzgebungskompetenz,** richtet sich der Vollzug des Unionsrechts wie bei Bundesgesetzen nach Art. 83 ff. GG, in diesem Fall dann in analoger Anwendung, die die Ingerenzbefugnisse des Bundes aus diesen Grundgesetznormen einschließt. Führt die Prüfung hingegen zu einer hypothetischen Landesgesetzgebungskompetenz, wird das Unionsrecht nach dieser zweiten Auffassung gemäß Art. 30 GG durch die Länder vollzogen. Ingerenzbefugnisse des Bundes bestehen danach in diesen Sachmaterien nicht; der Bund könnte nur im äußersten Fall über den Bundeszwang nach Art. 37 GG auf die Länder einwirken. 79

---

[44] *Trute*, in: v. Mangoldt/Klein/Starck, GG Art. 83 Rn. 66; *Hermes*, in: Dreier, GG Art. 83 Rn. 9 ff.; *Kirchhof*, in: Maunz/Dürig, GG Art. 83 Rn. 123 ff.

80 Diese Auffassung ist letztlich vorzugswürdig, weil sie **Landeskompetenzen schont** und zugleich keinerlei praktischer Beleg für die Annahme vorhanden ist, dass dadurch dem Bund die Wahrnehmung der gesamtstaatlichen Verantwortung gegenüber der EU in relevanter Weise erschwert würde.

D. Zulässigkeit und Grenzen ebenenübergreifender Verwaltungskooperation

I. Strukturelle Parallelen und Unterschiede zwischen europäischem und deutschem Verfassungsrecht

81 Grundsätzlich weisen das europäische Primärrecht bzw. das deutsche Verfassungsrecht den Verwaltungen auf den Ebenen der EU, des Bundes und der Länder die einzelnen Verwaltungsaufgaben abschließend und zur eigenständigen Wahrnehmung zu. Die Unionsverträge und das Grundgesetz enthalten jeweils einige **Ausnahmebestimmungen,** die ausdrücklich eine ebenenübergreifende Verwaltungszusammenarbeit vorsehen, sei es im Verhältnis von EU und Mitgliedstaaten (Art. 33, 74, 87 AEUV), sei es im Bund-Länder-Verhältnis (Art. 91 a ff. GG).

82 Jenseits dieser strukturellen Parallelen unterscheiden sich die kompetenziellen Regelungen zur ebenenübergreifenden Verwaltungskooperation im deutschen und im europäischen Verfassungsrecht in einer entscheidenden Frage:
– Das **BVerfG** interpretiert die Kompetenznormen des Grundgesetzes strikt im Sinne eines grundsätzlichen Entweder-oder und hält daher die ausdrücklichen Ausnahmebestimmungen des Grundgesetzes zur Verwaltungszusammenarbeit von Bund und Ländern für abschließend.
– Eine vergleichbar restriktive Rechtsprechung des **EuGH** zu den allgemeinen Kompetenznormen des Primärrechts gibt es nicht. Der europäische Gesetzgeber hat daher auch über die explizit im Primärrecht genannten Kooperationsbereiche hinaus zahlreiche sekundärrechtliche Normen über die Verwaltungskooperation im europäischen Verwaltungsverbund geschaffen.

II. Primärrechtliche Grundlagen des europäischen Verwaltungsverbundes

83 Die Unterscheidung von indirektem Vollzug durch die Mitgliedstaaten und direktem Vollzug durch Organe der Union dient dazu, zwei Grundformen des Vollzugs von Unionsrecht zu beschreiben. Diese klassische Zweiteilung im Sinne einer kategorialen Unterscheidung ist indes durch die europäische Gesetzgebung in zahlreichen Punkten durchbrochen. Diese beiden Vollzugsformen stellen nur noch **Grundkategorien** dar, als die sie für die Zuordnung von Verantwortlichkeiten von Bedeutung bleiben. Zu konstatieren sind vielfältige Formen horizontaler und vertikaler Verflechtung der nationalen und der europäischen Verwaltung, die sowohl kooperative als auch hierarchische Bauprinzipien beinhalten[45] und zu einer **polyzentrischen Struktur** der europäischen Mehrebenenverwaltung führen.[46]

---

[45] *Peuker,* Bürokratie und Demokratie in Europa, S. 7 ff.; *Pache,* VVDStRL 66 (2007), S. 106 ff. (126 ff., 132 ff.).
[46] *Groß,* VVDStRL 66 (2007), S. 152 ff. (153 ff.).

Beispiele: Die Zusammenarbeit der Verwaltungen beruht teilweise auf den bereits erwähnten expliziten 84 primärrechtlichen Kompetenzgrundlagen, nämlich zur Zusammenarbeit im Zollwesen (Art. 33 AEUV), zur Verwaltungszusammenarbeit für den Raum der Freiheit, der Sicherheit und des Rechts (Art. 74 AEUV) und zur polizeilichen Zusammenarbeit (Art. 87 AEUV). Vielfältige Formen der Verwaltungszusammenarbeit sind zudem durch Sekundärrecht geschaffen worden, beispielsweise durch die Grundverordnung zum Wettbewerbsverfahrensrecht,[47] die Verordnung zum Lebensmittelrecht,[48] die Dienstleistungsrichtlinie[49] und die Europäische Datenschutz-Grundverordnung.[50]

Diese vielfältigen Formen europäischer Verbundverwaltung sind unionsverfassungsrechtlich kaum determiniert, sondern beruhen auf **Sekundärrecht.** Der Vertrag von Lissabon hat zwar in den AEUV einen Titel zur Verwaltungszusammenarbeit eingefügt.[51] Der einzige Artikel dieses Titels, Art. 197 AEUV, greift aber lediglich ein in Jahrzehnten gewachsenes Vollzugskonzept auf und reagiert auf dessen tatsächliche Probleme mit einer Unterstützungskompetenz für die Union.[52] Immerhin ist der Erwähnung der europäischen Verwaltungszusammenarbeit im Primärrecht zu entnehmen, dass sie prinzipiell zulässig ist. 85

Im Einzelnen sind daher administrative Verbundformen zulässig, wenn sie den **allgemeinen Kompetenzanforderungen** des Primärrechts entsprechen (Prinzip der begrenzten Einzelermächtigung, Verhältnismäßigkeit, Subsidiarität). Darüber hinaus sind sie am demokratischen und rechtsstaatlichen Gebot der **Verantwortungsklarheit** zu messen:[53] Es muss für den Adressaten einer Verwaltungsentscheidung auch beim Zusammenwirken mehrerer Behörden unterschiedlicher Hoheitsträger erkennbar sein, welche Behörde für die Entscheidung letztlich die Verantwortung trägt. Nur dann ist beispielsweise das Gebot effektiver Rechtsschutzmöglichkeiten gewährleistet. 86

III. Gemeinschaftsaufgaben und Verwaltungszusammenarbeit von Bund und Ländern

Das Grundgesetz enthält eine umfassende, erschöpfende Regelung der **verwaltungsrechtlichen Verbandskompetenzen** im Bund-Länder-Verhältnis. Diese verfassungsrechtlichen Kompetenzzuweisungen sind unabdingbar, stehen nicht zur Disposition von Bund und Ländern und können daher weder im Wege von Bundes- oder Landesgesetzgebung noch durch Vereinbarungen von Bund und Ländern durchbrochen werden.[54] Danach ist es unzulässig, dass Bund und Länder (oder auch mehrere Länder im Verhältnis zueinander) Verwaltungsaufgaben gemeinsam erledigen oder durch wechselseitige Zustimmungserfordernisse für den Erlass einer Verwaltungsentscheidung in ein und derselben Sache zusammenwirken, es sei denn, das Grundgesetz lasse dies im Einzelfall ausdrücklich zu. Als Folge dieser verfassungsrechtlichen Ausgangslage wird jede Reformdiskussion in Deutschland – z. B. für eine Bund-Länder-Kooperation im Bildungsbereich – als eine Diskussion über mögliche Verfassungsänderungen geführt. 87

---

[47] VO (EG) Nr. 1/2003.
[48] VO (EG) Nr. 178/2002.
[49] RL 2006/123/EG.
[50] VO (EU) 2016/679.
[51] Titel XXIV AEUV.
[52] Entsprechende Unterstützungsmaßnahmen – etwa zur Förderung der „Europafähigkeit" nationaler Beamter – gab es lange vor Schaffung dieses Kompetenztitels (*Sydow*, Verwaltungskooperation in der EU, S. 91 ff.), deren Zulässigkeit nunmehr durch Art. 197 Abs. 2 AEUV außer Zweifel gestellt ist.
[53] Ausführlich *Pache*, VVDStRL 66 (2007), S. 106 ff. (136 ff.).
[54] BVerfGE 32, 145 (156); 63, 1 (39); 119, 331 (365).

88 Aus dieser verfassungsrechtlichen Ausgangslage wird häufig ein **Verbot der Mischverwaltung** von Bund und Ländern abgeleitet. Einen eigenständigen dogmatischen Wert hat die Formel vom Verbot der Mischverwaltung nicht. Es handelt sich lediglich um eine Folgerung aus den Kompetenznormen des Grundgesetzes und deren strikter Interpretation durch das BVerfG.

89 Diese Interpretation der verfassungsrechtlichen Kompetenzordnung durch das BVerfG, die sich in dieser Frage grundsätzlich von der offenen Interpretation der Kompetenznormen im Primärrecht unterscheidet, ist **verfassungsdogmatisch unbestritten**. Verfassungspolitisch wird das Verbot der Mischverwaltung bisweilen auch kritisiert, insbesondere weil es jenseits der explizit zugelassenen Ausnahmebereiche auch eine Kofinanzierung von Landes- und Kommunalaufgaben durch den Bund ausschließt.

90 **Beispiele:** Nach Art. 91a GG ist eine Mitwirkung des Bundes bei der Erfüllung von Landesaufgaben bei der Verbesserung der regionalen Wirtschaftsstruktur, der Agrarstruktur und des Küstenschutzes zulässig, wenn diese Aufgaben für die Gesamtheit bedeutsam sind und die Mitwirkung des Bundes erforderlich ist. Das Grundgesetz spricht hier von Gemeinschaftsaufgaben.

Nach Art. 91b GG können Bund und Länder Vereinbarungen über die Förderung von Wissenschaft, Forschung und Lehre abschließen. Auf dieser Norm beruhen die Exzellenzstrategie und der Hochschulpakt und damit wesentliche finanzielle Förderungsinstrumente für die Hochschulen.

Art. 91c GG ermöglicht eine Bund-Länder-Zusammenarbeit für die Planung, Errichtung und den Betrieb informationstechnischer Systeme für die staatliche Aufgabenerfüllung, um im Rahmen eines verstärkten „E-Governments" der unübersichtlichen Zahl verschiedener IT-Systeme der unterschiedlichen Verwaltungsebenen zu begegnen.[55] Die Kooperation ist nicht obligatorisch und ihre nähere Ausgestaltung findet durch Staatsverträge statt.[56] Seit 2017 ist in Art. 91c Abs. 5 GG zudem eine Bundesgesetzgebungskompetenz über den Onlinezugang zur Verwaltung normiert, die sich auf den Online-Zugang der Bundes- und Landesverwaltung (inkl. der Kommunen) bezieht und durch das Online-Zugangsgesetz (OZG) ausgestaltet wurde.[57]

Art. 91d GG ermöglicht ein Zusammenwirken bei der Grundsicherung für Arbeitssuchende.

E. Klausurhinweise

I. Klausurrelevante Themen und Fragestellungen

91 Die in diesem Kapitel behandelten verfassungsrechtlichen Bestimmungen über die Verwaltung beziehen sich nur auf **Teilaspekte der Verwaltung** (vor allem die Verbandskompetenzen sowie Einzelfragen der Verwaltungsorganisation). Jenseits dessen ist das Verwaltungshandeln Gegenstand des Verwaltungsrechts. Für verfassungsrechtliche Klausuren mit Verwaltungsbezug sind nur die in diesem Kapitel behandelten Fragen klausurrelevant, insbesondere die **Verwaltungskompetenzen.** Eine isolierte Behandlung der verfassungsrechtlichen Normen zur Verwaltung ohne Einbeziehung des Verwaltungsrechts löst aus studentischer Sicht häufig Verständnisschwierigkeiten aus und ist auch aus der Perspektive von Klausurerstellern nicht einfach in den Griff zu bekommen. Es spricht daher eine gewisse Wahrscheinlichkeit dafür, dass die verfassungsrechtlichen Bestimmungen zur Verwaltung in Anfängerklausuren eher selten geprüft werden, solange wie nach dem Studienplan das Verwaltungsrecht noch nicht gehört worden ist.

---

[55] *Gröpl*, in: Maunz/Dürig, GG Art. 91c Rn. 4.
[56] Vgl. *Sachs*, GG Art. 91c, Rn. 8.
[57] Ausführlich dazu: *Hermann/Stöber*, NVwZ 2017, 1401ff.

E. Klausurhinweise

Das hat nicht selten zur Konsequenz, dass die Themen dieses Kapitel im Rahmen des Verfassungsrechts an den Rand gedrängt, in Lehrbüchern und Lehrveranstaltungen zum Verwaltungsrecht aber als bekannt vorausgesetzt und dann dort nicht mehr intensiv aufgegriffen werden. Spätestens in Examensklausuren kann man sich indes nicht darauf verlassen, dass die verfassungsrechtlichen Vorgaben für Verwaltungsorganisation, Verwaltungskompetenzen und das ebenenübergreifende Verwaltungshandeln keine **Klausurrelevanz** besitzen würden. Es ist daher ratsam, die Themen dieses Kapitels in mittleren Semestern im Zusammenhang mit der Erarbeitung des Verwaltungsrechts gründlich zu wiederholen, wenn sie nicht schon am Studienbeginn intensiv erarbeitet worden sind. Das gilt vor allem für die Bestimmungen des Grundgesetzes. 92

In Bezug auf die europarechtlichen Themen dieses Kapitels werden eher die Einwirkungen des Europarechts auf die nationalen Verwaltungen klausrelevant sein. Die **Grundprinzipien dieser Europäisierungsfragen** mit Blick auf die Verwaltung müssen dafür beherrscht werden (Unterscheidung von direktem und indirektem Vollzug, Grundsatz der institutionellen und prozeduralen Autonomie der Mitgliedstaaten beim Vollzug von Unionsrecht, Grundlagen für europarechtliche Ingerenzen und Vorgaben). 93

Demgegenüber spielen die **primärrechtlichen Grundlagen der europäischen Verwaltung** in der Prüfungspraxis außerhalb europarechtlicher Schwerpunktfächer bislang noch eine sehr untergeordnete Rolle (Funktionen der Kommission als Verwaltungsorgan, primärrechtliche Grundlagen der Errichtung europäischer Agenturen, demokratische Legitimation der EU-Verwaltung). Da die praktische Bedeutung des Verwaltungshandelns auf europäischer Ebene in den letzten Jahren aber auf zentralen Politikfeldern erheblich zugenommen hat (Finanzmarktaufsicht, Sicherung der EU-Außengrenzen, Steuerung von Migration etc.), haben Klausurersteller und Prüfungsämter mehr und mehr konkrete Fälle vor Augen, was sich nach und nach auch in der Prüfungspraxis wiederspiegeln könnte. Das Prüfungsrecht lässt entsprechende Examensklausuren in gewissen Grenzen heute schon zu (bspw. Prüfungsstoff in NRW nach § 11 Abs. 2 Nr. 11 JAG aus dem Europarecht u. a.: Organe und Handlungsformen der Europäischen Union im Überblick). 94

II. Aufbauhinweise und eigenständige Entwicklung von Prüfschemata

Wenn eine Klausur nach der verfassungsrechtlichen Zulässigkeit einer Einwirkung des Bundes auf die Landesverwaltung (Beispiel: Zulässigkeit einer Weisung eines Bundesministers an eine Landesbehörde), empfiehlt sich ein Vorgehen, das zwischen dem Erstellen des Stichwortzettels und der Reihenfolge der späteren Darstellung unterscheidet: 95

Die niedergeschriebene Klausur muss mit einer möglichen **Rechtsgrundlage für die Weisung** beginnen, deren Tatbestandsvoraussetzungen dann geprüft werden. Dafür kommt beispielsweise Art. 85 Abs. 3 S. 1 und 2 GG in Betracht. Die zu prüfenden Tatbestandsvoraussetzungen können dem Wortlaut der Norm entnommen werden. Man lernt also das nachfolgende Prüfschema nicht auswendig (weil es zu viele Konstellationen und damit zu viele denkbare Prüfschemata gibt), sondern entwickelt das **Prüfschema** bei Bedarf durch intensives Lesen des Gesetzeswortlauts selbst: 96

1. Grundvoraussetzung für die Anwendbarkeit nach Art. 85 Abs. 1 GG (Vorliegen von Bundesauftragsverwaltung),
2. Weisungsberechtigter (oberste Bundesbehörde),
3. Weisungsempfänger (oberste Landesbehörde),
4. Dringlichkeit (bei Weisung an untere Landesbehörden).

97 Wenn man den Fall zu lösen und den Stichwortzettel zu erstellen beginnt, besteht ein **Einstiegsproblem:** Man kann noch gar keine Vorstellung davon haben, ob als Rechtsgrundlage überhaupt Art. 85 Abs. 3 S. 1 und 2 GG oder stattdessen nicht beispielsweise Art. 84 Abs. 5 GG in Verbindung mit einem Bundesgesetz zu prüfen sein wird. Denn beide Normen ermöglichen Einzelweisungen. Woher also soll man wissen, ob man anhand von Art. 85 Abs. 3 S. 1 und 2 oder von Art. 84 Abs. 5 GG prüft? Als Vorüberlegung bietet sich daher die Klärung an, ob **Landeseigenverwaltung** (dann Art. 84 GG) oder **Bundesauftragsverwaltung** (dann Art. 85 GG) vorliegt. Man fängt also am besten gar nicht mit Art. 83 ff. GG an zu denken, sondern mit der Grundgesetznorm, die die jeweilige Sachmaterie regelt (z. B. bei der Bundesautobahnverwaltung Art. 90 Abs. 2 GG, woraus sich ergibt, dass Bundesverwaltung vorliegt, → 16/26). Damit ist dann klar, dass Rechtsgrundlage einer Weisung in diesem Fall nur Art. 85 Abs. 3 S. 1 und 2 GG, nicht aber Art. 84 Abs. 5 GG sein kann.

98 Die ausformulierte Klausur kann aber nicht mit dieser Vorprüfung und mit Art. 90 Abs. 2 GG anfangen und erst einmal abstrakt klären, welcher Vollzugstyp denn gegeben ist. Denn das trägt zur Klärung der Aufgabenstellung erst einmal nichts bei, wenn die Fallfrage auf die Zulässigkeit einer Weisung gerichtet ist. Daher gehört eine solche **abstrakte Vorüberlegung** nur auf den Stichwortzettel. Die Klausurlösung beginnt dann unmittelbar mit der Benennung der richtigen Rechtsgrundlage (Art. 85 Abs. 3 S. 1 und 2 GG) und prüft deren Anwendbarkeit (also das Vorliegen von Bundesauftragsverwaltung nach Art. 90 Abs. 2 GG) erst danach.

99 Dieses **differenzierte Vorgehen** (niedergeschriebene Klausur immer mit einer Rechtsgrundlage beginnen, deren Tatbestandsvoraussetzungen dann geprüft werden; Vorüberlegungen auf dem Stichwortzettel ggfs. auch in anderer Reihenfolge, um überhaupt erst einmal die zu prüfende Rechtsgrundlage zu finden) bietet sich häufig und nicht nur für die hier ausführlich dargestellten Fall einer Weisung im Rahmen von Bundesauftragsverwaltung an.

Kapitel 17. Rechtsprechung

Literatur: *T. Barczak* (Hrsg.), Bundesverfassungsgerichtsgesetz, 2018; *M. Brunner,* Die abstrakte Normenkontrolle vor dem Bundesverfassungsgericht in der Fallbearbeitung, in: JA 2014, S. 838 ff.; *M. Burgi,* Vertragsverletzungsverfahren, in: H.-W. Rengeling/A. Middeke/M. Gellermann (Hrsg.), Handbuch des Rechtsschutzes in der Europäischen Union, 3. Aufl. 2014, § 6 (S. 70 ff.); *I. Dervisopoulos,* Nichtigkeitsklagen, in: H.-W. Rengeling/A. Middeke/M. Gellermann (Hrsg.), Handbuch des Rechtsschutzes in der Europäischen Union, 3. Aufl. 2014, § 7 (S. 111 ff.); *D. Ehlers/F. Schoch* (Hrsg.), Rechtsschutz im Öffentlichen Recht, 2009; *A. Engels,* Die Zulässigkeitsprüfung im Organstreitverfahren vor dem Bundesverfassungsgericht, in: JURA 2010, S. 421 ff.; *A.-M. Fürst/V. Steffahn,* Die Begründetheit des Organstreits vor dem Bundesverfassungsgericht in der Fallbearbeitung, in: JURA 2012, S. 90 ff.; *M.-E. Geis/H. Meier,* Grundfälle zum Organstreitverfahren, Art. 93 I Nr. 1 GG, §§ 13 Nr. 5, 63 ff. BVerfGG, in: JuS 2012, S. 699 ff.; *M.-E. Geis/O. Schmidt,* Grundfälle zur abstrakten und konkreten Normenkontrolle, in: JuS 2012, S. 121 ff.; *A. Middeke,* Vorabentscheidungsverfahren, in: H.-W. Rengeling/A. Middeke/M. Gellermann (Hrsg.), Handbuch des Rechtsschutzes in der Europäischen Union, 3. Aufl. 2014, § 10 (S. 222 ff.); *S. Mückel,* Die abstrakte Normenkontrolle vor dem Bundesverfassungsgericht gem. Art. 93 Abs. 1 Nr. 2, 2a GG, §§ 13 Nr. 6, 6a, 76 ff. BVerfGG, in: JURA 2005, S. 463 ff.; *F. Schütter,* Neuere Rechtsprechung des Bundesverfassungsgerichts zum Verstoß gegen das Recht auf den gesetzlichen Richter bei Nichtvorlage an den EuGH, in: Y. Becker/F. Lange (Hrsg.), Linien der Rechtsprechung des Bundesverfassungsgerichts, Bd. 3, 2014, S. 365 ff.; *C. Thiemann,* Verfassungsbeschwerde und konkrete Normenkontrolle im Lichte des Unionsrechts, in: JURA 2012, S. 902 ff.

A. Gerichtliche Kompetenzen

Die Staats- oder Hoheitsfunktion „Rechtsprechung" fasziniert seit jeher durch ein komplexes **Neben- und Miteinander von Macht und Ohnmacht.** Macht: Gerichte haben sprichwörtlich das „letzte Wort", was in besonderem Maße für das Bundesverfassungsgericht wie für den Gerichtshof der Europäischen Union gilt (wobei die Frage, wer von den beiden im Verhältnis untereinander dieses letzte Wort hat, noch mal verdeckt, mal offen ausgefochten wird; → Rn. 9 ff.). Ohnmacht: Gerichte dürfen keine eigene politische Agenda haben und entwickeln, sondern sind lediglich gehalten, diejenigen Fälle, die ihnen formell ordnungsgemäß vorgelegt werden (im Klausurjargon: „zulässig sind"), anhand eines vorgegebenen Referenztextes zu entscheiden. Dabei liegt auf der Hand, dass Verfassungs- oder Höchstgerichte wie Bundesverfassungsgericht und Europäischer Gerichtshof schon deshalb deutlich mehr **Spielraum** (oder eben Macht) haben, weil ihre Referenzurkunden (Grundgesetz bzw. EUV und AEUV) deutlich unbestimmter und deutungsoffener sind als die einfachen Gesetze, die von den nachgeordneten Gerichten angewandt werden. Das Grundmuster ist aber identisch: Alle Gerichte werden mit ihren Entscheidungen nur dann Gefolgschaft finden, wenn es ihnen gelingt, sie erstens als sinnhaft auszuweisen und zweitens eine argumentative Brücke zum jeweiligen Referenztext bzw. zu dessen bisher vorherrschender Deutung zu bauen. Eine gängige **Definition** von Rechtsprechung fasst diese als „die letztverbindliche Klärung der Rechtslage in einem Streitfall im Rahmen besonders geregelter Verfahren"[1]. 1

---

[1] BVerfGE 103, 111 (138); vgl. ferner E 111, 54 (107); 126, 369 (392).

I. Das Rechtsprechungsmonopol

2 Das Grundgesetz formuliert etwas biedermeierlich, dass „[d]ie rechtsprechende Gewalt [...] den Richtern anvertraut" ist (Art. 92 1. Hs. GG). In der Sache spitzt es den Grundsatz der **Gewaltenteilung** damit in Ansehung der Judikative zu: Während Legislative und Exekutive nur der sprichwörtliche „Kernbereich" an Kompetenzen garantiert ist (→ Kap. 6 Rn. 5), dürfen Rechtsprechungsbefugnisse nicht auf Organe außerhalb der Dritten Gewalt übertragen werden[2]. Im Rahmen der Gewaltenverschränkung können erste und zweite Gewalt mithin nur mittelbar Einfluss auf die Judikative nehmen, indem sie an der Bestellung der Richterschaft mitwirken (Art. 94 Abs. 1 S. 2, 95 Abs. 2, 98 Abs. 4 GG; → Kap. 12 Rn. 18 ff., 28 f.), ihr in Gestalt des Gesetzes das Handlungsprogramm diktieren (Art. 20 Abs. 3 bzw. Art. 97 Abs. 1 GG) sowie – in sehr begrenztem Umfang – im Rahmen der sog. Dienstaufsicht vorgehen können[3].

3 Das Unionsrecht formuliert zurückhaltender, dass der Gerichtshof der Europäischen Union „die **Wahrung des Rechts** bei der Auslegung und Anwendung der Verträge" sichert (Art. 19 Abs. 1 UAbs. 1 S. 2 EUV). Diese Zurückhaltung geht nicht zuletzt darauf zurück, dass auch die Kommission die Aufgabe hat, für „die Anwendung der Verträge sowie der von den Organen kraft der Verträge erlassenen Maßnahmen" zu sorgen (Art. 17 Abs. 1 S. 2 EUV). Allerdings stellt Art. 17 Abs. 1 S. 3 EUV sogleich das Rangverhältnis klar: Die Kommission überwacht die Anwendung des Unionsrechts „unter der Kontrolle des Gerichtshofs der Europäischen Union" – er hat in allen Rechtsfragen das letzte Wort. Das wird in den Art. 251 ff. AEUV näher ausbuchstabiert, wobei namentlich das Vertragsverletzungsverfahren nach Art. 258 f. AEUV deutlich akzentuiert, dass die Kommission zwar Akteur der Rechtskontrolle ist, aber eben nicht letztverbindlich entscheidet[4].

II. Justitiabilität hoheitlichen Handelns

4 Bei aller Übereinstimmung in den Grundannahmen weisen Grundgesetz und Unionsrecht deutliche Unterschiede auf, wenn es um die Reichweite gerichtlicher Kontrolle hoheitlichen Handelns geht. Während das Grundgesetz – nicht zuletzt grundrechtlich unterfüttert – nur ganz marginale **Bereichsausnahmen** kennt, in denen staatliches Handeln gerichtlicher Kontrolle entzogen ist (1.), ziehen die speziellen Kooperations- und Koordinationsmechanismen der supranationalen Integration in einer ganzen Reihe von Fällen Restriktionen der Kontrollbefugnisse des Europäischen Gerichtshofes nach sich (2.). Dies gilt ungeachtet der inzwischen auch hier verbrieften „justiziellen Rechte" nach Art. 47–50 ChGrEU[5].

---

[2] BVerfGE 48, 300 (315); aus der Literatur *Detterbeck*, in: Sachs, GG, Art. 92 Rn. 28 f.
[3] Diese ist eingedenk der sog. sachlichen Unabhängigkeit i. S. v. Art. 97 Abs. 1 GG auf den sog. äußeren Ordnungsrahmen beschränkt: Der Gerichtspräsident kann danach dem einzelnen Richter oder der einzelnen Richterin nicht vorgeben, wie er in der Sache zu entscheiden hat. Er kann aber monieren, wenn die Betroffenen ohne Robe erscheinen oder sich gegenüber den Prozessbeteiligten oder dem Justizpersonal unmöglich aufführen. Näher *Bosch*, JURA 2015, 56, 57 ff. sowie *Wittreck*, Verwaltung der Dritten Gewalt, 2006, 177 ff.
[4] Näher *Haratsch/Koenig/Pechstein*, Europarecht, Rn. 293 ff.
[5] Dazu im ersten Zugriff *Rademacher*, JuS 2018, 337 ff.

1. Rechtsschutzgarantie und korrespondierende Kompetenzen

Das Bundesverfassungsgericht gilt auch im internationalen Rechtsvergleich als ausgesprochen **kompetenzstarkes Verfassungsgericht**[6]. Das liegt zum einen an den konkret greifbaren Kompetenzkatalogen in Art. 93 Abs. 1 GG bzw. § 13 BVerfGG, zum anderen aber an der normativen Einfriedung derselben durch individualrechtliche Gewährleistungen. Zu nennen sind die Rechtsweggarantie nach Art. 19 Abs. 4 GG sowie der Anspruch auf effektiven Rechtsschutz nach Art. 2 Abs. 1 i. V. m. Art. 20 Abs. 3 GG[7].

Dem stehen nur wenige und eher marginale **Ausnahmen** gegenüber. Die früher herrschende Lehre von den „justizfreien Hoheitsakten" ist inzwischen museal entsorgt worden[8], und die Zahl der Fälle, die *per se* nicht bis zum Bundesverfassungsgericht gelangen können, lässt sich an den Fingern einer Hand ablesen. Bekannt ist das Beispiel der Gnadenakte des Bundespräsidenten (Art. 60 Abs. 2 GG; → Kap. 11 Rn. 12)[9]; ferner gilt der Grundsatz, dass es keinen allgemeinen Rechtsbefolgungs- oder Gesetzesvollziehungsanspruch gibt, der Betroffene also nur dann um Rechtsschutz ersuchen darf, wenn er möglicherweise in eigenen subjektiven Rechten verletzt ist (vgl. dazu auch Art. 19 Abs. 4 GG)[10]. Darüber hinaus gibt es einige Fallkonstellationen, in denen das Bundesverfassungsgericht sich selbst Zurückhaltung auferlegt. Zu nennen sind vornehmlich verfassungsrechtliche Streitigkeiten in den Ländern, in denen das Bundesverfassungsgericht den Landesverfassungsgerichten die Vorhand einräumt[11], sowie diejenigen Fälle, in denen das Gericht namentlich dem Gesetzgeber angesichts der Komplexität der zu bewältigenden Aufgaben einen besonderen Entscheidungsspielraum zumisst[12].

2. Kompetenztableau des Europäischen Gerichtshofs

Die Kompetenzausstattung des Europäischen Gerichtshofs ist aus Sicht der übrigen Organe der Union eine zwiespältige Sache (erst recht aus der Sicht der Mitgliedstaaten). Auf der einen Seite gibt es ein mit Händen zu greifendes lebhaftes **Interesse an einem starken Gerichtshof,** der tatsächlich als „Motor der Integration" fungieren und den europäischen Einigungsprozess vorantreiben kann (→ Kap. 12 Rn. 15 f.). Auf der anderen Seite ist gut erkennbar, dass ein breiter Konsens besteht, den Gerichtshof aus einer Reihe von als primär „politisch gesteuert" verstandenen Sachbereichen herauszuhalten, was sich in konkreten Ausschlussklauseln niederschlägt. Hier ist die Union weniger Rechtsgemeinschaft als **politische Gemeinschaft** (Art. 24 Abs. 1 UAbs. 2 S. 6 EUV, Art. 275 AEUV; → Rn. 8 a. E.). Es kommt hinzu, dass die Verträge wie das Gericht selbst den Zugang der Unionsbürgerinnen und -bürger zum Gerichtshof nach wie vor verengen und verknappen (→ Rn. 60 f.).

---

[6] Statt aller *Farahat,* in: IPE VI, § 97 Rn. 1: „leading court".
[7] Dazu *Uhle,* in: HGR V, § 129 Rn. 13 ff., 53 ff.
[8] Siehe dazu nur *Pache,* Tatbestandliche Abwägung und Beurteilungsspielraum, 2001, 16 ff.
[9] BVerfGE 25, 352 (358 ff.).
[10] BVerfGE 58, 1 (40); 132, 195 (235, Rn. 95); 135, 317 (388, Rn. 130); *Schmidt-Aßmann,* Kohärenz und Konsistenz des Verwaltungsrechtsschutzes, 2015, 21.
[11] Siehe BVerfGE 96, 231 (237 ff.) und dazu *Wittreck,* in: Hein/Petersen/v. Steinsdorff (Hrsg.), Die Grenzen der Verfassung, 2018, 209, 230 f.
[12] Siehe beispielhaft BVerfGE 130, 263 (294 f.), m. w. N. und dazu *Petersen,* Verhältnismäßigkeit als Rationalitätskontrolle, 2015, 196 ff.

8 Dies vorangestellt, erweist sich die Kompetenzausstattung des Gerichtshofs (teils ausgeübt durch das Gericht; → Kap. 12 Rn. 12) als durchaus eindrucksvoll[13]. Der Gerichtshof ist danach zuständig für:
   – Vertragsverletzungsverfahren gegen Mitgliedstaaten (Art. 258 ff. AEUV; → Rn. 74 ff.)
   – Nichtigkeitsklagen gegen Akte der Union (Art. 263 f. AEUV; → Rn. 55 ff.)
   – Untätigkeitsklagen (Art. 265 AEUV)[14]
   – Vorabentscheidungsverfahren (Art. 267 AEUV; → Rn. 65 ff.)
   – Weitere Verfahren nach Art. 268, 270–273 AEUV[15]

   Ausgeschlossen sind im Kern drei – allerdings nicht ganz triviale – Sachbereiche. Nach Art. 24 Abs. 1 UAbs. 2 S. 6 EUV i. V. m. Art. 275 AEUV ist der Gerichtshof nur eingeschränkt zuständig in Fragen der Gemeinsamen Außen- und Sicherheitspolitik (siehe Art. 23 ff. EUV)[16]. Gleiches gilt gem. Art. 269 AEUV für die Suspendierung von Mitgliedschaftsrechten nach Art. 7 EUV (→ Kap. 4 Rn. 10 ff.), die augenblicklich im Hinblick auf Polen und Ungarn in Rede steht. Schließlich sind Maßnahmen der mitgliedstaatlichen Polizei- und Strafverfolgungsbehörden nach Art. 276 AEUV ausgenommen[17].

III. Der „Rechtsprechungsverbund" der Verfassungsgerichte

9 Die Bezeichnung als „Rechtsprechungsverbund" könnte man auch als Versuch werten, einen **Machtkampf** schönzuföhnen, den man plastischer als „‚Game of Thrones' ohne Nacktszenen" ansprechen könnte. Es geht im Kern um das Verhältnis von Europäischem Gerichtshof und Bundesverfassungsgericht[18], wobei als dritter Akteur noch der Europäische Gerichtshof für Menschenrechte in Straßburg Erwähnung verdient[19], der jedoch im parallel erscheinenden Band zu den Grundrechten näher vorgestellt werden soll. Er bleibt somit als *„deus ex machina"* noch in der Kulisse – das Szenenbild ist unübersichtlich genug[20].

10 Rekapitulieren wir rasch die Eckpunkte: Der **Europäische Gerichtshof** geht davon aus, dass das Unionsrecht als eigenständige Rechtsordnung Vorrang vor dem Recht der Mitgliedstaaten hat und dass sich dieser Vorrang auf das Verfassungsrecht der Mitgliedstaaten erstreckt (→ Kap. 4 Rn. 34 ff.). Er ist ferner der Auffassung, dass er abschließend und ausschließlich darüber entscheidet, ob sich die Union dabei an die ihr in den Verträgen auferlegten Grenzen von Zuständigkeit, Subsidiarität u. a. m. gehalten hat (→ Kap. 15 Rn. 115 ff.). Zugleich hat er sich den Ruf hart erarbeitet, dass er diese Frage in diesem Leben nicht ernstlich verneinen, also im Zweifel zugunsten der Union entscheiden wird.

---

[13] Näher *Ehlers,* in: ders./Schoch, Rechtsschutz, § 6 Rn. 22 ff.
[14] Näher *Dervisopoulos,* in: Rengeling/Middeke/Gellermann, Rechtsschutz EU-HdB, § 8.
[15] Zur Amtshaftungsklage siehe *Augsberg,* in: Leible/Terhechte, Europäisches Rechtsschutz- und Verfahrensrecht, 2014, § 12; zum Schiedsverfahren siehe *Koehler/Müller,* a. a. O., § 26 Rn. 44 ff.
[16] Siehe EuGH C-72/15, ECLI:EU:C:2017:236, Rn. 58 ff.
[17] Bündig *Thiele,* EuR 45 (2010), 30 (49).
[18] Aus der längst nicht mehr überschaubaren Literatur zuletzt *Kirchhof,* EuR 49 (2014), 267 ff. und *Menne,* JZ 2017, 332 ff.
[19] Im ersten Zugriff *Peters/Altwicker,* in: Leible/Terhechte, Europäisches Rechtsschutz- und Verfahrensrecht, 2014, § 13 Rn. 1 ff.
[20] Für die Nichtlateiner: Der *„deus ex machina"* (wörtlich „Gott aus der Maschine") bezeichnet eine unerklärliche plötzliche Wende durch himmlisches Eingreifen in das Geschehen eines Schauspiels.

Das **Bundesverfassungsgericht** beharrt demgegenüber darauf, dass die Mitgliedstaaten „Herren der Verträge" bleiben (→ Kap. 2 Rn. 32). Daraus leitet es u. a. ab, dass es berufen ist, erstens „ausbrechende Rechtsakte" der Union (auch: *ultra vires*-Akte) mit Wirkung für die Bundesrepublik für unwirksam zu erklären. Zweitens hält es sich zu einer „Identitätskontrolle" für befugt, die auf eine Prüfung hinausläuft, ob Akte der Union den nach Art. 79 Abs. 3 GG geschützten Kerngehalten widersprechen (→ Kap. 14 Rn. 25 ff.)[21]. 11

Beide **Positionen** sind miteinander letztlich **logisch nicht vereinbar.** Würde das Bundesverfassungsgericht tatsächlich einen Rechtsakt der Union mangels Kompetenz als ausbrechenden Rechtsakt in Deutschland für unanwendbar erklären, müsste die Kommission mit einem Vertragsverletzungsverfahren nach Art. 258 AEUV antworten (→ Rn. 74 ff.). Dann hat der Gerichtshof die Qual der Wahl: Er kann für Deutschland gesichtswahrend zu dem Ergebnis kommen, dass die Union in der Tat ihre Kompetenzen überschritten hat (wie gesagt: die Vermutung, dass er zu diesem Resultat auch nur gelangen *könnte,* hat er in über sechzig Jahren Rechtsprechung nachhaltig widerlegt). Stellt er hingegen fest, dass die Bundesrepublik durch das Urteil des Bundesverfassungsgerichts gegen ihre Verpflichtung aus den Verträgen verstoßen hat, bricht der offene Konflikt aus; die nächste Eskalationsstufe wäre dann das **Verfahren nach Art. 7 EUV** (→ Kap. 4 Rn. 10 ff.). 12

Nun heißt „logisch unvereinbar" nicht „praktisch unvereinbar" (eine wichtige Einsicht für angehende Juristinnen und Juristen), und vielleicht ist die Redeweise vom „Rechtsprechungsverbund" doch weniger anfechtbar als zunächst angenommen. Denn allen beteiligten Gerichten ist offenkundig allzu klar, dass das simple „Durchregieren" oder „Exekutieren" der eigenen Position zwar rechtlich konsequent, aber kaum durchsetzbar wäre. Und so erleben wir derzeit eine **Phase des Abtastens,** des Sondierens, der offenen und versteckten Signale und des Dialogs der beteiligten Akteure[22]. Immerhin hat das Bundesverfassungsgericht zwar immer wieder Drohszenarien ausgemalt, aber bislang nicht „zugebissen". Umgekehrt hat der Europäische Gerichtshof die Vorlagen aus Karlsruhe nicht eins zu eins umgesetzt, aber hinreichend deutlich signalisiert, dass er die dort geäußerten Bedenken ernst nimmt. Die Lehre daraus? Zuständigkeiten und Kompetenzen erfordern in der Anwendung Augenmaß – man sollte nie etwas tun, nur weil man es von Rechts wegen tun darf. 13

IV. Normverwerfungskompetenzen

Die den Gerichten eingeräumte Möglichkeit, Normen zu verwerfen, die entweder vom Parlament (formelle Gesetze) oder von ausnahmsweise zur Normsetzung ermächtigten Akteuren der Exekutive (Verordnungen und Satzungen) erlassen worden sind, erscheint einerseits als konsequent zu Ende gedachte Folge des Vorrangs der Verfassung (→ Kap. 3 Rn. 13 ff.) bzw. der Bindung an Gesetz und Recht (→ Kap. 6 Rn. 12 f.). Sie unterstreicht andererseits die spezifische Form der **Gewaltenverschränkung;** indem einem Gericht als Organ der Judikative erlaubt wird, Legislativakte, die von der Legislative wie der Exekutive ausgehen können, aufzuheben, installieren Verfassungs- wie Vertragsrecht einen hochwirksamen Kontrollmechanismus. Dabei be- 14

---

[21] Zuletzt BVerfGE 146, 216 (253 ff., Rn. 54 ff.).
[22] Gerade zum letzten Punkt *Menne,* JZ 2017, 332 ff.

darf der Betonung, dass die deutsche Rechtstradition wie das Unionsrecht hier nicht auf einem gemeineuropäischen Verfassungskonsens aufruhen. Denn das **Spannungsverhältnis von Demokratie** (kollektive Selbstbestimmung durch Gesetze des vom Volk gewählten Parlaments bzw. durch von ihm eigens ermächtigte Akteure) **und Rechtsstaat** (hier: individuelle Selbstbestimmung durch gerichtliche Geltendmachung von rechtlichen Schranken dieser kollektiven Selbstentfaltung; → Kap. 6 Rn. 1 ff.) wird in einer Reihe von europäischen Verfassungsstaaten dahingehend aufgelöst, dass die Verwerfung von volks- oder parlamentsbeschlossenen Gesetzen durch (Verfassungs-)Gerichte ausdrücklich ausgeschlossen ist. Prominente Beispiele sind Großbritannien sowie die Schweiz[23].

1. Bundesverfassungsgericht

15 Das Bundesverfassungsgericht wird im Grundgesetz wie im Gesetz über das Bundesverfassungsgericht mehrfach explizit mit der Kompetenz zur Verwerfung von Normen ausgestattet. Zugleich monopolisieren das Grundgesetz wie das einfachgesetzliche Verfassungsprozessrecht dieses Normverwerfungsrecht weitgehend beim Bundesverfassungsgericht (bzw. für den Verfassungsraum der Länder bei den Landesverfassungsgerichten[24]). Konkret dient die sog. **abstrakte Normenkontrolle** nach Art. 93 Abs. 1 Nr. 2 GG, §§ 13 Nr. 6, 76 ff. BVerfGG der Überprüfung von „Bundes- oder Landesrecht" und damit Normen aller Art (→ Rn. 33 ff.). Hingegen erfasst die sog. **konkrete Normenkontrolle** oder Richtervorlage nach Art. 100 Abs. 1 GG, §§ 13 Nr. 11, 80 ff. BVerfGG lediglich formelle und nachkonstitutionelle Gesetze, ist also enger geschnitten (→ Rn. 43 ff.). Auch im – hier wegen seiner engen Verknüpfung mit den Grundrechten nicht näher entfalteten – Verfahren der **Verfassungsbeschwerde** nach Art. 93 Abs. 1 Nr. 4a GG, §§ 13 Nr. 8a, 90 ff. BVerfGG können Normen in einem denkbar weit verstandenen Sinne verworfen werden (vgl. explizit §§ 90 Abs. 3, 93 c Abs. 1 S. 3, 95 Abs. 3 BVerfGG). Es kommen weitere einschlägige Verfahrensarten von geringer praktischer Relevanz hinzu[25]. Für alle stellt das Gesetz über das Bundesverfassungsgericht ausdrücklich klar, dass das Gericht berufen ist, Gesetze für nichtig zu erklären (siehe §§ 78 S. 1 u. 2, 82 Abs. 1, 95 Abs. 3 BVerfGG). Die Entscheidung ist als *actus contrarius* zur Verkündung nach Art. 82 Abs. 1 GG im Bundesgesetzblatt zu veröffentlichen (§ 31 Abs. 2 S. 3 BVerfGG) und hat Gesetzeskraft (§ 31 Abs. 2 S. 1 BVerfGG). Neben der vom Gesetz ausdrücklich vorgesehenen Erklärung für „nichtig" hat das Bundesverfassungsgericht in freier richterlicher Rechtsschöpfung noch die Möglichkeit entwickelt, ein Gesetz lediglich für „unvereinbar" mit dem Grundgesetz zu erklären[26]; dies geschieht in solchen Fällen, wo ein Gesetz zwar die Verfassung verletzt, sein völliger und sofortiger Wegfall durch Nichtigkeit aber schlicht zum Chaos führen würde.

---

[23] Näher zu beiden *Biaggini*, in: v. Bogdandy/Grabenwarter/Huber, IPE VI, 2016, § 105 Rn. 33 und *Khushal Murkens*, a. a. O., § 108 Rn. 47 ff.
[24] Siehe Art. 100 Abs. 1 S. 1 1. Alt. GG sowie § 90 Abs. 3 BVerfGG.
[25] Näher zu den §§ 73 ff., 85, 86 ff. BVerfGG *Hamdorf, Peters, Salomon*, in: Barczak, BVerfGG.
[26] BVerfGE 37, 217 (262).

Beispiele: Zur Sicherung einer „verlässlichen Finanz- und Haushaltsplanung"[27] oder eines „gleichmäßigen Verwaltungsvollzugs"[28]; zur Vermeidung von „Rechtsunsicherheit"[29]; zur Wahrung des „Gemeinwohls"[30]; zum Gesundheits-, namentlich Nichtraucherschutz[31].

Die zuletzt genannte Möglichkeit taucht im Gesetz über das Bundesverfassungsgericht nunmehr in § 31 Abs. 2 S. 2 u. 3 BVerfGG wenigstens am Rande bzw. im Ergebnis auf.

2. Europäischer Gerichtshof

Nach Art. 19 Abs. 1 UAbs. 1 S. 2 EUV sichert der EuGH „die Wahrung des Rechts bei der Auslegung und Anwendung der Verträge". Die Art. 251 ff. AEUV buchstabieren diesen Auftrag näher aus. Einschlägig sind primär Art. 263 f. AEUV, die die sog. **Nichtigkeitsklage** regeln (→ Rn. 55 ff.). Danach überwacht der Gerichtshof ausdrücklich die „Rechtmäßigkeit der Gesetzgebungsakte" der Organe und Institutionen der Union (Art. 263 UAbs. 1 S. 1 AEUV). Nach UAbs. 2 kann deren Nichtigkeit auf Unzuständigkeit, Verletzung wesentlicher Formvorschriften, Verletzung der Verträge oder Ermessensmissbrauch gestützt werden. Im Falle der Begründetheit der Klage sieht Art. 264 UAbs. 1 AEUV explizit vor, dass der angefochtene Gesetzgebungsakt für nichtig zu erklären ist. Im Gegensatz zum deutschen Verfassungsprozessrecht sieht Art. 264 UAbs. 2 AEUV ausdrücklich eine vermittelnde Lösung vor, wonach der EuGH eine Nichtigerklärung mit der Anordnung der partiellen Fortgeltung verknüpfen kann[32].

16

B. Ausgewählte Verfahren vor dem Bundesverfassungsgericht

Der folgende Abschnitt kann ein gutes Lehrbuch zum **Verfassungsprozessrecht** nicht ersetzen[33]. Er soll aber eine erste Orientierung über die für das Staats- und Unionsorganisationsrecht besonders relevanten Verfahrensarten bieten und zugleich die typischerweise klausurrelevanten Problemstellungen erfassen (2.–4.). Zuvor wird der Versuch vor die Klammer gezogen, ein Grundschema zum Verfassungsprozess zu erarbeiten, das als Rückzugsposition dient, wenn ein einzelnes Schema im Eifer des Gefechts nicht „abgerufen" werden kann (1.).

17

I. Grundschema zum Verfassungsprozessrecht

Vor der Darstellung der einzelnen Verfahrensarten mitsamt der jeweils einschlägigen Schemata gilt es sich zuerst zu vergegenwärtigen, welchen Status diese Schemata haben (einmal mehr: die Frage nach dem Sinn und Zweck ist wichtiger als das schiere Auswendiglernen). Schemata folgen nicht aus dem Gesetz, sind aber gleichwohl verbindlich. Sie sind letztlich das geronnene Ergebnis langjähriger dogmatischer wie prakti-

18

---

[27] BVerfGE 120, 125.
[28] BVerfGE 105, 74; 117, 1.
[29] BVerfGE 107, 133.
[30] BVerfGE 91, 186.
[31] BVerfGE 121, 317.
[32] EuG T-341/14, ECLI:EU:T:2016:47, Rn. 74 ff.; siehe näher *Rosenkranz*, Die Beschränkung der Rückwirkung von Entscheidungen des Europäischen Gerichtshofs, 2015, 272 ff.
[33] Praktisch konkurrenzlos *Schlaich/Korioth*, Das Bundesverfassungsgericht.

scher Arbeit und sollen sicherstellen, dass erstens kein relevanter Aspekt übersehen wird und zweitens die einzelnen Punkte auch an der richtigen Stelle geprüft bzw. erörtert werden. Zugleich scheiden Schemata irrelevante Fragen aus. Dabei aber bitte – plattes Wortspiel – die Schemata nie schematisch anwenden. Denn sie verführen dazu, allen Punkten das gleiche Gewicht zuzuschreiben. Es gehört aber zum professionellen Umgang mit Prüfungsschemata, sie „atmen" zu lassen: Während im einen Fall der erste Punkt völlig unproblematisch ist und lapidar bejaht werden kann, ist er im nächsten Fall hochproblematisch und muss über Seiten erörtert werden.

19 Damit aber zum folgenden Grundschema. Neben seiner Funktion als „Rückfallposition" soll es verdeutlichen, dass bitte zu jedem Punkt auch nur ein Problem aufgerufen wird – Sie neigen dazu, Fragen miteinander zu vermengen.

Wer?	Gehört der Antragsteller zum Kreis derjenigen, die das Verfahren einleiten dürfen?	-berechtigung
Wogegen/Was?	Zur Überprüfung welcher Art hoheitlicher Akte dient das Verfahren?	-gegenstand
Warum?	Was muss der Antragsteller an subjektiven Belangen vortragen, um das Verfahren einleiten zu können?	-befugnis
Form/Frist	Fristen begegnen nur in Verfahren zum Schutz subjektiver Rechte; die Form verlangt dann nach Gründen/Normen	
Sonstiges	Relevant praktisch nur im Verfahren der Verfassungsbeschwerde	

Zur Erläuterung: Die gängigen verfassungsprozessualen Schemata starten regelmäßig mit der Frage, ob der Antragsteller das Verfahren einleiten darf oder nicht (regelmäßig *Berechtigung* genannt). Hier müssen Sie agieren wie der Türsteher in einem Nachtclub: Steht der Antragsteller auf der Liste derjenigen, die Einlass erhalten, oder ist das nicht der Fall? Es geht mithin um eine rein objektive Prüfung; die Frage, ob der Antragsteller die Verletzung von Rechten geltend macht, spielt (noch) keine Rolle. Es folgt die Frage nach dem *Gegenstand* des Antrags. Hier wechseln Sie in die Rolle eines Mechanikers, der in seinen Werkzeugkasten schaut. Zur Überprüfung welcher Art von Staatshandeln ist in Art. 93 Abs. 1 GG bzw. § 13 BVerfGG welcher Antrag vorgesehen? – die Normenkontrollen sind erkennbar nur für die Überprüfung von Normen gedacht (→ Rn. 33 ff., 43 ff.), aber nicht zur Schlichtung eines Streits zwischen einer Fraktion und dem Bundestagspräsidenten (→ Kap. 9 Rn. 69 ff.). Zuletzt folgt dann in einigen Verfahren die Frage nach der möglicherweise verletzten Rechtsposition (typischerweise *Befugnis* genannt). Das können subjektive Rechte von Personen sein; im hier zu behandelnden Organisationsrecht stehen üblicherweise Organrechte oder Zuständigkeiten im Streit, die einem Akteur zur Ausübung von der Rechtsordnung anvertraut sind.

20 Ein letzter Hinweis: Es ist hilfreich, wenn man sich klarmacht, dass die einzelnen Punkte miteinander wie **kommunizierende Röhren** in Verbindung stehen bzw. gemeinsam sicherstellen sollen, dass das Bundesverfassungsgericht nicht mit Anträgen „überschwemmt" wird. Nur zwei Beispiele: Bei der abstrakten Normenkontrolle erfolgt die Engführung schon im Punkt Antragsberechtigung, weil der Kreis der Berechtigten sehr eng gezogen ist. Damit korrespondiert, dass dieser kleine Kreis dann keine Verletzung in eigenen Rechten vortragen muss (→ Rn. 34, 36, 39). Umgekehrt kann

die Verfassungsbeschwerde buchstäblich „jedermann" erheben. Das zieht zwangsläufig eine ganze Reihe von zusätzlichen Voraussetzungen nach sich, an erster Stelle den Vortrag einer möglichen Verletzung in wohlgemerkt eigenen Rechten[34].

II. Organstreitverfahren

1. Standort und Funktion

Das (Bundes-)Organstreitverfahren ist in Art. 93 Abs. 1 Nr. 1 GG i.V.m. §§ 13 Nr. 5, 63ff. BVerfGG geregelt. Regelmäßig werden pro Jahr mehrere Verfahren entschieden, wobei es überwiegend um Streitigkeiten zwischen der Opposition und der Regierung bzw. der diese tragenden Parlamentsmehrheit geht. Trotz der vergleichsweise geringen Zahl an Verfahren lassen sich auch hier Vorkehrungen des Bundesverfassungsgerichts beobachten, die eine missbräuchliche oder aus Sicht des Gerichts übermäßige Inanspruchnahme verhindern sollen. 21

Während die im folgenden dargestellten Normenkontrollen die Vereinbarkeit der Rechtsordnung mit der Verfassung sicherstellen sollen und insofern als prozessuale Garantien des Vorrangs der Verfassung fungieren (→ Kap. 3 Rn. 13ff.; → Rn. 33f.; → Rn. 43), tritt das Bundesverfassungsgericht im Organstreitverfahren als **Schiedsrichter** im politischen Prozess auf bzw. vergegenwärtigt die Limitationsfunktion der Verfassung gegenüber den Inhabern politischer Macht. Im Organstreitverfahren können die Verfassungsorgane und andere ausgewählte Akteure einander zwingen, nach den Regeln zu spielen. Da das Verfahren als sog. kontradiktorisches Verfahren ausgestaltet worden ist, zielt es nicht auf eine „losgelöste[n] Kontrolle der objektiven Verfassungsmäßigkeit"[35], sondern ist nur zulässig, wenn der Antragsteller geltend machen kann, in eigenen Rechten verletzt zu sein (→ Rn. 27). Während das Organstreitverfahren nur zwischen den Institutionen und Organen auf Bundesebene ausgetragen wird (also auf horizontaler Ebene), dient das in vielfacher Hinsicht ähnliche **Bund-Länder-Streitverfahren** nach Art. 93 Abs. 1 Nr. 3 GG i.V.m. § 13 Nr. 7, 68ff. BVerfGG in vertikaler Perspektive der friedlichen Streitbeilegung zwischen Bund und Ländern[36].

2. Prüfung in der Klausur

Das Organstreitverfahren nach Art. 93 Abs. 1 Nr. 1 GG i.V.m. §§ 13 Nr. 5, 63ff. BVerfGG wird schulmäßig nach folgendem Schema geprüft: 22

a) Parteifähigkeit (auch: Antragsberechtigung) von Antragsteller und Antragsgegner

Ausgangspunkt der Prüfung ist **§ 63 BVerfGG**. Danach kommen als Antragsteller (und Antragsgegner) in Betracht der Bundespräsident, der Bundestag, der Bundesrat und die Bundesregierung sowie die im Grundgesetz oder in den Geschäftsordnungen beider Parlamentskammern mit eigenen Rechten ausgestatten Teile dieser Organe. Das Bundesverfassungsgericht ist zwar selbst oberstes Bundesorgan, kann aber schon eindenk der ungeschriebenen Grundregel, dass niemand Richter in eigener Sache sein 23

---

[34] Bündig zur Verfassungsbeschwerde, die hier nicht weiter behandelt werden soll, *Wieland,* in: Dreier, GGK III, Art. 93 Rn. 83ff.
[35] BVerfGE 134, 141 (194, Rn. 160); siehe auch E 135, 317 (398, Rn. 156).
[36] Zuletzt BVerfGE 129, 108ff.; näher *Schlaich/Korioth,* BVerfG, Rn. 105ff.

darf, nicht als Antragsteller in Betracht kommen[37]. Ein Antrag von Bundestag, Bundesrat oder Bundesregierung setzt jeweils einen formgerechten Mehrheitsbeschluss voraus, das Verfahren einzuleiten; Bundestag und Bundesrat werden dabei von ihren Präsidenten vertreten.

Als **Organteile** i. S. v. § 63 2. Alt. BVerfGG gelten namentlich die Fraktionen (§§ 10ff. GOBT; → Kap. 9 Rn. 69ff.), die Ausschüsse von Bundestag und Bundesrat, insbesondere Untersuchungsausschüsse (→ Kap. 9 Rn. 20, 73f.)[38], die Präsidenten beider Parlamentskammern, Mitglieder der Bundesregierung sowie – erneut in Bundestag und Bundesrat – die sog. **konstituierten Minderheiten**[39]. Diese sind von bloßen Abstimmungsminderheiten i. S. v. Art. 42 Abs. 2 S. 1 GG abzugrenzen, die nicht als parteifähig gelten[40]. Der Unterschied: Im Falle der „konstituierten Minderheiten" knüpfen das Grundgesetz bzw. die Geschäftsordnungen an das Erreichen eines Quorums unterhalb der Mehrheitsschwelle gleichwohl eine bestimmte Rechtsmacht oder Gestaltungsmöglichkeit; dies gilt etwa für Art. 39 Abs. 3 S. 3 oder Art. 44 Abs. 1 GG sowie für § 76 Abs. 1 GOBT.

Schulbeispiel ist der Antrag auf Einsetzung eines Untersuchungsausschusses nach Art. 44 Abs. 1 GG. Gelingt es der Opposition, dieses Quorum zu überwinden, und versagt sich die Mehrheit gleichwohl der Einsetzung, so stellen die Befürworter eine konstituierte Minderheit dar[41]. Gleiches gilt für die Minderheitsfraktion im Untersuchungsausschuss, sofern sie sich auf das Viertelquorum stützt[42], hingegen nicht für eine Verfassungsänderungen verhindernde Sperrminorität von mehr als einem Drittel der Mitglieder des Bundestages im Sinne des Art. 79 Abs. 2 GG[43].

Da § 63 BVerfGG eine Berechtigung aus Grundgesetz oder Geschäftsordnung verlangt, reicht eine einfachgesetzliche Regelung nicht aus, weshalb beispielsweise die sog. G10-Kommission nicht parteifähig ist[44].

24 Über § 63 BVerfGG hinaus lässt **Art. 93 Abs. 1 Nr. 1 GG** allgemein „oberste Bundesorgane" sowie „andere Beteiligte[r], die durch dieses Grundgesetz oder in der Geschäftsordnung eines obersten Bundesorgans mit eigenen Rechten ausgestattet sind" als Antragsteller zu. Kraft des Vorrangs der Verfassung (→ Kap. 3 Rn. 13ff.) setzt sich die Norm gegen § 63 BVerfGG durch, der sie nicht wirksam einschränken kann. Auf Art. 93 Abs. 1 Nr. 1 GG wird namentlich die Parteifähigkeit der Bundesversammlung (einschließlich ihres Präsidenten; → Kap. 11 Rn. 28ff.)[45] sowie des Gemeinsamen Ausschusses nach Art. 53a GG gestützt. Wichtiger dürfte sein, dass die Rechtsprechung als **„andere Beteiligte"** sowohl politische **Parteien** i. S. v. Art. 21 Abs. 1 GG (→ § 13 Rn. 35)[46] als auch **einzelne Bundestagsabgeordnete** in Ansehung ihrer Rechte aus Art. 38 Abs. 1, 46ff. GG anerkannt hat[47]. Letz-

---

[37] Wie hier *Ehlers,* JURA 2003, 315, 316.
[38] Zuletzt BVerfGE 143, 101 (124ff., Rn. 74ff.). – *NSA-Untersuchungsausschuss.*
[39] BVerfGE 105, 197 (220); 113, 113 (120); 124, 78 (106f.); für den Bundesrat *Ehlers,* JURA 2003, 315, 317.
[40] BVerfGE 2, 143 (159ff.); 90, 286 (341f.); aus der Literatur *Barczak,* in: ders., BVerfGG, § 63 Rn. 39.
[41] Zuletzt BVerfGE 124, 78 (106f.). – *BND-Untersuchungsausschuss.*
[42] BVerfGE 105, 197 (220f.); 113, 113 (120); 124, 78 (106f.).
[43] BVerfGE 90, 286 (341).
[44] BVerfGE 143, 1 (16, Rn. 49) – *G10-Kommission.*
[45] Zuletzt BVerfGE 136, 277 (299, Rn. 59).
[46] BVerfGE 84, 290 (298).
[47] BVerfGE 140, 115 (138 Rn. 55).

teres wird in der Lehre kritisiert, da dies schon unmittelbar aus § 63 BVerfGG folgen dürfte[48].

Antragsteller wie **Antragsgegner** müssen parteifähig sein (der Antragsgegner wird hier gerne schlicht vergessen). Teils wird schon in diesem Rahmen geprüft, ob sie auch in ihrer Eigenschaft als Verfassungsorgan betroffen sind; überwiegend gilt dies als Frage des tauglichen Streitgegenstandes (→ Rn. 25).

b) Streitgegenstand

Nach § 64 Abs. 1 BVerfGG kann sich der Antrag im Organstreit gegen eine „**Maß-** 25 **nahme oder Unterlassung**" des Antragsgegners richten. Das ist im Grunde denkbar weit und erfasst insbesondere auch den Erlass von Gesetzen; die Normenkontrollen sind insofern nicht etwa vorrangig[49]. Eingeschränkt wird das Kriterium zunächst dadurch, dass die Maßnahme rechtserheblich sein muß[50]; daran fehlt es bei bloßen Entwürfen, Vorbereitungshandlungen, der Terminierung von Lesungen durch den Ältestenrat[51] oder der Rüge eines Abgeordneten durch den Präsidenten[52]. Ein Unterlassen ist ferner nur dann erheblich, soweit eine genuin verfassungsrechtliche Pflicht zum Handeln besteht; das ist angenommen worden für die Einholung der Zustimmung des Bundestages hinsichtlich der Teilnahme deutscher Soldaten an der AWACS-Luftraumüberwachung der Türkei[53].

Gestritten werden muss ferner um gegenseitige Rechte und Pflichten, die sich aus 26 einem **verfassungsrechtlichen Rechtsverhältnis** ergeben[54]. Eine gesetzliche Begründung reicht nach einhelliger Auffassung nicht aus[55], eine Stützung auf die Geschäftsordnung wird differenziert eingeschätzt[56].

Als **Schulbeispiel** für das Fehlen eines verfassungsrechtlichen Rechtsverhältnisses gilt der Streit zwischen einer politischen Partei und dem Bundestagspräsidenten um Zahlungen im Rahmen der Parteienfinanzierung. Zwar sind Partei wie Bundestagspräsident dem Grunde nach parteifähig im Organstreitverfahren (→ Rn. 23f.), doch resultiert das streitige Rechtsverhältnis nicht aus der Verfassung, sondern aus §§ 18ff. ParteiG; ferner wird der Bundestagspräsident hier nicht als Verfassungsorgan, sondern als Verwaltungsbehörde i. S. v. § 1 Abs. 1 Nr. 1 VwVfG (B) tätig[57].

Verfassungsrechtliche Rechtsverhältnisse sind hingegen betroffen im Streit um Fragerechte des Parlaments[58]; hier greift die Definition, wonach ein Verfassungsrechtsverhältnis vorliegt, „wenn auf beiden Seiten des Streits Verfassungsorgane oder Teile von Verfassungsorganen stehen und um diese verfassungsrechtliche Positionen streiten"[59].

---

[48] Eingehend *Barczak*, in: ders., BVerfGG, § 63 Rn. 31, 42.
[49] *Engels*, JURA 2010, 421, 425.
[50] Näher *Engels*, JURA 2010, 421, 424; Jarass/*Pieroth*, GG, Art. 93 Rn. 24.
[51] BVerfGE 112, 363 (365f.).
[52] BVerfGE 60, 374 (381ff.).
[53] BVerfGE 121, 135 (150).
[54] BVerfGE 68, 1 (69ff.); 90, 286 (337); 100, 266 (268); 134, 141 (198, Rn. 173ff.).
[55] BVerfGE 60, 374 (379); 84, 290 (297); 131, 152 (191).
[56] Hinreichend nach BVerfGE 73, 1 (31); dagegen Jarass/*Pieroth*, GG, Art. 93 Rn. 14.
[57] BVerfGE 27, 152 (157); 73, 1 (30f.).
[58] BVerfGE 139, 194 (223, Rn. 104).
[59] BVerfGE 118, 277 (318); 138, 45 (63, Rn. 38).

c) Antragsbefugnis

27 Nach § 64 Abs. 1 BVerfGG muss der Antragsteller geltend machen können, dass die Maßnahme oder Unterlassung des Antragsgegners ihn in seinen durch das Grundgesetz übertragenen **Rechten und Pflichten** verletzt oder er in diesen Rechten unmittelbar gefährdet ist; das setzt voraus, dass nach dem Vortrag eine Verletzung „nicht von vornherein ausgeschlossen" sein darf[60]. Im markanten Gegensatz zu den Normenkontrollen muss der Antragsteller im Organstreit mithin plausibel behaupten können, dass eine ihm zugeordnete Rechtsposition nachteilig berührt ist. Dabei ist zu unterstreichen, dass im Gegensatz zur Antragsberechtigung/Parteifähigkeit derartige Rechtspositionen nicht aus der GOBT folgen können[61] (denkbar ist allerdings, dass sich die GOBT lediglich als Konkretisierung einer schon im Grundgesetz angelegten Rechtsposition erweist[62]). Das Bundesverfassungsgericht nimmt an, dass „[m]it ‚Rechten [...]' im Sinne des § 64 Abs. 1 BVerfGG [...] allein diejenigen Rechte gemeint [sind], die dem [Organ] zur ausschließlich eigenen Wahrnehmung oder zur Mitwirkung übertragen sind oder deren Beachtung erforderlich ist, um die Wahrnehmung seiner Kompetenzen und die Gültigkeit seiner Akte [...] zu gewährleisten."[63] Als solche Rechte zählen der Status der politischen Parteien[64] sowie Rechte von Fraktionen und Abgeordneten gegenüber dem Bundestag[65]; abgelehnt hat die Rechtsprechung hingegen den Rekurs auf Grundrechte[66].

28 Von der Grundregel, dass das als verletzt oder gefährdet gerügte Recht dem Antragsteller selbst zustehen muss, macht die Rechtsprechung eine Ausnahme im Fall der sog. **Prozessstandschaft.** Danach können Organteile zulässigerweise die Rechte des Organs geltend machen, obwohl dieses sich selbst in seinen Rechten nicht tangiert sieht. Damit zieht das Gericht letztlich die Konsequenz aus der Entscheidung für das parlamentarische Regierungssystem (→ Kap. 11 Rn. 50 f.), die dazu führt, dass sich nicht mehr Regierung und Parlament als Antagonisten gegenüberstehen, sondern die Opposition und die Parlamentsmehrheit, die hinter der Regierung steht. Dieser Perspektivwechsel begründet aber die Vermutung, dass die Mehrheit im Bundestag dessen Rechte gegenüber der Regierung nicht mit der nötigen Schärfe geltend machen könnte. Der Gedanke der Prozessstandschaft verschiebt in dieser Situation des vermuteten Motivationsmangels das Rügerecht auf die intrinsisch interessierte Opposition, wobei das Bundesverfassungsgericht in Ansehung der Rechte des Bundestages nur Bundestagsfraktionen[67] sowie Fraktionen in Untersuchungsausschüssen anerkennt (→ Rn. 24), nicht aber einzelne Abgeordnete[68]. Hinter dieser systemwidrigen Gegenausnahme steckt letztlich die Befürchtung, querulatorische Begehren zu provozieren.

---

[60] BVerfGE 137, 185 (227, Rn. 119).
[61] BVerfGE 118, 277 (319); 131, 152 (191); 142, 25 (52, Rn. 79).
[62] Klassisches Beispiel: §§ 100 ff. GO-BT als Konkretisierung des Fragerechts des Parlaments gegenüber der Bundesregierung.
[63] BVerfGE 68, 1 (73).
[64] BVerfGE 84, 290 (299 ff.).
[65] Abgeordnete: BVerfGE 62, 1 (32; Recht auf Einhaltung der Legislaturperiode); Fraktionen: E 100, 266 (270).
[66] BVerfGE 118, 277 (320).
[67] BVerfGE 132, 195 (247, Rn. 125); 134, 366 (397 f., Rn. 54); 140, 160 (185, Rn. 59).
[68] BVerfGE 90, 286 (343 f.); 117, 359 (367 f.); 134, 141 (198, Rn. 172); kritisch *Wieland,* in: Dreier, GGK III, Art. 93 Rn. 60.

d) Passive Prozessführungsbefugnis

Als ungeschriebenes Tatbestandsmerkmal muss die streitgegenständliche Maßnahme dem Antragsgegner tatsächlich **zuzurechnen** sein[69]. Daran fehlt es, wenn der Erlass von Gesetzen oder Maßnahmen einzelner Ressortminister der Bundesregierung zugerechnet[70] oder Bundestag und Bundesrat für Maßnahmen des Vermittlungsausschusses haftbar gemacht werden[71]. 29

e) Rechtsschutzbedürfnis

Grundsätzlich wird das Rechtsschutzbedürfnis indiziert, sofern die Antragsbefugnis bejaht werden kann[72]. Allerdings benutzt das Bundesverfassungsgericht das ungeschriebene Kriterium des Rechtsschutzbedürfnisses, um solche Anträge auszusondern, an denen die Antragsteller aus den verschiedensten Gründen kein rechtlich geschütztes Interesse (mehr) haben können. Genannt seien die Möglichkeit, das gerügte Verhalten der Gegenseite durch eigenes Handeln zu verhindern[73] oder wenn einfachere oder weiterreichende Abhilfen bestehen[74]. 30

f) Form und Frist

Für den Antrag gilt nach § 23 Abs. 1 BVerfGG die **Schriftform;** ferner ist nach § 64 Abs. 2 BVerfGG die Bestimmung des Grundgesetzes zu bezeichnen, gegen die der Antragsgegner verstoßen haben soll. Über diese formalen Voraussetzungen hinaus verlangt das Gericht eine „nähere Substantiierung der Begründung"[75]. 31

Gem. § 64 Abs. 3 BVerfGG ist der Antrag binnen einer **Sechsmonatsfrist** zu stellen. Sie läuft ab dem Zeitpunkt, in dem die Maßnahme oder Unterlassung dem Antragsteller bekannt geworden ist. Dabei ist für Unterlassungen die eindeutige Erfüllungsverweigerung durch den Antragsgegner maßgeblich[76]. Bei Gesetzen wird teils auf den Erlass, teils auf die Verkündung abgestellt[77]. In der Klausur ist hier schlicht auf Daten zu achten. Die Berechnung der Frist folgt den §§ 187 ff. BGB.

g) Begründetheit

Prüfungsmaßstab ist im Organstreitverfahren allein das **Grundgesetz,** also weder einfachgesetzliches Recht noch die Geschäftsordnungen der beiden Kammern[78]. Das Gericht beschränkt sich auf die Prüfung der zulässigerweise gerügten Verstöße, tritt also nicht in eine umfassende Prüfung der Maßnahme ein; dies ist Konsequenz der Ausgestaltung als sog. kontradiktorisches Verfahren (→ Rn. 21). Nach § 67 S. 1 BVerfGG stellt das Gericht lediglich fest, dass eine Maßnahme oder Unterlassung gegen das Grundgesetz verstößt; ihm ist im Verfahren nach Art. 93 Abs. 1 Nr. 1 GG hingegen versagt, eine Maßnahme für nichtig zu erklären (etwa ein Gesetz) oder eine Partei zu 32

---

[69] BVerfGE 62, 1 (33); 80, 188 (216); 118, 277 (322).
[70] Gesetze: BVerfGE 73, 1 (30f.); 82, 322 (336). – Ressortminister: E 90, 286 (338).
[71] BVerfGE 140, 115 (140f., Rn. 61ff.).
[72] BVerfGE 68, 1 (77).
[73] BVerfGE 68, 1 (77f.): parlamentarische Untätigkeit einer Fraktion.
[74] BVerfGE 45, 1 (30); vgl. ferner Jarass/*Pieroth,* GG, Art. 93 Rn. 27f.
[75] BVerfGE 24, 252 (258).
[76] BVerfGE 131, 152 (191ff.).
[77] BVerfGE 103, 164 (169): Verkündung; E 99, 332 (336f.): Beschluß; E 118, 277 (321f.): Inkrafttreten.
[78] BVerfGE 6, 309 (328).

einem bestimmten Verhalten zu verpflichten[79]. In der Verfassungspraxis kann sich das Gericht allerdings eingedenk seiner herausragenden Autorität darauf verlassen, dass die Beteiligten ihre Konsequenzen aus der Entscheidung ziehen bzw. sie befolgen.

III. Abstrakte Normenkontrolle

1. Standort und Funktion

33 Die abstrakte Normenkontrolle ist in Art. 93 Abs. 1 Nr. 2 und 2a GG i. V. m. §§ 13 Nr. 6 und 6a, 76 ff. BVerfGG geregelt. Streng genommen müsste man daher in der Mehrzahl von „abstrakten Normenkontrollen" sprechen, doch sind sowohl die Verfahren nach Art. 93 Abs. 1 Nr. 2a GG i. V. m. §§ 13 Nr. 6a, 76 Abs. 2 BVerfGG (sog. Erforderlichkeitskontrolle)[80] als auch nach § 76 Abs. 1 Nr. 2 BVerfGG (sog. Normbestätigungsklage)[81] derart marginal in ihrer Bedeutung, dass sie im folgenden außer Betracht bleiben können. Auch die klassische abstrakte Normenkontrolle nach § 76 Abs. 1 Nr. 1 BVerfGG ist mit bislang 133 entschiedenen Verfahren eine in der verfassungsgerichtlichen Praxis eher seltene Klageart[82]. Allerdings steht dem die durchweg große **Bedeutung** der einschlägigen Fälle gegenüber; zahlreiche „Klassiker" der bundesverfassungsgerichtlichen Rechtsprechung gehen auf prominente abstrakte Normenkontrollen zurück.

34 Damit ist bereits die **Funktion** dieser Verfahrensart angerissen. Die abstrakte Normenkontrolle erlaubt einem bewusst eng gefassten Kreis von Akteuren, Bundes- oder Landesrecht unmittelbar nach seinem Erlass bzw. seiner Verkündung in Karlsruhe auf den verfassungsrechtlichen Prüfstand zu stellen. Die Prüfung erfolgt losgelöst von der Anwendung im Einzelfall, woher die Bezeichnung als „abstrakt" herrührt. Die Funktion der Normenkontrolle kann dabei aus der Perspektive der Politikwissenschaft wie aus der Perspektive des Verfassungsrechts umschrieben werden. Aus politikwissenschaftlicher Sicht ist die abstrakte Normenkontrolle ein **Instrument der Opposition,** um Gesetzesvorhaben der jeweiligen Parlamentsmehrheit zu Fall zu bringen.

Prototypische **Beispiele** sind die beiden Abtreibungsentscheidungen des Bundesverfassungsgerichts[83]. Sie richteten sich gegen Gesetzesvorhaben der sozialliberalen bzw. der rot-grünen Mehrheit und gingen von den Bundestagsabgeordneten der CDU/CSU bzw. von einzelnen unionsgeführten Landesregierungen aus.

Etwas vornehmer oder weniger einseitig interessenbezogen umschreibt das die Verfassungsrechtslehre: Danach nimmt das Verfahren der abstrakten Normenkontrolle einen kleinen Kreis von institutionellen Akteuren in die Pflicht bzw. in die **Verantwortung** für die Vereinbarkeit des gesamten Bundes- und Landesrechts mit der Verfassung bzw. (in Ansehung des Landesrechts sowie eingedenk des Art. 31 GG) dem Bundesrecht[84]. Damit korrespondiert, dass die abstrakte Normenkontrolle weder einer Fristbindung unterliegt (→ Rn. 40) noch an den Vortrag der möglichen Verletzung

---

[79] BVerfGE 20, 119 (129); 124, 161 (188).
[80] Bislang noch nicht eingeleitet; näher nur *Kees,* in: Barczak, BVerfGG, § 76 Rn. 64 ff.
[81] Zuletzt BVerfGE 106, 244; näher *Rein,* Das Normbestätigungsverfahren, 1991.
[82] BVerfG, Jahresstatistik 2017, 8 (Stand: Februar 2018).
[83] BVerfGE 39, 1 bzw. 88, 203; siehe dazu *Dederer,* „BVerfGE 39,1 – Schwangerschaftsabbruch I", in: Menzel/Müller-Terpitz (Hrsg.), Verfassungsrechtsprechung, 2. Aufl. 2011, 262 ff.; *Müller-Terpitz,* Der Schutz des pränatalen Lebens, 2007, 136 ff.
[84] So etwa *Löwer,* in: HStR³ III, § 70 Rn. 60.

von subjektiven Rechten oder zumindest einem Organ exklusiv zugewiesenen Befugnissen geknüpft ist (→ Rn. 39).

Zugleich unterstreicht die abstrakte Normenkontrolle die Position des Bundesverfassungsgerichts und ist insofern typischer Ausdruck der **Gewaltenverschränkung** deutscher Prägung (→ Kap. 6 Rn. 5 ff.). Sie ist ein zentrales Vehikel der Normverwerfungskompetenz des Gerichts (→ Rn. 14 f.), begründet aber auch gemeinsam mit Art. 100 Abs. 1 GG dessen Normverwerfungsmonopol, indem es in Abkehr von Bestimmungen der Zwischenkriegszeit wie einzelner geltender Landesverfassungen die Regierungen auf ein bloßes Antragsrecht beschränkt, ihnen aber ein regelrechtes Einspruchs- oder Beanstandungsrecht versagt[85]. Hingegen wohnt Art. 93 Abs. 1 Nr. 2 GG kein Element des subjektiven Rechtsschutzes inne; die abstrakte Normenkontrolle dient allein der objektiven Rechtskontrolle. 35

2. Prüfung in der Klausur

a) Antragsberechtigung

Die Zahl der Antrags- oder Einleitungsberechtigten ist im Rahmen der abstrakten Normenkontrolle **bewusst klein gehalten**[86]. Übereinstimmend gehen der vorrangig zu prüfende § 76 Abs. 1 Nr. 1 BVerfGG sowie Art. 93 Abs. 1 Nr. 2 GG davon aus, dass zum Antrag lediglich die Bundesregierung, eine Landesregierung oder ein Viertel der Mitglieder des Bundestages berechtigt sind. Bundes- und Landesregierung werden dabei jeweils als Kollegialorgane verstanden (Art. 62 GG; → Kap. 11 Rn. 84), so dass sie nur zur Antragstellung berechtigt sind, sofern dem ein Mehrheitsbeschluss im Kabinett vorangeht. Bei derzeit 709 Mitgliedern des Bundestages nach §§ 1 Abs. 1 S. 1, 6 Abs. 7 BWahlG müssen also 178 Abgeordnete den Antrag stellen[87]. 36

> **Hinweis:** Die Abgeordneten müssen den Antrag in Person, nicht aber als *Fraktion* (→ Kap. 9 Rn. 69 ff.) stellen. Vgl. dazu nochmals BVerfGE 39, 1 (18).

b) Antragsgegenstand

Nach den wiederum übereinstimmenden § 76 Abs. 1 BVerfGG und Art. 93 Abs. 1 Nr. 2 GG ist tauglicher Gegenstand der abstrakten Normenkontrolle „**Bundes- oder Landesrecht**". Im Gegensatz zur konkreten Normenkontrolle (→ Rn. 45) ist das weit zu verstehen[88] und umfasst Rechtsnormen des Bundes und der Länder von der jeweiligen Verfassung[89] über formelle Parlamentsgesetze bis hin zu Verordnungen[90] oder Satzungen[91]. Ausgeschlossen ist nichtstaatliches (also etwa kirchliches) Recht; auch Rechtsakte der Kommunen werden nicht erfasst. Voraussetzung ist die **Verkündung** der Norm (für die Bundesebene: Art. 82 Abs. 1 GG; → Kap. 15 Rn. 223); eine vorbeugende oder präventive Normenkontrolle ist danach ausgeschlossen[92]. Eine Aus- 37

---

[85] So tatsächlich noch bis 2016 Art. 67 NRWVerf. a. F.; vgl. dazu *Schönenbroicher*, in: Heusch/ders., Landesverfassung NRW, 2010, Art. 67 Rn. 7 ff.
[86] Gegen eine Erweiterung im Wege der Analogie BVerfGE 21, 52 (53 f.); 68, 346 (349 f.).
[87] Lt. BVerfGE 68, 346 (350) müssen sie „als Einheit auftreten und identische Ziele verfolgen".
[88] BVerfGE 2, 124 (131); 24, 174 (179 f.); 103, 111 (124).
[89] Für Änderungsgesetze zum Grundgesetz BVerfGE 1, 14 (32 f.); für Landesverfassungsrecht E 103, 111 (124).
[90] BVerfGE 101, 1 (30); 106, 1 (12).
[91] BVerfGE 10, 20 (54).
[92] BVerfGE 1, 396 (410).

nahme von dieser Regel erkennt das Bundesverfassungsgericht für die **Zustimmungsgesetze** zu völkerrechtlichen Verträgen i. S. v. Art. 59 Abs. 2 GG an, da in diesen Fällen nach der Verkündung bereits eine völkerrechtliche Verpflichtung eintreten würde, die durch ein negatives Votum des Gerichts nicht mehr rückgängig gemacht werden könnte[93]. In der Verfassungspraxis sichert in derartigen Konstellationen der Bundespräsident zu, mit der Ausfertigung und Verkündung zu warten, bis das Bundesverfassungsgericht entschieden hat[94].

38 Grundsätzlich ausgeschlossen von der Überprüfung sind **Akte** des Primär- wie Sekundärrechts **der Europäischen Union,** wobei das Bundesverfassungsgericht eine – durchaus strittige – Ausnahme für solche Unionsrechtsakte macht, die als „ausbrechende Rechtsakte" die Grenzen überschreiten, die das Grundgesetz in seinen Mitwirkungsbestimmungen dem Unionsrecht zieht[95]. Primärrecht kann ferner mittelbar zum Prüfungsgegenstand werden, wenn das Zustimmungsgesetz zur Vertragsänderung auf den verfassungsgerichtlichen Prüfstand gestellt wird[96]. Deutsche Gesetze und Verordnungen zur Umsetzung von Unionsrecht sind taugliche Antragsgegenstände, wenn dem nationalen Gesetzgeber vom Recht der Union ein Spielraum eingeräumt wird[97].

c) Antragsbefugnis

39 In Sachen Antragsbefugnis fallen Grundgesetz und Gesetz über das Bundesverfassungsgericht vergleichsweise deutlich auseinander; dieser Zwiespalt zieht einen „klassischen" **Meinungsstreit** nach sich, dessen Erörterung in der Klausur aber keineswegs überbewertet werden sollte. Viel wichtiger ist die Einsicht, dass die abstrakte Normenkontrolle – im markanten Gegensatz zur großen Mehrzahl der Rechtsschutzverfahren im öffentlichen Recht – nicht voraussetzt, dass der Antragsteller vorträgt, er sei in einem subjektiven Recht oder zumindest in einer Rechtsposition verletzt, die ihm zur alleinigen Ausübung übertragen sei[98]. Nach § 76 Abs. 1 Nr. 1 BVerfGG ist der Antrag nur zulässig, wenn der Antragsteller vorträgt, dass er den Antragsgegenstand **„für nichtig hält".** Nach Art. 93 Abs. 1 Nr. 2 GG reichen hingegen „Meinungsverschiedenheiten oder **Zweifel**", die Schwelle liegt also niedriger. Nach ganz überwiegender Auffassung setzt sich in dieser Situation Art. 93 Abs. 1 Nr. 2 GG als Grundgesetzbestimmung kraft des Vorrangs der Verfassung (→ Kap. 3 Rn. 13 ff.) gegen das einfache Recht durch, das entweder verfassungskonform ausgelegt werden muss oder teilnichtig ist[99]. Nur vereinzelt wird die Gegenauffassung vertreten, wonach § 76 Abs. 1 Nr. 1 BVerfGG die Verfassung zulässigerweise konkretisiere und dabei verschärfe[100].

> Wichtig ist der folgende **Klausurhinweis:** Ist im Sachverhalt davon die Rede, die Landesregierung sei von der Verfassungswidrigkeit des Gesetzes *überzeugt*, wirkt jeder Hinweis auf den „Streit" bestenfalls hilflos; hier wird im Urteilstil festgestellt, dass auch die strengeren Voraussetzungen des § 76 Abs. 1

---

[93] BVerfGE 1, 396 (412f.); 36, 1 (15).
[94] Siehe zuletzt BVerfGE 143, 65 – *CETA*.
[95] BVerfGE 89, 155 (188); kritisch *Rozek,* in: Maunz/Schmidt-Bleibtreu/Klein/Bethge, BVerfGG, § 76 (2017), Rn. 37.
[96] BVerfGE 37, 271 (280ff.); 52, 187 (199ff.).
[97] BVerfGE 136, 69 (91f., Rn. 43).
[98] Unterstrichen von BVerfGE 52, 63 (80); 83, 37 (49); 103, 111 (124).
[99] Näher *Karpenstein,* in: Walter/Grünewald, BeckOK BVerfGG, § 76 Rn. 11 (Dezember 2017), m.w.N.
[100] Etwa bei *Lechner/Zuck,* BVerfGG, § 76 Rn. 30. Die Berufung auf BVerfGE 96, 133 (137) dürfte hier missverständlich sein; näher *Wittreck,* AL 2018, 218 (226).

Nr. 1 BVerfGG gewahrt sind und die Antragsbefugnis deshalb vorliegt. Lediglich dann, wenn das Signalwort „Zweifel" auftaucht, wird in der gebotenen Kürze darauf hingewiesen, dass damit § 76 Abs. 1 Nr. 1 BVerfGG nicht gewahrt wäre, was aber eingedenk des Art. 93 Abs. 1 Nr. 2 GG unschädlich ist.

In der neueren Rechtsprechung verlangt das Bundesverfassungsgericht ferner ein sog. **objektives Klarstellungsinteresse**[101]. Dieses hat das Gericht etwa verneint im Falle einer Verordnungsermächtigung, von der endgültig kein Gebrauch gemacht worden ist[102]. Hingegen dürfen Landesregierungen sowohl das Recht eines anderen Landes als auch eigenes Landesrecht zur Überprüfung stellen[103].

d) Form und Frist

Der Antragsteller muss die **Schriftform** gem. § 23 Abs. 1 BVerfGG wahren und seinen Antrag begründen. Eine **Frist** ist nicht einzuhalten[104]; sie wäre eingedenk der Funktion der abstrakten Normenkontrolle (→ Rn. 34) auch mit Händen zu greifen sinnwidrig. Die Norm muss lediglich schon und noch Rechtswirkungen erzeugen[105]. 40

e) Verfahren

Das Gericht prüft die zur Kontrolle gestellte Norm **umfassend** und ist nicht auf das Vorbringen des Antragstellers beschränkt[106]. Es hält sich für berechtigt, auch über solche Anträge zu entscheiden, die von den Antragstellern zurückgenommen oder für erledigt erklärt worden sind, sofern daran ein öffentliches Interesse besteht[107]. 41

f) Begründetheit

Der Antrag im abstrakten Normenkontrollverfahren ist im Falle von **Normen des Bundesrechts** begründet (vgl. § 78 BVerfGG), wenn diese gegen das Grundgesetz verstoßen; im Falle verfassungsändernder Gesetze ist Prüfungsmaßstab dabei lediglich Art. 79 Abs. 3 GG (→ Kap. 14 Rn. 5 ff.)[108]. Bei Rechtsverordnungen des Bundes werden als Vorfrage die Vereinbarkeit mit der gesetzlichen Ermächtigung und deren Gültigkeit geprüft (→ Kap. 15 Rn. 254 ff.)[109]. Mögliche Verstöße gegen Unionsrecht sind unerheblich, da sie eingedenk des bloßen Anwendungsvorrangs des Rechts der Union (→ Kap. 4 Rn. 34 ff.) die innerstaatliche Gültigkeit nicht in Frage stellen[110]. 42

Normen des Landesrechts werden vom Bundesverfassungsgericht am Grundgesetz, wegen Art. 31 GG am einfachen Bundesrecht sowie an der EMRK gemessen, nicht aber am Landesverfassungsrecht[111].

---

[101] BVerfGE 100, 249 (257); 106, 244 (250); 113, 167 (193).
[102] BVerfGE 113, 167 (193).
[103] Für den ersten Fall BVerfGE 83, 37 (49); für den zweiten E 9, 268 (277).
[104] BVerfGE 7, 305 (310); 38, 258 (268); 79, 311 (326 f.).
[105] BVerfGE 119, 96 (116).
[106] BVerfGE 52, 63 (80); 86, 148 (210 f.); 101, 239 (257).
[107] BVerfGE 68, 346 (350 f.); 87, 152 (153); 110, 33 (46 f.); kritisch *Graßhof*, in: Burkiczak/Dollinger/Schorkopf, BVerfGG, § 76 Rn. 19.
[108] Siehe BVerfGE 1, 14 (32).
[109] BVerfGE 101, 1 (30); 106, 1 (12).
[110] BVerfGE 126, 286 (301 f.); 136, 69 (91 f., Rn. 43).
[111] Siehe BVerfGE 2, 307 (336); 41, 88 (119); aus der Literatur *Kees*, in: Barczak, BVerfGG, § 76 Rn. 61.

IV. Konkrete Normenkontrolle

1. Standort und Funktion

43 Die konkrete Normenkontrolle oder Richtervorlage ist in **Art. 100 Abs. 1 GG** sowie in den §§ 13 Nr. 11, 80 ff. BVerfGG geregelt; im Unterschied zu den anderen beiden Verfahren ist in der Prüfung praktisch nur der Art. 100 Abs. 1 GG heranzuziehen. Mit ca. 30 Fällen pro Jahr ist sie das häufigste der hier dargestellten Verfahren[112].

Art. 100 Abs. 1 GG erfüllt dabei gleich mehrere **Funktionen.** In negativer Perspektive unterstreicht er die Rechtsbindung der Richter nach Art. 20 Abs. 3 und 97 Abs. 1 GG, indem er ihnen verbietet, sich über vom Parlament beschlossene Gesetze einfach hinwegzusetzen[113]; die Norm reagiert insofern auf „Weimarer Erfahrungen": Die Richterschaft der Zwischenkriegszeit stand der demokratischen Republik skeptisch bis feindselig gegenüber, was sich u. a. darin äußerte, dass einzelne Gerichte ein „richterliches Prüfungsrecht" einforderten, um Gesetze auf ihre Übereinstimmung mit Grundprinzipien der Gerechtigkeit o. ä. (wohlgemerkt *nicht* der Weimarer Reichsverfassung) hin zu untersuchen[114]. In positiver Perspektive privilegiert Art. 100 Abs. 1 GG hingegen die Richterinnen und Richter gegenüber den Behörden, indem er ihnen eine Art **„Sicherheitsventil"** öffnet: Die Gerichte sind nicht nur an das einfache Recht gebunden, sondern eben auch an die Verfassung und (in Sonderheit) an die Grundrechte (Art. 1 Abs. 3 GG; → Kap. 3 Rn. 2 f.). Sieht sich nun ein Gericht in einem einzelnen Verfahren (deshalb die Redeweise von der „konkreten" Normenkontrolle) in dem Dilemma, dass das Gesetz den Normbefehl „A" enthält (also etwa zwingend die Verurteilung eines Täters fordert oder zwingend einen Anspruch auf eine staatliche Leistung versagt), der Verfassung aber (etwa in Gestalt eines Grundrechts oder des Sozialstaatsprinzips; → Kap. 7 Rn. 10 ff.) der Normbefehl „Nicht A" zu entnehmen ist, so kann es sich aus dieser Zwangslage befreien, indem es nach Art. 100 Abs. 1 S. 1 2. Alt. GG die Entscheidung des Bundesverfassungsgerichts einholt. Zu dessen Gunsten wird wiederum durch die Bestimmung ein **Normverwerfungsmonopol** errichtet, das eine einheitliche Auslegung des Grundgesetzes sichert und damit auch der Rechtssicherheit dient (→ Kap. 6 Rn. 18)[115]. Zugleich unterstreicht Art. 100 Abs. 1 GG die grundsätzliche Normverwerfungskompetenz des Bundesverfassungsgerichts (→ Rn. 15) und stellt damit eine wichtige Ausprägung der Gewaltenverschränkung unter dem Grundgesetz dar (→ Kap. 6 Rn. 5 ff.): Die Möglichkeit der Richtervorlage schützt das **parlamentarische Gesetzgebungsrecht** davor, dass jedes Gericht Normen außer Anwendung lässt, schränkt es aber zugleich dadurch ein, dass das Bundesverfassungsgericht als „Negativgesetzgeber" fungieren kann. Ferner ist darauf hinzuweisen, dass die einfachen Gerichte in diesem institutionellen Setting eine wichtige **Filterfunktion** erfüllen, indem sie dafür sorgen, dass „Fälle" nach Karlsruhe gelangen, die erstens bereits juristisch aufgearbeitet sind[116] und zweitens einer fundierten verfassungsrechtlichen

---

[112] BVerfG, Jahresstatistik 2017, 28 f. (Stand: Februar 2018), allerdings mit starken Schwankungen zwischen den Jahren und bei insgesamt rückläufigen Zahlen. – Vgl. zuletzt BVerfGE 145, 171 – *Kernbrennstoffsteuergesetz*.
[113] BVerfGE 86, 71 (77); 114, 303 (310); 138, 64 (90 f., Rn. 78).
[114] Zuletzt *Dreier*, Grundrechte in der Zwischenkriegszeit, in: ders., Staatsrecht in Demokratie und Diktatur, 2016, 125, 167 f.
[115] BVerfGE 63, 131 (141); 130, 1 (41 f.); 138, 64 (91, Rn. 78).
[116] Unterstrichen in BVerfG (K), NVwZ-RR 2016, 1 (2).

Prüfung unterworfen worden sind, die dem Verfassungsgericht eine deutlich breitere Entscheidungsgrundlage bietet als die „nackten" Gesetze, die es im Wege der abstrakten Normenkontrolle erreichen (→ Rn. 34). Zuletzt dient die Möglichkeit der Einschaltung des Bundesverfassungsgerichts auch dem **Rechtsschutz** des einzelnen, indem sie eine verfassungskonforme Entscheidung des konkreten Rechtsstreits sicherstellt[117].

2. Prüfung in der Klausur
a) Vorlageberechtigung

Vorlageberechtigt sind allein staatliche **Gerichte,** also „alle Spruchstellen, die sachlich unabhängig, in einem formell gültigen Gesetz mit den Aufgaben eines Gerichts betraut und als Gerichte bezeichnet" sind[118]. Gemeint ist nicht das Gericht als Gesamtinstitution, sondern der konkret zur Entscheidung berufene **Spruchkörper** (also der Einzelrichter, die Kammer oder ein Senat)[119]. Gehören dem Spruchkörper mehrere Richter an, so müssen sie mehrheitlich für die Vorlage stimmen. Nichtstaatliche Gerichte wie Schiedsgerichte nach den §§ 1025 ff. ZPO oder kirchliche Gerichte sind nicht vorlageberechtigt. Hingegen sind vorlageberechtigt (aber auch vorlageverpflichtet) die **Landesverfassungsgerichte** (vgl. § 81a S. 2 BVerfGG)[120]. 44

b) Vorlagegegenstand

Tauglicher Gegenstand einer Richtervorlage sind nach der Rechtsprechung lediglich **formelle nachkonstitutionelle Gesetze.** Das Bundesverfassungsgericht begründet dies mit dem eingangs dargelegten Zweck, den parlamentarischen Gesetzgeber vor einer Desavouierung (frz. für Herabsetzung) zu schützen: Die Normgeber aus dem Kaiserreich, der Weimarer Republik (?), der NS-Zeit und der DDR verdienten diesen Schutz nicht[121]. Dementsprechend ist zu prüfen, ob das vorgelegte Gesetz erstens vom Bundestag oder einem Landtag beschlossen worden ist und zweitens nach dem Inkrafttreten des Grundgesetzes verkündet wurde (also nach dem 23. Mai, vgl. Art. 145 Abs. 2 GG sowie den Verkündungsvermerk). „Gesetz" meint dabei regelmäßig nicht den gesamten Gesetzgebungsakt (also das BGB, das StGB oder das ParteiG), sondern eine oder auch mehrere Einzelbestimmungen oder Paragraphen daraus[122]. In der Regel ist das Ergebnis dieser Prüfung vergleichsweise offensichtlich. Etwas mehr Argumentation erfordern die Fälle, in denen man davon ausgeht, dass der parlamentarische Gesetzgeber ältere Gesetze „in seinen Willen aufgenommen hat"[123]. Das ist dann der Fall, wenn der Bundestag vorkonstitutionelle Gesetze, die wie BGB oder StGB im Kern aus der Kaiserzeit stammen, reformiert und dabei einzelne Bestimmungen ersetzt, andere aber bewusst nicht verändert. 45

Beispiel: Das AG Münster hat im Jahr 1993 den § 1300 BGB a. F. (sog. Kranzgeld; ein Schadensersatzanspruch der Verlobten, die ihrem Verlobten bereits „die Beiwohnung gestattet" hatte, dann aber von ihm nicht geheiratet wurde …) als verfassungswidrig in einem Einzelfall nicht angewandt[124]. Das durfte es, weil bis zu diesem Zeitpunkt der parlamentarische Gesetzgeber den Abschnitt über das Verlöbnis nicht ver-

---

[117] BVerfGE 42, 42 (49); 67, 26 (33).
[118] BVerfGE 6, 55 (63); 30, 170 (171 f.).
[119] BVerfGE 1, 80 (81 f.); 34, 52 (57).
[120] Unterstrichen von BVerfGE 69, 112 (117 f.).
[121] BVerfGE 124 (128 ff.).
[122] BVerfGE 55, 274 (327); 72, 66 (74 f.).
[123] BVerfGE 132, 327 (386, Rn. 38); grundlegend BVerfGE 6, 55 (65).
[124] AG Münster NJW 1993, 1720 f.

ändert hatte, weswegen man nicht davon ausgehen durfte, dass er die Einzelbestimmungen tatsächlich gewogen und für schwer genug befunden hatte.

Umgekehrt kann man davon ausgehen, dass die praktisch wichtigen Gesetze wie BGB, StGB, StPO und ZPO heute komplett in den Willen des demokratischen Gesetzgebers aufgenommen sind und daher taugliche Prüfungsgegenstände der konkreten Normenkontrolle darstellen.

46 Wichtig ist der Gegenschluss: Alle Gerichte können Gesetze im lediglich materiellen Sinne (also Satzungen und Verordnungen) sowie vorkonstitutionelle Gesetze, die das Parlament nicht in seinen Willen aufgenommen hat, im Einzelfall **außer Anwendung** lassen[125]. Wichtig ist dabei die Wortwahl (auch als Ergebnis einer Klausur): Anders als das Bundesverfassungsgericht darf das einfache Gericht die Norm nicht für verfassungswidrig oder „nichtig" erklären oder verwerfen. Es entscheidet lediglich den Einzelfall und legt in der Begründung dar, dass etwa eine Bestimmung der Straßenverkehrsordnung wegen eines Verstoßes gegen ein Grundrecht nicht anwendbar war. Das heißt zugleich, dass jedes andere Gericht vergleichbare Fälle anders entscheiden kann, wenn es diese Überzeugung von der Verfassungswidrigkeit nicht teilt[126].

47 Besondere Probleme werfen Gesetze auf, die **Unionsrecht** umsetzen (→ Kap. 4 Rn. 25 ff.). Sie sind lediglich insoweit taugliche Gegenstände einer Richtervorlage, wenn der deutsche Gesetzgeber bei der Umsetzung (typischerweise einer Richtlinie) noch Spielraum hat, denn diesen Spielraum muss er eingedenk seiner Verfassungsbindung (Art. 20 Abs. 3 GG; → Kap. 3 Rn. 13 ff.) nach den Vorgaben des Grundgesetzes nutzen[127]. Sekundäres Unionsrecht ist grundsätzlich kein tauglicher Vorlagegegenstand; das Bundesverfassungsgericht hält aber Ausnahmen dann für möglich, wenn die vom Grundgesetz gezogenen Anwendungsgrenzen überschritten werden (sog. *ultra vires*-Akt; → Rn. 9 ff.)[128].

c) Vorlagebefugnis

48 Der möglicherweise anspruchsvollste Punkt ist die Vorlagebefugnis des Gerichts. Aus der Wendung „Hält […] für verfassungswidrig" leitet die Rechtsprechung ab, dass das vorlegende Gericht von der Verfassungswidrigkeit der Norm **überzeugt** sein muss[129] – anders als bei der abstrakten Normenkontrolle reichen Zweifel also unzweifelhaft nicht (→ Rn. 39). Während sich dies im Wege der schlichten Sachverhaltsauswertung feststellen lässt, ist das zweite Kriterium deutlich komplexer, nämlich die Voraussetzung, dass es „auf dessen Gültigkeit […] bei der Entscheidung ankommt". Hier ist es zunächst hilfreich, sich die **praktische Handhabung** der Richtervorlage vor Augen zu führen. Das Bundesverfassungsgericht hat Angst vor zwei Typen von Richtern, nämlich politisch aktivistischen Richtern und schlicht faulen Richtern. Beide, so die Sorge, könnten Fälle, die die einen aus ideologischen Gründen umtreiben oder die die anderen mit einem unzumutbaren Aufwand verknüpfen, vorschnell nach Karlsruhe weiterleiten, ohne sich mit ihnen hinreichend beschäftigt zu haben. Das Bundesverfassungs-

---

[125] BVerfGE 114, 196 (239 f.). – Siehe zuletzt etwa VGH Mannheim DAR 2017, 652 – Verfassungswidrigkeit des Begriffs „schmale Fahrbahn" in § 12 Abs. 3 Nr. 3 StVO.
[126] Statt aller *Michael*, ZJS 2012, 756 (760).
[127] BVerfGE 118, 78 (95 f.); 121, 1 (15); 125, 260 (306).
[128] BVerfGE 102, 147 (161 ff.); 123, 267 (354 f.).
[129] BVerfGE 1, 184 (188 f.).

gericht will sicherstellen, dass die Gerichte die vorgelegten Fälle zunächst „ausermitteln", also alle Zeugen hören, alle Rechtsfragen klären u. s. f. Wenn alle Arbeit investiert ist, die zur Lösung des Einzelfalles notwendig ist, muss das vorlegende Gericht nochmals Arbeit investieren, um im Vorlagebeschluss erschöpfend darzulegen, warum das dabei gefundene Ergebnis mit der Verfassung nicht übereinstimmt.

Was nach einer schlichten Abschreckungs- oder Arbeitsvermeidungsstrategie klingt[130], ergibt eingedenk der oben dargelegten Funktion, Richterinnen und Richtern aus dem Dilemma der Doppelbindung zu befreien (→ Rn. 43), durchaus Sinn: Wenn das Gericht ein anderes „Schlupfloch" findet, um im Einzelfall zu einem Ergebnis zu gelangen, das mit der Verfassung vereinbar ist, dann ist es nicht in Vorlage-Not. Nach der gängigen Wendung ist die Vorlage daher nur zulässig, wenn das erkennende Gericht im Ausgangsfall bei Ungültigkeit der vorgelegten Norm anders zu entscheiden hat als bei deren Gültigkeit[131]; es muss auf die vorgelegte Bestimmung **„ankommen"**[132]. Das kann im Einzelfall die komplette (Inzident-)Prüfung des Ausgangsfalles nach sich ziehen. In der Anfängerklausur sind derart komplexe Überlegungen regelmäßig schon deshalb entbehrlich, weil anfangs das prozessuale Rüstzeug fehlt, um eine derartige Prüfung vorzunehmen. Daher dürften vorerst zwei Hinweise reichen. Zum einen ist der Sachverhalt aufmerksam auf mögliche „Schlupflöcher" des Gerichts zu sichten, die ihm ermöglichen, die für verfassungswidrig erachtete Norm im Ergebnis nicht anwenden zu müssen.

49

Beispiel: Ein neues Strafgesetz sieht zwingend die Todesstrafe für „Kinderschänder" vor, was einigermaßen evident Art. 102 GG widerspricht. Trotzdem ist die Strafkammer des Landgerichts nicht vorlagebefugt, wenn sie schlicht Zweifel an der Schuld des nach der Norm Angeklagten hat und ihn daher nach der Maxime *in dubio pro reo* (lat. „im Zweifel für den Angeklagten") ohnehin freisprechen muss – es kommt auf die Norm nicht an.

Praktisch deutlich wichtiger ist zuletzt die Möglichkeit der **verfassungskonformen Auslegung** der Norm (→ Kap. 3 Rn. 17 ff.). Denn auch sie erlaubt dem Gericht eine dem Grundgesetz entsprechende Entscheidung im Ausgangsverfahren, ohne dass das Bundesverfassungsgericht bemüht werden müsste[133]. In der Klausur ist hier im Kern zu fragen, ob die vorgelegte Norm entweder sog. unbestimmte Rechtsbegriffe wie „aus wichtigem Grund" oder „im öffentlichen Interesse" enthält oder einen sog. Ermessensspielraum einräumt. In beiden Fällen kann das Gericht regelmäßig seine verfassungsrechtlichen Bedenken durch eine entsprechende Interpretation aus der Welt schaffen.

50

Beispiel: Nach dem Polizeigesetz NRW „kann" die Polizei eingreifen, wenn eine Gefahr für die öffentliche Sicherheit oder Ordnung vorliegt; das „können" steht in der Gesetzessprache für Ermessen. Im Einzelfall können daher gute Gründe vorliegen, schlicht untätig zu bleiben, etwa feiernde Studenten oder öffentlich die WM-Übertragung Verfolgende einfach feiern zu lassen, obwohl sie technisch gesprochen zu laut sind ...

---

[130] Das Bundesverfassungsgericht unterstreicht daneben die Subsidiarität oder Nachrangigkeit der Verfassungsgerichtsbarkeit (BVerfGE 47, 146 [154]) sowie die Gefahr, dass durch die Vorlage eine Verzögerung des Ausgangsrechtsstreits erfolgen kann: E 86, 71 (76 f.); 78, 165 (178).
[131] BVerfGE 106, 61 (67); 121, 233 (238); 133, 1 (10 f., Rn. 35).
[132] BVerfGE 104, 74 (82).
[133] BVerfGE 105, 61 (67); 124, 251 (262); 138, 64 (89, Rn. 75).

Erneut spielt in die Prüfung schließlich das **Unionsrecht** hinein. Denn es fehlt auch dann an der Entscheidungserheblichkeit, wenn das vorzulegende deutsche Gesetz entweder unionsrechtswidrig ist[134] oder das Unionsrecht ihm im Wege der unionsrechtskonformen Auslegung eine Interpretationsrichtung weist, die wiederum die verfassungsrechtlichen Einwände ausräumt. Das Fachgericht muss dies im Wege der Vorlage an den Europäischen Gerichtshof (→ Rn. 65 ff.) klären, bevor es den Fall in Karlsruhe vorlegen darf[135].

d) Form und Frist

51 Die Vorlage setzt nach § 80 Abs. 1 S. 1 BVerfGG eine schriftliche Begründung voraus, an die das Bundesverfassungsgericht außerordentlich **hohe Anforderungen** stellt[136]; ferner sind die Akten des Ausgangsverfahrens beizufügen (§ 80 Abs. 1 S. 2 BVerfGG). Gleichwohl verlangt die Rechtsprechung, dass der Vorlagebeschluss aus sich heraus verständlich sein muß, ohne die Akten konsultieren zu müssen[137].

> Dieses Erfordernis, an dem in der Praxis viele Vorlagen teils recht kläglich scheitern, ist in der **Klausur** praktisch nicht abzubilden. Eine Vorlage wäre unzulässig, wenn im Sachverhalt festgehalten ist, dass die zuständige Kammer des Landgerichts die Akten „mit einer knappen Begründung" zum Bundesverfassungsgericht schickt. Umgekehrt reicht es aus, wenn dort steht „die Kammer legt den Fall mit eingehender Begründung" in Karlsruhe vor. Steht gar nichts im Sachverhalt, so empfiehlt sich der Hinweis, dass das vorlegende Gericht den hohen Anforderungen des § 80 Abs. 1 BVerfGG genügen muss.

Eine **Frist** besteht für die Richtervorlage nicht; angesichts der verschiedenen Funktionen des Art. 100 Abs. 1 GG (→ Rn. 43) wäre sie auch sinnwidrig.

e) Verfahrensfragen

52 Die **Verfahrensbeteiligten** des Ausgangsverfahrens können die Vorlage nach Art. 100 Abs. 1 S. 1 GG grundsätzlich nicht erzwingen (vgl. § 80 Abs. 3 BVerfGG); erfolgt die Vorlage jedoch, werden sie am verfassungsgerichtlichen Verfahren beteiligt (siehe § 82 Abs. 3 BVerfGG). Da die Richtervorlagen zwar nicht wie die Verfassungsbeschwerden zum „Massengeschäft" mutiert sind, aber doch zahlreich eingehen, hat § 81a S. 1 BVerfGG die Möglichkeit der Verwerfung durch eine **Kammer** eröffnet (vgl. S. 2 zu den Vorlagen, die den Senaten vorbehalten sind).

f) Begründetheit

53 Die Richtervorlage ist begründet, wenn das vorgelegte nachkonstitutionelle Bundesrecht mit dem Grundgesetz unvereinbar ist (vgl. Art. 100 Abs. 1 S. 1 GG)[138]; Landesrecht wird am Grundgesetz, eingedenk des Art. 31 GG auch am einfachen Bundesrecht sowie an der EMRK gemessen (Art. 100 Abs. 1 S. 2 GG bzw. §§ 82 Abs. 1, 78 S. 1 BVerfGG)[139]. Das Bundesverfassungsgericht prüft dabei unter allen verfassungsrechtlichen Gesichtspunkten und beschränkt sich nicht auf die vom vorlegenden Gericht gerügten Aspekte[140]. Das Ergebnis kann erneut auf Nichtigkeit der Norm wie auf

---

[134] BVerfGE 85, 191 (203 ff.).
[135] BVerfGE 129, 186 (198 ff.).
[136] Näher BVerfGE 131, 88 (117); 136, 127 (141, Rn. 43); aus der Literatur *Michael*, ZJS 2014, 356, 363.
[137] BVerfGE 77, 259 (261); 83, 111 (136); 131, 88 (118).
[138] BVerfGE 49, 260 (270); 61, 43 (62); 66, 214 (222).; näher Jarass/*Pieroth*, GG, Art. 100 Rn. 31.
[139] BVerfGE 1, 202 (207); 1, 283 (291 f.).
[140] BVerfGE 67, 1 (11); 93, 121 (133); 126, 369 (388).

die bloße Feststellung der Unvereinbarkeit mit dem Grundgesetz oder sonstigem höherrangigem Recht lauten (→ Rn. 42).

C. Verfahren vor dem Europäischen Gerichtshof

Abschließend sollen im folgenden noch die für den Anfang praktisch wichtigsten 54
Möglichkeiten der Anrufung des Europäischen Gerichtshofes vorgestellt werden. Sie weisen zahlreichen **Parallelen** zu den Antragsarten nach Art. 93 Abs. 1 GG auf, aber auch deutliche Unterschiede. Im Hintergrund steht, dass der Gerichtshof stärker der französischen Tradition verpflichtet ist, die andere Akzente setzt als die deutsche Doktrin des Verfassungsprozessrechts[141].

I. Nichtigkeitsklage

1. Standort und Funktion

Die sog. Nichtigkeitsklage (auch: Anfechtungs- oder Aufhebungsklage) ist in den 55
Art. 263 f. AEUV normiert[142]. Der martialische Name verdeckt, dass es sich in der Sache um eine **Rechtmäßigkeitskontrolle** handelt, die wiederum die Europäische Union als Rechtsgemeinschaft bzw. als rechtsstaatlich eingehegten Verband (→ Kap. 6 Rn. 1) ausweist. Dabei geht es in Art. 263 f. AEUV im Kern um die Rechtstreue der Union selbst, wohingegen die übrigen Verfahren stärker die Unionsrechtstreue der Mitgliedstaaten wie ihrer Organe in den Blick nehmen. Dabei ist der Zugang zum gerichtlichen Rechtsschutz gestaffelt; Art. 263 UAbs. 2–4 AEUV unterscheiden privilegierte, teilprivilegierte und nichtprivilegierte Kläger, die jeweils sukzessive gesteigerte Anforderungen erfüllen müssen, um anfechtungsbefugt zu sein. Gleichwohl gilt die Nichtigkeitsklage überwiegend als ein **objektives Rechtsschutzverfahren**[143].

2. Prüfung in der Klausur

a) Beklagte Unionsorgane

Art. 263 UAbs. 1 AEUV stellt klar, dass grundsätzlich die Handlungen **aller Organe**, 56
Einrichtungen und Stellen der Union überprüfbar sind; die früher bestehenden Einschränkungen zugunsten des Parlaments wie des Europäischen Rates sind weggefallen.

b) Anfechtbare Unionsakte/Klagegegenstand

Hinsichtlich der zur Überprüfung zu stellenden Akte differenziert Art. 263 UAbs. 1 57
AEUV erneut nach den verschiedenen Organen. Danach sind **Gesetzgebungsakte** (vgl. Art. 288 UAbs. 1–4 AEUV) stets anfechtbar. **Handlungen** des Rates, der Kommission und der Europäischen Zentralbank sind anfechtbar, sofern es sich nicht um Empfehlungen und bloße Stellungnahmen (vgl. Art. 288 UAbs. 5 AEUV) handelt[144]. Handlungen des Europäischen Parlaments und des Europäischen Rates sowie der sonstigen Stellen (Satz 2) müssen zudem Rechtswirkung gegenüber Dritten haben.

---

[141] Siehe *Rösler,* Europäische Gerichtsbarkeit auf dem Gebiet des Zivilrechts, 2012, 160.
[142] Näher zum folgenden *Ehlers,* in: ders./Schoch, Rechtsschutz, § 8 Rn. 4 ff.
[143] *Kotzur,* in: Geiger/Khan/ders., EUV/AEUV, Art. 263 AEUV Rn. 6.
[144] Vgl. aber EuGH C-131/03 P, Slg. 2006, I-7795 – *Reynolds Tobacco/Kommission:* entscheidend ist nicht die Bezeichnung der Maßnahme, sondern ihre Rechtswirkung.

Entscheidend ist mithin (abgesehen von Gesetzen) die **bindende Außenwirkung**[145]. Sie fehlt etwa bei bloßen Zwischenentscheidungen der Kommission[146]. Bindungswirkung kann aber auch die Ablehnung einer Entscheidung entfalten, so dass die Nichtigkeitsklage faktisch zu einer Verpflichtungsklage umfunktioniert werden kann[147].

c) Klagebefugnis

aa) Privilegierte Kläger (Art. 263 UAbs. 2 AEUV)

58 Mitgliedstaaten, das Europäische Parlament, der Rat sowie die Kommission sind **ohne Weiteres** klagebefugt; ihr Interesse an einer Klärung der Rechtmäßigkeit des Unionsrechtsakts wird vom Vertrag unwiderlegbar vermutet. Demnach kann ein Mitgliedstaat sogar gegen einen Rechtsakt klagen, dem sein Vertreter im Rat zugestimmt hat[148].

bb) Teilprivilegierte Kläger (Art. 263 UAbs. 3 AEUV)

59 Der Rechnungshof, die Europäische Zentralbank und der Ausschuss der Regionen sind nur klagebefugt, wenn die Klage auf **Wahrung ihrer Rechte** abzielt; mit „Rechten" sind wie im Organstreitverfahren nicht subjektive Rechte, sondern Kompetenzen bzw. Organrechte gemeint. Typischerweise wird es um eine unterlassene Anhörung vor Erlass eines Rechtsaktes gehen (vgl. für die EZB etwa Art. 127 Abs. 4 AEUV)[149].

cc) Nichtprivilegierte Kläger (Art. 263 UAbs. 4 u. 5 AEUV)

60 Sowohl die vertragliche Ausgestaltung als auch die Handhabung des Europäischen Gerichtshofs in Ansehung der nichtprivilegierten Kläger begegnet (berechtigter) **Kritik.** Tatsächlich ist der Zugang dieser Personengruppe zum Gerichtshof steinig und wirft die Frage auf, ob die Nichtigkeitsklage hier tatsächlich ein „wirksamer Rechtsbehelf" i. S. v. Art. 47 S. 1 ChGrEU ist[150]. Art. 263 UAbs. 4 AEUV sieht zunächst Klagen von natürlichen und juristischen Personen vor; davon sind nach der Rechtsprechung auch juristische Personen des öffentlichen Rechts erfasst[151]. Auf Staatsangehörigkeit, Wohnsitz oder Sitz in der Union kommt es nicht an.

61 Zentrale Einschränkung ist – anders als im deutschen Recht üblich – nicht die mögliche Verletzung subjektiver Rechte, sondern die **Individualisierung** des Klägers. Klagebefugt ist zunächst, wer selbst Adressat eines an ihn gerichteten Einzelaktes ist – regelmäßig eine Entscheidung nach Art. 288 UAbs. 4 AEUV (1). Ferner ist klagebefugt, wer von einer Handlung unmittelbar und individuell betroffen ist (2) oder von einem Rechtsakt mit Verordnungswirkung ausnahmsweise unmittelbar betroffen ist, der keine Durchführungsmaßnahme nach sich zieht (3). Während die erste Variante in der Prüfung keine Probleme aufwirft, sind die beiden anderen Fälle komplexer. Unmittelbar und individuell kann der Kläger von Entscheidungen betroffen sein, die

---

[145] EuGH C-316/91, Slg. 1994, I-653 – *EP/Rat;* aus der Literatur Ehlers, in: ders./Schoch, Rechtsschutz, § 8 Rn. 16; *ders.,* JURA 2009, 31, 33.
[146] EuGH C-312/90, Slg. 1992, I-4136 – *Spanien/Kommission:* Bloße Einleitung eines Beihilfeaufsichtsverfahrens.
[147] EuG T-104/02, Slg. 2004, II-3211 – *Gondrand Frères/Kommission;* aus der Literatur Kotzur, in: Geiger/Khan/ders., EUV/AEUV, Art. 263 AEUV Rn. 4, 13.
[148] EuGH C-122/95, Slg. 1998, I-999 – *Deutschland/Rat.*
[149] Näher aus der Literatur *Cremer,* in: Calliess/Ruffert, EUV/AEUV, Art. 263 AEUV Rn. 22.
[150] Kritisch wie hier *Mader,* EuR 53 (2018), 339 ff.
[151] EuG T 132, 143/96, Slg. 1999, II-3663 Rn. 81 – *Freistaat Sachsen u. VW/Kommission.*

sich entweder an einen Staat oder an eine andere natürliche oder juristische Person richten.

Beispiele: Die Kommission verbietet einem Mitgliedstaat eine Beihilfe an das Unternehmen A; dieses ist von der Entscheidung unmittelbar betroffen, wenn dem Staat kein Entscheidungsspielraum bleibt[152]. – Wenn Unternehmen B eine Beihilfe der Union erhält, ist Unternehmen C nicht schon dann unmittelbar und individuell betroffen, wenn es ein Mitbewerber ist. Voraussetzung der *unmittelbaren* Betroffenheit ist vielmehr, dass seine wirtschaftliche Stellung erheblich berührt und ihm ein berechtigtes Interesse an einer ermessensfehlerfreien Entscheidung zuerkannt wird; individuell ist das Unternehmen betroffen, wenn es entweder ihm eingeräumte Verfahrensrechte wahrgenommen hat oder nicht wahrnehmen konnte[153].

Die unmittelbare und individuelle Betroffenheit von einer Verordnung ist praktisch ausgeschlossen. Ausnahmen sind Entscheidungen, die sich zwar „Verordnung" nennen, aber an einzelne Personen adressiert sind[154]. Während die unmittelbare Wirkung der Verordnung nach Art. 288 UAbs. 2 AEUV immanent ist, bedient sich der Gerichtshof für die individuelle Betroffenheit der sog. **Plaumann-Formel**. Danach liegt sie vor, wenn besondere Umstände die Person aus dem Kreis aller übrigen Personen herausheben und sie in ähnlicher Weise individualisieren wie einen Adressaten[155].

Das Gerichtschinesisch sei anhand des konkreten **Falls** erläutert: Ein spanischer Schaumweinhersteller wendet sich gegen eine Regelung, die den Gebrauch der Bezeichnung „crémant" Weinen aus bestimmten Regionen Frankreichs und Luxemburgs vorbehält. Beruft er sich lediglich auf seine objektive Eigenschaft als „Schaumweinhersteller", so reicht dies nach der restriktiven Rechtsprechung des EuGH nicht aus. Kann er sich jedoch zusätzlich darauf stützen, Inhaber eines eingetragenen Markenzeichens („Gran Crémant de Codorníu") zu sein, so ist dies eine spezifische individuelle Rechtsposition, die ihn nach Maßgabe der Plaumann-Formel aus der Masse der „Schaumweinhersteller" heraushebt und an deren weiterer Nutzung er gehindert würde[156].

d) Klagegrund

Art. 263 UAbs. 2 AEUV unterscheidet **Verfahrensfehler** und **materielle Fehler** des angegriffenen Aktes. Zu ersteren zählen die Unzuständigkeit, also etwa die fehlende Gesetzgebungskompetenz der Union (→ Kap. 15 Rn. 60 ff.), sowie die Verletzung wesentlicher Formvorschriften (typischerweise die unterlassene Anhörung oder sonstige Beteiligung[157]). Materiell relevant sind die (sonstige) Verletzung der Verträge und der Ermessensmissbrauch; ein solcher wird namentlich angenommen, wenn der Rechtsakt eigentlich einem anderen Zweck dient als angegeben[158].

62

e) Klagefrist

Die Klagefrist beträgt nach Art. 263 UAbs. 6 AEUV **zwei Monate;** es kommen nach Art. 51 VerfO EuGH pauschal zehn Tage sog. Entfernungsfrist hinzu. Maßgeblich sind je nach Fallgestaltung die Veröffentlichung im Amtsblatt der Union, die förm-

63

---

[152] EuGH C-291/89, Slg. 1991 I-2257 – *Interhotel.*
[153] EuGH C-386/96, Slg. 1998 I-2309 – *Dreyfus;* aus der Literatur *Frenz/Distelrath,* NVwZ 2010, 162, 163 f.
[154] EuGH C-87/95 P, Slg. 1996 I-2003 – *CNPAAP.*
[155] EuGH 25/62, Slg. 1963, 238 – *Plaumann,* bestätigt in EuGH C-50/00 P Slg. 2002 I-6677 – *Unión de Pequenos Agricultores;* kritisch aus der Literatur *Mayer,* DVBl. 2004, 606, 613 f.
[156] EuGH C-309/89, Slg. 1994, I-1853 – *Codorníu/Rat.*
[157] Wesentlich ist eine Verletzung dann, wenn sie geeignet war, sich auf den Inhalt der Entscheidung auszuwirken: EuGH C-301/87, Slg. 1990, I-307, Rn. 31 – *Frankreich/Kommission;* C-288/96, Slg. 2000, I-8237 Rn. 101 – *Deutschland/Kommission.*
[158] EuGH C-156/93, Slg. 1995 I-2019 – *EP/Kommission.*

liche Bekanntgabe an den Kläger nach Art. 297 AEUV, die Mitteilung oder die sonstige Kenntniserlangung[159].

f) Ordnungsgemäße Klageerhebung

64 Die Klage ist schriftlich zu erheben und muss den Anforderungen der Art. 21 Abs. 1 EuGH-Satzung bzw. Art. 38 der Verfahrensordnung (Einhaltung der Verfahrenssprache) genügen.

II. Vorabentscheidungsverfahren

1. Standort und Funktion

65 Das Vorabentscheidungsverfahren ist in Art. 267 AEUV geregelt[160]. Seine Bedeutung ist kaum zu überschätzen, was bei der bloßen Lektüre des Wortlauts nicht sofort deutlich wird. Tatsächlich waren und sind Art. 267 AEUV bzw. seine Vorläufer die Instrumente schlechthin, die den Europäischen Gerichtshof zum vielzitierten „Motor der Integration" gemacht haben. Denn die Norm schafft einen in dieser Form noch nie dagewesenen **Rechtsprechungsverbund** aller europäischen Gerichte, in deren Zentrum der Gerichtshof wie eine Spinne im Netz thront (wem das Bild zu sehr an den Düsterwald erinnert, der denke sich ein lichteres aus). Art. 267 AEUV erlaubt jedem Gericht in einem Mitgliedstaat, sich in praktisch jeder Rechtssache an den Gerichtshof zu wenden (UAbs. 2); letztinstanzlich entscheidende Gerichte sind zur Vorlage sogar verpflichtet (UAbs. 3), was in Deutschland noch dazu verfassungsrechtlich sanktioniert ist (→ Rn. 73). Das heißt aber, dass der Europäische Gerichtshof mit einer steten Folge von Fällen konfrontiert wird, die er nutzen kann, um die Auslegung des Unionsrechts fortzuschreiben – bis hin zur schlichten Setzung von neuem Recht, das so in den Verträgen bestenfalls schattenhaft angelegt ist (→ Rn. 7). Er nimmt dabei die Gerichte der Mitgliedstaaten in einer durchaus spannungsreichen **Symbiose** in Dienst: Denn deren Vorlagen nach Art. 267 AEUV können ganz unterschiedlich motiviert sein: Teils wird schlicht das „heiße Eisen" weitergereicht – das nationale Gericht will einen heiklen Fall nicht selbst entscheiden. Andere Gerichte wollen umgekehrt ihre europäischen Kollegen in Dienst nehmen, um eine Änderung der nationalen Rechtsordnung bzw. Rechtsprechung zu erreichen, die ihre Macht übersteigt.

Ein plastisches **Beispiel** ist die Vorlage des Bundesarbeitsgerichts im Fall des Chefarztes eines katholischen Krankenhauses, dem nach Scheidung und Wiederverheiratung gekündigt wurde. Seiner Kündigungsschutzklage gaben die Arbeitsgerichte statt, woraufhin auf Verfassungsbeschwerde des kirchlichen Trägers hin das Bundesverfassungsgericht die Entscheidungen aufhob und sie an die Arbeitsgerichte zurückverwies. Das Bundesarbeitsgericht hat den Fall daraufhin nach Art. 267 AEUV vorgelegt, ganz offenbar in der Hoffnung, dass der Europäische Gerichtshof die Dinge anders sieht als das Bundesverfassungsgericht. Es nutzt „Luxemburg" hier als Joker gegen Karlsruhe – und scheint damit durchzukommen[161].

Andere Gerichte schließlich sehen den Europäischen Gerichtshof wenn nicht als **Gegner,** so doch als eine Art Aufsicht oder Obergericht, der man sich nach Möglichkeit

---

[159] Näher *Kotzur,* in: Geiger/Khan/ders., EUV/AEUV, Art. 263 AEUV Rn. 41 ff.
[160] Im ersten Zugriff *Wernsmann,* in: Ehlers/Schoch, Rechtsschutz, § 11; *Mächtle,* JuS 2015, 314 ff.
[161] Siehe BAGE 156, 23; BVerfGE 137, 273 sowie aus der Literatur nur *Junker,* NJW 2018, 1850 ff. Der Generalanwalt am EuGH hat nun die Kündigung wegen Wiederheirat als einen Verstoß gegen das Diskriminierungsverbot im Sinne des Art. 4 Abs. 2 UAbs. 2 der RL 2000/78/EG für die Verwirklichung der Gleichbehandlung in Beschäftigung und Beruf gewertet, vgl. GWR 2018, 241.

entziehen muss. So hat das Bundesverfassungsgericht lange gezögert, nach Art. 267 AEUV vorzulegen, weil das offenbar als eine Art Eingeständnis der Unterordnung verstanden wurde. Zugleich sind beide bislang erfolgten Vorlagen[162] Schachzüge (wenn nicht Finten) im bereits angesprochenen durchaus spannungsreichen Verhältnis beider Höchstgerichte (→ Rn. 9 ff.).

Das Vorabentscheidungsverfahren verfolgt dabei wenigstens zwei Ziele: Im Sinne der Wahrung des objektiven Rechts dient es der Wahrung der **Rechtseinheit** in der Union, indem der Gerichtshof Gelegenheit erhält, den Gerichten der Mitgliedstaaten verbindlich die Auslegung des Unionsrechts vorzugeben; dies sorgt zugleich für **Rechtssicherheit**[163]. Daneben darf aber auch der Aspekt des **Individualrechtsschutzes** nicht aus dem Blick geraten: Wie wir gesehen haben, ist der Rechtsschutz des einzelnen im Wege der Nichtigkeitsklage stark erschwert (→ Rn. 60 f.); das wird wenigstens zum Teil dadurch kompensiert, dass Prozessparteien die Chance haben, eine Vorlage nach Luxemburg anzuregen, im Einzelfall zu erzwingen[164]. 66

2. Prüfung in der Klausur

a) Vorlageberechtigung

Vorlageberechtigt sind „Gerichte" der Mitgliedstaaten. Dabei knüpft der Gerichtshof nicht an den Sprachgebrauch im jeweiligen Mitgliedstaat an, sondern benutzt einen **autonomen unionsrechtlichen Gerichtsbegriff,** was dazu führt, dass auch Organe, die in der nationalen Rechtsordnung gar nicht als „Gericht" erscheinen, im Sinne von Art. 267 UAbs. 2 u. 3 AEUV vorlageberechtigt sein können[165]. Als Kriterien gelten Unabhängigkeit, ordnungsgemäße Bildung und Zuständigkeit nach nationalem Recht, Bindung an rechtsstaatliche Verfahrensnormen sowie Bindungswirkung der Entscheidung nach nationalem Recht[166]. Danach kann man in der Klausur ohne weiteres davon ausgehen, dass deutsche staatliche Gerichte vorlageberechtigt sind. Schiedsgerichte nach den §§ 1025 ff. ZPO hat der Gerichtshof hingegen nicht als vorlageberechtigt anerkannt[167]. 67

b) Vorlagegrund bzw. -gegenstand

Als mögliche Vorlagegründe nennt Art. 267 UAbs. 1 AEUV die Auslegung der Verträge (a) sowie die Gültigkeit und Auslegung von Handlungen der Organe der Union (b). Im Kern geht es damit um die **verbindliche Auslegung der Verträge** (einschließlich des ungeschriebenen Unionsrechts) und des sekundären Gemeinschaftsrechts. Kein tauglicher Gegenstand ist nationales Recht bzw. dessen Vereinbarkeit mit dem Unionsrecht; der Gerichtshof formuliert derartige Fragen allerdings regelmäßig um 68

---

[162] Siehe BVerfGE 134, 366 – *OMT* sowie jetzt E 146, 216 – *Anleihenkaufprogramm der EZB;* auf die erste Vorlage hat der EuGH das Programm der EZB für den Ankauf von Staatsanleihen an den Sekundärmärkten (sog. OMT-Programm) nicht als eine Überschreitung der währungspolitischen Befugnisse der EZB und nicht als Verstoß gegen das Verbot der monetären Finanzierung von Mitgliedstaaten angesehen, vgl. NJW 2015, 2013; die zweite Reaktion steht naturgemäß noch aus. Aus der Literatur statt aller *Kühling/Drechsler,* NJW 2017, 2950 ff.
[163] EuGH C-99/100, Slg. 2002, I-4839 – *Lyckeskog.*
[164] Unterstrichen von *Streinz,* Europarecht, Rn. 728.
[165] EuGH C-54/96, Slg. 1997, 4961 – *Dorsch Consult:* Vergabeüberwachungsausschuss des Bundes.
[166] EuGH C-407/98, Slg. 2000, I-5539 – *Abrahamsson;* aus der Literatur *Wegener,* in: Calliess/Ruffert, EUV/AEUV, Art. 267 AEUV Rn. 19 ff.
[167] EuGH C-102/81, Slg. 1982, 1095 – *Nordsee.*

(gängig ist die Formulierung, dass das Unionsrecht einer nationalen Regelung entgegenstehe, die zum Inhalt habe, ...[168]). Sofern die Union im Rahmen ihrer Zuständigkeit völkerrechtliche Verträge schließt (vgl. Art. 216 AEUV), können diese dem Grunde nach Gegenstand der Auslegung sein; dem Gerichtshof ist allerdings ihre Verwerfung versagt[169].

c) Entscheidungserheblichkeit

69 Nach Art. 267 UAbs. 2 AEUV muss das Gericht eine Entscheidung des Gerichtshofs „zum Erlass seines Urteils für erforderlich" halten. Der Gerichtshof legt hier grundsätzlich die Rechtsauffassung des vorlegenden Gerichts zugrunde bzw. spricht von einer „**Vermutung** der Entscheidungserheblichkeit"[170]. Diese fehlt mithin nur dann, wenn ein Berührungspunkt mit dem Unionsrecht erkennbar nicht besteht oder der Fall offensichtlich konstruiert ist[171]. Insbesondere steht der Vorlage nicht entgegen, wenn ein nationales Gericht dabei von der Rechtsprechung der Instanzgerichte abweicht – diese Freiheit ist gerade Teil der Symbiose, die eingangs angesprochen wurde[172].

d) Vorlagepflicht

70 Aus Art. 267 UAbs. 3 AEUV geht hervor, dass nationale Gerichte dann zur Vorlage verpflichtet sind, wenn ihre „Entscheidungen selbst nicht mehr mit Rechtsmitteln des innerstaatlichen Rechts angefochten werden können" (sog. **letztinstanzliche Gerichte**). Das sind in Deutschland unproblematisch die in Art. 95 Abs. 1 GG erwähnten Gerichte des Bundes (→ Kap. 12 Rn. 8) sowie das Bundesverfassungsgericht; im Einzelfall kann aber der Instanzenzug sehr viel früher abgeschlossen sein[173].

> So endet im Fall von Verfahren nach § 495a ZPO (Streitwert max. 600 Euro) der Instanzenzug in der Regel bereits beim **Amtsgericht** (vgl. § 511 Abs. 2 Nr. 1 ZPO), das dann entsprechend vorlagepflichtig ist. – Hier bitte keine Angst davor, dass schon im ersten oder zweiten Semester Kenntnisse der verschiedenen Prozessordnungen abgefragt werden – aus einem Klausursachverhalt wird sehr deutlich hervorgehen, ob noch ein Rechtsmittel möglich ist.

Die Vorlagepflicht entfällt dann, wenn der Gerichtshof die Frage entweder schon entschieden hat oder die Auslegung des Unionsrechts keinen vernünftigen Zweifeln unterfällt (sog. *acte clair*-**Doktrin**)[174]. Zugleich bleibt die Vorlage*berechtigung* bestehen, um dem Gerichtshof die Korrektur der eigenen Rechtsprechung zu erlauben. Ferner besteht eine (ungeschriebene) Vorlagepflicht für alle Gerichte, sofern sie sekundäres Unionsrecht außer Anwendung lassen wollen; insofern reklamiert der Gerichtshof (gut nachvollziehbar) ein **Verwerfungsmonopol** für sich[175]. Dieses erstreckt sich freilich nicht auf die Unanwendbarkeit nationalen Rechts wegen seines vom Gericht angenommenen Verstoßes gegen Unionsrecht – diese „unionsfreundliche" Lösung des Falles ist jedem Gericht der Mitgliedstaaten eröffnet.

---

[168] Zuletzt etwa EuGH C-607/13, ECLI:EU:C:2015:448, Rn. 37 ff.
[169] EuGH C-21-24/72, Slg. 1972, 1219 – *Produktschap voor Groenten en Fruit*.
[170] EuGH C-119/05, Slg. 2007, I-6199 – *Ministero dell'Industria*.
[171] Zuletzt EuGH C-278/16, ECLI:EU:C:2017:757, Rn. 22 – *Sleutjes*.
[172] Statt aller *Wernsmann*, in: Ehlers/Schoch, Rechtsschutz, § 11 Rn. 26 ff.
[173] Für diese sog. konkrete Betrachtungsweise EuGH C-99/00, Slg. 2002, I-4839 – *Lyckeskog*.
[174] EuGH C-283/81, Slg. 1982, 3415 – *CILFIT*.
[175] EuGH C-314/85, Slg. 1987, 4199 – *Foto Frost*. – Zu Ausnahmen aus der Literatur *Wegener*, in: Calliess/Ruffert, EUV/AEUV, Art. 267 AEUV Rn. 31 ff.

e) Ordnungsgemäße Vorlage

Die Vorlage ist schriftlich zu erheben und muss erneut den Anforderungen der Art. 21 Abs. 1 EuGH-Satzung bzw. Art. 38 der Verfahrensordnung genügen. Art. 23 der Satzung regelt näher das Procedere der Übermittlung.

3. Entscheidungsinhalt

Oft hört oder liest man nach Entscheidungen des Europäischen Gerichtshofes, dieser habe eine Bestimmung des deutschen Rechts **„verworfen"** – das kann er nicht, und er erhebt auch nicht diesen Anspruch[176]. Nach Art. 267 UAbs. 1 AEUV entscheidet der Gerichtshof über die Auslegung der Verträge (a) bzw. über die Gültigkeit und die Auslegung der Handlungen der Organe etc. der Union (b). Er legt also Unionsrecht aus, und das verbindlich. Das kann mittelbar zu dem Resultat führen, dass das Unionsrecht in der konkreten Auslegung kraft seines Anwendungsvorrangs (→ Kap. 4 Rn. 34 ff.) nationales Recht verdrängt bzw. unanwendbar macht – das ist aber eine Konsequenz, die das nationale Gericht selbst ziehen muss (bzw. die dann häufig auch vom mitgliedstaatlichen Gesetzgeber nachvollzogen wird – prominentes deutsches Beispiel ist die Änderung von Art. 12 a Abs. 4 S. 2 GG nach der Rechtssache *Tanja Kreil*[177]).

4. Der Europäische Gerichtshof als (deutscher) gesetzlicher Richter

Interessanterweise wird im Rahmen des Art. 267 AEUV das **Unionsrecht** deutscherseits **verfassungsrechtlich überformt** bzw. angereichert oder präziser in seiner Wirkung gestärkt. Denn das Bundesverfassungsgericht geht in ständiger Rechtsprechung davon aus, dass der Europäische Gerichtshof gesetzlicher Richter i. S. v. Art. 101 Abs. 1 S. 2 GG ist, weshalb ein deutsches Gericht, das eine an sich gebotene Vorlage nach Art. 267 AEUV unterlässt, deutsche Grundrechte der Prozessparteien verletzt, die von diesen wiederum im Wege der Verfassungsbeschwerde nach Art. 93 Abs. 1 Nr. 4a GG gerügt werden können[178]. Allerdings führt eine solche Beschwerde nur zum Erfolg, wenn die Nichtvorlage „willkürlich" erfolgt. Das erfasst nicht schlichte Verfahrensfehler, die im Gerichtsalltag vorkommen mögen; erforderlich sind vielmehr schwere Fehler. Die Vorlagepflicht nach Art. 267 AEUV muss entweder gänzlich verkannt oder die Vorlage bewusst unterlassen worden sein; hierher gehören auch eine willentliche Abweichung von der Rechtsprechung des Europäischen Gerichtshofs oder eine offensichtlich unvertretbare Auslegung des Unionsrechts[179].

Schönes **Beispiel** aus der jüngeren Rechtsprechung: Der österreichische Staatsangehörige (Ö) mit Wohnsitz in Österreich besucht ein grenznahes Freizeitbad in Bayern. Dieses wird von einem Fremdenverkehrsverband betrieben, dessen Mitglieder fünf Gemeinden eines Landkreises sind. Einwohnern dieser fünf Gemeinden gewährt der Verband einen Nachlass auf den regulären Eintrittspreis. Da Ö nicht Einwohner dieser fünf Gemeinden ist, muss er den regulären Eintrittspreis entrichten. Dass die Ausgangsgerichte das Diskriminierungsverbot nach Art. 56 AEUV (Dienstleistungsfreiheit) für nicht anwendbar erachteten, hielt das Bundesverfassungsgericht seinerseits für „schlechterdings nicht mehr nachvollziehbar"[180].

---

[176] Unterstrichen von EuGH C-278/16, ECLI:EU:C:2017:757, Rn. 21 – *Sleutjes;* aus der Literatur *Wernsmann,* in: Ehlers/Schoch, Rechtsschutz, § 11 Rn. 6 f.
[177] EuGH C-285/98, Slg. 2000, I-69.
[178] Zuletzt BVerfG NJW 2018, 1935 – *Richter auf Zeit nach §§ 17, 18 VwGO.*
[179] BVerfGE 129, 78 (106 f.); 131, 268 (311 f.); 135, 155 (231 f., Rn. 180); BVerfG (K), 2083/11 v. 3.3.2014, Rn. 25 ff.; aus der Literatur *Berger,* Anwendungsvorrang und nationale Verfassungsgerichte, 2015, 121 ff.
[180] BVerfG (K), KommJur 2016, 415 (419).

III. Vertragsverletzungsverfahren

1. Standort und Funktion

74 Das Vertragsverletzungsverfahren ist in den Art. 258 ff. AEUV geregelt[181]. Diese unterscheiden im Kern das Verfahren auf Antrag der Kommission (Art. 258 AEUV; sog. Aufsichtsklage) und auf Antrag eines Mitgliedstaates (Art. 259 AEUV). Beide unterscheiden sich in ihrer Funktion: Während Art. 258 AEUV der Kommission – insofern ähnlich der abstrakten Normenkontrolle (→ Rn. 34) – die Rolle eines Wächters des Unionswohls zuschreibt[182], weist Art. 259 AEUV Parallelen zum historischen Kern der Verfassungsgerichtsbarkeit auf, nämlich der Schlichtung von Streitigkeiten in bündisch organisierten Gemeinwesen[183]. Namentlich die Aufsichtsklage hat primär die **objektive Rechtskontrolle** zum Ziel; beide Spielarten können aber mittelbar auch individualschützende Wirkung entfalten[184], wenn etwa Mitgliedstaaten Unionsrecht nicht umsetzen, das gezielt erlassen worden ist, um den Unionsbürgerinnen und -bürgern subjektive Rechte zu gewährleisten.

2. Prüfung in der Klausur

a) Parteifähigkeit

75 **Aktiv** parteifähig ist im Verfahren nach Art. 258 AEUV allein die Kommission (→ Kap. 11 Rn. 104 ff.), im Verfahren nach Art. 259 AEUV sind alle Mitgliedstaaten fähig, das Verfahren einzuleiten. **Passiv** parteifähig in beiden Verfahren sind ebenfalls alle Mitgliedstaaten. Für Deutschland ist hervorzuheben, dass auch im Falle einer angenommenen Verletzung unionsrechtlicher Pflichten durch ein Bundesland die Bundesrepublik als Gesamtstaat verklagt wird und evtl. haften muß[185]. Im deutschen Verfassungsrecht kommt dies in den speziellen Haftungsbestimmungen der Art. 104a Abs. 6 und 109 Abs. 5 GG zum Ausdruck.

b) Klagegegenstand

76 Tauglicher Klagegegenstand ist ein Verstoß „gegen eine Verpflichtung aus den Verträgen". Danach muss der Antragsteller behaupten, dass der Antragsgegner durch Handeln oder Unterlassen Pflichten verletzt hat, die aus dem gesamten Unionsrecht folgen (erfasst sind also auch – oder gerade) Verstöße gegen Richtlinien und Verordnungen)[186]. Die **Pflichtverletzung** kann von Legislative, Exekutive oder Judikative des Mitgliedstaates ausgehen[187] und in einem Bundesstaat erneut auf jeder Ebene verortet sein. Auch das Verhalten Privater kann dem Mitgliedstaat zurechenbar sein, wenn er etwa vom Unionsrecht zum Einschreiten gegen deren Verhalten verpflichtet wird.

---

[181] Näher *Ehlers*, in: ders./Schoch, Rechtsschutz, § 7; *Burgi*, in: Rengeling/Middecke/Gellermann, Rechtsschutz EU-HdB, § 6.

[182] Siehe grundlegend *Hallstein*, Der unvollendete Bundesstaat, 1969, 56: „Motor, Wächter und ehrlicher Makler".

[183] Dazu näher *Bönnemann*, Die Beilegung von Verfassungskonflikten vor der Zeit des Grundgesetzes, 2007, 21 ff.; *Helms*, ZfP 53 (2006), 50 ff.

[184] Betont von *Gurreck/Otto*, JuS 2015, 1079, 1079.

[185] Statt aller *Ehlers*, in: ders./Schoch, Rechtsschutz, § 7 Rn. 6.

[186] EuGH C-177/06, Slg. 2007, I-7689 Rn. 30 ff. – *Kommission/Spanien*.

[187] Betont bei *Karpenstein*, in: Grabitz/Hilf/Nettesheim, Das Recht der Europäischen Union, Art. 258 AEUV (2013), Rn. 63 ff.

Ein **Beispiel** wäre die Duldung einer Blockade, mit der Bauern den Import von Gemüse o. ä. aus einem anderen Mitgliedstaat unterbinden wollen[188].

c) Durchführung eines Vorverfahrens

Das Vorverfahren ist eine Besonderheit, die das Vertragsverletzungsverfahren von anderen hier vorgestellten Verfahrensarten abhebt[189]. Es hat drei **Ziele:** die gütliche Einigung ohne Anrufung des Gerichtshofes, die Gewährung rechtlichen Gehörs sowie die Präzisierung des späteren Streitgegenstandes[190]. Hier ist zwischen den beiden Spielarten des Verfahrens zu unterscheiden. 77

aa) Aufsichtsklage (Art. 258 UAbs. 1 AEUV)

Nach Art. 258 UAbs. 1 AEUV beginnt das Vertragsverletzungsverfahren gegen einen Mitgliedstaat damit, dass die Kommission den Staat schriftlich mit dem Vorwurf konfrontiert und ihm unter Fristsetzung Gelegenheit zur Stellungnahme gibt (sog. **Mahnschreiben**). Gelingt es dem Staat nicht, schon in diesem Stadium die Vorwürfe ein- oder auszuräumen, so erlässt die Kommission eine mit Gründen versehene Stellungnahme, die insbesondere den Streitgegenstand des anschließenden gerichtlichen Verfahrens fixiert. Sie darf gegenüber dem Mahnschreiben die Vorwürfe nicht erweitern, wohl aber eingrenzen (etwa, weil der Mitgliedstaat einen Teil der Verstöße tatsächlich eingestellt hat)[191]. Die Stellungnahme enthält erneut eine Fristsetzung, die in Ansehung der erhobenen Vorwürfe angemessen sein muss (so ist eine Änderung von Gesetzen regelmäßig zeitaufwendiger als die bloße Einstellung einer unionsrechtswidrigen Verwaltungspraxis). In tatsächlicher Perspektive lässt sich ein **Trichtermodell** beobachten: In der Regel führt schon das Mahnschreiben zum Einlenken, und auch die Zahl der Stellungnahmen der Kommission ist noch deutlich größer als diejenige der tatsächlich erhobenen Klagen[192]. 78

bb) Klage gegen einen anderen Mitgliedstaat (Art. 259 UAbs. 2 AEUV)

Auch das Klageverfahren unter Mitgliedstaaten setzt ein Vorverfahren voraus, das von der Kommission betrieben wird und sie einem charakteristischen Rollenwechsel unterwirft: Während sie bei der Aufsichtsklage als Ankläger auftritt, schlüpft sie hier in die Rolle des neutralen **Schiedsrichter**s in einem sog. kontradiktorischen Verfahren (Art. 259 UAbs. 3 AEUV; also einem Verfahren, das durch Rede und Gegenrede der Streitparteien gekennzeichnet ist)[193]. Hier befasst zunächst der „klagende" Mitgliedstaat die Kommission mit begründeten Vorwürfen. Diese gibt sodann dem beklagten Mitgliedstaat Gelegenheit zur Äußerung sowie dem klagenden zur Gegenäußerung (notfalls mehrfach) und erlässt auf dieser Grundlage eine Stellungnahme (bleibt sie untätig, kann der antragstellende Staat nach drei Monaten klagen: UAbs. 4). 79

d) Klagebefugnis

Wegen der im Vordergrund stehenden Wahrung des objektiven Rechts müssen weder Kommission noch Mitgliedstaat eine Verletzung in Organrechten vortragen oder plau- 80

---

[188] EuGH C-112/00, Slg. 2003, I-5659 – *Schmidberger (Brenner-Blockade)*.
[189] Beachte die Sondervorschriften in den Art. 108 Abs. 2 S. 2, 114 Abs. 9 und 348 Abs. 2 S. 1 AEUV.
[190] Ähnlich *Ehricke*, in: Streinz, EUV/AEUV, Art. 258 AEUV Rn. 13.
[191] EuGH C-191/95, Slg. 1998, I-5449 Rn. 56 – *Kommission/Deutschland*.
[192] Instruktive Zahlen bei *Ehlers*, in: ders./Schoch, Rechtsschutz, § 3 Rn. 3.
[193] Betont von *Burgi*, in: Rengeling/Middecke/Gellermann, Rechtsschutz EU-HdB, § 6 Rn. 26.

sibel machen. Überwiegend wird aber verlangt, dass beide von der Vertragsverletzung **überzeugt** sein müssen[194].

e) Klagefrist

81 Die Kommission muss die nach Art. 258 UAbs. 2 AEUV selbst gesetzte Frist abwarten; Gleiches muss auch für den Mitgliedstaat in Ansehung der Stellungnahme nach Art. 259 UAbs. 3 AEUV gelten[195].

f) Ordnungsgemäße Klageerhebung

82 Die Klage ist schriftlich zu erheben und muss erneut den Anforderungen der Art. 21 Abs. 1 EuGH-Satzung bzw. Art. 38 der Verfahrensordnung genügen.

g) Rechtsschutzinteresse

83 Hat der beklagte Staat bei Ablauf der ihm gesetzten Frist oder der Dreimonatsfrist nach Art. 259 UAbs. 4 AEUV den Verstoß gegen seine Unionsrechtspflichten abgestellt, so fehlt der Kommission wie dem klagenden Mitgliedstaat das sog. Rechtsschutzbedürfnis; die gleichwohl erhobene Klage ist unzulässig.

h) Begründetheit

84 Die Klagen nach Art. 258, 259 AEUV sind begründet, wenn die vom Kläger behaupteten Tatsachen zutreffen und sich daraus ein dem beklagten Mitgliedstaat zurechenbarer **Verstoß gegen Unionsrecht** ergibt. Auf ein Verschulden der Organe kommt es nicht an[196]; auch tatsächliche oder politische Hindernisse sind dem Grunde nach unerheblich. Nach Art. 260 Abs. 1 AEUV ist der Mitgliedstaat zur Umsetzung des Urteils verpflichtet; kommt er dieser Pflicht nicht nach, so tritt nach Art. 260 Abs. 2 AEUV wiederum die Kommission auf den Plan, die den Gerichtshof erneut anruft. Diesem bleibt im Kern die Verhängung von **Zwangsgeld**ern (vgl. Art. 260 Abs. 2 UAbs. 2 sowie Abs. 3 UAbs. 2 AEUV)[197].

D. Klausurhinweise und Prüfungsschemata zu den dargestellten Verfahrensarten

I. (Bundes-)Organstreitverfahren (Art. 93 I Nr. 1 GG, §§ 13 Nr. 5, 23 I, 63 ff. BVerfGG)

> **1. Zulässigkeit**
> [a) Zuständigkeit des Bundesverfassungsgerichts (§ 13 Nr. 5 BVerfGG)]
> b) Parteifähigkeit (auch: „Beteiligungsfähigkeit"; § 63 BVerfGG, Art. 93 I Nr. 1 GG) von Antragsteller *und* Antragsgegner
> c) Streitgegenstand (auch: „Angriffsgegenstand"): „Maßnahme oder Unterlassung", § 64 I BVerfGG

---

[194] *Ehlers,* in: ders./Schoch, Rechtsschutz, § 7 Rn. 19, m.w. N.
[195] Wie hier mit Blick auf den Grundsatz der Unionstreue (Art. 4 Abs. 3 EUV) *Burgi,* in: Rengeling/Middecke/Gellermann, Rechtsschutz EU-HdB, § 6 Rn. 31.
[196] EuGH C-263/96, Slg. 1997, I-7453 Rn. 30 – *Kommission/Belgien.*
[197] Näher zur Vollstreckung *Cremer,* in: Calliess/Ruffert, EUV/AEUV, Art. 260 AEUV Rn. 11 ff.

d) Antragsbefugnis (Geltendmachung der Verletzung von durch das Grundgesetz übertragenen Rechten und Pflichten, § 64 I BVerfGG)
e) Form und Frist (schriftliche Begründung, Bezeichnung der GG-Bestimmung, sechs Monate, §§ 23 I, 64 II-IV BVerfGG)
2. **Begründetheit**
Verstoß der beanstandeten Maßnahme oder Unterlassung gegen eine Bestimmung des Grundgesetzes und Verletzung des Antragstellers in seinen Rechten, vgl. § 67 BVerfGG.

II. Abstrakte Normenkontrolle durch das Bundesverfassungsgericht (Art. 93 I Nr. 2 GG, §§ 13 Nr. 6, 23 I, 76 ff. BVerfGG)

1. **Zulässigkeit**
   [a) Zuständigkeit des Bundesverfassungsgerichts (§ 13 Nr. 6 BVerfGG)]
   b) Antrags*berechtigung* („Antrag der Bundesregierung, einer Landesregierung oder eines Viertels der Mitglieder des Bundestages" [derzeit 178 von 709], § 76 I BVerfGG)
   c) Prüfungsgegenstand („Bundes- oder Landesrecht", § 76 I BVerfGG)
   d) Antrags*befugnis* („bei Meinungsverschiedenheiten oder Zweifeln", Art. 93 I Nr. 2 GG bzw. „für nichtig hält", § 76 I BVerfGG); auch: „Antragsgrund"
   e) Form (schriftliche Begründung, § 23 I BVerfGG); keine Frist
   [f) Prüfungsmaßstab (Grundgesetz, bzw. – bei Landesrecht – Grundgesetz und Bundesrecht, § 78 BVerfGG)]
2. **Begründetheit** (Unvereinbarkeit der Rechtsnorm mit höherrangigem Recht; ggf. Nichtigerklärung mit Gesetzeskraft gem. §§ 78, 31 II 1 BVerfGG)
   a) Formelle Rechtmäßigkeit
      aa) Zuständigkeit, Art. 70 ff. GG
      bb) Verfahren, Art. 76 ff. GG
      cc) Form, Art. 82 I GG
   b) Materielle Rechtmäßigkeit

III. Konkrete Normenkontrolle durch das Bundesverfassungsgericht (Art. 100 I 1 2. Alt. GG, §§ 13 Nr. 11, 23 I, 80 ff. BVerfGG)

1. **Zulässigkeit**
   [a) Zuständigkeit des Bundesverfassungsgerichts (§ 13 Nr. 11 BVerfGG)]
   b) Vorlageberechtigung („Gericht", Art. 100 I 1 GG)
   c) Prüfungsgegenstand („Gesetz", Art. 100 I 1 GG)
   d) Vorlagebefugnis bzw. Vorlagepflicht („so ist das Verfahren auszusetzen und die Entscheidung des Bundesverfassungsgerichtes einzuholen", Art. 100 I 1 GG)
      aa) Richterliche Überzeugung („Hält ... für verfassungswidrig", Art. 100 I 1 GG)

bb) Entscheidungserheblichkeit („auf dessen Gültigkeit es bei der Entscheidung ankommt", Art. 100 I 1 GG)
e) Form (schriftliche Begründung, §§ 23 I, 80 II BVerfGG)
[f] Prüfungsmaßstab („Verletzung dieses Grundgesetzes", Art. 100 I GG)]
2. **Begründetheit** (Unvereinbarkeit des Gesetzes mit dem Grundgesetz; ggf. Nichtigerklärung mit Gesetzeskraft, §§ 82 I, 78, 31 II 1 BVerfGG)
a) Formelle Rechtmäßigkeit
aa) Zuständigkeit, Art. 70 ff. GG
bb) Verfahren, Art. 76 ff. GG
cc) Form, Art. 82 I GG
b) Materielle Rechtmäßigkeit

IV. Nichtigkeitsklage nach Art. 263 f. AEUV

1. Zulässigkeit
a) Zuständigkeit (Art. 256 AEUV)
aa) Gericht: Klagen von natürlichen oder juristischen Personen und bestimmte Klagen der Mitgliedstaaten, Art. 256 Abs. 1 AEUV i. V. m. Art. 51 Satzung des EuGH *oder*
bb) Gerichtshof: Organklagen und übrige Klagen der Mitgliedstaaten, Art. 256 Abs. 1 AEUV i. V. m. Art. 51 Satzung des EuGH *oder*
cc) Fachgericht, Art. 256 Abs. 1 i. V. m. 257 AEUV
b) Beteiligungsfähigkeit
aa) aktiv klageberechtigt (Kläger):
– Mitgliedstaaten, Europäisches Parlament, Rat, Kommission (sog. *privilegierte* Kläger), Art. 263 UAbs. 2 AEUV
– Rechnungshof, EZB, Ausschuss der Regionen (sog. *teilprivilegierte* Kläger), Art. 263 UAbs. 3 AEUV
– jede natürliche oder juristische Person (sog. *nicht privilegierte* Kläger), Art. 263 UAbs. 4 AEUV
bb) passiv klageberechtig (Beklagter):
– alle Organe, Einrichtungen und Stellen der Union, Art. 263 UAbs. 1 AEUV
c) Klagegenstand („Gesetzgebungsakte sowie [...] Handlungen des Rates, der Kommission und der Europäischen Zentralbank, soweit es sich nicht um Empfehlungen und Stellungnahmen handelt, und [...] Handlungen des Europäischen Parlaments und des Europäischen Rates mit Rechtswirkung gegenüber Dritten", Art. 263 UAbs. 1 AEUV)
d) Klagebefugnis
aa) Privilegierte Kläger (s. o.) ohne weitere Voraussetzungen, Art. 263 UAbs. 2 AEUV
bb) Teilprivilegierte Kläger (s. o.), wenn Klage auf Wahrung ihrer Rechte abzielt, Art. 263 UAbs. 3 AEUV
cc) Nichtprivilegierte Kläger (s. o.), wenn entweder Adressat eines Einzelaktes *oder* von einer Handlung unmittelbar und individuell betroffen

oder von einem Rechtsakt mit Verordnungswirkung unmittelbar betroffen, der keine Durchführungsmaßnahme nach sich zieht, Art. 263 UAbs. 4 AEUV
  e) Klagegrund (Verfahrensfehler und materielle Fehler, Art. 263 UAbs. 2 AEUV)
  f) Rechtsschutzbedürfnis (wird i. d. R. bei Vorliegen der oben stehenden Voraussetzungen indiziert und ist nur ausnahmsweise zu prüfen)
  g) Klageform (schriftlich, Art. 20, 21 Abs. 1 Satzung des EuGH und Art. 38 VerfO EuG)
  h) Klagefrist (Art. 263 UAbs. 6 AEUV)
2. Begründetheit (Rechtsakt jedenfalls teilweise mit einem der Nichtigkeitsgründe aus Art. 263 UAbs. 2 AEUV behaftet und dieser Mangel vom Kläger geltend gemacht oder vom Gericht von Amts wegen festgestellt)

V. Vorabentscheidungsverfahren nach Art. 267 AEUV

1. Zulässigkeit: Annahmefähigkeit der Vorlagefrage (Art. 267 AEUV)
  a) Zuständigkeit: grds. Zuständigkeit des Gerichtshofs
  b) Vorlageberechtigung: „Gerichte" der Mitgliedstaaten i. S. d. Art. 267 UAbs. 2 u. 3 AEUV
  c) Vorlagegrund bzw. -gegenstand (Art. 267 UAbs. 1 AEUV)
    aa) Auslegung der Verträge *oder*
    bb) Gültigkeit und Auslegung von Handlungen der Organe der Union
  d) Entscheidungserheblichkeit („hält dieses Gericht eine Entscheidung darüber zum Erlass eines Urteils für erforderlich", Art. 267 UAbs. 2 AEUV)
  e) Vorlagepflicht (Art. 263 UAbs. 3 AEUV); beachte Ausnahmen
  f) Ordnungsgemäße Vorlage (schriftlich sowie Art. 21 Abs. 1 EuGH-Satzung bzw. Art. 28 VerfO, zur Übermittlung Art. 23 EuGH-Satzung)
2. Beantwortung der Frage durch Urteil des Gerichtshofs (bei Auslegungsfrage Aufstellung von Auslegungskriterien, Bindung des vorlegenden Gerichts an die Auslegung und Vorlagepflicht, wenn anderes Gericht von der Auslegung abweichen will; bei Gültigkeitsfrage Feststellung der Gültigkeit oder Ungültigkeit der Unionshandlung anhand von höherrangigem Recht)

VI. Vertragsverletzungsverfahren nach Art. 258 f. AEUV

1. Zulässigkeit
  [a) Zuständigkeit des EuGH, vgl. Art. 256 Abs. 1 AEUV (keine Zuweisung an das Gericht oder ein Fachgericht)]
  b) Parteifähigkeit
    aa) aktiv parteifähig
      – Kommission (Art. 258 AEUV)
      – Mitgliedstaaten (Art. 259 AEUV)

bb) passiv parteifähig
- Mitgliedstaaten
c) Klagegegenstand (Verstoß „gegen eine Verpflichtung aus den Verträgen", Art. 258 bzw. Art. 259 AEUV)
d) Vorverfahren:
aa) Klage nach Art. 258:
- Mahnschreiben der Kommission mit Fristsetzung zur Stellungnahme, Art. 258 UAbs. 1 AEUV
- Äußerung des Mitgliedstaates
- mit Gründen versehene Stellungnahme der Kommission mit erneuter Fristsetzung zur Behebung der Vertragsverletzung
- erst bei Nichtbefolgung innerhalb der Frist Klage möglich
bb) Klage nach Art. 259 AEUV
- Antrag des „klagenden" Mitgliedstaates an Kommission, Art. 259 UAbs. 2 AEUV
- Kommission gibt „beklagtem" Mitgliedsstaat Möglichkeit zur Äußerung, Art. 259 UAbs. 3 AEUV
- Kommission erlässt mit Gründen versehene Stellungnahme, Art. 259 UAbs. 3 AEUV *oder* Frist von drei Monaten verstreicht, Art. 259 UAbs. 4 AEUV
e) Klagebefugnis (Überzeugung von der Vertragsverletzung)
f) Klagefrist (für Kommission Frist aus Art. 258 UAbs. 2 AEUV, für Mitgliedstaat Frist aus Art. 259 UAbs. 3 AEUV)
g) Ordnungsgemäße Klageerhebung (schriftlich, unter Wahrung der Art. 21 Abs. 1 EuGH-Satzung bzw. Art. 38 VerfO)
h) Rechtsschutzinteresse (besteht nicht, wenn Verstoß gegen Unionsrechtspflichten abgestellt wurde)
2. Begründetheit (vom Kläger behauptete Tatsachen treffen zu und daraus ergibt sich ein dem beklagten Mitgliedstaat zurechenbarer Verstoß gegen Unionsrecht; Verpflichtung zur Umsetzung des Urteils aus Art. 260 Abs. 1 AEUV)

Zuletzt noch zwei jüngere Fallbearbeitungen zur Nacharbeit:

B. Schiffbauer, Fortgeschrittenenklausur – Öffentliches Recht: Völkerrecht, Europarecht und Verfassungsrecht – Kontrolle von EU-Außenhandelsbeziehungen, in: JuS 2017, S. 1190ff.
M. Wienbracke, Nur Linkslenker im Rechtsverkehr?, in: Verwaltungsrundschau 2017, S. 275ff.

Sachverzeichnis

Die fett gesetzten Zahlen verweisen auf Kapitel, die mageren auf Randnummern

Abgeordnetenrechte **9** 53 ff.
– Freiheit des Mandats **9** 55
– Gleichheit des Mandats **9** 56
– Imperatives Mandat **9** 55
– Rechtsschutz **9** 68 **17** 24
– Teilhaberechte der Abgeordneten **9** 57 f.
Abstrakte Normenkontrolle **17** 33 ff., 43
Acte clair-Doktrin **17** 70
Akteure der politischen Willensbildung **13** 1
Ältestenrat **9** 75 f.
Allgemeinheit der Wahl **9** 27
Anspruch auf Leistungen **7** 11
Anwendungsvorrang **3** 16 **6** 13
Anwendungsvorrang des EU-Rechts **3** 16 **4** 3 ff., 17, 34 ff., 74 ff., 100, 109, 112 ff. **6** 13
– Akzeptanz im deutschen Recht **4** 75, 78 f.
– Anwendungsvorrang als Mindestanforderung **4** 38 ff.
– Begründung durch den EuGH **4** 35
– s. a. Grenzen des Anwendungsvorrangs nach BVerfG
– Positivierungsansätze **4** 47 ff.
– Reichweite **4** 36 ff.
– Unterscheidung von Anwendungs- und Geltungsvorrang **4** 41 ff.
– Verhältnis zur Sperrwirkung der EU-Kompetenzen **4** 50 ff.
Asylpolitik **2** 27 **6** 25
Ausführungsbestimmungen **3** 3
Ausländerwahlrecht **2** 10
Auslegung
– historisch **3** 22
– systematisch **3** 22
– teleologisch **3** 22
– Zusatzregeln **3** 26
Auslegungshilfe **3** 10
Ausnahmezustand **1** 49
Ausschuss der Ständigen Vertreter **10** 46
Ausschüsse **9** 73 f.
Austritt aus der EU **2** 35 f.
– Brexit **2** 35 **5** 104 f., 107
Ausweitung **2** 27
Autonome Rechtsordnung: s. Geltungsgrund des Europarechts
Autonomie des Unionsrechts **3** 26

Beitritt zur EU **2** 34
Benennung Gottes **3** 11
Bereichsausnahmen **17** 4
Bestandssicherungsklausel **14** 25

Bindungswirkung **3** 9
Budgetrecht **9** 12 ff.
Bundesgesetzgebung **15** 156 ff.
– Ausfertigung von Gesetzen **15** 223 ff.
– Beschlusskompetenz **15** 156, 221
– Inkrafttreten von Gesetzen **15** 231 f.
– Lesungen und Ausschussberatungen **15** 186 ff.
– Rechte des Bundesrats **15** 157 ff., 222
– Vermittlungsverfahren **15** 217 ff.
Bundeskanzler **11** 52 ff.
– konstruktives Misstrauensvotum **11** 58 ff.
– Rahmenentscheidungen **11** 82
– Richtlinien der Politik **11** 81
– Unechte Vertrauensfrage **11** 65 ff.
– Vertrauensfrage **11** 62 ff.
Bund-Länder-Streitverfahren **17** 21
Bundesoberbehörden **16** 34, 48 f.
Bundespräsident **11** 9 ff.
– Aufgaben **11** 12 ff.
– Formelles Prüfungsrecht **11** 17
– Historischer Hintergrund **11** 11
– Materielles Prüfungsrecht **11** 19
– politischen Prüfungsrechts **11** 18
– Unionsrechts **11** 22
– Gegenzeichnungspflicht **11** 25
– Vertretung des Bundespräsidenten **11** 32 ff.
Bundesrat **10** 13 ff.
– Abstimmungen **10** 28 ff.
– Arbeitsweise **10** 27 ff.
– Funktion **10** 18 ff.
– Geschäftsordnung **10** 27
– Mitglieder **10** 14 ff.
– Mitwirkung **9** 10
– Kompetenz **10** 21
Bundesregierung **11** 35 ff.
– „Unechte" Vertrauensfrage **11** 65 ff.
– Aufgaben/Funktionen **11** 44 ff.
– Auskunftspflichten der Bundesregierung **11** 85 ff.
– Berücksichtigung von Stellungnahmen des Bundestages **9** 23
– Bundesminister **11** 56 ff.
– GeschO der Bundesregierung **11** 39 ff.
– Koalitionsvereinbarungen **11** 41 ff.
– Kollegialorgan **11** 84
– kommissarische Weiterführung **11** 70 ff.
– konstruktives Misstrauensvotum **11** 58 ff.
– Neutralität bei regierungsamtlichen Äußerungen **11** 46 ff.
– Öffentlichkeitsarbeit/Warnungen **11** 90

423

Sachverzeichnis

- Ressortprinzip **11** 83
- Vertrauensfrage **11** 62 ff.
- Wahl des Bundeskanzlers **11** 52 ff.

Bundesstaatliche Spaltung **5** 39

Bundesstaat **7** 2
- Freiheitssicherung **7** 8
- „landsmannschaftliche Vielfalt" **7** 8

Bundestag
- Frage- und Informationsrechte **11** 85 ff.
- Funktions- und Denkweise **9** 1
- Gesetzgebung **9** 10
- Kontrollrechte **9** 16 ff.
- Mitwirkungsrechte in EU-Angelegenheiten **9** 21 ff.
- Rechtsgrundlagen **9** 2
- Selbstauflösungsrecht **9** 45
- Struktur und Arbeitsweise **9** 50
- Wahl **9** 26 ff.
- Wahl- und Kreationsrechte **9** 6

Bundestreue **7** 5
- Anwendung der Kompetenzordnung **7** 6
- materielle Pflichten **7** 5
- Verfahrenspflichten **7** 5

Bundesverfassungsgericht **12** 5, 6, 17 ff., 23, 121 ff. **14** 10

Bundesverfassungsgericht
- Amtszeit **12** 5
- Kompetenzen **12** 6 **17** 5 f.
- Machtposition **3** 23
- Normverwerfungsmonopol **17** 43
- Präsident **12** 23
- Verfahren der Richterwahl **12** 121 ff.
- Wahl der Richter **12** 17 ff.

Bundesversammlung **11** 28 ff.
- Wahl **11** 31

Bürgerbeauftragte des Europäischen Parlaments **5** 102

Demokratie
- Demokratiekonflikt **4** 114
- Demokratieprinzip **5** 1 ff.
- Elemente der Demokratie **5** 5
- Historische Demokratiekonzeption **5** 58
- Unterschiede innerhalb westlicher Demokratien **5** 8
- Demokratievoraussetzungen **5** 6
- demokratische Legitimation **1** 97

Demokratie in der EU
- Außerrechtliche Demokratievoraussetzungen der EU **5** 77
- Demokratiebedürfnis der EU **5** 72
- Demokratiefähigkeit der EU **5** 72 ff.
- Demokratische Öffentlichkeit **5** 116, 120
- Transparenz **5** 94 ff.

Deutungsoffenheit **3** 23

Diktatur **14** 5

Direkte Demokratie **15** 16 ff. **5** 15 f.
- Bund **15** 16, 18 ff.
- Europäische Bürgerrechtsinitiative **15** 152 ff.
- Instrumente **7** 4
- Landesverfassungen **5** 38
- Nachteile **5** 16
- Union **15** 17, 152 **5** 94
- Vorteile **5** 15

Direktwahlakt **9** 42

Diskontinuitätsprinzip **5** 42

dualistische Sicht **4** 75

Dualismus von Staat und Gesellschaft **1** 57

Ebenenverschränkung **10** 2, 8

Effektivität **3** 26

Effet utile **3** 26

Einspruchsgesetz **10** 22 **15** 159 f.

Einzelfallgesetz **15** 25

Enquêterecht **9** 20

Entscheidung in eigener Sache **9** 50

Erfolgswertgleichheit **9** 31

Ermächtigungsgesetz **14** 5

EU als Raum der Freiheit, der Sicherheit, des Rechts **6** 25

EU als soziale Union **7** 13

EU-Binnenmarkt **5** 105

Europäische Bürgerinitiative **2** 13

EU-Gesetzgebung **15** 161 ff.
- Beratende Ausschüsse **15** 168 ff.
- Delegierte Rechtsakte **15** 249 ff., 257 ff.
- Doppelte demokratische Legitimation **15** 171
- Durchführungsrechtsakte **15** 249 ff., 261 f.
- Exekutive Rechtsetzung **15** 237 ff., 258 f.
- Komitologie **15** 262
- Lesungen und Ausschussberatungen **15** 194 ff.
- Präponderanz **15** 162 ff.
- Tertiärrecht **15** 241 ff.
- Umsetzungsbedürftigkeit **15** 251
- Unterzeichnung **15** 230
- Vermittlungsverfahren **15** 220

Europäische Integration **5** 31 f., 110 ff., 118 ff. **8** 20 **12** 15 f. **15** 4, 176

Europäische Öffentlichkeit **5** 76, 96 **14** 19

Europäische Union
- Ziele **8** 1 ff.

Europäische Verfassungsfrage **1** 74

Europäischer Bundesstaat **2** 22 **14** 27

Europäischer Bürgerbeauftragter **9** 9

Europäischer Gerichtshof **3** 25 **17** 7 f.
- Amtszeit **12** 25
- Eignungsprüfung **12** 26
- Richterliche Unabhängigkeit **12** 24 **12** 37

Europäischer Haftbefehl **6** 25

Europäischer Rat **11** 91 ff.
- Zusammensetzung **11** 97 ff.

Europäisches Parlament **9** 3
- Abgeordnetenstatus **9** 77

Sachverzeichnis

- Abstimmungsverfahren **9** 14
- Auflösung **9** 48
- Doppelfunktion **9** 39
- Fraktionen **9** 77
- Funktions- und Denkweise **9** 1
- Gesetzesinitiativrecht **9** 11
- Kreationsbefugnis **5** 90
- Legitimation über EU-Parlament **5** 88 ff.
- Legislativbefugnis **5** 89
- Sitzverteilung **9** 40
- Struktur und Arbeitsweise **9** 77
- Wahl **9** 39 ff.
- Wahl- und Kreationsrechte **9** 9
- Zusammensetzung **9** 41

Erwartungssicherheit **6** 18
Ewigkeitsklausel **2** 22 **3** 22 **14** 8 ff.
Exekutive/Kernbereich der Eigenverantwortung **9** 19
„Exit-Option" **9** 44

Fachausschüsse **9** 18
Finanzverfassung **7** 2
Föderalismusreform **15** 56, 58
Funktion der Verfassung **1** 24 ff., 57 ff., 91 ff.
Funktionsvorbehalt **9** 52
Fraktionen **9** 69 ff. **13** 19
- Fraktionsdisziplin **9** 55
- Fraktionszwang **9** 55

Französische Revolution **2** 7
Frankfurter Dokumente **2** 18
Freies Mandat **5** 35
Freiheitlich demokratische Grundordnung **13** 23
Funktion der Verfassung **1** 24 ff., 57 ff., 91 ff.
Funktionenverschränkung in der EU **6** 10

Gebot des institutionellen Gleichgewichts in der EU **6** 9
Geburtsmakel des Grundgesetzes **2** 19
Geltungsgrund des Europarechts **4** 1, 7 f., 16 f., 60, 75 ff.
- BVerfG: Rechtsanwendungsbefehl **4** 60, 75 ff., 116
- EuGH: autonome Rechtsordnung **4** 1, 16 f.

Gemeinwohlbindung **7** 16 f.
Gerichte **12** 8 ff.
- Arbeitsgerichtsbarkeit **12** 10
- Des Bundes **12** 8
- Der Länder **12** 8
- Finanzgerichtsbarkeit **12** 10
- Generalanwälte **12** 14
- Gerichtshof/Satzung **12** 13
- Letztinstanzliche **17** 70
- Ordentliche Gerichtsbarkeit **12** 10
- Sozialgerichtsbarkeit **12** 10
- Richterdienstgerichte **12** 36
- Verdeckte Querfinanzierung **13** 19
- Verwaltungsgerichtsbarkeit **12** 10

Geschäftsordnung
- des Bundesrats **10** 27
- des Bundestages **9** 51

Gesellschaftlicher Autonomie **1** 56
Gesetzesinitiativrecht der EU-Kommission **6** 10
Gesetzgebung s. Rechtsetzung
Gesetzgebungskompetenzen
- Anwendungsvorrang des Unionsrechts **15** 92
- Ausschließliche Gesetzgebung **15** 56, 67 f., 80 ff.
- Bund **15** 54, 66 ff.
- Doppelzuständigkeiten **15** 93 ff.
- Erforderlichkeitsklausel **15** 112 ff.
- Geteilte Zuständigkeit **15** 90
- Justitiabilität **15** 129 ff., 136 ff.
- Kompetenz kraft Sachzusammenhang **15** 101 ff.
- Kompetenz aus der Natur der Sache **15** 104
- Kompetenzausübungsregeln **15** 108 ff.
- Kompetenzergänzungsklausel für die EU **15** 105 ff.
- Konkurrierende Gesetzgebung **15** 56, 67 f., 88 ff.
- Prozedural **15** 131 ff.
- Prüfungsschema Bundeskompetenz **15** 271
- Supranational **15** 69 ff., 90 ff., 97, 105 ff., 131 ff.

Gesetzmäßigkeit der Verwaltung **6** 11
Gesetzliche Konkretisierung **3** 3
Gewaltenteilung **6** 4 **12** 30 **17** 2
- Begriffsbestimmung der Exekutive **11** 5
- Dreierschema **11** 3
- Erfüllung von Staatsaufgaben **6** 4
- Europäische Kommission und Gewaltenzuteilung **11** 106
- Gewaltenverschränkung **10** 8
- Unterschiede in der EU **6** 10
- Verhinderung von Machtmissbrauch **6** 4

Gewaltenverschränkung **6** 6 **17** 35
Gewaltenverschränkung/Richterrecht **6** 7
Gewaltenverschränkung/Verschiebungen durch Außenverhältnis **6** 7 **17** 14
Gottesvorstellungen **3** 11
Gleichbehandlung der Unionsbürger **7** 13
Good Governance **15** 29 ff. **15** 38 ff.
Grenzen des Anwendungsvorrangs nach BVerfG **4** 1, 8, 80 f., 102 ff.
- europarechtsfreundliche Ausübung **4** 98 ff.
- Identitätskontrolle **4** 74, 92 ff., 96, 103
- Kompetenzkonflikt zwischen EuGH und BVerfG **4** 109
- s. a. Kooperationsverhältnis zwischen EuGH und BVerfG
- Solange-Rechtsprechung **4** 84 ff., 99, 102 f., 113
- Ultra-vires-Kontrolle **4** 90 f., 94, 97, 102 f., 122
- Vereinbarkeit mit EU-Recht **4** 95 ff.

Grundrecht auf Demokratie **9** 37
Grundrechtsfragen **1** 59
Grundrechtsgleiches Recht **14** 12

425

Sachverzeichnis

Grundrechtskonflikt **4** 113
„Grundsatz bundesfreundlichen Verhaltens" **7** 5
Gründungsmotive der EGKS **5** 103
Gründungsverträge **2** 25

„Heimstatt aller Bürger" **7** 19
Heterarchie **4** 118 f.
Hierarchie **4** 6 f., 118 f.
Hoher Vertreter für die Gemeinsame Außen- und Sicherheitspolitik **11** 123 ff.
Homogenität **4** 11, 56
– Art. 2 EUV **4** 11
– Art. 23 Abs. 1 S. 1 GG **4** 56
– Homogenitätsklausel **5** 38
Herrschaftskonstituierende Konnotation **1** 28
Höchstrang **3** 23
Homogenitätsgebot **7** 3
– Korrespondenzverhältnis **7** 3
– Rechtsvergleich **7** 3
Hypertextstruktur **1** 18

Identitätskontrolle: s. Grenzen des Anwendungsvorrangs nach BVerfG
Individualrechtsschutz **17** 66
Immunität **9** 61 f.
Indemnität **9** 61 f.
Informationspflichten **9** 23
Ingerenzrechte bei Auseinanderfallen von Gesetzgebungs- und Verwaltungskompetenz **16** 50 ff
Inkorporationstechniken **1** 14
Integrationsauftrag des Grundgesetzes **4** 1, 53 f.
Integrationsgebot **5** 118 ff
Integrationsschranke **5** 111
Integrationsverantwortung **4** 65 f.
Interinstitutionelle Vereinbarung **15** 40 ff
Interpellationsrecht **9** 19
Internationales Privatrecht **7** 23

Justizielle Zusammenarbeit in der EU **6** 25

Kernbereich **6** 5
Kodifikation **1** 12 **15** 21 ff.
Kommission **11** 105 ff. **16** 35 (siehe auch Europäische Kommission)
– Misstrauensantrag gegen die Kommission **11** 114 ff.
Kommunalwahlrecht **9** 43
Kompetenzbestimmungen **7** 2
Kompetenz-Kompetenz **7** 18 **14** 29
Konferenz der Vertreter der Regierungen der Mitgliedstaaten **14** 20
Kongruenzpostulat **5** 122
Konstituierung legitimer Herrschaft **1** 48
Kooperationsverhältnis zwischen EuGH und BVerfG **4** 104 ff.
Kontrollrechte der Opposition **5** 23
Konvent **14** 19

Konzeptionelles Grundverständnis der EU **2** 31 ff.
– Abgeleitete Grundordnung **2** 32
– Autonome Rechtsordnung **2** 33
Kreationsbefugnis des EU-Parlaments **5** 90

Landesverfassungsgerichte **12** 7 **17** 44
Legislaturperiode **9** 50
Legislativbefugnis in der EU **5** 89, 91
Legitimation
– Doppelte Legitimationsvermittlung der EU **5** 80 f.
– Dualistisches Legitimationskonzept der EU **5** 87, 91
– Gesamteuropäisches Legitimationssubjekt **5** 84, 87
– Indirekte Legitimation des Rat der EU **5** 92
– Input-Legitimation **5** 63
– Legitimationsbedürftigkeit der EU **5** 32, 74 f.
– Legitimationssubjekt **5** 3
– Legitimationssubjekt der EU **5** 97, 82 f.
– Output-Legitimation **5** 63, 106 ff.
– Parlament als Legitimationsmittler **5** 41
– Unmittelbare demokratische Legitimation **5** 34
– Wahlen als Legitimationsakt **5** 42
– Legitimationsfragen **1** 59
Legitimationskette **5** 48 ff.
Legitimationskomponenten **5** 64
Legitimationsmodell **5** 58 ff.
– Alternative Legitimationsmodi **5** 61
– Komplementarität **5** 64
– Kritik **5** 60 ff.
Legitimationsstränge **5** 43 ff., 82 f.
– Nationaler Legitimationsstrang **5** 82 f.
Lenkungs- oder Orientierungsfunktion **1** 31
Letztbegründung des Rechts **7** 20
Lissabon-Entscheidung **7** 12 **14** 27

Mahnschreiben **17** 78
Materielle Gesetze **15** 240
Mehrheitsprinzip **5** 18 ff.
– Grenzen **5** 24 ff.
– im Bundesrat **10** 28
– im Rat der EU **10** 47 ff.
– Qualifizierte Mehrheit **5** 26 **10** 47
– Rechtfertigung **5** 18 ff.
Mehrebenenorganisation **1** 70
Meinungsvielfalt **5** 20
Menschenwürdiges Dasein **7** 11
Methodenkanon **3** 22
Methodenlehre **3** 21
Minderheitenrecht **9** 24
Misstrauensvotum des EU-Parlaments **5** 90
Mitgliedstaaten **1** 86 **14** 23
– Mitwirkung **14** 23
– Kontrolle **14** 23

Mitwirkungsrecht an europäischer Gesetzgebung **15** 77f., 172ff.
- Beteiligung des Bundesrats **15** 211ff.
- Beteiligung des Bundestags **15** 206ff.
- Doppelte Zielsetzung **15** 177ff.
- Parlamentsbeteiligungsgesetz **15** 179f.

Nachkonstitutionelles Gesetz **17** 45
Nationalstaat **2** 8
Negatives Stimmgewicht **9** 34
Neugliederung **7** 9
Neutralität bei regierungsamtlichen Äußerungen **11** 46ff.
- Neutralitätspflicht **11** 46
- Sachlichkeitsgebots **11** 49
Nichtanerkennungsbeschwerde **13** 37
Nichtigkeit **3** 15
Nichtigkeitsklage **9** 24 **17** 16
Nichtmonarchie **7** 15
Normativer Status **3** 8
Normenhierarchie **1** 71, 88
Normenklarheit **6** 19
Normenkontrolle **17** 15
- Abstrakte **17** 15
- Konkrete **17** 15
Normenwahrheit **6** 19
Normverwerfungsmonopol **17** 43
NPD-Verbotsverfahren **13** 20
Notparlament **9** 69

Objektive Rechtskontrolle **17** 74
Objektives Klarstellungsinteresse **17** 39
Objektives Rechtsschutzverfahren **17** 55
Opposition
- Funktion **5** 22
- Kontrollrecht **5** 23
- Rechte **5** 22 **9** 56 **17** 34
Organstreitverfahren **9** 68 **13** 35 **17** 21ff.
- Organteile **17** 23
- Politische Parteien **17** 24
- Bundestagsabgeordnete **17** 24
- Antragsgegner **17** 24
- Verfassungsrechtliches Rechtsverhältnis **17** 26
- Prozessstandschaft **17** 28
Ordentliches Änderungsverfahren **14** 19

Parlamentarischer Rat **2** 16, 18, 20
Parlamente **10** 9ff.
- Mitwirkungsrechte nationaler Parlamente auf EU-Ebene **10** 11
- Schwächung durch Gewaltenverschränkungen **10** 9
Parlamentsvorbehalt **6** 16
Parteien **9** 70ff. **13** 17 24
- Abstimmungen (parteiintern) **13** 9
- Begriff **13** 2, 3, 40

- Chancengleichheit **13** 14
- Eingangskontrolle **13** 41
- Grundgesetz **13** 5f.
- Grundmandatsklausel **9** 71
- Europäische Ebene **13** 39ff.
- Innere Ordnung **13** 7ff.
- Mediatisierung **9** 72
- Finanzierung **13** 16f.
- Prozessstandschaft **9** 72
- Schnittstelle Staat und Gesellschaft **13** 7
- Spenden **13** 18
- Staatliche Leistungen **13** 14, 17
- Rechtsschutz **13** 34ff.
- Verbot **13** 20ff.
- Wahlen (parteiintern) **13** 8
Partizipation **2** 9 **5** 6, 11, 95
Partizipationsinstrumente der Unionsbürger **5** 93
Partizipationsmöglichkeiten **5** 100
Passerelle-Klausel **14** 23
Periodizitätsprinzip **5** 42
Personelle Legitimation **9** 5
Petitionsrecht der Unionsbürger **5** 101
Pflicht zur Antwort **9** 19
Politische Gemeinschaft **17** 7
Präambel **3** 8
Präambelgott **3** 11
Präsidium **9** 75
Primärer Gesetzgeber **9** 10
Primärrecht **1** 42, 84ff. **3** 19 **13** 39
- Deutung durch die Rechtswissenschaft **3** 25
Prinzip der begrenzten Einzelermächtigung **15** 53ff. **16** 7, 58
- Bund **15** 53
- EU **15** 60ff.
Prinzipien **3** 5f.
Programmsätze **3** 2
Provisorium **2** 15
Prüfungsrecht **11** 15ff., 23 **15** 223ff. (siehe auch Bundespräsident **11** 9ff.)
- Übersicht **11** 23
- politischen Prüfungsrechts **11** 18
- Formelles Prüfungsrecht **11** 17
- Materielles Prüfungsrecht **11** 19 **15** 225ff.
- Unionsrechts **11** 22

Rat der EU **10** 31ff.
- Arbeitsweise **10** 44ff.
- Kompetenzen **10** 39ff.
- Zusammensetzung **10** 33
Ratifikationssituation **6** 7
Rationalitätsanspruch an Gesetzgebung **15** 28ff.
- Normative Verbindlichkeit von Rationalitätsanforderungen **15** 32ff.
- Good Governance **15** 29ff., 38ff.
„Rationalitätskontrolle" **6** 23
Ratsformationen **10** 34
Rechtmäßigkeitskontrolle **17** 55

Sachverzeichnis

Rechtseinheit **17** 66
Rechtsgemeinschaft **17** 7
Rechtsklarheit **6** 19
– Bestimmtheit **6** 19
Rechtliche Grundordnung des Staates **1** 76
Rechtsanwendungsbefehl: s. Geltungsgrund des Europarechts
Rechtsphilosophie **3** 4
Rechtsetzung **15** 1 ff.
– Äußeres und inneres Gesetzgebungsverfahren **15** 31, 184, 205
– Beteiligte **15** 140 ff.
– Bund und Länder **15** 52 ff., 66 ff.
– EU **15** 8, 26, 53, 69 ff., 90 ff., 97, 237
– Exekutive Rechtsetzung **15** 233 ff., 265
– Initiativrecht **15** 147 ff.
– Kompetenzausübungsregeln **15** 108 ff.
– Kompetenzregelungen **15** 42 ff.
– Private Rechtsetzung **15** 10 ff.
– Prüfungsschema Verfassungsmäßigkeit des Gesetzes **15** 270
„Rechtsprechungsverbund" **17** 9 ff., **17** 65
Rechtssicherheit **6** 18 **17** 66
Rechtssicherheit/Koordinierungsfunktion **6** 18
Rechtsstaat **6** 1 **12** 30
– Limitation staatlicher Machtausübung **6** 2
– Verfassungsprinzip **5** 27 ff. **6** 2
Rechtstheorie **3** 4
Rechtsverordnungen **15** 235 ff., 254 ff.
– Art. 80 GG **15** 254
– Gerichtliche Überprüfbarkeit **15** 256
– Prüfungsschema Rechtmäßigkeit einer Rechtsverordnung **15** 273
– Unwirksamkeit **15** 255
Regel-Ausnahme-Prinzip **3** 26
Regeln **3** 5 f.
Regierungskonferenz **10** 43
Religionsfreiheit **7** 22
Religiöser Bezug in den Unionsverträgen **3** 11
Religiös-weltanschauliche Neutralität **7** 19
Repräsentationsfunktion **9** 4
Repräsentationsprinzip **5** 10
Repräsentative Demokratie **5** 9, 13, 71
– Bundesrepublik **5** 9 ff.
– Europäische Union **5** 71
– Repräsentationsprinzip **5** 10
Republik **7** 14
– formelles Republikverständnis **7** 15
– materielle Gehalte **7** 16
Republikanische Union **7** 16
Responsivität **5** 11
Revision der Unionsverträge **5** 67
Richter/ehrenamtliche **5** 52
Richterliche Unabhängigkeit **12** 31 ff.
– Institutionelle **12** 31, 36
– Persönliche **12** 31, 36
– Sachliche **12** 31, 33 f.

Richterwahlausschuss **12** 28 f.
Richtlinien **15** 26, 78 f., 123 ff.
Rückwirkung
– Ausnahmen **6** 21
– echte **6** 21
– unechte **6** 21
Rückwirkungsverbot **6** 20

Säkularität **7** 18, 20 ff.
Sanktionsmechanismus **4** 12 ff.
– Sanktionsbeschluss **4** 15
– Vorfeldmaßnahme **4** 13
Sekundärrecht **1** 42, 88 ff. **3** 20
„Sharia Police" **7** 23
Sieyes **2** 7
Solange-Rechtsprechung: s. Grenzen des Anwendungsvorrangs nach BVerfG
Souveränität **2** 2 ff., 25 **4** 1, 117 ff.
– Lissabon-Entscheidung **2** 4
– Volkssouveränität **2** 5, 8
Sozialstaat **7** 10
– Fürsorge **7** 11
– Spielraum des Gesetzgebers **7** 12
– Vorsorge **7** 11
Soziologische Repräsentativität **5** 12 ff.
Sperrklauseln **9** 32
Staatenbund **1** 64 ff. **7** 2
Staatsähnlich **1** 82
Staatsangehörigkeit **2** 9 ff., 14
– Doppelte Staatsangehörigkeit **2** 12
Staatsaufgaben **8** 1 ff.
– Handlungspflicht **8** 10
– Handlungsverbote **8** 8
– Staatliche Omnipotenz **8** 6
Staatsstrukturbestimmungen **5** 27
Staatsstrukturprinzipien **5** 65
– Demokratieprinzip **5** 65
Staatszielbestimmungen **8** 1 ff., 14 ff.
– Europäische Integration **5** 31 f., 110 ff., 118 ff. **8** 20 **15** 4
– Friedensziel **8** 19, 22 ff.
– Umwelt- und Tierschutz **8** 17
Stufenbaulehre **4** 5
Stufenmodell **3** 13 **6** 12
Subjektivierung des Demokratieprinzips **4** 123 **5** 65 ff.
Subsidiaritätsklage **9** 24
– Minderheitenrecht **9** 24
Subsidiaritätsprinzip **15** 46, 61, 69, 109, 115 ff. **16** 7, 14 ff.
Subsidiaritätsrüge **9** 24 **14** 30
Subtraktionsmethode **15** 67
Supranationale Rechtsetzung **15** 8
Supranationale Rechtsordnung **12** 15

Teilhaberecht **5** 96
Textänderungsgebot **14** 2 f.

Tradition **3** 10
Transparenz **5** 94
Transparenzgebot **5** 95 ff.
Trichtermodell **17** 78
Trilogverfahren **15** 196 ff.

Überhangmandate **9** 38
Übertragung von Hoheitsrechten an die EU **4** 17, 57 ff., 79, 122
– Bundeskompetenz **4** 58
– Verfassungsidentität **4** 71 ff.
– Vertragsgesetz **4** 60 ff., 123
– Zwei-Drittel-Mehrheit in Bundestag und Bundesrat **4** 67 ff.
Ultra-vires-Kontrolle: s. Grenzen des Anwendungsvorrangs nach BVerfG
Umsetzungsbedürftigkeit von Richtlinien **4** 25 f.
Unbestimmte Rechtsbegriffe **3** 7
Unionsbürgerschaft **2** 13 **5** 83 f., 86
Unionsobrigkeit **14** 16
Unionstreue **7** 7
Unionsverfassungsrecht **2** 30 ff.
Unitarisierung **7** 8
unmittelbare Anwendbarkeit des EU-Rechts **4** 2, 8, 17 ff.
– Perspektive des Grundgesetzes **4** 75 ff. s. a. Rechtsanwendungsbefehl
– Primärrecht **4** 19 ff.
– Richtlinien **4** 28 ff.
– Verordnungen **4** 22 ff.
Unmittelbare Bindungswirkung **3** 3
Untersuchungsausschuss **9** 20
Untersuchungsrecht **9** 20
Urkundeneinheit **14** 2

Verbandskompetenzen **15** 76, 85 **16** 2, 28
Verbotsprivileg **13** 33
Vereinfachte Vertragsänderungsverfahren **14** 21 ff.
Vereinheitlichung **2** 29
Verfassunggebende Gewalt **2** 7, 19 f.
Verfassungsändernde Gewalt **14** 17
Verfassungsändernder Gesetzgeber **9** 10
Verfassungsautonomie der Länder **7** 4
Verfassungsautonomie der Länder/konkrete Bindungen **7** 4
Verfassungsbeschwerde **5** 65 ff. **9** 68 **12** 36 **13** 36 **17** 15
Verfassungsbegriff **1** 6 ff.,62, 93 ff. **3** 14 f. **4** 116 ff.
– Verfassungsdogmatik **1** 1 ff.
– Verfassungsrechtsdogmatik **1** 1 ff.
– Verfassungstheorie **1** 2 ff. **4** 116 ff.
– Verfassungsrecht der EU **1** 5, 96
– Verfassungsdokument **1** 9
– Verfassungsverbund **1** 69
– formale Qualifikation **1** 13
– formelles Verfassungsrecht der EU **1** 16

– Verfassungstheoretische Begriffe **1** 5
– Verfassung im formellen Sinn **1** 9 **3** 14
– Verfassung im materiellen Sinn **1** 20 **3** 15
Verfassungsdurchbrechungen **14** 2
Verfassungsfrage **2** 22
Verfassungsidentität **2** 33
Verfassungsinterpretation **3** 21
Verfassungskonforme Auslegung **3** 17 **17** 50
Verfassungskonforme Auslegung/Grenzen **3** 18
Verfassungskonzept **1** 2, 5, 28, 44 ff., 60 ff., 74 ff., 92 ff.
Verfassungsmonismus **4** 116, 119
Verfassungsorgantreue **7** 5
Verfassungspluralismus **4** 1, 118 f.
Verfassungsprozessrecht/Grundschema **17** 18
Verfassungsreferendum **14** 4
Verfassungsüberlieferung **2** 33
Verfassungsverbund **1** 69
Verfassungsvoraussetzung **1** 47, 74
Verfassungswandel **3** 24
Verhältnismäßigkeit **6** 22, 24 **15** 61, 69, 109, 120 ff. **16** 7, 14 ff.
Verkündung **17** 37
Vermittlungsausschuss **15** 218 f
Verordnungen **15** 26
Verteidigungsfall **9** 69
Vertragsänderung **14** 24 **15** 64
Vertragsgesetz: s. Übertragung von Hoheitsrechten an die EU
Vertragsverletzungsverfahren **17** 74 ff.
Vertrauensfrage **9** 47 **11** 62 ff.
– Auflösungsgerichtet **9** 47
– Vertrauensfrage **11** 62 ff.
– „Unechte" Vertrauensfrage **11** 65 ff.
Verwaltungsorganisation **5** 56
Verwaltungskompetenz **16** 2 ff.
– dezentrales Vollzugskonzept **16** 2, 6 ff.
Verwaltungskompetenzen in Deutschland **16** 23 ff.
– Bundesauftragsverwaltung **16** 25 f.
– Bundesverwaltung **16** 26
– Landeseigenverwaltung **16** 25 f.
– obligatorische Bundesverwaltung **16** 26, 29 f.
– fakultative Bundesverwaltung **16** 31 ff.
– Vollzug europäischen Rechts **16** 27 f.
Verwaltungskompetenzen in der EU **16** 4 ff.
– direkter Vollzug **16** 16 ff.
– divergierender Vollzug **16** 11
– Horizontale Zentralisierung **16** 19 ff.
– isoliert-einzelstaatlicher Vollzug **16** 10 ff.
– Kodependenz nationaler Behörden **16** 9
– Prinzip der begrenzten Einzelermächtigung **16** 7, 14 f., 58
– Rechtsgrundlagen im Primärrecht **16** 4 ff.
– Rückgriff auf bestehende Verwaltungsstrukturen **16** 8
– transnationaler Verwaltungsakt **16** 21
– vertikale Zentralisierung **16** 14 ff.

Sachverzeichnis

Verwaltungsstrukturen des Bundes **16** 44 ff.
- Abhängigkeitsverhältnis zur Regierung **16** 45 ff.
- Beschränkung auf Bundesoberbehörden **16** 48 f.
- Verbot ministerialfreier Räume **16** 46 f.

Verwaltungsstrukturen in der EU **16** 35 ff.
- Agentur **16** 36 ff.
- demokratische Legitimation **16** 42 f.
- Exekutivagentur **16** 38
- Fachagentur **16** 38
- Kommission **16** 35
- technokratischer Charakter **16** 40 ff.

Verwaltungsverbund in der EU **16** 83 ff.
- polyzentrische Struktur **16** 83 f.
- Verantwortungsklarheit **16** 86

Verwaltungszusammenarbeit von Bund und Ländern **16** 87 ff.
- Verbot der Mischverwaltung **16** 88 ff.

Verwerfungsmonopol **3** 13 **17** 70
Völkerrechtliche Verträge **3** 10 **14** 17
Volksbeteiligung **2** 7, 18 f.
Volksgesetzgebung s. direkte Demokratie
Volkssouveränität **1** 60 ff. **5** 40
Volkswille **5** 9, 41

Vollzug von Bundesrecht durch die Länder **16** 64 ff.
- Aufsicht **16** 70
- Bundesauftragsverwaltung **16** 73 ff.
- Bundeszwang **16** 70
- Homogenitätsgebot **16** 64
- konkurrierende Gesetzgebung **16** 68
- Organisations- und Verfahrensautonomie der Länder **16** 67
- Weisung **16** 69

Vollzug von Unionsrecht durch die Länder **16** 76 ff.
- Analogie zu Art. 83 ff. GG **16** 76 ff.

Vorbehalt des Gesetzes **6** 14
Vorbehalt des Gesetzes/allgemeiner Vorbehalt **6** 15
Vorbehalt des Gesetzes/Parlamentsvorbehalt **6** 16
Vorbehalt des Gesetzes/spezielle Regelungsvorbehalte **6** 14
Vorbehalt des Gesetzes/Unionsebene **6** 17

Vordemokratisches Denken **1** 58
Vorkonstitutionelles Gesetz **17** 45
Vorrang des Gesetzes **6** 12
Vorrang der Verfassung **3** 1, 13

Wahlalter **9** 27
Wahlen **5** 31, 36 f., 85
- Direkte Wahl **5** 31, 36 f.
- Wahlmodus **5** 37
- Wahlrechtsbestimmungen der EU **5** 85
Wahl des Bundespräsidenten **9** 7
Wahlmänner **9** 28
Wahlpflicht **9** 30
Wahlprüfung **13** 38
Wahlrechtsgrundsätze **9** 26 ff.
- Freiheit der Wahl **9** 29
- Geheimheit der Wahl **9** 35
- Gleichheit der Wahl **9** 31
- Öffentlichkeit der Wahl **9** 36
- Unmittelbarkeit der Wahl **9** 28
Wahlsystem **9** 38
- Mehrheitswahlrecht **9** 38
- Verhältniswahlrecht **9** 38
Wehrhafte Demokratie **13** 21 **14** 12
Wesentlichkeitslehre **6** 15
Wertegemeinschaft **4** 10
Wettbewerbsföderalismus **7** 8
Widerstandsrecht/Funktionen **14** 13 f.
Widerstandsrecht/Träger **14** 15
Widerstandsrecht/Schutzgut **14** 15
Widerstandsrecht/Subsidiaritätsklausel **14** 15
Wiedereinbürgerung **2** 11
Wiedervereinigung **2** 15, 21 **14** 3
- Wiedervereinigungsfrage **2** 22
- Verfassungsdiskussion **2** 21
Wirtschaftsunion **8** 25
Wortlaut **3** 22
Wortlautauslegung **3** 26

Zählwertgleichheit **9** 31
Zitierrecht **9** 17
Zustimmungsgesetz **10** 22 **15** 159 f.
Zweckverband funktionaler Integration **5** 73
Zweidrittelmehrheit **14** 4